Το αίμα εκ του αίματός μου

Ένα ημερολόγιο στοχασμών από την Αγία Γραφή

Ποιμένας Oscar L. Destruge

Όσο *«η ζωή τής σάρκας είναι στο αίμα»* (**Λευιτικόν 17:11**)**,** η πνευματική μας ζωή τρέφεται και αγιάζεται με τον άρτο της ζωής.

"Αν κάποιος φάει απ' αυτόν τον άρτο, θα ζήσει στον αιώνα" (**Κατα Ιωάννην 6:51**).

As **"the life of a creature is in the blood"** (**Leviticus 17:11**)**,** our spiritual life is nourished and sanctified through the Bread of Life.

"Whoever eats this bread will live forever" (**John 6:51**).

Así como *"la vida del cuerpo está en la sangre"* (**Levítico 17:11**), nuestra vida espiritual se alimenta y santifica mediante el Pan de Vida.

"Si alguno come de este pan, vivirá para siempre" (**Juan 6:51**).

«Βάλτε την ιστορία στα χέρια των παιδιών σας και διδάξτε τους να μαθαίνουν από αυτήν». **Camilo Destruge**

Αντί προλόγου – «Θα περιπλανηθώ σε τούτη τη γη μία μόνο φορά. Γι' αυτό, ό,τι καλό κι ό,τι ευγενικό έχω να δείξω, ας το πράξω τώρα. Ας μην το αναβάλλω, ας μην το αμελήσω γιατί δεύτερη περιπλάνηση, δεν θα υπάρξει». **Stephen Grellet**

"I shall pass through this world but once. Any good, therefore, that I can do or any kindness I can show to any human being, let me do it now. Let me not defer it or neglect it, for I shall not pass this way again." **Stephen Grellet**

**Στον αδερφό μου
John Norberto Destruge Sandoval
(9/5/1952 - 15/1/2022)**

Πόσες φορές δεν προσευχήθηκα για 'σένα, για καθοδήγηση, για να δω πώς να σε βοηθήσω. Η ψυχική ασθένεια και η εξάρτηση που σε ταλαιπώρησαν μου χάρισαν μεγαλύτερη υπομονή και ευγένεια προς τους άλλους. Στο πρόσωπό τους, έβλεπα το δικό σου πρόσωπο και το πρόσωπο του Ιησού. Πλέον, ελευθερώθηκες από τα βασανιστικά δεσμά σου. Αναπαύσου εν ειρήνη, αγαπημένε μου αδελφέ.

Πνευματικά δικαιώματα ©2023 Pastor Oscar L. Destruge

Εκτός αν αναφέρεται διαφορετικά, όλα τα εδάφια είναι από την αγγλική έκδοση της Αγίας Γραφής, New International Version®, NIV® Copyright ©1973, 1978, 1984, 2011 by *Biblica, Inc.*® Χρησιμοποιείται κατόπιν αδείας. Με την επιφύλαξη παντός δικαιώματος παγκοσμίως.

Οι μεταφράσεις και επεξηγήσεις της Αγίας Γραφής από τα εβραϊκά είναι από το βιβλίο των Baker, W., & Carpenter, E. E. (2003). The complete word study dictionary: Old Testament. AMG Publishers. Οι μεταφράσεις και επεξηγήσεις της Αγίας Γραφής από τα ελληνικά είναι από το βιβλίο του Σπύρου Ζωδιάτη, Zodhiates, S. (2000). The complete word study dictionary: New Testament (electronic ed.). AMG Publishers.

ISBN: 978-1-0881-8576-6

Σχεδιασμός εξωφύλλου: Doug Pashley
Φωτογραφία εξωφύλλου: shutterstock.com 5 Standard License Download

Μετάφραση: Κωνσταντινίδου Χαρούλα (BA, MA in Translation)
Επίσημη μεταφράστρια - Διερμηνέας - Κειμενογράφος
Email: haroulkon@gmail.com
LinkedIn: Haroula Konstantinidou - https://www.linkedin.com/in/haroulakonsta/
Facebook: HK Translations & Interpreting - https://www.facebook.com/hktranslations/

Κοινό ανάγνωσμα (Common Lectionary) – Η βάση για τους στοχασμούς αυτού του βιβλίου είναι η Αγία Γραφή, με βάση το Κοινό Ανάγνωσμα (Common Lectionary). Η παρούσα έκδοση καλύπτει τον Ιανουάριο έως τον Νοέμβριο του Έτους Β' και τον Δεκέμβριο του Έτους Γ'. Οι εμπνευστές του Κοινού Αναγνώσματος αφιέρωσαν πολύ χρόνο και προσευχή για να διασφαλίσουν ότι μέσα σε τρία χρόνια, θα έχουμε διαβάσει όλη την Αγία Γραφή, όχι με τη σειρά που εμφανίζεται, αλλά με βάση το εκκλησιαστικό ημερολόγιο που ακολουθούμε (Έλευση, Χριστούγεννα, Θεοφάνια, Κοινή Περίοδος, Σαρακοστή, Πάσχα, Πεντηκοστή, Κοινή Περίοδος). Μ' αυτόν τον τρόπο, μας δίνουν μια πολυποίκιλη σταχυολόγηση καθημερινών αναγνωσμάτων από τις εβραϊκές Γραφές (Παλαιά Διαθήκη), τους Ψαλμούς, τα Ευαγγέλια και τις Επιστολές, στις οποίες, πολλές φορές, ταιριάζουν δύο ή τρία αναγνώσματα.

Σχετικά με τις φωτογραφίες

Ανέκαθεν με συνάρπαζαν τα χιονοσκέπαστα βουνά, το ηλιοβασίλεμα, ο νυχτερινός ουρανός, η αποικιακή αρχιτεκτονική, τα ποτάμια. Μέχρι τα 10 μου χρόνια, στο Κίτο του Εκουαδόρ όπου μεγάλωσα, περιτριγυριζόμουν από αυτά τα φυσικά τοπία. Το μαγευτικό, χιονοσκέπαστο ηφαίστειο Κοτοπάξι φαινόταν πάντα από τη νότια πλευρά του σπιτιού μας, ο ποταμός Machángara έρεε 100 μέτρα πίσω από τη δυτική πλευρά. Ο νυχτερινός ουρανός στο Κίτο, ορατός 360 μοιρών σε υψόμετρο 2.800 μέτρων δεν παρέλειπε να σχηματίζει τους πιο όμορφους αστερισμούς. Οι συχνές επισκέψεις στο σπίτι της γιαγιάς μου, στο κέντρο του αποικιακού Κίτο, μου έδωσαν την ευκαιρία να επισκεφτώ απείρου κάλλους θρησκευτικά και κοσμικά κτίσματα.

Όπου μας έβγαζε ο δρόμος στα ταξίδια μας, φρόντιζα να βγάζω φωτογραφίες από τα μνημεία που με εμπνέουν και αφυπνίζουν την περιέργειά μου ώστε να γνωρίσω καλύτερα τον Δημιουργό μας και να εκτιμήσω τη Δημιουργία Του, έχοντας κατά νου ότι, κάποια στιγμή στο μέλλον, θα χρησιμοποιήσω μία από τις φωτογραφίες στους καθημερινούς στοχασμούς μας.

Ζήτησα, επίσης, από φίλους και συγγενείς να μου δανείσουν τις δικές τους φωτογραφίες από ηλιοβασιλέματα, νυχτερινό ουρανό, βουνά και ποτάμια. Χαίρομαι πολύ που μοιράζομαι τις φωτογραφίες αυτές μαζί σας. Όλες οι φωτογραφίες, εκτός κι αν αναφέρεται διαφορετικά, είναι από τις οικογένειες Destruge-Sandoval / Ξανθοπούλου – Κοκτσίδης και φίλους. Σας ευχαριστώ που μοιραστήκατε τις φωτογραφίες σας.

Ο κατάλογος με τις λεζάντες κάθε φωτογραφίας βρίσκεται στο τέλος του βιβλίου.

Λίγα λόγια για τον συγγραφέα

Ο ποιμένας Oscar γεννήθηκε στο Εκουαδόρ και μετανάστευσε στις ΗΠΑ στα 10 του χρόνια.

Το μεγαλύτερο μέρος της ζωής του ο Oscar δεν ήταν ούτε Χριστιανός ούτε ηγέτης. Ήταν ένας ντροπαλός, εσωστρεφής μουσικός που εντόπισε την ευκαιρία να αποκτήσει γρήγορα χρήματα στον κτηματομεσιτικό τομέα. Όμως, το 1987 ο τομέας αυτός σημείωσε πτώση και μαζί του, βυθίστηκαν τα όνειρα, οι ελπίδες και οι αποταμιεύσεις του. Όχι μόνο βρέθηκε να χρωστάει, αλλά είχε χρεοκοπήσει και συναισθηματικά και πνευματικά! Το άγχος τον κατέβαλλε και οδήγησε σε μήνες αϋπνίας.

Ο πατέρας του ψεύδους τον έκανε να πιστεύει ότι δεν ήταν ικανός να παρέχει τα απαραίτητα στην οικογένειά του, ότι ήταν ανίκανος ως σύζυγος, πατέρας, εργαζόμενος και επενδυτής. Στράφηκε προς την πολιτική της ασφάλισης ζωής του, ύψους μισού εκατομμυρίου δολαρίων του φάνηκε ως την απάντηση στο χρέος. Το τραγούδι των M*A*S*H και το κατευναστικό ρεφρέν του «η αυτοκτονία είναι ανώδυνη», έπαιζε συνεχώς στον νου του.

Ήταν έτοιμος να βάλει αυτό το ψέμα σε εφαρμογή, πιστεύοντας ότι όλοι θα ήταν καλύτερα χωρίς εκείνον, αλλά ο Θεός είχε άλλα σχέδια. Ο Jean-Paul, ο 8χρονος γιος του είχε καταλάβει τις οικονομικές δυσκολίες και είπε «*Μπαμπά, δεν πειράζει κι αν χρεωκοπήσαμε, αρκεί να είμαστε μαζί*».

Τον Φεβρουάριο του 1989, ένας φίλος του τον κάλεσε σε ένα τριήμερο χριστιανικό συνέδριο, όπου βίωσε μια συνάντηση με τον Ιησού, η οποία τον μεταμόρφωσε (μπορείτε να διαβάσετε ολόκληρη την ιστορία στα **Καταληκτικά σχόλια** στο τέλος του βιβλίου) και συνειδητοποίησε ότι ο Θεός και η οικογένειά του τον αγαπούσαν παρά τα λάθη και τις αποτυχίες του. Άρχισε να αποδέχεται και να αγαπά τον εαυτό του όπως ήταν. Από εκείνο το τριήμερο συνέδριο το 1989, ο Θεός μεταμόρφωσε ριζικά τη ζωή του. Βρήκε ειρήνη και χαρά στην καρδιά του και σταμάτησε να ανησυχεί για πολλά.

Αμέσως, άρχισε να συμμετέχει ενεργά σε ομάδες μελέτης της Αγίας Γραφής και έγινε εθελοντής στην παιδική χορωδία. Δημιούργησε μία ομάδα μελέτης της Αγίας Γραφής στο γραφείο του, με εβδομαδιαίες συναντήσεις για μελέτη και προσευχή, από το 1990 έως το 1998. Το 1991 έγινε μέλος του οργανισμού Stephen Ministries, πρεσβύτερος, και εκπαιδεύτηκε στην παροχή συμβουλευτικής σε μεμονωμένα άτομα που αντιμετωπίζουν δυσάρεστες καταστάσεις στη ζωή τους, όπως πένθος, διαζύγιο, απώλεια εργασίας, χρόνια ή τελευταίου σταδίου ασθένεια ή μετακόμιση, και έμαθε ότι το «ναι» που λέμε στον Θεό φέρνει πνευματική αύξηση, ηγεσία, αυτοπεποίθηση, πειθαρχία, επικοινωνιακές δεξιότητες και βαθύτατη ευγνωμοσύνη για την αξία του χρόνου και της οικογένειας.

Το 1991, πήγε σε ιεραποστολή στην πόλη Ναγκαρότε της Νικαράγουα και συνέχισε το ιεραποστολικό του έργο. Το 1993 και 1995 πήρε μέρος στη χριστιανική ιεραποστολή του Εκουαδόρ με τον οργανισμό Medical Missions International. Μέσα από τις εμπειρίες αυτές επανασυνδέθηκε με την ισπανόφωνη κουλτούρα και το 1994 ξεκίνησε να εργάζεται στην εκκλησία των μεθοδιστών El Camino United Methodist Church (UMC) στην πόλη Norwalk του Κονέκτικατ. Διετέλεσε σύμβουλος της Ευαγγελικής Ένωσης του Billy Graham και συμμετείχε στην εκστρατεία της Νέας Υόρκης στο Central Park.

Από το 1995 έως το 1998, συμμετείχε πιο ενεργά στην ηγεσία της εκκλησίας El Camino, υπηρετώντας ως υπεύθυνος της υμνωδίας, πρεσβύτερος, ομιλητής, ταμίας και συντονιστής ομάδας μελέτης της Αγίας Γραφής. Σε ένα ιεραποστολικό ταξίδι στη Βολιβία το 2004, ο Θεός κάλεσε τον Oscar να γίνει κήρυκας και να υπηρετήσει τις ισπανόφωνες κοινότητες στις πόλεις Norwalk και Bridgeport στους τομείς της υμνωδίας, της μελέτης της Αγίας Γραφής, της κοινωνικής δικαιοσύνης, της μετανάστευσης, της παροχής τροφίμων και των εκπαιδευτικών προγραμμάτων.

Τον Οκτωβρίου του 2010, έπειτα από 35 χρόνια υπηρεσίας, ο Oscar συνταξιοδοτήθηκε από τη θέση του Αντιπροέδρου Τεχνικής Συμμόρφωσης / Υπηρεσιών ισπανικής γλώσσας από την εταιρεία Diversified Investment Advisors για να αφιερώσει περισσότερο χρόνο στην εκκλησία, στην κοινότητα και στο ιεραποστολικό έργο του. Ο Oscar έγινε επικεφαλής ομάδων στον οργανισμό Volunteers-In-Missions συντονίζοντας πολλές ομάδες στο ταξίδι τους στο Εκουαδόρ για κατασκευαστικά έργα, ιατρικά θέματα και θερινά σχολεία. Τον Ιούνιο του 2017, ο ποιμένας Oscar συνταξιοδοτήθηκε από την Ενωμένη Εκκλησία των Μεθοδιστών για να αφιερώσει περισσότερο χρόνο στην οικογένειά του. Γράφει καθημερινούς στοχασμούς, εμπνευσμένους από την Αγία Γραφή στο Facebook και στο Youtube, στα αγγλικά και τα ισπανικά. Στον ελεύθερό του χρόνο παίζει ράκετμπολ, κάνει ποδηλασία, ακούει μουσική και ασχολείται με το σκάκι.

Οικογένεια: Ο ποιμένας Oscar είναι παντρεμένος με τη Μαργαρίτα Ξανθοπούλου -Destruge. Ο Θεός του χάρισε δύο παιδιά, τον Jean-Paul και την Σοφία και τρία εγγόνια, την Sègoléne Σεβαστή, την Σαλώμη Ellie και τον Λάζαρο-Ηλία.

ΕΥΧΑΡΙΣΤΙΕΣ

Θέλω να ευχαριστήσω την κόρη μου, **Σοφία Ελένη**, που αποτέλεσε την έμπνευσή μου για να ξεκινήσω αυτό το έργο. Όταν βγήκα στη σύνταξη, της είπα ότι μου έλειψε η μελέτη και συγγραφή κηρυγμάτων και μου πρότεινε:

«Γιατί δεν γράφεις ένα καθημερινό ημερολόγιο με στοχασμούς και να το μοιραστείς με φίλους και συγγενείς;»

Δεν πίστευα ότι θα μπορούσα να γράφω κάθε μέρα, για διάστημα μεγαλύτερο του ενός μήνα. Δεν θα είχα τι να γράψω! Το μυαλό μου δεν είναι τόσο οργανωμένο ώστε να επιλέγω ουσιαστικά θέματα! Ο Θεός, όμως, είναι πιστός και με κάθε στοχασμό καθοδηγεί, επιβεβαιώνει και **δίνει δύναμη σ' εμένα και σ' εσένα για να συνεχίσουμε να είμαστε δικοί Του πρεσβευτές της ειρήνης, της ενότητας, της ελπίδας, της συγχώρησης και της αγάπης**.

Από τον Αύγουστο του 2018, τα **μέλη** της ομάδας *"Oscar's Bible Meditations group"* (στην αγγλική γλώσσα) και *"Meditaciones Bíblicas de Oscar"* (στην ισπανική γλώσσα) έφτασαν τα 310 για την αγγλική ομάδα και τα 660 για την ισπανική. Είμαι ευγνώμων για τις προσευχές τους, τα likes και τα σχόλιά τους που με ενθάρρυναν να συνεχίσω να γράφω. Ίσως να τα είχα παρατήσει αν έβλεπα ότι υπήρχε σιωπή, αλλά ο Θεός μίλησε δυνατά μέσω της Αγίας Γραφής, των σχολίων και της παρουσίας τους.

Υπήρξαν μέρες που δεν μπορούσα να σκεφτώ κάποιο στοχασμό και έλεγα, «Δεν έγινε και τίποτα να παραλείψω μια μέρα!». Μια από εκείνες τις ημέρες, βλέπω ένα μήνυμα από την Luz Nina. Το μήνυμα έγραφε *«Ποιμένα, μπορείς να στείλεις τον στοχασμό της ημέρας; Έχουμε ανθρώπους στη Βολιβία και σε άλλες χώρες που περιμένουν με ανυπομονησία τις σκέψεις αυτές».*

«Δεν παύω να ευχαριστώ τον Θεό για σας, αναφέροντας εσάς στις προσευχές μου» (Προς Εφεσίους 1:16), αγαπητοί φίλοι και συγγενείς. Καθημερινά μου δίνετε κίνητρο να γίνομαι καλύτερος πρεσβευτής και να ομοιάζω στον Χριστό και στον πεθερό και μέντορά μου, **Αριστοκλή Ξανθόπουλο**, έναν έμπιστο δούλο που αναπαύεται εν Κυρίω. Τον θαύμαζα ως υπόδειγμα Χριστιανού άνδρα, συζύγου, πατέρα, αδελφού, θείου, φίλου και κάθε ρόλου που έχουμε μέσα στην οικογένεια και την κοινωνία που ζούμε.

Είμαι ευγνώμων σε όλες και όλους που με τα λόγια και τις καλές σας πράξεις μου δώσατε την έμπνευση να συγκεντρώσω περισσότερους από 1.500 στοχασμούς στην αγγλική και την ισπανική γλώσσα και περίπου 100 στην ελληνική γλώσσα. Είμαι πάντα ευγνώμων στη **Χαρούλα Κωνσταντινίδου**, την καλύτερη μεταφράστρια Ελληνικών που υπάρχει, που γενναιόδωρα αφιέρωσε τον χρόνο και το ταλέντο της για να ευλογήσει τους συγγενείς και φίλους στην Ελλάδα με τις αξιόπιστες μεταφράσεις των στοχασμών μας το καλοκαίρι του 2019.

Θέλω να ευχαριστήσω και τη σύζυγό μου, τη **Μαργαρίτα**, που μου επέτρεψε να αφιερώνω λίγες ώρες κάθε μέρα, ακόμη και στις διακοπές, για μελέτη, στοχασμό και καταγραφή των στοχασμών για την οικογένεια, τους φίλους και τις επόμενες γενιές και για την επεξεργασία του βιβλίου.

Ο χρόνος που αφιερώνω στη μελέτη του Λόγου του Θεού και έχοντας εσάς στην καρδιά και στην προσευχή μου έχει πλέον γίνει ένα απαραίτητο και αναζωογονητικό κομμάτι της ημέρας μου. Είναι η ώρα που αισθάνομαι την επικοινωνία με τον Θεό, την οικογένεια, τους φίλους και τις κοινότητες στις οποίες είχα την τιμή να ζήσω και να υπηρετήσω.

Αν ο Θεός με καλούσε στην παρουσία Του αύριο, με χαρά θα πήγαινα γνωρίζοντας ότι έχω εκπληρώσει τη **διαθήκη** και τον **σκοπό μου**. Είχα τη χαρά και την τιμή να βάλω την ιστορία μας στα χέρια των παιδιών μας, να μεταλαμπαδεύσω χριστιανικές αξίες, ελπίδα και όνειρα σε φίλους, οικογένεια, στα παιδιά μου και στα παιδιά των παιδιών τους. Αυτό το έκανα ώστε εμείς, μαζί, **να ζήσουμε σύμφωνα με το σχέδιο του Θεού**.

———

ΠΡΟΛΟΓΟΣ

Ευχή μου ήταν πάντοτε οι εκκλησίες που υπηρετούσα να αυξάνονται ώστε «*τα λόγια του στόματός μου και η μελέτη της καρδιάς μου*» (**Ψαλμός 19:14**) **να έχουν μεγαλύτερο κοινό και επιρροή**. Το σχέδιο και ο χρόνος του Θεού δεν εκπλήρωσαν αυτή μου την ευχή, μέχρι που συνταξιοδοτήθηκα από την εκκλησία που υπηρετούσα ως ποιμένας. Σήμερα τα μέλη μας είναι περισσότερα από 900 σε δύο καθημερινές ομάδες μελέτης της Γραφής. Το πιο ωραίο είναι ότι ο Λόγος του Θεού και η παρουσία Του δεν μας αφήνουν όπως μας βρήκαν. Δεν είμαστε πλέον αυτό που ήμασταν πριν γιατί ο Κύριος μας καθαρίζει και μας διαμορφώνει καθημερινά με τον Άγιο και εμπνευσμένο λόγο Του και τη συντροφιά που έχουμε ο ένας με τον άλλον.

Υπηρετούσα ως ποιμένας και συνταξιοδοτήθηκα το 2017. Πίστευα, τότε, ότι πέρασαν οι μέρες που καθοδηγούσα και ενθάρρυνα άλλους ανθρώπους στην πίστη τους. Δεν είχα ιδέα ότι ο Θεός με προετοίμαζε να επεκτείνω τη διακονία μου με διαφορετικό τρόπο και να εμβαθύνω τη σχέση μου με τον Θεό, τους φίλους μου, τους συγγενείς και τις κοινότητες που μας περιβάλλουν, αλλά και τις κοινότητες ανά τον κόσμο. Ευχαριστώ τον Θεό για τη νέα ευκαιρία που μου έδωσε να συνεχίσω την επικοινωνία με τον Χριστό και την αγαπημένη κοινότητά μας! Πράγματι, υπάρχει η σχέση με τη ζωογόνο δύναμη μέσω του Λόγου του Θεού και όταν μοιραζόμαστε τις εμπειρίες μας από το έργο του Αγίου Πνεύματος στη ζωή μας, που είναι ικανό να τη μεταμορφώσει.

Όταν ξεκινώ να γράφω, στο μυαλό μου έρχονται εικόνες εκατοντάδων ανθρώπων (οι τωρινές και οι μελλοντικές γενιές), έτοιμες να ακούσουν τον γεμάτο αγάπη Λόγο του Θεού. Οι άνθρωποι αυτοί είναι οικογένεια, φίλοι, φίλοι φίλων και τα δισέγγονα που θα γεννηθούν, που μιλούν διάφορες γλώσσες (Ελληνικά, Ισπανικά, Αγγλικά). Γράφω τους στοχασμούς αυτούς στα Αγγλικά, τα Ισπανικά και σε λίγα Ελληνικά προς τιμήν των προγόνων μας από τις δύο πλευρές της οικογένειας. **Η έκδοση που κρατάτε στα χέρια** σας **είναι στα Ελληνικά, με χωρία στα Ισπανικά και στα Αγγλικά**.

Όποια γλώσσα κι αν μιλάμε, με τη χάρη του Θεού, μεταμορφωνόμαστε καθημερινά στην εικόνα του Σωτήρα μας. Ο Ιησούς θυσιάστηκε ώστε εμείς να μπορούμε να συνεχίσουμε τη διακονία Του στις κοινότητες και στους κύκλους αγάπης και εμπιστοσύνης. Θα έλεγα ότι ο Θεός κατά κάποιο τρόπο εκπλήρωσε την ευχή μου! Μόνο **στην τέλεια ώρα του Θεού** θα μπορούσε να εκπληρωθεί σε τόσο σύντομο χρονικό διάστημα, ό,τι εγώ δεν μπόρεσα να ολοκληρώσω σε 16 χρόνια υπηρεσίας ως ποιμένας σε μια εκκλησία, με τους κόπους και τις στρατηγικές μου.

Κάθε φορά που προετοιμάζομαι για τους καθημερινούς στοχασμούς, εμφανίζεται η ερώτηση αυτή στην οθόνη μου: «*Τι θέλω να γνωρίζουν τα παιδιά μου και οι μελλοντικές γενιές για 'μένα και για τον Θεό;*» **Όσον αφορά εμένα**, θέλω να γνωρίζετε ότι αγαπώ την οικογένειά μου και εσάς. Μπορεί να μην έχουμε ιδωθεί ποτέ από κοντά σ' αυτή τη γη, αλλά προσεύχομαι στον Θεό να ενισχύσει την πίστη σας ώστε να μην επιδιώκετε τους θεούς αυτού του κόσμου.

Όσον αφορά στον Θεό: ο Θεός είναι αληθινός, σας αγαπά δίχως όρους και έχει όμορφα σχέδια για τη ζωή σας. Πλάστηκες με θαυμάσιο τρόπο. **Ο Θεός δεν κάνει λάθη ούτε άσχημα πράγματα! Είσαι το αριστούργημα του Θεού, δημιουργήθηκες για να υπηρετήσεις τον Βασιλιά.** Πρέπει να γνωρίζεις ότι τίποτα δεν θα κάνει τους γονείς σου να σε αγαπήσουν λιγότερο και ότι μπορείς να εμπιστεύεσαι τον Θεό και τους γονείς σου με τα μεγαλύτερα σφάλματά σου και τις αποτυχίες σου γιατί το έλεος του Θεού είναι απεριόριστο και αιώνιο. Η Αγία Γραφή είναι η επιστολή αγάπης του Θεού προς εσάς. Πολλοί θα σας πουν ότι **«όλοι οι δρόμοι οδηγούν στον Θεό»**, ωστόσο αυτό είναι ψέμα που παραπλανά. Υπάρχει μόνο ένας δρόμος και ένας Θεός, ο Δημιουργός του σύμπαντος. Ο Κύριος είναι ζηλότυπος, καταστρέφει όσους δείχνουν ανυπακοή και είναι τρυφερός και προστατευτικός Πατέρας για τα παιδιά Του. Ο Θεός μας εξαγνίζει μέσα από τη φωτιά που δεν καταστρέφει και μας καθαγιάζει μέσα από τον Λόγο Του.

Είμαι ευγνώμων για την εμπιστοσύνη και την ευθύνη που μου ανατέθηκε να μοιράζομαι τον Λόγο του Θεού με φίλους και συγγενείς. Παραμένω σχολαστικά πιστός στον Λόγο του Θεού ώστε *«να είναι ευάρεστα τα λόγια του στόματός μου και η μελέτη τής καρδιάς μου μπροστά σε σένα, Κύριε, φρούριό μου, και Λυτρωτή μου»* **(Ψαλμός 19:14)** και τα λόγια μου να αποτελούν πηγή δύναμης και θάρρους για την πίστη των φίλων μου, της οικογένειάς μου και των μελλοντικών γενεών. Προσεύχομαι ο Θεός να εμποδίζει τον εχθρό ώστε να μην παρεμβαίνει στη συνεχή αναζήτηση και επιθυμία μας να γνωρίσουμε τον Θεό πιο καλά μέσα από τον Άγιο και εμπνευσμένο Λόγο Του. Αγαπητοί μου, αυτή είναι η προσευχή μου για εσάς.

Μια μέρα εξηγούσα σε μια καλή φίλη πώς μου ήρθε ο τίτλος για το βιβλίο αυτό. *«Το έγραψα για τα παιδιά μου και τα παιδιά των παιδιών μου που είναι **αίμα εκ του αίματός μου (σαρξ εκ της σαρκός μου)**»*. Με ρώτησε αν μπορούμε να ερμηνεύσουμε τον τίτλο με άλλο τρόπο. «Ναι!», της απάντησα. Πιστεύω ότι ο Ιησούς μας αποκαλεί όλους παιδιά Του: «Είσαι **αίμα εκ του αίματός μου**». Έχουμε το προνόμιο να ζούμε και να διηγούμαστε τις εμπνευσμένες από τον Θεό ιστορίες μας γιατί ο Ιησούς μας αγάπησε και έδωσε τη ζωή Του για εμάς.

Ο Θεός δεν τελείωσε ούτε μαζί μου ούτε μαζί σου! Δίνει απάντηση σε προσευχές στον δικό Του σωστό χρόνο και με τον δικό Του τρόπο. Μπορεί να μην λάβουμε αυτό που ζητήσαμε, αλλά πάντοτε λαμβάνουμε ό,τι είναι απαραίτητο για εμάς για να εκπληρώσουμε τον θεϊκό σκοπό μας. Καθώς στοχάζεστε τον Λόγο του Θεού μέσα απ' αυτό το βιβλίο, μην ξεχνάτε ότι είστε το **πολύτιμο αίμα εκ του Αίματος του Χριστού**. Ο Θεός να σας καθοδηγεί και να σας δίνει χαρά καθώς εκζητάτε το θέλημά Του.

Πρέπει να γνωρίζεις ότι τίποτα δεν θα κάνει τους γονείς σου να σε αγαπήσουν λιγότερο και ότι μπορείς να εμπιστεύεσαι τον Θεό και τους γονείς σου με τα μεγαλύτερα σφάλματά σου και τις αποτυχίες σου γιατί το έλεος του Θεού είναι απεριόριστο και αιώνιο.

ΕΙΣΑΓΩΓΗ

Όταν εργαζόμουν στον επιχειρηματικό κόσμο, αφιέρωνα υπερβολικό χρόνο και ενέργεια στη δουλειά μου. Μετά που με έσωσε ο Κύριος, μου δίδαξε τη σημασία **μιας υγιούς ισορροπίας** κατά την υπηρεσία του Θεού, της οικογένειας και της εργασίας. Πολλές φορές, ακόμη και οι ποιμένες χάνουν την έννοια της ισορροπίας. Ποιμένες και πρεσβύτεροι, με καλές προθέσεις, δίνουν μεγάλο βάρος στα ζητήματα της εκκλησίας, πεπεισμένοι ότι το κάνουν *«για τον Κύριο»*, παραμερίζοντας τις ανάγκες της οικογένειάς τους. Αυτό, συχνά, έχει ως αποτέλεσμα υψηλά επίπεδα έντασης στο σπίτι, άγχος, απογοήτευση, διαζύγια και, κάποιες φορές, αυτοκτονία.

Έγραψα αυτό το βιβλίο για να είναι μια αισιόδοξη υπενθύμιση σε φίλους, αναγνώστες, οικογένεια και στις μελλοντικές γενιές ότι **όλοι μας περνάμε από περιόδους κατάθλιψης, αμφισβητώντας την ίδια τη ζωή.** Όποιο, όμως, κι αν είναι το παρελθόν μας, ό,τι κι αν νιώθουμε για τον εαυτό μας, όποιες κι αν είναι οι αμφιβολίες και οι φόβοι μας, πρέπει να συνειδητοποιήσουμε ότι έχουμε μεγάλη αξία ενώπιον του Θεού και της οικογένειάς μας. Μελετώντας καθημερινά τα επιβεβαιωτικά και τρυφερά λόγια του Θεού μέσα από την Αγία Γραφή και αυτό το βιβλίο των στοχασμών, μπορούμε να βγούμε από την κατάθλιψη και να πάρουμε τη θέση μας στην κοινωνία με ευγνωμοσύνη και ταπεινοφροσύνη.

Πολλοί γνωρίζουν τον Θεό, αλλά λίγοι τον ξέρουν ή έχουν βιώσει προσωπικά την *«αγάπη»* Του. Χωρίς την αγάπη του Θεού, την προστασία και την καθοδήγησή Του, είμαστε εύκολη λεία για τα ψέματα του εχθρού που μπορούν να μας οδηγήσουν στην απομόνωση, στη χαμηλή αυτοεκτίμηση, την κατάθλιψη και τις αυτοκτονικές σκέψεις. Όλοι πρέπει να γνωρίζουν ότι ο Θεός ασχολείται με το να αγαπά όσους δεν λαμβάνουν αγάπη, να ενισχύει τους αδύναμους, να εμπλουτίζει τους φτωχούς εν πνεύματι και να αποκαθιστά όσους έχουν πέσει.

Ξεκίνησα κι εγώ αυτό το βιβλίο γιατί υπάρχει ολοένα και μεγαλύτερη δυσπιστία προς την Αγία Γραφή, και περισσότερη μάλιστα, από την οργανωμένη θρησκεία. **Σκεφτείτε το εξής:** Τι θα γίνει αν δεν μεταδώσουμε την πίστη και την ελπίδα μας στις μελλοντικές γενιές άμεσα και εκούσια; Πιστεύω ότι θα απογοητεύαμε τα παιδιά μας, τα οποία θα ωθούνταν σε μια ζωή απογοήτευσης, χωρίς σκοπό, χωρίς να γνωρίζουν τον Θεό, τη χαρά, την αγάπη προς τον εαυτό τους και τον πλησίον τους και χωρίς ελπίδα.

Ένας επιπλέον λόγος που ξεκίνησα αυτό το βιβλίο ήταν γιατί η Αγία Γραφή χάνει με γρήγορο ρυθμό τη φερεγγυότητα, την αξιοπιστία και την αυθεντικότητά της. Οι σκεπτικιστές θα πουν ότι περιλαμβάνει υψηλού επιπέδου ποίηση και κάποιες καλές ηθικές αρχές, αλλά είναι γεμάτη ψέματα **(Κατά Μάρκον)**. Άλλοι θα πουν ότι βρίθει αντιφάσεων απορρίπτοντας μ' αυτόν τον τρόπο τη θεϊκή προέλευσή της. Κάποιοι υποστηρίζουν ότι η Αγία Γραφή **περιλαμβάνει** τον Λόγο του Θεού **και** λόγια ανθρώπων, επομένως δεν μπορούν να πιστέψουν τον σκοπό της. Στην Αγία Γραφή διαβάζουμε: ***«Ολόκληρη η γραφή είναι θεόπνευστη, και ωφέλιμη για διδασκαλία, για έλεγχο, για επανόρθωση, για διαπαιδαγώγηση, που γίνεται με δικαιοσύνη· για να είναι ο άνθρωπος του Θεού τέλειος, ετοιμασμένος για κάθε έργο αγαθό»*** (Προς Τιμόθεον Β' 3:16-17).

Μια πρόσφατη έρευνα αναφέρει ότι *«οι Αμερικανοί ηλικίας 18-29 έχουν μικρότερη πιθανότητα, σε σύγκριση με μεγαλύτερους, να πουν ότι οι Δέκα Εντολές είναι σημαντικές γι' αυτούς»*[1]. Ο Θεός μας έδωσε τις εντολές για δική μας προστασία (Έξοδος 20:1-17). Μπορείτε να φανταστείτε έναν κόσμο **δίχως νόμους κατά της ληστείας και του φόνου;**

---

[1] Πηγή: https://www.deseret.com/2018/3/28/20642391/poll-are-the-ten-commandments-still-relevant-today-americans-and-brits-differ-and-millennials-stand.

Η ζωή με υπακοή στους νόμους του Θεού προσφέρει στην κοινωνία σκοπό, προσανατολισμό, ειρήνη, χαρά, προστασία, **και μια υγιή αγάπη για τον εαυτό τους**. Το μυστικό είναι να γνωρίζουμε και να **τηρούμε** τους κανόνες. Λαμβάνουμε γνώση και κατανόηση **μέσα από την καθημερινή μελέτη, προσευχή και στοχασμό της Αγίας Γραφής**. Στη συνέχεια, με κίνητρο την ευγνωμοσύνη για την αγάπη, το έλεος και τη συμπόνοια του Θεού προς εμάς, εφαρμόζουμε όσα μάθαμε.

Μέσω της προσευχής, το Άγιο Πνεύμα μας βοηθά να αποκτήσουμε καθαρό μυαλό και σκοπό. Πλήθος ακαδημαϊκών αναλύουν την αιτία που «*ο συγγραφέας*» του βιβλίου, είτε είναι ο Παύλος, ο Ιωάννης, ο Πέτρος, κτλ., χρησιμοποίησαν μία λέξη αντί μιας άλλης, πιο ξεκάθαρης. Στους στοχασμούς αυτού του βιβλίου, θα παρατηρήσετε ότι αναφέρω ότι «*ο Θεός μας διδάσκει ή μας λέει*» μέσω του Ιωάννη, του Πέτρου, του Παύλου, κτλ., λόγια που είναι απαραίτητα για να καθιερωθεί ο Θεός ως συγγραφέας της Αγίας Γραφής και να διατηρηθεί η αξιοπιστία του Λόγου Του. Πιστεύω ότι ο Θεός χρησιμοποίησε ατελείς ανθρώπους για να καταγράψει τον Άγιο Λόγο Του σ' αυτό το υπέροχο βιβλίο που εγώ κι εσείς διαβάζουμε και μελετούμε **(Προς Τιμόθεον Β' 3:16)**.

Με συγκίνησε ένας στοχασμός στις 10 Ιουνίου, 2021 από το ημερολόγιο της Ελληνικής Ευαγγελικής Εκκλησίας που βλέπετε στη φωτογραφία και γι' αυτό θέλησα να τον μοιραστώ μαζί σας.

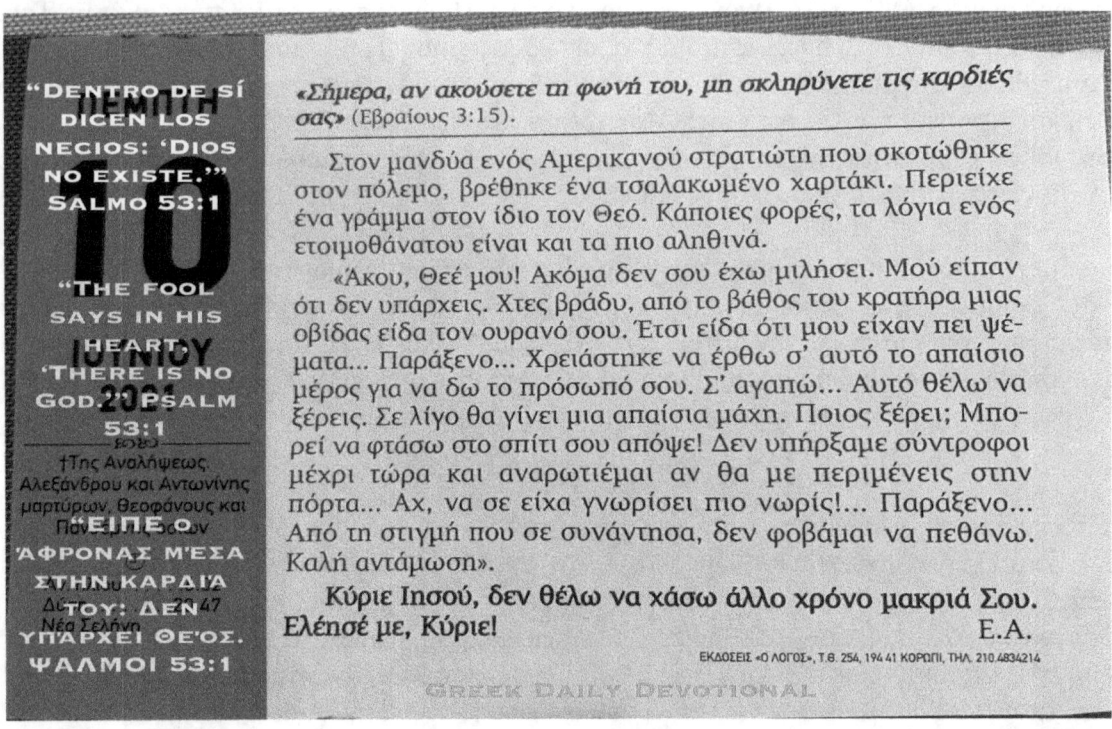

Ως χριστιανοί που αγαπάμε και φοβόμαστε τον Θεό, **καθήκον μας είναι να αποστρεφόμαστε και να διορθώνουμε το ψέμα**. Αν το κάνουμε, πολλοί θα ελευθερωθούν από τα δεσμά του φόβου, της αμφιβολίας και της κατάθλιψης και θα ζήσουν μια ζωή αγάπης, ειρήνης, χαράς και ελπίδας. Αν, όμως, δεν διορθώσουμε το ψέμα, ίσως κάποια στιγμή τα παιδιά μας πέσουν στην παγίδα να ζουν τη ζωή τους με τον φόβο του θανάτου, κράζοντας **«Ααα…μακάρι να σε είχα γνωρίσει νωρίτερα»**.

Ο πεθερός μου, ο Αριστοκλής Ξανθόπουλος, μου είπε *«Oscar, δεν χρειάζεται να αλλάξεις θρησκεία. Χρειάζεται να γνωρίζεις τον Θεό. Πολλοί γνωρίζουν τον Θεό, αλλά λίγοι Τον ξέρουν προσωπικά»*. Η μελέτη της Αγίας Γραφής, η προσευχή και ο στοχασμός θα σας καθοδηγήσουν ώστε να **γνωρίσετε την καρδιά** του Θεού, να γνωρίσετε τη δική σας ταυτότητα (την αληθινή σας αξία ενώπιον του Θεού) και να βρείτε τον σκοπό της ζωής σας. Αγαπητοί μου φίλοι και συγγενείς, **αίμα εκ του αίματός μου**, προσεύχομαι οι καθημερινοί αυτοί στοχασμοί να σας βοηθήσουν να ξετυλίξετε τα θεμελιώδη αυτά μυστήρια.

Θα χρειαστείτε περίπου 4 λεπτά για να διαβάσετε κάθε στοχασμό. Ξεκινήστε την ημέρα σας διαβάζοντας τον Λόγο του Θεού. **Κρατήστε ημερολόγιο από τη μελέτη σας και τον χρόνο που αφιερώνετε μόνοι σας με τον Θεό.** Καταγράψτε σύντομες ιστορίες από την παρέμβαση του Θεού στη ζωή σας και πώς σας ανύψωσε. Τα παιδιά σας και τα παιδιά των παιδιών σας θα σας ευγνωμονούν για το κληροδότημα της αγάπης, της πίστης και του θησαυρού αυτού μέσα από το παράδειγμα της δικής σας ζωής.

> *«Oscar, δεν χρειάζεται να αλλάξεις θρησκεία. Χρειάζεται να γνωρίζεις τον Θεό. Πολλοί γνωρίζουν τον Θεό, αλλά λίγοι Τον ξέρουν προσωπικά».*

Μαρτυρίες / Έγκριτα σχόλια / Κριτικές

"Γενιές τραυμάτων, απώλειας και θεραπείας έρχονται στο παρόν. Ο Oscar μοιράζεται με τον δικό του μοναδικό τρόπο την ιστορία και την κληρονομιά των προγόνων μας που μας έδωσαν μαθήματα ζωής. Ένα αληθινό αριστούργημα, το οποίο στηρίζει τη θεραπεία μιας κοινότητας μέσω της προσευχής, των στοχασμών και της αγάπης."
- **Erica Sandoval, Κλινική κοινωνική λειτουργός CEO και Ιδρύτρια της Latinx in Social Work**
  Συγγραφέας του βιβλίου Latinx/e in Social Work, Τόμος I και II

Το βιβλίο αυτό είναι ένα εγκώμιο από τη συλλογή κηρυγμάτων, στοχασμών και ερμηνείας των ιουδαιο-χριστιανικών κειμένων, της Αγίας Γραφής, γραμμένα από έναν άνθρωπο σε μοναδικό και στοχαστικό τόνο, με χωρία από την Αγία Γραφή μεταφρασμένα στα αγγλικά, τα ισπανικά και τα ελληνικά. Η ανθολογία που κρατάτε στα χέρια σας αποτελεί μια ενδοσκόπηση ψυχής και απευθύνεται στην ευρύτερη χριστιανική κοινότητα.

Γνωρίζω τον Oscar Destruge περίπου 20 χρόνια χρόνια. Οι λέξεις έχουν δύναμη, και στα γραπτά του οι λέξεις πηγάζουν απ' την καρδιά, είναι γεμάτες αγάπη, και επιθυμία να προσφέρουν βοήθεια στις επόμενες γενεές. Οι στοχασμοί του στηρίζονται από παραδείγματα. Ο Oscar υπηρέτησε και υπήρξε επικεφαλής σε αναρίθμητα ιεραποστολικά ταξίδια, οργανισμούς και συμβούλια για να βοηθήσει όσους βρίσκονται σε ανάγκη.

Η πολυπολιτισμική καταγωγή του τού προσδίδει συμπόνοια, τον βοηθά να μην αποκλείει κανέναν και να έχει ανοιχτό μυαλό σε διαφορετικές κοσμοθεωρίες και στην πολυπολιτισμικότητα. Γνωρίζει ότι η ανθρωπότητα είναι ένα γιγαντιαίο κολάζ που αποτελείται από διαφορετικές κουλτούρες και τρόπους ζωής.

Αν θέλουμε να είμαστε όπως ο Χριστός - το μήνυμα, ουσιαστικά, αυτού του βιβλίου και το έργο ζωής του συγγραφέα - οφείλουμε να αποδεχτούμε και να αγαπάμε όλα τα ενσυνείδητα όντα, γνωρίζοντας ότι κάθε μέρος, κάθε ψυχή και κάθε πλάσμα στο τεράστιο αυτό κολάζ συμβάλλει προς το ευρύτερο καλό. Ο στοχασμός της 24ης Μαΐου μας υπενθυμίζει αυτό το μήνυμα με τον πιο ωραίο τρόπο: *«Ο Θεός προσφέρει τα χαρίσματα σύμφωνα με τις ανάγκες της εκκλησίας και της κοινωνίας για το κοινό καλό»*.

Δύο ιδανικά συνθέτουν τη μοναδικότητα αυτού του βιβλίου: η ακλόνητη επιθυμία του συγγραφέα να ζήσει και να γίνει το παράδειγμα για το μέγιστο καλό όλων και η πίστη ότι ενσαρκώνοντας τις διαχρονικές αλήθειες του Χριστού, δημιουργούμε μια ειρηνική, αρμονική και ακμάζουσα διεθνή κοινότητα.
- **Roxana Bowgen, Συγγραφέας του βιβλίου Agapanthus Rising**

Οι στοχασμοί του ποιμένα Oscar μας καλωσορίζουν στην οικογένειά του, στην αγάπη του για τους συνανθρώπους του και στην πίστη που έχει στην αγάπη, τη σοφία και τη χάρη του Θεού. Ο Oscar γράφει με τρόπο αυθεντικό, ως οικονόμος του Λόγου του Θεού. Τα γραπτά του εκπέμπουν σύνεση και φροντίδα, γιατί επιθυμία του είναι όλοι μας να δούμε πώς είναι η ζωή εν Χριστώ. Και έχει καταφέρει ακριβώς αυτό.

Γνώρισα τον Oscar σε ένα χριστιανικό συνέδριο περισσότερα από 30 χρόνια πριν. Τα χρόνια πέρασαν και μοιραστήκαμε χαρές και ανησυχίες. Παίξαμε μαζί καινούρια τραγούδια σε ένα μοντέρνο, μουσικό σύνολο χριστιανικής μουσικής τεσσάρων οργάνων για δέκα σχεδόν χρόνια. Η χαρά που γευτήκαμε με τη μουσική, την προσευχή και την παρέα μας πήγαζε, σε μεγάλο βαθμό, από την παρουσία του Oscar στο μουσικό μας σύνολο.

Ο ποιμένας Oscar ζει μια ζωή υπηρεσίας και μελέτης του Λόγου του Θεού. Φροντίζει τους άλλους με πράξεις, με λόγια, με τρόφιμα. Η τρυφερότητά του τού δίνει τη δυνατότητα να μαρτυρά την αγάπη του Θεού με τον δικό του ξεχωριστό τρόπο. Το βιβλίο του είναι γεμάτο από εμπνευσμένους στοχασμούς. Στον στοχασμό της 9ης Φεβρουαρίου, ο Oscar γράφει ότι *«παρά την ασυνέπειά μας»* να ζήσουμε τον Λόγο του Θεού *«Εσύ μας οδηγείς με τρυφερότητα σε μονοπάτια αφθονίας»*. Στην προσευχή του, ζητά από τον Θεό να μας χαρίσει *«καλοσύνη, πιστότητα και ταπεινοφροσύνη»*. Αμήν.

Στους στοχασμούς του βιβλίου ***«Αίμα εκ του αίματός μου»***, οι γεμάτοι συμπόνοια στοχασμοί ξεχειλίζουν από αγάπη…Η αγάπη, η σοφία και η χάρη του Θεού βρίσκονται σε εξέλιξη μέσα από τη ζωή του ποιμένα Oscar. Τα γραπτά του είναι για όλους μας.
- **David Johnston** – Συνταξιούχος πρόεδρος της Visual Services, Inc, **φωτορεπόρτερ, μουσικός και φίλος**

Γνωρίζω τον Oscar Destruge από τα πρώτα μας βήματα στον δρόμο του Θεού. Είναι μια ευγενική, τρυφερή ψυχή με δυνατή πίστη. Οι καθημερινοί στοχασμοί του αποτελούν έναν εύστοχο, ευγενικό τρόπο που σε εμπνέει να παραμείνεις σε επαφή με την πίστη σου σε καθημερινή βάση. Σας συστήνω ανεπιφύλακτα να αφιερώσετε λίγα λεπτά κάθε μέρα στους στοχασμούς αυτούς. Είμαι σίγουρος ότι σύντομα θα αποτελέσουν μέρος της καθημερινότητάς σας.
- **Keith Donnelly** - Συγγραφέας του βιβλίου *The Christmas Stranger*
  www.donaldyoungbloodmysteries.com

Γνώριζα τον Oscar πριν παντρευτώ την καλή του φίλη, Jill Calandrelli πριν από περίπου 30 χρόνια. Η Jill συμμετείχε στην ομάδα μελέτης της Αγίας Γραφής που συντόνιζε ο Oscar στην εργασία του και ευχαριστώ τον Θεό για το καλό έργο που έκανε για 'μένα εκείνο το διάστημα. Η κόρη μας, η Emily, είναι το πνευματικό του παιδί.

Ένας φίλος εν Χριστώ μπορεί να είναι πιο κοντά μας κι από αδερφό. Έχω τη χαρά και την ευλογία να αποκαλώ τον Oscar αδερφό εν Χριστώ. ***Όπως το σίδερο ακονίζει το σίδερο* (Παροιμίαι 27:17),** η φιλία και το παράδειγμα ζωής του Oscar με βοήθησαν να γίνω καλύτερος σύζυγος, πατέρας και φίλος.

Το βιβλίο που κρατάτε στα χέρια σας διαβάζεται εύκολα. Η ζωή είναι σύντομη. Διαβάστε το! Χρησιμοποιήστε το για να εμβαθύνετε στον Λόγο του Θεού και να δεχτείτε την ελπίδα που Εκείνος σας προσφέρει μέσω του Υιού Του, του Ιησού Χριστού.

Έχετε την επιλογή να μοιραστείτε την εμπειρία της πίστης σας με άλλους. Ο Oscar, μέσα από τους στοχασμούς και τις προσευχές αυτού του βιβλίου, μας υπενθυμίζει ότι δεν χρειάζεται να είμαστε τέλειοι για να μοιραστούμε την ελπίδα που έχουμε εν Χριστώ. Ο κόσμος πάντοτε θα χρειάζεται ελπίδα. Σ' ευχαριστούμε, Oscar, που μας υπενθυμίζεις ότι οφείλουμε να μοιραζόμαστε την ελπίδα εν Χριστώ με κάθε γενιά.
- **John Monroe – Εγκάρδιος φίλος**

Γνώρισα τον ποιμένα Oscar το 2009, όταν ήταν ο πνευματικός υπεύθυνος στη χριστιανική συνάντηση που βρισκόμουν Δέκα χρόνια αργότερα, είχα τη χαρά να υπηρετώ μαζί του στην ίδια ομάδα της συνάντησης και έμαθα ότι έγραφε καθημερινούς στοχασμούς στο διαδίκτυο.

Ο ποιμένας Oscar ξεκινά κάθε στοχασμό με τη φράση «*Σας εύχομαι να έχετε μία ευλογημένη ημέρα, αγαπητοί συγγενείς και φίλοι μου*» και έχοντας κατά νου αυτό το κοινό, φέρνει τον Λόγο του Θεού πιο κοντά στον σύγχρονο τρόπο ζωής μας στον 21ο αιώνα. Κάθε στοχασμός περιλαμβάνει συγκεκριμένα αναγνώσματα από τον Λόγο του Θεού. Η στενή σχέση του ποιμένα Oscar με τον Κύριό μας αποκαλύπτεται καθώς ερμηνεύει και δίνει νόημα στα εδάφια. Κάθε φορά μένω έκθαμβος από την αφοσίωσή του στον Θεό και τη δέσμευσή του απέναντι στους αναγνώστες του.

Μου αρέσει η μουσική με πνευματικό περιεχόμενο και πολλές φορές οι στοχασμοί του μου φέρνουν στο μυαλό έναν ύμνο. Το ρεφρέν του ύμνου «*Εδώ είμαι Κύριε*» είναι αντιπροσωπευτικό του ποιμένα Oscar: «**Να 'μαι, Κύριε. Είμαι εγώ Κύριε; Σ' άκουσα να με καλείς τη νύχτα. Θα πάω, Κύριε, όπου εσύ με οδηγείς. Θα κρατώ τον λαό Σου στην καρδιά μου**», όπως διαβάζουμε στον **Ησαΐα 6:8** και στον **Α' Σαμουήλ 3:4**.

Εγώ, απ' την πλευρά μου, ευχαριστώ τον Θεό για τον ποιμένα Oscar και τους διαφωτιστικούς στοχασμούς του, εμπνευσμένους από το Άγιο Πνεύμα! Εύχομαι όλοι όσοι διαβάσουν αυτό το βιβλίο να εμπλουτίσουν το ταξίδι της πίστης τους, όπως συνέβη και με εμένα.
- **Eileen R Doyle, πιστή αναγνώστρια**

Χαίρομαι πολύ που οι στοχασμοί του ποιμένα Oscar εκδίδονται σε βιβλίο. Η αφοσίωσή του να μοιράζεται τον Λόγο του Θεού και η καθημερινή λατρεία με ύμνους και εδάφια σε τρεις γλώσσες είναι καταπληκτικό εγχείρημα! Η προσήλωση και η αφοσίωσή του αποτελούν παράδειγμα για εμένα και για πολλούς άλλους.

Προσεύχομαι ο Κύριος να ευλογήσει και να χρησιμοποιήσει το βιβλίο αυτό για να μεταδώσει το Ευαγγέλιο και την ελπίδα που βρίσκουμε στον Ιησού Χριστό στους πολλούς πάσχοντες ανά τον κόσμο!
- **Αιδεσιμότατος Johnny Cardamone**, Norwalk, **Κονέκτικατ**

Είναι τιμή μου να γράφω κριτική για το βιβλίο του αγαπητού μου φίλου, Oscar L. Destruge. Παρόλο που υπηρετήσαμε και οι δύο σε διακονίες για μεγάλο χρονικό διάστημα, τον γνωρίζω καλύτερα ως αντίπαλο στο γήπεδο του ράκετμπολ. Πολλές φορές οι δρόμοι μας συναντήθηκαν σε διακονίες, γι' αυτό και διαβάζω με ενθουσιασμό όσα έχει γράψει. Ήθελα πολύ να δω πώς αποτυπώνεται η καρδιά του στα γραπτά του, καθώς τον γνώριζα κυρίως ως συμπαίκτη. Ο ίδιος παραδέχτηκε ότι ενώ άλλοι παίζουν για διασκέδαση, εκείνος παίζει για να κερδίσει!

Το βιβλίο **Αίμα εκ του αίματός μου** είναι ένα καθημερινό ημερολόγιο στοχασμών που ακολουθεί τη σειρά των κοινών αναγνωσμάτων (common lectionary), δηλαδή ακολουθεί συγκεκριμένα καθημερινά αναγνώσματα από την Αγία Γραφή. Ο Oscar μοιράζεται αυτούς τους στοχασμούς με τα μέλη της διαδικτυακής κοινότητας μελέτης. Η μορφή των στοχασμών περιλαμβάνει ένα συγκεκριμένο εδάφιο από την Αγία Γραφή προς ανάγνωση για κάθε ημέρα και ακολουθεί η επεξήγηση και εφαρμογή του περιεχομένου από τον ποιμένα Destruge. Κάθε στοχασμός κλείνει με μία προσευχή.

Το βιβλίο είναι γεμάτο από τον Λόγο του Θεού. Πέρα από την περιστασιακή αναφορά σε κάποιες λέξεις στην πρωτότυπη γλώσσα (τα Ελληνικά ή τα Εβραϊκά), ο ποιμένας Destruge μας δίνει μια ξεκάθαρη και ρεαλιστική επεξήγηση. Πολλές φορές κάνει αναφορά στη δική του ιστορία καθώς ρίχνει φως στο κείμενο. Το βιβλίο που κρατάτε στα χέρια σας απευθύνεται στους πιστούς που παίρνουν την πίστη τους στα σοβαρά και θέλουν να ωριμάσουν πνευματικά. Το κείμενο διανθίζεται με ιστορικές αναφορές στην οικογένεια και τα πεθερικά του. Μάλιστα, η λέξη «πεθερικά» δεν είναι τόσο εύστοχη για τον Oscar γιατί παρουσιάζει την οικογένεια της γυναίκας του ως δική του οικογένεια. Ακόμη επεξεργάζομαι το γεγονός ότι υπάρχει βασιλική φλέβα (δούκισσα) στο γενεαλογικό δέντρο του ποιμένα Destruge!

Τα κοινά στοιχεία που έχω με τον Oscar είναι μεγάλη ευλογία για 'μένα. Είμαστε και οι δύο μετανάστες που υιοθετήσαμε τις Ηνωμένες Πολιτείες για νέα μας πατρίδα. Αγαπάμε πολύ αυτή τη χώρα και είμαστε ευγνώμονες για τις πλούσιες ευλογίες που είχαμε τη χαρά να βιώσουμε. Γνωρίζουμε ότι αυτή η χώρα δεν είναι τέλεια, όπως και καμία άλλη χώρα. Ενώ άλλοι ίσως κατηγορούν την Αμερική για τα «πέντε» άσχημα που θεωρούν ότι έχει, ο Oscar κι εγώ ανοιχτά και αναπολόγητα επιλέγουμε να τονίζουμε τα υπόλοιπα «ενενήντα-πέντε» που την καθιστούν μια υπέροχη χώρα ευκαιριών και δυνατοτήτων. Επίσης, και οι δυο πιστεύουμε ότι η εκκλησία και ο θεσμός της οικογένειας είναι πολύ βασικοί θεσμοί για τη σταθερότητα και την πρόοδο της Αμερικής. Η αφοσίωση στους δύο αυτούς τομείς επιφέρει τη χάρη του Θεού.

Διαβάζοντας το βιβλίο **Αίμα εκ του αίματός μου**, με συνεπήρε η νοσταλγία. Ο ποιμένας Destruge αναφέρεται με γενναιοδωρία και αναγνωρίζει τους προγόνους του και τα εν ζωή μέλη της οικογένειάς του για τον αντίκτυπο που είχαν στη ζωή του και τον διαμόρφωσαν στον άνθρωπο που είναι σήμερα. Είναι θεόσταλτο το γεγονός ότι το πρώτο του βιβλίου είναι βιβλίο με στοχασμούς. Πριν από έναν περίπου χρόνο, η αγαπημένη μου μητέρα πέρασε από το παρόν στην αιωνιότητα, από τη γη στη δόξα. Κάθε φορά που ερχόταν να με δει στο Κονέκτικατ, έπαιρνε το περιοδικό Ο Άρτος ο Επιούσιος από τα ράφια της εκκλησίας μας. Της άρεσε πολύ να διαβάζει τις καθημερινές σκέψεις και κάποιες φορές, της έστελνα το περιοδικό και στο σπίτι της.

Ο Θεός να ευλογήσει πλούσια όσους διαβάζουν αυτό το βιβλίο.
- **Αιδεσιμότατος Dr. Jeffrey A. Ingraham, Ποιμένας**
  Calvary Baptist Church, Norwalk, Κονέκτικατ
  Συγγραφέας των βιβλίων **"Preaching The Ten Commandments"** (2017) και **"Major Messages From Minor Prophets"** (2021)

Οι στοχασμοί από την Αγία Γραφή στο βιβλίο **Αίμα εκ του αίματός μου** του ποιμένα Oscar Destruge είναι ιδιαίτερα διαφωτιστικοί και εμπνέουν. Μου άρεσαν ιδιαίτερα οι μαρτυρίες που διηγείται ο ποιμένας Destruge και κάνουν τη διήγηση από τη Γραφή ακόμη πιο ζωντανή. Η εφαρμογή αυτή, βγαλμένη από τη ζωή, βοηθά τον αναγνώστη να συνειδητοποιήσει ότι ο Λόγος του Θεού εφαρμόζεται σε κάθε πτυχή της ζωής.

Συστήνω ανεπιφύλακτα το βιβλίο *Αίμα εκ του αίματός μου* **με τους στοχασμούς** και πιστεύω ότι θα βοηθήσει να μεταμορφωθούν ζωές ανθρώπων.
- **Αιδεσιμότατος Dr. Sheldon E. Williams**, Ποιμένας στην εκκλησία Co-op City BC, Bronx, Νέα Υόρκη

Είχα την ευκαιρία να συμμετέχω σε μια ομάδα βιβλικής μελέτης για ποιμένες κατά τη διάρκεια υπηρεσίας μου σε μία εκκλησία Μεθοδιστών, σε μια ακμάζουσα μικρή συνοικία στην κομητεία Southern Fairfield. Ήμασταν μια μικρή ομάδα πιστών, αποτελούμενη από άντρες και γυναίκες, λευκούς και έγχρωμους, νεότερους και μεγαλύτερους σε ηλικία. Σεβόμασταν και ενδιαφερόμασταν πραγματικά ο ένας για τον άλλον, κι αυτό έγινε ουσιαστική πνευματική ώρα για όλους.

Η διαφορά στις διακονίες μας ήταν αυτό που έκανε τη δέσμευση και την οπτική μας στον λόγο του Θεού να διαφοροποιείται. Ο Oscar ακολουθούσε αληθινά, σε βάθος και πάντα με νέους τρόπους, τον ευαγγελισμό. Υπηρετούσε τις πιο περιθωριοποιημένες κοινότητες σε αστικές περιοχές. Κάποιοι από εμάς υπηρετούσαμε σε πλούσιες εκκλησίες στην ακτογραμμή του Κονέκτικατ. Ο τρόπος που μοιραζόμαστε το Ευαγγέλιο πάντοτε διέφερε στο πλαίσιο και στην οπτική του. Συμμετείχαμε με αληθινό ενδιαφέρον. Ο Oscar ήταν, χωρίς αμφιβολία, ο πιο προσανατολισμένος στο ευαγγέλιο από την ομάδα μας και έγινε δάσκαλος – τουλάχιστον, για εμένα - έπειτα από τα 25 και πλέον χρόνια εργασίας μου ως κρατικός υπάλληλος. Σπάνια έχανα τις συναντήσεις μας γιατί ο χρόνος που περνούσαμε μαζί με έτρεφε και με αναζωογονούσε και ο Oscar αποτελούσε σημαντικό κομμάτι της ώρας αυτής, υπενθυμίζοντάς μου τις λαμπρές στιγμές της διακονία μας.

Οι στοχασμοί αυτοί είναι τόσο ειλικρινείς και πιστοί στον Λόγο του Θεού που είμαι σίγουρος ότι θα σας ανταμείψουν, εμβαθύνοντας την πίστη σας και δίνοντάς σας μια νέα οπτική του Λόγου του Θεού. Ο Oscar είναι αξιόλογος μαθητής και επικεφαλής στην υπηρεσία του Θεού.

- **Αιδεσιμότατος Stephen Goldstein,** Ηνωμένος Μεθοδιστής, Πρεσβύτερος, Συνταξιούχος

Τα εδάφια που μοιράζεσαι μαζί μας με κάθε στοχασμό είναι πάντα επίκαιρα και ανυψώνουν το πνεύμα. Βρήκα μεγάλη παρηγοριά και ενθάρρυνση και με προκάλεσε να γίνω καλύτερη για χάρη του Χριστού. Σ' ευχαριστώ που πάντα μοιράζεσαι από την καρδιά σου!
- **Gail Brown, πιστή αναγνώστρια και φίλη.**

Εκτιμώ πραγματικά αυτούς τους καθημερινούς στοχασμούς. Μιλούν απευθείας σε όσα έχω στον νου και στην καρδιά μου.
- **LJ, πιστή αναγνώστρια και φίλη**

Πλούσιες ευλογίες για την επιμονή και την αγάπη σου στην υπηρεσία του έργου του Κυρίου.
- **Ximena Ruales, πιστή αναγνώστρια**

Σ' ευχαριστώ που μοιράζεσαι καθημερινά μαζί μας τους όμορφους βιβλικούς στοχασμούς από τον Λόγο του Θεού.
- **Martha Rodríguez, πιστή αναγνώστρια**

Συγχαρητήρια για την έκδοση του βιβλίου σου **Αίμα εκ του αίματός μου**. Πράγματι, οι καθημερινοί στοχασμοί του Oscar με έφερναν καθημερινά πιο κοντά στον Λόγο του Θεού και προσπάθησα να διορθώσω τα λάθη που κάνω ως άνθρωπος, ενισχύοντας την πίστη μου και αναζητώντας τη δύναμη στον Θεό προκειμένου να αλλάξω.
- **Marco Vinicio Saquicela Destruge, ξάδελφος, πιστός αναγνώστης.**

ΑΦΙΕΡΩΣΗ
Στη γυναίκα μου, Μαργαρίτα (Μαίρη)

Όταν ήμουν 14 ετών, ζούσα στη γειτονιά Washington Heights στην πόλη της Νέας Υόρκης. Στον επάνω όροφο από τον δικό μας έμενε μια οικογένεια Ελληνο-βραζιλιάνων. Είχαν μια όμορφη, ευγενική και ταπεινή κόρη που ονομαζόταν Γεωργία. Ήμουν κρυφά ερωτευμένος μαζί της, αλλά πολύ ντροπαλός για να της το πω. Αποφάσισα, λοιπόν, μέσα μου ότι **μια μέρα, θα παντρευτώ Ελληνίδα.** Έτσι κι έγινε! Πόσο τυχερός!

Ο Θεός ήταν παραπάνω από καλός μαζί μου. Αρχικά, με διάλεξε για υιοθετημένο παιδί Του και δεύτερον, οδήγησε τους γονείς μας να μεταναστεύσουν στις ΗΠΑ ώστε να συναντηθούμε, να ερωτευτούμε και να περάσουμε 47 χρόνια (τα οποία κλείσαμε στις 15 Νοεμβρίου 2022) μαζί, δημιουργώντας μια χριστιανική οικογένεια για τα παιδιά μας και τα παιδιά των παιδιών μας. Είμαι ευγνώμων που η Μαίρη επέλεξε εμένα για σύζυγό της.

Μαίρη, σ' ευχαριστώ για την αγάπη σου, για τα δύο υπέροχα παιδιά και τα τρία πολύτιμα εγγόνια, για την αγάπη και τη βοήθειά σου στους γονείς μου και στην ευρύτερη οικογένειά μου (αδέρφια, θείες, θείους, ξαδέρφια, κτλ.). Σ' ευχαριστώ για τις θυσίες σου και την οργάνωση να δημιουργήσεις ένα όμορφο σπίτι και μια οικογένεια. Σ' ευχαριστώ για όλες τις καταπληκτικές διακοπές, αλλά κυρίως γι' αυτές στην Ευρώπη και τη Νότια Αμερική. Όλες οι ευχές και τα όνειρά μου ως παιδί εκπληρώθηκαν με εσένα. Αφιερώνω αυτό το βιβλίο σε εσένα με πολλή αγάπη, ευγνωμοσύνη και θαυμασμό.

Στα παιδιά μου και στις μελλοντικές γενιές,
Τη σάρκα εκ της σαρκός μου και το αίμα εκ του αίματός μου.

Μετά τη συνταξιοδότησή μου από την εργασία μου στην εταιρεία Diversified Investment Advisors το 2010, πριν ξεκινήσω να γράφω τους στοχασμούς αυτούς εθίστηκα στο ράκετμπολ. Έπαιζα καθημερινά 3-6 ώρες, πέντε ημέρες την εβδομάδα. Τίποτα δεν διέκοπτε το πρόγραμμά μου μέχρι που ξεκίνησα να γράφω τον Αύγουστο του 2018. Όταν κάθομαι εδώ, και σκέφτομαι εσάς, το έτος 2122 (100 χρόνια από σήμερα), να διαβάζετε και να στοχάζεστε αυτά τα λόγια, μου δίνει κίνητρο που ούτε καν το φανταζόμουν. Σας ευχαριστώ για το ενδιαφέρον σας να μάθετε ποιοι ήμασταν, πώς ζήσαμε και αγαπήσαμε τη χριστιανική μας κλήση και την οικογένειά μας.

Υπεραγαπώ τον γιο μου **Jean-Paul** Ξανθόπουλο Destruge και τη λατρεμένη μου κόρη, **Σοφία Ελένη** Destruge. Δεν έχω αγαπήσει ούτε θαυμάσει κανέναν άλλο άντρα όπως εσένα, Jean-Paul. Είσαι υπέροχος πατέρας, τρυφερός, στοργικός και αστείος με την Ségolène και τη Σαλώμη. Ένας άντρας που πραγματικά αγαπάει τη μαγειρική! Έχεις μεγάλη καρδιά και σ' αγαπώ. Καθημερινά ευχαριστώ τον Θεό για εσένα και προσεύχομαι να σου δίνει υγεία, δύναμη και σοφία για να ευημερείς σε όλα όσα κάνεις.

Είμαι επίσης περήφανος που ο Jean-Paul φέρει το επίθετο της μητέρας του: **Ξανθόπουλος**. Ο παππούς Αριστοκλής δεν είχε γιους ώστε να συνεχιστεί το όνομα, γι' αυτό και του δώσαμε το επίθετο του παππού ως δεύτερο όνομα. Σας προτρέπω να μην ξεχάσετε ποτέ την καταγωγή σας, να είστε υπερήφανοι για τα ονόματα Destruge-Ξανθόπουλος και να τους αποδίδετε τιμή και αξιοπρέπεια.

Σοφία Ελένη μου, είμαστε τόσο υπερήφανοι για όλα όσα πέρασες και τα ξεπέρασες. Η μαμά κι εγώ σ' αγαπάμε πολύ. Στις 12 Οκτωβρίου 1984, ο Θεός διάλεξε τη μαμά σου και εμένα να αγαπήσουμε και να φροντίσουμε το ξεχωριστό δώρο μας. Ήσουν, είσαι και θα είσαι για πάντα το ξεχωριστό δώρο μου απ' τον Θεό. **Χαίρομαι τόσο πολύ** που ο Carlos επέμενε και επιλέξατε ο ένας τον άλλον για να πορευθείτε στη ζωή. Με τον Carlos στο πλευρό σου και τον Λάζαρο-Ηλία υπό την στοργική φροντίδα σας, μένω ήρεμος ότι **ζεις τη ζωή που προσευχόμασταν να ζήσεις**: μία καλή ζωή, μια ζωή στην οποία θα έχεις χαρά τώρα και στο μέλλον και θα σε αγαπούν.

Jean-Paul και Phoenix, Σοφία και Carlos, ο Θεός να σας ευλογεί πάντοτε και να βρίσκεται πάντα στο επίκεντρο της οικογένειάς σας. Σας αγαπώ με όλη μου την καρδιά και όλο μου το είναι.

Στις μελλοντικές και, άγνωστες ακόμη, γενιές (τα παιδιά της Ségolène, της Σαλώμης, του Λάζαρου, αν επιλέξουν να αποκτήσουν και να έχουν την ευλογία δικών τους ή υιοθετημένων παιδιών), παρόλο που θα βρίσκομαι στον τόπο ανάπαυσής μου, θέλω να ξέρετε ότι προσευχόμουν για εσάς, τους ακόμη αγέννητους απογόνους μου, και ότι το αίμα των οικογενειών Destruge-Ξανθόπουλου ρέει στις φλέβες σας και φέρετε τα ονόματα αυτά. Προσεύχομαι μέσα από τους στοχασμούς αυτούς και τις ιστορίες των γονέων σας, ο Θεός να μεταδώσει την αγάπη, τη χαρά και την ελπίδα μας σε εσάς. Προσεύχομαι ο Θεός να ενισχύσει την πίστη σας ώστε να μην επιδιώκετε τους θεούς αυτού του κόσμου. Προσεύχομαι να στοχάζεστε και να μελετάτε τον Λόγο του Θεού και το βιβλίο αυτό και να το κληροδοτήσετε στα παιδιά σας και στα παιδιά των παιδιών σας ως ένδειξη της απέραντης αγάπης, της προσευχής και της ελπίδας μας για εσάς. Το βιβλίο αυτό αφιερώνεται με απέραντη αγάπη σε εσάς, τη σαρξ εκ της σαρκός μου, *το αίμα εκ του αίματός μου*.

Ο παππούς (Abuelito / Tito)

ΛΟΓΙΑ ΣΟΦΙΑΣ ΑΠΟ ΤΗ ΓΙΑΓΙΑ ΜΑΙΡΗ

Η γιαγιά Μαίρη ήταν πάντοτε ισχυρή και ηγετική μορφή στη ζωή όλων μας. Στα 47 χρόνια που είμαι μαζί της, είδα από πρώτο χέρι τη φροντίδα και την προστατευτικότητα προς την οικογένειά μας, τους γονείς της, την αδερφή, τα ξαδέλφια, τα παιδιά και τα εγγόνια της, τις ανιψιές και τους ανιψιούς της, και όπως ήδη ανέφερα, ακόμη για την οικογένειά μου, τους Sandoval, από την πλευρά της μητέρας μου.

Το γράψιμο δεν είναι το δυνατό της σημείο, αν και είμαι σίγουρος ότι αν καθόσασταν μαζί της για καφέ, θα είχε να μοιραστεί μαζί σας ιστορίες, συμβουλές και αξίες για να διαπιστώσετε ότι η μεταξύ σας σχέσεις ως μέλη της οικογένειας που μοιράζεστε το ίδιο αίμα και την ίδια κληρονομιά, είναι σχέση που στον πυρήνα της έχει τον Θεό και την οικογένεια.

Παρακάτω θα διαβάσετε λίγα λόγια της **γιαγιάς Μαίρης**, τα οποία μοιράζεται μαζί σας, με το **αίμα εκ του αίματός της**, σε μία συνέντευξη που κάναμε στις 18 Σεπτεμβρίου 2022 στο σπίτι της Μεγάλης Γιαγιάς, Κυριακής, στην Κατερίνη.

1. **Ποιο είναι το πιο σημαντικό πράγμα που θέλεις να γνωρίζουν η τωρινή και οι επόμενες γενεές για εσένα, την οικογένεια και τον Θεό;-** *Η έννοια της συντροφικότητας είναι πολύ σημαντική για 'μένα. Να μην ξεχάσετε ποτέ από πού ξεκινήσαμε, τα ταπεινά αλλά υπερήφανα πρώτα βήματα που κάναμε και να πασχίζετε να διατηρήσετε και να μιμηθείτε τις ιδιότητες εκείνες του χαρακτήρα. Οι πρόγονοί μας δεν είχαν τα μέσα για επιβίωση, αλλά επέμεναν. Θέλω να γνωρίζετε ότι ο Θεός είναι αληθινός και ότι θα πρέπει να επιδιώκετε να Τον βρείτε, να Τον γνωρίσετε και να Τον αγαπάτε.*
2. **Ποιον θαυμάζεις;** - *Θαυμάζω τους προγόνους μου γιατί έζησαν μια σκληρή, απάνθρωπη ζωή, ιδιαίτερα κατά την περίοδο των πολέμων. Το πνεύμα τους, που πίστευε και αγαπούσε τον Θεό, τους βοήθησε να ξεπεράσουν τις καταστάσεις αυτές.*
3. **Τι σε κινητοποιεί για να αναλάβεις δράση;** *Όταν βλέπω αδικία ή πράγματα που δεν γίνονται σωστά, θέλω να παρέμβω και να διορθώσω το πρόβλημα. Θα πρέπει να είμαστε ανοιχτοί να βοηθάμε όσους έχουν ανάγκη.*
4. **Τι σε κάνει να θυμώνεις;** *Με ενοχλεί όταν βλέπω ανθρώπους να έχουν υποστεί πλύση εγκεφάλου από την προπαγάνδα, που δεν αφιερώνουν χρόνο να αξιολογήσουν άλλες κοσμοθεωρίες και πληροφορίες. Με ενοχλεί επίσης όταν δεν λαμβάνουν υπόψη τη συμβουλή μου. Ο κόσμος πολλές φορές παρεξηγεί τις συμβουλές μου, που δίνονται με καλή πρόθεση.*
5. **Τι απολαμβάνεις περισσότερο;** *Την οικογένεια! Να περνάω χρόνο με τα εγγόνια και τα παιδιά μου. Μου αρέσει πολύ τα παιδιά και τα εγγόνια μου να έχουν επαφή ο ένας με τον άλλον, όπως και να διατηρούν επαφές με τον ελληνικό πολιτισμό και με την οικογένειά μου στην Ελλάδα.*
6. **Αν μπορούσες να ζήσεις οπουδήποτε, ποιο μέρος θα επέλεγες;** *Εκεί που είναι τα παιδιά μου, αν και αυτό το διάστημα πρέπει να βρίσκομαι στην Ελλάδα με τη μητέρα μου για να τη φροντίζω.*
7. **Ποια ανθρώπινα χαρακτηριστικά και βασικές αξίες έχουν την ύψιστη σημασία για εσένα;** *Έχω σε μεγάλη εκτίμηση την οικογένεια, τον Θεό, την ασφάλεια (ειρήνη), την πιστότητα, τον σεβασμό και την ελευθερία.*

ΠΙΝΑΚΑΣ ΠΕΡΙΕΧΟΜΕΝΩΝ

ΗΜΕΡΟΜΗΝΙΑ	ΤΙΤΛΟΣ	ΕΔΑΦΙΟ	ΣΕΛΙΔΑ
ΙΑΝΟΥΑΡΙΟΣ	Η ΑΡΧΗ — DESTRUGE / ILLINGWORTH		0
Ιανουάριος 1	ΚΑΛΗ ΧΡΟΝΙΑ	Εκκλησιαστής 3:1, 5β	2
Ιανουάριος 2	ΣΟΦΙΑ	Ιακώβου 3:17	2
Ιανουάριος 3	ΑΣ ΨΑΛΛΟΥΜΕ ΣΤΟΝ ΚΥΡΙΟ ΕΝΑ ΝΕΟ ΤΡΑΓΟΥΔΙ	Ψαλμοί 98:1-2	3
Ιανουάριος 4	ΕΜΠΙΣΤΟΣΥΝΗ ΣΤΟΝ ΘΕΟ	Παροιμίαι 3:5-6	4
Ιανουάριος 5	Ο ΧΡΥΣΟΣ ΚΑΝΟΝΑΣ ΤΟΥ ΙΗΣΟΥ	Κατά Λουκάν 6:31	5
Ιανουάριος 6	ΜΕΤΑΜΟΡΦΩΜΕΝΟΙ ΑΠΟ ΤΟ ΦΩΣ ΤΟΥ ΘΕΟΥ	Ησαΐας 60:2	7
Ιανουάριος 7	Ο ΘΕΟΣ ΕΓΚΑΘΙΣΤΑ ΚΑΙ ΚΑΘΑΙΡΕΙ	Α΄ Σαμουήλ 3:10	8
Ιανουάριος 8	ΟΙ ΚΑΛΥΤΕΡΟΙ ΓΟΝΕΙΣ	Α΄ Προς Τιμόθεον 4:12	9
Ιανουάριος 9	ΟΔΗΓΙΕΣ ΠΟΥ ΜΕΤΑΜΟΡΦΩΝΟΥΝ	Κατά Λουκάν 5:10	10
Ιανουάριος 10	ΚΑΝΕΝΑ ΔΑΚΡΥ ΣΤΟΝ ΟΥΡΑΝΟ	Αποκάλυψη 21:4	11
Ιανουάριος 11	ΕΥΛΟΓΗΜΕΝΗ ΣΥΓΧΩΡΗΣΗ	Προς Ρωμαίους 4:8	12
Ιανουάριος 12	ΑΓΙΑΣΜΕΝΟΣ ΓΙΑ ΛΑΤΡΕΙΑ	Έξοδος 30:33	13
Ιανουάριος 13	ΘΕΡΑΠΕΥΣΕ ΜΑΣ ΑΠΟ ΚΑΘΕ ΚΑΚΟ	Κατά Ιωάννην 1:29	14
Ιανουάριος 14	ΦΡΟΥΡΟΣ ΖΩΗΣ	Ψαλμοί 139:3	15
Ιανουάριος 15	ΟΤΑΝ ΝΙΩΘΟΥΜΕ ΑΝΑΞΙΟΙ	Πράξεις 13:25	16
Ιανουάριος 16	ΝΑ ΓΝΩΡΙΖΕΙΣ ΚΑΙ ΝΑ ΣΕ ΓΝΩΡΙΖΟΥΝ	Κατά Ματθαίον 25:12	17
Ιανουάριος 17	ΒΟΣΚΕ ΤΑ ΑΡΝΙΑ ΜΟΥ	Κατά Ιωάννην 21:15	18
Ιανουάριος 18	ΚΑΘΑΡΙΣΜΕΝΟΙ ΚΑΙ ΣΩΣΜΕΝΟΙ	Προς Κορινθίους Β΄ 7:1	19
Ιανουάριος 19	ΟΙ ΣΥΝΕΠΕΙΕΣ ΤΟΥ ΨΕΥΔΟΥΣ	Ψαλμοί 86:11	21
Ιανουάριος 20	ΠΡΕΠΕΙ ΝΑ ΠΙΣΤΕΨΟΥΜΕ ΣΑΝ ΤΑ ΠΑΙΔΙΑ	Κατά Λουκάν 18:17	22
Ιανουάριος 21	Η ΠΙΣΤΗ ΕΝΕΡΓΟΠΟΙΕΙ ΤΟ ΧΕΡΙ ΤΟΥ ΘΕΟΥ	Ψαλμοί 62:6	23
Ιανουάριος 22	ΠΡΟΣΜΕΝΟΝΤΑΣ ΚΑΙ ΠΑΡΑΚΟΛΟΥΘΩΝΤΑΣ	Β΄ Πέτρου 3:3-4	24
Ιανουάριος 23	ΜΙΛΩΝΤΑΣ ΓΙΑ ΤΗΝ ΑΠΟΡΡΙΨΗ	Κατά Λουκάν 10:16	25
Ιανουάριος 24	ΤΙ ΠΡΕΠΕΙ ΝΑ ΖΗΤΑΜΕ;	Κατά Ματθαίον 7:7	26
Ιανουάριος 25	ΑΞΙΖΕΙΣ ΤΑ ΛΥΤΡΑ ΕΝΟΣ ΒΑΣΙΛΙΑ/ΜΙΑΣ ΒΑΣΙΛΙΣΣΑΣ	Προς Κορινθίους Α΄ 7:23	27
Ιανουάριος 26	ΕΙΝΑΙ ΜΑΤΑΙΟ ΝΑ ΜΑΧΟΜΑΣΤΕ ΚΑΤΑ ΤΟΥ ΘΕΟΥ	Πράξεις 5:39	28
Ιανουάριος 27	ΠΛΟΥΤΟΣ ΠΟΥ ΔΙΑΡΚΕΙ	Παροιμίαι 8:17	29
Ιανουάριος 28	ΑΞΙΟΠΙΣΤΟΣ	Ψαλμοί 111:7	31
Ιανουάριος 29	ΥΓΙΗΣ ΦΟΒΟΣ	Ψαλμοί 111:10	32
Ιανουάριος 30	ΧΑΡΑΚΤΗΡΑΣ	Κατά Λουκάν 16:10	33
Ιανουάριος Δεκ	ΘΕΪΚΗ ΥΠΟΤΑΓΗ	Ιακώβου 4:7	34
ΦΕΒΡΟΥΑΡΙΟΣ			
Φεβρουάριος 1	ΕΥΛΟΓΗΜΕΝΟΣ ΛΑΟΣ	Αριθμοί 22:12	35

ΗΜΕΡΟΜΗΝΙΑ	ΤΙΤΛΟΣ	ΕΔΑΦΙΟ	ΣΕΛΙΔΑ
Φεβρουάριος 2	ΧΩΡΙΣ ΑΝΗΣΥΧΙΑ	Προς Κορινθίους Α' 7:32α	36
Φεβρουάριος 3	ΕΛΠΙΖΕ, ΕΜΠΙΣΤΕΥΣΟΥ ΚΑΙ ΠΡΟΣΕΥΧΗΣΟΥ	Ιερεμίας 29:13	37
Φεβρουάριος 4	ΚΑΛΕΣΜΑ ΓΙΑ ΕΛΕΥΘΕΡΙΑ	Προς Γαλάτας 5:13	38
Φεβρουάριος 5	ΝΑΥΑΓΟΣΩΣΤΗΣ, ΕΓΩ;	Προς Κορινθίους Α' 9:16	39
Φεβρουάριος 6	Η ΣΥΜΠΟΝΟΙΑ ΕΙΝΑΙ ΥΠΕΡΑΝΩ ΤΟΥ ΝΟΜΟΥ	Κατά Ματθαίον 12:12	40
Φεβρουάριος 7	ΟΙ ΤΡΕΙΣ ΕΙΝΑΙ ΚΑΛΥΤΕΡΟΙ ΑΠΟ ΤΟΝ ΕΝΑ	Εκκλησιαστής 4:12	41
Φεβρουάριος 8	Η ΠΡΩΤΗ ΑΝΑΣΤΑΣΗ	Β' Βασιλέων 4:32	42
Φεβρουάριος 9	ΑΠΟΚΑΤΑΣΤΑΣΗ	Ψαλμοί 102:17	43
Φεβρουάριος 10	ΟΛΟΙ ΗΘΕΛΑΝ ΝΑ ΤΟΝ ΑΓΓΙΞΟΥΝ	Κατά Μάρκον 3:10	44
Φεβρουάριος 11	ΕΥΩΔΙΑΣΤΟΙ ΚΑΙ ΘΡΙΑΜΒΕΥΤΕΣ	Προς Κορινθίους Β' 2:14	45
Φεβρουάριος 12	ΜΗΝ ΝΤΡΕΠΕΣΑΙ	Α' Προς Τιμόθεον 1:15β	46
Φεβρουάριος 13	ΔΕΣ ΤΟΝ ΙΗΣΟΥ ΣΕ ΚΑΘΕ ΔΑΚΡΥ	Κατά Λουκάν 19:41	47
Φεβρουάριος 14	ΜΑΘΗΜΑΤΑ ΑΠΟ ΤΟΝ ΜΠΑΜΠΑ	Προς Εφεσίους 5:1	48
Φεβρουάριος 15	ΔΩΣΕ ΤΗ ΔΕΟΥΣΑ ΠΡΟΣΟΧΗ	Προς Εβραίους 2:1	49
Φεβρουάριος 16	Ο ΣΩΤΗΡ ΜΟΥ ΖΕΙ	Ιώβ 19:25	50
Φεβρουάριος 17	ΚΑΤΙ ΠΕΡΙΣΣΟΤΕΡΟ ΑΠΟ ΣΚΟΝΗ ΣΤΟΝ ΑΝΕΜΟ	Ησαΐας 58:4β	52
Φεβρουάριος 18	Η ΠΡΟΣΕΥΧΗ ΤΗΣ ΕΞΟΜΟΛΟΓΗΣΗΣ	Α' Ιωάννου 1:9	53
Φεβρουάριος 19	ΑΥΤΗ ΤΗΝ ΕΝΤΟΛΗ ΣΑΣ ΔΙΝΩ	Β' Προς Τιμόθεον 4:1-2	54
Φεβρουάριος 20	ΥΠΗΡΕΣΙΑ ΜΕ ΕΥΓΝΩΜΟΣΥΝΗ ΚΑΙ ΕΥΣΕΒΕΙΑ	Ψαλμοί 2:11	55
Φεβρουάριος 21	ΑΠΟΚΑΤΑΣΤΑΣΗ ΟΛΩΝ ΤΩΝ ΠΡΑΓΜΑΤΩΝ	Κατά Μάρκον 9:12	56
Φεβρουάριος 22	ΔΗΜΙΟΥΡΓΗΘΗΚΑΜΕ ΓΙΑ ΝΑ ΕΙΜΑΣΤΕ ΑΡΤΟΣ ΚΑΙ ΚΑΙ ΚΥΠΕΛΛΟ	Προς Εφεσίους 2:10	57
Φεβρουάριος 23	ΗΜΟΥΝ ΤΥΦΛΟΣ, ΑΛΛΑ ΤΩΡΑ ΒΛΕΠΩ	Α' Πέτρου 3:15	58
Φεβρουάριος 24	ΤΡΟΦΗ ΓΙΑ ΤΗΝ ΨΥΧΗ	Κατά Ματθαίον 4:4	59
Φεβρουάριος 25	ΠΕΡΙΦΡΟΝΗΜΕΝΟΣ	Ψαλμοί 22:24	60
Φεβρουάριος 26	ΘΑ ΕΥΛΟΓΗΣΩ ΟΣΟΥΣ ΣΕ ΕΥΛΟΓΟΥΝ	Γένεσις 16:4	61
Φεβρουάριος 27	ΘΕΟΣ ΓΕΜΑΤΟΣ ΕΛΕΟΣ	Ιωνάς 3:10	62
Φεβρουάριος 28	ΕΧΕΙΣ ΔΙΚΙΟ ΝΑ ΘΥΜΩΝΕΙΣ;	Ιωνάς 4:4	64
Φεβρουάριος 29	Ο ΑΡΤΟΣ ΤΗΣ ΖΩΗΣ	Κατά Ιωάννην 6:35	65
ΜΑΡΤΙΟΣ	ΤΟ ΕΤΕΡΟΝ ΗΜΙΣΥ – ΟΙΚΟΓΕΝΕΙΑ ΞΑΝΘΟΠΟΥΛΟΥ		67
Μάρτιος 1	ΤΟ ΣΚΗΠΤΡΟ ΤΗΣ ΔΙΚΑΙΟΣΥΝΗΣ	Προς Εβραίους 1:8	69
Μάρτιος 2	ΔΙΑΒΑΙΝΕ ΜΕ ΤΟΝ ΒΑΣΙΛΙΑ	Προς Εβραίους 11:1	70
Μάρτιος 3	ΠΑΙΔΙΑ ΤΟΥ ΦΩΤΟΣ	Κατά Ιωάννην 12:36	71
Μάρτιος 4	ΑΚΟΥΡΑΣΤΟΙ	Έξοδος 19:4β	71
Μάρτιος 5	ΙΕΡΑ ΜΕΡΗ	Πράξεις 7:33	73
Μάρτιος 6	ΤΑ ΑΠΟΤΕΛΕΣΜΑΤΑ ΤΗΣ ΚΑΛΗΣ ΦΙΛΙΑΣ	Μιχαίας 7:18	74
Μάρτιος 7	ΤΑ ΜΑΤΙΑ ΤΟΥ ΘΕΟΥ ΕΙΝΑΙ ΕΠΑΝΩ ΜΑΣ	Ησαΐας 51:4	75
Μάρτιος 8	ΣΤΟΝ ΝΑΟ ΤΟΥ ΘΕΟΥ	Προς Κορινθίους Α' 3:16	76

ΗΜΕΡΟΜΗΝΙΑ	ΤΙΤΛΟΣ	ΕΔΑΦΙΟ	ΣΕΛΙΔΑ
Μάρτιος 9	ΑΓΙΑΣΕ ΜΕ ΚΑΘΕ ΜΕΡΑ	Β΄ Χρονικών 29:5	77
Μάρτιος 10	Ο ΘΕΟΣ ΕΡΓΑΖΕΤΑΙ ΜΕΣΩ ΤΗΣ ΠΡΟΣΕΥΧΗΣ	Κατά Μάρκον 11:17β	78
Μάρτιος 11	ΟΦΕΛΗ ΤΗΣ ΥΙΟΘΕΣΙΑΣ	Προς Εφεσίους 1:5	79
Μάρτιος 12	ΣΦΡΑΓΙΣΜΕΝΟΙ	Προς Εφεσίους 1:13	80
Μάρτιος 13	ΕΝΑΣ ΝΕΟΣ ΚΟΣΜΟΣ	Προς Εφεσίους 2:22	81
Μάρτιος 14	ΜΙΑ ΑΝΑΓΚΑΙΑ ΣΥΝΑΝΤΗΣΗ	Κατά Ιωάννην 4:4	82
Μάρτιος 15	Η ΕΝΔΟΞΗ ΕΛΠΙΔΑ ΜΑΣ	Προς Εβραίους 3:6	83
Μάρτιος 16	Ο ΘΕΟΣ ΘΑ ΔΩΣΕΙ ΜΙΑ ΔΙΕΞΟΔΟ	Προς Κορινθίους Α΄ 10:13	84
Μάρτιος 17	ΠΟΤΕ ΘΑ ΠΑΥΣΕΙ Η ΛΥΠΗ ΜΑΣ;	Ησαΐας 60:20	85
Μάρτιος 18	ΑΣ ΣΕΒΑΣΤΟΥΜΕ ΟΛΑ ΤΑ ΔΙΑΤΑΓΜΑΤΑ	Ιερεμίας 2:7	86
Μάρτιος 19	ΕΠΙΡΡΕΠΗΣ ΣΤΗΝ ΑΜΑΡΤΙΑ	Προς Εβραίους 4:16	87
Μάρτιος 20	ΠΙΕΣΗ ΑΠΟ ΣΥΝΟΜΗΛΙΚΟΥΣ	Α΄ Σαμουήλ 15:24	88
Μάρτιος 21	Ο ΛΟΓΟΣ ΗΤΑΝ Ο ΘΕΟΣ	Κατά Ιωάννην 1:1	89
Μάρτιος 22	ΜΟΝΟ Ο ΘΕΟΣ ΜΠΟΡΕΙ ΝΑ ΣΩΣΕΙ	Ησαΐας 43:10	90
Μάρτιος 23	ΚΡΙΤΗΣ, ΦΙΛΟΣ ΚΑΙ ΟΔΗΓΟΣ	Πράξεις 2:21	91
Μάρτιος 24	ΚΑΤΑΔΙΚΑΣΜΕΝΟΙ ΑΠΟ ΤΟΝ ΛΟΓΟ	Κατά Ιωάννην 12:48	92
Μάρτιος 25	Ο ΘΕΟΣ ΜΑΖΙ ΜΑΣ	Ησαΐας 7:14β	94
Μάρτιος 26	ΘΑΥΜΑΤΑ ΤΟΥ ΘΕΟΥ	Ιερεμίας 33:3	95
Μάρτιος 27	Η ΔΙΚΑΙΟΣΥΝΗ ΤΟΥ ΘΕΟΥ	Ιεζεκιήλ 33:12	96
Μάρτιος 28	Ο ΘΕΟΣ ΘΑ ΣΕ ΦΡΟΝΤΙΣΕΙ	Ιεζεκιήλ 36: 9	97
Μάρτιος 29	ΔΙΑΜΕΣΟΛΑΒΗΤΗΣ ΝΕΑΣ ΔΙΑΘΗΚΗ	Προς Εβραίους 9:15	98
Μάρτιος 30	ΓΙΑΤΙ ΗΡΘΕ Ο ΙΗΣΟΥΣ	Κατά Ιωάννην 12:27	99
Μάρτιος 31	Η ΧΑΡΑ ΤΟΥ ΚΥΡΙΟΥ	Προς Εβραίους 12:2	100
ΑΠΡΙΛΙΟΣ			
Απριλίου 1	ΑΓΑΠΑΤΕ ΑΛΛΗΛΟΥΣ	Κατά Ιωάννην 13:34	101
Απριλίου 2	Ο ΜΕΣΙΤΗΣ ΜΑΣ	Ησαΐας 53:12	102
Απριλίου 3	Ο ΘΕΟΣ ΣΕ ΧΡΕΙΑΖΕΤΑΙ	Προς Φιλιππησίους 1:23-24	103
Απριλίου 4	Η ΜΑΧΗ ΣΟΥ ΕΙΝΑΙ ΜΑΧΗ ΜΑΣ	Θρήνοι 3:55-58	104
Απριλίου 5	ΠΙΣΤΗ ΓΙΑ ΤΗΝ ΑΝΑΣΤΑΣΗ	Προς Κορινθίους Α΄ 15:45	106
Απριλίου 6	ΔΗΜΙΟΥΡΓΗΜΕΝΟΙ ΚΑΤ' ΕΙΚΟΝΑ ΤΟΥ ΘΕΟΥ	Γένεσις 1:27	107
Απριλίου 7	Ο ΘΕΟΣ ΕΙΝΑΙ ΠΑΝΤΑ ΜΠΡΟΣΤΑ	Κατά Μάρκον 16:7	108
Απριλίου 8	ΤΟ ΑΡΜΟΝΙΚΟ ΣΧΕΔΙΟ ΤΟΥ ΘΕΟΥ	Ψαλμοί 133:1	109
Απριλίου 9	ΑΠΟΚΑΛΥΠΤΟΝΤΑΣ ΤΟΝ ΘΕΟ	Δανιήλ 2:23	109
Απριλίου 10	ΓΙΑΤΙ ΤΗΝ ΑΠΟΚΑΛΟΥΜΕ ΜΕΓΑΛΗ ΠΑΡΑΣΚΕΥΗ;	Κατά Ιωάννην 19:30	111
Απριλίου 11	ΘΑ ΣΗΚΩΘΟΥΜΕ ΞΑΝΑ	Ιώβ 14:12	112
Απριλίου 12	ΠΙΣΤΗ ΣΤΟ ΑΔΥΝΑΤΟ	Δανιήλ 3:17	113
Απριλίου 13	ΣΩΤΗΡΑΣ ΘΕΟΣ	Δανιήλ 6:16Γ	114

ΗΜΕΡΟΜΗΝΙΑ	ΤΙΤΛΟΣ	ΕΔΑΦΙΟ	ΣΕΛΙΔΑ
Απριλίου 14	ΤΕΛΕΙΑ ΕΙΡΗΝΗ	Ησαΐας 26:3	115
Απριλίου 15	Ο ΘΕΟΣ ΤΗΣ ΔΙΑΘΗΚΗΣ	Δανιήλ 9:4β	116
Απριλίου 16	ΠΩΣ ΕΙΝΑΙ ΤΑ ΛΟΥΛΟΥΔΙΑ ΜΟΥ;	Α' Ιωάννου 2:28	117
Απριλίου 17	ΔΕΝ ΕΙΜΑΙ ΠΛΕΟΝ ΑΥΤΟΣ ΠΟΥ ΗΜΟΥΝ	Προς Κορινθίους Α' 15:10	119
Απριλίου 18	Η ΕΙΡΗΝΗ ΝΑ ΕΙΝΑΙ ΜΑΖΙ ΣΑΣ	Κατά Ιωάννην 20:19	120
Απριλίου 19	ΚΑΛΕΣΜΑ ΓΙΑ ΑΓΑΠΗ, ΔΙΚΑΙΟΣΥΝΗ ΚΑΙ ΑΦΟΣΙΩΣΗ	Α' Ιωάννου 3:14	121
Απριλίου 20	ΣΤΕΝΗ ΣΧΕΣΗ ΜΕ ΤΟΝ ΧΡΙΣΤΟ	Ωσηέ 6:6	122
Απριλίου 21	Ο ΘΕΟΣ ΘΕΛΕΙ ΝΑ ΜΑΣ ΘΕΡΑΠΕΥΣΕΙ	Κατά Μάρκον 16:18β	123
Απριλίου 22	ΣΕ ΣΤΙΓΜΕΣ ΦΟΒΟΥ	Ψαλμοί 23:4	124
Απριλίου 23	ΟΙ ΛΕΞΕΙΣ ΜΕΤΡΟΥΝ	Πράξεις 4:4	125
Απριλίου 24	ΣΤΑΘΕΡΟΙ ΣΤΟΝ ΣΚΟΠΟ	Ησαΐας 26:3	126
Απριλίου 25	ΣΤΗΝ ΑΝΑΣΤΑΣΗ ΤΩΝ ΔΙΚΑΙΩΝ	Κατά Λουκάν 14:14	127
Απριλίου 26	ΑΜΟΙΒΑΙΟΣ ΣΕΒΑΣΜΟΣ	Α' Πέτρου 5:5α	128
Απριλίου 27	Η ΛΥΠΗ ΜΑΣ ΘΑ ΛΑΒΕΙ ΤΕΛΟΣ	Αποκάλυψη 7:16	129
Απριλίου 28	ΕΥΑΡΕΣΤΗΣΟΥ ΣΤΗ ΣΥΓΧΩΡΗΣΗ	Μιχαίας 7:18	130
Απριλίου 29	ΔΙΚΑΙΟΣΥΝΗ, ΕΛΕΟΣ ΚΑΙ ΤΑΠΕΙΝΟΦΡΟΣΥΝΗ, ΑΥΤΑ!	Ψαλμοί 22:31	132
Απριλίου 30	ΒΓΑΛΕ ΤΟΝ ΘΕΟ ΑΠΟ ΤΗ ΣΙΓΑΣΗ	Αμώς 8:11	133
ΜΑΪΟΣ	**Η ΟΙΚΟΓΕΝΕΙΑ SANVOVAL - ORTEGA**		**135**
Μαΐου 1	ΕΛΕΥΘΕΡΟΙ ΓΙΑ ΥΠΗΡΕΣΙΑ	Α' Πέτρου 2:16	137
Μαΐου 2	ΤΑ ΧΑΜΕΝΑ ΠΡΟΒΑΤΑ ΤΟΥ ΘΕΟΥ	Ιεζεκιήλ 34:11	138
Μαΐου 3	ΑΝ Ο ΘΕΟΣ ΜΑΣ ΓΥΡΝΟΥΣΕ ΤΗΝ ΠΛΑΤΗ	Ψαλμοί 80:19	139
Μαΐου 4	ΟΤΑΝ ΤΟ ΠΝΕΥΜΑ ΤΟΥ ΘΕΟΥ ΕΡΧΕΤΑΙ ΕΠΑΝΩ ΜΑΣ	Ησαΐας 32:15	140
Μαΐου 5	Ο ΘΕΟΣ ΑΠΑΝΤΑ ΣΕ ΠΡΟΣΕΥΧΕΣ	Ησαΐας 65:24	141
Μαΐου 6	Ο ΘΕΟΣ ΕΙΝΑΙ ΕΝΑΝΤΙΑ ΣΕ ΚΑΘΕ ΠΡΟΚΑΤΑΛΗΨΗ	Πράξεις 10:28β	142
Μαΐου 7	ΟΛΟΙ ΕΙΝΑΙ ΙΣΟΙ ΣΤΑ ΜΑΤΙΑ ΤΟΥ ΘΕΟΥ	Πράξεις 10:34Β-35	143
Μαΐου 8	Ο ΘΕΟΣ ΜΕΤΑΜΟΡΦΩΝΕΙ ΤΟ ΣΥΝΗΘΙΣΜΕΝΟ	Έξοδος 3:5	144
Μαΐου 9	ΣΩΣΜΕΝΟΙ ΑΠΟ ΠΙΣΤΗ Ή ΑΠΟ ΥΠΑΚΟΗ;	Κατά Ιωάννην 8:51	145
Μαΐου 10	ΤΑΚΤΙΚΕΣ ΠΟΛΕΜΟΥ	Α' Προς Τιμόθεον 6:12	147
Μαΐου 11	ΕΝΤΟΛΗ ΓΙΑ ΝΑ ΔΙΑΦΥΛΑΞΟΥΜΕ	Α' Προς Τιμόθεον 6:14	148
Μαΐου 12	ΔΙΔΑΞΤΕ ΤΑ ΠΑΙΔΙΑ ΣΩΣΤΑ	Δευτερονόμιον 11:19	149
Μαΐου 13	ΕΚΠΛΗΡΩΜΕΝΕΣ ΜΕΣΣΙΑΝΙΚΕΣ ΠΡΟΦΗΤΕΙΕΣ	Κατά Λουκάν 24:44β	150
Μαΐου 14	Ο ΠΑΝΤΟΔΥΝΑΜΟΣ	Αποκάλυψη 1:17β-18	151
Μαΐου 15	ΧΤΙΣΕ ΤΗΝ ΚΙΒΩΤΟ	Γένεσις 7:6	152
Μαΐου 16	ΟΧΙ ΟΠΩΣ ΔΙΝΕΙ Ο ΚΟΣΜΟΣ	Κατά Ιωάννην 14:27	153
Μαΐου 17	ΣΤΑΔΙΑ ΤΗΣ ΖΩΗΣ	Προς Φιλιππησίους 1:6	154
Μαΐου 18	ΑΘΩΟΙ ΚΑΙ ΑΚΗΛΙΔΩΤΟΙ	Προς Τίτον 1:7	155

ΗΜΕΡΟΜΗΝΙΑ	ΤΙΤΛΟΣ	ΕΔΑΦΙΟ	ΣΕΛΙΔΑ
Μαΐου 19	Η ΠΑΡΗΓΟΡΙΑ ΚΑΙ Η ΕΛΠΙΔΑ ΜΑΣ	Κατά Ιωάννην 16:20	156
Μαΐου 20	ΠΝΟΗ ΖΩΗΣ	Γένεσις 2:7	157
Μαΐου 21	ΚΑΤΑΚΤΗΤΕΣ ΚΑΙ ΟΧΙ ΜΟΝΟ	Προς Κορινθίους Α΄ 15:57	158
Μαΐου 22	ΑΠΑΡΑΙΤΗΤΑ ΠΡΑΓΜΑΤΑ	Κατά Λουκάν 24:46	159
Μαΐου 23	ΠΡΑΓΜΑΤΑ ΠΟΥ ΕΥΧΑΡΙΣΤΟΥΝ ΤΟΝ ΘΕΟ	Κατά Ιωάννην 8:29	161
Μαΐου 24	ΝΑ ΕΥΧΑΡΙΣΤΟΥΜΕ ΤΟΝ ΘΕΟ ΓΙΑ ΤΗΝ ΠΟΙΚΙΛΙΑ	Προς Κορινθίους Α΄ 12:7	162
Μαΐου 25	Η ΕΝΟΤΗΤΑ ΔΕΝ ΕΙΝΑΙ ΠΡΟΑΙΡΕΤΙΚΗ	Γένεσις 11:6	163
Μαΐου 26	ΑΠΕΣΤΑΛΜΕΝΟΙ ΓΙΑ ΘΕΡΑΠΕΙΑ ΚΑΙ ΑΓΑΠΗ	Κατά Ιωάννην 20:21	164
Μαΐου 27	ΟΧΙ ΚΑΤΑΔΙΚΗ	Προς Ρωμαίους 8:1	165
Μαΐου 28	ΑΝΑΣΤΗΜΕΝΟΙ ΜΕ ΤΟΝ ΧΡΙΣΤΟ	Προς Ρωμαίους 8:11β	166
Μαΐου 29	ΠΝΕΥΜΑ ΔΟΥΛΕΙΑΣ Ή ΥΙΟΘΕΣΙΑ;	Προς Ρωμαίους 8:15	167
Μαΐου 30	ΟΤΑΝ Ο ΘΕΟΣ ΚΛΑΙΕΙ	Κατά Ματθαίον 5:4	168
Μαΐου 31	ΚΑΜΙΑ ΝΤΡΟΠΗ ΟΤΑΝ ΚΟΙΤΑΜΕ ΠΡΟΣ ΤΑ ΚΑΤΩ	Ψαλμοί 113:5-6	169
ΙΟΥΝΙΟΣ			
Ιουνίου 1	ΤΑ ΟΦΕΛΗ ΕΝΟΣ ΤΡΥΦΕΡΟΥ ΘΕΟΥ	Προς Κορινθίους Α΄ 2:7	170
Ιουνίου 2	ΑΓΙΑ ΙΕΡΟΣΥΝΗ	Αριθμοί 6:24-26	172
Ιουνίου 3	ΥΠΗΡΕΤΗΣΕ ΚΑΙ ΔΟΞΑΣΕ ΤΟΝ ΘΕΟ	Α΄ Πέτρου 4:10	172
Ιουνίου 4	ΕΝΑ ΥΠΕΡΟΧΟ ΕΝΔΥΜΑ ΦΥΛΑΓΜΕΝΟ ΣΤΟΝ ΟΥΡΑΝΟ	Προς Κορινθίους Β΄ 5:1	174
Ιουνίου 5	ΧΡΟΝΙΑ ΠΟΛΛΑ ΣΤΟΝ ΟΥΡΑΝΟ, ΜΠΑΜΠΑ	Κατά Λουκάν 8:10	175
Ιουνίου 6	Ο ΜΕΓΑΛΟΣ ΣΥΝΗΓΟΡΟΣ	Κατά Ιωάννην 14:16	175
Ιουνίου 7	Η ΑΙΤΙΑ ΤΗΣ ΔΟΞΟΛΟΓΙΑΣ ΜΟΥ	Ψαλμοί 108:1	177
Ιουνίου 8	ΤΑ ΕΡΓΑ ΤΗΣ ΑΓΑΠΗΣ ΣΟΥ ΚΑΤΑΓΡΑΦΟΝΤΑΙ	Αποκάλυψη 20:12γ	178
Ιουνίου 9	Η ΔΙΑΙΡΕΣΗ ΑΠΟΔΥΝΑΜΩΝΕΙ	Κατά Λουκάν 11:17	179
Ιουνίου 10	ΤΑ ΠΑΝΤΑ ΣΥΝΤΗΡΟΥΝΤΑΙ ΑΠΟ ΤΟΝ ΙΣΧΥΡΟ ΛΟΓΟ ΤΟΥ	Προς Εβραίους 2:9	180
Ιουνίου 11	ΠΩΣ ΝΑ ΕΥΧΑΡΙΣΤΗΣΕΙΣ ΤΟΝ ΘΕΟ	Προς Εβραίους 11:6	181
Ιουνίου 12	ΛΟΓΙΑ ΖΩΗΣ	Πράξεις 7:38Γ	182
Ιουνίου 13	Ο ΘΕΟΣ ΝΑ ΔΩΣΕΙ ΕΠΙΤΥΧΙΑ ΣΤΟ ΤΑΞΙΔΙ ΣΟΥ	Γένεσις 24:40α	183
Ιουνίου 14	ΔΙΩΞΕ ΤΟ ΨΕΜΑ	Ψαλμοί 53:1	184
Ιουνίου 15	ΠΟΙΟΣ ΘΑ ΔΕΙ ΤΟΝ ΘΕΟ	Αποκάλυψη 21:27	185
Ιουνίου 16	ΘΗΣΑΥΡΟΙ ΠΟΥ ΑΠΟΚΤΗΘΗΚΑΝ ΑΠΟ ΤΗΝ ΥΠΑΚΟΗ	Κατά Λουκάν 6:45	186
Ιουνίου 17	ΕΓΚΑΤΑΛΕΙΜΜΕΝΟΙ ΕΞΑΙΤΙΑΣ ΤΗΣ ΑΝΥΠΑΚΟΗΣ	Α΄ Σαμουήλ 16:14	188
Ιουνίου 18	ΥΠΕΡΑΣΠΙΣΤΗΣ ΤΩΝ ΦΤΩΧΩΝ	Ψαλμοί 9:9	189
Ιουνίου 19	ΑΓΓΕΛΟΣ ΤΟΥ ΚΥΡΙΟΥ	Πράξεις 5:20	190
Ιουνίου 20	Ο ΘΕΟΣ ΑΠΑΝΤΑ ΑΜΕΣΩΣ	Ψαλμοί 86:7	191

ΗΜΕΡΟΜΗΝΙΑ	ΤΙΤΛΟΣ	ΕΔΑΦΙΟ	ΣΕΛΙΔΑ
Ιουνίου 21	Ο ΙΗΣΟΥΣ ΗΡΘΕ ΓΙΑ ΝΑ ΕΚΠΛΗΡΩΣΕΙ ΤΟΝ ΝΟΜΟ	Ψαλμοί 119:126	192
Ιουνίου 22	ΑΓΑΠΗ ΓΙΑ ΤΟΝ ΙΗΣΟΥ ΚΑΙ ΤΟΝ ΛΟΓΟ ΤΟΥ	Ψαλμοί 119:128	193
Ιουνίου 23	Ο ΘΕΟΣ ΕΙΝΑΙ ΠΙΟ ΔΥΝΑΤΟΣ ΑΠΟ ΤΙΣ ΚΑΤΑΙΓΙΔΕΣ	Κατά Μάρκον 6:51	194
Ιουνίου 24	ΧΑΡΑ ΣΤΙΣ ΔΟΚΙΜΑΣΙΕΣ	Προς Κορινθίους Β' 7:4β	195
Ιουνίου 25	Η ΕΒΡΑΪΚΗ ΠΡΟΣΕΥΧΗ ΤΟΥ ΚΥΡΙΟΥ	Ψαλμοί 130:3-4	196
Ιουνίου 26	ΑΚΟΥΣΕ, ΣΥΓΧΩΡΗΣΕ, ΚΡΙΝΕ ΚΑΙ ΠΡΑΞΕ	Β' Χρονικών 20: 9	197
Ιουνίου 27	ΕΠΙΠΛΗΞΗ ΣΤΟΝ ΑΜΑΡΤΩΛΟ, ΣΥΓΧΩΡΗΣΗ ΣΕ ΕΚΕΙΝΟΝ ΠΟΥ ΜΕΤΑΝΟΕΙ	Κατά Λουκάν 17:3	198
Ιουνίου 28	ΜΟΝΟ ΣΕ ΕΣΕΝΑ ΕΜΠΙΣΤΕΥΟΜΑΙ, ΚΥΡΙΕ!	Ψαλμοί 18:2	199
Ιουνίου 29	ΘΕΪΚΑ ΑΥΤΙΑ	Ψαλμοί 18:6	200
Ιουνίου 30	ΠΙΣΤΗ – ΔΩΡΟ ΚΑΙ ΕΝΤΟΛΗ	Κατά Μάρκον 9:23	201
ΙΟΥΛΙΟΣ	Ο ΘΕΟΣ – Ο ΣΠΟΥΔΑΙΟΣ ΕΝΟΡΧΗΣΤΡΩΤΗΣ	Πώς γνωριστήκαμε	203
Ιουλίου 1	ΟΤΑΝ ΕΧΕΙΣ ΑΜΦΙΒΟΛΙΑ, ΣΥΜΒΟΥΛΕΥΣΟΥ ΤΟΝ ΘΕΟ	Β' Σαμουήλ 2:1	205
Ιουλίου 2	ΙΣΧΥΣ ΚΑΙ ΕΞΟΥΣΙΑ	Προς Κορινθίους Β' 10:8	205
Ιουλίου 3	ΕΥΛΟΓΙΕΣ ΓΟΝΕΩΝ	Γένεσις 27:4	206
Ιουλίου 4	ΕΥΛΟΓΗΜΕΝΟΙ ΟΣΟΙ ΑΚΟΥΝ	Κατά Λουκάν 10:23Β-24	208
Ιουλίου 5	ΑΣ ΥΠΗΡΕΤΗΣΟΥΜΕ ΤΟΝ ΒΑΣΙΛΙΑ	Β' Σαμουήλ 5:1	209
Ιουλίου 6	ΝΑ ΕΧΕΙΣ ΥΠΟΜΟΝΗ	Ιακώβου 5:7	210
Ιουλίου 7	ΚΑΘΡΕΦΤΕΣ ΤΗΣ ΨΥΧΗΣ	Κατά Ιωάννην 7:7	211
Ιουλίου 8	ΜΥΣΤΗΡΙΟ ΚΑΙ ΕΥΛΟΓΙΑ	Προς Κολοσσαείς 2:2	212
Ιουλίου 9	ΠΡΟΣΕΥΧΗΣΟΥ ΓΙΑ ΕΜΕΝΑ	Προς Κολοσσαείς 4:3	213
Ιουλίου 10	ΚΗΡΥΞΕ ΤΟ ΕΥΑΓΓΕΛΙΟ	Προς Ρωμαίους 15:20-21	214
Ιουλίου 11	ΑΓΓΕΛΙΟΦΟΡΟΙ ΤΟΥ ΦΩΤΟΣ	Κατά Ιωάννην 12:46	215
Ιουλίου 12	Η ΚΙΒΩΤΟΣ ΤΗΣ ΔΙΑΘΗΚΗΣ	Β' Σαμουήλ 6:11	216
Ιουλίου 13	Ο ΘΕΟΣ ΦΥΛΑΕΙ ΤΟΥΣ ΕΚΛΕΚΤΟΥΣ ΤΟΥ	Πράξεις 23:16	217
Ιουλίου 14	Ο ΧΟΡΟΣ ΑΠΑΓΟΡΕΥΕΤΑΙ	Κατά Λουκάν 7:32	218
Ιουλίου 15	ΘΕΟΣ ΔΗΜΙΟΥΡΓΟΣ	Προς Κολοσσαείς 1:16	219
Ιουλίου 16	ΑΝΑΖΗΤΗΣΕ ΤΟΝ ΘΕΟ	Πράξεις 17:27	220
Ιουλίου 17	ΣΕ ΕΚΑΝΕ, ΣΕ ΕΠΛΑΣΕ, ΣΕ ΒΟΗΘΗΣΕ	Ησαΐας 44:2	221
Ιουλίου 18	Ο ΘΕΟΣ ΜΑΧΕΤΑΙ ΓΙΑ ΤΟΝ ΛΑΟ ΤΟΥ	Έξοδος 14:14	222
Ιουλίου 19	ΠΡΟΣΕΥΧΗΣΟΥ ΓΙΑ ΤΟΥΣ ΠΟΙΜΕΝΕΣ ΣΟΥ	Προς Εβραίους 13:17	224
Ιουλίου 20	ΜΙΑ ΑΣΦΑΛΗΣ ΚΑΙ ΙΣΧΥΡΗ ΣΥΝΔΕΣΗ	Πράξεις 20:32	225
Ιουλίου 21	Η ΧΑΡΗ ΤΟΥ ΘΕΟΥ ΣΤΗΝ ΠΡΑΞΗ	Β' Σαμουήλ 9:11β	226
Ιουλίου 22	ΕΛΛΕΙΨΗ ΓΝΩΣΗΣ	Προς Κολοσσαείς 1:9	227
Ιουλίου 23	Η ΕΙΡΗΝΗ ΤΟΥ ΧΡΙΣΤΟΥ	Προς Κολοσσαείς 3:15	228
Ιουλίου 24	ΜΕΙΝΕ ΣΤΟ ΣΧΕΔΙΟ	Ψαλμοί 105:5	229
Ιουλίου 25	ΣΗΜΑΔΙΑ	Κατά Ματθαίον 12:38	230

ΗΜΕΡΟΜΗΝΙΑ	ΤΙΤΛΟΣ	ΕΔΑΦΙΟ	ΣΕΛΙΔΑ
Ιουλίου 26	ΜΠΟΡΩ ΝΑ ΚΑΝΩ ΤΑ ΠΑΝΤΑ ΔΙΑΜΕΣΟΥ ΤΟΥ ΧΡΙΣΤΟΥ	Προς Φιλιππησίους 4:13	231
Ιουλίου 27	ΣΥΓΧΩΡΗΣΗ ΚΑΙ ΕΥΛΟΓΙΕΣ	Β´ Σαμουήλ 11:27	232
Ιουλίου 28	ΔΩΣΕ ΤΟΥΣ ΚΑΤΙ ΝΑ ΦΑΝΕ	Κατά Μάρκον 6:37	233
Ιουλίου 29	ΟΤΑΝ ΥΠΟΚΥΠΤΟΥΜΕ ΣΤΗΝ ΕΙΔΩΛΟΛΑΤΡΙΑ	Έξοδος 32:26β	234
Ιουλίου 30	ΠΝΕΥΜΑΤΙΚΗ ΔΥΝΑΜΗ	Ιησούς του Ναυή 23:10	235
Ιουλίου 31	Ο ΘΕΟΣ ΔΕΝ ΘΑ ΣΕ ΑΠΟΓΟΗΤΕΥΣΕΙ	Ησαΐας 41:10	236
ΑΥΓΟΥΣΤΟΣ			
Αυγούστου 1	ΖΗΤΗΣΤΕ ΜΕ ΠΙΣΤΗ	Κατά Ματθαίον 7:7-8	237
Αυγούστου 2	ΑΝΑΝΕΩΜΕΝΟΙ ΑΠΟ ΤΟ ΑΓΙΟ ΠΝΕΥΜΑ	Προς Εφεσίους 4:23	238
Αυγούστου 3	ΠΝΕΥΜΑΤΙΚΗ ΦΙΛΟΔΟΞΙΑ	Προς Κορινθίους Α´ 12:31	239
Αυγούστου 4	ΣΩΤΗΡΙΑ ΜΕΣΩ ΤΗΣ ΔΟΞΟΛΟΓΙΑΣ	Ψαλμοί 50:23	240
Αυγούστου 5	Η ΑΓΙΑ ΓΡΑΦΗ	Προς Ρωμαίους 15:4	241
Αυγούστου 6	Η ΗΜΕΡΑ ΤΗΣ ΑΝΑΠΑΥΣΗΣ	Προς Γαλάτας 6:9	242
Αυγούστου 7	ΔΑΣΚΑΛΟΙ ΤΗΣ ΠΙΣΤΗΣ	Πράξεις 18:25	243
Αυγούστου 8	Ο ΘΕΟΣ ΜΙΛΑ ΑΚΟΜΗ ΜΕ ΟΝΕΙΡΑ ΚΑΙ ΟΡΑΜΑΤΑ	Γένεσις 37:9	244
Αυγούστου 9	ΨΕΥΤΙΚΕΣ ΥΠΟΣΧΕΣΕΙΣ	Προς Εφεσίους 5:6	245
Αυγούστου 10	ΚΑΤΑΦΥΓΙΟ ΚΑΙ ΑΣΠΙΔΑ	Ψαλμοί 57:1	246
Αυγούστου 11	ΥΠΗΡΕΤΩΝΤΑΣ ΜΕ ΑΠΕΡΑΝΤΗ ΑΓΑΠΗ	Κατά Ιωάννην 6:35	247
Αυγούστου 12	ΠΡΟΣΩΠΑ ΠΟΥ ΛΑΜΠΟΥΝ	Πράξεις 6:15	248
Αυγούστου 13	ΔΙΑΙΡΕΣΕΙΣ ΚΑΙ ΕΜΠΟΔΙΑ	Προς Ρωμαίους 16:17	250
Αυγούστου 14	ΓΝΩΣΗ ΚΑΙ ΕΥΦΥΙΑ ΑΠΟ ΤΟΝ ΘΕΟ	Γένεσις 41:38	251
Αυγούστου 15	Ο ΙΩΣΗΦ ΕΚΛΑΨΕ	Γένεσις 42:24α	252
Αυγούστου 16	ΑΝΤΙΜΕΤΩΠΙΖΟΝΤΑΣ ΤΙΣ ΔΥΣΚΟΛΙΕΣ ΤΗΣ ΕΝΗΛΙΚΙΩΣΗΣ	Πράξεις 6:2β	253
Αυγούστου 17	Ο ΘΕΟΣ ΕΙΝΑΙ ΜΑΖΙ ΜΑΣ	Πράξεις 7:9	254
Αυγούστου 18	ΕΙΜΑΣΤΕ Ο ΝΑΟΣ ΤΟΥ ΘΕΟΥ	Α´ Βασιλέων 8:18	255
Αυγούστου 19	ΣΤΟ ΠΝΕΥΜΑ ΤΗΣ ΕΝΟΤΗΤΑΣ	Προς Θεσσαλονικείς Α´ 5:10	256
Αυγούστου 20	ΕΥΛΟΓΗΜΕΝΟΙ ΜΕΣΑ ΣΤΙΣ ΔΟΚΙΜΑΣΙΕΣ	Ψαλμοί 84:5	257
Αυγούστου 21	ΠΡΟΕΤΟΙΜΑΣΕ ΤΗ ΜΑΡΤΥΡΙΑ ΣΟΥ	Ψαλμοί 124:1	258
Αυγούστου 22	ΕΠΕΤΕΙΑΚΗ ΠΡΟΣΕΥΧΗ	Κατά Ματθαίον 16:6	259
Αυγούστου 23	ΑΜΟΙΒΑΙΑ ΥΠΟΤΑΓΗ	Προς Εφεσίους 5:21	260
Αυγούστου 24	ΠΙΣΤΗ ΣΤΙΣ ΥΠΟΣΧΕΣΕΙΣ ΤΟΥ ΘΕΟΥ	Α´ Βασιλέων 6:12	261
Αυγούστου 25	ΕΚΛΕΚΤΟΣ	Κατά Ιωάννην 15:16	262
Αυγούστου 26	ΜΗΝ ΤΑ ΠΑΡΑΤΑΣ	Ιακώβου 1:2	263
Αυγούστου 27	ΑΝΤΙΣΤΑΣΗ ΣΤΟΝ ΠΕΙΡΑΣΜΟ	Ιακώβου 1:13	264
Αυγούστου 28	Ο ΘΕΟΣ ΚΑΤΕΒΗΚΕ ΑΠΟ ΤΟΝ ΘΡΟΝΟ ΤΟΥ	Έξοδος 3:17	266
Αυγούστου 29	ΘΕΡΑΠΕΥΜΕΝΟΙ ΑΠΟ ΤΟ ΑΙΜΑ ΤΟΥ	Κατά Ματθαίον 8:17β	267
Αυγούστου 30	ΣΟΦΗ ΣΥΜΒΟΥΛΗ	Β´ Προς Τιμόθεον 4:13	268
Αυγούστου 31	ΘΕΡΑΠΕΥΜΕΝΟΙ ΑΠΟ ΤΙΣ ΠΛΗΓΕΣ ΤΟΥ	Α´ Πέτρου 2:24	269

ΗΜΕΡΟΜΗΝΙΑ	ΤΙΤΛΟΣ	ΕΔΑΦΙΟ	ΣΕΛΙΔΑ
ΣΕΠΤΕΜΒΡΙΟΣ	Η ΟΙΚΟΓΕΝΕΙΑ ΚΟΚΤΣΙΔΗ		271
Σεπτεμβρίου 1	ΜΕΤΑΞΥ ΝΟΜΟΥ ΚΑΙ ΠΑΡΑΔΟΣΗ	Κατά Μάρκον 7:9	273
Σεπτεμβρίου 2	ΚΑΛΛΙΕΡΓΩΝΤΑΣ ΥΓΙΗ ΦΟΒΟ ΓΙΑ ΤΟΝ ΘΕΟ	Παροιμίαι 1:7	274
Σεπτεμβρίου 3	Η ΔΙΑΜΟΡΦΩΣΗ ΤΗΣ ΔΙΚΑΙΟΣΥΝΗΣ	Προς Ρωμαίους 2:13	275
Σεπτεμβρίου 4	Ο ΛΟΓΟΣ ΤΟΥ ΘΕΟΥ	Προς Ρωμαίους 10:17	276
Σεπτεμβρίου 5	ΠΡΟΣΕΞΤΕ ΑΥΤΟΥΣ ΠΟΥ ΣΚΟΤΩΝΟΥΝ ΤΟΥΣ ΠΡΟΦΗΤΕΣ	Κατά Ματθαίον 23:34	277
Σεπτεμβρίου 6	ΑΦΗΣΤΕ ΣΤΗΝ ΑΚΡΗ ΤΟ ΠΕΡΙΤΤΟ ΒΑΡΟΣ	Προς Εβραίους 12:1	278
Σεπτεμβρίου 7	Η ΠΕΙΘΑΡΧΙΑ ΠΟΝΑ ΑΛΛΑ ΘΕΡΑΠΕΥΕΙ	Προς Εβραίους 12:11	279
Σεπτεμβρίου 8	ΤΙΠΟΤΑ ΔΕΝ ΕΙΝΑΙ ΑΔΥΝΑΤΟ	Κατά Ματθαίον 17:20	280
Σεπτεμβρίου 9	ΠΙΣΤΗ ΠΟΥ ΕΠΙΒΕΒΑΙΩΝΕΙ ΤΗ ΣΩΤΗΡΙΑ	Προς Εβραίους 11:19	281
Σεπτεμβρίου 10	ΣΩΣΜΕΝΟΙ ΜΕ ΠΙΣΤΗ Ή ΜΕ ΕΡΓΑ;	Ιακώβου 2:26	282
Σεπτεμβρίου 11	ΠΕΣ ΣΤΟΝ ΛΑΟ ΜΟΥ ΝΑ ΠΡΟΧΩΡΗΣΕΙ	Έξοδος 14:15	283
Σεπτεμβρίου 12	ΠΩΣ ΝΑ ΣΥΓΧΩΡΕΙΣ	Κατά Ματθαίον 6:14	284
Σεπτεμβρίου 13	Η ΤΑΠΕΙΝΟΦΡΟΣΥΝΗ ΕΥΧΑΡΙΣΤΕΙ ΤΟΝ ΘΕΟ	Παροιμίαι 22:4	285
Σεπτεμβρίου 14	ΑΝΑΣΤΗΘΗΚΑΜΕ ΜΕ ΤΟΝ ΧΡΙΣΤΟ	Προς Κολοσσαείς 3:1	287
Σεπτεμβρίου 15	Η ΠΑΡΕΞΗΓΗΜΕΝΗ ΑΛΗΘΕΙΑ	Κατά Ιωάννην 7:34	288
Σεπτεμβρίου 16	ΕΥΛΟΓΗΜΕΝΟΙ	Ψαλμοί 1:1	289
Σεπτεμβρίου 17	ΑΜΕΤΑΚΛΗΤΟΣ	Προς Ρωμαίους 11:29	290
Σεπτεμβρίου 18	Ο ΘΕΟΣ ΙΚΑΝΟΠΟΙΕΙ ΤΗΝ ΠΕΙΝΑ	Έξοδος 16:12	291
Σεπτεμβρίου 19	ΚΟΣΤΟΣ ΚΑΙ ΑΝΤΑΜΟΙΒΗ ΩΣ ΜΑΘΗΤΕΣ ΤΟΥ ΧΡΙΣΤΟΥ	Κατά Ματθαίον 19:29	292
Σεπτεμβρίου 20	ΠΛΗΣΙΑΖΟΥΜΕ ΤΟΝ ΘΕΟ ΜΕ ΠΕΡΙΣΣΟΤΕΡΗ ΕΜΠΙΣΤΟΣΥΝΗ	Ιακώβου 4:8	294
Σεπτεμβρίου 21	ΟΙ ΔΥΟ ΕΙΝΑΙ ΚΑΛΥΤΕΡΟΙ ΑΠΟ ΤΟΝ ΕΝΑΝ ΜΟΝΟ	Εκκλησιαστής 4:12	295
Σεπτεμβρίου 22	ΕΙΜΑΙ ΕΛΕΥΘΕΡΟΣ	Κατά Ιωάννη 8:32	296
Σεπτεμβρίου 23	ΟΤΑΝ ΟΙ ΑΝΘΡΩΠΙΝΟΙ ΝΟΜΟΙ ΑΝΤΙΤΙΘΕΝΤΑΙ ΣΤΟΝ ΛΟΓΟ ΤΟΥ ΘΕΟΥ	Πράξεις 4:19	297
Σεπτεμβρίου 24	ΑΝ ΔΕΝ ΗΤΑΝ Ο ΚΥΡΙΟΣ	Ψαλμοί 124:1	298
Σεπτεμβρίου 25	ΥΠΑΡΧΕΙ ΔΥΝΑΜΗ ΣΤΟ ΑΙΜΑ ΤΟΥ ΧΡΙΣΤΟΥ	Πράξεις 13:39	299
Σεπτεμβρίου 26	ΟΛΗ Η ΕΞΟΥΣΙΑ	Κατά Μάρκον 11:28	300
Σεπτεμβρίου 27	ΠΡΟΣΩΠΙΚΗ ΘΥΣΙΑ ΓΙΑ ΚΑΙΡΟΥΣ ΣΑΝ ΑΥΤΟΥΣ	Εσθήρ 4:16	301
Σεπτεμβρίου 28	Η ΥΠΟΣΧΕΣΗ ΤΗΣ ΑΙΩΝΙΑΣ ΖΩΗΣ	Α' Ιωάννου 2:25	302
Σεπτεμβρίου 29	ΜΙΛΩΝΤΑΣ ΓΙΑ ΠΡΟΣΚΟΜΜΑΤΑ	Κατά Ματθαίον 18:7	304
Σεπτεμβρίου 30	ΞΕΧΩΡΙΣΤΟΙ, ΑΛΛΑ ΜΑΣ ΑΓΑΠΑ ΕΞΙΣΟΥ	Προς Γαλάτας 3:28	305
ΟΚΤΩΒΡΙΟΣ			
Οκτωβρίου 1	ΝΕΡΑ ΕΙΡΗΝΗΣ ΚΑΙ ΖΩΗΣ	Προς Ρωμαίους 8:6	306
Οκτωβρίου 2	Ο ΓΟΓΓΥΣΜΟΣ ΑΠΑΓΟΡΕΥΕΤΑΙ	Προς Φιλιππησίους 2:14	307
Οκτωβρίου 3	ΞΕΚΟΥΡΑΣΟΥ, ΦΟΡΤΙΣΕ ΤΙΣ ΜΠΑΤΑΡΙΕΣ ΣΟΥ ΚΑΙ ΑΝΑΝΕΩΣΟΥ	Έξοδος 23:12	308
Οκτωβρίου 4	Η ΣΤΕΝΗ ΣΧΕΣΗ ΕΙΝΑΙ ΔΩΡΟ ΘΕΟΥ	Προς Κορινθίους Α' 7:5α	309
Οκτωβρίου 5	Η ΠΡΟΔΟΣΙΑ ΤΩΝ ΟΙΚΕΙΩΝ ΠΡΟΣΩΠΩΝ ΜΑΣ ΠΟΝΑ ΠΕΡΙΣΣΟΤΕΡΟ	Ψαλμοί 55:13	310

ΗΜΕΡΟΜΗΝΙΑ	ΤΙΤΛΟΣ	ΕΔΑΦΙΟ	ΣΕΛΙΔΑ
Οκτωβρίου 6	ΜΟΙΧΕΙΑ – ΠΡΟΔΟΣΙΑ ΑΠΟ ΚΑΠΟΙΟΝ ΟΙΚΕΙΟ	Κατά Ματθαίον 5:27	311
Οκτωβρίου 7	ΕΜΠΙΣΤΟΣΥΝΗ ΣΤΟ ΛΥΤΡΩΤΙΚΟ ΤΟΥ ΕΡΓΟ	Ψαλμοί 22:1	312
Οκτωβρίου 8	ΛΑΖΑΡΟΣ ΗΛΙΑΣ ARISTIZABAL	Ψαλμοί 22:10	313
Οκτωβρίου 9	ΕΙΝΑΙ ΓΡΑΜΜΕΝΟ!	Ιακώβου 4:7	314
Οκτωβρίου 10	ΕΞΟΜΟΛΟΓΗΣΗ	Ψαλμοί 106:6	315
Οκτωβρίου 11	ΣΩΘΗΚΑΜΕ ΑΠΟ ΣΧΕΣΗ Ή ΑΠΟ ΜΙΜΗΣΗ;	Αποκάλυψη 7:10	316
Οκτωβρίου 12	Η ΣΟΦΙΑ ΓΕΝΝΑΤΑΙ ΑΠΟ ΤΟΝ ΦΟΒΟ	Ιώβ 28:28	317
Οκτωβρίου 13	Ο ΙΗΣΟΥΣ – Η ΓΕΦΥΡΑ ΜΑΣ ΣΤΟΝ ΚΟΣΜΟ	Κατά Λουκάν 16:26	318
Οκτωβρίου 14	ΔΟΞΟΛΟΓΩΝΤΑΣ ΤΟΝ ΘΕΟ ΜΕΣΩ ΤΗΣ ΦΙΛΟΞΕΝΙΑΣ	Προς Ρωμαίους 15:7	319
Οκτωβρίου 15	ΠΙΣΤΟΙ ΦΙΛΟΙ	Αποκάλυψη 17:14	320
Οκτωβρίου 16	ΑΣ ΜΙΜΟΥΜΑΣΤΕ ΜΕ ΤΑΠΕΙΝΟΦΡΟΣΥΝΗ	Α΄ Πέτρου 5:5β	321
Οκτωβρίου 17	ΟΠΩΣ ΠΡΟΣΤΑΞΕ Ο ΙΗΣΟΥΣ	Έξοδος 39:43	322
Οκτωβρίου 18	ΑΝΑΠΤΥΞΗ ΠΡΟΣ ΤΗΝ ΩΡΙΜΟΤΗΤΑ	Προς Εβραίους 6:1	324
Οκτωβρίου 19	ΠΙΣΤΑ ΥΠΟΜΟΝΕΤΙΚΟΙ ΑΝΘΡΩΠΟΙ	Προς Εβραίους 6:15	325
Οκτωβρίου 20	Η ΑΓΑΠΗ ΤΟΥ ΧΡΙΣΤΟΥ	Κατά Ιωάννην 13:1	326
Οκτωβρίου 21	ΛΥΤΡΩΜΕΝΟΙ ΑΠΟ ΤΟΝ ΦΟΒΟ	Ψαλμοί 34:4	327
Οκτωβρίου 22	ΓΙΑ ΠΑΝΤΑ	Προς Εβραίους 7:17	328
Οκτωβρίου 23	ΔΙΔΑΣΚΑΛΙΑ ΜΕ ΑΚΕΡΑΙΟΤΗΤΑ	Προς Τίτον 2:7-8	329
Οκτωβρίου 24	ΜΟΝΟ Ο ΙΗΣΟΥΣ ΣΩΖΕΙ	Κατά Ιωάννην 5:39	330
Οκτωβρίου 25	ΖΩΝΤΑΝΕΣ ΠΕΤΡΕΣ	Α΄ Πέτρου 2:5	331
Οκτωβρίου 26	ΓΙΑ ΤΙΣ ΑΜΑΡΤΙΕΣ ΤΩΝ ΓΟΝΕΩΝ	Ιεζεκιήλ 18:30	332
Οκτωβρίου 27	ΤΙ ΘΕΛΕΙΣ ΝΑ ΚΑΝΩ ΓΙΑ ΕΣΕΝΑ;	Κατά Μάρκον 10:51	334
Οκτωβρίου 28	ΧΗΡΕΣ, ΟΡΦΑΝΑ ΚΑΙ ΞΕΝΟΙ	Ψαλμοί 146:9	335
Οκτωβρίου 29	ΛΟΓΟΣ ΧΑΡΑΣ	Προς Ρωμαίους 3:23	336
Οκτωβρίου 30	ΠΟΙΑ ΕΙΝΑΙ Η ΡΑΑΒ;	Ιησούς του Ναυή 2:12	337
Οκτωβρίου 31	ΤΟ ΣΠΙΤΙ ΣΟΥ, ΑΓΙΟ ΚΑΤΑΦΥΓΙΟ	Ιησούς του Ναυή 2:19β	338
ΝΟΕΜΒΡΙΟΣ	**ΝΕΑ ΓΕΝΙΑ - GLASS / ARISTIZABAL**		**340**
Νοεμβρίου 1	ΤΟ ΑΝΤΙΔΟΤΟ ΣΤΟ ΚΑΚΟ	Προς Ρωμαίους 12:21	342
Νοεμβρίου 2	ΤΟ ΥΠΟΣΧΟΜΕΝΟ ΦΩΣ	Ψαλμοί 18:28	343
Νοεμβρίου 3	ΑΓΑΠΗ – Η ΔΟΚΙΜΑΣΙΑ ΜΑΘΗΤΕΙΑΣ	Κατά Ιωάννην 13:35	344
Νοεμβρίου 4	Η ΑΠΟΔΕΙΞΗ ΤΗΣ ΑΓΑΠΗΣ ΤΟΥ ΘΕΟΥ	Προς Ρωμαίους 5:6	345
Νοεμβρίου 5	ΜΕ ΕΠΙΚΕΝΤΡΟ ΤΟΝ ΘΕΟ	Ψαλμοί 127:1	346
Νοεμβρίου 6	ΟΠΩΣ ΜΑΣ ΔΙΕΤΑΞΕ	Προς Ρωμαίους 12:21	347
Νοεμβρίου 7	ΚΑΚΟ ΕΝΣΑΡΚΩΜΕΝΟ	Κατά Ματθαίον 24:12	348
Νοεμβρίου 8	ΓΙΑΤΙ ΔΟΞΟΛΟΓΟΥΜΕ	Ψαλμοί 113:3	349
Νοεμβρίου 9	ΔΙΧΩΣ ΣΦΑΛΜΑΤΑ ΚΑΙ ΑΣΥΝΕΠΕΙΕΣ	Γένεσις 24:14	350
Νοεμβρίου 10	ΑΠΕΣΤΑΛΜΕΝΟΙ ΣΤΟ ΟΝΟΜΑ ΤΟΥ ΙΗΣΟΥ	Κατά Λουκάν 4:18-19	351
Νοεμβρίου 11	ΧΡΟΝΙΑ ΣΟΥ ΠΟΛΛΑ, ΓΙΕ ΜΟΥ	Α΄ Σαμουήλ 2:27	352

ΗΜΕΡΟΜΗΝΙΑ	ΤΙΤΛΟΣ	ΕΔΑΦΙΟ	ΣΕΛΙΔΑ
Νοεμβρίου 12	ΡΙΖΩΜΕΝΟΙ ΚΑΙ ΟΙΚΟΔΟΜΗΜΕΝΟΙ ΜΕ ΤΟΝ ΧΡΙΣΤΟ	Προς Κολοσσαείς 2:6	353
Νοεμβρίου 13	ΚΟΙΤΩΝΤΑΣ ΤΑ ΧΕΡΙΑ ΤΟΥ ΘΕΟΥ	Ψαλμοί 123:1	355
Νοεμβρίου 14	ΔΙΑΙΡΕΜΕΝΑ ΣΠΙΤΙΑ	Κατά Ματθαίον 12:44	356
Νοεμβρίου 15	ΧΑΡΟΥΜΕΝΗ ΕΠΕΤΕΙΟ!	Ψαλμοί 3:3	357
Νοεμβρίου 16	ΠΡΙΝ ΚΑΙ ΜΕΤΑ ΤΟΝ ΧΡΙΣΤΟ	Προς Εβραίους 10:39	358
Νοεμβρίου 17	Ο ΘΕΪΚΟΣ ΒΟΗΘΟΣ ΜΑΣ	Κατά Μάρκον 13:11	359
Νοεμβρίου 18	ΠΡΟΣΕΥΧΗΘΕΙΤΕ ΓΙΑ ΤΟΥΣ ΕΧΘΡΟΥΣ ΣΑΣ	Πράξεις 7:60	360
Νοεμβρίου 19	ΕΔΡΑΙΩΣΗ ΣΤΗ ΒΑΣΙΛΕΙΑ	Προς Κορινθίους Α' 15:24	361
Νοεμβρίου 20	Η ΑΝΤΑΜΟΙΒΗ ΜΑΣ ΕΙΝΑΙ ΚΑΘ' ΟΔΟΝ	Ησαΐας 40:10 & Αποκάλυψη 22:7	362
Νοεμβρίου 21	ΒΡΟΧΗ ΕΥΛΟΓΙΑΣ	Ιεζεκιήλ 34:28	363
Νοεμβρίου 22	ΑΝΑΖΗΤΩΝΤΑΣ ΤΟΝ ΘΕΟ ΑΠΟ ΤΗΝ ΑΥΓΗ	Ψαλμοί 63:1	364
Νοεμβρίου 23	ΤΙ ΕΙΝΑΙ ΚΑΛΥΤΕΡΟ ΑΠΟ ΤΗΝ ΖΩΗ;	Ψαλμοί 63:3	365
Νοεμβρίου 24	ΟΤΑΝ ΥΠΑΡΧΕΙ ΠΡΟΒΛΗΜΑ, ΕΜΠΙΣΤΕΥΘΕΙΤΕ ΤΟΝ ΘΕΟ	Κατά Ιωάννην 16:33	366
Νοεμβρίου 25	Ο ΘΕΪΚΟΣ ΤΡΟΠΟΣ	Ψαλμοί 25:4	367
Νοεμβρίου 26	ΠΕΙΘΑΡΧΗΜΕΝΟΙ ΣΤΗΝ ΠΡΟΣΕΥΧΗ	Προς Θεσσαλονικείς Α' 5:17	368
Νοεμβρίου 27	ΧΑΡΟΥΜΕΝΗ ΗΜΕΡΑ ΤΩΝ ΕΥΧΑΡΙΣΤΙΩΝ	Αποκάλυψη 14:6	370
Νοεμβρίου 28	ΕΥΛΟΓΗΣΕ ΤΟΥΣ ΗΓΕΤΕΣ ΣΟΥ	Ψαλμοί 80:17	371
Νοεμβρίου 29	Ο ΘΕΟΣ ΤΗΡΕΙ ΟΛΕΣ ΤΙΣ ΥΠΟΣΧΕΣΕΙΣ	Β' Πέτρου 3:9	372
Νοεμβρίου 30	ΣΥΝΑΝΤΗΣΕΙΣ	Ψαλμοί 90:12	373
ΔΕΚΕΜΒΡΙΟΣ			
Δεκεμβρίου 1	ΕΚΜΕΤΑΛΛΕΥΣΟΥ ΤΟΝ ΧΡΟΝΟ ΠΟΥ ΣΟΥ ΕΧΕΙ ΔΟΘΕΙ	Ψαλμοί 90:10	374
Δεκεμβρίου 2	ΕΛΕΥΣΗ – ΓΙΟΡΤΑΖΟΝΤΑΣ ΤΗ ΖΩΗ	Κατά Λουκάν 1:76-77	375
Δεκεμβρίου 3	Η ΦΙΛΙΑ ΜΕ ΤΟΝ ΘΕΟ ΣΥΝΕΠΑΓΕΤΑΙ ΚΑΙ ΦΙΛΙΑ ΜΕ ΤΟΥΣ ΑΝΘΡΩΠΟΥΣ	Μαλαχίας 3:16	376
Δεκεμβρίου 4	ΕΠΙΣΤΡΕΦΟΝΤΑΣ ΣΤΟΝ ΘΕΟ ΚΑΙ ΣΤΗΝ ΟΙΚΟΓΕΝΕΙΑ	Μαλαχίας 4:6	377
Δεκεμβρίου 5	ΘΑ ΚΑΘΑΡΙΣΤΕΙΤΕ	Ιεζεκιήλ 36:25	378
Δεκεμβρίου 6	ΦΥΛΑΚΕΣ ΤΟΥ ΔΡΟΜΟΥ ΤΟΥ ΚΥΡΙΟΥ	Ησαΐας 40:3-4	380
Δεκεμβρίου 7	ΟΛΑ ΟΣΑ ΧΡΕΙΑΖΕΣΑΙ	Β' Πέτρου 1:3	381
Δεκεμβρίου 8	ΤΑ ΕΡΓΑ ΤΟΥ ΧΡΙΣΤΟΥ	Κατά Λουκάν 7:22	382
Δεκεμβρίου 9	ΠΟΙΟΝ ΝΑ ΦΟΒΗΘΩ;	Ησαΐας 12:2	383
Δεκεμβρίου 10	ΑΦΘΟΝΟΣ ΠΝΕΥΜΑΤΙΚΟΣ ΚΑΡΠΟΣ	Προς Κορινθίους Β' 9:6	384
Δεκεμβρίου 11	ΜΕ ΤΟΝ ΝΟΥ ΣΤΙΣ ΕΝΤΟΛΕΣ ΤΟΥ ΠΝΕΥΜΑΤΟΣ	Προς Φιλιππησίους 3:16	385
Δεκεμβρίου 12	ΟΤΑΝ ΕΠΙΣΤΡΕΦΟΥΜΕ ΑΠΟ ΤΗΝ ΑΙΧΜΑΛΩΣΙΑ ΜΑΣ	Ψαλμοί 126:2	386
Δεκεμβρίου 13	ΑΜΕΤΑΒΛΗΤΟΣ ΚΑΙ ΤΑΠΕΙΝΟΣ	Προς Εβραίους 13:8	387
Δεκεμβρίου 14	ΥΠΟ ΤΗΝ ΚΑΘΟΔΗΓΗΣΗ ΕΝΟΣ ΠΑΙΔΙΟΥ	Ησαΐας 11:6	388
Δεκεμβρίου 15	ΕΠΤΑ – Η ΤΕΛΕΙΟΤΗΤΑ ΤΟΥ ΘΕΟΥ	Ησαΐας 11:2	389
Δεκεμβρίου 16	ΔΙΚΑΙΟΥΧΟΙ ΜΙΑΣ ΝΕΑΣ ΔΙΑΘΗΚΗΣ	Ιερεμίας 31:33Β	391
Δεκεμβρίου 17	ΥΠΟΜΟΝΗ	Προς Εβραίους 10:36	392

ΗΜΕΡΟΜΗΝΙΑ	ΤΙΤΛΟΣ	ΕΔΑΦΙΟ	ΣΕΛΙΔΑ
Δεκεμβρίου 18	Η ΘΕΪΚΗ ΥΠΟΣΤΑΣΗ ΤΟΥ ΧΡΙΣΤΟΥ	Προς Εβραίους 1:6	393
Δεκεμβρίου 19	ΟΤΑΝ ΕΙΜΑΣΤΕ ΔΙΧΑΣΜΕΝΟΙ	Κατά Ιωάννην 7:43	394
Δεκεμβρίου 20	ΔΟΞΑΣΤΕ ΤΟΝ ΘΕΟ ΣΤΙΣ ΔΟΚΙΜΑΣΙΕΣ	Ψαλμοί 113:3	395
Δεκεμβρίου 21	Η ΠΑΡΗΓΟΡΙΑ ΜΑΣ	Προς Ρωμαίους 8:18	396
Δεκεμβρίου 22	ΠΡΙΓΚΙΠΕΣ ΚΑΙ ΠΡΙΓΚΙΠΙΣΣΕΣ ΤΗΣ ΕΙΡΗΝΗΣ	Μιχαίας 4:3	397
Δεκεμβρίου 23	ΑΚΛΟΝΗΤΗ ΠΙΣΤΗ	Μιχαίας 4:6-7	398
Δεκεμβρίου 24	ΑΝΑΖΗΤΩΝΤΑΣ ΤΟ ΥΠΕΡΟΧΟ ΦΩΣ	Ησαΐας 9:2	399
Δεκεμβρίου 25	ΚΑΛΑ ΧΡΙΣΤΟΥΓΕΝΝΑ!	Κατά Λουκάν 2:7	401
Δεκεμβρίου 26	ΓΕΝΝΗΜΕΝΟΣ ΣΕ ΤΑΠΕΙΝΕΣ ΚΑΡΔΙΕΣ	Κατά Λουκάν 2:11	401
Δεκεμβρίου 27	ΠΝΕΥΜΑΤΙΚΑ ΩΤΑ	Παροιμίαι 8:34	402
Δεκεμβρίου 28	ΞΕΧΝΩΝΤΑΣ ΤΟ ΕΠΑΙΣΧΥΝΤΟ ΠΑΡΕΛΘΟΝ ΜΑΣ	Ησαΐας 54:17	404
Δεκεμβρίου 29	ΤΟ ΘΕΜΕΛΙΟ ΤΟΥ ΣΠΙΤΙΟΥ	Προς Κορινθίους Α΄ 3:11	405
Δεκεμβρίου 30	ΝΑ ΠΡΟΣΕΧΕΤΕ, ΝΑ ΕΙΣΤΕ ΑΓΡΥΠΝΟΙ ΚΑΙ ΝΑ ΠΡΟΣΕΥΧΕΣΤΕ	Κατά Μάρκον 13:33	406
Δεκεμβρίου 31	ΞΕΚΙΝΩΝΤΑΣ ΑΠΟ ΤΗΝ ΑΡΧΗ ΜΕ ΣΟΦΙΑ	Α΄ Βασιλέων 3:9α	407
	ΚΑΤΑΛΗΚΤΙΚΕΣ ΣΚΕΨΕΙΣ		409
	Πέντε αλήθειες για το Ευαγγέλιο της Σωτηρίας		411
	Ο Χριστός μας προσκαλεί		412
	Προσευχή για να δεχθούμε τον Ιησού Χριστό		412
	ΕΥΡΕΤΗΡΙΟ - ΑΝΑ ΕΔΑΦΙΟ		414
	ΕΥΡΕΤΗΡΙΟ – ΑΝΑ ΛΕΞΗ ΚΛΕΙΔΙ		424
	ΦΩΤΟΓΡΑΦΙΕΣ		435

— ΙΑΝΟΥΑΡΙΟΣ — Η ΑΡΧΗ —
DESTRUGE / ILLINGWORTH

Οι ρίζες της οικογένειας **Destruge-Illingworth** χρονολογούνται στο Εκουαδόρ μέσω Γαλλίας και Αγγλίας.

Juan Illingworth Hunt

Από την πλευρά του πατέρα: Ο προ-προ-πάππος μου, ο Dr. Coronel Jean-Batiste **Destruge** γεννήθηκε το 1803 στη Γαλλία και μετανάστευσε στη Βενεζουέλα, όπου γνώρισε και παντρεύτηκε την Rosa Maitín (1827). Απέκτησαν πέντε παιδιά: τη Rosa, τον **Alcides (τον προ-πάππου μου)**, τον Camilo, την Ana και τη Matilde Destruge. Ο **Dr. Alcides** γεννήθηκε στις 14 Ιουλίου 1828, γνώρισε και παντρεύτηκε την **Carmen Illingworth**, κόρη του **Juan Illingworth Hunt.**

Ο προ-προ-πάππος μου, ο ναύαρχος **Juan Illingworth Hunt**, γεννήθηκε στις 10 Μαΐου 1786 από τον **Abraham Illingworth** και την **Mary Hunt**, στην πόλη Stockport, Chester στην Αγγλία. Χάρη στον αδερφό του παππού μου, τον **Camilo Destruge Illingworth** (Γουαγιακίλ, 20 Οκτωβρίου 1863 – 26 Φεβρουαρίου 1929), διακεκριμένου ιστορικού στο Εκουαδόρ, δημοσιογράφου και χρονογράφου, έχουμε την τύχη να διαθέτουμε άφθονα ιστορικά αρχεία από τη ζωή του Ναυάρχου Juan Illingworth, του πιο διάσημου και αναγνωρισμένου μέλους της οικογένειας. Οι **Destruge** και **Illingworth** δούλεψαν υπό τον στρατηγό Σιμόν Μπολιβάρ για την ανεξαρτησία της Λατινικής Αμερικής από την ισπανική κυριαρχία, με βάση την πόλη Γκουαγιακίλ του Εκουαδόρ.*

Camilo Destruge

Το 1819, **ο στρατηγός Μπολιβάρ ανέθεσε στον Juan Illingworth την υπεράσπιση και προστασία των συνόρων από την πλευρά του Ειρηνικού Ωκεανού κατά μήκος της Χιλής, στη Λατινική Αμερική και τον διόρισε συνταγματάρχη στις 9 Οκτωβρίου 1821.** Στις 24 Μαΐου 1822, ένωσε τις δυνάμεις του με τον Sucre, τον υπολοχαγό του Μπολιβάρ, για να πάρει το Κίτο από τον ισπανικό έλεγχο και διορίστηκε στρατιωτικός και πολιτικός επικεφαλής της πόλης Γουαγιακίλ.

Όταν ο Juan Illingworth έμενε στην πόλη Γουαγιακίλ, γνώρισε την **Mercedes Décima Villa y Cosío**, κόρη του ισπανού εμπόρου Vicente Décima Villa και της **Λαίδης Mercedes Cosío y Villamar**. Απέκτησαν έξι παιδιά: τη Juana, την Carolina, τον Juan, την **Carmen (την προ-γιαγιά μας)**, την Gertrudis και τον Vicente.

Η Carmen και ο Dr. Alcides απέκτησαν 13 παιδιά, συμπεριλαμβανομένου και του παππού μου, **Federico Carlos Destruge Illingworth**, ο οποίος γεννήθηκε το 1877 και πέθανε στις 28 Αυγούστου 1928.

Η **Amada Clorinda Osorio Maldonado,** η γιαγιά μου από την πλευρά του πατέρα μου γεννήθηκε περί το 1890. Γονείς της ήταν ο **Juan Maldonado** και η **Josefina Osorio**. Τη θυμάμαι να μου διηγείται ότι οι γονείς της ήταν πολίτες με επιρροή στο Κίτο και ότι ο **Πρόεδρος Eloy Alfaro (1842 - 1912)** σύχναζε στο σπίτι τους στην "La Plaza del Teatro" και την κρατούσε στην αγκαλιά του όταν ήταν βρέφος. Ο Πρόεδρος Eloy Alfaro δολοφονήθηκε στις 28 Ιανουαρίου 1912, ενώ ήταν κρατούμενος στις φυλακές μαζί με τους συναδέλφους του. Υποθέτω ότι και ο πατέρας της Γιαγιάς **Amada** ήταν στη φυλακή και η γη και η ιδιοκτησία τους κατασχέθηκαν. Ως εκ τούτου, η Γιαγιά Amada ήταν φτωχή.

Ο **Federico Destruge Illingworth** γνώρισε τη **Γιαγιά Amada Clorinda Osorio Maldonado** στο Κίτο, παντρεύτηκαν και γεννήθηκε ο πατέρας μου **Galo Destruge Maldonado** στις 5 Ιουνίου 1925 (και απεβίωσε στις 2 Σεπτεμβρίου 2012). Ο παππού μου, ο Federico είχε τρία ακόμη παιδιά: την Carmelina, τον Alcibiades και την Julia Destruge. Ο παππούς Galo δεν γνώρισε ποτέ τον πατέρα του ούτε τα αδέρφια του. Στις 31 Δεκεμβρίου 2009, ταξιδέψαμε στην πόλη Κουένκα για να γνωρίσουμε τα 16 παιδιά του Alcibiades και της Julia και τα σχεδόν 120 εγγόνια των αδερφών που έφεραν το όνομα Destruge. Ήταν μια καταπληκτική οικογενειακή συγκέντρωση. Τα αδέρφια του Παππού είχαν πεθάνει λίγα χρόνια πριν.

Ο πατέρας μου, ο Galo Destruge Maldonado, είχε δύο γιους, τον **Galo Destruge, Jr**. (14/1/1947 - 20/10/2001) και τον **Fernando** Mentor Destruge (14/3/1949) με την Piedad Ponce. Οι καταστάσεις της ζωής τον ανάγκασαν να χωρίσει και να κάνει νέα οικογένεια. Γνώρισε και παντρεύτηκε τη μητέρα μου, **Lilia María Sandoval Ortega,** με την οποία απέκτησε τρία παιδιά: τον αδερφό μου, **John Norberto Destruge** (10/05/1952-15/1/2022), εμένα, τον Oscar Leopoldo Destruge (1 Ιουλίου, 1954), και τον δίδυμο αδερφό μου, τον **Juan** Destruge Sandoval που έζησε λίγες μόνο ώρες. Όλα τα παιδιά του παππού Galo γεννήθηκαν στην πόλη Κίτο, στο Εκουαδόρ.

*Το 2008, η κυβέρνηση του Εκουαδόρ διέταξε να ταφεί ο ναύαρχος **Juan Illingworth** σε ένα μνημείο στο Ναυτικό Πάρκο στην πόλη Γουαγιακίλ, όπου ετάφη με όλες τις στρατιωτικές τιμές που του άξιζαν.

1 Ιανουαρίου
ΚΑΛΗ ΧΡΟΝΙΑ
Εκκλησιαστής 3:1,5β

Δεν υπάρχει πιο κατάλληλο εδάφιο από αυτό του **Εκκλησιαστή 3:1** *«Χρόνος υπάρχει για κάθε τι, και καιρός για κάθε πράγμα κάτω από τον ουρανό»* για να ξεκινήσουμε τη χρονιά.

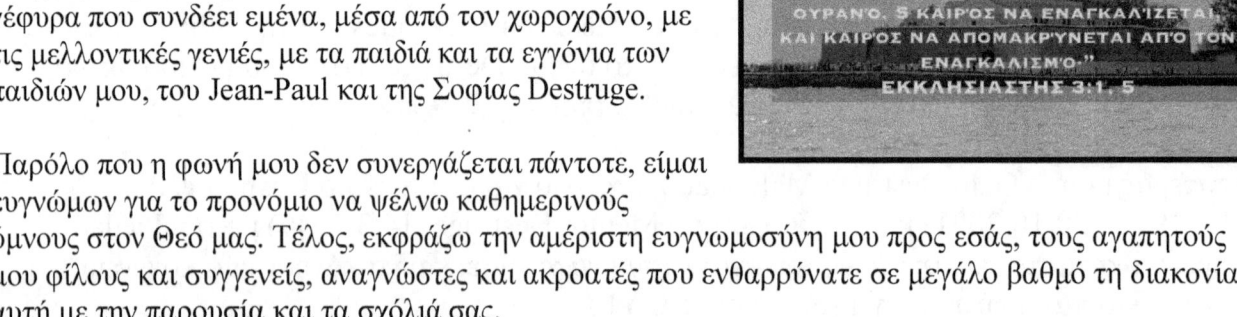

Η ευγνωμοσύνη είναι πάντοτε ένα καλό σημείο αφετηρίας. Θα είμαι για πάντα ευγνώμων στον Θεό μου για την καλοσύνη και το έλεός Του σε εμένα και στην οικογένειά μου. Είμαι επίσης ευγνώμων για την τιμή να υπηρετώ τον Κύριό μου μέσα από τους καθημερινούς στοχασμούς από την Αγία Γραφή που αποτελούν μια γέφυρα που συνδέει εμένα, μέσα από τον χωροχρόνο, με τις μελλοντικές γενιές, με τα παιδιά και τα εγγόνια των παιδιών μου, του Jean-Paul και της Σοφίας Destruge.

Παρόλο που η φωνή μου δεν συνεργάζεται πάντοτε, είμαι ευγνώμων για το προνόμιο να ψέλνω καθημερινούς ύμνους στον Θεό μας. Τέλος, εκφράζω την αμέριστη ευγνωμοσύνη μου προς εσάς, τους αγαπητούς μου φίλους και συγγενείς, αναγνώστες και ακροατές που ενθαρρύνατε σε μεγάλο βαθμό τη διακονία αυτή με την παρουσία και τα σχόλιά σας.

Πολλοί από εσάς με γνωρίζετε προσωπικά. Άλλοι είστε φίλοι φίλων μου ή οικογένεια. Θέλω, όμως, να γνωρίζετε ότι δεν είμαι μόνο μια διαδικτυακή φωνή ή παρουσία στα μέσα κοινωνικής δικτύωσης. Είμαι φίλος/αδερφός που προσεύχεται για εσάς και για τις γενιές που θα έρθουν.

Προσεύχομαι, εσείς και όσοι θα διαβάσετε ή θα δείτε αυτό το πνευματικό ταξίδι στα χρόνια που έρχονται, ο Θεός να σας δίνει την αγάπη Του, τη χαρά, την ειρήνη, την ελπίδα, την ευγνωμοσύνη, την αφθονία και μία αίσθηση σκοπού. Εύχομαι οι στοχασμοί αυτοί να αποτελέσουν τροφή για την ψυχή σας και να σας βοηθήσουν να αντιμετωπίσετε τις προκλήσεις που φέρνει η κάθε ημέρα, με τη βεβαιότητα ότι ο Θεός είναι πάντα δίπλα σας και θα σας δίνει τη νίκη σε κάθε περίσταση. Καλή σας ημέρα και Καλή Χρονιά.

---

2 Ιανουαρίου
ΣΟΦΙΑ
Ιακώβου 3:17

Ξεκινάμε τη νέα χρονιά με τα λόγια του **Ιακώβου 3:17** τα οποία μας μιλούν για τη σοφία του Θεού, που αποκτάται μέσα από την Αγία Γραφή και την αποκάλυψη του Αγίου Πνεύματος, της προσευχής, της μελέτης και μέσα από ήττες και νίκες.

Καθετί υλικό θα καταλήξει να χαλάσει, αλλά η διδασκαλία, η ευφυία, η Σοφία που εκπορεύεται από τον Θεό θα μας συνοδεύει για πάντα, σε κάθε περίσταση, και δεν θα χαθεί, δεν θα αλλοιωθεί ούτε θα αλλάξει ποτέ. Είναι αμετάβλητα, όπως η αγάπη του Θεού.

Η Σοφία, η Δικαιοσύνη, η Σωτηρία και η Ελπίδα είναι η κληρονομιά που προετοίμασε ο Θεός για όσους μπορούν να δηλώσουν ότι **«είναι παιδιά του Θεού»**.

Λαμβάνουμε **Σοφία** μέσα από κοσμικά και πνευματικά βιβλία. Αλλά τα βασικά διδάγματα προέρχονται από **«κάθε λόγο που βγαίνει από το στόμα τού Θεού» (Κατά Ματθαίον 4:4)**. Τα λόγια αυτά εισέρχονται στον νου μας μέσα από τα μάτια ή τα αυτιά μας, όπου τα αναλύουμε μέσω της λογικής και του συλλογισμού, δημιουργώντας σπόρους της πίστης.

Η **Σοφία** απορρέει από τον φόβο μήπως απογοητεύσουμε τους αγαπημένους μας στο καθήκον που έχουμε ως γονείς, θείοι, σύζυγοι, αδέρφια, κτλ. και αποτυχίας να πράξουμε το θέλημα του Θεού. Η Σοφία είναι δώρο εκ Θεού που ξεκινά με την ευσέβεια προς όλα τα πράγματα του Θεού, και περιλαμβάνει και την υπακοή στις εντολές Του και την εκζήτηση της δικαιοσύνης. **Σοφία** είναι ο τρόπος που χρησιμοποιούμε τη νοημοσύνη μας, για παράδειγμα να εφαρμόζουμε τις εντολές και όσα μας αποκάλυψε ο Θεός.

Καθώς ξεκινάμε τη νέα χρονιά, ο Θεός μας καλεί να επιδείξουμε τη **Θεία Σοφία** μέσα από την καλή συμπεριφορά *«και την καλή…διαγωγή τα δικά του έργα με πραότητα σοφίας»* **(Ιακώβου 3:13)**. Το πρώτο χαρακτηριστικό που αναφέρεται είναι η **ΠΡΑΟΤΗΤΑ** σε αντίθεση με *«τον πικρό φθόνο και τη φιλονικία»* που εντοπίζουμε στον *«επίγειο, ζωώδη και δαιμονικό»* φθόνο, ο οποίος επιφέρει *«ακαταστασία και κάθε αχρείο πράγμα»* **(Ιακώβου 3:14-16)**.

Η επίγεια σοφία ΔΕΝ είναι η επιθυμητή κληρονομιά για τα παιδιά μας και τα παιδιά των παιδιών μας. Επιζητούμε σοφία *«…που κατεβαίνει από επάνω, πρώτα μεν είναι καθαρή, έπειτα ειρηνική, επιεικής, ευπειθής, πλήρης από έλεος και καλούς καρπούς, αμερόληπτη και ανυπόκριτη»* **(Ιακώβου 3:17)**.

Διδάσκοντας στα παιδιά μας να εφαρμόζουν αυτά τα χαρακτηριστικά της Σοφίας του Θεού, θα έχουν μια σοδειά του *«καρπού της ειρήνης που σπέρνεται με δικαιοσύνη»* που δεν καταστρέφεται, ούτε χαλάει στη ζωή τους ή στις επόμενες γενεές **(Ιακώβου 3:18)**.

Ας προσευχηθούμε: Ουράνιε Πατέρα μας, άνοιξε τα μάτια, τα αυτιά και τις καρδιές μας για να ξεχωρίζουμε τη **Θεϊκή Σοφία** και τη σοφία που προέρχεται από την ανθρώπινη και απατηλή καρδιά. Μην επιτρέψεις να χαθούν οι σπόροι της γνώσης που έσπειρες στην καρδιά μας. Προσευχόμαστε στο άγιο σου όνομα.

---

3 Ιανουαρίου
ΑΣ ΨΑΛΛΟΥΜΕ ΣΤΟΝ ΚΥΡΙΟ ΕΝΑ ΝΕΟ ΤΡΑΓΟΥΔΙ

«ΝΑ ΨΑΛΕΤΕ στον Κύριο ένα νέο τραγούδι· επειδή, έκανε θαυμαστά έργα· το δεξί του χέρι, και ο βραχίονάς του ο άγιος, ενέργησαν σ' αυτόν σωτηρία. Ο Κύριος έκανε γνωστή τη σωτηρία του· μπροστά στα έθνη αποκάλυψε τη δικαιοσύνη του». **ΨΑΛΜΟΙ 98:1-2**

"Sing to the Lord a new song, for he has done marvelous things; his right hand and his holy arm have worked salvation for him. The Lord has made his salvation known and revealed his righteousness to the nations." **Psalm 98:1-2**

"Cantad al Señor un cántico nuevo, porque ha hecho maravillas, su diestra y su santo brazo le han dado la victoria. El Señor ha dado a conocer su salvación; a la vista de las naciones ha revelado su justicia". **Salmo 98:1-2 LBLA**

Όταν ξεκινούμε να έχουμε στενή σχέση με τον Θεό, όλα γίνονται καινούρια, ακόμη και οι ύμνοι. *«Γι' αυτό, αν κάποιος είναι εν Χριστώ, είναι ένα καινούργιο κτίσμα· τα παλιά πέρασαν, δέστε, τα πάντα έγιναν καινούργια»* **(Προς Β' Κορινθίους 5:17).**

Όταν ένας μουσικός πολιορκεί τη γυναίκα των ονείρων του, το ιδανικό είναι να γράψει ένα πρωτότυπο τραγούδι που σκιαγραφεί το μέγεθος της αγάπης του και πόσο έκθαμβος είναι από την ομορφιά της, την τρυφερότητα, κ.ά. Ο Θεός συνέθεσε ένα τραγούδι το οποίο δεν είμαστε σε θέση να κατανοήσουμε ώσπου να αποκτήσουμε μια σχέση μαζί Του. Ο Θεός επιθυμεί να βιώσουν όλοι πλήρως το μέγεθος της αγάπης και της θυσίας Του για να κερδίσει τις καρδιές μας. Φαντάζομαι το τραγούδι του Θεού να λέει τα εξής: *«Ναι, η αγάπη αυτή είναι τόσο βαθιά, είσαι η χαϊδεμένη μου νύφη, και θέλω ολάκερος ο κόσμος να το ξέρω»* (στίχοι του Carlos Vives).

Η Γραφή λέει ότι ο Θεός θα βάλει νέο τραγούδι στα χείλη μας και όλοι θα δουν, θα φοβηθούν και θα εμπιστευθούν τον Θεό **(Ψαλμοί 40:3)**. Όλη η γη θα ψάλλει τον ύμνο **(Ψαλμοί 96:1)** *«στη σύναξη των οσίων»* **(Ψαλμοί 149:1)**. Στον ουρανό, θα ψάλλουμε τον ύμνο *«τού Αρνίου, λέγοντας: Μεγάλα και θαυμαστά τα έργα σου, Κύριε, Θεέ, Παντοκράτορα· δίκαιοι και αληθινοί οι δρόμοι σου, βασιλιά των αγίων. Ποιος δεν θα σε φοβηθεί, Κύριε, και δεν θα δοξάσει το όνομά σου; Επειδή, είσαι ο μόνος όσιος· αφού, όλα τα έθνη θάρθουν και θα προσκυνήσουν μπροστά σου· επειδή, οι κρίσεις σου έγιναν φανερές»* (Αποκάλυψη 15:3–4).

Στην **Αποκάλυψη 5:9** διαβάζουμε ότι θα ψάλλουμε νέο τραγούδι στον Ιησού, *«Και ψάλλουν μία καινούργια ωδή, λέγοντας: Άξιος είσαι, να πάρεις το βιβλίο, και να ανοίξεις τις σφραγίδες του· επειδή, σφάχτηκες, και μας αγόρασες στον Θεό με το αίμα σου, από κάθε φυλή και γλώσσα και λαό και έθνος».*

Ας προσευχηθούμε: Ουράνιε Πατέρα μας, *«Μεγάλα και θαυμαστά τα έργα σου, Κύριε, Θεέ, Παντοκράτορα· δίκαιοι και αληθινοί οι δρόμοι σου, βασιλιά των αγίων»*. Θέλουμε να συμμετέχουμε στην ουράνια χορωδία που θα ψάλλει ύμνους ενώπιον της παρουσίας Σου για πάντα. Κράτησέ μας στην αγάπη σου. Προσευχόμαστε στο Άγιο Όνομά σου.

---

4 Ιανουαρίου
ΕΜΠΙΣΤΟΣΥΝΗ ΣΤΟΝ ΘΕΟ
Παροιμίαι 3:5-6

Όσοι ασχολούνται με τις τηλεφωνικές πωλήσεις χρησιμοποιούν κάθε είδους τακτικές και υποσχέσεις για να αγοράσουμε το εμπόρευμα ή τις υπηρεσίες τους, όπως *«Πιστέψτε με!»*, *«Αλήθεια σας λέω,*

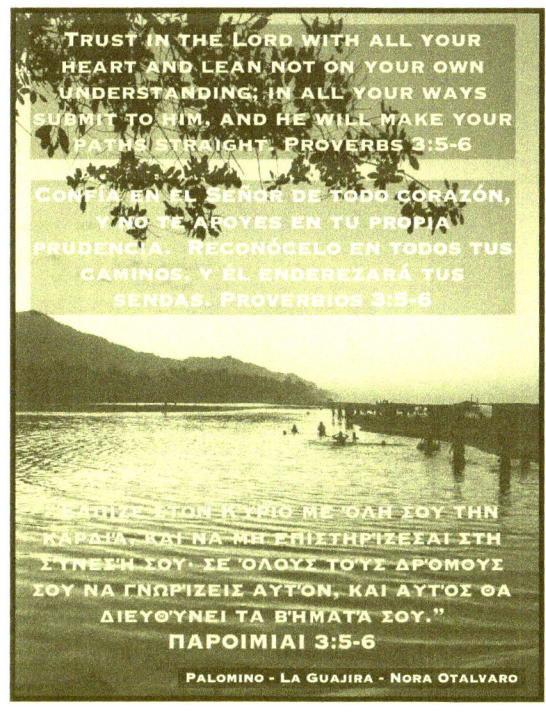

πρόκειται για χρυσό 24 καρατίων!» Κι αν δεν πετύχει καμία τεχνική, χρησιμοποιούν την τεχνική του υπέρμετρου θαυμασμού. **«Θα σας ζηλεύουν...».**

Πολύ συχνά τους πιστεύουμε. Λίγο μετά την αγορά του, πετάμε το προϊόν γιατί συνειδητοποιούμε ότι αποδείχθηκε κατώτερο των περιστάσεων. Είναι απομίμηση, ή, αντί να βοηθήσει, προκαλεί ζημία ή ασθένεια. Πολλές φορές εθιζόμαστε σε τέτοια προϊόντα. Θέλουμε, αλλά δεν μπορούμε να σταματήσουμε να τα χρησιμοποιήσουμε, όπως συμβαίνει με τα τσιγάρα, το αλκοόλ ή τα ναρκωτικά.

Όχι όμως και με τον Θεό! Το σημερινό εδάφιο μας καλεί να **εμπιστευθούμε τον Θεό**, να εναποθέσουμε το μέλλον και την ελπίδα μας στα χέρια του Κυρίου. Η πίστη και η εμπιστοσύνη στον Θεό είναι δώρα που προσφέρονται σε όσους αναγνωρίζουν την ανάγκη να διορθώσουν τη ζωή τους και να αλλάξουν τον τρόπο ζωής τους επειδή ό,τι δοκιμάσαμε έως τώρα δεν έχει επιλύσει την κατάσταση. **Όπως η γυναίκα με την αιμορραγία**, πολλοί από εμάς χάσαμε χρόνο και χρήματα με απομιμήσεις και ψεύτικους θεραπευτές. Μόνο ο Θεός μπορεί να μας προσφέρει ολική αναμόρφωση, να μας δώσει **νέα καρδιά και μια καινούρια αρχή**. Το μόνο που πρέπει να κάνουμε είναι να **Τον εμπιστευθούμε**!

Το σημερινό εδάφιο είναι ένα από τα αγαπημένα μου: *«Έλπιζε στον Κύριο με όλη σου την καρδιά, και να μη επιστηρίζεσαι στη σύνεσή σου· σε όλους τούς δρόμους σου να γνωρίζεις αυτόν, και αυτός θα διευθύνει τα βήματά σου»* **(Παροιμίαι 3:5-6).** Στους **Ψαλμούς 55:22** διαβάζουμε κάτι παρόμοιο. *«Ρίξε επάνω στον Κύριο το φορτίο σου, και αυτός θα σε ανακουφίσει· δεν θα συγχωρήσει ποτέ να σαλευτεί ο δίκαιος».*

Αγαπητοί μου, μπορούμε να εμπιστευθούμε τις υποσχέσεις του Θεού. Ο Θεός είναι πιστός και επιθυμεί το καλύτερο για τα παιδιά Του. Ο Ιησούς είπε, *«Αν, λοιπόν, εσείς που είστε πονηροί, ξέρετε να δίνετε καλές δόσεις στα παιδιά σας, πόσο μάλλον ο Πατέρας ο ουράνιος θα δώσει Πνεύμα άγιο σ' εκείνους που ζητούν απ' αυτόν;»* **(Κατά Λουκάν 11:13).** Ο Θεός δεν θα μας απογοητεύσει ποτέ!

Ας προσευχηθούμε: Ουράνιε Πατέρα μας, χάρισε Εσύ ώστε να ευφραινόμαστε με τον Λόγο και την παρουσία Σου. Βοήθησέ μας να εμπιστευτούμε το παρόν και το μέλλον μας, το παρόν και το μέλλον των παιδιών μας στα θαυματουργικά χέρια σου ώστε Εσύ να μετατρέψεις τις λύπες και τα άγχη μας σε χαρά και αγαλλίαση. Διόρθωσε τους δρόμους μας και δώσε μας νέα καρδιά, αφοσιωμένη σε Εσένα. Προσευχόμαστε στο όνομα του Ιησού Χριστού.

---

5 Ιανουαρίου
Ο ΧΡΥΣΟΣ ΚΑΝΟΝΑΣ ΤΟΥ ΙΗΣΟΥ
Κατά Λουκάν 6:31

Ο χρυσός κανόνας του Ιησού είναι η **θεϊκή εντολή** μας. **Είναι η πυξίδα που καθοδηγεί τις πράξεις, τις προθέσεις και τα λόγια μας.** Το GPS (Θεϊκό Σύστημα Θεσιθεσίας) που μας καθοδηγεί στον σωστό δρόμο για την ουράνια κατοικία μας. Ο Χρυσός Κανόνας είναι *«Όλα όσα θέλετε να κάνουν σε σας οι άνθρωποι, έτσι και εσείς να κάνετε σ' αυτούς»* (Κατά Λουκάν 6:31, Κατά Ματθαίον 7:12).

Η χριστιανική πίστη μεταδίδει τη βαθύτατη και ανεξάντλητη αγάπη του Θεού που πρέπει να βιώσει ο κόσμος **μέσα από τη δική μας υπηρεσία, που γίνεται με αγάπη, για να πετύχουμε την ειρήνη του Θεού.**

ΑΓΑΠΗ: Ο Ιησούς Χριστός μας προκαλεί να **αγαπάμε** όσους είναι γύρω μας, συμπεριλαμβανομένου του πλησίον μας και των εχθρών μας. Σ' αυτούς περιλαμβάνονται όσοι περνούν από την κοινωνία μας και άνθρωποι που δεν έχουν τις ίδιες θρησκευτικές ή πολιτικές απόψεις με τις δικές μας ή απόψεις σχετικά με την πόλη μας. Αγάπη προς αυτούς σημαίνει να είμαστε ευγενικοί και να τους συμπεριφερόμαστε όπως θέλουμε να συμπεριφέρονται άλλοι σε εμάς.

ΥΠΗΡΕΣΙΑ: Δυστυχώς, πολλοί μιλούν για την αγάπη του Θεού, αλλά **η συμπεριφορά τους δεν δείχνει ότι ο Θεός είναι η αγάπη της ζωής τους**. Ποιο το όφελος να βλέπεις έναν αδελφό να κρυώνει και να μην προσφέρεις μια κουβέρτα ή στέγη; Η φράση που λέμε, «Ο Θεός να σε ευλογεί», δεν τους προσφέρει προστασία από το κρύο. Όταν υπηρετούμε τους άλλους και είμαστε σκυθρωποί είναι σαν να κάνουμε αγγαρεία, δείχνει ότι δεν γνωρίζουμε σε βάθος την αγάπη του Θεού. Αν, όμως, προσφέρουμε ένα ζευγάρι γάντια, έναν μάλλινο σκούφο ή ένα κασκόλ, θα ζεστάνουμε το σώμα και την ψυχή τους, προετοιμάζοντας το πνεύμα τους να έρθει πιο κοντά στον Ιησού, ο οποίος μας έστειλε για να υπηρετήσουμε και να αγαπάμε στο όνομά Του. Το μυστικό είναι να βοηθήσουμε με αγάπη όσους έχουν ανάγκη και να τους κάνουμε να νιώσουν σημαντικοί και άξιοι της τρυφερής φροντίδας του Θεού. Να συμπεριφερόμαστε προς αυτούς όπως θα θέλαμε να συμπεριφέρεται κάποιος στα παιδιά μας.

Η υπηρεσία με αγάπη μας οδηγεί στον Θεό της Ειρήνης. Μόνο με την εφαρμογή του χρυσού κανόνα στη σχέση μας με τους άλλους μπορούμε να βιώσουμε *«[…] την ειρήνη τού Θεού, που υπερέχει κάθε νου»* (Προς Φιλιππησίους 4:7).

Αγαπητοί μου, έρχεται η μέρα που τα παιδιά μας **δεν θα διδάσκονται πλέον** για **πόλεμο** και θα μεταμορφώσουν όλα τα όπλα τους σε γεωργικά εργαλεία (**Ησαΐας 2:4**). Όταν κάνουμε πράξη τον Χρυσό Κανόνα, οι άνθρωποι κάθε θρησκείας, έθνους και γλώσσας θα γνωρίσουν τον Θεό, θα συνεργαστούν και με την καθοδήγηση του Θεού, θα εξαλείψουν τον πόλεμο. Τότε η ειρήνη θα ρέει όπως οι πηγές στην έρημο.

Ας προσευχηθούμε: Ουράνιε Πατέρα μας, σ' ευχαριστούμε για το παράδειγμα που έχουμε με τον Ιησού Χριστό και τους αγγέλους που έβαλες στη ζωή σας. Μας δίδαξαν ότι είναι εφικτό να **ζούμε τον χρυσό κανόνα**, να έχουμε ειρήνη με άλλους, να αγαπάμε και να υπηρετούμε όσους χρειάζεται να γνωρίζουν ότι Είσαι παρών και ενεργείς στη ζωή μας. Η παρουσία και η ευλογία Σου ας γεμίζουν τις ψυχές μας με την γεμάτη αγάπη υπηρεσία σου. Προσευχόμαστε στο όνομα του Ιησού Χριστού.

Η υπηρεσία με αγάπη μας οδηγεί στον Θεό της Ειρήνης. Μόνο με την εφαρμογή του χρυσού κανόνα στη σχέση μας με τους άλλους μπορούμε να βιώσουμε *«[…] την ειρήνη τού Θεού, που υπερέχει κάθε νου»* (Προς Φιλιππησίους 4:7).

---

6 Ιανουαρίου
ΜΕΤΑΜΟΡΦΩΜΕΝΟΙ ΑΠΟ ΤΟ ΦΩΣ ΤΟΥ ΘΕΟΥ

«Επειδή, προσέξτε, σκοτάδι θα σκεπάσει τη γη, και παχύ σκοτάδι τα έθνη· επάνω, όμως, σε σένα θα ανατείλει ο Κύριος, και η δόξα του θα φανερωθεί επάνω σου». **Ησαΐας 60:2**

"See, darkness covers the earth, and thick darkness is over the peoples, but the Lord rises upon you and his glory appears over you." **Isaiah 60:2**

"La tierra está cubierta de tinieblas, y una densa oscuridad envuelve a las naciones; pero sobre ti brilla el Señor, como la aurora; sobre ti se puede contemplar su gloria". **Isaías 60:2**

Δεν γνωρίζουμε πότε, αλλά κάθε μέρα πλησιάζει η μεγάλη μέρα που ο Κύριος θα αποσύρει το σκοτάδι και θα μας οδηγήσει προς το Φως Του για να μεταμορφωθούμε στην εικόνα Του. Το εδάφιο αυτό μας λέει ότι όταν το φως του Θεού μεταμορφώσει την εκκλησία καθ᾽ εικόνα Του, εγώ κι εσείς, η νύφη του Χριστού, θα μεταμορφώσουμε όλα τα έθνη καθ᾽ εικόνα του Χριστού.

Παρόλο που τα εδάφια αυτά αναφέρονται στο Φως του Μεσσία, ως πρεσβευτές του Χριστού, εγώ κι εσείς καλούμαστε να αφήσουμε το φως μας να λάμψει ώστε οι καταβαραθρωμένοι, όσοι περιτριγυρίζονται από το σκοτάδι, να μπορούν να οδηγήσουν τη ζωή τους προς τη δόξα του Θεού και να μεταμορφωθούν **από το φως του Θεού**.

Καθώς πλησιάζει το 2021, η κατάσταση στον κόσμο περιβάλλεται από σκοτάδι. Παρόλο που η επιστήμη παρήγαγε το εμβόλιο για τον COVID-19, θα απαιτηθεί ένα χρονικό διάστημα για τη διανομή του. Εν τω μεταξύ, η πανδημία συνεχίζει να επιτίθεται, να συνθλίβει και να αφαιρεί ζωές. Εκατομμύρια οικογένειες πλήττονται από την υψηλότατη ανεργία που βιώνουμε στον αιώνα μας. Αν δεν κάνουμε κάτι, εκατομμύρια άνθρωποι θα πληγούν από την επισιτιστική ανασφάλεια και όλοι μας θα συνεχίσουμε να υποφέρουμε από την απομόνωση.

Ο **Ησαΐας 60** γράφτηκε για εμάς, για καιρούς σαν αυτόν, με την προειδοποίηση ότι θα περάσουμε εποχές που *«σκοτάδι θα σκεπάσει τα έθνη».* Μας παροτρύνει, όμως, να μην λιποψυχούμε. Ο Θεός μας καλεί να **ανασηκωθούμε** από την απελπισία μας με τη βεβαιότητα της **Θεϊκής προστασίας**. Ως απόδειξη αυτού, διαβάζουμε, *«η δόξα του Θεού ανέτειλε επάνω σου».* Ενώ ο υπόλοιπος κόσμος (τα χαμένα πρόβατα, οι άπιστοι, οι κακοποιοί) συνεχίζουν στο σκοτάδι και στον φόβο, ο Θεός μας λέει ότι *«η δόξα του ανατέλει επάνω μας».*

Λαμβάνουμε το φως του Θεού ως δώρο για να σώσουμε, να περιθάλψουμε και να επαναφέρουμε τα χαμένα πρόβατα του Θεού στο κοπάδι. Εφόσον **μεταμορφωθήκαμε από το φως του Θεού**, **σκοπός** και **ευθύνη** μας είναι να αφήσουμε το φως μας να λάμψει για όσους μετανόησαν και επιζητούν τη σωτηρία στο αγιαστήριο του Θεού, τον ακλόνητο βράχο που εκπέμπει το Θεϊκό Φως.

Μόλις **μεταμορφωθούμε από το φως του Θεού**, ο σκοπός μας είναι ξεκάθαρος μπροστά μας. Εκτιμούμε την αξία του χρόνου και δεν χαραμίζουμε λεπτό από τη λάμψη μας, γιατί κάθε στιγμή που δεν το κάνουμε είναι σαν να αφήνουμε εκατομμύρια αβοήθητες ψυχές να αναμένουν το εμβόλιο του COVID-19.

Ας προσευχηθούμε: Ουράνιε Πατέρα μας, ευχαριστούμε που μας μεταμόρφωσες σε πρεσβευτές του φωτός Σου. Βοήθησέ μας να λάμπουμε και να σώσουμε το αιώνιο μέλλον των ψυχών για τις οποίες ο Ιησούς έδωσε τη ζωή Του, συνειδητοποιώντας ότι το καθήκον μας είναι καθήκον ζωής και θανάτου. Προσευχόμαστε στο Άγιο Όνομά σου.

---

7 Ιανουαρίου
Ο ΘΕΟΣ ΕΓΚΑΘΙΣΤΑ ΚΑΙ ΚΑΘΑΙΡΕΙ
Α' Σαμουήλ 3:10

Στα βιβλία **Α' Σαμουήλ** και **Πράξεις 9**, ο Θεός καλεί τους εκλεκτούς δούλους Του με το όνομά τους ως εκπροσώπους Του. Στις Πράξεις, ο Θεός καλεί τον Ανανία να θεραπεύσει τον Σαύλο και να **εγκαθιδρύσει** τη διακονία του. *«Πήγαινε, δεδομένου ότι αυτός είναι ένα εκλεκτό σκεύος σε μένα, για να βαστάξει το όνομά μου μπροστά σε έθνη και βασιλιάδες, και τους γιους Ισραήλ»* (**Πράξεις 9:15**). Στο **Α' Σαμουήλ 3:13**, ο Θεός καλεί τον Σαμουήλ να **καθαιρέσει** τον Ηλεί από το αξίωμα του αρχιερέα, μαζί με όλη του την οικογένεια, γιατί *«οι γιοι του έφερναν κατάρα επάνω τους, δεν τους συμμάζεψε»*.

Όταν πράττουμε το θέλημα του Θεού, όταν τηρούμε και σεβόμαστε τους νόμους και την αγιότητά Του, ο Θεός **εγκαθιστά** τους δούλους Του. Δεν ήταν εύκολο για τον Σαμουήλ να μεταφέρει το μήνυμα της απόρριψης στον Ηλεί, αλλά το έπραξε, από σεβασμό προς τον Θεό.

Στις 6 Ιανουαρίου, 2021, γίναμε μάρτυρες της καταστροφής και της επίθεσης στο Καπιτώλιο στις Ηνωμένες Πολιτείες, ένα ιερό μέρος όπου χτυπά η καρδιά της χώρας μας. Η γεμάτη πόνο αντίδρασή μου ήταν να ζητήσω από τον Θεό να *«ρίξει το βλέμμα Του στο Κογκρέσο και να τους προστατέψει όλους από σωματική βλάβη και να μας βοηθήσει να πετύχουμε ομαλή μετάβαση της εξουσίας»*. Ο Θεός θα πρέπει να λυπάται που βλέπει την αναρχία, αλλά όπως καθαίρεσε τον Ηλεί, ο Θεός θα καθαιρέσει εκείνον που επέτρεψε ή προκάλεσε τον λαό να ξεσηκωθεί ενάντια στην κητίδα της ελευθερίας μας, καθώς, έχοντας τη δύναμη και την εξουσία, *«δεν τους συμμάζεψε»*.

Έμπνευση ή υποκίνηση; Ιδού το ερώτημα. Ως Χριστιανοί, καλούμαστε να εμπνεύσουμε άλλους με την ειρήνη, την αγάπη, την ενότητα, την ευγένεια, την ανεκτικότητα, την τιμή, τον σεβασμό για τον συνάνθρωπο και τον νόμο. Όταν στρέφουμε κάποιον προς τη βία, δεν έχει θέση στον χαρακτήρα ενός Χριστιανού ή ενός πολίτη των Ηνωμένων Πολιτειών.

Ο Θεός **εγκαθιστά** ποιος θα είναι το **εκλεκτό εργαλείο** Του. Προσεύχομαι ο εκλεγμένος Πρόεδρος Joe Biden, που δεν ανέλαβε ακόμη καθήκοντα, να είναι πράγματι ένα αληθινό εργαλείο που θα ενώσει τη χώρα και θα **εγκαταστήσει** την ειρήνη και τη συνεργασία στον κοινό αγώνα μας κατά της πανδημίας και του **μίσους**. Δεν είναι πρόθεσή μου να μιλήσω πολιτικά ή να δαιμονοποιήσω συγκεκριμένη ομάδα οπαδών. Αντίθετα, ζητώ απ' τον Θεό να μας φωτίσει όλους και να παύσει και να καθαιρέσει από την εξουσία όσους προκαλούν εξεγέρσεις και συγκρούσεις.

Ας προσευχηθούμε: Ουράνιε Πατέρα μας, *«Μίλησε, Κύριε· επειδή, ο δούλος σου ακούει».* Μην επιτρέψεις σε αδελφό να ξεσηκωθεί κατά αδελφού. Ζητούμε να παύσεις και να καθαιρέσεις τον πατέρα του ψεύδους από ανάμεσά μας. Χάρισε Εσύ τα επόμενα τέσσερα χρόνια ηγεσίας, η αλήθεια Σου να βασιλεύσει στις καρδιές μας και να ενεργούμε για την ευημερία της χώρας μας γενικά και όχι για τις πολιτικές παρατάξεις. Προσευχόμαστε στο Άγιο Όνομά Σου.

Ιανουάριος 8
ΟΙ ΚΑΛΥΤΕΡΟΙ ΓΟΝΕΙΣ
Α' Προς Τιμόθεον 4:12

Πόσο όμορφο είναι να βλέπουμε φρέσκο, λευκό χιόνι, χωρίς ίχνος πατημασιάς, όπως στη σημερινή φωτογραφία. Όσοι από εσάς έχετε το προνόμιο να είστε γονείς, τίποτα δεν μας ευχαριστεί περισσότερο από το να βλέπουμε τα παιδιά μας *«να συγκατοικούν με ομόνοια αδελφοί!»* **(Ψαλμοί 133:1)** και να ευημερούν στις σπουδές, στην εργασία και στην οικογένειά τους.

Άκουσα το εξής, στο ραδιόφωνο "Music of Ecuador, HCJB (28 Μαρτίου, 2006), *«Οι καλύτεροι γονείς δεν μας φέρνουν μόνο στον κόσμο. Μας διδάσκουν πώς να ζούμε».* Ακολουθούν ορισμένες οδηγίες από γονείς, οι οποίες με βάση την εμπειρία, θα βοηθήσουν τα παιδιά σας να ζουν εν ειρήνη και να ευημερούν στο σπιτικό τους.

Οι καλύτεροι γονείς δίνουν το παράδειγμα μιας ζωής που καθοδηγείται από τον Λόγο του Θεού. *«Με ποιον τρόπο θα καθαρίζει ο νέος τον δρόμο του; Τηρώντας τα λόγια σου»* **(Ψαλμοί 119:9).** Δεν υπάρχει τίποτα καλύτερο από το να κοιμάσαι ήσυχος γνωρίζοντας ότι υπήρξες το καλό παράδειγμα για τα παιδιά σου και ότι τα πάντα στη ζωή σου είναι τόσο λευκά όσο το χιόνι.

Θα πρέπει να διδάξουμε στους νέους μας *«να ευφραίνονται στον Κύριο, και θα τους δώσει τα ζητήματα της καρδιάς τους»* **(Ψαλμοί 37:4).** Θα πρέπει να μάθουμε ότι **ο Θεός γνωρίζει τις ανάγκες Τους**, και καθώς έχουν κοινωνία μαζί Του κάθε μέρα, ο Θεός θα ευφρανθεί μαζί τους και θα τους δώσει τις επιθυμίες της καρδιάς τους.

Οι καλύτεροι γονείς δίνουν το παράδειγμα μιας μετριοπαθούς ζωής. *«Το ίδιο και τους νεότερους να τους νουθετείς να σωφρονούν»* **(Προς Τίτον 2:6).** Το ρίσκο και οι περιπέτειες μας συναρπάζουν, όποιος, όμως, προχωρά με **σύνεση** και ενεργεί με **αυτοσυγκράτηση** και **προσοχή** φτάνει στον προορισμό του σώος και αβλαβής και ευφραίνεται με τους απογόνους του.

Οι καλύτεροι γονείς δίνουν το παράδειγμα μιας ζωής μακριά από το κακό. *«Ο δρόμος των ευθέων είναι να ξεκλίνουν από κακό· όποιος φυλάττει τον δρόμο του, διατηρεί την ψυχή του»* **(Παροιμίαι 16:17).** Ο Θεός μας καλεί να παρουσιάζουμε καλά έργα. *«Παρέχοντας τον εαυτό σου τύπο των καλών έργων σε όλα, φυλάττοντας στη διδασκαλία αδιαφθορία, σεμνότητα, λόγον υγιή και ακατάκριτο· για να ντραπεί ο ενάντιος, μη έχοντας να λέει για σας τίποτε το κακό»* **(Προς Τίτον 2:7-8).**

Οι καλύτεροι γονείς έχουν δίψα για τη βασιλεία του Θεού. *«Να μη αγαπάτε τον κόσμο, ούτε αυτά που υπάρχουν μέσα στον κόσμο. Αν κάποιος αγαπάει τον κόσμο, η αγάπη τού Πατέρα δεν υπάρχει μέσα σ' αυτόν»* (Α' Ιωάννου 2:15).

Ας προσευχηθούμε: Ουράνιε Πατέρα μας, Σε ευχαριστούμε που μας δίδαξες πώς να καθοδηγούμε τους νέους μας ώστε να φτάσουν σώοι και αβλαβείς στην παρουσία Σου. Παρόλο που μπορεί τώρα να μην μας μιμούνται, πιστεύουμε ότι κάποια μέρα θα γίνουν και εκείνοι γονείς και θα ακολουθήσουν την καθοδήγηση και τις οδηγίες Σου. Προσευχόμαστε στο Άγιο Όνομά Σου.

---

9 Ιανουαρίου
ΟΔΗΓΙΕΣ ΠΟΥ ΜΕΤΑΜΟΡΦΩΝΟΥΝ
Κατά Λουκάν 5:10

Πριν διαβάσουμε το βασικό εδάφιο της ημέρας, φέρνω στην προσοχή σας τις εντολές του Βασιλιά Δαβίδ προς τον γιο του, τον Σολομώντα, πριν πεθάνει. *«Και να φυλάττεις τις εντολές τού Κυρίου τού Θεού σου, να περπατάς στους δρόμους του, φυλάττοντας τα διατάγματά του, και τις κρίσεις του, και τα μαρτύριά του, καθώς είναι γραμμένο στον νόμο τού Μωυσή, για να ευημερείς σε όλα όσα κάνεις, και παντού όπου αν στραφείς»* (Α' Βασιλέων 2:3).

Στο **Κατά Λουκάν 5**, ο Ιησούς διατάζει τον Πέτρο να απομακρύνει την ψαρόβαρκά του λίγο έξω από την ακτή, μετατρέποντάς την σε άμβωνα από τον οποίο θα κήρυττε στα πλήθη. *«Και όταν σταμάτησε να μιλάει, είπε στον Σίμωνα: Φέρε ξανά το πλοίο στα βαθιά, και ρίξτε τα δίχτυα σας για να ψαρέψετε. Και ο Σίμωνας, απαντώντας, του είπε: Κύριε, ολόκληρη τη νύχτα, παρόλο που κοπιάσαμε, δεν πιάσαμε τίποτε· αλλ' όμως, στηριζόμενος στον λόγο σου, θα ρίξω το δίχτυ»* (**Κατά Λουκάν 5:4-5**).

Εκείνη τη νύχτα δεν έπιασαν τίποτα γιατί στηρίζονταν στην τύχη και στην ανθρώπινη εμπειρία τους. Πολλά από τα οποία κάνουμε που δεν είναι στο θέλημα του Θεού δεν θα επιφέρουν το επιθυμητό αποτέλεσμα. Οι εικόνες ψαράδων να μαζεύουν τα δίχτυα τους γεμάτα με πλαστικά μπουκάλια, λάστιχα, και άλλα έρχονται στον νου μου. Όταν, όμως, ακολουθούμε τις εντολές του Θεού και θέτουμε τον χρόνο και τα εργαλεία της δουλειάς μας στη διάθεσή Του, ο Θεός μεταμορφώνει καθετί μουντό *«για θεϊκή χρήση»* και ευδοκιμεί όλα όσα κάνουμε στην ώρα του Θεού. Στο **εδάφιο 6** διαβάζουμε, *«Και όταν το έκαναν αυτό, συνέκλεισαν ένα μεγάλο πλήθος από ψάρια, και το δίχτυ τους ξεσκιζόταν»*.

Στη συνέχεια, ο Ιησούς αναθέτει στους ψαράδες ένα καλύτερο και πιο ευγενές επάγγελμα, **μεταμορφώνοντάς τους σε ψαράδες ανθρώπων**. Ο Ιησούς καλεί τους πρώτους μαθητές Του στη Γαλιλαία με τα λόγια αυτά: *«Ελάτε πίσω μου, και θα σας κάνω ψαράδες ανθρώπων»* (**Κατά Ματθαίον 4:19**). Εσείς κι εγώ καλούμαστε επίσης να είμαστε **ψαράδες** αντρών, γυναικών, ηλικιωμένων, ορφανών, αστέγων, φτωχών και πλουσίων κάθε έθνους και κουλτούρας.

Ας προσευχηθούμε: Ουράνιε Πατέρα μας και Σωτήρα των ψυχών μας, Σε ευχαριστούμε για τη δεύτερη ευκαιρία που μας δίνεις να μεταμορφώσουμε τα λόγια μας σε δολώματα αγάπης. Βοήθησέ μας να παραδώσουμε όλα τα αγαθά μας, τη δύναμη, την ψυχή και τον νου μας για να είμαστε ψαράδες ψυχών. Προσευχόμαστε στο Άγιο Όνομά Σου.

---

10 Ιανουαρίου
ΚΑΝΕΝΑ ΔΑΚΡΥ ΣΤΟΝ ΟΥΡΑΝΟ

«Και ο Θεός θα εξαλείψει κάθε δάκρυ από τα μάτια τους, και ο θάνατος δεν θα υπάρχει πλέον· ούτε πένθος ούτε κραυγή ούτε πόνος δεν θα υπάρχουν πλέον· επειδή, τα πρώτα παρήλθαν».
ΑΠΟΚΑΛΥΨΗ ΙΩΑΝΝΟΥ 21:4

"God will wipe every tear from their eyes. There will be no more death or mourning or crying or pain, for the old order of things has passed away." **Revelation 21:4**

"Dios enjugará las lágrimas de los ojos de ellos, y ya no habrá muerte, ni más llanto, ni lamento ni dolor; porque las primeras cosas habrán dejado de existir". **Apocalipsis 21:4**

Σας εύχομαι μία ευλογημένη ημέρα, αγαπητοί μου φίλοι και συγγενείς ανά τον κόσμο. Η ένδοξη παρουσία του Θεού να φανερωθεί σήμερα, μεταμορφώνοντας τη λύπη μας σε χαρά, ευγνωμοσύνη, θάρρος και σκοπό για να προχωρήσουμε με όσα μας βασανίζουν.

Μου αρέσει πολύ το τραγούδι του Erica Clapton (*Tears in Heaven – Δάκρυα στον ουρανό*) και από άποψη μουσικής και από πνευματική σκοπιά. Ένας από τους στίχους λέει, *«Θα με ήξερες με τ' όνομά μου αν μ' έβλεπες στον ουρανό; / Θα ήταν το ίδιο αν σ' έβλεπα στον ουρανό; / Πρέπει να είμαι δυνατός και να προχωρώ γιατί ξέρω ότι δεν ανήκω εδώ, στον ουρανό».*

Ο Clapton έγραψε αυτό το τραγούδι σε μία από τις πιο δύσκολες στιγμές της ζωής του – όταν έχασε το παιδί του σε ατύχημα. Βρήκε την ενθάρρυνση και την έμπνευση να προχωρήσει μπροστά με πίστη στην υπόσχεση του Θεού ότι Εκείνος θα προετοιμάσει ένα σπίτι στον ουρανό όπου δεν θα υπάρχει πλέον θάνατος. Στην **Αποκάλυψη 21:4** διαβάζουμε, *«Και ο Θεός θα εξαλείψει κάθε δάκρυ από τα μάτια τους».*

Θεού θέλοντος, κανείς από εμάς να μην χρειαστεί ποτέ να έρθει αντιμέτωπος με τον χαμό ενός παιδιού. Για όσους έχασαν ένα αγαπημένο πρόσωπο σε νεαρή ή μεγαλύτερη ηλικία, ο Θεός ας απαλύνει τον πόνο με τη ματιά μας στην αιωνιότητα και την ελπίδα ότι θα συναντηθούμε ξανά μαζί τους και με τον Δημιουργό μας. Σ' εκείνη τη συνάντηση θα υπάρχουν δάκρυα χαράς και *ο Θεός θα εξαλείψει κάθε δάκρυ από τα μάτια σας*. Δεν θα θυμηθούμε ξανά τα βάσανα του παρελθόντος ούτε θα υποφέρουμε από αίσθημα απώλειας.

Η οπτική των ανθρώπων επικεντρώνεται σε όσα δεν έχουμε, δηλαδή σε όσα έχουμε χάσει. Αναζητούμε μια εξήγηση ή το βλέπουμε σαν τιμωρία. Γιατί μου συνέβη αυτό; Ο Θεός δεν μ' αγαπάει και δεν ακούει τις προσευχές μου; Η οπτική της πίστης επιβεβαιώνει τη μεγάλη αγάπη του Θεού, δείχνοντάς μας ότι η σκηνή όπου ολοκληρώνεται η σύντομη αυτή ζωή δίνει τη θέση της στην αιώνια ζωή, όπου τα πάντα είναι τέλεια, ευγενή, αγνά και γεμάτα χαρά και αγάπη που διαρκεί.

Ας προσευχηθούμε: Ουράνιε Πατέρα μας, Σε ευχαριστούμε για την ελπίδα που μας δίνεις ότι θα συναντηθούμε ξανά με όσους σήμερα αναπαύονται από τους κόπους τους, όσους έφυγαν νωρίς και όσους έφυγαν έπειτα από μακρόχρονη ασθένεια. Προσευχόμαστε για όσους έχουν χάσει παιδιά και δεν έχουν την ελπίδα της επανένωσης με τους αγαπημένους τους. Βοήθησέ μας να το σκεφτούμε αυτό και, όπου είναι απαραίτητο, να θρηνήσουμε με όσους σήμερα βιώνουν τον πόνο αυτό.

Σ' εκείνη τη συνάντηση θα υπάρχουν δάκρυα χαράς και ο Θεός θα εξαλείψει κάθε δάκρυ από τα μάτια σας. Δεν θα θυμηθούμε ξανά τα βάσανα του παρελθόντος ούτε θα υποφέρουμε από αίσθημα απώλειας.

---

11 Ιανουαρίου
ΕΥΛΟΓΗΜΕΝΗ ΣΥΓΧΩΡΗΣΗ
Προς Ρωμαίους 4:8

Δεν υπήρξαμε πάντοτε το καλύτερο παράδειγμα γονιού, συζύγου ή πιστού ανθρώπου. Όλοι περάσαμε στιγμές που ευχόμαστε να μην είχαν συμβεί. Ένας ακατάλληλος λόγος σε μια στιγμή θυμού ή απροσεξίας, μια πράξη που προκάλεσε πόνο, μια απερισκεψία ή εθισμός που επηρέασε ολόκληρη την οικογένεια, μία υπόσχεση που δεν τηρήθηκε, κ.ά. **Όσοι ένιωσαν το τρομερό βάρος της αμαρτίας που σε παραλύει να φεύγει από πάνω τους, είναι ευλογημένοι για διάφορους λόγους:**

Πρώτον, ομολογώντας τα αμαρτήματά μας στον Θεό ή στον πλησίον μας, μας συγχωρείται η ποινή για τις παραβάσεις. Η Αγία Γραφή μας διδάσκει ότι «*ο μισθός τής αμαρτίας είναι θάνατος· το χάρισμα, όμως, του Θεού αιώνια ζωή διαμέσου τού Ιησού Χριστού τού Κυρίου μας*» **(Προς Ρωμαίους 6:23)**. Με την συγχώρηση, ο Θεός απομακρύνει την **ποινή** μας και το βάρος της ενοχής μας. Ο Θεός παραμερίζει την τιμωρία μας και, αντί για τον θάνατο που μας αξίζει, λαμβάνουμε την αιώνια ζωή.

Δεύτερον, είμαστε ευλογημένοι γιατί, ελευθερωθήκαμε **από την ντροπή του παρελθόντος** και πλέον είμαστε σε θέση να αναλύσουμε και να βάλουμε τη ζωή, τα ταλέντα, τις ικανότητες και τους πόρους μας στην υπηρεσία του Θεού και επιτέλους να ξεκινήσουμε να **εκπληρώνουμε τον σκοπό μας**.

Τρίτον, μέσα από τη συγχώρηση, **ο Θεός αποκαθιστά τη σχέση μας** με την Αγία Τριάδα και για πρώτη φορά, επιτυγχάνουμε την πραγματική «*ειρήνη τού Θεού, που υπερέχει κάθε νου*». Η ειρήνη είναι το αντίδοτο για «*να διαφυλάξει τις καρδιές και τα διανοήματά μας*» από τις επιθέσεις του εχθρού **(Προς Φιλιππησίους 4:7)**. Η ειρήνη αυτή μας επιτρέπει να δούμε τον κόσμο και τις περιστάσεις από την οπτική του Θεού και να «*αγαπάμε τον πλησίον μας όπως τον εαυτό μας*» **(Κατά Μάρκον 12:33)**.

Τέταρτον, απελευθερωμένοι από την ενοχή και την ποινή της αμαρτίας, μαθαίνουμε να «*συγχωρούμε σ' αυτούς που αμαρτάνουν σε εμάς, όπως συγχώρεσες σε εμάς τις αμαρτίες μας*» **(Κατά Ματθαίον 6:9)**. Μια παράβαση που δεν έχει συγχωρηθεί, όπως ένας ιός, κλέβει τη χαρά της ζωής μας και μας στερεί την ειρήνη και την ενέργεια που ο Θεός προέβλεψε για εμάς όταν μας διαμόρφωνε. Συγχωρώντας, όμως, τους άλλους, αποκτούμε φτερά για να πετάμε, αποκτούμε δύναμη - «*εκείνοι* *που προσμένουν τον Κύριο θα ανανεώσουν τη δύναμή τους»* **(Ησαΐας 40:31)** - και τη χαρά να ζούμε σύμφωνα με το θεϊκό σχέδιο.

Έχουμε την ευλογία να βιώνουμε τη χαρά και την πληρότητα της ζωής σε αρμονία με τον Θεό και τον πλησίον μας ομολογώντας τις αμαρτίες μας και συγχωρώντας άλλους. Αγαπητοί μου, δεν υπάρχει τίποτα στο παρελθόν μας που ο Θεός δεν θα μας συγχωρήσει. Ομοίως, δεν θα έπρεπε να υπάρχει τίποτα που δεν είμαστε έτοιμοι να συγχωρήσουμε εμείς στο όνομα του Θεού.

Μια παράβαση που δεν έχει συγχωρηθεί, όπως ένας ιός, κλέβει τη χαρά της ζωής μας κι μας στερεί την ειρήνη και την ενέργεια που ο Θεός προέβλεψε για εμάς όταν μας διαμόρφωνε.

Ας προσευχηθούμε: Ουράνιε Πατέρα μας, Σε ευχαριστούμε για τη χαρά που μας δίνεις να λαμβάνουμε συγχώρηση, να έχουμε μια δεύτερη ευκαιρία ώστε η ζωή μας να είναι το καλύτερο δυνατό παράδειγμα γονέα, συζύγου ή πιστού ανθρώπου. Βοήθησέ μας να έχουμε πνεύμα συγχώρησης, όπως Εσύ. Προσευχόμαστε στο όνομα του Ιησού Χριστού.

---

12 Ιανουαρίου
ΑΓΙΑΣΜΕΝΟΣ ΓΙΑ ΛΑΤΡΕΙΑ

«Όποιος συνθέσει όμοιο μ' αυτό ή όποιος βάλει απ' αυτό σε αλλογενή, θα εξολοθρευτεί από τον λαό του». **Έξοδος 30:33**

"Whoever makes perfume like it and puts it on anyone other than a priest must be cut off from their people." **Exodus 30:33**

"Cualquiera que componga un aceite semejante, y que lo derrame sobre algún extraño, será expulsado de su pueblo". **Éxodo 30:33**

Όσα πράγματα είναι καθαγιασμένα για την υπηρεσία και τη λατρεία του Θεού είναι ιερά, αγνά και απαιτούν τον ύψιστο σεβασμό και την ευλάβεια. Ο Αιδεσιμότατος Henry Yordon της εκκλησίας First Congregational Church στην πόλη Norwalk έδωσε οδηγίες ο άμβωνας να χρησιμοποιείται αποκλειστικά για να έχει τη θέση της η Αγία Γραφή, ο σταυρός, το μανουάλι και ό,τι απαιτείται για τη Θεία Κοινωνία, τη Θεία Ευχαριστία. Κάποιες φορές, οι μουσικοί άφηναν εκεί τις παρτιτούρες, αλλά αμέσως μόλις έρχονταν στο μυαλό τους οι οδηγίες, έπαιρναν τα χαρτιά από τον άμβωνα.

Η λατρεία είναι τόσο σημαντική ώστε ο Κύριος αφιέρωσε ένα μεγάλο μέρος του βιβλίου της Εξόδου, δίνοντάς μας οδηγίες για το πρωτόκολλο της λατρείας που συμπεριλαμβάνει πότε και πού να χρησιμοποιήσουμε τα στοιχεία που την απαρτίζουν. Ο Θεός είναι τρυφερός και καλός, αλλά είναι και ζηλότυπος και απαιτεί την αποκλειστική αγάπη, λατρεία και υπακοή στον Λόγο Του.

Κατά τη διάρκεια της λατρείας, πρέπει να γνωρίζουμε και να ακολουθούμε τις οδηγίες του Θεού. Σχετικά με το λάδι, ο Θεός λέει ότι το λάδι περιορίζεται για να καθαγιάσει και να αφιερώσει τους ιερείς όπως και *«τη σκηνή τού μαρτυρίου, και την κιβωτό τού μαρτυρίου, και το τραπέζι και όλα τα σκεύη του, και τη λυχνία και τα σκεύη της, και το θυσιαστήριο του θυμιάματος»* (**Έξοδος 30:26-27**). Στο **εδάφιο 33**, ο Θεός προειδοποιεί, *«όποιος συνθέσει όμοιο μ' αυτό ή όποιος βάλει απ' αυτό σε αλλογενή, θα εξολοθρευτεί από τον λαό του».*

Ομοίως, το **θυμίαμα** χρησιμοποιούνταν αποκλειστικά για τη λατρεία εντός της κιβωτού. Ο Θεός απαγορεύει ρητά να δημιουργούν το άρωμά Του για προσωπική χρήση εκτός της κιβωτού και επαναλαμβάνει την προειδοποίηση: *«Όποιος κάνει όμοιο μ' αυτό, για να το μυρίζει, θα εξολοθρευτεί από τον λαό»* (εδάφιο 38).

Το θυμίαμα ήταν μέρος μιας θεϊκής εμπειρίας εντός της κιβωτού για τους Εβραίους. Στην αίσθηση της όσφρησής τους, αναπαριστούσε την παρουσία του Θεού. **Το θυμίαμα ήταν για να πλησιάσει κάποιος κοντά στον Θεό, όχι για προσωπική ευχαρίστηση**.

Η μητέρα μου είχε ένα ξεχωριστό μέρος στο σπίτι για την καθημερινή της λατρεία προς τον Ιησού. Πάντα μου άρεσε το άρωμα όταν έκαιγε θυμίαμα και παραμένει ακόμη ένα από τα πράγματα που με προσελκύει όταν επισκέπτομαι τις εκκλησίες φίλων ή της οικογένειάς μου. Η μυρωδιά με επαναφέρει στο δωμάτιο της μητέρας μου και στην παρουσία του Θεού.

Ας προσευχηθούμε: Ουράνιε Πατέρα μας, δημιούργησε μέσα μας μία στάση σεβασμού και ευλάβειας σε όσα Εσύ καθαγίασες για την αποκλειστική λατρεία που σου αξίζει. Προσευχόμαστε στο Άγιο Όνομά Σου.

---

13 Ιανουαρίου
ΘΕΡΑΠΕΥΣΕ ΜΑΣ ΑΠΟ ΚΑΘΕ ΚΑΚΟ

«Να, ο Αμνός τού Θεού, ο οποίος σηκώνει την αμαρτία τού κόσμου». Κατά Ιωάννην 1:29

"Look, the Lamb of God, who takes away the sin of the world!" Ιωάννην 1:29

"Éste es el Cordero de Dios, que quita el pecado del mundo". Juan 1:29

Παρατηρώντας τα γεγονότα στις ΗΠΑ στις 6 Ιανουαρίου, 2021, περισσότερο από ποτέ χρειαζόμαστε τον μεγάλο χειρουργό που θα απομακρύνει τα πέπλα από τα μάτια μας, αφήνοντάς μας να προχωρήσουμε προς την ειρήνη και την ενότητα. Δίχως να βλέπουμε, πλέον, τους άλλους με βάση το έθνος ή τις πολιτικές προτιμήσεις τους, αλλά ως μέλη της οικογένειας του Θεού – τείνοντας μια αδελφική χήρα βοηθείας. Πρέπει να θυμόμαστε ποιοι είμαστε, τι και για ποιον χτίζουμε κάτι.

Ο Ιωάννης ο Βαπτιστής είδε τον ξάδελφό του, τον Ιησού *«να έρχεται προς αυτόν, και λέει: Να, ο Αμνός τού Θεού, ο οποίος σηκώνει την αμαρτία τού κόσμου»*. Αν ήταν να προσαρμόσουμε τη φράση αυτή στη σημερινή εποχή, πιστεύω ότι ο Ιωάννης θα έλεγε *«Αυτός είναι ο Αμνός του Θεού»* **που αφαιρεί τον καρκίνο του μίσους από την καρδιά μας**. Ο εξειδικευμένος χειρουργός **που μας καθαρίζει από τον εγωισμό, τον φανατισμό** *και κάθε λέξη που λήγει σε «-ισμό» και πλήττει την κοινωνία μας. Ο ψυχολόγος που* **μας απελευθερώνει από όλες** *τις φυλετικές φοβίες»*. Όλα τα βάσανα που βιώνουμε σήμερα έχουν τις ρίζες τους στην αμαρτία, την ανυπακοή και την επανάσταση εναντίον του Θεού.

Ποιος μπορεί να μας απελευθερώσει από το κακό που επιτρέψαμε να ελέγχει τη ζωή, τα σχολεία, τις εκκλησίες, τις κυβερνήσεις μας, κτλ.; Η απάντηση βρίσκεται μέσα μας. Μπορούμε να συνεχίσουμε να ανάβουμε την εχθρική φλόγα κατηγορώντας ο ένας τον άλλον ότι είμαστε η αιτία του προβλήματος, ότι είμαστε υπερβολικά φιλελεύθεροι ή υπερβολικά συντηρητικοί. Η απάντηση, όμως, βρίσκεται μέσα μας, **εμείς που με ταπεινή υπερηφάνεια, αποκαλούμαστε Χριστιανοί**. Να θυμάστε ότι ο Ιησούς ζει μέσα μας και καταλαβαίνει τη σκέψη μας. Ας επιτρέψουμε **στον Αμνό του Θεού να**

γιατρέψει πρώτα τις δικές μας καρδιές προτού προσπαθήσουμε να διορθώσουμε ή να αλλάξουμε τους άλλους.

Εγώ κι εσείς χτίζουμε μια στερεή γέφυρα, ώστε τα παιδιά μας και οι μελλοντικές γενιές να ζήσουν ειρηνικά και αρμονικά, φροντίζοντας ο ένας για τον άλλον καθώς οδεύουν **προς την αιώνια κατοικία του Θεού**. Θέλουμε να είναι υπεύθυνοι με τα χαρίσματα και τα ταλέντα που έλαβαν και να αφήσουν τον πλανήτη σε πιο καλή κατάσταση από εκείνη που τον βρήκαν. Γι' αυτό, μέσα από τις γεμάτες αγάπη οδηγίες μας, πρέπει να γνωρίζουν και να αποδέχονται τον Αμνό του Θεού στην καρδιά τους για να τους καθοδηγήσει και να τους εμπνεύσει όταν εμείς θα έχουμε φύγει.

Ας προσευχηθούμε: Ουράνιε Πατέρα μας, Σε ευχαριστούμε που έστειλες τον Ιησού, τον ταπεινό Αμνό Σου για να χτίσει τη γέφυρα που θα μας δώσει πρόσβαση στην ουράνια κατοικία Σου, ανοίγοντάς μας τον δρόμο για να περάσουμε από τη δουλεία και την αμαρτία, σε βοσκές ελευθερίας, λύτρωσης, ενότητας και αιώνιας ζωής. Θεράπευσέ μας και δώσε μας την ειρήνη Σου Κύριε, στο όνομα του Ιησού Χριστού.

---

14 Ιανουαρίου
ΦΡΟΥΡΟΣ ΖΩΗΣ
Ψαλμοί 139:3

Όπως η κόρη μου, η Σοφία, προσέχει τον νεογέννητο γιο της, (τον πολύτιμο εγγονό μας, Λάζαρο Ηλία Aristizabal), έτσι **ο Θεός είναι ο φρουρός της ζωής μας.** Ο Θεός φρουρεί πάντα τα παιδιά Του, ημέρα και νύχτα, για να διασφαλίσει ότι μας φροντίζει και μας προστατεύει από το κακό, συμπεριλαμβανομένου και του κακού που προέρχεται από εμάς τους ίδιους.

Ζούμε σε εποχές που οι κυβερνήσεις παρακολουθούν ηλεκτρονικά κάθε κίνησή μας, κάθε αγορά, συζήτηση, φωτογραφία ή βίντεο που μαγνητοσκοπήσαμε. Κάποιες φορές, όταν ξεχνάμε ότι ο Μεγάλος Αδελφός μας παρακολουθεί, παραβαίνουμε τον νόμο, π.χ. οδηγούμε εκτός του επιτρεπόμενου ορίου ταχύτητας, ή όπως είδαμε στις ειδήσεις αυτής της εβδομάδας, χρησιμοποιούμε απειλές και βία για να αποκτήσουμε ό,τι πιστεύουμε ότι μας ανήκει. Οι πράξεις και τα λόγια μας έχουν συνέπειες! Ο Θεός μας παρακολουθεί. Αν παραβιάσουμε τον νόμο του Θεού, θα πληρώσουμε το τίμημα.

Στον **Ψαλμό 139:3** διαβάζουμε *«Διερευνάς το περπάτημά μου και το πλάγιασμά μου, και όλους τούς δρόμους μου γνωρίζεις»*. Τα λόγια αυτά επιβεβαιώνουν τη φροντίδα, την προστασία και τη διαπαιδαγώγηση του Θεού προς όσους υιοθετήθηκαν ως παιδιά του Θεού. Είμαστε ευλογημένοι που έχουμε τον Θεό φρουρό της ζωής μας. Η υιοθεσία αυτή, όμως, έχει και ευθύνες. Τα λόγια και οι πράξεις μας έχουν τη δύναμη να σώζουν, να θεραπεύουν, να οικοδομούν, να δένουν, να μολύνουν και να καταστρέφουν. Μερικές φορές ξεχνούμε ποιοι είμαστε ή ξεχνούμε ότι ο Θεός είναι παρών. Παίρνουμε την κατάσταση στα χέρια μας και δεν επιτρέπουμε στον Θεό να είναι ο φρουρός μας.

Μέσα στις επόμενες 24 ώρες, πριν κάνεις κάτι, πριν μιλήσεις ή πριν γράψεις κάτι, σε καλώ να σκεφτείς το εξής: ο Θεός δεν παρακολουθεί μόνο τους δρόμους σου και γνωρίζει όλα όσα κάνεις, αλλά γνωρίζει και την καρδιά σου. *«Κύριε, με δοκίμασες και με γνώρισες. Εσύ γνωρίζεις το κάθισμά μου και την έγερσή μου· καταλαβαίνεις τούς λογισμούς μου από μακριά»* **(Ψαλμοί 139:1,2)**. Γι' αυτό, ας αναρωτηθούμε:

+ *Ο Ιησούς θα χαιρόταν με τον τρόπο που με βλέπει να αντιδρώ;*
+ *Ακολουθώ το παράδειγμα που έδωσε ο Ιησούς για εμένα;*
+ *Αυτό που σκοπεύω να κάνω τείνει προς την πλευρά της ειρήνης ή της διαμάχης;*
+ *Τι θα έκανε ή θα έλεγε ο Ιησούς για την κατάστασή μου;*

Ας προσευχηθούμε: Ουράνιε Πατέρα μας, Σ' ευχαριστούμε που είσαι ο φρουρός της ζωής μας. Βοήθησέ μας να εντρυφούμε καθημερινά στον Άγιο Λόγο Σου ώστε το Άγιο Σου Πνεύμα να μας υπενθυμίζει ποιοι είμαστε και Ποιον εκπροσωπούμε. Δίδαξέ μας πώς να ανταποκρινόμαστε στις περιστάσεις της ζωής. Βοήθησέ μας να είμαστε φρουροί ζωής για τους δικούς σου μικρούς. Προσευχόμαστε στο Άγιο Όνομά Σου.

---

15 Ιανουαρίου
ΟΤΑΝ ΝΙΩΘΟΥΜΕ ΑΝΑΞΙΟΙ
Πράξεις 13:25

Κάθε φορά που νιώθουμε ανάξιοι σωτηρίας, συγχώρησης και αποκατάστασης, ας θυμηθούμε ότι *«με τέτοιον τρόπο αγάπησε ο Θεός τον κόσμο, ώστε έδωσε τον Υιό του τον μονογενή, για να μη χαθεί καθένας που πιστεύει σ' αυτόν, αλλά να έχει αιώνια ζωή»* **(Κατά Ιωάννην 3:16)**. Ας αναλύσουμε πώς χρησιμοποίησε ο Θεός τα λόγια τριών αντρών που είπαν τη φράση *«Δεν είμαι άξιος»* για να μιλήσει σε εμάς σήμερα.

Η φράση **«ΔΕΝ ΕΙΜΑΙ ΑΞΙΟΣ»** είναι λόγια εκείνων που ταπεινά αναγνωρίζουν τη θέση και τον σκοπό τους. Παρατηρείται δέκα φορές μέσα στην Αγία Γραφή ως έκφραση ταπεινοφροσύνης ενώπιον της μεγαλοσύνης και μεγαλοπρέπειας του ελεήμονος Θεού που συγχωρεί τις αποτυχίες μας, θεραπεύει τις ασθένειές μας και μας στέλνει αγγελιοφόρους ελέους και ελπίδας.

Ο ΘΕΟΣ ΣΥΓΧΩΡΕΙ ΤΙΣ ΑΠΟΤΥΧΙΕΣ ΜΑΣ – Ένας γιος έλαβε περιουσία από τον πατέρα του, περιπλανήθηκε σε μακρινή χώρα και *«διασκόρπισε την περιουσία του»* **(Κατά Λουκάν 15:13)**. Μετανοημένος και φτωχός, αποφάσισε να επιστρέψει στον πατέρα του. Φτάνοντας στο σπίτι, ο γιος αναφώνησε, *«Πατέρα, αμάρτησα στον ουρανό και μπροστά σου. Και δεν είμαι πια άξιος να ονομαστώ γιος σου· κάνε με σαν έναν από τους μισθωτούς σου»* **(Κατά Λουκάν 15:18-19, 21)**. Ο πατέρας συγχώρησε, αγκάλιασε και απεκατέστησε τον γιο του στη θέση του ως υιό και κληρονόμο.

Ο ΘΕΟΣ ΘΕΡΑΠΕΥΕΙ ΤΙΣ ΑΣΘΕΝΕΙΕΣ ΜΑΣ – Ο εκατόνταρχος έστειλε να έρθει ο Ιησούς και να θεραπεύσει τον δούλο του. Καθώς ερχόταν ο Ιησούς, ο εκατόνταρχος έστειλε ένα μήνυμα που έλεγε: *«Κύριε, <u>δεν είμαι άξιος</u> να μπεις κάτω από τη στέγη μου· αλλά, μονάχα πες έναν λόγο, και ο δούλος μου θα γιατρευτεί»* **(Κατά Ματθαίον 8:8, Κατά Λουκάν 7:6–7).**

ΕΙΜΑΣΤΕ ΟΙ ΑΓΓΕΛΙΟΦΟΡΟΙ ΤΟΥ ΘΕΟΥ- Ο Ιωάννης ο Βαπτιστής ξεκαθαρίζει τα καθήκοντά του ως δούλος και αγγελιοφόρος: *«Εγώ μεν σας βαπτίζω με νερό· έρχεται, όμως, ο ισχυρότερός μου, του οποίου δεν είμαι άξιος να λύσω το λουρί από τα υποδήματά του· αυτός θα σας βαπτίσει με Άγιο Πνεύμα και φωτιά»* **(Κατά Λουκάν 3:16, Κατά Ματθαίον 3:11, Κατά Μάρκον 1:7-8 και Κατά Ιωάννην 1:27).**

Ο Απόστολος Παύλος, ένας πολύ μορφωμένος άνθρωπος με εξέχουσα θέση και πλούσια αγαθά, δήλωσε: *«Δεν είμαι άξιος να ονομάζομαι απόστολος, επειδή καταδίωξα την εκκλησία τού Θεού»* **(Προς Κορινθίους Α' 15:9).**

Ας προσευχηθούμε: Ουράνιε Πατέρα μας, παρόλο που πολλές φορές σε απογοητεύουμε, παρόλο **που δεν αξίζουμε** την υπέροχη αγάπη σου, Σ' ευχαριστούμε που μας δέχτηκες ξανά σαν υιοθετημένα παιδιά και κληρονόμους της χάρης Σου. Σ' ευχαριστούμε που γιάτρεψες τις πληγές μας και γέμισες την καρδιά μας με σκοπό και ελπίδα. Προσευχόμαστε στο όνομα του Ιησού.

«Κύριε, δεν είμαι άξιος να μπεις κάτω από τη στέγη μου· αλλά, μονάχα πες έναν λόγο, και ο δούλος μου θα γιατρευτεί» **(Κατά Ματθαίον 8:8, Κατά Λουκάν 7:6–7).**

16 Ιανουαρίου
ΝΑ ΓΝΩΡΙΖΕΙΣ ΚΑΙ ΝΑ ΕΙΣΑΙ ΓΝΩΣΤΟΣ
Κατά Ματθαίον 25:12

Ο Ιησούς αφηγείται την ιστορία των δέκα παρθένων που δεν ήταν έτοιμες για τον γαμπρό. *«Και οι έτοιμες μπήκαν μαζί του μέσα στους γάμους, και η θύρα κλείστηκε. Και ύστερα, έρχονται και οι υπόλοιπες παρθένες, λέγοντας: Κύριε, Κύριε, άνοιξέ μας. Και εκείνος απαντώντας είπε: Σας διαβεβαιώνω, δεν σας γνωρίζω».* (Κατά Ματθαίον 25:10Β-12).

Ο Θεός μας λέει, *«Πριν σε μορφώσω στην κοιλιά, σε γνώρισα»* **(Ιερεμίας 1:5).** *«Είσαι δικός μου»* **(Ησαΐας 43:1).** Οι έγνοιες, ωστόσο, του κόσμου και τα ψέματα του εχθρού μας τυφλώνουν και μας χωρίζουν από την παρουσία του Θεού. Παρόλο που είμαστε πρίγκιπες και πριγκίπισσες, ζούμε σαν **άσωτοι** επαίτες.

Είναι ζωτικής σημασίας να γνωρίζουμε και να μας γνωρίζει ο Θεός. Εγώ είχα μάθει για τον Θεό, αλλά τα μάτια μου ήταν κλειστά και ζούσα σε πνευματική φτώχεια (**Κατά Λουκάν 24:16**). Ο πεθερός μου έλεγε, «**Oscar, πολλοί γνωρίζουν τον Θεό, αλλά λίγοι τον ξέρουν**».

ΓΝΩΡΙΖΟΝΤΑΣ ΤΟΝ ΘΕΟ
Ο Ιησούς μας προσφέρει κλειδιά για να γνωρίσουμε τον Θεό:
1. Να μελετούμε επιμελώς τις Γραφές «*Και θα γνωρίσετε την αλήθεια, και η αλήθεια θα σας ελευθερώσει*» (**Κατά Ιωάννην 8:32**).
2. Να πορευόμαστε με σύνεση στον ενδεδειγμένο δρόμο. «*Εγώ είμαι ο δρόμος, και η αλήθεια, και η ζωή· κανένας δεν έρχεται προς τον Πατέρα, παρά μόνον διαμέσου εμού*» (**Κατά Ιωάννην 14:6**).
3. **Μέσα από τη μελέτη της Γραφής**, παρόλο που δεν έχουμε δει τον Θεό, η ψυχή μας κατανοεί την καλοσύνη και την απέραντη αγάπη Του για αμαρτωλούς όπως εγώ κι εσείς. «*Όποιος είδε εμένα, είδε τον Πατέρα*» (**Κατά Ιωάννην 14:9**).
4. Να είμαστε έτοιμοι να αναγνωρίσουμε και να δεχτούμε τον γαμπρό. «*Ήταν μέσα στον κόσμο, και ο κόσμος έγινε διαμέσου αυτού· και ο κόσμος δεν τον γνώρισε*» (**Κατά Ιωάννην 1:10**).

ΝΑ ΜΑΣ ΓΝΩΡΙΖΕΙ Ο ΘΕΟΣ
Η παραβολή των δέκα παρθένων μας καλεί να είμαστε συνετοί στη σχέση μας με τον Θεό, να Τον γνωρίζουμε καλά και να βεβαιωθούμε ότι μας γνωρίζει ο Θεός.

Ο Θεός μας γνωρίζει από «*την αγάπη του Θεού*» (**Κατά Ιωάννην 5:42**) και από τον καλό μας καρπό. «*Πολλοί θα μου πουν κατά την ημέρα εκείνη: Κύριε, Κύριε, δεν προφητεύσαμε στο όνομά σου, και στο ονομά σου εκβάλαμε δαιμόνια, και στο όνομά σου κάναμε πολλά θαύματα; Και, τότε, θα ομολογήσω σ' αυτούς, ότι: Ποτέ δεν σας γνώρισα· φεύγετε από μένα εσείς που εργάζεστε την ανομία*» (**Κατά Ματθαίον 7:22–23**). Ωστόσο, όσοι υπηρετούν, βοηθούν και στηρίζουν τους άπορους και όσους βρίσκονται σε ανάγκη, ο Ιησούς τους γνωρίζει, τους χαμογελά και ανοίγει την πόρτα της καρδιάς και της βασιλείας Του.

Ας προσευχηθούμε, ουράνιε Πατέρα μας, Σ' ευχαριστούμε γιατί υπήρχαν στιγμές που δεν Σε γνωρίζαμε και δεν μας γνώριζες, αλλά μας αποκάλυψες τον εαυτό Σου μέσω της αγάπης και του ελέους Σου και ταπεινά αποκαλούμε τον εαυτό μας παιδιά Σου, υπό διαμόρφωση Χριστιανοί. Θεράπευσε τους αρρώστους και τον πλανήτη μας. Προσευχόμαστε στο όνομα του Ιησού Χριστού.

Εγώ είχα μάθει για τον Θεό, αλλά τα μάτια μου ήταν κλειστά και ζούσα σε πνευματική φτώχεια. Ο πεθερός μου έλεγε, «Oscar, πολλοί γνωρίζουν τον Θεό, αλλά λίγοι τον ξέρουν».

---

17 Ιανουαρίου
ΒΟΣΚΕ ΤΑ ΑΡΝΙΑ ΜΟΥ

«Σίμωνα του Ιωνά, με αγαπάς περισσότερο τούτων; Του λέει: Ναι, Κύριε, εσύ ξέρεις ότι σε αγαπώ. Του λέει: Βόσκε τα αρνιά μου» **Κατά Ιωάννην 21:15**

"'Simon son of Κατά Ιωάννην, do you love me more than these?' 'Yes, Lord,' he said, 'you know that I love you.' Jesus said, 'Feed my lambs.'" **John 21:15**

"'Simón, hijo de Jonás, ¿me amas más que éstos?' Le respondió: 'Sí, Señor; tú sabes que te quiero.' Él le dijo: 'Apacienta mis corderos'". **Juan 21:15**

Η μελέτη του Λόγου του Θεού έχει γίνει η καθημερινή τροφή μου, όπως έμαθα από πεθερό μου, Αριστοκλή Ξανθόπουλο **(έναν άνθρωπο που έλεγε λίγα αλλά έπραττε πολλά)**. Όταν ζούσε στο σπίτι μας για μεγάλο χρονικό διάστημα, είχα την τιμή να βλέπω την πειθαρχημένη συνήθειά του να διαβάζει και να γράφει τον Λόγο του Θεού και να προσεύχεται, γεγονός που τον προετοίμασε **να βοσκήσει τα αρνιά του Θεού.**

Η αποστολή του πεθερού μου ήταν να δημιουργήσει πείνα και δίψα για τον Λόγο του Θεού σε κάθε άνθρωπο. Όταν μετακόμισε στην Ελλάδα, **μου εμπιστεύθηκε το έργο αυτό της βοσκής** με το μοίρασμα Αγίων Γραφών και της αγάπης και της ειρήνης του Θεού.

Στο **Κατά Ιωάννην 21:15**, ο Ιησούς βρίσκεται σε μία παραλία ετοιμάζοντας πρωινό. Μετά το φαγητό, ρωτά τον Πέτρο: *«Σίμωνα του Ιωνά, με αγαπάς περισσότερο τούτων;»* Παρά τις τρεις φορές που ο Πέτρος αρνήθηκε τον Ιησού, ο Ιησούς δεν του πήρε την εξουσία επειδή τον απογοήτευσε σε μια στιγμή φόβου και αδυναμίας. Όλοι μας έχουμε τέτοιες στιγμές.

Ο Ιησούς, στο πρωτότυπο κείμενο, χρησιμοποιεί την ελληνική λέξη «*αγαπάς*» (**με αγαπάς;**), αλλά ο Πέτρος απαντά με τον όρο **«φιλώ»**, που σημαίνει **«μου αρέσει»**, φιλικά. Γνωρίζοντας ότι ο Πέτρος δεν είναι ακόμη ικανός να αγαπήσει όπως αγαπά ο Ιησούς, ο Ιησούς αλλάζει την ερώτηση και ρωτά **«Με φιλείς περισσότερο τούτων;»**. **Ο Ιησούς προσαρμόζεται στις ικανότητές μας.** Ο Πέτρος απαντά καταφατικά και ο Ιησούς του αναθέτει να **«βοσκήσει τα πρόβατά του».**

Ανεξάρτητα από τις δυνατότητές μας, ο Θεός μας έδωσε την εντολή να ποιμαίνουμε τα πρόβατά του. **Να βοσκήσουμε τους ακολούθους Του και όσους έχουν χαθεί.** Ο Ιησούς μιλά για την τροφή του ουρανού που οδηγεί στην αιώνια ζωή. Όχι για τη δημιουργία ανθρώπων που θα εξαρτώνται από τα δικά μας αποφάγια, αλλά από τον πρώτο καρπό του Λόγου του Θεού. Όποιος αγαπά τον Ιησού, τηρεί τον Λόγο Του στην καρδιά του και αναζητεί τρόπους για να ενισχύσει τη Βασιλεία.

Χαίρομαι για τον αυξανόμενο αριθμό των φίλων και συγγενών που μας συνοδεύει σ' αυτή την πρωινή τροφή με τον Λόγο του Θεού, όπου βρίσκουμε την ειρήνη και συμφιλιωνόμαστε με τον Θεό και τον πλησίον μας. Ο Ιησούς είπε, *«Εγώ είμαι ο άρτος ο ζωντανός, που κατέβηκε από τον ουρανό»* (**Κατά Ιωάννην 6:51**).

Ας προσευχηθούμε: Ουράνιε Πατέρα μας, ευχαριστούμε που μας εμπιστεύθηκες τη φροντίδα των προβάτων σου. Είθε να ποιμάνουμε πρώτα τον εαυτό μας, προτού ποιμάνουμε άλλους μέχρι να ικανοποιηθούμε με τον αληθινό και ζωντανό Λόγο Σου. Προσευχόμαστε στο όνομα του Ιησού Χριστού.

---

18 Ιανουαρίου
ΚΑΘΑΡΙΣΜΕΝΟΙ ΚΑΙ ΣΩΣΜΕΝΟΙ
Προς Κορινθίους Β' 7:1

Ένα από τα αγαπημένα μου παραδείγματα για το σημερινό εδάφιο προέρχεται από μια προσωπική ιστορία.

Επιστρέφοντας από την Ελλάδα το 2018 και έπειτα από είκοσι ημέρες δυνατής βροχής που άφησε πολλά σπίτια πλημμυρισμένα, ανακάλυψα ότι η αποθήκη για τα εργαλεία μου, όπου φυλούσα τους δίσκους βινυλίου του πατέρα μου, είχε πλημμυρίσει. Το νερό και η λάσπη είχαν διαλύσει μερικώς τα καλύμματα για τους δίσκους, και όταν στέγνωσαν, ενσωματώθηκαν στους δίσκους. Πέταξα τα καλύμματα και λυπήθηκα, γιατί σκέφτηκα ότι οι δίσκοι θα ήταν προς ανακύκλωση. Είχαν τόσο μεγάλη συναισθηματική αξία που προσπάθησα να τους **σώσω**. Με νερό, σαπούνι και απολυμαντικό **καθαρίστηκαν** και ήταν σαν καινούριοι, απλώς χωρίς τα καλύμματα.

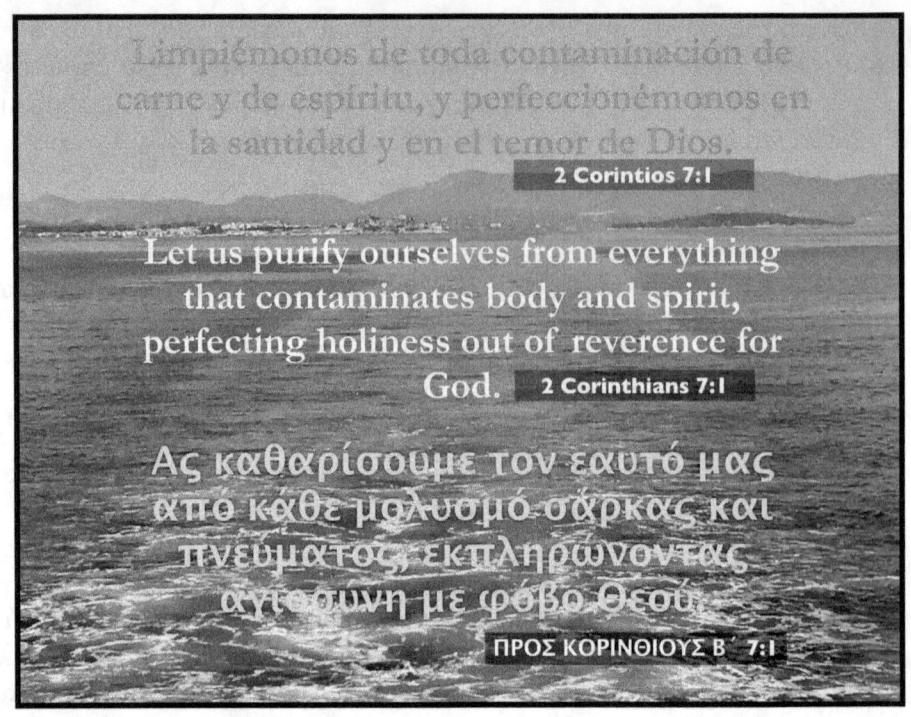

Το σημερινό εδάφιο (**Προς Κορινθίους Β' 7:1**) μας καλεί να καθαριστούμε από κάθε κακία και μόλυνση, αναγνωρίζοντας ότι η ζωή μας είναι σαν τους δίσκους και τα καλύμματα. Δεν έχει σημασία πόση βρωμιά έχει συσσωρευτεί στο εξωτερικό περίβλημα. Στην αιωνιότητα, αυτά δεν μετρούν. **Ο Θεός εκτιμά ό,τι έχουμε φυλάξει στην καρδιά μας και αυτά αξίζουν πάση θυσία να καθαριστούν και να σωθούν**.

Η φράση *«Έχοντας αυτές τις υποσχέσεις»* αναφέρεται στην υιοθεσία μας ως παιδιά του Θεού. Ως πιστοί, έχουμε την υπόσχεση και **πρέπει συνεχώς να καθαριζόμαστε και να απολυμαίνουμε τη ζωή μας** από κάθε κακό που προσκολλάται στο εξωτερικό μας, στην προσπάθεια να σώσουμε τη ζωή που έχει παρασύρει το ποτάμι της λάσπης.

Η **Προς Κορινθίους Β' 6:14-18** μας προειδοποιεί να διατηρούμε μία πνευματικώς υγιή απόσταση από απίστους. *«Μη ομοζυγείτε με τους απίστους»* που φέρουν το βάρος της αμαρτίας. Είναι δούλοι στην αμαρτία. Ως εκ τούτου, οι πιστοί δεν θα έπρεπε να δένονται συναισθηματικά ή με άλλου είδους σχέση μαζί τους. *«Επειδή, όταν ο Σολομώντας γέρασε, οι γυναίκες του ξέκλιναν την καρδιά του πίσω από άλλους θεούς»* (**Α' Βασιλέων 11:3**). Ο Θεός δεν μας απαλλάσσει από το καθήκον να σώζουμε τις ζωές των χαμένων ανθρώπων. Αλλά κατά τη διαδικασία της σωτηρίας, οφείλουμε να διατηρούμε μια υγιή αποστασιοποίηση από τους ακάθαρτους.

Ο Θεός εκτιμά ό,τι έχουμε φυλάξει στην καρδιά μας και αυτά αξίζουν πάση θυσία να καθαριστούν και να σωθούν.

Το εδάφιο 17 φαίνεται να απαιτεί πλήρη **διαχωρισμό** από οτιδήποτε είναι ακάθαρτο, συμπεριλαμβανομένων και των χαμένων προβάτων που βρίσκονται σε ανάγκη. Σκεπτόμενοι τη μαρτυρία του Ιησού, κάτι τέτοιο θα ήταν παρεξήγηση. **Ο Ιησούς ήρθε για να καθαρίσει και σώσει τους χαμένους** και μας εμπιστεύθηκε με τη συνέχιση του έργου Του. Πρέπει να βοηθάμε περιφερειακά, αλλά όχι να εισερχόμαστε στον πυρήνα της ασέβειας.

Ας προσευχηθούμε: Ουράνιε Πατέρα μας, Σ' ευχαριστούμε που μας καθάρισες από κάθε κακό, για την αξία που δίνεις σε κάθε ζωή και που μας βοηθάς να επικεντρωνόμαστε στην αποστολή και στον σκοπό Σου. Ας είμαστε χρήσιμα εργαλεία για να σώζουμε και να καθαρίζουμε τα χαμένα πρόβατά σου. Προσευχόμαστε στο Άγιο Όνομά Σου.

19 Ιανουαρίου
ΟΙ ΣΥΝΕΠΕΙΕΣ ΤΟΥ ΨΕΥΔΟΥΣ
Ψαλμοί 86:11

Επτά πράγματα μισεί ο Κύριος και αυτά είναι «*μάτια υπερήφανα, γλώσσα αναληθή, και χέρια που χύνουν αίμα αθώο, καρδιά που μηχανεύεται κακούς λογισμούς, πόδια που τρέχουν γρήγορα στο να κακοποιούν, ψευδομάρτυρα*» (Παροιμίαι 6:16–19).

Το ψέμα εμφανίζεται δύο φορές και δίνει σημασία σε όσα πρέπει να αποφεύγουμε. Δυστυχώς, μολυνθήκαμε ή ανεχόμαστε υπερβολικά το ψέμα. Τα δύο παρακάτω εδάφια μας δείχνουν πώς αντιδρά ο Θεός στο ψέμα.

Ο βασιλιάς Σαούλ αγνόησε τις εντολές του Θεού, αφήνοντας τους στρατιώτες του να κάνουν ό,τι ήθελαν. Όταν ήρθε αντιμέτωπος με τις συνέπειες, είπε ψέματα για να καλύψει την αποτυχία του να κυβερνήσει και να υπακούσει. Οι δικαιολογίες του:

1. «*Όμως, ο λαός πήρε από τα λάφυρα, πρόβατα, και βόδια, τα καλύτερα από τα απαγορευμένα, για να θυσιάσει στον Κύριο τον Θεό σου στα Γάλγαλα*». Και,
2. «*Φοβήθηκα τον λαό, και υπάκουσα στη φωνή τους*» (Α' Σαμουήλ 15:21, 24Β). Η ανυπακοή και το ψέμα είχαν σαν αποτέλεσμα ο Θεός να απομακρύνει τον Σαούλ και να τον αντικαταστήσει με τον Δαβίδ.

Στις **Πράξεις 5** διαβάζουμε για τον Ανανία και την Σαπφείρα, το αντρόγυνο που κατηγορήθηκε ότι «*είπε ψέματα στο Πνεύμα το Άγιο*». Κανείς στο εκκλησίασμα «*δεν έλεγε ότι είναι δικό του κάτι από τα υπάρχοντά του, αλλά είχαν τα πάντα κοινά*» (**Πράξεις 4:32**). Το αντρόγυνο πούλησε ένα χωράφι αλλά κράτησε μέρος των χρημάτων. Ο Πέτρος είπε, «*Γιατί έβαλες μέσα στην καρδιά σου αυτό το πράγμα; Δεν είπες ψέματα σε ανθρώπους, αλλά στον Θεό. Μόλις δε ο Ανανίας άκουσε αυτά τα λόγια, έπεσε και ξεψύχησε*» (**Πράξεις 5:4-5**). Το ίδιο συνέβη και στη γυναίκα του (**εδάφιο 10**).

Τα λόγια του Σαμουήλ μας βοηθούν να καταλάβουμε τι ευχαριστεί τον Θεό. «*Δες, η υποταγή είναι καλύτερη από τη θυσία· η υπακοή, παρά το πάχος των κριαριών*» (Α' Σαμουήλ 15:22). Στους **Ψαλμούς 33:5** διαβάζουμε, «*Αγαπάει δικαιοσύνη και κρίση· από το έλεος του Κυρίου είναι γεμάτη η γη*».

Ο Ψαλμωδός μας λέει, «*Δίδαξέ με, Κύριε, τον δρόμο σου, και θα περπατώ στην αλήθεια σου· προσήλωνε την καρδιά μου στον φόβο τού ονόματός σου*» (**Ψαλμοί 86:11**). Ο Θεός ευλογεί τα παιδιά των οποίων **η καρδιά πρόσκειται προς την αλήθεια ότι ο Θεός αγαπά και μακριά από το ψέμα ότι ο Θεός αποστρέφεται**.

Ας προσευχηθούμε: Ουράνιε Πατέρα μας, δείχνε μας τον δρόμο σου ώστε πορευόμενοι στην αλήθεια Σου, ο ιός αυτός που λέγεται «*ψέμα*» να μην ενσωματωθεί στον χαρακτήρα μας ή στη θέση μας ως παιδιά Σου. Προσευχόμαστε στο Άγιο Όνομά Σου.

«Δυστυχώς, μολυνθήκαμε ή ανεχόμαστε υπερβολικά το ψέμα».

«Ο Θεός ευλογεί τα παιδιά των οποίων η καρδιά πρόσκειται προς την αλήθεια ότι ο Θεός αγαπά και μακριά από το ψέμα ότι ο Θεός αποστρέφεται».

20 Ιανουαρίου
ΠΡΕΠΕΙ ΝΑ ΠΙΣΤΕΨΟΥΜΕ ΣΑΝ ΤΑ ΠΑΙΔΙΑ
Κατά Λουκάν 18:17

«Ένα παιδί ρώτησε τον πατέρα του:
-Μπαμπά, ο σατανάς είναι μεγαλύτερος από εμένα;
-Ναι, γιε μου, απάντησε ο πατέρας.
-Είναι μεγαλύτερος από εσένα, μπαμπά;
-Ναι, γιε μου, είναι μεγαλύτερος από εμένα.
-Έκπληκτο το μικρό παιδί, σκέφτηκε λίγο και στη συνέχεια ρώτησε, «Είναι μεγαλύτερος από τον Ιησού;»
-Όχι, γιε μου, απάντησε ο πατέρας, ο Ιησούς είναι μεγαλύτερος από εκείνον.
Το παιδί χαμογέλασε και είπε:
-Τότε δεν τον φοβάμαι πλέον. Και συνέχισε το παιχνίδι του.»

Πρέπει να **πιστεύουμε σαν τα παιδιά** για να προχωρήσουμε στο έργο μας και να χαιρόμαστε χωρίς φόβο. Ο Ιησούς όχι μόνο είναι μεγαλύτερος, αλλά **«Ο Κύριος είναι κοντά σε όλους εκείνους που τον επικαλούνται· ... αληθινά»** (Ψαλμοί 145:18).

Δεν μπορούμε να δούμε τον Θεό, αλλά ο Θεός είναι πιο κοντά μας απ' όσο μπορούμε να φανταστούμε. Στις καλύτερες και στις χειρότερες στιγμές της ζωής μας, όταν γελάμε, ο Θεός χαμογελά κι Εκείνος. Όταν υποφέρουμε, ο Θεός υποφέρει και μας δίνει τη χείρα βοήθειας.

Ο Θεός είναι μεγαλύτερος απ' όλα τα προβλήματα που αντιμετωπίζουμε. Ο Θεός είναι κοντά μας και δίνει τη μάχη εκ μέρους μας. Θα έπρεπε να είναι εύλογο να αφήσουμε κάθε φόβο και να αντιμετωπίσουμε με θάρρος όλα όσα απειλούν τη ζωή μας, την ειρήνη και τη χαρά μας και οτιδήποτε προσπαθεί να μας αποσπάσει από τον στόχο, την ευθύνη ή την ηρεμία μας στην παρουσία του Θεού. **Αλλά δεν φτάνει μόνο να ακούμε.**

Πρέπει να πιστεύουμε στον Λόγο του Θεού **σαν τα παιδιά**. Πρέπει να πιστεύουμε σε όλα όσα έχει πει ο Θεός, στις προειδοποιήσεις και στις υποσχέσεις Του. Στην εκκλησία που πήγαινα, λέγαμε την παρακάτω προσευχή πριν διαβάσουμε τον Λόγο του Θεού «**Πιστεύω** στον Λόγο του Θεού, την Αγία Γραφή. **Είμαι** ό,τι λέει ότι είμαι. **Έχω,** όλα όσα λέει ότι έχω. **Μπορώ να κάνω** όλα όσα λέει ότι μπορώ να κάνω. **Ομολογώ** ότι ο νους μου είναι άγρυπνος και η καρδιά μου δεκτική. Είμαι έτοιμος να **λάβω** τον αδιάφθορο, τον άφθαρτο και αιώνιο σπόρο του Λόγου του Θεού. *Δεν θα είμαι ποτέ ξανά ο ίδιος. Στο όνομα του Ιησού Χριστού*, αμήν».

Ο Ιησούς είπε, **«όποιος δεν δεχθεί τη βασιλεία του Θεού σαν παιδί, δεν θα μπει μέσα σ' αυτή»** (Κατά Λουκάν 18:17). **Πρέπει να πιστεύουμε σαν τα παιδιά** για να αντιμετωπίσουμε όσα εμποδίζουν τη δική μας είσοδο ή άλλων στην ανάπαυση και την ειρήνη που ο Θεός ετοίμασε για τα παιδιά Του.

Ας προσευχηθούμε: Ουράνιε Πατέρα μας, αύξησε την πίστη και την ταπεινοφροσύνη μας. Βοήθησέ μας να πιστεύουμε σαν τα παιδιά και να εμπιστευόμαστε στον Λόγο και στις υποσχέσεις Σου. Ενδυνάμωσέ μας στις αδυναμίες μας. Δώσε μας έμπνευση με το όραμα της βασιλείας Σου που μπορούμε να δημιουργήσουμε σήμερα. Προσευχόμαστε στο όνομα του Ιησού Χριστού.

---

21 Ιανουαρίου
Η ΠΙΣΤΗ ΕΝΕΡΓΟΠΟΙΕΙ ΤΟ ΧΕΡΙ ΤΟΥ ΘΕΟΥ
Ψαλμοί 62:6

Πιστεύω ότι **η πίστη ενεργοποιεί το χέρι του Θεού** προς όφελός μας και ότι η πίστη μας αυξάνεται αν τρεφόμαστε συνεχώς με τον Λόγο του Θεού. Χάρη στην ευφυία που μας έδωσε ο Θεός, μπορούμε να μαθαίνουμε μέσω της επανάληψης.

Σαν μωρά, μαθαίνουμε τη γλώσσα των γονέων μας μέσα από την επανάληψη ήχων. Αφιερώνοντας χρόνο για την επανάληψη και την απομνημόνευση λέξεων, μαθαίνουμε διάφορες γλώσσες. Αφιερώνοντας χρόνο για επανάληψη κινήσεων, όπως αθλήματα ή μουσική, δημιουργούμε μυϊκή μνήμη που ανταποκρίνεται άμεσα, χωρίς σκέψη. **Η καταγραφή και επανάληψη φράσεων και υποσχέσεων από την Αγία Γραφή ενισχύει τις γνώσεις μας για τον Θεό** και ενδυναμώνει την **πίστη μας** στις υποσχέσεις και στην προστασία Του.

Ο **Ψαλμός 62** αποτελεί απόδειξη ότι η πίστη μας αυξάνεται μέσα από την επανάληψη. Το **εδάφιο 2** μας λέει, *«Αυτός, μονάχα, είναι πέτρα μου, και σωτηρία μου· προπύργιό μου· δεν θα σαλευτώ πολύ»*, αφήνοντας την πιθανότητα να σαλευτούμε λίγο. Το **εδάφιο 6** είναι σχεδόν η ίδια έκφραση αφήνοντας απ' έξω τη λέξη **«πολύ»**. *«Αυτός, μονάχα, είναι πέτρα μου, και σωτηρία μου· προπύργιό μου· δεν θα σαλευτώ»*. Με την επανάληψη, η φράση *«Δεν θα σαλευτώ»* γίνεται **απόλυτη**.

Πιστεύω ότι η πίστη ενεργοποιεί το χέρι του Θεού υπέρ μας. Η πίστη μας αυξάνεται καθώς τρεφόμαστε με τον Λόγο του Θεού και επαναλαμβάνουμε τακτικά τις υποσχέσεις Του. Στη συνέχεια ενεργούμε σύμφωνα με τις οδηγίες του Αγίου Πνεύματος, **το οποίο κινεί το χέρι του Θεού** να μεταμορφώσει τις πιθανότητές μας σε πραγματικότητα. Καθώς μελετούμε και τρεφόμαστε με τον Λόγο του Θεού, ανακαλύπτουμε και αποδεχόμαστε ότι ο Θεός είναι η μοναδική μας πέτρα, *«σωτηρία και προπύργιό μας»*.

Ως Χριστιανοί και υιοθετημένα παιδιά του Θεού, μπορούμε να έχουμε τη χαρά και το πλεονέκτημα να μαρτυρούμε συνεχώς στους φίλους και στην οικογένειά μας ότι ο Θεός είναι ο δυνατός βράχος, η σωτηρία μας, ο ισχυρός πύργος και το καταφύγιό μας όταν περνάμε δοκιμασίες. Ότι χάρη στην πιστότητα του Θεού, **δεν κλονίζονται *η πίστη και η ελπίδα μας*.**

Η μαρτυρία μας θα πρέπει να περιλαμβάνει την ανταμοιβή που λάβαμε ή περιμένουμε από τον Θεό. Το **εδάφιο 12** μας λέει, «*Εσύ θα αποδώσεις σε κάθε έναν σύμφωνα με τα έργα του*». Αν πράττουμε συνεχώς το καλό, ο Θεός θα μας ανταμείψει. Αν, όμως, γνωρίζοντας το καλό που πρέπει να κάνουμε, κάνουμε αντί αυτού κακό, ο Θεός «*θα αποδώσει σε κάθε έναν σύμφωνα με τα έργα του*».

Ας προσευχηθούμε: Ουράνιε Πατέρα μας, δώσε μας την πειθαρχία να τρεφόμαστε καθημερινά με τον Άγιο Λόγο Σου. Αύξησε την πίστη μας ώστε, μέσα από τη μαρτυρία μας, όσοι αναζητούν την **ειρήνη, τη δικαιοσύνη και την ελευθερία σου** να δουν το χέρι σου να κινείται υπέρ τους. Ας είσαι εσύ μονάχα στη ζωή μας «*το προπύργιο, η πέτρα και η σωτηρία*» μας. Προσευχόμαστε στο Άγιο Όνομά Σου.

---

22 Ιανουαρίου
ΠΡΟΣΜΕΝΟΝΤΑΣ ΚΑΙ ΠΑΡΑΚΟΛΟΥΘΩΝΤΑΣ
Β' Πέτρου 3:3-4

Ο πειραστής και ο πατέρας του ψεύδους θα χρησιμοποιήσει κάθε μέσο για να μας κάνει να αμφισβητήσουμε τον Λόγο του Θεού. Ο Ιησούς είπε, «*Δεν θα σας αφήσω ορφανούς· έρχομαι προς εσάς*» **(Κατά Ιωάννην 14:18)**. Ο διάβολος, όμως, θα χρησιμοποιήσει την κοροϊδία, την περιφρόνηση και μισές αλήθειες ώστε να εγκαταλείψουμε τον δρόμο του Θεού και να πάμε στο δικό του στρατόπεδο. Στη μεγαλύτερη πλειοψηφία τους, τα θύματα είναι όσοι δεν προχώρησαν στην εις βάθος μελέτη του Λόγου του Θεού.

Στο εδάφιο της ημέρας διαβάζουμε, «*ότι στις έσχατες ημέρες θάρθουν εμπαίκτες, που θα περπατούν σύμφωνα με τις δικές τους επιθυμίες· και λέγοντας: Πού είναι η υπόσχεση της παρουσίας του*». Ο Ιησούς γνωρίζει ότι κάθε γενιά θα υποστεί αυτού του είδους την επίθεση. Μας διηγείται τι θα συμβεί κατά την ημέρα της επιστροφής Του. Δεν θα επιστρέψει κρυφά. Οποιοσδήποτε έχει την ικανότητα να κοιτάξει ψηλά, προς τους ουρανούς, θα Τον δει. «*Όπως η αστραπή βγαίνει από την ανατολή, και φαίνεται μέχρι τη δύση, έτσι θα είναι και η παρουσία τού Υιού τού ανθρώπου*» **(Κατά Ματθαίον 24:27)**.

ΠΡΟΣΜΕΝΟΝΤΑΣ. Ο Ιησούς προειδοποίησε, «*Για την ημέρα εκείνη, όμως, και την ώρα, δεν γνωρίζει κανένας, ούτε οι άγγελοι των ουρανών, παρά ο Πατέρας μου, μόνος*» **(Κατά Ματθαίον 24:36)**. Προσμένουμε εναγωνίως γιατί ο Θεός κρατά τις υποσχέσεις Του. Ας μην ξεχνάμε ότι μια μέρα είναι σαν χίλια χρόνια για τον Θεό. Για να κερδίσει νεοσύλλεκτους, σε κάθε γενιά ο πειραστής χρησιμοποιεί τη φράση «*Πού είναι η υπόσχεση της παρουσίας Του;*». Αλλά όποιος γνωρίζει και ελπίζει στον Λόγο του Θεού θα απαντήσει όπως ο Ιησούς, όταν ο διάβολος τον έβαλε σε πειρασμό «*Όχι, επειδή είναι γραμμένο*» **(Κατά Ματθαίον 4:9-10)**. Και «*στο όνομα του Ιησού Χριστού*» ο διάβολος θα φύγει από την παρουσία μας.

ΠΑΡΑΚΟΛΟΥΘΩΝΤΑΣ. Δεν θα πρέπει να ανησυχούμε για την ημέρα ή την ώρα κατά την οποία θα επιστρέψει ο Ιησούς. Πρέπει να συνεχίσουμε να επιβεβαιώνουμε το Αποστολικό μας δόγμα, *«Καὶ ἀνελθόντα εἰς τοὺς οὐρανούς, καὶ καθεζόμενον ἐκ δεξιῶν τοῦ Πατρός. Καὶ πάλιν ἐρχόμενον μετὰ δόξης κρῖναι ζῶντας καὶ νεκρούς»*. Στο μεταξύ, θα πρέπει να **παρακολουθούμε** και να είμαστε ενεργοί στην αποστολή που μας ανέθεσε ο Ιησούς (**«να βόσκετε τα αρνιά μου»**) γιατί **«κατά την ώρα που δεν στοχάζεστε, έρχεται ο Υιός τού ανθρώπου» (Κατά Λουκάν 12:40).**

Ας προσευχηθούμε: Ουράνιε Πατέρα μας, ο Λόγος Σου μας λέει ότι ο Ιησούς θα επιστρέψει *«σαν κλέφτης μέσα στη νύχτα»* **(Προς Θεσσαλονικείς Α' 5:2).** Βοήθησέ μας να μένουμε άγρυπνοι, αφυπνισμένοι, παρατηρητικοί και ενεργοί στο έργο της σωτηρίας, της θεραπείας και της φροντίδας των άσωτων προβάτων σου. Προσευχόμαστε στο Άγιο Όνομά Σου.

---

23 Ιανουαρίου
ΜΙΛΩΝΤΑΣ ΓΙΑ ΤΗΝ ΑΠΟΡΡΙΨΗ
Κατά Λουκάν 10:16

Η απόρριψη μας αφήνει μια μικρή γεύση, είτε είναι στον επαγγελματικό τομέα είτε σε συντροφική σχέση. Μας κάνει να νιώθουμε ανάξιοι και μπορεί να οδηγήσει σε κατάθλιψη. Πρέπει να περιμένουμε ότι, όπως ο Κύριός μας, έτσι κι εμείς θα βιώσουμε κάποια στιγμή την απόρριψη.

Ο Ιησούς καταδιώχθηκε, πουλήθηκε για 30 αργύρια, τον αρνήθηκαν, τον κατηγόρησαν άδικα, τον καταδίκασαν και τον σταύρωσαν **(Προς Εβραίους 4:15).** Η άρνησή του άνοιξε τον δρόμο για να γίνουμε εμείς δεκτοί στην οικογένεια του Θεού.

Ο ΚΟΣΜΟΣ ΑΠΟΡΡΙΠΤΕΙ ΤΟΝ ΛΟΓΟ ΤΟΥ ΘΕΟΥ λέγοντας ότι είναι γεμάτος λάθη και αντιφάσεις. Όσοι απορρίπτουν τη θεϊκή αυτή τροφή, καταδικάζουν τον εαυτό τους σε μια άκαρπη ζωή, μακριά απ' τον Θεό. Εσείς κι εγώ μπορούμε να τραφούμε με τον άρτο της ζωής από τον ουρανό. Ο Θεός μας μεταμορφώνει από εχθρούς σε υιοθετημένα παιδιά Του όταν εμπιστευόμαστε στον θεϊκό Λόγο Του.

Ο ΚΟΣΜΟΣ ΑΠΟΡΡΙΠΤΕΙ ΤΟΝ ΘΕΟ για άλλες ανθρώπινες φιλοσοφίες. Για όσους ισχυρίζονται ότι γνωρίζουν τον Θεό, ο Κύριος λέει: *«Διακηρύττουν ότι γνωρίζουν το Θεό, αλλά με τα έργα τους τον αρνούνται. Είναι απειθείς, δεν υποτάσσονται στο Θεό κι είναι ανίκανοι για οποιοδήποτε καλό έργο»* **(Προς Τίτον 1:16).**

Ο Θεός παραπονιέται συχνά ότι οι Ισραηλίτες *«δεν εκτέλεσαν τις κρίσεις μου, και απέρριψαν τα διατάγματά μου, και βεβήλωσαν τα σάββατά μου, και τα μάτια τους ήσαν πίσω από τα είδωλα των πατέρων τους»* **(Ιεζεκιήλ 20:24).** Δεν είμαστε πάντοτε πιστοί ούτε υπάκουοι ακόλουθοι. Όταν απορρίπτουμε έναν από τους νόμους του Θεού, απορρίπτουμε τον Θεό. Ο Θεός ήταν θυμωμένος τότε και είναι θυμωμένος και σήμερα όταν τον απορρίπτουμε με ανυπακοή αντί να Τον ακολουθούμε και να Τον αγαπάμε.

Υπάρχουν πλούσιες ευλογίες για όσους λαμβάνουν και αποδέχονται τον Θεό ως Κύριο. Αλλά υπάρχει και τιμωρία για όσους εκούσια απορρίπτουν τον Λόγο του Θεού, την αγάπη και τη φιλία Του.

Ο ΘΕΟΣ ΔΕΝ ΑΠΟΡΡΙΠΤΕΙ ΚΑΝΕΝΑΝ. Ευχαριστούμε τον Θεό γιατί, παρά την κατ' επανάληψη επανάστασή μας, Εκείνος πάντοτε μας περιμένει με ανοιχτές αγκάλες, έτοιμος να μας καλωσορίσει στην αγκαλιά Του και να μας δεχτεί όπως τα άσωτα παιδιά. *«Συντριμμένη και ταπεινωμένη καρδιά, Θεέ, δεν θα καταφρονήσεις»* **(Ψαλμοί 51:17).** Παρόλο που μπορεί να απομακρυνθήκαμε απ' τον Θεό, δεν είμαστε μόνοι, εγκαταλελειμμένοι ούτε έχουμε υποστεί απόρριψη. Ο Θεός περπατά στο πλευρό μας, μάς ενθαρρύνει. *«Εγώ θα βοσκήσω τα πρόβατά μου, και εγώ θα τα αναπαύσω, λέει ο Κύριος ο Θεός»* **(Ιεζεκιήλ 34:15).**

Πρέπει να απαρνηθούμε την πρότερη συμμαχία μας με τις δυνάμεις του κακού. Αυτό σημαίνει **«να αρνηθούμε την ασέβεια και τις κοσμικές επιθυμίες» (Προς Τίτον 2:12)** και να επιτρέψουμε στο Άγιο Πνεύμα να ελέγξει το ένστικτό μας, οδηγώντας μας προς την **αγιότητα της καρδιάς**.

Υπάρχουν πλούσιες ευλογίες για όσους λαμβάνουν και αποδέχονται τον Θεό ως Κύριο. Αλλά υπάρχει και τιμωρία για όσους εκούσια απορρίπτουν τον Λόγο του Θεού, την αγάπη και τη φιλία Του.

Ας προσευχηθούμε: Ουράνιε Πατέρα μας, δώσε μας διάκριση ώστε να αναγνωρίζουμε τους λύκους σε προβιά προβάτου και να αρνηθούμε τις διεφθαρμένες διδασκαλίες τους. Μόλις βιώσουμε την αλήθεια και την ελευθερία Σου, Σε παρακαλούμε μην μας επιτρέψεις να αρνηθούμε την προσφορά της χάρης Σου και να επιστρέψουμε στη σκλαβιά της αμαρτίας. Προσευχόμαστε στο Άγιο Όνομά Σου.

Ιανουάριος 24
ΤΙ ΠΡΕΠΕΙ ΝΑ ΖΗΤΑΜΕ;

«Ζητάτε, και θα σας δοθεί· ψάχνετε, και θα βρείτε· κρούετε, και θα σας ανοιχτεί·» **Κατά Ματθαίον 7:7**

"Ask and it will be given to you; seek and you will find; knock and the door will be opened to you." **Matthew 7:7**

"Pidan, y se les dará, busquen, y encontrarán, llamen, y se les abrirá". **Mateo 7:7**

Τι πρέπει να ζητάμε; Μια καρδιά που θα ευχαριστεί τον Θεό! Για να λάβουμε τις ευλογίες του Θεού, πρέπει να δρούμε με τρόπο που ο Θεός ευαρεστείται με εμάς. Ο Ιησούς είπε: *«Και εκείνος που με απέστειλε είναι μαζί μου· ο Πατέρας δεν με άφησε μόνον· επειδή, εγώ κάνω πάντοτε τα αρεστά σ' αυτόν»* **(Κατά Ιωάννην 8:29).**

Ο Θεός ευαρεστείται όταν υπακούμε σ' Εκείνον και στους γονείς μας, *«επειδή, αυτό είναι ευάρεστο στον Κύριο»* **(Προς Κολοσσαείς 3:20).** Ο Θεός ευαρεστείται όταν *«συγκατοικούν με ομόνοια αδελφοί!»* **(Ψαλμοί 133:1).** Ευχαριστούμε τον Θεό όταν *«περπατάμε αντάξια στον Κύριο...καρποφορώντας σε κάθε έργο αγαθό, και αυξανόμενοι στην επίγνωση του Θεού»* **(Προς Κολοσσαείς 1:10).** Όταν δεν *«λησμονείτε την αγαθοεργία και τη μεταδοτικότητα»* **(Προς Εβραίους 13:16).**

Η ευχαρίστηση του Θεού έχει υποχρεώσεις, αλλά έχει και **ανταμοιβή που ο Θεός ευαρεστείται να μας δίνει:**
1. *«Όταν ο Κύριος αρέσκεται στους δρόμους τού ανθρώπου, και τους εχθρούς του ειρηνεύει μαζί του»* **(Παροιμίαι 16:7).**
2. *«Ο Θεός, στον άνθρωπο που είναι αρεστός μπροστά του, δίνει σοφία, και γνώση, και χαρά»* **(Εκκλησιαστής 2:26).**
3. *«Ο Πατέρας σας ευδόκησε να σας δώσει τη βασιλεία»* **(Κατά Λουκάν 12:32).**

Ο κόσμος μας δελεάζει να κερδίσουμε το λαχείο, αλλά ο Θεός μας καλεί να αναζητούμε τον μακρόχρονο και αδιάφθορο πλούτο που αποκτάται με την προσφορά και την υπηρεσία. Επειδή επιθυμούμε ευτυχία, ειρήνη, σοφία, γνώση, χαρά, ασφάλεια και προστασία του Θεού, πρέπει πρώτα να **αναζητούμε «τη βασιλεία του Θεού» (Κατά Ματθαίον 6:33)** υπηρετώντας τον Θεό και τους συνάνθρώπους μας.

Ο Ιησούς υποσχέθηκε ότι **θα καλύψει όλες μας τις ανάγκες.** *«Να ζητάτε, και θα σας δοθεί· να ψάχνετε, και θα βρείτε· να κρούετε, και θα σας ανοιχτεί. Επειδή, καθένας που ζητάει, παίρνει· και εκείνος που ψάχνει, βρίσκει· και σ' εκείνον που κρούει, θα του ανοιχτεί»* **(Κατά Λουκάν 11:9-10).**

Γι' αυτό, **ας πασχίσουμε να κληρονομήσουμε τον αδιάφθορο θησαυρό που βρίσκεται στην ευχαρίστηση του Θεού και να κερδίζουμε ψυχές για τη βασιλεία**. Όλα τα υλικά πράγματα παλιώνουν, χαλάνε, φθείρονται ή μπορούν να κλαπούν/να κατασχεθούν. Αλλά όταν ευαρεστούμε τον Θεό, δημιουργούμε θησαυρούς, **εδώ και στον ουρανό**, που δεν:
✦ παλιώνουν
✦ χαλούν
✦ φθείρονται, ούτε σαπίζουν,
✦ ούτε τα κλέβουν.

Ας προσευχηθούμε: Ουράνιε Πατέρα μας, Σ' ευχαριστούμε που μας δείχνεις πώς να Σε ευχαριστούμε και να είμαστε άξιοι του ονόματός Σου. Δώσε Εσύ ώστε στην αδυναμία μας, να κρατούμε τη ματιά μας προσηλωμένη στον Ιησού και στον στόχο που Εσύ με αγάπη όρισες για εμάς και όσους μας εμπιστεύθηκες να φροντίζουμε τις ψυχές τους. Προσευχόμαστε στο Άγιο Όνομά Σου.

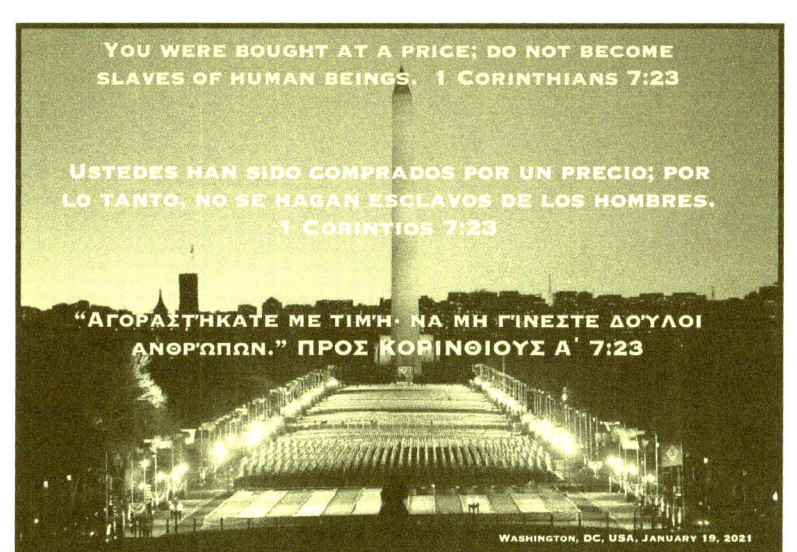

25 Ιανουαρίου
ΑΞΙΖΕΙΣ ΤΑ ΛΥΤΡΑ ΕΝΟΣ
ΒΑΣΙΛΙΑ/ΜΙΑΣ ΒΑΣΙΛΙΣΣΑΣ
Προς Κορινθίους Α' 7:23

Καθημερινά ο Κύριος μας δίνει μια νέα ευκαιρία για να ξεκινήσουμε απ' την αρχή, να ξαναφτιάξουμε ή να διορθώσουμε τα λάθη του παρελθόντος, μέσα από τη σιγουριά του Λόγου του Θεού που μας υπενθυμίζει την αξία και τον σκοπό μας.

Η ΑΞΙΑ ΜΑΣ – Στο βιβλίο *Το μνημόνιο του Θεού*, ο συγγραφέας

Og Mandino γράφει, *«Γιατί εκτιμάς τον εαυτό σου με ψίχουλα, όταν αξίζεις τα λύτρα ενός βασιλιά; Δεν είσαι μετριότητα».* Ο Θεός κρίνει ότι η ζωή σου αξίζει και το αποδεικνύει. *«Ο Θεός, όμως, δείχνει τη δική του αγάπη σε μας, επειδή, ενώ εμείς ήμασταν ακόμα αμαρτωλοί, ο Χριστός πέθανε για χάρη μας»* **(Προς Ρωμαίους 5:8)**. Το τίμημα για τα λύτρα σου ήταν η ζωή του Ιησού. Ναι! Μια αθώα ζωή ως αντάλλαγμα για τη δική μας ζωή.

Ο Θεός είναι ο συγγραφέας της σωτηρίας μας. Χάρη στη μεγάλη αγάπη και το έλεος του Θεού, ο Κύριος προσφέρει το δωρεάν δώρο, που δεν το αξίζουμε, σε όλους όσους τον δέχονται με πίστη. Η πρωτοβουλία ανήκει αποκλειστικά στον Θεό. *«Και τώρα, έτσι λέει ο Κύριος, ο δημιουργός σου, Ιακώβ, και ο πλάστης σου, Ισραήλ: Μη φοβάσαι· επειδή, εγώ σε λύτρωσα, σε κάλεσα με το όνομά σου· δικός μου είσαι»* **(Ησαΐας 43:1)**. Η φράση *«Μην φοβάσαι»* αναφέρεται στα ψέματα του εχθρού, που μας υποδεικνύουν το παρελθόν ή το παρόν μας, ελπίζοντας ότι θα μας αποκλείσει από την αξία που έχουμε να είμαστε αποδέκτες της σωτηρίας.

ΣΩΤΗΡΙΑ ΜΕΣΩ ΤΗΣ ΘΥΣΙΑΣ ΤΟΥ ΙΗΣΟΥ ΧΡΙΣΤΟΥ – Ο Θεός κατέβηκε στον κόσμο σε μορφή ανθρώπου με το πρόσωπο του Ιησού Χριστού, ο οποίος βίωσε έναν επίπονο και αιματηρό θάνατο για να μας σώσει. *«Στον οποίο έχουμε την απολύτρωση διαμέσου του αίματός του, την άφεση των αμαρτιών»* **(Προς Κολοσσαείς 1:14)**. Έπειτα που έζησε μια τέλεια ζωή, ο Ιησούς πέθανε στον σταυρό και την τρίτη ημέρα, αναστήθηκε. *«Και αφού έγινε τέλειος, καταστάθηκε αίτιος αιώνιας σωτηρίας σε όλους αυτούς που τον υπακούν»* **(Προς Εβραίους 5:9)**.

Ποτέ μην αμφισβητείτε την αξία που ο Θεός έχει βάλει στη ζωή σας! «Αξίζεις τα λύτρα ενός βασιλιά» αλλά η σωτηρία που απολαμβάνεις ή μπορείς να απολαύσεις προέρχεται αποκλειστικά από τη χάρη του Θεού. Το μόνο που χρειαζόμαστε είναι να έχουμε πίστη στο πρόσωπο και στη θυσία του Ιησού Χριστού. Ωστόσο, **ακόμη και η πίστη μας είναι δώρο απ' τον Θεό** για το οποίο κανείς μας δεν μπορεί να υπερηφανευτεί **(Προς Εφεσίους 2:8-9)**. *«Ανακηρύσσονται, όμως, δίκαιοι, δωρεάν, με τη χάρη του, διαμέσου της απολύτρωσης που έγινε με τον Ιησού Χριστό»* **(Προς Ρωμαίους 3:24)**.

Εφόσον ο Ιησούς πλήρωσε το τίμημα για εμάς με τη ζωή Του, ας πορευτούμε προς την ελευθερία που βρίσκουμε εν Κυρίω και ας απομακρυνθούμε από τη δουλεία της αμαρτίας.

Ας προσευχηθούμε: Ουράνιε Πατέρα μας, Σ' ευχαριστούμε που ξεκαθάρισες την αξία που έδωσες στη ζωή μας. Σ' ευχαριστούμε για τη θυσία του Ιησού, ο οποίος πλήρωσε με τη ζωή Του τα λύτρα για την ελευθερία μας. Εμπιστευόμαστε τα παιδιά μας, τους αρρώστους μας και τον πλανήτη μας στη φροντίδα, την αγάπη και την χάρη Σου. Προσευχόμαστε στο όνομα του Ιησού Χριστού.

---

26 Ιανουαρίου
ΕΙΝΑΙ ΜΑΤΑΙΟ ΝΑ ΜΑΧΟΜΑΣΤΕ ΚΑΤΑ ΤΟΥ ΘΕΟΥ
Πράξεις 5:39

Ο Θεός μου έδωσε τη χαρά και την αυτοπεποίθηση να προσκαλέσω περισσότερους από 1.000 φίλους και μέλη της οικογένειας στην ομάδα στοχασμών της Αγίας Γραφής. Τους προσκάλεσα γιατί είμαι πεπεισμένος ότι δεν υπάρχει καλύτερη πνευματική τροφή και δύναμη από τις Γραφές. Στον **Ψαλμό 127:1** διαβάζουμε, *«Αν ο Κύριος δεν οικοδομήσει οίκο, μάταια κοπιάζουν αυτοί που τον οικοδομούν. Αν ο Κύριος δεν φυλάξει πόλη, μάταια αγρυπνεί αυτός που τη φυλάττει».* Πιστεύω ακράδαντα ότι ο χώρος αυτός όπου μοιράζονται φίλοι και συγγενείς την πνευματική τροφή είναι το έργο και η πρωτοβουλία του Κυρίου.

Στο εδάφιο της ημέρας, η Σανχεντρίν (το τοπικό δικαστήριο των Εβραίων) διέταξε τον Πέτρο και τους αποστόλους να σταματήσουν να μιλούν στο όνομα του Χριστού. Εκείνοι, όμως, αρνήθηκαν κατηγορηματικά, λέγοντας, *«Πρέπει να πειθαρχούμε στον Θεό μάλλον παρά στους ανθρώπους»* **(Πράξεις 5:29)**. Μετά που φυλακίστηκαν και αφέθηκαν ελεύθεροι, συνέχισαν το κήρυγμα, εξαγριώνοντας τους θρησκευτικούς ηγέτες που κυνηγούσαν να τους σκοτώσουν.

Ο Γαμαλιήλ, ένας αξιοσέβαστος Φαρισαίος και ο Σαύλος (Απόστολος Παύλος) μεσολάβησαν με μια σοφή συμβουλή, *«Να απέχετε από τους ανθρώπους αυτούς, και να τους αφήσετε· επειδή, αν η βουλή αυτή ή το έργο τούτο είναι από ανθρώπους, θα ματαιωθεί· αν, όμως, είναι από τον Θεό, δεν μπορείτε να το ματαιώσετε, και προσέχετε μήπως βρεθείτε και θεομάχοι».* Όλοι συμφώνησαν μαζί του **(Πράξεις 5:38-39)**.

Πολλές φορές, ο εχθρός προσπαθεί να καταπνίξει τη μαρτυρία μας, δηλώνοντας ότι, για παράδειγμα, **«δεν είναι πολιτικά ορθό»** να μιλάμε για τον Ιησού σε κύκλους διαφόρων ατόμων, από φόβο μήπως προσβάλλουμε όσους έχουν διαφορετικές πεποιθήσεις. Δεν λέω ότι το μοναδικό θέμα συζήτησής μας θα πρέπει να είναι το Ευαγγέλιο του Ιησού Χριστού, αλλά πέραν του ευαγγελίου, δεν υπάρχει άλλο θέμα πιο ζωτικό και με αιώνιο αντίκτυπο. Δεν μπορούμε να παραμείνουμε σιωπηλοί γιατί *«αν, όμως, είναι από τον Θεό, δεν μπορείτε να το ματαιώσετε»*.

Είναι μάταιο να μαχόμαστε κατά του Θεού γιατί ο Θεός θα εκπληρώσει τον σκοπό Του. Κάποιες φορές δημιουργούμε εμπόδια που μας αποτρέπουν να μοιραζόμαστε τα καλά νέα με φίλους και οικογένεια.

Δεν μπορούμε να παραμείνουμε σιωπηλοί γιατί αν είναι από τον Θεό, δεν μπορούμε να το ματαιώσουμε.

Η χαμηλή αυτοεκτίμηση ή ο φόβος **«τι θα πει ο κόσμος»** μπορούν να μας αποτρέψουν από την εκπλήρωση της κλήσης μας.

Το εδάφιο της ημέρας μας ενθαρρύνει να προχωρήσουμε μπροστά γιατί *«αν, όμως, είναι από τον Θεό, δεν μπορείτε να το ματαιώσετε»*, ούτε να το κάνετε να σιωπήσει ούτε να το αποτρέψετε. Στο βιβλίο **Β' Χρονικών 13:12**, διαβάζουμε το τρυφερό, *«Γιοι Ισραήλ, μη πολεμάτε εναντίον τού Κυρίου τού Θεού των πατέρων σας· επειδή, δεν θα ευοδωθείτε»*.

Ας προσευχηθούμε: Ουράνιε Πατέρα μας, χάραξε στην καρδιά μας ότι είναι μάταιο να μαχόμαστε εναντίον Σου. Ενδυνάμωσε την αποφασιστικότητά μας όταν ο εχθρός προσπαθεί να μας κάνει να σιωπήσουμε, ακόμη κι όταν ο φόβος μας ωθεί να σιωπήσουμε. Προσευχόμαστε στο Άγιο Όνομά Σου.

---

27 Ιανουαρίου
ΠΛΟΥΤΟΣ ΠΟΥ ΔΙΑΡΚΕΙ
Παροιμίαι 8:17

Η εκπαίδευση και μια καλή εργασιακή ηθική είναι το κλειδί για την ευημερία. Παρομοίως, η σταθερή **γνώση** του Λόγου του Θεού, παράλληλα με την αφοσίωση ότι θα ακολουθήσουμε τη σοφή συμβουλή του Θεού, είναι βασικά για να αποκτήσουμε **πλούτο που διαρκεί**.

Ένας τρόπος να αποκτήσουμε πνευματική Σοφία είναι να διαβάζουμε την Αγία Γραφή καθ' όλη τη διάρκεια του χρόνου. Μπορείτε να διαβάζετε ένα από τα 30 κεφάλαια των Παροιμιών καθημερινά μέσα στον μήνα και τα καθορισμένα αναγνώσματα από την Παλαιά και την Καινή Διαθήκη. Επαναλάβετέ το κάθε μήνα. Μ' αυτόν τον τρόπο, με την επανάληψη, θα χτίσετε μυϊκή μνήμη.

Στο βιβλίο των Παροιμιών, διαβάζουμε τις σοφές και στοργικές οδηγίες του ουράνιου Πατέρα μας. Εμπνευσμένος από τη Σοφία του Θεού, ο Βασιλιάς Σολομών έγραψε τα εδάφια αυτά, που θεωρούνται διαμάντια και θησαυροί για να αποκτήσουμε μια ζωή που θα ευχαριστεί τον Θεό, γεμάτη με τις ευλογίες Του.

Στις Παροιμίαι 8 η σοφία του Θεού προσωποποιείται και καλεί όλους να την αναζητήσουν ως θησαυρό *«Άνθρωποι, σε σας κράζω· και η φωνή μου απευθύνεται στους γιους των ανθρώπων»* **(εδάφιο 4).**

Κάθε υλικό αγαθό που αποκτούμε μπορεί να χαλάσει ή να χαθεί αυτοστιγμεί απ' αυτόν τον κόσμο. Αλλά δεν συμβαίνει το ίδιο και με την εκπαίδευση και τη Σοφία που αποκτούμε από υποδειγματικά βιβλία ή εκπαιδευτές. Η σοφία του Θεού μας λέει, *«Πάρτε την παιδεία μου, και όχι ασήμι· και γνώση, μάλλον, παρά εκλεκτό χρυσάφι. Επειδή, η σοφία είναι καλύτερη από πολύτιμες πέτρες· και όλα τα επιθυμητά πράγματα δεν είναι αντάξια γι' αυτή»* **(εδάφια 10-11).** Πριν το ασήμι και το χρυσάφι, ας αναζητήσουμε πρώτα τη σοφία του Θεού.

Διαβάζοντας, μελετώντας και απομνημονεύοντας τη σοφία του Θεού, βρίσκουμε *«βουλή και σύνεση»* **(εδάφιο 14)** για να αντιμετωπίσουμε τις δοκιμασίες και τους πειρασμούς, με υπομονή, ευφυΐα και δύναμη που προέρχεται από τα χείλη του Θεού για καθοδήγηση των παιδιών Του.

Η ανάγνωση, η μελέτη, η καταγραφή σκέψεων, η απομνημόνευση και η εφαρμογή της σοφίας του Θεού μας οδηγεί *«σε δρόμο δικαιοσύνης, ανάμεσα στα μονοπάτια τής κρίσης, για να κάνω αυτούς που με αγαπούν να κληρονομήσουν αγαθά, και να γεμίσω τούς θησαυρούς τους»* **(εδάφια 20-21).**

Γι' αυτό, αγαπητά μου παιδιά, φίλοι και οικογένεια, ας δείχνουμε σεβασμό και φόβο στις συμβουλές του Θεού. Ας τις αναζητούμε και ας μαθαίνουμε από αυτές γιατί ο Θεός, η προσωποποίηση της σοφίας, μας υπόσχεται *«πλούτος και δόξα βρίσκονται μαζί μου, αγαθά που παραμένουν, και δικαιοσύνη»* **(εδάφιο 18).**

Ας προσευχηθούμε: Ουράνιε Πατέρα μας, βοήθησέ μας να πειθαρχούμε στη μελέτη και απομνημόνευση της αγίας καθοδήγησής Σου ώστε να μην παρασυρόμαστε δεξιά ή αριστερά. Μόνο τότε μπορούμε να γίνουμε κληρονόμοι του **πλούτου Σου που παραμένει** που έχεις φυλάξει για τα παιδιά Σου. Προσευχόμαστε στο Άγιο Όνομά Σου.

28 Ιανουαρίου
ΑΞΙΟΠΙΣΤΙΑ
Ψαλμοί 111:7

Σε κάποιες μεταφράσεις της Αγίας Γραφής διαβάζουμε, *«Τα έργα των χεριών του είναι αλήθεια και κρίση· όλες οι εντολές του είναι αληθινές»* **(Ψαλμοί 111:7).**

Οι διαφορές μπορεί να είναι περίπλοκες, αλλά είναι σημαντικό να αναγνωρίσουμε την εβραϊκή λέξη που χρησιμοποιείται στο πρωτότυπο και να βεβαιωθούμε ότι στη μετάφραση χρησιμοποιούνται ένα από τα συνώνυμα. Η εβραϊκή λέξη πιστός אָמַן **(amman H-539),** έχει πολλά συνώνυμα, μεταξύ άλλων *«σταθερός, εμπιστεύομαι ή πιστεύω συμμορφώνομαι, μόνιμος, διαβεβαίωση, αλήθεια, πιστός, επαληθεύω».* Όλες αυτές τις μεταφράσεις αξίζει να τις εμπιστευθούμε [2].

Είμαστε υπεύθυνοι για την πνευματική ασφάλεια της οικογένειάς μας. Γι' αυτό, πρέπει να γνωρίζουμε Ποιον εμπιστευόμαστε. Το σημερινό εδάφιο μας ενθαρρύνει να εμπιστευόμαστε στις υποσχέσεις του Θεού, τονίζοντας ότι *«Τα έργα των χεριών του είναι αλήθεια και κρίση· όλες οι εντολές του είναι αληθινές»,* σίγουρες και έμπιστες.

Στα 33 χρόνια που πορεύομαι με τον Θεό, επιβεβαίωσα στη ζωή μου και στη ζωή όσων έθεσαν την εμπιστοσύνη τους στον Κύριο ότι τα έργα του Θεού είναι πράγματι *«αλήθεια και κρίση».* Οι υποσχέσεις και οι εντολές που ο Θεός ορίζει στον Λόγο Του είναι αξιόπιστες γιατί ο Θεός δεν μπορεί να πει ψέματα. Ο Θεός δεν λανθάνει ποτέ και δεν αργεί. Γι' αυτό *«οι εντολές του είναι αληθινές»* **(Ψαλμοί 111:7).**

Όταν εναποθέτουμε την εμπιστοσύνη μας στον Θεό, το αποτέλεσμα είναι ότι χτίζουμε πνευματική κληρονομιά για τις μελλοντικές γενιές, όχι στην άμμο που μετακινείται από τις φιλοσοφίες των ημερών μας, αλλά στον Ιησού Χριστό, τον ακρογωνιαίο λίθο, σταθερό και δοκιμασμένο ανά τους αιώνες. Τα παιδιά και οι νέοι μας μιμούνται. Πρέπει να ξέρουν σε ποιον να εναποθέσουν την εμπιστοσύνη και τη ζωή τους.

Ο Λόγος του Θεού μας λέει *«Ευλογημένος ο άνθρωπος που ελπίζει στον Κύριο, και του οποίου ο Κύριος είναι η ελπίδα»* **(Ιερεμίας 17:7).**

Ας προσευχηθούμε: Ουράνιε Πατέρα μας, βοήθησέ μας να αναζητούμε την ευλογία Σου βάζοντας την εμπιστοσύνη και την ασφάλεια της οικογένειάς μας στα πολύτιμα χέρια Σου. Είθε τα παιδιά μας και οι μελλοντικές γενιές να συνεχίζουν να οικοδομούν επάνω στον σταθερό βράχο Σου. Προσευχόμαστε στο όνομα του Ιησού Χριστού.

---

[2] *(Strong, J. (2002). New comprehensive Strong's concordance: Dictionary (p. 9). Nashville, TN: Caribbean.)*

29 Ιανουαρίου
ΥΓΙΗΣ ΦΟΒΟΣ

«*Η αρχή τής σοφίας είναι ο φόβος τού Κυρίου· όλοι εκείνοι που τις εκτελούν, έχουν καλή σύνεση· η αίνεσή του μένει στον αιώνα*» **Ψαλμοί 111:10**

"*The fear of the Lord is the beginning of wisdom; all who follow his precepts have good understanding. To him belongs eternal praise.*" **Psalm 111:10**

"*El principio de la sabiduría es el temor al Señor. Quienes practican esto adquieren entendimiento y alaban al Señor toda su vida*". **Salmo 111:10**

Το σημερινό εδάφιο αναφέρεται σε δύο βασικά και πολύ συχνά παρεξηγημένα ζητήματα. Το πρώτο (1) είναι η σοφία και το δεύτερο (2) «*ο φόβος του Κυρίου*».

Όταν ο Jean Paul, ο γιος μου ήταν μικρότερος από ενός έτους, η πεθερά μου μού είπε «**ο γιος σου πρέπει να μάθει να σε φοβάται**». Δεν το κατάλαβα αυτό τότε γιατί ο χαρακτήρας μου δεν είναι να κάνω κανέναν να με φοβάται, πόσο μάλλον τον γιο μου. Αλλά, λίγο λίγο, κατάλαβα ότι δεν αναφερόταν στη δημιουργία χάους, αλλά σε έναν **υγιή** φόβο ώστε ο γιος μου να μάθει να ακολουθεί τις οδηγίες μου με ακρίβεια και άμεσα, όταν χρειάζεται, για παράδειγμα όταν υπάρχει άμεσος σωματικός κίνδυνος.

Η Αγία Γραφή χρησιμοποιεί διάφορα συνώνυμα για την αναφορά στον φόβο. Ευλάβεια, τρόμος, φόβος, σεβασμός και τιμή είναι από τα πιο κοινά. Ένας **υγιής φόβος του Κυρίου** είναι **άγιος φόβος**. Με άλλα λόγια, δεν θα πρέπει να φοβόμαστε τον Θεό αλλά να έχουμε έναν «**άγιο φόβο**».

Ο **άγιος αυτός φόβος** προέρχεται από την πίστη που έχουμε σε έναν Θεό γεμάτο αγάπη που έχει σχέδια για τα παιδιά Του. Η πίστη αυτή μας λέει ότι ο Θεός μας αγαπά και ευαρεστείται σε εμάς, ακόμη κι όταν κάνουμε λάθη, όπως κάνουν τα μωρά όταν μαθαίνουν να περπατούν, να τρώνε, να μιλούν, κτλ. Ένας **υγιής άγιος φόβος** μας βοηθά να προσπαθούμε να ακολουθούμε τις οδηγίες του Θεού και να Τον ευχαριστούμε σε όσα κάνουμε εντός των δυνατοτήτων μας.

Ακολουθώντας και σεβόμαστε τις οδηγίες του Θεού, αποκτούμε σοφία, η οποία μας οδηγεί σε μονοπάτια ειρήνης, ζωής και δικαιοσύνης. Στον **Ψαλμό 111:10** διαβάζουμε, «*Η αρχή τής σοφίας είναι ο φόβος τού Κυρίου· όλοι εκείνοι που τις εκτελούν, έχουν καλή σύνεση· η αίνεσή του μένει στον αιώνα*». Για τις μελλοντικές γενιές ευχόμαστε αντί να είναι «**πολιτικά ορθές**», να είναι «**βιβλικά πιστές**». Στο κάτω κάτω, όταν εμφανιστούμε ενώπιον του θρόνου της κρίσης του Θεού, θέλουμε ο Θεός να μας βρει βιβλικά σωστούς, έτσι δεν είναι; Ο τρόπος να το διασφαλίσουμε είναι να έχουμε **υγιή άγιο φόβο και σεβασμό για τον Λόγο του Θεού** και να πράττουμε ό,τι μας ζητά.

Ας προσευχηθούμε: Ουράνιε Πατέρα μας, βοήθησέ μας να έχουμε υγιή σεβασμό για τον Άγιο Λόγο Σου και, περισσότερο από οτιδήποτε στον κόσμο, να είμαστε πιστοί σε εσένα. Κάνε μας όργανα ειρήνης και συμφιλίωσης με όσους επιθυμούν μια πιο στενή και βαθιά σχέση με Εσένα και την εκκλησία Σου. Ας μην βιαζόμαστε να κρίνουμε άλλους αλλά να κρίνουμε και να διορθώνουμε γρήγορα τον δικό μας δρόμο μαζί Σου. Προσευχόμαστε στο όνομα του Ιησού Χριστού.

30 Ιανουαρίου
ΧΑΡΑΚΤΗΡΑΣ

«Ο πιστός στο ελάχιστο, και στο πολύ είναι πιστός· και ο άδικος στο ελάχιστο, και στο πολύ είναι άδικος.» **Κατά Λουκάν 16:10**

"Whoever can be trusted with very little can also be trusted with much, and whoever is dishonest with very little will also be dishonest with much." **Luke 16:10**

"El que es confiable en lo poco, también lo es en lo mucho; y el que no es confiable en lo poco, tampoco lo es en lo mucho". **Lucas 16:10**

Στο γραφείο, είχαμε μία λέσχη για καφέ. Κάθε μέλος πλήρωνε 7 δολάρια κάθε μήνα και απολάμβανε απεριόριστο καφέ. Ένας νέος ταμίας ανέλαβε τη θέση, ο οποίος παρέλαβε το ταμείο με ελάχιστα χρήματα στην άκρη για μικρά έξοδα και χωρίς λογιστικά βιβλία. Μέσα σε έναν χρόνο από τη στιγμή που ξεκίνησε να το διαχειρίζεται και να δίνει τριμηνιαίες αναφορές, ο ταμίας ανέφερε ότι είχε αρκετά χρήματα για μικροέξοδα ώστε να προσφέρει στα μέλη δωρεάν καφέ για δύο μήνες. Το επόμενο έτος, τα χρήματα ήταν αρκετά για να καλύψουν το ποσό για 5 μήνες δωρεάν καφέ. **«Ο πιστός στο ελάχιστο, και στο πολύ είναι πιστός»**.

Τα παιδιά είναι ο μεγαλύτερος θησαυρός και η μεγαλύτερη ευθύνη σε όσους είναι γονείς. Όταν πρόκειται να επιλέξουμε παιδικό σταθμό, φροντίζουμε να διασφαλίσουμε τα εξής: 1. Να μην έχουν ποινικό μητρώο, 2. Να έχουν άδεια και πιστοποιημένη εμπειρία και 3. Παρατηρώντας την υπομονή και την προσοχή που δίνουν στα άλλα παιδιά και τις συνθήκες υγιεινής του κέντρου, μπορούμε να αποφασίσουμε αν το άτομο/ο οργανισμός είναι αξιόπιστος. **Εκείνος που φροντίζει το ελάχιστο έχει καλό χαρακτήρα και είναι αξιόπιστος και για πολλά.**

Ο John Wooden δήλωσε, *«Ο χαρακτήρας είναι ο τρόπος που συμπεριφερόμαστε όταν δεν μας βλέπει κανείς»*. Ο χαρακτήρας και η ειλικρίνεια αποτελούν απόδειξη της ακεραιότητάς μας. Ο πειρασμός να πάρουμε κάτι που δεν ανήκει σε εμάς ίσως μας φαίνεται ασήμαντος, αλλά υπάρχει Κάποιος που βλέπει όσα κάνουμε κρυφά. Ο Θεός!

Ο Θεός μας έχει εμπιστευθεί την οικογένεια για να την αγαπάμε, να τη στηρίζουμε, να νοιαζόμαστε γι' αυτήν και να την προστατεύουμε. Ο τρόπος συμπεριφοράς μας στην οικογένεια, ο τρόπος που διαχειριζόμαστε τα χρήματα (τα δικά μας ή κάποιου άλλου), ο τρόπος που συμπεριφερόμαστε στους φίλους μας και στους αγνώστους που συναντάμε, ό,τι κάνουμε στις 24 ώρες της ημέρας που ζούμε, **όλα αυτά δείχνουν τον χαρακτήρα και την πιστότητά μας.** *«Ο πιστός στο ελάχιστο, και στο πολύ είναι πιστός»*.

Ας προσευχηθούμε: Ουράνιε Πατέρα μας, σε παρακαλούμε **διαμόρφωσε τον χαρακτήρα μας**, ώστε να είμαστε το τέλειο παράδειγμα για τα παιδιά μας και όσους παρατηρούν τη ζωή μας αναζητώντας ένα αξιοσέβαστο χριστιανικό μοντέλο. Δώσε μας σοφία ώστε να επιλέγουμε έξυπνα τους ανθρώπους με τους οποίους μοιραζόμαστε την ευθύνη της ανατροφής και καθοδήγησης των παιδιών μας. Στο τέλος της ζωής μας, ας ακούσουμε: *«Ελάτε, οι ευλογημένοι τού Πατέρα μου, κληρονομήστε τη βασιλεία, που είναι ετοιμασμένη σε σας από τη δημιουργία τού κόσμου» (Κατά Ματθαίον 25:34).* Βρες μας, έμπιστε Κύριέ μας. Προσευχόμαστε στο Άγιο Όνομά Σου.

31 Ιανουαρίου
ΘΕΪΚΗ ΥΠΟΤΑΓΗ

«Υποταχθείτε, λοιπόν, στον Θεό· αντισταθείτε στον διάβολο, και θα φύγει από σας». **Ιακώβου 4:7**

"Submit yourselves, then, to God. Resist the devil, and he will flee from you." **James 4:7**

"Por lo tanto, sométanse a Dios; opongan resistencia al diablo, y él huirá de ustedes". **Santiago 4:7**

Απ' όλες τις γυναίκες στην Αγία Γραφή, η υποταγή και η αγάπη της Ρουθ προς την Ναομί με άγγιξε βαθύτατα.

Μετά που πέθαναν οι γιοι της, η Ναομί ζήτησε από τις δύο νύφες της να επιστρέψουν στο πατρικό τους. *«Αλλά, η Ρουθ είπε: Μη με αναγκάζεις να σε αφήσω, για να φύγω από πίσω σου· επειδή, όπου αν πας εσύ, θα πάω κι εγώ· και όπου θα παραμείνεις εσύ, θα παραμείνω κι εγώ· ο λαός σου, λαός μου, και ο Θεός σου, Θεός μου· όπου και αν πεθάνεις, θα πεθάνω κι εγώ, και εκεί θα ταφώ· έτσι να κάνει σε μένα ο Κύριος, και έτσι να προσθέσει, αν κάτι άλλο εκτός από τον θάνατο με χωρίσει από σένα»* **(Ρουθ 1:16-17).**

Αυτά είναι λόγια υποδειγματικά για όσους έχουν εμπιστευτεί τη ζωή τους στον Θεό. Όπου δείξει ο Θεός, εκεί θα πάω, ο λαός Του θα είναι ο λαός μου (όποιοι κι αν είναι). Όπου κατοικεί ο Θεός, θα ζω και θα είμαι στο πλευρό Του για πάντα. Τίποτα δεν θα μας χωρίσει, ούτε ο θάνατος.

Υποτάσσοντας τον εαυτό μας στον Θεό (γνωρίζοντας και πράττοντας το θέλημά Του), παίρνουμε τη δύναμη για να αντισταθούμε στον πειρασμό να επιλέξουμε μια εύκολη ζωή ή στιγμιαίες απολαύσεις. Χρησιμοποιώντας σωστά τον Λόγο του Θεού, απαντούμε στους πειρασμούς κράζοντας, *«Πήγαινε, σατανά· επειδή είναι γραμμένο»* **(Κατά Ματθαίον 4:10),** και στο όνομα του Ιησού Χριστού, θα κάνουμε τον διάβολο να φύγει από την παρουσία μας.

Στην **Επιστολή Προς Εφεσίους 4:27** διαβάζουμε, *«να μη δίνετε τόπο στον διάβολο».* Με μία μόνο ευκαιρία, με μια απροσεξία ή μια αθώα απερισκεψία, ο διάβολος μπορεί να εργαστεί μέσα μας και να προκαλέσει βλάβη για γενιές. Με ελάχιστο μόνο άλυτο θυμό στην καρδιά σου, ο διάβολος μπορεί να προκαλέσει διαιρέσεις στο σπίτι και στην εκκλησία. Η Ρουθ δεν ενέδωσε στον πειρασμό, αλλά επέλεξε αγάπη και υποταγή.

> *Όπου δείξει ο Θεός, εκεί θα πάω, ο λαός Του θα είναι ο λαός μου (όποιοι κι αν είναι). Όπου κατοικεί ο Θεός, θα ζω και θα είμαι στο πλευρό Του για πάντα. Τίποτα δεν θα μας χωρίσει, ούτε ο θάνατος.*

Η μάχη μας δεν είναι αδερφός εναντίον αδερφού *«αλλά ενάντια στις αρχές, ενάντια στις εξουσίες, ενάντια στους κοσμοκράτορες του σκότους τούτου του αιώνα, ενάντια στα πνεύματα της πονηρίας στα επουράνια»* **(Προς Εφεσίους 6:12).** Γι' αυτό, όταν κάποιος λέει ή κάνει κάτι εναντίον μας, θυμηθείτε ότι **ο πραγματικός εχθρός είναι ο διάβολος και επιλέξτε να απαντήσετε με αγάπη**. Μπορούμε να αντισταθούμε στις επιθέσεις του διαβόλου με υποταγή στον Θεό και ο διάβολος θα τραπεί σε φυγή.

Ας προσευχηθούμε: Ουράνιε Πατέρα μας, Σ' ευχαριστούμε για όσους αποτέλεσαν παράδειγμα υποταγής και υπηρεσίας σε Εσένα. Χάρισε Εσύ ώστε να τους μιμηθούμε και η ζωή μας να είναι παράδειγμα υποταγής σε Εσένα για τις επόμενες γενιές. Είθε ο λαός μας να είναι λαός τους και Εσύ, Πατέρα μας, να είσαι Θεός και Πατέρας τους. Προσευχόμαστε στο όνομα του Ιησού Χριστού.

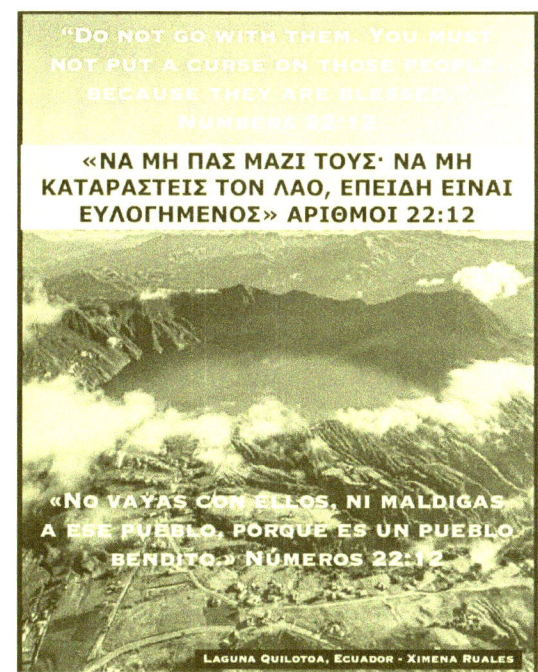

1 Φεβρουαρίου
ΕΥΛΟΓΗΜΕΝΟΣ ΛΑΟΣ
Αριθμοί 22:12

Αν έχεις εμπιστευτεί τον Ιησού Χριστό για Σωτήρα σου, έχεις τη σιγουριά ότι είσαι υιοθετημένο τέκνο στην οικογένεια του Θεού. Η υιοθεσία και η ευλογία προκύπτουν από τη διαθήκη του Αβραάμ στην οποία ο Θεός υποσχέθηκε το εξής: *«και θα ευλογήσω εκείνους που σε ευλογούν, και θα καταραστώ εκείνους που σε καταρώνται· και μέσα από σένα θα ευλογηθούν όλες οι φυλές τής γης»* (Γένεσις 12:3).

Στους **Αριθμούς 22:6**, ο Βαλάκ, ο Μωαβίτης βασιλιάς καλεί τον Βαλαάμ να καταραστεί τους Ισραηλίτες που στρατοπέδευσαν στις πεδιάδες του Μωάβ. Το αίτημά του ήταν *«Τώρα, λοιπόν, έλα, σε παρακαλώ, να μου καταραστείς αυτό τον λαό, επειδή, είναι δυνατότερός μου· ίσως υπερισχύσω, να τους πατάξουμε, και να τους διώξω έξω από τη γη· επειδή, ξέρω ότι όποιον ευλογήσεις είναι ευλογημένος, και όποιον καταραστείς είναι καταραμένος».*

Ο Βαλαάμ συμβουλεύτηκε τον Κύριο, ο οποίος του είπε: *«Να μη πας μαζί τους· να μη καταραστείς τον λαό, επειδή είναι ευλογημένος»* (εδάφιο 12). Ο Βαλαάμ απάντησε στους αγγελιοφόρους ότι ο Κύριος δεν του επιτρέπει να πάει μαζί τους. Ο Βαλάκ, όμως, έστειλε άλλους αγγελιοφόρους που πρόσφεραν πλούτη αν ο προφήτης ερχόταν και καταριόνταν τους Ισραηλίτες. Μου αρέσει πολύ η απάντηση του Βαλαάμ *«Και αν ο Βαλάκ μού δώσει το σπίτι του γεμάτο από ασήμι και χρυσάφι, δεν μπορώ να παραβώ τον λόγο τού Κυρίου τού Θεού μου, για να κάνω κάτι λιγότερο ή περισσότερο»* (εδάφιο 18).

Αυτή θα έπρεπε να είναι και η δική μας απάντηση! Δεν μπορούμε να δείξουμε ανυπακοή στο θέλημα και την καθοδήγηση του Θεού. **Δεν μπορούμε να καταραστούμε όσα έχει ευλογήσει ο Θεός ούτε να αποκαλέσουμε καλά όσα ο Θεός αποκάλεσε άσχημα**. Το φως δεν μπορεί να αναμειχθεί με το σκοτάδι παρά μόνο για να φωτίσει το μονοπάτι για όσους επιθυμούν να ξεφύγουν από το σκοτάδι. Πρέπει να υπακούμε στον Θεό και στην παραμικρή εντολή Του. Ο Θεός μας υπόσχεται *«Τώρα, λοιπόν, αν πραγματικά υπακούσετε στη φωνή μου, και φυλάξετε τη διαθήκη μου, θα είστε σε μένα ο εκλεκτός λαός από όλους τούς λαούς»* (Έξοδος 19:5).

Είμαστε ευλογημένος, εκλεκτός λαός. Ας συμπεριφερόμαστε με ευγένεια χαρακτήρα και αγνότητα καρδιάς – σίγουροι ότι ο Θεός δεν θα μας ξεχάσει ποτέ. Γι' αυτό δεν θα πρέπει να φοβόμαστε τον κόσμο ούτε να ενδίδουμε όταν μας προκαλούν με φόβο ή με πλούτη για να καταραστούμε τον λαό του Θεού, να μας αποσπάσουν από τον Λόγο Του ή να μην γίνουμε η αιτία κατάρας λόγω της ανυπακοής και της έλλειψης πίστης μας.

Ας προσευχηθούμε: Ουράνιε Πατέρα μας, βοήθησέ μας να φερόμαστε ως παιδιά Σου, άξια να μας αποκαλούν εκλεκτά και ευλογημένα παιδιά Σου. Γέμισε τον λαό Σου με δύναμη και ευλόγησέ μας με ειρήνη ώστε σε ό,τι κάνουμε να δοξολογείται το όνομά Σου και εμείς να βοηθήσουμε άλλους να γίνουν μέρος του **εκλεκτού λαού Σου**. Προσευχόμαστε στο Άγιο Όνομά Σου.

2 Φεβρουαρίου
ΧΩΡΙΣ ΑΝΗΣΥΧΙΑ
Προς Κορινθίους Α' 7:32Α

Έχουμε την τάση να αγωνιούμε και να ανησυχούμε για πολλά. Για πολλούς, ο θάνατος αποτελεί την κυριότερη πηγή ανησυχίας. Η κόρη μου, η Σοφία μοιράστηκε κάποιες σκέψεις της γι' αυτό το θέμα.

«Θάνατος. Δεν είναι κάτι που σκέφτομαι καθημερινά, αλλά δεν αποφεύγω και να το συζητήσω. Μεγάλωσα ακούγοντας τους παππούδες μου να μιλούν για τον θάνατο σαν να ήταν κάποιο δώρο. Ότι…τελικά, όλοι έχουμε την ίδια αναπόφευκτη μοίρα. Δεν ωραιοποιούσαν τα πράγματα στην οικογένειά μου – όλοι θα πεθάνουμε, οπότε ζήσε καλά, να είσαι καλός και να έχεις πίστη».

Λόγια σοφίας και ελπίδας που ακούγονται από τα χείλη των παιδιών μας! **Μην ανησυχείτε**, να χαίρεστε. Ο θάνατος είναι αναπόφευκτος. Να ζείτε καλά, να είστε ευγενικοί και να έχετε πίστη. Ευχαριστούμε τον Θεό για τα μαθήματα που διδάσκονται τα παιδιά μας από τους παππούδες τους – μία άριστη πηγή σοφίας που πολύ συχνά σου δείχνει τι έχει αξία, αφαιρώντας έτσι το όποιο άγχος.

Όταν είμαι στην Ελλάδα, με ανησυχούν οι απρόσεκτοι οδηγοί που δεν σέβονται τους ποδηλάτες (όπως εμένα), αλλά δεν ανησυχώ τόσο πολύ ώστε να χάνω τον ύπνο μου ή να παρατήσω το ποδήλατό μου. Αντί αυτού, βάζω τη βόλτα μου στα χέρια του Θεού και προσέχω πολύ τους πάντες και τα πάντα στον δρόμο. Έτσι, μπορώ να αναμένω την κίνησή τους και να αντιδράσω με ασφάλεια. Πριν από κάθε βόλτα με το ποδήλατο, όπως και πριν από κάθε ταξίδι με αεροπλάνο, λέω *«Πατέρα, στα χέρια σου παραδίνω το πνεύμα μου»* **(Κατά Λουκάν 23:46)**, και πέφτω στον πιο ωραίο ύπνο μέχρι οι αισθήσεις μου να μου πουν ότι σερβίρουν καφέ.

Προτού με σώσει ο Κύριος (το 1989), ανησυχούσα για τον θάνατο και πίστευα ότι η ασφάλεια ζωής ήταν η απάντηση. Η οικονομική φροντίδα προς την οικογένειά μου ήταν ύψιστης σημασίας. Η πολιτική της ασφάλειας, όμως, δεν με ανακούφιζε από την ανησυχία και την αυπνία που είχα, σκεπτόμενος πολλά ζητήματα. *«Η λύπη στην καρδιά τού ανθρώπου, την ταπεινώνει· ενώ ο καλός λόγος την ευφραίνει»* **(Παροιμίαι 12:25)**.

Οι τρυφερές λέξεις που ανακάλυψα στην Αγία Γραφή απομάκρυνε την ανησυχία και την αντικατέστησε με αγάπη, χαρά, ειρήνη και υπέροχο, χαλαρωτικό και ξεκούραστο ύπνο. *«Να μη μεριμνάτε για τίποτε· αλλά, σε κάθε τι, τα ζητήματά σας ας γνωρίζονται στον Θεό με ευχαριστία διαμέσου τής προσευχής και της δέησης. Και η ειρήνη τού Θεού, που υπερέχει κάθε νου, θα διαφυλάξει τις καρδιές σας και τα διανοήματά σας διαμέσου τού Ιησού Χριστού»* **(Προς Φιλιππησίους 4:6-7)**.

Ας προσευχηθούμε: Ουράνιε Πατέρα μας, βοήθησέ μας να διδαχθούμε από την πίστη των παππούδων μας και να **ελευθερωθούμε από την ανησυχία** για να είμαστε χαρούμενοι, να ζούμε καλά και να δυναμώσουμε τη φλόγα της πίστης μας. Προσευχόμαστε στο όνομα του Ιησού Χριστού.

3 Φεβρουαρίου
ΕΛΠΙΖΕ, ΕΜΠΙΣΤΕΥΣΟΥ ΚΑΙ ΠΡΟΣΕΥΧΗΣΟΥ

«Και θα με ζητήσετε, και θα με βρείτε, όταν με εκζητήσετε με όλη σας την καρδιά».
Ιερεμίας 29:13

"You will seek me and find me when you seek me with all your heart." Jeremiah 29:13

"Cuando ustedes me busquen, me hallarán, si me buscan de todo corazón". Jeremías 29:13

Θα πρέπει να προγραμματίζουμε σαν να πρόκειται να μείνουμε στον πλανήτη αυτό για όλη μας τη ζωή, αλλά να ζούμε σαν η σημερινή ημέρα να ήταν η τελευταία της ζωής μας. **Ελπίζουμε, προσευχόμαστε και εμπιστευόμαστε** ότι αυτός ο χρόνος θα είναι καλύτερος από τον προηγούμενο.

ΕΛΠΙΔΑ - Το 2021, η ελπίδα μας ήταν ότι περισσότερο από το 90% του παγκόσμιου πληθυσμού θα εμβολιαστεί κατά του COVID. Ελπίζαμε η οικονομία να είναι καλύτερη και οι εργαζόμενοι να επιστρέψουν με ασφάλεια στον χώρο εργασίας τους. Θα έπρεπε, ωστόσο, να αναμένουμε ότι θα ζήσουμε έναν συνδυασμό από ευλογίες και συνεχείς δοκιμασίες. Σκεφτείτε το εξής: **Όταν έρχεται ένα πρόβλημα, ποιος πιστεύεις ότι θα έρθει να σε σώσει;**

Όταν εμφανίζονται προβλήματα και κρίσεις, έχουμε την τάση να ζητούμε συμβουλή από ειδικούς (γιατρούς, δικηγόρους, επαγγελματίες, γείτονες, το Google, κ.ά.) προτού αναζητήσουμε καθοδήγηση στον Λόγο του Θεού. Ακόμη και οι κήρυκες, καθώς προετοιμαζόμαστε για τις βιβλικές μελέτες ή τα κηρύγματα, ορισμένες φορές αναζητούμε πρώτα τη γνώση άλλων, διάσημων αντρών και συγγραφέων, στους οποίους δίνουμε περισσότερη κάλυψη απ᾽ ό,τι στον ζωντανό Λόγο του Θεού. Η ελπίδα μας πρέπει να είναι να ακολουθούμε πρώτα το θέλημα του Θεού.

ΕΜΠΙΣΤΟΣΥΝΗ - Όταν έρχεται το πρόβλημα, έχουμε την τάση να χάνουμε τη συγκέντρωσή μας, να μπερδευόμαστε και να μην μπορούμε να αποφασίσουμε ποιος είναι ο σωστός δρόμος. Όταν, όμως, έχουμε ειρήνη, σκεφτόμαστε καθαρά. Το μυστικό για να διασφαλίσουμε την ειρήνη μας όταν έρχεται η καταιγίδα πηγάζει από την εμπιστοσύνη που δείχνουμε όταν αφήνουμε τη ζωή μας στα χέρια του Θεού. Ένα από τα αγαπημένα μου εδάφια στην Αγία Γραφή είναι από τον **Ιερεμία 29:11.** *«Επειδή, εγώ γνωρίζω τις βουλές που βουλεύομαι για σας, λέει ο Κύριος, βουλές ειρήνης, και όχι κακού, για να σας δώσω το προσδοκώμενο τέλος».* Σε οποιαδήποτε κατάσταση κι αν βρίσκεστε, δεν θα χάνετε την ειρήνη σας αν πιστεύετε ότι ο Θεός έχει καλά σχέδια για εσάς, ότι ο Θεός έχει τον έλεγχο και θα σας καθοδηγήσει μέσα απ᾽ αυτήν την καταιγίδα.

ΠΡΟΣΕΥΧΗ - Καθώς βιώνουμε την πιστότητα του Θεού εν μέσω δυσκολιών, η εμπιστοσύνη μας μετατοπίζεται από την ανθρώπινη γνώση στη σοφία του Θεού, από την εμπιστοσύνη στους ανθρώπους στην εμπιστοσύνη στα σχέδια που έχει ο Θεός και στην καθιέρωση ενός μοτίβου επικοινωνίας και **προσευχής** με τον Θεό. *«Τότε, θα κράξετε σε μένα, και θα πάτε να προσευχηθείτε σε μένα, και θα σας εισακούσω. Και θα με ζητήσετε, και θα με βρείτε, όταν με εκζητήσετε με όλη σας την καρδιά. Και θα βρεθώ από σας, λέει ο Κύριος· και θα αποστρέψω την αιχμαλωσία σας»* **(Ιερεμίας 29:12-14).**
Ας προσευχηθούμε: Ουράνιε Πατέρα μας, στις δύσκολες στιγμές μας βοήθησέ μας να αναζητούμε πρώτα τη δική Σου σοφία και καθοδήγηση, να Σε εκζητούμε με όλη μας την καρδιά και να Σε βρίσκουμε στις μικρές και μεγαλύτερες προκλήσεις και ευλογίες στην καθημερινότητά μας. Προσευχόμαστε στο Άγιο Όνομά Σου.

4 Φεβρουαρίου
ΚΑΛΕΣΜΑ ΓΙΑ ΕΛΕΥΘΕΡΙΑ
Προς Γαλάτας 5:13

Σε ένδειξη ευγνωμοσύνης για τη σωτηρία μας από τα δεσμά της αμαρτίας, ο Θεός φέρνει την προσοχή μας σε άλλα δεσμά, αυτά της ανταποδοτικότητας, με τα οποία δείχνουμε την αγάπη μας στον Θεό με την αγάπη και την υπηρεσία ο ένας προς τον άλλον.

Ο Λόγος του Θεού λέει: «*Στην ελευθερία, λοιπόν, με την οποία μάς ελευθέρωσε ο Χριστός, να μένετε σταθεροί, και να μη υποβληθείτε ξανά σε ζυγό δουλείας*» (Προς Γαλάτας 5:1).

Ο Θεός μας ελευθέρωσε από τον **ζυγό της δουλείας** γιατί, με τον νόμο κανείς δεν θα μπορούσε να δικαιωθεί. Τα τελετουργικά του νόμου έχασαν την αποτελεσματικότητά τους όταν ο Ιησούς έδωσε τη ζωή Του στον Σταυρό, ως τη δίκαιη και επαρκή θυσία για να μας χαρίσει την πολυπόθητη **ελευθερία** μας. Η πίστη στον Ιησού Χριστού άνοιξε τη γέφυρα μια για πάντα, δίνοντάς μας την είσοδο στην παρουσία του Θεού και **σταδιακά** να μας ελευθερώσει από τα δεσμά της αμαρτίας και των πειρασμών.

Παρουσιάζει ενδιαφέρον, ωστόσο, το γεγονός ότι ενώ η πίστη μας είναι στον Ιησού Χριστό και έχουμε ελευθερία από την αμαρτία και τον αιώνιο θάνατο, στο εδάφιο αυτό, ο Θεός μας καλεί να γίνουμε ξανά υπηρέτες σε εθελοντική βάση, όχι πλέον υπηρέτες του νόμου ή της αμαρτίας, αλλά «*με την αγάπη να υπηρετείτε, ως δούλοι, ο ένας τον άλλον*» (Προς Γαλάτας 5:13).

Η αγγλική λέξη "*serve*" σημαίνει **δουλεύω (douleúo)**, δηλαδή **είμαι δούλος** (εκούσια ή ακούσια), υπηρέτης, υπηρεσία, υπηρετώ. Εδώ που βρισκόμαστε, υπηρετούμε ο ένας τον άλλον με ευγνωμοσύνη και για την αγάπη του Θεού.

Δεν είναι ούτε δύσκολο, ούτε οδυνηρό να υπηρετούμε ο ένας τον άλλον όταν γίνεται με αγάπη. Οι οικογένειες θα ήταν πιο χαρούμενες και με περισσότερη ευγνωμοσύνη αν τα ζευγάρια συνεργάζονταν και βοηθούσαν ο ένας τον άλλον. Ο **σεξισμός** κλέβει από τα ζευγάρια τη γλυκιά συντροφιά και την αμοιβαιότητα. Αυτό ισχύει και για εκκλησίες στις οποίες οι ίδιοι άνθρωποι είναι σε διαφορετικές θέσεις και εν τέλει κουράζονται και αποθαρρύνονται από την υπηρεσία γιατί η υπηρεσία τους είναι μονόδρομη.

Ας προσευχηθούμε: Ουράνιε Πατέρα μας, Σ' ευχαριστούμε που μας κάλεσες να ελευθερωθούμε από τη δουλεία της αμαρτίας και μας έδωσες οικογένεια και κοινότητα που εκφράζουν τη χαρά και την ευγνωμοσύνη τους μέσα από την κοινή υπηρεσία και υποστήριξη. Βοήθησέ μας να αντανακλούμε αυτή την αγάπη και την ευγένεια μέσα και έξω από τα σπίτια και τις εκκλησίες μας. Προσευχόμαστε στο όνομα του Ιησού Χριστού.

5 Φεβρουαρίου
ΝΑΥΑΓΟΣΩΣΤΗΣ, ΕΓΩ;
Προς Κορινθίους Α' 9:16

Στον **Ψαλμό 147:11** διαβάζουμε, *«Ο Κύριος βρίσκει ευχαρίστηση σ' εκείνους που τον φοβούνται, σ' εκείνους που ελπίζουν στο έλεός του».* Τιμούμε τον Θεό όταν εκτελούμε με πιστότητα την εντολή μας, την ίδια αποστολή που αναφέρει ο Απόστολος Παύλος στην επιστολή του προς τους Κορινθίους. Παρόλο που μπορεί να μην είμαστε απόστολοι ή κήρυκες, **ο Θεός αναθέτει σε κάθε μαθητή του Χριστού να κηρύξει το ευαγγέλιο.**

Το σκέφτηκες ποτέ ότι είσαι ναυαγοσώστης; Το Ευαγγέλιο που σε έσωσε είναι σήμερα στα χέρια σου. Ο Θεός κατέθεσε την αγάπη και τον Λόγο Του στην καρδιά σου ώστε, τη σωστή στιγμή, να ρίξεις το σωσίβιό σου σε όποιον δεις να βρίσκεται σε κίνδυνο πνιγμού. Το Άγιο Πνεύμα θα σε καθοδηγήσει να χρησιμοποιήσεις το σωσίβιό σου, είτε είναι λόγια, είτε πράξεις, προσευχή ή συνδυασμός των δύο.

Ίσως έχετε ακούσει να λένε, *«Η ζωή μας ίσως είναι η μοναδική Βίβλος που θα διαβάσει ποτέ κάποιος!»* Η Αγία Γραφή είναι εκτενής και κάποιες φορές δύσκολη στην ανάγνωση. Γι' αυτό, αντί κάποιοι να τη διαβάζουν, θα δουν τη ζωή μας για να αποφασίσουν αν είμαστε γνήσιοι Χριστιανοί. Με άλλα λόγια, ο τρόπος που συμπεριφερόμαστε εσείς κι εγώ επιβεβαιώνει όσα πιστεύουμε και ζούμε. Όταν τείνουμε μια χείρα βοήθειας, κηρύττουμε στον κόσμο ότι πιστεύουμε σε έναν Θεό ελέους, γεμάτο χάρη και αγάπη, ο οποίος αναζητά και σώζει τα χαμένα πρόβατα που ξεστράτισαν και περιθωριοποιήθηκαν από τον πατέρα του ψεύδους.

Ο Θεός μας ανέθεσε την εντολή με το ευαγγέλιο του Ιησού Χριστού, τον ισχυρό ναυαγοσώστη. Μέσα από τη ζωή και την εμπειρία Του, **ο Ιησούς δεν σταμάτησε να κηρύττει το ευαγγέλιο** με λόγια και με πράξεις, θεραπεύοντας και σώζοντας έτσι πολλά χαμένα πρόβατα. Προτού αναληφθεί στους ουρανούς, ο Ιησούς μας **έδωσε την εντολή** με τα ακόλουθα λόγια, *«Πηγαίνετε σε όλο τον κόσμο, και κηρύξτε το ευαγγέλιο σε όλη την κτίση»* **(Κατά Μάρκον 16:15).**

Μπορεί να μην είμαστε σε θέση να το κάνουμε λέγοντας, **«Δεν είμαι κήρυκας ούτε ευαγγελιστής».** Είσαι, όμως, ναυαγοσώστης, **με ανάθεση** από το Άγιο Πνεύμα, το οποίο θα σε βοηθήσει. Ο Ιησούς υπόσχεται σε κάθε μαθητή, *«αλλά, θα λάβετε δύναμη, όταν έρθει επάνω σας το Άγιο Πνεύμα· και θα είστε μάρτυρες για μένα και στην Ιερουσαλήμ και σε ολόκληρη την Ιουδαία και στη Σαμάρεια, και μέχρι το ακρότατο μέρος τής γης»* **(Πράξεις 1:8).**

Ας προσευχηθούμε: Ουράνιε Πατέρα μας, πλύνε μας με τη δύναμη του Αγίου Πνεύματός σου, ώστε, ξεκινώντας με το σπίτι και τη γειτονιά μας, να κηρύξουμε το ευαγγέλιο της αγάπης με πράξεις, και αν χρειάζεται, με λόγια. Προσευχόμαστε για τους ασθενείς μας με COVID. Θεράπευσε εκείνους και θεράπευσε και τον πλανήτη μας, Κύριε. Προσευχόμαστε στο όνομα του Ιησού Χριστού.

Ο Θεός κατέθεσε την αγάπη και τον Λόγο Του στην καρδιά σου ώστε, τη σωστή στιγμή, να ρίξεις το σωσίβιό σου σε όποιον δεις να κινδυνεύει να πνιγεί.

---

6 Φεβρουαρίου
Η ΣΥΜΠΟΝΟΙΑ ΕΙΝΑΙ ΥΠΕΡΑΝΩ ΤΟΥ ΝΟΜΟΥ
Κατά Ματθαίον 12:12

Οι Φαρισαίοι ζήτησαν από τον Ιησού αν ήταν νόμιμο να γίνεται θεραπεία το Σάββατο. Ο Ιησούς σύγκρινε την αξία και τη συμπόνοια που έδειχναν προς ένα πρόβατο που πέφτει σε ένα λάκκο την ημέρα του Σαββάτου και συμπέρανε ότι: **1) ο άνθρωπος αξίζει πολύ περισσότερο από τα ζώα** και **2) η συμπόνοια είναι υπεράνω του νόμου.**

ΑΞΙΖΟΥΜΕ ΠΟΛΥ ΠΕΡΙΣΣΟΤΕΡΟ ΑΠΟ ΤΑ ΖΩΑ

Παρόλο που είμαστε αμελητέοι σε σύγκριση με όλη τη δημιουργία, ο Θεός μας έχει σε υψηλή θέση. *«Τι είναι ο άνθρωπος, ώστε να τον θυμάσαι; Ή, ο γιος του ανθρώπου, ώστε να τον επισκέπτεσαι...Τον κατέστησες κυρίαρχο επάνω στα έργα των χεριών σου· όλα τα υπέταξες κάτω από τα πόδια του»* (**Ψαλμοί 8:4,6**).

Ο Ιησούς κάνει επανειλημμένα αναφορά στην υπέρτατη αξία των ανθρώπων έναντι των ζώων, όπως τα πρόβατα, τα πουλιά, κτλ. *«Εσείς, δεν είστε πολύ ανώτεροι απ' αυτά;»* (**Κατά Ματθαίον 6:26**). *«Μη φοβηθείτε, λοιπόν· από πολλά σπουργίτια διαφέρετε εσείς»* (**Κατά Ματθαίον 10:31**).

Η ΣΥΜΠΟΝΟΙΑ ΕΙΝΑΙ ΥΠΕΡΑΝΩ ΤΟΥ ΝΟΜΟΥ

Η αγάπη και η συμπόνοια που λάβαμε από τον Θεό μας μας ωθεί να ενδιαφερόμαστε περισσότερο για τους συνανθρώπους μας απ' ό,τι για τους ανθρώπινους νόμους και τις ερμηνείες τους.

Οι Φαρισαίοι περηφανεύονταν για τις πολλές γνώσεις τους και την εξουσία τους επάνω στους ανθρώπους. Αλλά ξέχασαν τον υπέρτατο νόμο όλων: *«θα αγαπάς τον πλησίον σου σαν τον εαυτό σου»* (**Κατά Λουκάν 10:27**). Ανήσυχοι, πέρασαν γρήγορα αγνοώντας έναν άλλο άνθρωπο, πεσμένο καταγής και αιμόφυρτο ώστε να μην αθετήσουν το Σάββατο, να μην αργήσουν στον ναό ή να μην φανούν **ακάθαρτοι** και ανίκανοι να εκτελέσουν τα υψηλού κύρους τελετουργικά τους στο Ιερό (**Κατά Λουκάν 10:31**). Ο Ιησούς είπε, *«Να μη μεριμνάτε για τη ζωή σας [τους νόμους, τις τελετουργίες, την πολιτική, τις ειδήσεις], τι να φάτε και τι να πιείτε· ούτε για το σώμα σας τι να ντυθείτε. Δεν είναι η ζωή πολυτιμότερη από την τροφή, και το σώμα από το ένδυμα;»* (**Κατά Ματθαίον 6:25**). Αντιθέτως, να ζητάτε πρώτα την ουσία και το θέλημα του Θεού: την αγάπη και τη **συμπόνοια**.

Ο Ιησούς ήταν ξεκάθαρος ότι *«ο Υιός του ανθρώπου είναι κύριος και του σαββάτου»* (**Κατά Μάρκον 2:27–28**). Έχει την εξουσία να μας καθοδηγήσει στη θεραπεία και τη σωτηρία άλλων ανθρώπων, ακόμη και το Σάββατο.

Ας προσευχηθούμε: Ουράνιε Πατέρα μας, ευχαριστούμε για τους γιατρούς, τις νοσοκόμες και όλο το προσωπικό πρώτων βοηθειών, το οποίο κατά τη διάρκεια αυτών των δέκα μηνών, εργάστηκε ακούραστα, ακόμη και το Σάββατο για να θεραπεύσει και να σώσει τον λαό Σου. Ευλόγησε εκείνους και τους αγαπημένους τους. Σ' ευχαριστούμε για την αξία που έδωσες στη ζωή τους. Βοήθησέ μας να συμπονούμε όπως Εσύ. Προσευχόμαστε στο Άγιο Όνομά Σου.

---

7 Φεβρουαρίου
ΟΙ ΤΡΕΙΣ ΕΙΝΑΙ ΚΑΛΥΤΕΡΟΙ ΑΠΟ ΤΟΝ ΕΝΑ

«Και αν κάποιος υπερισχύσει ενάντια στον έναν, οι δύο θα του αντιταχθούν· και το τριπλό σχοινί δεν κόβεται γρήγορα». **Εκκλησιαστής 4:12**

"Though one may be overpowered, two can defend themselves. A cord of three strands is not quickly broken." **Ecclesiastes 4:12**

"Y si alguno prevaleciere contra uno, dos le resistirán; y cordón de tres dobleces no se rompe pronto". **Eclesiastés 4:12**

Παρόμοια λόγια διαβάζουμε και στο εδάφιο **9**: *«Καλύτεροι οι δύο παρά ο ένας· επειδή, αυτοί έχουν καλή αντιμισθία στον κόπο τους».*

Γνωρίζουμε ότι ο διάβολος περιδιαβαίνει σαν ωρυόμενο λιοντάρι, αναζητώντας κάποιον να κατασπαράξει (**Α' Πέτρου 5:8**). Σε γενικές γραμμές, οι άνθρωποι που πέφτουν θύματα αυτών των επιθέσεων είναι όσοι επιλέγουν να περπατούν μόνοι και μη προστατευμένοι. Ο διάβολος ίσως νικήσει μια μόνη και ανυποψίαστη ψυχή, αλλά όχι δύο ή τρεις που περπατούν μαζί με τον Κύριο.

Ο Θεός δεν μας δημιούργησε να ζούμε μόνοι μας, να περπατούμε στη γη χωρίς μια ψυχή δίπλα μας για να μας υπερασπιστεί ή να μας δώσει μια χείρα βοηθείας σε στιγμές ανάγκης ή κινδύνου.

Ο Θεός είναι Θεός σχέσεων και μας δημιούργησε κατ' εικόνα Του ώστε να έχουμε στενή σχέση μαζί Του, αλλά θέλει και να αγαπάμε και να στηρίζουμε ο ένας τον άλλον. Γι' αυτό στο βιβλίο της **Γένεσις 2:18**, *«ο Κύριος ο Θεός είπε: Δεν είναι καλό ο άνθρωπος να είναι μόνος· θα κάνω σ' αυτόν έναν βοηθό όμοιον μ' αυτόν».* Και ο Θεός δημιούργησε τη γυναίκα, το απόγειο της δημιουργίας. Δόξα στον Θεό! Σημείωση: σε κάποιους ανθρώπους έχει δοθεί **το χάρισμα της αγαμίας** για να ζήσουν μια ζωή αφοσιωμένη στην υπηρεσία του Θεού και των ανθρώπων. Ο Θεός έχει δώσει έναν κατάλληλο σύντροφο σε όσους δεν έχουν λάβει αυτό το χάρισμα.

Ξέρουμε την παροιμία **«οι δύο είναι καλύτεροι από τον ένα»**. Πολλές φορές, για να βρω τη λύση σε ένα θέμα ή σε μία κατάσταση, ρωτάω τον εαυτό μου *«Τι άλλο θα ρωτούσε η Μαργαρίτα γι' αυτό το θέμα;»* Αυτό με βοηθάει να σκεφτώ όπως θα σκεφτόταν εκείνη για να βρω μια λύση.

Πράγματι, *«Καλύτεροι οι δύο παρά ο ένας· επειδή, αυτοί έχουν καλή αντιμισθία στον κόπο τους».* Αυτό ισχύει σε όλες τις σχέσεις, μεταξύ άλλων και της εργασίας, της εκκλησίας και της κοινότητας. Οι δύο συμβουλεύουν και ενθαρρύνουν ο ένας τον άλλον στον δρόμο για την επιτυχία. Οι τρεις φροντίζουν και προστατεύουν ο ένας τον άλλον. Αν ο ένας πέσει, οι άλλοι είναι εκεί για να τους βοηθήσουν να σηκωθούν.

Στο πλαίσιο του γάμου, τα προφανή πλεονεκτήματα είναι οι στενές σχέσεις και η δημιουργία οικογένειας, η οποία προσφέρει μια ακόμη πιο οικεία και καρποφόρα σχέση. Σύμφωνα με την καλοσύνη του Θεού όταν χαρίζει παιδιά σε έναν γάμο, οι δύο γίνονται 3 ή 4. Τα παιδιά απαλύνουν το ολοένα και μεγαλύτερο πρόβλημα της απομόνωσης και της μοναξιάς. Ένας πιστός σύντροφος προσφέρει βοήθεια, παρηγοριά και προστασία στην οικογένεια, στην επιχείρηση ή στην κοινωνία.

Ας προσευχηθούμε: Ουράνιε Πατέρα μας, βοήθησέ μας να είμαστε ευγνώμονες, πιστοί και τίμιοι στον ρόλο μας ως *«κατάλληλοι σύντροφοι»* με τους συζύγους μας όπως επίσης και με τους συνανθρώπους μας στην εκκλησία, στην εργασία και στην κοινότητά μας. Προσευχόμαστε στο όνομα του Ιησού Χριστού.

8 Φεβρουαρίου
Η ΠΡΩΤΗ ΑΝΑΣΤΑΣΗ

«Και όταν ο Ελισσαιέ μπήκε μέσα στο σπίτι, νάσου, το παιδί ήταν νεκρό, πλαγιασμένο επάνω στο κρεβάτι του». Β΄ Βασιλέων 4:32

"When Elisha reached the house, there was the boy lying dead on his couch." Β' Βασιλέων 4:32

"Cuando Eliseo llegó a la casa, el niño yacía tendido sobre la cama, sin vida". 2 Reyes 4:32

Σήμερα βρίσκουμε στην Αγία Γραφή την περιγραφή της **Πρώτης Ανάστασης**, που αποτελεί προμήνυμα της Ανάστασης του Κυρίου μας Ιησού Χριστού, που άνοιξε τους ουρανούς για κάθε άνθρωπο που πίστεψε σε Αυτόν. Σας προτρέπω να διαβάσετε το **4ο κεφάλαιο του βιβλίου Β' Βασιλέων** για να δείτε το υπόβαθρο αυτής της ιστορίας, την ιστορία και την ελπίδα μας.

Σε ένδειξη ευγνωμοσύνης για τη Σουναμίτισσα, ο Ελισσαιέ προσφέρεται να ανταποδώσει την ευγένειά της, εκπληρώνοντας μια ευχή της. Μετά που έμαθε ότι η γυναίκα δεν είχε παιδιά, διαβάζουμε *«Τον ερχόμενο χρόνο, κατά την εποχή αυτή, θα έχεις έναν γιο στην αγκαλιά σου»* **(εδάφιο 16)**. Το παιδί γεννήθηκε, αλλά στη συνέχεια αρρώστησε, πέθανε και η Σουναμίτισσα έστειλα να φωνάξουν τον προφήτη Ελισσαιέ.

«Και όταν ο Ελισσαιέ μπήκε μέσα στο σπίτι, νάσου, το παιδί ήταν νεκρό, πλαγιασμένο επάνω στο κρεβάτι του. Μπήκε, λοιπόν, μέσα και έκλεισε την πόρτα πίσω απ' αυτούς τους δύο, και προσευχήθηκε στον Κύριο. Και ανέβηκε, και πλάγιασε επάνω στο παιδί, και έβαλε το στόμα του επάνω στο στόμα εκείνου, και τα μάτια του επάνω στα μάτια εκείνου, και τα χέρια του επάνω στα χέρια εκείνου· και ξάπλωσε επάνω σ' αυτό και θερμάνθηκε η σάρκα τού παιδιού» **(εδάφια 32-34)**. Στη συνέχεια επανέλαβε τη διαδικασία και το παιδί αναστήθηκε.

Αξίζει να επισημάνουμε το **εδάφιο 33**, *«Μπήκε, λοιπόν, μέσα και έκλεισε την πόρτα πίσω απ' αυτούς τους δύο, και προσευχήθηκε στον Κύριο».* Ο Ελισσαιέ ανέστησε το παιδί, όχι με τη δική του δύναμη αλλά με την προσευχή στον Θεό. Κάνοντας αυτό ακριβώς που όρισε ο Θεός, η ζωή του παιδιού αποκαταστάθηκε και το δώρο της νέας ζωής επέστρεψε στη Σουναμίτισσα γυναίκα.

Η Σουναμίτισσα αντιπροσωπεύει κάθε πιστό άνθρωπο που θέτει την πίστη και την ελπίδα του στην παρουσία και στον Λόγο του Θεού. Ο Θεός ανταμείβει κάθε αγαθοεργία που κάνουμε για τους φτωχούς με την υπόσχεση μιας ζωής αφθονίας. Η Σουναμίτισσα έλαβε το παιδί και ούτε ο θάνατος δεν μπόρεσε να της αρνηθεί το δώρο της Ανάστασης. Εσείς κι εγώ έχουμε την ελπίδα ότι *«ούτε ύψωμα ούτε βάθος ούτε κάποια άλλη κτίση, θα μπορέσει να μας χωρίσει από την αγάπη τού Θεού, η οποία υπάρχει στον Ιησού Χριστό τον Κύριό μας»* **(Προς Ρωμαίους 8:39).** Η Ανάστασή Του νίκησε τη δύναμη του θανάτου με την προσφορά ότι, όπως ο Ιησούς Χριστός αναστήθηκε, κι εμείς, μαζί με τις προηγούμενες και τις ερχόμενες γενεές, θα αναστηθούμε σε μια ζωή αιώνια και άφθονη.

Ας προσευχηθούμε: Ουράνιε Πατέρα μας, Σ' ευχαριστούμε για την υπόσχεση της Ανάστασης στην αιώνια ζωή. Δεν υπάρχει τίποτα αδύνατο για Εσένα, Κύριε. Στα χέρια Σου εμπιστευόμαστε τη ζωή μας και το μέλλον μας. Οδήγησέ μας σε δρόμους δικαιοσύνης και καλής θέλησης προς όσους έχουν ανάγκη. Προσευχόμαστε στο Άγιο Όνομά Σου.

Ο Ελισσαιέ ανέστησε το παιδί, όχι με τη δική του δύναμη αλλά με την προσευχή στον Θεό. Κάνοντας αυτό ακριβώς που όρισε ο Θεός, η ζωή του παιδιού αποκαταστάθηκε και το δώρο της νέας ζωής επέστρεψε στη Σουναμίτισσα γυναίκα.

9 Φεβρουαρίου
ΑΠΟΚΑΤΑΣΤΑΣΗ
Ψαλμοί 102:17

Συνεχίζοντας την αφήγηση με τη Σουναμίτισσα γυναίκα, ο Θεός έστειλε ένα μήνυμα μέσω του Ελισσαιέ, προειδοποιώντας την να φύγει γρήγορα με όλη της την οικογένεια σε χώρα μακρινή γιατί πλησίαζαν επτά χρόνια μεγάλης πείνας. Έφυγε από τη χώρα της και το σπίτι της και έζησε στη χώρα των Φιλισταίων. Μόλις τελείωσε η πείνα, *«γύρισε η γυναίκα από τη γη των Φιλισταίων· και βγήκε να βοήσει στον βασιλιά για το σπίτι της, και για τα χωράφια της»* **(Β' Βασιλέων 8:1-3).**

Τι ευγένεια ήταν αυτή από την πλευρά της γυναίκας προς τον Ελισσαιέ ώστε ο Θεός να ανταμείψει και αυτήν και την οικογένειά της; Βλέποντας τον Ελισσαιέ να περνά συχνά από το σπίτι της, τον προσκάλεσε για φαγητό. Στη συνέχεια έχτισε ένα δωμάτιο με *«ένα κρεβάτι, και ένα τραπέζι, και ένα κάθισμα, και ένα λυχνάρι, για να στρέφεται εκεί, όταν έρχεται σε μας»* στα μακρινά ταξίδια που κάνει **(Β' Βασιλέων 4:10).**

Η ταπεινή, αλλά ταυτόχρονα γενναιόδωρη ευγένεια της Σουναμίτισσας τράβηξε την προσοχή του Θεού, ο οποίος έκανε γι' αυτήν τα εξής:
1. Της χάρισε τη γέννηση του παιδιού που επιθυμούσε.
2. Της επανέφερε το παιδί όταν εκείνο πέθανε.
3. Την προειδοποίησε για τον κίνδυνο της επικείμενης πείνας για εκείνη και την οικογένειά της και
4. Της έδωσε ασφαλή καθοδήγηση για την επιστροφή στη χώρα της, αποκατέστησε τη χώρα της, το σπίτι της και την παραγωγή της.
Δεν αποτελεί σύμπτωση το γεγονός ότι ο βασιλιάς άκουγε τα θαύματα του Ελισσαιέ και θέλοντας να ακούσει περισσότερα, το αναστημένο παιδί της μητέρας ήρθε και ζήτησε αποκατάσταση της χώρας. Με το χέρι του Θεού επάνω του, ο βασιλιάς διέταξε την αποκατάσταση του σπιτιού και της χώρας και

«όλα τα πράγματά της, και όλα τα προϊόντα των χωραφιών της, από την ημέρα που άφησε τη γη μέχρι σήμερα» (εδάφια 5-6).

Αγαπητοί μου, το **χέρι του Θεού** ενεργεί **στη ζωή των παιδιών Του**. Η ασφάλειά μας δεν έγκειται στην απουσία του κινδύνου, αλλά στην παρουσία του Θεού, που μας υπόσχεται ότι θα είναι *«σ' αυτή τείχος φωτιάς ολόγυρα, και θα είμαι για δόξα ανάμεσά της»* (Ζαχαρίας 2:5). Ο Θεός *«θα επιβλέψει στην προσευχή των εγκαταλειμμένων, και δεν θα καταφρονήσει τη δέησή τους»* (Ψαλμοί 102:17). Ακόμη κι όταν δεν συνειδητοποιούμε τον επερχόμενο κίνδυνο, ο Θεός στέλνει τους αγγέλους Του να μας απελευθερώσουν από το κακό και να **αποκαταστήσουν** ό,τι είναι δικό μας.

Ας προσευχηθούμε: Ουράνιε Πατέρα μας, δεν αξίζουμε τόση αγάπη και καλοσύνη. Παρόλο που είμαστε ασυνεπείς όταν ακολουθούμε τους νόμους και την καθοδήγησή Σου, εσύ τρυφερά μας οδηγείς σε μονοπάτια ζωής με αφθονίας, αποκαθιστώντας την πίστη και τη ζωή μας. Δώσε μας την καλοσύνη, την πιστότητα και την ταπεινοφροσύνη της Σουναμίτισσας γυναίκας, ώστε η παρουσία και το έλεός Σου να μας συντροφεύουν και να μας καθοδηγούν. Προσευχόμαστε στο Άγιο Όνομά Σου.

Η ασφάλειά μας δεν έγκειται στην απουσία του κινδύνου, αλλά στην παρουσία του Θεού, που μας υπόσχεται ότι θα είναι «σ' αυτή τείχος φωτιάς ολόγυρα, και θα είμαι για δόξα ανάμεσά της» (Ζαχαρίας 2:5).

---

10 Φεβρουαρίου
ΟΛΟΙ ΗΘΕΛΑΝ ΝΑ ΤΟΝ ΑΓΓΙΞΟΥΝ

«Επειδή, θεράπευσε πολλούς, ώστε, όσοι είχαν αρρώστιες, έπεφταν επάνω του, για να τον αγγίξουν». **Κατά Μάρκον 3:10**

"For he had healed many, so that those with diseases were pushing forward to touch him."
Mark 3:10

"Como había sanado a muchos, todos los que tenían plagas querían tocarlo y se lanzaban sobre él". **Marcos 3:10**

Συνήθως σπεύδουμε να αναζητήσουμε γιατρειά για τις πληγές που πλήττουν το σώμα μας, όπως ο COVID-19, αλλά καθυστερούμε να κατανοήσουμε την ανάγκη που έχουμε για πνευματική θεραπεία και πνευματικό σκοπό.

Δεν έχω δει ποτέ τόσους θανάτους γνωστών, όσους σε αυτή την πανδημία. Θέλουμε να είμαστε κοντά στον Ιησού και να λάβουμε το θεραπευτικό Του άγγιγμα που έχει τη δύναμη να μας λυτρώσει από τις σωματικές, τις συναισθηματικές και τις πνευματικές πληγές. Αν ο Ιησούς ήταν μαζί μας με τη φυσική Του παρουσία, όλοι οι άρρωστοι και οι πληγέντες θα έτρεχαν στο αεροδρόμιο για να Τον βρουν, να Τον αγγίξουν και να θεραπευτούν.

«Επειδή, θεράπευσε πολλούς, ώστε, όσοι είχαν αρρώστιες, έπεφταν επάνω του, για να τον αγγίξουν» **(Κατά Μάρκον 3:10)**. Όπου κι αν πήγαινε, *«ολόκληρο το πλήθος ζητούσε να τον αγγίζει· επειδή, έβγαινε απ' αυτόν δύναμη, και τους γιάτρευε όλους»* **(Κατά Λουκάν 6:19)**. Τέτοια ήταν και η περίπτωση της γυναίκας η οποία, για πολλά χρόνια, ταλαιπωρούνταν από αιμορραγία. Η ταλαιπωρία της έλαβε τέλος την ημέρα που ο Ιησούς πέρασε από την πόλη της και με πίστη, εκείνη έλεγε: *«Αν μονάχα αγγίξω το ιμάτιό του, θα σωθώ»* **(Κατά Ματθαίον 9:21)**.

Η πίστη της γυναίκας ενεργοποίησε τη θεραπευτική ικανότητα του Ιησού. Όσοι είχαν πίστη στη δύναμη αυτή, πλησίασαν τον Ιησού παρακαλώντας Τον να τους επιτρέψει *«να αγγίξουν μονάχα την άκρη από το ιμάτιό του· και όσοι άγγιζαν, γιατρεύτηκαν»* από σωματικές, πνευματικές και συναισθηματικές ασθένειες (**Κατά Ματθαίον 14:36**).

Σήμερα, περισσότερο από ποτέ, χρειάζεται να αναζωπυρώσουμε εκ νέου την πίστη μας στη δύναμη του Ιησού να θεραπεύει, να σώζει και να λυτρώνει τις ζωές μας από τις ασθένειες που μας πλήττουν – τον COVID, που από τον Μάιο του 2022 αφαίρεσε 6,3 εκατομμύρια ζωές και τον πνευματικό ιό που λέγεται *«απιστία»*. Ο κόσμος σήμερα σταμάτησε να πιστεύει στη θεραπευτική δύναμη που ο Χριστός έδωσε στην εκκλησία. Δεν υπήρξαμε καλοί οικονόμοι του δώρου αυτού, γι' αυτό και τόσοι πολλοί δεν θέλουν να ακούσουν για την εκκλησία ή για τον Χριστό. *«Ήταν μέσα στον κόσμο, και ο κόσμος έγινε διαμέσου αυτού· και ο κόσμος δεν τον γνώρισε»* (**Κατά Ιωάννην 1:10**).

Ως εκπρόσωποι του σώματος του Ιησού Χριστού (της εκκλησίας), εγώ κι εσείς είμαστε η εκδήλωση και η φυσική παρουσία του Κυρίου μας και της δύναμής Του. Αν ενεργούμε με την ταπεινοφροσύνη και την εξουσία του Κυρίου μας, ο κόσμος θα πιστέψει ξανά στον Ιησού και όλοι *«όσοι είχαν αρρώστιες, έπεφταν επάνω του, για να τον αγγίξουν»* (**Κατά Μάρκον 3:10**).

Ας προσευχηθούμε: Ουράνιε Πατέρα μας, συγχώρησέ μας για τις στιγμές που δεν καταφέραμε να Σε υπηρετήσουμε με πίστη και για τον τρόπο μας. Ο κόσμος μας χρειάζεται το θεραπευτικό Σου άγγιγμα. Δώσε μας σκοπό ξεκάθαρο για να αντιπροσωπεύσουμε αποτελεσματικά το έλεος, την αγάπη και τη θεραπευτική Σου δύναμη. Προσευχόμαστε στο όνομα του Ιησού Χριστού.

---

11 Φεβρουαρίου
ΕΥΩΔΙΑΣΤΟΙ ΚΑΙ ΘΡΙΑΜΒΕΥΤΕΣ
Προς Κορινθίους Β' 2:14

Από τότε που ήμουν παιδί, μου άρεσαν δύο αρώματα: το άρωμα *"Old Spice"* του πατέρα μου και το «θυμίαμα» που έκαιγε η μητέρα μου στη γωνιά της λατρείας της. Και τα δύο αυτά αρώματα με γέμιζαν με μία αίσθηση ειρήνης, φρεσκάδας και το συναίσθημα ότι ήμουν έτοιμος να αντιμετωπίσω οτιδήποτε θα ερχόταν.

Όταν παραδίδουμε τη ζωή μας στον Κύριο, ο Θεός μάς επιτρέπει ώστε όταν ερχόμαστε αντιμέτωποι με αντιξοότητες, *«θλίψη ή στενοχώρια ή διωγμός ή πείνα ή γυμνότητα ή κίνδυνος ή μάχαιρα»* ή ασθένειες, να βγαίνουμε **νικητές**, με το **άρωμα** της ζωής και να *«υπερνικούμε, διαμέσου εκείνου που μας αγάπησε»* (**Προς Ρωμαίους 8:35-37**).

Δυσωδία θανάτου διαπερνά ακόμη και τις διπλές μάσκες όσων αντιστέκονται στον Θεό. Γνωρίζουμε ότι πριν την μεταμορφωτική συνάντηση με τον Ιησού, ο Σαούλ καταδίωκε την εκκλησία του Χριστού. Όπου κι αν πήγαινε, η δυσωδία τον ακολουθούσε. Αλλά ο Θεός θριάμβευσε επί αυτού του αντιπάλου, κάνοντας τον Σαούλ άρωμα ζωής, υπηρέτη και τον πιο παραγωγικό πρεσβευτή της εκκλησίας του Χριστού.

Μόλις σταματήσουμε να μαχόμαστε κατά του Θεού, μόλις παραδώσουμε τις δυνάμεις μας και τη βούλησή μας στον Δημιουργό, μέσω της πίστης και της υπακοής, ο **Θεός μετατρέπει**:
1. Τη δουλεία μας σε ελευθερία
2. Τη λύπη μας σε ελπιδοφόρα χαρά
3. Τους αντιπάλους μας σε φίλους
4. Τη δυσωδία θανάτου μας σε **άρωμα ζωής και γνώσης** και
5. Τα κλειστά μας μάτια σε ξεκάθαρο όραμα.

Όπως ο Άγιος Παύλος, επιλεχθήκαμε σωθήκαμε, θεραπευτήκαμε και ανανεωθήκαμε ώστε με υπακοή να γίνουμε υπηρέτες *«τού Ιησού Χριστού προς τα έθνη, ιερουργώντας το ευαγγέλιο του Θεού, ώστε η προσφορά των εθνών να γίνει ευπρόσδεκτη, αγιασμένη διαμέσου τού Αγίου Πνεύματος»* (**Προς Ρωμαίους 15:16**). Στην **Προς Εφεσίους 5:2** καλούμαστε να περπατάμε *«με αγάπη, όπως και ο Χριστός αγάπησε εμάς, και παρέδωσε τον εαυτό του για χάρη μας προσφορά και θυσία στον Θεό, σε οσμή ευωδίας».*

Αγαπητοί μου, **δεν χρειάζεται πλέον να ντρεπόμαστε για την προηγούμενη ζωή μας**, για αυτό που ήμασταν πριν κατανοήσουμε το άρωμα της γνώσης του Ιησού. Όπως ο Σαούλ, οι αισθήσεις μας συνήθισαν τη δυσωδία του θανάτου. Μας ακολουθούσε παντού, απομακρύνοντας τον έναν από τον άλλον. Τώρα, όμως, διαμέσου Εκείνου που μας αγάπησε, *«είμαστε προσφορά και θυσία στον Θεό, σε οσμή ευωδίας»* (**Προς Εφεσίους 5:2**).

Ας προσευχηθούμε: Ουράνιε Πατέρα μας, μετά που απολαύσαμε τη γλυκιά μυρωδιά του θριάμβου επί της αμαρτίας και του θανάτου, επίτρεψέ μας να επικεντρωθούμε στον στόχο που έθεσες για εμάς και το σπίτι μας. Σε παρακαλούμε, επίτρεψέ μας να δείχνουμε το **θριαμβευτικό άρωμα της ζωής στον κόσμο**. Προσευχόμαστε στο Άγιο Όνομά Σου.

---

12 Φεβρουαρίου
ΜΗΝ ΝΤΡΕΠΕΣΑΙ

«Ο Ιησούς Χριστός ήρθε στον κόσμο για να σώσει τούς αμαρτωλούς, από τους οποίους πρώτος είμαι εγώ». **Α΄ Προς Τιμόθεον 1:15Β**

"Christ Jesus came into the world to save sinners—of whom I am the worst."
1 Timothy 1:15B

"Cristo Jesús vino al mundo para salvar a los pecadores, de los cuales yo soy el primero".
1 Timoteo 1:15B

Χθες, είπαμε ότι **δεν χρειάζεται πλέον να ντρεπόμαστε για την προηγούμενη ζωή μας**. Ίσως, όμως, ακόμη αναζητάτε να κάνετε ειρήνη με τον παρελθόν σας. Ο Θεός μας λέει στον **Ησαΐα 54:4**, *«Μη φοβάσαι, επειδή, δεν θα καταισχυνθείς· μη ντρέπεσαι, επειδή δεν θα ντροπιαστείς· για τον λόγο ότι, θα λησμονήσεις τη ντροπή τής νιότης σου».*
Ο Παύλος έκανε αναφορά στα λάθη της νιότης του και τα απέδωσε σε **άγνοια και απιστία**. *«Και ευχαριστώ τον Ιησού Χριστό, τον Κύριό μας, που με ενδυνάμωσε, ότι με θεώρησε πιστό, και με

έταξε στη διακονία, εμένα που άλλοτε ήμουν βλάσφημος, και διώκτης και υβριστής· ελεήθηκα, όμως, επειδή, καθώς ήμουν σε άγνοια, έπραξα μέσα σε απιστία» (Α' Προς Τιμόθεον 1:12-13).

ΜΗΝ ΝΤΡΕΠΕΣΑΙ. Αντί να σιωπεί για αυτό που ήταν και έκανε, ο Παύλος χρησιμοποίησε την αδυναμία του για να δοξάσει τον Θεό, ο οποίος, αντί να τον απορρίψει και να τον καταστρέψει, τον καλωσόρισε ως υιοθετημένο παιδί του. *«Ο Ιησούς Χριστός ήρθε στον κόσμο για να σώσει τούς αμαρτωλούς, από τους οποίους πρώτος είμαι εγώ»* (Α' Προς Τιμόθεον 1:15Β).

ΜΗΝ ΝΤΡΕΠΕΣΑΙ να αναγνωρίσεις τα λάθη σου. Το πρώτο βήμα για θεραπεία και συμφιλίωση με τον Θεό (και τον πλησίον σου) είναι να αναγνωρίσουμε το λάθος μας, τη ζημιά που προκαλέσαμε και να ζητήσουμε συγχώρηση. Σας ικετεύω να παραμερίσετε τον φόβο και την υπερηφάνεια, τα όπλα που χρησιμοποιεί ο εχθρός για να απομακρύνει, να προκαλέσει διαιρέσεις και να κατακτήσει. Όταν παραδεχόμαστε το λάθος μας, ελευθερωνόμαστε από το βάρος της ενοχής, αλλά όχι απαραίτητα από το προϊόν του λάθους μας. Αν αναγνωρίσεις το λάθος σου, μην φοβηθείς να ζητήσεις συμφιλίωση το συντομότερο δυνατόν γιατί, διαφορετικά, το βάρος θα γίνει ασήκωτο.

ΜΗΝ ΝΤΡΕΠΕΣΑΙ να πεις στους άλλους τι έκανε ο Θεός για εσένα. Από την ώρα που μας συγχώρησε, ο Κύριος μας ενδυναμώνει με τον Λόγο Του, με την αγάπη και την αποδοχή Του και μας δίνει θέση για να εργαστούμε στον αγρό Του. Έπειτα, αρχίζουμε να λέμε στον κόσμο, χωρίς φόβο ή ντροπή, τι ήμασταν και την **πνευματική μεταμόρφωση** που έπραξε ο Θεός στη ζωή μας. Έτσι, μπορούμε να ψέλνουμε τον πιο γνωστό ύμνο στον πλανήτη. *«Καταπληκτική χάρη, τι γλυκός ο ήχος, που έσωσε έναν αχρείο όπως εγώ. Κάποτε ήμουν χαμένος, αλλά τώρα βρέθηκα. Κάποτε ήμουν τυφλός, τώρα βλέπω»*.

> *Όταν παραδεχόμαστε το λάθος μας, ελευθερωνόμαστε από το βάρος της ενοχής, αλλά όχι απαραίτητα από το προϊόν του λάθους μας.*

Ας προσευχηθούμε: Ουράνιε Πατέρα μας, άγγιξέ μας με το Άγιο Πνεύμα Σου για να αναγνωρίσουμε άμεσα την ενοχή μας και να ζητήσουμε συμφιλίωση. *«Συγχώρεσε σε μας τις αμαρτίες μας, όπως και εμείς συγχωρούμε σ' αυτούς που αμαρτάνουν σε μας»* (Κατά Ματθαίον 6:12). Προσευχόμαστε στο όνομα του Ιησού Χριστού.

---

13 Φεβρουαρίου
ΔΕΣ ΤΟΝ ΙΗΣΟΥ ΣΕ ΚΑΘΕ ΔΑΚΡΥ

«Και όταν πλησίασε, βλέποντας την πόλη, έκλαψε γι'αυτήν» Κατά Λουκάν 19:41

"As he approached Jerusalem and saw the city, he wept over it." Luke 19:41

"Ya cerca de la ciudad, Jesús lloró al verla". Lucas 19:41

Υπάρχουν φορές που δακρύζουμε από την κατάσταση των αγαπημένων μας, την κατάσταση ηλικιωμένων, ορφανών και χήρων. Ο Θεός μας δημιούργησε κατ᾿ εικόνα Του, οπότε δεν θα έπρεπε να μας εκπλήσσει το γεγονός ότι ο Ιησούς δακρύζει κι Εκείνος με την κατάσταση του κόσμου μας.

Μπαίνοντας στην Ιερουσαλήμ, ο Ιησούς έκλαψε *«και είπε «Είθε να γνώριζες κι εσύ, τουλάχιστον κατά την ημέρα σου τούτη, αυτά που αποβλέπουν για την ειρήνη σου· αλλά, τώρα, κρύφτηκαν από τα μάτια σου»* **(Κατά Λουκάν 19:41)**. Η Αγία Πόλη υποτίθεται ότι θα ήταν το μέρος που κατοικεί ο Θεός. Γνωρίζοντας ότι οι άνθρωποι θα Τον απορρίψουν και αναλογιζόμενος τη μεγάλη ταλαιπωρία που θα βίωνε η Ιερουσαλήμ, *ο Ιησούς έκλαψε* γιατί *«δεν γνώρισες* [η Ιερουσαλήμ] *τον καιρό τής επίσκεψής σου»* (εδάφιο 44).

Ο ΙΗΣΟΥΣ ΑΚΟΜΗ ΚΛΑΙΕΙ για τους ανθρώπους που δεν σέβονται τον Λόγο του Θεού. Τα παιδιά μας δεν μαθαίνουν πια να προσεύχονται ούτε να διαβάζουν τον Λόγο Του και ο Ιησούς κλαίει. Επηρεασμένοι από τους εθισμούς, τους πειρασμούς και την αμαρτία, οι σύζυγοι που δήλωναν αγάπη και τιμή, σήμερα προξενούν φόβο και πόνο στις γυναίκες τους και **ο Ιησούς κλαίει** καθώς βλέπει **πόσο έχουμε ξεστρατίσει από την εντολή Του** *«Να αγαπάτε ο ένας τον άλλον· όπως εγώ σας αγάπησα»* (**Κατά Ιωάννην 13:34**).

Δακρύζουμε βλέποντας την κατάσταση και τον τρόπο ζωής κάποιων στο περιβάλλον μας. Το πνεύμα μας συχνά πασχίζει να αιτιολογήσει **πράξεις** που αντιτίθενται στη βούληση του Θεού. Μπορεί μέχρι και φανούμε φίλοι, αποκαλώντας τον τρόπο ζωής του **«αποδεκτό»**. Κάτι τέτοιο, όμως, θα ήταν ανεύθυνο. **Μπορούμε να δικαιολογήσουμε τις πράξεις κάποιου που κακομεταχειρίζεται τη γυναίκα του; Όχι!** Μπορούμε να δικαιολογήσουμε την κλοπή που κάνει ένας ναρκομανής και ένας αλκοολικός; Όχι! Μπορούμε και θα έπρεπε να τους αγαπάμε, αλλά δεν μπορούμε να χαρακτηρίσουμε τις πράξεις τους καλές, υγιείς και αποδεκτές στον Θεό ή στην κοινωνία. Ακούστε τα λόγια του Θεού: *«Ρυάκια δακρύων κατέβασαν τα μάτια μου, επειδή δεν τηρούν τον νόμο σου»* (**Ψαλμοί 119:136**).

Ο Ιησούς έκλαιγε και κλαίει ακόμη για όσους, μην υπακούοντας στον Θείο νόμο, *«δεν γνώρισαν τον καιρό τής επίσκεψης του Θεού»* (**Κατά Λουκάν 19:44**). Πρέπει να αξιολογήσουμε πώς οι πράξεις και τα λόγια μας, που γίνονται και λέγονται με καλή πρόθεση, ακυρώνουν τον Λόγο του Θεού, **κάνοντας τον Ιησού να κλαίει** και αποξενώνοντάς μας περισσότερο από την αλήθεια του Θεού.

Ας προσευχηθούμε: Ουράνιε Πατέρα μας, συγχώρησέ μας όταν Σε κάνουμε να κλαις. Είθε **να βλέπουμε τον Ιησού σε κάθε δάκρυ**. Βοήθησέ μας να δίνουμε **μεγαλύτερη** σημασία σε εκείνα που Σε πληγώνουν και σε θίγουν. Προσευχόμαστε στο όνομα του Ιησού Χριστού.

---

14 Φεβρουαρίου
ΜΑΘΗΜΑΤΑ ΑΠΟ ΤΟΝ ΜΠΑΜΠΑ
Προς Εφεσίους 5:1

Πέρασαν σχεδόν δέκα χρόνια από την ημέρα που έφυγε ο μπαμπάς μου. Ακόμη μαθαίνω και προσπαθώ να μιμηθώ τα ευγενικά και λεπτά χαρακτηριστικά του. Ο Μπαμπάς ήταν πολύ χαρούμενος, κοινωνικός, ειλικρινής, τρυφερός. Παρόλο που δεν ήμουν ο αγαπημένος του, πάντοτε ένιωθα την αγάπη και την εκτίμησή του.

Κέρδισα την εκτίμησή του προσπαθώντας να τον ευχαριστήσω, να φτάσω στην κορυφή στο σχολείο, στο πανεπιστήμιο, στη δουλειά και στο σπίτι. Μια μέρα, παρά τον φόβο του για τα αεροπλάνα, ο μπαμπάς ταξίδεψε από το Κίτο στις ΗΠΑ αποκλειστικά και μόνο για να παρακολουθήσει ένα συνέδριο όπου με βράβευαν για «αριστεία στην εξυπηρέτηση πελατών».

Εγώ δεν είμαι εξωστρεφής ούτε χαρούμενος όπως ο μπαμπάς μου ή ο Φερνάντο, ο αδερφός μου. Προτιμώ να μην είμαι το κέντρο της προσοχής. Αλλά ο Θεός είχε χιούμορ όταν με κάλεσε να γίνω κήρυκας. Η απάντησή μου ήταν: «Ποιος; Εγώ; Μα πώς; Δεν μου αρέσει να είμαι μπροστά σε κόσμο.

Φοβάμαι να μιλάω δημόσια. Κι αν δεθεί η γλώσσα μου; Θα με κοροϊδεύουν!» Παρά τις δικαιολογίες, ο Θεός με έβαλε σε θέσεις ηγεσίας στην εκκλησία, στην εργασία και στην κοινότητα για περισσότερο από ένα τέταρτο του αιώνια. Επιβίωσα και, με τον καιρό, έμαθα να ξεπερνώ τους φόβους μου.

Πράγματα που έμαθα (διαμέσου του Θεού) από τον πατέρα μου:

✦ Έμαθα να πιστεύω το ότι *«όλα τα μπορώ, διαμέσου τού Χριστού που με ενδυναμώνει»* **(Προς Φιλιππησίους 4:11).** Ο μπαμπάς μου άφησε τα πάντα για να προσφέρει ένα καλύτερο μέλλον στην οικογένειά του. Πάλεψε ενάντια σε κάθε εμπόδιο.

✦ Έμαθα να μην φοβάμαι αν ο κόσμος με κοροϊδεύει και, αντίθετα, να θεωρώ ότι τους διασκεδάζω. Ο μπαμπάς μου ήταν κωμικός!

✦ Έμαθα, επίσης, ότι κανείς δεν είναι τέλειος και ότι όλοι αξίζουμε μια δεύτερη ευκαιρία. Έμαθα να μην κρίνω τους άλλους, αλλά αντίθετα, να τους στηρίζω και να βελτιώνω εγώ τα δικά μου ελαττώματα και αδυναμίες.

✦ Έμαθα ότι είναι σωστό και απαραίτητο να ζητούμε συγγνώμη όταν κάνουμε λάθος, ακόμη και απ' τα παιδιά μας. Ήταν ένα καλό μάθημα ταπεινοφροσύνης για εμένα.

✦ Τέλος, έμαθα ότι **δεν υπάρχουν διακρίσεις**, αλλά ότι συνήθως δίνουμε περισσότερο την προσοχή μας σε όσους έχουν ανάγκη και το επίκεντρο αλλάζει, καθώς αλλάζει η κατάστασή τους.

Τέτοια και ακόμη πιο απίστευτη και τέλεια είναι η αγάπη του Θεού. Ο Θεός αγαπά όλους τους ανθρώπους το ίδιο, αλλά δίνει περισσότερη προσοχή σε όσους έχουν ανάγκη: στα ορφανά, στις χήρες και στους φτωχούς. Η αγκαλιά του Θεού φτάνει μακριά και μπορεί να μας φέρει κοντά Του, για να μας αγκαλιάσει και να μας δώσει ένα φιλί στο μάγουλο (όπως, στοργικά, έκανε ο μπαμπάς μου), λέγοντας, *«αυτός είναι ο Υιός μου ο αγαπητός, στον οποίο ευαρεστήθηκα»* **(Κατά Ματθαίον 3:17).**

Σ' ευχαριστώ, μπαμπάκα, για την αγάπη σου και τα μαθήματα που συνεχίζω να μαθαίνω και να μιμούμαι. Αναπαύσου εν ειρήνη!

Ας προσευχηθούμε: Ουράνιε Πατέρα μας, είθε με τη ζωή μας να συνεχίσουμε να τιμούμε τους γονείς μας και να ευχαριστούμε Εσένα. Προσευχόμαστε στο όνομα του Ιησού Χριστού.

---

15 Φεβρουαρίου
ΔΩΣΕ ΤΗ ΔΕΟΥΣΑ ΠΡΟΣΟΧΗ

«Γι' αυτό, εμείς πρέπει να προσέχουμε περισσότερο σε όσα ακούσαμε, για να μη ξεπέσουμε ποτέ».
Προς Εβραίους 2:1

*"We must pay the most careful attention, therefore, to what we have heard so that we do not drift away." * Hebrews 2:1

"Por tanto, es necesario que prestemos más atención a lo que hemos oído, no sea que nos extraviemos". Hebreos 2:1

Η επιστολή Προς Εβραίους καθιστά ξεκάθαρο ότι η ειρήνη, η ελευθερία, η ελπίδα και η σωτηρία που εγώ κι εσείς απολαμβάνουμε *«αφού άρχισε να διακηρύσσεται διαμέσου τού Κυρίου, βεβαιώθηκε σε μας από εκείνους που άκουσαν· και ο Θεός έδινε επιπρόσθετη μαρτυρία με σημεία και τέρατα, και με διάφορα θαύματα, και με διανομές τού Αγίου Πνεύματος, σύμφωνα με τη θέλησή του»* (**Προς Εβραίους 2:3Β-4**).

Οι Απόστολοι, που άκουσαν και είδαν τον Ιησού ιδίοις όμασοι, μετέφεραν το μήνυμά τους διαμέσου των επιστολών που έγιναν μέρος της Αγίας Γραφής. Ο Θεός διατήρησε και μετέδωσε τον Λόγο Του μέσω των αιώνων ώστε το αναλλοίωτο μήνυμα που περιλαμβάνουν να φτάσουν στα αυτιά και στις καρδιές μας.

Σήμερα, περισσότερο από ποτέ, ζούμε στην εποχή της έκρηξης των πληροφοριών. Αν θέλεις να μάθεις κάτι για την Αγία Γραφή, ψάξε στο Google και θα βρεις χιλιάδες άρθρα με διαφορετικές και αντίθετες απόψεις και ερμηνείες. Ο Θεός, όμως, μας καλεί ώστε εν μέσω της πληθώρας των ανθρώπινων απόψεων, *«εμείς [πρέπει] να προσέχουμε περισσότερο σε όσα ακούσαμε, για να μη ξεπέσουμε ποτέ»* (**Προς Εβραίους 2:1**).

Το χειρότερο που μπορεί να μας συμβεί είναι να ξεστρατίσουμε από τον δρόμο του Θεού. Να δώσουμε περισσότερη προσοχή στην επιστήμη ή στον θόρυβο του κόσμου, αφήνοντας κατά μέρος τη σοφία, την καθοδήγηση και την αγάπη για τον ουράνιο Πατέρα μας, που θέλει να μας επαναφέρει στην ουράνια κατοικία μας.

Ο Θεός μας καλεί να *«προσέχουμε περισσότερο»* τον Λόγο Του. Να είμαστε σαν τους ανθρώπους της Βέροιας, οι οποίοι *«δέχτηκαν το κήρυγμα με πολλή προθυμία και κάθε μέρα εξέταζαν τη Γραφή, για να ελέγξουν αν ήταν έτσι όπως τα έλεγε ο Παύλος»* (**Πράξεις 17:11**). Η βασική πηγή γνώσης μας είναι η Αγία Γραφή. Ο Ιησούς είπε για τον Λόγο Του, *«Και με το σπόρο που σπάρθηκε στο γόνιμο έδαφος εννοείται όποιος ακούει το ευαγγέλιο και το αποδέχεται· αυτός, λοιπόν, φέρνει καρπό και κάνει άλλος εκατό, άλλος εξήντα κι άλλος τριάντα φορές περισσότερο»* (**Κατά Ματθαίον 13:23**).

Ας προσευχηθούμε: Ουράνιε Πατέρα μας, εν μέσω όλου αυτού του θορύβου, σε παρακαλώ βοήθησέ μας *«να προσέχουμε περισσότερο»* τον Λόγο Σου. Επίτρεψε σε όλους που δέχονται τον Λόγο Σου, *«όταν ακούσατε από μας το λόγο του, τον δεχτήκατε όχι ως ανθρώπινο λόγο αλλά ως λόγο του Θεού, όπως πραγματικά και είναι. Αυτός ο λόγος εκδηλώνεται με έργα σ' εσάς που πιστεύετε»* (**Προς Θεσσαλονικείς Α' 2:13**).

---

16 Φεβρουαρίου
Ο ΣΩΤΗΡ ΜΟΥ ΖΕΙ
Ιώβ 19:25

Μόλις δύο ημέρες έπειτα από την ημέρα του Αγίου Βαλεντίνου, ο Κύριος μας προσκαλεί να μελετήσουμε το νόημα και τη σημασία του **ΣΩΤΗΡΑ**, που βλέπουμε στο ανάγνωσμα της ημέρας.

Η λέξη «*Σωτήρας*» στα Εβραϊκά גֹּאֵל (*go'el* **gaal**) – «*Κάποιος που πληρώνει το τίμημα εκ μέρους ενός εξαθλιωμένου συγγενή, ώστε να θέσει σε ισχύ την απελευθέρωση του συγγενή ή του/της περιουσίας του*». Η ιδέα **της σωτηρίας** εμφανίζεται σε πολλές παραλλαγές στις εβραϊκές γραφές:
1. Η εκ νέου αγορά της περιουσίας που πωλήθηκε εξαιτίας οικονομικών δυσκολιών (**Λευιτικόν 25:25–34**).
2. Η απελευθέρωση ενός Ισραηλίτη που πουλήθηκε ως σκλάβος για να καλύψει ένα χρέος (**Λευιτικόν 25:47–55**).

Στην Καινή Διαθήκη χρησιμοποιείται ο όρος **λυτρόω** σχετικά με τον Ιησού, ο θάνατος του οποίου ήρθε για να αναπαραστήσει και το «**τίμημα για την αμαρτία και την ελευθερία για τον πιστό**».[3]

Σας καλώ να διαβάσουμε το βιβλίο της Ρουθ που αποτελείται από τέσσερα μόνο, αλλά υπέροχα κεφάλαια, γεμάτα από τη **λυτρωτική αγάπη του Θεού**, όπως τα διαβάζουμε μέσω της αγάπης της νύφης για την πεθερά της και διαμέσου του Βοόζ, ο οποίος εξαργύρωσε την περιουσία του κοντινού συγγενή του και παντρεύτηκε τη Ρουθ. Οι απόγονοι του **λυτρωτικού αυτού δεσμού αγάπης** είναι μέρος της γενεαλογίας του Βασιλιά Δαβίδ και εν τέλει του Ιησού (**Ρουθ 4:13–20, Κατά Ματθαίον 1:5, Κατά Λουκάν 3:32**).

Ο Ιώβ, τον οποίο πείραξε ο Ιησούς, διεκδικεί τη λυτρωτική δύναμη του Θεού, και παρά το γεγονός ότι έχει χάσει σχεδόν τα πάντα (οι φίλοι και η οικογένεια τον εγκατέλειψαν, η γυναίκα του τού είπε «*Βλασφήμησε τον Θεό, και πέθανε*» (**Ιώβ 2:9**)**,** Ιώβ παραμένει σίγουρος ότι *θα δει τον Θεό με τα ίδια του τα μάτια* (**Ιώβ 19:27**). Ο Ιώβ γνωρίζει ότι βρίσκεται σε μια διαρκή μάχη μεταξύ του καλού και του κακού. Μπορεί η σάρκα και το σώμα του να χαθούν μέσα στην ταλαιπωρία, αλλά στο τέλος, ο Θεός θα νικήσει υπέρ της αμαρτίας και το αναστημένο σώμα του Ιώβ θα βρίσκεται στη συνεχή παρουσία του Θεού.

Ας προσευχηθούμε: Ουράνιε Πατέρα μας, Σ' ευχαριστώ γιατί, διαμέσου του Ιησού Χριστού, **Εσύ με λύτρωσες από το να γίνω δούλος στην αμαρτία και με δέχτηκες ως υιοθετημένο παιδί Σου**. Δώσε μου την πίστη για να λέω ότι «*ξέρω ότι ο Λυτρωτής μου ζει*» (**Ιώβ 19:25**) γιατί «*ζει μέσα μου*». Δεν υπάρχει άλλος συγγενής-λυτρωτής, πέραν του Χριστού. Βοήθησέ με να παραμείνω πιστός στην αδιάκοπη αγάπη σου. Προσεύχομαι στο όνομα του Ιησού Χριστού.

Ο Ιώβ γνωρίζει ότι βρίσκεται σε μια διαρκή μάχη μεταξύ του καλού και του κακού. Μπορεί η σάρκα και το σώμα του να χαθούν μέσα στην ταλαιπωρία, αλλά στο τέλος, ο Θεός θα

---

[3] (Parker, N. T., & Balogh, A. L. (2016). Redeemer. *The Lexham Bible Dictionary*. Bellingham, WA: Lexham Press.)

νικήσει υπέρ της αμαρτίας και το αναστημένο σώμα του Ιώβ θα βρίσκεται στη συνεχή παρουσία του Θεού.

---

17 Φεβρουαρίου
ΚΑΤΙ ΠΕΡΙΣΣΟΤΕΡΟ ΑΠΟ ΣΚΟΝΗ ΣΤΟΝ ΑΝΕΜΟ
Ησαΐας 58:4β

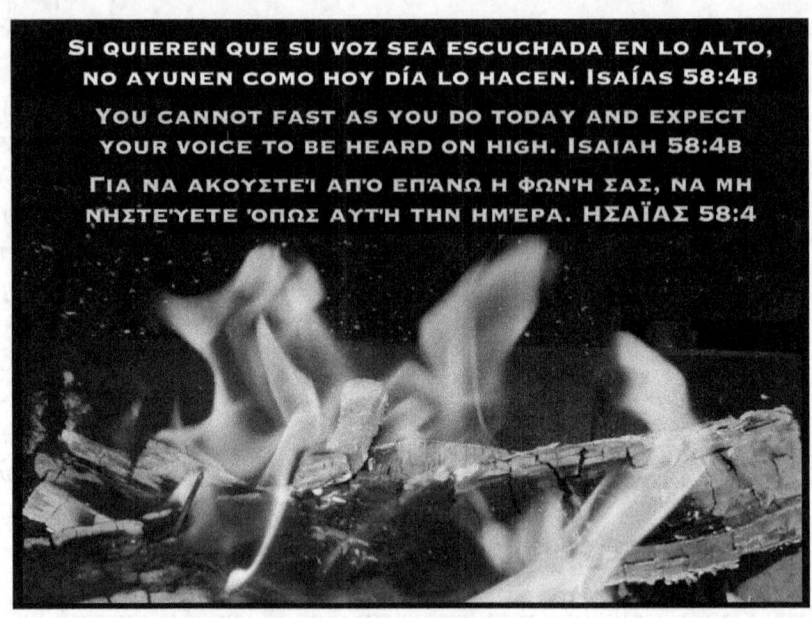

Κάθε πρώτη Τετάρτη της Σαρακοστής (Καθαρή Τετάρτη), καθώς θυμόμαστε ότι είμαστε *«χώμα και στάχτη»* (**Γένεσις 18:27**), πλησιάζουμε τον Θεό με στάση **μετάνοιας**, εξομολόγησης και νηστείας. Αν θέλουμε, όμως, ο Κύριος να μας ακούσει, πρέπει να εξασκήσουμε μία διαφορετική νηστεία.

Κατά τη διάρκεια της Σαρακοστής, θα πρέπει να ρωτάμε: με μετακινούν οι άνεμοι του κόσμου ή η πνοή του Θεού; Στην Επιστολή προς **Ρωμαίους 12:2** διαβάζουμε, *«να μη συμμορφώνεστε με τούτο τον αιώνα, αλλά να μεταμορφώνεστε διαμέσου τής ανακαίνισης του νου σας».*

Παρόλο που είμαστε χώμα, προσεύχομαι να μας αγγίξει η πνοή του Αγίου Πνεύματος για να παράγουμε τη νηστεία που επιθυμεί ο Θεός, τη νηστεία που θρέφει, που προστατεύει και προσφέρει βοήθεια στους φτωχούς και σε όσους έχουν ανάγκη. *«Τότε, το φως σου θα εκλάμψει σαν την αυγή, και η υγεία σου γρήγορα θα βλαστήσει· και η δικαιοσύνη σου θα προπορεύεται μπροστά σου· η δόξα τού Κυρίου θα είναι η οπισθοφυλακή σου»* (Ησαΐας 58:8).

Ο Θεός δεν θα επιτρέψει παρεμβάσεις στο σχέδιο σωτηρίας του κόσμου. Όπως ο Κύριος επανέφερε τον Ιωνά στη θέση που έπρεπε να είναι, κατά τη διάρκεια των 40 ημερών της νηστείας και προσωπικού αναστοχασμού, ο Θεός μας βάζει εκεί που πρέπει να βρισκόμαστε ώστε να είμαστε **κάτι περισσότερο από χώμα στον άνεμο.**

Ο Θεός μας τοποθέτησε σ' αυτή την εποχή και σ' αυτόν τον τόπο για να ανακοινώσουμε τα καλά νέα ότι παρόλο που είμαστε χώμα στον άνεμο, η πνοή του Θεού θα μας ενδυναμώσει για να εκπληρώσουμε τον σκοπό μας. Ο κόσμος πρέπει να ξέρει ότι η χάρις, το έλεος και η αγάπη του Θεού είναι διαθέσιμα βάζοντας τον οίκο μας σε τάξη και **ζώντας υπεύθυνα** προς τον Θεό και τον πλησίον μας. Αν το κάνουμε αυτό εκ προθέσεως, δεν θα ταλανιζόμαστε σαν το χώμα στον άνεμο χωρίς σκοπό ή προορισμό.

Με παρηγορεί το γεγονός ότι η πνοή του Θεού μας δίνει τη δυνατότητα να αγγίξουμε το αδύνατο και ότι, παρά την προσωρινή κατάσταση μας που είμαστε **χώμα στον άνεμο**, *«Εκείνος που άρχισε σε σας ένα καλό έργο, θα το αποτελειώσει»* (**Προς Φιλιππησίους 1:6**).

Αγαπητοί μου, είμαστε χώμα, αλλά μας αγαπούν. Είμαστε αμαρτωλοί, αλλά έχουμε λάβει συγχώρηση διαμέσου της **μετάνοιας**. Και, παρόλο που δεν είμαστε τέλειοι, έχουμε κληθεί να εκπληρώσουμε το υπέροχο έργο της σωτηρίας του κόσμου, ξεκινώντας από τον οίκο μας.

Όλοι πρέπει να ακούσουν την αλήθεια αυτή: ο Θεός *«ανεγείρει τον πένητα από το χώμα, και ανυψώνει τον φτωχό από την κοπριά, για να τους καθίσει ανάμεσα σε άρχοντες, και να τους κάνει να κληρονομήσουν θρόνο δόξας»* **(Α' Σαμουήλ 2:8).**

Ας προσευχηθούμε: Ουράνιε Πατέρα μας, άφησε το Άγιο Πνεύμα Σου να γίνει ο άνεμος στα φτερά μας για να σώσουμε όσους έχουν ξεστρατίσει από το μονοπάτι, ξεχνώντας την αίσθηση του σκοπού τους. Δώσε δύναμη σε όσους πιστεύουν και ζουν σαν να είναι **μόνο χώμα στον άνεμο**. Προσευχόμαστε στο Άγιο Όνομά Σου.

---

18 Φεβρουαρίου
Η ΠΡΟΣΕΥΧΗ ΤΗΣ ΕΞΟΜΟΛΟΓΗΣΗΣ
Α' Ιωάννου 1:9

Στο βιβλίο του **Δανιήλ 9**, διαβάζουμε ένα πολύ όμορφο παράδειγμα **εξομολογητικής προσευχής**, όχι όπως τις προσευχές που συνηθίζουμε να λέμε (**«Πατέρα, συγχώρησε τις αμαρτίες μου»**), αλλά με λεπτομέρειες πώς ο άνθρωπος δεν κατάφερε να γίνει αντανάκλαση της πιστότητας του Θεού.

Ας ρίξουμε μια ματιά στη μορφή και το περιεχόμενο της **εξομολογητικής προσευχής** του Δανιήλ για τον λαό του.

Η ΣΤΑΣΗ – *«Και έστρεψα το πρόσωπό μου στον Κύριο τον Θεό, για να κάνω προσευχή και δεήσεις με νηστεία, και σάκο, και στάχτη· 4και δεήθηκα στον Κύριο τον Θεό μου, και εξομολογήθηκα»* **(Δανιήλ 9:3-4α).**

Ο τρόπος για να προσεγγίσουμε τον Θεό είναι με ευγνωμοσύνη, ευσέβεια και ταπεινοφροσύνη. Ο Ιησούς δίνει έμφαση στην προσευχή, σημειώνοντας ότι κάποιοι δαίμονες και αρρώστιες δεν βγαίνουν *«παρά μονάχα με προσευχή και νηστεία»* **(Κατά Μάρκον 9:29).**

ΟΙ ΛΕΞΕΙΣ - Ο Δανιήλ ξεκινά την εξομολόγησή του λέγοντας: *«Αμαρτήσαμε, και ανομήσαμε, και ασεβήσαμε, και αποστατήσαμε, και ξεκλίναμε από τις εντολές σου, και από τις κρίσεις σου. Και δεν υπακούσαμε στους δούλους σου τους προφήτες, οι οποίοι μιλούσαν στο όνομά σου προς τους βασιλιάδες μας, τους άρχοντές μας, και τους πατέρες μας, και προς ολόκληρο τον λαό τής γης»* **(Δανιήλ 9:5-6).**

Τα λόγια Του δείχνουν προς τις προσωπικές αμαρτίες, αναφέροντας κάθε μία από αυτές ώστε το Άγιο Πνεύμα να δώσει διάκριση ώστε να τις διορθώσουμε, μία προς μία. Εξομολογείται, επίσης, ότι όλοι οι άνθρωποι, ξεκινώντας με τους βασιλιάδες, τις πριγκίπισσες και τους προγόνους, δεν υπάκουσαν στους προφήτες του Θεού. Πολλές φορές συρρικνώνουμε την εξομολόγησή μας στον Θεό για διάφορους λόγους προτού εντοπίσουμε όλα όσα μας ταλαιπωρούν. Πρέπει να προσευχόμαστε με ηρεμία, ολοκληρωτικά και χωρίς περισπασμούς.

Η προσευχή ίσως δεν φαίνεται αποτελεσματική, αν λάβουμε υπόψη τις φυσικές καταστροφές, τις ασθένειες και τις διαμάχες των ανθρώπων που ταλανίζουν τον κόσμο μας. Αλλά, πιστέψτε με, ο Θεός προσέχει τη δέηση κάθε παιδιού που Τον πλησιάζει με καρδιά μετάνοιας και αναζητά τη συγχώρηση και τη δικαιοσύνη. *«Αν ομολογούμε τις αμαρτίες μας, ο Θεός είναι πιστός και δίκαιος ώστε να συγχωρήσει σε μας τις αμαρτίες, και να μας καθαρίσει από κάθε αδικία»* (Α' Ιωάννου 1:9).

Ας προσευχηθούμε: Ουράνιε Πατέρα μας, Σ' ευχαριστούμε που είσαι πιστός, δίκαιος και γεμάτος έλεος μαζί μας. Σ' ευχαριστούμε που μας προσέφερες την προσευχή της εξομολόγησης, που μας δίνει την είσοδο στην παρουσία Σου και μας συμφιλιώνει με εσένα και τον πλησίον μας. Σε παρακαλώ βοήθησέ με να αναζητήσω τα πρόβατά σου που χρειάζονται σωτηρία και θεραπεία διαμέσου της εξομολόγησης. Προσεύχομαι στο όνομα του Ιησού Χριστού.

---

19 Φεβρουαρίου
ΑΥΤΗ ΤΗΝ ΕΝΤΟΛΗ ΣΑΣ ΔΙΝΩ

«Παραγγέλνω, λοιπόν, εγώ επίσημα σε σένα ... να κηρύξεις τον λόγο· να επιμείνεις έγκαιρα, άκαιρα· να ελέγξεις, να επιπλήξεις, να προτρέψεις με κάθε μακροθυμία και διδασκαλία»
Β' Προς Τιμόθεον 4:1-2

"I give you this charge: Preach the word; be prepared in season and out of season; correct, rebuke and encourage—with great patience and careful instruction." 2 Timothy 4:1-2

"Te encargo ... que prediques la palabra; que instes a tiempo y fuera de tiempo; redarguye, reprende, exhorta con toda paciencia y doctrina". 2 Timoteo 4:1-2

Όταν κάποιος λέει, *«Σου δίνω αυτή την εντολή»* μας θεωρεί κατάλληλους και μας διαθέτει τους πόρους για να εκπληρώσουμε το έργο αυτό. Είτε πρόκειται για μικρό είτε για μεγάλο έργο, είμαστε υπεύθυνοι να ενδιαφερθούμε και να καλλιεργήσουμε ό,τι μας δόθηκε, ενώ ο άλλος άνθρωπος είναι απών ή ενδιαφέρεται για άλλα θέματα.

Για παράδειγμα, όταν μας εμπιστεύονται με τη φροντίδα των πιο πολύτιμων θησαυρών τους: τα εγγόνια μας. Δεν έχουν όλοι οι παππούδες τη χαρά να ζουν αρκετά κοντά στα εγγόνια της ώστε να αναλάβουν αυτό το υπέροχο καθήκον. Δεν πρόκειται, όμως, μόνο για καθήκον να διασκεδάσουμε τα παιδιά μας για μερικές ώρες, αλλά πρόκειται και για ευκαιρία να μεταδώσουμε **αξίες, διδάγματα και ιστορίες θείας και ανθρώπινης αγάπης**.

Ο Θεός, επίσης, μας αναθέτει το καθήκον της φροντίδας του κοπαδιού του. Ο Ιησούς είπε στον Πέτρο: *«Βόσκε τα αρνιά μου»* (Κατά Ιωάννην 21:15-17). Το καθήκον αυτό μεταφέρθηκε με επιτυχία στις επόμενες γενιές και σήμερα ισχύει για εμάς. Δείχνουμε την αγάπη για τον Ιησού *«βόσκωντας τα αρνιά του»*.

Μέσα από το παράδειγμα τα ζωής, οι καθημερινοί αυτοί στοχασμοί, μου επιτρέπουν να συνεχίζω το καθήκον της *«βοσκής των αρνιών»*. Ο Θεός μας αναθέτει το καθήκον *«να κηρύξεις τον λόγο· να επιμείνεις έγκαιρα, άκαιρα· να ελέγξεις, να επιπλήξεις, να προτρέψεις με κάθε μακροθυμία και διδασκαλία»* (Β' Προς Τιμόθεον 4:2).

Υπάρχει ένα ρητό που λέει «*είναι πιο εύκολο να κάνεις δέκα κηρύγματα, παρά να ζήσεις ένα*». Η ποιμαντική απαιτεί να βάζουμε την ευημερία του κοπαδιού πάνω από το δικό μας. Σήμερα ανήρτησα στο Facebook ότι «*Έχω κάνει το καθήκον μου*» λαμβάνοντας το εμβόλιο για τον COVID-19. Το έκανα κυρίως για τα εγγόνια μου, τα εγγόνια των αδερφών μου, την οικογένεια και τους φίλους μου ώστε να είμαι φορέας του ιού για εκείνους. Καλούμαστε να κηρύξουμε τα καλά νέα της αγάπης του Θεού και ο καλύτερος τρόπος είναι να βάζουμε πρώτα το κοπάδι.

Η φροντίδα προς τα εγγόνια αποτελεί επίσης ευκαιρία να μεταδώσουμε αξίες, διδάγματα και ιστορίες θείας και ανθρώπινης αγάπης.

Ο Θεός ευαρεστείτε όταν ζούμε στην πράξη αυτό που κηρύττουμε. Ο John Wesley, είπε «*Κήρυξε το Ευαγγέλιο, κι αν χρειάζεται, χρησιμοποίησε λέξεις*». Ο Θεός μας εμπιστεύθηκε τη φροντίδα και τη διαπαιδαγώγηση του κοπαδιού Του. Ας χρησιμοποιήσουμε **με σοφία** κάθε ευκαιρία που μας δίνεται για να διαφυλάξουμε και να μεταδώσουμε αξίες, διδάγματα και ιστορίες θείας και ανθρώπινης αγάπης που θρέφουν και ενδυναμώνουν την πίστη τους.

Ας προσευχηθούμε: Ουράνιε Πατέρα μας, δώσε μας χάρη ώστε η ζωή μας να είναι μια ανοιχτή Αγία Γραφή, τα λόγια μας να είναι σαν του Ιησού, γλυκά σαν μέλι και ταυτόχρονα αιχμηρά σαν διπλή μάχαιρα για να απωθούμε τις επιθέσεις του εχθρού. Προσευχόμαστε στο Άγιο Όνομά Σου.

---

20 Φεβρουαρίου
ΥΠΗΡΕΣΙΑ ΜΕ ΕΥΓΝΩΜΟΣΥΝΗ ΚΑΙ ΕΥΣΕΒΕΙΑ
Ψαλμοί 2:11

Η Σαλώμη, η πολύτιμη εγγονή μας, ήταν 5 ετών σ' αυτή τη φωτογραφία. Όταν χαμογελάει, η καρδιά μου λιώνει!

Ο σημερινός στοχασμός αφορά στο κοινό ζήτημα της υπηρεσίας: την καταναγκαστική, τη σοφή και την εθελοντική.

ΚΑΤΑΝΑΓΚΑΣΤΙΚΗ ΥΠΗΡΕΣΙΑ: Στο βιβλίο της **Εξόδου 6:6, ο Θεός ακούει την κραυγή των Ισραηλιτών**, τους οποίους **υποδούλωσαν** οι Αιγύπτιοι και υπόσχεται να ελευθερώσει τους ανθρώπους από την **καταναγκαστική** εργασία. «*Γι' αυτό, πες στους γιους Ισραήλ: Εγώ είμαι ο Κύριος· και θα σας βγάλω από κάτω από τα φορτία των Αιγυπτίων, και θα σας ελευθερώσω από τη δουλεία τους, και θα σας λυτρώσω με απλωμένον βραχίονα, και με μεγάλες κρίσεις*».

Στο σπίτι μας έχουμε εξοπλισμό παρακολούθησης για να ακούμε πότε ξυπνάει η Σαλώμη. Παρομοίως, ο Θεός είναι παντού και ακούει τις κραυγές μας. Κάλεσε τον Θεό και θα έρθει να σε παρηγορήσει και να σώσει από το βαρύ **φορτίο** του εχθρού.

ΣΟΦΗ ΥΠΗΡΕΣΙΑ: Στον **Ψαλμό 2:11**, ο Θεός προειδοποιεί τους βασιλιάδες και τους ηγεμόνες της γη να είναι σοφοί και «*Δουλεύετε τον Κύριο με φόβο, και αγάλλεστε με τρόμο*». Σε εμένα και στη γυναίκα μου αρέσει πολύ να φροντίζουμε τη Σαλώμη 3 φορές την εβδομάδα. Υπηρετούμε με ευγνωμοσύνη και φόβο. Ευγνωμοσύνη γιατί είναι δώρο απ' τον Θεό. Φόβος, γιατί, ενώ είναι μαζί μας, είμαστε υπεύθυνοι για τη συναισθηματική και σωματική της φροντίδα και το φαγητό της, φροντίζοντας ότι τίποτα δεν θα τη βλάψει σωματικά ή συναισθηματικά.

Ο Θεός χαίρεται όταν υπηρετούμε τους αδύναμους, τους φτωχούς, τους ορφανούς και τις χήρες. Αν υποσχεθούμε ότι θα τους βοηθήσουμε, καλούμαστε να υπηρετήσουμε με υγιή φόβο, κάνοντας και προσφέροντας το καλύτερο που έχουμε στη διάθεσή μας με χαρά γιατί το Πνεύμα του Κυρίου καθοδηγεί τα βήματά μας.

ΕΘΕΛΟΝΤΙΚΗ ΥΠΗΡΕΣΙΑ: Στην **Προς Εβραίους επιστολή 8:1-2** διαβάζουμε για τον Ιησού που προσφέρεται να γίνει αρχιερέας και αμνός. *«Έχουμε τέτοιου είδους αρχιερέα, ο οποίος κάθησε στα δεξιά τού θρόνου τής μεγαλοσύνης μέσα στους ουρανούς, λειτουργός στα άγια, και στην αληθινή σκηνή, την οποία ο Κύριος κατασκεύασε, και όχι άνθρωπος»*. Εφόσον έχουμε αρχιερέα που μεσιτεύει για εμάς στον ουρανό, η λογική απάντησή μας είναι να υπηρετούμε τον Κύριο συνεχίζοντας εθελοντικά την αποστολή Του – να τους φέρουμε όλους πιο κοντά στην αγάπη του Θεού, στην αγάπη ο ένας του άλλου και στην αγάπη προς τον εαυτό.

Ας προσευχηθούμε: Ουράνιε Πατέρα μας, δώσε μας καρδιά πρόθυμη να Σε αγαπάει και να υπηρετούμε ο ένας τον άλλον εθελοντικά, με ευγνωμοσύνη, με ευσέβεια και με φόβο μήπως σε απογοητεύσουμε. Βοήθησέ μας ώστε *«κάθε τι, ό,τι αν κάνουμε, να το εργαζόμαστε από ψυχής, σαν στον Κύριο, και όχι σε ανθρώπους»* **(Προς Κολοσσαείς 3:23)**. Προσευχόμαστε στο Άγιο Όνομά Σου.

---

21 Φεβρουαρίου
ΑΠΟΚΑΤΑΣΤΑΣΗ ΟΛΩΝ ΤΩΝ ΠΡΑΓΜΑΤΩΝ

«Και εκείνος απαντώντας είπε σ' αυτούς: Ο Ηλίας μεν, αφού έρθει πρώτα, αποκαθιστά τα πάντα· και ότι. για τον Υιό τού ανθρώπου είναι γραμμένο ότι, πρέπει να πάθει πολλά, και να εξουθενωθεί»
Κατά Μάρκον 9:12

"Jesus replied, "To be sure, Elijah does come first, and restores all things. Why then is it written that the Son of Man must suffer much and be rejected?" **Mark 9:12**

"Pero yo os digo que Elías ya vino, y no le reconocieron; más bien, hicieron con él todo lo que quisieron. Así también el Hijo del Hombre ha de padecer de ellos". **Marcos 9:12**

Οι μαθητές ρώτησαν τον Ιησού, *«Γιατί οι γραμματείς λένε ότι πρέπει νάρθει πρώτα ο Ηλίας;»* **(Κατά Μάρκον 9:11)**. Ο Ιησούς απάντησε στο **Κατά Μάρκον 9:12** και πρόσθεσε ότι ο Ηλίας είχε ήδη έρθει, *«και δεν τον γνώρισαν, αλλά έπραξαν σ' αυτόν όσα θέλησαν· έτσι πρόκειται να πάθει απ' αυτούς και ο Υιός τού ανθρώπου»* **(Κατά Ματθαίον 17:12)**.

Ο κόσμος μας ακόμη υποφέρει από τον εγωισμό, τον ρατσισμό και το κακό. Τα πράγματα πηγαίνουν απ' το κακό στο χειρότερο. Αυτό σημαίνει ότι ο Ιωάννης ο Βαπτιστής και ο Ηλίας δεν είναι εκείνοι που θα αποκαταστήσουν **ΤΑ ΠΑΝΤΑ**, αλλά αντίθετα, **ο Ιησούς, όταν επιστρέψει, για δεύτερη φορά**. Στην Επιστολή **Προς Κολοσσαείς 1** διαβάζουμε, *«Επειδή, ο Πατέρας ευδόκησε μέσα σ' αυτόν να κατοικήσει ολόκληρο το πλήρωμα, και διαμέσου αυτού, να συμφιλιώσει τα πάντα με τον εαυτό του, αφού ειρηνοποίησε διαμέσου τού αίματος του σταυρού του, διαμέσου αυτού, είτε αυτά που είναι επάνω στη γη είτε αυτά που είναι μέσα στους ουρανούς»* **(Προς Κολοσσαείς 1:19–20)**.

Ο Ιωάννης ο Βαπτιστής μαρτυρά ότι «*Ο Πατέρας αγαπάει τον Υιό, και όλα τα έδωσε στο χέρι του*» **(Κατά Ιωάννην 3:35)**. Ο Ιησούς έχει τη δύναμη και την εξουσία να συγχωρεί, **να αγιάζει και να αποκαθιστά κάθε πράγμα όπως ήταν στην αρχή**, ιδιαίτερα τη σχέση που ράγισε στον Κήπο της Εδέμ. Ήταν απαραίτητο για τον Ιησού να υποφέρει στον Σταυρό, να αναστηθεί ξανά και να ανυψωθεί στον Ουρανό, «*μέχρι τούς καιρούς τής αποκατάστασης, για όλα όσα μίλησε ο Θεός από παλιά με το στόμα όλων των αγίων προφητών του*» **(Πράξεις 3:21)**.

Κανείς δεν γνωρίζει την ημέρα ή την ώρα που θα επιστρέψει ο Ιησούς. Στην επιστολή **Β' Πέτρου 3:10** διαβάζουμε, «*Θάρθει, όμως, η ημέρα τού Κυρίου, σαν κλέφτης μέσα στη νύχτα· κατά την οποία οι ουρανοί θα παρέλθουν με ορμητικόν συριστό ήχο, και τα στοιχεία, καθώς θα καίγονται, θα διαλυθούν, και η γη, και τα έργα που βρίσκονται σ' αυτή, θα κατακαούν*». Όσοι, όμως, πιστεύουν στο μεταμορφωτικό έργο του Χριστού δεν χρειάζεται να φοβούνται, γιατί «*σύμφωνα με την υπόσχεσή του, καινούργιους ουρανούς και καινούργια γη προσμένουμε, στους οποίους δικαιοσύνη κατοικεί*» **(Β' Πέτρου 3:13)**. Πιστεύω ότι η βασιλεία του Θεού είναι ήδη μέσα μας, καθοδηγεί τις σκέψεις, τα λόγια και τις πράξεις μας, αποκαθιστά και συμφιλιώνει τα πάντα στο πλαίσιο των ικανοτήτων μας.

Ας προσευχηθούμε: Ουράνιε Πατέρα μας, αναμένουμε την άφιξη της Βασιλείας Σου, όπου τα πάντα θα είναι νέα, καλά και αδιάφθορα. Αποκατάστησε τους τομείς της ζωής μας που χρειάζονται το άγγιγμά Σου και χρησιμοποίησέ μας για να ανακοινώσουμε ότι η βασιλεία Σου είναι κοντά. Προσευχόμαστε στο Άγιο Όνομά Σου.

---

22 Φεβρουαρίου
ΔΗΜΙΟΥΡΓΗΘΗΚΑΜΕ ΓΙΑ ΝΑ ΕΙΜΑΣΤΕ ΑΡΤΟΣ ΚΑΙ ΚΥΠΕΛΛΟ
Προς Εφεσίους 2:10β

Ο Θεός μας δημιούργησε για να κάνουμε αυτό το καλό έργο. Στο όνομα του Ιησού Χριστού, γινόμαστε **άρτος και κύπελλο ευλογίας** για όσους έχουν χάσει τη δύναμη, την πίστη και την ελπίδα να βρουν τον δρόμο τους προς την Σωτηρία. Όπως και ο Πέτρος, ο Ιησούς μας δίνει την εντολή να «*ποιμαίνει τα πρόβατά του*» **(Κατά Ιωάννην 21:15-17)**.

«*Το έργο του Θεού*» - Δημιουργηθήκαμε σε, από και με αγάπη. Ήρθαμε σε αυτόν τον κόσμο επειδή, με αγάπη, οι επίγειοι γονείς μας εκπλήρωσαν την εντολή να «*αυξάνεστε και πληθύνεστε*» **(Γένεσις 1:29)**. Ο Θεός είχε λόγο στη δημιουργία μας διαμορφώνοντάς μας στη μήτρα της μητέρας μας **(Ιερεμίας 1:5)** και δίνοντας πνοή μέσα μας με το Πνεύμα Του ώστε να έχουμε ζωή **(Ιώβ 33:4)**. Στην επιστολή **Προς Κολοσσαείς 1:16** διαβάζουμε ότι «*τα πάντα κτίστηκαν διαμέσου αυτού και γι' αυτόν*» [του Ιησού]. **Είσαι το αριστούργημα του Θεού!**

«*Χτίστηκαν γι' Αυτόν*» - Ανεξαρτήτως του παρελθόντος μας, θέτοντας την πίστη και την ελπίδα μας στο μεταμορφωτικό έργο του Ιησού, ο Θεός μας αναδημιούργησε, **δίνοντάς μας μία δεύτερη** ευκαιρία να γίνουμε άρτος και κύπελλο ελπίδας. Στο **Κατά Ιωάννην 11:25-26**, *«Ο Ιησούς είπε σ' αυτήν: Εγώ είμαι η ανάσταση και η ζωή· αυτός που πιστεύει σε μένα, και αν πεθάνει, θα ζήσει. Και καθένας που ζει και πιστεύει σε μένα, δεν πρόκειται να πεθάνει στον αιώνα. Το πιστεύεις αυτό;»* Παρόλο που ήμασταν καταδικασμένοι να πεθάνουμε για τις αμαρτίες μας, αντιθέτως, ο Ιησούς μας πρόσφερε συγχώρηση και αιώνια ζωή.

«Να κάνετε καλά έργα» - Από αγάπη, ο Θεός μας διαμόρφωσε για να έχει στενή και προσωπική σχέση μαζί μας και, επίσης, για να είμαστε **άρτος και κύπελλο** για όσους είναι γύρω μας. *«Για να κάνουμε κάθε καλό που μπορούμε, σε κάθε μέρος, σε κάθε άνθρωπο, κάθε στιγμή που μπορούμε»* (***John Wesley***). Τα έργα μας δεν είναι για να κερδίσουμε σωτηρία, αλλά για να δείξουμε ευγνωμοσύνη για τη χάρη του Θεού στη ζωή μας.

«Για να ζούμε σύμφωνα μ' αυτά» - Ο Θεός μας θέλει να γνωρίσουμε την καρδιά Του και τον σκοπό Του ώστε η ζωή μας, παρόλο που είναι ατελείς, να αντανακλούν το θέλημά Του. Ο τρόπος για να ανακαλύψουμε τον νου και την ουσία του Θεού είναι διαμέσου της Αγίας Γραφής, την επιστολή του Θεού την οποία κληροδότησε στα παιδιά Του ώστε να *«βόσκουμε τα πρόβατά του»* **και να τα συνοδεύουμε στην ουράνια έπαυλη.**

Ας προσευχηθούμε: Ουράνιε Πατέρα μας, Σ' ευχαριστούμε που μας δημιούργησες σε, διαμέσου και με αγάπη. Βοήθησέ μας να διδαχθούμε βαθύτατα τον Λόγο Σου ώστε να είμαστε **άρτος, οίνος και βοσκοί** για τα πρόβατά σου και να ζούμε σύμφωνα με το θέλημά Σου. Ζητούμε αυτά τα πράγματα στο πολύτιμο όνομα του Κυρίου μας Ιησού Χριστού.

---

23 Φεβρουαρίου
ΗΜΟΥΝ ΤΥΦΛΟΣ, ΑΛΛΑ ΤΩΡΑ ΒΛΕΠΩ
Α' Πέτρου 3:15β

Κατά τη διάρκεια της χρονιάς με τον COVID-19, πολλοί από εμάς κράξαμε, *«Μήπως ο Κύριος με αποβάλει αιώνια, και δεν θα είναι πλέον ευμενής;»* **(Ψαλμοί 77:7)**. Κάποιες φορές αμφισβητούμε το γεγονός αν ο Κύριος ακούει. Αλλά ο Ψαλμωδός λέει, *«Θα θυμάμαι τα έργα τού Κυρίου· ναι, θα θυμάμαι τα θαυμάσιά σου που είναι εξαρχής»* **(Ψαλμοί 77:11-12)**.

Το φάρμακο για την αμφιβολία, το άγχος, την έλλειψη θάρρους και τις δοκιμασίες είναι να θυμόμαστε τι έχει κάνει ο Θεός στη ζωή μας και να είμαστε πάντοτε έτοιμοι να εξηγήσουμε *«πραότητα και φόβο»* την αιτία της ελπίδας **(Α' Πέτρου 3:15)**.

Ο Ιησούς Χριστός είναι η δύναμη και η ελπίδα μου. Έμαθα να εκτιμώ τον εαυτό μου διαμέσου Εκείνου, αναγνωρίζοντας το μεγάλο τίμημα που πλήρωσε ο Ιησούς για να με λυτρώσει. Όταν βρισκόμουν στην άκρη του γκρεμού, ο Ιησούς έτεινε το δυνατό Του χέρι, γεμίζοντάς με με αγάπη, αυτοεκτίμηση και σκοπό. **Έγινε κάπως έτσι:**

Ο πατέρας του ψεύδους με έκανε να πιστεύω ότι δεν πρόσφερα αρκετά, ότι ήμουν άχρηστος ως σύζυγος, πατέρας, υπάλληλος και επενδυτής, και μου έδειχνε την ασφάλιση ζωής μου, αξίας μισού εκατομμυρίου, ως λύση για το χρέος μου. Σχεδόν πίστεψα ότι *«όλοι θα ήταν καλύτερα χωρίς εμένα»*. Το τραγούδι των MASH έπαιζε απλά στα αυτιά μου: *«η αυτοκτονία είναι ανώδυνη»* [suicide is painless]. 8 Οκτωβρίου του 2008 θα ήταν η τελευταία μου ημέρα στη γη, αλλά ο Θεός είχε άλλα σχέδια. Με έσωσε και με τοποθέτησε επάνω σε ισχυρά θεμέλια.

Ο διάβολος ψιθυρίζει τέτοια λόγια σε πολλούς, αλλά ο Κύριος έχει την τελευταία λέξη. Μας σώζει και μας θεραπεύει ώστε, στο μέλλον, να σταματήσουμε να ακούμε τον πατέρα του ψεύδους. Ο Ιησούς είπε: ***«και τα πρόβατα τον ακολουθούν, επειδή γνωρίζουν τη φωνή του. Ξένον, όμως, δεν θα ακολουθήσουν, αλλά θα φύγουν απ' αυτόν· επειδή, δεν γνωρίζουν τη φωνή των ξένων»* (Κατά Ιωάννην 10:4–5).**

Δεν ντρέπομαι που **σχεδόν πίστεψα** τα ψέματα του εχθρού. Είναι μέρος της μαρτυρίας μου, που συνοψίζεται ως εξής: ***«Ήμουν τυφλός, αλλά τώρα βλέπω»* (Κατά Ιωάννην 9:25).** Αν πέρασες κι εσύ από τέτοιες δοκιμασίες, ***«να αγιάσετε τον Κύριο τον Θεό» μέσα στις καρδιές σας»* (Α' Πέτρου 3:15),** αναγνωρίζοντας ορισμένες φορές ότι ο Θεός μας επιτρέπει να διαβούμε κοιλάδες σκιάς θανάτου για να εκτιμήσουμε και να δώσουμε αξία στη ζωή μας, και να ζήσουμε για τον Θεό και την οικογένεια.

Ας προσευχηθούμε: Ουράνιε Πατέρα μας, βοήθησέ μας να είμαστε πάντοτε έτοιμοι να δώσουμε μία αιτιολογία για την ελπίδα μας, *«με πραότητα και σεβασμό»* και να **δίνουμε σημασία στη φωνή Σου**. Προσευχόμαστε στο Άγιο Όνομά Σου.

Ορισμένες φορές ο Θεός μας επιτρέπει να διαβούμε κοιλάδες σκιάς θανάτου για να εκτιμήσουμε και να δώσουμε αξία στη ζωή μας, και να ζήσουμε για τον Θεό και την οικογένεια.

---

24 Φεβρουαρίου
ΤΡΟΦΗ ΓΙΑ ΤΗΝ ΨΥΧΗ

«Και εκείνος απαντώντας είπε: Είναι γραμμένο: «Μονάχα με ψωμί δεν θα ζήσει ο άνθρωπος, αλλά με κάθε λόγο που βγαίνει από το στόμα τού Θεού». **Κατά Ματθαίον 4:4**

"Jesus answered, 'It is written: Man shall not live on bread alone, but on every word that comes from the mouth of God.'" **Matthew 4:4**

"Jesús respondió: 'Escrito está: No sólo de pan vive el hombre, sino de toda palabra que sale de la boca de Dios'". **Mateo 4:4**

Στις 18 Φεβρουαρίου, 2021, συμπληρώσαμε το πρώτο από τα τρία έτη χρησιμοποιώντας το κοινό ανάγνωσμα (common lectionary) για τους στοχασμούς από την Αγία Γραφή. Είμαι ευγνώμων και συγχαίρω όσους με ακολούθησαν πιστά. Αν ο Θεός μας δώσει ζωή, θα έχουμε διαβάσει όλη την Αγία Γραφή και θα γευτούμε όλα τα ωραία της στο τέλος του τρίτου έτους.

Γενικά, μοιραζόμαστε με χαρά την ανακάλυψη ενός νέου εστιατορίου με την οικογένεια και με φίλους, λέγοντας **«Πρέπει να το δοκιμάσεις αυτό το μέρος. Σερβίρουν το καλύτερο..., κτλ.»**. Πόσο ωραίο είναι όταν η σύσταση αυτή είναι ισχύει! Τα πάντα είναι ίδια ή καλύτερα από την περιγραφή που ακούσαμε. Δεν υπάρχει καλύτερο από το να γευόμαστε τις λιχουδιές που ετοίμασαν οι σεφ για την τέρψη μας, να κάνουν γνωστό το ταλέντο τους και την κουζίνα της κουλτούρας τους. Ελπίζουν ότι θα τους συστήσουμε σε φίλους και οικογένεια.

Συμβαίνει συχνά, στα μέρη που δεν το περιμένεις να προσφέρουν τα πιο γευστικά και αξέχαστα πιάτα. Το καλύτερο ζωμό οικόσιτης κότας τον απολαύσαμε με τον Jean-Paul, τον γιο μου όταν επιστρέφαμε από το χωριό Papallacta στο Κίτο, σε μία καλύβα που μας προστάτευε απ' τη βροχή, με κοτοπουλάκια, κόκορες και κότες να τρέχουν γύρω απ' τα τραπέζια ψάχνοντας σπόρους καλαμποκιού στο έδαφος.

Ο Ιησούς είπε, **«Μονάχα με ψωμί δεν θα ζήσει ο άνθρωπος, αλλά με κάθε λόγο που βγαίνει από το στόμα του Θεού» (Κατά Ματθαίον 4:4)**. Ο Θεός δημιούργησε 66 διαφορετικά εστιατόρια από τα οποία μπορούμε να γευτούμε πλήθος **τροφής για την ψυχή**. Αν σας αρέσουν τα τάπας, προτείνω τις **Παροιμίες**. Σερβίρουν μικρές, αλλά υπέροχες λιχουδιές. Αν σας αρέσουν τα καυτερά φαγητά, ο **Ιάκωβος** θα σας δώσει αυτή την καυτερή αίσθηση.

Φανταστείτε κάθε βιβλίο της Αγίας Γραφής σαν εστιατόριο και σκεφτείτε να επισκεφθείτε κάθε ένα. Να δοκιμάσετε τις σπεσιαλιτέ του και να τις συστήσετε σε φίλους και οικογένεια όταν βρίσκετε κάτι που ικανοποιεί την ψυχή σας. Αν μας επισκέπτεστε καθημερινά, θα απολαύσετε ολοκληρωμένο τον Λόγο του Θεού στο τέλος των τριών ετών. **Μην ανησυχείτε αν μείνετε πίσω. Πάντα θα προλαβαίνετε.**

Όπως ένα αμάξι χρειάζεται καύσιμα, η ψυχή μας χρειάζεται τον Λόγο του Θεού κάθε μέρα. Οι καθημερινοί στοχασμοί δεν απαιτούν περισσότερο από 5 λεπτά. Αλλά σας υπόσχομαι ότι θα ικανοποιηθείτε, κι έτσι θα μπορείτε να είστε **άρτος και κύπελλο** στους πεινασμένους.

Ας προσευχηθούμε: Ουράνιε Πατέρα μας, Σ' ευχαριστούμε για **«κάθε λόγο που βγαίνει από το στόμα Σου» (Κατά Ματθαίον 4:4, Κατά Λουκάν 4:4)**. Δώσε μας την επιθυμία και την πειθαρχία να μελετούμε και να γευόμαστε όλα όσα ετοίμασες για εμάς, κι έτσι να είμαστε έτοιμοι να δώσουμε τροφή στα πρόβατά Σου. Προσευχόμαστε στο όνομα του Ιησού Χριστού.

---

25 Φεβρουαρίου
ΠΕΡΙΦΡΟΝΗΜΕΝΟΣ
Ψαλμοί 22:24

Ένας από τους δασκάλους μου, μού δίδαξε ότι η Αγία Γραφή είναι η ίδια της λεξικό. Μπορούμε να κατανοήσουμε την εφαρμογή του ρήματος **«περιφρονώ»** παρατηρώντας πώς χρησιμοποιούνταν η λέξη **H-959 - בָּזָה** *bāzāh* στο πρωτότυπο εβραϊκό κείμενο σε διάφορα εδάφια και πλαίσια. Συνώνυμες φράσεις είναι **«να έχεις μέσα σου περιφρόνηση ή να απεχθάνεσαι. Απαξίωση ή έλλειψη σεβασμού»**.[4]

---

[4] (Baker, W., & Carpenter, E. E. (2003). In The complete word study dictionary: Old Testament (p. 125). AMG Publishers.)

Η πρώτη χρήση της έννοιας της *«περιφρόνησης»* στην Αγία Γραφή εντοπίζεται όταν ο Ησαύ καταφρόνησε τα πρωτοτόκια του ως αντάλλαγμα για *«ψωμί και μαγείρεμα φακής»* (Γένεσις 25:34). Οι επόμενες δύο αναφορές είναι:
1. Βλέποντας τον Δαβίδ να χορεύει στον δρόμο μπροστά στον Κύριο, η Μιχάλ *«τον εξουθένωσε στην καρδιά της»* (Β' Σαμουήλ 6:16).
2. Ο Θεός κατηγορεί τον Δαβίδ λέγοντας, *«με καταφρόνησες, και πήρες τη γυναίκα τού Ουρία τού Χετταίου για να είναι γυναίκα σου»* (Β' Σαμουήλ 12:10).

Όσο κοντά κι αν είμαστε στον Κύριο, έχουμε την τάση να περιφρονούμε τον Λόγο Του και θα το κάνουμε, υποκύπτοντας στη λαγνεία της σάρκας. Ο Ησαύ **περιφρόνησε** την πνευματική κληρονομιά ενδίδοντας στην πείνα. Η Μιχάλ περιφρόνησε την αγάπη, ενδίδοντας στην καταισχύνη. Ο Δαβίδ περιφρόνησε τη δικαιοσύνη υποκύπτοντας στη λαγνεία.

Ευτυχώς, ο Θεός *«δεν περιφρόνησε ούτε αποστράφηκε τη θλίψη τού θλιμμένου, και έκρυψε το πρόσωπό του απ' αυτόν· και όταν βόησε σ' αυτόν, τον εισάκουσε»* (Ψαλμοί 22:24). Μέσα στην αγωνία μας, κράξαμε στον Κύριο και αυτή ήταν η απάντησή του. *«Καταφρονημένος και απερριμμένος από τους ανθρώπους· άνθρωπος θλίψεων και δόκιμος ασθένειας· και σαν άνθρωπος από τον οποίο κάποιος αποστρέφει το πρόσωπο, καταφρονήθηκε, και τον θεωρήσαμε σαν ένα τίποτα. Αυτός, στην πραγματικότητα, βάσταξε τις ασθένειές μας, και επιφορτίστηκε τις θλίψεις μας· ενώ, εμείς τον θεωρήσαμε τραυματισμένον, πληγωμένον από τον Θεό, και ταλαιπωρημένον. Αυτός, όμως, τραυματίστηκε για τις παραβάσεις μας· ταλαιπωρήθηκε για τις ανομίες μας· η τιμωρία, που έφερε τη δική μας ειρήνη, ήταν επάνω σ' αυτόν· και διαμέσου των πληγών του γιατρευτήκαμε εμείς»* (Ησαΐας 53:3–5).

Στον σταυρό, λαμβάνουμε επιτέλους τη χάρη και το έλεος του Θεού. *«Με τις πληγές Του»*, έχουμε σωθεί και μας έβαλε επάνω σε γερό θεμέλιο. Ο Ιησούς υπέφερε ώστε όλα τα άσωτα παιδιά Του να επιστρέψουν στον τόπο της τιμής και της αιώνιας ειρήνης στα χέρια του Θεού Πατέρα. Ακόμη και ο πιο ελεεινός αμαρτωλός μπορεί να θεραπευτεί και να συμφιλιωθεί με την ταλαιπωρία και τον πόνο του Ιησού.

Ας προσευχηθούμε: Ουράνιε Πατέρα μας, Σ' ευχαριστούμε για την αγάπη Σου και το έλεός Σου που δεν ανταποκρίνεται στις πράξεις και στη στάση μας. Σε παρακαλούμε, μην μας αφήσεις να περιφρονήσουμε τον γείτονά μας, με λόγια ή με πράξεις, και ακόμη χειρότερα, να περιφρονήσουμε τον Λόγο και το θέλημά Σου. Προσευχόμαστε στο όνομα του Ιησού Χριστού.

---

26 Φεβρουαρίου
ΘΑ ΕΥΛΟΓΗΣΩ ΟΣΟΥΣ ΣΕ ΕΥΛΟΓΟΥΝ
Γένεσις 16:4

Ένας φίλος έκανε μια ανάρτηση στο Facebook *«Δεν μπορείς να συμπεριφέρεσαι στους ανθρώπους σαν σκουπίδια και να υμνείς τον Θεό»*. Αν, με τη χάρη του Θεού, βρεθήκαμε σε υψηλότερη θέση κύρους ή ηγεσίας, δεν υπάρχει λόγος υπερηφάνειας εις βάρος των άλλων. Δεν μπορούμε να μειώνουμε, να δυσφημούμε, να κρίνουμε, να αγνοούμε ή να καταριόμαστε τους ανθρώπους με βάση την κοινωνικοοικονομική τους κατάσταση, τις πολιτικές πεποιθήσεις, τη θρησκεία, το φύλο, το έθνος, την αναπηρία, κτλ., γιατί μ' αυτόν τον τρόπο δεν υπακούμε στην εντολή *«θα αγαπάς τον πλησίον σου σαν τον εαυτό σου»* **(Κατά Ματθαίον 22:39).** Ο Θεός μας προειδοποιεί, *«θα ευλογήσω εκείνους που σε ευλογούν, και θα καταραστώ εκείνους που σε καταριώνται»* **(Γένεσις 12:3).**

Σήμερα συναντούμε ξανά ένα διαφορετικό συνώνυμο του ρήματος **«περιφρονώ»**. Αυτή τη φορά, η εβραϊκή λέξη είναι **[H7043]** קָלַל **Câlal**, ένα ρήμα που σημαίνει «να προσβάλλεις, να είσαι ασήμαντος, να είσαι γρήγορος, να καταριέσαι, να καταφρονείς». *«Και η Σάρα είπε στον Άβραμ: Εξαιτίας σου αδικούμαι. Εγώ έδωσα τη δούλη μου στον κόρφο σου· και όταν είδε ότι συνέλαβε, εγώ καταφρονήθηκα μπροστά της· ας κρίνει ο Κύριος ανάμεσα σε μένα και σε σένα»* **(Γένεσις 16:5).**

Ο Θεός ήθελε να ευλογήσει τον κόσμο μέσω του Αβραάμ, στον οποίο υποσχέθηκε ότι *«θα καταραστώ εκείνους που σε καταρώνται·»* **(Γένεσις 12:3Β).** Το αποτέλεσμα της καταφρόνησης της Σάρας (συνώνυμο με την κατάρα) ήταν η Άγαρ να δραπετεύσει στην έρημο χωρίς καταφύγιο και προμήθειες. Αλλά ο Θεός τη διέταξε *«Επίστρεψε στην κυρία σου, και ταπεινώσου κάτω από τα χέρια της»* **(Γένεσις 16:9).** Ο Θεός απεχθάνεται την υπερηφάνεια και πόσο μάλλον όταν εμείς, άμεσα ή έμμεση, καταριόμαστε τους εκλεγμένους του.

Η περιφρόνηση δεν εκφράζεται πάντοτε λεκτικά ή σωματικά. Μια κατάρα εκδηλώνεται όταν, ενώ μπορούμε να βοηθήσουμε, γυρίζουμε την πλάτη στον ανθρώπινο πόνο. Επιπλέον, μπορούμε να κρύψουμε την περιφρόνησή μας ως προσευχή στον Θεό. *«Ο Φαρισαίος, καθώς στάθηκε, προσευχόταν από μέσα του τα εξής: Σε ευχαριστώ, Θεέ, ότι δεν είμαι όπως και οι λοιποί άνθρωποι, άρπαγες, άδικοι, μοιχοί ή και όπως αυτός ο τελώνης»* **(Κατά Λουκάν 18:11).** Οποιαδήποτε στάση, σκέψη ή προσευχή θέτει τον άλλον σε σωματικό, πνευματικό ή συναισθηματικό κίνδυνο, έχει ως αποτέλεσμα να μειώνει ή να απαξιώνει τους άλλους άμεσα και έμμεσα, και ως εκ τούτου δυσαρεστεί και κάνει τον Θεό να αγνοεί τη λατρεία και την προσευχή μας.

Ας προσευχηθούμε: Ουράνιε Πατέρα μας, μην μας επιτρέψεις να χρησιμοποιούμε τον Λόγο Σου ως μάχαιρα για να κρίνουμε, να εκφοβίζουμε ή να καταδικάζουμε άλλους, εξαιτίας της ιδεολογίας τους, των πολιτικών τους πεποιθήσεων ή ποιοι είναι. Αντί να καταριόμαστε και να περιφρονούμε, βοήθησέ μας **να ευλογούμε και να βοηθούμε**. Καθοδήγησέ μας να υπερασπιζόμαστε την αξιοπρέπεια των φτωχών, των ορφανών και των χηρών γύρω μας. Προσευχόμαστε στο όνομα του Ιησού Χριστού.

---

27 Φεβρουαρίου
ΘΕΟΣ ΓΕΜΑΤΟΣ ΕΛΕΟΣ

«Και ο Θεός είδε τα έργα τους, ότι απέστρεψαν από τον πονηρό τους δρόμο· και ο Θεός μεταμελήθηκε για το κακό, που είχε πει να κάνει σ' αυτούς· και δεν το έκανε». **Ιωνάς 3:10**

"When God saw what they did and how they turned from their evil ways, he relented and did not bring on them the destruction he had threatened." **Jonah 3:10**

"Y al ver Dios lo que hicieron, y que se habían apartado de su mal camino, también él se arrepintió de hacerles el daño que les había anunciado, y desistió de hacerlo". **Jonás 3:10**

Ο Θεός είναι ελεήμων! Μας έδειξε τον δρόμο της μετάνοιας ώστε να επιστρέψουμε σε Εκείνον με όλη μας την καρδιά και να απελευθερωθούμε από το κακό που ανακήρυξε για όσους επαναστατούν εναντίον Του.

Στο σημερινό ανάγνωσμα, ο Θεός στέλνει τον Ιωνά στη Νινευή για να ανακοινώσει το παρακάτω μήνυμα: *«Ακόμα 40 ημέρες, και η Νινευή θα καταστραφεί»* **(Ιωνάς 3:4).** Έχουμε συνηθίσει να βλέπω ανθρώπους με μεγάλες ταμπέλες να μας καλούν σε μετάνοια γιατί *«πλησιάζει το τέλος του κόσμου».* Οι περισσότεροι τους αγνοούν. Αλλά δεν συνέβη το ίδιο στη Νινευή. *«Και οι άνδρες τής Νινευή πίστεψαν στον Θεό, και κήρυξαν νηστεία, και ντύθηκαν σάκους, από τον πιο μεγάλο ανάμεσά τους μέχρι τον πιο μικρό απ' αυτούς»* **(Ιωνάς 3:5).** Βλέποντας ότι ο κόσμος μετανόησε και εγκατέλειψε τον άσχημο δρόμο, ο Θεός υποχώρησε και δεν τους κατέστρεψε.

Ο Θεός είναι ελεήμων! Στην Έξοδο 32:14 διαβάζουμε, *«Και ο Κύριος μεταμελήθηκε για το κακό, που είπε να κάνει ενάντια στον λαό του».* Ο Μωυσής παρενέβη εκ μέρους του λαού του. Ως αποτέλεσμα, ο Θεός μεταμελήθηκε και δεν προχώρησε στο κακό που είχε σχεδιάσει χάρη στην παρέμβαση του Μωυσή.

Ο Θεός όρισε ότι το τίμημα για την ανυπακοή (αμαρτία) είναι ο θάνατος και χωρίς το αίμα που χύθηκε, δεν υπάρχει συγχώρηση **(Προς Εβραίους 9:22).** Επειδή είναι δίκαιος, ο Θεός δεν μπορεί να ξεχάσει τα διατάγματά Του. Γι' αυτό και μας έδωσε το Αρνίο που θυσιάστηκε για να μας λυτρώσει από τις αμαρτίες μας. **Ο Ιησούς παρενέβη για εμάς.** Όσοι μετανόησαν από τις αμαρτίες τους και απεστράφησαν τον κακό δρόμο τους δεν θα καταστραφούν στην τελική κρίση και θα εισέλθουν στην αιώνια ανάπαυση που έχει ετοιμάσει ο Θεός γι' αυτούς.

> *Βλέποντας ότι ο κόσμος μετανόησε και εγκατέλειψε τον άσχημο δρόμο, ο Θεός υποχώρησε και δεν τους κατέστρεψε.*

Ένα, όμως, είναι σίγουρο: χωρίς μετάνοια, ο κόσμος προορίζεται για τιμωρία. *«Και ο Θεός έστειλε έναν άγγελο στην Ιερουσαλήμ, για να την εξολοθρεύσει· και ενώ εξολόθρευε, είδε ο Κύριος, και μεταμελήθηκε για το κακό, και είπε στον άγγελο που εξολόθρευε: Αρκεί, πλέον· απόσυρε το χέρι σου»* **(Α' Χρονικών 21:15).** Ο Θεός είναι ελεήμων αλλά είναι και δίκαιος. Ο Θεός μας αποδέχεται και μας παίρνει στη Βασιλική Οικογένειά του όταν αποστραφούμε την αμαρτία.

Ας προσευχηθούμε: Ουράνιε και **ελεήμονα Πατέρα μας**, δώσε μας καρδιά που να εμπιστεύεται στην ολοκληρωτική, γραπτή αποκάλυψη. Χθες, κάποιοι από εμάς αλείψαμε στάχτη στο μέτωπό μας ως εξωτερικό σημάδι της μετάνοιάς μας. Μύρωσε την καρδιά μας ώστε να σταματήσουμε να αμαρτάνουμε εναντίον Σου. Προσευχόμαστε στο Άγιο Όνομά Σου.

28 Φεβρουαρίου
ΕΧΕΙΣ ΔΙΚΙΟ ΝΑ ΘΥΜΩΝΕΙΣ;
Ιωνάς 4:4

Ο Ιωνάς κήρυξε ότι ο Θεός θα καταστρέψει τη Νινευή σε 40 ημέρες. Όλοι πίστεψαν, αποστράφηκαν τον άσχημο δρόμο τους και, ως αποτέλεσμα, ο Κύριος υποχώρησε και δεν έφερε την καταστροφή που απείλησε να φέρει στη σημαντική εκείνη πόλη.

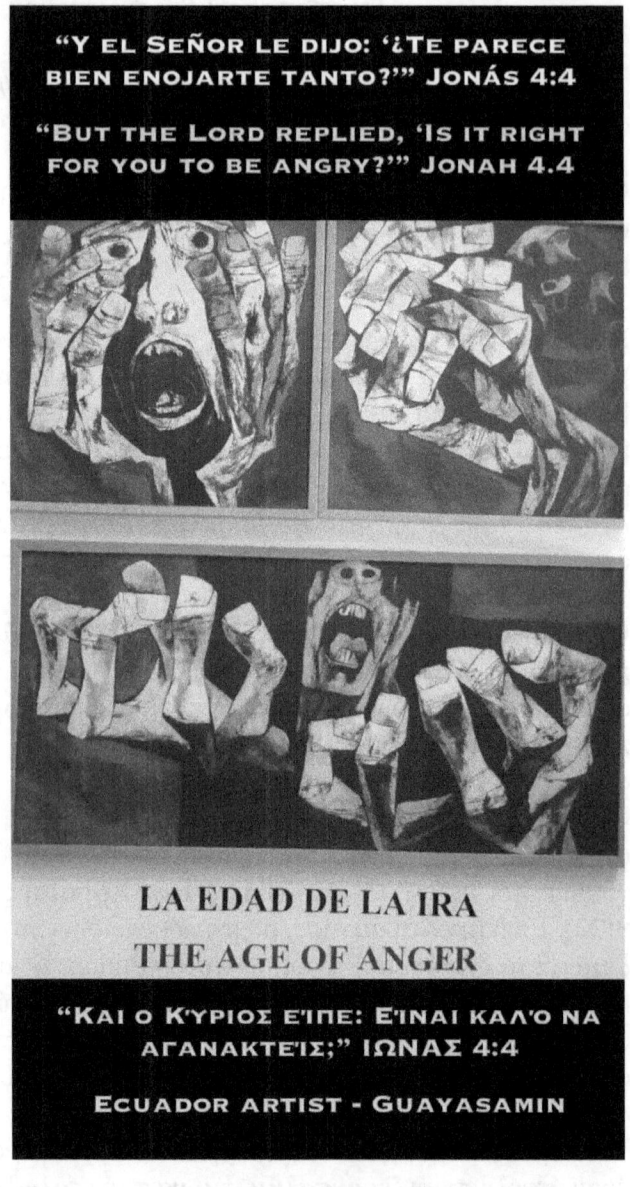

Στον **Ιωνά 4,** ανακαλύπτουμε γιατί ο Ιωνάς έσπευσε προς την αντίθετη κατεύθυνση, απρόθυμος να κηρύξει στον λαό της Νινευή, την πρωτεύουσα της Συρίας, την οποία απεχθανόταν. *«Και προσευχήθηκε στον Κύριο, και είπε: Ω, Κύριε, αυτός δεν ήταν ο λόγος μου, ενώ ήμουν ακόμα στην πατρίδα μου; Γι' αυτό, πρόλαβα να φύγω στη Θαρσείς· επειδή, γνώριζα ότι εσύ είσαι Θεός ελεήμονας και οικτίρμονας, μακρόθυμος και πολυέλεος, και μετανοείς για το κακό»* **(Ιωνάς 4:2)**. Ο θυμός του Ιωνά ήταν τόσο μεγάλος που ζήτησε από τον Κύριο να του αφαιρέσει τη ζωή **(4:3)**. *«Και ο Κύριος είπε: Είναι καλό να αγανακτείς;»* **(4:4)**.

Δεν διαφέρουμε πολύ από τον Ιωνά. Ο Θεός μας καλεί να διακηρύξουμε ειρήνη και αγάπη, αλλά εμείς διακηρύσσουμε κρίση. Ο εχθρός δημιούργησε πολιτικές και θρησκευτικές διαιρέσεις, τέτοιες που δεν μας δίνουν χώρο για την ευγένεια να ακούσουμε ο ένας τον άλλον. Κάθε πιθανή επικοινωνία φιλτράρεται από περιφρόνηση, καχυποψία και κατηγορίες.

Η Ηνωμένη Εκκλησία των Μεθοδιστών περνά μία από τις πιο δύσκολες περιόδους. Από την ίδρυσή της, η εκκλησία αυτή υπήρξε πηγή χαράς, τροφής και ηγεσίας στην κοινωνική δικαιοσύνη για πολλούς. Ωστόσο, τα τελευταία 50 χρόνια, παλεύει με την πλήρη ενσωμάτωση των ΛΟΑΤΚΙ. Πλέον η εκκλησία μπαίνει σε μια διαδικασία φιλικής διαίρεσης, δημιουργώντας μία νέα Παραδοσιακή Εκκλησία.

Για πολλούς, η διαδικασία αυτή είναι ιδιαίτερα επώδυνη εφόσον επένδυσαν τα πάντα στην τοπική εκκλησία και, πιθανόν, όπως συνέβη και με την άμπελο του του Ιωνά, που του έδωσε σκιά, κάποιες τοπικές εκκλησίες μπορεί να μαραζώσουν. Είμαστε άνθρωποι και ψάχνουμε κάποιον να ρίξουμε το φταίξιμο και να θυμώσουμε. Ο Θεός ρωτάει κι εμάς: *«Είναι καλό να αγανακτείς;»*

Ο Θεός είναι *«ελεήμονας και οικτίρμονας, μακρόθυμος και πολυέλεος, και μετανοεί για το κακό» (Ιωνάς 4:2)*. Εφόσον δημιουργηθήκαμε κατ' εικόνα του Θεού, πρέπει να εκπέμπουμε τα καλά αυτά χαρακτηριστικά προσευχόμενοι ο ένας για τον άλλον. Τώρα δεν είναι η ώρα να θυμώνουμε μέχρι θανάτου, αλλά να ακολουθήσουμε το κάλεσμα αγάπης ο ένας προς τον άλλον και να αφήσουμε τον Θεό να κρίνει.

Ας προσευχηθούμε: Ουράνιε Πατέρα μας, μην επιτρέψεις στον εχθρό να σπείρει σπόρους θυμού όπως έκανε με τον Ιωνά. Βοήθησέ μας να ακολουθούμε και να ζούμε με τον χρυσό κανόνα. Ευλόγησε τις εκκλησίες Σου με το Άγιο Σου Πνεύμα ώστε να γίνεται σε όλα το θέλημά σου. Προσευχόμαστε στο Άγιο Όνομά Σου.

Τώρα δεν είναι η ώρα να θυμώνουμε μέχρι θανάτου, αλλά να ακολουθήσουμε το κάλεσμα αγάπης ο ένας προς τον άλλον και να αφήσουμε τον Θεό να κρίνει.

---

29 Φεβρουαρίου
Ο ΑΡΤΟΣ ΤΗΣ ΖΩΗΣ
Κατά Ιωάννην 6:35

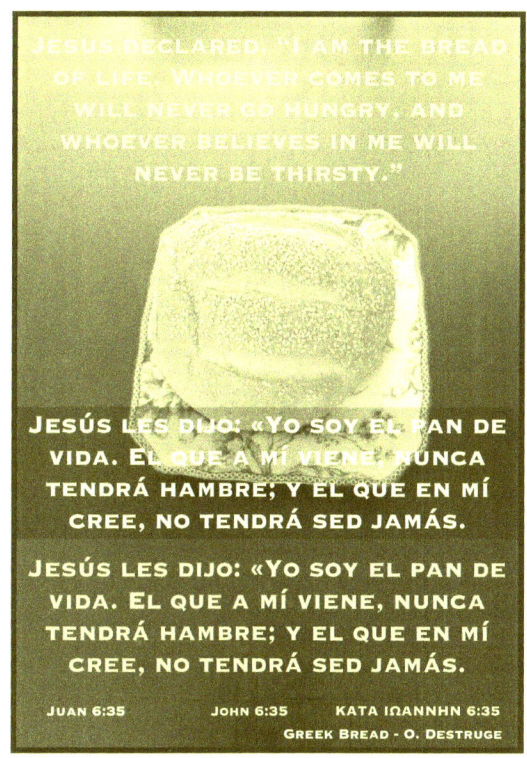

Δύο από τις αδυναμίες μου είναι το ψωμί και τα σύκα. Ακόμη κι αν πω ότι θα φάω μία φέτα ψωμί με τυρί και σύκα, καταλήγω να τρώω δύο ή τρεις. Γι' αυτό κάνω ποδήλατο και παίζω ράκετμπολ για να μπορώ να απολαμβάνω διάφορα ψωμιά χωρίς ενοχές. Όλοι γνωρίζουν από πού να αγοράσουν ψωμί για να τραφούν στο σώμα. Αλλά δεν κατανοούν όλοι το νόημα ή δεν πιστεύουν στον άρτο της ζωής που θρέφει την ψυχή.

Στο **Λευιτικόν 17:11** διαβάζουμε, *«Η ζωή της σάρκας είναι στο αίμα».* Παρομοίως, και η πνευματική ζωή τρέφεται και αγιάζεται μέσα από τον άρτο της ζωής. Όταν λαμβάνουμε τον Ιησού Χριστό ως Βασιλιά και Κύριο, Εκείνος γίνεται η τροφή μας. Ο Θεός ανοίγει τη διάνοιά μας ώστε κάθε λέξη που εξέρχεται από το στόμα του Θεού να δυναμώνει την πίστη μας, να αλλάζει τον τρόπο που ζούμε, να μας μεταμορφώνει ώστε να ομοιάζουμε με τον Σωτήρα μας και να μας οδηγεί στην αιώνια κατοικία μας.

Ο Ιησούς είπε: *«Επειδή, ο άρτος του Θεού είναι αυτός που κατεβαίνει από τον ουρανό, και δίνει ζωή στον κόσμο. Του είπαν, λοιπόν: Κύριε, δώσε μας πάντοτε τούτον τον άρτο. Και ο Ιησούς είπε προς αυτούς: Εγώ είμαι ο άρτος τής ζωής· όποιος έρχεται σε μένα, δεν θα πεινάσει· και όποιος πιστεύει σε μένα, δεν θα διψάσει ποτέ. Και το θέλημα εκείνου που με απέστειλε είναι τούτο: Καθένας που βλέπει τον Υιόν και πιστεύει σ' αυτόν, να έχει αιώνια ζωή, και εγώ θα τον αναστήσω κατά την έσχατη ημέρα»* **(Κατά Ιωάννην 6:33-35, 40).**

Αγαπητοί φίλοι και συγγενείς, ο Θεός θέλει να πιστεύουμε στον Ιησού Χριστό και καθημερινά να τρέφουμε τον εαυτό μας με τον Άγιο Λόγο Του για να αντισταθούμε στα βέλη του εχθρού. Ώστε μέσα από τη μαρτυρία μας και τα διδάγματα, τα παιδιά και τα παιδιά των παιδιών μας να έχουν αιώνια ζωή, διαβάζοντας καθημερινά τον *«Άρτο της ζωής»*.

Ο Ιησούς μας βεβαιώνει: «*Εγώ είμαι ο άρτος τής ζωής. Οι πατέρες σας έφαγαν το μάννα μέσα στην έρημο και πέθαναν. Αυτός είναι ο άρτος που κατεβαίνει από τον ουρανό, για να φάει κάποιος απ' αυτόν και να μη πεθάνει. Εγώ είμαι ο άρτος ο ζωντανός, που κατέβηκε από τον ουρανό. Αν κάποιος φάει απ' αυτόν τον άρτο, θα ζήσει στον αιώνα*» (**Κατά Ιωάννην 6:48-51Α**).

Ας προσευχηθούμε: Ουράνιε Πατέρα μας, Σ' ευχαριστούμε για τον άρτο της ζωής. Μην επιτρέψεις την απογοήτευση ή την κούραση να μας κάνουν να βάλουμε στην άκρη την απόλαυση του Άγιου Λόγου Σου για αργότερα, όταν θα έχουμε περισσότερο χρόνο, όταν οι προτεραιότητες της εργασίας, της οικογένειας και των φίλων θα μειωθούν. Βοήθησέ μας να αφιερώνουμε τα πρώτα τέσσερα λεπτά κάθε νέας ημέρας για να τρεφόμαστε με τον Άρτο της ζωής που δωρεάν προσφέρεις σε όλους μας. Προσευχόμαστε στο Άγιο Όνομά Σου.

— ΜΑΡΤΙΟΣ —
ΤΟ ΕΤΕΡΟΝ ΗΜΙΣΥ -
ΟΙΚΟΓΕΝΕΙΑ ΞΑΝΘΟΠΟΥΛΟΥ

Από την πλευρά της μητέρας: Η οικογένεια Ξανθόπουλου κατάγεται από τον Πόντο της Τουρκίας, όπως γράφει ο παππούς **Αριστοκλής Π. Ξανθόπουλος**:

«Ο Σάββας Ναρίνογλου γεννήθηκε στη Σινώπη (Sinop) στη σημερινή Τουρκία. Έπειτα από κάποια αναστάστωση, έφυγε από τη Σινώπη και μετακόμισε σε μία περιοχή που λεγόταν Βεζύρ Κιοπρού (Veziköprü). Εγκαταστάθηκε σε ένα χωριό που λεγόταν Tsaïκουπεϊ, όπου παντρεύτηκε τη γυναίκα του, το όνομα της οποίας δεν γνωρίζω. Μετακόμησαν από το Tsaikounei και ίδρυσαν το χωριό Ντερέκιοι. Μετακόμισαν εκεί αφού το χωριό Ντερέκιοι είχε νερό και αυτός και τα παιδιά του ήταν αγρότες και νερομυλωνάδες. Τα παιδιά του άλεθαν το σιτάρι της περιοχής.

*Ο Σάββας (ο προπάππος μου) είχε τέσσερις γιους και μία κόρη. Τα ονόματά τους ήταν: Λάζαρος, Γεώργιος, **Αναστάσιος** (Αναστάς), Ιωάννης (Γιάννης) και Δέσποινα. Ο **Αναστάσιος (Αναστάς)** ήταν ο παππούς μου. Είχε επτά παιδιά, δύο κόρες και πέντε γιους. Τα αγόρια, **ο Παύλος**, ο πατέρας μου, ο Σάββας, ο Ιωνάς, ο Αλέξανδρος (Αλέκος) και ο Βασίλειος γεννήθηκαν στην Τουρκία. **Ο Παύλος** είχε τρία παιδιά: τον Κωνσταντίνο (Κώστα), τον **Αριστοκλή** και την Δέσποινα.»*

Παρόλο που ήταν υπό την κατοχή της Οθωμανικής αυτοκρατορίας, διατήρησαν την ελληνική εθνικότητα. Δεν ήταν εύκολο να ζεις στον Πόντο της Τουρκίας ως Έλληνας Ευαγγελικός. Έπρεπε να επιλέξουν αν θα διατηρήσουν τη γλώσσα ή την πίστη τους. Πολλοί επέλεξαν την πίστη τους και απώλεσαν τη χρήση της ελληνικής γλώσσας. Εν τέλει, έγιναν πρόσφυγες και ήταν μέρος της **Συνθήκης της Λωζάνης για την ανταλλαγή πληθυσμών το 1923**. Έπρεπε να εγκαταλείψουν το έδαφος και την περιουσία τους και να επιστρέψουν στην Ελλάδα με άδεια χέρια. Έπειτα από λίγο, εγκαταστάθηκαν στη Σεβαστή, στην Κεντρική Μακεδονία γιατί είχε πλεονεκτήματα όσον αφορά στη γεωργία.

Ο θείος Κώστας γεννήθηκε στην Τουρκία και ήταν εντεταλμένος λειτουργός στην Ελληνική Ευαγγελική Εκκλησία. Ο **Παππούς Αριστοκλής** γεννήθηκε στη Θεσσαλονίκη. Η Δέσποινα, η αδερφή του, γεννήθηκε στη Σεβαστή.

Η ζωή στην Ελλάδα έπειτα από τον Πρώτο Παγκόσμιο Πόλεμο και κατά τη διάρκεια του Δεύτερου Παγκοσμίου Πολέμου δεν ήταν εύκολη. Ο Παππούς Αριστοκλής ήταν περίπου 18 χρονών όταν η Γερμανία εισέβαλε στην Ελλάδα και τον ανάγκαζε να ανοίγει τάφρους, μη γνωρίζοντας αν κάποιο από αυτά προοριζόταν για εκείνον. Ο Θεός τον φύλαξε από το κακό γιατί υπήρχε λόγος! Έπρεπε να γνωρίσει και να παντρευτεί την πεθερά μου, την **Κυριακή Κοκτσίδου**.

1 Μαρτίου
ΤΟ ΣΚΗΠΤΡΟ ΤΗΣ ΔΙΚΑΙΟΣΥΝΗΣ
Προς Εβραίους 1:8

Στις 28 Φεβρουαρίου 1989, ο Ιησούς Χριστός έσωσε τη ζωή και την ψυχή μου από την καταστροφή. «Ο Ιησούς, ο Υιός του Θεού, έγινε άνθρωπος ώστε οι άνθρωποι να γίνουν παιδιά του Θεού». Αυτά ήταν τα λόγια που είπε ο Φερνάντο, ο ξάδερφός μου στις 28 Φεβρουαρίου, 2021 στην κηδεία του πατέρα του (του θείου μου, José Jorge Ortega Morales,) που αναπαύεται από τους κόπους του, αφού **«αγωνίστηκε τον καλό αγώνα» (Β' Προς Τιμόθεον 4:7).**

Ο Θεός επέλεξε την αγάπη, την ταπεινοφροσύνη και τη δικαιοσύνη ως πρότυπα για τη Βασιλεία Του και για τη ζωή μας. Αυτά είναι τα χαρακτηριστικά που επιθυμεί ο Θεός να σπείρει σε όσους θέλουν να αποκαλούνται ***«παιδιά του Θεού»* (Κατά Ιωάννην 1:12)**. Ο θείος Jorge σίγουρα έσπειρε σπόρους αγάπης και πίστης σε πολλές καρδιές, και όταν οι σπόροι καρποφορήσουν, **θα δημιουργήσουν κήπους αιώνιας αδελφοσύνης και δικαιοσύνης.**

Η ΔΙΚΑΙΟΣΥΝΗ είναι μια δίκαιη πράξη που προωθεί την ισότητα στην ανθρωπότητα. Η δικαιοσύνη δίνει στους ανθρώπους ό,τι αξίζουν, είτε πρόκειται για τιμωρία για τους δυνάστες ή αποκατάσταση για τους καταπιεσμένους. Το τελικό αποτέλεσμα είναι να κάνουμε βήμα προς την ειρήνη, שָׁלוֹם **(shalom - σαλόμ)**, μία κατάσταση αρμονίας κατά την οποία οι αδικίες έχουν διορθωθεί και οι μη προνομιούχοι κερδίζουν εκ νέου την ευημερία και την αξιοπρέπειά τους.

Στη θέση της κληρονομιάς του πλούτου, ο Θεός μας προσφέρει κάτι εγγενώς ανώτερο, είσοδο στον ουρανό, όπου **«το σκήπτρο ευθύτητας είναι το σκήπτρο τής βασιλείας σου»** και η βασιλεία Του **«θα είναι στον αιώνα τού αιώνα» (Προς Εβραίους 1:8)**. Ωστόσο, ως δόλωμα, ο κόσμος μας προσφέρει ένα **είδος δικαιοσύνης** που είναι και προσωρινό και λανθασμένο.

Φαίνεται ότι **η δικαιοσύνη έχει απαχθεί**. Πράξεις που δεκαετίες πριν θα ένωναν ένα έθνος απαιτώντας την πιο σοβαρή τιμωρία, σήμερα τα δικαστήρια τις απορρίπτουν δίχως να εφαρμόζουν τον νόμο. Οι άνθρωποι απαιτούν δικαιοσύνη, αλλά η δικαιοσύνη μας ξεφεύγει, χάνεται σαν την πρωινή πάχνη. Ο κόσμος απαιτεί δικαιοσύνη για τα θύματα του πολέμου, για τους εξόριστους, για τα παιδιά που χωρίζονται από τις οικογένειές τους, για τους περιθωριοποιημένους, για τα απροστάτευτα ορφανά, τις χήρες, τους μετανάστες και τους φτωχούς. Οι πολιτικοί, ωστόσο, θεσπίζουν νόμους χωρίς αποτέλεσμα και χωρίς δύναμη.

Παρόλο που δεν μπορούμε εδώ να βρούμε αληθινή δικαιοσύνη, γνωρίζουμε ότι κάθε άδικος άνθρωπος θα λάβει αυτό που του αξίζει όταν εμφανιστεί ενώπιον του Θεού, ο οποίος βλέπει και ακούει κάθε κραυγή αδικίας.

Ας προσευχηθούμε: Ουράνιε Πατέρα μας, Σ' ευχαριστούμε για όσους έσπειραν σπόρους αγάπης και δικαιοσύνης μέσα μας. **Δώσε την ανάπαυση που δικαίως αρμόζει σε όσους αγωνίστηκαν τον καλό αγώνα**. Σε παρακαλώ δώσε μας τη δύναμη να συνεχίσουμε να αγωνιζόμαστε ώσπου η αληθινή και αιώνια δικαιοσύνη να κυλά σαν ποτάμι. Προσευχόμαστε στο Άγιο Όνομά Σου.

2 Μαρτίου
ΔΙΑΒΑΙΝΕ ΜΕ ΤΟΝ ΒΑΣΙΛΙΑ
Προς Εβραίους 11:1

Ο εκλιπών Αιδεσιμότατος Dr. Robert A. Cook έκανε πάντοτε την εξής ερώτηση στους ακροατές του ραδιοφώνου του: *«Πώς είστε στον κόσμο σήμερα;»*[5] Βρισκόμαστε σε αυτόν τον κόσμο, αλλά δεν «*είμαστε από τον κόσμο*» **(Κατά Ιωάννην 17:14).** Στο τέλος του προγράμματος, ο Dr. Cook αποχαιρετούσε πάντοτε με αυτά τα λόγια *«Διάβαινε με τον Βασιλιά σήμερα και γίνε ευλογία».* Το μυστικό *«να περπατάς με τον Βασιλιά»* είναι να γνωρίζεις ότι ανήκεις σε Εκείνον και όλα βρίσκονται στα χέρια του Θεού.

Το σημερινό εδάφιο μας λέει ότι **η πίστη** είναι **«***πεποίθηση γι' αυτά που ελπίζονται, βεβαίωση για πράγματα που δεν βλέπονται»* **(Προς Εβραίους 11:1).** Ο Ιησούς θέλει εμπιστοσύνη και μπορεί να σώσει, να βελτιώσει, να οξύνει, να καθαρίσει και να αποκαταστήσει τη ζωή μας και τον κόσμο μας.

Η πίστη είναι να γνωρίζουμε ότι όλα στηρίζονται στον Θεό. Οι ήρωες της πίστης που αναφέρονται στην **Προς Εβραίους επιστολή 11** εμπιστεύτηκαν με όλο τους το είναι τον Θεό και τις υποσχέσεις Του. Η πίστη δεν σου εγγυάται ότι η ζωή θα είναι εύκολη. Ο Ιησούς μας είπε, *«Μέσα στον κόσμο θα έχετε θλίψη· αλλά, να έχετε θάρρος· εγώ νίκησα τον κόσμο»* **(Κατά Ιωάννην 16:33).** Η πίστη υπόσχεται ότι ο Θεός θα βαδίζει μαζί μας σε οποιαδήποτε κατάσταση, καθιστώντας μας ικανούς να εκπληρώσουμε τον σκοπό μας και να μην επιτρέψουμε στον εχθρό να αγγίξει την ψυχή μας.

Ο Θεός υποσχέθηκε στον Άβραμ μία κληρονομιά αναρίθμητη όπως τα αστέρια του ουρανού και την άμμο στον κόσμο. Πέρασαν 20 και πλέον χρόνια, αλλά ο Κύριος δεν λησμόνησε την υπόσχεση. Στην **Προς Εβραίους** επιστολή **11:11** διαβάζουμε: *«Με πίστη και η ίδια η Σάρρα πήρε δύναμη στο να συλλάβει σπέρμα, και παρά τον καιρό τής ηλικίας γέννησε, επειδή στοχάστηκε πιστόν εκείνον που υποσχέθηκε».* Οι ευλογίες και οι υποσχέσεις του Θεού έρχονται στον χρόνο που πρέπει, όχι όποτε το επιθυμούμε. Η πίστη μας δίνει την υπομονή να αναμένουμε τον Θεό να εκπληρώσει τις υποσχέσεις Του και το τέλειο έργο Του στη ζωή και την οικογένειά μας.

Ας προσευχηθούμε: Ουράνιε Πατέρα μας, αύξησε την πίστη μας ώστε να αναμένουμε Εσένα και να αφοσιωθούμε στην αποστολή της σωτηρίας και θεραπείας των χαμένων προβάτων Σου, μέσα στα οποία ήμασταν κι εμείς. Μαρτυρούμε την τάση μας να απομακρυνόμαστε σε αναζήτηση πράσινων λιβαδιών. Χρειαζόμαστε την πίστη Σου και την καθοδήγησή σου ώστε να **«βαδίσουμε σήμερα με τον Βασιλιά και να γίνουμε ευλογία».** Προσευχόμαστε στο Άγιο Όνομά Σου.

---

[5] (ΣτΜ.) Το ερώτημα στο πρωτότυπο κείμενο είναι "How in the world are you?", το οποίο εμπεριέχει τη λέξη «κόσμος» και η ορθή απόδοσή του νοήματος θα ήταν «Πώς, στην ευχή, είστε σήμερα;» Ωστόσο, η φράση "in the world", στον κόσμο, χρησιμοποιείται στο παρόν συγκείμενο ως διακειμενικό στοιχείο από την Αγία Γραφή, για να δοθεί έμφαση στο γεγονός ότι ενώ ζούμε *εντός* του κόσμου, δεν είμαστε *εκ* του κόσμου.

3 Μαρτίου
ΠΑΙΔΙΑ ΤΟΥ ΦΩΤΟΣ

«Ενόσω έχετε το φως, πιστεύετε στο φως, για να γίνετε γιοι τού φωτός». **Κατά Ιωάννην 12:36**

"Believe in the Light while you have the Light, so that you May become children of Light."
John 12:36

"Mientras tengan la luz, crean en la luz, para que sean hijos de la luz". **Juan 12:36**

Ο Θεός επιθυμεί όλη η δημιουργία να πιστέψει στον Υιό, τον Ιησού ώστε «*να γίνουν γιοι του φωτός*» και να έχουν αιώνια ζωή.

Αγαπητοί μου, το Φως δεν θα είναι μαζί μας πάντοτε. Όταν η τελευταία ψυχή εισέλθει στον ουρανό, ο Κύριος θα κλείσει την πόρτα και δεν θα χρειάζεται το Φως του Ευαγγελίου. Στη συνέχεια, ο Κύριος θα σβήσει το Φως που σήμερα λάμπει σε κάθε πιστό, θα μας απομακρύνει από τον τόπο της καταιγίδας και του πόνου και θα μας εγκαταστήσει στην αιώνια κατοικία μας, όπου το Φως μας θα είναι ο Κύριος.

Όποιος δεν πιστέψει στο Φως, ενώ αυτό λάμπει, θα μείνει εκτός, πορευόμενος χωρίς κατεύθυνση ή φως. Γι' αυτό και η ανάθεσή μας είναι τόσο σημαντική, απαιτώντας όλους τους πόρους, τα δώρα και τον χρόνο μας, καλώντας όλους να λάβουν τον Χριστό ως Σωτήρα τους, μεταμορφώνοντας τους σε *«γιους του φωτός»*.

Δεν επαρκεί να πιστεύουμε στο Φως για να είμαστε **γιοι του φωτός**. Πρέπει να ομολογούμε δημόσια την πίστη μας. Σήμερα το Ευαγγέλιο μας λέει ότι «*και από τους άρχοντες πολλοί πίστεψαν σ' αυτόν· εντούτοις, εξαιτίας των Φαρισαίων δεν ομολογούσαν, για να μη γίνουν αποσυνάγωγοι. Επειδή, αγάπησαν τη δόξα των ανθρώπων περισσότερο, παρά τη δόξα τού Θεού*» (**Κατά Ιωάννην 12:42-43**).

Αν δεν είμαστε επικεντρωμένοι στο Φως, ο εχθρός θα μας κάνει να ανησυχούμε περισσότερο για το **«τι θα πουν οι άλλοι»**. Εφόσον ταλανιζόμαστε μεταξύ ζωής και θανάτου, πρέπει να βάλουμε τα πάντα στην άκρη και να συνεχίσουμε να κωπηλατούμε προς το μέρος του Θεού, ο οποίος έχει τη δύναμη να μας σώσει. **Ένα τέκνο του Φωτός** ξεχωρίζει ως φως εν μέσω καταιγίδας για να καθοδηγήσει και να σώσει όσους παρασύρονται δίχως σκοπό στο σκοτάδι.

Δεν γνωρίζουμε πότε θα επιστρέψει ο Κύριος για τον λαό Του, αλλά ενώ αναμένουμε, ας διασφαλίσουμε ότι το φως μας λάμπει στο σκοτάδι.

Ας προσευχηθούμε: Ουράνιε Πατέρα μας, βοήθησέ μας, **ως τέκνα του Φωτός,** επιθυμούμε την έγκρισή Σου και όχι των ανθρώπων, ώστε **να βαδίζουμε ως δικά Σου τέκνα**, *«και να μη συγκοινωνούμε στα άκαρπα έργα τού σκότους»* (**Προς Εφεσίους 5:8-10**) και να ανανεώνουμε το φως μας άμεσα με τον Λόγο και την παρουσία Σου, ζωοδότη και Ελπίδα του κόσμου αυτού. Προσευχόμαστε στο Άγιο Όνομά Σου.

---

4 Μαρτίου
ΑΚΟΥΡΑΣΤΟΙ

«Και σας σήκωσα σαν επάνω σε φτερούγες αετού, και σας έφερα προς τον εαυτό μου».
Έξοδος 19:4β

"I carried you on eagles' wings and brought you to myself." Exodus 19:4b

"Los he traído hasta mí sobre alas de águila". Éxodo 19:4b

Η Μαργαρίτα μου είπε, **«Η μητέρα σου έχει κατάθλιψη. Πρέπει να ξεφύγει το μυαλό της. Γιατί δεν πάτε ένα ταξίδι;»** Κι έτσι, τον Ιούνιο του '91, είχα τη μεγάλη χαρά να ταξιδέψω στους Αγίους Τόπους με τη μητέρα μου, ο Θεός να την αναπαύσει. Η ρευματοειδής αρθρίτιδα είχε καθηλώσει τη μητέρα μου, η οποία βίωνε πόνο στις αρθρώσεις, στα χέρια και στα πόδια της και περνούσε δύσκολα. Αλλά τίποτα δεν θα την απέτρεπε από την εκπλήρωση του ονείρου της να πάει στην Ιερουσαλήμ.

Η μητέρα μου ήταν αποφασισμένη να συνεχίσει το ταξίδι παρά τον κίνδυνο των πυραύλων Scud που έπεφταν στο Τελ Αβίβ. Καθώς κατέβαινε από το αεροπλάνο, είπε *«έχει μία αίσθηση αγιότητας!»* Αλλά εκείνο που με εξέπληξε ήταν το γεγονός ότι η μαμά μου ήταν ακούραστη στις 12 ημέρες που ήμασταν στο Ισραήλ. Πετούσε *σε φτερά αετού*, ανανεωμένη, μη νιώθοντας πόνο ούτε κούραση. Αργά το απόγευμα, μετά το βραδινό γεύμα, πηγαίναμε μόνοι μας να επισκεφτούμε ξανά τους δρόμους της Ιερουσαλήμ. Δεν είχα ξαναδεί τη μαμά μου τόσο χαρούμενη. Στη συνέχεια πήγαμε για δύο εβδομάδες στην οικογένεια της Μαργαρίτας στην Ελλάδα, όπου απολαύσαμε τη μία ευλογία πίσω από την άλλη. Ο Θεός *«αυτόν που χορταίνει τα γηρατειά σου με αγαθά· η νεότητά σου ανανεώνεται σαν του αετού»* **(Ψαλμοί 103:5).**

Στο βιβλίο του **Ησαΐα 40:28Β** διαβάζουμε, *«δεν ατονεί, και δεν αποκάμει».* Η λέξη **«αποκάμω»** προέρχεται από την εβραϊκή λέξη יָעַף **yaáf** που σημαίνει «κουράζω, λιγοθυμώ, καταπονώ, παρατώ». Αλλά, ο Θεός *«δίνει ισχύ στους εξασθενημένους, και αυξάνει τη δύναμη στους αδύνατους. Οι νέοι, όμως, θα ατονήσουν και θα αποκάμουν, και οι εκλεκτοί νέοι θα εξασθενήσουν ολοκληρωτικά· αλλά, εκείνοι που προσμένουν τον Κύριο θα ανανεώσουν τη δύναμή τους· θα ανέβουν με φτερούγες σαν αετοί· θα τρέξουν, και δεν θα αποκάμουν· θα περπατήσουν, και δεν θα ατονήσουν».* (Ησαΐας 40:29-31).

Ο **Θεός είναι ακούραστος**, καθώς η αγάπη Του είναι ανεξάντλητη. Ο Θεός είναι επίσης υπομονετικός και συγχωρεί τα ελαττώματά μας. Ας μην υπάρχει παρεξήγηση και πιστέψουμε ότι οι σπάνιες παραβάσεις μας δεν πληγώνουν τον Θεό. Αλλά ο Θεός μας κοιτά τρυφερά μέσα από το εξαγνιστικό αίμα του Χριστού, γνωρίζοντας τι διαμορφώνει μέσα μας. Ο Θεός δεν θα μας αφήσει όπως μας βρήκε αλλά θα μας καθαρίσει από την αμαρτία και τα ελαττώματα μας για να μας παρουσιάσει λυτρωμένα και τέλεια τέκνα **με δύναμη και φτερά αετού**.

Ας προσευχηθούμε: Ουράνιε Πατέρα μας, Σ' ευχαριστούμε για την ανεξάντλητη αγάπη και συγχώρησή Σου. Σ' ευχαριστούμε που μας ενδυναμώνεις όταν νιώθουμε αδύναμοι και κουρασμένοι, που μας λυτρώνεις όταν δεν έχουμε ελπίδα, για τη φροντίδα και την προστασία που μας υπόσχεσαι σε εμάς και στο σπίτι μας. Σ' ευχαριστώ για τις ξεχωριστές στιγμές με τη μαμά. Προσευχόμαστε στο όνομα του Ιησού Χριστού.

Ο Θεός δεν θα μας αφήσει όπως μας βρήκε αλλά θα μας καθαρίσει από την αμαρτία και τα ελαττώματα μας για να μας παρουσιάσει λυτρωμένα και τέλεια τέκνα με δύναμη και φτερά αετού.

5 Μαρτίου
ΙΕΡΑ ΜΕΡΗ
Πράξεις 7:33

Κάθε μέρος όπου καλούμε το όνομα του Κυρίου είναι άγιο. Κάθε μέρος όπου ο Θεός συναντά τον λαό Του είναι άγιο και απαιτεί τον ύψιστο σεβασμό και την προσοχή μας.

Ένας απ' τους τρόπους που συναντούμε τον Θεό είναι διαμέσου της προσευχής. Ένα όμορφο έθιμο στο σαλόνι μας, **που το έμαθα από τον πεθερό μου, Αριστοκλή Ξανθόπουλο,** είναι ότι κανείς δεν μιλά ή δεν κινείται κατά τη διάρκεια της προσευχής. Απενεργοποιούμε κάθε ήχο τριγύρω, μουσική και τηλεόραση, ενώ ζητούμε την παρουσία του Θεού με ευγνωμοσύνη. Έτσι, κάνουμε τα πόδια, τα χέρια, τα χείλη και τον νου μας να σιωπήσουν ώστε οπουδήποτε μιλούμε με τον Θεό, **είναι ένα άγιο μέρος!**

Ιερά μέρη είναι εκείνα όπου ο Κύριος μας αγγίζει και μας αποκαθιστά με τον Λόγο Του. *«Κύριε, δεν είμαι άξιος να μπεις κάτω από τη στέγη μου· αλλά, μονάχα πες έναν λόγο, και ο δούλος μου θα γιατρευτεί»* **(Κατά Ματθαίον 8:8).** Επιφέροντας την παρουσία του Θεού σε καθημερινά μέρη όπως είναι η εργασία μας, το σπίτι μας, τα καταστήματα, η αγορά, τα μέσα μαζικής μεταφοράς, τα αυτοκίνητα, κτλ. μετατρέπονται σε ιερά μέρη τα οποία απαιτούν τα πόδια, τον νου, τα αυτά και την καρδιά μας να είναι ελεύθερα από τον ήχο του κόσμου ώστε να **ακούμε μόνο τον Θεό**.

Μετά που σκότωσε έναν από τους Αιγύπτιους ο Μωυσής *«έφυγε εξαιτίας αυτού τού λόγου, και έγινε πάροικος στη γη Μαδιάμ»* **(Πράξεις 7:29).** Σαράντα χρόνια αργότερα, βόσκωντας τα πρόβατα του πεθερού του, άγγελος Θεού εμφανίστηκε ενώπιόν Του στις φλόγες μιας καιόμενης βάτου κοντά στο όρος Σινά για να του δώσει την εντολή του σωτήρα και απελευθερωτή του λαού Του **(Πράξεις 7:30).** Ο Θεός είπε στον Μωυσή, *«Λύσε το υπόδημα των ποδιών σου· επειδή, ο τόπος επάνω στον οποίο στέκεσαι, είναι άγια γη»* (Έξοδος 3:5, **Πράξεις 7:33).** Ο Ιησούς του Ναυή έλαβε κι εκείνος την ίδια εντολή **(Ιησούς του Ναυή 5:15).**

Στη Μεγάλη Εντολή, εσείς κι εγώ πηγαίνουμε σε όλα τα έθνη για να κάνουμε μαθητές από *«όλα τα έθνη, βαπτίζοντάς τους στο όνομα του Πατέρα και του Υιού και του Αγίου Πνεύματος, διδάσκοντάς τους να τηρούν όλα όσα παρήγγειλα σε σας· και προσέξτε, εγώ είμαι μαζί σας όλες τις ημέρες, μέχρι τη συντέλεια του αιώνα»* **(Κατά Ματθαίον 28:19–20).**

Ας προσευχηθούμε: Ουράνιε Πατέρα μας, πιστεύουμε ότι το Άγιό Σου Πνεύμα κατοικεί στις καρδιές μας. Ο Λόγος της πίστης Σου, της αγάπης, της ελπίδας και της θεραπείας **βαδίζει μαζί μας κάθε μέρα, παντού,** δίνοντάς μας δύναμη να εκπληρώσουμε την εντολή μας. Κάθε μέρος που βρισκόμαστε είναι ένα **άγιο μέρος** αποκατάστασης, αγάπης, ειρήνης και ελπίδας για τα έθνη. Σε παρακαλούμε βοήθησέ μας να ζούμε μ' αυτόν τον τρόπο. Προσευχόμαστε στο Άγιο Όνομά Σου.

6 Μαρτίου
ΤΑ ΑΠΟΤΕΛΕΣΜΑΤΑ ΤΗΣ ΚΑΛΗΣ ΦΙΛΙΑΣ
Μιχαίας 7:18

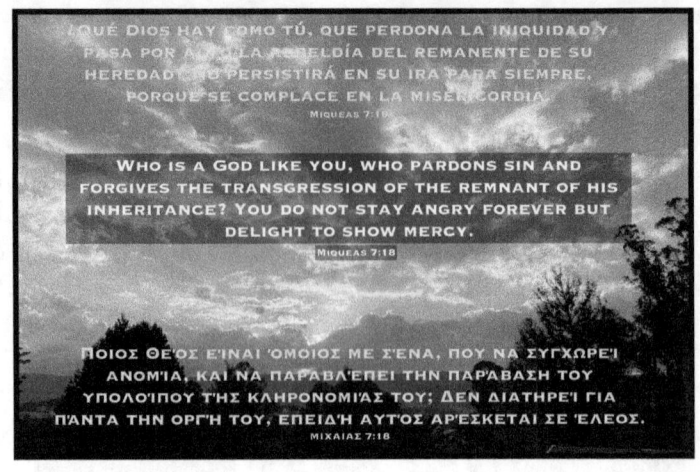

Στις 2 Μαρτίου 2020 πήγαμε στο Κίτο του Εκουαδόρ για διακοπές που προορίζονταν να κρατήσουν τρεις εβδομάδες. Ο Θεός είχε άλλα σχέδια! Στην εικόνα φαίνεται η θέα από την ταράτσα του θείου μου, ας αναπαύεται εν ειρήνη, Ricardo Sandoval. Ευχαριστούμε τον θείο Ricardo και την θεία Blanca που μας δέχτηκαν στο όμορφο σπίτι τους από τις 2 Μαρτίου έως τις 8 Ιουνίου 2020, όταν απροσδόκητα περάσαμε την καραντίνα στο Εκουαδόρ.

Από όσο μπορώ να θυμάμαι, είχαν στενή φιλία με τους γονείς μου και ζούσαν κοντά ο ένας με τον άλλον για χρόνια. Η καλή φιλία τους συνεχίστηκε και με τα παιδιά τους, τα ξαδέλφια μου, Michelle, Ricky και Lizeth.

Το αποτέλεσμα μιας καλής φιλίας είναι η χαρούμενη παρουσία σε όμορφες στιγμές και η ενθάρρυνση, η υποστήριξη και το καταφύγιο σε στιγμές ανάγκης. Μοιραστήκαμε χαρούμενες στιγμές ανά τα χρόνια και υποστηρίξαμε ο ένας τον άλλον. Η φιλία με τον Θεό επίσης μας προσφέρει ειρήνη, καταφύγιο και ελπίδα σε δύσκολες στιγμές. Το σημερινό εδάφιο μας λέει, *«Ποιος Θεός είναι όμοιος με σένα, που να συγχωρεί ανομία, και να παραβλέπει την παράβαση του υπολοίπου τής κληρονομιάς του; Δεν διατηρεί για πάντα την οργή του, επειδή αυτός αρέσκεται σε έλεος»* **(Μιχαίας 7:18)**.

Παρόλο που έχουμε καρδιά με τάσεις επανάστασης, η καρδιά του Θεού τείνει προς το έλεος και τη συγχώρηση. Ο Θεός συγχωρεί τον θυμό Του όταν πλησιάζουμε τον θρόνο της χάριτός Του με εξομολόγηση και μετάνοια των αμαρτιών μας. Μέσα στις καταιγίδες της ζωής, η καλή φιλία με τον Θεό μας προσφέρει ειρήνη, καταφύγιο και ελπίδα για ένα καλύτερο αύριο.

Μετά τον Θεό, η δεύτερη πιο σημαντική σχέση που θα πρέπει να φροντίζουμε είναι με την οικογένεια: με συζύγους, παιδιά, παππούδες, γονείς, αδέλφια, θείους, ξαδέλφια και έπειτα φίλους. Εφόσον είμαστε ατελή όντα, δίχως εξαίρεση, έχουμε την τάση για άκρατο θυμό. *«Δεδομένου ότι, όλοι αμάρτησαν, και στερούνται τη δόξα τού Θεού»* **(Προς Ρωμαίους 3:23)**. Αλλά η φιλία με τον Θεό (αν είμαστε αληθινοί φίλοι) μας οδηγεί να δείχνουμε ενσυναίσθηση προς άλλους στις κακοτυχίες τους και όταν έχουν ανάγκη και να τείνουμε μία χείρα συγχώρησης και βοήθειας και να μην εμμένουμε στον θυμό μας.

Ας προσευχηθούμε: Ουράνιε Πατέρα μας, ευχαριστούμε για όσους μας στήριξαν όταν το είχαμε ανάγκη. Τα οφέλη της φιλίας Σου είναι αναρίθμητα. Χρειαζόμαστε την παρουσία, την αγάπη και τη φιλία Σου. Ευλόγησέ μας με καρδιά που θα χαίρεται να δείχνει έλεος στους άλλους. Προσευχόμαστε στο Άγιο Όνομά Σου.

7 Μαρτίου
ΤΑ ΜΑΤΙΑ ΤΟΥ ΘΕΟΥ ΕΙΝΑΙ ΕΠΑΝΩ ΜΑΣ
Ησαΐας 51:4

Όταν οδηγώ στο Κίτο, φροντίζω να μην ξεπερνώ το όρια ταχύτητας γιατί η ματιά του νόμου είναι παντού και φωτογραφίζει εικόνες από τις πράξεις μας. Το 2017, πήρα ένα άσχημο μάθημα όταν, ένα μήνα μετά που γύρισα στις ΗΠΑ από διακοπές, έλαβα μία χρέωση στην πιστωτική μου κάρτα, αξίας 130 δολαρίων για μία παράβαση του ορίου ταχύτητας (μαζί με την εικόνα του ενοικιαζόμενου αυτοκινήτου μου).

Τα μάτια του Θεού είναι σαν κάμερες ασφαλείας. Ο Θεός καταγράφει κάθε λέξη, κάθε πράξη και σκέψη μας. Ο Θεός επιθυμεί την προσοχή μας με δυνατή φωνή, με σημεία και θαύματα. Ο άγιος Λόγος του Θεού λέει ότι *«από μένα θα βγει νόμος, και θα στήσω την κρίση μου για φως των λαών»* **(Ησαΐας 51:4)**. Ίσως κάποιοι λανθασμένα σκέφτηκαν ότι ξέφυγαν επειδή ο νόμος δεν τους σταμάτησε Ωστόσο, κάποια στιγμή θα χρειαστεί να δώσουμε λογαριασμό για κάθε λέξη σκέψη και πράξη ενώπιον του δικαστηρίου του Θεού.

Ευτυχώς έχουμε δικηγόρο στον ουρανό που μεσιτεύει για εμάς. Όσοι ζουν υπό τις δυνάμεις του κόσμου δεν θα κατανοήσουν τον Λόγο του Θεού – θα χλευάσουν την πίστη μας και θα μας μισούν. Αλλά σήμερα ο Λόγος διαβεβαιώνει και ενθαρρύνει όσους κρατούν τον νόμο του Θεού στην καρδιά τους. *«Ακούστε με, εσείς που γνωρίζετε δικαιοσύνη· λαέ, στην καρδιά τού οποίου είναι ο νόμος μου· να μη φοβάστε τον ονειδισμό των ανθρώπων, ούτε να ταράζεστε στις ύβρεις τους»* **(Ησαΐας 51:7).**

Αξίζει να ξεκαθαρίσουμε ότι με τίποτα δεν είμαστε ελεύθεροι να αγνοήσουμε τους πολιτικούς και κοινωνικούς νόμους των κυβερνήσεών μας. Παρομοίως, επειδή έχουμε δικηγόρο στον ουρανό, δεν μας επιτρέπει να ακολουθήσουμε τα έθιμα του κόσμου και να διαπράξουμε παραβάσεις κατά του Θεού και των ανθρώπων.

Ας προσευχηθούμε: Ουράνιε Πατέρα μας, Σ' ευχαριστώ που τα μάτια Σου είναι πάντοτε επάνω μας, να μας φροντίζουν, να μας καθοδηγούν και να μας προστατεύουν από κάθε καλό. Σ' ευχαριστώ που χάραξες τον νόμο Σου στην καρδιά μας ώστε να μην αμαρτήσουμε εναντίον Σου. Και Σ' ευχαριστούμε για την τόσο μεγάλη αγάπη και φροντίδα που μας επιτρέπει να βαδίζουμε ελεύθερα, αλλά με προσοχή, ακόμη και εν μέσω λοιμών και ιών.

8 Μαρτίου
ΣΤΟΝ ΝΑΟ ΤΟΥ ΘΕΟΥ
Προς Κορινθίους Α' 3:16

Στις 14 Μαρτίου, 2021 έγινε ένας χρόνος από την ημέρα που πολλές εκκλησίες έκλεισαν τις πόρτες τους εξαιτίας του COVID-19 και πολλοί από εμάς δεν είχαμε ακόμη επιστρέψει στον **ναό του Θεού**.

Η τεχνολογία ωφέλησε τις προσπάθειές μας να αναπαράγουμε όσα κάναμε και νιώσαμε **κατά τη διάρκεια της λατρείας στον ναό μας**. Ωστόσο, για κάποιους, η κοινωνία της **«Θείας Ευχαριστίας»** μέσω του Zoom δεν

είναι το ίδιο με τη λήψη των αγίων στοιχείων από τα χέρια του ιερέα. Άλλοι πιστεύουν ότι η δοξολογία δεν συγκρίνεται με τη ζωντανή μουσική. (Ως μουσικός θα συμφωνήσω, παρόλο που έχω δει τα θαύματα που κάνουν οι μουσικοί μηχανικοί μέσω της τεχνολογίας). **Κι έτσι**, επιθυμούμε να επιστρέψουμε στον ναό και στην κοινωνία, να είμαστε μια ζωντανή εκκλησία στη λατρεία μας με τον Κύριο.

Το σημερινό ανάγνωσμα μας παρουσιάζει μια φιλόξενη εικόνα του ναού του Θεού.

> *Επιθυμούμε να επιστρέψουμε στον ναό και στην κοινωνία, να είμαστε μια ζωντανή εκκλησία στη λατρεία μας με τον Κύριο.*

Στον Ψαλμό 84:1 διαβάζουμε, *«Πόσο αγαπητές είναι οι σκηνές σου, Κύριε των δυνάμεων!»* Στην αυλή του Θεού, μαζευόμαστε για να ψάλουμε δοξολογίες στον Κύριο. Βρίσκουμε **χαρά** και **δύναμη** για να αντιμετωπίσουμε την κάθε μέρα **(εδάφιο 4-5)**. Είναι εκεί που πηγαίνουμε από *«δύναμη σε δύναμη»* μέχρι να εμφανιστούμε ενώπιον του Θεού **(Ψαλμός 84:7)**.

Στο **Α' Βασιλέων 6:1** διαβάζουμε λεπτομέρειες σχετικά με τον ναό. Η κατασκευή του ξεκίνησε από τον Βασιλιά Σολομώντα το *«τέταρτο έτος»* της βασιλείας του και ολοκληρώθηκε επτά χρόνια αργότερα **(Α' Βασιλέων 6:38)**. Δεν μπορώ να φανταστώ αναμονή τεσσάρων ετών για την έναρξη κατασκευής κάτι τόσο σημαντικού για να ενώσει την κοινότητα και να την κρατήσει επικεντρωμένη στην καλοσύνη και στην κατεύθυνση του Θεού.

Η επιστολή Προς Κορινθίους μας διαβεβαιώνει ότι *«είμαστε ναός τού Θεού, και το Πνεύμα τού Θεού κατοικεί μέσα μάς»* **(Προς Κορινθίους Α' 3:16, 6:19)**. Αγαπητοί μου, οι φυσικοί ναοί αυτού του κόσμου συμβολίζουν τον αιώνιο ναό που ο Θεός επιθυμεί να δημιουργήσει σε κάθε καρδιά.

Δεν έχει σημασία αν υμνούμε τον Θεό από κοντά ή μέσω Zoom. Οπουδήποτε και με οποιονδήποτε τρόπο προκαλούμε το όνομα του Θεού, γίνεται ιερό μέρος και περίσταση όπου η ειρήνη, η χαρά και η δοξολογία του Κυρίου εμποτίζουν την ψυχή μας με τη δύναμη, την αγάπη και την ελπίδα να πηγαίνουν από καρδιά σε καρδιά, σπέρνοντας σπόρους που θα γίνουν Ναοί του Θεού.

Ας προσευχηθούμε: Ουράνιε Πατέρα μας, Σ' ευχαριστούμε που μας διάλεξες ως υιοθετημένα Σου παιδιά, που έχτισες ναό στην καρδιά μας. Στη λατρεία μας, είτε live είτε μέσω Zoom, σου φέρνουμε δοξολογία κρατώντας κάθε Λόγο που έχει πει και προσφέροντάς Σου το καλύτερο της ζωής μας. Προσευχόμαστε στο Άγιο Όνομά Σου.

---

9 Μαρτίου
ΑΓΙΑΣΕ ΜΕ ΚΑΘΕ ΜΕΡΑ

«Αγιαστείτε τώρα, και αγιάστε τον ναό τού Κυρίου τού Θεού των πατέρων σας, και βγάλτε έξω την ακαθαρσία από τον άγιο τόπο». **Β΄ Χρονικών 29:5**

"Consecrate yourselves now and consecrate the temple of the Lord, the God of your ancestors. Remove all defilement from the sanctuary." **2 Chronicles 29:5**

"Santifíquense ahora, y santifiquen el templo del Señor, el Dios de sus padres. Saquen del santuario toda impureza". **2 Crónicas 29:5**

Το σημερινό ανάγνωσμα επικεντρώνεται στον **καθαρισμό**. Μία από τις πρώτες δράσεις που αναλαμβάνει ως βασιλιάς, ο Εζεκίας ανοίγει τις πόρτες του ναού και δίνει εντολή στους Λευίτες να καθαρίζονται καθημερινά εκείνοι και ο ναός. **Ο αγιασμός** είναι μία διαδικασία καθαρισμού.

Η βασιλεία του Εζεκία ξεκίνησε όταν εκείνος ήταν 25 ετών. *«Και έκανε το ευθύ μπροστά στον Κύριο, σύμφωνα με όλα όσα έκανε ο Δαβίδ ο πατέρας του. Αυτός αφαίρεσε τους ψηλούς τόπους, και κατέσπασε τα αγάλματα, και κατέκοψε τα άλση και κατασύντριψε το χάλκινο φίδι, που ο Μωυσής είχε κάνει· επειδή, μέχρι τις ημέρες εκείνες οι γιοι Ισραήλ θυμίαζαν σ' αυτό»* (**Β' Βασιλέων 18:3–4**). Ανεξάρτητα από την εγγενή τους αξία, *«Και οι ιερείς μπήκαν μέσα στο εσώτερο του οίκου τού Κυρίου, για να τον καθαρίσουν· και έβγαλαν όλη την ακαθαρσία, που βρέθηκε στον ναό τού Κυρίου, και στην αυλή τού οίκου τού Κυρίου»* (**Β' Χρονικών 29:16**).

Ο ναός, πριν χρησιμοποιηθεί ως κέντρο λατρείας, πρέπει να πλυθεί και να απολυμανθεί από κάθε ακαθαρσία επειδή ο Θεός δεν μπορεί να είναι παρών σε μέρη που δεν έχουν αγιαστεί. Κι όμως, *«ο Κύριος σας έκλεξε για να παραστέκεστε μπροστά του, να τον υπηρετείτε, και να είστε υπηρέτες του, και να θυμιάζετε»* (**Β' Χρονικών 29:11**).

Ως ναοί του Θεού, ο Κύριος προσφέρεται να καθαρίσει την ψυχή μας με το εξαγνιστικό αίμα του Ιησού Χριστού. *«Και σχεδόν όλα καθαρίζονται με αίμα, σύμφωνα με τον νόμο, και χωρίς χύση αίματος δεν γίνεται άφεση»* (**Προς Εβραίους 9:22**). Αντίθετα με τους ιερείς που εισέρχονταν ετησίως για να προσφέρουν θυσίες στον εαυτό τους και στους ανθρώπους, ο Ιησούς Χριστός *«φανερώθηκε μία φορά, στο τέλος των αιώνων, για να αθετήσει την αμαρτία διαμέσου τής δικής του θυσίας»* (**Προς Εβραίους 9:26Β**).

Οι Λευίτες εργάζονταν οκτώ συνεχόμενες ημέρες για να καθαρίσουν τον ναό (**Β' Χρονικών 29:17**). Ο δικός μας καθαρισμός, όμως, είναι μία διαδικασία που δεν γίνεται άμεσα, αλλά σταδιακά και εφ' όρου ζωής. Μέσα από την καθημερινή μελέτη του Λόγου, ο Θεός καθαρίζει τον νου μας και την καρδιά μας, ώστε, μαζί με την οικογένειά μας, να πετύχουμε τη δόξα του να είμαστε, έστω με τα ελαττώματά μας, ναοί του Θεού, **αγιασμένοι για την υπηρεσία Του.**

Ας προσευχηθούμε: Ουράνιε Πατέρα μας, τίποτα που μπορώ να κάνω δεν θα επιφέρει την αγνότητα της καρδιάς που επιζητάς από εμένα. Μόνο η χάρη σου θα με καθαρίσει. Θέλω να είμαι πιο καθαρός κάθε μέρα. Δώσε μου διάκριση ώστε να αναγνωρίσω όσα ακάθαρτα σε προσβάλλουν και τη δύναμη του χαρακτήρα για να τα βγάλω από τη ζωή μου. Ανανέωσε το πνεύμα μου, Κύριε, και *«θα γίνουν λευκές σαν χιόνι»* (**Ησαΐας 1:18**). Προσευχόμαστε στο Άγιο Όνομά Σου.

---

10 Μαρτίου
Ο ΘΕΟΣ ΕΡΓΑΖΕΤΑΙ ΜΕΣΩ ΤΗΣ ΠΡΟΣΕΥΧΗΣ

«Ο οίκος μου θα ονομάζεται οίκος προσευχής για όλα τα έθνη» **Κατά Μάρκον 11:17Β**

"My house will be called a house of prayer for all nations." **Mark 11:17B**

"Mi casa será llamada casa de oración para todas las naciones". **Marcos 11:17B**

Κατά τη διάρκεια της Σαρακοστής, αξιολογούμε τη ζωή μας μέσα από τη μελέτη της Αγίας Γραφής και την προσευχή για να ενδυναμώσουμε την πίστη και τη συντροφιά μας με τον Θεό και τον λαό Του.

Ο ναός ήταν ο πυρήνας της προσευχής, της λατρείας και της θυσίας. Ήταν η ζωή και η ελπίδα των ανθρώπων. Βλέποντας την καταστροφή του ναού, ο προφήτης Δανιήλ προσευχήθηκε, λέγοντας *«Τώρα, λοιπόν, εισάκουσε, Θεέ μας, την προσευχή τού δούλου σου, και τις δεήσεις του, και επίλαμψε το πρόσωπό σου, ένεκα του Κυρίου, επάνω στο ερημωμένο θυσιαστήριό σου»* (**Δανιήλ 9:17**).

Όταν ο Ισραήλ επέστρεψε από την αιχμαλωσία στη Βαβυλώνα, η πρώτη κοινή πράξη ήταν να χτίσουν εκ νέου τον ναό και τα τείχη. Παρόλο που η αντίσταση είχε αναστείλει το έργο για κάποιες δεκαετίες, συνεχίστηκε η ανακατασκευή και, με τη βοήθεια του Θεού, ολοκληρώθηκε με μεγάλη χαρά. Το βιβλίο του Έσδρα μας διδάσκει ότι η σωματική εργασία είναι του ανθρώπου, αλλά ο Θεός την κατευθύνει ως ανταπόκριση στην προσευχή.

Η ανακατασκευή του ναού στέφθηκε από απόλυτη επιτυχία επειδή ο Θεός άγγιξε την καρδιά του Ασσύριου βασιλιά ώστε να *«έχει οίκτο»* για τους Ισραηλίτες και να τους στηρίζει με την ανακατασκευή (**Εσδρας 6:22**). Με την ολοκλήρωση, **«οι ιερείς και οι Λευίτες, και οι υπόλοιποι από τους γιους τής αιχμαλωσίας, εγκαινίασαν με ευφροσύνη αυτόν τον οίκο τού Θεού»** (**Έσδρας 6:16**).

Σχεδόν 530 χρόνια αργότερα, οι ιερείς επέτρεψαν τον οίκο του Θεού να γίνει ανοιχτή αγορά, ξεχνώντας τον σκοπό του ναού. *«Και έρχονται στα Ιεροσόλυμα· και ο Ιησούς μπαίνοντας μέσα στο ιερό, άρχισε να βγάζει έξω αυτούς που πουλούσαν και αυτούς που αγόραζαν μέσα στο ιερό· και αναποδογύρισε τα τραπέζια των*

> *Η σωματική εργασία είναι του ανθρώπου, αλλά ο Θεός την κατευθύνει ως ανταπόκριση στην προσευχή.*

αργυραμοιβών, και τα καθίσματα αυτών που πουλούσαν τα περιστέρια· και δεν άφηνε να περάσει κάποιος με σκεύος διαμέσου τού ιερού. Και δίδασκε, λέγοντάς τους: Δεν είναι γραμμένο ότι: «Ο οίκος μου θα ονομάζεται οίκος προσευχής για όλα τα έθνη»; (**Κατά Μάρκον 11:15-17**).

Οι παρακάτω ερωτήσεις μας βοηθούν να εντοπίσουμε τα τείχη που πρέπει να διορθώσουμε για να προστατευτούμε από τις επιθέσεις του εχθρού στους ναούς μας από σάρκα και αίμα.

✦ **Ποιες πόρτες πρέπει να επιδιορθώσουμε ή να κλείσουμε** για να αποτρέψουμε την αμαρτία από τα να διεισδύσει μέσα μας;

✦ **Ποιες πόρτες πρέπει να ανοίξουμε** για το Άγιο Πνεύμα ώστε να μας καθοδηγήσει σε μονοπάτια ειρήνης, δικαιοσύνης και αγάπης;

Ας προσευχηθούμε: Ουράνιε Πατέρα μας, Σ' ευχαριστούμε που μας δίδαξες ότι παρόλο που η σωματική εργασία είναι δικιά μας, μπορούμε να Σε προσεγγίσουμε με την προσευχή ώστε να αγγίξεις και να επηρεάσεις όσους έχουν τη δύναμη να μας υποστηρίξουν στην ενίσχυση των τειχών μας και των πορτών μας ώστε οι ναοί μας από σάρκα και αίμα να αποκατασταθούν στην τιμή και την δόξα Σου. Προσευχόμαστε στο Άγιο Όνομά Σου.

---

11 Μαρτίου
ΟΦΕΛΗ ΤΗΣ ΥΙΟΘΕΣΙΑΣ
Προς Εφεσίους 1:5

Δεν έχω αρκετή ευφυΐα ούτε χρόνο να μπω στο θέμα του πολυσυζητημένου πεπρωμένου. Κι όμως, παρά το γεγονός ότι είμαι προνομιούχος άνθρωπος, ως ισπανόφωνος μετανάστης, γνωρίζω πώς είναι να είσαι αποξενωμένος και να σε απορρίπτουν ως κατώτερο. Θυμάμαι την επιθυμία που είχα να ανήκω στην κυρίαρχη κουλτούρα, να είμαι μέλος της νικητήριας ομάδας. Τίποτα δεν μπορούσε να ικανοποιήσει την ακόρεστη επιθυμία μου να ανήκω κάπου, μέσω της θυσίας του Ιησού, **έλαβα τα οφέλη της υιοθεσίας**.

Ως **παιδί του Θεού** δεν νιώθω πλέον μόνος, απομονωμένος, αποκλεισμένος ούτε έχω υποστεί απόρριψη. Είμαι μέλος μιας μεγάλης παγκόσμιας οικογένειας που μοιράζεται ελεύθερα την αγάπη του Θεού, όπου όλοι γενναιόδωρα υποστηρίζουν ο ένας τον άλλον ώστε κάθε μέλος της οικογένειας να αγγίζει το δυναμικό του και τον σκοπό Του μέσω των δώρων του Θεού.

Το να είσαι παιδί του Θεού είναι ένα υπέροχο προνόμιο που δεν το αξίζουμε με μεγάλα πλεονεκτήματα, ευθύνες και προσδοκίες. Ως πλεονέκτημα, ο Ιησούς μας υπόσχεται το Άγιο Πνεύμα Του που μας ελευθερώνει από τα δεσμά του φόβου και της αμαρτίας και μας βάζει σε άμεση επικοινωνία με τον *«Αββά, Πατέρα»* **(Προς Ρωμαίους 8:15)**.

Όσοι, κάποια στιγμή, έχουν νιώσει μόνοι (π.χ. τα ορφανά) έχουν την αμέριστη υπόσχεση από τον Ουράνιο Πατέρα που προσφέρει φροντίδα, παρουσία και επιτήρηση. *«Και θα είμαι Πατέρας σας, και εσείς θα είστε γιοι μου και θυγατέρες»* **(Προς Κορινθίους Β' 6:18)**.

«Διερευνάς το περπάτημά μου και το πλάγιασμά μου, και όλους τούς δρόμους μου γνωρίζεις» **(Ψαλμοί 139:3)**. Το εδάφιο αυτό επιβεβαιώνει τη φροντίδα, την προστασία και τη συντήρηση του Θεού για όσους από εμάς ο Θεός έχει υιοθετήσει ως παιδιά Του. Είμαστε ευλογημένοι να έχουμε τον Θεό για Πατέρα μας και προσωπικό **φρουρό στη ζωή μας**.

Η υιοθεσία, ωστόσο, έχει και ευθύνες. Τα λόγια και οι πράξεις μας έχουν τη δύναμη να διασώσουν, να θεραπεύσουν, να οικοδομήσουν, να δέσουν, να μολύνουν και να καταστρέψουν. Ορισμένες φορές, ξεχνώντας ποιοι είμαστε ή ακόμη ότι ο Θεός είναι παρών, παίρνουμε την κατάσταση στα χέρια μας και δεν ενεργούμε ως μέλη της οικογένειας του Θεού.

Ο Ιησούς είπε, *«Μακάριοι αυτοί που πεινούν και διψούν τη δικαιοσύνη· επειδή, αυτοί θα χορτάσουν»* **(Κατά Ματθαίον 5:9).** Ως τέκνα και εκπρόσωποι του Υψίστου, καλούμαστε να είμαστε ειρηνοποιοί, να αγαπάμε τον Θεό, τον πλησίον μας και την ειρήνη.

Ας προσευχηθούμε: Ουράνιε Πατέρα μας, Σ' ευχαριστούμε που γέμισες το κενό που υπήρχε στη ζωή μας. Που μας καθόρισες από πριν να είμαστε παιδιά Σου. Δώσε ώστε να είμαστε άξιοι εκπρόσωποι της Άγιας οικογενειάς Σου σε σκέψη, λέξεις και πράξεις. Προσεύχομαι στο όνομα του Κυρίου μας Ιησού Χριστού.

---

12 Μαρτίου
ΣΦΡΑΓΙΣΜΕΝΟΙ

«Στον οποίο και εσείς ελπίσατε, όταν ακούσατε τον λόγο τής αλήθειας, το ευαγγέλιο της σωτηρίας σας· στον οποίο και, καθώς πιστέψατε, σφραγιστήκατε με το Άγιο Πνεύμα τής υπόσχεσης»
Προς Εφεσίους 1:13

"And you also were included in Christ when you heard the message of truth, the gospel of your salvation. When you believed, you were marked in him with a seal, the promised Holy Spirit"
Ephesians 1:13

"También ustedes, luego de haber oído la palabra de verdad, que es el evangelio que los lleva a la salvación, y luego de haber creído en él, fueron sellados con el Espíritu Santo de la promesa".
Efesios 1:13

Το σημερινό εδάφιο συνεχίζει με τα πλεονεκτήματα της υιοθεσίας, αναφέροντας ότι *«σφραγιστήκαμε με το Άγιο Πνεύμα της υπόσχεσης».*

Η λέξη *«σφραγισμένος»* είναι μια αναγκαία λέξη στην ανάπτυξη της πίστης, του θάρρους και της ελπίδας στον Λυτρωτή μας. Προέρχεται από την ελληνική λέξη *«σφραγίζω»* που σημαίνει *σφραγίζω κάτι (με δαχτυλίδι ή με απόρρητο σημάδι) για διατήρηση, πρόληψη ή <u>ασφάλεια</u>».*

Ασφάλεια – Στις 11 Μαρτίου, 2021 έκανα τη δεύτερη δόση εμβολίου, η οποία κατά πάσα πιθανότητα μου δίνει 95% προστασία κατά του COVID-19. Πιστεύω ότι ακόμη και αν περπατώ μέσα από μολυσμένα μέρη, ο ιός δεν θα έχει τον ίδιο αντίκτυπο σε εμένα. Το ανοσοποιητικό μου σύστημα θα έχει μάθει να μάχεται αποτελεσματικά ενάντια σε κάθε επίθεση. Στις 12 Αυγούστου 2022 κόλλησα COVID-19 και με τέσσερα εμβόλια, τα συμπτώματα ήταν σαν ήπιο κρύωμα.

Εσείς κι εγώ δεν χρειάζεται να κάνουμε ραντεβού ή να αναμένουμε σε μεγάλες ουρές για να λάβουμε **τη σφραγίδα της υπόσχεσης** του Αγίου Πνεύματος. Πρέπει, μόνο, να έχουμε **ακούσει το μήνυμα της αλήθειας, το ευαγγέλιο της σωτηρίας…και…να πιστέψουμε»** στον Ιησού. Έτσι, ακόμη κι αν το σώμα μας παρακμάσει στο εξωτερικό, η ψυχή μας θα είναι πάντα υπό τη φροντίδα και την απόλυτη προστασία του Αγίου Πνεύματος του Θεού.

Αντίθετα από το σημάδι του Θεού στον Κάιν ώστε να μην τον σκοτώσει κανείς **(Γένεσις 4:15)**, η σφραγίδα της προστασίας μας είναι εκείνη του ανήκειν και ενσαρκώνει την υπόσχεση της παρουσίας και της ευλογίας. Παρόλο που είμαστε αμαρτωλοί εκ φύσεως και αξίζουμε τον θάνατο, ο Θεός *«που μας έκανε άξιους της μερίδας τού κλήρου των αγίων μέσα στο φως»* **(Προς Κολοσσαείς 1:12)**, σφραγίζοντάς μας με το Άγιο Πνεύμα Του ώστε να διατηρήσει την ψυχή μας και να ευλογήσει τα σπίτια μας. Δόξα στον Θεό!

Παρόλο που ζούμε σε σώμα από σάρκα που αντιτίθεται στο πνεύμα, η αόρατη σφραγίδα της υπόσχεσης μας υπενθυμίζει ποιοι είμαστε και Ποιον υπηρετούμε, δίνοντάς μας τη δύναμη να αντισταθούμε στο κακό και να πράξουμε το καλό που αναμένεται από κάποιον που έχει σωθεί και έχει σφραγιστεί από το Άγιο Πνεύμα του Θεού.

Ας προσευχηθούμε: Ουράνιε Πατέρα μας, δεν καταστραφήκαμε από τον εχθρό εξαιτίας της αγάπης και του ελέους Σου. Σ' ευχαριστούμε που άνοιξες τα μάτια μας και τα αυτιά μας ώστε να ακούσουμε τον Λόγο της ζωής Σου, που μας οδηγεί να πιστέψουμε στον Ιησού Χριστό και να λάβουμε τη σφραγίδα του Αγίου Πνεύματος. Επίτρεψε στα παιδιά μας και στα παιδιά τους να λάβουν τη σφραγίδα Σου και να γίνουν πιστοί ακόλουθοι του Ιησού Χριστού, στου οποίου το όνομα προσευχόμαστε.

---

13 Μαρτίου
ΕΝΑΣ ΝΕΟΣ ΚΟΣΜΟΣ

«Στον οποίο κι εσείς συνοικοδομείστε σε κατοικητήριο του Θεού διαμέσου τού Πνεύματος». **Προς Εφεσίους 2:22**

"And in Him you too are being built together to become a dwelling in which God lives by his Spirit." **Ephesians 2:22**

"En Cristo, también ustedes son edificados en unión con él, para que allí habite Dios en el Espíritu". **Efesios 2:22**

Ευχαριστώ τον Θεό για εσάς κάθε φορά που σας ενθυμούμαι στην προσευχή μου. Σας ευχαριστώ για τη στήριξη στη διακονία μας. Για τη συμμετοχή σας στο όραμα αυτό της **δημιουργίας ενός νέου και καλύτερου κόσμου**, αν όχι για εμάς, για τα παιδιά των παιδιών μας. **Μπορείτε να φανταστείτε**:
✦ έναν κόσμο όπου κανείς δεν πηγαίνει το βράδυ για ύπνο νηστικός;
✦ δύο άνθρωποι σε σύγκρουση να τα βρίσκουν;
✦ η μετατροπή δύο ομάδων σε μία;

Η **Έξοδος 16** και η **Προς Εφεσίους επιστολή 2** μας δείχνουν τον δρόμο προς έναν τέτοιο κόσμο. Στην Έξοδο, κανείς δεν έμεινε πεινασμένος επειδή ο Θεός έστειλε ψωμί από τον ουρανό, δίνοντας την εντολή: *«Μαζέψτε κάθε ένας απ' αυτό όσο χρειάζεται για να φάει, ένα γομόρ κατ' άτομο, σύμφωνα με τον αριθμό των ψυχών σας· πάρτε ο καθένας για τους ομοσκήνους του. Έτσι και έκαναν οι γιοι Ισραήλ, και μάζεψαν άλλος πολύ και άλλος λίγο. Και όταν μέτρησαν με το γομόρ, όποιος είχε μαζέψει πολύ, δεν έπαιρνε περισσότερο· και όποιος είχε μαζέψει λίγο, δεν έπαιρνε λιγότερο· κάθε ένας έπαιρνε όσο χρειαζόταν σ' αυτόν για τροφή»* (Έξοδος 16:16-18).

Παρόλο που ο Θεός μας δίνει τα μέσα για να μας θρέψει (τη γη, τον ήλιο, το νερό, σπόρους, κτλ.), δεν έχουμε μάθει να συλλέγουμε επαρκώς, να μοιραζόμαστε τις ευλογίες και, ως αποτέλεσμα, πολλοί ζουν πεινασμένοι, στο χείλος της εξαφάνισης. Ακόμη κι έτσι, δεν χάνουμε την ελπίδα ότι μία μέρα ο κόσμος μας θα εμπιστευτεί τον Θεό ξανά για την καθημερινή τροφή και κανείς δεν θα πηγαίνει για ύπνο πεινασμένος.

Στην **Προς Εφεσίους** επιστολή, ο Θεός υπόσχεται να κάνει τις δύο ομάδες μία, σπάζοντας τα τείχη του διαχωρισμού και της εχθρότητας. Μέσω της θυσίας Του, ο Ιησούς άφησε τις εντολές, επιτρέποντας στη χάρη και την αγάπη να αφθονούν στην καρδιά μας **(Προς Εφεσίους 2:14-16)**. Μ' αυτόν τον τρόπο, οι δύο ομάδες που ζούσαν σε εχθρότητα σήμερα ζουν ως μία, αναμένοντας έναν νέο κόσμο όπου ο Θεός θα είναι ανάμεσά μας και δεν θα υπάρχει πείνα, αρρώστια, πόνος, πληγές, ψέματα, θάνατος, προδοσία ούτε δάκρυα.

Εσείς κι εγώ διαπαιδαγωγούμαστε και ενδυναμωνόμαστε κάθε μέρα μέσα από την ανάγνωση και τη μελέτη του Λόγου του Θεού. *«Στον οποίο ολόκληρη η οικοδομή, καθώς συναρμολογείται, αυξάνει σε έναν άγιο ναό εν Κυρίω· στον οποίο κι εσείς συνοικοδομείστε σε κατοικητήριο του Θεού διαμέσου του Πνεύματος»* (Προς Εφεσίους 2:21-22).

Ας προσευχηθούμε: Ουράνιε Πατέρα μας, δώσε μας το προνόμιο της δημιουργίας, στο όνομά Σου και με τη βοήθειά Σου, ενός κόσμου που θα ξεχειλίζει από αγάπη και υπακοή. Καθάρισε την καρδιά μας ώστε να είμαστε για Εσένα ένας άγιος ναός. Προσευχόμαστε στο Άγιο Όνομά Σου.

---

14 Μαρτίου
ΜΙΑ ΑΝΑΓΚΑΙΑ ΣΥΝΑΝΤΗΣΗ

«Έπρεπε, μάλιστα, να περάσει διαμέσου τής Σαμάρειας». Κατά Ιωάννην 4:4

"Now he had to go through Samaria." John 4:4

"Le era necesario pasar por Samaria". Juan 4:4

Στην Έξοδο βρίσκουμε τους πλέον απελευθερωμένους, αλλά πεινασμένους Ισραηλίτες στη φύση. Ο Θεός τους έδωσε εντολή να συλλέγουν μάννα έξι ημέρες την εβδομάδα. Την έκτη ημέρα, έπρεπε να συλλέξουν μάννα για δύο ημέρες, ώστε να ξεκουραστούν την έβδομη (**Έξοδος 16:28**). Ο Θεός θύμωσε και παραπονέθηκε στον Μωυσή *«Μέχρι πότε δεν θέλετε να τηρείτε τις εντολές μου, και τους νόμους μου;»* (εδάφιο 28). Το ανάγνωσμα κλείνει υπενθυμίζοντάς μας ότι **«και οι γιοι Ισραήλ έτρωγαν το μάννα για 40 χρόνια, μέχρις ότου ήρθαν σε κατοικημένη γη»** (εδάφιο 35).

Στο **Κατά Ιωάννην 4:1-6** μας δίνει το υπόβαθρο για την ανεκτίμητη συνάντηση μεταξύ του Ιησού και της Σαμαρείτιδος γυναίκας. Ας το διαβάσουμε μαζί:
«Καθώς, λοιπόν, ο Κύριος έμαθε ότι οι Φαρισαίοι άκουσαν πως ο Ιησούς κάνει περισσότερους μαθητές, και βαπτίζει, παρά ο Ιωάννης, (αν και ο ίδιος ο Ιησούς δεν βάπτιζε, αλλά οι μαθητές του)· άφησε την Ιουδαία, και αναχώρησε πάλι για τη Γαλιλαία. Έπρεπε, μάλιστα, να περάσει διαμέσου τής Σαμάρειας. Έρχεται, λοιπόν, στην πόλη τής Σαμάρειας, που την έλεγαν Σιχάρ, κοντά στο χωράφι, που ο Ιακώβ έδωσε στον Ιωσήφ, τον γιο του. Και υπήρχε εκεί μία πηγή τού Ιακώβ. Ο Ιησούς, λοιπόν, κουρασμένος καθώς ήταν από την οδοιπορία, καθόταν, έτσι όπως ήταν, στην πηγή. Η ώρα ήταν περίπου έξι».

Έχω διαβάσει το απόσπασμα πολλές φορές και τράβηξε την προσοχή μου το **εδάφιο 4**. *«Έπρεπε, μάλιστα, να περάσει διαμέσου τής Σαμάρειας».* Γιατί ήταν απαραίτητο; Ένας λόγος είναι επειδή η πιο γρήγορη διαδρομή μεταξύ της Ιερουσαλήμ και της Γαλιλαίας ήταν μέσα από τη Σαμάρεια, η Σαμάρεια θεωρούνταν εχθρικό έδαφος. Ωστόσο, υπήρχε μεγάλη εχθρότητα μεταξύ των Εβραίων και των Σαμαρειτών. Ένας πραγματικός Εβραίος δεν θα ρίσκαρε την πνευματική καθαρότητά του αλληλεπιδρώντας με τους Σαμαρείτες. **Ωστόσο, για τον Ιησού, ήταν απαραίτητο να διέλθει από τη Σαμάρεια, γιατί – ακούστε – είχε σχεδιάσει μία θεϊκή συνάντηση με μία γυναίκα Σαμαρείτιδα.**

Στις 13 Μαρτίου, 2020, η Μαργαρίτα, η Φανή κι εγώ περάσαμε από τον βορρά στον νότο του Εκουαδόρ για μία οικογενειακή συγκέντρωση. Είχαν περάσει 3 χρόνια από την τελευταία μας επίσκεψη και **ήταν απαραίτητο** να επιστρέψουμε για να ενισχύσουμε τους οικογενειακούς δεσμούς. Ο Θεός μας έφερε με ασφάλεια στον μεγάλο Παναμερικανικό Αυτοκινητόδρομο (Pan-American Highway) μέχρι που φτάσαμε στην Κουένκα, περίπου 455 χιλιόμετρα από τη βάση μας, το Κίτο.

Ας προσευχηθούμε: Ουράνιε Πατέρα μας, Σ' ευχαριστούμε για την αγάπη Σου που ενισχύει τους οικογενειακούς δεσμούς. Πράγματι, *«η απόσταση για το σπίτι ενός φίλου δεν είναι ποτέ μεγάλη»*. Σ' ευχαριστούμε που μείωσες τις αποστάσεις που μας χώριζαν από τη βασιλεία Σου. Βοήθησέ μας να δίνουμε προσοχή στις απαραίτητες συναντήσεις ώστε να φτάσουμε στην ουράνια έπαυλή Σου. Προσευχόμαστε στο Άγιο Όνομά Σου.

Για τον Ιησού, ήταν σημαντικό να διέλθει από τη Σαμάρεια γιατί είχε μία θεϊκή συνάντηση με μία Σαμαρείτιδα.

---

15 Μαρτίου
Η ΕΝΔΟΞΗ ΕΛΠΙΔΑ ΜΑΣ

«Ο Χριστός, όμως, ως υιός επάνω στον δικό του οίκο· του οποίου εμείς είμαστε ο οίκος, αν μέχρι τέλους κρατήσουμε βέβαιη την παρρησία και το καύχημα της ελπίδας». Προς Εβραίους 3:6

"But Christ is faithful as the Son over God's house. And we are his house, if indeed we hold firmly to our confidence and the hope in which we glory." Hebrews 3:6

"Cristo, en cambio, como hijo es fiel sobre su casa, que somos nosotros, si mantenemos la confianza firme hasta el fin y nos gloriamos en la esperanza". Hebreos 3:6

Το να είσαι ο οίκος του Θεού απαιτεί επιμονή στην πίστη και ελπίδα για το ένδοξο πρωινό όταν όλοι θα αναστηθούμε στη νέα ζωή, χωρίς βάσανα και πόνο, όπου δεν θα υπάρχουν πλέον δάκρυα, αρρώστιες ούτε εχθρότητες.

Κατά την αναμονή μας, ο Θεός μας καλεί να **εμμένουμε στην προσευχή**, παρακολουθώντας με ευχαριστία. **Παρακολουθώντας** σημαίνει **να μένουμε ξάγρυπνοι και σε εγρήγορση.** Ο Ιησούς είπε, *«Ο οίκος μου θα ονομάζεται οίκος προσευχής για όλα τα έθνη»*. Ο Λόγος του Θεού μας λέει, **«Αδιάκοπα να προσεύχεστε»** (Προς Θεσσαλονικείς Α' 5:17), σε κάθε μέρος, σε κάθε κατάσταση, για κάθε άνθρωπο και ανάγκη.

Η λίστα προσευχής μου αυξάνεται καθημερινά. Υπάρχουν περισσότερα αιτήματα απ' όσα σβήνω που **«έχουν απαντηθεί»**. Αλλά αυτό δεν σημαίνει ότι ο Θεός **δεν ακούει ή δεν απαντά σε προσευχές.** Μερικές φορές, ο Θεός απαντά θετικά, άλλες φορές είναι **«όχι ακόμη»** και άλλες φορές είναι «όχι». Ενώ αναμένουμε, καλούμαστε να συνεχίσουμε να προσευχόμαστε και να μοιραζόμαστε την **ένδοξη ελπίδα** με όσους σήμερα υποφέρουν και θρηνούν.

Παλιότερα, υποφέραμε χωρίς ελπίδα μέχρι το θεϊκό έργο του Θεού να ριζώσει στην καρδιά μας, γεμίζοντάς μας με πίστη, θάρρος και ελπίδα για ένα ένδοξο αύριο. Όλοι θα πρέπει να γνωρίζουν ότι *«αν μέχρι τέλους κρατήσουμε βέβαιη την παρρησία και το καύχημα της ελπίδας»* **(Προς Εβραίους 3:6),** θα δοξαστούμε στην παρουσία Του και, ενώ αναμένουμε, **θα είμαστε οίκος ενδυναμωμένος σε προσευχή και ελπίδα.**

Ο Θεός μας έχει προικίσει με το γράμμα της αγάπης Του (την Αγία Γραφή), που περιλαμβάνει τον χάρτη για να φτάσουμε στην ουράνια κατοικία. *«Επειδή, όσα από πριν γράφτηκαν, γράφτηκαν από πριν για τη δική μας διδασκαλία, για να έχουμε την ελπίδα με την υπομονή και την παρηγορία των γραφών»* **(Προς Ρωμαίους 15:4).** Η **ένδοξη ελπίδα** ότι εγώ κι εσείς μοιραζόμαστε με τους φτωχούς, όσους υποφέρουν, με τους αβοήθητους, τους ασθενείς, τους φυλακισμένους, τους πρόσφυγες, τις χήρες, τα ορφανά, κτλ., είναι σπόροι αγάπης και παρηγοριάς που ο Θεός θέλει να σπείρουμε στις ζωές των ανθρώπων αυτών μέσα από τις πράξεις, τα λόγια και την παρουσία μας.

Ας προσευχηθούμε: Ουράνιε Πατέρα μας, εξάγνισέ μας, ώστε με κάθε τρόπο, να είμαστε ενώπιόν Σου και ενώπιον του κόσμου **«ένας οίκος προσευχής»** και ελπίδας. Είθε **η ένδοξη ελπίδα** Σου να λάμπει μέσα μας, μεταδίδοντας σπόρους αγάπης ώστε *«καθένας που έχει αυτή την ελπίδα επάνω σ' αυτόν, αγνίζει τον εαυτό του, όπως εκείνος είναι αγνός»* **(Α' Ιωάννου 3:3).** Προσευχόμαστε στο Άγιο Όνομά Σου.

Μερικές φορές, ο Θεός απαντά θετικά, άλλες φορές είναι «όχι ακόμη» και άλλες φορές είναι «όχι».

---

16 Μαρτίου
Ο ΘΕΟΣ ΘΑ ΔΩΣΕΙ ΜΙΑ ΔΙΕΞΟΔΟ
Προς Κορινθίους Α' 10:13

Η λέξη **«πειρασμός»** σημαίνει αντιξοότητα, **με την έννοια της δοκιμασίας**. Όλοι μας αντιμετωπίζουμε πειρασμούς, είναι αναπόφευκτοι. Ο πειρασμός δεν συνιστά αμαρτία. Αμαρτάνουμε όταν κάνουμε πράξη τους πειρασμούς αυτούς.

Ο Θεός θα μας δώσει διέξοδο, όχι για να τον αποφύγουμε, αλλά για να αντιμετωπίσουμε τον πειρασμό επιτυχώς και να εμείνουμε στΔεκην πίστη μας. Ο Θεός βρίσκεται εκεί για να μας αποτρέψει από την πλάνη του πειρασμού. Όταν πειραζόμαστε, η πίστη στον Θεό μας βοηθά.

Είναι σημαντικό να γνωρίζουμε ότι **ο Θεός δεν προκαλεί τους πειρασμούς.** *«Κανένας, όταν πειράζεται, ας μη λέει ότι: Από τον Θεό πειράζομαι· επειδή, ο Θεός είναι απείραστος κακών, και αυτός δεν πειράζει κανέναν. Πειράζεται, όμως, κάθε ένας, από τη δική του επιθυμία, καθώς παρασύρεται και δελεάζεται»* **(Ιακώβου 1:13-14).** Ο Θεός επιτρέπει τις δοκιμασίες για να μας εξαγνίσει ή για να δείξει τον χαρακτήρα και την πίστη μας όταν αντιμετωπίζουμε αντιξοότητες. Από την άλλη, ο διάβολος χρησιμοποιεί τον πειρασμό για να μας προκαλέσει να αμαρτάνουμε, όπως έκανε με τον Αδάμ και την Εύα στον κήπο ή όπως πείραξε τον Ιησού στην έρημο **(Κατά Ματθαίον 4:1)**.

Να θυμάστε πάντοτε ότι ο Ιησούς μεσιτεύει για εμάς. Ο Ιησούς είπε στον Πέτρο: *«Σίμωνα, Σίμωνα, δες, ο σατανάς σάς ζήτησε, για να σας κοσκινίσει σαν το σιτάρι. Πλην, εγώ δεήθηκα για σένα για να μη εκλείψει η πίστη σου· και εσύ, όταν κάποτε επιστρέψεις, στήριξε τους αδελφούς σου»* **(Κατά Λουκάν 22:31-32)**. Έπειτα που ο Πέτρος αρνήθηκε τον Ιησού, ενδυναμωμένος από την προσευχή και την φιλία με τον Δημιουργικό, ο Ιησούς τον όρισε να *«βόσκει τα πρόβατά του»* **(Κατά Ιωάννην 21:17)**. Ο Ιησούς μεσιτεύει επίσης σε κάθε μία από τις δοκιμασίες και τους πειρασμούς μας ώστε η πίστη μας να μην αποκάμει και για να μας δείξει πώς να βγούμε νικητές.

Η Αγία Γραφή μας διδάσκει ότι *«όταν είμαι αδύνατος, τότε είμαι δυνατός»* **(Προς Κορινθίους Β' 12:10)**. Προσέξτε όμως με την υπερβολική εξάρτηση στις δικές σας δυνάμεις για να αποφύγετε τον πειρασμό. *«Ώστε, εκείνος που νομίζει ότι στέκεται, ας βλέπει μη πέσει»* **(Προς Κορινθίους Α' 10:12)**.

Ας προσευχηθούμε: Ουράνιε Πατέρα μας, Σ' ευχαριστούμε που μας δίδαξες πώς να μην υποκύπτουμε στον πειρασμό. Που ενίσχυσες την πίστη μας για να αντέχουμε τους πειρασμούς και για την υπόσχεση ότι, όταν έχουμε περάσει το τεστ, θα λάβουμε το στέμμα της ζωής που υποσχέθηκες σε όσους Σε αναζητούν. Προσευχόμαστε στο όνομα του Ιησού Χριστού.

---

17 Μαρτίου
ΠΟΤΕ ΘΑ ΠΑΥΣΕΙ Η ΛΥΠΗ ΜΑΣ;
Ησαΐας 60:20

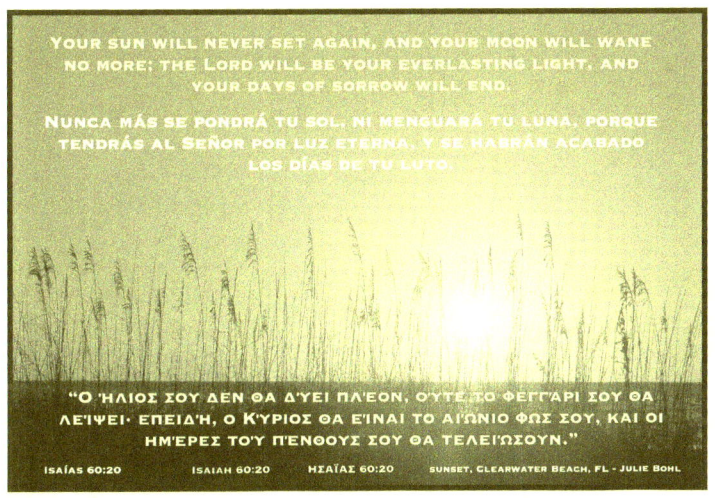

Η ανθρωπότητα κράζει με απόγνωση. Κύριε, πότε θα εκπληρώσεις τις υποσχέσεις που διαβάζουμε στον **Ησαΐα 60**;
✦ *«Αντί του ότι εγκαταλείφθηκες και μισήθηκες, ώστε κανένας δεν διάβαινε μέσα από σένα, θα σε κάνω αιώνιο αγαλλίαμα, ευφροσύνη σε γενεές γενεών»* (εδάφιο 15).
✦ *«Δεν θα ακούγεται πλέον βία μέσα στη γη σου, ερήμωση, και καταστροφή στα όριά σου»* (εδάφιο 18).
✦ Κύριε, πότε θα έρθει η ημέρα που το Φως Σου θα είναι Φως μας στην αιωνιότητα και **πότε θα παύσει το πένθος μας;** (εδάφια 19-20).

Ο Θεός απαντά σε όλα αυτά τα ερωτήματα, *«Εγώ ο Κύριος θα το επιταχύνω στον καιρό του»* (εδάφιο 22). Στην ώρα του Κυρίου, η τροφή μας θα είναι η καλύτερη των εθνών (εδάφιο 16). Τέλος, ο Κύριος *«θα καταστήσει τους αρχηγούς σου ειρήνη, και τους επιστάτες σου δικαιοσύνη»* (εδάφιο 17Β). Προσευχόμαστε τα παιδιά μας και οι μελλοντικές γενιές να ζήσουν με ειρήνη και δικαιοσύνη, φωτισμένα από το Φως του Θεού.

Μπορείτε να το κάνετε εικόνα; Φανταστείτε τα παιδιά μας να διέπονται από ειρήνη και δικαιοσύνη, να είναι *«αιώνιο αγαλλίαμα, ευφροσύνη σε γενεές γενεών»* ζώντας μια ζωή χωρίς βία, πείνα ή θάνατο. Τώρα σκεφτείτε, **τι πρέπει να κάνουμε ώστε τα παιδιά μας να απολαμβάνουν το φως, την ειρήνη και τη δικαιοσύνη του Θεού;**

Ενώ αναμένουμε την τέλεια ώρα του Θεού, εγώ κι εσείς κουβαλούμε το Φως Του. Στην Επιστολή **Προς Γαλάτας 2:20** διαβάζουμε ότι *«ζω δε όχι πλέον εγώ, αλλά ο Χριστός ζει μέσα σε μένα»*. Γι' αυτό, είμαστε συνέχεια του διαρκούς αυτού Φωτός της ζωής και το όνομά μας είναι **Χριστόφορος**, που σημαίνει ότι φέρουμε το **Φως** του **Χριστού**.

Ο Ιησούς είπε: *«Εγώ είμαι το φως τού κόσμου· όποιος ακολουθεί εμένα, δεν θα περπατήσει στο σκοτάδι, αλλά θα έχει το φως τής ζωής»* **(Κατά Ιωάννην 8:12).** Αντανακλώντας το Φως της ζωής, φέρνουμε ένα μέρος της βασιλείας του Θεού στον κόσμο μας, εξαλείφοντας και μειώνοντας την περίοδο του πένθους και τη θλίψη στο περιβάλλον μας. Τι αξιέπαινο καθήκον!

Ας προσευχηθούμε: Ουράνιε Πατέρα μας, **φώτισε τις σκιές της ζωής μας,** χρησιμοποίησέ μας για να φέρουμε Φως, ειρήνη, δικαιοσύνη και ελπίδα στον κόσμο. Αν και βαδίζουμε σε κοιλάδες σκοτεινές, βοήθησέ μας να τις διαβούμε χωρίς φόβο, γνωρίζοντας ότι Εσύ κρατάς το χέρι μας, δίνοντάς μας το θάρρος να ζούμε για εσένα και μέσα από Εσένα. Προσευχόμαστε στο Άγιο Όνομά Σου.

---

18 Μαρτίου
ΑΣ ΣΕΒΑΣΤΟΥΜΕ ΟΛΑ ΤΑ ΔΙΑΤΑΓΜΑΤΑ
Ιερεμίας 2:7

Ο Θεός μας κατηγορεί ότι βεβηλώνουμε τη χώρα Του. Ειλικρινά, δεν υπήρξαμε σωστοί διαχειριστές ούτε σεβαστήκαμε τα διατάγματα του Θεού. Οι επιστήμονες σήμερα αναφέρουν ότι η γη υποφέρει από τη φθορά της παραμέλησής μας. Φτάνει να κοιτάξουμε τη μειωμένη χιονόπτωση στην μαγευτική πόλη Cotopaxi του Εκουαδόρ για να επιβεβαιώσουμε την εγκατάλειψη και τον εγωισμό. Η καπιταλιστική δίψα μετέτρεψε την κληρονομιά του Θεού σε κάτι *«βδελυρό»*.

Καθώς αντιμετωπίζουμε τον κορονοϊό, ο οποίος απλώνει τις δαγκάνες του σε όλο τον πλανήτη μας με μεγάλη δύναμη και σφοδρότητα, ο Θεός μας καλεί να αναλογιστούμε με ποιον τρόπο συνεισφέραμε στην εξάπλωση αυτής της πανδημίας και τι μπορούμε και πρέπει να κάνουμε για να την καταστρέψουμε. Σεβόμενοι τα διατάγματα και ακολουθώντας όλα τα πρωτόκολλα από τις υγειονομικές αρχές με αμοιβαία φροντίδα, μπορούμε να αποτρέψουμε τη συνεισφορά μας στη συνέχιση της εγχώριας και της παγκόσμιας μόλυνσης.

Από τις 00:01 π.μ, στις 28 Μαρτίου, 2020, σε όλο το Εκουαδόρ, έπρεπε να τηρήσουμε την έναρξη απαγόρευσης κυκλοφορίας και τις διατάξεις απαγόρευσης κυκλοφορίας που τέθηκαν σε ισχύ ή να αντιμετωπίσουμε τις συνέπειες. Πρόστιμο έως 6.000$ ή 3 χρόνια φυλάκισης.

Ο Θεός διακηρύσσει ότι απομακρυνθήκαμε από Αυτόν και ζητά μια εξήγηση: **«Ποια αδικία βρήκαν σε 'μένα οι πατέρες σας, ώστε απομακρύνθηκαν από μένα, και περπάτησαν πίσω από τη ματαιότητα, και έγιναν μάταιοι;»** (Ιερεμίας 2:5). Στον Ιερεμία 2:13, ο Θεός λέει, **«Δύο κακά έπραξε ο λαός μου· εγκατέλειψαν εμένα, την πηγή των ζωντανών νερών, και έσκαψαν για τον εαυτό τους λάκκους, λάκκους συντριμμένους, που δεν μπορούν να κρατήσουν νερό».**

Η εγκατάλειψη του Θεού και η μόλυνση της κληρονομιάς Του έχει πολύ μεγαλύτερη ποινή από εκείνη που επιβάλλουν οι επίγειοι ηγέτες. Η κληρονομιά μας είναι η χώρα και τα παιδιά που ο Θεός μας έχει δώσει για να μεγαλώσουμε και να καθοδηγήσουμε στους σωστούς δρόμους του Θεού. Αν παραμελήσουμε την εκπαίδευσή τους στα διατάγματα του Θεού, δεν θα γνωρίζουν τι να κάνουν ή πού να πάνε για να βρίσκονται υπό την ασφαλή καθοδήγηση του Θεού.

Η λύση είναι η επιστροφή στον Θεό, να καλύψουμε τον εαυτό μας με τον μανδύα της προστασίας Του, να μάθουμε το θέλημά Του και να σεβαστούμε και να ακολουθήσουμε όλα τα διατάγματά Του.

Ας προσευχηθούμε: Ουράνιε Πατέρα μας, καθώς σεβόμαστε και υποτασσόμαστε στα διατάγματα των πόλεων και των χωρών μας, βοήθησέ μας να είμαστε ακόμη πιο επιμελείς γνωρίζοντας και γνωστοποιώντας τις διαταγές Σου στα παιδιά μας και στα παιδιά των παιδιών τους. Κάνε μας καλούς διαχειριστές της περιουσίας Σου. Προσευχόμαστε στο Άγιο Όνομά Σου.

19 Μαρτίου
ΕΠΙΡΡΕΠΗΣ ΣΤΗΝ ΑΜΑΡΤΙΑ
Προς Εβραίους 4:16

Περισσότερο από ποτέ στην ιστορία, είμαστε επιρρεπείς στον πειρασμό και πρέπει να καθαριστούμε από τα στοιχεία που μολύνουν την ψυχή. Αυτό οφείλεται σε δύο παράγοντες: 1) τη μείωση στη συμμετοχή της λειτουργίας στην εκκλησία και την ανάγνωση της Αγίας Γραφής στο σπίτι και, 2) τη μη ελεγχόμενη χρήση και πρόσβαση στην τεχνολογία.

Πολλοί αιτιολογούν την έλλειψη παρακολούθησης και συμμετοχής στην εκκλησία, λέγοντας *«Δεν χρειάζεται να παραστώ στη Λειτουργία γιατί έχω τον Θεό στην καρδιά μου και αυτό αρκεί».* Τα παιδιά, όμως, κάνουν αυτό που βλέπουν από τους γονείς τους. Αν δεν δίνουμε σημασία στα πράγματα του Θεού, η εμπιστοσύνη στην Εκκλησία και την Αγία Γραφή θα συνεχίσει να φθίνει και τα παιδιά μας θα πληρώσουν τη ζημιά που θα κληρονομήσουν.

Από την άλλη, το διαδίκτυο αποτελεί εξαιρετικό εργαλείο. Ό,τι απαιτούσε χρόνο για αναζήτηση σε βιβλιοθήκες και βιβλία, τώρα, σε δευτερόλεπτα, χωρίς να φύγουμε από τον χώρο μας, έχουμε πρόσβαση σε πληθώρα πληροφοριών. Η τεχνολογία, ωστόσο, είναι δίκοπο μαχαίρι. Μπορεί να χρησιμοποιηθεί και για καλό και για κακό, ορισμένες φορές οδηγώντας σε διαλυμένους γάμους εξαιτίας του εθισμού στο chat ή στο πορνό.

Να έχετε ελπίδα, αγαπητοί φίλοι και συγγενείς! Τα καλά νέα είναι ότι ο Θεός κατανοεί τους πειρασμούς μας. Ο Ιησούς *«πειράστηκε καθ' όλα, κατά τη δική μας ομοιότητα, χωρίς αμαρτία»* (**Προς Εβραίους 4:15**). Γνωρίζει ότι το πνεύμα επιθυμεί να ευχαριστήσει τον Θεό, αλλά η σάρκα μάχεται ενάντια, αναζητώντας ηδονές και επιθυμίες. Ο Θεός γνωρίζει την τάση μας να κάνουμε λάθη και να ενδίδουμε στα κόλπα του εχθρού.

Γι' αυτό ο Θεός μας καλεί να προσεγγίσουμε με παρρησία τον θρόνο της χάρης, να καθαριστούμε, να ανανεωθούμε και να λάβουμε χάρη όταν χρειαζόμαστε βοήθεια. **Χάρη είναι όταν ο Θεός ελεύθερα μας δίνει τη συγχώρηση και τη δικαιολογία, την οποία δεν αξίζουμε, αντί για την τιμωρία που αξίζουμε.**

Κράζουμε στον Θεό μέσω της εξομολόγησης και της μετάνοιας, *«Πλύνε με περισσότερο και περισσότερο από την ανομία μου, και από την αμαρτία μου καθάρισέ με»* (**Ψαλμοί 51:2**). Στη συνέχεια, ο Θεός ανανεώνει και ενδυναμώνει το πνεύμα μας, ώστε να αντισταθούμε και να μην πέσουμε ξανά λεία στους ίδιους πειρασμούς.

Ας προσευχηθούμε: Σ' ευχαριστώ, Κύριε, που μας επιτρέπεις να προσεγγίσουμε τον θρόνο της χάριτός Σου. Παρά την επαναστατικότητά μας, δεν κατανοούμε γιατί και πώς μας αγαπάς, αλλά αυτή είναι η αγάπη Σου. Σε παρακαλώ, δώσε μας τη δύναμη να αντιστεκόμαστε στους πειρασμούς όταν μας χτυπούν την πόρτα. Προσευχόμαστε στο όνομα του Ιησού Χριστού.

---

20 Μαρτίου
ΠΙΕΣΗ ΑΠΟ ΣΥΝΟΜΗΛΙΚΟΥΣ

«Φοβήθηκα τον λαό, και υπάκουσα στη φωνή τους». **Α' Σαμουήλ 15:24**

"I was afraid of the men, and so I gave in to them." **1 Samuel 15:24**

"Tenía miedo de los hombres, así que me rendí ante ellos". **1 Samuel 15:24**

Νιώσατε ποτέ πίεση να κάνετε κάτι κακό ή ενάντια στους κανονισμούς; Όταν βιαζόμαστε, έχουμε την τάση να δικαιολογούμε την ανυπακοή μας.

Στις αρχές της δεκαετίας του '70, η αστυνομία με σταμάτησε γιατί οδηγούσα με περίπου 170 χιλ. την ώρα κοντά στην Ουάσινγκτον, DC. Είδα τα φώτα τους πίσω μου, αλλά συνέχισα για να φτάσω σε έναν σταθμό εξυπηρέτησης. Ρώτησα τη μαμά μου αν μπορούσε «να το κρατήσει» για άλλα πέντε λεπτά. Είπε «ΟΧΙ!». Πίεσα το πεντάλ, αλλά η αστυνομία με σταμάτησε. Καθώς η μαμά μου βγήκε από το βαν προς τους θάμνους, ο αστυνομικός με ρώτησε:
  «Δεν με βλέπεις πίσω σου εδώ και 8 χιλιόμετρα;»
  Εγώ: Ναι, αλλά προσπαθούσα να φτάσω στον σταθμό εξυπηρέτησης αυτοκινήτων.
  Αστυνομικός: Είστε υποχρεωμένος να σταματήσετε όταν σας καλούν. Γιατί συνεχίσατε να τρέχετε;
  Εγώ: Η μαμά μου με έβαλε να το κάνω. Έχει διαβήτη και δεν μπορούσε να περιμένει.

Κάποιοι θα πουν, «**Ο διάβολος με έβαλε να το κάνω**». Εγώ είπα «*Η μητέρα μου έβαλε να το κάνω*». Ο Σαούλ έδωσε την αιτιολογία «*Οι στρατιώτες μου με έβαλαν να το κάνω*» που αγνόησε τις πολύ συγκεκριμένες οδηγίες του Θεού για την καταστροφή των Αμαληκιτών και όλα όσα ανήκουν σε εκείνος, συμπεριλαμβανομένων των ζώων (**Α' Σαμουήλ 15:3**). **Το λάθος**: Ο Σαούλ είχε χαρίσει τη ζωή στον Αγάγ, τον βασιλιά τους, μαζί με τα ζώα για θυσία στον Θεό. Ήταν καλός λόγος!

Ο Σαούλ αναγνώρισε την ανυπακοή του: «*Αμάρτησα· για τον λόγο ότι, παρέβηκα το πρόσταγμα του Κυρίου, και τους λόγους σου, επειδή, φοβήθηκα τον λαό, και υπάκουσα στη φωνή τους*» (**Α' Σαμουήλ 15:24**). Ο βασιλιάς Σαούλ υπέκυψε στους πειρασμούς των ομοτίμων. Το αποτέλεσμα ήταν ο Κύριος να αφαιρέσει το πνεύμα Του από τον Σαούλ και να του αφαιρέσει τη βασιλική ιδιότητα.

Πόσο συχνά ενδίδετε εσείς στην πίεση; Πήγαν καλά τα πράγματα όταν δείξατε ανυπακοή; Το 1973, πλήρωσα 190 δολάρια για ταχύτητα 177χιλ. την ώρα. Σε σημερινά χρήματα είναι περίπου 900 δολάρια. Αν πρόκειται να κάνουμε λάθος, δεν θα ήταν καλύτερο να κάνουμε λάθος στη μεριά του Θεού και όχι στους ανθρώπους, που έχουν ελαττώματα;

Όταν αγνοούμε τον Λόγο του Θεού σημαίνει ανυπακοή και επανάσταση. «*Η απείθεια είναι σαν το αμάρτημα της μαγείας· και το πείσμα, σαν την ασέβεια και την ειδωλολατρία*» (**Α' Σαμουήλ 15:23**). Ο Λόγος του Θεού μας προειδοποιεί ότι «*κάθε πόρνος ή ακάθαρτος ή πλεονέκτης, που είναι ειδωλολάτρης, δεν έχει κληρονομία στη βασιλεία τού Χριστού και Θεού*» (**Προς Εφεσίους 5:5**). Αγαπητοί μου, η κληρονομιά μας διακυβεύεται!

Ας προσευχηθούμε: Ουράνιε Πατέρα μας, συγχώρησε σε παρακαλώ την επανάσταση και την ανυπακοή μας. Γράψε τους νόμους Σου στην καρδιά μας ώστε να μην σφάλλουμε σε Εσένα. Βοήθησέ μας να επιθυμούμε να ευχαριστήσουμε Εσένα, Κύριε, πέρα και πάνω απ' όλα στο παρόν και στο μέλλον μας. Προσευχόμαστε στο Άγιο Όνομά Σου.

Όταν αγνοούμε τον Λόγο του Θεού σημαίνει ανυπακοή και επανάσταση.

---

21 Μαρτίου
Ο ΛΟΓΟΣ ΗΤΑΝ Ο ΘΕΟΣ

«Στην αρχή ήταν ο Λόγος, και ο Λόγος ήταν προς τον Θεό, και Θεός ήταν ο Λόγος».
Κατά Ιωάννην 1:1

"In the beginning was the Word, and the Word was with God, and the Word was God." **John 1:1**

"En el principio existía el Verbo, y el Verbo estaba con Dios, y el Verbo era Dios". **Juan 1:1**

Ως Χριστιανοί, πιστεύουμε στην Αγία Τριάδα. Η Αγία Γραφή μας βεβαιώνει ότι ο Πατέρας, ο Υιός είναι ο Θεός και ο Θεός είναι ένας.

Κάποιοι ειλικρινείς και με καλές προθέσεις άνθρωποι θα χτυπήσουν την πόρτα σας για να σας μιλήσουν για τη νέα τάξη πραγμάτων που δημιουργεί ο Ιεχωβάς Θεός. Θα επιβεβαιώσουν ότι ο Ιησούς ήταν ο πρωτότοκος της δημιουργίας, ότι είναι η ακριβής αναπαράσταση του Ιεχωβά, αλλά ότι δεν είναι ένα με τον Θεό. Προτείνω να τους

Η Αγία Γραφή μας βεβαιώνει ότι ο Πατέρας, ο Υιός είναι ο Θεός και ο Θεός είναι ένας.

καλωσορίσετε με αγάπη και σεβασμό χριστιανικό και ίσως να αφιερώσετε λίγο χρόνο για να αναλύσετε τη βάση του λάθους τους.

Στο **Κατά Ιωάννην 1:1 διαβάζουμε με βεβαιότητα για τη θειότητα του Θεού**. *«Στην αρχή ήταν ο Λόγος, και ο Λόγος ήταν προς τον Θεό, και Θεός ήταν ο Λόγος».*

Στην Καινή Διαθήκη του Στεφάνου 1550, **Κατά Ιωάννην 1:1** διαβάζουμε *«εν αρχή ην ο λόγος και ο λόγος ην προς τον θεόν και θεός ην ο λόγος».*

Η Μετάφραση Νέου Κόσμου (Μάρτυρες του Ιεχωβά, σε επιμέλεια του ιδρυτή τους Charles Taze Russell) αναφέρει στο αγγλικό κείμενο: **«Στην αρχή ήταν ο Λόγος, και ο Λόγος ήταν μαζί με τον Θεό, και ο Λόγος ήταν ένας θεός»**[6]. Δεν αιτιολογείται με κανέναν τρόπο η αγνόηση των γραμματικών κανόνων και των κανόνων μετάφρασης και η προσθήκη του αορίστου άρθρου **«ένας»** που δεν υπάρχει πουθενά. Ακόμη χειρότερη είναι η γραφή της λέξης «θεός», στην τελευταία αναφορά της λέξης, με μικρό γράμμα, αντί κεφαλαίου, θέτοντας τον Ιησού ως έναν από τους κατώτερους, ψεύτικους θεούς αυτού του κόσμου.

Η **Προς Φιλιππησίους επιστολή κεφάλαιο 2 μας βεβαιώνει για την θεϊκή φύση του Ιησού**. *«Γι' αυτό, και ο Θεός τον υπερύψωσε, και του χάρισε όνομα, που είναι το όνομα πάνω από κάθε άλλο· ώστε στο όνομα του Ιησού να λυγίσει κάθε γόνατο επουρανίων και επιγείων και καταχθονίων· και κάθε γλώσσα να ομολογήσει ότι ο Ιησούς Χριστός είναι Κύριος, σε δόξα τού Πατέρα Θεού»* (εδάφια 9-11). Κύριος σημαίνει Θεός, ανώτατη δύναμη, ιδιοκτήτης.

Αγαπητοί μου, να είστε πάντοτε έτοιμοι να δώσετε έναν λόγο για την ελπίδα σας **«με πραότητα και φόβο»** (Α' Πέτρου 3:15). Είναι ζωτικής σημασίας να μελετούμε τον Λόγο του Θεού ώστε να ξεχωρίζουμε μεταξύ της αλήθειας και των περισπασμών του κόσμου.

Ας προσευχηθούμε: Ουράνιε Πατέρα μας, Σ' ευχαριστούμε που μας επιτρέπεις να μελετούμε τον Λόγο Σου στην πρωτότυπη γλώσσα, που μας δίνεις διάκριση μέσω του Αγίου Πνεύματός Σου που μας σφράγισε και μας κράτησες για να Σε υπηρετήσουμε στην επερχόμενη βασιλεία Σου και στον κόσμο τούτο. Προσευχόμαστε στο Άγιο Όνομά Σου.

---

22 Μαρτίου
ΜΟΝΟ Ο ΘΕΟΣ ΜΠΟΡΕΙ ΝΑ ΣΩΣΕΙ
Ησαΐας 43:10

Ο Θεός μας προτρέπει να πιστέψουμε, να γνωρίσουμε και να δώσουμε μαρτυρία ότι **πέραν του Θεού, δεν υπάρχει άλλος που να θεραπεύει και να σώζει** (Ησαΐας 43:11). Στην επιστολή Προς Κορινθίους Β' 3:6 διαβάζουμε ότι ο Θεός μας διάλεξε και μας διαμόρφωσε να είμαστε μάρτυρες για Εκείνον **«να είμαστε διάκονοι της καινής διαθήκης, όχι του γράμματος, αλλά του πνεύματος· επειδή, το γράμμα θανατώνει, ενώ το πνεύμα ζωοποιεί».**

---

[6] (ΣτΜ) Το πρωτότυπο (αγγλικό) κείμενο αναφέρει την προσθήκη του αορίστου άρθρου «a», κάτι που δεν απαντάται στην ελληνική απόδοση της έκδοσης της Αγίας Γραφής των Μαρτύρων του Ιεχωβά: «Στην αρχή ήταν ο Λόγος, και ο Λόγος ήταν μαζί με τον Θεό, και ο Λόγος ήταν θεός» (Μετάφραση Νέου Κόσμου, Αναθεώρηση 2017). Ωστόσο, η γραφή της λέξης *θεός*, με μικρό γράμμα, παρατηρείται και στην ελληνική και στην αγγλική απόδοση της Αγίας Γραφής των Μαρτύρων του Ιεχωβά.

Σήμερα, περισσότερο από ποτέ, τα παιδιά μας, η οικογένεια και οι φίλοι μας, ακόμη και οι ξένοι ανάμεσά μας, πρέπει να γνωρίζουν ότι η ελπίδα μας βρίσκεται στον Σωτήρα και Θεραπευτή που θέλει να μας σώσει και να μας θεραπεύσει από τις σωματικές και πνευματικές ασθένειες. Πρέπει να γνωρίζουν ότι δεν είμαστε άχρηστα ατυχήματα. Ο Θεός αυτός έχει έναν ύψιστο σκοπό για τη ζωή μας, έναν λόγο για να συνεχίσουμε να παλεύουμε, γνωρίζοντας ότι στο τέλος, ο Θεός θα μας δώσει το στεφάνι της νίκης.

Τι όμορφο προνόμιο και ευθύνη να είμαστε **οι εκλεκτοί**. Εκλεκτός σημαίνει **«επιλέγω, αγαπημένος»**. Ο Θεός μας διάλεξε ώστε μέσω της αποκάλυψης του Αγίου Λόγου Του και της έμπνευσης του Αγίου Πνεύματος, να γνωρίζουμε βαθιά και να πιστεύουμε στον Θεό και να κατανοούμε ότι ο Θεός είναι ο μόνος Κύριος και λυτρωτής της ζωής μας. Στον **Ησαΐα 43:11** διαβάζουμε **«Εγώ, εγώ είμαι ο Κύριος· και εκτός από μένα άλλος σωτήρας δεν υπάρχει»**.

Είμαστε προνομιούχοι γιατί ο Θεός μας κατέστησε **«διακόνους»** και **«μάρτυρες»**, όχι μιας παράξενης σωτηρίας για την οποία διαβάσαμε, αλλά μια σωτηρία την οποία βιώνουμε με σάρκα και οστά. Η μαρτυρία μας είναι ακριβής και αξιόπιστη γιατί μιλάμε για όσα γνωρίζουμε. Όπως η γυναίκα με το πρόβλημα της αιμορραγίας, έτσι κι εμείς αφιερώσαμε χρόνο, ενέργεια και πόρους σε προγράμματα αυτοβοήθειας και γρήγορες επισκευές, αλλά κανείς δεν θεράπευσε τις πληγές μας ώσπου να γνωρίσουμε τον Ιησού, τον Σωτήρα.

Ο Θεός θέλει όλοι να γνωρίζουμε, να πιστεύουμε και να κατανοήσουμε ότι Εκείνος και μόνο είναι Κύριος, ότι πέραν του Θεού, δεν υφίσταται άλλος Σωτήρας. Η χριστιανική διακονία και μαρτυρία μας λέει για τον Ιησού, ότι *«δεν υπάρχει διαμέσου κανενός άλλου η σωτηρία· επειδή, ούτε άλλο όνομα είναι δοσμένο κάτω από τον ουρανό ανάμεσα στους ανθρώπους, διαμέσου του οποίου πρέπει να σωθούμε»* **(Πράξεις 4:12)**.

Ας προσευχηθούμε: Ουράνιε Πατέρα μας, Σ' ευχαριστούμε που μας αποκάλυψες ότι σωτηρία υπάρχει μόνο σε Εσένα. Εσύ μόνο είσαι Θεός, πάντα, στους αιώνες των αιώνων. Σ' ευχαριστούμε που επέλεξες εμάς ως μάρτυρες και διάκονοι του Λόγου της ζωής Σου. Ας το χρησιμοποιήσουμε και ας το μοιραστούμε ελεύθερα όπως το λάβαμε. Προσευχόμαστε στο Άγιο Όνομά Σου.

---

23 Μαρτίου
ΚΡΙΤΗΣ, ΦΙΛΟΣ ΚΑΙ ΟΔΗΓΟΣ
Πράξεις 2:21

Αν έπρεπε να εμφανιστούμε στο δικαστήριο επειδή παραβήκαμε τον νόμο, θα έπρεπε να μας εκπροσωπήσει ο καλύτερος δικηγόρος του κόσμου. Δεν θα ήταν υπέροχο αν ο δικαστής μας ήταν ταυτόχρονα και δικηγόρος μας; Το καλό είναι ότι αν επικαλεστούμε το όνομα του Κυρίου, στην πραγματικότητα, έχουμε τον Ιησού Χριστό συνήγορό μας στο δικαστήριο του Θεού **(Α' Ιωάννου 2:1)**.

Σε στιγμές άγχους και φόβου, κράζουμε *«Σώσε μας, Κύριε»*. Ο Θεός λέει, *«Κράξε σε μένα, και θα σου απαντήσω, και θα σου δείξω μεγάλα και απόκρυφα πράγματα, που δεν γνωρίζεις»* (Ιερεμίας 33:3). Την ημέρα της κρίσης, μπορούμε να εμπιστευόμαστε ότι ο Θεός, **ο κριτής, ο φίλος και ο οδηγός μας**, θα μας σώσει. Η αγάπη του Χριστού για το ποίμνιό Του είναι τόσο μεγάλη που πλήρωσε το τίμημα για τις αμαρτίες μας και θα κηρυχθούμε αθώοι την ημέρα της κρίσης. Δόξα στον Θεό!

Ο Θεός μας προειδοποιεί για μια τρομερή ημέρα που περιγράφεται στο βιβλίο των **Πράξεων 2:19-20**, *«Και θα δείξω τέρατα επάνω στον ουρανό, και σημεία κάτω στη γη, αίμα και φωτιά και αναθυμίαση καπνού· και ο ήλιος θα μετατραπεί σε σκοτάδι, και το φεγγάρι σε αίμα, πριν έρθει η ημέρα τού Κυρίου η μεγάλη και επιφανής»*.

Την ημέρα της κρίσης, μπορούμε να εμπιστευόμαστε ότι ο Θεός, ο κριτής, ο φίλος και ο οδηγός μας, θα μας σώσει.

Και ο Ιησούς μίλησε για εκείνη την ημέρα: *«Και θα υπάρχουν σημεία στον ήλιο και στο φεγγάρι και στα αστέρια· και επάνω στη γη στενοχώρια των εθνών με απορία, και θα ηχεί η θάλασσα και τα κύματα· οι άνθρωποι θα λιποψυχούν από τον φόβο και την προσδοκία των δεινών που επέρχονται στην οικουμένη· επειδή, οι δυνάμεις των ουρανών θα σαλευτούν»* (Κατά Λουκάν 21:25-26).

Κανείς δεν γνωρίζει πότε θα έρθει αυτή η τρομερή ημέρα, αλλά παρά τον τρόμο που μας έχει ανακοινωθεί, όσοι έχουν εμπιστευθεί στο όνομα του Κυρίου Ιησού, θέτοντας τη ζωή τους υπό τη φροντίδα και την καθοδήγηση του Σωτήρα, δεν χρειάζεται να φοβούνται γιατί ο Θεός θα τους σώσει από την τρομερή εκείνη ημέρα. Ο Θεός λέει *«και τα επερχόμενα και τα μέλλοντα, ας τους τα αναγγείλουν. Μη φοβάστε ούτε να τρομάζετε»* (Ησαΐας 44:7-8).

Ας προσευχηθούμε: Ουράνιε Πατέρα μας, βοήθησέ μας να επικαλεστούμε το όνομα του Κυρίου ώστε να διασφαλίσουμε ότι έχουμε τον καλύτερο συνήγορο του σύμπαντος για **φίλο, δικηγόρο και κριτή**. Δώσε μας δύναμη για να μοιραζόμαστε αποτελεσματικά το μήνυμα της αγάπης, της ειρήνης, της συγχώρησης και της σωτηρίας Σου με τα χαμένα πρόβατά Σου και να τα βοηθήσουμε ώστε ο συνήγορός μας να είναι συνήγορός τους, φίλος και οδηγός τους. Προσευχόμαστε στο όνομα του Ιησού Χριστού.

---

24 Μαρτίου
ΚΑΤΑΔΙΚΑΣΜΕΝΟΙ ΑΠΟ ΤΟΝ ΛΟΓΟ
Κατά Ιωάννην 12:48

Η Αγία Γραφή που απεικονίζεται εδώ είναι η τέλεια αποκάλυψη του Θεού, ρίχνοντας φως στον δρόμο και ενσταλάζοντας στην καρδιά θάρρος και σοφία ώστε να επιλέξει το μονοπάτι της αγάπης, της

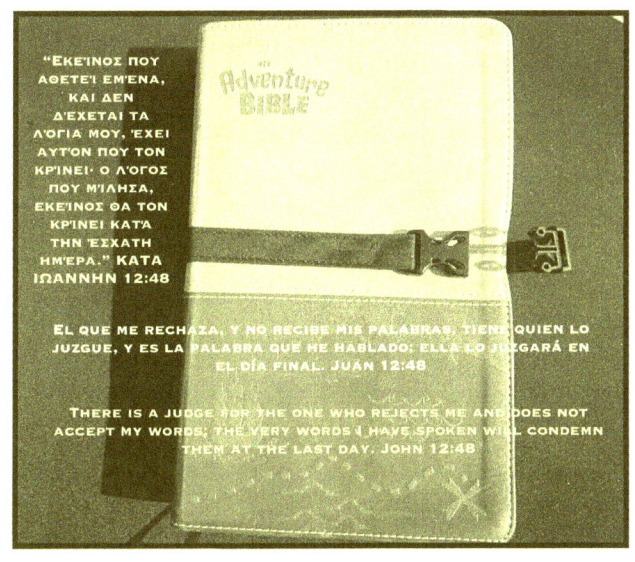

δικαιοσύνης και της ειρήνης που οδηγεί στον οίκο του Θεού. Δεν ξέρω ποιο από τα παιδιά ή τα εγγόνια μου θα κληρονομήσει αυτή την Αγία Γραφή για νέους από τη βιβλιοθήκη μου, αλλά προσεύχομαι ότι όποιος το κληρονομήσει, θα διαφυλάξει τα λόγια αυτά στην καρδιά του στις επερχόμενες γενιές.

Στους **Ψαλμούς 119:9** διαβάζουμε, *«Με ποιον τρόπο θα καθαρίζει ο νέος τον δρόμο του; Τηρώντας τα λόγια σου»*. Η ακλόνητη πίστη στον Ιησού και στον Λόγο Του, παράλληλα με την ευγνωμοσύνη που μας έσωσε από τα δεσμά της αμαρτίας, είναι το μυστικό για τη διαμόρφωση μιας καρδιάς που έχει προδιάθεση στην **υπακοή**.

Ο Ιησούς μας προειδοποιεί για την **υπακοή**. *«Εγώ φως ήρθα στον κόσμο, για να μη μείνει μέσα στο σκοτάδι καθένας που πιστεύει σε μένα. Και αν κάποιος ακούσει τα λόγια μου, και δεν πιστέψει, εγώ δεν τον κρίνω· επειδή, δεν ήρθα για να κρίνω τον κόσμο, αλλά για να σώσω τον κόσμο»* **(Κατά Ιωάννην 12:46-47)**.

Γράφω για δύο είδη κοινού: πρώτον, σε εσάς, φίλοι και συγγενείς, που με ενθαρρύνετε καθημερινά με τα σχόλια και τις αντιδράσεις σας. Δεύτερον, στις μελλοντικές γενιές, σε 20-100 χρόνια από τώρα στο μέλλον. Γράφω γιατί ελπίζω ότι θα πιστέψετε στον Ιησού όπως ο παππούς Αριστοκλής, ότι δεν θα πειραστείτε από τον πρίγκιπα του σκότους που ακούραστα αναζητά τρόπους να σας κάνει να απορρίψετε τον Λόγο και την πρόσκληση του Θεού.

Σχετικά με την απόρριψη, ο Ιησούς είπε, *«Εκείνος που αθετεί εμένα, και δεν δέχεται τα λόγια μου, έχει αυτόν που τον κρίνει· ο λόγος που μίλησα, εκείνος θα τον κρίνει κατά την έσχατη ημέρα»* **(Κατά Ιωάννην 12:48)**.

Δεν είναι τυχαίο που έχετε αυτά τα λόγια στα χέρια σας ή στην οθόνη σας, να προσκολλώνται στην καρδιά σας ώστε να αποφασίσετε αν θα πιστέψετε στον πρίγκιπα του σκότους ή στον Ιησού Χριστού, που ήρθε για να σώσει τον κόσμο μας, τον κόσμο σου από την αιώνια καταδίκη.

Σας ενθαρρύνω να μάθετε καλά την Αγία Γραφή. Διαβάστε την, μελετήστε την, μελετήστε την περισσότερο από κάθε άλλο βιβλίο και μιλήστε με τον Θεό, ώστε τα λόγια Του να μείνουν στην καρδιά σας, σπόρος που έπεσε *«σε καλή γη»*, ώστε να μείνει μέσα σας και να *«καρποφορεί με υπομονή»* για εσάς και τις επόμενες γενιές **(Κατά Λουκάν 8:15)**.

Ας προσευχηθούμε μαζί, τι λέτε; Ουράνιε Πατέρα μας, Σ' ευχαριστούμε για τον Άγιο Λόγο Σου που μας καθοδηγεί και μας οδηγεί στην παρουσία Σου. Σ' ευχαριστούμε για την πίστη και τη μαρτυρία του **παππού Αριστοκλή**. Δώσε μας καρδιά ευγνωμοσύνης και προθυμίας για να ακούσουμε, να υπακούσουμε και να μοιραστούμε τους νόμους Σου. Προσευχόμαστε στο όνομα του Ιησού Χριστού.

Να πιστέψετε στον Ιησού όπως ο παππούς Αριστοκλής, ότι δεν θα πειραστείτε από τον πρίγκιπα του σκότους που ακούραστα αναζητά τρόπους να σας κάνει να απορρίψετε τον Λόγο και την πρόσκληση του Θεού.

25 Μαρτίου
Ο ΘΕΟΣ ΜΑΖΙ ΜΑΣ

«Δέστε, η παρθένος θα συλλάβει και θα γεννήσει έναν γιο, και το όνομά του θα αποκληθεί Εμμανουήλ». **Ησαΐας 7:14Β**

"The virgin will conceive and give birth to a son, and will call him Immanuel." **Isaiah 7:14B**

"La joven concebirá, y dará a luz un hijo, y le pondrá por nombre Emanuel". **Isaías 7:14B**

Σήμερα, οι εκκλησίες εορτάζουν τον Ευαγγελισμό της Θεοτόκου, την περίσταση όπου ο Αρχάγγελος Γαβριήλ είπε στην Παρθένο Μαρία, *«Μη φοβάσαι, Μαριάμ· επειδή, βρήκες χάρη στον Θεό. Και πρόσεξε, θα μείνεις έγκυος, και θα γεννήσεις έναν γιο· και θα αποκαλέσεις το όνομά του ΙΗΣΟΥ. Αυτός θα είναι μεγάλος, και θα ονομαστεί Υιός τού Υψίστου· και ο Κύριος ο Θεός θα του δώσει τον θρόνο τού Δαβίδ τού πατέρα του· και θα βασιλεύσει επάνω στον οίκο τού Ιακώβ στους αιώνες, και η βασιλεία του δεν θα έχει τέλος»* (**Κατά Λουκάν 1:30-33**).

Η ανακοίνωση στην Μαρία συμβολίζει την εκπλήρωση της υπόσχεσης του Θεού που έγινε 400 χρόνια πριν, στον λαό που ταλανίστηκε από την απειλή των Σύριων, οι οποίοι, συμμαχώντας με τον Εφραίμ, στρατοπέδευσαν βόρεια για να τους κατακτήσουν. Στην περίπτωση αυτή, ο Θεός τους υπόσχεται, *«Δέστε, η παρθένος θα συλλάβει και θα γεννήσει έναν γιο, και το όνομά του θα αποκληθεί Εμμανουήλ»* (**Ησαΐας 7:14Β**). Επειδή Εμμανουήλ σημαίνει «Ο Θεός είναι μαζί μας», έχουμε τη διαβεβαίωση της προστασίας και της νίκης. *«Αν ο Θεός είναι μαζί μας, ποιος θα είναι εναντίον μας;»* (**Προς Ρωμαίους 8:31**).

Μαζί με την υπόσχεση της παρουσίας και της προστασίας Του, ο Θεός αποσαφηνίζει το είδος του Βασιλιά που θα έχουμε μέσω του Μεσσία που μας έχει υποσχεθεί. Θα είναι *«ένας δίκαιος βλαστός, και βασιλιάς θα βασιλεύσει, και θα ευημερήσει, και θα εκτελέσει κρίση και δικαιοσύνη επάνω στη γη»* (**Ιερεμίας 23:5**). *«Θα αποκληθεί: Θαυμαστός, Σύμβουλος, Θεός Ισχυρός, Πατέρας τού Μέλλοντα Αιώνα, Άρχοντας Ειρήνης»* (**Ησαΐας 9:6**).

Πόσο όμορφο είναι να έχουμε έναν Βασιλιά που πράττει το δίκαιο και τους νόμους, έναν αξιοθαύμαστο, σοφό, πανίσχυρο Σύμβουλο και Πρίγκιπα της Ειρήνης. Εγώ κι εσείς έχουμε την ευλογία να μην βιώσουμε 400 χρόνια δουλείας και ταλαιπωρίας. Ο Μεσσίας που μας υποσχέθηκαν ήρθε και εκπλήρωσε τον σκοπό της σωτηρίας του ποιμνίου Του.

Περί της βασιλείας Του, που βρίσκεται ήδη στην καρδιά μας, ο Θεός μας λέει: *«Στην αύξηση της εξουσίας του και της ειρήνης δεν θα υπάρχει τέλος, επάνω στον θρόνο τού Δαβίδ, κι επάνω στη βασιλεία του, για να τη διατάξει, και να τη στερεώσει, με κρίση και δικαιοσύνη, από τώρα και μέχρι τον αιώνα. Ο ζήλος τού Κυρίου των δυνάμεων θα το εκτελέσει»* (**Ησαΐας 9:7**).

Ας προσευχηθούμε: Ουράνιε Πατέρα μας, Σ' ευχαριστούμε για την ημέρα που έγραψες τις υποσχέσεις Σου στην καρδιά μας, όλες εκ των οποίων εκπληρώνονται στο πρόσωπο του Βασιλιά και Σωτήρα μας, το παιδί που αναμέναμε στους αιώνες που σήμερα ζει και είναι **ο Θεός που είναι μαζί μας** κάθε μέρα μέχρι το τέλος του κόσμου. Προσευχόμαστε στο πολύτιμο όνομα του Ιησού.

26 Μαρτίου
ΘΑΥΜΑΤΑ ΤΟΥ ΘΕΟΥ
Ιερεμίας 33:3

Σας ευχαριστώ για το προνόμιο να εισέρχομαι στον χώρο σας για λίγο ώστε να επιχειρηματολογήσουμε λίγο, να εξερευνήσουμε τον Λόγο του Θεού και να διαβεβαιώσουμε πώς νιώθει ο Θεός για εμένα και για εσένα.

Τον Σεπτέμβριο του 2017, ο Rodrigo, ο θείος μου και οι γυναίκες μας, Μαργαρίτα και Piedad και η νύφη μου, Φανή, επισκεφτήκαμε τα τρία μεγάλα θαύματα του κόσμου: τον Παρθενώνα στην Αθήνα, την Βασιλική του Αγίου Πέτρου στη Ρώμη και τη Σαντορίνη, στην Ελλάδα.

Στη φωτογραφία αυτή, βλέπουμε τον κρατήρα της Σαντορίνης, όπου έγινε η μεγαλύτερη έκρηξη ηφαιστείου στον πλανήτη. Στην Wikipedia διαβάζουμε, **«Ήταν ένα από τα πιο σημαντικά φυσικά φαινόμενα στο Αιγαίο Πέλαγος κατά την Εποχή του Χαλκού. Η ηφαιστειακή έκρηξη επέφερε κλιματική αλλαγή στην ανατολική περιοχή της Μεσογείου και πιθανώς σε ολόκληρο τον πλανήτη»**[7].

Όταν κοιτάζουμε τη μεγαλοσύνη του σύμπαντος, τον ήλιο, το φεγγάρι, τα αστέρια, τα ηφαίστεια, αναλογιζόμαστε *«Τι είναι ο άνθρωπος, ώστε να τον θυμάσαι; Ή, ο γιος τού ανθρώπου, ώστε να τον επισκέπτεσαι; Εσύ, μάλιστα, τον έκανες λίγο πιο κατώτερο από τους αγγέλους, όμως με δόξα και τιμή τον στεφάνωσες. Τον κατέστησες κυρίαρχο επάνω στα έργα των χεριών σου· όλα τα υπέταξες κάτω από τα πόδια του»* **(Ψαλμοί 8:4-6).**

Στα 33 χρόνια που μελετώ και πορεύομαι με τον Λόγο του Θεού μου έδειξε μερικά **κρυμμένα και θαυμαστά διαμάντια**.
1. Παρόλο που είμαστε σχετικά μικροί, είμαστε το αποκορύφωμα της δημιουργίας.
2. Ο Θεός μας δημιούργησε για να έχουμε στενή σχέση με τον Θεό και τους συνανθρώπους μας.
3. Ο Θεός θα εκπληρώσει τον σκοπό για τον οποίο μας δημιούργησε και μας έσωσε, και
4. Ο Θεός μας αγαπά δίχως όρους.

Δεν μπορείτε να φανταστείτε το μέγεθος της αγάπης του Θεού για εσάς (είναι σαν μια ηφαιστειακή έκρηξη – τεράστια και ασύγκριτη). Ο μόνος τρόπος για να την εκτιμήσεις είναι να σταθείς στον πυρήνα της, επιτρέποντας στον Δημιουργό του Σύμπαντος να εισέλθει στο περιβάλλον σου, στις σκέψεις και στο πνεύμα σου. Αυτό μπορεί να γίνει όταν εισέλθουμε στον Λόγο του Θεού, όταν βάλουμε στην άκρη την απιστία μας και επιτρέψουμε στον Θεό να ανοίξει τα μάτια μας για να αναλογιστούμε τη μεγαλοσύνη της αγάπης Του και την θυσία Του να αποκαταστήσει τη θεϊκή εικόνα που παραμορφώθηκε όταν η αμαρτία εισήλθε στον κόσμο. Έκπληκτοι από την υπέροχη αυτή αγάπη, κράζουμε, *«Κύριε και Θεέ μου»* **(Κατά Ιωάννην 20:28).**

Ας προσευχηθούμε: *«Κύριε και Θεέ μου»*, επίτρεψέ μας να Σε πλησιάσουμε σήμερα, γεμάτοι θαυμασμό, πίστη και ελπίδα στις υποσχέσεις Σου. Ας κοιτάζουμε τα μεγάλα και μικρά θαύματα που

---

[7] https://es.wikipedia.org/wiki/Erupción_minoica (Μετάφραση από το ισπανικό κείμενο)

ετοίμασες για εμάς για τη χαρά και τη σωτηρία μας και ας πούμε «Ναι» στο να καθοδηγήσουμε άλλους να πουν **«ναι»** στη δική σου θαυμαστή αγάπη. Προσευχόμαστε στο Άγιο Όνομά Σου.

*Παρόλο που είμαστε σχετικά μικροί, είμαστε το αποκορύφωμα της δημιουργίας. **Ο Θεός μας αγαπά δίχως όρους, μας δημιούργησε για να έχουμε στενή σχέση με τον Θεό και τους συνανθρώπους μας, και θα εκπληρώσει τον σκοπό για τον οποίο μας δημιούργησε και μας έσωσε.***

---

27 Μαρτίου
Η ΔΙΚΑΙΟΣΥΝΗ ΤΟΥ ΘΕΟΥ
Ιεζεκιήλ 33:12

Το πνεύμα μας επιθυμεί να ευχαριστήσει και να υπακούσει στον Θεό, αλλά η σάρκα μας, επιρρεπής στους πειρασμούς, επιθυμεί να ικανοποιήσει τις επιθυμίες της. Γι' αυτό ο Λόγος του Θεού είναι γλυκός στο πνεύμα, αλλά πικρός στο σώμα.

Κάποιοι λένε ότι ο Θεός είναι καλός και δεν τιμωρεί πλέον, ενώ άλλοι λένε ότι ο Θεός τιμωρεί τον κόσμο από αμέλεια και ανυπακοή. Πιστεύω ότι βιώνουμε τις συνέπειες των πράξεών μας. Ο Θεός είναι **δίκαιος** και δεν μπορεί να παραβιάσει τους νόμους που Εκείνος εγκαθίδρυσε για να δημιουργήσει τάξη στη σχέση μας με τον Δημιουργό και τον πλησίον μας. Η δικαιοσύνη του Θεού είναι γεμάτη έλεος, αλλά απαιτεί πίστη και υπακοή.

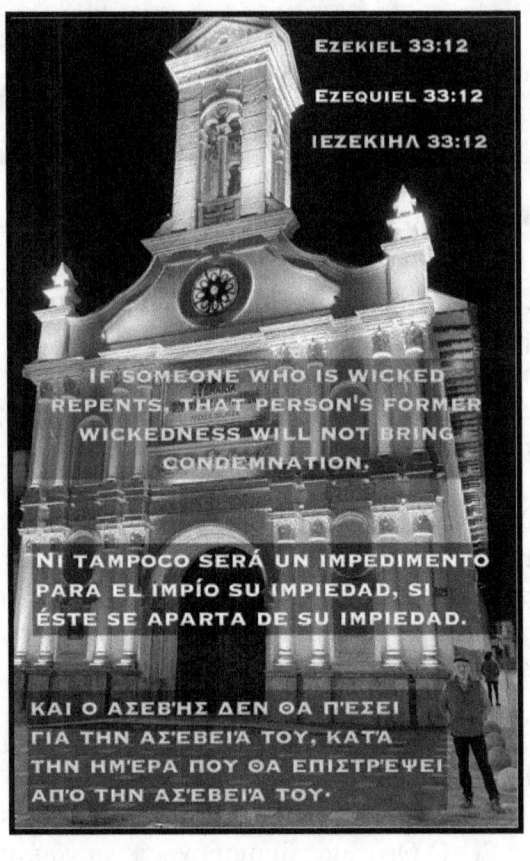

Στον **Ιεζεκιήλ 33** διαβάζουμε για τον αγώνα μας με την αμαρτία και τις επιπτώσεις της. **Επειδή ο Θεός είναι δίκαιος, δεν θέλει κανείς μας να χαθεί,** αλλά η δικαιοσύνη Του απαιτεί να αποστραφούμε τους κακούς μας δρόμους **(Ιεζεκιήλ 33:10-11)**. Ο Θεός λέει ότι τα καλά μας έργα δεν θα μας σώσουν αν επαναστατήσουμε ενάντια στον Λόγο Του και το θέλημά Του. Ο Θεός, επειδή είναι δίκαιος και γεμάτος έλεος, μας καλεί να χωρίσουμε από την *«ασέβειά»* μας **(Ιεζεκιήλ 33:12)**. Ο Θεός θέλει να σωθούμε όλοι, αλλά μας επιτρέπει να επιλέξουμε μεταξύ υπακοής και επανάστασης.

Ο Θεός είναι δίκαιος και ως εκ τούτου δεν μπορούμε να αμαρτήσουμε στον Θεό εμπιστευόμενοι στο έλεός Του. Στο **εδάφιο 13** διαβάζουμε, *«Όταν πω στον δίκαιο ότι οπωσδήποτε θα ζήσει, και αυτός έχοντας θάρρος στη δικαιοσύνη του πράξει αδικία, ολόκληρη η δικαιοσύνη του δεν θα μνημονευθεί· και στην αδικία που έπραξε, θα πεθάνει μέσα σ' αυτή».*

Απ' την άλλη, ο Θεός προσθέτει ότι αν *«επιστρέψει από την αμαρτία του, πράξει κρίση και δικαιοσύνη, ο ασεβής αποδώσει το ενέχυρο, επιστρέψει το διαρπαγμένο, περπατάει στα διατάγματα της ζωής, μη πράττοντας αδικία, θα ζήσει οπωσδήποτε, δεν θα πεθάνει»* **(εδάφια 14-15)**. Έχουμε το παράδειγμα του ληστή που καταδικάστηκε σε θάνατο δίπλα στον Ιησού. Ο άντρας αυτός αναγνώρισε την αμαρτία του, ομολόγησε και έπραξε δίκαια. Ο Ιησούς τον διαβεβαίωσε **«Σε διαβεβαιώνω, σήμερα θα είσαι μαζί μου στον παράδεισο»** (Κατά Λουκάν 23:43).

Όμορφα νέα! Κανείς δεν είναι τόσο κακός ώστε να αποκλειστεί από τη συγχώρηση του Θεού, την αγάπη και τη χάρη αν αποστραφεί το κακό. Απ' την άλλη, κανείς δεν είναι τόσο δίκαιος ώστε να του δοθεί δωρεάν εισιτήριο για να επιστρέψει σε μια ζωή αμαρτία και να αναμένει είσοδο στη Βασιλεία του Θεού επειδή εμπιστεύεται στη χάρη του Θεού.

Αναρωτηθείτε: **Ζω μια ζωή υποταγής ή επανάστασης στον Λόγο του Θεού;**

Ας προσευχηθούμε: Ουράνιε Πατέρα και Θεέ μου, εξέτασε την καρδιά μου και αν υπάρχει ίχνος επανάστασης, δείξε μου πώς να γίνω δίκαιος στα μάτια Σου. Αφότου ήρθες στη ζωή μου, η ψυχή μου *«πρόσμεινε, και έλπισα στον λόγο του. επειδή, κοντά στον Κύριο υπάρχει έλεος, και κοντά του υπάρχει πολλή λύτρωση»* **(Ψαλμοί 130:5-7).** Προσευχόμαστε στο πολύτιμο όνομα του Ιησού.

---

28 Μαρτίου
Ο ΘΕΟΣ ΘΑ ΣΕ ΦΡΟΝΤΙΣΕΙ

«Επειδή, δέστε, εγώ κοιτάζω επάνω σας, και θα στραφώ σε σας, και θα αροτριαστείτε και θα σπαρθείτε». **Ιεζεκιήλ 36:9**

"I am concerned for you and will look on you with favor; you will be plowed and sown." **Ezekiel 36:9**

"Como pueden ver, yo estoy en favor de ustedes, y voy a cuidarlos, y ustedes serán cultivados y sembrados". **Ezequiel 36:9**

Ο Θεός εκφράζει την ανησυχία Του για τον λαό Του και **υπόσχεται να φροντίσει τον Ισραήλ** όπως ένας κηπουρός φροντίζει τον κήπο του.

Η σχέση του Θεού με τον Ισραήλ συμβολίζει την επιθυμητή και υποσχόμενη σχέση του με το σύνολο της δημιουργίας, ιδιαίτερα με όσους ο Θεός θεωρεί λαό Του. Αυτό σημαίνει ότι ο Θεός καλεί εμένα, εσένα και όλο τον κόσμο **να είμαστε μέρος του νέου Ισραήλ**. Όταν διαβάζουμε την Αγία Γραφή, πολλές φορές προτείνω να αντικαθιστούμε το όνομα όσων βρίσκονται εκεί με το δικό μας όνομα. Φυσικά, μείνετε στις υποσχέσεις της ευλογίας. Όταν πρόκειται για τιμωρία ή για προειδοποιήσεις, ζητήστε τη συγχώρηση και καθοδήγηση του Θεού, να υπακούτε σ' Εκείνον και να εμπιστεύστε ότι ο Θεός θα φροντίσει ξανά για τη ζωή σας.

Κατά τη διάρκεια της καραντίνας του COVID, ήταν περίεργο να βλέπουμε τους δρόμους και τους αυτοκινητόδρομους που πριν ήταν γεμάτοι με κόσμο, να είναι άδειοι. Παρόλο που η πανδημία του κορονοϊού μας ταλαιπωρεί ακόμη, καταστρέφει ζωές, αγορές και οικονομίες, ο Θεός υπόσχεται ότι *«και οι πόλεις θα κατοικηθούν, και οι ερημώσεις θα οικοδομηθούν»* **(Ιεζεκιήλ 36:10).** Ναι, αγαπητοί φίλοι και συγγενείς, ο Θεός θα σας φροντίσει.

Οι γιατροί, οι νοσοκόμες και οι υπεύθυνοι πρώτων βοηθειών είναι ομάδες ηρώων που αφιερώνουν τη ζωή τους για να μας φροντίσουν. Ευχαριστούμε τον Θεό για αυτούς που καθημερινά θέτουν την υγεία τους, τη ζωή τους και τις οικογένειές τους σε κίνδυνο για να φροντίσουν τους αρρώστους. Σήμερα, γινόμαστε ένα ανά τον κόσμο για να αναγνωρίσουμε εκείνους τους ήρωες και τις ηρωίδες, ζητώντας από τον Θεό να τους δώσει χάρη, να τους φροντίσει όπως τον όμορφο κήπο Του, καθώς φροντίζουν εκείνοι εμάς.

Οι ήρωες αυτοί, αν και πλήρως εκπαιδευμένοι, βιώνουν τις χειρότερες καταστάσεις και, όπως σε καταστάσεις πολέμου, πρέπει με πόνο να αποφασίσουν ποιον θα φροντίσουν πρώτο. Αυτό τους προκαλεί απίστευτο άγχος γιατί υποσχέθηκαν ότι θα τους βοηθήσουν όλους, αλλά η έλλειψη πόρων συχνά τους αφήνει, σε ορισμένες περιπτώσεις, δίχως δύναμη, αγχωμένους και επιρρεπείς σε μολύνσεις.

Ας προσευχηθούμε: Ουράνιε Πατέρα μας, Σ' ευχαριστούμε γιατί *«Αν ο Θεός είναι μαζί μας, ποιος θα είναι εναντίον μας;»* **(Προς Ρωμαίους 8:31)**. Ζητούμε να ανοίξεις τη διάνοιά μας ώστε να κατανοήσουμε τον Άγιο Λόγο Σου **(Κατά Λουκάν 24:45)** και να ρίξεις το Άγιο Σου Πνεύμα στον λαό Σου, ιδιαίτερα στους υγειονομικούς και τις ομάδες πρώτων βοηθειών. Δώσε τους σοφία, κατανόηση, τους πόρους που χρειάζονται για να φροντίζουν τους φτωχούς και την ηρεμία του νου για να εκτελέσουν το έργο τους. Πρόσεχε εκείνους και τις οικογένειές τους. Προσευχόμαστε στο Άγιο Όνομά Σου.

---

29 Μαρτίου
ΔΙΑΜΕΣΟΛΑΒΗΤΗΣ ΝΕΑΣ ΔΙΑΘΗΚΗΣ
Προς Εβραίους 9:15

Έπειτα από την θριαμβευτική είσοδο στην Ιερουσαλήμ, ο Ιησούς πηγαίνει στο σπίτι του Λάζαρου, τον οποίο είχε αναστήσει. Τα πλήθη συνεχίζουν να ακολουθούν τον Ιησού, *«και οι αρχιερείς έκαναν συμβούλιο για να θανατώσουν και τον Λάζαρο· επειδή, πολλοί από τους Ιουδαίους πήγαιναν γι' αυτόν, και πίστευαν στον Ιησού»* **(Κατά Ιωάννην 12:10-11)**.

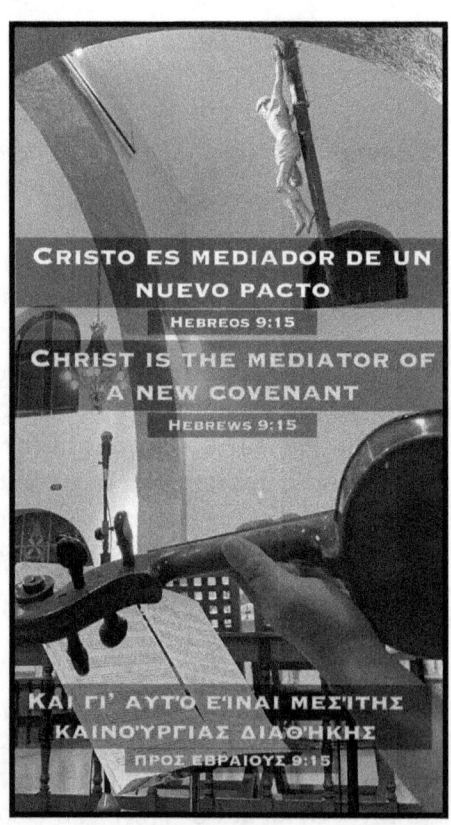

Γνωρίζοντας ότι γύρευαν να Τον σκοτώσουν και ότι θα πέθαινε, από αγάπη για εμάς, ο Ιησούς βάδισε προς τον σταυρό χωρίς φόβο. Το εδάφιο 10 μας λέει ότι ήθελαν να *«θανατώσουν και τον Λάζαρο»*. Όσοι έχουν στενή σχέση με τον Ιησού μπορούν να αλλάξουν πολλές ζωές, αλλά θέτουν και εκείνοι τη ζωή τους και τις ουσιαστικές σχέσεις τους σε κίνδυνο.

Οι εβραϊκές γραφές περιλάμβαναν περίπου 630 νόμους. Όποιος δεν τηρούσε ένα νόμο, δεν τους τηρούσε όλους. Οι άνθρωποι δεν μπορούσαν να συμμορφωθούν με τον νόμο. Χωρίς τη θυσία του Ιησού, θα είμασταν ακόμη νεκροί στις αμαρτίες μας υπό τον νόμο. Επίσης, το σύστημα θυσιών υπό την παλαιά διαθήκη δεν άλλαξε τις καρδιές των ανθρώπων. Μετανοούσαν, θυσίαζαν ασήμαντα ζώα και αμαρτούσαν ξανά, επαναλαμβάνοντας τον ίδιο κύκλο ξανά και ξανά.

Γι' αυτό, ο Θεός έστειλε τον Ιησού ώστε μέσω της θυσίας Του, μια και έξω, ο Ιησούς Χριστός να *«είναι μεσίτης καινούργιας διαθήκης, ώστε, διαμέσου τού θανάτου, που έγινε για απολύτρωση των παραβάσεων κατά την πρώτη διαθήκη, να πάρουν την υπόσχεση οι καλεσμένοι τής αιώνιας κληρονομιάς»* **(Προς Εβραίους 9:15)**. Στη νέα αυτή διαθήκη, υπάρχουν μόνο δύο νόμοι *«Να αγαπάς τον Θεό»* και *«Να αγαπάς τον πλησίον σου όπως τον εαυτό σου»* **(Κατά Μάρκον 12:33)**.

Στον **Ησαΐα 42** είναι καταγεγραμμένο ότι ο Θεός διάλεξε τον Ιησού για **διαμεσολαβητή της νέας διαθήκης** ώστε να εξαγγείλει *«κρίση στα έθνη»* (εδάφιο 1). *«Δεν θα υποχωρήσει ούτε θα μικροψυχήσει, μέχρις ότου βάλει κρίση επάνω στη γη· και τα νησιά θα προσμένουν τον νόμο του»* (εδάφιο 4).

Ως τέκνα της κληρονομιάς, η μετάνοιά μας μοιάζει με μόνιμη και ακούραστη αφοσίωση στον Θεό και στη νέα διαθήκη. Με τη βοήθεια του Αγίου Πνεύματος, κάθε μέρα γινόμαστε πιστοί ακόλουθοι και αγαπάμε καλύτερα τον Λόγο του Θεού και την παρουσία Του. Δεν προοριζόμαστε πλέον για θάνατο, αλλά είμαστε κληρονόμοι του Ιησού, **του διαμεσολαβητή της νέας και καλύτερης διαθήκης**.

Ας προσευχηθούμε: Ουράνιε Πατέρα μας, βλέποντας την πνευματική πενία μας, Εσύ δημιούργησες τη νέα διαθήκη μέσω της θυσίας του Κυρίου Ιησού Χριστού. Σ' ευχαριστούμε που μας κατέστησες κληρονόμους της αγάπης και της χάρης Σου. Στη σωστή ώρα, μας κάλεσες και ο Λόγος Σου μας διαβεβαιώνει ότι θα μας **λυτρώσεις από το κακό**. Βοήθησέ μας να γίνουμε *«φως των εθνών»* **(Ησαΐας 42:6)** και να Σε υπηρετούμε και να Σε αγαπάμε στην αιωνιότητα. Προσευχόμαστε στο όνομα του Ιησού Χριστού, του μόνου διαμεσολαβητή μας.

---

30 Μαρτίου
ΓΙΑΤΙ ΗΡΘΕ Ο ΙΗΣΟΥΣ
Κατά Ιωάννην 12:27

Από τη στιγμή της γέννησής του μέχρι και τη διακονία Του, όλος ο σκοπός του Ιησού στον κόσμο μας ήταν να έρθει για τη στιγμή του πάθους και της δοκιμασίας, για να δώσει τη ζωή Του για τα αδέλφια και τους φίλους Του. Έτσι, ο Ιησούς λύτρωσε τις ψυχές μας από τα χέρια του εχθρού.

«Τώρα η ψυχή μου είναι ταραγμένη· και τι να πω; Πατέρα, σώσε με από τούτη την ώρα. Αλλά, γι' αυτό ήρθα σε τούτη την ώρα» **(Κατά Ιωάννην 12:27)**. Ο Ιησούς ήρθε στον κόσμο μας για να μας σώσει και γι' αυτό, αξίζει την αγάπη, την πίστη, τη δόξα, τη μίμηση και την αφοσίωσή μας. Στο **Κατά Ιωάννην 18:37**, διαβάζουμε *«Εγώ γι' αυτό γεννήθηκα, και γι' αυτό ήρθα στον κόσμο, προκειμένου να δώσω μαρτυρία για την αλήθεια»*. Ο Ιησούς θέλει να δεχτούμε ότι πέθανε για να σώσει τη ζωή μας και, από ευγνωμοσύνη, να τον δεχτούμε στην καρδιά μας ως τον μοναδικό και επαρκή Σωτήρα και Βασιλιά.

Στην **Προς Κορινθίους Α' 1:30** διαβάζουμε, *«Αλλά, εσείς είστε απ' αυτόν εν Χριστώ Ιησού, που έγινε σε μας σοφία από τον Θεό, και δικαιοσύνη και αγιασμός και απολύτρωση»*.

Ο Ιησούς ήρθε για να γίνει η Σοφία μας – έχουμε σοφία αν επιλέξουμε να ακούσουμε τις οδηγίες και την καθοδήγηση του Θεού, αποφεύγοντας μ' αυτόν τον τρόπο εμπόδια, πόνο και θανάσιμες πληγές. Ο Θεός μας καλεί να *«έχουμε το ίδιο φρόνημα που ήταν και στον Ιησού»* **(Προς Φιλιππησίους 2:5)**.

Ο Ιησούς ήρθε για να είναι η δικαιοσύνη μας — ούτε τα έργα μας ούτε η κοινωνικο-οικονομική μας κατάσταση θα μας βοηθήσουν να βρεθούμε σωστοί ενώπιον του Θεού. Μόνο μέσω της θυσίας του Ιησού Χριστού μπορούμε να έχουμε ειρήνη και φιλία με τον Θεό.

Ο Ιησούς ήρθε για να είναι η αγιότητά μας — αυτή είναι η καθημερινή πνευματική διαδικασία καθαρισμού (ανάγνωση του Λόγου του Θεού, στοχασμός και προσευχή) που μας βοηθά να αντισταθούμε στους πειρασμούς και να εμπιστευθούμε στην καθοδήγηση και στη δύναμη του Αγίου Πνεύματος.

Ο Ιησούς ήρθε για να γίνει η σωτηρία μας — Ο Σωτήρας είναι ένας άνθρωπος που καταβάλλει το τίμημα εκ μέρους ενός φτωχού συγγενή για να θέσει σε ισχύ την ελευθερία του συγγενή ή την περιουσία τους.

Τίποτα δεν μπορούσε να αποτρέψει τον Ιησού από το να σώσει τους δικούς Του. Ούτε η εγκατάλειψη, ούτε οι προσβολές, ούτε οι κατηγορίες, ούτε ο ίδιος ο θάνατος. **Ο Ιησούς ήρθε συγκεκριμένα για να δώσει τη ζωή Του σε αντάλλαγμα για τη δική μας (Κατά Ιωάννην 12:27). Τώρα ήρθε η ώρα να δοξάσουμε τον Ιησού στη ζωή μας.** Μας δημιούργησε και μας έσωσε για αυτόν ακριβώς τον λόγο.

Ας προσευχηθούμε: Ουράνιε Πατέρα μας, έχεις την απέραντη ευγνωμοσύνη μας που ήρθες συγκεκριμένα για να δώσεις τη ζωή Σου και να σώσεις τη δική μου. Άγγιξε την καρδιά μας ώστε με όλες τις αισθήσεις μας, να εκτιμήσουμε όλα όσα πέρασες για να γίνεις Βασιλιάς μας, να γίνεις η σοφία μας, η *«δικαιοσύνη, η αγιότητα και η σωτηρία μας»*. Προσευχόμαστε στο Άγιο όνομά Σου. Προσευχόμαστε στο Άγιο Όνομά Σου.

Ο Ιησούς ήρθε στον κόσμο μας για να μας σώσει και γι' αυτό, αξίζει την αγάπη, την πίστη, τη δόξα, τη μίμηση και την αφοσίωσή μας.

---

31 Μαρτίου
Η ΧΑΡΑ ΤΟΥ ΚΥΡΙΟΥ
Προς Εβραίους 12:2

Εδώ και τρία χρόνια, διαβαίνουμε την κοιλάδα σκιάς του θανάτου (COVID-19), που αφαίρεσε με καταστροφικό τρόπο ζωές Αμερικανών περισσότερες από τους δύο παγκόσμιους πολέμους. Ανά τον κόσμο, ο αριθμός των αποθανόντων και των εξουθενωμένων είναι ανησυχητικός. Η ανεργία, η πείνα, η κοινωνική απομόνωση και το άγχος που προέρχεται από ένα αβέβαιο μέλλον έχουν αυξηθεί, κλέβοντας τη χαρά του Κυρίου. Πόσο επίκαιρο είναι το σημερινό εδάφιο, στο οποίο ο Ιησούς δεν έμεινε στα επικείμενα βάσανα αλλά στη χαρά και τη βεβαιότητα του τέλους του παιχνιδιού.

Δίχως να μειώνουμε τον απέραντο πόνο και τις δοκιμασίες που περνά ο λαός του Θεού, το καλύτερο καταφύγιο και φάρμακο για τέτοιου είδους στιγμές είναι να καθόμαστε στα πόδια του Θεού και να θυμόμαστε ποιοι είμαστε και πού πάνε. Ο Ιησούς ήταν πολύ σίγουρος για την ταυτότητα και την αποστολή Του και για **τη χαρά**

της σωτηρίας του κόσμου από την αποξένωση με τον Θεό και τον αιώνιο θάνατο, συγκέντρωσε τη δύναμη **μένοντας στη χαρά του Θεού**.

Είναι χαρά μου να μοιραστώ μαζί σας κάποια από τα αγαπημένα μου εδάφια, τα οποία σε στιγμές λύπης, πόνου και σύγχυσης, **αποκαθιστούν τη χαρά μου στον Κύριο**.

«Και να μη λυπάστε· επειδή, η χαρά τού Κυρίου είναι η δύναμή σας» (Νεεμίας 8:10).

Ο Θεός υπόσχεται *«Εκείνοι που σπέρνουν με δάκρυα, θα θερίσουν με αγαλλίαση»* (Ψαλμοί 126:5).

Η χαρά μας θα είναι συνεχής, *«Και θάρθουν στη Σιών με αλαλαγμό· και αιώνια ευφροσύνη θα είναι επάνω στο κεφάλι τους· θα απολαύσουν αγαλλίαση και ευφροσύνη· ενώ η λύπη και ο στεναγμός θα φύγουν»* (Ησαΐας 35:10).

Ο Ιησούς μας καλεί να μείνουμε κοντά Του *«για να μείνει μέσα σας η χαρά μου, και η χαρά σας να είναι πλήρης»* (Κατά Ιωάννην 15:11).

Ο Ιησούς είπε να ζητάμε στο όνομά Του, *«και θα παίρνετε, ώστε η χαρά σας να είναι πλήρης»* (Κατά Ιωάννην 16:24).

Ο Ιησούς Χριστός προσευχήθηκε στον Θεό Πατέρα *«για να έχουν τη χαρά μου μέσα τους πλήρη»* (Κατά Ιωάννην 17:13).

Αγαπητοί μου, η ανάσταση του Ιησού ήταν περίσταση *«μεγάλης χαράς»* για τις γυναίκες που ανακάλυψαν τον άδειο τάφο Του **(Κατά Ματθαίον 28:8)**. Κατά τη διάρκεια της Μεγάλης Εβδομάδας, είναι πιο χαρούμενο για εμάς να θυμόμαστε ότι, στο τέλος της ιστορίας, η Οδός, η Αλήθεια και η Ζωή θριαμβεύουν και νικούν το χάος, τα ψέματα και τον θάνατο.

Ας προσευχηθούμε: Ουράνιε Πατέρα μας, δώσε μας την πίστη και τη χαρά του Κυρίου, να αφήσουμε όλες μας τις ανησυχίες στα πολύτιμα χέρια Σου ενώ Εσύ βάζεις χαρά και ειρήνη στην καρδιά μας. Προσευχόμαστε στο Άγιο Όνομά Σου.

---

1 Απριλίου
ΑΓΑΠΑΤΕ ΑΛΛΗΛΟΥΣ

«Σας δίνω μια νέα εντολή, να αγαπάτε ο ένας τον άλλο. Όπως σας αγάπησα εγώ, να αγαπάτε κι εσείς ο ένας τον άλλο». **Κατά Ιωάννην 13:34**

"A new command I give you: Love one another. As I have loved you, so you must love one another." John 13:34

"Un mandamiento nuevo les doy: Que se amen unos a otros. Así como yo los he amado, ámense también ustedes unos a otros". Juan 13:34

Ρώτησαν τον Ιησού *«ποια εντολή είναι μεγάλη μέσα στον νόμο;»* (Κατά Ματθαίον 22:36). Ευσταθεί η ερώτηση! Στις Εβραϊκές Γραφές υπάρχουν περίπου 633 εντολές, οπότε δεν είναι ασυνήθιστο για κάποιον που επιθυμεί κάποια αίσθηση σειράς και προτεραιότητας να θέλει να γνωρίζει *«ποια εντολή είναι μεγάλη μέσα στον νόμο»*.

Ο Ιησούς απάντησε, *«Θα αγαπάς τον Κύριο τον Θεό σου από όλη την καρδιά σου, και από όλη την ψυχή σου, και από όλη τη διάνοιά σου». Αυτή είναι πρώτη και μεγάλη εντολή. Δεύτερη, όμως, όμοια μ' αυτή είναι: «Θα αγαπάς τον πλησίον σου σαν τον εαυτό σου». Σ' αυτές τις δύο εντολές κρέμονται ολόκληρος ο νόμος και οι προφήτες»* (**Κατά Ματθαίον 22:37-40**).

Ας το ξεκαθαρίσουμε: Η πρώτη και μεγαλύτερη εντολή είναι να αγαπάμε τον Θεό. Η δεύτερη είναι να αγαπάμε τον πλησίον μας όπως τον εαυτό μας. Σύμφωνα με αυτή την εντολή, οι πιστοί πρέπει να αγαπούν όσους είναι γύρω τους, ακόμη κι αν δεν αποτελούν μέρος της κοινότητας αλλά θεωρούνται πλησίον. Σ' αυτούς συμπεριλαμβάνονται όσοι διέρχονται από την κοινότητά μας οι οποίοι δεν μοιράζονται απαραίτητα τις θρησκευτικές, πολιτικές ή αστικές απόψεις. Η αγάπη προς αυτούς σημαίνει να είμαστε ευγενικοί και να τους συμπεριφερ'μαστε όπως θα θέλαμε να συμπεριφέρονται σε εμάς, εφαρμόζοντας για παράδειγμα τον **χρυσό κανόνα**!

Αλλά τώρα, μιλώντας στους μαθητές και όσους ήταν μαζεμένοι γύρω από το τραπέζι γιορτάζοντας το Εβραϊκό Πάσχα, ο Κύριος δίνει **μια τρίτη εντολή αγάπης για την κοινότητα των πιστών**: *«Να αγαπάτε αλλήλους, όπως αγάπησα εγώ εσάς»*. Η εντολή αυτή ισχύει για τα μέλη της εκκλησίας που συμμετέχουν τακτικά στη λατρεία και την υπηρεσία. Ο Ιησούς καλεί αδελφές και αδελφούς εν Χριστό **«να αγαπούν αλλήλους»** και είναι ξεκάθαρος για τη φύση και τον τρόπο της αγάπης που απαιτείται από εμάς. Προσθέτει *«όπως αγάπησα εγώ εσάς»*.

Το κάλεσμα για αγάπη ακολουθεί το μοτίβο της συγχώρησης. *«Και συγχώρεσε σε μας τις αμαρτίες μας, όπως και εμείς συγχωρούμε σ' αυτούς που αμαρτάνουν σε μας»* (**Κατά Ματθαίον 6:12**). Παρομοίως, αγαπήστε αλλήλους *«όπως σας αγάπησα εγώ»*. Πώς σας αγάπησε ο Χριστός; Στο **Κατά Ιωάννην 3:16** διαβάζουμε τη μορφή της αγάπης του Θεού. Η **Προς Ρωμαίους Επιστολή 5:8** το αποδεικνύει, *«Ο Θεός, όμως, δείχνει τη δική του αγάπη σε μας, επειδή, ενώ εμείς ήμασταν ακόμα αμαρτωλοί, ο Χριστός πέθανε για χάρη μας»*.

Ας προσευχηθούμε: Ουράνιε Πατέρα μας, δώσε μας τη δύναμη να υπηρετούμε, να συγχωρούμε και να αγαπούμε όπως μας υπηρέτησαν, μας αγάπησαν και μας συγχώρεσαν. Να μην κρίνουμε και να μην κρατούμε για τον εαυτό μας τη χάρη Σου από οποιονδήποτε επιθυμεί να λάβει γνώση και να ελευθερωθεί από τα δεσμά της αμαρτίας. Προσευχόμαστε στο όνομα του Ιησού Χριστού.

---

2 Απριλίου
Ο ΜΕΣΙΤΗΣ ΜΑΣ

«Επειδή παρέδωσε σε θάνατο την ψυχή του, και λογαριάστηκε μαζί με ανόμους, και αυτός βάσταξε τις αμαρτίες πολλών, και θα μεσιτεύσει υπέρ των ανόμων». **Ησαΐας 53:12**

"He poured out his life unto death, and was numbered with the transgressors. For he bore the sin of many, and made intercession for the transgressors." **Isaiah 53:12**

"Porque él derramará su vida hasta la muerte y será contado entre los pecadores; llevará sobre sí mismo el pecado de muchos, y orará en favor de los pecadores". **Isaías 53:12**

Σήμερα κάνουμε μνεία στη μαύρη ημέρα όταν ο Ιησούς Χριστός, **ο μεσίτης μας**, έδωσε με τη δική Του βούληση τη ζωή Του στον σταυρό ώστε εγώ κι εσείς να έχουμε ειρήνη και κοινωνία με τον Θεό και τον πλησίον μας.

Στον **Ησαΐα 53:9** διαβάζουμε ότι παρόλο που δεν αμάρτησε, *«Ο τάφος του διορίστηκε μαζί με τους κακούργους· εντούτοις, στον θάνατό του στάθηκε μαζί με τον πλούσιο».* Ο αθώος θα πέθαινε για τη δική μας επανάσταση. *«Αυτός, όμως, τραυματίστηκε για τις παραβάσεις μας· ταλαιπωρήθηκε για τις ανομίες μας· η τιμωρία, που έφερε τη δική μας ειρήνη, ήταν επάνω σ' αυτόν· και διαμέσου των πληγών του γιατρευτήκαμε εμείς»* **(Ησαΐας 53:5).**

Η διακονία του Ιησού χαρακτηρίστηκε από την αφοσίωση και την αγάπη Του για τους φτωχούς και τους περιθωριοποιημένους. Ο Ιησούς μεσίτευσε για την ανθρωπότητα ώστε ο Θεός να μην μετρήσει τις αμαρτίες μας εναντίον μας, αλλά αντιθέτως, εναντίον του Ιησού. Ακόμη και από τον σταυρό, με την τελευταία Του ανάσα, ο Ιησούς σκεφτόταν και προσευχόταν για εμάς, *«Πατέρα, συγχώρεσέ τους· επειδή, δεν ξέρουν τι κάνουν»* **(Κατά Λουκάν 23:34).**

Η Αγία Γραφή μας διδάσκει *«Επειδή, ένας Θεός υπάρχει, ένας είναι και ο μεσίτης ανάμεσα σε Θεό και ανθρώπους, ο άνθρωπος Ιησούς Χριστός»* **(Α' Προς Τιμόθεον 2:5).** Στη διάρκεια της διακονίας Του, ο Ιησούς μεσίτευσε μεταξύ Θεού και ανθρώπων σε πολλές περιστάσεις:

✦ Ο Ιησούς προσευχήθηκε για την πίστη μας: *«Εγώ δεήθηκα για σένα για να μη εκλείψει η πίστη σου»* **(Κατά Λουκάν 22:32).**

✦ Ο μεσίτης μας προσευχήθηκε ώστε να μην είμαστε μόνοι: *«Και εγώ θα παρακαλέσω τον Πατέρα, και θα σας δώσει έναν άλλον Παράκλητο, για να μένει μαζί σας στον αιώνα»* **(Κατά Ιωάννην 14:16).**

✦ Ο Ιησούς προσευχήθηκε και συνεχίζει να μεσιτεύει για καθένα από τα πρόβατά Του που ξεμάκρυναν από τον δρόμο Του. *«Εγώ γι' αυτούς παρακαλώ· δεν παρακαλώ για τον κόσμο, αλλά για εκείνους τους οποίους μου έδωσες, επειδή δικοί σου είναι»* **(Κατά Ιωάννην 17:9).**

✦ Ο Ιησούς κάθεται στο δεξί χέρι του Πατέρα και *«Γι' αυτό, μπορεί και να σώζει ολοκληρωτικά αυτούς που προσέρχονται στον Θεό διαμέσου αυτού, ζώντας πάντοτε για να μεσιτεύει για χάρη τους»* **(Προς Εβραίους 7:25).**

Ας προσευχηθούμε: Ουράνιε Πατέρα μας, Σε ευχαριστούμε που λάμπεις το Φως Σου στο σκοτάδι μας, που στέλνεις τον Ιησού, τον αμόλυντο μεσίτη που *«έφερε τις αμαρτίες πολλών»* και *«ζει πάντοτε για να μεσιτεύει για εμάς».* Βοήθησε ώστε να είμαστε κι εμείς μεσίτες για όσους υποφέρουν σήμερα. Προσευχόμαστε στο όνομα του Ιησού Χριστού.

Ο Ιησούς Χριστός, ο μεσίτης μας, έδωσε με τη δική Του βούληση τη ζωή Του στον σταυρό ώστε εγώ κι εσείς να έχουμε ειρήνη και κοινωνία με τον Θεό και τον πλησίον μας.

---

3 Απριλίου
Ο ΘΕΟΣ ΣΕ ΧΡΕΙΑΖΕΤΑΙ
Προς Φιλιππησίους 1:23-24

Ο Άγιος Παύλος μας λέει ότι μεγαλύτερη επιθυμία Του ήταν να αφήσει αυτόν τον κόσμο και να είναι με τον Χριστό. Ο Θεός, όμως, τον χρειαζόταν στον κόσμο αυτό για να κηρύξει το Ευαγγέλιο **(Προς Φιλιππησίους 1:23-24).**

Ο Παντοδύναμος Θεός μπορεί να μετακινήσει βουνά, αστερισμούς και να καθησυχάσει καταιγίδες με μία μόνο λέξη. Δεν έχουμε το επίπεδο του Αποστόλου Παύλου ή του Πέτρου. **Γιατί, λοιπόν, ο Θεός να μας χρειάζεται;** Πρόκειται για ερώτημα που απαιτεί την απάντηση και τη διαύγειά μας.

Πρώτον, ο Θεός μας δημιούργησε για να έχουμε μια **στενή και προσωπική σχέση** μαζί Του. Για να είναι ο Θεός μας και εμείς να είμαστε ο εκλεκτός λαός Του.

Δεύτερον, στη δημιουργία, **ο Θεός μας εμπιστεύθηκε τη φροντίδα της (Γένεσις 1:28, 2:15).** Στη συνέχεια, ο Ιησούς ήρθε *«για να φέρει τα χαρμόσυνα νέα στους φτωχούς, για να γιατρέψει τούς συντριμμένους στην καρδιά, για να κηρύξει ελευθερία στους αιχμαλώτους»* **(Κατά Λουκάν 4:18).** Έπειτα από τον θάνατο και την ανάληψή Του στους ουρανούς, ο Θεός διαμόρφωσε την εκκλησία ώστε εμείς να συνεχίσουμε **την**

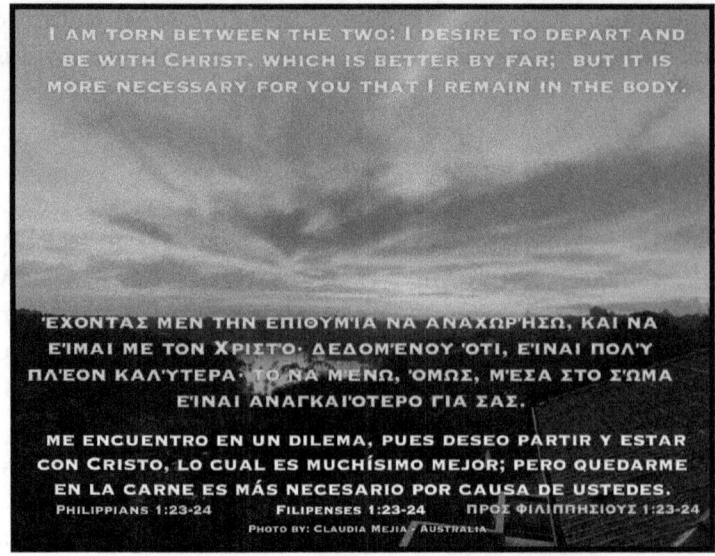

αποστολή του Ιησού. Όσο υπάρχει η γη, θα υπάρχουν φτωχοί, άρρωστοι και άστεγοι. **Ο Θεός μας χρειάζεται για να φροντίζουμε τον καθένα σωματικά, συναισθηματικά και πνευματικά.**

Θέλουμε να είμαστε στην παρουσία του Θεού, να αναπαυόμαστε από τη συνεχή μάχη μεταξύ του κακού και της έλλειψης καλοσύνης στο περιβάλλον μας. Αλλά, ενόσω βρισκόμαστε σε αυτή τη γη, **ο Θεός χρειάζεται και έχει αναθέσει σε εμένα και σε εσένα** να είμαστε ενεργοί συμμέτοχοι του σχεδίου Του για σωτηρία και αποκατάσταση. Ο Θεός δεν μας θέλει να είμαστε μόνο θεατές. **Ο Θεός σε χρειάζεται** και *«επειδή, σε σας χαρίστηκε το υπέρ τού Χριστού όχι μονάχα το να πιστεύετε σ' αυτόν, αλλά και το να πάσχετε υπέρ αυτού»* **(Προς Φιλιππησίους 1:29).**

Εν μέσω αυτής της τρομακτικής πανδημίας, όσοι συμμετέχουν στη συνέχιση του καλού έργου του Θεού προς τους φτωχούς τω πνεύματι, τους αρρώστους, όσους βρίσκονται σε ανάγκη, προς τις χήρες, τα ορφανά και τους άστεγους χρειάζονται θάρρος και αυτοπεποίθηση γνωρίζοντας ότι **ο Θεός τους χρειάζεται και κανένα κακό δεν θα έρθει σ' εκείνους και τις οικογένειές τους.**

Πώς πάει η δική σας ανάθεση και σχέση με τον Δημιουργό;

Ας προσευχηθούμε: ουρανιε πατερα μας, σε χρειαζομαστε σημερα περισσοτερο απο ποτε. *«κυριε, ελεησε με, επειδη ειμαι μεσα σε θλιψη· μαραθηκε το ματι μου απο τη λυπη [...] «επειδη ακουσα τον ονειδισμο απο πολλους· φοβος υπηρχε απο παντου· [...] αλλα, εγω, κυριε, ελπισα σε σενα· ειπα: εσυ εισαι ο θεος μου. Στα χερια σου ειναι οι καιροι μου· [...] επιλαμψε το προσωπο σου επανω στον δουλο σου· σωσε με μεσα στο ελεος σου»* (ψαλμος 31:9, 13-16). Δωσε μας το θαρρος για να πουμε οπως ο ιωβ *«και αν με θανατωνει, εγω θα ελπιζω ς' αυτον»* (Ιώβ 13:15). Προσευχόμαστε στο Άγιο Όνομά σου.

Όσο υπάρχει η γη, θα υπάρχουν φτωχοί, άρρωστοι και άστεγοι. Ο Θεός μας χρειάζεται για να φροντίζουμε τον καθένα σωματικά, συναισθηματικά και πνευματικά.

---

4 Απριλίου
Η ΜΑΧΗ ΣΟΥ ΕΙΝΑΙ ΜΑΧΗ ΜΑΣ
Θρήνοι 3:55-58

Το βιβλίο **Θρήνοι** αποδίδεται στον Ιερεμία, τον θρηνώντα Προφήτη. Εκφράζει τον μεγάλο πόνο εξαιτίας της καταστροφής της Ιερουσαλήμ. Ταυτόχρονα, μας δίνει ελπίδα προς τον Θεό. Περιγράφει την εικόνα μιας έντονης *«μάχης μεταξύ της πίστης, του φόβου και της ελπίδας, αλλά η πίστη έχει την τελευταία λέξη και προέρχεται από τη νικηφόρα μάχη».*[8]

Σε σχέση με την πανδημία, ενισχύουμε την πίστη μας μέσω της προσευχής και της μελέτης του Λόγου του Θεού γιατί αυτή είναι η άμυνα και η τροφή μας. Γνωρίζοντας ότι *ο Θεός με κρατά στην παλάμη του χεριού Του*, με καθησυχάζει! **(Ησαΐας 49:16)**. Ωστόσο, οι τρομακτικές προβλέψεις, τα φοβερά νέα για την αντιμετώπιση των αποθανόντων και η έλλειψη πόρων, δέουσας προσοχής και προσωπικού στα νοσοκομεία μας προξενούν φόβο ότι ο ιός μπορεί να χτυπήσει την πόρτα των παιδιών μας και ότι ίσως δεν είναι επαρκώς προστατευμένα.

Τον Ιωσήφ τον έβαλαν σε μία άδεια δεξαμενή που χρησίμευε ως φυλακή ώσπου τα αδέρφια του τον πώλησαν σαν σκλάβο. Φαντάζομαι ότι, τρομαγμένος, στον πυθμένα του πηγαδιού, θα έκραζε στον Θεό, όπως ο Ιερεμίας. Στο **εδάφιο 55**, διαβάζουμε *«Επικαλέστηκα το όνομά σου, Κύριε, από κατώτατον λάκκο»*.

Παρόλο που τα αδέρφια του Ιωσήφ είχαν σκοπό να τον βλάψουν, ο Θεός δεν τον εγκατέλειψε ποτέ, αλλά του επέτρεψε να υποφέρει στιγμιαία για να σώσει τον κόσμο **(Γένεσις 50:20)**. Όπως μας λέει ο Λόγος σήμερα, ο Θεός άκουσε την κραυγή του Ιωσήφ και του έδωσε τη νίκη, *«Κύριε, δίκασες τη δίκη τής ψυχής μου· λύτρωσες τη ζωή μου»* **(Θρήνοι 3:58)**.

Αγαπητοί μου, η δική σου μάχη είναι η δική μας μάχη. Όταν θρηνεί ένας, θρηνούμε όλοι. Ίσως αυτό να είναι το μόνο καλό που βρίσκουμε σε αυτόν τον εφιάλτη δίχως τέλος. Ο θρήνος του ενός αγγίζει την καρδιά του άλλου ανθρώπου και αφιερώνουμε χρόνο για να συμπεριφερθούμε ο ένας στον άλλον με σεβασμό, αξιοπρέπεια και λίγη αγάπη. Από τα βάθη του δικού μας πηγαδιού, θρηνούμε μαζί για τον Θεό να έρθει και να μας πει *«Μη φοβάσαι»* **(Θρήνοι 3:57)**.

Ας προσευχηθούμε: Ουράνιε Πατέρα, Δημιουργέ, Θεραπευτή και Λυτρωτή μας. Είσαι η μόνη μας ελπίδα και αξιοπιστία. Βοήθησέ μας να φέρουμε στην επιφάνεια την πίστη μας και να ξεπεράσουμε τον φόβο. Η μάχη του Ιερεμία είναι η δική μας μάχη ανάμεσα στον φόβο, την πίστη και την ελπίδα. Δείξε μας πώς να πετύχουμε τη νίκη, ξεκινώντας με την προστασία και την ευημερία των παιδιών, της οικογένειας και των φίλων μας. Προσευχόμαστε στο όνομα του Ιησού, του Αμνού του Θεού που παίρνει μακριά τις αμαρτίες ολόκληρου του κόσμου.

---

[8] Henry, M., & Lacueva, F. (1999). *Comentario Bíblico de Matthew Henry* (p. 894). 08224 TER-RASSA (Barcelona): Editorial CLIE.

5 Απριλίου
ΠΙΣΤΗ ΓΙΑ ΤΗΝ ΑΝΑΣΤΑΣΗ

«Ο πρώτος άνθρωπος Αδάμ «έγινε σε ψυχή που ζει»· ο έσχατος Αδάμ έγινε σε πνεύμα που ζωοποιεί». **Προς Κορινθίους Α΄ 15:45**

"'The first man Adam became a living being'; the last Adam, a life-giving spirit."
1 Corinthians 15:45

"'El primer hombre, Adán, se convirtió en un ser con vida'; y el postrer Adán, un espíritu que da vida". **1 Corintios 15:45**

Ο Κύριος αναστήθηκε! Αλληλούια! Η Ανάσταση του Χριστού μας γεμίζει ελπίδα ότι, με τον ίδιο τρόπο, αν ζήσουμε και πεθάνουμε με τον Ιησού, κι εμείς θα αναστηθούμε σε μία νέα ζωή με αφθονία.

Τι σημαίνει να ζω εν Χριστώ; Σημαίνει με απλά λόγια, ότι από τη στιγμή που ο Θεός άνοιξε τη διάνοιά μας για να δεχτούμε τον Ιησού Χριστό ως Κύριο και Λυτρωτή, όλα όσα κάνουμε από εκείνη τη στιγμή και έπειτα (λόγια, πράξεις, σκέψεις, συναισθήματα) αντανακλούν την ουσία και τον χαρακτήρα του Ιησού. Όπως είπε ο Άγιος Παύλος, από εκείνη τη στιγμή και μετά, *«ζω δε όχι πλέον εγώ, αλλά ο Χριστός ζει μέσα σε μένα· σε ό,τι, όμως, τώρα ζω μέσα στη σάρκα, ζω με την πίστη τού Υιού τού Θεού»* **(Προς Γαλάτας 2:20)**.

Γνωρίζοντας τη νέα αυτή πραγματικότητα μας βοηθά να προσφέρουμε το σώμα και τη ζωή μας στην υπηρεσία του Ιησού για να σώσει και να υπηρετήσει τα πρόβατά Του. Διαβάζοντας καθημερινά τον Λόγο του Θεού και επαναλαμβάνοντας τακτικά τη φράση *«ο Ιησούς ζει μέσα μου»* μας βοηθά να παλέψουμε ενάντια στην αποθάρρυνση και την κόπωση. Σε τέτοιες στιγμές, κράζουμε, *«Δύναμή μου και ύμνος μου είναι ο Κύριος, και έγινε σε μένα σωτηρία»* **(Ψαλμοί 118:14)**.

Το σημερινό εδάφιο μας λέει ότι ο Ιησούς, *«ο έσχατος Αδάμ έγινε σε πνεύμα που ζωοποιεί»* **(Προς Κορινθίους Α' 15:45)**. Όπως ο Θεός είχε τη δύναμη να εμφυσήσει ζωή στον Αδάμ, *«έτσι έδωσε και στον Υιό να έχει μέσα στον εαυτό του ζωή»* **(Κατά Ιωάννην 5:26)**.

Στην Αγία Γραφή καταγράφονται επίσης οι φορές που ο Ιησούς ανέστησε κάποιον από τους νεκρούς, μεταξύ των οποίων θυμόμαστε περισσότερο τον Λάζαρο. Στην εν λόγω κατάσταση, ο Ιησούς είπε: *«Εγώ είμαι η ανάσταση και η ζωή· αυτός που πιστεύει σε μένα, και αν πεθάνει, θα ζήσει. Και καθένας που ζει και πιστεύει σε μένα, δεν πρόκειται να πεθάνει στον αιώνα. Το πιστεύεις αυτό;»* **(Κατά Ιωάννην 11:25-26)**. Ακούγοντας τη φωνή του Ιησού να τον καλεί, *«Λάζαρε, έλα έξω»* **(Κατά Ιωάννην 11:43)**, ο αποθανών αναστήθηκε και βγήκε από τον τάφο του.

Αγαπητοί μου, δεν γνωρίζουμε πότε, αλλά ο Ιησούς διακηρύσσει, *«Σας διαβεβαιώνω απόλυτα, ότι έρχεται ώρα, και ήδη είναι, όταν οι νεκροί θα ακούσουν τη φωνή τού Υιού τού Θεού, και εκείνοι που άκουσαν θα ζήσουν»* **(Κατά Ιωάννην 5:25)**. Αγαπημένοι μου, **η ζωή με τον Ιησού μας διαβεβαιώνει για την Ανάσταση στην αιώνια ζωή.**

Ας προσευχηθούμε: Ουράνιε Πατέρα μας, άφησε τα αυτιά και την καρδιά μας να συγχρονιστούν με τη φωνή και την καθοδήγησή Σου ώστε στην Ανάσταση να ακούσουμε τη φωνή του Ιησού και να αναστηθούμε με νέο πνευματικό σώμα, παρόμοιο με εκείνο του Σωτήρα και Λυτρωτή μας, στο όνομα του οποίου προσευχόμαστε.

6 Απριλίου
ΔΗΜΙΟΥΡΓΗΜΕΝΟΙ ΚΑΤ' ΕΙΚΟΝΑ ΘΕΟΥ
Γένεσις 1:27

Το σημερινό εδάφιο μας λέει ότι *«είμαστε δημιουργημένοι κατ' εικόνα του Θεού»*. Ο καθένας μας κουβαλά λίγο από το θεικό DNA που αναμένει να ανθίσει. Κάθε άνθρωπος έχει βαθιά επιθυμία να γνωρίσει τον Θεό και να γίνει γνωστός από τον Θεό, *«Εμμανουήλ που ερμηνευόμενο σημαίνει: Μαζί μας είναι ο Θεός»* (**Κατά Ματθαίον 1:23**).

Ο Θεός μας δημιούργησε κατ' εικόνα Του και μας όρισε να είμαστε πρεσβευτές. Σύμφωνα με τον Σκωτσέζο ποιμένα Peter Marshall, ο λόγος της ύπαρξής μας είναι *«να παρουσιάσουμε τον Χριστό στους ανθρώπους. Αυτή είναι η ολοκληρωμένη και μοναδική εργασία μας»*.

Όταν γεννήθηκε ο Ιησούς, δεν υπήρχε μέρος για Εκείνον στο πανδοχείο. *«Στα δικά του ήρθε, και οι δικοί του δεν τον δέχθηκαν»* (**Κατά Ιωάννην 1:11**). Ο υπεύθυνος του πανδοχείου θα έκανε χώρο αν γνώριζε ότι ο Ιωσήφ κατάγεται από τη γενιά του Δαβίδ; Δεν αναγνώρισε τη βασιλική οικογένεια. Κι εμείς; **Θα Τον αναγνωρίζαμε αν ερχόταν στο σπίτι μας; Θα κάναμε χώρο για Εκείνον;**

Έχω συγγενείς ανά τον κόσμο που δεν έχω συναντήσει ακόμη. Όταν βλέπω τις φωτογραφίες τους στο Facebook, βλέπω μία ομοιότητα με τον πατέρα μου, τη μητέρα μου, τους παππούδες ή τους θείους μου. **Έχουμε μέσα μας το ίδιο αίμα** και εύχομαι κάποια μέρα να τους συναντήσω. Το 2021, κανονίσαμε να συναντηθούμε με την οικογένεια Destruge (περίπου 120 μέλη της οικογένειας που μέχρι τότε δεν γνωρίζαμε ότι υπάρχουν). Γνωριστήκαμε μέσω του Facebook και έκαναν χώρο στο σπίτι τους για τον μπαμπά μου, τη Μαργαρίτα και εμένα. Ήταν υπέροχη εμπειρία. Ακόμη μοιραζόμαστε την αγάπη μας και την συναισθηματική και πνευματική στήριξη μέχρι και σήμερα.

Ο Ιησούς μας λέει στην **Αποκάλυψη 3:20**: *«Πρόσεξε, στέκομαι στη θύρα και κρούω· αν κάποιος ακούσει τη φωνή μου, και ανοίξει τη θύρα, θα μπω μέσα σ' αυτόν, και θα δειπνήσω μαζί του και αυτός μαζί μου»*. Ακούγοντας τα λόγια αυτά, θα αναγνωρίζαμε τη φωνή Του και το γεγονός ότι έχουμε δημιουργηθεί κατ' εικόνα Του; Είθε να μην ακουστεί από εμάς τους Χριστιανούς ότι *«Στα δικά του ήρθε, και οι δικοί του δεν τον δέχθηκαν»*.

Έχουμε δύο επιλογές: να ανοίξουμε ή να κλείσουμε την πόρτα. Είμαι αιώνια ευγνώμων που η οικογένεια Destruge αναγνώρισε και έκανε χώρο για εμάς στο σπίτι και στην καρδιά τους. Κάθε λογικός άνθρωπος θα έκανε πρώτα χώρο για τον Θεό, που μας προσφέρει υιοθεσία εντός της οικογένειας, μαζί με ελπίδα, ειρήνη, συμφιλίωση και αιώνια αγάπη.

Ας προσευχηθούμε: Ουράνιε Πατέρα μας, Σ' ευχαριστούμε που μας δημιούργησες κατ' εικόνα Σου. Είθε οι καρδιές μας να είναι πάντα έτοιμες να πουν σε εσένα *«Δεν υπάρχει πιο έντονη επιθυμία στη* *ζωή μου απ' το να γνωρίζω Εσένα και το θέλημά Σου για εμένα»*. Προσευχόμαστε στο όνομα του Ιησού Χριστού.

---

7 Απριλίου
Ο ΘΕΟΣ ΕΙΝΑΙ ΠΑΝΤΑ ΜΠΡΟΣΤΑ
Κατά Μάρκον 16:7

Οι γυναίκες ανησυχούσαν, *«Ποιος θα αποκυλίσει σε μας την πέτρα από τη θύρα τού τάφου;»* **(Κατά Μάρκον 16:3)**. Δεν ήξεραν ότι ο Θεός είχε στείλει τους αγγέλους Του **να πορευτούν μπροστά από αυτές** για να μετακινήσουν τη βαριά πέτρα. Η δική μας ανησυχία είναι πότε ο Θεός θα απομακρύνει αυτή την πανδημία που μας κρατά κλειδωμένους, σαν να βρισκόμαστε σε τάφο; **Ποιος θα ανοίξει την πόρτα για εμάς για να βγούμε έξω ελεύθερα και να αναπνεύσουμε καθαρό αέρα;**

Αγαπημένοι μου, μπορεί να μην τους βλέπουμε, αλλά οι άγγελοι του Θεού απομακρύνουν τα βάσανα που μας ταλανίζουν τώρα. Ανησυχούμε για πολλά, ξεχνώντας ότι ο Θεός έχει υποσχεθεί **να πορεύεται πάντα μπροστά από εμάς.** Επειδή είναι πάντα μπροστά από εμάς, ο Θεός απομακρύνει εμπόδια και μάχες για εμάς. *«Ο Κύριος ο Θεός σας, που προπορεύεται μπροστά σας, αυτός θα πολεμήσει για σας»* **(Δευτερονόμιον 1:30)**.

Ο Θεός θέλει να θυμόμαστε πάντα την υπόσχεση της παρουσίας Του και της προστασίας Του. *«Και ο Κύριος, αυτός είναι που προπορεύεται μπροστά από σένα· αυτός θα είναι μαζί σου· δεν θα σε αφήσει ούτε θα σε εγκαταλείψει· να μη φοβάσαι ούτε να δειλιάζεις»* **(Δευτερονόμιον 31:8)**. Μπορούμε να αφήσουμε κατά μέρος τον φόβο, γνωρίζοντας ότι ο Θεός **προπορεύεται για εμάς**, ακόμη και τώρα.

Ο Ιησούς, ο καλός Ποιμένας, φροντίζει για τα πρόβατά Του με την ίδια Του τη ζωή. *«Και όταν βγάλει έξω τα δικά του πρόβατα, πηγαίνει μπροστά τους· και τα πρόβατα τον ακολουθούν, επειδή γνωρίζουν τη φωνή του»* **(Κατά Ιωάννην 10:4)**. Είπε ότι δεν θα έχανε ούτε ένα πρόβατο γιατί κανείς δεν μπορεί να μας αρπάξει από τα χέρια Του **(Κατά Ιωάννην 10:28)**. Το δικό μας καθήκον είναι να **γνωρίσουμε τη φωνή Του** και να πιστέψουμε ότι ο οδηγός μας διαβαίνει **πάντα μπροστά** από εμάς.

Ο Άγγελος του Κυρίου είπε στις γυναίκες, *«πηγαίνετε γρήγορα, και πείτε στους μαθητές του ότι, αναστήθηκε από τους νεκρούς· και προσέξτε, πηγαίνει πριν από σας στη Γαλιλαία· εκεί θα τον δείτε»* **(Κατά Ματθαίον 28:7)**. Μας λέει επίσης *«να πάμε γρήγορα»* και να πούμε και στο πιο μικρό πρόβατο ότι *«ο Κύριος αναστήθηκε»*. Παρόλο που δεν μπορούμε να Τον δούμε, το Πνεύμα του Ιησού Χριστού **είναι πάντα μπροστά από εμάς (Κατά Μάρκον 16:7)**.

Ας προσευχηθούμε: Ουράνιε Πατέρα μας, Σ' ευχαριστούμε που είσαι *πάντοτε μπροστά από εμάς* ως οδηγός μας, παρουσία μας, προστάτης, Αυτός που μας συντηρεί και μας υπερασπίζεται. Δώσε μας την πίστη να εμπιστευθούμε ότι η ζωή μας και ο κόσμος μας είναι στα τρυφερά Σου χέρια και κανείς δεν μπορεί να μας αρπάξει. Συγχώρησε τα λάθη μας, θεράπευσε τον πλανήτη μας, στο όνομα του Ιησού Χριστού.

8 Απριλίου
ΤΟ ΑΡΜΟΝΙΚΟ ΣΧΕΔΙΟ ΤΟΥ ΘΕΟΥ
Ψαλμοί 133:1

Δεν υπάρχει μεγαλύτερη ευχαρίστηση από το να βλέπουμε τα παιδιά μας να μοιράζονται και να στηρίζουν το ένα το άλλο. Ο Θεός χαίρεται όταν βλέπει τους αδελφούς να «*συγκατοικούν με ομόνοια*» (**Ψαλμοί 133:1**). Γι' αυτό, θα πρέπει να πασχίζουμε να εκπληρώσουμε το **αρμονικό σχέδιο του Θεού**.

Εντοπίζουμε το καλύτερο παράδειγμα ενότητας στην Αγία Τριάδα, τον Θεό Πατέρα, τον Θεό τον Υιό και τον Θεό το Άγιο Πνεύμα. Ο Ιησούς συνεργάζεται πλήρως για να εκπληρώσει το αρμονικό Θεϊκό σχέδιο συμφιλίωσης του κόσμου με τον Θεό μέσω της θυσίας Του. Ο Ιησούς είπε «*Και όλα τα δικά μου, δικά σου είναι, και τα δικά σου, δικά μου· και δοξάστηκα μέσα σ' αυτούς*» (**Κατά Ιωάννην 17:10**). Δεν υπάρχει εγωισμός στην Αγία Τριάδα. Ο Πατέρας δοξάζει τον Υιό και αντιστρόφως.

Ο Θεός μας παρακαλά να «*είμαστε ένα*» (**Κατά Ιωάννην 17:11β**) όπως η Αγία Τριάδα είναι μία. «*Ο Κύριος ο Θεός μας είναι ένας Κύριος*» (**Κατά Μάρκον 12:29**). Ο Θεός είναι ένας σε σκοπό, σε ουσία, σε δικαιοσύνη και σε έλεος. Ο Θεός είναι αμετάβλητος και απέραντος στην αγάπη.

Η Αγία Γραφή μας λέει ότι «*έτσι και εμείς οι πολλοί ένα σώμα είμαστε εν Χριστώ, και ο καθένας μέλη με τους άλλους*» (**Προς Ρωμαίους 12:5**). Με την υιοθεσία μας στην οικογένεια του Θεού μέσω της θυσίας του Ιησού στον σταυρό, ο Θεός μας μεταμορφώνει πνευματικά σε νέα πλάσματα με υψηλούς στόχους και νέο τρόπο ζωής. «*Δεν υπάρχει πλέον Ιουδαίος ούτε Έλληνας· δεν υπάρχει δούλος ούτε ελεύθερος· δεν υπάρχει αρσενικό και θηλυκό· επειδή, όλοι εσείς είστε ένας στον Ιησού Χριστό*» (**Προς Γαλάτας 3:28**).

Παρόλο που ζούμε σε σώματα από σάρκα, το Άγιο Πνεύμα εκπληρώνει **το αρμονικό θεϊκό σχέδιο** της ενότητας μας σε έναν νου, θρέφοντάς μας, ενδυναμώνοντάς μας και καθαρίζοντάς μας με τον Λόγο του Θεού «*μέχρις ότου, ανεξαίρετα όλοι, να φτάσουμε στην ενότητα της πίστης, και της επίγνωσης του Υιού του Θεού, σε τέλειον άνδρα, σε μέτρο ηλικίας του πληρώματος του Χριστού*» (**Προς Εφεσίους 4:13**).

Ας προσευχηθούμε: Άγιο Πνεύμα, θρέψε και ενδυνάμωσε τις ψυχές μας ώστε **να είμαστε ένα** με λόγια, συναισθήματα, σκοπό και πράξεις, στηρίζοντας ο ένας τον άλλον ως σώμα Χριστό, ώστε όλος μας ο κόσμος να γίνει τέκνο **της δικής Σου αρμονικής οικογένειας.** Κάνε μας ένα. Θεράπευσε τους αρρώστους μας, παρηγόρησε όσους θρηνούν. Προσευχόμαστε στο όνομα του Ιησού Χριστού.

---

9 Απριλίου
ΑΠΟΚΑΛΥΠΤΟΝΤΑΣ ΤΟΝ ΘΕΟ
Δανιήλ 2:23

Ένα από τα θεμέλια της πίστης μας είναι ότι *«ο Κύριος ο Θεός δεν θα κάνει τίποτε, χωρίς να αποκαλύψει το απόκρυφό του στους δούλους του τους προφήτες»* (Αμώς 3:7). Η Αγία Γραφή είναι η πλήρης αποκάλυψη του αρμονικού σχεδίου του Θεού για τα παιδιά Του για να έχουν πρόσβαση σε όλα τα δώρα που χρειάζονται για να ξεπεράσουν τον φόβο και να τερματίσουν τον αγώνα.

Ο Ιησούς αποκαλύπτει ένα ισχυρό δώρο που αποτελεί και όπλο για άμυνα αλλά και εργαλείο για οικοδόμηση. Στο **Κατά Ματθαίον 7:7**, ο Θεός μας λέει, *«Ζητάτε, και θα σας δοθεί· ψάχνετε, και θα βρείτε· κρούετε, και θα σας ανοιχτεί».*

Ο Δανιήλ διατηρούσε στενή σχέση με τον Θεό χρησιμοποιώντας την προσευχή για να ζητήσει τα δώρα του Θεού: τη δύναμη, την καθοδήγηση και τη σοφία. Ο βασιλιάς Ναβουχοδονόσορ είδε ένα όνειρο που τον θορύβησε και αντί να ζητήσει από τους μάγους και τους προφήτες να το ερμηνεύσουν, τους ζήτησε να του πουν τι ονειρεύτηκε και τι σήμαινε αυτό **(Δανιήλ 2:6)**. Του απάντησαν ότι είναι αδύνατον να γνωρίζουν τι ονειρεύτηκε ο βασιλιάς. Ο βασιλιάς θύμωσε και διέταξε να τους σκοτώσουν, αλλά ο Δανιήλ παρενέβη, ζητώντας χρόνο να συμβουλευτεί τον Θεό σχετικά με το όνειρο. Προσευχήθηκε και ο Θεός του αποκάλυψε το όνειρο, ελευθερώνοντάς τους από τον θάνατο **(Δανιήλ 2:1-20)**.

Όταν ήρθαν αντιμέτωποι με απειλές από τους θρησκευτικούς ηγέτες, οι μαθητές ζήτησαν απ' τον Θεό *«δώσε στους δούλους σου να μιλούν τον λόγο σου με κάθε παρρησία...Ύστερα δε από τη δέησή τους, σείστηκε ο τόπος όπου ήσαν συγκεντρωμένοι· και όλοι έγιναν πλήρεις Πνεύματος Αγίου, και μιλούσαν τον λόγο του Θεού με παρρησία»* **(Πράξεις 4:29, 31)**.

Μέσω του Αγίου Πνεύματος, ο Θεός υπόσχεται να αποκαλύψει *«ακόμη και τα κρυφά πράγματα του Θεού»* σε κάθε υιό και κόρη που φτάνει στο σημείο ωριμότητας και σοφίας **(Προς Κορινθίους Α' 2:6,10)**. Έχεις δώρα εκ Θεού για να επεκτείνει τη βασιλεία του Θεού και να προστατεύσεις το σπίτι σου από τις απειλές του εχθρού. Πλησίασε τον Θεό με εμπιστοσύνη. Ζήτησε, αναζήτησε και κάλεσε το όνομα του Κυρίου. **Ο Θεός θα αποκαλύψει τον τρόπο και θα σε ενδυναμώσει για το καθήκον.**

Ας προσευχηθούμε: Ουράνιε Πατέρα μας, αποκάλυψε το σχέδιό Σου και τα δώρα που έχεις ετοιμάσει για εμένα. Ας ομολογώ τον Λόγο Σου χωρίς φόβο. *«Εκτείνοντας το χέρι σου σε θεραπεία, και σημεία και τέρατα που να γίνονται διαμέσου του ονόματος του αγίου παιδός σου, του Ιησού»* **(Πράξεις 4:30)**. Προσευχόμαστε στο όνομα του Ιησού Χριστού.

Η Αγία Γραφή είναι η πλήρης αποκάλυψη του αρμονικού σχεδίου του Θεού για τα παιδιά Του για να έχουν πρόσβαση σε όλα τα δώρα που χρειάζονται για να ξεπεράσουν τον φόβο και να τερματίσουν τον αγώνα.

10 Απριλίου
ΓΙΑΤΙ ΤΗΝ ΑΠΟΚΑΛΟΥΜΕ ΜΕΓΑΛΗ ΠΑΡΑΣΚΕΥΗ;
Κατά Ιωάννην 19:30

Γιατί την αποκαλούμε Μεγάλη Παρασκευή; Αν μιλούσαμε για μυθιστόρημα, θα έλεγε κανείς ότι πρόκειται για αποτυχημένο μυθιστόρημα. Ο Ήρωας προδόθηκε από έναν από τους πιο στενούς συμμάχους Του για 30 κομμάτια ασήμι και πέθανε.

Όσοι προηγουμένως έκραζαν *«Ωσαννά, ευλογημένος ο ερχόμενος στο όνομα του Κυρίου»* τώρα φώναζαν *«Σταυρώστε Τον»*. Πόσο γρήγορα ακολουθούμε το πλήθος!

Στο **Κατά Ιωάννην 18:14**, ο Καϊάφας συμβούλεψε τους Εβραίους ηγέτες ότι *«Συμφέρει να χαθεί ένας άνθρωπος για χάρη τού λαού».* Ο Ιησούς κατηγορήθηκε ψευδώς από τους θρησκευτικούς ηγέτες και επικρίθηκε από τους Ρωμαίους. Καταδικάστηκε αδίκως και εκτελέστηκε ως κοινός εγκληματίας. *«Ένας καλός άνθρωπος πέθανε για τον λαό!»* **(Κατά Ιωάννη 11:50).** Οι μαθητές έχασαν τον ηγέτη τους και αποχώρησαν με ντροπή και φόβο. **Γιατί, λοιπόν, την αποκαλούμε Μεγάλη Παρασκευή;**

Ως παιδί, θυμάμαι ότι η Μεγάλη Παρασκευή υπήρξε πάντοτε ημέρα πένθους. Δεν υπήρχε μουσική, χαρά ούτε γέλιο. **Δεν υπήρχε τίποτα καλό** στη Μεγάλη Παρασκευή. Δεν μπορούσαμε καν να βγούμε έξω και να παίξουμε ποδόσφαιρο! Υπήρχαν περισσότεροι λόγοι για να την ονομάσουμε **Παρασκευή της ντροπής**. Περιμένετε, όμως. **Η ιστορία δεν τελειώνει την Παρασκευή** με τον θάνατο του Ήρωα!

Την αποκαλούμε Μεγάλη Παρασκευή, γιατί:
✦ Ο αναμάρτητος Χριστός πλήρωσε το τίμημα για τις αμαρτίες του παρελθόντος, του παρόντος και τις μελλοντικές μου αμαρτίες. Ο Ιησούς είπε, *«Εγώ είμαι ο ποιμένας ο καλός· ο ποιμένας ο καλός την ψυχή του βάζει για χάρη των προβάτων. Κανένας δεν την αφαιρεί από μένα, αλλά εγώ τη βάζω από μόνος μου· εξουσία έχω να τη βάλω, και εξουσία έχω να την πάρω ξανά»* **(Κατά Ιωάννην 10:11,18)**
✦ Ο Ιησούς είναι το ωραίο και τέλειο δώρο του Θεού στην ανθρωπότητα. Τη Μεγάλη Παρασκευή, ο Ιησούς ολοκλήρωσε την αποστολή Του να ξεπεράσει την αμαρτία και τον θάνατο. Ο Ιησούς δεν είπε ότι έχει τελειώσει, ότι είναι εξουθενωμένος, ότι έχει ξοδέψει τα πάντα. Εγώ απέτυχα! Ο Ιησούς είπε, *«Τετέλεσται!»* Ολοκλήρωσα την αποστολή μου!»
✦ Ο Ιησούς έχει τον έλεγχο και γνωρίζει ότι *«όλα συνεργούν προς το αγαθό σ' αυτούς που αγαπούν τον Θεό»*, παρόλο που φαινομενικά, η μάχη φαίνεται να έχει χαθεί **(Προς Ρωμαίους 8:28).**

Ο Ιησούς δεν είπε ότι έχει τελειώσει, ότι είναι εξουθενωμένος, ότι έχει ξοδέψει τα πάντα. Εγώ απέτυχα! Ο Ιησούς είπε, «Τετέλεσται!» Ολοκλήρωσα την αποστολή μου!»

Αγαπητοί μου, υπάρχει κι άλλο κεφάλαιο που έπεται. **Τα καλύτερα έρχονται!** Η ιστορία συνεχίζεται με την **Κυριακή της Ανάστασης** που μας καλεί να κάνουμε την ιστορία αυτή δικιά μας και συνεχίζει να εκτυλίσσεται στην κοινότητα μας, στους ξενώνες αστέγων, στα νοσοκομεία, στους δρόμους και στα σπίτια μας. Είμαστε σε έναν αγώνα σκυταλοδρομίας όπου ο Χριστός ήδη έτρεξε τον αγώνα Του. Η δική μας δουλειά, ωστόσο, ξεκινά από εκεί που τελείωσε η δική Του. Αυτός είναι ο πιο ενδιαφέρων αγώνας στο ανθρώπινο γένος.

Ας προσευχηθούμε: Ουράνιε Πατέρα μας, καθώς αναλογιζόμαστε την πανδημία αυτή, οι δυνάμεις του κακού θέλουν να μας κάνουν να νιώθουμε ότι χάσαμε τη μάχη. Ότι το κακό έχει ξεπεράσει το καλό. Η Μεγάλη Παρασκευή, όμως, ακολουθείται από την Κυριακή της Ανάστασης όταν ο Χριστός **ολοκλήρωσε το τέλειο έργο της σωτηρίας Σου**. Ας είναι κάθε μέρα ημέρα ανάστασης. Προσευχόμαστε στο όνομα του Ιησού Χριστού.

---

11 Απριλίου
ΘΑ ΣΗΚΩΘΟΥΜΕ ΞΑΝΑ

«Έτσι ο άνθρωπος, όταν κοιμηθεί, δεν σηκώνεται· μέχρις ότου δεν υπάρξουν οι ουρανοί, δεν θα ξυπνήσουν, και δεν θα εγερθούν από τον ύπνο τους». **Ιώβ 14:12**

"So mortals lie down, never to rise. Until the heavens are no more, they shall not awake, nor be roused out of their sleep." **Job 14:12**

"El hombre muere y no vuelve a levantarse; ¡mientras el cielo exista, no se levantará de su sueño"!
Job 14:12

Το ανάγνωσμα από τον Ιώβ δείχνει την πάλη μας μεταξύ της απογοήτευσης και της ελπίδας, της ζωής και του θανάτου.

Οι μαθητές ήλπιζαν ότι ο Ιησούς θα εγκαθίδρυε μία νέα τάξη πραγμάτων στον κόσμο, απελευθερώνοντάς τους από την καταπίεση των Ρωμαίων και τις σωματικές, κοινωνικές και πνευματικές ασθένειες που σχετίζονται με την καθημερινή αλληλεπίδραση δύο αντίθετων πολιτισμών. Οι μαθητές έγιναν μάρτυρες του θανάτου και της ταφής του Ιησού, κάποιοι από μακριά, άλλοι από κοντά. Ο εκλεκτός του βασιλιά τους ήταν νεκρός και πολύ σύντομα, ούτε τα αρώματα και τα έλαια θα ήταν σε θέση να σταματήσουν την αποσύνθεση του σώματος του Ιησού, που πέθανε εγκαταλειμμένος με τους ασεβείς. Λανθασμένα μέσα τους πίστευαν ότι *«έτσι ο άνθρωπος, όταν κοιμηθεί, δεν σηκώνεται»* **(Ιώβ 14:12)**.

Τα τρία χρόνια διδασκαλίας του Διδασκάλου καταπνίγηκαν από τα πλήθη που βλασφημούσαν. Ενδίδοντας στον φόβο, λησμόνησαν τα λόγια του Ιησού ότι την τρίτη ημέρα, θα αναστραινόταν. Στο μυαλό τους, ο Ιησούς ήταν νεκρός και δεν μπορούσαν να κάνουν τίποτα άλλο παρά να επιστρέψουν ηττημένοι στα χωριά τους, στα σπίτια τους και στις οικογένειές τους γιατί δεν πίστευαν ότι ο Ιησούς **θα ανασταινόταν ξανά.**

Ολόκληρος ο κόσμος μας είναι τρομοκρατημένος από έναν εφιάλτη. Θα θέλαμε να ξυπνήσουμε ΤΩΡΑ, απαλλαγμένοι από τον COVID-19. Ο εχθρός θέλει να χάσουμε την ελπίδα μας ότι **θα αναστηθούμε ξανά**. Θέλει να αμφιβάλλουμε για την καλοσύνη του Θεού, λέγοντας ότι «Αν ο Θεός ήταν καλός, θα ζούσαμε πολύ, χωρίς ταλαιπωρίες». Ο διάβολος μας προσφέρει πλούτη και χαρές σε αντάλλαγμα για την πιστότητά μας, υποθετικά χωρίς ταλαιπωρίες.

Ο Ιησούς, όμως, ήρθε για να υποφέρει και να πεθάνει ώστε να ελευθερωθούν ΟΛΟΙ από το βάρος της αμαρτίας που μας πλήττει. Ο Ιησούς επαναλαμβάνει την υπόσχεσή Του προς εμάς. *«Εγώ είμαι η ανάσταση και η ζωή· αυτός που πιστεύει σε μένα, και αν πεθάνει, θα ζήσει. Και καθένας που ζει και πιστεύει σε μένα, δεν πρόκειται να πεθάνει στον αιώνα. Το πιστεύεις αυτό;»* **(Κατά Ιωάννην 11:25-26)**. Όποιος πεθάνει πιστεύοντας στον Χριστό, **θα αναστηθεί ξανά** όταν ο Ιησούς επιστρέψει για την εκκλησία Του. Στον κόσμο θα έχουμε αρκετή ταλαιπωρία. Όπως λέει και η νύφη μου, **«Όταν πρέπει να υποφέρεις, πρέπει να υποφέρεις»**. Ο Ιησούς είπε, *«Μέσα στον κόσμο θα έχετε θλίψη· αλλά, να έχετε θάρρος· εγώ νίκησα τον κόσμο»* **(Κατά Ιωάννην 16:33)**.

Ας προσευχηθούμε: Ουράνιε Πατέρα, Σ' ευχαριστούμε γιατί παρόλο που τα μάτια μας γίνονται μάρτυρες θανάτου και ταλαιπωρίας, Εσύ είσαι η κληρονομιά μας και Σε Εσένα εμπιστευόμαστε πάντα. Σ' ευχαριστούμε γιατί ο θάνατος δεν είναι το τέλος της ζωής αλλά μία μετάβαση στην αιώνια ζωή με την παρουσία Σου. **Θα αναστηθούμε ξανά!** Σε ευχαριστούμε και σε δοξάζουμε στο όνομα του Ιησού Χριστού.

Όποιος πεθάνει πιστεύοντας στον Χριστό, θα αναστηθεί ξανά όταν ο Ιησούς επιστρέψει για την εκκλησία Του.

---

12 Απριλίου
ΠΙΣΤΗ ΣΤΟ ΑΔΥΝΑΤΟ

«Αν είναι έτσι, ο Θεός μας, που εμείς λατρεύουμε, είναι δυνατός να μας ελευθερώσει από το καμίνι τής φωτιάς που καίει· και από το χέρι σου, βασιλιά, θα μας ελευθερώσει». **Δανιήλ 3:17**

"If we are thrown into the blazing furnace, the God we serve is able to deliver us from it, and he will deliver us from Your Majesty's hand." **Daniel 3:17**

"Su Majestad va a ver que nuestro Dios, a quien servimos, puede librarnos de ese ardiente horno de fuego, y también puede librarnos del poder de Su Majestad". **Daniel 3:17**

Πιστεύεις ότι υπάρχει κάτι αδύνατο για τον Θεό; Οι φίλοι του Δανιήλ, *ο Σεδράχ, ο Μισάχ και ο Αβδενεγώ*, ερχόμενοι αντιμέτωποι με βέβαιο θάνατο, προτίμησαν να πιστέψουν ότι ο Θεός θα τους σώσει από την καυτή φωτιά αντί να λατρέψουν έναν θεό κατασκευασμένο από ανθρώπινο χέρι.

Ο βασιλιάς Ναβουχοδονόσωρ ανέγειρε ένα άγαλμα και διακήρυξε ότι, με τον ήχο της μελωδίας, *«Όποιος δεν πέσει και προσκυνήσει, την ίδια ώρα θα ριχτεί μέσα στο καμίνι τής φωτιάς που καίει»* **(Δανιήλ 3:6)**. Η μελωδία ήχησε και όλοι λάτρεψαν το άγαλμα εκτός από τους φίλους του Δανιήλ.

Ο βασιλιάς τους ρώτησε, *«Στ' αλήθεια... δεν λατρεύετε τους θεούς μου, και δεν προσκυνάτε τη χρυσή εικόνα που έχω στήσει;»* (εδάφιο 14). Έδειξαν την ακλόνητη πίστη τους στον Θεό, απαντώντας ότι ο Θεός μπορούσε να τους σώσει από το φλεγόμενο καμίνι. *«Και αν όχι, ας είναι σε σένα γνωστό, βασιλιά, ότι τους θεούς σου δεν τους λατρεύουμε, και τη χρυσή εικόνα, που έχεις στήσει, δεν την προσκυνούμε»* **(εδάφια 16-18)**.

Το εδάφιο 18 δείχνει την πίστη τους στον Θεό, που έδειξε το μέγεθος της ζηλοτυπίας Του και του οποίου η διαθήκη αναφέρει ότι οι εκλεκτοί Του δεν θα πρέπει να γονατίζουν ούτε να λατρεύουν θεούς κατασκευασμένους από ανθρώπινο χέρι. *«Τα είδωλα των εθνών είναι ασήμι και χρυσάφι, έργο* χεριών ανθρώπου. Στόμα έχουν, και δεν μιλούν· μάτια έχουν, και δεν βλέπουν· Αυτιά έχουν, και δεν ακούν· ούτε υπάρχει πνοή στο στόμα τους» (Ψαλμοί 135:15-17).

Ο Σεδράχ, ο Μισάχ και ο Αβδενεγώ επέλεξαν να υπακούσουν στον νόμο του Θεού, βάζοντας τη ζωή τους σε κίνδυνο. Πίστευαν ότι δεν υπάρχει τίποτα αδύνατον για τον Θεό. Τους έριξαν και τους τρεις στο φλεγόμενο καμίνι, που ήταν τόσο θερμό ώστε οι φλόγες σκότωσαν τους στρατιώτες που τους έριξαν μέσα (εδάφιο 22), αλλά δεν κάηκε ούτε μία τρίχα από τους τρεις πιστούς άντρες (εδάφιο 27).

Βλέποντας ότι αυτοί οι τρεις δεν υπέστησαν καμία βλάβη, ο βασιλιάς τους κάλεσε να βγουν από το καμίνι και είπε *«δεν υπάρχει άλλος θεός, που να μπορεί να ελευθερώσει με τέτοιον τρόπο»* (εδάφιο 29). Αγαπητοί μου, αν φυλάμε τον νόμο του Θεού στην καρδιά μας και δείχνουμε ότι *«με τον Θεό, όλα είναι δυνατά»*, οι φίλοι και οι γείτονές μας θα ομολογήσουν κι εκείνοι ότι ο Θεός μας είναι ο μόνος που σώζει.

Ας προσευχηθούμε: Ουράνιε Πατέρα μας, αύξησε την πίστη μας ώστε κι εμείς, σαν τον *Σεδράχ, τον Μισάχ και τον Αβδεναγώ* να πιστέψουμε στο απίθανο και να είμαστε πρόθυμοι να αντιμετωπίσουμε οποιονδήποτε ανθρώπινο κίνδυνο, εκτός από τον κίνδυνο της ανυπακοής προς τις εντολές Σου. Προσευχόμαστε στο Άγιο Όνομά Σου.

---

13 Απριλίου
ΣΩΤΗΡΑΣ ΘΕΟΣ
Δανιήλ 6:16γ

Όσοι δεν έχουν γνωρίσει τον ζωντανό Θεό προσπαθούν να επωφεληθούν κατηγορώντας ψευδώς και δυσφημώντας τους πιστούς. Υπηρετούμε, ωστόσο, **έναν Θεό που μας σώζει από τον διωγμό**.

Στην Περσία, *«Και οι πρόεδροι και οι σατράπες ζητούσαν να βρουν πρόφαση ενάντια στον Δανιήλ από τις υποθέσεις τής βασιλείας· όμως, δεν μπορούσαν να βρουν καμία πρόφαση ούτε αμάρτημα· επειδή»* ο Δανιήλ ήταν δίκαιος άντρας (Δανιήλ 6:4). Αποφάσισαν να πείσουν τον Βασιλιά Δαρείο να θεσπίσει έναν νόμο με τον οποίο *«όποιος κάνει κάποια αίτηση από οποιονδήποτε θεό ή άνθρωπο, μέχρι 30 ημέρες, εκτός από σένα, βασιλιά, αυτός να ριχτεί στον λάκκο των λιονταριών»*. Είπαν ψέματα, λέγοντας ότι *«Όλοι οι πρόεδροι του βασιλείου, οι διοικητές, και οι σατράπες, οι αυλικοί, και οι τοπάρχες, συμβουλεύτηκαν να εκδοθεί βασιλικό ψήφισμα»* (Δανιήλ 6:7-8). Όμως ο Δανιήλ, ένας από τους διοικητές, δεν ενημερώθηκε περί του νόμου, επομένως ο νόμος δεν ήταν *«ομόφωνος»*.

Παραπληροφορημένος, ο βασιλιάς ενέκρινε τον νόμο, και στο άκουσμά του, ο Δανιήλ άνοιξε το παράθυρό του και, **καθώς συνήθιζε**, προσευχήθηκε με θάρρος

Υπηρετούμε έναν Θεό που μας σώζει από τον διωγμό.

στον Θεό **(εδάφιο 10)**. Οι διοικητές ενημέρωσαν τον Βασιλιά ότι ο Δανιήλ *«δεν σε σέβεται, βασιλιά, ούτε την απόφαση που υπέγραψες, αλλά κάνει τη δέησή του τρεις φορές την ημέρα»* (εδάφιο 13).

Ο βασιλιάς ήθελε να τον απελευθερώσει με βάση την πιστή υπηρεσία και μαρτυρία του Δανιήλ, αλλά οι διοικητές έφεραν αντίρρηση, λέγοντας ότι ο νόμος ήταν αμετάκλητος. Ανήσυχος, ο Βασιλιάς Δαρείος διέταξε ο Δανιήλ να ριχτεί στον λάκκο των λιονταριών. Του είπε, ωστόσο: *«Ο Θεός σου, που εσύ λατρεύεις ακατάπαυστα, αυτός θα σε ελευθερώσει»* (εδάφιο 16). Η πίστη του Δανιήλ αφύπνισε την πίστη του Βασιλιά Δαρείου! Νωρίς την επόμενη ημέρα, ο βασιλιάς πήγε στον λάκκο και κάλεσε τον Δανιήλ, λέγοντας: *«Δανιήλ, Δανιήλ, δούλε τού ζωντανού Θεού, ο Θεός σου, που εσύ ακατάπαυστα λατρεύεις, μπόρεσε να σε ελευθερώσει από τα λιοντάρια;»* **(εδάφιο 20).**

Η ιστορία έχει καλό τέλος! Ο Θεός έκλεισε τα στόματα των λιονταριών. Κάρμα: οι διοικητές που είπαν ψέματα και οι οικογένειές τους ρίχτηκαν στον λάκκο και πέθαναν όλοι **(εδάφιο 24)**. Ο Βασιλιάς Δαρείος συνέταξε νέο διάταγμα, που είναι η προσευχή μας για σήμερα.

Ας προσευχηθούμε: Ουράνιε Πατέρα μας, *«οι άνθρωποι τρέμουν και φοβούνται μπροστά στον Θεό τού Δανιήλ· επειδή, αυτός είναι Θεός ζωντανός, και παραμένει στον αιώνα, και η βασιλεία του δεν θα φθαρεί, και η εξουσία του θα είναι μέχρι τέλους· Αυτός είναι ο ελευθερωτής και σωτήρας, και ο οποίος κάνει σημεία και τεράστια στον ουρανό και επάνω στη γη, ο οποίος ελευθέρωσε τον Δανιήλ από τη δύναμη των λιονταριών»* (εδάφια 26-27). Κύριε, κάνε έλεος σε εμάς. Σώσε μας από την πανδημία. Προσευχόμαστε στο Άγιο Όνομά Σου.

Φωτογραφία από: https://www.blackartdepot.com/products/Δανιήλ-in-the-lions-den-aaron-alan-hicks

---

14 Απριλίου
ΤΕΛΕΙΑ ΕΙΡΗΝΗ
Ησαΐας 26:3

Τέλεια και μόνιμη ειρήνη. Πιο ζηλευτή κι από χρυσό και πλούτη, δυνατή σαν τον άνεμο και τα νερά ενός τρεχούμενου ποταμού, πορώδης σαν το σύννεφο, υποσχόμενοι από πολιτικούς, διοικητές, υπευθύνους κρατών, αλλά δυνατή μόνο από τον Θεό και με υποταγή στην κυριαρχία Του.

Η ειρήνη μου ξέφυγε παρά τις πολλές ευλογίες που είχε δώσει ο Θεός στη ζωή μου. Προσπαθούσα να αναπαυθώ τη νύχτα, αλλά δεν μπορούσα να έχω τον βαθύ και ξεκούραστο ύπνο. Οι ανησυχίες του χθες και του αύριο στοίχειωναν τον νου μου, κάνοντας το μαξιλάρι μου να φαντάζει σαν πέτρα ώσπου γνώρισα προσωπικά Εκείνον που *«θα φυλάξει σε τέλεια ειρήνη το πνεύμα που επιστηρίζεται επάνω σε σένα, επειδή, σε σένα έχει το θάρρος του»* (Ησαΐας 26:3).

Ο Θεός μας προσφέρει καθοδήγηση, φιλία και τέλεια ειρήνη όταν βάζουμε τον εαυτό μας, όλα όσα έχουμε και επιθυμούμε να είμαστε, στα χέρια Του. Ακολουθούν ορισμένα αγαπημένα εδάφια που δείχνουν τα χαρακτηριστικά της ειρήνης του Θεού.

✦ **Είναι ένα δώρο Θεού που δεν το αξίζουμε** - *«Και θα κάνω σ' αυτά διαθήκη ειρήνης»* (Ιεζεκιήλ 34:25α). Γνωρίζοντας ότι ο Θεός είναι μαζί μας, μας **δίνει δύναμη και ειρήνη** (Ψαλμοί 29:11).

✦ **Η ειρήνη του Θεού είναι άφθονη** - *«Πολλή ειρήνη έχουν εκείνοι που αγαπούν τον νόμο σου· και σ' αυτούς δεν υπάρχει πρόσκομμα»* (Ψαλμοί 119:165). Ο ίδιος ο Κύριος θα μας διδάξει, *«και η ειρήνη των γιων σου θα είναι μεγάλη»* (Ησαΐας 54:13).

✦ **Ρέει σαν ποτάμι** όταν τηρούμε τις εντολές του Θεού (Ησαΐας 48:18). Η ειρήνη του Θεού είναι καινούρια κάθε πρωί, όπως τα νερά του ποταμού, αναζωογονεί την ψυχή.

✦ **Είναι η κληρονομιά του Θεού** - *«Ειρήνη αφήνω σε σας, ειρήνη τη δική μου δίνω σε σας· όχι όπως δίνει ο κόσμος, σας δίνω εγώ. Ας μη ταράζεται η καρδιά σας μήτε να δειλιάζει»* (Κατά Ιωάννην 14:27).

✦ **Είναι η βοήθεια και η προστασία μας** - *«Και η ειρήνη τού Θεού, που υπερέχει κάθε νου, θα διαφυλάξει τις καρδιές σας και τα διανοήματά σας διαμέσου τού Ιησού Χριστού»* (Προς Φιλιππησίους 4:7).

Αγαπητοί μου, ο κόσμος πάντοτε επιτίθεται στις αισθήσεις μας, προσπαθώντας να κλέψει την ειρήνη μας και να μας παρασύρει σε μια ξέφρενη και δίχως σκοπό, ζωή. Βάλε την εμπιστοσύνη σου στον Θεό και θα βρεις ειρήνη εν μέσω της χειρότερης καταιγίδας.

Ας προσευχηθούμε: Ουράνιε Πατέρα μας, Σ' ευχαριστούμε που μας έδωσες την τέλεια και αιώνια ειρήνη Σου. *«Κύριε, θα δώσεις σε μας ειρήνη· επειδή, εσύ έκανες και όλα μας τα έργα για μας»* (Ησαΐας 26:12). Εμπιστευόμαστε ότι η ζωή και τα σπίτια μας αναπαύονται με ασφάλεια στα τρυφερά Σου χέρια ακόμη και εν μέσω αυτής της πανδημίας. Πολλοί, ωστόσο, ακόμη δεν Σε γνωρίζουν και τρέμουν τι θα γίνει αύριο. Χρησιμοποίησέ μας ώστε να Σε γνωρίσουν κι εκείνοι και να απολαύσουν **την τέλεια και διαρκή ειρήνη Σου**. Προσευχόμαστε στο Άγιο Όνομά Σου.

Η τέλεια και μόνιμη ειρήνη επιτυγχάνεται μόνο με την υποταγή στην κυριότητα του Θεού

---

15 Απριλίου
Ο ΘΕΟΣ ΤΗΣ ΔΙΑΘΗΚΗΣ

«Ω, Κύριε, ο μεγάλος και φοβερός Θεός, που φυλάττει τη διαθήκη και το έλεος σ' εκείνους που τον αγαπούν, και τηρούν τις εντολές του!» **Δανιήλ 9:4β**

"Lord, the great and awesome God, who keeps his covenant of love with those who love him and keep his commandments." **Daniel 9:4b**

"Señor, Dios grande y digno de ser temido, que cumples tu pacto y tu misericordia con los que te aman y cumplen tus mandamientos". **Daniel 9:4b**

Η αμαρτία του Αδάμ και της Εύας στον Κήπο της Εδέμ διατάραξε την τέλεια σχέση που είχε σχεδιάσει ο Θεός για την ανθρωπότητα. Έκτοτε, ο Θεός ενεργοποίησε το σχέδιό Του να δημιουργήσει εκ νέου μία στενή σχέση μαζί μας, όπου ο Θεός θα είναι ο Βασιλιάς μας και εμείς ο λαός που θα υπακούει σ' Αυτόν. Για να γίνει αυτό, **ο Θεός έκανε διάφορες διαθήκες μαζί μας.**

Αντί να θυμώσει με το επαναστατικό μας πνεύμα, **ο Θεός έκανε μία διαθήκη με τον Νώε** να μην καταστρέψει ποτέ ξανά τη γη και τους κατοίκους της με πλημμύρα **(Γένεσις 9:11)**. Το ορατό σημάδι της διαθήκης αυτής είναι το ουράνιο τόξο.

Η διαθήκη με τον Αβραάμ υπόσχεται να τον καταστήσει *«πατέρα πλήθους εθνών»* **(Γένεσις 17:4)**. Το σημάδι της διαθήκης αυτής ήταν η περιτομή κάθε αρσενικού **(εδάφιο 10)**.

Η διαθήκη με τους Ισραηλίτες θα καταστούσε τον Ισραήλ τον εκλεκτό λαό του Θεού, με τους ιερείς και βασιλιάδες. Ο Θεός θα μεριμνούσε για όλες τους τις ανάγκες και εκείνοι θα τηρούσαν τις δέκα εντολές **(Έξοδος 34)**.

Η Δαβιδική διαθήκη υπόσχεται να εγκαθιδρύσει για πάντα τον θρόνο του Βασιλιά. Η διαθήκη αυτή είναι μεταξύ του Θεού και του Βασιλιά Δαβίδ και των απογόνων του **(Β' Σαμουήλ 7:16)**. **Ο Ιησούς τηρεί τις διαθήκες αυτές**. Ως απόγονος του Αβραάμ και του Δαβίδ, ο Ιησούς υπάκουσε στην τήρηση του συνόλου του νόμου, δείχνοντας έμπρακτα ότι η αγάπη και μια καρδιά αφοσιωμένη στον Θεό μπορεί να ξεπεράσει τους πειρασμούς του κόσμου.

Μέσα από το αίμα του Χριστού που χύθηκε στον Σταυρό του Γολγοθά, οι αμαρτίες όσων εναπόθεσαν την πίστη τους σε Εκείνον ξεπλύθηκαν, απομακρύνοντας τον θυμό και την τιμωρία του Θεού. Ο Ιησούς Χριστός εκπληρώνει τη Διαθήκη με τον Νώε εφόσον ποτέ ξανά δεν θα καταστρέψει τον κόσμο εξαιτίας της αμαρτίας. Αντιθέτως, θα συγχωρήσει τα αμαρτήματά μας μέσω της μετάνοιας και της πίστης στον Ιησού.

Από την καθημερινή μου εμπειρία και μελέτη του Λόγου του Θεού, ανακάλυψα ότι όλες οι υποσχέσεις του Θεού είναι αξιόπιστες. Γι' αυτό *«Με ειρήνη και θα πλαγιάσω και θα κοιμηθώ· επειδή, εσύ μόνος, Κύριε, με κατοικίζεις με ασφάλεια»* **(Ψαλμοί 4:8)**. Πράγματι, ο Κύριος *«φυλάττει τη διαθήκη και το έλεος σ' εκείνους που τον αγαπούν, και τηρούν τις εντολές του»* **(Δανιήλ 9:4β)**.

Ας προσευχηθούμε: Έμπιστε Κύριε των Διαθηκών, Σ' ευχαριστούμε που ενεργοποίησες το σχέδιό Σου να αποκαταστήσεις τη σχέση μας μαζί Σου. Δώσε το Άγιο Πνεύμα στον λαό Σου ώστε να είμαστε έμπιστοι και υπάκουοι σε όσα εμείς πρέπει να κάνουμε στη διαθήκη. Γράψε τον νόμο Σου στην καρδιά μας ώστε να υπακούμε στις εντολές Σου. Η καθοδήγηση, η παρουσία και η προστασία Σου να μη λείψουν ποτέ από το σπίτι μας ούτε από το σπίτι των παιδιών μας. Συγχώρησε το επαναστατικό μας πνεύμα και θεράπευσέ μας, Κύριε. Προσευχόμαστε στο όνομα του Ιησού Χριστού.

Ο Θεός δεν θα καταστρέψει ποτέ ξανά τον κόσμο εξαιτίας της αμαρτίας. Αντίθετα, θα συγχωρήσει τα αμαρτήματά μας μέσω της μετάνοιας και της πίστης στον Ιησού.

---

16 Απριλίου
ΠΩΣ ΕΙΝΑΙ ΤΑ ΛΟΥΛΟΥΔΙΑ ΜΟΥ;
Α' Ιωάννου 2:28

Τα λουλούδια δεν μεγαλώνουν μόνα τους! Χρειάζονται συνεχή τροφή και προσοχή. Εσύ είσαι ένα πολύτιμο λουλούδι στον κήπο του Θεού και όταν μένεις μαζί Του, θα λάβεις την καθημερινή τροφή που χρειάζεται για να αυξηθείς πνευματικά.

Όταν η πεθερά μου ήρθε από την Ελλάδα το 2008, το πρώτο που έκανε ήταν να φυτέψει πολύχρωμα λουλούδια. Για έναν περίπου χρόνο, τα φρόντιζε, αλλάζοντας την τοποθεσία τους ώστε να έχουν όσο το δυνατόν πιο άπλετο φως του ήλιου. Αλλά μετά, μαζί με τον άντρα της και τη Μαργαρίτα, επέστρεψαν στην Ελλάδα και με άφησε εμένα υπεύθυνο για τα λουλούδια της. Όταν τηλεφώνησε, με ρώτησε, «**Πώς είναι τα λουλούδια μου;**» Εγώ το περίμενα και γι' αυτό φρόντισα να τα ποτίζω τουλάχιστον μία φορά την εβδομάδα.

Αν δεν πότιζα τα λουλούδια της πεθεράς μου για ένα διάστημα, θα είχαν μαραθεί. Θα ήταν λυπηρό να πω, **«Λυπάμαι, αλλά όλα τα λουλούδια σου πέθαναν. Ξέχασα ή δεν είχα χρόνο να τα ποτίσω»**. Μια τέτοια δήλωση θα μας έλεγε τρία πράγματα:
   1) Δεν την εκτιμώ ούτε σκέφτομαι τι είναι σημαντικό για εκείνη ή τι της φέρνει χαρά.
   2) Ότι δεν μπορώ να είμαι υπεύθυνος για μικρά πράγματα και
   3) Ότι δεν είμαι αξιόπιστος.

Αν είμαστε πιστοί στη φροντίδα μας στον Κήπο του Θεού, δεν νιώθουμε ντροπή. Ο κόσμος μας θα ευλογηθεί από την ειρήνη και την αρμονία που ανθεί σε κάθε λουλούδια γιατί με πίστη τα ποτίσαμε με την αγάπη του Θεού.

Αν η ανθρωπότητα ήταν κήπος, ο Θεός θα μας ρωτούσε: **Πώς είναι τα λουλούδια μου; Πώς θα απαντούσατε;** Μπορεί να λέγατε «Πώς κατέληξα να είμαι εγώ υπεύθυνος για τον κήπο;» Στη δική μου περίπτωση, δεν υπήρχε κανείς άλλος τριγύρω για να τα φροντίσει και μου το ζήτησε η πεθερά μου. Στον κήπο του Θεού, γίναμε υπεύθυνοι τη στιγμή που ο Θεός μας υιοθέτησε στην οικογένειά Του. Μόλις λάβαμε τον Ιησού, γίναμε κηπουροί. Υπάρχουν πολλά διαφορετικά λουλούδια στον κήπο του Θεού. Ο Θεός αγαπά κάθε πολύτιμο λουλούδι κι εσύ είσαι ένα από αυτά. Ο Κύριος μας έχει δώσει το προνόμιο να φροντίζουμε ΚΑΘΕΝΑ από τα λουλούδια αυτά.

Όταν λαμβάνουμε τον Χριστό με πίστη, ο Θεός μας μεταμορφώνει από συνηθισμένους ανθρώπους σε νέες δημιουργίες με νέους και ευγενείς σκοπούς, άλλοι απλοί όπως το πότισμα των λουλουδιών της πεθεράς μου. Ο Θεός χτυπά την πόρτα μας και μας ρωτά: *Πώς είναι τα λουλούδια μου;*

Ας προσευχηθούμε: Ουράνιε Πατέρα μας, βοήθησέ μας να φροντίζουμε με πίστη τον Κήπο Σου ώστε όλοι να αυξάνονται σε γνώση και πίστη σε Εσένα. Θρέψε μας καθημερινά με τον Λόγο Σου και με το Φως του Αγίου Πνεύματος. Προσευχόμαστε στο Άγιο Όνομά Σου.

Υπάρχουν πολλά διαφορετικά λουλούδια στον κήπο του Θεού. Θεός αγαπά κάθε πολύτιμο λουλούδι κι εσύ είσαι ένα από αυτά. Ο Θεός μας έχει χαρίσει το προνόμιο να φροντίζουμε ΚΑΘΕΝΑ από αυτά.

17 Απριλίου
ΔΕΝ ΕΙΜΑΙ ΠΛΕΟΝ ΑΥΤΟΣ ΠΟΥ ΗΜΟΥΝ
Προς Κορινθίους Α' 15:10

Στην **Προς Κορινθίους Α' 15** επιστολή, ο Απόστολος Παύλος (που προηγουμένως ονομαζόταν Σαούλ) αναστοχάζεται την προηγούμενη ζωή του και ομολογεί *«Επειδή, εγώ...δεν είμαι άξιος να ονομάζομαι απόστολος, επειδή καταδίωξα την εκκλησία τού Θεού»* (εδάφιο 9). Στις **Πράξεις 7:58 και 8:3** καταγράφουν πώς ο Σαούλ *«κακοποιούσε την εκκλησία»*.

Ο νέος αυτός άνθρωπος του Θεού θα πρέπει να ένιωθε πολλές τύψεις για τις ζωές που λανθασμένα αφαίρεσε στο όνομα του Θεού. Παρά τη μεγάλη προετοιμασία του, δεν γνώριζε καθόλου τον Θεό. Όμως, έπειτα από τη μεταμορφωτική συνάντηση με τον Ιησού, ο Παύλος **γνώρισε** την καρδιά του Θεού και διακήρυξε *«Αλλά, με τη χάρη τού Θεού είμαι ό,τι είμαι· και η χάρη του σε μένα δεν έγινε μάταιη»* (**Προς Κορινθίους Α' 15:10**).

Όταν αναλογιζόμαστε το παρελθόν, κάποιες εμπειρίες στη ζωή μας μάς γεμίζουν τύψεις, ντροπή ή πόνο. Ποια μπορεί να είναι η αντίδρασή μας σε αυτές τις περιπτώσεις;

ΠΟΝΟΣ: Αν μας έχουν προσβάλλει, ο Θεός μας καλεί να επιδείξουμε την ταπεινοφροσύνη και τη χάρη του Θεού, που έκραξε από τον σταυρό, *«Και ο Ιησούς έλεγε: Πατέρα, συγχώρεσέ τους· επειδή, δεν ξέρουν τι κάνουν»* (**Κατά Λουκάν 23:34**). Ο **Ησαΐας** προφήτευσε ότι θα προσευχηθεί για τους *«ανόμους»* Του **(53:12)**.

ΤΥΨΕΙΣ: Αν προσβάλλαμε τον Θεό ή τον συνάνθρωπό μας, πρέπει να ομολογήσουμε την αμαρτία μας, να ζητήσουμε συγχώρηση και να εκζητήσουμε ειρήνη, αποκαθιστώντας ό,τι έχει χαθεί ή έχει ντροπιαστεί.

ΝΤΡΟΠΗ: Ο Θεός βλέπει και ακούει τα πάντα, αποκαλύπτει όσα έχουμε κάνει μυστικά. Όλοι έχουμε μνήμες που μας φέρνουν μια κάποια ντροπή, π.χ. πράξεις οι οποίες, στα μάτια του Θεού δεν ήταν το καλύτερο παράδειγμα για τα παιδιά μας. Ίσως ήταν κάτι πολύ μικρό όπως να κλέψουμε σοκολάτες από το περίπτερο ή κάτι μεγαλύτερο, όπως η λάθος κρίση για ανθρώπους από άλλες φυλές, με διαφορετικό τρόπο ζωής, οικονομική κατάσταση, εξαρτήσεις ή εξωσυζυγική σχέση, κτλ. Όταν ο Κύριος μας μεταμορφώνει, αναζητούμε συγχώρηση και τη δύναμη και την αυτοπειθαρχία να μην επαναλάβουμε την αμαρτία απέναντι στον Θεό και στους συνανθρώπους μας.

Όχι να το έχουμε δικαιολογία, αλλά ο Λόγος του Θεού λέει, *«Γνωρίζουμε δε ότι, όλα συνεργούν προς το αγαθό σ' αυτούς που αγαπούν τον Θεό, τους προσκαλεσμένους σύμφωνα με την πρόθεσή του»* (**Προς Ρωμαίους 8:28**). Ακόμη και ο πόνος που βιώνουμε σήμερα, ο Θεός μπορεί και θα τον χρησιμοποιήσει για καλό.

Ας προσευχηθούμε: Ουράνιε Πατέρα μας, βοήθησέ μας να μάθουμε από το παρελθόν μας και να διακηρύξουμε μαζί με τον Παύλο ότι *«με τη χάρη τού Θεού είμαι ό,τι είμαι· και η χάρη του σε μένα δεν έγινε μάταιη»* **(Προς Κορινθίους Α' 15:10)**. Δεν είμαι πλέον αυτός που ήμουν και αύριο δεν θα είμαι αυτός που είμαι σήμερα γιατί Εσύ έχεις υποσχεθεί να ολοκληρώσεις *το καλό έργο που άρχισες σε εμάς* **(Προς Φιλιππησίους 1:6)**. Προσευχόμαστε στο όνομα του Ιησού Χριστού.

«Αλλά, με τη χάρη τού Θεού είμαι ό,τι είμαι· και η χάρη του σε μένα δεν έγινε μάταιη»
(Προς Κορινθίους Α' 15:10).

---

18 Απριλίου
Η ΕΙΡΗΝΗ ΝΑ ΕΙΝΑΙ ΜΑΖΙ ΣΑΣ
Κατά Ιωάννην 20:19

Περνούμε δύσκολες στιγμές κατά τις οποίες απομονωθήκαμε στο σπίτι μας.

Οι μαθητές βρίσκονταν πίσω από κλειστές πόρτες, τραυματισμένοι από τη σταύρωση και φοβούμενοι τι θα συμβεί σε αυτούς. Αν και η Μαρία η Μαγδαληνή είχε μιλήσει με τον αναστημένο Κύριο και διηγήθηκε την εμπειρία της στους μαθητές **(Κατά Ιωάννην 20:14-18)**, οι πόρτες τους ήταν κλειστές και οι καρδιές τους ίσως δεν ήταν πρόθυμες να συνεχίσουν το έργο που ο Κύριος ξεκίνησε μαζί τους.

Οι κλειδωμένες πόρτες δείχνουν τον φόβο των μαθημάτων, αλλά και τη δύναμη του αναστημένου Χριστού για τον οποίο δεν υπάρχουν πόρτες ούτε τάφοι που μπορούν να Τον κρατήσουν κλειδωμένο μέσα ή έξω.

Ο φόβος ίσως μας αποπροσανατολίζει από τον βαθύ αναστοχασμό αυτών των λόγων. Κάποιοι ίσως σκέφτονται, *«Τι θα γίνει με τον πλανήτη μας, την οικονομία μας, τη ζωή μας, την οικογένειά μας, τη δουλειά μας; Θα βρούμε άλλη δουλειά που να πληρώνει εξίσου καλά; Πόσο θα κρατήσει η καραντίνα;»*

Δεν γνωρίζουμε τι θα συμβεί. Αλλά γνωρίζω δύο πράγματα. 1) Ο Θεός μας έχει ευλογήσει με τα δώρα της πίστης και της ελπίδας για να ενθαρρύνει όσους τους έχει ξεπεράσει ο φόβος. 2) Ο Θεός δεν θα μας εγκαταλείψει! Σε ώρες όπως αυτή, ο Ιησούς εισέρχεται από τις κλειστές πόρτες μας με λόγους παρηγοριάς και ασφάλειας: *«Η ειρήνη να είναι μαζί σου»*.

Δεν μπορούμε να Τον δούμε, αλλά ο Θεός είναι στο πλευρό μας και μας λέει *«Η ειρήνη να είναι μαζί σου»*. Το καθήκον μας είναι να προσέχουμε το κάλεσμα του Θεού και να είμαστε έτοιμοι να υπακούσουμε στη φωνή Του. Σήμερα πρέπει να έρθουμε αντιμέτωποι με αυτή την πραγματικότητα! Υπάρχουν άνθρωποι που πονούν, που είναι φοβισμένοι πίσω από κλειστές πόρτες και καρδιές. Κάποιοι δεν έχουν βγει από τα σπίτια τους για καιρό και η μοναξιά αποδυναμώνει την πίστη και την ελπίδα τους.

Είτε θα αφήσουμε τον φόβο να μας κρατήσει παγωμένους και κλειδωμένους στη λύπη μας είτε μπορούμε να τιμήσουμε το έργο του Ιησού Χριστού, ο οποίος, με μεγάλο πόνο και θυσία, μας σήκωσε από τους τάφους μας και μας έστειλε να υπηρετήσουμε και να αγαπήσουμε τον συνάνθρωπό μας.

Ο Θεός μας θέλει να βάζουμε σε εφαρμογή τις διδασκαλίες των αρχαίων Γραφών:
- Να είσαι δυνατός και να συνεχίζεις το καλό έργο που ο Θεός ξεκίνησε μέσα σου και μέσα από εμάς.
- Να είσαι περισσότερο αφοσιωμένος στα αιώνια. Φέρε τα καλά νέα στους φτωχούς, στους πλούσιους, στα παιδιά, στους ηλικιωμένους, στους άστεγους, στα ορφανά και στις χήρες κάθε έθνους, πολιτισμού και τρόπου ζωής στο περιβάλλον που ζεις μέσα από κάθε πρόσφορο μέσο.

Ας προσευχηθούμε: Ουράνιε Πατέρα μας, Σ' ευχαριστούμε που μίλησες έναν λόγο Ειρήνης και ασφάλειας στις καρδιές μας. Βοήθησέ μας να πιστέψουμε ότι όπως ήσουν παρών στα έργα του Ιησού, ο Ιησούς θα είναι παρών στα δικά μας έργα πίστης. Προσευχόμαστε στο Άγιο Όνομά Σου.

---

19 Απριλίου
ΚΑΛΕΣΜΑ ΓΙΑ ΑΓΑΠΗ, ΔΙΚΑΙΟΣΥΝΗ ΚΑΙ ΑΦΟΣΙΩΣΗ
Α' Ιωάννου 3:14

Στον Ψαλμό 150:6 διαβάζουμε *«Κάθε πνοή ας αινεί τον Κύριο»*. Η καλύτερη έκφραση δοξολογίας και λατρείας για τον Θεό είναι τα παιδιά Του να δείχνουν το ένα στο άλλο γνήσια αγάπη, δικαιοσύνη και απόλυτη αφοσίωση.

Αναλύοντας το περιεχόμενο από το βιβλίο **Α' Ιωάννου 3:10-16**, μπορούμε να παραφράσουμε το **εδάφιο 10** ως εξής: *«Έτσι γνωρίζουμε ποια είναι τα παιδιά του Θεού. Οποιοσδήποτε πράττει το σωστό και αγαπά τον αδελφό και την αδελφή του είναι παιδί του Θεού»*. Πάνω απ' όλα, ο Θεός μας θέλει να είμαστε **δίκαιοι** και να έχουμε **αγάπη** ο ένας για τον άλλον.

Οι γονείς έχουν ειρήνη και χαρά όταν τα παιδιά τους είναι χαρούμενα και έχουν καλή παρέα. Ευχαριστώ τον Θεό για τη μεγάλη αγάπη του Κάρλος για την κόρη μου, Σοφία. Το διαπίστωσα πρώτη φορά όταν ήρθε στο σπίτι να ζητήσει το χέρι της Σοφίας για γάμο και είδα την αγάπη αυτή και τη θαύμασα να ανθίζει μέσα σε αυτά τα δέκα χρόνια. Με τη γέννηση του γιου τους, του Λάζαρου, η αγάπη αυτή πολλαπλασιάστηκε και επικεντρώθηκε ακόμη περισσότερο στον καρπό της αγάπης τους.

Εγώ κι εσείς είμαστε ο καρπός της αγάπης του Θεού, ο οποίος θέλει από εμάς να δείχνουμε την αγάπη, τη δικαιοσύνη και την αφοσίωσή μας. Το κάλεσμα του Θεού για εμάς είναι *«να αγαπάμε ο ένας τον άλλον»* **(Α' Ιωάννου 3:11β)**.

Χωρίς την αγάπη του Θεού, ο προορισμός μας είναι ο θάνατος. Αν, ωστόσο, επιδεικνύουμε γνήσια αγάπη, μεταβαίνουμε *«από τον θάνατο στη ζωή»* (Α' Ιωάννου 3:14α). Με άλλα λόγια, ο σπόρος τη ζωής βλασταίνει όταν τρέφεται με αγάπη. **Χωρίς αγάπη, ο θάνατος νικά, αλλά ο θάνατος είναι** ανίσχυρος ενώπιον της αγάπης. Όταν εκτιμούμε τη θυσία του Ιησού να σώσει και να βελτιώσει τη ζωή μας, μπορούμε να πούμε ότι *«Από τούτο έχουμε γνωρίσει την αγάπη, επειδή εκείνος την ψυχή του έβαλε για χάρη μας»* (Α' Ιωάννου 3:16).

Πληρωμένοι με ευγνωμοσύνη για τη μεγάλη θυσία Του, ελεύθερα και ανοιχτά επιδεικνύουμε ότι δεν υπάρχει πιο αξιοθαύμαστη προσφορά από το *«να βάζουμε τις ψυχές μας για χάρη των αδελφών»* (Α' Ιωάννου 3:16). Όταν δίνουμε τη ζωή μας για έναν άλλον άνθρωπο δεν σημαίνει απαραίτητα ότι θα πεθάνουμε εμείς για να ζήσουν εκείνοι. Σημαίνει, αντιθέτως, ότι γινόμαστε, στη ζωή τους, συνεχής παρουσία και άρωμα της αγάπης του Χριστού, βάζοντας τη δική τους ευημερία πάνω από τη δική μας.

Ας προσευχηθούμε: Ουράνια Πατέρα μας, Σε ευχαριστούμε που μας έδειξες την αγάπη Σου, τη δικαιοσύνη και την αφοσίωσή Σου. Βοήθησέ μας να είμαστε αντανάκλαση της αγάπης Σου για τους αδελφούς και τις αδελφές μας σε κάθε μέρος και σε κάθε περίσταση. Προσευχόμαστε στο όνομα του Ιησού Χριστού.

Όταν δίνεις τη ζωή σου για έναν άλλον άνθρωπο, δεν σημαίνει απαραίτητα ότι πεθαίνεις ώστε να ζήσει εκείνος, αλλά ότι γίνεσαι, στη ζωή τους, η συνεχής παρουσία και το άρωμα της αγάπης του Χριστού βάζοντας την ευημερία τους πάνω από τη δική σου.

---

20 Απριλίου
ΣΤΕΝΗ ΣΧΕΣΗ ΜΕ ΤΟΝ ΧΡΙΣΤΟ

«Επειδή, έλεος θέλω, και όχι θυσία· και επίγνωση Θεού περισσότερο, παρά ολοκαυτώματα».
Ωσηέ 6:6 FPB

"For I desire mercy, not sacrifice, and acknowledgment of God rather than burnt offerings."
Hosea 6:6

"Lo que yo quiero es misericordia, y no sacrificio; ¡conocimiento de Dios, más que holocaustos"!
Oseas 6:6

Ο αληθινός Χριστιανός επιθυμεί *να γνωρίσει τον Χριστό προσωπικά* (Προς Φιλιππησίους 3:10).

Γνωρίζουμε τον Χριστό προσωπικά δια μέσου της πίστης. Πρέπει να πιστέψουμε ότι ο Ιησούς είναι Εκείνος που λέει ότι είναι, με γνώμονα την αγάπη, ήρθε στον κόσμο για να δώσει τη ζωή Του ώστε δια μέσου της πίστης, να Τον γνωρίσουμε και να αποκτήσουμε την αιώνια ζωή. Ο απόστολος Παύλος είπε, *«Μάλιστα δε και θεωρώ ότι τα πάντα είναι ζημία απέναντι στο έξοχο της γνώσης τού Ιησού Χριστού τού Κυρίου μου· για τον οποίο ζημιώθηκα τα πάντα, και θεωρώ ότι είναι σκύβαλα, για να κερδίσω τον Χριστό»* (Προς Φιλιππησίους 3:8).

Τον γνωρίζουμε προσωπικά μέσω της λατρείας – Το εδάφιο της ημέρας, μάς λέει: *«Επειδή, έλεος θέλω, και όχι θυσία· και επίγνωση Θεού περισσότερο, παρά ολοκαυτώματα»* (Ωσηέ 6:6). Ο Θεός δεν θέλει θυσίες. Θέλει να Τον γνωρίσουμε προσωπικά όπως ο Ίδιος είναι. Ο Θεός αποκαλύπτει τον εαυτό Του μέσα από την Αγία Γραφή, την καθημερινή μας λατρεία και κοινωνία μαζί Του και με τους συνανθρώπους μας. Ο καλύτερος τρόπος για να γνωρίσουμε τον Θεό προσωπικά **είναι να μένουμε αδιάλειπτα κοντά στην αγάπη και στη λατρεία Του.**

Μου πήρε 47 χρόνια για να μάθω τις επιθυμίες, τα γούστα και όσα δεν αρέσουν στη γυναίκα μου. Μαθαίνουμε τέτοια πράγματα όταν αυτά αποκαλύπτονται μόνα τους ή μέσα από εμπειρίες της καθημερινής μας ζωής. Υπάρχει μια παροιμία που λέει **χαρούμενη γυναίκα, καλή ζωή**. Και ισχύει. Το μυστικό για να καλλιεργήσουμε αγάπη είναι να δείχνουμε ότι γνωρίζουμε τον χαρακτήρα, τα γούστα και τις επιθυμίες τους.

Γνωρίζουμε τον Θεό μέσω της υπακοής – Λατρεύουμε τον Θεό γνωρίζοντας τον χαρακτήρα του Θεού και τις επιθυμίες Του και υπακούοντας στις εντολές Του.

Ο καλύτερος τρόπος για να γνωρίσουμε τον Θεό προσωπικά είναι να μένουμε αδιάλειπτα κοντά στην αγάπη και στη λατρεία Του.

Είναι αδύνατον να καλλιεργήσουμε μία στενή σχέση κάνοντας στον άλλον άνθρωπο ό,τι τον πονάει ή τον ενοχλεί. Δεν γίνεται να ψέλνουμε *«Ιησού, λατρεμένε μου φίλε»* και να αγνοούμε τις εντολές Του. *«Ο Ιησούς δάκρυσε»* και δακρύζει ακόμη όταν δεν υπακούμε σ' Αυτόν. Για να δηλώνουμε ότι *«ο Ιησούς είναι ο Κύριός μου»* και ότι απολαμβάνουμε στενή σχέση μαζί Του, **πρέπει να κάνουμε όσα Του δίνουν χαρά.** Ο Ιησούς μας λέει, *«Εσείς είστε φίλοι μου, αν κάνετε όσα εγώ σας παραγγέλλω»* **(Κατά Ιωάννην 15:14).**

Κοροϊδεύουμε τον κόσμο, τους συνανθρώπους μας και τους ξένους όταν σκεφτόμαστε ότι ζούμε με υπακοή στον Θεό, αλλά ο Ιησούς δεν κοιτά την εξωτερική εμφάνιση. **Κοιτά μέσα μας, στις καρδιές μας.** Ο Θεός θέλει από εμάς *«Επειδή, έλεος θέλω, και όχι θυσία· και επίγνωση Θεού περισσότερο, παρά ολοκαυτώματα»* **(Ωσηέ 6:6).**

Ας προσευχηθούμε: Ουράνιε Πατέρα μας, επιθυμούμε να Σε γνωρίσουμε προσωπικά και να μάθουμε το θέλημά Σου. Επιθυμούμε να σταματήσουμε να προσαρμοζόμαστε στα πρότυπα αυτού του κόσμου, αλλά αντιθέτως, να μεταμορφωνόμαστε **(Προς Ρωμαίους 12:2)** από την προσωπική γνώση του χαρακτήρα Σου και του Λόγου Σου. Προσευχόμαστε στο όνομα του Ιησού Χριστού.

21 Απριλίου
Ο ΘΕΟΣ ΘΕΛΕΙ ΝΑ ΜΑΣ ΘΕΡΑΠΕΥΣΕΙ
Κατά Μάρκον 16:18β

Δεν θα πρέπει να υπάρχει αμφιβολία ότι τα χαρίσματα που δόθηκαν στους μαθητές, όπως γίνεται και σε έναν αγώνα σκυταλοδρομίας, δίνονται στους πιστούς σε κάθε γενιά. *«Και αφού προσκάλεσε τους δώδεκα μαθητές του, τους έδωσε εξουσία ενάντια σε ακάθαρτα πνεύματα, ώστε να τα βγάζουν, και να θεραπεύουν κάθε νόσο και κάθε ασθένεια»* **(Κατά Ματθαίον 10:1).**

Το εδάφιο της ημέρας ξεκινά ως εξής, *«Τούτα δε τα σημεία θα παρακολουθούν εκείνους που πίστεψαν: Στο όνομά μου θα...»* **(Κατά Μάρκον 16:17).** Ο Θεός θέλει να μας θεραπεύσει και εμείς να θεραπεύσουμε πλήρως τον κόσμο Του **στο όνομα του Ιησού Χριστού.** Η θεραπεία, όμως, είναι ατελής και μη αποτελεσματική αν επικεντρωνόμαστε μόνο στη θεραπεία του σώματος. Για να είναι η θεραπεία πλήρης, πρέπει να αναζητήσουμε και να προσευχηθούμε για σωματική, νοητική, πνευματική, σε επίπεδο σχέσεων και κοινωνική ανάρρωση. Μ' αυτόν τον τρόπο, αν προσευχηθούμε με πίστη, **στο όνομα του Ιησού Χριστού**, ο Θεός θα γιατρέψει πλήρως τον κόσμο μας, τους ανθρώπους και τους αγαπημένους μας.

Με πίστη και στο όνομα του Ιησού Χριστού, οι απόστολοι επέδειξαν τα χαρίσματα της θεραπείας, ελεύθερα και ανοιχτά: *«Ο πατέρας τού Ποπλίου να είναι κατάκοιτος, πάσχοντας από πυρετό και δυσεντερία· στον οποίο, όταν ο Παύλος μπήκε μέσα, και προσευχήθηκε, έβαλε επάνω του τα χέρια, και τον γιάτρεψε»* (**Πράξεις 28:8**).

Ο Ιησούς γιάτρευε τα πλήθη. Όπου κι αν πήγαινε, έφερναν αρρώστους σε Εκείνον για να τους αγγίξει και να τους θεραπεύσει από διάφορες ασθένειες (**Κατά Λουκάν 4:40**). Κάποια στιγμή, *«του φέρνουν έναν δύσλαλο κωφόν· και τον παρακαλούν να βάλει το χέρι επάνω του»* (**Κατά Μάρκον 7:32**). Ο Ιησούς έκανε θαύμα σε εκείνον *«και αμέσως άνοιξαν τα αυτιά του· και λύθηκε το δέσιμο της γλώσσας του, και μιλούσε ορθά»* (**Κατά Μάρκον 7:35**).

Ο Ιησούς δεν είπε «μείνετε στο σπίτι και περιμένετε να έρθουν οι ασθενείς στην πόρτα σας». Αντίθετα, είπε *«Πηγαίνετε σε όλο τον κόσμο, και κηρύξτε το ευαγγέλιο σε όλη την κτίση»* (**Κατά Μάρκον 16:15**). Αγαπητοί μου, καλούμαστε να πάμε να βρούμε τους αρρώστους. Όταν τους βρίσκουμε, πρέπει να προσευχόμαστε με πίστη, πιστεύοντας ότι ο Θεός μας έχει δώσει το χάρισμα της θεραπείας και με πίστη στην υπόσχεση του Ιησού, *«Σας διαβεβαιώνω απόλυτα, όποιος πιστεύει σε μένα, τα έργα που εγώ κάνω, θα κάνει και εκείνος, και μεγαλύτερα απ' αυτά θα κάνει· επειδή, εγώ πηγαίνω προς τον Πατέρα μου»* (**Κατά Ιωάννην 14:12**).

Ας προσευχηθούμε: Ουράνιε Πατέρα μας, ενίσχυσε την πίστη μας στον Λόγο Σου και θεράπευσε τους αρρώστους γύρω μας. Φώτισέ μας να φροντίζουμε το σύνολο του ανθρώπου, μην ξεχνώντας τις συναισθηματικές, κοινωνικές και πνευματικές τους ανάγκες. Σήμερα, περισσότερο από ποτέ, ο κόσμος μας χρειάζεται ένα θαύμα θεραπείας. Προσευχόμαστε στο Άγιο Όνομά Σου.

Για να είναι η θεραπεία πλήρης, πρέπει να αναζητήσουμε και να προσευχηθούμε για σωματική, νοητική, πνευματική, σε επίπεδο σχέσεων και κοινωνική ανάρρωση.

---

22 Απριλίου
ΣΕ ΣΤΙΓΜΕΣ ΦΟΒΟΥ

«Και μέσα σε κοιλάδα σκιάς θανάτου αν περπατήσω, δεν θα φοβηθώ κακό· επειδή, εσύ είσαι μαζί μου· η ράβδος σου και η βακτηρία σου, αυτές με παρηγορούν». **Ψαλμοί 23:4**

"Even though I walk through the darkest valley, I will fear no evil, for you are with me; your rod and your staff, they comfort me." **Psalm 23:4**

"Aunque pase por el valle de sombra de muerte, no temeré mal alguno, porque tú estás conmigo; tu vara y tu cayado me infunden aliento". **Salmo 23:4**

Ο Ψαλμός 23 μας επιτρέπει να τοποθετήσουμε τη ζωή μας στα χέρια του Θεού, σε οποιαδήποτε περίσταση βρεθούμε *«Ο Κύριος είναι ο ποιμένας μας»*.

Στην εποχή του COVID-19, προσευχόμαστε ο Ιησούς, *«ο Καλός ποιμένας»* να φυλάξει τους αγαπημένους μας από κάθε κακό. Αναπαυόμαστε στην υπόσχεση του Ιησού να είναι μαζί μας κάθε μέρα της ζωής μας (**Κατά Ματθαίον 28:20**).

Ο **Ψαλμός 23** μας προτρέπει να μην φοβόμαστε όταν χρειαζόμαστε τροφή, εργασία, πόρους, βοήθεια με λογαριασμούς ρεύματος, ζεστά ρούχα, κτλ. Γιατί ο Κύριος είναι ο ποιμένας μας, *«τίποτα δεν θα στερηθούμε»* (εδάφιο 1).

Όταν είμαστε εξαντλημένοι, κουρασμένοι, έχουμε βάρος, αγχωμένοι και χρειαζόμαστε πνευματική ανάπαυση, δεν πρέπει να φοβόμαστε γιατί ο Καλός Ποιμένας μας οδηγεί *«Σε βοσκές χλοερές…σε νερά ανάπαυσης…»* (εδάφιο 2). Ο Ιησούς είπε, *«Ελάτε σε μένα όλοι όσοι κοπιάζετε και είστε φορτωμένοι, και εγώ θα σας αναπαύσω»* (**Κατά Ματθαίον 11:28**).

Κάθε φορά που χρειαζόμαστε παρηγοριά και προσανατολισμό, *ο Θεός θα ανορθώσει την ψυχή μου, θα με οδηγήσει μέσα από μονοπάτια δικαιοσύνης, χάρη του ονόματός του* (Ψαλμός 23:3). Ο Ιησούς προσθέτει: *«Σηκώστε επάνω σας τον ζυγό μου, και μάθετε από μένα· επειδή, είμαι πράος και ταπεινός στην καρδιά· και θα βρείτε ανάπαυση μέσα στις ψυχές σας»* (**Κατά Ματθαίον 11:29**).

Όταν ερχόμαστε αντιμέτωποι με κίνδυνο, ο Θεός μας προτρέπει να μην φοβόμαστε, γιατί *«εσύ είσαι μαζί μου· η ράβδος σου και η βακτηρία σου, αυτές με παρηγορούν»* (εδάφιο 4).

Αγαπητοί μου, όταν ο Θεός κλείνει μία πόρτα, ανοίγει μία καλύτερη. Και ό,τι κλείνει ο Θεός, δεν μπορεί να το ανοίξει κανείς, και ό,τι ανοίγει ο Θεός, δεν μπορεί να το κλείσει κανείς. Δεν φοβόμαστε ακόμη και την πόρτα του θανάτου γιατί μας φέρνει στην παρουσία του Θεού.

Η ζωή είναι γεμάτη με περιστάσεις απειλητικές, τρομακτικές, πιεστικές, που μας οδηγούν στον φόβο, αλλά θυμηθείτε. ΜΗΝ ΦΟΒΑΣΤΕ. *«Ο ΚΥΡΙΟΣ ΕΙΝΑΙ Ο ΠΟΙΜΕΝΑΣ ΣΑΣ»* ΚΑΙ ΘΑ ΕΙΝΑΙ ΜΑΖΙ ΣΑΣ ΚΑΘΕ ΜΕΡΑ ΤΗΣ ΖΩΗΣ ΣΑΣ.

Ας προσευχηθούμε: Ουράνιε Πατέρα μας, Σ' ευχαριστούμε για την ασφάλεια και την ειρήνη που μας προσφέρει ο Λόγος Σου. Σ' ευχαριστούμε γιατί ο Θε΄ς έχει προετοιμάσει για εμάς ένα μέρος για όσους πιστεύουν σε Εκείνον. Ενίσχυσε την πίστη μας ώστε ακόμη και στις πιο δύσκολες στιγμές, εμείς να δηλώνουμε ότι *δεν θα φοβηθούμε κακό, γιατί Εσύ είσαι μαζί μας.* Προσευχόμαστε στο όνομα του Ιησού Χριστού.

---

23 Απριλίου
ΟΙ ΛΕΞΕΙΣ ΜΕΤΡΟΥΝ

«Πολλοί, μάλιστα, από εκείνους που άκουσαν τον λόγο πίστεψαν· και ο αριθμός των ανδρών έγινε περίπου 5.000». **Πράξεις Αποστόλων 4:4**

"But many who heard the message believed; so the number of men who believed grew to about five thousand." **Acts 4:4**

"Pero muchos de los que habían oído sus palabras, creyeron; y contados solamente los varones eran como cinco mil". **Hechos 4:4**

«Το κίνημα Οι λέξεις μετρούν σημαίνει να κάνεις πράξη την προσεκτική, κατόπιν σκέψης και εκούσια θετική επικοινωνία…Όταν οι λέξεις χρησιμοποιούνται με τον λάθος τρόπο, μπορεί να

αποβεί καταστροφικό».[9]

Είναι εξίσου καταστροφικό, όταν, για οποιονδήποτε λόγο, δεν λέμε τα λόγια που έχουν τη δύναμη να σώσουν ζωές. Αν δεν μιλήσουμε, πολλοί θα χαθούν. Πολλές φορές, εμείς οι λειτουργοί των εκκλησιών αναρωτιόμαστε τι διαφορά κάνει η διακονία και η μαρτυρία μας; Η ερώτηση αυτή ισχύει για όλους τους πιστούς. Η απάντηση δεν έγκειται στη διαφορά, αλλά στη σημασία της μαρτυρίας με το σχέδιο του Θεού να σώσει τα παιδιά Του.

«Πολλοί, μάλιστα, από εκείνους που άκουσαν τον λόγο πίστεψαν· και ο αριθμός των ανδρών έγινε περίπου 5.000» **(Πράξεις 4:4).** Το εδάφιο αυτό επιβεβαιώνει τη σημασία και τον αντίκτυπο των λόγων μας. **Λέξεις που λέγονται κατόπιν σκέψης και είναι εμπνευσμένος** έσωσαν περισσότερες από 5.000 ψυχές από τις δαγκάνες του εχθρού. Εκτός από τη κήρυγμα, οι απόστολοι συναντιόνταν για δοξολογία, λατρεία και προσφορά βοήθειας σε όσους είχαν ανάγκη. *«Και ο Κύριος πρόσθετε καθημερινά στην εκκλησία εκείνους που σώζονταν»* **(Πράξεις 2:47β).**

Κάθε όργανο σε μία συμφωνική ορχήστρα είναι απαραίτητο για τη δημιουργία της αρμονικής μελωδίας που είχε κατά νου ο συνθέτης όταν την έγραφε, από το πιο μικρό όργανο έως το μεγαλύτερο σε μέγεθος και εμβέλεια. Είσαι απαραίτητος στη συμφωνία του Θεού. Τα λόγια και οι πράξεις σου μετρούν. Όσα λες ή κάνεις στο όνομα του Κυρίου είναι κρίσιμης σημασίας για τη σωτηρία των χαμένων προβάτων, για την ενθάρρυνση όσων είναι απογοητευμένοι και για την τρυφερή διόρθωση όσων είναι μπερδεμένοι.

Μπορεί να έχετε ακούσει το ρητό *«Είσαι η μόνη Αγία Γραφή που θα διαβάσει κάποιος».* Το ρητό αυτό είναι από την **Α' Προς Τιμόθεον επιστολή 4:16**, που λέει *«Πρόσεχε στον εαυτό σου και στη διδασκαλία· επίμενε σ' αυτά. Επειδή, κάνοντας αυτό, θα σώσεις και τον εαυτό σου και εκείνους που σε ακούν».* Πολλοί παρατηρούν τη ζωή μας για να δουν αν είμαστε άξιοι να αποκαλούμαστε Χριστιανοί. Με τα λόγια και τις πράξεις σου, πολλοί δεν γνωρίζουν την αγάπη του Θεού ή όσοι απομακρύνθηκαν από τον Θεό θα τρέξουν πίσω σε Εκείνον **(Ησαΐας 55:5).**

> Τα λόγια και οι πράξεις σου μετρούν.

Ας προσευχηθούμε: Ουράνιε Πατέρα μας, Σ' ευχαριστούμε που μας υπενθύμισες ότι τα λόγια και οι πράξεις μας μετρούν στο σχέδιο της σωτηρίας Σου. Βοήθησέ μας να βάλουμε στην άκρη τον φόβο και να μιλάμε με θάρρος και χαρά για όσα έχεις κάνει, όσα κάνεις και όσα υποσχέθηκες να κάνεις στη ζωή μας. Προσευχόμαστε στο όνομα του Ιησού Χριστού.

---

24 Απριλίου
ΣΤΑΘΕΡΟΙ ΣΤΟΝ ΣΚΟΠΟ

«Θα φυλάξεις σε τέλεια ειρήνη το πνεύμα που επιστηρίζεται επάνω σε σένα, επειδή, σε σένα έχει το θάρρος του». **Ησαΐας 26:3**

"You, Lord, give perfect peace to those who keep their purpose firm and put their trust in you."
Isaiah 26:3 GNT

"Al de firme propósito guardarás en perfecta paz, porque en ti confía". **Isaías 26:3**

---

[9] The Words Matter Movement - Operational Excellence Society (opexsociety.org).

Το σημερινό εδάφιο μας καλεί να το προσέξουμε και να παραμείνει στο μυαλό και στην καρδιά μας. *«Όσοι επιστηρίζονται σε εσένα»* αναγνωρίζουν από πού προέρχεται η βοήθεια, η κληρονομιά και η καθημερινή φροντίδα τους. Γι' αυτό, πλήρεις ειρήνης και ευγνωμοσύνης, προσφέρουν το καλύτερο από τον εαυτό τους στον Κύριο. *«Τι να ανταποδώσω στον Κύριο, για όλες τις ευεργεσίες του σε 'μένα;»* (Ψαλμοί 116:12).

«Όσοι επιστηρίζονται σε εσένα» αναγνωρίζουν το τίμημα που πλήρωσε ο Θεός για τη σωτηρία τους και δεν φοβούνται κανένα κακό που μπορεί να έρθει στον δρόμο τους. Γνωρίζουν ότι *«Πολύτιμος είναι μπροστά στον Κύριο ο θάνατος των οσίων του»* (Ψαλμοί 116:15). Αναγνωρίζουν τον πόνο του Θεού και συγκινούνται από τον πόνο των ανθρώπων που οι δικοί τους έφυγαν νωρίς. Ιδιαίτερα για όσους δεν μπόρεσαν να έχουν μία παραδοσιακή, αξιοπρεπή ταφή εξαιτίας της πανδημίας.

«Όσοι επιστηρίζονται σε εσένα» αναγνωρίζουν το χρέος τους προς τον Κύριο για όσα είναι και έχουν. Υπόσχονται, *«Σε σένα θα θυσιάσω θυσία αίνεσης, και θα επικαλεστώ το όνομα του Κυρίου»* (Ψαλμοί 116:17). Η ψυχή τους είναι γεμάτη ευγνωμοσύνη, δοξολογία και μαρτυρία που θέλουν να πετάξει και να μαθευτεί ώστε όλοι να δουν τη μεταμόρφωση που έχει επιφέρει ο Θεός στη ζωή τους.

Όταν το έχουμε περισσότερο ανάγκη, κράζουμε στον Κύριο, ο οποίος μας λέει, *«Ελάτε σε μένα όλοι όσοι κοπιάζετε και είστε φορτωμένοι, και εγώ θα σας αναπαύσω»* (Κατά Ματθαίον 11:28). Ο Ιησούς έφερε επάνω του τα βάρη μας και εμείς προχωρήσαμε σε όρκους και υποσχέσεις προς τον Θεό. Όσοι επιστηρίζονται σε εκείνον λένε, *«Θα αποδώσω τις ευχές μου στον Κύριο, τώρα, μπροστά σε ολόκληρο τον λαό του»* (Ψαλμοί 116:18).

Ο Θεός δίνει απόλυτη ειρήνη σε όσους «επιστηρίζονται σε Εκείνον» γιατί Τον εμπιστεύονται. *«Να έχετε το θάρρος σας στον Κύριο, πάντοτε· επειδή, στον Κύριο τον Θεό υπάρχει αιώνια δύναμη»* (Ησαΐας 26:4).

«Όσοι επιστηρίζονται σε Εσένα» δεν το θεωρούν ανυπόφορο όταν ο Θεός τους καλεί *«Άγιοι να είστε, επειδή εγώ είμαι άγιος»* (Α' Πέτρου 1:16).

Ας προσευχηθούμε: Ουράνιε Πατέρα μας, δώσε μας καρδιές που στηρίζονται σε εσένα που, πλήρεις ευγνωμοσύνης και τέλειας ειρήνης, Σε εμπιστεύονται και εκπληρώνουν τους όρκους που έγιναν σε εσάς και στον συνάνθρωπό σας. Είθε οι μαρτυρίες της ομορφιάς Σου, της αγάπης και της καλοσύνης Σου να φεύγουν απ' τα χείλη μας σαν πολύχρωμες πεταλούδες. Βοήθησέ μας να δρούμε σαν «υπάκουα παιδιά» Σου, αφήνοντας πίσω τον παλιό τρόπο ζωής μας και τις επιθυμίες μας να Σε υπηρετήσουμε και να Σε δοξάσουμε. Προσευχόμαστε στο Άγιο Όνομά Σου.

---

25 Απριλίου
ΣΤΗΝ ΑΝΑΣΤΑΣΗ ΤΩΝ ΔΙΚΑΙΩΝ

"Και θα είσαι μακάριος· επειδή, δεν έχουν να σου ανταποδώσουν· δεδομένου ότι, η ανταπόδοση θα γίνει σε σένα κατά την ανάσταση των δικαίων." ΚΑΤΑ ΛΟΥΚΑΝ 14:14

"And you will be blessed. Although they cannot repay you, you will be repaid at the resurrection of the righteous." Luke 14:14

"y así serás dichoso. Porque aunque ellos no te puedan devolver la invitación, tu recompensa la recibirás en la resurrección de los justos". Lucas 14:14

Δεν γνωρίζουμε πότε θα επιστρέψει ο Ιησούς, αλλά όταν η σάλπιγγα ηχήσει την έσχατη ημέρα, όσοι πέθαναν πιστεύοντας στον Ιησού θα αναστηθούν και θα λάβουν νέα, άφθαρτα σώματα. Όσοι είναι ζωντανοί θα μεταμορφωθούν αυτόματα από θνητοί σε αθάνατους. Θα αποβάλλουν ό,τι θνητό και θα ντυθούν με ό,τι άφθαρτο **(Προς Κορινθίους Α' 15:51-53)**.

Γενικά φοβόμαστε τον θάνατο, παρόλο που είναι η συνοδεία μας προς την αγκαλιά του Σωτήρα. *Κατά την Ανάσταση των δικαίων*, ο Θεός *«θα καταπιεί τον θάνατο με νίκη»* **(Ησαΐας 25:8Α)**. Δεν θα υπάρχουν πλέον ασθένειες, επιδημίες, πείνα, ψέματα, ταλαιπωρία ή πόνος. *«Τότε θα πραγματοποιηθεί ο λόγος, που είναι γραμμένος: «Καταβροχθίστηκε ο θάνατος με νίκη»* **(Προς Κορινθίους Α' 15:54)**.

Κατά την Ανάσταση των δικαίων, *«ο Κύριος ο Θεός θα σφουγγίσει τα δάκρυα από όλα τα πρόσωπα· και θα εξαλείψει το όνειδος αυτού τού λαού από ολόκληρη τη γη»* **(Ησαΐας 25:8Β)**. Αναρωτιέμαι, *«Αν δεν θα υπάρχει πλέον θάνατος ούτε πόνος όταν είμαστε στον ουρανό, γιατί είναι απαραίτητο για τον Θεό να πάρει τα δάκρυα από το πρόσωπό μας;»*

Μου έρχονται κάποιες εικόνες στο μυαλό. **Κατά την ανάσταση των δικαίων,**
1. Θα συναντήσουμε ξανά τους αγαπημένους μας που σήμερα αναπαύονται. Θα είναι μια μεγάλη συνάντηση και χαρά που τα μάτια μας θα γεμίσουν δάκρυα. *Ο Θεός θα απομακρύνει κάθε δάκρυ.*

2. ΔΕΝ θα βρούμε κάποια αγαπημένα πρόσωπα που θέλαμε να δούμε στον ουρανό και θα κλάψουμε με λύπη. *Ο Θεός θα απομακρύνει κάθε δάκρυ*, και από τότε, δεν θα υπάρχει λύπη ούτε πόνος.

3. Θα εμφανιστούμε ενώπιον του δικαστηρίου της κρίσης του Θεού. Ο Ιησούς θα υπερασπιστεί τους δίκαιους, λέγοντας, *«Επειδή, πείνασα, και μου δώσατε να φάω»* **(Κατά Ματθαίον 25:35)**. Έκπληκτοι, θα αναρωτηθούν, *«Κύριε, πότε σε είδαμε να πεινάς;»*. Και ο Ιησούς θα απαντήσει: *«Σας διαβεβαιώνω, καθόσον αυτό το κάνατε σε έναν από τούτους τούς ελάχιστους αδελφούς μου, το κάνατε σε μένα»* **(Κατά Ματθαίον 25:40)**. Θα κλάψουμε από χαρά όταν θα βρεθούμε αθώοι και *ο Κύριος θα απομακρύνει κάθε δάκρυ από εμάς.*

Ας προσευχηθούμε: Σ' ευχαριστούμε, Κύριε, γιατί Εσύ υποσχέθηκες να απομακρύνεις κάθε δάκρυ από εμάς. Με πίστη και ευγνωμοσύνη για τη σωτήρια χάρη του Χριστού, κινητοποιούμαστε να βοηθήσουμε όσους έχουν εκπέσει και όσες έχουν ανάγκη. Σ' ευχαριστούμε γιατί όταν τους προσκαλούμε στο τραπέζι ή στον κύκλο μας για φιλική και τρυφερή συντροφιά, Εσύ υπόσχεσαι να μας ανταμείψεις *«κατά την Ανάσταση των δικαίων»* **(Κατά Λουκάν 14:14)**. Η δόξα είναι δική Σου, Κύριε.

όταν η σάλπιγγα ηχήσει την έσχατη ημέρα, όσοι πέθαναν πιστεύοντας στον Ιησού θα αναστηθούν και θα λάβουν νέα, άφθαρτα σώματα. Όσοι είναι ζωντανοί θα μεταμορφωθούν αυτόματα από θνητοί σε αθάνατους.

---

26 Απριλίου
ΑΜΟΙΒΑΙΟΣ ΣΕΒΑΣΜΟΣ

«Παρόμοια, οι νεότεροι, να υποταχθείτε στους πρεσβύτερους· όλοι, μάλιστα, καθώς θα υποτάσσεστε ο ένας στον άλλον». **Α΄ Πέτρου 5:5Α**

"In the same way, you who are younger, submit yourselves to your elders." **1 Peter 5:5a**

"También ustedes, los jóvenes, muestren respeto ante los ancianos, y todos ustedes, practiquen el mutuo respeto". **1 Pedro 5:5a**

Με δεδομένο ότι έχουμε έναν κοινό εχθρό, σήμερα, περισσότερο από ποτέ, χρειάζεται να έχουμε περισσότερη κατανόηση και υπομονή και να εργαζόμαστε μαζί με σεβασμό προς την αληθινή ειρήνη που προέρχεται από τον Χριστό.

Τα σπίτια μας, οι εκκλησίες μας και οι κοινότητές μας χρειάζονται τη θεραπευτική ειρήνη του Θεού. Όπως μας λέει το εδάφιο της ημέρας, χτίζουμε τον δρόμο της ειρήνης με αμοιβαίο σεβασμό, με υποταγή και με ανοχή. Αυτό σημαίνει σεβασμός στις ιδέες, τις πεποιθήσεις, τις πρακτικές των άλλων, ακόμη κι αν είναι διαφορετικές ή αντίθετες με τις δικές μας.

Όλοι αναζητούμε *«τον δρόμο, την αλήθεια και τη ζωή»* **(Κατά Ιωάννην 14:6).** Χρειαζόμαστε τη φώτιση του Θεού για να μάθουμε πώς να φέρνουμε τα καλά νέα του Ιησού Χριστού στον κόσμο, ξεκινώντας από τα σπίτια μας και στη συνέχεια και έξω από αυτά. Ωστόσο, δεν πρόκειται για εύκολη αποστολή ειδικά στις μέρες μας:
1. Τα παιδιά και οι νέοι μας χάνουν την πίστη τους στον Θεό, στην εκκλησία, ή και στα δύο και,
2. Μπορούν να διδαχθούν εκατοντάδες αντίθετες φιλοσοφίες σχετικά με τον τρόπο **«εύρεσης ή προσέγγισης του Θεού».**

Ενάντια σε αυτό, το Πνεύμα του Ιησού μας καλεί να αναλογιστούμε τις λέξεις **αντέχω, υποφέρω, συνεργάζομαι** και **«σέβομαι».**

Στα 33 χρόνια που βαδίζω με τον Κύριο, ο Θεός με οδήγησε να έχω συναντήσεις με ανθρώπους από διαφορετικές κουλτούρες και πεποιθήσεις με γνήσιο σεβασμό, ενδιαφέρον και περιέργεια για να κατανοήσουμε και να βρούμε κοινό έδαφος. Αρχικά, σε κάποιες συναντήσεις υπήρξε αντίσταση, έλλειψη εμπιστοσύνης, θυμός, ακόμη και απέχθεια. Ο Θεός μετέτρεψε τα αρνητικά αυτά συναισθήματα σε αληθινές σχέσεις φιλίας, ειρήνης και συνεργασίας που έχουν διάρκεια δείχνοντας σεβασμό, ενδιαφέρον και ευγένεια.

Θεωρώ τον εαυτό μου άνθρωπο που τείνει προς την παράδοση, κάπως συντηρητικό και συνεχίζω να παλεύω να γίνω πιο ανεκτικός, δηλαδή, **να μην κρίνω τις πράξεις των ανθρώπων εκ των προτέρων**, αφήνοντας τον Κύριο να κρίνει και να μεταμορφώσει καρδιές. Ποιος ξέρει, ίσως η δική μου καρδιά είναι αυτή που χρειάζεται τώρα μεταμόρφωση.

Ας προσευχηθούμε: Ουράνιε Πατέρα μας, βοήθησέ μας να αναζητούμε την ειρήνη Σου μέσω αμοιβαίου σεβασμού. *«Ας υπάρχει ειρήνη στη γη. Κι ας αρχίσει μαζί μου»* [iii]" στο σπίτι μου, με τα παιδιά μου, τα αδέρφια, τους φίλους μου, την οικογένειά μου και τους ξένους. Θεέ μου, θεράπευσε τους φτωχούς μας. Παρηγόρησε όσους πενθούν. Προσευχόμαστε στο όνομα του Ιησού Χριστού.

---

27 Απριλίου
Η ΛΥΠΗ ΜΑΣ ΘΑ ΛΑΒΕΙ ΤΕΛΟΣ

«Δεν θα πεινάσουν πλέον ούτε θα διψάσουν πλέον ούτε θα πέσει επάνω τους ο ήλιος ούτε κανένα καύμα». **Αποκάλυψη Ιωάννου 7:16**

*"Never again will they hunger; never again will they thirst. The sun will not beat down on them,'
nor any scorching heat." Revelation 7:16*

*"No volverán a tener hambre ni sed, ni les hará daño el sol ni el calor los molestará".
Apocalipsis 7:16*

Η δόξα ανήκει στον Θεό, Αλληλούια! Ελάτε, αγαπητοί μου συγγενείς και φίλοι, όπως λέει και ο **Ψαλμός 95** λέει, *«Ελάτε, ας προσκυνήσουμε και ας προσπέσουμε· ας γονατίσουμε μπροστά στον Κύριο, τον Δημιουργό μας. Επειδή, αυτός είναι ο Θεός μας· και εμείς λαός τής βοσκής του, και πρόβατα του χεριού του»* (εδάφια 6-7).

Ο Θεός αξίζει την ευγνωμοσύνη και τη δοξολογία μας. Τα έτη **2020-2021**, ο Θεός μας προστάτευσε εν μέσω μίας εκ των χειροτέρων και πιο τρομακτικών κοιλάδων. Αλλά θυμηθείτε ότι ο πόνος δεν κρατά για πάντα. Μετά την τρικυμία επέρχεται ηρεμία (**Κατά Μάρκον 4:39**). Κλάψαμε για όσους ο Κύριος κάλεσε να πάνε κοντά Του και χαρήκαμε με όσους ανάρρωσαν από τον COVID.

Το σημερινό εδάφιο μας ενθαρρύνει να βαδίζουμε με τον Θεό, γιατί στην ώρα του Θεού, *«Θα καταπιεί τον θάνατο με νίκη· και ο Κύριος ο Θεός θα σφουγγίσει τα δάκρυα από όλα τα πρόσωπα· και θα εξαλείψει το όνειδος αυτού τού λαού από ολόκληρη τη γη· επειδή, ο Κύριος μίλησε»* (**Ησαΐας 25:8**).

Χαρείτε, αγαπητοί φίλοι και συγγενείς, «Ελάτε, ας Τον λατρέψουμε!» Γιατί *«Ο ήλιος σου δεν θα δύει πλέον, ούτε το φεγγάρι σου θα λείψει· επειδή, ο Κύριος θα είναι το αιώνιο φως σου, και οι ημέρες τού πένθους σου θα τελειώσουν»* (**Ησαΐας 60:20**).

Ας λατρέψουμε τον Θεό, αγαπητοί μου, γιατί έρχεται η μέρα που *ο Θεός θα μετατρέψει τον θρήνο μας σε χαρά* (**Ψαλμός 30:11**). Ο Θεός λέει ότι θα δώσει τέλος στη λύπη μας. *«Και θα αγάλλομαι στην Ιερουσαλήμ, και θα ευφραίνομαι στον λαό μου· και δεν θα ακουστεί μέσα σ' αυτή πλέον φωνή κλαυθμού, και φωνή κραυγής»* (**Ησαΐας 65:19**).

Αγαπητοί μου, τίποτα δεν κρατά για πάντα. Η νύφη μου, η Φανή, αστειεύεται λέγοντας *«όταν πρέπει να ταλαιπωρηθείς, πρέπει να ταλαιπωρηθείς!»* Αλλά ο Θεός μας διαβεβαιώνει ότι το τέλος της ταλαιπωρίας μας έρχεται. Η ένδοξη ημέρα έρχεται που ο Θεός θα μας καλέσει στην παρουσία Του *«και ο Θεός θα εξαλείψει κάθε δάκρυ από τα μάτια τους, και ο θάνατος δεν θα υπάρχει πλέον· ούτε πένθος ούτε κραυγή ούτε πόνος δεν θα υπάρχουν πλέον· επειδή, τα πρώτα παρήλθαν»* (**Αποκάλυψη 21:4**).

Ας προσευχηθούμε: Σ' ευχαριστώ, Κύριε, που μας υπενθυμίζεις ότι ο δρόμος που έρχεται δεν είναι ούτε μακρύς ούτε αδύνατος και ότι πολύ σύντομα, θα δώσεις τέλος στη λύπη μας. Βοήθησέ μας να παρηγορήσουμε όσους θρηνούν και να οδηγήσουμε τα πρόβατά Σου στα βοσκοτόπια. Προσευχόμαστε στο Άγιο Όνομά Σου.

---

28 Απριλίου
ΕΥΑΡΕΣΤΗΣΟΥ ΣΤΗ ΣΥΓΧΩΡΗΣΗ

«Ποιος Θεός είναι όμοιος με σένα, που να συγχωρεί ανομία, και να παραβλέπει την παράβαση του υπολοίπου τής κληρονομιάς του; Δεν διατηρεί για πάντα την οργή του, επειδή αυτός αρέσκεται σε έλεος». **Μιχαίας 7:18**

"Who is a God like you, who pardons sin and forgives the transgression of the remnant of his inheritance? You do not stay angry forever but delight to show mercy." **Micah 7:18**

"¿Qué otro Dios hay como tú, que perdona la maldad y olvida el pecado del remanente de su pueblo? Tú no guardas el enojo todo el tiempo, porque te deleitas en la misericordia". **Miqueas 7:18**

Δεν υπάρχει άλλος Θεός, πιο ελεήμων και συμπονετικός, που **ευαρεστείτε να συγχωρεί και να ευλογεί τα παιδιά Του** και τα παιδιά των παιδιών τους για χίλιες γενεές. Η Αγία Γραφή μας διδάσκει ότι μόνο **ο Θεός έχει τη δύναμη να συγχωρεί αμαρτίες**. *«Ποιος μπορεί να συγχωρεί αμαρτίες, παρά μονάχα ο Θεός;»* **(Κατά Λουκάν 5:21, Κατά Μάρκον 2:7).** Εκείνη τη μεγάλη και τρομακτική ημέρα, όταν θα εμφανιστούμε όλοι ενώπιον του θρόνου της κρίσης του Κυρίου, μόνο ο Ιησούς έχει την απόλυτη δύναμη να κρίνει και να συγχωρήσει το πλήθος των αμαρτιών μας, αποφασίζοντας έτσι το αιώνιο μέλλον μας.

Ταυτόχρονα, ο Θεός μας καλεί, όσο γίνεται εντός των δυνατοτήτων μας, *«Να ειρηνεύετε με όλους τούς ανθρώπους»* **(Προς Ρωμαίους 12:18).** Γι' αυτό, ως παιδιά του Θεού, πρέπει να είμαστε γρήγοροι στο να ακούμε και **να ευαρεστούμαστε να συγχωρούμε τους άλλους.** Παρόλο που η συγχώρηση μας δεν καθορίζει το αιώνιο μέλλον όσων μας πρόσβαλλαν, μας οδηγεί σε μία πιο αρμονική σχέση εδώ στη γη.

Δεν είμαστε θεοί για να κρίνουμε, αλλά καλούμαστε να μιμηθούμε τον ουράνιο Πατέρα μας ως παιδιά του Θεού. *«Καθώς εκείνος, που σας κάλεσε είναι άγιος, έτσι κι εσείς να γίνετε άγιοι σε κάθε διαγωγή»* **(Α' Πέτρου 1:15).** Αντανακλούμε το επίπεδο της αγιότητας και της αγάπης για τον Θεό όταν **ευαρεστούμαστε στη συγχώρηση των συνανθρώπων μας.**

Ωστόσο, δεν αρκεί να συγχωρούμε. Πρέπει να ξεχνούμε, όπως κάνει ο θεός. Αν και ο θυμός Του μπορεί να κρατήσει για μια νύχτα, *«Θα γυρίσει, και θα μας σπλαχνιστεί, θα καταστρέψει τις ανομίες μας· και όλες τις αμαρτίες τους θα τις ρίξει στα βάθη τής θάλασσας»* **(Μιχαίας 7:19).** Είναι δύσκολο να ξεχάσουμε δίχως τη βοήθεια του Αγίου Πνεύματος, που μας υπενθυμίζει ότι μονάχα ο Θεός μπορεί να κρίνει – δικό μας καθήκον είναι να αγαπήσουμε και **να ευαρεστηθούμε στη συγχώρηση και στην επίδειξη ελέους.**

Η **Προς Φιλιππησίους επιστολή 4:13** μας λέει ότι «ναι, μπορείς» να συγχωρήσεις και να ξεχάσεις όταν το κάνεις **στο όνομα και με τη δύναμη του Ιησού**. Επίσης, ο Ιησούς μας λέει στην **Αποκάλυψη 21:7**, *«Αυτός που νικάει θα κληρονομήσει τα πάντα, και θα είμαι σ' αυτόν Θεός, και αυτός θα είναι σε μένα γιος».* Δόξα στον Θεό!

Ας προσευχηθούμε: Ουράνιε Πατέρα μας, Σ' ευχαριστούμε που μας υπενθυμίζεις ότι είσαι *«ο πιστός Θεός, που φυλάττει τη διαθήκη και το έλεος σ' εκείνους που τον αγαπούν και τηρούν τις εντολές του, σε 1.000 γενεές»* **(Δευτερονόμιον 7:9).** Σε παρακαλώ βοήθησέ μας να είμαστε πιστοί μιμητές Σου, που **ευαρεστούνται να αγαπούν και να συγχωρούν τον συνάνθρωπό τους,** δείχνοντας έτσι ότι είμαστε παιδιά Σου. Προσευχόμαστε στο όνομα του Κυρίου μας και Σωτήρα, Ιησού Χριστού.

Ως παιδιά του Θεού, πρέπει να είμαστε γρήγοροι στο να ακούμε και να ευαρεστούμαστε να συγχωρούμε τους άλλους.

29 Απριλίου
ΔΙΚΑΙΟΣΥΝΗ, ΕΛΕΟΣ ΚΑΙ ΤΑΠΕΙΝΟΦΡΟΣΥΝΗ – ΑΥΤΑ!
Ψαλμός 22:31

Ο Θεός θέλει τα παιδιά Του να είναι δίκαιοι στις πράξεις τους, όπως είναι ο Θεός. Στο βιβλίο του **Μιχαία 6:8** ο Θεός μας λέει, *«Άνθρωπε, αυτός σου έδειξε τι είναι το καλό· και τι ζητάει ο Κύριος από σένα, παρά να πράττεις το δίκαιο, και να αγαπάς έλεος, και να περπατάς ταπεινά μαζί με τον Θεό σου;»*

Δικαιοσύνη, έλεος και ταπεινοφροσύνη – αυτά θέλει ο Θεός από τα παιδιά Του. Δεν είναι προϋπόθεση σωτηρίας, αλλά **είναι περισσότερο εντολή** για όσους θεωρούν τους εαυτούς τους σωσμένους. Ο Θεός γνωρίζει το μονοπάτι της ζωής, καλό και κακό, και θέλει να μας οδηγήσει στην πλευρά του καλού. Γι' αυτό, θα πρέπει **να πασχίζουμε να είμαστε δίκαιοι σε όλα.**

Η δικαιοσύνη, το έλεος και η ταπεινοφροσύνη δεν είναι προτάσεις, είναι απαιτήσεις του Θεού για τους μαθητές Του.

Η λέξη *«δικαίως»* σημαίνει μία δίκαιη πράξη που προάγει την ισότητα στην ανθρωπότητα. Δικαιοσύνη σημαίνει δίνω στον άλλον όσα αξίζει ως άνθρωπος. Το τελικό αποτέλεσμα της δικαιοσύνης είναι να μας φέρει κοντά στην ειρήνη, μία ισορροπία που διορθώνει τις αδικίες και οι μη προνομιούχοι κερδίζουν εκ νέου την ευημερία και την αξιοπρέπειά τους.

«Να ενεργώ δίκαια» σημαίνει να έχω πλήρη επίγνωση των κοινωνικών αναγκών του περιβάλλοντός μου και των αδικιών και ότι παλεύω να τις διορθώσω. Δυστυχώς, πολύ συχνά εντοπίζουμε τον ένοχο και δικαιολογούμε την απραξία μας. Για παράδειγμα, *«Αυτόν τον τρόπο ζωής επέλεξε (ένοχος) και δεν μπορώ να τον βοηθήσω μέχρι να αποφασίσει να αλλάξει»*. Ο Θεός δεν μας κάλεσε να κρίνουμε, αλλά να επιφέρουμε θεραπεία και ελπίδα σε έναν χαμένο κόσμο μέσω της δικαιοσύνης.

«Να αγαπώ το έλεος» σημαίνει να δείχνω ανεμπόδιστη ευγένεια σε άλλους, επειδή το θέλω και χωρίς να αναμένω ανταλλάγματα. **Ελεήμων** σημαίνει να συμπονάς τον άλλον στον πόνο του και να είσαι θεοσεβούμενος, ευγενικός, επιεικής και παρηγορητικός, σαν να δείχνουμε ευγένεια σε κάποιον κατώτερο από εμάς. Ο Ιησούς είπε στο **Κατά Ματθαίον 5:7** *«Μακάριοι αυτοί που ελεούν· επειδή, αυτοί θα ελεηθούν»*.

«Να βαδίζω με ταπεινοφροσύνη με τον Θεό» σημαίνει να ζω σε ενσυνείδητη κοινωνία με τον Θεό, εξασκώντας ένα πνεύμα ταπεινοφροσύνης ενώπιόν Του και να μην είμαι υπερήφανος όπως οι ηγέτες των Ισραηλινών για τους οποίους ο Ιησούς είπε, *«Αλλοίμονο σε σας, γραμματείς και Φαρισαίοι, υποκριτές· επειδή, αποδεκατίζετε τον δύοσμο, και τον άνηθο και το κύμινο· αφήσατε, όμως, τα βαρύτερα του νόμου: Την κρίση και το έλεος και την πίστη· αυτά έπρεπε να κάνετε, και εκείνα να μη τα αφήνετε»* (**Κατά Ματθαίον 23:23**). Αυτό!

Ας προσευχηθούμε: Ουράνιε Πατέρα μας, δώσε μας καρδιές ελέους και φώτισε τον νου και τις καρδιές μας για να αποκτήσουμε πλήρη γνώση του χαρακτήρα Σου και των αρετών Σου και να είμαστε καλύτερος καθρέφτης του Υιού Σου, του Ιησού Χριστού, στο όνομα του οποίου προσευχόμαστε.

30 Απριλίου
ΒΓΑΛΕ ΤΟΝ ΘΕΟ ΑΠΟ ΤΗ ΣΙΓΑΣΗ
Αμώς 8:11

Αν ο Θεός το επιτρέψει, όταν θα εκδίδεται ο στοχασμός αυτός, θα πετάω επάνω από τον Ατλαντικό με προορισμό την Ελλάδα, το δεύτερο σπίτι μου.

Αυτό το σαββατοκύριακο στην Ελλάδα γιορτάζουμε το ορθόδοξο Πάσχα. Σήμερα, 30 Απριλίου 2021 είναι η Μεγάλη Παρασκευή, ημέρα πένθους και θρήνου για τους φίλους και την οικογένειά μου στην Ελλάδα. Δύο χιλιάδες χρόνια πριν, ο λαός και οι θρησκευτικοί ηγέτες, με αποδέκτες στη σίγαση, δεν αναγνώρισαν τον Μεσσία και εξαιτίας της ζήλειας και του φόβου, Τον σταύρωσαν σαν να ήταν εγκληματίας.

Ο προφήτης Αμώς μιλά για μια περίοδο στη γη κατά την οποία *«θα στείλω πείνα επάνω στη γη· όχι πείνα ψωμιού ούτε δίψα νερού, αλλά ακρόασης των λόγων τού Κυρίου»* (Αμώς 8:11). Από την εποχή των προφητών της Παλαιάς Διαθήκης, με τα μικρότερα σε έκταση βιβλία, μέχρι και τη γέννηση του Ιησού Χριστού, ο Θεός σταμάτησε να μιλά στον λαό μέσω των προφητών. Υπήρξε απόλυτη σιωπή για σχεδόν 400 χρόνια από τον Μαλαχία έως τα Ευαγγέλια.

Διανύουμε μία περίοδο σιωπής, όχι γιατί ο Θεός σταμάτησε να μιλάει, αλλά γιατί πολλοί από εμάς **βάλαμε τον Θεό στη «σίγαση»**. Με την αφθονία κάθε θεολογίας και φιλοσοφίας, οι νέοι μας συχνά ασπάζονται και εντρυφούν σε φιλοσοφίες που επιφανειακά φαίνονται ανθρώπινες αλλά εγγενώς πηγαίνουν ενάντια στον Λόγο του Θεού και εμείς λέμε, «Εντάξει. Αφήστε τους να δουν και να αποφασίσουν για τον εαυτό τους». Κατά κάποιον τρόπο, η γενιά μας έγινε συνένοχος στη σιωπή προς τον Θεό.

Ο Θεός μας εμπιστεύθηκε την πνευματική φροντίδα των νέων μας και την ανατροφή ως γονείς και πρεσβύτερους της εκκλησίας. Πρέπει να δείξουμε ότι ο Λόγος του Θεού είναι ανώτερος στα σπίτια μας και να θρέψουμε τα παιδιά μας με τον Λόγο ώστε να στέκονται ακλόνητα στην πίστη όταν ο κόσμος τους παρουσιάζει αντίθετες φιλοσοφίες.

Για όσους δεν είχαν καρδιά ταπεινοφροσύνης, ο Κύριος μιλούσε *«με παραβολές, επειδή βλέποντας δεν βλέπουν, και ακούοντας δεν ακούν ούτε καταλαβαίνουν»* (Κατά Ματθαίον 13:13). Για όσους αντιστέκονται στον Λόγο Του, *«Ο Θεός έδωσε σ' αυτούς πνεύμα νυσταγμού, μάτια για να μη βλέπουν, και αυτιά για να μη ακούν»· μέχρι τη σημερινή ημέρα»* (Προς Ρωμαίους 11:8).

Αγαπητοί μου, μείνετε ήσυχοι ότι ο Θεός μιλά μέχρι και σήμερα. **Πρέπει να βγάλουμε τον Θεό από τη σίγαση.**

Ας προσευχηθούμε: Ουράνιε Πατέρα μας, κάνε Εσύ οι δέκτες μας να εναρμονίζονται με το σήμα το δικό Σου και να μην αφήνουμε ποτέ τον Λόγο Σου να είναι σε «σίγαση» στα σπίτια μας. Θεράπευσε τους φτωχούς μας και τον πλανήτη. Προσευχόμαστε στο όνομα του Ιησού Χριστού.

Οι νέοι μας συχνά ασπάζονται και εντρυφούν σε φιλοσοφίες που επιφανειακά φαίνονται ανθρώπινες αλλά εγγενώς πηγαίνουν ενάντια στον Λόγο του Θεού και εμείς λέμε, «Εντάξει. Αφήστε τους να δουν και να αποφασίσουν για τον εαυτό τους». Κατά κάποιον τρόπο, η γενιά μας έγινε συνένοχος στη σιωπή προς τον Θεό.

———

- ΜΑΪΟΣ -
Η ΟΙΚΟΓΕΝΕΙΑ SANDOVAL / ORTEGA

Από τη μεριά της μητέρας μου, Lilia, ο προπάππος μου, **Abel Fernando Ortega** (1882-1959, γνωστός και ως Papá Abel) ήταν ο γιος του José María Ortega και της Μαμάς Jesús Jarri Lasso. Ο Papá Abel και η Luz María Nolivos Jarrin είχαν δύο παιδιά: τη γιαγιά μου, **María Angélica Carlota Ortega (1911- 2004, γνωστή και ως Mamá Carlota)** και του **Alfredo** Ortega. Επίσης, ο Papá Abel είχε τέσσερα παιδιά με την Rosario Morales Castellano: τον Jaime Isaac (1921-1979), την Lucrecia (1924-2012), την Judith (1927) και τον José Jorge Ortega Morales (1929-2021 – βλ. 1 Μαρτίου).

(ALFREDO AND MAMÁ CARLOTA).

Οι προπαππούδες μου, **Mariano Sandoval Sandoval** και **María Olimpia Sandoval Alban** ήταν ξαδέρφια και είχαν τρεις γιους και τρεις κόρες: την Maria Virginia Sandoval Sandoval (1900-1940), τον παππού μου, **Leonardo Segundo Aparicio** (1902-3/6/1985), την **Mariolimpia**, την Laura, τον Carlos και τον José Sandoval Sandoval.

Παππούδες: Περί το 1927, στην πόλη Λατασούνγκα στο Εκουαδόρ, ο Alfredo Ortega παντρεύτηκε την Mariolimpia Sandoval, και η αδερφή του Alfredo (Carlota) παντρεύτηκε τον αδερφό της Mariolimpia, **Aparicio Sandoval**. Οι παππούδες μου, ο papá Aparicio και η mamá Carlota είχαν 15 παιδιά. Η μαμά μου, **Lilia María Sandoval Ortega** ήταν η πρωτότοκη κόρη τους (13 Σεπτεμβρίου 1928 - 11/15/2008). Τα αδέρφια της ήταν: η Teresa (1930-2001), η Susana (1932), η Rene (1934-2/22/2010), η Sara (1936), η Maria de Lourdes (δεν γνωρίζουμε ημερομηνία γέννησης και θανάτου), η Olga (1939), ο Ricardo Washington (5/10/1941- 4/21/2021), η Elsa (3/4/43- 2013), η Gloria (1944-7/3/2019), η Guadalupe (1947), ο Eduardo Aparicio (1948) και ο Rodrigo Mariano (12/23/1951).

MAMÁ CARLOTA & PAPÁ APARICIO

Οι παππούδες μου δεν ήταν άνθρωποι πλούσιοι ούτε της μεσαίας τάξης, είχαμ, όμως, στυλ αφού ο papá Aparicio ήταν ράφτης. Για δύο σύντομα χρονικά διαστήματα πριν την ηλικία των 10, η μαμά μου κι εγώ ζήσαμε με τους παππούδες μου στο **"La 5 de Junio"** και στο **"La Loja"**. Θυμάμαι τον papá Aparicio να μου δείχνει πώς να κονταίνω το παντελόνι με το χέρι και τη μηχανή, να ράβω κουμπιά και να σιδερώνω παντελόνια. Ο θείος **Alfredo** ήταν πολύ καλός φίλος του μπαμπά μου, και για σύντομο χρονικό διάστημα ζούσαμε κοντά στο σπίτι τους στο **"La Méjico",** και μας κούρευε δωρεάν. Το θεωρώ ευλογία που είχα καλή σχέση με τα παιδιά του και τα παιδιά του αδερφού του παππού μου, του **Jaime**.

Ποιος να το έλεγε ότι σχεδόν 50 χρόνια αργότερα, δύο αδέρφια της οικογένειας Destruge θα παντρεύονταν με δύο αδερφές από την οικογένεια Ξανθόπουλου; Τα σχέδια του Θεού είναι πάντοτε τέλεια. Ο καρπός της δικής τους ένωσης και της δικής μας ένωσης δημιούργησαν τα πιο αξιοθαύμαστα και όμορφα παιδιά. Ο Θεός είναι καλός!

———

1 Μαΐου
ΕΛΕΥΘΕΡΟΙ ΓΙΑ ΥΠΗΡΕΣΙΑ
Α' Πέτρου 2:16

Ως πιστοί που έχουμε λάβει σωτηρία και λύτρωση, *«πρέπει να βοηθάτε τούς ασθενείς, και να θυμάστε τα λόγια τού Κυρίου Ιησού, ότι αυτός είπε: Μακάριο είναι το να δίνει κάποιος μάλλον, παρά να παίρνει»* (Πράξεις 20:35). Έχουμε πλήρη **ελευθερία** να **υπηρετήσουμε** και να δείξουμε την αγάπη του Θεού και στους συνανθρώπους μας. *«Ενάντια στους ανθρώπους αυτού τού είδους δεν υπάρχει νόμος»* (Προς Γαλάτας 5:23).

Στην **Προς Ρωμαίους** επιστολή **13:1** λέει, *«Κάθε ψυχή ας υποτάσσεται στις ανώτερες εξουσίες· επειδή, δεν υπάρχει εξουσία, παρά μονάχα από τον Θεό· και οι υπάρχουσες εξουσίες, είναι ταγμένες από τον Θεό».*

Προκύπτει το ερώτημα. Γιατί κάποιοι χρησιμοποιούν την ελευθερία τους για να κάνουν κακό μην υπακούοντας είτε παθητικά είτε ανοιχτά στις αρχές;

Είμαστε ελεύθεροι να υπηρετήσουμε, αλλά ο Λόγος του Θεού λέει, *«Δεν θα πειράξεις τον Κύριο τον Θεό σου»* (**Κατά Ματθαίον 4:7, Δευτερονόμιον 6:16**). Ωστόσο, έχουμε δει κάποιες εκκλησίες να πειράζουν τον Θεό και να παραβιάζουν τους εκάστοτε νόμους. Στο ζενίθ της πανδημίας, συνέχιζαν τις δια ζώσης λατρείες, με τα πλήθη να υπερβαίνουν το επιτρεπτό όριο ανθρώπων, χωρίς να φορούν μάσκες προστασίας.

Ο Θεός μας καλεί να είμαστε συνετοί και να σκεφτόμαστε τους άλλους – ΟΧΙ να χρησιμοποιούμε την ελευθερία μας για να κάνουμε κακό, αλλά *«ως δούλοι τού Θεού. Όλους να τους τιμήσετε· την αδελφότητα να αγαπάτε· τον Θεό να φοβάστε· τον βασιλιά να τιμάτε»* (Α' Πέτρου 2:16-17).

Προτού δράσουμε ή μιλήσουμε, ας αναλογιστούμε αν όσα σκεφτόμαστε:
✦ δείχνουν σεβασμό και ευγνωμοσύνη στον Θεό και στις αρχές
✦ θέτουμε την πίστη, τη ζωή και την υγεία των συνανθρώπων μας σε κίνδυνο.

Όταν αμφιβάλλουμε, πρέπει να προβαίνουμε σε πράξεις που δείχνουν ευγένεια προς τους συνανθρώπους μας γιατί είναι καλύτερο να *«δίνει κάποιος μάλλον, παρά να παίρνει»* (**Πράξεις 20:35**).

Πολλές νοσοκόμες στην οικογένειά μου δημόσια παρακαλούσαν τον κόσμο *να παραμείνει στο σπίτι*. Βάλτε τον εαυτό σας στη θέση τους και φανταστείτε τον κίνδυνο στον οποίο εκτίθονταν οι γιατροί, οι νοσοκόμες και νοσοκόμοι, οι διασώστες και οι κοινωνικοί λειτουργοί όταν φρόντιζαν όσους είχαν μολυνθεί. Ρισκάρουν την υγεία τους γιατί ένας από τους όρκους του επαγγέλματός τους είναι *«Θα αποτρέψω την ασθένεια όποτε μπορώ, γιατί η πρόληψη είναι προτιμότερη από τη θεραπεία».*

Οι γιατροί **χρησιμοποιούν την ελευθερία** και την άδειά τους **για την υπηρεσία της ανθρωπότητας**. Όταν δρούμε δίχως να σκεφτόμαστε την ευημερία των άλλων, θίγουμε την ίδια τη ζωή και γινόμαστε όργανα του κακού. Πρέπει να φοβόμαστε τον Θεό και να σεβόμαστε τις αρχές. Διαφορετικά, η κοινωνία μας θα συνεχίσει στο χάος.

Ας προσευχηθούμε: Ουράνιε Πατέρα μας, δώσε μας καρδιές σύνεσης που φυλάγουν και σέβονται τις αρχές και προστατεύουν την υγεία και την ευημερία του συνόλου. Δώσε μας ταπεινοφροσύνη και ευγνωμοσύνη για να βάλουμε στην άκρη την ελευθερία μας και να υπηρετήσουμε Εσένα και τους συνανθρώπους μας. Προσευχόμαστε στο Άγιο Όνομά Σου.

---

2 Μαΐου
ΤΑ ΧΑΜΕΝΑ ΠΡΟΒΑΤΑ ΤΟΥ ΘΕΟΥ
Ιεζεκιήλ 34:11

Σήμερα, περισσότερο από ποτέ, χρειαζόμαστε βοσκούς που θα αναζητήσουν τα **χαμένα πρόβατα**, διασκορπισμένα από την πλάνη, τον φόβο, την έλλειψη γνώσης ή την απογοήτευση από την εκκλησία. Καθετί που ο Θεός κάνει ή μας προκαλεί να κάνουμε έχει σκοπό να αναζητήσει **και να σώσει τα χαμένα πρόβατά Του**.

Ο **Ψαλμός 23** είναι ένας από τους πιο πολύτιμους και αγαπημένους Ψαλμούς. Τον φυλάμε στην καρδιά μας για στιγμές όπως αυτές όταν οι περιστάσεις της ζωής μας αγχώνουν.

Στον **Ιεζεκιήλ 34:1-16**, ο Θεός κατηγορεί τους ψεύτικους προφήτες ότι *«βόσκουν τον εαυτό τους»* **(εδάφιο 1)** και δεν βόσκουν τα ποίμνια ούτε αναζητούν τα χαμένα πρόβατα **(εδάφια 3-4)**. Ο Θεός *θα μας κρατήσει υπόλογους* για όσους εμπλουτίζουν τα οικονομικά τους και το στομάχι τη αντί να ενδυναμώνουν και να θεραπεύουν τις πληγές των προβάτων **(εδάφιο 10)**.

Παρά τους άδικους βοσκούς, ο Θεός διαβεβαιώνει ότι *«Δέστε, εγώ, εγώ θέλω και θα αναζητήσω τα πρόβατά μου, και θα τα επισκεφθώ. Όπως ο ποιμένας επισκέπτεται το ποίμνιό του, κατά την ημέρα που βρίσκεται ανάμεσα στα διασκορπισμένα πρόβατά του, έτσι θα επισκεφθώ τα πρόβατά μου, και θα τα ελευθερώσω από όλους τούς τόπους, όπου ήσαν διασκορπισμένα, σε συννεφιασμένη και σκοτεινή ημέρα»* **(εδάφια 11-12)**.

Ακόμη κι αν είμαστε χαμένοι ή έχουμε απομακρυνθεί από τον Θεό, δεν μας έχει εγκαταλείψει ούτε μας έχει απορρίψει. Ο Θεός βαδίζει δίπλα μας, ενδυναμώνοντάς μας, λέγοντας, *«Εγώ θα βοσκήσω τα πρόβατά μου, και εγώ θα τα αναπαύσω, λέει ο Κύριος ο Θεός»* **(εδάφιο 15)**.

Στο **Κατά Λουκάν 15:1-7**, οι Φαρισαίοι και οι γραμματείς γόγγιζαν κατά του Ιησού, λέγοντας *«Αυτός δέχεται αμαρτωλούς, και τρώει μαζί τους»* **(εδάφιο 2)**. Ο Ιησούς απάντησε με την παραβολή των χαμένων προβάτων στην οποία ο Καλός Ποιμένας αφήνει τα 99 πρόβατα και αναζητά το χαμένο ώσπου να το βρει. Στη συνέχεια *«το βάζει επάνω στους ώμους του, χαίροντας»* και το φέρνει στο σπίτι **(εδάφια 5-6).** Ο Ιησούς είπε ότι *«θα είναι χαρά στον ουρανό για έναν αμαρτωλό που μετανοεί, περισσότερο παρά για 99 δίκαιους, που δεν έχουν ανάγκη μετάνοιας»* (**Κατά Λουκάν 15:7**). Η **μετάνοια** είναι η μόνη προϋπόθεση για την επιστροφή στην αγκαλιά του Θεού.

Αν και δεν είναι όλοι λειτουργοί, έχουμε λάβει **το χάρισμα της συμφιλίωσης** ώστε όλοι μας να οδεύσουμε προς αναζήτηση όσων έφυγαν από το κοπάδι και ζουν με τον φόβο των λύκων. **Ο Θεός βασίζεται στο δικό σου χάρισμα της συμφιλίωσης για να φέρει τα πρόβατα στο σπίτι!**

Ας προσευχηθούμε: Ουράνιε Πατέρα μας, Σ' ευχαριστούμε γιατί όταν πονούσαμε και υποφέραμε, μακριά Σου, εσύ μας έσωσες και θεράπευσες τις πληγές μας. Μας πήρες στην αγκαλιά Σου και μας έφερες στη ζεστασιά του αιώνιου σπιτιού Σου. Δώσε μας καρδιές όπως του Ιησού ώστε να οδεύουμε σε αναζήτηση των προβάτων Σου που υποφέρουν. Προσευχόμαστε στο Άγιο Όνομά Σου.

3 Μαΐου
ΑΝ Ο ΘΕΟΣ ΜΑΣ ΓΥΡΝΟΥΣΕ ΤΗΝ ΠΛΑΤΗ
Ψαλμός 80:19

Ο Θεός μας φροντίζει κάθε εποχή, αλλά κάτι από τις ακτίνες του ήλιου και της ζεστασιάς του μας γεμίζει με ενέργεια και ελπίδα. Μετά από έναν χειμώνα που κράτησε πολύ με την καραντίνα στο σπίτι, όταν καθόμαστε και οι ακτίνες του ήλιου είναι επάνω μας στο μπαλκόνι της πεθεράς μου στην Κατερίνη, στην Ελλάδα νιώθω ότι παίρνω ζωή και αποκαθίσταμαι.

Χωρίς το φως του ήλιου, η Γη θα καλύπτονταν από μία αδιαπέραστη στρώση πάγου και τα πάντα θα πέθαιναν μέσα σε έναν μήνα. Μπορείτε να φανταστείτε τι θα γινόταν αν ο Θεός έστρεφε την πλάτη Του σε εμάς και δεν βλέπαμε τη λάμψη του προσώπου Του;

Αν ο Θεός έστρεφε την πλάτη Του σε εμάς, θα ήμασταν χωρίς τροφή, ανάσα, προστασία, ελπίδα και ζωή. Αποζητώντας, ωστόσο, το πρόσωπο και το θέλημα του Θεού, ο Κύριος υπόσχεται να μας σώσει από μια ζωή μετριότητας και να μας τοποθετήσει σε ουράνια μπαλκόνια απ' όπου μπορούμε να αισθανθούμε τη θεϊκή ζεστασιά και το άρωμα του Υιού, που μας οδηγούν στη ζωή και την ελπίδα.

Αν ο Θεός έστρεφε την πλάτη Του σε εμάς, η ζωή μας δεν θα είχε χαρά. Θα ήμασταν σε μία κατάσταση μπρος γκρεμός και πίσω ρέμα, με τάση προς την ανυπακοή. Μόνο το πρόσωπο του Θεού είναι ικανό *να μας αποδώσει την αγαλλίαση της σωτηρίας* και να μας δώσει *πνεύμα πρόθυμο* για υπακοή **(Ψαλμός 51:12).**

Αν ο Θεός έστρεφε την πλάτη Του σε εμάς, θα ήμασταν σωματικά και συναισθηματικά κατεστραμμένοι, βλέποντας όλα όσα εκτιμούμε, να πεθαίνουν. Θα κλαίγαμε, με καρδιά συντετριμμένη μέχρι ο θάνατος να χτυπήσει την πόρτα μας. Η μόνη μας ελπίδα είναι να εκζητήσουμε το πρόσωπο του Θεού, κράζοντας για έλεος. Τότε ο Θεός υπόσχεται να *«γιατρέψει, να οδηγήσει και να δώσει ξανά παρηγοριές και στους θλιμμένους του»* (**Ησαΐας 57:18**). Παρά τις φορές που σφάλλουμε, ο Θεός μας λέει *«Επιστρέψτε, γιοι αποστάτες, και θα γιατρέψω τις αποστασίες σας»* **(Ιερεμίας 3:22)**. *«Θα αποκαταστήσω σε 'σένα την υγεία, και θα σε γιατρέψω από τις πληγές σου»*, λέει Εκείνος, το πρόσωπο του οποίου μας θρέφει και μας διασώζει **(Ιερεμίας 30:17)**.

Αν ο Θεός έστρεφε την πλάτη Του σε εμάς, ο θυμός Του θα γινόταν ορατός σε κάθε πτυχή της ζωής μας, και θα ήταν αβάσταχτος. Αλλά η αγάπη του Θεού είναι τόσο μεγάλη και γεμάτη έλεος, ώστε, αν μετανοήσουμε, ο Κύριος υπόσχεται να γιατρέψει την επανάστασή μας. *«Θα γιατρέψω την αποστασία τους, θα τους αγαπήσω εγκάρδια. επειδή, ο θυμός μου αποστράφηκε απ' αυτόν»* **(Ωσηέ 14:4)**.

Ας προσευχηθούμε: Ουράνιε Πατέρα μας, Σ' ευχαριστούμε που δεν έστρεψες την πλάτη Σου σε εμάς, παρά την επανάστασή μας. Έστειλες τον Ιησού για να μας δείξει τον *δρόμο, την αλήθεια και τη ζωή* **(Κατά Ιωάννην 14:6)**, να μας διδάξεις να αναζητούμε το πρόσωπό Σου και να εμπιστευόμαστε στις υποσχέσεις Σου. Σ' ευχαριστούμε γιατί *θα γυρίσεις, και θα μας σπλαχνιστείς, θα καταστρέψεις τις ανομίες μας· και όλες τις αμαρτίες μας θα τις ρίξεις στα βάθη τής θάλασσας* **(Μιχαίας 7:19)**. Προσευχόμαστε στο Άγιο Όνομά Σου.

---

4 Μαΐου
ΟΤΑΝ ΤΟ ΠΝΕΥΜΑ ΤΟΥ ΘΕΟΥ
ΕΡΧΕΤΑΙ ΕΠΑΝΩ ΜΑΣ
Ησαΐας 32:15

Ο Θεός δηλώνει καταστροφής που ακολουθείται από αποκατάσταση για τον τους ανθρώπους και τη γη **όταν το Πνεύμα του Θεού έρθει επάνω μας.**

Πρέπει να κατανοήσουμε το επίπεδο και τη σημασία της καταστροφής για να εκτιμήσουμε και να εκζητήσουμε την ευλογία που μας υπόσχεται. Ο Θεός κάνει λόγο για μια ολική καταστροφή που θα γεμίσει τους ανθρώπους με δάκρυα και πανικό γιατί, στη χώρα που παρήγαγε φρούτα, αλεύρι και άνθη, *«αγκάθια και τριβόλια θα βλαστήσουν»* και η χαρά θα λήξει σε όλα τα σπίτια της χαρούμενης πόλης **(Ησαΐας 32:13)**.

Η καταστροφή δεν έρχεται τυχαία. Δημιουργείται από την αμέλεια και την ανυπακοή προς όσους είναι υπεύθυνοι να φροντίζουν τους ανθρώπους και τη χώρα. *«Επειδή, τα παλάτια θα εγκαταλειφθούν· το πλήθος τής πόλης θα ερημωθεί· τα φρούρια και οι πύργοι θα γίνουν σπηλιές μέχρι τον αιώνα, ευχαρίστηση για άγρια γαϊδούρια, βοσκή για κοπάδια»* **(εδάφιο 14)**. Η καταστροφή θα συνεχίσει έως ότου «το πνεύμα ξεχυθεί επάνω μας εξ ύψους» **(εδάφιο 15α)**.

Όταν το Πνεύμα του Θεού έρθει επάνω μας, θα αποκατασταθεί και η φύση. Όπου υπάρχει βασιλιάς, διαχειριστής και λαός έντιμος και δίκαιος που καθοδηγείται από το Πνεύμα του Θεού και μετανοεί με υποταγή στον Θεό, *«η καρποφόρα πεδιάδα θα θεωρηθεί σαν δάσος»* **(εδάφιο 15β)**. Δεν θα χρειάζεται πλέον να υποστηρίζουμε τον νόμο, τη δικαιοσύνη και την ειρήνη γιατί αυτά θα είναι τα πρότυπά μας. *«Τότε, στην έρημο θα κατασκηνώσει κρίση, και στην καρποφόρα πεδιάδα θα* *κατοικήσει δικαιοσύνη. Και το έργο τής δικαιοσύνης θα είναι ειρήνη· και το αποτέλεσμα της δικαιοσύνης, ησυχία και ασφάλεια στον αιώνα»* (εδάφια 16-17).

Όταν το Πνεύμα του Θεού έρθει επάνω μας, θα βρούμε επιτέλους πραγματική ειρήνη και ασφάλεια και οι ψυχές μας θα βιώσουν αιώνια ξεκούραση και χαρά. Πλήρεις Αγίου Πνεύματος, ο Καλός Ποιμένας θα μας οδηγήσει, *«Σε βοσκές χλοερές […] σε νερά ανάπαυσης»* **(Ψαλμός 23:2).** Ο Κύριος λέει, *«Και ο λαός μου θα κατοικεί σε ειρηνική κατοικία, και ασφαλή οικήματα, και ήσυχους τόπους ευπορίας»* **(Ησαΐας 32:18).**

Ο Ιησούς είπε, *«Το πνεύμα είναι εκείνο που ζωοποιεί, η σάρκα δεν ωφελεί τίποτε· τα λόγια που εγώ σας μιλάω, είναι πνεύμα και είναι ζωή»* **(Κατά Ιωάννην 6:63).** Δίχως το Πνεύμα δεν είμαστε παρά μόνο κόκαλα με σάρκα, δίχως ζωή, δίχως χαρά, με προορισμό την απόγνωση.

Ας προσευχηθούμε: Ουράνιε Πατέρα μας, Σ' ευχαριστούμε που μας έκανες *«ικανούς να είμαστε διάκονοι της καινής διαθήκης…του πνεύματος· επειδή, το γράμμα θανατώνει, ενώ το πνεύμα ζωοποιεί»* **(Προς Κορινθίους Β' 3:6).** Είθε το Άγιό Σου Πνεύμα να αφεθεί σε όλους τους κατοίκους της γης. Προσευχόμαστε στο όνομα του Ιησού.

---

5 Μαΐου
Ο ΘΕΟΣ ΑΠΑΝΤΑ ΣΕ ΠΡΟΣΕΥΧΗ

«Και πριν αυτοί κράξουν, εγώ θα αποκρίνομαι· και ενώ αυτοί μιλούν, εγώ θα ακούω».
Ησαΐας 65:24

"Before they call I will answer; while they are still speaking I will hear." Isaiah 65:24

"Antes de que me pidan ayuda, yo les responderé; no habrán terminado de hablar cuando ya los habré escuchado". Isaías 65:24

Όταν ήμουν στέλεχος στα οικονομικά, πολλές φορές ο βοηθός μου, η Chris Palmer, με εξέπληττε δημιουργώντας κάτι για το οποίο, κάποια στιγμή, είχα πει *«Θα ήταν ωραία, αν είχαμε…».* Ξαφνικά, αυτό που τυχαία είχα αναφέρει, ο Chris το δημιούργησε. Παρομοίως, με τον ίδιο τρόπο, στο σημερινό εδάφιο, ο Θεός υπόσχεται *«Και πριν αυτοί κράξουν, εγώ θα αποκρίνομαι· και ενώ αυτοί μιλούν, εγώ θα ακούω»* **(Ησαΐας 65:24).**

Το εδάφιο αυτό βρίσκεται στη μέση μιας ενότητας που λέγεται **«Νέοι ουρανοί και νέα γη»**, στην οποία ο Θεός περιγράφει μια νέα πραγματικότητα για τα παιδιά Του. Δεν θα υπάρχουν πλέον δάκρυα ούτε κλάμα, ούτε πρώιμοι θάνατοι, καμία μνήμη από το πρώτο παράδεισο και τη γη. Θα υπάρχει χαρά και ευχαρίστηση. Οι άνθρωποι θα χτίζουν σπίτια, θα φυτεύουν αμπελώνες και θα τους απολαμβάνουν **(Ησαΐας 65:17-22).** *«Δεν θα κοπιάζουν μάταια ούτε θα τεκνοποιούν για καταστροφή· επειδή, είναι σπέρμα των ευλογημένων τού Κυρίου, και οι έγγονοί τους μαζί τους. Και πριν αυτοί κράξουν, εγώ θα αποκρίνομαι· και ενώ αυτοί μιλούν, εγώ θα ακούω»* **(Ησαΐας 65:23-24).**

Γνωρίζω ότι τα μάτια του Θεού είναι επάνω στα παιδιά Του και τα αυτιά Του προσέχουν τους αναστεναγμούς και τις ανάγκες μας γιατί ο Θεός απάντησε στις προσευχές που εξέφρασα και όσες δεν εξέφρασα συνέχεια και καλύτερα από τον τρόπο που ζήτησα **(Α' Πέτρου 3:12α).**

Οι «**Καινούριοι Ουρανοί και η Καινούρια Γη**» (**Ησαΐας 65:17**) ίσως είναι υποσχέσεις για μία μελλοντική βασιλεία, αλλά ο χαρακτήρας και η ουσία του. Θεού είναι αιώνια και αμετάβλητα. Γι' αυτό, μπορούμε να εμπιστευτούμε ότι η Βασιλεία του Θεού είναι ήδη μεταξύ των παιδιών μας και ακόμη και σήμερα, εκεί που προσευχόμαστε, Εκείνος θα αποκρίνεται και θα ακούει (**Ησαΐας 65:24**).

Ο Ιησούς προσθέτει, «*Αν μείνετε ενωμένοι μαζί μου, και τα λόγια μου μείνουν μέσα σας, θα ζητάτε ό,τι αν θέλετε, και θα γίνει σε σας*» (**Κατά Ιωάννην 15:7**). Αγαπητοί μου, θυμηθείτε ότι «*Τα μάτια τού Κυρίου είναι επάνω στους δικαίους, και τα αυτιά του στην κραυγή τους*» (**Ψαλμοί 34:15**).

Ένας τρόπος για να δείξουμε την αγάπη μας για τον Θεό είναι γνωρίζοντας το θέλημά Του και, σε κάθε περίσταση, όπως κάνει ο Θεός για εμάς, να αναμένουμε τις επιθυμίες του Θεού και να απαντούμε στη δόξα του Θεού.

Ας προσευχηθούμε: Ουράνιε Πατέρα μας, λάβε την αιώνια ευγνωμοσύνη μας για την υπέροχη αγάπη Σου που, δίχως να σταματά, γνωρίζει τις ανάγκες, τα εμπόδια και τους κινδύνους. Σ' ευχαριστούμε που μας κάλεσες με ευγνωμοσύνη, γνωρίζοντας ότι πάντα ακούς και απαντάς. Αύξησε την πίστη μας ώστε να μοιραστούμε το υπέροχο αυτό δώρο με τον λαό Σου. Προσευχόμαστε στο όνομα του Ιησού Χριστού.

---

6 Μαΐου
Ο ΘΕΟΣ ΕΙΝΑΙ ΕΝΑΝΤΙΑ ΣΕ ΚΑΘΕ ΠΡΟΚΑΤΑΛΗΨΗ
Πράξεις 10:28β

Πόσο υπέροχος ο Θεός μας, που χρησιμοποιεί καθημερινά πράγματα, όπως το φαγητό, για να μας διορθώσει σχετικά με **φυλετικές και θρησκευτικές προκαταλήψεις** που βαίνουν κατά του θελήματος του Θεού.

Σε ένα όραμα, ο Θεός είπε στον Πέτρο να φάει από ένα μείγμα που περιλάμβανε ζώα που θεωρούνταν ακάθαρτα από τους Εβραίους. «*Ο Πέτρος είπε: Μη γένοιτο, Κύριε· επειδή, ποτέ δεν έφαγα κανένα βέβηλο ή ακάθαρτο*» (**Πράξεις 10:12-14**). Αλλά ο Θεός του είπε, «*Και ξανά, για δεύτερη φορά, έγινε σ' αυτόν μια φωνή: Όσα ο Θεός καθάρισε, εσύ να μη τα λες βέβηλα*» (εδάφιο 15).

Την εποχή του Ιησού, οι Εβραίοι και οι Σαμαρείτες μισούσαν ο ένας τον άλλον. Το βρίσκουμε αυτό στη συνάντηση του Ιησού με τη Σαμαρείτισσα γυναίκα που του είπε, «*Του λέει, λοιπόν, η γυναίκα η Σαμαρείτισσα: Πώς εσύ, ενώ είσαι Ιουδαίος, ζητάς να πιεις από μένα, που είμαι γυναίκα Σαμαρείτισσα; Επειδή, δεν έχουν επικοινωνία οι Ιουδαίοι με τους Σαμαρείτες*» (**Κατά Ιωάννην 4:9**). Ο Ιησούς κατέλυσε την προκατάληψη αυτή μιλώντας με τη Σαμαρείτισσα γυναίκα και αποκαθιστώντας την αξιοπρέπειά της εντός της κοινότητας.

Στις **Πράξεις 10**, έπειτα που διόρθωσε τον Πέτρο ότι *όσα ο Θεός καθάρισε δεν είναι πλέον ακάθαρτα*, ο Θεός έδωσε οδηγίες να πάει ο Πέτρος στο σπίτι του «*Κορνήλιου, εκατόνταρχου από το* *τάγμα που λεγόταν ιταλικό»* **(Πράξεις 10:1)**. Όταν έφτασαν, ο Πέτρος τους είπε: *«Εσείς ξέρετε ότι είναι ασυγχώρητο σε έναν άνθρωπο Ιουδαίο να συναναστρέφεται ή να πλησιάζει σ' έναν αλλόφυλο· ο Θεός, όμως, έδειξε σε μένα να μη λέω κανέναν άνθρωπο βέβηλον ή ακάθαρτον»* **(Πράξεις 10:28)**.

Αγαπητοί μου, το ευαγγέλιο του Ιησού Χριστού και η χάρη του Θεού δεν είναι πλέον αποκλειστικά για τους Ισραηλίτες, γι' αυτό και ο Πέτρος πήγε στο σπίτι του Κορνήλιου και κήρυξε τα καλά νέα. Στην **Προς Ρωμαίους επιστολή 10:12**, ο Θεός μας λέει ότι μεταξύ των Χριστιανών, δεν θα πρέπει να *«υπάρχει διαφορά, και του Ιουδαίου και του Έλληνα· για τον λόγο ότι, ο ίδιος Κύριος είναι για όλους, πλούσιος προς όλους εκείνους που τον επικαλούνται»* **(Προς Ρωμαίους 10:12)**.

Ο Θεός είναι πεισματικά ενάντια σε κάθε προκατάληψη και απέχθεια. Ο Ιησούς μας προειδοποιεί *«Επειδή, με όποια κρίση κρίνετε, θα κριθείτε· και με όποιο μέτρο μετράτε, θα αντιμετρηθεί σε σας»* **(Κατά Ματθαίον 7:2)**. Με δεδομένα αυτά τα εδάφια, δεν μπορώ να καταλάβω πώς κάποιοι που ισχυρίζονται ότι είναι Χριστιανοί μπορούν να σιχαίνονται τους ανθρώπους με βάση τη φυλή, το γένος, την απόχρωση του δέρματος, τη θρησκεία, τις πολιτικές πεποιθήσεις, κτλ., αγνοώντας τη θεϊκή εντολή *να μην αποκαλούμε κάποιον ακάθαρτο* **(Πράξεις 10:28β)**.

Ας προσευχηθούμε: Ουράνιε Πατέρα, μην επιτρέψεις στην προκατάληψη και στην απέχθεια να εφαρμοστούν σε εμάς ή να γίνουν ανεκτές από το περιβάλλον μας. Δώσε μας το θάρρος να τα διορθώσουμε ή να τα απορρίψουμε όταν η προκατάληψη πλησιάζει προς το σπίτι μας, την εκκλησία ή την κοινότητά μας. Κατανοούμε ότι *«ο Θεός δεν είναι προσωπολήπτης»* **(Πράξεις 10:34β)**. Προσευχόμαστε στο Άγιο Όνομά Σου.

Μεταξύ των Χριστιανών, δεν θα πρέπει να «υπάρχει διαφορά, και του Ιουδαίου και του Έλληνα· για τον λόγο ότι, ο ίδιος Κύριος είναι για όλους, πλούσιος προς όλους εκείνους που τον επικαλούνται»

---

7 Μαΐου
ΟΛΟΙ ΕΙΝΑΙ ΙΣΙΟΙ ΣΤΑ ΜΑΤΙΑ ΤΟΥ ΘΕΟΥ
Πράξεις 10:34β-35

Στο Εκουαδόρ, υπάρχει μια παροιμία **«ένας κόκορας δεν μπορεί να λαλήσει πιο ξεκάθαρα»**. Το σημερινό εδάφιο μας λέει ότι ο Θεός είναι αμερόληπτος. Ο Θεός δεν εντυπωσιάζεται από τη χώρα που γεννηθήκαμε, ούτε από το επίπεδο εκπαίδευσης, τους τίτλους ή τις θέσεις που κατέχουμε, αν είμαστε πλούσιοι ή φτωχοί, άντρες ή γυναίκες, παιδιά ή μεγάλοι, το χρώμα του δέρματός μας, κτλ. **Είμαστε όλοι ίσοι στα μάτια του Θεού.**

Στον **Ιώβ 34:19** διαβάζουμε ότι ο Θεός *«ο οποίος δεν προσωποληπτεί σε άρχοντες ούτε αποβλέπει στον*

πλούσιο περισσότερο, από ό,τι στον φτωχό; Επειδή, όλοι αυτοί είναι έργο των χεριών του».
Είμαστε μοναδικοί, ωστόσο, στον τρόπο που ανταποκρινόμαστε στη χάρη του Θεού. Εκείνο που ευχαριστεί και εντυπωσιάζει τον Θεό είναι πώς χρησιμοποιούμε όσα μας δίνει για να **δείχνουμε σεβασμό προς τον Θεό και να ενεργούμε με αγάπη και δικαιοσύνη προς τον πλησίον μας.**

Η δικαιοσύνη του Θεού, την οποία πρέπει να μιμηθούμε, είναι αυτή: ο Θεός προσφέρει αμερόληπτα την ευλογία Του όπως επίσης και τη διόρθωσή του **σε όλους** *«για να γίνετε γιοι τού Πατέρα σας που είναι στους ουρανούς, επειδή αυτός ανατέλλει τον ήλιο του επάνω σε πονηρούς και αγαθούς, και βρέχει επάνω σε δικαίους και αδίκους»* **(Κατά Ματθαίον 5:45).** Όλοι θα δώσουμε λογαριασμό για τις πράξεις μας. Μπορούμε να είμαστε σίγουροι ότι ο Θεός θα είναι αμερόληπτος και δίκαιος την ημέρα της κρίσης. *«Μπροστά στον Κύριο· επειδή, έρχεται για να κρίνει τη γη· θα κρίνει την οικουμένη με δικαιοσύνη, και τους λαούς με ευθύτητα»* **(Ψαλμός 98:9).** Στο μεταξύ, ο Θεός αναμένει από εμάς να είμαστε **δίκαιοι και αμερόληπτοι,** όπως μας έδειξε Εκείνος.

Ο Θεός μας δίνει αυτό που αξίζουμε χωρίς να μεροληπτεί. Αυτή είναι **η δικαιοσύνη που πρέπει να μιμηθούμε.** *«Όποιος, όμως, αδικεί, θα πάρει την αμοιβή τής αδικίας του, και προσωποληψία δεν υπάρχει»* **(Προς Κολοσσαείς 3:25).** Παρομοίως, όποιος έχει θέσει την εμπιστοσύνη του στη σωτηρία μέσω του αίματος του Ιησού θα είναι αποδεκτός από τον Κύριο γιατί κάνουν *«όσα τους πρόσταξε ο Κύριος»* **(Ιώβ 42:9).**

Μας περιμένουν σημαντικές προκλήσεις. Ναι, μεγάλες, αλλά όχι αδύνατες. Το Άγιο Πνεύμα θα μας καθοδηγήσει και θα μας βοηθήσει να γίνουμε καλύτεροι μιμητές του Κυρίου μας, κι έτσι θα είμαστε *«ευάρεστοι σ' αυτόν»* **(Προς Κορινθίους Β' 5:9).**

Ας προσευχηθούμε: Ουράνιε Πατέρα μας, Σ' ευχαριστούμε που είσαι δίκαιος και αμερόληπτος μαζί μας. Βοήθησέ μας να μιμούμαστε καλύτερα τον Κύριό μας. Με τον ίδιο τρόπο, *Εσύ μας αποδέχτηκες εν τω αγαπημένο Σου Υιό*, δώσε Εσύ ώστε να δεχτούμε όλους στον κύκλο της χάρης και της αγάπης, ανεξαρτήτως από πού είναι ή από πού προέρχονται. Προσευχόμαστε στο Άγιο Όνομά Σου.

---

8 Μαΐου
Ο ΘΕΟΣ ΜΕΤΑΜΟΡΦΩΝΕΙ ΤΟ ΣΥΝΗΘΙΣΜΕΝΟ

«Και είπε: Μη πλησιάσεις εδώ· λύσε τα υποδήματά σου από τα πόδια σου· επειδή, ο τόπος επάνω στον οποίο στέκεσαι, είναι άγια γη». Έξοδος 3:5

"Do not come any closer," God said. "Take off your sandals, for the place where you are standing is holy ground." Exodus 3:5

"No te acerques. Quítate el calzado de tus pies, porque el lugar donde ahora estás es tierra santa". Éxodo 3:5

Μπορούμε να συνοψίσουμε τη ζωή του Μωυσή σε τρία στάδια των 40 ετών έκαστο:

1. Ένας Εβραίος που έζησε 40 χρόνια ως πρίγκιπας της Αιγύπτου
Ο Μωυσής, όπως και κάθε πρωτότοκος άρρεν Εβραίος, προοριζόταν για θάνατο σύμφωνα με εντολή του Φαραώ. Ωστόσο, **ο Θεός μετέτρεψε ένα απλό καλάθι** και το σπίτι του Φαραώ **σε καταφύγιο και τροφή (Εξοδος 2:3).** Ο Μωυσής μεγάλωσε ως πρίγκιπας στο σπίτι του Φαραώ και η βιολογική

μητέρα του Μωυσή λάμβανε μισθό από την κόρη του Φαραώ για να μεγαλώσει τον ίδιο της τον γιο (**Έξοδος 2:9**). Ο Θεός είναι υπέροχος!

2. Ένας πρίγκιπας της Αιγύπτου που έζησε 40 χρόνια ως λειτουργός μεταναστών

Στην ηλικία των 40, ο πρίγκιπας της Αιγύπτου (ο οποίος ήταν Εβραίος), σκότωσε έναν Αιγύπτιο στρατιώτη σε άμυνα ενός εκ των Εβραίων αδελφών του (**Πράξεις 7:23**). Μόλις τον ανακάλυψαν, τράπηκε σε φυγή και βρήκε καταφύγιο στη Μαδιάμ, όπου ο πεθερός του, ο Ιωθόρ τον έβαλε επικεφαλής των προβάτων. **Έπειτα από 40 χρόνια (Πράξεις 7:30), ο Θεός εμφανίστηκε σε Αυτόν στη νέα του ρουτίνα** στην καιόμενη βάτο. Μ' αυτόν τον τρόπο, ο Θεός κάλεσε και εξόπλισε τον Ιησού να ελευθερώσει τον Ισραήλ από τη δουλεία.

3. 40 χρόνια στην έρημο ως ελευθερωτής και κριτής του Ισραήλ.

Ο Θεός γνωρίζει όλη μας τη ζωή. Όπως ο Μωυσής, η ζωή μας σηματοδοτείται επίσης από στάδια **«πριν και μετά»**. Για εμένα, το 1989 σε ηλικία 35 ετών, ξεκίνησε η περίοδος όπου ο Θεός με κάλεσε να σταθώ με γυμνά πόδια σε άγιο έδαφος και να ξεκινήσω ξανά, αναζητώντας και υπηρετώντας πρώτα τη Βασιλεία του Θεού.

Στην **Έξοδο 3**, ο Μωυσής παρατήρησε μία καιόμενη βάτο, που όμως δεν καιγόταν και πλησίασε κοντά για να τη δει. *«Μη πλησιάσεις εδώ· λύσε τα υποδήματά σου από τα πόδια σου· επειδή, ο τόπος επάνω στον οποίο στέκεσαι, είναι άγια γη»* (Έξοδος 3:5).

Ο Θεός μεταμορφώνει τα συνηθισμένα σε Άγια και απαιτεί από εμάς να Τον προσεγγίσουμε με φόβο, άδεια, ανοιχτή καρδιά και γυμνά πόδια. Αν συναντάς συχνά τον Θεό στο τραπέζι της κουζίνας σου, εκεί είναι άγιος τόπος. Το ίδιο και το σαλόνι σου, η τραπεζαρία σου και το αυτοκίνητό σου. Ακόμη κι αυτός ο χώρος όπου μοιραζόμαστε διάφορα καθημερινά αποτελεί Άγιο Έδαφος.

Αγαπητοί φίλοι και συγγενείς, ο Μωυσής ήταν 80 χρονών όταν ο Θεός μεταμόρφωσε τον πρίγκιπα, που κρυβόταν ως βοσκός, σε ελευθερωτή και κριτή του Ισραήλ. Ποτέ δεν είναι αργά για τον Θεό να μας καλέσει και να μας χρησιμοποιήσει στη Βασιλεία Του!

Ας προσευχηθούμε: Ουράνιε Πατέρα μας, βοήθησέ μας να προσεγγίζουμε κάθε συνάντηση μαζί Σου με σεβασμό και φόβο. Δώσε μας το θάρρος ώστε, ως πρίγκιπες και πριγκίπισσες, να αφήσουμε πίσω κάθε προσποίηση και δικαιολογίες καθώς αρχίζουμε να εκπληρώνουμε τον σκοπό μας. Προσευχόμαστε στο Άγιο Όνομά Σου.

---

9 Μαΐου
ΣΩΤΗΡΙΑ ΑΠΟ ΠΙΣΤΗ Ή ΑΠΟ ΥΠΑΚΟΗ;

«Σας διαβεβαιώνω απόλυτα: Αν κάποιος φυλάξει τον λόγο μου, δεν θα δει θάνατο στον αιώνα».
Κατά Ιωάννην 8:51

"Very truly I tell you, whoever obeys my word will never see death." **John 8:51**

"De cierto, de cierto les digo que, el que obedece mi palabra, nunca verá la muerte". **Juan 8:51**

Στο **Κατά Ιωάννην 8:6**, οι Φαρισαίοι και οι γραμματείς εμφανίζονται ενώπιον του Ιησού με την μοιχαλίδα γυναίκα για να Τον παγιδεύσουν και έχουν *μία βάση για να Τον κατηγορήσουν*. Σε όλο το κεφάλαιο, οι Φαρισαίοι προχωρούν σε διαφορετικές συζητήσεις με τον Ιησού, καταλήγοντας σε αυτό το εδάφιο ζητώντας υπακοή στον Λόγο Του. *«Ο Ιησούς, λοιπόν, έλεγε στους Ιουδαίους, που είχαν πιστέψει σ' αυτόν: Αν εσείς μείνετε στον δικό μου λόγο, είστε αληθινά μαθητές μου· και θα γνωρίσετε την αλήθεια, και η αλήθεια θα σας ελευθερώσει»* **(Κατά Ιωάννην 8:31-32).**

Από τι θα ελευθερωθούμε; Όσοι πιστεύουν στον Ιησού θα ελευθερωθούν από τον θάνατο και τα δεσμά της αμαρτίας και του φόβου. *«Σας διαβεβαιώνω απόλυτα: Αν κάποιος φυλάξει τον λόγο μου, δεν θα δει θάνατο στον αιώνα»* **(Κατά Ιωάννην 8:51).** Ο Ιησούς επίσης είπε, *«Εγώ είμαι η ανάσταση και η ζωή· αυτός που πιστεύει σε μένα, και αν πεθάνει, θα ζήσει. Και καθένας που ζει και πιστεύει σε μένα, δεν πρόκειται να πεθάνει στον αιώνα. Το πιστεύεις αυτό;»* **(Κατά Ιωάννην 11:25-26).**

Ως εκ τούτου, προκύπτει το ερώτημα: **η σωτηρία προέρχεται από την πίστη ή από την υπακοή;** Είναι σαν το ερώτημα, αν έκανε πρώτα η κότα το αυγό ή το αυγό την κότα. Η χριστιανική πίστη μας μάς διαβεβαιώνει ότι σωζόμαστε από την πίστη. Από την εμπειρία μου, η υποταγή χωρίς αγάπη και πίστη δεν έχει καρπούς και είναι στείρα. Τελικά, εξανεμίζεται χάριν της σάρκας και του εγώ. Από την άλλη, η πίστη, η αγάπη και η ευγνωμοσύνη καταλήγουν σε καρποφόρα υποταγή.

Ως μαθητές του Ιησού, το ποτήρι μας ξεχειλίζει ευγνωμοσύνη γιατί ο Θεός μας έσωσε από μια ζωή που καταλήγει στην άβυσσο της απελπισίας. Ο Θεός μας μεγάλωσε με την πληρότητα της ζωής και της ελπίδας. Η δίκαιη απάντησή μας για τη δεύτερη αυτή ευκαιρία εδώ και στην αιωνιότητα είναι να διαφυλάξουμε τα λόγια του Ιησού (τον Λόγο του Θεού) στις καρδιές μας και να υπακούσουμε σε **αυτά.**

Ο Λόγος του Θεού λέει *«Και τούτη είναι η αγάπη, να περπατάμε σύμφωνα με τις εντολές του. Τούτη είναι η εντολή, όπως ακούσατε από την αρχή, ώστε να περπατάτε σ' αυτή»* **(Β' Ιωάννου 1:6).** Αγαπητοί μου, όλη η Αγία Γραφή αποτελεί την επιστολή αγάπης του Θεού που απευθύνεται σε εσάς και σε εμένα για να μας υπενθυμίσει ότι μέσω της αμοιβαίας αγάπης, δείχνουμε αγάπη και υπακοή στον Θεό και στην κυριότητα του Ιησού στη ζωή μας. Με άλλα λόγια, η υπακοή εκδηλώνεται σε αγάπη μέσω της πίστης και της ευγνωμοσύνης.

Ας προσευχηθούμε: Κύριε Θεέ μας, Σ' ευχαριστούμε που **μας έσωσες μέσω της πίστης** στον Ιησού Χριστό, που μας ενθάρρυνες να περπατήσουμε με πίστη και ευγνωμοσύνη στην απέραντη αγάπη Σου. *«Στα χέρια σου είναι οι καιροί μου· λύτρωσέ με από τα χέρια των εχθρών μου, και από εκείνους που με καταδιώκουν. Επίλαμψε το πρόσωπό σου επάνω στον δούλο σου· σώσε με μέσα στο έλεός σου»* **(Ψαλμός 31:15-16).** Προσευχόμαστε στο Άγιο Όνομά Σου. **Ας προσευχηθούμε:** Κύριε Θεέ μας, Σ' ευχαριστούμε που **μας έσωσες μέσω της πίστης** στον Ιησού Χριστό, που μας ενθάρρυνες να περπατήσουμε με πίστη και ευγνωμοσύνη στην απέραντη αγάπη Σου. *«Στα χέρια σου είναι οι καιροί μου· λύτρωσέ με από τα χέρια των εχθρών μου, και από εκείνους που με καταδιώκουν. Επίλαμψε το πρόσωπό σου επάνω στον δούλο σου· σώσε με μέσα στο έλεός σου»* **(Ψαλμός 31:15-16).** Προσευχόμαστε στο Άγιο Όνομά Σου.

Η υποταγή χωρίς αγάπη και πίστη δεν έχει καρπούς και είναι στείρα. Τελικά, εξανεμίζεται χάριν της σάρκας και του εγώ. Από την άλλη, η πίστη, η αγάπη και η ευγνωμοσύνη καταλήγουν σε καρποφόρα υποταγή.

10 Μαΐου
ΤΑΚΤΙΚΕΣ ΠΟΛΕΜΟΥ
Α' Προς Τιμόθεον 6:12

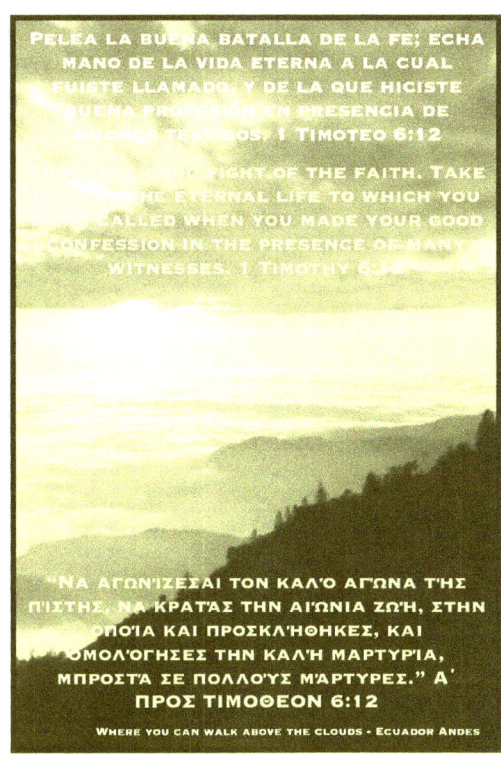

Η ζωή είναι μια συνεχής μάχη μεταξύ του καλού και του κακού, του πνεύματος και της σάρκας, της αρμονίας και της διαμάχης και τέλος, μεταξύ της ζωής και του θανάτου. Τα όπλα του εχθρού είναι πολλά και διάφορα. Για να έχουμε νίκη, πρέπει να γνωρίζουμε τις τακτικές και τα όπλα του εχθρού.

Ο Θεός μας προειδοποιεί για τις παγίδες (τα όπλα) του εχθρού:

Απληστία - *«Επειδή, ρίζα όλων των κακών είναι η φιλαργυρία· την οποία μερικοί, καθώς την ορέχθηκαν, αποπλανήθηκαν από την πίστη και πέρασαν τον εαυτό τους μέσα από πολλές οδύνες»* (Α' Προς Τιμόθεον 6:9-10α).

Ασήμι και χρυσός - *«Τα γλυπτά των θεών τους θα τα κάψετε με φωτιά· δεν θα επιθυμήσεις το ασήμι τους ή το χρυσάφι που είναι επάνω τους, ούτε θα το πάρεις για τον εαυτό σου· για να μη παγιδευτείς σ' αυτό»* (Δευτερονόμιον 7:25α).

Ψεύτικοι θεοί και συμμαχίες - *«Δεν θα κάνεις συνθήκη μαζί τους ούτε με τους θεούς τους· δεν θα κατοικούν στη γη σου, για να μη σε κάνουν να αμαρτήσεις σε μένα· επειδή, αν λατρεύσεις τούς θεούς τους, αυτό θα γίνει σε σένα παγίδα, οπωσδήποτε»* (Έξοδος 23:32-33).

Η ειδωλολατρία προσβάλλει στο μέγιστο βαθμό τον Κύριο. Ο Θεός είπε *«Να μη έχεις άλλους θεούς εκτός από μένα. Να μη κάνεις για τον εαυτό σου είδωλο μήτε ομοίωμα κάποιου, από όσα είναι στον ουρανό επάνω ή όσα είναι στη γη κάτω ή όσα είναι στα νερά κάτω από τη γη· μη τα προσκυνήσεις μήτε να τα λατρεύσεις· επειδή, εγώ ο Κύριος ο Θεός σου είμαι Θεός ζηλότυπος»* (Έξοδος 20:3-5). Όσοι λάτρευσαν είδωλα, καταστράφηκαν (**Ψαλμοί 106:36**).

Αγαπητοί μου, ζούμε σε μια εσωτερική μάχη μεταξύ της σάρκας και του πνεύματος. Στην **Προς Εφεσίους 6:12** διαβάζουμε, ***«Επειδή, η πάλη μας δεν είναι ενάντια σε αίμα και σάρκα, αλλά ενάντια στις αρχές, ενάντια στις εξουσίες, ενάντια στους κοσμοκράτορες του σκότους τούτου τού αιώνα, ενάντια στα πνεύματα της πονηρίας στα επουράνια».***

Για να νικήσουμε, πρέπει να παραμείνουμε άγρυπνοι, προετοιμασμένοι, ενημερωμένοι, **πλήρως καθαγιασμένοι** στον σκοπό της Βασιλείας, και, πάνω απ' όλα, να βασιζόμαστε στο Άγιο Πνεύμα που μάχεται τις μάχες μας. Στόχος μας είναι 1) να εκπαιδεύσουμε έντονα τον εαυτό μας με τον Λόγο και το σπαθί της πίστης, 2) να ευχαριστήσουμε τον Θεό και 3) να κερδίσουμε τη μάχη.

Ας προσευχηθούμε: Ουράνιε Πατέρα μας, δίδαξέ μας και ενδυνάμωσέ μας να μαχόμαστε τον καλό αγώνα και να είμαστε νικητές. Σε παρακαλούμε μην μας επιτρέψεις να πέσουμε στις παγίδες του εχθρού. Λύτρωσέ μας από κάθε καλό, μαζί με τα παιδιά μας και τις επόμενες γενιές. Προσευχόμαστε στο όνομα του Ιησού Χριστού.

11 Μαΐου
ΕΝΤΟΛΗ ΓΙΑ ΝΑ ΔΙΑΦΥΛΑΞΟΥΜΕ
Α' Προς Τιμόθεον 6:14

Στο σημερινό εδάφιο, ο Θεός μας διδάσκει ότι κατά τη διάρκεια της ζωής μας, καθώς αναμένουμε την επιστροφή του Κυρίου μας, *«να φυλάξουμε την εντολή αμόλυντη, άμεμπτη».*

Εφόσον το πλαίσιο αυτού του κειμένου δεν ξεκαθαρίζει σε ποια εντολή αναφέρεται, πρέπει να μελετήσουμε την πρώτη επιστολή προς τον Τιμόθεον ώστε να βρούμε απάντηση. Η λέξη **εντολή** εμφανίζεται άλλες δύο φορές στα παρακάτω εδάφια.

1. *«Το τέλος δε της παραγγελίας είναι αγάπη από καρδιά καθαρή και συνείδηση αγαθή, και πίστη ανυπόκριτη· από τα οποία μερικοί, καθώς αποπλανήθηκαν, εκτράπηκαν σε ματαιολογία, θέλοντας να είναι δάσκαλοι του νόμου, ενώ δεν καταλαβαίνουν ούτε όσα λένε ούτε για ποια πράγματα δίνουν διαβεβαιώσεις».* **(Α' Προς Τιμόθεον 1:5–7).**

Θα μπορούσαμε να υποθέσουμε ότι η εντολή αφορά την αγάπη προς τον Θεό πάνω από κάθε άλλο πράγματα. Δεν θα κάναμε λάθος εφόσον στο εδάφιο 5 διαβάζουμε ότι *«το τέλος της παραγγελίας είναι η αγάπη».* Στο εδάφιο 6, ωστόσο, μιλάει για αποπλάνηση και αιτιολογία, κάνοντάς μας να σκεφτούμε ότι πρόκειται για «διαφύλαξη και άμυνα». Ας συνεχίσουμε την αναζήτηση!

2. *«Αυτή την παραγγελία παραδίνω σε σένα, παιδί μου Τιμόθεε, σύμφωνα με τις προφητείες που προηγήθηκαν για σένα, να στρατεύεις, σύμφωνα μ' αυτές, την καλή στρατεία, έχοντας πίστη και συνείδηση αγαθή, την οποία μερικοί, αφού την απέβαλαν, ναυάγησαν στην πίστη»* **(Α' Προς Τιμόθεον 1:18-19).** Το εδάφιο αυτό μιλά για *«προφητείες»* που κάποιοι απέρριψαν και *ναυάγησε* η πίστη τους.

Ας δούμε τι λέει πριν το **εδάφιο 5**. Αναφέρει *«Καθώς σε παρακάλεσα, όταν έφευγα για τη Μακεδονία, να παραμείνεις στην Έφεσο, και να παραγγείλεις σε μερικούς να μη διδάσκουν διαφορετικές διδασκαλίες, ούτε να προσέχουν σε μύθους και απέραντες γενεαλογίες, που προξενούν φιλονικίες μάλλον παρά την οικοδομή του Θεού στην πίστη, έτσι να κάνεις»* **(Α' Προς Τιμόθεον 1:3–4).** Και εδώ βρίσκουμε την απάντησή μας. Η εντολή αναφέρεται στο **καθήκον του Τιμόθεου να διαφυλάξει και να υπερασπίσει το δόγμα και τις διδασκαλίες των αποστόλων, τα οποία για εμάς είναι η Αγία Γραφή στην ολότητά της.**

Αγαπητοί μου, αν εγώ κι εσείς, ως μαθητές του Ιησού, δεν ζούμε σύμφωνα με την Αγία Γραφή, τότε αποτυγχάνουμε να **κρατήσουμε την εντολή άσπιλη και αμόλυντη**. Θέλουμε να δείχνουμε μια ζωή αγιότητας. *«Γι' αυτό, αγαπητοί, ενώ τα προσμένουμε αυτά, να επιμεληθείτε να βρεθείτε μπροστά του με ειρήνη, χωρίς κηλίδα και χωρίς ψεγάδι»* **(Β' Πέτρου 3:14).**

Ας προσευχηθούμε: Ουράνιε Πατέρα μας, βοήθησέ μας να υπερασπιστούμε και να μεταδώσουμε τον Λόγο της Ζωής σου με αγάπη, φροντίδα και πειθαρχία ώστε κανείς στον κύκλο της επιρροής μας να μην ναυαγήσει στην πίστη. Προσευχόμαστε στο όνομα του Ιησού.

12 Μαΐου
ΔΙΔΑΞΤΕ ΤΑ ΠΑΙΔΙΑ ΣΩΣΤΑ

«Και θα τα διδάσκετε στα παιδιά σας, μιλώντας γι' αυτά, όταν κάθεσαι στο σπίτι σου, και όταν περπατάς στον δρόμο, και όταν πλαγιάζεις, και όταν σηκώνεσαι». Δευτερονόμιον 11:19

"Teach them to your children, talking about them when you sit at home and when you walk along the road, when you lie down and when you get up." Deuteronomy 11:19

"Enséñenselas a sus hijos, y hablen de ellas cuando te encuentres descansando en tu casa, y cuando vayas por el camino, y cuando te acuestes, y cuando te levantes." Deuteronomio 11:19

Όταν τα παιδιά μας ήταν μικρά, διαβάζαμε αποσπάσματα σχετικά με την οικογένεια πριν το φαγητό. Στον γιο μου, τον Jean-Paul, άρεσε πολύ να τα διαβάζει και έκτοτε έγινε βιβλιοφάγος. Για ένα διάστημα, διαβάζαμε όλη την Αγία Γραφή μαζί. Όταν ολοκληρώσαμε την ανάγνωσή της για πρώτη φορά, με ρώτησε, *«Τι κάνουμε τώρα;»*. *«Τη διαβάζουμε ξανά από την αρχή»*, του απάντησα. Κι έτσι κάναμε!

Όπως μας λέει το σημερινό εδάφιο, διαβάζαμε την Αγία Γραφή μέρα και νύχτα. Συζητούσαμε για όσα διαβάσαμε. Εξηγούσα στον Jean-Paul όσα διαβάζαμε. Δεν εξήγησα, ωστόσο, πώς ο κόσμος θα επιτεθεί στα θεμέλια της πίστης που εμείς θέτουμε. Δεν εξήγησα ότι φίλοι και καθηγητές στο πανεπιστήμιο θα ανέγειραν αμφιβολίες με επιστημονικά, ιστορικά και φιλοσοφικά επιχειρήματα που αντιτίθενται στην Αγία Γραφή, όπως ότι είναι γεμάτη λάθη και ασυνέπειες και ως εκ τούτου, είναι αναξιόπιστη. Δεν του δίδαξα πώς να απαντά σε τέτοιου είδους επιχειρήματα.

Εν μέρει, αυτό το ημερολόγιο καθημερινών στοχασμών έχει στόχο να διορθώσει το σφάλμα αυτό της διδαχής μιλώντας σε παρούσες και μελλοντικές γενιές. Δεν ξέρω πόσα από τα εγγόνια και τα δισέγγονά μου θα έχουν αρκετή περιέργεια ώστε να διαβάσουν/μελετήσουν τα γραπτά αυτά (σχεδόν 1.300 στοχασμοί έως και σήμερα), αλλά η καρδιά μου χαίρεται πιστεύοντας ότι ένα ή περισσότερα, θα τα διαβάσουν. Επίσης, μιλώντας στους αναγνώστες μου σήμερα, δεν γνωρίζω ποια διαφορά έκαναν οι στοχασμοί αυτοί στη ζωή μας, αλλά αν έστω ένας ή δύο από εσάς νιώσετε ότι πήρατε δύναμη, ότι έχετε λάβει τροφή και θάρρος στην πίστη σας και έχετε πειστεί ότι η Αγία Γραφή είναι ο πλήρης Λόγος του Θεού, ότι η ζωή σας γέμισε με ειρήνη και ελπίδα, τότε η ψυχή μου αγάλλεται.

Ο Λόγος του Θεού είναι σαν ένας σπόρος και απαιτεί καθημερινή φροντίδα για να βάλει ρίζες. Δεν αρκεί, ωστόσο, να διαβάζουμε καθημερινά την Αγία Γραφή, να γεμίζουμε την καρδιά μας με ημερομηνίες, ιστορίες, θαύματα, κτλ. Πρέπει, επίσης, να νιώσουμε τη μεταμορφωτική δύναμη του Θεού στη ζωή μας. Προχωρώντας σε διάφορες πράξεις ευγένειας είναι μια καλή αρχή. Μόλις τη βιώσετε, ενδυναμώστε τις ρίζες αναμένοντας τις τακτικές του εχθρού και μάθετε να χρησιμοποιείτε όλη την πανοπλία που προσφέρει ο Θεός για να υπερασπίσετε την πίστη σας ενάντια σε εσωτερικές και εξωτερικές επιθέσεις.

Ας προσευχηθούμε: Ουράνιε Πατέρα μας, εκπαίδευσε και προετοίμασέ μας να διδάξουμε τα παιδιά μας πώς να εφαρμόσουν τον Λόγο Σου στη ζωή τους ώστε εκείνα και τα παιδιά τους να μπορούν να υπερασπίσουν την πίστη τους ενάντια στις επιθέσεις του εχθρού. Σ' ευχαριστούμε που έβαλες στην καρδιά μας την επιθυμία να αναλογιστούμε και να μοιραζόμαστε καθημερινά τον Λόγο Σου. Ο Λόγος Σου ας μην λείψει ποτέ από το σπίτι μας. Προσευχόμαστε στο όνομα του Ιησού Χριστού.

13 Μαΐου
ΕΚΠΛΗΡΩΜΕΝΕΣ ΜΕΣΣΙΑΝΙΚΕΣ ΠΡΟΦΗΤΕΙΕΣ

«Ότι πρέπει να εκπληρωθούν όλα τα γραμμένα μέσα στον νόμο τού Μωυσή και στους προφήτες και στους ψαλμούς για μένα». **Κατά Λουκάν 24:44β**

"Everything must be fulfilled that is written about me in the Law of Moses, the Prophets and the Psalms." **Luke 24:44b**

"Era necesario que se cumpliera todo lo que está escrito acerca de mí en la ley de Moisés, en los profetas y en los salmos". **Lucas 24:44b**

14 Prophecies Jesus Christ Fulfilled

Prophecies About Jesus	Hebrew Scripture	Fulfilled in New Testament
1. The Messiah would be born of a virgin and called Emmanuel.	Isaiah 7:14	Matthew 1:22-23 & Luke 1:26-31
2. He would be a refugee in Egypt.	Hosea 11:1	Matthew 2:14-15
3. He'd be rejected by His people.	Psalm 69:8 & Isaiah 53:3	John 1:11 & John 7:5
4. God would declare Him His Son of God	Psalm 2:7	Matthew 3:17
5. Was sent to heal and release the captives.	Isaiah 61:1-2	Luke 4:18-19
6. He'd be betrayed.	Psalm 41:9	Matthew 26:14-16 & Luke 22:47-48
7. He'd be silent before his accusers.	Isaiah 53:7	Mark 15:4-5
8. He'd be crucified along with criminals.	Isaiah 53:12	Matthew 27:38 & Mark 15:27
9. God would forsake Him	Psalm 22:1	Matthew 27:46
10. He'd pray for his enemies.	Psalm 109:4	Luke 23:34
11. Christ would die for our sin	Isaiah 53:5-12	Romans 5:6-8
12. He'd be buried with the rich.	Isaiah 53:9	Matthew 27:57-60
13. God would raise Him from the dead	Psalm 16:10 & Psalm 49:15	Matthew 28:5-7 & Acts 2:24
14. Jesus would ascend to heaven	Psalm 68:18	Mark 16:19 & Luke 24:51

"EVERYTHING MUST BE FULFILLED THAT IS WRITTEN ABOUT ME IN THE LAW OF MOSES, THE PROPHETS AND THE PSALMS." LUKE 24:44B

"ΟΤΙ ΠΡΈΠΕΙ ΝΑ ΕΚΠΛΗΡΩΘΟΎΝ ΌΛΑ ΤΑ ΓΡΑΜΜΈΝΑ ΜΈΣΑ ΣΤΟΝ ΝΌΜΟ ΤΟΎ ΜΩΥΣΉ ΚΑΙ ΣΤΟΥΣ ΠΡΟΦΉΤΕΣ ΚΑΙ ΣΤΟΥΣ ΨΑΛΜΟΎΣ ΓΙΑ ΜΈΝΑ." ΚΑΤΆ ΛΟΥΚΆΝ 24:44Β

Ο Ιησούς, ο χρισμένος του Θεού, ήρθε να θεραπεύσει, να φέρει τα καλά νέα της ελπίδας στους φτωχούς, να απελευθερώσει τους αιχμαλώτους, να δώσει φως στους τυφλούς (όπως εγώ) και να μας απελευθερώσει από την καταπίεση. Ο Ιησούς κατέπληξε όσους ήταν γεμάτοι αμφιβολία, μετά που διάβασε από τον **Ησαΐα 61:1-2,** *«Και άρχισε να τους λέει ότι: Σήμερα εκπληρώθηκε στα αυτιά σας αυτή η γραφή»* **(Κατά Λουκάν 4:21).**

Αν ο Ιησούς είχε εκπληρώσει μόνο μία από τις χιλιάδες προφητείες, θα ήταν κατανοητό για όσους έχουν αμφιβολίες να Τον απορρίψουν. Εκείνος, όμως, εκπλήρωσε τουλάχιστον 60 προφητείες που μπορούμε να εντοπίσουμε. Το σημερινό εδάφιο μας καλεί να μελετήσουμε όσα λένε οι προφήτες και οι ψαλμοί για τον Μεσσία. Ο Ιησούς είπε *«Πρέπει να εκπληρωθούν όλα τα γραμμένα μέσα στον νόμο τού Μωυσή και στους προφήτες και στους ψαλμούς για μένα»* **(Κατά Λουκάν 24:44β).**

Όλες οι προφητείες πρέπει να εκπληρωθούν ώστε να μην μπορεί να πει κανείς ότι **πρόκειται για συμπτώσεις.** Δεν έχουμε πολύ χρόνο μέσα σε 5 λεπτά (500 λέξεις) να μελετήσουμε όλες τις προφητείες, αλλά πιστεύω ότι είναι χρήσιμο να εντοπίσουμε τις βασικές προφητείες. Ο παραπάνω πίνακας δείχνει τις αναφορές στις Εβραϊκές Γραφές και την εκπλήρωσή τους στην Καινή Διαθήκη. Ελπίζω να σας βοηθήσει να συνεχίσετε την αναζήτηση των 40 και περισσότερων προφητειών σχετικά με τον Ιησού, τον Μεσσία και γιατί ήρθε στη Γη.

Ο Ιησούς υποσχέθηκε το Άγιο Πνεύμα, το οποίο θα μας έδινε τη δύναμη να κατανοήσουμε και να εφαρμόσουμε τα διδάγματα του Θεού και την καθοδήγηση για τη ζωή μας κι έτσι να γίνουμε ανεκτίμητοι πρεσβευτές των καλών νέων. Μ' αυτόν τον τρόπο, συνεχίζουμε τη διακονία του Ιησού που ήρθε αποκλειστικά για να σώσει, να θεραπεύσει και να απελευθερώσει τους αιχμαλώτους όπως εγώ κι εσείς. *«Αλλά, θα λάβετε δύναμη, όταν έρθει επάνω σας το Άγιο Πνεύμα· και θα είστε μάρτυρες για μένα και στην Ιερουσαλήμ και σε ολόκληρη την Ιουδαία και στη Σαμάρεια, και μέχρι το ακρότατο μέρος τής γης»* **(Πράξεις 1:8).**

Ας προσευχηθούμε: Ουράνιε Πατέρα μας, Σ' ευχαριστούμε γιατί όλες οι υποσχέσεις και οι προφητείες για τον Σωτήρα και Λυτρωτή μας εκπληρώθηκαν τέλεια και στην ολότητά τους στον Ιησού Χριστό, με Τον οποίο έχουμε πλήρη σωματική, πνευματική και συναισθηματική υγεία, μαζί με την υπόσχεση του Αγίου Πνεύματος, και στην επερχόμενη Βασιλεία, Αιώνια ζωή στην παρουσία Σου. Άνοιξε τα μάτια μας ώστε να κατανοήσουμε καλύτερα και να μάθουμε περισσότερα για τις προφητείες και τις υποσχέσεις Σου. Δώσε μας τη δύναμη να είμαστε έμπιστοι μάρτυρες και πρεσβευτές Σου *μέχρι τα πέρατα της γης.* Προσευχόμαστε στο Άγιο Όνομά Σου.

---

14 Μαΐου
Ο ΠΑΝΤΟΔΥΝΑΜΟΣ

«Μη φοβάσαι· εγώ είμαι ο πρώτος και ο τελευταίος, και αυτός που ζει, και έγινα νεκρός· και, δες, είμαι ζωντανός στους αιώνες των αιώνων· αμήν». **Αποκάλυψη Ιωάννου 1:17β-18**

"Do not be afraid. I am the First and the Last. I am the Living One; I was dead, and now look, I am alive forever and ever!" **Revelation 1:17b-18**

"No temas. Yo soy el primero y el último, y el que vive. Estuve muerto, pero ahora vivo para siempre". **Apocalipsis 1:17b-18a**

Παντοδύναμε Θεέ, στείλε το Άγιο Σου Πνεύμα επάνω μας ώστε να αγαπήσουμε με πίστη και να Σε ακολουθήσουμε σήμερα και πάντα. Προσευχόμαστε στο όνομα και στο πνεύμα του Χριστού. Αμήν.

Ένα από τα πιο αμφιλεγόμενα θέματα στην πρώτη εκκλησία ήταν το θέμα της **θεότητας του Χριστού**. *«Κάποιοι έβλεπαν τον Ιησού ως πλήρους πνεύματος αλλά και πάλι έναν απλό άνθρωπο ο οποίος ήταν δίκαιος, υιοθετημένος και ανυψωμένος από τον Θεό ως θεϊκός, μεσσιανικός υιός μέσω της σχολαστικής υπακοής στον νόμο»*[10]. Κάποιες κυριαρχούσες και με επιρροή αιρέσεις δεν αναγνωρίζουν τον Ιησού Χριστό ως Θεό και μια μέρα θα χτυπήσουν την πόρτα σου για να σε πείσουν ότι ο Ιεχωβάς είναι ο μόνος Θεός. Γι' αυτό πρέπει να είμαστε ορθά ενημερωμένοι και σίγουροι για τη θεότητα του Ιησού Χριστού.

«Το δόγμα της θεότητας του Χριστού διαβεβαιώνει ότι ο Ιησούς Χριστός δεν ήταν απλώς ένας ασυνήθιστος άνθρωπος αλλά ο ενσαρκωμένος Υιός του Θεού, ο οποίος εκ φύσεως ήταν συν-ίσος και συν-αιώνιος με τον Θεό Πατέρα».[11]

---

[10] Nah, D. (2018). Jesus 'Divinity. En M. Ward, J. Parks, B. Ellis, & T. Hains (Eds.), *Lexham Survey of Theology*. Bellingham, WA: Lexham Press.
[11] Ibid

Στη **Γένεσις 17:1**, ο Θεός (Αδωνάι) εμφανίστηκε στον Άβραμ, λέγοντας *«Εγώ είμαι ο Θεός ο Παντοκράτορας»*. Στην **Αποκάλυψη 1:8**, ο Κύριος ο Θεός λέει *«Εγώ είμαι ο Παντοκράτορας»*. Αν το αναλύσουμε αυτό και αναλύσουμε επίσης και το **εδάφιο 18**, θα επιβεβαιώσουμε ότι **ο Ιησούς είναι ίσως και συν-αιώνιος με τον Παντοκράτορα Θεό**. Στο **εδάφιο 1:8**, ο Ιησούς ταυτίζει τον εαυτό μου με τον *«Παντοκράτορα»*, αλλά λέει επίσης ότι είναι *«το Α και το Ω, η αρχή και το τέλος […] ο Ων και ο Ην και ο Ερχόμενος»*. Για να το ξεκαθαρίσουμε, στο **εδάφιο 18**, ο Ιησούς λέει, *«Δες, είμαι ζωντανός στους αιώνες των αιώνων»*.

Έχει πεθάνει ποτέ ο Θεός Πατέρας; Όχι! Ο Ιησούς Χριστός πέθανε για να σώσει όλους τους αμαρτωλούς. Ο Ιησούς πέθανε και αναστήθηκε ξανά και ζει για πάντα για να μεσιτεύει για εμάς. Μόλις είδε τον αναστημένο Χριστό, με πίστη, ο άπιστος Θωμάς είπε «Ο Κύριός μου, και ο Θεός μου» (**Κατά Ιωάννην 20:28**).

Τα εδάφια αυτά θα πρέπει να επαρκούν για να μας πείσουν ότι ο Ιησούς είναι ο αιώνιος Θεός. Η Αγία Γραφή περιέχει πολλές δηλώσεις του Ιησού, των μαθητών και του ίδιου του Θεού που επιβεβαιώνουν ότι ο Ιησούς είναι *«Αυτός είναι ο Υιός μου ο αγαπητός»* (**Κατά Λουκάν 9:35**).

Ας προσευχηθούμε: Ουράνιε Πατέρα μας, Σ' ευχαριστούμε που μας αποκάλυψες ότι ο Ιησούς Χριστός είναι το Άλφα και το Ωμέγα, η αρχή και το τέλος μας, ο αγαπητός Σου Υιός και, παράλληλα, ότι ο Ιησούς είναι **ο Παντοκράτορας Θεός**. Άνοιξε τη διάνοιά μας για να Σε γνωρίσουμε καλύτερα μέσα από το δόγμα της θεότητας του Χριστού. Προσευχόμαστε στο Άγιο Όνομά Σου.

---

15 Μαΐου
ΧΤΙΣΕ ΤΗΝ ΚΙΒΩΤΟ

«Και ο Νώε ήταν 600 χρόνων, όταν έγινε ο κατακλυσμός των νερών επάνω στη γη». **Γένεσις 7:6**

"Noah was six hundred years old when the floodwaters came on the earth." **Genesis 7:6**

"Cuando el diluvio de las aguas cayó sobre la tierra, Noé tenía seiscientos años". **Génesis 7:6**

Πιστεύω ότι η Αγία Γραφή περιέχει μέσα της το ίδιο της το λεξικό και το βιβλίο αναφοράς της. Για τρεις ημέρες **μελετούσα πόσο καιρό χρειάστηκε ο Αβραάμ για να χτίσει την Κιβωτό**. Κάποιοι λένε ότι ο Νώε χρειάστηκε 120 χρόνια για να τη χτίσει με βάση τη δήλωση του Θεού *«Δεν θα παραμείνει το πνεύμα μου πάντοτε μαζί με τον άνθρωπο, επειδή είναι σάρκα· οι ημέρες του θα είναι ακόμα 120 χρόνια»* (**Γένεσις 6:3**). Αλλά ο Θεός ΔΕΝ μίλησε στον Νώε μέχρι το εδάφιο 13.

Μία πιθανή απάντηση διαφαίνεται αν **κοιτάξουμε την ηλικία του Νώε και των παιδιών του**. Ο Νώε ήταν 500 ετών όταν άρχισε να έχει παιδιά (**Γένεσις 5:32**) και 600 ετών όταν ο Θεός του είπε να χτίσει την Κιβωτό (**7:6**). Κάπου στο ενδιάμεσο, ο Θεός είπε στον Νώε να χτίσει την Κιβωτό.

Όταν ο Θεός του είπε να χτίσει την Κιβωτό, **ο Νώε είχε 3 γιους (6:10, 14-16)**. Εδώ είναι το ερώτημα! Πρέπει να αναρωτηθούμε πότε γεννήθηκε ο τρίτος γιος.

Ο Ιάφεθ ήταν ο πρωτότοκος, έπειτα ήταν ο Σημ και στη συνέχεια ο Χαμ, **ο μικρότερος** (**Γένεσις 9:24**). Στη **Γένεσις 10:21** διαβάζουμε ότι ο **Σημ** ήταν ο αδελφός του μεγαλύτερου σε ηλικία Ιάφεθ και ότι **στην ηλικία των 100** ετών, είχε γιο *«δύο χρόνια μετά τον κατακλυσμό»* (**11:10**). Αυτό σημαίνει ότι ο Σημ ήταν 97-98 ετών όταν έγινε η πλημμύρα και ο Νώε ήταν 502-503 ετών κατά τη γέννησή του. Δεν γνωρίζουμε πότε γεννήθηκε ο μικρότερος, ο Χαμ, αλλά ο Νώε είχε γίνει πατέρας των δύο πρώτων παιδιών με δύο χρόνια διαφορά.

Ως εκ τούτου, **σε ηλικία 502-503 ετών, ο Νώε είχε τρία παιδιά και έπειτα από αυτό, ο Θεός του υπέδειξε να χτίσει την Κιβωτό.** Έτσι, τα 120 χρόνια κατασκευής της Κιβωτού δεν φαίνεται να είναι σωστός αριθμός. Μια πιο πιθανή απάντηση είναι οποιαδήποτε περίοδος μικρότερη των 95 ετών. Δεν είναι υπέροχο όταν ο Κύριος μας οδηγεί προς την αλήθεια και τη διαύγεια;

Μπορείτε να φανταστείτε πώς ένιωσε ο Νώε, γνωρίζοντας ότι ο Κύριος προγραμμάτιζε να **«επανεκκινήσει»** το ανθρώπινο γένος σε 95 ή λιγότερα χρόνια, μόλις ο Νώε ολοκλήρωνε την Κιβωτό; Είναι πιθανό οι συνάνθρωποί του να χλεύαζαν και να κορόιδευαν εκείνον και την οικογένειά του. Ωστόσο, *«ο Νώε έκανε σύμφωνα με όλα όσα τον πρόσταξε ο Θεός»* **(6:22)**. «Και ο Νώε ήταν 600 χρόνων, όταν έγινε ο κατακλυσμός των νερών επάνω στη γη», και ο Θεός τον οδήγησε να πάει στην Κιβωτό και στο σπίτι του **(7:6).**

Ας προσευχηθούμε: Ουράνιε Πατέρα μας, Σ' ευχαριστούμε που μας οδήγησες στην αλήθεια, την ελπίδα και τη σωτηρία. Σ' ευχαριστούμε που μας διαβεβαίωσες ότι μπορείς να χρησιμοποιήσεις τα ταλέντα μας σε κάθε ηλικία. Βοήθησέ μας να αγνοήσουμε τον χλευασμό του κόσμου και να έχουμε τη ματιά μας επικεντρωμένη στις οδηγίες Σου ώστε να διατηρήσουμε ή να χτίσουμε νέες Κιβωτούς σύμφωνα με το δικό Σου σχέδιο για να δώσουμε τροφή και να σώσουμε το ανθρώπινο γένος, έναν άνθρωπο κάθε φορά. Προσευχόμαστε στο Άγιο Όνομά Σου.

«ο Νώε έκανε σύμφωνα με όλα όσα τον πρόσταξε ο Θεός» **(6:22).**

---

16 Μαΐου
ΟΧΙ ΟΠΩΣ ΔΙΝΕΙ Ο ΚΟΣΜΟΣ

«Ειρήνη αφήνω σε σας, ειρήνη τη δική μου δίνω σε σας· όχι όπως δίνει ο κόσμος, σας δίνω εγώ. Ας μη ταράζεται η καρδιά σας μήτε να δειλιάζει». **Κατά Ιωάννην 14:27**

"Peace I leave with you; my peace I give you. I do not give to you as the world gives. Do not let your hearts be troubled and do not be afraid." **John 14:27**

"La paz les dejo, mi paz les doy; yo no la doy como el mundo la da. No dejen que su corazón se turbe y tenga miedo". **Juan 14:27**

Όταν μένεις ήρεμος στη μπόρα, μπορεί να μετριάσει την ένταση της επίθεσης. Κατά τη διάρκεια της καραντίνας, πρέπει να δημιουργήσουμε χώρους που θα μας δώσουν την ειρήνη του Χριστού, που μας κρατά ήρεμους όταν ερχόμαστε αντιμέτωποι με αντίξοες καταστάσεις (ακόμη και με τον COVID). Η ειρήνη του Χριστού δεν είναι προσωρινή ούτε ενδίδει στον φόβο ή στις συνεχείς τύψεις για αμαρτίες του παρελθόντος.

Σχετικά με τη συγχώρηση, σε γενικές γραμμές είμαστε πιο σκληροί προς εμάς αντί με άλλους. Μπορεί να έχουμε ζητήσει από τον Θεό να μας συγχωρέσει, αλά συνεχίζουμε αναίτια να φέρουμε το βάρος ενός επαίσχυντου παρελθόντος. Η θυσία του Χριστού στον σταυρό πλήρωσε για όλες τις αμαρτίες του παρελθόντος, του παρόντος και του μέλλοντος. Ο Θεός λέει *«Επειδή, θα συγχωρήσω την ανομία τους, και δεν θα θυμάμαι πλέον την αμαρτία τους»* **(Ιερεμίας 31:34).** Αν ο Θεός έχει συγχωρέσει τις αμαρτίες μας, εμείς **γιατί συνεχίζουμε να παίζουμε τα τραγούδια της αποτυχίας;**

Και σ' αυτή την περίπτωση, ο πειραστής **προσπαθεί να κλέψει από εμάς την ειρήνη του Χριστού**. Ο Ιησούς είπε *«Ας μη ταράζεται η καρδιά σας μήτε να δειλιάζει»* (Κατά Ιωάννην 14:27).

Προσευχόμαστε για μία νέα εποχή ειρήνης όπου οι εχθρότητες και οι πόλεμοι θα σταματήσουν. Τίποτα δεν μας φέρνει περισσότερη ικανοποίηση από το να βλέπουμε ότι τα παιδιά μας θα κληρονομήσουν έναν πλανήτη χωρίς διαμάχες. Ωστόσο, αν δεν υποταχθούμε ΟΛΟΙ στον Θεό και δεν **αγαπήσουμε τον πλησίον μας όπως τον εαυτό μας,** αν δεν συγχωρήσουμε όπως έχουμε λάβει συγχώρηση, πάντα θα υπάρχουν διαμάχες και εχθρότητες μεταξύ εθνών και μεταξύ αδερφών.

Κι όμως, έχουμε ελπίδα! Έρχεται η μέρα που τα παιδιά μας δεν θα *εκπαιδεύονται πλέον για πόλεμο* και τα όπλα του πολέμου θα μετατραπούν σε γεωργικά εργαλεία **(Ησαΐας 2:4)**. Όταν υπακούμε αληθινά στον χρυσό κανόνα, οι άνθρωποι κάθε θρησκείας, έθνους και γλώσσας θα γνωρίσουν τον Θεό, θα συνεργαστούν για τον κοινό αυτό σκοπό και, με την καθοδήγηση του Θεού, θα εξαλείψουν τον πόλεμο και τον λιμό από τον πλανήτη μας.

Τα παιδιά μας και τα παιδιά των παιδιών σας πρέπει να ακούσουν από εσάς και από εμένα ότι σε αυτόν τον κόσμο, θα έρθουν αντιμέτωποι με αντιξοότητες και ο τρόπος που θα τις ξεπεράσουν είναι επιτρέποντας **στην ειρήνη του Χριστού να κυριαρχήσει στις καρδιές τους.** Αυτή η ειρήνη πρέπει να ξεκινήσει με τους ίδιους, εσωτερικά και στη συνέχεια εξωτερικά, προς τους φίλους τους, την οικογένεια, τους ξένους, ακόμη και τους εχθρούς.

Ας προσευχηθούμε: Ουράνιε Πατέρα μας, Σ' ευχαριστούμε που μας έδωσες τη μόνιμη και σίγουρη **ειρήνη του Χριστού, σε αντίθεση με την ειρήνη του κόσμου**. Δώσε μας την αγάπη και τη σοφία να κάνουμε πράξη διάφορες πράξεις αγάπης και ειρήνης στον κύκλο της επιρροής μας, δημιουργώντας μ' αυτόν τον τρόπο έναν καινούριο και καλύτερο κόσμο για τα παιδιά μας. Προσευχόμαστε στο όνομα του Ιησού Χριστού.

---

17 Μαΐου
ΣΤΑΔΙΑ ΤΗΣ ΖΩΗΣ

«Επειδή, είμαι βέβαιος, ακριβώς σε τούτο, ότι εκείνος που άρχισε σε σας ένα καλό έργο, θα το αποτελειώσει μέχρι την ημέρα τού Ιησού Χριστού». **Προς Φιλιππησίους 1:6**

"Being confident of this, that he who began a good work in you will carry it on to completion until the day of Christ Jesus." **Philippians 1:6**

"Estoy persuadido de que el que comenzó en ustedes la buena obra, la perfeccionará hasta el día de Jesucristo". **Filipenses 1:6**

Στις 29 Οκτωβρίου 2020, η οικογένειά μας γιόρτασε μία νέα γέννηση. Ο εγγονός μας, **ο Λάζαρος Ηλίας, εγκαινίασε ένα υπέροχο στάδιο ζωής,** ανοίγοντας νέες εντυπώσεις και χαρές για εμάς. Μέρος της γιορτής είναι η προσδοκία ότι, με τη βοήθεια των γονέων του και το θέλημα του Θεού, ο Λάζαρος θα μάθει να τρώει στερεά τροφή, να μεγαλώσει, να περπατήσει, να τρέξει, να σπουδάσει, να ερωτευτεί, να αφήσει το σπίτι του για να δημιουργήσει τη δική του οικογένεια. Σε κάθε στάδιο της ζωής του, θα γιορτάζουμε τις επιτυχίες του. Προς το παρόν, απολαμβάνουμε το νεαρό της ηλικίας του και το όμορφο χαμόγελό του, πιστεύοντας ότι ο Λάζαρος θα αναπτυχθεί μέσω των νέων και όμορφων σταδίων της ζωής.

Η αποδοχή του Χριστού στην καρδιά μας είναι σαν μία νέα γέννηση, αναμένοντας τα μοναδικά και υπέροχα στάδια ζωής μετά τη γέννησης. Δεν γίνεται να μένουμε κολλημένοι **στις χαρές της βρεφικής ηλικίας**. Πρέπει να συνεχίσουμε σε κάθε βήμα προς την ωριμότητα και τον καθαγιασμό.

Ο καθαγιασμός αποτελεί μια διαδικασία ζωής κατά την οποία ο Θεός μας μεταμορφώνει προς την εικόνα του Ιησού Χριστού. Στη διαδικασία αυτή, ως νεογνά, παραδιδόμαστε απόλυτα στον Θεό, αναζητώντας να εμβαθύνουμε την πίστη, την ελπίδα και την αγάπη μας, ανοίγοντας τον δρόμο προς μία *«αληθινή και συνεχή ειρήνη και χαρά»*[12].

Η αποδοχή του Χριστού στην καρδιά μας είναι σαν μία νέα γέννηση, αναμένοντας τα μοναδικά και υπέροχα στάδια ζωής μετά τη γέννησης. Δεν γίνεται να μένουμε κολλημένοι στις χαρές της βρεφικής ηλικίας. Πρέπει να συνεχίσουμε σε κάθε βήμα προς την ωριμότητα και τον καθαγιασμό.

Ο καθαγιασμός είναι «**το έργο της χάρης του Θεού μέσω του Λόγου και του Πνεύματος του Θεού**»[13] το οποίο *«μας ωθεί προς την τελειότητα του Χριστιανού»*. Τον καθαγιασμό πρέπει να τον αναζητά και να τον πετυχαίνει κάθε πιστός. Σ' αυτό το στάδιο της *«τέλειας αγάπης, της δικαιοσύνης και της αληθινής αγιότητας»*[14] εκφράζουμε την τελειοποιημένη **αγάπη** μας για τον Θεό και τον πλησίον μας. Η έκφραση του **καθαγιασμού** είναι το καθήκον και το αναγκαίο για κάθε παιδί που γεννάται από τον Θεό.

Αγαπητοί μου, τα καλά νέα είναι ότι **ο καθαγιασμός και η αγάπη** είναι διαθέσιμα σε κάθε πιστό σε κάθε στάδιο της ζωής του, ακόμη κι αν έχουμε απομακρυνθεί από τον δρόμο του Θεού για κάποιες περιόδους.

Κάποια μέρα, σαν τον άσωτο υιό και σαν πολλούς από εμάς στο παρελθόν, τα παιδιά μας και τα εγγόνια μας θα αφήσουν την πατρική εστία και θα κυνηγήσουν τα όνειρά τους. Οι γονείς τους θα είναι πάντα έτοιμοι να τους υποδεχτούν με ανοιχτές αγκάλες, είτε είναι για ένα απόγευμα, είτε για μία ημέρα ή όσο διαρκέσει ώστε να ανακτήσουν δυνάμεις, ελπίδα και θάρρος. Παρομοίως, ο Θεός είναι πάντα έτοιμος με ανοιχτές αγκάλες να μας δεχτεί και να συνεχίσει τη διαδικασία **του καθαγιασμού της ζωής μας για την υπηρεσία και τη δόξα του Θεού.**

Ας προσευχηθούμε: Ουράνιε Πατέρα μας, Σ' ευχαριστούμε για την απέραντη αγάπη Σου και την υπομονή καθώς μας διαμορφώνεις και αποκαθιστάς τη ζωή και τον χαρακτήρα μας ώστε να καθαγιαστούμε και να κριθούμε άξιοι να έρθουμε στην παρουσία Σου. Βοήθησέ μας να αγαπάμε με τρόπο τέλειο όπως Εσύ ώστε η Βασιλεία Σου να είναι πλήρης με υιούς και κόρες για τους οποίους ο Ιησούς θυσίασε τη ζωή Του. Προσευχόμαστε στο όνομα του Ιησού Χριστού.

---

18 Μαΐου
ΑΘΩΟΙ ΚΑΙ ΑΚΗΛΙΔΩΤΟΙ
Προς Τίτον 1:7

Το εδάφιο της ημέρας υποδεικνύει τη λειτουργία των υπευθύνων της εκκλησίας, οι οποίοι μέσα από τα χέρια που τίθενται επάνω στον άλλον, είναι υπεύθυνοι για την ηγεσία της εκκλησίας του Χριστού.

Τα εδάφια αυτά ορίζουν τις απαιτήσεις διαχείρισης και τάξης των οίκων και των πραγμάτων του Θεού. Το πρώτο, σε αρνητική διατύπωση, λέει ότι ο άνθρωπος *«πρέπει να είναι [...] όχι αυθάδης, όχι οργίλος, όχι μέθυσος, όχι πλήκτης, όχι αισχροκερδής»* **(Προς Τίτον 1:7)**. Θυμάμαι έναν ποιμένα να

---

[12] John Wesley, La Santidad de Corazón y Vida, Daugherty (p. 26)
[13] De la Disciplina de la Iglesia Metodista Unida – 2004 (¶103, p 73)
[14] Ibid

θυμώνει τόσο πολύ σε σημείο που να προκαλεί έναν αδελφό να *βγουν έξω και να το τακτοποιήσουν με καυγά*. Ο ποιμένας αυτός δεν έμεινε πολύ μαζί μας και δυστυχώς, χάσαμε κάποια μέλη. Σε άλλη περίσταση, κατά τη διάρκεια μιας συνέντευξης με έναν υποψήφιο ποιμένα, προτού ρωτήσει για τις ανάγκες του ποιμνίου, ο ποιμένας ήθελε να γνωρίζει πόσο θα πληρώνεται. Ο Ιησούς είπε ότι ο μισθωτός δεν ενδιαφέρεται για τα πρόβατά του **(Κατά Ιωάννην 10:13)**. Πόσο λυπηρά παραδείγματα!

Όποιος επιθυμεί να ποιμάνει τα πρόβατα του Θεού ή να γίνει βοσκός βοσκών, ως διαχειριστής και εκπρόσωπος του Θεού, πρέπει να είναι *«φιλόξενος, φιλάγαθος, σώφρονας, δίκαιος, όσιος, εγκρατής· προσκολλημένος στον πιστό λόγο τής διδασκαλίας»* **(Προς Τίτον 1:8-9)**. Στην **Α' Προς Τιμόθεον επιστολή 3:2**, ο Θεός προσθέτει *«Ο επίσκοπος, λοιπόν, πρέπει να είναι άμεμπτος, άνδρας μιας γυναίκας, άγρυπνος, σώφρονας, κόσμιος, φιλόξενος, διδακτικός»*.

Ο Θεός μας λέει ότι καλό είναι *«Όλα να τα κάνετε χωρίς γογγυσμούς και αμφισβητήσεις· για να γίνεστε άμεμπτοι και ακέραιοι, παιδιά τού Θεού, χωρίς ψεγάδι, μέσα σε μια γενεά στρεβλή και διεστραμμένη· ανάμεσα στους οποίους λάμπετε σαν φωστήρες μέσα στον κόσμο»* **(Προς Φιλιππησίους 2:14-15)**.

Είμαστε μιμητές της ηγεσίας της εκκλησίας και, κατά τη διάρκεια της εφηβικής ηλικίας, τα παιδιά μας μάς μιμούνται. Για να αποκτήσουν ενδιαφέρον να μας ακολουθήσουν στον ιδιωτικό και δημόσιο βίο μας, πρέπει να είμαστε συνεχώς *«άμεμπτοι»*, όπως περιγράφει ο Θεός στην **Προς Τίτον** επιστολή **1:8-9**. Αγαπητοί μου, *«ας προσπαθήσουμε να βρεθούμε «μπροστά του με ειρήνη, χωρίς κηλίδα και χωρίς ψεγάδι»* **(Β' Πέτρου 3:14)**.

Ας προσευχηθούμε: Ουράνιε Πατέρα μας, στο έλεός Σου, ζητούμε να μας *«αγιάσεις ολοκληρωτικά και να διατηρηθεί ολόκληρο το πνεύμα μας, και η ψυχή, και το σώμα, άμεμπτα στην παρουσία τού Κυρίου μας Ιησού Χριστού»* **(Προς Θεσσαλονικείς Α' 5:23)**. Προσευχόμαστε στο Άγιο Όνομά Σου.

---

19 Μαΐου
Η ΠΑΡΗΓΟΡΙΑ ΚΑΙ Η ΕΛΠΙΔΑ ΜΑΣ
Κατά Ιωάννην 16:20

Ο Ιησούς είναι η παρηγοριά και η ελπίδα μας σε στιγμές επώδυνες. Η πιο σημαντική κληρονομιά που μπορούμε να αποκτήσουμε και να δώσουμε είναι ότι ο Θεός δεν μπορεί να μας βλέπει να υποφέρουμε, γι' αυτό και έστειλε τον Ιησού Χριστό *να μετατρέψει τη θλίψη μας σε χαρά.*

Σ' αυτόν τον κόσμο, θα έρθουμε αντιμέτωποι με πειρασμούς, πόνο, απώλειες, αποτυχίες, αρρώστιες, κτλ. Δεν γνωρίζουμε τις λεπτομέρειες για το μέλλον μας, αλλά μπροστά μας ανοίγονται νίκες και δοκιμασίες. Ρίχνοντας μια ματιά στο παρελθόν, κλάψαμε και κλαίμε ακόμη, αλλά όχι χωρίς ελπίδα γιατί έχουμε πίστη ότι στο τέλος, θα εισέλθουμε στην ανάπαυσή μας με νίκη και θα λάβουμε την ανταμοιβή μας. Ο Ιησούς είπε *«Αυτά τα μίλησα σε σας, ώστε, ενωμένοι μαζί μου, να έχετε ειρήνη.*

Μέσα στον κόσμο θα έχετε θλίψη· αλλά, να έχετε θάρρος· εγώ νίκησα τον κόσμο» **(Κατά Ιωάννην 16:33).**

Αν και θα φτάσουμε λαβωμένοι, θα εισέλθουμε στη Βασιλεία του Θεού όπου δεν θα υπάρχουν πλέον δάκρυα, πόνος, ασθένεια, κακία ή θάνατος **(Αποκάλυψη 21:4).** Ο Ιησούς είπε, *«Και εσείς, λοιπόν, τώρα μεν έχετε λύπη· όμως, θα σας δω πάλι, και θα χαρεί η καρδιά σας, και τη χαρά σας κανένας δεν την αφαιρεί από σας»* **(Κατά Ιωάννην 16:22).** Αυτή είναι η παρηγοριά και η ελπίδα μας. Θα δούμε τον Αγαπητό μας πρόσωπο με πρόσωπο και *ο Θεός θα μετατρέψει τη λύπη μας σε ατελείωτη χαρά.*

Καθώς αναμένουμε την ημέρα εκείνη, έχουμε όνειρα, ελπίδες και φιλοδοξίες. Θα πρέπει, όμως, να προσαρμοζόμαστε με ευελιξία στις αλλαγές. Μόνο ο Θεός γνωρίζει τι έχει σκοπό να κάνει μέσα από εμάς και σε εμάς. Γι' αυτό, όταν τα όνειρά μας ναυαγούν, όταν υπάρχουν αλλαγές στο πρόγραμμα της ημέρας ή στο 5ετές πλάνο μας, εγώ λέω, *«Αν είσαι Εσύ Κύριε, καθοδήγησε τα βήματά μου και την καρδιά μου στο θέλημά Σου».* Ο Κύριος είναι η ελπίδα και η παρηγοριά μας, γι' αυτό, δεν παραδίδουμε τη χαρά μας στις αλλαγές των πλάνων μας γιατί *τα σχέδια του Θεού είναι πάντοτε καλά και καλύτερα.*

Αγαπητοί μου, τα σχέδια αλλάζουν, αλλά δύο είναι τα πράγματα που δεν θα αλλάξουν ποτέ: **η αγάπη του Θεού και ο Λόγος Του**, που μας καθοδηγεί, μας ενθαρρύνει και μας ενδυναμώνει, αλλά και το μέτρο με το οποίο ο Θεός θα μας κρίνει. Αν είμαστε πιστοί και εμπιστευόμαστε στην καθοδήγηση του Σωτήρα μας, θα φτάσουμε στη Βασιλεία του Θεού όπου ο Κύριος *«θα μετατρέψει το πένθος μας σε χαρά, και θα μας δώσει παρηγορία, και θα μας ευφράνει, ύστερα από τη θλίψη μας»* **(Ιερεμίας 31:13).**

Ας προσευχηθούμε: Ουράνιε Πατέρα μας, Σ' ευχαριστούμε που μας έδωσες την πίστη να εμπιστευθούμε σε Εσένα και που μετέτρεψες τα δάκρυά μας σε χαρά, τον πόνο μας σε ευχαρίστηση και την αδυναμία μας σε δύναμη. Είθε η παρουσία Σου να μας ενδυναμώσει να προχωρήσουμε μπροστά με δύναμη και αγάπη, παρηγορώντας και καθοδηγώντας τα πρόβατά Σου. Προσευχόμαστε στο όνομα του Ιησού Χριστού.

---

20 Μαΐου
ΠΝΟΗ ΖΩΗΣ

«Και ο Κύριος ο Θεός έπλασε τον άνθρωπο από χώμα τής γης· και εμφύσησε στα ρουθούνια του πνοή ζωής, και έγινε ο άνθρωπος σε ψυχή που ζει». Γένεσις 2:7

"Then the Lord God formed a man from the dust of the ground and breathed into his nostrils the breath of life, and the man became a living being." Genesis 2:7

"Entonces, del polvo de la tierra Dios el Señor formó al hombre, e infundió en su nariz aliento de vida. Así el hombre se convirtió en un ser con vida". Génesis 2:7

Οι λέξεις «*πνοή ζωής*» μου θυμίζουν όταν ο Θεός πήρε τον Ιεζεκιήλ σε ένα μεγάλο κοιμητήριο με κόκαλα εκτεθειμένο στον ήλιο και τον ρώτησε «*Γιε ανθρώπου, μπορούν αυτά τα κόκαλα να αναζήσουν; Και είπα: Κύριε Θεέ, εσύ ξέρεις*» (Ιεζεκιήλ 37:3).

Στη συνέχεια, ο Θεός του είπε «*Προφήτευσε προς αυτά τα κόκαλα, και πες τους: Τα κόκαλα τα ξερά, ακούστε τον λόγο τού Κυρίου· έτσι λέει ο Κύριος ο Θεός προς αυτά τα κόκαλα: Δέστε, εγώ θα βάλω μέσα σε σας πνεύμα, και θα αναζήσετε*» (Ιεζεκιήλ 37:4-5). Ο Ιεζεκιήλ έκανε όπως τον πρόσταξε ο Θεός και τα νεκρά κόκαλα πήραν ζωή.

Ο Θεός δημιούργησε τον ουρανό και τη γη με τον λόγο Του και μόνο, φέρνοντάς στην ύπαρξη. Ωστόσο, εγώ κι εσείς έχουμε μοναδική θέση στην ιστορία της δημιουργίας. Στη **Γένεσις 2:7** διαβάζουμε, «*Και ο Κύριος ο Θεός έπλασε τον άνθρωπο από χώμα τής γης· και εμφύσησε στα ρουθούνια του πνοή ζωής, και έγινε ο άνθρωπος σε ψυχή που ζει*». Δεν είναι υπέροχο αυτό; Τα ίδια τα χέρια του Θεού μας διαμόρφωσαν. Ο Θεός εμφύσησε Πνεύμα ζωής στα ρουθούνια μας και μας μεταμόρφωσε σε ζωντανά όντα.

Μπορεί να μην κατανοήσουμε ποτέ το έργο ή τον νου του Θεού, αλλά η Αγία Γραφή μας βοηθά να γνωρίσουμε την καρδιά και το θέλημα του Θεού για εμάς και τον πλανήτη μας. Πρώτον, ο Θεός μας δημιούργησε για να έχουμε μία στενή και προσωπική σχέση μαζί Του. Δεύτερον, ο Θεός εμφύσησε ζωή σε εμάς ώστε να είμαστε ευγενικοί ο ένας προς τον άλλον, να μοιραζόμαστε και να διαδίδουμε την αγάπη του Θεού και τα καλά νέα της σωτηρίας. Τρίτον, για να έχουμε κυριαρχία στη δημιουργία Του. Βρισκόμαστε εδώ για να φροντίσουμε τη δημιουργία για τις μελλοντικές γενιές ώστε να υπάρχει πάντοτε δίκαιη κατανομή νερού, αέρα, ηλιακού φωτός και φαγητού για όλες τις οικογένειες του πλανήτη.

Φροντίζουμε τις μελλοντικές γενιές; Ας είμαστε υπεύθυνοι διαχειριστές όλων όσων μας έδωσε ο Θεός στα χέρια μας και στην εξουσία μας. Αν δεν κάνουμε καλή διαχείριση, ας αναρωτηθούμε: **Τι με σταματάει;**

Ας προσευχηθούμε: Ουράνιε Πατέρα μας, δώσε μας με αφθονία το Άγιο Σου Πνεύμα ώστε να έχουμε μια στενή και προσωπική σχέση μαζί Σου, να υπηρετούμε τους γείτονές μας με αγάπη και δικαιοσύνη και να φροντίζουμε αυτόν τον όμορφο πλανήτη που, με την κατάλληλη φροντίδα, έχει όλα όσα χρειαζόμαστε για να μας θρέψει. Προσευχόμαστε στο Άγιο Όνομά Σου.

Ω Θεός εμφύσησε ζωή σε εμάς ώστε να είμαστε ευγενικοί ο ένας προς τον άλλον, να μοιραζόμαστε και να διαδίδουμε την αγάπη του Θεού και τα καλά νέα της σωτηρίας. Μας δημιούργησε για να έχουμε κυριαρχία στη δημιουργία Του. Βρισκόμαστε εδώ για να φροντίσουμε τη δημιουργία για τις μελλοντικές γενιές ώστε να υπάρχει πάντοτε δίκαιη κατανομή νερού, αέρα, ηλιακού φωτός και φαγητού για όλες τις οικογένειες του πλανήτη.

---

21 Μαϊου
ΚΑΤΑΚΤΗΤΕΣ ΚΑΙ ΟΧΙ ΜΟΝΟ
Προς Κορινθίους Α' 15:57

Η όμορφη αυτή υπόσχεση μας διαβεβαιώνει ότι **έχουμε τη νίκη μέσω του Κυρίου μας Ιησού Χριστού**, όποιες κι αν είναι οι μάχες μας. Τέλος!

Μπορεί να μην είναι το τέλος της ιστορίας καθώς συνεχίζουμε να ζούμε σε έναν κόσμο γεμάτο διαμάχες, λύπες, αποτυχίες και αλληλοσπαραγμούς που μας δίνουν πόνο αντί για ανακούφιση. Για κάποιους από εμάς, ιδιαίτερα κατά την περίοδο του COVID-19, στη φυσική πραγματικότητα μπορεί να χάνουμε μία μεγάλη μάχη ενάντια μιας αρρώστιας. Για άλλους, μπορεί να είναι η απώλεια ενός αγαπημένου προσώπου, μια σχέση η απόσταση της οποίας μεγαλώνει καθημερινά, προβλήματα στην εργασία ή στο σχολείο ή, ίσως, ανεργία ή ένα παιδί που επαναστατεί και αγνοεί την καθοδήγησή μας. Το κάθε ένα βαραίνει αρκετά στην καρδιά μας αν κοιτάξουμε τα εμπόδια με τα κανονικά μας μάτια. Ωστόσο, ο Λόγος του Θεού μας δίνει ελπίδα γιατί *«Σε όλα αυτά, όμως, υπερνικούμε, διαμέσου εκείνου που μας αγάπησε»* **(Προς Ρωμαίους 8:37).**

Είμαστε νικητές γιατί δεν είμαστε μόνοι μας στα βάσανά μας. Ο Ιησούς υποσχέθηκε να είναι πάντα μαζί μας έως το τέλος του κόσμου **(Κατά Ματθαίον 28:20).** Υπερνικούμε γιατί το Άγιο Πνεύμα μας καθοδηγεί και μας ενδυναμώνει στον δρόμο τη νίκης. Η νίκη είναι βέβαιη γιατί ο Θεός μας περιβάλλει με αγγέλους που μας προσφέρουν λόγια παρηγοριάς, ελπίδας και δύναμης για να αντιμετωπίσουμε κάθε μάχη. **Υπερνικούμε επειδή** *«το μάτι τού Κυρίου βρίσκεται επάνω σ' εκείνους που τον φοβούνται· επάνω σ' εκείνους που ελπίζουν στο έλεός του· για να ελευθερώσει την ψυχή τους από θάνατο, και σε καιρό πείνας να τους διαφυλάξει σε ζωή»* **(Ψαλμός 33:18-19).** Ο Θεός *«μάς δίνει τη νίκη διαμέσου τού Κυρίου μας Ιησού Χριστού»* **(Προς Κορινθίους Α' 15:57).** Με τον Θεό στο πλευρό μας, *έχουμε υπερνικήσει!*

Όταν πρόκειται να αποφασίσουμε μεταξύ δύο δρόμων, είναι καλό να κάνουμε μία λίστα από τα πλεονεκτήματα και τα μειονεκτήματα και να ακολουθήσουμε την καθοδήγηση που μας δίνει η μεγαλύτερη λίστα, είτε πρόκειται για τα πλεονεκτήματα είτε για τα μειονεκτήματα. Ακόμη πιο σοφό είναι **να αξιολογήσουμε τη λίστα με βάση τον Λόγο του Θεού που μας προσφέρει τη νίκη.**

Ας προσευχηθούμε: Ουράνιε Πατέρα μας, καθώς ερχόμαστε αντιμέτωποι με προκλήσεις, δώσε μας το πνεύμα της Νίκης και της εμπιστοσύνης στις υποσχέσεις Σου και στην παρουσία Σου. Άνοιξε τα μάτια μας ώστε να αναγνωρίσουμε ότι υπάρχουν περισσότεροι μαζί μας, παρά εναντίον μας **(Β' Βασιλέων 6:16).** Βοήθησέ μας να πιστέψουμε ότι *«μεγαλύτερος είναι αυτός που είναι μέσα σας, παρά αυτός που είναι μέσα στον κόσμο»* **(Α' Ιωάννου 4:4).** Δώσε μας σοφία για να αποφασίσουμε υπέρ Εκείνου που έδωσε τη ζωή Του για να σώσει τη δική μας και μας έδωσε νίκη υπέρ της αμαρτίας. Προσευχόμαστε στο όνομα του Ιησού Χριστού.

---

22 Μαΐου
ΑΠΑΡΑΙΤΗΤΑ ΠΡΑΓΜΑΤΑ
Κατά Λουκάν 24:46 (NKJV)

Σχετικά με τις ανάγκες, στις **Πράξεις 1:8** διαβάζουμε για την **ανάγκη μας** να ελέγξουμε την πανδημία και να την ξεπεράσουμε. *«Αλλά, θα λάβετε δύναμη, όταν έρθει επάνω σας το Άγιο Πνεύμα»*. Όταν αρχίσουμε να νοιαζόμαστε για την ευημερία του άλλου, ο Θεός θα μας δώσει δύναμη να υπερνικήσουμε, ξεκινώντας με τον φόβο και τον θυμό που έχουμε καθώς εισερχόμαστε στη δεύτερη επέτειο της πανδημίας.

Στον Ψαλμό 47:6 διαβάζουμε για την **όρεξή μας** για τη χαρά και την αγαλλίαση της ζωής. *«Να ψάλετε στον Θεό, να ψάλετε· να ψάλετε στον Βασιλιά μας, να ψάλετε»*. Ψάλλουμε

για να κάμψουμε τα κύματα του φόβου και του άγχους που καθημερινά χτυπούν την πόρτα μας.

Στην **Προς Εφεσίους** επιστολή **1:17** διαβάζουμε για την **ανάγκη** της γνώσης: ο Θεός να μας δίνει *«πνεύμα σοφίας και αποκάλυψης, σε επίγνωσή του»*.

Στην **Προς Εφεσίους** επιστολή **1:18-19** διαβάζουμε για **την περιέργειά μας για το μέλλον**. Ο Θεός θα δώσει ώστε *«να φωτιστούν τα μάτια τού νου σας, στο να γνωρίσετε ποια είναι η ελπίδα τής πρόσκλησής του, και ποιος ο πλούτος τής δόξας τής κληρονομιάς του στους αγίους· και ποιο είναι το υπερβολικό μέγεθος της δύναμής του σε μας που πιστεύουμε, σύμφωνα με την ενέργεια της κυρίαρχης εξουσίας τής δύναμής του»*. Αγαπητοί μου, τα προσωρινά βάσανά μας εδώ δεν συγκρίνονται με την κληρονομιά και την αιώνια χαρά που ο Θεός ετοίμασε για εμάς **(Προς Ρωμαίους 8:18)**.

Ο Θεός αποκαλύπτει *«τι ήταν αναγκαίο»* να συμβεί ώστε να έχουμε μια ζωή αφθονίας, ακόμη και εν μέσω ταραχών. Είπε ότι ήταν αναγκαίο *«και να κηρυχθεί στο όνομά του μετάνοια και άφεση αμαρτιών σε όλα τα έθνη, ξεκινώντας από την Ιερουσαλήμ»* **(Κατά Λουκάν 24:47)**. Ως λυτρωμένα παιδιά του Θεού, παιδιά που έχουν λάβει συγχώρηση και αποκατεστημένα στην αρχική μας θέση, **πρέπει να διαβούμε με ισχύ και εξουσία για** να διηγηθούμε τα θαύματα που έχει κάνει ο Θεός στη ζωή μας. Ως τρυφερός γονέας, ο Θεός αναμένει με ανοιχτές ανάγκες την επιστροφή των παιδιών Του.

Αν δεν έχετε ημερολόγιο με πνευματικό περιεχόμενο για τις μελλοντικές γενιές, σας προτείνω να ξεκινήσετε να γράφετε ένα τέτοιου είδους ημερολόγιο με λεπτομερείς αναμνήσεις από πότε το Θεό άγγιξε την ανθρώπινη φύση σας και πώς ο Θεός ικανοποίησε όλες σας τις ανάγκες.

Ας προσευχηθούμε: Ουράνιε Πατέρα μας, φώτισέ μας ώστε να κατανοήσουμε και να αναζητήσουμε όλα όσα είναι απαραίτητα και επιτακτικά. Γνωρίζεις όσα άσχημα περνάμε αυτή τη στιγμή, Κύριε. Με πίστη και ελπίδα σε Εσένα, θα διαβούμε αυτή την κοιλάδα θανάτου και φόβου, κρατώντας το χέρι Σου και τις υποσχέσεις Σου. Βοήθησέ μας να πορευόμαστε ως μάρτυρες της αγάπης και της χάρης Σου παντού ώστε όταν κηρύττεται ο Λόγος Σου, τα παιδιά Σου να μετανοούν, να λαμβάνουν συγχώρηση και να θεραπεύουν τη χώρα τους και τον λαό Τους. Προσευχόμαστε στο Άγιο Όνομά Σου.

23 Μαΐου
ΠΡΑΓΜΑΤΑ ΠΟΥ ΕΥΧΑΡΙΣΤΟΥΝ ΤΟΝ ΘΕΟ

«Και εκείνος που με απέστειλε είναι μαζί μου· ο Πατέρας δεν με άφησε μόνον· επειδή, εγώ κάνω πάντοτε τα αρεστά σ' αυτόν». Κατά Ιωάννην 8:29

"The one who sent me is with me; he has not left me alone, for I always do what pleases him." John 8:29

"Porque el que me envió está conmigo, y no me ha dejado solo, porque yo hago siempre lo que a él le agrada". Juan 8:29

Εδώ είναι το μυστικό! Μην ψάχνεις για χαρά σε εξωτερικές πηγές. Έχεις ήδη όλα όσα χρειάζεσαι μέσα σου για να είσαι χαρούμενος. Κατορθώνουμε να είμαστε χαρούμενοι μαθαίνοντας και πράττοντας **όσα ευχαριστούν τον Θεό.**

Για πολλά χρόνια, ήμουν αποστασιοποιημένος από τον Θεό, αναζητώντας την άπιαστη ευτυχία. Παρά το γεγονός ότι είχα μια όμορφη οικογένεια και όλες τις ανέσεις, ήμουν δυστυχισμένος και συναγωνιζόμουν τον κόσμο για υλικά πράγματα. Υπήρχαν χρόνια δυσκολίας, ταλαιπωρίας και μάχης μέχρι να γνωρίσω τον Σωτήρα και βρήκα χαρά, αγαπώντας τον Θεό και τον πλησίον μου. Δεν είναι εύκολη ούτε αδύνατη διαδικασία να μαθαίνεις να αγαπάς και να ευχαριστείς τον σύντροφό σου. Απαιτεί αφοσίωση για να κατανοήσεις τις σκέψεις και τις επιθυμίες τους, να σκέφτεσαι σαν αυτούς, να αναμένεις τι τους ευχαριστεί και να δείχνεις την αγάπη με λόγια που υποστηρίζονται από πράξεις.

Ως Χριστιανοί, **γνωρίζουμε τι ευχαριστεί και τι δυσαρεστεί τον Θεό.** Ένας πλούσιος νεαρός άντρας ρώτησε τον Ιησού *«Δάσκαλε αγαθέ, τι καλό να πράξω για να έχω αιώνια ζωή;»* **(Κατά Ματθαίον 19:16).** Ο Ιησούς είπε, *«Αν θέλεις να είσαι τέλειος, πήγαινε, πούλησε τα υπάρχοντά σου, και δώσ' τα στους φτωχούς· και θάχεις θησαυρό στον ουρανό· και έλα, ακολούθα με»* **(Κατά Ματθαίον 19:21).** Καθήκον μας είναι να ευχαριστούμε τον Θεό με τις πράξεις μας. Ο Ιησούς είπε, **«ο Πατέρας δεν με άφησε μόνον· επειδή, εγώ κάνω πάντοτε τα αρεστά σ' αυτόν»** (Κατά Ιωάννην 8:29). Ο Θεός ευαρεστείται όταν:
✦ Υπακούμε στους γονείς μας σε όλα **(Προς Κολοσσαείς 3:20).**
✦ Ζούμε ειρηνικά με τα αδέλφια μας *«Δέστε, τι καλό και τι τερπνό, να συγκατοικούν με ομόνοια αδελφοί, επειδή, εκεί ο Κύριος διόρισε την ευλογία, ζωή μέχρι τον αιώνα»* **(Ψαλμός 133:1, 3β).**
✦ *«Για να περπατήσετε αντάξια στον Κύριο, ευαρεστώντας σε όλα, καρποφορώντας σε κάθε έργο αγαθό, και αυξανόμενοι στην επίγνωση του Θεού»* **(Προς Κολοσσαείς 1:10).**
✦ Να κάνουμε καλό και να βοηθάμε ο ένας τον άλλον **(Προς Εβραίους 13:16).**

Η ευχαρίστηση προς τον Θεό απαιτεί θυσία και αφοσίωση, αλλά προσφέρει επίσης και εξαιρετικά οφέλη, όπως **πράγματα που ευαρεστείται να κάνει ο Θεός για εμάς:**
1. *«Όταν ο Κύριος αρέσκεται στους δρόμους τού ανθρώπου, και τους εχθρούς του ειρηνεύει μαζί του»* **(Παροιμίαι 16:7).**
2. *«Ο Θεός […] δίνει σοφία, και γνώση, και χαρά»* **(Εκκλησιαστής 2:26).**
3. *«Μη φοβάσαι, μικρό ποίμνιο· επειδή, ο Πατέρας σας ευδόκησε να σας δώσει τη βασιλεία»* **(Κατά Λουκάν 12:32).**

Αγαπητοί μου, ενώ ο κόσμος μας βάζει σε πειρασμό να κερδίσουμε το λαχείο, ο Θεός προτείνει να αναζητήσουμε τον πραγματικό θησαυρό και την ευτυχία όχι στο να παίρνουμε, αλλά **να δίνουμε, να αγαπάμε και να υπηρετούμε.**

Ας προσευχηθούμε: Ουράνιε Πατέρα μας, δώσε μας καρδιές αφοσιωμένες σε Εσένα ώστε όταν ο κόσμος κοιτά τη ζωή μας, *να λένε ότι **κάνουμε πάντα όσα ευχαριστούν τον Θεό**.* Προσευχόμαστε στο Άγιο Όνομά Σου.

Ο Θεός ευαρεστείται όταν: «Για να περπατήσετε αντάξια στον Κύριο, ευαρεστώντας σε όλα, καρποφορώντας σε κάθε έργο αγαθό, και αυξανόμενοι στην επίγνωση του Θεού» **(Προς Κολοσσαείς 1:10).**

---

24 Μαΐου
ΝΑ ΕΥΧΑΡΙΣΤΟΥΜΕ ΤΟΝ ΘΕΟ ΓΙΑ ΤΗΝ ΠΟΙΚΙΛΙΑ
Προς Κορινθίους Α' 12:7

Κάθε άνθρωπος στην εκκλησία έχει διαφορετική χρησιμότητα. **Ο Θεός διανέμει δώρα ανάλογα με τις ανάγκες της εκκλησίες και της κοινότητας για το κοινό καλό.** Η λέξη κλειδί στο κείμενό μας είναι *το κοινό καλό*. Στο ελληνικό κείμενο, το ρήμα συμφέρω σημαίνει «φέρω μαζί», συνεισφέρω, δηλαδή συλλέγω ή συμβάλλω σε κάτι [15].

Ας ευχαριστούμε τον Θεό για **την ανθρώπινη ποικιλομορφία στον πλανήτη μας.** Για την ποικιλία του φαγητού και των δώρων που ο Θεός εναπόθεσε στις κοινότητες και στις εκκλησίες μας. Ας ευχαριστήσουμε τον Θεό που δεν έχουν όλοι τα ίδια δώρα. Για παράδειγμα, δεν είναι όλοι μουσικοί, μάγειρες ή ξυλουργοί, κτλ. Αλλά, κυρίως, είμαστε ευγνώμονες γιατί ο Θεός δεν έδωσε τα δώρα για το

Ο Θεός διανέμει δώρα ανάλογα με τις ανάγκες της εκκλησίες και της κοινότητας για το κοινό καλό.

καλό του εαυτού μας, αλλά για να επωφεληθεί συλλογικά η εκκλησία, μοιραζόμενοι το Ευαγγέλιο του Ιησού Χριστού και επεκτείνοντας τη Βασιλεία του Θεού στη γη.

Τα δώρα που δίδονται από το Άγιο Πνεύμα είναι πολυποίκιλα και απαραίτητα για τις διακονίες της εκκλησίας. Μεταξύ αυτών, παρατηρούμε τον *«λόγο σοφίας, τον λόγος γνώσης, την πίστη, το χάρισμα θεραπείας, τις ενέργειες θαυμάτων, την προφητεία, τις διακρίσεις πνευμάτων, τα γένη γλωσσών, την ερμηνεία γλωσσών»* **(Προς Κορινθίους Α' 12:8-10).** Άλλα δώρα που αναφέρονται στην **Προς Εφεσίους** επιστολή **4:11** είναι ότι *«έδωσε άλλους μεν αποστόλους, άλλους δε προφήτες, άλλους δε ευαγγελιστές, άλλους δε ποιμένες και δασκάλους».* Τέλος, στην **Προς Κορινθίους επιστολή Α' 13:13** διαβάζουμε για τρία πολύ σημαντικά δώρα, *«πίστη, ελπίδα, αγάπη, αυτά τα τρία· όμως, απ' αυτά, μεγαλύτερη είναι η αγάπη».*

Ο Θεός μας καλεί να αναζητήσουμε, να γνωρίσουμε, να εντοπίσουμε, να γίνουμε πλούσια σε δώρα και να τα χρησιμοποιήσουμε για την επιμόρφωση στην εκκλησία **(Προς Κορινθίους Α' 14:12)**, αλλά

---

[15] Strong, J. (2020). Strong's Talking Greek and Hebrew Dictionary. WORDsearch.

πάνω απ' όλα, ο Θεός μας παρακαλεί να εκζητήσουμε το μεγαλύτερο απ' όλα, **την αγάπη (Προς Κορινθίους Α' 13:13).** Κάποιοι ίσως λανθασμένα αναφέρουν **ότι δεν έχουν λάβει κάποιο χάρισμα.** Αν έχεις εναποθέσει την πίστη σου στον Θεό, **το Άγιο Πνεύμα σε έχει σφραγίσει με τουλάχιστον ένα δώρο!** Το καθήκον σου είναι να το ανακαλύψεις και να το χρησιμοποιήσεις. Κάθε δώρο είναι τόσο σημαντικό όσο τα άλλα. Δεν υπάρχει ασήμαντο δώρο. Ακόμη και το χαμόγελό σου και ο χαρακτήρας σου είναι δώρα που φέρνουν πιο κοντά στον Ιησού όσους αμφιβάλλουν.

Σκέψου κάτι που κάνεις καλά, κάτι που σου αρέσει να κάνεις. Μετά σκέψου πώς μπορείς να αφιερώσεις αυτό το δώρο στο κοινό καλό της εκκλησίας και της κοινωνίας.

Ας προσευχηθούμε: Ουράνιε Πατέρα μας, Σ' ευχαριστούμε για την ποικιλία των ανθρώπων και των δώρων που έβαλες Εσύ γύρω μας. Σε παρακαλώ, βοήθησέ με να εντοπίσω, να τελειοποιήσω και να χρησιμοποιήσω τα ταλέντα μου για τη βασιλεία Σου και τη δόξα να σώσεις το μικρό Σου ποίμνιο που σήμερα υποφέρει και κλαίει χωρίς καταφύγιο και προστασία. Προσευχόμαστε στο όνομα του Ιησού Χριστού.

---

25 Μαϊου
Η ΕΝΟΤΗΤΑ ΔΕΝ ΕΙΝΑΙ ΠΡΟΑΙΡΕΤΙΚΗ
Γένεσις 11:6

Μπορούμε να βασιστούμε στη στήριξη του Θεού όταν δρούμε ως μία φωνή και μία καρδιά, για χάρη των ανθρώπων ή της βασιλείας του Θεού. Ο Θεός, όμως, θα μας αντισταθεί αν εργαστούμε για τη δόξα Του, όπως έκανε και με τους ανθρώπους που προσπάθησαν να χτίσουν τον πύργο της Βαβέλ *«και ας αποκτήσουμε για μας όνομα»* **(Γένεσις 11:4).** Ο Θεός διαίρεσε και μπέρδεψε τις γλώσσες. Αλλά εξ αρχής, το σχέδιο του Θεού ήταν η ενότητα.

Ο Θεός μας δημιούργησε για να είμαστε μέρος μιας πνευματικής οικογένειας και τα παιδιά του να μοιράζονται και να αυξάνονται σε γνώση και χαρακτήρα. Οι υγιείς οικογένειες αφοσιώνονται στην ανάπτυξη και την ευημερία ο ενός του άλλου. Το θέλημα του Θεού είναι να ζούμε σε μία αρμονική ενότητα.
Ο Θεός δεν βλέπει ισπανόφωνους, Αφροαμερικανούς, Αγγλοσάξονες, Καθολικούς ή Προτεστάντες χριστιανούς. Ο Θεός βλέπει ένα σώμα, μια οικογένεια, μία δημιουργία! Η ενότητα δεν είναι προαιρετική. Είναι το θέλημα του Θεού. **Αλλά η ενότητα δεν είναι κάτι εύκολο.** Απαιτεί να βάζουμε στην άκρη τον εαυτό μας και να σκεφτόμαστε, να προσευχόμαστε και να προγραμματίζουμε για καλό ολόκληρης της οικογένειας του Θεού. Δυστυχώς, πολλοί δεν έχουν μάθει ακόμη να λύνουν διαφωνίες μέσα στα δεσμά της αγάπης.

Η ενότητα είναι το θέλημα του Θεού για τη ζωή και την εκκλησία. Ο Ιησούς προσευχήθηκε **«Πατέρα άγιε, φύλαξέ τους στο όνομά σου, αυτούς που μου έδωσες, για να είναι ένα, όπως εμείς»** (Κατά Ιωάννην 17:11). Αντανακλούμε την ενότητα των Χριστιανών μέσω της αγάπης του Θεού, όπως η εκκλησία στις **Πράξεις 4:32**, που *«είχαν τα πάντα κοινά».*

Οι πρώτοι Χριστιανοί έδωσαν την καρδιά και την ψυχή τους στην Κυριότητα και την αποστολή του Ιησού. Ζούσαν για να υπηρετούν τον Χριστό και είχαν ευλογηθεί με υλικά αγαθά για να βοηθούν άλλους. Αν δεν αναπτύξουμε τον ίδιο νου και σκοπό, εκατομμύρια άνθρωποι θα συνεχίσουν να πεθαίνουν από την πείνα, την έλλειψη ένδυσης, τη δίψα, τον αναλφαβητισμό, τις διακρίσεις, τη μοναχικότητα και θα πεθαίνουν χαμένοι χωρίς τον Χριστό. Όπως η γη είναι ένας μοναδικός πλανήτης που προστατεύει και ταΐζει τους κατοίκους της, η εκκλησία του Χριστού καλείται να είναι σε ενότητα ώστε να είναι έμπιστη μάρτυρας και διαχειριστής της χάρης και της αγάπης του Θεού.

Υπάρχει δύναμη στην ενότητα! Όταν ενεργούμε ως ένα, μπορούμε να κατακτήσουμε το αδύνατο. Ο Θεός είπε «*Δέστε, ένας λαός, και όλοι έχουν μία γλώσσα, και άρχισαν να το πραγματοποιούν· και τώρα δεν θα εμποδιστεί σ' αυτούς κάθε τι που σκοπεύουν να κάνουν*» (Γένεσις 11:6).

Ας προσευχηθούμε: Ουράνιε Πατέρα μας, πιστεύουμε ότι η ενότητα ΔΕΝ είναι προαιρετική. Σε παρακαλώ, αποκατάστησε την ενότητα που οραματίστηκες για εμάς. Οι εκκλησίες μας ας αποκτήσουν ξανά το σημείο εστίασής τους να κερδίζουν ψυχές για τον Ιησού Χριστό, διδάσκοντάς τους τη βιβλική πίστη και προσεγγίζοντας αυτούς μέσω της χάρης και της αγάπης του Χριστού. Προσευχόμαστε στο όνομα του Ιησού Χριστού.

Ο Θεός δεν βλέπει ισπανόφωνους, Αφροαμερικανούς, Αγγλοσάξονες, Καθολικούς ή Προτεστάντες χριστιανούς. Ο Θεός βλέπει ένα σώμα, μια οικογένεια, μία δημιουργία! Η ενότητα δεν είναι προαιρετική. Είναι το θέλημα του Θεού

---

26 Μαΐου
ΣΤΑΛΘΗΚΕ ΓΙΑ ΘΕΡΑΠΕΙΑ ΚΑΙ ΑΓΑΠΗ
Κατά Ιωάννην 20:21

Σήμερα ένας φίλος μοιράστηκε το μακροχρόνιο και συχνά μοναχικό βάσανο με τα συναισθήματα που του έκλεβαν τη χαρά της ζωής. Ως πιστοί, μπορούμε να βασιστούμε σε όσους ο Θεός αποστέλλει ώστε, μέσω αυτών, να λάβουμε σωματική, ψυχική και πνευματική θεραπεία. Η αμαρτία μόλυνε όλη την ανθρωπότητα και ο κόσμος δεν μπορούσε και δεν θα μπορεί να θεραπευτεί. Ο Θεός έπρεπε να στείλει τον Ιησού Χριστό, τον Ιατρό, τον Σωτήρα και τον Σύμβουλό μας για να μας θεραπεύσει και να αποκαταστήσει τη χαρά μας.

Το Άγιο Πνεύμα μας έχει δώσει κατανόηση και διάκριση στους ποιμένες που ασχολούνται με τις πνευματικές δοκιμασίες και τις μάχες και στους γιατρούς που εξειδικεύονται στο ανθρώπινο σώμα. Κι αυτοί είναι απεσταλμένοι του Θεού. Ο Θεός επέτρεψε στους γιατρούς να εξειδικευτούν στην καρδιά, στον νου, στα πνευμόνια, στις ασθένειες, κτλ. και τους απέστειλε να μας θεραπεύσουν όταν το σώμα και το μυαλό μας βρίσκεται υπό άγχος ή επιθέσεις.

Πολλοί ζουν αλυσοδεμένοι από εξαρτήσεις, πλανεμένοι από τα εγκόσμια θέλγητρα. Κάποιοι καλοί άνθρωποι δεν γνωρίζουν τη δύναμη του Θεού να θεραπεύσει και να μεταμορφώσει τη ζωή τους μέσω της παρέμβασης του Τέλειου Ιατρού. Χωρίς επιτυχία, δοκιμάζουν σπιτικά γιατροσόφια, αμέτρητες προσευχές και βιβλία αυτοβοήθειας για να ξεπεράσουν τα συναισθήματα της ήττας, της κατωτερότητας ή να βάλουν στην άκρη έναν τρόπο ζωής που αντιτίθεται στο θέλημα του Θεού. Η προσευχή έχει δύναμη και πρέπει να πάμε στον Θεό για να θεραπεύσει το πνεύμα μας, αλλά επίσης εμπιστευόμαστε και πηγαίνουμε στους θεράποντες ιατρούς που αποστέλλονται από τον Θεό για να θεραπεύσουν το σώμα και τον νου μας.

Ο Ιησούς είπε, *«Πνεύμα Κυρίου είναι επάνω μου· γι' αυτό με έχρισε· με απέστειλε για να φέρνω τα χαρμόσυνα νέα στους φτωχούς, για να γιατρέψω τούς συντριμμένους στην καρδιά, για να κηρύξω ελευθερία στους αιχμαλώτους, και ανάβλεψη στους τυφλούς, να αποστείλω τούς ψυχικά τσακισμένους σε ελευθερία»* **(Κατά Λουκάν 4:18).** Εσείς κι εγώ, ως παιδιά του Θεού και μαθητές του Ιησού Χριστού, είμαστε επίσης **απεσταλμένοι**. Ο Ιησούς είπε **«όπως με απέστειλε ο Πατέρας, και εγώ αποστέλλω εσάς»** **(Κατά Ιωάννην 20:21).**

Ο Θεός έδωσε το Άγιο Πνεύμα για να μας δώσει γνώση, αγάπη, τρυφερότητα και δύναμη και μας έστειλε για να συνεργαστούμε σαν ομάδα με γιατρούς, να νοιαστούμε για το σύνολο των ανθρώπων: για τον νου, το πνεύμα τους και το σώμα τους. Όπως μας έδειξε ο Ιησούς, ιατροί και ποιμένες πρέπει να δρουν ως **απεσταλμένα παιδιά του Θεού (Κατά Ιωάννην 10:36).**

Ας προσευχηθούμε: Ουράνιε Πατέρα μας, βοήθησέ μας να θεραπεύσουμε και να αγαπήσουμε τον λαό Σου με τη δύναμη, την εξουσία και τη σοφία που μας έδωσες. Βοήθησέ μας να τους διαβεβαιώσουμε ότι η έλλειψη πίστης δεν είναι η αιτία της μακροχρόνιας ασθένειας ή κατάθλιψης. Αντί αυτού, επίτρεψέ τους να εμπιστεύονται σε γιατρούς και φάρμακα, τα οποία, με τη σοφία Σου, καταφέραμε να δημιουργήσουμε. Προσευχόμαστε στο όνομα του Ιησού Χριστού.

---

27 Μαΐου
ΟΧΙ ΚΑΤΑΔΙΚΗ
Προς Ρωμαίους 8:1

Πόσο υπέροχο είναι να γνωρίζουμε, να πιστεύουμε και να νιώθουμε στην καρδιά μας ότι, παρά τα περασμένα λάθη μας, ο Θεός μας δίνει την ευκαιρία να απελευθερωθούμε από την καταδίκη. *«Ελάτε τώρα, και ας διαδικαστούμε, λέει ο Κύριος· αν οι αμαρτίες σας είναι σαν το πορφυρό, θα γίνουν λευκές σαν χιόνι· αν είναι ερυθρές σαν κόκκινο, θα γίνουν σαν λευκό μαλλί»* **(Ησαΐας 1:18).**

Ο Ιησούς, που ήρθε για να μας προσφέρει συγχώρηση, σωτηρία και ελευθερία, είπε *«Σας διαβεβαιώνω απόλυτα, ότι εκείνος που ακούει τον λόγο μου, και πιστεύει σ' αυτόν που με απέστειλε, έχει αιώνια ζωή, και σε κρίση δεν έρχεται, αλλά έχει ήδη μεταβεί από τον θάνατο στη ζωή»* **(Κατά Ιωάννην 5:24).** Είπε επίσης *«Και θα γνωρίσετε την αλήθεια, και η αλήθεια θα σας ελευθερώσει»* **(Κατά Ιωάννην 8:32).**

Ακούγοντας τον Λόγο και μέσω της πίστης στον Ιησού Χριστό, έχουμε την ελευθερία να περπατούμε με καθαρή συνείδηση, περνώντας από την καταδίκη του **θανάτου στη ζωή.** Μ' αυτόν τον τρόπο, μπορούμε να επικεντρωθούμε στο βασικό καθήκον της αναζήτησης, της θεραπείας και της αγάπης προς τα χαμένα πρόβατα ενώ θρέφουμε όσους ζουν υπό τη σκιά του Παντοδύναμου.

Όποιος δεν έχει πιστέψει ούτε έχει νιώσει τη συγχώρηση του Θεού φέρει ένα μεγάλο βάρος στους ώμους του, περιορίζοντας την ικανότητά τους να τρέξουν προς τον θεϊκό στόχο τους. Αντί να κοιτάξουν ψηλά, κοιτάζουν πίσω σε κάθε γωνία στην περίπτωση που κάποιος ανακαλύψει την αμαρτία τους. Ο Ιησούς, ωστόσο, μας απελευθερώνει από τέτοιο φορτίο, λέγοντας *«Όποιος πιστεύει σ' αυτόν, δεν κρίνεται· όποιος, όμως, δεν πιστεύει, έχει ήδη κριθεί, επειδή δεν πίστεψε στο όνομα του μονογενή Υιού τού Θεού»* (Κατά Ιωάννην 3:18).

Απολαμβάνουμε την πνευματική ελευθερία και τη διαύγεια να εργαστούμε στον αμπελώνα του Κυρίου, ελεύθεροι από κάθε καταδίκη. Το θέλημα του Θεού είναι το εξής, να *«Μάθετε να πράττετε το καλό· εκζητήστε κρίση, κάντε ευθύτητα στον καταδυναστευμένο, κρίνετε τον ορφανό, προστατεύστε τη δίκη τής χήρας»* (Ησαΐας 1:17).

Αγαπητοί μου, αν περπατούμε σύμφωνα με το Πνεύμα, χωρίς να θέλουμε να ευχαριστήσουμε τη σάρκα, γνωρίζουμε ότι *«δεν υπάρχει, λοιπόν, τώρα καμία κατάκριση για εκείνους που είναι στον Ιησού Χριστό»* (Προς Ρωμαίους 8:1).

Ας προσευχηθούμε: Ουράνιε Πατέρα μας, Σ' ευχαριστούμε που μας απελευθέρωσες από την καταδίκη της αμαρτίας, που μας έδωσες σκοπό και ελευθερία μέσα από τον Λόγο Σου και την πίστη στον Ιησού Χριστό. Σ' ευχαριστούμε που έσπειρες σπόρους αγάπης που συμφιλιώνει και που μας έστειλες σε αναζήτηση των χαμένων Σου προβάτων. Άνοιξε τις πύλες του παραδείσου και γι' αυτούς. Προσευχόμαστε για τους αρρώστους και για όσους πενθούν.

---

28 Μαΐου
ΑΝΑΣΤΗΜΕΝΟΙ ΜΕ ΤΟΝ ΧΡΙΣΤΟ
Προς Ρωμαίους 8:11β

Το κείμενό μας μιλά για ένα μελλοντικό γεγονός όταν *ο Θεός θα ζωοποιήσει τα θνητά μας σώματα*. Όσοι από εμάς πιστέψαμε στον Ιησού Χριστό, όταν τα φθαρτά μας σώματα θα έχουν ολοκληρώσει το έργο στη γη, θα κοιμηθούμε και στη συνέχεια το Άγιο Πνεύμα θα μας ξυπνήσει στη νέα μας ζωή με τα νέα σώματά μας. Θα στερεώσουμε την ελπίδα μας στη μελλοντική αυτή υπόσχεση.

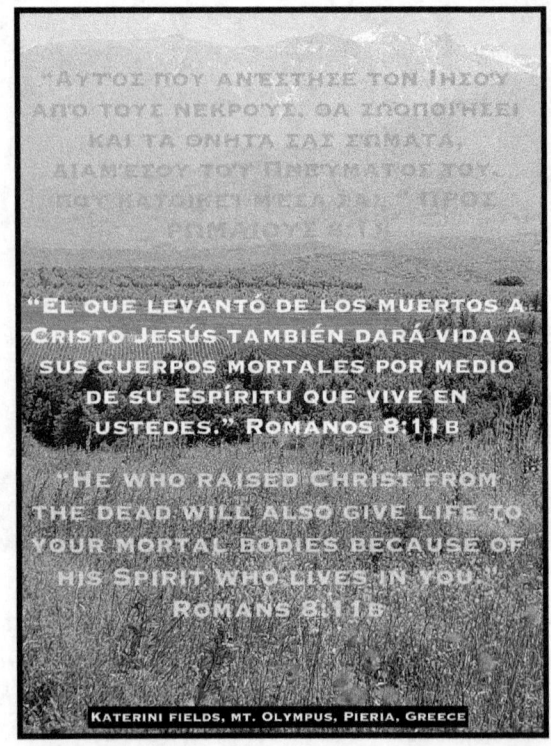

Ταυτόχρονα, μιλώντας πνευματικά και με παρελθοντικούς όρους, ο Θεός μας λέει *«Αν, λοιπόν, συναναστηθήκατε μαζί με τον Χριστό, να ζητάτε τα άνω, όπου είναι ο Χριστός καθισμένος στα δεξιά τού Θεού»* (Προς Κολοσσαείς 3:1). Υπήρχε εποχή που δεν αναζητούσα τα πράγματα του Θεού. Όπως ο άσωτος υιός, στράφηκα μακριά απ' τον Θεό και χαράμισα περιουσία. Ήμουν σωματικά και πνευματικά νεκρός, αλλά με τη χάρη του Ουρανίου Πατέρα, *«ξανάζησα, και ήμουν χαμένος, και βρέθηκα»* (Κατά Λουκάν 15:24).

Η πνευματική Ανάσταση αντιπροσωπεύει μία αξέχαστη στιγμή για κάθε πιστό, όταν ο Θεός μας έσωσε από την απελπισία, *«από λάκκο ταλαιπωρίας»* **(Ψαλμός 40:2).** Για εμένα, αυτή η στιγμή ήταν στις 28 Φεβρουαρίου 1989. Λίγους μήνες νωρίτερα, βρισκόμουν στην άκρη ενός γκρεμού, καταβεβλημένος, ένιωθα αποτυχημένος, σαν να μην είχα καμία αξία για την οικογένεια ή τους εργοδότες μου και με απασχολούσαν αρκετά τα οικονομικά βάρη.

Όταν θεώρησα ότι δεν μπορούσα να το αντέξω άλλο, ο Κύριος με πλησίασε και μου έδωσε μία δεύτερη ευκαιρία να ξεκινήσω ξανά, να είμαι καλύτερος πατέρας και σύζυγος, βάζοντας τον Θεό πρώτο στο σπιτικό μου, στην εργασία μου και στην κοινότητά μου. Γνώρισα τον Ιησού Χριστό ως τον προσωπικό μου Σωτήρα. Το Άγιο Πνεύμα μου έδωσε πίσω τη χαρά της ζωής! Ο Θεός *«μας ζωοποίησε μαζί με τον Χριστό· (κατά χάρη είστε σωσμένοι)»* **(Προς Εφεσίους 2:5).**

Αγαπητοί μου, έχοντας εναποθέσει την ελπίδα και την πίστη μας στη θυσία του Ιησού Χριστού, βιώσαμε την Ανάσταση στη σάρκα και στην ψυχή μας. Μέσω της πίστης, του πνεύματός μας, που ήταν νεκρό, *έχει αναστηθεί εν Χριστώ.* Και μια μέρα, θα αποτινάξουμε αυτά τα εύθραυστα σώματα που αντιτίθενται στο πνεύμα. Ο Θεός θα μας ντύσει με νέα άφθαρτα σώματα που θα είναι τέλεια εναρμονισμένα με το πνεύμα μας.

> *Το Άγιο Πνεύμα μου έδωσε πίσω τη χαρά της ζωής!*

Θυμηθείτε, ο Θεός πάντοτε μας περιμένει με ανοιχτές αγκάλες για να καλωσορίσει τα άσωτα τέκνα Του στην οικογένεια. **Αλληλούια!**

Ας προσευχηθούμε: Ουράνιε Πατέρα μας, Σ' ευχαριστούμε που μας έσωσες και μας έδωσες νέα ζωή μέσω της Ανάστασης του Χριστού. Άνοιξε τη διάνοιά μας ώστε να γνωρίσουμε τον αναστημένο Χριστό καλύτερα και να Τον κάνουμε γνωστό μέσα από τη ζωή και τη μαρτυρία μας. Προσευχόμαστε στο Άγιο Όνομά Σου.

---

29 Μαΐου
ΠΝΕΥΜΑ ΔΟΥΛΕΙΑΣ Ή ΥΙΟΘΕΣΙΑ;

«Δεδομένου ότι, δεν λάβατε πνεύμα δουλείας, ώστε πάλι να φοβάστε, αλλά λάβατε πνεύμα υιοθεσίας, με το οποίο κράζουμε: Αββά, Πατέρα». Προς Ρωμαίους 8:15

"The Spirit you received does not make you slaves, so that you live in fear again; rather, the Spirit you received brought about your adoption to sonship. And by him we cry, "Abba, Father." **Romans 8:15**

"Pues ustedes no han recibido un espíritu que los esclavice nuevamente al miedo, sino que han recibido el espíritu de adopción, por el cual clamamos: ¡Abba, Padre"! **Romanos 8:15**

Η ψυχή μου σπαράζει για την ξενοφοβία, ένα κοινωνικό πρόβλημα που εκφράζει μίσος και φόβο εις βάρος ανθρώπων από άλλες κουλτούρες και αποχρώσεις επιδερμίδας.

Η αστυνομία είναι εκπαιδευμένη να αποκλιμακώνει αντιπαραθέσεις και να μη χρησιμοποιεί εκτεταμένη βία. Ωστόσο, στατιστικές και βίντεο δείχνουν μία κυρίαρχη χρήση ακραίας και θανατηφόρας βίας κατά Αφροαμερικανών όπως ο George Floyd. Είναι σαν οι υπάλληλοι να έχουν εγγύηση αθωότητας από επιθέσεις μίσους που σκοτώνουν ή να αποδυναμώσουν τέτοιου είδους υπόπτους.

Όταν ερχόμαστε αντιμέτωποι με τέτοιου είδους αδικίες, ο Ιησούς μπορεί επίσης να μας πει *«Εμένα μου επιτέθηκαν κι εσύ δεν έκανες τίποτα»*. Κι εδώ πρέπει να αναρωτηθούμε αν **ο Θεός μας έχει δώσει πνεύμα φόβου ή πνεύμα υιοθεσίας** που αναγνωρίζει και υπερασπίζει την ανθρώπινη αξία ενός αδελφού, ενός τέκνου του Θεού όπως ο George Floyd.

Σήμερα, ξεπέρασα το ανώτατο όριο των 500 λέξεων στοχασμών και ζητών την επιείκειά σας ενώπιον αυτού του κοινωνικού ιού που έχει καταστήσει απάνθρωπες ολόκληρες κουλτούρες. Πρέπει να ενωθούμε και να φωνάξουμε **«Αρκετά!»**.

Είτε δεν κατανοούμε το Σύνταγμα των Ηνωμένων Πολιτειών είτε αρνούμαστε να ζήσουμε σύμφωνα με το δόγμα ότι *«κάθε άνθρωπος έχει δημιουργηθεί κατ' εικόνα του Θεού και γεννάται με το αναπαλλοτρίωτο δικαίωμα στη δικαιοσύνη, την ειρήνη και την ελευθερία»* που προσφέρουν εξέχουσες δημοκρατίες όπως οι ΗΠΑ.

Σήμερα, έπειτα από τις προσευχές και τον διάλογο με τον Θεό, σκεφτείτε να πάτε στις πόρτες σας, τα παράθυρα, τα μπαλκόνια και τις βεράντες σας και να φωνάξετε στον Θεό και στον κόσμο *«Είμαι τρελός και δεν θα προσπεράσω. Φτάνει με την ξενοφοβία!»* Ας ερευνήσουμε την καρδιά μας και ας επιβεβαιώσουμε ότι *ο Θεός δεν μας έχει δώσει πνεύμα δειλίας, αλλά πνεύμα υιοθεσίας και δύναμης*.

Η ξενοφοβία δεν θα εξαλειφθεί όσο εκείνοι που βρίσκονται στο Κογκρέσο έχουν τη δύναμη και τα μέσα να μας θρέφουν την καθημερινή δόση του διαβολικού αυτού δηλητηρίου. Αγαπητοί μου, **δεν λάβατε πνεύμα που σας υποδουλώνει ξανά στον φόβο, αλλά λάβατε Πνεύμα υιοθεσίας, με το οποίο κράζουμε** *«Αββά, Πατέρα»*. Έχουμε τη δύναμη να εξαλείψουμε τον ρατσιστικό αυτό ιό. Ας ζητήσουμε από τον Θεό να μας δώσει διαύγεια και αποφασιστικότητα να αλλάξουμε τις χώρες μας, ξεκινώντας με το δικαίωμα της ψήφου μας. **Αυτή είναι η φωνή της ελευθερίας μας.**

Ας προσευχηθούμε: Ουράνιε Πατέρα μας, ίσως κάποια στιγμή να μολυνθήκαμε και εμείς από την ξενοφοβία, αλλά η αγάπη και το Πνεύμα της υιοθεσίας Σου μας έχει διδάξει ότι είμαστε όλοι δικά Σου παιδιά, δημιουργημένα κατ' εικόνα Σου. Δώσε μας διάκριση και θάρρος να υπερασπιζόμαστε το δικαίωμα όσων η φωνή τους έχει σιωπήσει, να χρησιμοποιούμε σωστά την ψήφο μας ώστε, πουθενά στον πλανήτη, να μην αγνοείται η ανθρώπινη-θεϊκή αξιοπρέπεια. Λάβε το παιδί Σου, τον George Floyd, στην αγκαλιά Σου και λύτρωσέ μας από τον κοινωνικό αυτό ιό. Προσευχόμαστε στο Άγιο Όνομά Σου.

---

30 Μαϊου
ΟΤΑΝ Ο ΘΕΟΣ ΚΛΑΙΕΙ
Κατά Ματθαίον 5:4

Το εδάφιο **Κατά Ματθαίον 5:4** μου θυμίζει ένα τραγούδι που λέει *«είτε γελάς, είτε κλαις, είμαι μαζί σου γιατί είμαι μέρος σου»*[16]. **Ο Θεός κλαίει όταν κλαίμε**.

Ο Ιησούς είπε ότι θα είναι μαζί μας *«όλες τις ημέρες, μέχρι τη συντέλεια του αιώνα»* (**Κατά Ματθαίον 28:20**). Αν γελάμε, ο Θεός γελά και αν κλαίμε, ο Θεός κλαίει, παρηγορεί και υπόσχεται να *«εξαλείψει κάθε δάκρυ από τα μάτια τους»* (**Αποκάλυψη 21:4**).

---

[16] Los Iracundos - LP "Con Palabras" Track: "Si Lloras, si Ries"

Κάποιοι πιστεύουν ότι ο Θεός είναι απόμακρος και εξαιτίας του θυμού και της απογοήτευσης, ο Θεός γύρισε την πλάτη Του στους ανθρώπους. Δεν είναι, όμως, έτσι, τα πράγματα. **Ο Ιησούς γνωρίζει καθετί που μας βασανίζει και κλαίει.** Το πιο σύντομο εδάφιο στην Αγία Γραφή λέει *«Δάκρυσε ο Ιησούς»* **(Κατά Ιωάννην 11:35).** Τον Ιησού Τον μίσησε και Τον πρόδωσε ένας από τον κύκλο που εμπιστευόταν. Τον αρνήθηκαν, Τον χαστούκισαν, Τον έφτυσαν, Τον πρόσβαλλαν, Τον γελιοποίησαν, Τον κατηγόρησαν ψευδώς, Τον μαστίγωσαν και τέλος Τον σταύρωσαν σε θάνατο για εμάς. Ο Ιησούς αποδέχτηκε την ταλαιπωρία αυτή με χαρά για να κατακτήσει τον θάνατο και να πετύχει τη σωτηρία μας.

Ο Θεός διακρίνει τις σκέψεις μας, νιώθει τον πόνο μας, κλαίει μαζί μας και ενδυναμώνει την ψυχή μας. Ο Ιησούς είπε ότι *«Μέσα στον κόσμο θα έχετε θλίψη· αλλά, να έχετε θάρρος· εγώ νίκησα τον κόσμο»* **(Κατά Ιωάννην 16:33).** Μέσω του Ιησού, είμαστε περισσότερο από νικητές.

Στον **Ψαλμό 33:12** διαβάζουμε *«Μακάριο το έθνος, του οποίου ο Θεός είναι ο Κύριος· ο λαός, που έκλεξε για κληρονομιά του».* Ως γιοι και κόρες του Θεού, είμαστε έθνος επιλεγμένο, ένας ανεκτίμητος θησαυρός, σωσμένος, λυτρωμένος και αποκαταστημένος να συνεχίσει το έργο του Χριστού στον κόσμο αυτό. Στη βάπτισή μας, καθαριστήκαμε και εξαγνιστήκαμε, όχι για να ζούμε με φόβο, αλλά *«για να φέρνω τα χαρμόσυνα νέα στους φτωχούς, για να γιατρέψω τούς συντριμμένους στην καρδιά, για να κηρύξω ελευθερία στους αιχμαλώτους, και ανάβλεψη στους τυφλούς, να αποστείλω τούς ψυχικά τσακισμένους σε ελευθερία, για να κηρύξω ευπρόσδεκτο χρόνο τού Κυρίου»* **(Κατά Λουκάν 4.18-19). Ο Θεός κλαίει όταν δεν εκπληρώνουμε τον σκοπό μας.**

Καθώς συνεχίζουμε με πίστη το έργο του Θεού, *«Ο Κύριος έσκυψε από τον ουρανό· είδε όλους τούς γιους των ανθρώπων»* **(Ψαλμός 33:13).** Ο Θεός κλαίει ενώπιον της ανθρώπινης αδικίας, γνωρίζει όσα περνάμε και είναι κοντά και έτοιμος να μας σώσει και να στεγνώσει τα δάκρυά μας.

Ας προσευχηθούμε: Ουράνιε Πατέρα μας, Σ' ευχαριστούμε που δεν είσαι Θεός απόμακρος που δεν γνωρίζει τα συναισθήματά μας. Σ' ευχαριστούμε για την πίστη ότι η ηρεμία θα επέλθει έπειτα από την καταιγίδα και που μετέτρεψες τον θρήνο μας σε χαρά. Από την ώρα που ήρθες στη ζωή μας, δεν είμαστε πλέον μόνοι ούτε εγκαταλειμμένοι. Αντίθετα, νιώθουμε αγάπη γνωρίζοντας ότι έχουμε έναν κύκλο φίλων και οικογένειας ανά τον κόσμο οι οποίοι, μαζί με Εσένα, μας συντροφεύουν στις χαρές και τις λύπες μας. Προσευχόμαστε στο πανίσχυρο όνομα του Ιησού Χριστού.

---

31 Μαΐου
ΚΑΜΙΑ ΝΤΡΟΠΗ ΌΤΑΝ ΣΚΥΒΟΥΜΕ
Ψαλμός 113:5-6

Άκουσα για ένα νεαρό παιδί με θανατηφόρα αλλεργική αντίδραση σε τσιμπήματα μέλισσας. Ήταν στο αυτοκίνητο με τη μαμά του όταν ξαφνικά, μία μέλισσα μπήκε από το μισάνοιχτο παράθυρο και άρχισε να πετάει στο αυτοκίνητο. Το αγόρι κατατρόμαξε! Χωρίς να χάσει τον έλεγχο, η μητέρα άρπαξε τη μέλισσα. Το αγόρι ησύχασε, αλλά ξαφνικά, η μητέρα την άφησε και η μέλισσα άρχισε να πετά ξανά. Το αγόρι τσίριξε: *«Μαμά, θέλεις να πεθάνω; Γιατί την άφησες;»* Η μητέρα είπε ήρεμα: *«Δεν έχεις τίποτα να φοβηθείς, αγάπη μου. Δεν μπορεί να σε βλάψει. Κοίταξε το χέρι μου. Το κεντρί της είναι στο χέρι μου. Δεν μπορεί να σε βλάψει!»*

Αγαπητοί φίλοι και συγγενείς, να γνωρίζετε ότι ο Ιησούς σκύβει προς τα κάτω, προσκαλώντας μας να κοιτάξουμε από πολύ κοντά τα καρφιά στο χέρι Του και να έχουμε την παρηγοριά γνωρίζοντας ότι έχει πληρώσει το τίμημα της επανάστασής μας. Εν Χριστώ, μπορούμε να βγάλουμε τη λέξη «**φόβο**» από το λεξιλόγιό μας και να **κατανοήσουμε** ότι ο Δημιουργός του Ουρανού και της Γης, που κάθεται στον θρόνο, **σκύβει προς τα κάτω για να δει εμένα και εσένα** (**Ψαλμός 113:6**).

Ο εχθρός μας θέλει να νομίζουμε ότι ο Θεός έχει μεγαλύτερα πράγματα να στενοχωρηθεί από τους **ασήμαντους, επαναστάτες ανθρώπους όπως εμείς**. Και πολύ εύκολα θα πιστεύαμε στον διάβολο αν δεν ήταν ο Λόγος του Θεού που μας διαβεβαιώνει ότι ο Θεός γνωρίζει και συμμετέχει σε κάθε πτυχή της ζωής μας. *«Επειδή, ο Κύριος είναι υψηλός, και επιβλέπει επάνω στον ταπεινό· τον υψηλόφρονα, όμως, τον γνωρίζει από μακριά»* (**Ψαλμοί 138:6**). Ο Θεός ζει *για να ζωοποιεί το πνεύμα των ταπεινών, και να ζωοποιεί την καρδιά των συντριμμένων* (**Ησαΐας 57:15**). Απομνημόνευσε και ανακάλεσε τα εδάφια αυτά κάθε φορά που αισθάνεσαι ότι ο Θεός είναι απόμακρος και μακριά από εσένα. **Ο Θεός είναι κοντά απ' όσο μπορείς να φανταστείς!**

Δεν υπάρχει ντροπή όταν σκύβουμε. Ο Ιησούς συναναστρεφόταν και έσωσε φοροεισπράκτορες και αμαρτωλούς. Ο Θεός στέλνει επίσης εμάς να σκύψουμε κάτω με αγάπη, προστασία και να αποκαταστήσουμε τα χαμένα πρόβατα στη θέση που πρέπει να έχουν στη βασιλεία του Θεού. **Ο Κύριος βασίζεται σε εσένα για να έρθει πιο κοντά στους φτωχούς, στους χαμένους και στους περιθωριοποιημένους.**

Ας προσευχηθούμε: Πατέρα μας Ουράνιε, βοήθησέ μας να πιστεύουμε και να δρούμε γνωρίζοντας ότι μέσω του Ιησού, ο οποίος έσκυψε προς εμάς με αγάπη, μπορούμε να υπερνικήσουμε τους φόβους μας και να ταπεινώσουμε τον εαυτό μας με αγάπη και φροντίδα για όσους έχουν ανάγκη και είναι μόνοι. Προσευχόμαστε στο όνομα του Ιησού Χριστού.

---

1 Ιουνίου
ΤΑ ΟΦΕΛΗ ΕΝΟΣ ΤΡΥΦΕΡΟΥ ΘΕΟΥ
Προς Κορινθίους Α' 2:7

Στην Αγία Γραφή διαβάζουμε, *«Πόσο μεγάλα είναι τα έργα σου, Κύριε! Με σοφία έφτιαξες τα πάντα· η γη είναι γεμάτη από τα έργα σου»* (**Ψαλμός 104:24Α**). Όλα όσα έκανε ο Θεός ήταν καλά,

αλλά η ανυπακοή παραμόρφωσε την τέλεια αρμονία μεταξύ του Θεού, της ανθρωπότητας και της φύσης. Ωστόσο, εμείς πιστεύουμε στις υποσχέσεις του Θεού. Για παράδειγμα, ο Θεός είπε *«Επειδή, εγώ γνωρίζω τις βουλές που βουλεύομαι για σας, λέει ο Κύριος, βουλές ειρήνης, και όχι κακού, για να σας δώσω το προσδοκώμενο τέλος»* (Ιερεμίας 29:11).

Αν και δεν γνωρίζουμε όλες τις λεπτομέρειες πώς ο Θεός πρόκειται να εκπληρώσει τα σχέδια αυτά, πιστεύουμε ότι είναι καλά και εμπιστευόμαστε στην καθοδήγηση και στην έμπνευση του Άγιου Λόγου Του που μας καθοδηγεί στο αιώνιο σπίτι μας. Το κλειδί για να ξεδιπλώνεις μερικώς το μεγάλο μυστήριο του Θεού είναι στο πρόσωπο του Ιησού Χριστού και του Αγίου Πνεύματος. Ο Ιησούς ήρθε για να μας δείξει τον Δρόμο προς τον Πατέρα και ο Ιησούς έστειλε το Άγιο Πνεύμα για να μας υπενθυμίσει *«την Οδό, την Αλήθεια και τη Ζωή»* (Κατά Ιωάννην 14:6) μέσω του Λόγου του Θεού.

Δεν μπορούμε να κατανοήσουμε τον νου του Θεού με το ανθρώπινο μυαλό μας, αλλά έρχεται η ημέρα που *«θα μας αναστήσει, και θα ζούμε μπροστά του. Τότε, θα γνωρίσουμε και θα εξακολουθούμε να γνωρίζουμε τον Κύριο· Η έξοδός του είναι προδιαταγμένη σαν την αυγή· Και θάρθει σε μας σαν δυνατή βροχή, σαν βροχή όψιμη και πρώιμη επάνω στη γη»* (Ωσηέ 6:2β-3). Ένα από τα **οφέλη της αγάπης προς τον Θεό** και του Λόγου Του είναι ότι ο Θεός αποκαλύπτει τον εαυτό Του και ξεκαθαρίζει τον δρόμο και το μέλλον μας.

Ο Λόγος του Θεού λέει ότι ο Θεός έχει φυλαγμένα απίστευτα πράγματα *«γι' αυτούς που τον αγαπούν»* **(Προς Κορινθίους Α' 2:9)**. Είναι πράγματα που ανθρώπινο μάτι και ανθρώπινο αυτί δεν έχει ακούσει ούτε έχει συλλάβει, ακατανόητα πράγματα που αποκαλύπτει το Άγιο Πνεύμα. Εφόσον ισχυριζόμαστε ότι αγαπάμε τον Θεό, πρέπει να αγαπάμε και να εμπιστευόμαστε τον Άγιο Λόγο Του ως τον πρωταρχικό και αλάνθαστο οδηγό μας και οδηγίες για τη ζωή μας. Μέσα σ' αυτόν τον Λόγο, ο Θεός αποκαλύπτει τον εαυτό Του και μας προετοιμάζει να κατανοήσουμε, εν μέρει, τα μυστήρια και τις υποσχέσεις που έχει ετοιμάσει ο Θεός για εμάς τα παιδιά Του.

Ας προσευχηθούμε: Ουράνιε Πατέρα μας, Σ' ευχαριστούμε που άνοιξες τα αυτιά, τα μάτια και τις καρδιές μας για να γνωρίσουμε το θέλημά Σου και τον σκοπό Σου για τη ζωή μας. Σ' ευχαριστούμε που αποκάλυψες σε εμάς *«την Οδό, την Αλήθεια και τη Ζωή»* **(Κατά Ιωάννην 14:6)**. Σε παρακαλούμε, βοήθησέ μας να είμαστε καλοί οδηγοί όσων επιθυμούν να ακολουθήσουν τα βήματά μας και το παράδειγμα μας για να φτάσουν στην ουράνια έπαυλή Σου. Προσευχόμαστε στο όνομα του Ιησού Χριστού.

2 Ιουνίου
ΜΙΑ ΑΓΙΑ ΙΕΡΟΣΥΝΗ
Αριθμοί 6:24-26

Ο Θεός ήθελε η ευλογία αυτή να ανακηρυχθεί σε όλα **«τα παιδιά του Ισραήλ»**. Μέχρι και σήμερα, ποιμένες και ιερείς το λένε σε ανθρώπους όταν αποχωρούν από τη λειτουργία.

Το εδάφιο αυτό είναι τριπλή ευλογία και υπόσχεση:

1. **«***Ο Κύριος να σε ευλογήσει και να σε φυλάξει!***»** εκφράζει **καλή θέληση και πρόνοια** για όσους ζουν υπό τη **διαθήκη** στην οποία ο Θεός υποσχέθηκε να ευλογήσει και να διατηρήσει τη ζωή και την ψυχή μας μέσω της πανταχούς παρουσίας Του και της δύναμής Του.

2. **«***Ο Κύριος να επιλάμψει το πρόσωπό του επάνω σου, και να σε ελεήσει!***»** αντιπροσωπεύει την **παρουσία και το έλεος** προς τον εκλεγμένο λαό του Θεού. Ως παιδιά του Θεού, μπορούμε να βασιζόμαστε στη στενή παρουσία του Θεού, τστην καθοδήγησή Του και στη συνεχή σωτηρία του: **«***Επίστρεψέ μας, Θεέ, και επίλαμψε το πρόσωπό σου, και θα λυτρωθούμε***» (Ψαλμός 80:3).**

«*Και επίλαμψε το πρόσωπό σου***»** μας θυμίζει το λαμπερό πρόσωπο του Μωυσή όταν κατέβηκε από το Όρος Σινά με τις Δέκα Εντολές. Ο Θεός επιθυμεί να έχει μια προσωπική συνάντηση με κάθε πιστό που θέλει να έχει μια στενή σχέση με τον Θεό και τον λαό Του. Ο Θεός προσφέρει έλεος όταν κάνουμε λάθη, είτε με λόγια, είτε με πράξεις είτε με παράλειψη. Αντί να μας τιμωρήσει, ο Θεός θα μας συγχωρήσει αν μετανοήσουμε από την καρδιά μας.

3. **«***Ο Κύριος να υψώσει το πρόσωπό του επάνω σου, και να σου δώσει ειρήνη!***»** αντιπροσωπεύει μία πράξη ευχαρίστησης και χαράς προς τα παιδιά του Θεού, όπως όταν πηγαίνουμε να δούμε τα αγαπημένα μας εγγόνια ή τα εγγόνια από τ αδέρφια μας και προσπαθούν να μας μιμηθούν. Είτε αποτυγχάνουν είτε το κάνουν καλά, δείχνουμε αγάπη γιατί μαθαίνουν να ακολουθούν τα βήματά μας.

«*Και να σου δώσει ειρήνη!***»** μας διαβεβαιώνει ότι ο Θεός έχει τη δύναμη να σώζει, να λυτρώνει και να θεραπεύει. Ως εκ τούτου, μπορούμε να διαβαίνουμε με απόλυτη ειρήνη κρατώντας το χέρι του Θεού γιατί **«***σε νερά ανάπαυσης με οδήγησε***» (Ψαλμοί 23:2).**

Αγαπητοί μου, ο Θεός μας καλεί να είμαστε **«***άγια ιεροσύνη***»** για Εκείνον. Ας ανακηρύξουμε την ευλογία αυτή σε όλο τον λαό του Θεού. Αυτή είναι η κλήση, η αποστολή και ο σκοπός μας.

Ας προσευχηθούμε: Ουράνιε Πατέρα μας, Σ' ευχαριστούμε για αυτή την τριπλή ευλογία την οποία δεν αξίζουν. Σ' ευχαριστούμε που κάλεσες κάθε πιστό να είναι **«[...]** *άγιο ιεράτευμα, για να προσφέρετε πνευματικές θυσίες, ευπρόσδεκτες στον Θεό διαμέσου τού Ιησού Χριστού»* **(Α' Πέτρου 2:5).** Βοήθησέ μας, σε κάθε ευκαιρία να ευλογούμε τα παιδιά μας, την οικογένεια και τους φίλους μας με την ανεκτίμητη αυτή τριπλή ευλογία. Προσευχόμαστε στο όνομα του Ιησού Χριστού.

---

3 Ιουνίου
ΥΠΗΡΕΤΗΣΕ ΚΑΙ ΔΟΞΑΣΕ ΤΟΝ ΘΕΟ

«Κάθε ένας, ανάλογα με το χάρισμα που πήρε, να υπηρετείτε ο ένας τον άλλον σύμφωνα μ' αυτό, ως καλοί οικονόμοι τής πολυειδούς χάρης τού Θεού». Α΄ Πέτρου 4:10

"Each of you should use whatever gift you have received to serve others, as faithful stewards of God's grace in its various forms." 1 Peter 4:10

"Ponga cada uno al servicio de los demás el don que haya recibido, y sea un buen administrador de la gracia de Dios en sus diferentes manifestaciones". 1 Pedro 4:10

Ο Θεός χαρίζει ένα ιδιαίτερο δώρο σε κάθε υιοθετημένο παιδί για να **υπηρετήσει και να δοξάσει τον Θεό**. Το δώρο αυτό έχει τη δύναμη να φέρει καρδιές στον Θεό και να μεταμορφώσει ζωές και κοινότητες.

Ένας από τους στόχους κάθε ανθρώπου είναι να ανακαλύψει το χάρισμά του. Το ένστικτό μας είναι να γνωρίσουμε τον σκοπό για τον οποίο γεννηθήκαμε στον αιώνα και στον τόπο αυτό και να βάλουμε τα χαρίσματά μας στην υπηρεσία του Θεού και των ανθρώπων. Ο εχθρός, όμως, αντιτίθεται σε κάθε ευγενή αποστολή μας.

Όταν η γιαγιά μου πέθανε το 1968, ο πατέρας μου θύμωσε με τον Θεό και σταμάτησε να πηγαίνει στην εκκλησία. Εκμεταλλεύτηκα την απογοήτευση του πατέρα μου και στην ηλικία των 14 ετών σταμάτησα να πηγαίνω στην εκκλησία. Όταν παντρευτήκαμε η Μαργαρίτα κι εγώ, ήταν περίπου η τρίτη φορά που έμπαινα σε εκκλησία σε διάστημα 7 ετών. Ιδιαίτερα ευφυής, ο διάβολος χρησιμοποιεί τον θυμό και την απογοήτευση για να μας απομακρύνει από τον Θεό και να μας αποτρέψει να ανακαλύψουμε τον σκοπό μας.

Ο εχθρός, επίσης, μας κάνει να επικεντρωνόμαστε στις αποτυχίες άλλων και θα χρησιμοποιήσει κάθε δικαιολογία για να μας απομακρύνει από την εκκλησία ή να μας χωρίσει από τον σύντροφό μας. Για παράδειγμα, ένας μονόπλευρος χαιρετισμός, ένα σχόλιο που παρεξηγήθηκε ή ένα βλέμμα το μετατρέπει σε κάτι που διχάζει το οποίο, με τον καιρό, γίνεται αφόρητο και δεν δύναται να διορθωθεί με ανθρώπινα μάτια. Ο Θεός, ωστόσο, μας καλεί να ευχαριστούμε για τα πάντα και σε κάθε περίσταση. Καλή συμβουλή! Η ευγνωμοσύνη θεραπεύει πληγές γιατί δεν δίνει χώρο για παράπονα ή πικρία.

Ευχαριστώ τον Θεό που παντρεύτηκα σε μία ευαγγελική χριστιανική οικογένεια και 14 χρόνια μετά, μέσα από το παράδειγμα του πεθερού μου, έμαθα να αγαπώ και να σέβομαι τον Λόγο του Θεού. Το 1989, ανακάλυψα τον σκοπό της ζωής μου: **να υπηρετώ και να δοξάζω τον Θεό με τα δώρα της ζωής μου**, με το σπίτι μου, την οικογένειά μου, την κοινότητα και τους φίλους μου.

Όταν συνταξιοδοτήθηκα ως ποιμένας το 2017, πίστεψα ότι ο Θεός είχε τελειώσει μαζί μου. Μάλιστα, για περισσότερο από έναν χρόνο, σταμάτησα να παίζω κιθάρα και να γράφω. Σήμερα, με τη χάρη του Θεού, νιώθω πλήρης και ευγνώμων για το προνόμιο να συνεχίζω να υπηρετώ και να δοξάζω τον Θεό μέσα από τους καθημερινούς στοχασμούς και μέσα από αυτό το βιβλίο.

Ας προσευχηθούμε: Ουράνιε Πατέρα μας, Σ' ευχαριστούμε γι' αυτούς που έβαλες στη ζωή μας για να μας ενθαρρύνουν με τον δικό Σου τρόπο, για το παράδειγμά μας, την υπομονή μας και την απέραντη αγάπη Σου. Σε παρακαλώ βοήθησέ μας να ανακαλύψουμε και να χρησιμοποιήσουμε το χάρισμα που έδωσες σε εμάς για να υπηρετήσουμε άλλους. Προσευχόμαστε στο όνομα του Ιησού Χριστού.

Ο Θεός δίνει ένα ιδιαίτερο χάρισμα σε κάθε υιοθετημένο παιδί για να υπηρετήσει και να δοξάσει τον Θεό. Το χάρισμα έχει τη δύναμη να φέρει καρδιές πίσω στον Θεό και να μεταμορφώσει ζωές και κοινότητες.

---

4 Ιουνίου
ΕΝΑ ΥΠΕΡΟΧΟ ΕΝΔΥΜΑ ΦΥΛΑΓΜΕΝΟ ΣΤΟΝ ΟΥΡΑΝΟ
Προς Κορινθίους Β' 5:1

Πολλοί φοβούνται αρκετά τον θάνατο. Η κόρη μου, η Σοφία έγραψε: «*Θάνατος. Δεν είναι κάτι που σκέφτομαι κάθε μέρα, αλλά δεν είμαι κι απ' αυτούς που θα κρυφτούν από το θέμα. Μεγάλωσα με τους παππούδες μου μιλώντας για τον θάνατο σαν να ήταν ένα δώρο. Ότι…στο τέλος, όλοι μοιραζόμαστε την ίδια αναπόφευκτη μοίρα. Δεν ωραιοποιούσαν τα πράγματα στην οικογένειά μου – όλοι θα πεθάνουμε, οπότε ζήστε καλά, να είστε ευγενικοί και να έχετε πίστη*» [17].

Αντί να φοβόμαστε τον θάνατο, θα πρέπει **να τον βλέπουμε σαν αλλαγή ρούχων,** με ανυπομονησία και χαρά, σαν τη νύφη που αναμένει την ημέρα που θα φορέσει **το νυφικό της.**

Βρισκόμαστε εδώ για σύντομο χρονικό διάστημα, με ρούχα δανεικά, χρήσιμα για το έργο μας σε αυτόν τον κόσμο. Αυτά τα ρούχα, όμως, θα μας είναι άχρηστα στην αιώνια κατοικία μας. Όταν ο Θεός θα έχει τελειοποιήσει τα σχέδιά Του για εμάς, θα πεθάνουμε. Κάποιοι το ωραιοποιούν λέγοντας ότι θα κοιμόμαστε και θα έχουμε την αναμενόμενη ξεκούραση και ελευθερία από την εργασία, από τον πόνο, από την ταλαιπωρία και το άγος. Στη συνέχεια, ο Ιησούς θα μας ξυπνήσει για να μας δώσει νέα και άφθαρτα ενδύματα. «*Αγαπητοί, τώρα είμαστε παιδιά του Θεού· και ακόμα δεν φανερώθηκε τι πρόκειται να είμαστε· γνωρίζουμε, όμως, ότι, όταν φανερωθεί, θα είμαστε όμοιοι μ' αυτόν· επειδή θα τον δούμε καθώς είναι*» (Α' Ιωάννου 3:2).

Αγαπητοί μου, είμαστε **περαστικοί** από αυτόν τον κόσμο. Στην **Προς Φιλιππησίους** επιστολή **3:20–21**, ο Θεός λέει ότι «*το πολίτευμά μας είναι στους ουρανούς, απ' όπου και προσμένουμε Σωτήρα, τον Κύριο Ιησού Χριστό· ο οποίος θα μετασχηματίσει το σώμα της ταπείνωσής μας, ώστε να γίνει σύμμορφο με το σώμα της δόξας του*». Ο Ιησούς θα μεταμορφώσει τα εύθραυστα και επαναστατημένα ενδύματά μας σε ουράνια σώματα, τέλεια όπως είναι τα δικά Του.

Στο μεταξύ, ο Θεός βλέπει σε εμάς πιστούς και χρήσιμους πρεσβευτές, δείχνοντας και βοηθώντας υποψήφιες νύφες να σκεφτούν και να δοκιμάσουν το άσπρο νυφικό που θα τους συνοδεύει στο ουράνιο σπίτι τους και στην υπηκοότητα του ουρανού.

Ας προσευχηθούμε: Ουράνιε Πατέρα μας, Σ' ευχαριστούμε για την υπόσχεση της αιώνιας ζωής και την υπηκοότητα στην παρουσία Σου. Βοήθησέ μας να κρατήσουμε τα ενδύματά μας και την ψυχή μας καθαρή και αγνή ώστε όταν ο κόσμος μας βλέπει, να επιθυμούν κι εκείνοι *άφθονη ζωή στην αιωνιότητα.* Προσευχόμαστε για θεραπεία των αρρώστων μας και του πλανήτη μας. Καθάρισέ μας από κάθε ρυπαρότητα στο όνομα του Ιησού Χριστού.

---

[17] The Savvy Travelista. https://thesavvytravelista.blogspot.com/

Αντί να φοβόμαστε τον θάνατο, θα πρέπει να τον βλέπουμε σαν αλλαγή ρούχων, με ανυπομονησία και χαρά, σαν τη νύφη που αναμένει την ημέρα που θα φορέσει το νυφικό της.

---

5 Ιουνίου
ΧΡΟΝΙΑ ΠΟΛΛΑ ΣΤΟΝ ΟΥΡΑΝΟ, ΜΠΑΜΠΑ

«Και εκείνος είπε: Σε σας δόθηκε να γνωρίσετε τα μυστήρια της βασιλείας τού Θεού· στους υπόλοιπους, όμως, με παραβολές, για να μη βλέπουν ενώ βλέπουν, και να μη καταλαβαίνουν ενώ ακούν». Κατά Λουκάν 8:10

"He said, 'The knowledge of the secrets of the kingdom of God has been given to you, but to others I speak in parables, so that, though seeing, they may not see; though hearing, they May not understand.'" Luke 8:10

"Y él les respondió: 'A ustedes se les concede conocer los misterios del reino de Dios, pero a los otros se les habla en parábolas, para que viendo no vean, y oyendo no entiendan'". Lucas 8:10

Στις 5 Ιουνίου 1925, 97 χρόνια πριν, ο Θεός χάρισε έναν γιο στον Αρχιλοχία Federico Destruge Illingworth και στην Amada Clorinda Maldonado Osorio. Του έδωσαν το όνομα Galo Destruge Maldonado. Ο πατέρας του πέθανε όταν ήταν σχεδόν 3 ετών και για λόγους άγνωστους, η γιαγιά μου δεν μπορούσε να τον φροντίσει μόνη της, με αποτέλεσμα ο μπαμπάς μου να μεγαλώσει σε ορφανοτροφείο και στην ηλικία των 15 ετών, έφυγε από εκεί για να εργαστεί και για να φροντίσει τη μητέρα του και στη συνέχεια την οικογένειά του.

Παρά τα πολλαπλά εμπόδια, μετανάστευσε στις ΗΠΑ για να μας προσφέρει μια καλύτερη ζωή. Εκεί, ο Θεός έδωσε νέα ελπίδα και ενθάρρυνση στην οικογένεια Destruge. Δεν ήταν εύκολο να αφήσουν τα πάντα πίσω τους, μέσα σ' αυτούς και τη μητέρα τους, αλλά αν δεν ήταν ο πατέρα μου, τίποτα απ' όσα έχουμε ή όσα είμαστε δεν θα ήταν δυνατό.

Το μόνο που μπορώ να πω είναι **«Ευχαριστώ, μπαμπάκα».** Έζησες και πάλεψες όσο κανένας άλλος, με θάρρος, αφήνοντάς μας αξίες και διδασκαλίες που έως σήμερα μας βοηθούν να αντιμετωπίσουμε τη ζωή, μερικές φορές με χιούμορ, άλλες φορές με αποφασιστικότητα. Στις 2 Σεπτεμβρίου 2022 έκλεισαν 10 χρόνια από την ημέρα που αναχώρησε. Πάντα τον θυμάμαι με αγάπη και ευγνωμοσύνη για το ωραίο του χιούμορ και την αγάπη που πάντα μοίραζε στους γύρω του. Χρόνια πολλά στον ουρανό, μπαμπά.

Ας προσευχηθούμε: Ουράνιε Πατέρα μας, είθε το Άγιό Σου Πνεύμα να μας δώσει αυτιά να ακούμε και να κατανοήσουμε τα μυστήρια, τα θαύματα και τις υποσχέσεις που έχεις για εμάς τα παιδιά Σου εδώ και στον Ουρανό. Προσευχόμαστε στο όνομα του Ιησού Χριστού.

---

6 Ιουνίου
Ο ΜΕΓΑΛΟΣ ΣΥΝΗΓΟΡΟΣ

«Και εγώ θα παρακαλέσω τον Πατέρα, και θα σας δώσει έναν άλλον Παράκλητο, για να μένει μαζί σας στον αιώνα». Κατά Ιωάννην 14:16

"And I will ask the Father, and he will give you another advocate to help you and be with you forever." **John 14:16**

"Y yo rogaré al Padre, y él les dará otro Consolador, para que esté con ustedes para siempre". **Juan 14:16**

Η λέξη *«άλλος»* σημαίνει ότι πρέπει να υπήρχε προηγουμένως ένας άλλος μεγάλος Συνήγορος. Ο Ιησούς λέει ότι ενώ ήταν στον κόσμο, ήταν ο δάσκαλος και ο Συνήγορός μας. Αναμένοντας την επιστροφή Του στον ουρανό, ο Ιησούς μας διαβεβαιώνει ότι ο Θεός θα μας δώσει *«έναν άλλον Συνήγορο»* με την ίδια Του την ουσία. Δόξα στον Θεό!

Ο Ιησούς υποσχέθηκε να μην μας αφήσει ορφανούς ούτε εγκαταλειμμένους (**Κατά Ιωάννην 14:18**). Το σημερινό εδάφιο μας εδάφιο μας λέει ότι **αν Τον αγαπάμε, να φυλάξουμε τις εντολές Του (εδάφιο 15),** ο Θεός *«θα σας δώσει έναν άλλον Παράκλητο, για να μένει μαζί σας στον αιώνα».*

Ως εκ τούτου, η υπόσχεση του Αγίου Πνεύματος δεν είναι χωρίς όρους. Για να λάβουμε την αναπάντεχη δύναμη του Θεού, θα πρέπει **να αγαπάμε τον Ιησού** και να το δείχνουμε μέσα από **την υπακοή στον Λόγο Του**. Έχουμε ένα ιδιαίτερο χάρισμα που λαμβάνουμε κατά τη βάπτισή μας καθώς εισερχόμαστε στην οικογένεια του Θεού. **Το καθήκον μας είναι να ανακαλύψουμε και να εκπληρώσουμε αυτόν τον σκοπό.**

Συζητώντας με τον γιο μου για την πολυπλοκότητα της Αγίας Γραφής, έκανα το σχόλιο ότι παρόλο που φαίνεται περίπλοκη και δύσκολη στην κατανόησή της, όσον αφορά στον τρόπο συμπεριφοράς μας και στον τρόπο που σκεφτόμαστε, είναι αρκετά απλή. Το μόνο που πρέπει να θυμόμαστε και να ακολουθούμε είναι τρεις κανόνες: 1) **Να αγαπάμε τον Θεό,** 2) **Να αγαπάμε τον πλησίον μας,** 3) **Να αγαπάμε τον εαυτό μας.** Θα πρέπει να εκφράσουμε την αγάπη αυτή με **ΟΛΗ** μας την καρδιά, την ψυχή, τη δύναμη και τον νου (**Κατά Μάρκον 12:30).** Όλοι οι άλλοι νόμοι απορρέουν από αυτούς τους τρεις.

Για τους Χριστιανούς, η Αγία Γραφή είναι η πλήρης αποκάλυψη του Θεού για τον Ιησού Χριστό, τον Αμνό του Θεού που παίρνει μακριά όλες τις αμαρτίες και τις λύπες του κόσμου. Το Άγιο Πνεύμα, **ο δεύτερος Συνήγορός μας (ο Παράκλητος)** μας ενδυναμώνει και μας υπενθυμίζει όλα όσα διαβάσαμε και μάθαμε από τον Λόγο του Θεού ώστε να δρούμε, να σκεφτόμαστε και να μιλάμε σύμφωνα με το θέλημα του Θεού.

Σας καλώ να διαβάσουμε το **Κατά Ιωάννην** Ευαγγέλιο, **κεφάλαιο 14**. Κοιτάξτε προσεκτικά τις φράσεις παρηγοριάς και δύναμης που μας προσφέρει ο Ιησούς Χριστός, ο μεγάλος Συνήγορος και παρήγορός μας, σε στιγμές όπως αυτές:

1 ΑΣ μη ταράζεται η καρδιά σας· πιστεύετε στον Θεό, και σε μένα πιστεύετε.
2 πηγαίνω να σας ετοιμάσω τόπο.
3 έρχομαι πάλι, και θα σας παραλάβω κοντά σε μένα.
13 Και ό,τι αν ζητήσετε στο όνομά μου, θα το κάνω.
15 Αν με αγαπάτε, φυλάξτε τις εντολές μου.
16 Και εγώ θα παρακαλέσω τον Πατέρα, και θα σας δώσει έναν άλλον Παράκλητο, για να μένει μαζί σας στον αιώνα.

Ας προσευχηθούμε: Ουράνιε Πατέρα μας, Σ' ευχαριστούμε που είσαι ο Συνήγορος, ο Παράκλητος και η ελπίδα μας. Δώσε μας τη δύναμη του Άγιου Σου Πνεύματος για να Σε αγαπάμε, να κατανοούμε το θέλημά Σου και να υπακούμε στις εντολές Σου. Προσευχόμαστε στο όνομα του Μεγάλου Συνηγόρου μας, του Ιησού.

Αν αγαπάτε τον Ιησού και υπακούτε στις εντολές Του, τον Ιησού θα παρακαλέσει τον Πατέρα, και θα σας δώσει έναν άλλον Παράκλητο, για να μένει μαζί σας στον αιώνα.
Κατά Ιωάννην 14:16

7 Ιουνίου
Η ΑΙΤΙΑ ΤΗΣ ΔΟΞΟΛΟΓΙΑΣ ΜΟΥ
Ψαλμός 108:1

Έχεις αναρωτηθεί ποτέ την «αιτία της δοξολογίας σου»;

Παρά τις δυσκολίες και τα βάσανα, είναι καλό να ψέλνουμε ύμνους και δοξολογίες γιατί μας το ζήτησε ο Θεός. Στην **Προς Φιλιππησίους** επιστολή **4:4** διαβάζουμε *«Να χαίρεστε στον Κύριο πάντοτε· θα το πω ξανά: Να χαίρεστε».* Ψάλλουμε δοξολογίες σε καλές και άσχημες καταστάσεις γιατί ο Θεός μας γεμίζει ελπίδα και καλλιεργούμε ελπίδα μέσα από αυτές. Χαιρόμαστε να δοξάζουμε τον Θεό γιατί ο Θεός *«μετέτρεψε σε εμάς τον θρήνο μάς σε χαρά»* **(Ψαλμοί 30:11)**, την αδυναμία μας σε δύναμη και την αρρώστια μας σε ακεραιότητα ψυχής, σώματος και πνεύματος.

Η αιτία της δοξολογίας μας είναι ότι πρόκειται για φάρμακο για την πληγωμένη ψυχή και ενέργεια για το κουρασμένο σώμα. Αλλά ακόμη πιο σημαντικό, **είναι πώς μεταδίδουμε την πίστη μας από γενιά σε γενιά**. Παρόλο που πολλοί δεν θα έχουν χρόνο να διαβάσουν την Αγία Γραφή, θα δώσουν προσοχή στη δοξολογία της καρδιάς μας που θα αποτυπωθεί στον νου των ακροατών για μέρες, θεραπεύοντας και ενδυναμώνοντας την ψυχή τους.

Μία πραγματικότητα που κάποιοι ποιμένες δεν θα παραδεχτούν είναι ότι τη δοξολογία τη θυμούνται και την αναπαράγουν πολύ πιο συχνά απ' ό,τι το κήρυγμα ενός ποιμένα. *«Διαμέσου αυτού, λοιπόν, ας προσφέρουμε πάντοτε θυσία αίνεσης στον Θεό, δηλαδή, καρπόν από τα χείλη μας, που ομολογούν το όνομά του»* **(Προς Εβραίους 13:15)**.

Ένας άλλος λόγος για τη δοξολογία μας είναι ότι η δοξολογία ικανοποιεί την ψυχή περισσότερο από μία γιορτή και όπου υπάρχει δοξολογία, υπάρχει και ο Θεός. *«Εσύ, μάλιστα, ο Άγιος κατοικείς ανάμεσα στις δοξολογίες τού Ισραήλ»* **(Ψαλμοί 22:3)**. Ένα ισπανικό τραγούδι δοξολογίας λέει *«Όταν ο λαός του Θεού δοξάζει τον Θεό από την καρδιά μου, υπέροχα πράγματα συμβαίνουν. Επέρχεται θεραπεία, ελευθερία και άφθονη ευλογία».*

Η δοξολογία βοηθά να επεκταθεί η βασιλεία του Θεού. Στις **Πράξεις 2:47** διαβάζουμε *«δοξολογώντας τον Θεό, και βρίσκοντας χάρη μπροστά σε ολόκληρο τον λαό. Και ο Κύριος πρόσθετε καθημερινά στην εκκλησία εκείνους που σώζονταν».*

Υπάρχουν πολλοί λόγοι για τη δοξολογία και τον θαυμασμό μας. Ο Θεός έχει επιλέξει, έχει θεραπεύσει, μας έχει αποκτήσει και μας έχει καθαγιάσει ώστε *«να εξαγγείλετε τις αρετές εκείνου, ο οποίος σας κάλεσε από το σκοτάδι στο θαυμαστό του φως»* **(Α' Πέτρου 2:9).** Δεν υπάρχει καλύτερος τρόπος να γίνει αυτό παρά μόνο μέσα από τη δοξολογία!

Ας Τον δοξάσουμε: Ουράνιε Πατέρα μας, θαυμαστά και υπέροχα είναι τα έργα Σου. Πώς να μην απευθύνουμε δοξολογίες σε εσένα; *«Έτοιμη είναι η καρδιά μου, Θεέ· θα ψάλλω, και θα ψαλμωδώ μέσα στη δόξα μου».* Κύριε, μην επιτρέψεις στις δοκιμασίες αυτού του κόσμου να κάνουν τα χείλη μας και την καρδιά μας να σιωπήσουν από δοξολογία εξαιτίας της

Η δοξολογία είναι φάρμακο για την πληγωμένη ψυχή και ενέργεια για το κουρασμένο σώμα. Πιο σημαντικός, όμως, είναι ο τρόπος που μεταδίδουμε την πίστη μας από γενιά σε γενιά.

8 Ιουνίου
ΤΑ ΕΡΓΑ ΤΗΣ ΑΓΑΠΗΣ ΣΟΥ
ΚΑΤΑΓΡΑΦΟΝΤΑΙ
Αποκάλυψη 20:12γ

Το καλοκαίρι του 2018, τακτοποίησα περισσότερες από 19.000 φωτογραφίες που υπήρχαν σε διάφορα laptop, σε εξωτερικούς σκληρούς δίσκους και στο cloud. Έσβησα περίπου 3.000 διπλές και τριπλές εικόνες ή θολές εικόνες και με τη βοήθεια του Google Photos, τις ταξινόμησα ανά άνθρωπος, μέρος και γεγονός που ευλόγησε και εμπλούτισε τη ζωή μου.

Είχα ξεχάσει ορισμένες από τις όμορφες λεπτομέρειες που έκαναν τις στιγμές εκείνες τόσο ιδιαίτερες. Η μνήμη μου αρχίζει και φθίνει. Αλλά ευχαριστώ τον Θεό για την τεχνολογία που μου επιτρέπει να επιστρέψω σε κάθε ιδιαίτερη στιγμή και να τη ζήσω μέσα από φωτογραφίες και βίντεο. Σε εσάς, που κατέγραψα την καλοσύνη μας στην καρδιά μου και στο cloud, σας ευχαριστώ για το προνόμιο να υπηρετούμε τον Θεό μαζί. Διανθίσατε την ψυχή μου!

Στην Προς Εβραίους επιστολή 6:10 λέει ότι *«ο Θεός δεν είναι άδικος, να ξεχάσει το έργο σας, και τον κόπο τής αγάπης που δείξατε στο όνομά του, καθώς υπηρετήσατε τους αγίους και τους υπηρετείτε».* Το εδάφιο αυτό αντιπροσωπεύει την «ευγνωμοσύνη» του Θεού για την αγάπη Σου προς Εκείνον υπηρετώντας τους φτωχούς. Ό,τι κι αν έχετε κάνει, μεγαλύτερο ή μικρότερο, για να αποκαταστήσουμε την αξιοπρέπεια των ταπεινών και των περιθωριοποιημένων, ο Θεός το βλέπει. Αν είμαστε ευγενικοί ο ένας προς τον άλλον, ο Θεός το έχει καταγράψει στο βιβλίο της ζωής. Πόσο όμορφο είναι αυτό!

Στα άγια κείμενα, ο Θεός λέει *«Μπορεί η γυναίκα να λησμονήσει το βρέφος της που θηλάζει, ώστε να μη ελεήσει το παιδί τής κοιλιάς της; Αλλά, και αν αυτές λησμονήσουν, εγώ όμως δεν θα σε λησμονήσω. 1Δες, σε έχω ζωγραφίσει επάνω στις παλάμες μου· τα τείχη σου είναι πάντοτε μπροστά μου»* **(Ησαΐας 49:15-16).**

Γι' αυτό, φίλες και φίλοι, ας μην αποκάμουμε στο να κάνουμε καλό, να φυτεύουμε σπόρους αγάπης και ελπίδας όπου βλέπουμε διαιρέσεις και ανάγκες, καθώς αυτό ευχαριστεί τον Θεό Δημιουργό. Παρόλο που οι άνθρωποι που υπηρετούμε μπορεί να μην μπορούν να δείξουν την ευγνωμοσύνη τους, η εκτίμηση του Θεού είναι αρκετά για να θρέψει την ψυχή μας. Εκ μέρους όσων δεν μπορούσαν να σας ευχαριστήσουν, προσεύχομαι ο Θεός να σας ανταποδώσει τη φιλία και την ευγένεια.

Ας προσευχηθούμε: Ουράνιε Πατέρα μας, επίτρεψε στην ψυχή μας να τραγουδήσει, να χορέψει και να ευφρανθεί, γνωρίζοντας ότι Εσύ έχεις γράψει τα ονόματά μας *στο βιβλίο της ζωής* και *στην παλάμη του χεριού Σου.* Θεράπευσε τους φτωχούς μας και τον πλανήτη μας. Προσευχόμαστε στο όνομα του Ιησού Χριστού.

Φωτογραφία: Φεβρουάριος 13, 2008 στις 8:46 π.μ.. Esthela, Edgar, Dimas (RIP), Cristina και Naida, σερβίρουν πρωινό από το αυτοκίνητο του Edgar στους εργάτες του μεροκάματου στην περιοχή Lowe St Bridge, Norwalk, Κονέκτικατ.

---

9 Ιουνίου
Η ΔΙΑΙΡΕΣΗ ΑΠΟΔΥΝΑΜΩΝΕΙ
Κατά Λουκάν 11:17

Δεν υπάρχει αμφιβολία ότι η διαίρεση αποδυναμώνει την αντίστασή μας. Ο κόσμος μας είναι χωρισμένος από θρησκευτική άποψη, από πολιτική και κοινωνική. Ο διάβολος έχει αποδυναμώσει την πίστη μας και μας διαίρεσε ακόμη και εντός των δογμάτων της εκκλησίας. Ο πειραστής επιθυμεί να εγείρει διαιρέσεις μεταξύ ανθρώπων και οικογενειών για να αποδυναμώσει, να διαιρέσει και να κατακτήσει. Ο Θεός, όμως, μας καλεί σε ενότητα καρδιάς, πνεύματος και σκέψης.

Δεν επιτρέπεται να έχουμε διαιρέσεις ούτε αγωγές, πόσο μάλλον μέσα στο σώμα του Χριστού, την εκκλησία. Στην **Προς Κορινθίους** επιστολή **Α' 1:10** διαβάζουμε, *«Σας παρακαλώ δε, αδελφοί, στο όνομα του Κυρίου μας Ιησού Χριστού, να λέτε όλοι το ίδιο, και να μη υπάρχουν μεταξύ σας σχίσματα, αλλά να είστε εντελώς ενωμένοι, έχοντας το ίδιο πνεύμα και την ίδια γνώμη».*

Όσο υπάρχει *«φθόνος και φιλονικία και διχόνοιες, δεν είστε σαρκικοί, και περπατάτε κατά άνθρωπο»* (**Προς Κορινθίους Α' 3:3**). Ο πρίγκιπας του σκότους μας διαιρεί! Ο Θεός μας καλεί σε ενότητα καρδιάς, νου και ψυχής. Η Αγία Γραφή μας έχει δοθεί για να διατηρήσει *«φροντίζοντας με ζήλο να διατηρείτε την ενότητα του Πνεύματος διαμέσου τού συνδέσμου τής ειρήνης»* (**Προς Εφεσίους 4:3**). Μας δείχνει πώς να λύνουμε ειρηνικά διαφωνίες εντός της εκκλησίας:
   «Μονάχα, να πολιτεύεστε επάξια προς το ευαγγέλιο του Χριστού, για να ακούσω, είτε όταν έρθω και σας δω είτε ενώ είμαι απών, την κατάστασή σας, ότι στέκεστε σε ένα πνεύμα, αγωνιζόμενοι μαζί, με μία ψυχή, για την πίστη τού ευαγγελίου» (**Προς Φιλιππησίους 1:27**).

Η συμπεριφορά μας μέσα στην εκκλησία, μέσα στο σπίτι και σε κοινό χώρο θα πρέπει να είναι άξια του Ευαγγελίου του Χριστού, σταθερή σε ένα πνεύμα και να στοχεύει στην πίστη του ευαγγελίου.

Αυτό αναμένουν από εμάς τα παιδιά μας και η κοινωνία. Αλλά κυρίως, αυτό έχει σκοπό ο Θεός να δει από εμάς. *«Και, τέλος, γίνεστε όλοι ομόφρονες, με συμπάθεια, φιλάδελφοι, εύσπλαχνοι, φιλόφρονες»* **(Α' Πέτρου 3:8).**

Ας προσευχηθούμε: Ουράνιε Πατέρα μας, βοήθησέ μας να στηρίξουμε ο ένας τον άλλον ώστε να αντισταθούμε στις διαιρέσεις και να διατηρήσουμε την ενότητα και την ειρήνη. Ας βοηθήσουμε ο ένας τον άλλον να τελειοποιηθούμε σε πίστη, παρηγορώντας ο ένας τον άλλον στον πόνο μας και να *«γίνεστε όλοι ομόφρονες, με συμπάθεια, φιλάδελφοι, εύσπλαχνοι, φιλόφρονες». Αν το πετύχουμε αυτό, θα ζούμε με ειρήνη και Εσύ «ο Θεός τής αγάπης και της ειρήνης θα είναι μαζί σας»* **(Προς Κορινθίους Β' 13:11).** Προσευχόμαστε στο όνομα του Ιησού Χριστού.

---

10 Ιουνίου
ΤΑ ΠΑΝΤΑ ΣΥΝΤΗΡΟΥΝΤΑΙ ΑΠΟ ΤΟΝ ΙΣΧΥΡΟ ΛΟΓΟ ΤΟΥ

«Αλλά, βλέπουμε τον Ιησού για λίγο ελαττωμένον έναντι των αγγέλων, εξαιτίας τού παθήματος του θανάτου, στεφανωμένον με δόξα και τιμή». **Προς Εβραίους 2:9**

"But we do see Jesus, who was made lower than the angels for a little while, now crowned with glory and honor because he suffered death." **Hebrews 2:9**

"Jesús, que fue hecho un poco menor que los ángeles, está coronado de gloria y de honra, a causa de la muerte que sufrió". **Hebreos 2:9**

Ο αδερφός μου, ο Galo Jr. ήταν κατασκευαστής ρολογιών. Όταν ήμουν περίπου 12 ετών, μου έμαθε πώς να καθαρίζω και να επιδιορθώνω μηχανικά ρολόγια. Μου αρέσει να τα αποσυναρμολογώ και να τα τοποθετώ εκ νέου, αφήνοντάς τα καθαρά και να δουλεύουν όπως στην αρχή, στην ώρα τους και τέλεια.

Ο Θεός μας λέει ότι έθεσε τα πάντα υπό την ανθρωπότητα. *«Όλα τα υπέταξες κάτω από τα πόδια του»* **(Προς Εβραίους 2:7-8; Ψαλμοί 8:6).** Στην **Προς Εβραίους** επιστολή 2:8 διαβάζουμε, *«Τώρα, όμως, δεν βλέπουμε να είναι ακόμα τα πάντα υποταγμένα σ' αυτόν».* Με άλλα λόγια, δεν έχουμε πετύχει το καθήκον της φροντίδας και της διαχείρισης της δημιουργίας.

Σχετικά με τον κόσμο που έρχεται, ο Θεός μας λέει *«Αλλά, βλέπουμε τον Ιησού για λίγο ελαττωμένον έναντι των αγγέλων, εξαιτίας τού παθήματος του θανάτου, στεφανωμένον με δόξα και τιμή, για να γευτεί θάνατο»* **(Προς Εβραίους 2:9α).**

Ο Ιησούς, που ήταν πλήρως άνθρωπος, έδρασε στην ώρα Του και με τρόπο τέλειο, ξεπερνώντας κάθε εμπόδιο για να πεθάνει ταπεινά για εμάς. *«Γι' αυτό, και ο Θεός τον υπερύψωσε, και του χάρισε όνομα, που είναι το όνομα πάνω από κάθε άλλο· ώστε στο όνομα του Ιησού να λυγίσει κάθε γόνατο επουρανίων και επιγείων και καταχθονίων· και κάθε γλώσσα να ομολογήσει ότι ο Ιησούς Χριστός είναι Κύριος, σε δόξα τού Πατέρα Θεού»* **(Προς Φιλιππησίους 2:9-11).**

Ο Ιησούς είναι *«πιο πάνω από κάθε αρχή και εξουσία, και δύναμη και κυριότητα, και κάθε όνομα που ονομάζεται, όχι μονάχα σε τούτο τον αιώνα, αλλά και στον μέλλοντα»* **(Προς Εφεσίους 1:21).** Ο Ιησούς, ο οποίος συντηρεί *«τα πάντα με τον λόγο τής δύναμής του, αφού διαμέσου τού εαυτού του έκανε καθαρισμό των αμαρτιών μας, κάθησε στα δεξιά τής μεγαλοσύνης στα υψηλά»* **(Προς Εβραίους 1:3β).**

Ο Θεός μας δημιούργησε για να λειτουργούμε τέλεια με την πυξίδα και την κατεύθυνσή Του. Ο κόσμος μας, ωστόσο, βρίσκεται σε αποδιοργάνωση γιατί δεν έχουμε υποτάξει ακόμη τα πάντα υπό τα πόδια του Ιησού. Εκείνος είναι ο Μέγας Ωρολογοποιός. Δεν έχει έρθει η στιγμή να Του επιτρέψουμε να μας εξαγνίσει και να μας συναρμολογήσει εκ νέου στην τελειότητα και για τη δόξα Του;

Ας προσευχηθούμε: Ουράνιε Πατέρα μας, γεμάτοι ευγνωμοσύνη που Εσύ μας έσωσες, ενώνουμε τις φωνές μας με όσους κράζουν στην αιωνιότητα: «*Το σφαγμένο Αρνίο είναι άξιο να πάρει τη δύναμη και πλούτο και σοφία και ισχύ και τιμή και δόξα και ευλογία*» (Αποκάλυψη 5:12). Προσευχόμαστε στο Άγιο Όνομά Σου.

Σημείωση: Το βιβλίο Προς Εβραίους πάντοτε με μπέρδευε εξαιτίας της σύνθετης γλώσσας του, των αντιθέσεων και των συγκρίσεων μεταξύ του νόμου και της ανωτερότητας της νέας απαλλαγής μέσω του Υιού του Θεού, του Ιησού Χριστού. Από την ωρολογοποιία και τα χρόνια που εργαζόμουν στον τομέα των οικονομικών και του Δικαίου των συντάξεων (τομέας για τον οποίο δεν γνώριζα εξ αρχής τίποτα), έμαθα να αποσυναρμολογώ τα κομμάτια, ένα κομμάτι κάθε φορά και να τα συναρμολογώ εκ νέου σαν την εργασία με τα ρολόγια. Έμαθα να μην τα παρατάω όταν βλέπω κάτι σύνθετο, αλλά να ερευνώ μέχρι ο Θεός να μου δώσει τη διάκριση να το εξηγήσω με απλούς όρους. Η πειθαρχία αυτή με βοηθά να μελετώ το βιβλίο της Προς Εβραίους επιστολής και την Αγία Γραφή εν γένει.

Ο Θεός μας δημιούργησε για να λειτουργούμε τέλεια με την πυξίδα και την κατεύθυνσή Του. Ο κόσμος μας, ωστόσο, βρίσκεται σε αποδιοργάνωση γιατί δεν έχουμε υποτάξει ακόμη τα πάντα υπό τα πόδια του Ιησού.

---

11 Ιουνίου
ΠΩΣ ΝΑ ΕΥΧΑΡΙΣΤΗΣΕΙΣ ΤΟΝ ΘΕΟ

«Χωρίς, μάλιστα, πίστη είναι αδύνατον κάποιος να τον ευαρεστήσει· επειδή, αυτός που προσέρχεται στον Θεό, πρέπει να πιστέψει, ότι είναι, και γίνεται μισθαποδότης σ' αυτούς που τον εκζητούν». **Προς Εβραίους 11:6**

"And without faith it is impossible to please God, because anyone who comes to him must believe that he exists and that he rewards those who earnestly seek him." **Hebrews 11:6**

"Sin fe es imposible agradar a Dios, porque es necesario que el que se acerca a Dios crea que él existe, y que sabe recompensar a quienes lo buscan". **Hebreos 11:6**

Στην **Προς Εβραίους** επιστολή **11** διαβάζουμε για την πίστη στο μεγαλείο της και αναφέρονται άνθρωποι όπως ο Άβελ, ο Ενώχ, ο Νώε και ο Αβραάμ, που ευχαριστούσαν τον Θεό με τις πράξεις τους δείχνοντας μεγάλη πίστη, εμπιστοσύνη και ελπίδα στον Θεό. Η δική μας πρόκληση είναι να ανακαλύψουμε **τρόπους να ευχαριστήσουμε τον Θεό.**

Αρχικά, **δίνουμε ευχαρίστηση στον Θεό δείχνοντας την πίστη μας,** διότι «*χωρίς πίστη είναι αδύνατον να ευχαριστήσουμε τον Θεό.*» Προσφέροντας το καλύτερο κομμάτι από το κοπάδι του, η θυσία του Άβελ ήταν ευχάριστη προς τον Θεό. *Ο Ενώχ βάδιζε με τον Θεό* και η φιλία του ήταν ευχάριστη στον Θεό (**Γένεσις 5:22, Προς Εβραίους 11:5**). Ο Νώε πίστευε στον Θεό και έχτισε την κιβωτό με ακρίβεια σύμφωνα με τα χαρακτηριστικά του Θεού. Ο Αβραάμ άφησε τα πάντα για να πάει εκεί που έδειξε ο Θεός. Επίσης, με απίστευτη λύπη, έκανε όλην την προετοιμασία για να θυσιάσει τον μονάκριβο γιο του, εμπιστευόμενος ότι ο Θεός θα τον αναστήσει και θα του δώσει το αρνί για τη θυσία (**Γένεσις 22**).

Δεν αρκεί να λέμε ότι **πιστεύουμε στον Θεό.** Οι πράξεις μας θα πρέπει να δείχνουν ότι **βαδίζουμε με παρρησία μαζί με τον Θεό.**

Δεύτερον, **δίνουμε ευχαρίστηση στον Θεό** ενώ προσευχόμαστε και μελετούμε καθώς προσεγγίζουμε τον θρόνο του Κυρίου καθημερινά, **πιστεύοντας ότι ο Θεός υπάρχει,** ότι είναι αληθινός και ότι ενδιαφέρεται για την ευημερία μας και την ευημερία των παιδιών μας. Δεν αρκεί να πιστεύουμε στην ύπαρξη του Θεού. Πρέπει να ζούμε γεμάτοι ελπίδα στην παρουσία Του, τη φροντίδα Του, την προστασία και την καθοδήγησή Του. Ο πεθερός μου έλεγε «*Είναι καλό να πιστεύεις, αλλά «και τα δαιμόνια πιστεύουν, και φρίττουν»* (**Ιακώβου 2:19**). Δίνουμε ευχαρίστηση στον Θεό **κάνοντας το θέλημά Του** και αυτό με φέρνει στο τρίτο σημείο.

Δίνουμε ευχαρίστηση στον Θεό όταν τον *εκζητούμε με ειλικρίνεια* με όλη μας την καρδιά. Όταν είμαστε σίγουροι ότι ο ουρανός και η ανταμοιβή και τα πλεονεκτήματα που προσφέρει είναι απόλυτα και *ζητούμε πρώτα τη βασιλεία του Θεού* (**Κατά Ματθαίον 6:33**).

Ας προσευχηθούμε: Ουράνιε Πατέρα μας, αύξησε την πίστη μας ώστε η ζωή μας, όπως εκφράζεται μέσα από λόγια, πράξεις και σκέψεις, να ευχαριστεί εσένα και να δείχνει στον κόσμο ότι **βαδίζουμε με παρρησία κρατώντας το χέρι Σου.** Σ' ευχαριστούμε για την απέραντη αγάπη Σου και όλα τα καλά που στέλνεις προς το μέρος μας. Θεράπευσε τους φτωχούς και τον πλανήτη μας. Προσευχόμαστε στο όνομα του Ιησού Χριστού.

---

12 Ιουνίου
ΛΟΓΙΑ ΖΩΗΣ
Πράξεις 7:38γ

Ένας φίλος μου έστειλε ένα μήνυμα μιλώντας άσχημα για ένα πολιτικό κόμμα. Με θάρρος, του ζήτησα **να μην μου στέλνει μηνύματα πολιτικής προπαγάνδας.**
Ο φίλος μου: «Κατά τη γνώμη σου, Όσκαρ, ποια είναι η αλήθεια;»
Εγώ: «Δεν θα ξεκινήσω πολιτική συζήτηση».
Ο φίλος μου: «Ούτε κι εγώ. Αλλά η αλήθεια είναι αλήθεια».
Εγώ: *«Και η Αλήθεια θα σε ελευθερώσει. Αυτή είναι η μοναδική αλήθεια που με ενδιαφέρει».*
Ο φίλος μου: «Συμφωνώ».
Εγώ: *«Ευχαριστώ! Έσωσα και κέρδισα φιλίες κάθε φορά που δεν έπαιρνα μέρος στις τακτικές του διαβόλου. Ευχαριστώ για την κατανόησή σου, φίλε μου».*
Ο φίλος μου: «Ο Θεός να σε ευλογεί, αδερφέ μου».
Εγώ: *«Να είσαι ευλογημένος».*

Κουβαλούμε τα **Λόγια της Ζωής** σε κάθε στιγμή, σε κάθε μέρος και με κάθε

άνθρωπος. Μπορούμε να συμμετέχουμε στο κακό ή να σπέρνουμε σπόρους ειρήνης, αρμονίας και ελπίδας. Ο διάβολος θέλει να παίρνουμε μέρος σε συζητήσεις που διχάζουν με φίλους, αδέλφια, συζύγους και οικογένεια. Αλλά ο Θεός μας καλεί **να αγαπάμε αλλήλους (Κατά Ιωάννην 11:34)**.

Κάθε μέρα κατά την οποία αφιερώνουμε πέντε λεπτά να διαβάζουμε τα Λόγια Ζωής του Θεού, λαμβάνουμε οδηγίες ώστε να πάνε καλά τα πράγματα με εμάς και να τα επικοινωνήσουμε στους φίλους μας, στην οικογένεια και στις μελλοντικές γενιές. Το Άγιο Πνεύμα μας υπενθυμίζει όλα όσα έχουμε διαβάσει. Όταν τα μοιραζόμαστε, ζητούμε απ' τον Θεό ο Λόγος Του να μην επιστρέψει κενός, αλλά να είναι καρποφόρος ώστε οι προσπάθειες και οι προσευχές μας να μην είναι μάταιες. Όπως λέει ο Απόστολος Παύλος,

«Όλα να τα κάνετε χωρίς γογγυσμούς και αμφισβητήσεις· για να γίνεστε άμεμπτοι και ακέραιοι, παιδιά τού Θεού, χωρίς ψεγάδι, μέσα σε μια γενεά στρεβλή και διεστραμμένη· ανάμεσα στους οποίους λάμπετε σαν φωστήρες μέσα στον κόσμο, κρατώντας τον λόγο τής ζωής, για καύχημά μου στην ημέρα τού Χριστού, ότι δεν έτρεξα μάταια ούτε μάταια κοπίασα» **(Προς Φιλιππησίους 2:14-16)**.

Το σημερινό εδάφιο μας λέει ότι ο Μωυσής μίλησε στον Θεό στην έρημο και ήταν εκείνος που *«παρέλαβε τα ζωοποιά λόγια, για να τα δώσει σε μας»* **(Πράξεις 7:38)**.

Τι προνόμιο να επιλεγούμε να υπηρετήσουμε τον Θεό μας μοιραζόμενοι τα υπέροχα λόγια ζωής με όλους. Ο διάβολος επιθυμεί να μας παρασύρει σε μάχες που διχάζουν, βάζοντάς μας σε πειρασμό να εγκαταλείψουμε τους δρόμους του Θεού. Ο Ιησούς ρώτησε τους μαθητές αν επιθυμούσαν κι εκείνοι να φύγουν. *«Αποκρίθηκε, λοιπόν, σ' αυτόν ο Σίμωνας Πέτρος: Κύριε, σε ποιον θα πάμε; Εσύ έχεις λόγια αιώνιας ζωής· και εμείς πιστέψαμε και γνωρίσαμε ότι εσύ είσαι ο Χριστός, ο Υιός τού ζωντανού Θεού»* **(Κατά Ιωάννην 6:68-69)**.

Ας προσευχηθούμε: Ουράνιε Πατέρα μας, βοήθησέ μας να τρεφόμαστε καθημερινά με τα Λόγια της Ζωής Σου για να δώσουμε σε όσους ζουν μακριά από Εσένα ώστε να επιστρέψουν στην πρώτη τους αγάπης, στην ουράνια Έπαυλή Σου. Προσευχόμαστε στο όνομα του Ιησού Χριστού.

---

13 Ιουνίου
Ο ΘΕΟΣ ΝΑ ΔΩΣΕΙ ΕΠΙΤΥΧΙΑ ΣΤΟ ΤΑΞΙΔΙ ΣΟΥ
Γένεσις 24:40Α

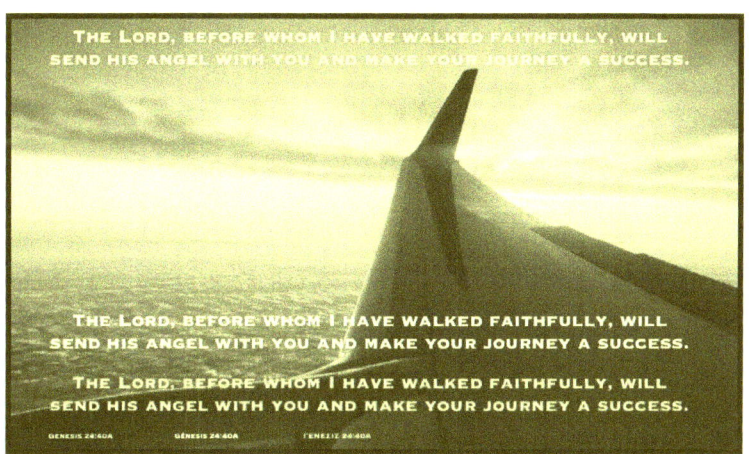

Στην αρχή της πανδημίας, τον Μάρτιο του 2020, η Αμερικανική Πρεσβεία πρόσφερε ανθρωπιστικές πτήσεις για να μας επαναπατρίσει. Ακόμη και τότε, μέσα από διάφορα σημάδια, ο άγγελος του Θεού μας είπε να μείνουμε στο Εκουαδόρ μέχρι να είναι ασφαλές το ταξίδι. Παρόλο που θέλαμε να γυρίσουμε στο σπίτι, ήταν πιο ασφαλές και ευλογία να παραμείνουμε στο Κίτο.

Σήμερα χαιρόμαστε για το γεγονός ότι ο Αβραάμ απέκτησε γυναίκα για τον γιο του, Ισαάκ. Πρώτα σημειώνουμε ότι ο υπηρέτης του Αβραάμ δεν κατονομάζεται αλλά αναφέρεται μόνο η ηλικία και οι ευθύνες του – ο πιο παλιός από τους υπηρέτες του και ο διαχειριστής του σπιτικού του **(Γένεσις 24:2)**. **Μάθημα:** Παρά τη σημαντικότητα του καθήκοντός μας, ο Κύριος είναι ο πρωταγωνιστής στην ιστορία μας και σε όλες τις βιβλικές ιστορίες.

Ο Αβραάμ έστειλε τον υπηρέτη του στη χώρα των συγγενών του, λέγοντας *«ο Κύριος ο Θεός τού ουρανού, που με πήρε από την οικογένεια του πατέρα μου, και από τη γη τής γέννησής μου, και μίλησε σε μένα, και ορκίστηκε σε μένα, λέγοντας: Στο σπέρμα σου θα δώσω τούτη τη γη, αυτός θα αποστείλει τον άγγελό του μπροστά σου· και θα πάρεις γυναίκα στον γιο μου από εκεί»* **(Γένεσις 24:7)**. Μόλις έφτασε στον καθορισμένο τόπο, ο υπηρέτης εμπιστεύθηκε την ευημερία του στον Θεό, *«Και είπε: Κύριε Θεέ τού κυρίου μου, του Αβραάμ, δώσε μου, παρακαλώ, σήμερα ένα καλό συνάντημα, και κάνε έλεος στον κύριό μου, τον Αβραάμ»* **(24:12)**. Έκανε πιο συγκεκριμένο το σημάδι με το οποίο θα γνώριζε ότι ο Θεός του έδωσε επιτυχία:

«Και η κόρη στην οποία θα πω: Γύρε τη στάμνα σου, παρακαλώ, για να πιω, και αυτή θα πει: Πιες, και θα ποτίσω και τις καμήλες σου, αυτή ας είναι εκείνη, την οποία ετοίμασες στον δούλο σου τον Ισαάκ· και απ' αυτό θα γνωρίσω ότι έκανες έλεος στον κύριό μου» **(24:14)**.

Ο Θεός έδωσε επιτυχία στον υπηρέτη. Ο Ισαάκ παντρεύτηκε τη Ρεβέκκα, τη μητέρα του Ησαύ και του Ιακώβ, του πατριάρχη, το όνομα του οποίου ο Θεός άλλαξε σε Ισραήλ. Αλληλούια!

Η ιστορία αυτή επιβεβαιώνει το βασικό νόημα που διαβάζουμε στις **Παροιμίαι 3:5-6** *«Έλπιζε στον Κύριο με όλη σου την καρδιά, και να μη επιστηρίζεσαι στη σύνεσή σου· σε όλους τούς δρόμους σου να γνωρίζεις αυτόν, και αυτός θα διευθύνει τα βήματά σου»*. Όταν εμπιστευόμαστε στον Κύριο και εναποθέτουμε όλους μας τους τρόπους και τις αποφάσεις μας στην πρόνοια του Θεού, **ο άγγελος του Θεού θα είναι μαζί μας και θα κάνει το ταξίδι μας επιτυχές**.

Ας προσευχηθούμε: Ουράνιε Πατέρα μας, ζητούμε σε κάθε μας απόφαση, είτε μικρή είτε μεγάλη, όπως ποιον θα παντρευτούμε, πού θα ζήσουμε, την εκκλησία που θα επιλέξουμε να διδαχθούν τα παιδιά μας, πού θα ζήσουμε μετά τη σύνταξή μας, πότε θα επιστρέψουμε στο σπίτι, κτλ., είθε το Άγιο Σου Πνεύμα να μας διαφωτίσει για να διακρίνουμε τη φωνή και την κατεύθυνσή Σου. **Κάνε να ευημερήσει ο δρόμος και η ζωή** των παιδιών μας, των παιδιών τους και όσοι είναι να έρθουν. Προσευχόμαστε στο Άγιο Όνομά Σου.

---

14 Ιουνίου
ΔΙΩΞΕ ΤΟ ΨΕΜΑ
Ψαλμοί 53:1

Ένας ανόητος όχι μόνο λέει ότι *δεν υπάρχει Θεός*, αλλά ο ίδιος ανόητος προσπαθεί να τους πείσει όλους ότι **Θεός δεν υπάρχει**. Αυτή ήταν η περίπτωση ενός στρατιώτη των ΗΠΑ που πίστεψε το ψέμα για όλη του τη ζωή. Όμως, όπως τον ληστή στον Σταυρό, ο Θεός του αποκάλυψε τον εαυτό Του την τελευταία ημέρα Του στη γη και άνοιξε τις αγκάλες Του για να λάβει τον άντρα που εξέπνεε στον παράδεισο.

Με συγκίνησε ο στοχασμός στις 10 Ιουνίου 2021 από το ημερολόγιο της Ελληνικής Ευαγγελικής Εκκλησίας, που βλέπουμε στη φωτογραφία και ήθελα να το μοιραστώ με τους αγαπητούς μου φίλους και συγγενείς. Παραθέτω το εδάφιο που αναφέρεται:

«Σήμερα, αν ακούσετε τη φωνή του, να μη σκληρύνετε τις καρδιές σας» **(Προς Εβραίους 3:15)**.

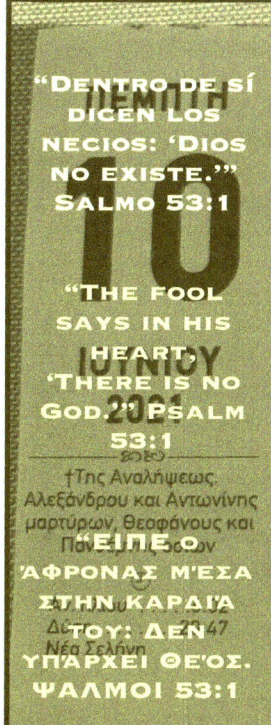

«Σήμερα, αν ακούσετε τη φωνή του, μη σκληρύνετε τις καρδιές σας» (Εβραίους 3:15).

Στον μανδύα ενός Αμερικανού στρατιώτη που σκοτώθηκε στον πόλεμο, βρέθηκε ένα τσαλακωμένο χαρτάκι. Περιείχε ένα γράμμα στον ίδιο τον Θεό. Κάποιες φορές, τα λόγια ενός ετοιμοθάνατου είναι και τα πιο αληθινά.

«Άκου, Θεέ μου! Ακόμα δεν σου έχω μιλήσει. Μού είπαν ότι δεν υπάρχεις. Χτες βράδυ, από το βάθος του κρατήρα μιας οβίδας είδα τον ουρανό σου. Έτσι είδα ότι μου είχαν πει ψέματα... Παράξενο... Χρειάστηκε να έρθω σ' αυτό το απαίσιο μέρος για να δω το πρόσωπό σου. Σ' αγαπώ... Αυτό θέλω να ξέρεις. Σε λίγο θα γίνει μια απαίσια μάχη. Ποιος ξέρει; Μπορεί να φτάσω στο σπίτι σου απόψε! Δεν υπήρξαμε σύντροφοι μέχρι τώρα και αναρωτιέμαι αν θα με περιμένεις στην πόρτα... Αχ, να σε είχα γνωρίσει πιο νωρίς!... Παράξενο... Από τη στιγμή που σε συνάντησα, δεν φοβάμαι να πεθάνω. Καλή αντάμωση».

Κύριε Ιησού, δεν θέλω να χάσω άλλο χρόνο μακριά Σου. Ελέησέ με, Κύριε!
Ε.Α.

Ως Χριστιανοί που αγαπούμε και σεβόμαστε τον Θεό, καθήκον μας είναι **να αποπέμπουμε και να διορθώνουμε το ψέμα.** Αν το κάνουμε, πολλοί θα ελευθερωθούν από τα δεσμά του φόβου σε μια ζωή αγάπης, ειρήνης, χαράς και ελπίδας. Αλλά, αν δεν αποπέμψουμε και διορθώσουμε το ψέμα, μια μέρα θα βρεθούν τα παιδιά μας σε παγίδα στην οποία ζούσαν όλη τους τη ζωή με τον φόβο θανάτου και θα λένε «*Μακάρι να σε ήξερα νωρίτερα».*

Ας προσευχηθούμε: Ουράνιε Πατέρα, κάνε έλεος επάνω μας. Προσευχόμαστε για τα παιδιά μας και για τα παιδιά τους, που αναμφίβολα θα ακούσουν το ψέμα. Αποκάλυψε τον εαυτό σου σε αυτούς ώστε νωρίς στη ζωή τους, να Σε γνωρίσουν και να σε ζήσουν και να μοιραστούν τις υποσχέσεις Σου με χαρά, εμπιστευόμενοι ότι εσύ έχεις στα χέρια Σου την πολύτιμη ζωή τους και θα τους καλωσορίσεις στο σπίτι όταν ολοκληρώσουν την αποστολή τους σ' αυτόν τον κόσμο. Προσευχόμαστε στο όνομα του Ιησού Χριστού.

---

15 Ιουνίου
ΠΟΙΟΣ ΘΑ ΔΕΙ ΤΟΝ ΘΕΟ

«Και μέσα σ' αυτή δεν θα μπει τίποτε που μολύνει και προξενεί βδέλυγμα, και ψέμα· αλλά, μονάχα οι γραμμένοι μέσα στο βιβλίο τής ζωής τού Αρνίου». Αποκάλυψη Ιωάννου 21:27

"Nothing impure will ever enter it, nor will anyone who does what is shameful or deceitful, but only those whose names are written in the Lamb's book of life." Revelation 21:27

"y no entrará en ella nada que sea impuro, o detestable, o falso, sino solamente los que están inscritos en el libro de la vida del Cordero". Apocalipsis 21:27

Το σημερινό εδάφιο μας διδάσκει ότι τίποτε ακάθαρτο που δεν έχει καθαριστεί με το Αίμα του Αμνίου δεν θα εισέλθει στη Βασιλεία του Θεού. *«Μονάχα οι γραμμένοι μέσα στο βιβλίο τής ζωής τού Αρνίου»* θα εισέλθουν **(Αποκάλυψη 21:27)**.

Και πάλι, έχουμε το θέμα του βιβλίου της ζωής που μας καλεί να απαντήσουμε στην ερώτηση «Πώς συνάδει με την καρδιά σου;» Πρέπει να το απαντήσουμε με ειλικρίνεια και να περάσουμε τη διαδικασία εξαγνισμού για να βρούμε τα ονόματά μας στο βιβλίο της ζωής του Αρνίου και να δούμε το πρόσωπο του Θεού.

Ο Μωυσής ζήτησε να δει τη δόξα του Θεού αλλά του επετράπη να δει μόνο την πλάτη Του **(Έξοδος 33:23)** εφόσον *«άνθρωπος δεν θα με δει, και θα ζήσει»* **(εδάφιο 20)**. Όσοι θεωρούν τον εαυτό τους υιοθετημένα παιδιά του Θεού αναμένουν την ημέρα που θα δουν το πρόσωπο του Θεού από κοντά στη Βασιλεία Του.

Για να δούμε το πρόσωπο του Θεού στη βασιλεία Του, **πρέπει να πιστεύουμε στον Ιησού και να ζούμε με αγιότητα και ειρήνη.** Η ελληνική λέξη για την αγιότητα είναι ο **αγιασμός** το οποίο σημαίνει επίσης **αγνότητα** καρδιάς. Ο Ιησούς είπε *«Μακάριοι οι καθαροί στην καρδιά· επειδή, αυτοί θα δουν τον Θεό»* **(Κατά Ματθαίον 5:8)**.

Αγαπητοί μου, πρέπει να επιτρέψουμε στο Άγιο Πνεύμα του Θεού να καθοδηγήσει τις επιθυμίες μας, τις πράξεις, τα λόγια, τις σκέψεις και τη συμπεριφορά μας. Ο Θεός μας λέει *«Να επιδιώκετε ειρήνη με όλους, και τον αγιασμό, χωρίς τον οποίο κανένας δεν θα δει τον Κύριο»* **(Προς Εβραίους 12:14)**.

> *Για να δούμε το πρόσωπο του Θεού στη βασιλεία Του, πρέπει να πιστεύουμε στον Ιησού και να ζούμε με αγιότητα και ειρήνη.*

Δεν είναι εύκολο να έχουμε ειρήνη με όλους, ιδιαίτερα όσους μας μειώνουν, μας κατηγορούν άδικα ή μας προσβάλλουν. Αλλά να θυμάστε, όσα λένε οι κατήγοροί μας δεν επηρεάζει το γεγονός αν τα ονόματά μας υπάρχουν στο βιβλίο της Ζωής. Θα πρέπει να πούμε *«Πατέρα, συγχώρεσέ τους· επειδή, δεν ξέρουν τι κάνουν»* **(Κατά Λουκάν 23:34)**.

Θέλουμε τα ονόματά μας και τα ονόματα των παιδιών μας και των επόμενων γενεών να είναι γραμμένα στο βιβλίο του Αρνίου για να δούμε το πρόσωπο του Θεού. *«Ποιος θα ανέβει στο βουνό τού Κυρίου; Και ποιος θα σταθεί στον άγιο τόπο του; Ο αθώος στα χέρια, και ο καθαρός στην καρδιά· εκείνος που δεν έδωσε την ψυχή του σε ματαιότητα, και δεν ορκίστηκε με δολιότητα»* **(Ψαλμοί 24:3–4)**.

Ας προσευχηθούμε: Ουράνιε Πατέρα μας, θέλουμε να Σε δούμε και να Σε γνωρίσουμε πρόσωπο με πρόσωπο. Καθώς αναμένουμε την ημέρα εκείνη, ερεύνησε τις καρδιές μας κι αν υπάρχει κάτι άσχημο μέσα σε αυτές, **καθάρισέ μας Κύριε.** Το Άγιό Σου Πνεύμα ας καθοδηγεί τις προθέσεις μας, τις πράξεις και τα λόγια μας ώστε να Σε ευχαριστούμε και να Σε δοξάζουμε σε όλα, σε κάθε στιγμή και τόπο. Προσευχόμαστε στο Άγιο Όνομά Σου.

---

16 Ιουνίου
ΘΗΣΑΥΡΟΙ ΠΟΥ ΑΠΟΚΤΗΘΗΚΑΝ ΑΠΟ ΤΗΝ ΥΠΑΚΟΗ
Κατά Λουκάν 6:45

Στο βιβλίο **Α' Σαμουήλ 15**, βλέπουμε τον Σαούλ, τον πρώτο βασιλιά του Ισραήλ διαλεγμένο από τον Θεό, να χάνει τον μεγάλο του θησαυρό επειδή δεν υπάκουσε στις εντολές του Θεού. Η δικαιολογία

του ήταν *«φοβήθηκα τον λαό, και υπάκουσα στη φωνή τους»* **(εδάφιο 24).** Αγαπητοί μου, είναι καλύτερα να φοβόμαστε τον Θεό απ' ό,τι τις πράξεις των ανθρώπων.

Η Αγία Γραφή μας διδάσκει ότι *«κανένας δεν είναι αγαθός, παρά μονάχα ένας, ο Θεός»* **(Κατά Μάρκον 10:18, Κατά Λουκάν 18:19).** Στον **Ψαλμό 53:3** διαβάζουμε *«Όλοι ξέκλιναν· μαζί εξαχρειώθηκαν· δεν υπάρχει κάποιος που να πράττει το αγαθό, δεν υπάρχει ούτε ένας».* Ο Ιησούς Χριστός, στην ανθρώπινη φύση Του, επέδειξε απόλυτη υπακοή στον Θεό. Ο καρπός της υπακοής Του, συνοδευόμενης από θυσία είναι η Σωτηρία μας και η εκκλησία του Θεού, που ιδρύθηκε για να σπείρει σπόρους αγάπης, ειρήνης και ελπίδας σε όλο τον κόσμο.

Ο Ιησούς μας λέει *«Κατά τούτο δοξάζεται ο Πατέρας μου, στο να φέρετε πολύ καρπό· και έτσι θα είστε μαθητές μου»* **(Κατά Ιωάννην 15:8).** Το είδος του καρπού που αναμένει ο Ιησούς είναι η σοδειά μας *«καρπούς άξιους της μετάνοιας»* **(Κατά Ματθαίον 3:8).** Μας διδάσκει επίσης να κρίνουμε τους ανθρώπους, λέγοντας *«Θα τους γνωρίσετε από τους καρπούς τους· μήπως μαζεύουν σταφύλια από αγκάθια ή σύκα από τριβόλια; Επομένως, από τους καρπούς τους θα τους γνωρίσετε»* **(Κατά Ματθαίον 7:16,20).**

Παρόλο που κανένας μας δεν κάνει το απόλυτο καλό, όπως μας έδειξε ο Ιησούς, είμαστε δημιουργημένοι κατ' εικόνα του Θεού και φέρουμε στο DNA μας τη σφραγίδα του Θεού, η οποία μας ωθεί στην υπακοή, αναζητώντας να δημιουργήσουμε θησαυρούς στον ουρανό. Όλοι μας, ανά πάσα στιγμή, απογοητεύσαμε τον Θεό με λόγια, με πράξεις, με σκέψεις ή παραλείψεις. Ωστόσο, ο Δημιουργός και Κύριός μας αναμένει από εμάς να είμαστε καρποφόροι μέσω της υπακοής, της πίστης και της μετάνοιας.

Ο Θεός τοποθέτησε εμένα και εσένα σ' αυτόν τον κόσμο, σε αυτή τη χρονική στιγμή και τον τόπο για να σπείρουμε σπόρους αγάπης, ειρήνης, ελπίδας και καλοσύνης. Χάρη στους **σχετικά καλούς** ανθρώπους που ο Θεός έβαλε στον δρόμο μας, εμπιστευόμαστε τον Θεό και μαθαίνουμε να βάζουμε πρώτα τον Θεό και να εκζητούμε τη δικαιοσύνη Του, γνωρίζοντας ότι η χάρη Του θα μας δώσει τον καρπό του κόπου μας **(Κατά Ματθαίον 6:33).**

Ας προσευχηθούμε: Ουράνιε Πατέρα μας, Σ' ευχαριστούμε για τη ζωή και τη θυσία του Ιησού, που μας έδειξε τον τρόπο της θυσίας και της υπακοής. Σ' ευχαριστούμε για τους αγγέλους που έστειλες για να μας δείξουν τον δρόμο της αλήθειας και της ζωής. Είθε να είμαστε επίσης σωστοί καθοδηγητές και παράδειγμα καρποφόρου πιστού για τα παιδιά μας και για τις επόμενες γενιές. Προσευχόμαστε στο Άγιο Όνομά Σου.

17 Ιουνίου
ΕΓΚΑΤΑΛΕΙΜΜΕΝΟΙ ΕΞΑΙΤΙΑΣ ΤΗΣ ΑΝΥΠΑΚΟΗΣ
Α' Σαμουήλ 16:14

Στην εποχή της Παλαιάς Διαθήκης, βλέπουμε ότι το Πνεύμα του Θεού εγκαταλείπει τους ανυπάκουους. Αυτό μας κάνει να αναρωτιόμαστε αν ο Θεός θα εγκαταλείψει κάθε πιστό εν Χριστώ που για λίγο διάστημα περνά μία περίοδο έλλειψης κρίσης, κατά την οποία δεν υπακούει στον Άγιο Λόγο του Θεού;

ΑΝΥΠΑΚΟΗ ΠΡΙΝ ΤΟΝ ΙΗΣΟΥ ΧΡΙΣΤΟ

Στην Αγία Γραφή, ο Θεός εγκατέλειψε τους ανυπάκουους χωρίς να τους ξεχωρίζει ανά άτομα. Ο Σαμψών πήρε γυναίκες που δεν ήταν από τον λαό του. Στη συνέχεια, καθοδηγούμενος από το πάθος, αποκάλυψε την πηγή της δύναμής

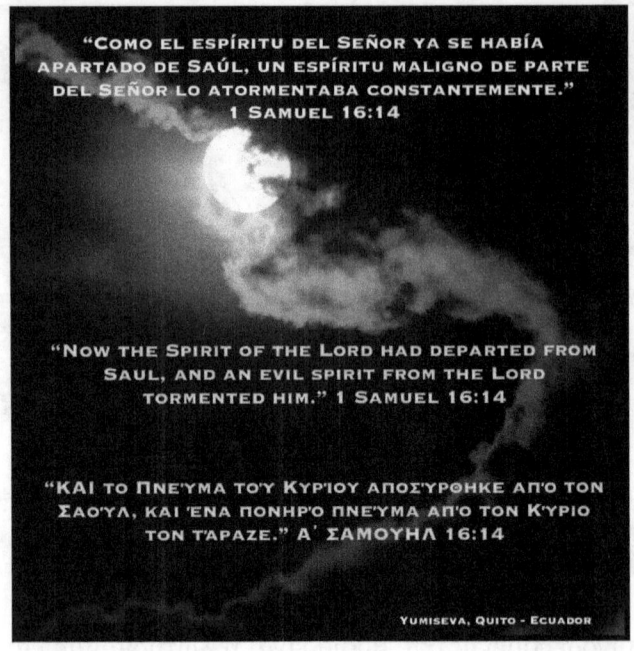

Του, κάνοντας τη δύναμη και το Πνεύμα του Θεού να τον εγκαταλείψουν **(Κριταί 14-16:20)**. Από φόβο προς τους ανθρώπους, ο βασιλιάς Σαούλ δεν υπάκουσε στις εντολές του Θεού και το Πνεύμα του Θεού τον εγκατέλειψε **(Α' Σαμουήλ 16:14)**.

Όταν οι Ισραηλίτες, μαζί με τον Ααρών, τον αρχιερέα, έφτιαξαν το χρυσό μοσχάρι και το προσκυνούσαν *«ο Θεός έστρεψε το πρόσωπό του και τους παρέδωσε στο να λατρεύσουν τη στρατιά τού ουρανού»* **(Πράξεις 7:42Α)**.

Το ερώτημα παραμένει: **ο Θεός θα εγκαταλείψει τους πιστούς εν Χριστώ εξαιτίας της ανυπακοής τους;**

ΑΝΥΠΑΚΟΗ ΜΕΤΑ ΤΟΝ ΙΗΣΟΥ

Είναι σημαντικό να σημειώσουμε ότι πριν τον Ιησού, ο Θεός δεν είχε υποσχεθεί επ' αόριστον το Άγιο Πνεύμα. Ο Ιησούς, όμως, υποσχέθηκε να Τον στείλει να είναι μαζί με κάθε πιστό **για πάντα (Κατά Ιωάννην 14:16)**. Έτσι, ως γνήσιοι μαθητές του Ιησού Χριστού, οι καρδιές μας υποτάσσονται και υπακούν στο θέλημα του Θεού, και στην περίπτωση αυτή, ο Θεός δεν θα μας εγκαταλείψει.

Στην **Προς Ρωμαίους επιστολή 8:38-39** διαβάζουμε, *«Επειδή, είμαι πεπεισμένος ότι, ούτε θάνατος ούτε ζωή ούτε άγγελοι ούτε αρχές ούτε δυνάμεις ούτε παρόντα ούτε μέλλοντα ούτε ύψωμα ούτε βάθος ούτε κάποια άλλη κτίση, θα μπορέσει να μας χωρίσει από την αγάπη τού Θεού, η οποία υπάρχει στον Ιησού Χριστό τον Κύριό μας»*. Παρόλο που εμείς μπορεί να εγκαταλείψουμε τον Κύριο, Ο Θεός δεν θα μας εγκαταλείψει ποτέ.

Είναι πολύ πιθανό να σβήνουμε το Πνεύμα μέσα από την αμαρτία της σκέψης, των λόγων μας, των πράξεών μας ή από παραλείψεις μας **(Προς Θεσσαλονικείς Α' 5:19)**. Αυτό, όμως, δεν σημαίνει ότι το Πνεύμα του Θεού θα μας εγκαταλείψει. Αντιθέτως, όταν έχουμε δοκιμασίες και πειρασμούς, το Πνεύμα θα είναι πάντα δίπλα μας για να μας δείχνει την οδό της αλήθειας, της δικαιοσύνης και της αγάπης, ακόμη και τον δρόμο για να επιστρέψουμε στον Θεό.

Ας προσευχηθούμε: Ουράνιε Πατέρα μας, Σ' ευχαριστούμε που μας έδωσες τη μόνιμη υπόσχεση του Άγιου Σου Πνεύματος. Ζητούμε καρδιές που θα υποτάσσονται σε Εσένα, πρόθυμες να εμπιστευτούν τον Λόγο Σου και να πράξουν το θέλημά Σου. Είθε τα παιδιά μας να έχουν τη βεβαιότητα ότι *δεν θα τους αφήσεις και δεν θα τους ξεχάσεις ποτέ.* Προσευχόμαστε στο όνομα του Ιησού Χριστού, του μεσίτη της νέας αυτής διαθήκης.

---

18 Ιουνίου
ΥΠΕΡΑΣΠΙΣΤΗΣ ΤΩΝ ΦΤΩΧΩΝ
Ψαλμοί 9:9

Ο Θεός αποκαλύπτει για τον εαυτό Του ότι αγαπά και υπερασπίζεται τους φτωχούς, τα ορφανά, τις χήρες και τους άστεγους. Ο Κύριος μας δίνει την εντολή να είμαστε η παρουσία Του, η άμυνά Του και η τροφή για εκείνους.

Ως μαθητές του Ιησού, δεν μπορούμε να ξεχάσουμε ούτε να αγνοήσουμε την ευθύνη αυτή. Ο Θεός δίνει εντολή για δικαιοσύνη για χάρη των φτωχών *«Κρίνετε τον φτωχό και τον ορφανό· πράξτε δικαιοσύνη στον θλιμμένο και τον πένητα»* (Ψαλμοί 82:3).

Κάποιοι μπορεί να διαφωνήσουν λέγοντας *«Πληρώνουμε φόρους. Η κυβέρνησή μας φροντίζει τους φτωχούς».* Η κυβέρνηση, ωστόσο, δεν έχει τα πνευματικά χαρίσματα να κατασβέσει την πνευματική πείνα, να δώσει ελπίδα και ενθάρρυνση στους θλιμμένους. Ο Θεός μας έδωσε δεξιότητες και πόρους για να τους μοιραστούμε με όσους έχουν ανάγκη και μας προειδοποιεί *«Όποιος κλείνει τα αυτιά του στην κραυγή τού φτωχού, θα φωνάξει και αυτός, και δεν θα εισακουστεί»* (Παροιμίαι 21:13).

Ο Θεός είναι ο υπερασπιστής των φτωχών. *«Επειδή, ελευθέρωσε την ψυχή τού φτωχού από το χέρι των πονηρευόμενων»* (Ιερεμίας 20:13). Ο Θεός, όμως, το κάνει αυτό μέσω της εκκλησίας που ο Ιησούς Χριστός ίδρυσε για να αποτελεί σωματική και πνευματική τροφή για όσους έχουν ανάγκη. Εσείς κι εγώ είμαστε η εκκλησία του Χριστού και καλούμαστε να είμαστε για τους φτωχούς καταφύγιο, φροντίδα και άμυνα κατά της αδικίας.

Όταν ο Κύριος με έσωσε, προσευχήθηκα *«άνοιξε τα μάτια και τα αυτιά μου ώστε να ακούσω και να δω τις ανάγκες όσων είναι γύρω μου, δώσε μου τη σοφία να κάνω το σωστό».* Ο Θεός μου επέτρεψε να δημιουργήσω μία ομάδα προσευχής και συντροφιάς στο γραφείο μου,

Εσείς κι εγώ είμαστε η εκκλησία του Χριστού και καλούμαστε να είμαστε για τους φτωχούς καταφύγιο, φροντίδα και άμυνα κατά της αδικίας.

όπου έμαθα να ακούω και να προσεύχομαι για τις ανάγκες των ανθρώπων. Ο Θεός με απέστειλε και σε διάφορα ιεραποστολικά ταξίδια στη Νικαράγουα, στην Κόστα Ρίκα, στο Εκουαδόρ και τη Βολιβία για να βοηθήσω τους φτωχούς και όσους βρίσκονταν σε ανάγκη σωματική, ψυχική και πνευματική. Έμαθα ότι ο πνευματικός ηγέτης υπηρετεί δίχως να ξεχνά τους φτωχούς και όσους βρίσκονται σε ανάγκη.

Ο Θεός είναι ο υπερασπιστής των φτωχών. *«Κύριε, ποιος είναι όμοιος με σένα, ο οποίος ελευθερώνει τον φτωχό από τον ισχυρότερό του, και τον φτωχό και τον πένητα από εκείνον που τον διαρπάζει»* **(Ψαλμοί 35:10).** Στην πόλη Norwalk, είχα τη χαρά να υπηρετώ τους εργάτες στην οδό Lowe Street Bridge, υπερασπιζόμενος τα δικαιώματα για το ημερομίσθιό τους, διδάσκοντάς τους Αγγλικά και φροντίζοντας για τη σωματική, συναισθηματική και πνευματική τους υγεία. **Ο Θεός προστατεύει τους φτωχούς μέσα από αφοσιωμένους ανθρώπους όπως εσύ.**

Ας προσευχηθούμε: Ουράνιε Πατέρα μας, Σ' ευχαριστούμε για το προνόμιο να είμαστε η παρουσία Σου, το καταφύγιο, η φροντίδα Σου για τους φτωχούς και όσους έχουν ανάγκη στο περιβάλλον μας. Ζητάμε τα παιδιά μας και οι επόμενες γενιές να είναι ευαίσθητες στη φωνή Σου, καλώντας τους να υπηρετήσουν, και όταν υπάρχουν στιγμές προσωπικής ανάγκης, στείλε τους αγγέλους Σου να φροντίσουν για τα προβλήματά τους και να προμηθεύσουν τις ανάγκες τους. Προσευχόμαστε στο όνομα του Ιησού Χριστού.

---

19 Ιουνίου
ΑΓΓΕΛΟΣ ΤΟΥ ΚΥΡΙΟΥ
Πράξεις 5:20

Ο αριθμός των πιστών αυξήθηκε όλο και περισσότερο με βάση τις διδασκαλίες και τα θαύματα που έκαναν οι απόστολοι **(Πράξεις 5:12).** Ο αρχιερέας και οι Σαδδουκαίοι, γεμάτοι ζήλια, έβαλαν τους αποστόλους στη φυλακή **(Πράξεις 5:17-18).** Το βράδυ, εμφανίστηκε άγγελος Κυρίου *«κατά τη νύχτα άνοιξε τις θύρες τής φυλακής, και βγάζοντάς τους έξω, είπε: Πηγαίνετε, και καθώς θα σταθείτε, μιλάτε προς τον λαό μέσα στο ιερό όλα τα λόγια αυτής τής ζωής. Όταν δε το άκουσαν, μπήκαν την αυγή στο ιερό, και δίδασκαν»* **(εδάφια 19-21).**

Όταν ερχόμαστε αντιμέτωποι με ζήλια και αντιξοότητες από τον κόσμο, *ο άγγελος του Κυρίου* θα εκπληρώνει πάντοτε τον σκοπό του Θεού. Τίποτα δεν θα σταματούσε τους αποστόλους από το να κηρύξουν τα καλά νέα της σωτηρίας ή να θεραπεύσουν ή να απελευθερώσουν τους αιχμαλώτους. Τίποτα δεν θα έπρεπε να μας αποτρέπει από την εκπλήρωση όσων μας εμπιστεύθηκε *ο άγγελος του Κυρίου*, να κηρύξουμε το ευαγγέλιο με πράξεις και, αν είναι απαραίτητο, με λόγια.

Ο Θεός, πολλές φορές, στέλνει **τους αγγέλους Του** να επικοινωνήσουν μαζί μας, να μας υπερασπιστούν και να μας οδηγήσουν στην ασφάλεια. *Ο άγγελος του Κυρίου* έδωσε την εντολή στον Ιωσήφ να πάρει τη Μαρία για γυναίκα του, παρόλο που εκείνη ήταν έγκυος γιατί το παιδί μέσα της είχε συλληφθεί από το Άγιο Πνεύμα του Θεού **(Κατά Ματθαίον 1:20).** Ο άγγελος επίσης προειδοποίησε τον Ιωσήφ και τη Μαρία να φύγουν στην Αίγυπτο για να σώσουν τη ζωή του Ιησού **(Κατά Ματθαίον 2:13).**

Μερικές φορές, όμως, *ο άγγελος του Κυρίου* είναι ο ίδιος ο Θεός, όπως φαίνεται στον Μωυσή και στην καιόμενη βάτο. *«Και ο άγγελος του Κυρίου φάνηκε σ' αυτόν μέσα σε φλόγα φωτιάς, από το μέσον τής βάτου, και είδε, και ξάφνου, η βάτος καιγόταν από τη φωτιά, αλλά η βάτος δεν κατακαιγόταν. Και ο Μωυσής είπε: Ας στρέψω, και ας παρατηρήσω αυτό το μεγάλο θέαμα, γιατί η βάτος δεν κατακαίγεται. Και καθώς ο Κύριος είδε τον Μωυσή ότι έστρεψε να παρατηρήσει, ο Θεός φώναξε σ' αυτόν μέσα από τη βάτο, και είπε: Μωυσή, Μωυσή. Και εκείνος είπε: Εδώ είμαι»* (Έξοδος 3:2–4).

Πρέπει να δίνουμε την ίδια προσοχή εφόσον δεν μπορούμε να διακρίνουμε μεταξύ της φωνής του Θεού και των αγγέλων Του. Γιατί; Γιατί, ακόμη κι αν ήταν μόνο άγγελος, **έρχεται με το μήνυμα και την εξουσία του Θεού** για να διαβεβαιώσει ότι εσείς, εγώ, τα παιδιά μας και τα παιδιά των παιδιών μας θα φτάσουμε στον προορισμό μας με ασφάλεια.

Ας προσευχηθούμε: Ουράνιε Πατέρα μας, Σ' ευχαριστούμε για τους αγγέλους που έστειλες ανά τα χρόνια στη ζωή μας. Δεν ξέρω πού θα βρισκόμουν σήμερα αν δεν ήταν η χάρη Σου, η αγάπη Σου και οι άγγελοί Σου οι οποίοι, στη σωστή στιγμή, μας έφεραν τα καλά νέα και ξεκάθαρες οδηγίες. Σε παρακαλώ βοήθησέ μας να δίνουμε σημασία όταν Εσύ καλείς και ν**α πράττουμε το θέλημά Σου**. Προσευχόμαστε στο όνομα του Ιησού Χριστού.

---

20 Ιουνίου
Ο ΘΕΟΣ ΑΠΑΝΤΑ ΑΜΕΣΩΣ

«Σε ημέρα θλίψης θα σε επικαλούμαι, επειδή θα με εισακούς». **Ψαλμός 86:7**

"When I am in distress, I call to you, because you answer me." **Psalm 86:7**

"Cuando me encuentro angustiado, te llamo porque tú me respondes". **Salmo 86:7**

Είναι καλό που ο Κύριος δεν έχει τηλεφωνητή, ούτε διαδραστικό σύστημα φωνητικής απόκρισης, ούτε αναμονή κλήσης ούτε αναγνώριση κλήσης. Για τις επιχειρήσεις, αυτά τα συστήματα είναι πρακτικά για τη λήψη μηνυμάτων, για να βοηθήσουν τους πελάτες να ολοκληρώσουν τις συναλλαγές τους ή να μεταφέρουν την κλήση στον κατάλληλο αντιπρόσωπο.

Για μεμονωμένα άτομα, τα συστήματα αυτά βοηθούν επίσης στη λήψη μηνυμάτων ενώ είμαστε εκτός ενός χώρου ή για να μπλοκάρουμε τηλεφωνικές πωλήσεις. Ο Θεός, όμως, δεν χρησιμοποιεί τέτοιου είδους συστήματα. Αντιθέτως, απαντά αμέσως σε κάθε κλήση ξεχωριστά κι αν βρισκόμαστε σε κίνδυνο, στέλνει έναν από τους αγγέλους Του να μας επαναφέρει στην ασφάλεια.

Σκέψου πώς θα ένιωθες, αν κάθε φορά που ανέφερες το όνομα του Θεού, άκουγες μία σειρά επιλογών: «Για Ισπανικά, πατήστε 1. Για Ιταλικά, πατήστε 2. Ο χρόνος αναμονής για να μιλήσετε με τον Θεό είναι 26 ώρες. Αν επιθυμείτε να περιμένετε, πιέστε το 3. Για να αφήσετε μήνυμα, περιμένετε μέχρι το τέλος της ηχογράφησης και αφήστε το μήνυμά σας μετά τον χαρακτηριστικό ήχο».

Παρόλο που ο Θεός πιθανόν απαντά περίπου 6 με 7 δισεκατομμύρια κλήσης όταν έρχεται η δική σας κλήση, απαντά προσωπικά σε εσάς: ***Κόρη μου, γιε μου, πόσο χαίρομαι που ακούω τη φωνή σου.***

Πώς είσαι;» Η προσωπική, στενή και άμεση προσοχή του Θεού μας κάνει να απαντούμε με ευγνωμοσύνη και αυτοπεποίθηση *«Σε ημέρα θλίψης θα σε επικαλούμαι, επειδή θα με εισακούς»* **(Ψαλμοί 86:7).**

Ο Θεός λέει *«Κράξε σε μένα, και θα σου απαντήσω»* **(Ιερεμίας 33:3Α).** Ο Θεός θα ακούσει τη φωνή σου και θα σου απαντήσει προσωπικά γιατί τα αυτιά του Θεού είναι ευαίσθητα στην κραυγή όλων των παιδιών του Θεού, ιδιαίτερα στα ορφανά και στις χήρες. *«Δεν θα καταθλίψετε καμιά χήρα ή ορφανό. Αν πραγματικά τούς καταθλίψετε, και βοήσουν σε μένα, θα εισακούσω τη φωνή τους οπωσδήποτε»* **(Έξοδος 22:22-23).**

Θυμήσου, όμως, ότι ο Θεός είναι ζηλότυπος και **έχει υποσχεθεί να μην ακούει την κραυγή μας** όταν κυνηγούμε άλλους θεούς. *«Και θα βοήσουν σε μένα, αλλά δεν θα τους εισακούσω»* **(Ιερεμίας 11:11Β).** Αν πορευόμαστε εντός του θελήματος και της καθοδήγησης του Θεού, **ο Θεός θα απαντήσει στο κάλεσμά μας!** Γι' αυτό, είναι σημαντικό να γνωρίζουμε την καρδιά του Θεού και το θέλημά Του και να διασφαλίσουμε ότι θα ενεργήσουμε σύμφωνα με την υπάρχουσα διαθήκη για τα παιδιά του Θεού.

Ας προσευχηθούμε: Ουράνιε Πατέρα μας, Σ' ευχαριστούμε που δεν μπλοκάρεις τις κλήσεις μας και που ακούς την κραυγή μας όταν Σε καλούμε. Δώσε μας καρδιά αφοσιωμένη σε Εσένα, με διάκριση για να ανιχνεύουμε την υποκρισία του κόσμου ώστε να μην πέσουμε σε ειδωλολατρία, σε πειρασμούς ή να Σε δυσαρεστήσουμε με λόγια, πράξεις, παραλείψεις ή σκέψεις. Προσευχόμαστε στο Άγιο Όνομά Σου.

---

21 Ιουνίου
Ο ΙΗΣΟΥΣ ΗΡΘΕ ΓΙΑ ΝΑ ΕΚΠΛΗΡΩΣΕΙ ΤΟΝ ΝΟΜΟ
Ψαλμοί 119:126

Ισχύει ότι η γενιά μας έχει *«παραβιάσει»* τον νόμο του Θεού; Η εβραϊκή λέξη στο κείμενό μας είναι η פָּרַר **(pārar).** Τα συνώνυμά της περιλαμβάνουν τις λέξεις «παραβιάζω, ανατρέπω, κενό, αναιρώ, εμποδίζω, παραβαίνω, ακυρώνω, μειώνω, χάνω».

Κάποιες εκδόσεις της Αγίας Γραφής στα ισπανικά αναφέρουν ότι *«έχουν παραβιάσει, διαλύσει, παρακούσει, παραβεί, ξεχάσει, ακυρώσει τον νόμο σου».* Ο Ιησούς είπε *«Μη νομίσετε ότι ήρθα για να καταργήσω τον νόμο ή τους προφήτες· δεν ήρθα να καταργήσω, αλλά να εκπληρώσω»* **(Κατά Ματθαίον 5:17).**
Ο Ιησούς ήρθε για να εκπληρώσει όλες τις προφητείες που αφορούν Εκείνον και να σώσει τον κόσμο από τις αμαρτίες του, εφόσον *«χωρίς χύση αίματος δεν γίνεται άφεση»* **(Προς Εβραίους 9:22).**

Με την άφιξη, τον θάνατο και την ανάσταση του Ιησού Χριστού και την καταστροφή του Ναού, οι νόμοι που αφορούσαν στις τελετουργίες (θυσίες) ακυρώθηκαν. Στον Σταυρό, ο Ιησούς Χριστός *«ο*

Αμνός τού Θεού, ο οποίος σηκώνει την αμαρτία τού κόσμου» **(Κατά Ιωάννην 1:29).** Ο Θεός έδειξε επίσης στον Πέτρο ότι κατήργησε τους νόμους σχετικά με την τροφή που ξεχώριζαν τον λαό του Θεού από τους υπόλοιπους. Ο Θεός είπε *«Όσα ο Θεός καθάρισε, εσύ να μη τα λες βέβηλα»* **(Πράξεις 10:15).**

Οι Ισραηλίτες δεν μπορούσαν πλέον να αποκαλούν τους μη Εβραίους βέβηλους γιατί *«Δεν υπάρχει πλέον Ιουδαίος ούτε Έλληνας· δεν υπάρχει δούλος ούτε ελεύθερος· δεν υπάρχει αρσενικό και θηλυκό· επειδή, όλοι εσείς είστε ένας στον Ιησού Χριστό»* **(Προς Γαλάτας 3:28, Προς Κολοσσαείς 3:11).** Ο Ιησούς έφερε τα πάνω κάτω στον κόσμο. Εξάλειψε το φαινόμενο της ανταπόδοσης του κακού όταν σου έχουν κάνει κακό και το αντικατέστησε με *«όποιος σε ραπίσει στο δεξί σου σαγόνι, στρέψε σ' αυτόν και το άλλο»* **(Κατά Ματθαίον 5:39).** Μας δίδαξε να *«συγχωρούμε σ' αυτούς που αμαρτάνουν σε μας»* **(Κατά Ματθαίον 6:12),** ότι οι τελευταίοι θα γίνουν πρώτοι **(Κατά Μάρκον 9:35),** ότι οι τελευταίοι είναι μεγαλύτεροι **(Κατά Λουκάν 7:28)** και ότι οι *φτωχοί στο πνεύμα· είναι ευλογημένοι* **(Κατά Ματθαίον 5:3).**

Ο Ιησούς, ωστόσο, δεν μετέβαλλε και δεν θα μεταβάλλει τις ηθικές εντολές. Το γεγονός ότι ο Θεός ανέφερε ότι *«Όσα ο Θεός καθάρισε, εσύ να μη τα λες βέβηλα»* δεν σημαίνει ότι όλα όσα αποκάλεσε ο Θεός απεχθή είναι πλέον καλά. Όσα ο Θεός αποκάλεσε βέβηλα, μόνο Εκείνος έχει τη δύναμη να τα αλλάξει. Οι κυβερνήσεις μας μπορούν να δημιουργήσουν νόμους που αντιβαίνουν στην ηθική του Θεού, αλλά αυτό δεν σημαίνει ότι οι χριστιανοί πρέπει να υποτάσσονται στους ανθρώπινους νόμους που αναιρούν τον νόμο του Θεού **(Πράξεις 4:19).**

Ας προσευχηθούμε: Ουράνιε Πατέρα μας, προσευχόμαστε για διαύγεια ώστε να διακρίνουμε μεταξύ του καλού και του κακού και να έχουμε θάρρος ώστε να μη βιαζόμαστε να κρίνουμε όσους σήμερα έχουν έναν τρόπο ζωής που αντιβαίνει στον Άγιο Λόγο Σου, γιατί, στο παρελθόν, κι εμείς υπήρξαμε εχθροί της Βασιλείας Σου. Σ' ευχαριστούμε που μας καθάρισες μέσα από τη θυσία του Ιησού Χριστού, στου οποίου το όνομα προσευχόμαστε.

---

22 Ιουνίου
ΑΓΑΠΗ ΓΙΑ ΤΟΝ ΙΗΣΟΥ ΚΑΙ ΤΟΝ ΛΟΓΟ ΤΟΥ

«Γι' αυτό, γνώρισα ορθές όλες τις εντολές σου για κάθε πράγμα· και μίσησα κάθε δρόμο ψευτιάς».
Ψαλμός 119:128

"And because I consider all your precepts right, I hate every wrong path." **Psalm 119:128**

"Yo estimo la rectitud y pureza de tus mandamientos; por eso me he alejado de la senda de mentira". **Salmo 119:128**

Ήμουν έξι χρονών όταν η μητέρα μου με πήγε στο σινεμά. Είδαμε την ταινία *"King of Kings"* (Βασιλιάς των Βασιλιάδων) και γνώρισα τον αιώνιο έρωτα της ζωής μου. Βλέποντας την καθαρότητα της γεμάτη θυσίες ζωής του, **ερωτεύτηκα τον Ιησού και τον Λόγο Του. Ερωτεύτηκα ξανά τον Ιησού και τον Λόγο Του** όταν ήμουν 10 ετών, όταν ο πατέρας μου έδωσε στη μητέρα μου μία Αγία Γραφή. Τη διάβαζα συχνά και ανακάλυψα ξανά **την αγνότητα και τη δικαιοσύνη** της αγάπης και του Λόγου Του.

Στην ηλικία των 14 ετών, όπως κάνουν οι έφηβοι, σταμάτησα να πηγαίνω στην εκκλησία ώσπου έγινα 19 ετών. Στην πρώτη μου εργασία, γνώρισα τη Marie που επέμενε να πάμε στη λειτουργία. Μου είπε

«Ο Θεός μας δίνει 168 ώρες ζωής κάθε εβδομάδα και μας ζητά να του δώσουμε πίσω μόνο μία ώρα. Δεν μπορείς να το κάνεις αυτό για τον Θεό; Αν όχι, κάντο για εμένα. Αλλά στο λέω ότι η γιαγιά μου θα χαιρόταν πολύ αν της έλεγα ότι πηγαίνεις στην εκκλησία μαζί μου».

Στη συνέχεια γνώρισα τη Μαργαρίτα, παντρευτήκαμε και 5 χρόνια αργότερα, αποκτήσαμε το πρώτο μας παιδί. Ξεκίνησα να παίζω μπάσο στη χορωδία της εκκλησίας κάθε Κυριακή με τα αδέρφια μου. Δεν ήταν τίποτα περισσότερο από μία καλλιτεχνική αφοσίωση. Δεν ένιωθα αγάπη για τον Ιησού. Είχα απομακρυνθεί από τον Θεό, αλλά ο Θεός δεν με είχε ξεχάσει. Ο Ιησούς, ο καλός Ένασένας, άφησε τα 99 πρόβατα και ήρθε να αναζητήσει το παιδί που ένιωσε την αγάπη και το κάλεσμά Του στην ηλικία των 6 ετών.

> *«Ο Θεός μας δίνει 168 ώρες ζωής κάθε εβδομάδα και μας ζητά να του δώσουμε πίσω μόνο μία ώρα. Δεν μπορείς να το κάνεις αυτό για τον Θεό;».*
> Marie Frangipane

Στην ηλικία των 35 ετών, στην πιο άσχημη περίοδο της ζωής μου, ο Θεός άνοιξε τα μάτια μου και μου έδειξε τη μεγαλοσύνη της αγάπης Του και πόσο υπέφερε ο Ιησούς για εμένα ώστε εγώ να επιστρέψω στην πρώτη μου αγάπη. Το 1989, **ερωτεύτηκα ξανά Εκείνον που ήταν τόσο σημαντικός στη ζωή της μητέρας μου**. Έτσι άρχισε στη ζωή μου ένα ακλόνητο καθεστώς μελέτης, προσευχής και λατρείας, το οποίο για 33 χρόνια, έδωσε στη ζωή μου σκοπό, χαρά, ειρήνη, ελπίδα και αγάπη. Από τότε, ακόμη και αν μέσω δυσκολιών, απόλαυσα όλες τις γεύσεις και τα αρώματα που μου πρόσφερε η ζωή καθώς **διάβαινα με αγάπη με τον Ιησού και τον Άγιο Λόγο Του**.

Ας προσευχηθούμε: Ουράνιε Πατέρα μου, Σ' ευχαριστώ που άγγιξες τη καρδιά μου και έκανες σε εμένα *«Ο νόμος του στόματός σου είναι σε μένα καλύτερος παρά χιλιάδες από χρυσάφι και ασήμι»* **(Ψαλμοί 119:72)**. Σ' ευχαριστώ που συγχώρησες τις αποτυχίες μου και θεράπευσες τις ασθένειές μου. Είθε η μαρτυρία μου να οδηγήσει άλλους να ερωτευτούν Εσένα και τον Λόγο Σου. Προσευχόμαστε στο όνομα του Ιησού Χριστού.

---

23 Ιουνίου
Ο ΘΕΟΣ ΕΙΝΑΙ ΠΙΟ ΔΥΝΑΤΟΣ ΑΠΟ ΤΙΣ ΚΑΤΑΙΓΙΔΕΣ
Κατά Μάρκον 6:51

Στον **Ψαλμό 107:28-30** βρίσκουμε εδάφια παρόμοια με αυτά στο κείμενό μας. *«Τότε, κράζουν προς τον Κύριο, μέσα στη θλίψη τους, και τους βγάζει μέσα από τις ανάγκες τους. Κατασιγάζει την ανεμοζάλη, και τα κύματά της σιωπούν. Και ευφραίνονται, επειδή ησύχασαν· και τους οδηγεί στο επιθυμητό λιμάνι τους».* (Πλήρης εβραϊκή Γραφή).

Στο **Κατά Μάρκον 4:37-39** διαβάζουμε ότι οι μαθητές ήταν τρομοκρατημένοι επειδή *«γίνεται ένας μεγάλος ανεμοστρόβιλος· και τα κύματα έμπαιναν μέσα στο πλοίο, ώστε αυτό ήδη γέμιζε. Και αυτός, ήταν στην πρύμη, όπου κοιμόταν επάνω στο προσκεφάλι· και τον ξυπνούν, και του λένε: Δάσκαλε, δεν σε νοιάζει ότι χανόμαστε; Και καθώς σηκώθηκε, επιτίμησε τον άνεμο· και είπε στη θάλασσα: Σώπασε, ησύχασε. Και σταμάτησε ο άνεμος, και έγινε μεγάλη γαλήνη».*

Όταν ο Κύριος Ιησούς Χριστός έρχεται στη ζωή μας, ο Λόγος Του και η παρουσία Του κατασιγάζουν τις καταιγίδες μας, μας γεμίζουν με ειρήνη, χαρά και ελπίδα ότι θα φτάσουμε αβλαβείς στο ασφαλές λιμάνι μας με Εκείνον καπετάνιο του πλοίου μας.

Ναι, αγαπητοί μου, ο Δημιουργός του Σύμπαντος και Σωτήρας της ζωής μας θέλει και μπορεί να σιγάσει τις σωματικές, ψυχολογικές και πνευματικές μας καταιγίδες. Κάποιες καταιγίδες είναι φυσικές και είναι πέραν του ελέγχου μας – μπορούμε μόνο να εμπιστευτούμε τον εαυτό μας στο έλεος του Θεού. Άλλες ξεκινούν από τον εχθρό για να εγκαταλείψουμε τη μεγάλη μας αγάπη και να αναζητήσουμε προσωπική ισχύ και δόξα. Κάποια από τα ψέματα του εχθρού είναι *«Ο Θεός δεν υπάρχει. Τον έχεις δει ποτέ; Ακόμη κι αν υπήρχε, δεν θα ήσουν σε αυτή την κατάσταση αν σε αγαπούσε. Μπορώ να σε σώσω από αυτή την καταιγίδα αν με υπηρετήσεις»*.

Σε εκπλιπαρώ να μην δώσεις σημασία στα ψέματα αυτά. Ο Θεός υπάρχει, σε αγαπάει και έχει όμορφα σχέδια για τη ζωή σου. Ο Θεός έχει τον απόλυτο έλεγχο στη φύση, και, στο όνομα του Ιησού Χριστού, μπορείς να διώξεις τις αρνητικές σκέψεις, εμπιστευόμενος τη ζωή σου σε Εκείνον που έχει εξουσία στο σύμπαν. Στον **Ψαλμό 65:7** λέει ότι ο Κύριος είναι Εκείνος που *«κατασιγάζει τον ήχο τής θάλασσας, τον ήχο των κυμάτων της, και τον θόρυβο των λαών»*.

Ας προσευχηθούμε: *«Κύριε, καθοδήγησε το πλοίο μου στο δικό Σου ασφαλές και ήρεμο λιμάνι εν μέσω της σφοδρότητας της καταιγίδας, το πλοίο μου μπορεί να βυθιστεί! Καθοδήγησε την πορεία μου και δώσε μου θάρρος, δώσε μου αυτοπεποίθηση και γαλήνη»* (άγνωστος συγγραφέας). Κατάπαυσε τους ανέμους στις καταιγίδες μας. Αύξησε την πίστη μας ώστε να αντισταθούμε στον φόβο. Αύξησε την αγάπη μας για Εσένα και για τον πλησίον μας. Προσευχόμαστε στο όνομα του Ιησού Χριστού.

---

24 Ιουνίου
ΧΑΡΑ ΣΤΙΣ ΔΟΚΙΜΑΣΙΕΣ
Προς Κορινθίους Β' 7:4β

Μπορεί να μην έχουμε πετύχει όλα όσα θα θέλαμε. Μπορεί να έχουμε σχέδια που ναυάγησαν λόγω αλλαγών ή μη αναμενόμενων γεγονότων που κάνουν το παρόν μας να είναι διαφορετικό από αυτό που είχαμε ονειρευτεί. Σε τέτοιες στιγμές, εμπιστευόμαστε ότι τα καλά σχέδια του Θεού θα μας δώσουν νίκη σε κάθε κατάσταση. Γι' αυτόν τον λόγο, παρόλο που μπορεί να φαινόμαστε *«λυπούμενοι, αλλά πάντοτε έχουμε χαρά· σαν φτωχοί, όμως πλουτίζουμε πολλούς· σαν να μη έχουμε τίποτε, όμως τα πάντα κατέχουμε»* (Προς Κορινθίους Β' 6:10).

Ευτυχώς, πιστεύω ότι λίγοι από εμάς φυλακίστηκαν για την πίστη τους στον Ιησού. Ωστόσο, ανά την ιστορία, πολλοί υπέφεραν και χαίρονταν για τις *δοκιμασίες που περνούσαν για τον Ιησού Χριστό* (Α' Πέτρου 4:12).

Οι Απόστολοι ανέμεναν τα πλήθη να καλωσορίσουν το μήνυμα της Σωτηρίας με χαρά, αλλά αντίθετα, ο Πέτρος και ο Ιωάννης φυλακίστηκαν για τη διδασκαλία τους στο όνομα του Ιησού Χριστού. *«Και αφού προσκάλεσαν τους αποστόλους, τους έδειραν και τους παρήγγειλαν να μη μιλούν στο όνομα του Ιησού, και τους απέλυσαν. Εκείνοι, λοιπόν, αναχωρούσαν μπροστά από το συνέδριο με χαρά, επειδή χάρη τού ονόματός του αξιώθηκαν να ατιμαστούν»* (Πράξεις 5:40-41). Παρομοίως, ο Παύλος και ο Σίλας μαστιγώθηκαν και ρίχτηκαν στη φυλακή. Παρόλο που είδαν το όνειρό τους να γίνεται κομμάτια, στην απομόνωση της φυλακής τους, προσεύχονταν και *«υμνούσαν τον Θεό· και τους άκουγαν με προσοχή οι φυλακισμένοι»* (Πράξεις 16:25).

Ο Ιησούς είπε *«Μέσα στον κόσμο θα έχετε θλίψη· αλλά, να έχετε θάρρος· εγώ νίκησα τον κόσμο»* (Κατά Ιωάννην 16:33). Όταν έχεις μεγάλη εμπιστοσύνη στον Θεό, στη δύναμη, στην κυριαρχία Του και στην αξιοπιστία Του μας επιτρέπει να παραμένουμε χαρούμενοι εν μέσω δυσκολιών, γνωρίζοντας ότι ο Θεός θα ανοίξει την πόρτα της νίκης, της δόξας και της χαράς. *«Επειδή, η προσωρινή ελαφριά μας θλίψη κατεργάζεται σε μας, από υπερβολή σε υπερβολή, αιώνιο βάρος δόξας»* (Προς Κορινθίους Β' 4:17).

Πάντα ονειρευόμουν όταν συνταξιοδοτηθώ, να ζω 3 μήνες στο Εκουαδόρ, 3 μήνες στην Ελλάδα και το υπόλοιπο διάστημα στις ΗΠΑ. Το 2020, χωρίς κανέναν προγραμματισμό, το όνειρο αυτό έγινε πραγματικότητα. Εξαιτίας του COVID, μείναμε στο Εκουαδόρ 3 μήνες και παρόλο που ήμασταν σε καραντίνα, ήταν μία περίοδος χαράς, ευχαρίστησης και πνευματικής αποκατάστασης. Τα **βίντεο Praises of the People (Δοξολογία ανθρώπων)** και Morning praise **(πρωινή δοξολογία)** ξεκίνησαν ως αποτέλεσμα της καραντίνας.

Ας προσευχηθούμε: Ουράνιε Πατέρα μου, Σ' ευχαριστούμε που έβαλες τους αγγέλους Σου γύρω μας να μας στηρίζουν σε δύσκολες περιόδους. Αύξησε την πίστη μας ώστε να γνωρίζουμε ότι ακόμη και εν μέσω δοκιμασίας, Εσύ είσαι στο πλευρό μας, ότι έχεις τη δύναμη στις καταιγίδες της ζωής μας και θα μας βοηθήσεις να είμαστε έμπιστοι και χαρούμενοι δούλοι Σου. Προσευχόμαστε στο όνομα του Ιησού Χριστού.

---

25 Ιουνίου
Η ΕΒΡΑΪΚΗ ΠΡΟΣΕΥΧΗ ΤΟΥ ΚΥΡΙΟΥ
Ψαλμός 130:3-4

Ο **Ψαλμός 130** αποτελεί μία εβραϊκή προσευχή, παρόμοια με την προσευχή του Κυρίου και περιλαμβάνει μετάνοια, εξομολόγηση, ελπίδα και πίστη στον Κύριο.

ΜΕΤΑΝΟΙΑ - *«Από τα βάθη μου έκραξα σε σένα, Κύριε. Κύριε, εισάκουσε τη φωνή μου· ας είναι τα αυτιά σου προσεκτικά στη φωνή των δεήσεών μου»* (εδάφια 1-2). Ο Θεός κλείνει τα αυτιά Του στην κραυγή των ασεβών που απέρριψαν την προστασία του Θεού. Ζητώντας το έλεός Του, προσευχόμαστε ο Θεός να μην μας αφήσει, τα αυτιά Του να είναι ευαίσθητα στις κραυγές μας. Ακόμη κι αν Τον εγκαταλείψαμε για λίγο, ο Θεός δεν μας εγκαταλείπει ποτέ.

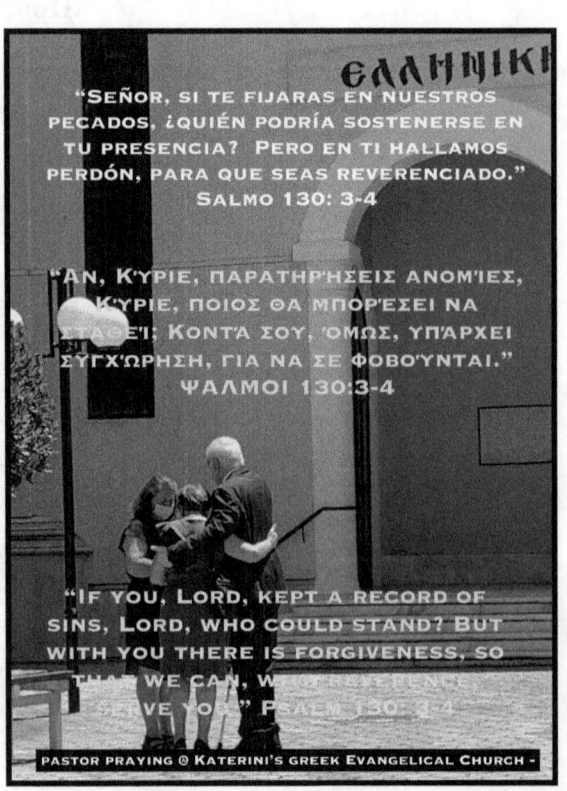

ΕΞΟΜΟΛΟΓΗΣΗ - *«Αν, Κύριε, παρατηρήσεις ανομίες, Κύριε, ποιος θα μπορέσει να σταθεί; Κοντά σου, όμως, υπάρχει συγχώρηση, για να σε φοβούνται»* (εδάφιο 3-4). Οι σκέψεις μας μπορούν να μας οδηγήσουν στα βάθη της απελπισίας ή στα ύψη της ευδαιμονίας. Κάποιοι λανθασμένα πιστεύουν ότι ο Θεός δεν θα συγχωρήσει τις αμαρτίες τους. Αν διαβάζουμε καθημερινά τον Λόγο του Θεού, μαθαίνουμε ότι *«Αν ομολογούμε τις αμαρτίες μας, ο Θεός είναι πιστός και δίκαιος ώστε να συγχωρήσει σε μας τις αμαρτίες, και να μας καθαρίσει από κάθε αδικία»* (Α' Ιωάννου 1:9). Αν ο Θεός είναι ο Κύριός μας, μπορούμε να βασιστούμε στην αγάπη, στο έλεος, στη συγχώρηση, στη διόρθωση, στην αποκατάστασή Του και να πετάξουμε ξανά σαν αετοί.

ΕΛΠΙΔΑ - *«Πρόσμεινα τον Κύριο, η ψυχή μου πρόσμεινε, και έλπισα στον λόγο του. 6Η ψυχή μου προσμένει τον Κύριο, περισσότερο από ό,τι εκείνοι που προσμένουν την αυγή, ναι, εκείνοι που προσμένουν την αυγή»* (εδάφια 5-6). Πρέπει να προσεγγίσουμε τον θρόνο του Θεού με ελπίδα και εμπιστοσύνη στις υποσχέσεις Του. Με ευγνωμοσύνη και χωρίς φόβο επειδή ο Θεός μας έχει καλέσει να Του δώσουμε όλα μας τα βάρη.

ΕΜΠΙΣΤΟΣΥΝΗ - *«Ας ελπίζει ο Ισραήλ στον Κύριο· επειδή, κοντά στον Κύριο υπάρχει έλεος, και κοντά του υπάρχει πολλή λύτρωση· και αυτός θα λυτρώσει τον Ισραήλ από όλες τις ανομίες του»* (εδάφια 7-8). Ο Θεός μας καλεί να εμπιστευθούμε ολοκληρωτικά Εκείνον και τον Λόγο Του. Ο Ιησούς Χριστός είναι ο μόνος που μπορεί να μας σώσει από τις αμαρτίες μας και ένα μέλλον με απόλυτη αποξένωση από τον Θεό. Είναι ο Σωτήρας και Μεσίτης που μας δίνει την είσοδο στην ουράνια έπαυλη.

> *Πρέπει να προσεγγίσουμε τον θρόνο του Θεού με ελπίδα και εμπιστοσύνη στις υποσχέσεις Του. Με ευγνωμοσύνη και χωρίς φόβο επειδή ο Θεός μας έχει καλέσει να Του δώσουμε όλα μας τα βάρη.*

Ας προσευχηθούμε: Ουράνιε Πατέρα μας, Σ' ευχαριστούμε για άλλη μία εβδομάδα ζωής και φροντίδας στην παρουσία Σου. Για τον Λόγο Σου και το Άγιο Πνεύμα Σου που καθημερινά μας καλεί να αναγνωρίζουμε τις αποτυχίες μας και να υποτάσσουμε τον εαυτό μας στη διόρθωση και την κατεύθυνσή Σου. Είσαι η μόνη μας ελπίδα, Κύριε. Θεράπευσε τον πλανήτη μας και τους αρρώστους μας. Προσευχόμαστε στο όνομα του Ιησού Χριστού.

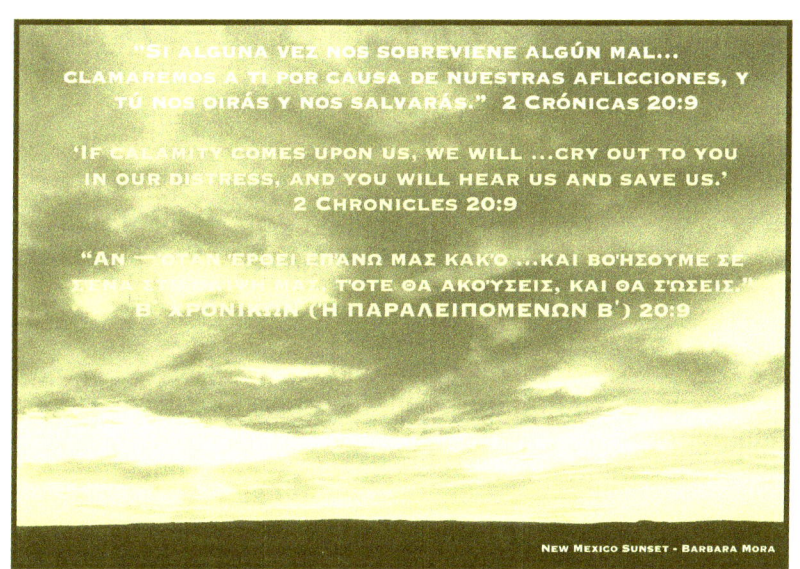

26 Ιουνίου
ΑΚΟΥΣΕ, ΣΥΓΧΩΡΗΣΕ, ΚΡΙΝΕ ΚΑΙ ΠΡΑΞΕ
Β' Χρονικών 20:9

Το βασικό εδάφιό μας είναι ένα κάλεσμα για προσευχή, το πιο ισχυρό όπλο για να ξεπεράσουμε τις δυσκολίες μας. Μας καλεί να μιμηθούμε τον Θεό, ο οποίος, με αγάπη και δικαιοσύνη, ακούει, συγχωρεί, κρίνει και δρα ως απάντηση στις καρδιές μας που μετανοούν. Μας καλεί, επίσης, να μιμηθούμε την πίστη των προγόνων μας.

Το εδάφιο αυτό αναφέρθηκε από τον βασιλιά Ιωσαφάτ και είναι επανάληψη της προσευχής του προ-προ-προ-πάππου του, Βασιλιά Σολομώντα, όταν αφιέρωσε τον πρώτο ναό (**Α' Βασιλέων 8**). Ο Θεός επιβεβαιώνει την κλήση για προσευχή και μετάνοια, λέγοντας *«και ο λαός μου, επάνω στον οποίο ονομάστηκε το όνομά μου, ταπεινώσουν τον εαυτό τους, και προσευχηθούν, και εκζητήσουν το πρόσωπό μου, και επιστρέψουν από τους δρόμους τους, τους πονηρούς, τότε εγώ θα εισακούσω από τον ουρανό, και θα συγχωρήσω την αμαρτία τους, και θα θεραπεύσω τη γη τους»* (**Β' Χρονικών 7:14**).

Η απάντηση στην προσευχή του Βασιλιά Σολομώντα είναι *«Όταν ο λαός σου Ισραήλ επιστρέψουν σε σένα, και δοξάσουν το όνομά σου, και προσευχηθούν»* (εδάφιο 46), *«τότε, εσύ να εισακούσεις από τον ουρανό, και να συγχωρήσεις την αμαρτία τού λαού σου Ισραήλ»* (εδάφιο 34).

«31 Αν κάποιος άνθρωπος αμαρτήσει στον διπλανό του,
33 Όταν ο λαός σου Ισραήλ χτυπηθεί μπροστά στον εχθρό,
35 Όταν ο ουρανός κλειστεί, και δεν γίνεται βροχή,
37 Αν γίνει πείνα στη γη, αν γίνει θανατικό, αν ο εχθρός τούς πολιορκήσει στον τόπο τής κατοικίας τους, οποιαδήποτε πληγή, οποιαδήποτε νόσος γίνει,
41 Και τον ξένον ακόμα, που …έρχεται από μακρινή γη για το όνομά σου,
44 Όταν ο λαός σου βγει σε πόλεμο ενάντια στους εχθρούς τους, όπου τούς στείλεις,
46 Όταν αμαρτήσουν σε σένα, (επειδή, κανένας άνθρωπος δεν είναι αναμάρτητος)»
(**Α' Βασιλέων 8.31,33,35,37,41,44,46**)

Προτού μιλήσεις, άκουσε προσεκτικά όσα λέγονται και όσα δεν λέγονται. Πριν αρνηθούμε να συγχωρήσουμε, ας θυμηθούμε πόσες φορές έχουν συγχωρήσει εμάς. Πριν κρίνουμε και δράσουμε, ας αναρωτηθούμε *«Τι θα έκανε ή θα έλεγε ο Ιησούς;»* Τι έκανε ή είπε ο προ-πάππος μας σε αυτή την κατάσταση;

Ας προσευχηθούμε: Ουράνιε Πατέρα μας, *«δεν υπάρχει σ' εμάς δύναμη για να αντισταθούμε σ' αυτό το μεγάλο πλήθος που έρχεται εναντίον μας, και δεν ξέρουμε τι να κάνουμε· αλλά, επάνω σε σένα είναι τα μάτια μας»* (**Β' Χρονικών 20:12**). Σ' ευχαριστούμε που μας δίδαξες πώς να γυρνάμε την πλάτη στους τρόπους του διαβόλου, να εκζητούμε το πρόσωπό Σου και να γνωρίζουμε ότι, γεμάτοι συμπόνοια, θα ακούσεις την κραυγή μας, θα συγχωρήσεις την επαναστατικότητά μας, θα κρίνεις κατά των αντιπάλων μας και θα δράσεις για να μας δώσεις την ειρήνη Σου και τη δικαιοσύνη Σου. Σε παρακαλούμε βοήθησέ μας να κρίνουμε και να δράσουμε σύμφωνα με την τρυφερή χάρη Σου, μιμούμενοι την πίστη των προγόνων μας. Προσευχόμαστε στο Άγιο Όνομά Σου.

---

27 Ιουνίου
ΕΠΙΠΛΗΞΗ ΣΤΟΝ ΑΜΑΡΤΩΛΟ, ΣΥΓΧΩΡΗΣΗ ΣΕ ΕΚΕΙΝΟΝ ΠΟΥ ΜΕΤΑΝΟΕΙ
Κατά Λουκάν 17:3

Ως Χριστιανοί, είμαστε υπεύθυνοι για τους αδελφούς, τις αδελφές και τα χαμένα πρόβατα. Αν εντοπίσουμε κάποιον σε αμαρτία ή που να διαπράττει ένα **αδίκημα**, πρέπει **να τον επιπλήξουμε**. Αν **μετανοήσουν**, πρέπει να τους **συγχωρήσουμε** και να τους υποστηρίξουμε ώστε να μην πέσουν ξανά στο στρατόπεδο του εχθρού.

Ως μαθητές του Χριστού, ο Ιησούς μας προειδοποιεί να **προσέχουμε την αμαρτία**. Όπως και με τις δοκιμασίες, πάντα θα υπάρχουν *«μπλεξίματα»*. Όσο κυβερνά τον κόσμο τούτο ο πρίγκιπας του σκότους, *«Και στους μαθητές του είπε: Είναι αδύνατον να μη έρθουν τα σκάνδαλα· όμως,*

αλλοίμονο σ' εκείνον, διαμέσου τού οποίου έρχονται» **(Κατά Λουκάν 17:1).** Ο Ιησούς μας προειδοποιεί να διασφαλίσουμε ότι δεν είμαστε η αιτία εμποδίων και διαίρεσης. Ο τρόπος ζωής μας, τα λόγια μας και οι πράξεις μας πρέπει να συνάδουν με τις διδασκαλίες και το παράδειγμα του Ιησού. Διαφορετικά, *«Τον συμφέρει να κρεμάσει μία μυλόπετρα γύρω από τον τράχηλό του, και να ριχτεί στη θάλασσα, παρά να σκανδαλίσει έναν από τούτους τούς μικρούς»* **(Κατά Λουκάν 17:2).**

«Προσέχετε τον εαυτό σας», λέει ο Ιησούς. Μας δείχνει πώς ο εχθρός μας χρησιμοποιεί για να κάνει τους μικρότερους να σκοντάψουν στην πίστη τους μέσω του θυμού, της οργής, της κρίσης και **της αποτυχίας να επιπλήξουν το λάθος και να συγχωρήσουν αυτόν που μετανοεί**. *«Αν αμαρτήσει δε σε σένα ο αδελφός σου, επίπληξέ τον· και αν μετανοήσει, συγχώρεσέ τον»* **(Κατά Λουκάν 17:3).** Η αποτυχία να επιπλήξουμε είναι κι αυτή μία αιτία που σκοντάφτουμε. Ποιος είναι, λοιπόν, ο χριστιανικός τρόπος επίπληξης; Ο Ιησούς είναι το παράδειγμά μας.

Προτού διορθώσουμε έναν αδερφό, ας αναρωτηθούμε: **Πώς θα τον επέπληττε ο Ιησούς;** Πιστεύω ότι ο Ιησούς, με μάτια γεμάτα αγάπη, είπε στην άπιστη γυναίκα *«Ούτε εγώ σε καταδικάζω· πήγαινε, και στο εξής να μη αμαρτάνεις»* **(Κατά Ιωάννην 8:11).** Αντιθέτως, αν επιπλήττουμε με κατηγορίες όπως *«Ποτέ δεν θα...»* ή *«Δεν είσαι αρκετά καλός/ή...»*, τότε κατηγορούμε, κρίνουμε και γινόμαστε ανάχωμα για κάποιον για τον οποίο ο Ιησούς έδωσε τη ζωή Του. *«Στο εξής να μη αμαρτάνεις»* είναι μία φράση γεμάτη αγάπη και μία σανίδα σωτηρίας για όσους βρίσκονται βυθισμένη στη θάλασσα της αμαρτίας.

Ο εχθρός μας χρησιμοποιεί για να κάνει τους μικρότερους να σκοντάψουν στην πίστη τους μέσω του θυμού, της οργής, της κρίσης και της αποτυχίας να επιπλήξουν το λάθος και να συγχωρήσουν αυτόν που μετανοεί.

«Και αν μετανοήσει, συγχώρεσέ τον». Μας έχει δοθεί η εντολή να οικοδομούμε όσους βρίσκονται στα τάρταρα και τα χαμένα πρόβατα. Αν μετανοήσουν, πρέπει να τους συγχωρήσουμε, ακόμη κι αν έχουν αμαρτήσει πολλές φορές μέσα σε μία μέρα. Αν μείνουμε στον τρόπο λειτουργίας της κοινωνίας μας που προσποιείται ότι *«Εγώ συγχωρώ, αλλά δεν ξεχνώ»*, το ασυνείδητο θα πάρει τον έλεγχο των λόγων και των πράξεών μας, κάνοντάς μας να γίνουμε αναχώματα επειδή μας λείπει η αληθινή συγχώρηση.

Ας προσευχηθούμε: Ουράνιε Πατέρα μας, δώσε μας λόγια αγάπης για να επιπλήξουμε όσους έχουν πέσει σε αμαρτία και τη χάρη Σου να συγχωρούμε με όλη μας την καρδιά όσους έχουν μετανοήσει. Προσευχόμαστε στο όνομα του Ιησού Χριστού, του συμπονετικού διδασκάλου και Σωτήρα μας.

---

28 Ιουνίου
ΜΟΝΟ ΣΕ ΕΣΕΝΑ ΕΜΠΙΣΤΕΥΟΜΑΙ, ΚΥΡΙΕ!

«Ο Κύριος είναι πέτρα μου, και φρούριό μου, και ελευθερωτής μου· Θεός μου, βράχος μου· σ' αυτόν θα ελπίζω· η ασπίδα μου, και το στήριγμα11 της σωτηρίας μου· ψηλός πύργος μου».
Ψαλμός 18:2

"The Lord is my rock, my fortress and my deliverer; my God is my rock, in whom I take refuge, my shield and the horn of my salvation, my stronghold." **Psalm 18:2**

"Mi Señor y Dios, tú eres mi roca, mi defensor, ¡mi libertador! Tú eres mi fuerza y mi escudo, mi poderosa salvación, mi alto refugio. ¡En ti confío"! **Salmo 18:2**

Παρόλο που η ζωή, εν γένει, είναι δύσκολη, στις εποχές του COVID, το ταξίδι αυτό έχει γίνει ακόμη πιο περίπλοκο. Συνεχίζουμε να προσευχόμαστε για τους αρρώστους μας και να αποχαιρετούμε τους αγαπημένους μας που έφυγαν νωρίς. Παρόλο που οι μάσκες δεν είναι πλέον υποχρεωτικές σε εξωτερικούς χώρους σε πολλά μέρη, πολλοί επιλέγουν να μην εμβολιαστούν κατά του COVID-19. Έτσι, πολλοί δεν είναι προστατευμένοι. Ποιος ξέρει αν έχουμε διαβεί αυτή την κοιλάδα θανάτου ή αν ένα νέο κύμα μόλυνσης καραδοκεί στον ορίζοντα;

Επειδή ο Κύριος είναι ο Θεός μας, μεταξύ απειλών, κινδύνων και αβεβαιότητας, κράζουμε με σιγουριά *«Ο Κύριος είναι πέτρα μου, και φρούριό μου, και ελευθερωτής μου· Θεός μου, βράχος μου· σ' αυτόν θα ελπίζω· η ασπίδα μου, και το στήριγμα της σωτηρίας μου· ψηλός πύργος μου»* **(Ψαλμοί 18:2)**. Εμπιστευόμαστε επειδή εσύ *«Ο Θεός είναι καταφυγή μας και δύναμη, βοήθεια ετοιμότατη μέσα στις θλίψεις»* **(Ψαλμός 46:1)**.

Γνωρίζοντας ότι ο Σαούλ ήθελε να τον σκοτώσει, ο Δαβίδ παρέμεινε κρυμμένος στην έρημο. Ο φίλος του *«ο Ιωνάθαν, ο γιος τού Σαούλ [...] πήγε στον Δαβίδ στο δάσος, και ενίσχυσε το χέρι του στην εξάρτησή του από τον Θεό. (Α' Σαμουήλ 23:14-15). «Και ο Δαβίδ κάθησε στην έρημο, σε οχυρωμένους τόπους, και έμενε σε κάποιο βουνό στην έρημο Ζιφ. Και ο Σαούλ τον ζητούσε όλες τις ημέρες· ο Θεός, όμως, δεν τον παρέδωσε στο χέρι του»* (Α' Σαμουήλ 23:14).

Μας παρηγορεί να γνωρίζουμε ότι, παρόλο που πολλοί ζητούν να μας βλάψουν, ο Κύριος θα τους αποτρέψει από το να μας βρουν γιατί η ζωή μας είναι κρυμμένη στον Θεό, τον υπερασπιστή, τον σωτήρα, τη δύναμη και την ασπίδα μας. Παρομοίως, αν έχουμε κάνει το εμβόλιο κατά του COVID, έχουμε περισσότερη σιγουριά ότι ο ιός δεν θα μας επηρεάσει τόσο πολύ αν δεν είχαμε εμβολιαστεί.

Στο περιβάλλον μας, υπάρχουν πολλοί που κρύβονται στην έρημο, χωρίς προστασία ή ενθάρρυνση, δίχως να γνωρίζουν τη βοήθεια, την άμυνα και την ασφάλεια που προσφέρει ο Θεός. Άλλοι δεν πιστεύουν στον Θεό ή στο εμβόλιο κατά του COVID και παραμένουν απροστάτευτοι. Όλοι θα πρέπει να ακούσουν, να γνωρίσουν και να ενθαρρυνθούν να εμπιστευτούν τον Θεό ώστε να λυτρωθούν και να σωθούν από την κοιλάδα θανάτου.

Ας προσευχηθούμε: Ουράνιε Πατέρα μας, Σ' ευχαριστώ που είσαι *«Ο Κύριος είναι πέτρα μου, και φρούριό μου, και ελευθερωτής μου· Θεός μου, βράχος μου· σ' αυτόν θα ελπίζω· η ασπίδα μου, και το στήριγμα της σωτηρίας μου· ψηλός πύργος μου»*. Δώσε μας το θάρρος και τη σοφία να ενθαρρύνουμε όλους όσους κρύβονται και παραμένουν απροστάτευτοι να εμπιστευτούν στη δική Σου ασφάλεια και προστασία. Προσευχόμαστε στο όνομα του Ιησού Χριστού.

---

29 Ιουνίου
ΘΕΪΚΑ ΑΥΤΙΑ

«Στη στενοχώρια μου επικαλέστηκα τον Κύριο και αναβόησα στον Θεό μου. Από τον ναό του άκουσε τη φωνή μου και η κραυγή μου ήρθε μπροστά του, έφτασε στ' αυτιά του». **Ψαλμός 18:6**

"In my distress I called to the Lord; I cried to my God for help. From his temple he heard my voice; my cry came before him, into his ears." **Psalm 18:6**

"Pero en mi angustia, Señor, a ti clamé; a ti, mi Dios, pedí ayuda, y desde tu templo me escuchaste; ¡mis gemidos llegaron a tus oídos"! **Salmo 18:6**

Η προσευχή προς τον Θεό είναι μία ειλικρινής, από καρδιάς συζήτηση. Ο Θεός γνωρίζει τα πάντα στο μυαλό και την καρδιά μας και θέλει να τα ακούσει από τα χείλη μας γιατί έτσι δείχνουμε την πίστη και την εμπιστοσύνη μας στον Θεό. Μη φοβηθείτε να προσεγγίσετε τον Θεό. *«Επειδή, τα μάτια τού Κυρίου είναι επάνω στους δικαίους, και τα αυτιά του στη δέησή τους· το πρόσωπο»* (Α' Πέτρου 3:12).

Μας παρηγορεί να γνωρίζουμε ότι *«Τα μάτια τού Κυρίου είναι επάνω στους δικαίους, και τα αυτιά του στην κραυγή τους»* **(Ψαλμοί 34:15)**. Ένα φάρμακο για στιγμές δοκιμασίες και κινδύνου είναι να εμπιστευθούμε ότι *«το χέρι τού Κυρίου δεν μίκρυνε, ώστε να μη μπορεί να σώσει· ούτε βάρυνε το αυτί του, ώστε να μη μπορεί να ακούσει»* **(Ησαΐας 59:1)**.

Πολλοί μου ζητούν να προσευχηθώ, λέγοντας *«Ποιμένα, εσύ είσαι πιο κοντά στον Θεό. Προσευχήσου για 'μένα. Δεν ξέρω πώς να προσευχηθώ».* Ή, άλλοι λένε *«Πιστεύω ότι ο Θεός δεν με ακούει».* **Διευκρίνιση:** ο Θεός ακούει όλα όσα συμβαίνουν στον κόσμο και στη ζωή σας. Δεν υπάρχει λεπτομέρεια μικρή ή μεγάλη για την οποία δεν είναι ενήμερος ο Θεός. Στον **Ησαΐα 65:24** διαβάζουμε μία υπέροχη υπόσχεση την οποία μπορούμε να απομνημονεύσουμε *«Και πριν αυτοί κράξουν, εγώ θα αποκρίνομαι· και ενώ αυτοί μιλούν, εγώ θα ακούω».*

Ο Θεός ακούει με προσοχή όλα τα αιτήματα των παιδιών Του. Κάθε παιδί είναι ξεχωριστό, πολύτιμο και αγαπητό, κι όμως όλοι είμαστε ίσοι ενώπιον του Θεού. Ο Θεός ακούει όλες μας τις προσευχές. Κάποιες προσευχές τις απαντά σύμφωνα με τις προσδοκίες μας. Σε άλλες, μας απαντά *«Ναι, αλλά όχι τώρα».* Σε άλλες προσευχές, ο Θεός απαντά με τρόπο που δεν μπορούμε να κατανοήσουμε, ενώ σε άλλες μας λέει **όχι**. Πρέπει να εμπιστευθούμε ότι το θέλημα του Θεού είναι πάντοτε σωστό, καλό και με αγάπη.

Γνώρισα πολλούς εργάτες που εξαπατήθηκαν από τα αφεντικά τους. Κάποιοι δούλεψαν μία μέρα, άλλοι δύο εβδομάδες και δεν πληρώθηκαν τον μισθό τους. Άλλους τους πήραν να εργαστούν σε μακρινές περιοχές και τους άφησαν στον δρόμο να επιστρέψουν μόνοι τους και χωρίς πληρωμή. Το βιβλίο του **Ιακώβου 5:4** προειδοποιεί *«Οι κραυγές αυτών που θέρισαν μπήκαν μέσα στα αυτιά τού Κυρίου, του Σαβαώθ».*

Ας προσευχηθούμε: Ουράνιε Πατέρα μας, Σ' ευχαριστούμε που μας διαβεβαίωσες ότι ακούς όλες τις προσευχές μας. Δώσε μας την υπομονή να Σε περιμένουμε να δράσεις στον δικό Σου χρόνο και με τον δικό Σου τρόπο. Δώσε μας αυτιά να ακούμε τον πλησίον μας, χωρίς να κρίνουμε και με αγάπη. Προσευχόμαστε στο όνομα του Ιησού Χριστού.

---

30 Ιουνίου
ΠΙΣΤΗ – ΔΩΡΟ ΚΑΙ ΕΝΤΟΛΗ

«Και ο Ιησούς είπε σ' αυτόν, το: Αν μπορείς να πιστέψεις, όλα είναι δυνατά σ' αυτόν που πιστεύει». **Κατά Μάρκον 9:23**

"'If you can'? said Jesus. 'Everything is possible for one who believes.'" **Mark 9:23**

"Jesús le dijo: '¿Cómo que "si puedes"? Para quien cree, todo es posible'". **Marcos 9:23**

Έχω τη χαρά να μοιραστώ μαζί σας κάποια από τα αγαπημένα μου εδάφια για την Πίστη ως δώρο και ως εντολή. *«Και η εντολή του είναι τούτη: Να πιστέψουμε στο όνομα του Υιού του, του Ιησού Χριστού, και να αγαπάμε ο ένας τον άλλον, καθώς μας έδωσε εντολή»* (Α' Ιωάννου 3:23). Ο Θεός μας έσωσε *«διαμέσου τής πίστης· και αυτό δεν είναι από σας· είναι δώρο τού Θεού»* (Προς Εφεσίους 2:8).

Η ΠΙΣΤΗ ΕΠΙΦΕΡΕΙ ΝΙΚΗ, ΕΞΟΥΣΙΑ, ΘΕΡΑΠΕΙΑ ΚΑΙ ΥΠΑΚΟΗ – *«Πιστέψτε στον Κύριο τον Θεό μας, και θα στερεωθείτε· πιστέψτε στους προφήτες του, και θα ευοδωθείτε»* (Β' Χρονικών 20:20). Ο Ιησούς είπε ότι όποιος έχει πίστη στον Θεό *«και δεν διστάσει στην καρδιά του, αλλά πιστέψει ότι εκείνα που λέει γίνονται, θα γίνει σ' αυτόν ό,τι και αν πει»* (Κατά Μάρκον 11:23). *«Μη φοβάσαι· μόνον πίστευε, και θα σωθεί»* (Κατά Λουκάν 8:50). Η εντολή του Θεού είναι να *«πιστέψετε σ' αυτόν τον οποίο εκείνος απέστειλε»* (Κατά Ιωάννην 6:29).

Η ΠΙΣΤΗ ΩΣ ΟΠΛΟ ΑΜΥΝΑΣ - *«Πάνω δε απ' όλα, πάρτε στα χέρια σας την ασπίδα τής πίστης, με την οποία θα μπορέσετε να σβήσετε όλα τα πυρωμένα βέλη τού πονηρού»* (Προς Εφεσίους 6:16). Οι Χριστιανοί πρέπει να *«εγκρατευόμαστε, επειδή έχοντας ντυθεί τον θώρακα της πίστης και της αγάπης, και για περικεφαλαία την ελπίδα τής σωτηρίας»* (Προς Θεσσαλονικείς Α' 5:8). Ο Θεός επίσης μας καλεί *«έχοντας πίστη και συνείδηση αγαθή, την οποία μερικοί, αφού την απέβαλαν, ναυάγησαν στην πίστη»* (Α' Προς Τιμόθεον 1:19).

Η ΕΙΛΙΚΡΙΝΗΣ ΠΙΣΤΗ ΕΥΧΑΡΙΣΤΕΙ ΚΑΙ ΑΝΤΑΜΕΙΒΕΙ - *«Χωρίς, μάλιστα, πίστη είναι αδύνατον κάποιος να τον ευαρεστήσει· επειδή, αυτός που προσέρχεται στον Θεό, πρέπει να πιστέψει, ότι είναι, και γίνεται μισθαποδότης σ' αυτούς που τον εκζητούν»* (Προς Εβραίους 11:6).

Η ΠΡΟΣΕΥΧΗ ΤΗΣ ΠΙΣΤΗΣ ΕΠΙΦΕΡΕΙ ΣΟΦΙΑ ΚΑΙ ΕΛΠΙΔΑ – *«Αν, όμως, κάποιος από σας είναι ελλιπής σε σοφία, ας ζητάει από τον Θεό, που δίνει σε όλους πλούσια, και χωρίς να ονειδίζει· και θα του δοθεί. Ας ζητάει, όμως, με πίστη, χωρίς να διστάζει καθόλου· επειδή, αυτός που διστάζει μοιάζει με κύμα τής θάλασσας, που κινείται από τους ανέμους και συνταράζεται»* (Ιακώβου 1:5-6).

Ας προσευχηθούμε: Ουράνιε Κύριε, Σ' ευχαριστούμε για αυτή την ξεχωριστή στιγμή κατά την οποία μπορούμε να απολαύσουμε τη γλυκύτητα της αγάπης Σου μέσω των εδαφίων αυτών που ενισχύουν την πίστη και την ελπίδα μας. Βοήθησέ μας να μοιραστούμε τους σπόρους αυτούς της αγάπης και της πίστης μας με θάρρος και αφοσίωση, πρώτα στα σπίτια μας και στη συνέχεια με τα χαμένα και ανυπεράσπιστα πρόβατά Σου. Προσευχόμαστε στο όνομα του Ιησού Χριστού.

ΙΟΥΛΙΟΣ -
Ο ΘΕΟΣ – Ο ΣΠΟΥΔΑΙΟΣ ΕΝΟΡΧΗΣΤΡΩΤΗΣ
(Πώς γνωριστήκαμε)

Στις 15 Νοεμβρίου 2021, η κόρη μου, Σοφία- Ελένη Destruge έγραψε τα παρακάτω λόγια στην 46η επέτειο του γάμου μας:

«*Τρία γεγονότα που άλλαξαν τη ζωή μας συνέβησαν σήμερα. Η γιαγιά μου (Yiayia) ήρθε στον κόσμο σήμερα, 90 χρόνια πριν. Αν και δεν θα γιορτάσουμε μέχρι τον Απρίλιο, είναι μία ημέρα που βοήθησε στην ύπαρξη της μαμάς μου.*

Η άλλη μου γιαγιά (Abuelita) έφυγε από αυτόν τον κόσμο 13 χρόνια πριν, σαν σήμερα. Η τρυφερή ψυχή της έδωσε ζωή στον μπαμπά μου.

Οι γονείς μου είπαν το «Ναι» 46 χρόνια πριν σαν σήμερα. Γεννήθηκαν πολύ μακριά ο ένας από τον άλλον. Οι πιθανότητες να συναντηθούν δεν ήταν με το μέρος τους, αλλά χάρη στη δύσκολη απόφαση που πήραν αυτές οι γυναίκες να αφήσουν τις χώρες τους, η αγάπη βρήκε τον δρόμο της στο Queens της Νέας Υόρκης! Μέσα από τόσα γεγονότα και εμπόδια, δημιουργήσατε κάτι όμορφο και κάνατε τα πάντα δυνατά στον κόσμο μας. Σας ευχαριστώ! Χρόνια σας πολλά, σας αγαπώ!»

Τίποτα δεν συμβαίνει κατά τύχη. Πιστεύω ότι, όπως ένας μεγάλος ενορχηστρωτής, ο Θεός καθοδήγησε κάθε απόφαση, μικρή και μεγάλη, ώστε να συναντηθούμε. Όταν τα πεθερικά μου μετανάστευσαν στις ΗΠΑ στις 7 Μαΐου 1970, είχαν προσφορές για θέσεις εργασίας και θα ζούσαν στη Φιλαδέλφεια. Έγιναν, όμως, κάποια μη αναμενόμενα τηλεφωνήματα της τελευταίας στιγμής και η οικογένεια έμεινε στο Queens της Νέας Υόρκης.

Το 1973, ο αδερφός μου, ο Fernando ζούσε στον Καναδά. Έπειτα από πολλές εργασίες που δεν του πρόσφεραν ικανοποίηση, ήρθε στις ΗΠΑ και πήγε να δουλέψει στην εταιρεία Bulova Watch Company στο Queens όπου γνώρισε τη Φανή Ξανθοπούλου. Της ζήτησε να βγουν για να δουν το συγκρότημά μας που έπαιζε ένα βράδυ Παρασκευής, αλλά δεν της επέτρεπαν να βγει μόνη της. Η μικρότερη αδερφή της, η Μαργαρίτα, τη συνόδευσε εκείνο το βράδυ. Πόσο τυχερός!

Παίζαμε «ένα σετ» όταν μπήκαν οι αδελφές Ξανθοπούλου. Από τη σκηνή, την είδα να κάθεται στο τραπέζι με τον πατέρα μου και τον θείο Adolfo. Όταν τελειώσαμε, πλησίασα ντροπαλά στο τραπέζι για να τους χαιρετήσω. Τα μάτια και το χαμόγελο της Μαργαρίτας με αιχμαλώτισαν αμέσως. Ήταν έρωτας με την πρώτη ματιά! Η Μαργαρίτα ήταν η Ελληνίδα γυναίκα που ονειρευόμουν όταν ήμουν 14 ετών.

Έτσι γνωριστήκαμε στις 8 Μαρτίου 1974, στο Long Island Hofbrau, στο Elmhurst της Νέας Υόρκης. Το πρώτο μας ραντεβού ήταν στην παρέλαση της 24^{ης} Μαρτίου στη Νέα Υόρκη, την ημέρα της ανεξαρτησίας της Ελλάδας. Κι έτσι ξεκίνησε η ιστορία μας.

Μετά που ξεπέρασα μεγάλη αντίσταση από τα πεθερικά μου, παντρευτήκαμε στις 15 Νοεμβρίου 1975. Πέντε χρόνια αργότερα, στις 11 Νοεμβρίου 1980, ο Θεός μας χάρισε έναν υπέροχο γιο, τον Jean-Paul Ξανθόπουλος Destruge και στις 12 Οκτωβρίου 1984, την πολύτιμη κόρη μας, Σοφία Ελένη Destruge.

Και τα καλύτερα έρχονται! *«Γνωρίζουμε δε ότι, όλα συνεργούν προς το αγαθό σ' αυτούς που αγαπούν τον Θεό»* **(Προς Ρωμαίους 8:28).**

1 Ιουλίου
ΟΤΑΝ ΕΧΕΙΣ ΑΜΦΙΒΟΛΙΑ, ΣΥΜΒΟΥΛΕΥΣΟΥ ΤΟΝ ΘΕΟ
Β' Σαμουήλ 2:1

Η ζωή έχει να κάνει με αποφάσεις. Καθημερινά παίρνουμε αποφάσεις. Από μικρές αποφάσεις, όπως τι θα φάμε, τι θα φορέσουμε, ποιον θα συναντήσουμε για καφέ, αθλήματα και φυσική κατάσταση, με ποιον θα μιλήσουμε, με ποιον θα πάμε βόλτα ή ποιον θα επισκεφτούμε, κτλ. Μετά, έχουμε σημαντικές αποφάσεις με αντίκτυπο στο υπόλοιπο της ζωής μας, όπως ποιον θα παντρευτούμε, αν θα κάνουμε μεγάλη οικογένεια, πού θα ζήσουμε, ποια εργασία θα επιλέξουμε, την εκπαίδευσή μας, αν θα νοικιάσουμε ή αν θα αγοράσουμε κάτι, **και τέλος, *αποφάσεις τεράστιες, αν θα εμπιστευθούμε τον Θεό με το μέλλον μας. Είναι καλό να συμβουλευόμαστε τον Θεό για κάθε μας απόφαση.***

Ο τόπος που θα ζήσουμε είναι σημαντική απόφαση αν λάβουμε υπόψη το πόσο κοντά θα είμαστε στην οικογένεια (εγγόνια, παιδιά, ηλικιωμένοι γονείς). Η υποστήριξη προς την οικογένεια είναι πάντα πολύ σημαντική. Τώρα που είμαστε συνταξιούχοι, παλεύουμε με τη φροντίδα των ηλικιωμένων γονέων μας και την επιθυμία μας να είμαστε κοντά στα παιδιά και στα εγγόνια μας. Επομένως, η φροντίδα και η υποστήριξη ο ένας του άλλου στις ευθύνες και τις επιθυμίες μας είναι σημαντική για μία ζωή με ειρήνη και χαρά. Ο Απόστολος Παύλος λέει ***«έμαθα να είμαι αυτάρκης σε όσα έχω»*** **(Προς Φιλιππησίους 4:11).**

Όλες οι παραπάνω αποφάσεις επηρεάζουν τη ζωή μας εδώ. Η απόφαση, όμως, με την οποία παλεύουμε περισσότερο είναι αυτή που επηρεάζει τη ζωή μας και εδώ και στην αιωνιότητα. Η απόφαση είναι αν θα **εναποθέσουμε την εμπιστοσύνη μας στον Θεό.** Γιατί; Επειδή απαιτεί να σταματήσουμε να προσαρμοζόμαστε στις απαιτήσεις αυτού του κόσμου **(Προς Ρωμαίους 12:2)** και να εμπιστευθούμε στις υποσχέσεις του Θεού. Παλεύουμε γιατί σημαίνει ότι θυσιάζουμε χρόνο (τον οποίο θα μπορούσαμε να διαθέσουμε σε άλλες ασχολίες που θα μας προσφέρουν ευχαρίστηση) για να μελετήσουμε, να προσευχηθούμε, να δώσουμε μαρτυρία, να συναναστραφούμε με άλλους πιστούς με την ίδια νοοτροπία και να υπηρετήσουμε τους φτωχούς και όσους βρίσκονται σε ανάγκη.

Στη μάχη, ποιμένες και ιεραπόστολοι συχνά έρχονται αντιμέτωποι πρώτα να υπηρετήσουν τον Θεό, αγνοώντας τις ανάγκες της νέας τους οικογένειας. Δεν είναι εύκολη απόφαση. Σε κανέναν δεν αρέσει να νιώθει ότι είναι δεύτερος στη ζωή σου. Ακόμη κι έτσι, δεν μπορούμε να προσφέρουμε αληθινή αγάπη στους αγαπημένους μας χωρίς να βάζουμε πρώτο τον Θεό στην καρδιά και στο σπίτι μας.

Ας προσευχηθούμε: Ουράνιε Πατέρα μας, Σ' ευχαριστούμε για έναν ακόμη χρόνο ζωής στην παρουσία Σου. Για την οικογένειά μου, για την υποστήριξή τους και τη θυσία τους καθώς υπηρετώ τη βασιλεία Σου. Καθοδήγησέ μας να κάνουμε τις σωστές επιλογές βάσει της οδηγίας Σου και δώσε μας τον χρόνο να θρέψουμε την οικογένειά μας με την αγάπη και την προσοχή που αξίζουν και επιθυμούν. Προσευχόμαστε στο Άγιο Όνομά Σου.

---

2 Ιουλίου
ΙΣΧΥΣ ΚΑΙ ΕΞΟΥΣΙΑ

«Επειδή, και αν καυχηθώ κάτι περισσότερο, για την εξουσία μας, που ο Κύριος μας έδωσε για οικοδομή, και όχι για καθαίρεσή σας, δεν θα ντροπιαστώ». **Προς Κορινθίους Β΄ 10:8**

"So even if I boast somewhat freely about the authority the Lord gave us for building you up rather than tearing you down, I will not be ashamed of it." **2 Corinthians 10:8**

"No me avergüenza el jactarme una vez más de nuestra autoridad, la cual el Señor nos dio para la edificación de ustedes, y no para su destrucción". **2 Corintios 10:8**

Παλιότερα ντρεπόμουν που δεν μπορούσα να κάνω μία συζήτηση μέχρι που γνώρισα τον Θεό και τον εαυτό μου. Έμαθα ότι γνωρίζοντας πώς να ακούω είναι το ίδιο με το να γνωρίζω πώς να μιλάω. Η εγγονή μου, η Σαλώμη, μοιάζει εμένα και τον ντροπαλό μου χαρακτήρα. Παρατηρεί, ακούει τα πάντα και έχει ένα πανέμορφο χαμόγελο. Η ακοή είναι ένα δώρο. Η δύναμη και η εξουσία που μας δίνει ο Θεός είναι δώρα που δεν μπορούμε να κρύψουμε κάτω από τη σκιά της ντροπής.

Ως αδελφοί και αδελφές εν Χριστώ, έχουμε τη δύναμη και την εξουσία να οικοδομήσουμε την κοινότητα που αποτελεί την οικογένεια του Θεού. Μόνο ο Θεός γνωρίζει ποιος είναι στην οικογένεια, συμπεριλαμβανομένων και όσων είναι χαμένοι από *«την οδό, την αλήθεια και τη ζωή»* **(Κατά Ιωάννην 14:6)**. Χωρίς να κρίνουμε εκ των προτέρων την κατάστασή τους, ο Θεός μας καλεί να μοιραστούμε το Ευαγγέλιο με όλους, να οικοδομήσουμε, να επεκτείνουμε και να θρέψουμε το σώμα για το οποίο ο Ιησούς έδωσε τη ζωή Του.

Παρά το γεγονός ότι ήμουν ένας ντροπαλός άνθρωπος, το 2004 η Εκκλησία των Μεθοδιστών μου έδωσε την εντολή να γίνω ποιμένας στην εκκλησία El Camino στην πόλη Norwalk του Κονέκτικατ. Μπήκα στην εκκλησία των Μεθοδιστών το 1993, προσφέροντας τις υπηρεσίες μου ως μουσικός. Όταν κρατάω την κιθάρα, η ντροπή μου φεύγει. Ενώ δοξολογούσα, ο Θεός μου δίδαξε να μιλώ και να ενθαρρύνω την κοινότητα. Μ' αυτόν τον τρόπο, ο Θεός απομάκρυνε την ντροπή μου και την αντικατέστησε με τη δύναμη και την εξουσία να διαπαιδαγωγώ.

Για μεγάλο διάστημα, φοβόμουν να μοιραστώ ανοιχτά την πίστη μου καθώς δεν ήθελα να προσβάλλω κανέναν ή να νιώσουν ότι επιβάλλω την πίστη μου και τις πεποιθήσεις μου σε φίλους και οικογένεια. Ωστόσο, έχουμε την εντολή με το Ευαγγέλιο να τη μοιραστούμε ανοιχτά με όλους, ανά πάσα στιγμή. Τη μοιραζόμαστε γρήγορα και άμεσα γιατί είναι θέμα ζωής και θανάτου, ελπίδας και απελπισίας, αγάπης και πόνου ψυχής, δικαιοσύνης και αδικίας, προστασίας και εγκατάλειψης.

Καλώ όλους τους φίλους και την οικογένειά μου να συμμετέχουν στις ομάδες στοχασμών της Αγίας Γραφής επειδή *«αν καυχηθώ κάτι περισσότερο, για την εξουσία μας, που ο Κύριος μας έδωσε για οικοδομή, και όχι για καθαίρεσή σας, δεν θα ντροπιαστώ»* **(Προς Κορινθίους Β' 10:8)**.

Ας προσευχηθούμε: Ουράνιε Πατέρα μας, Σ' ευχαριστούμε για το μεγάλο προνόμιο και την τιμή να φέρουμε εμείς τα καλά νέα Σου. Σ' ευχαριστούμε που αντικατέστησες τη ντροπή μας με τη δύναμη και την εξουσία να θεραπεύουμε, να σώζουμε, να οικοδομούμε και να καθοδηγούμε τον λαό Σου στην ουράνια κατοικία. Προσευχόμαστε στο όνομα του Ιησού Χριστού.

**3 Ιουλίου
ΕΥΛΟΓΙΕΣ ΓΟΝΕΩΝ
Γένεσις 27:4**

Η γενιά μας χάνει **τα καλά έθιμα** που οι γονείς μας προσπάθησαν να σπείρουν μέσα μας. Για παράδειγμα, να χαιρετούμε όλους με μία χειραψία, να αγκαλιάζουμε ή να δίνουμε ένα φιλί όταν

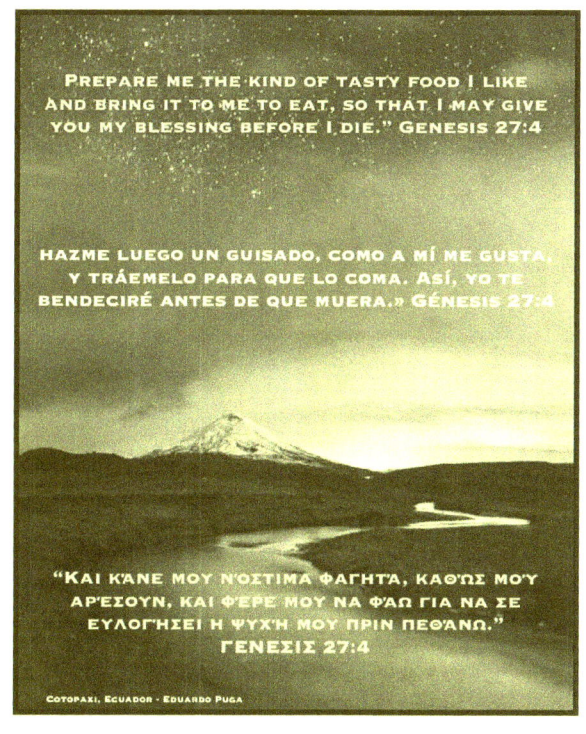

μπαίνουμε ε ένα μέρος. Τώρα είναι της μόδας να λέμε ένα γενικό «γεια» σε όλους και από μακριά. Κι αυτό γινόταν προτού η πανδημία του COVID-19 απαιτήσει από εμάς κοινωνική απόσταση.

Ένα άλλο **έθιμο** που μας έφερνε κοντά και ήταν συνεκτικός δεσμός για την οικογένεια ήταν η οικογένεια να τρώει μαζί. Πλέον, κάθε μέλος της οικογένειας τρώει σε διαφορετικό χρόνο και μέρος, όπως στο σαλόνι ή στο δωμάτιο. Άλλο έθιμο που χάνουμε είναι ότι οι επιχειρήσεις δεν κλείνουν πλέον το Σάββατο. Εργάζονται 7 ημέρες την εβδομάδα χωρίς να διαθέτουν χρόνο για την οικογένεια ή για τον Θεό. Τα παιδιά δεν μαθαίνουν πλέον την αξία της λατρείας και της υπηρεσίας προς τον Θεό μία ημέρα την εβδομάδα. Η λατρεία παρεμβαίνει στα αθλήματα και στις άλλες δραστηριότητες που επικρατούν.

Ένα άλλο σημαντικό έθιμο που χάσαμε σήμερα είναι **να ζητούμε την ευλογία των γονέων** όταν φεύγουμε από το σπίτι. Η γιαγιά μου ζούσε μαζί μας όσο διάστημα μπορώ να θυμηθώ. Αν οι γονείς μου δεν ήταν στο σπίτι, ζητούσαμε την ευλογία της γιαγιάς όταν φεύγαμε για το σχολείο. Η μαμά μου, λοιπόν, και η γιαγιά μου ήταν εκείνες που μας ξεπροβόδιζαν για το σχολείο. *«Μαμά, γιαγιά, μπορώ να έχω την ευλογία σου;»* Και κάνοντας το σήμα του σταυρού στο μέτωπό μας, η μαμά μου ή η γιαγιά μου η Amada μας αγκάλιαζαν και μας έστελναν με την προστασία και την ευλογία του Θεού.

Η ευλογία των γονέων είναι ισχυρή! Οι λέξεις μας έχουν τη δύναμη να καθαγιάζουν, να προστατεύουν, να προφητεύουν, να ευλογούν ή να καταριούνται. Ο **Ψαλμός 45** αναφέρει μία ευλογία. **«Και η θυγατέρα τής Τύρου θα παρασταθεί με δώρα· το πρόσωπό σου θα ικετεύσουν οι πλούσιοι του λαού» (εδάφιο 12).**

Στο σημερινό εδάφιο, ο Ισαάκ είναι έτοιμος να ευλογήσει τον πρωτότοκο γιο του, τον Ησαύ. Αν και είμαστε πιο μπροστά απ' την ανάγνωση, η ιστορία μας αναφέρει με λεπτομέρειες πώς ο Ιακώβ ήταν έτοιμος να κλέψει την ευλογία από τον αδελφό του. Το θέμα είναι ότι οι ευλογίες που δίνουμε στη γη επικυρώνονται στον ουρανό. Όταν ο Ισαάκ κατάλαβε ότι τον κορόιδεψε ο μικρότερος γιος του για να πάρει την ισχύ και την εξουσία του μεγαλύτερου γιου, λυπήθηκε γιατί δεν γινόταν να αναιρέσει την ευλογία. Ο μεγαλύτερος αδελφός έπρεπε να υπηρετήσει τον νεότερο.

Ζούμε σε δύσκολες εποχές. Οι μάσκες ΚΝ95 είναι εξαιρετικές και απαραίτητες για να μας προστατεύσουν από τον COVID-19. Η ευλογία των γονέων θα προστατεύσει και θα σώσει τις ψυχές των παιδιών από πνευματικές επιθέσεις και θα ανοίξει τον δρόμο για πνευματική αφθονία.

Ας προσευχηθούμε: Ουράνιε Πατέρα μας, βοήθησέ μας να ανακτήσουμε τα καλά έθιμα που οι γονείς μας δίδαξαν και να ευλογούμε καθημερινά τα παιδιά μας. Προσευχόμαστε στο Άγιο Όνομά Σου.

4 Ιουλίου
ΕΥΛΟΓΗΜΕΝΟΙ ΟΣΟΙ ΑΚΟΥΝ
Κατά Λουκάν 10:23Β-24

Συνεχίζοντας το χθεσινό θέμα, ευλογημένοι είναι όσοι ακούν καθημερινά τις ευλογίες των γονέων. Πολλοί θέλησαν να ακούσουν όσα ακούσατε εσείς μεγαλώνοντας. Ίσως οι γονείς τους έχασαν το έθιμο ή δεν πίστευαν ότι οι ευλογίες τους είχαν δύναμη στη ζωή των παιδιών τους.

Όντας τυφλός, ο Ισαάκ δεν μπορούσε να δει ότι ήταν ο Ιακώβ εκείνος ο οποίος, με τα ρούχα και το άρωμα του αδελφού του, ισχυρίστηκε ότι ήταν ο Ησαύ. Ο Ισαάκ ανέφερε την ισχυρή και την άθραυστη υπόσχεση στον Ιακώβ: *«Λαοί να σε δουλέψουν, και έθνη να σε προσκυνήσουν· Να είσαι κύριος των αδελφών σου, και οι γιοι τής μητέρας σου να σε προσκυνήσουν· Καταραμένος όποιος σε καταριέται και ευλογημένος όποιος σε ευλογεί!»* (Γένεσις 27:29).

Καλούμαστε να ευλογήσουμε τις γενιές του Ιακώβ, τον οποίο ο Θεός μετονόμασε σε Ισραήλ. Πρέπει να ευλογούμε τα παιδιά μας, την οικογένεια, τους φίλους μας με τη γνώση και τη μαρτυρία όσων έκανε ο Θεός στη ζωή μας ώστε να θυμούνται τις ιστορίες και να αυξάνονται σε πίστη. Ο Ιησούς είπε στο **Κατά Λουκάν 10:23-24** ότι *«Και καθώς στράφηκε στους μαθητές, τους είπε κατ' ιδίαν: Μακάρια τα μάτια σας που βλέπουν όσα βλέπετε. Επειδή, σας λέω ότι, πολλοί προφήτες και βασιλιάδες επιθύμησαν να δουν όσα εσείς βλέπετε, και δεν είδαν· και να ακούσουν όσα εσείς ακούτε, και δεν άκουσαν».*

Με τη χάρη του Θεού, διαβάσαμε και ακούσαμε λέξεις που ο Ιησούς κατέγραψε για εμάς και για τις επόμενες γενιές. **Είμαστε ευλογημένοι γιατί, ακούγοντας καθημερινά τα Λόγια του Θεού:**
1. **Ερχόμαστε πιο κοντά στην καρδιά του Θεού.** Δεν γνωρίζουμε πλέον μόνο **«σχετικά»** με τον Θεό, αλλά γνωρίζουμε ποιος είναι ο Θεός, τη δύναμη, την εξουσία Του στον κόσμο και στη ζωή μας. **Γνωρίζουμε τον Θεό.**
2. Ανακαλύπτουμε ότι είμαστε *υιοθετημένα παιδιά του Θεού.* **Έχουμε ταυτότητα και εξουσία.**
3. Ανακαλύπτουμε νέες και ένδοξες ευλογίες που ο Θεός έχει ετοιμάσει για τα παιδιά Του. **Είμαστε ευλογημένοι.**
4. Μαθαίνουμε **να μη ζούμε με τον φόβο του νόμου** αλλά να είμαστε ευγνώμονες και να ζούμε ελεύθερα με υπακοή στη χάρη και στο θέλημα του Θεού. **Έχουμε ελευθερία.**
5. Αποδεχόμαστε ότι ο Θεός μας διαμόρφωσε *«όπως είμαστε»,* ότι, παρά τις κατηγορίες του κόσμου, έχουμε μεγάλη αξία για τον Θεό, τη βασιλεία Του και τον τομέα Του. **Έχουμε αυτοπεποίθηση.**
6. Δοξάζουμε τον Θεό βοηθώντας όσους αναζητούν την Πόρτα για να εισέλθουν και να λάβουν τις ευλογίες του Θεού. Η ζωή μας εν Χριστώ έχει κατεύθυνση και νόημα. **Έχουμε σκοπό.**

Μπορούμε να συνεχίσουμε να καταγράφουμε τις ευλογίες που απολαμβάνουμε γιατί έχουμε ακούσει και φυλάξει τα Λόγια του Θεού. Σας καλώ, όμως, να κάνετε τη δική σας λίστα και να τη μοιραστείτε με φίλους και οικογένεια, αν το επιθυμείτε.

Ας προσευχηθούμε: Ουράνιε Κύριε, Σ' ευχαριστούμε για όλες τις ευλογίες. Βοήθησέ μας να γνωρίζουμε περισσότερα για εσένα, να διαβαίνουμε μαζί Σου και να θυμόμαστε τις πράξεις Σου ώστε ο κόσμος να γίνει πλήρης με τη δόξα Σου. Προσευχόμαστε στο Άγιο Όνομά Σου.

---

5 Ιουλίου
ΑΣ ΥΠΗΡΕΤΗΣΟΥΜΕ ΤΟΝ ΒΑΣΙΛΙΑ
Β' Σαμουήλ 5:1

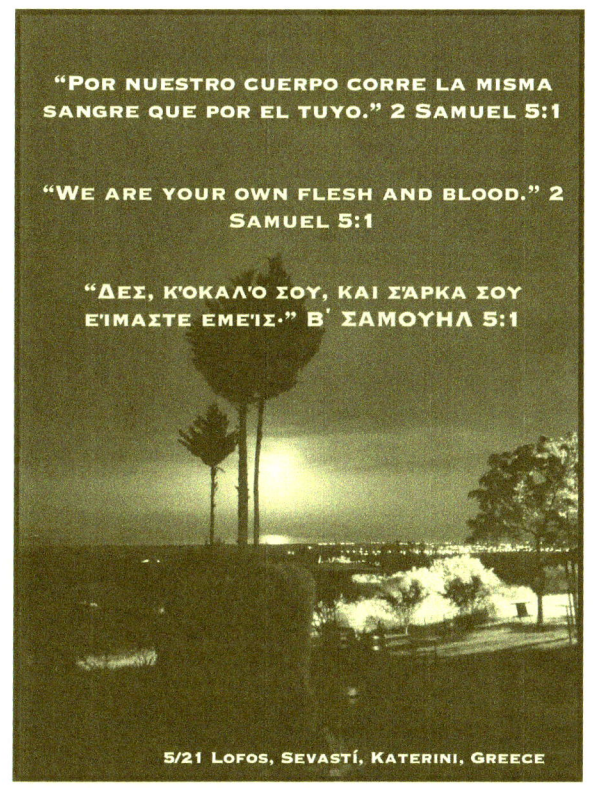

Για τον Θεό, είμαστε όλοι ίσοι, αγαπητοί και χαρισματικοί για να υπηρετήσουμε τον **«ΒΑΣΙΛΙΑΣ ΒΑΣΙΛΙΑΔΩΝ ΚΑΙ ΚΥΡΙΟΣ ΚΥΡΙΩΝ» (Αποκάλυψη 19:16)** σώζοντας και ενώνοντας τα χαμένα πρόβατα μέσω του Ευαγγελίου του Ιησού Χριστού.

Όταν ο Δαβίδ ονομάστηκε Βασιλιάς του Ισραήλ και του Ιούδα, οι Ισραηλίτες δήλωσαν την αξιοπιστία τους και την πιστότητά τος στον νέο Βασιλιά με αυτά τα λόγια: *«Δες, κόκαλό σου, και σάρκα σου είμαστε εμείς· και πριν ακόμα, όταν ο Σαούλ βασίλευε επάνω μας, εσύ ήσουν αυτός που έβγαζες έξω και έβαζες μέσα τον Ισραήλ· και σε σένα είπε ο Κύριος: Εσύ θα ποιμάνεις τον λαό μου τον Ισραήλ, και εσύ θα είσαι ηγεμόνας επάνω στον Ισραήλ»* **(Β' Σαμουήλ 5:1-2).**

Αναγνώρισαν τις μεγάλες νίκες που είχε ο Δαβίδ στους εχθρούς του. Αποδέχτηκαν το θέλημα του Θεού, δηλώνοντας ότι είναι ο μελλοντικός βασιλιάς του Ισραήλ και παραδεχόμενοι ότι έχουν το ίδιο αίμα: οι γιοι του Ιακώβ, του Ισαάκ, του Άβραμ, του Αδάμ και οι υιοθετημένοι γιοι του Θεού.

Με τη χάρη του Θεού, μοιραζόμαστε κι εμείς την ίδια πηγή της ζωής, την πνοή του Πνεύματος του Θεού που ρέει στις φλέβες μας, δίνοντας ζωή στα κόκαλα και στη σάρκα μας.*«Το ίδιο το Πνεύμα δίνει μαρτυρία, μαζί με το πνεύμα μας, ότι είμαστε παιδιά τού Θεού»* **(Προς Ρωμαίους 8:16),** καλώντας μας να αποδεχτούμε τους μεγάλους θριάμβους και νίκες που πέτυχε ο Ιησούς επί του θανάτου και της αμαρτίας. Το ίδιο Πνεύμα μας βοηθά να πράττουμε το θέλημα του Θεού (να αγαπούμε ο ένας τον άλλον) εφόσον είμαστε αδελφοί εν Χριστώ, δίνοντάς μας την ικανότητα να εκζητούμε, να γνωρίζουμε και να υπηρετούμε τον Βασιλιά και τον Θεό μας.

Μετά από την αγάπη μας για τον Θεό, **η δεύτερη μεγαλύτερη υπηρεσία προς τον Βασιλιά** είναι να **«αγαπάς τον πλησίον σου σαν τον εαυτό σου» (Κατά Μάρκον 12:30-31).** Πρέπει να δείξουμε αγάπη όχι μόνο προς όσους μοιράζονται το ίδιο αίμα με εμάς αλλά και την ίδια «ανάσα» που θέτει σε εγρήγορση τα κόκαλα και τη σάρκα μας. Πόσο όμορφο θα ήταν αν συμπεριφερόμασταν σε όλους με αγάπη, σεβασμό και αξιοπρέπεια σαν να ήταν *«κόκαλο από τα κόκαλά μου, και σάρκα από τη σάρκα μου»* **(Γένεσις 2:23).**

Ας προσευχηθούμε: Ουράνιε Πατέρα μου, βοήθησέ μας να έχουμε νίκη επί της αμαρτίας και του θανάτου, να βλέπουμε τον πλησίον μας όπως βλέπεις Εσύ εμάς, ως παιδιά και αδελφούς εν Χριστώ. Μέσω της υπηρεσίας μας προς τον Βασιλιά και την αγάπη μας για το πλησίον μας, ίσως σώσουμε τις ψυχές που σήμερα είναι απομονωμένες και απελπισμένες εν μέσω των καταιγίδων του κόσμου. Προσευχόμαστε στο όνομα του Ιησού Χριστού.

---

6 Ιουλίου
ΝΑ ΕΧΕΙΣ ΥΠΟΜΟΝΗ
Ιακώβου 5:7

Το σημερινό μας θέμα είναι **η υπομονή**, η οποία λέξη σημαίνει «αντίσταση ή χαρούμενη αντοχή ή ελπιδοφόρα σταθερότητα». Άλλη μετάφραση της Αγίας Γραφής χρησιμοποιεί τη λέξη *μακροθυμία ή επιμένω με υπομονή*.

Το *να επιμένω με υπομονή* σημαίνει να επιμένω εν μέσω αποθάρρυνσης, να επιμένω στον πόνο, στην κόπωση και στην ταλαιπωρία, γεμίζοντας τη καρδιά μου και να έχω χαρά με ελπίδα, γνωρίζοντας ότι στο τέλος, θα βρεθώ άξιος ότι παρουσίασα τον καρπό της αγάπης και της πίστης.

Στην επιστολή **Ιακώβου 1:4**, διαβάζουμε: *«Η δε υπομονή ας έχει τέλειο έργο, για να είστε τέλειοι και ολόκληροι, χωρίς να είστε σε τίποτε ελλιπείς».* Και αυτό είναι το τέλειο: η **αγάπη**. Όπως μία έγκυος γυναίκα αναμένει υπομονετικά τη γέννηση του παιδιού της, τον καρπό της μήτρας της, η πίστη μας παράγει **τον καρπό της αγάπης** που ο Θεός επιθυμεί να δώσει στον κόσμο μέσω εμού και εσάς.

Η αγάπη είναι η πιο ισχυρή δύναμη στον κόσμο. «Όλα τα ανέχεται, όλα τα πιστεύει, όλα τα ελπίζει, όλα τα υπομένει. Η αγάπη δεν καταργείται ποτέ» (Προς Κορινθίους Α' 13:7–8α). Καμία μεγάλη έρημος ούτε κανένα ψηλό βουνό δεν μπορεί να μας σταματήσει όταν κίνητρό μας είναι η αγάπη.

Μιλώντας για βουνά, προσπάθησα πολλές φορές να ανέβω στο καταφύγιο του ηφαιστείου Cotopaxi. Την πρώτη φορά δεν μπόρεσα να ανέβω ούτε στα 50 μέτρα. Η καρδιά μου θα έσκαγε. Το κρύσταλλο από το ρολόι μου έγινε θρύψαλα από την υψηλή πίεση στα 4.000 μέτρα υψόμετρο. Τη δεύτερη φορά ξεπέρασα τα 50 μέτρα, αλλά όχι κατά πολύ.

Την τρίτη φορά, όμως, ήταν διαφορετικά. Ο γιος μου ήταν μπροστά με γρήγορο ρυθμό και τον έχασα από το οπτικό μου πεδίο πίσω από έναν λόφο. Δεν ήξερα τι κίνδυνος υπήρχε στην άλλη πλευρά. Η αγάπη και η ανησυχία για τον γιο μου μού έδωσε τη δύναμη και την αντοχή να σκαρφαλώσω, παρόλο που το στήθος μου έσκαγε. Με υπομονή που αντέχει, έφτασα στο καταφύγιο και με χαρά βρήκα τον γιό μου σε υψόμετρο 4.800 μέτρων.

Η αγάπη του Θεού για εσάς είναι έτσι: αντέχει με υπομονή. Παρά την κατάστασή μας και τη στάση που έχουμε που ρέπει στην αμαρτία και στον πειρασμό, ο Θεός μας καλωσορίζει με ευγενική αγάπη, γνωρίζοντας ότι στον δικό Του χρόνο, ο Θεός θα απομακρύνει κάθε ρυπαρότητα και αντίσταση που υπάρχει στη ροή της αγάπης Του.

Ας προσευχηθούμε: Ουράνιε Πατέρα μας, δεν γνωρίσαμε ποτέ κάποιον σαν Εσένα που να μας αγαπά με την υπομονή και την αντοχή μιας μητέρας που περιμένει το παιδί μας, περιμένοντας να δείξει στον κόσμο τη χαρά και τον θησαυρό της ζωής της. Σ' ευχαριστούμε για την υπέροχη αυτή αγάπη και την υπομονή. Βοήθησέ μας να δρούμε με υπομονή και αγάπη προς τον πλησίον μας «*Επειδή, έχετε ανάγκη από υπομονή, για να κάνετε το θέλημα του Θεού, και να λάβετε την υπόσχεση*» (Προς Εβραίους 10:36). Προσευχόμαστε στο όνομα του Ιησού Χριστού.

Το να επιμένω με υπομονή σημαίνει να επιμένω εν μέσω αποθάρρυνσης, να επιμένω στον πόνο, στην κόπωση και στην ταλαιπωρία, γεμίζοντας τη καρδιά μου και να έχω χαρά με ελπίδα, γνωρίζοντας ότι στο τέλος, θα βρεθώ άξιος ότι παρουσίασα τον καρπό της αγάπης και της πίστης.

---

7 Ιουλίου
ΚΑΘΡΕΦΤΕΣ ΤΗΣ ΨΥΧΗΣ
Κατά Ιωάννην 7:7

Όταν έχουμε φλεγμονή ή σπυράκια στο πρόσωπό μας, δεν μας αρέσει ο καθρέφτης γιατί αποκαλύπτει την αλήθεια. Η Αγία Γραφή είναι ο καθρέφτης της ψυχής μας, ο οποίος μας δείχνει την πνευματική μας κατάσταση. Περιέχει ευλογίες για όσους εκζητούν τον Θεό και πράττουν το θέλημά Του και κατάρες για όσους παραβαίνουν τη διαθήκη της αγάπης Του και απορρίπτουν την προσφορά της συγχώρησής Του.

Ο Ιησούς λέει ότι ο κόσμος «**με μισεί, επειδή εγώ δίνω μαρτυρία γι' αυτόν, ότι τα έργα του είναι πονηρά**» (**Κατά Ιωάννην 7:7**). «**Ο κόσμος**» σημαίνει οι άπιστοι ή όσοι απέρριψαν την προσφορά ειρήνης και συγχώρησης του Θεού μέσω της θυσίας του Ιησού Χριστού. Όσοι είναι στον κόσμο δεν θέλουν η αμαρτία τους να αποκαλυφθεί. Όταν ο Λόγος του Θεού αποδεικνύει «*το κακό*» των έργων τους, νιώθουν κακία και αντιπάθεια προς εκείνον που αποκάλυψε τις άσχημες πράξεις τους. Χλευάζουν την Αγία Γραφή ότι είναι παλαιών αρχών και ότι ο Ιησούς είναι τρελός. Τον Ιησού Τον μισούσε, Τον μισεί και θα Τον μισεί ο κόσμος «*χωρίς αιτία*» (**Κατά Ιωάννην 15:25**).

Δύο χιλιάδες χρόνια πριν, οι θρησκευτικοί ηγέτες «*γέμισαν από μανία, και συνομιλούσαν αναμεταξύ τους, τι να κάνουν στον Ιησού*» (**Κατά Λουκάν 6:11**). Στη συνέχεια «*κραύγασαν, λέγοντας: Σταύρωσέ τον, σταύρωσέ τον*» (**Κατά Ιωάννην 19:6**). Το μίσος τους για τον Ιησού Χριστό ήταν τόσο έντονο που Τον σκότωσαν γιατί αποκάλυψε τα άσχημα έργα τους στον κόσμο.

Η Αγία Γραφή δηλώνει ότι ο κόσμος θα μας μισήσει εξαιτίας του ονόματός Του (Κατά Λουκάν 21:17). «*Να μη εκπλήττεστε, αδελφοί μου, αν ο κόσμος σάς μισεί*» (Α' Ιωάννου 3:13). Σύμφωνα με τον Λόγο του Θεού, ως υιοθετημένα παιδιά του Θεού, είμαστε οι καθρέφτες της ψυχής όταν αντανακλούμε μία έντιμη, δίκαιη, ταπεινή και ζωή αγάπης μέσω των λόγων και των πράξεών μας. Ο Ιησούς είπε «*Μακάριοι είστε όταν σας μισήσουν οι άνθρωποι, και όταν σας αφορίσουν, και σας* *ονειδίσουν, και βγάλουν το όνομά σας σαν κακό, εξαιτίας του Υιού του ανθρώπου»* **(Κατά Λουκάν 6:22, Κατά Ματθαίον 24:9).**

Μας παρηγορεί να γνωρίζουμε ότι παρόλο που στιγμιαία μπορεί να μας μισούν, ο Θεός αναμένει από εμάς να συνεχίσουμε να είμαστε ο καθρέφτης της ψυχής και συνείδηση για τα χαμένα πρόβατά Του. Όχι με κατηγορίες και περιφρόνηση, αλλά με την αγάπη και τη φροντίδα που δείχνουμε καθώς τους θεραπεύουμε από τη στιγμιαία δυσμορφία και τις δοκιμασίες τους.

Ας προσευχηθούμε: Ουράνιε Πατέρα μας, Σ' ευχαριστούμε που έστειλες τον Ιησού Χριστό, τον Σωτήρα και Θεραπευτή μας, που έστειλες το Άγιό Σου Πνεύμα ως τον καθρέφτη και τον οδηγό της ψυχής μας. Σ' ευχαριστούμε που αποκάλυψες τον Λόγο Σου, την οδό, την αλήθεια και τη ζωή. Δώσε Εσύ ώστε να είμαστε καλοί καθρέφτες και αντανάκλαση της αιώνιας και δίχως όρους αγάπης Σου σε κάθε τόπο και μέρος.

Σύμφωνα με τον Λόγο του Θεού, ως υιοθετημένα παιδιά του Θεού, είμαστε οι καθρέφτες της ψυχής όταν αντανακλούμε μία έντιμη, δίκαιη, ταπεινή και ζωή αγάπης

---

8 Ιουλίου
ΜΥΣΤΗΡΙΟ ΚΑΙ ΕΥΛΟΓΙΑ
Προς Κολοσσαείς 2:2

Διαβάζοντας ξανά και ξανά την επιστολή **Προς Κολοσσαείς 2:1**, έκλεισα τα μάτια μου και άκουσα τη φωνή του Κυρίου να λέει *«Θέλω να ξέρεις πόσο πολύ στηρίζω εσένα και όσους είναι [στον κόσμο] και όσους δεν με έχουν γνωρίσει προσωπικά».* Πιστεύουμε ότι ο Λόγος του Θεού είναι άξιος εμπιστοσύνης, αυθεντικός και αλάνθαστος. Ότι *«ολόκληρη η γραφή είναι θεόπνευστη»* **(Β' Προς Τιμόθεον 3:16).** Γι' αυτό, δεν είναι λάθος να διαβάσουμε έτσι αυτό το εδάφιο.

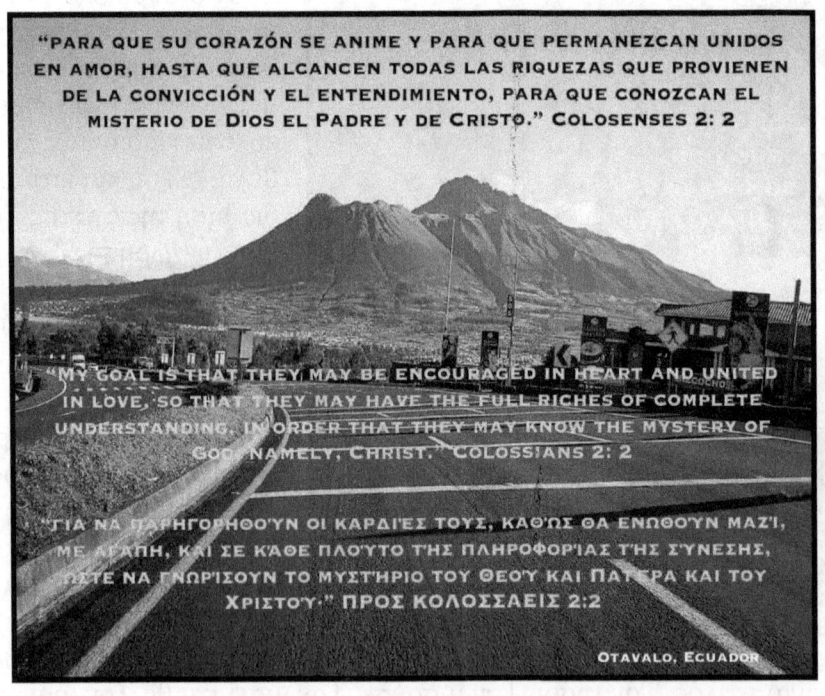

Η μάχη και οι θυσίες που έκανε ο Θεός ώστε να προσεγγίσουμε τον θρόνο της χάρης του Θεού δεν ήταν εύκολες. Εισερχόμαστε στον άγιο χώρο της προσευχής χωρίς φόβο, ελεύθεροι από κάθε ντροπή του παρελθόντος μας επειδή ο Θεός μας έχει καθαρίσει από κάθε ρυπαρότητα μέσω του αίματος του Ιησού Χριστού. Το μεγάλο μυστήριο και η ευλογία είναι ότι, παρά τη συνεχή επαναστατικότητά μας, η αγάπη του Θεού για τη δημιουργία είναι ακλόνητη.

Μεταξύ του μυστηρίου και της ευλογίας, βρίσκουμε τον Ιησού Χριστό, ο οποίος έχτισε τη γέφυρα με την τεράστια θυσιαστήρια αγάπη Του, δίνοντάς μας πρόσβαση να αγγίξουμε την καρδιά του Θεού. *«Επειδή, εσείς είστε ναός του ζωντανού Θεού, όπως είπε ο Θεός, ότι: «Θα κατοικώ μέσα σ' αυτούς και θα περπατάω· και θα είμαι Θεός τους, και αυτοί θα είναι λαός μου»* **(Προς Κορινθίους**

Β' 6:16). *«Το απόρρητο του Κυρίου είναι μαζί με εκείνους που τον φοβούνται, και σ' αυτούς θα φανερώσει τη διαθήκη του»* **(Ψαλμός 25:14).** Η διαθήκη του Θεού πάντοτε ήταν *«και θα είναι λαός μου, και εγώ θα είμαι Θεός τους»* **(Ιερεμίας 32:38).**

Εξαιτίας της έλλειψης πίστης και επειδή περιτριγυρίζονταν γύρω από τον εαυτό τους, το μεγάλο μυστήριο του Θεού ήταν κρυμμένο από τους θρησκευτικούς ηγέτες την εποχή του Ιησού. Αλλά σε εμάς, *«ο Θεός θέλησε να φανερώσει, ποιος είναι ο πλούτος τής δόξας τούτου τού μυστηρίου στα έθνη, που είναι ο Χριστός μέσα σας, η ελπίδα τής δόξας»* **(Προς Κολοσσαείς 1:27).** Το μεγάλο μυστήριο των αιώνων και της χιλιετίας είναι ότι *«Ο Χριστός είναι μέσα σας».* Αλληλούια!

Ας προσευχηθούμε: Ουράνιε Πατέρα μας, Σ' ευχαριστούμε που αποκάλυψες το μεγάλο μυστήριο της αγάπης και της σωτηρίας Σου. *«Και αναντίρρητα, το μυστήριο της ευσέβειας είναι μεγάλο· ο Θεός φανερώθηκε με σάρκα, δικαιώθηκε διαμέσου τού Πνεύματος, φάνηκε σε αγγέλους, κηρύχθηκε στα έθνη, έγινε αποδεκτός με πίστη στον κόσμο, αναλήφθηκε με δόξα»* **(Α' Προς Τιμόθεον 3:16).** Σ' ευχαριστούμε για τον Λόγο Σου. Προσευχόμαστε στο όνομα του Ιησού Χριστού.

9 Ιουλίου
ΠΡΟΣΕΥΧΗΣΟΥ ΓΙΑ ΕΜΕΝΑ
Προς Κολοσσαείς 4:3

Αγαπητοί μου, μη διστάζετε να ζητήσετε προσευχή από όσους εμπιστεύεστε. Καθώς εκφράζετε όσα σας ταλαιπωρούν, τα βάσανα και τις ανάγκες σας, θα λάβετε λόγια ελπίδας και κατεύθυνσης για να ξεπεράσετε το δίλημμα. Δείχνει επίσης εμπιστοσύνη και ενισχύει τα δεσμά της φιλίας.

Χαίρομαι όταν κάποιος από αυτή την ομάδα στοχασμών ζητά προσευχή και αρκετά μέλη ανταποκρίνονται. Χαίρομαι, επίσης, όταν ακούω ότι **ο Θεός απάντησε στην προσευχή.**

Μία από τις προσευχές μου είναι στην **Προς Κολοσσαείς επιστολή 4:3** *«Ταυτόχρονα, να προσεύχεστε και για μας, για να μας ανοίξει ο Θεός θύρα τού λόγου, για να μιλήσουμε το μυστήριο του Χριστού».* Ως συνταξιούχος ποιμένας, δεν έχω πλέον άμβωνα πέραν αυτών των καθημερινών στοχασμών τους οποίους αφιερώνω στα παιδιά, στα εγγόνια, στις επόμενες γενιές και σε εσάς, αγαπητοί φίλοι και συγγενείς.

Ο Θεός μου έδωσε το όραμα να εκδώσω αυτούς τους στοχασμούς σε ένα βιβλίο και να το χαρίσω σε κάθε μέλος της οικογενείας μου και στις επόμενες γενιές. Καθημερινά, αφιερώνω μερικές ώρες στο έργο αυτό, *ώστε να μιλήσουμε για το μυστήριο του Χριστού*, όντας εξαιρετικά ευγνώμων στον Θεό για τον χρόνο αυτό στην Ελλάδα, ως συνταξιούχος και μακριά από το ράκετμπολ, τη μεγάλη μου εξάρτηση. Έτσι, μπορώ να αφιερώσω τον χρόνο που απαιτείται για να επεξεργαστώ το κείμενο αυτό. Ζητώ τις προσευχές σας ώστε να συνεχίσω χωρίς περισπασμούς προς τον στόχο αυτό.

Παρομοίως, να προσευχηθείτε και για μένα, *«για να μου δοθεί λόγος να ανοίξω το στόμα μου με παρρησία, ώστε να κάνω γνωστό το μυστήριο του ευαγγελίου»* **(Προς Εφεσίους 6:19).**

Τέλος, δεν υπήρξα τέλειος άνθρωπος. Απέτυχα περισσότερες φορές απ' όσες μπορώ να συνειδητοποιήσω, αλλά έμαθα να ζητώ ταπεινά συγχώρηση, εμπιστευόμενος ότι υπηρετώ έναν Θεό που αγαπά, συγχωρεί και δεν θα επιτρέψει τίποτα να με χωρίσει από την αγάπη Του. «*Να προσεύχεστε για μας· επειδή, είμαστε πεπεισμένοι, ότι έχουμε καλή συνείδηση, θέλοντας να πολιτευόμαστε καλά, σε όλα*» (Προς Εβραίους 13:18).

Ας προσευχηθούμε: Ουράνιε Πατέρα μας, Σ' ευχαριστούμε για το δώρο της προσευχής και της μεσιτείας, γνωρίζοντας ότι τα αυτιά Σου είναι ευαίσθητα στην κραυγή μας. Σ' ευχαριστούμε για την οικογένεια και τους φίλους μας που μας στηρίζουν μεσιτεύοντας για τις ασθένειες και τις δοκιμασίες μας. Δώσε Εσύ ώστε να είμαστε πιστοί μεσίτες για εκείνος. Όταν οι επόμενες γενιές μου διαβάσουν αυτό το βιβλίο, προσεύχομαι να δώσουν περισσότερη προσοχή στα Λόγια Σου, Κύριε, τα οποία είναι σε **αποφθέγματα,** και να σκέφτονται και να δρουν ανάλογα. Προσευχόμαστε στο όνομα του Ιησού Χριστού.

---

10 Ιουλίου
ΚΗΡΥΞΕ ΤΟ ΕΥΑΓΓΕΛΙΟ
Προς Ρωμαίους 15:20-21

Όλη μου η οικογένεια, εκτός τη γιαγιά μου, μετανάστευσε στις ΗΠΑ τον Φεβρουάριο του 1964. Καθώς έγραφα γράμματα στη γιαγιά μου, συνειδητοποίησα ότι οι λέξεις στο χαρτί έρεαν καλύτερα και πιο ελεύθερα. Στην ηλικία των 10 ετών, ο Θεός ξεκίνησε να με εκπαιδεύει και να με ενθαρρύνει να γράφω.

Το 1968, η γιαγιά μου πέθανε και οι μέρες που έγραφα γράμματα φάνηκε ότι τελείωναν. Αλληλογραφούσα για μικρό χρονικό διάστημα με φίλες μου. Μέχρι την ηλικία των 18 ετών, οι ημέρες που έγραφα φάνηκε να τελειώνουν μέχρι περίπου την ηλικία των 25 ετών, όταν έγινα μέλος μιας ομάδας αλληλογραφίας στην εταιρεία Mutual της Νέας Υόρκης. Αν και τα γράμματα ήταν επιχειρηματικού περιεχομένου, μου άρεσε να τα προσωποποιώ.

Δέκα χρόνια αργότερα, καθώς έγραφα εγχειρίδια τεχνικής φύσεως, ο Ιησούς Χριστός έγινε ο Κύριος και Σωτήρας μου. Ήθελα «*να κηρύττω το ευαγγέλιο*» *εκεί που δεν γνώριζαν τον Χριστό* και ξεκίνησα μία ομάδα συναναστροφής και προσευχής στο γραφείο μου όπου συναντιόμασταν μία φορά την εβδομάδα για μεσημεριανό.

Πολλοί ήρθαν στην ομάδα. Κάποιοι γνώριζαν τον Θεό, αλλά για διάφορους λόγους, απογοητεύτηκαν από την εκκλησία, από τον Θεό ή και από τα δύο. Οι εβδομαδιαίες προετοιμασίες για τον συντονισμό της συζήτησης απαιτούσαν έρευνα και συγγραφή. Όταν συνταξιοδοτήθηκα από την εργασία μου στην εταιρεία, οι συνάδελφοί μου με ρωτούσαν τι θα κάνω. Τους απαντούσα «Θα γίνω ποιμένας», αλλά μέσα μου εννοούσα, «θα γίνω συγγραφέας».

Να 'μαι, λοιπόν, συνταξιούχος από τα εβδομαδιαία κηρύγματα και με όλο τον χρόνο στη διάθεσή σου, να αναλογίζομαι μαζί σας καθημερινά τον Λόγο του Θεού. Δεν γνωρίζω τι θα γράψω μέχρι να ανοίξω το εγχειρίδιο για την ανάγνωση ολόκληρης της Αγίας Γραφής (lectionary). Υπάρχει πάντοτε ένα εδάφιο που λέει **«Διάλεξε εμένα».** Εδώ είμαστε, λοιπόν! Εσείς κι εγώ είμαστε επιλεγμένοι για το θαυμαστό, τρομερό καθήκον *«να κηρύττω το ευαγγέλιο, όχι όπου ονομάστηκε ο Χριστός, για να μη οικοδομώ επάνω σε ξένο θεμέλιο· αλλά, όπως είναι γραμμένο: «Εκείνοι προς τους οποίους δεν αναγγέλθηκε γι' αυτόν, θα δουν· και εκείνοι που δεν άκουσαν, θα καταλάβουν»* **(Προς Ρωμαίους 15:20-21).**

Ο Θεός μας έχει προετοιμάσει με προσωπικές, οικείες εμπειρίες ώστε να είμαστε πάντοτε προετοιμασμένοι να κηρύξουμε τον Λόγο. *«Να κηρύξεις τον λόγο· να επιμείνεις έγκαιρα, άκαιρα· να ελέγξεις, να επιπλήξεις, να προτρέψεις με κάθε μακροθυμία και διδασκαλία»* **(Β' Προς Τιμόθεον 4:2).** Πρόκειται για ένα θαυμάσιο και αξιοθαύμαστο καθήκον γιατί τα παιδιά μας θα εκτεθούν στις φιλοσοφίες του κόσμου και πρέπει να είναι καλά εδραιωμένα στον Ιησού ο οποίος είναι *«η Οδός, η Αλήθεια και η Ζωή»* **(Κατά Ιωάννην 14:6).**

Ας προσευχηθούμε: Ουράνιε Κύριε, μας έδωσες μοναδικά δώρα για να βοηθήσουμε όσους δεν Σε γνωρίζουν ακόμη να ακούσουν και να δουν την αγάπη Σου στην πράξη, να βοηθήσουν όσους έχουν απομακρυνθεί από την Αλήθεια να επιστρέψουν σε Εσένα. Σε παρακαλώ βοήθησέ μας να χρησιμοποιήσουμε τα δώρα μας για τη Βασιλεία Σου. Προσευχόμαστε στο όνομα του Ιησού Χριστού.

---

11 Ιουλίου
ΑΓΓΕΛΙΟΦΟΡΟΙ ΤΟΥ ΦΩΤΟΣ
Κατά Ιωάννην 12:46

Ο Λόγος του Θεού, του Ιησού, όλα όσα βρίσκουμε στην Αγία Γραφή είναι *«λύχνος στα πόδια μου είναι ο λόγος σου, και φως στα μονοπάτια μου»* **(Ψαλμός 119:105).**

Ο Θεός μας έχει δώσει όλες τις οδηγίες για να πλεύσουμε στον ωκεανό των δοκιμασιών, της απάτης και της αμαρτίας χωρίς να βυθιστούμε και να φτάσουμε με ασφάλεια στον προορισμό μας. Όπως ένας φάρος σε μια ομιχλώδη ακτή, ο Λόγος του Θεού ρίχνει φως στον δρόμο μας, δείχνοντάς μας τους κινδύνους και το ασφαλές λιμάνι μας.

Προτού γνωρίσουμε το Φως, περπατούσαμε στη ζωή σαν υπνοβάτες, στο σκοτάδι, χωρίς να κατανοούμε το Φως και την καθοδήγηση του Θεού, βάζοντας όχι μόνο τη ζωή μας σε κίνδυνο να πέσουμε στην αμαρτία, αλλά και όσους παρατηρούν και ακολουθούν το παράδειγμά μας.

Έχω δει την πιο πυκνή ομίχλη στο Εκουαδόρ και κατάφερα να φτάσω στον προορισμό μου ακολουθώντας τα φορτηγά με τα πολλά φώτα. Δεν υπάρχει φως πιο λαμπερό από αυτό του Ιησού Χριστού. Δοξάζουμε τον Θεό που δεν είμαστε πλέον παιδιά του σκότους, αλλά παιδιά του Φωτός. Με τον Χριστό στο πλευρό μας, έχουμε την πεποίθηση ότι *«το φως μέσα στο σκοτάδι φέγγει, και το σκοτάδι δεν το κατέλαβε»* **(Κατά Ιωάννην 1:5).**

Στο μεταξύ, εγώ κι εσείς, **ως αγγελιοφόροι του Φωτός** που φέρνει στην ελπίδα και στη ζωή όσους παλεύουν στο σκοτάδι. Σήμερα, περισσότερο από ποτέ, ενώπιον αυτής της πανδημίας, πρέπει να διασφαλίσουμε ότι όλα τα έθνη θα δουν και θα έρθουν σε αυτό το Φως Του. Με τη φράση *«όλα τα έθνη»* εννοούμε ανθρώπους από διαφορετικές χώρες, γλώσσες, φυλές εντός της σφαίρας της επικοινωνίας και της επιρροής σου. Αναφέρομαι στους γείτονες, στην οικογένεια, στους φίλους συ, κτλ. Δεν χρειάζεται να ταξιδεύεις σε όλο τον κόσμο για να αφήσεις το Φως Σου να λάμψει για εκείνους.

Μπορεί να απαντήσεις όπως ο Μωυσής **«Εγώ δεν είμαι άνθρωπος του λόγου …αλλά, είμαι βραδύστομος και βραδύγλωσσος»** (Έξοδος 4:10). Μην ανησυχείς! Κι εγώ το ίδιο έκανα. Εμπιστεύσου, ωστόσο, ότι ο Θεός σε κάλεσε να παραδώσεις ένα μήνυμα ζωής ή θανάτου. Εσύ είσαι ο αγγελιοφόρος του Κυρίου – μεταφέρεις τα νέα και επιτρέπεις στον Θεό να κάνει τα υπόλοιπα. **Το Άγιό Σου Πνεύμα θα διώξει κάθε φόβο** και θα σε βοηθήσει να εκπληρώσεις την αποστολή Σου να είσαι **αγγελιοφόρος του Φωτός του Χριστού**.

Πάντοτε είμαστε **αγγελιοφόροι του Φωτός του Χριστού** παντού, με όλους τους ανθρώπους. Όχι μόνο όταν νιώθουμε εμπνευσμένοι. Το μήνυμά μας είναι το εξής: *«Εγώ [ο Ιησούς] φως ήρθα στον κόσμο, για να μη μείνει μέσα στο σκοτάδι καθένας που πιστεύει σε μένα»* (Κατά Ιωάννην 12:46).

Ας προσευχηθούμε: Ουράνιε Πατέρα μου, Σ' ευχαριστούμε που έστειλες το Φως Σου στη ζωή μας. Καθοδήγησέ μας προς το Φως και την ειρήνη Σου την οποία βρίσκουμε μόνο στον δικό Σου δρόμο και στην παρουσία Σου. Βοήθησέ μας να βαδίσουμε ως τέκνα του Φωτός Σου και να είμαστε χρήσιμα εργαλεία του Φωτός, της ελπίδας και της αγάπης Σου στο περιβάλλον μας. Προσευχόμαστε στο Άγιο Όνομά Σου.

---

12 Ιουλίου
Η ΚΙΒΩΤΟΣ ΤΗΣ ΔΙΑΘΗΚΗΣ
Β' Σαμουήλ 6:11

Αγαπητοί μου, όταν δύο ή τρεις συγκεντρώνονται στο όνομα του Ιησού για να δοξολογήσουν και να λατρέψουν τον Θεό, ο Θεός είναι παρών δίνοντας την ευλογία και τη θεραπεία Του στη συντροφιά αυτή **(Κατά Ματθαίον 18:20)**. Η Κιβωτός της Διαθήκης αναπαριστά την παρουσία και την προστασία του Θεού στους έμπιστους ακολούθους Του.

Σήμερα έμαθα ότι *«η Κιβωτός ήταν ένα είδος του Χριστού με την έννοια ότι ήταν μία μορφή εκδήλωσης θεϊκής δικαιοσύνης (χρυσού) στον άνθρωπο* [18]. Το άγιο μπαούλο περιείχε τις πέτρες με τις 10 εντολές του Λόγου του Θεού. Ο Θεός έδωσε την εντολή *«Πάρτε αυτό το βιβλίο τού νόμου, και να το βάλετε στα πλάγια της κιβωτού τής διαθήκης τού Κυρίου τού Θεού σας, και θα είναι εκεί για μαρτυρία εναντίον σου»* (Δευτερονόμιον 31:26).

---

[18]Ventura, S. V. (1985). In *Nuevo diccionario biblico ilustrado* (p. 71). TERRASSA (Barcelona): Editorial CLIE.

Στην έρημο, η Κιβωτός του Κυρίου «**προπορευόταν μπροστά τους δρόμο τριών ημερών, για να ζητήσει τόπο ανάπαυσης γι' αυτούς**» **(Αριθμοί 10:33)**. Η παρουσία του Θεού καθοδηγούσε, χώριζε τα νερά στον Ιορδάνη ποταμό **(Ιησούς του Ναυή 3:17)** και προστάτευε τους ανθρώπους από τους εχθρούς τους, δίνοντάς τους τη νίκη στην Ιεριχώ και σε άλλες μάχες **(Ιησούς του Ναυή 3:11, 6:11, Α' Σαμουήλ 4:6-8)**.

Όταν ο λαός υπάκουσε στις οδηγίες του Θεού, ήταν ευλογημένοι, προστατευμένοι και είχαν τη νίκη. Όταν, όμως, δεν υπάκουαν, οι συνέπειες ήταν σοβαρές. «*Και όταν ήρθαν μέχρι το αλώνι τού Ναχών, ο Ουζά άπλωσε το χέρι του στην κιβωτό τού Θεού, και την κράτησε· επειδή, την έσεισαν τα βόδια. Και εξάφθηκε ο θυμός τού Κυρίου ενάντια στον Ουζά· και ο Θεός τον χτύπησε εκεί λόγω τής προπέτειάς του· και πέθανε εκεί δίπλα στην κιβωτό τού Θεού*» **(Β' Σαμουήλ 6:6-7)**.

Ο καημένος άντρας, θέλοντας να προστατέψει την Κιβωτό από το να πέσει στο έδαφος, πλήρωσε με τη ζωή του την ανυπακοή προς την θεϊκή εντολή ότι δεν έπρεπε να την πλησιάσει κανένας ξένος **(Αριθμοί 1:51)**. Δεν είμαστε σε θέση να κατανοήσουμε τον νου του Θεού. Ο Θεός, όμως, δεν μας ζητά τόσο να Τον κατανοήσουμε όσο να υπακούσουμε στον Λόγο Του. Όποιος με εντιμότητα διαφυλάττει τον Λόγο του Θεού στην καρδιά Του είναι ευλογημένος *μαζί με όλο του το σπιτικό*.

Ας προσευχηθούμε: Ουράνιε Πατέρα μας, βοήθησέ μας να πλησιάσουμε την παρουσία Σου με ευλαβή υπακοή. «*Τώρα, λοιπόν, ευδόκησε να ευλογήσεις την οικογένεια του δούλου σου, για να είναι μπροστά σου στον αιώνα· επειδή, εσύ, Δέσποτα Κύριε, μίλησες· και από την ευλογία σου ας είναι η οικογένεια του δούλου σου ευλογημένη, στον αιώνα*» **(Β' Σαμουήλ 7:29)**. Προσευχόμαστε στο όνομα του Ιησού Χριστού.

Η Κιβωτός της Διαθήκης αναπαριστά την παρουσία του Θεού και την προστασία Του για τους πιστούς ακολούθους Του.

---

13 Ιουλίου
Ο ΘΕΟΣ ΦΥΛΑΕΙ ΤΟΥΣ ΕΚΛΕΚΤΟΥΣ ΤΟΥ

«Ακούγοντας, όμως, την ενέδρα ο γιος τής αδελφής τού Παύλου, πήγε, και μπαίνοντας στο φρούριο, το ανήγγειλε στον Παύλο». **Πράξεις Αποστόλων 23:16**

"But when the son of Paul's sister heard of this plot, he went into the barracks and told Paul." **Acts 23:16**

"Pero el hijo de la hermana de Pablo se enteró de la emboscada, y fue a la fortaleza y entró para darle aviso a Pablo". **Hechos 23:16**

Στις **Πράξεις 23**, βλέπουμε πώς ο Θεός εργάζεται ώστε να προστατεύσει τον Παύλο, τον εκλεκτό Του, να φέρει το Ευαγγέλιο στα έθνη. «*Και όταν έγινε ημέρα, μερικοί από τους Ιουδαίους, αφού συνωμότησαν, παρέδωσαν τον εαυτό τους σε ανάθεμα, λέγοντας ούτε να φάνε ούτε να πιουν, μέχρις ότου φονεύσουν τον Παύλο*» **(Πράξεις 23:12)**. Αλλά ο ανιψιός του Παύλου με τρόπο θεϊκό και έγκαιρο, *ενημερώθηκε για αυτή τη συνωμοσία* και προειδοποίησε τον Παύλο, άνθρωπο της πίστης και της προσευχής, ο οποίος σίγουρα συμβουλεύτηκε τον Θεό και κατάφερε να αποφύγει τον θάνατο.

Οι υποσχέσεις προστασίας και ασφάλειας δεν ήταν μόνο για τους ήρωες της Αγίας Γραφής, αλλά για όλους κατά τη διάρκεια του χρόνου. Η υπόσχεση αυτή ισχύει για τη ζωή σου και για τις επόμενες γενιές. «*Εγώ είμαι μαζί σου, και θα σε διαφυλάττω παντού, όπου και αν πας, και θα σε επαναφέρω σε τούτη τη γη· επειδή, δεν θα σε εγκαταλείψω, μέχρις ότου κάνω όσα μίλησα σε σένα»* (**Γένεσις 28:15**). Πνευματικά, η χώρα που υποσχέθηκε ο Θεός είναι το Βασίλειο του Ουρανού.

Ο Ιησούς προσευχήθηκε για τη σωματική, πνευματική, συναισθηματική και κοινωνική φροντίδα: *«Πατέρα άγιε, φύλαξέ τους στο όνομά σου, αυτούς που μου έδωσες, για να είναι ένα, όπως εμείς»* (**Κατά Ιωάννην 17:11Β**). Ο Παύλος προσευχήθηκε, *«Και η ειρήνη τού Θεού, που υπερέχει κάθε νου, θα διαφυλάξει τις καρδιές σας και τα διανοήματά σας διαμέσου τού Ιησού Χριστού»* (**Προς Φιλιππησίους 4:7**). Ο Θεός θέλει να δει ενότητα και υπακοή μέσα μας. *«Επειδή, φύλαξες τον λόγο τής υπομονής μου, και εγώ θα σε φυλάξω από την ώρα τού πειρασμού, που πρόκειται νάρθει επάνω σε ολόκληρη την οικουμένη, για να δοκιμάσει αυτούς που κατοικούν επάνω στη γη»* (**Αποκάλυψη 3:10**).

Ο Θεός ενδιαφέρεται για τους εκλεκτούς Του, ακόμη και πριν Τον γνωρίσουμε. Αυτό λέγεται **«προληπτική χάρη»**, η χάρη του Θεού που συμβαίνει στη ζωή μας ακόμη και πριν γεννηθούμε, φροντίζοντας τους γονείς και τους παππούδες μας ώστε ο καρπός της αγάπης τους να ανθίσει και να εκπληρώσει τον σκοπό για τον οποίο ο Θεός μας δημιούργησε και ενέπνευσε το Ζωοποιό Του Πνεύμα μέσα μας. Μέσω της πίστης *«φρουρούμαστε με τη δύναμη του Θεού διαμέσου τής πίστης, σε σωτηρία έτοιμη να αποκαλυφθεί κατά τον έσχατο καιρό»* (**Α' Πέτρου 1:5**).

Ας προσευχηθούμε: Ουράνιε Πατέρα μας, αποκαλύψτε *«τη δύναμή σου· Θεέ, στερέωσε αυτό που ενέργησες σε μας»* (**Ψαλμοί 68:28**). Επίτρεψε Εσύ να θυμόμαστε τις υποσχέσεις της αιώνιας παρουσίας και της προστασίας Σου για εμάς και το σπίτι μας εν μέσω δοκιμασίας και μαχών. Προσευχόμαστε στο όνομα του Ιησού Χριστού.

---

14 Ιουλίου
Ο ΧΟΡΟΣ ΑΠΑΓΟΡΕΥΕΤΑΙ
Κατά Λουκάν 7:32

Η Μαργαρίτα μου λέει ότι στην ηλικία των 17 ετών, η μητέρα της βοηθούσε να σερβίρουν ορεκτικά σε μια γαμήλια δεξίωση όταν η μουσική ξεκίνησε να παίζει και μία από τις ξαδέρφες της την τράβηξε στον κύκλο που χόρευαν. Η πεθερά μου πάγωσε! Δεν χόρεψε! Κάποιος, όμως, το μετέφερε στο συμβούλιο της εκκλησίας, το οποίο την κατηγόρησε για «χορό» και απαίτησε να μετανοήσει. Κατά τη δεκαετία του 1940, πράγματα που ευχαριστούσαν τους Ευαγγελικούς, όπως ο χορός ήταν αμαρτωλά, όχι όμως για τους Ορθόδοξους.

Το ανάγνωσμα της ημέρας από το βιβλίο **Β' Σαμουήλ 6:16** δίνει έμφαση στην αντίδραση της συζύγου του Δαβίδ όταν είδε *«τον βασιλιά Δαβίδ να πηδάει και να χορεύει μπροστά στον Κύριο, τον εξουθένωσε στην καρδιά της»*. Ο Δαβίδ εξέφρασε χαρά και ευχαρίστηση γιατί είχε ονομαστεί Βασιλιάς και έφερε πίσω στστην Ιερουσαλήμ την Κιβωτό της Διαθήκης. Όλοι οι άνθρωποι χάρηκαν, εκτός από τη γυναίκα του Δαβίδ, για την οποία ο χορός του Δαβίδ ήταν απεχθής.

Όταν ο Δαβίδ έφτασε στο σπίτι του, η Μιχάλ τον μάλωσε, *«Πόσο ένδοξος ήταν σήμερα ο βασιλιάς τού Ισραήλ, που γυμνώθηκε σήμερα στα μάτια των υπηρετριών των δούλων του, καθώς αδιάντροπα γυμνώνεται ένας από τους τιποτένιους ανθρώπους! Και ο Δαβίδ είπε στη Μιχάλ: Μπροστά στον Κύριο, που με διάλεξε πιο πάνω από τον πατέρα σου, και πιο πάνω από ολόκληρη την οικογένειά του, ώστε να με κάνει ηγεμόνα επάνω στον λαό τού Κυρίου, επάνω στον Ισραήλ, ναι, μπροστά στον Κύριο έπαιξα»* **(Β' Σαμουήλ 6:20β-21α).**

Τα πρώτα χρόνια ως νέο παιδί του Θεού, έμαθα ότι μπορούσαμε να κάνουμε τα πάντα *«αλλά όλα δεν συμφέρουν· όλα είναι στην εξουσία μου, αλλά όλα δεν οικοδομούν»* **(Προς Κορινθίους Α' 10:23).**

Αξίζει να διευκρινίσουμε ότι όλα επιτρέπονται και όλα είναι ωφέλιμα όταν εργαζόμαστε με αγάπη και αλτρουισμό για τον Θεό και τον λαό Του. Προτού δράσουμε ή μιλήσουμε, πρέπει να αναρωτηθούμε αν αυτό που πρόκειται να κάνουμε ή να πούμε **επιτρέπεται από την Αγία Γραφή**. Ο Θεός ποτέ δεν απαγόρευσε τον χορό. Τον ενέκρινε στον Δαβίδ, αλλά καταράστηκε την αντίδραση της συζύγου του Δαβίδ γιατί η **απέχθεια** είναι μία μορφή κατάρας. Ο Θεός υποσχέθηκε να ευλογεί όσους μας ευλογούν και να καταδικάζει όσους μας καταδικάζουν **(Γένεσις 12:3).** Ως αποτέλεσμα, *«η Μιχάλ, η θυγατέρα του Σαούλ, δεν γέννησε παιδί μέχρι την ημέρα τού θανάτου της»* **(Β' Σαμουήλ 6:23).**

Ας προσευχηθούμε: Ουράνιε Πατέρα μας, βοήθησέ μας να είμαστε ξεκάθαροι σε όσα Σε ευχαριστούν και όσα μας ζητά το Πνεύμα Σου να κάνουμε, να τα κάνουμε με χαρά και ευχαρίστηση για τη δική Σου δόξα και τιμή. Βοήθησέ μας να μην κρίνουμε εκφράσεις δοξολογίας που διαφέρουν από τις δικές μας. Προσευχόμαστε στο όνομα του Ιησού Χριστού.

---

15 Ιουλίου
ΘΕΟΣ ΔΗΜΙΟΥΡΓΟΣ
Προς Κολοσσαείς 1:16

Τα παιδιά είναι εκδήλωση ή ενσάρκωση των γονέων τους. Είναι πολύ κοντά τη δική τους αντανάκλαση. Απ' την άλλη, ο Χριστός είναι η αληθινή και τέλεια ενσάρκωση του Θεού Δημιουργού και Λυτρωτή.

Με το σημερινό εδάφιο, παίρνουμε μια ιδέα για το μέσο και τον σκοπό της δημιουργίας. Βλέπουμε την επανάληψη *«κτίστηκαν τα πάντα»* το οποίο καθιερώνει ότι τα πάντα στη δημιουργία υπάρχουν χάρη στον Ιησού Χριστό, τον Ενσαρκωμένο Λόγο. Χωρίς Εκείνον, δεν θα υπήρχε τίποτα.

Το εδάφιο λέει *«επειδή, διαμέσου αυτού κτίστηκαν τα πάντα […] τα πάντα κτίστηκαν διαμέσου αυτού και γι' αυτόν»* **(Προς Κολοσσαείς 1:16).**

«Αυτού» σημαίνει ότι με τον Ιησού, η δημιουργία έχει ζωή, τάξη και νόημα. Εκείνος είναι η πηγή της ζωής, της φροντίδας και της ελπίδας.

«Από Εκείνον» σημαίνει ότι ο Λόγος του Θεού (ο Ιησούς) είναι το όργανο και ο οδηγός όλης της δημιουργίας.

«Για Εκείνον» σημαίνει ότι ο Ιησούς είναι ο σκοπός της ίδιας μας της ύπαρξης, που είναι να δοξάσουμε τον Θεό.

Πήρα τη συνήθεια της μητέρας μου να τους αποκαλώ όλους «μου» (όπως, «αγαπητοί μου φίλοι και οικογένεια»). Είναι όμορφος όρος. Αν μείνουμε στο εδάφιο της ημέρας, η πραγματικότητα είναι ότι τίποτα δεν είναι πραγματικά δικό μας. Συνηθίζουμε να λέμε *«αυτός είναι ο γιος μου»*, ενώ πρέπει να λέμε **«αυτός είναι ο γιος που μου έδωσε ο Θεός»**.

Ο Λόγος του Θεού μας βεβαιώνει ότι τα πάντα (συμπεριλαμβανομένης της ζωής και των παιδιών μας) δημιουργήθηκαν από Εκείνον, για Εκείνον και έχουν την ύπαρξή τους σε Εκείνον. Πρέπει να αναρωτηθούμε *«Ζω πραγματικά για Εκείνον;»* Ποτέ δεν είναι αργά να αρχίσω. Ας σκεφτούμε τρόπους με τους οποίους θα μπορούσαμε:
1) **Να γνωρίσουμε καλύτερα τον Θεό,**
2) **Να εκδηλώνουμε καλύτερα τον Θεό στην καθημερινή μας ζωή, και**
3) **Να ζούμε για Εκείνον.**

Ας προσευχηθούμε: Ουράνιε Πατέρα μας, Σ' ευχαριστούμε για το δώρο της ζωής, Σε ευχαριστούμε που μας τοποθέτησες στο κέντρο της αγαπητής και τρυφερής οικογένειάς Σου που επιθυμεί να αντανακλά την αγάπη και την παρουσία Σου μέσα από πράξεις, χειρονομίες και λόγια. Σ' ευχαριστούμε για τα παιδιά και τα εγγόνια μας που γεμίζουν τη ζωή μας με την αγάπη και τη χαρά της ζωής. Θεράπευσε τους φτωχούς μας. Παρηγόρησε όσους θρηνούν μέσα από την ελπίδα και την πίστη του Λόγου Σου. Προσευχόμαστε στο όνομα του Ιησού Χριστού.

Στη φωτογραφία είναι ο γιος που μου έδωσε ο Θεός, ο Jean-Paul με τη γυναίκα του, την Phoenix και τα παιδιά τους: Ségolène και Σαλώμη με τους οποίους είμαι πολύ ευχαριστημένος. Μου αρέσει να λέω *«Αγόρι μου!»*.

> *Ας σκεφτούμε τρόπους με τους οποίους θα μπορούσαμε:*
> *1)   Να γνωρίσουμε καλύτερα τον Θεό,*
> *2)   Να εκδηλώνουμε καλύτερα τον Θεό στην*
> *   καθημερινή μας ζωή, και*
> *3)   Να ζούμε για Εκείνον.*

---

16 Ιουλίου
ΕΚΖΗΤΗΣΕ ΤΟΝ ΘΕΟ
Πράξεις 17:27

Ο Θεός έχει υπέροχες ευλογίες για αυτήν και για την επόμενη ζωή για όσους Τον εκζητούν με την καρδιά και την ψυχή τους. Ο Θεός είναι ελεήμων, αλλά ο χρόνος που έχουμε δεν είναι απεριόριστος. Ο Θεός δημιούργησε τον χρόνο στην ιστορία για **«να ζητούν τον Κύριο, ίσως μπορέσουν να τον**

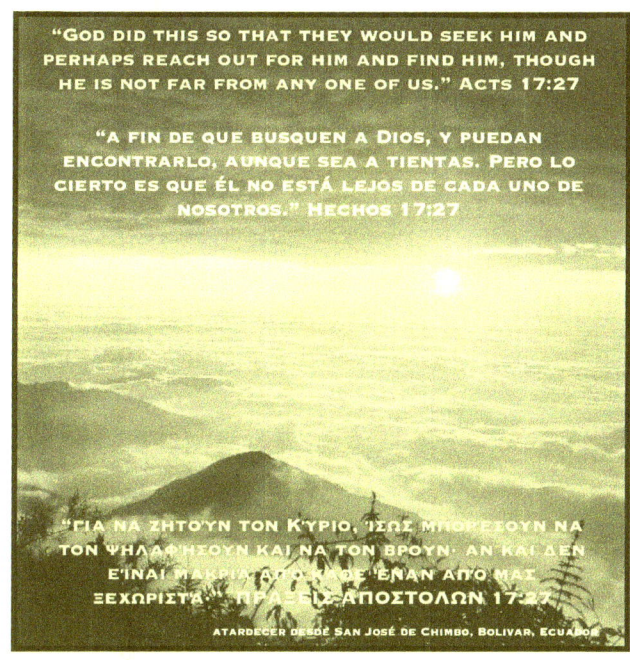

ψηλαφήσουν και να τον βρουν· αν και δεν είναι μακριά από κάθε έναν από μας ξεχωριστά» (Πράξεις 17:26-27).

Στον **Ησαΐα 55:6** διαβάζουμε, *«Ζητάτε τον Κύριο, ενόσω μπορεί να βρεθεί· επικαλείστε αυτόν, ενόσω είναι κοντά».* Με άλλα λόγια, εκζητήστε τον Κύριο όσο ζείτε γιατί θα είναι πολύ αργά μετά θάνατον. Ο Θεός θα βρεθεί αν Τον αναζητήσουμε με όλη μας την καρδιά **(Ιερεμίας 29:13)** και θα μας γεμίσει με τη δύναμή Του **(Ψαλμοί 105:4).**

Το Άγιο Πνεύμα μας κρατά ζωντανούς με την πνοή της ζωής ώστε να εκζητήσουμε τον Κύριο. Γιατί, δίχως τον Θεό, η ζωή μας ήταν ένα βάσανο χωρίς ελπίδα. Τώρα, όμως, ο Θεός υποσχέθηκε να μας φροντίζει, να μας προστατεύει, να μας δίνει χαρά και αγάπη. *«Μέσα σ' αυτόν ζούμε και κινούμαστε και υπάρχομε»* **(Πράξεις 17:28Α).** Ωστόσο, πρέπει κι εμείς να κάνουμε το δικό μας μέρος στη διαθήκη της αγάπης: να εκζητήσουμε, να αγγίξουμε άλλους, να γνωρίσουμε τον Θεό, **να ακολουθήσουμε τις εντολές Του**. Αν το κάνουμε αυτό με αγάπη, θα ευλογηθούμε.

Η Αγία Γραφή μας λέει *«Μακάριοι όσοι φυλάττουν τα μαρτύριά του, αυτοί που τον εκζητούν με όλη την καρδιά»* **(Ψαλμοί 119:2)**. Ο Θεός μας καλεί να Τον εκζητήσουμε *«με ολόκληρη την καρδιά σας, και με ολόκληρη την ψυχή σας. Όταν βρεθείς σε θλίψη, και σε βρουν όλα αυτά στις έσχατες ημέρες, τότε θα επιστρέψεις στον Κύριο τον Θεό σου, και θα ακούσεις τη φωνή του. Δεδομένου ότι, ο Κύριος ο Θεός σου είναι Θεός οικτίρμονας· δεν θα σε εγκαταλείψει ούτε θα σε εξολοθρεύσει ούτε θα λησμονήσει τη διαθήκη των πατέρων σου, που ορκίστηκε σ' αυτούς»* **(Δευτερονόμιον 4:29-31).**

Ο Κύριος είναι πιο κοντά απ' όσο φανταζόμαστε. Ο Ιησούς είπε *«Επειδή, καθένας που ζητάει, παίρνει· και εκείνος που ψάχνει, βρίσκει· και σ' εκείνον που κρούει, θα του ανοιχτεί»* **(Κατά Λουκάν 11:10).**

Ας προσευχηθούμε: Ουράνιε Πατέρα μας, Σ' ευχαριστούμε που άνοιξες τα αυτιά μας στη φωνή Σου και τις καρδιές μας στην αιώνια αγάπη Σου. Προσευχόμαστε για τις επόμενες γενιές, καθώς θα μαλακώνεις τις καρδιές μας για να Σε εκζητήσουν, θα κάνεις το ίδιο με τον Λόγο Σου και τους αγγέλους που είναι αγγελιοφόροι της γεμάτης αγάπη παρουσίας Σου. Προσευχόμαστε στο όνομα του Ιησού Χριστού.

---

17 Ιουλίου
ΣΕ ΕΚΑΝΕ, ΣΕ ΕΠΛΑΣΕ, ΣΕ ΒΟΗΘΗΣΕ
Ησαΐας 44:2

Το σημερινό όμορφο μας διαβεβαιώνει! Παρόλο που απευθύνεται στον πατριάρχη Ιακώβ, κάθε λέξη στην Αγία Γραφή απευθύνεται στις παρούσες και μελλοντικές γενιές του Αβραάμ, είτε μέσω αίματος είτε μέσω υιοθεσίας.

Μέσω της υιοθεσίας, μπορούμε να το προσωποποιήσουμε και να το διαβάσουμε ως εξής: *«Αυτό λέει ο Κύριος – Εκείνος που μας έφτιαξε, που μας δημιούργησε στη μήτρα μας και που θα μας βοηθήσει: Μη φοβάσαι, [το όνομά σου], δούλε/η μου…εκλεκτέ/ή».*

Τρία ρήματα ξεχωρίζουν στο εδάφιο αυτό: **πλάθω, διαλέγω** και **βοηθώ**.

ΠΛΑΘΩ – Η εγγονή μου, η Ségolène έγραψε ένα τραγούδι που έλεγε ότι οι γονείς της την είχαν δημιουργεί. Στη πραγματικότητα, ήταν το δεξιοτεχνικό χέρι του Θεού που την έπλασε, χρησιμοποιώντας τους γονείς της ως πινέλα για να δημιουργήσει το αριστούργημα. Ο Θεός γνωρίζει κάθε μέρος της ύπαρξής μας και διακρίνει τις σκέψεις και τα συναισθήματά μας. Πιθανόν, για κάποιο λόγο, να μην έχεις υγιή αυτοπεποίθηση. Ο πατέρας του ψεύδους προσπάθησε να σε πείσει ότι η ζωή σου δεν έχει χρησιμότητα. Δεν ξέρεις πώς να μιλάς, ό,τι αγγίζεις αποτυγχάνει και η οικογένειά σου θα ήταν καλύτερα χωρίς εσένα. **ΨΕΜΑ!** Βάλε στον νου σου ότι πλάστηκες με ομορφιά. Μην φοβάσαι! Ο Θεός δεν κάνει λάθη ούτε σκουπίδια. **Είσαι το αριστούργημα του Θεού, δημιουργημένο για να υπηρετεί τον Βασιλιά.**

ΔΙΑΛΕΓΩ – Μην φοβάσαι γιατί ο Θεός λέει *«Σε διάλεξα»*. **Δεν είσαι ατύχημα ούτε αποτέλεσμα κακής τύχης.** Μεταξύ όλων των εθνών, ο Θεός διάλεξε τον Άβραμ για να τον ευλογήσει ώστε *«μέσα από σένα θα ευλογηθούν όλες οι φυλές τής γης»* **(Γένεσις 12:3).** Ο Θεός επέλεξε να συνεχίσει την ευλογία αυτή μέσω του Ισαάκ, του Ιακώβ και του Ιησού Χριστού (γενεαλογία του Ιακώβ) και τώρα, ο Θεός αποφάσισε να ευλογήσει εσένα και εσύ να είσαι ευλογία. Ο Ιησούς είπε *«Εσείς δεν διαλέξατε εμένα, αλλά εγώ διάλεξα εσάς, και σας διέταξα, για να πάτε εσείς και να κάνετε καρπό, και ο καρπός σας να μένει»* **(Κατά Ιωάννην 15:16).**

Το εδάφιό μας λέει *«Μη φοβάσαι, δούλε μου Ιακώβ, και εσύ Ιεσουρούν, τον οποίο έκλεξα»*. Στα Εβραϊκά, αυτό το τρυφερό κάλεσμα σημαίνει **«εντιμότητα, ένα συμβολικό όνομα για τον Ισραήλ»** *(יְשֻׁרוּן Yeshurún H-3484).* Ο Θεός μας δίνει αυτό το όνομα για να δείχνουμε τη δικαιοσύνη με την οποία Εκείνος μας έπλασε και τι αναμένει από τους εκλεκτούς Του.

ΒΟΗΘΩ – Μην φοβάστε! Δεν είμαστε μόνοι μας, εγκαταλελειμμένοι, αβοήθητοι ή αναξιοπαθούντες. Ο Θεός μας λέει *«Να μη φοβάσαι· επειδή, εγώ είμαι μαζί σου· να μη τρομάζεις· επειδή, εγώ είμαι ο Θεός σου· σε ενίσχυσα· μάλιστα, σε βοήθησα· μάλιστα, σε υπερασπίστηκα με το δεξί χέρι τής δικαιοσύνης μου»* **(Ησαΐας 41:10).**

Ας προσευχηθούμε: Ουράνιε Πατέρα μας, Σ' ευχαριστούμε που επιβεβαιώνεις την ταυτότητά μας, ότι μας **έπλασες**, μας **διάλεξες** και μας **βοήθησες** Εσύ προσωπικά. Σ' ευχαριστούμε γιατί υποσχέθηκες ότι θα είσαι μαζί μας *«όλες τις ημέρες, μέχρι τη συντέλεια του αιώνα»* **(Κατά Ματθαίον 28:20).** Προσευχόμαστε στο όνομα του Ιησού Χριστού.

Πλάστηκες με ομορφιά. Μη φοβάσαι. Ο Θεός δεν κάνει λάθος ούτε κάτι άσχημο. Είσαι το αριστούργημα του Θεού, δημιουργημένο για να υπηρετεί τον Βασιλιά.

---

18 Ιουλίου
Ο ΘΕΟΣ ΜΑΧΕΤΑΙ ΓΙΑ ΤΟΝ ΛΑΟ ΤΟΥ
Έξοδος 14:14

Το σημερινό εδάφιο είναι μέρος της απελευθέρωσης του Ισραήλ από τον ζυγό των Αιγυπτίων. Μετά από 10 πληγές, ο Φαραώ επέτρεψε στον λαό να φύγει και να λατρέψει τον Θεό στην έρημο. Περισσότεροι από 600.000 άντρες έφυγαν, χωρίς να μετρούμε τις γυναίκες και τα παιδιά.

Την ημέρα, ο Θεός *«πορευόταν μπροστά απ' αυτούς, την ημέρα σε στύλο νεφέλης, για να τους οδηγεί στον δρόμο· και τη νύχτα, σε στύλο φωτιάς, για να τους φέγγει»* (Έξοδος 13:21). Ο Φαραώ μετάνιωσε που τους άφησε να φύγουν και τους κυνήγησε. Ο λαός είχε κατασκηνώσει κοντά στην Ερυθρά Θάλασσα και δεν είχε οδό διαφυγής. Βλέποντας ότι πλησίαζε ο στρατός του Φαραώ και σε μεγάλο πανικό, μουρμούριζαν εναντίον του Μωυσή *«ήταν καλύτερα σε μας να δουλεύουμε τους Αιγυπτίους, παρά να πεθάνουμε στην έρημο»* (Έξοδος 14:12).

Στη συνέχεια, ο Μωυσής λέει: *«Μη φοβάστε· σταθείτε, και βλέπετε τη σωτηρία τού Κυρίου, που θα κάνει σε σας σήμερα· επειδή, τους Αιγυπτίους, που είδατε σήμερα, δεν θα τους δείτε πλέον, ποτέ· ο Κύριος θα πολεμήσει για σας· και εσείς θα μένετε ήσυχοι»* (Έξοδος 14:13–14). Σας καλώ να διαβάσετε το βιβλίο της **Εξόδου, κεφάλαιο 14** για να θυμηθείτε πώς ο Θεός απομάκρυνε τους εχθρούς του Ισραήλ, διαχωρίζοντας τα νερά της Ερυθράς Θάλασσας. Είναι πολύ όμορφη ιστορία.

Η ίδια ιστορία επαναλαμβάνεται. Υπάρχουν σήμερα άνθρωποι μεταξύ θάλασσας και τοίχων, που δεν έχουν εμφανή τρόπο να ξεφύγουν από τις ανθρώπινες συγκρούσεις. Ο εχθρός είναι ο διάβολος και οι μάχες του κόσμου είναι η πανδημία, τα ναρκωτικά, το αλκοόλ, η βία στο σπίτι, το έκνομο σεξ, η διακίνηση ανθρώπων, η υποχρέωση να φύγει κάποιος από χώρες γεμάτες βία, απαγωγές, βιασμούς και ανθρωποκτονίες. Όταν ερχόμαστε αντιμέτωποι με τέτοιες μάχες, δεν μπορούμε να παλέψουμε και να τις νικήσουμε με τη δική μας δύναμη.

Το Πνεύμα, όμως, μας υπενθυμίζει να εμπιστευόμαστε στον Θεό. *«Ο Κύριος θα πολεμήσει για σας»* (Έξοδος 14:14). Τότε θα έχετε ξαφνικά ειρήνη και ελπίδα στην ψυχή σας. Όλα τα προηγούμενα θα μείνουν πίσω. Όλα τα πράγματα θα γίνουν νέα.

Θυμηθείτε ότι ο Θεός μάχεται για τον λαό Του. Ο Δαβίδ δεν ήταν εκείνος που νίκησε τον Γολιάθ, τον γίγαντα. Ο Δαβίδ είπε *«Ο Κύριος που με ελευθέρωσε από το χέρι τού λιονταριού, και από το χέρι τής αρκούδας, αυτός θα με ελευθερώσει και από το χέρι αυτού τού Φιλισταίου»* (Α' Σαμουήλ 17:37). Στον Γολιάθ, είπε *«Αυτή την ημέρα ο Κύριος θα σε παραδώσει στο χέρι μου· και θα σε πατάξω»* (Α' Σαμουήλ 17:46).

Ας προσευχηθούμε: Ουράνιε Πατέρα μας, δώσε μας την πίστη να γνωρίζουμε ότι σε όποια κατάσταση κι αν βρεθούμε, μπροστά σε τοίχο, σε θάλασσα, σε πανδημία ή σε γίγαντες, Εσύ θα μάχεσαι για εμάς και στο τέλος, θα μας δώσεις της τη νίκη επί κάθε πράγματος που θέτει σε κίνδυνο την ψυχή των παιδιών Σου. Προσευχόμαστε στο όνομα του Ιησού Χριστού.

19 Ιουλίου
ΠΡΟΣΕΥΧΗΣΟΥ ΓΙΑ ΤΟΥΣ ΠΟΙΜΕΝΕΣ ΣΟΥ

«Να πείθεστε στους προεστώτες σας, και να υπακούτε· επειδή, αυτοί αγρυπνούν για τις ψυχές σας, ως έχοντας να δώσουν λόγο· για να το κάνουν αυτό με χαρά, και χωρίς να στενάζουν· επειδή, αυτό δεν σας ωφελεί» **Προς Εβραίους 13:17**

"Have confidence in your leaders and submit to their authority, because they keep watch over you as those who must give an account. Do this so that their work will be a joy, not a burden, for that would be of no benefit to you." **Hebrews 13:17**

"Obedezcan a sus pastores, y respétenlos. Ellos cuidan de ustedes porque saben que tienen que rendir cuentas a Dios. Así ellos cuidarán de ustedes con alegría, y sin quejarse; de lo contrario, no será provechoso para ustedes". **Hebreos 13:17**

Οι ποιμένες σπάνια εισπράττουν εκτίμηση. Τις περισσότερες φορές, είναι αποδέκτες παραπόνων. Για να μην φτάσουν σε σημείο εξουθένωσης ή κατάθλιψης, χρειάζονται τις προσευχές σας, την υποστήριξη και τον σεβασμό για τις αποφάσεις που λαμβάνουν έπειτα από σκέψη και προσευχή. Και, αν ο ποιμένας πέσει σε κατάθλιψη, να θυμάστε ότι είναι άνθρωπος. Μην τον κατηγορήσετε ότι **δεν έχει αρκετή πίστη** ή **να κάνει πράξη αυτά που κηρύττει**. Οι προσευχές και η αγάπη σας θα είναι το βάλσαμο που θα τους βοηθήσει να ανακάμψουν νικηφόρα από αυτή τη δοκιμασία.

Ο εχθρός προσπαθεί να μας αποθαρρύνει από το να αγαπάμε και να υπηρετούμε στο όνομα του Θεού, κατηγορώντας μας για την ποιότητα της υπηρεσίας που προσφέρουμε σε όσους έχουν ανάγκη ή ακόμη και για την ίδια τη φτώχεια όσων έπεσαν στην παγίδα ανθρώπινης αμαρτίας και πειρασμών.

Κάποιες φορές, στο κοινωνικό παντοπωλείο που βρισκόμουν εθελοντικά στην υποδοχή, οι πελάτες δεν ήταν ευχαριστημένοι με την κατάστασή τους και έβγαζαν τη δυσαρέσκειά τους στους εθελοντές. Κάτι τέτοιο μπορεί να αποθαρρύνει τους δούλους του Θεού, που χρειάζονται κι εκείνοι τις προσευχές σας.

Μερικές φορές, ο Θεός μας εκπλήσσει ευχάριστα. Μια μέρα, μία κυρία μπήκε στο κοινωνικό παντοπωλείο και με ρώτησε *«Εσύ δεν είσαι ο ποιμένας που έδινε ψωμί στο Bridgeport;» «Ναι! Εγώ είμαι»,* της απάντησα. Με αγκάλιασε με ένα πλατύ χαμόγελο και δάκρυα και είπε *«Δεν ξέω αν το θυμάσαι, αλλά προσευχήθηκες για την υγεία μου και είμαι καλά. Το ψωμί και οι προσευχές Σου με βοήθησαν πολύ περισσότερο απ' όσο φαντάζεσαι».*

Οι ποιμένες *«αγρυπνούν για τις ψυχές σας, ως έχοντας να δώσουν λόγο».* Προσεύχεστε ώστε *«να το κάνουν αυτό με χαρά, και χωρίς να στενάζουν· επειδή, αυτό δεν σας ωφελεί»* (Προς Εβραίους 13:17).

Ας προσευχηθούμε: Ουράνιε Πατέρα μας, μην επιτρέψεις στα παράπονα των απογοητευμένων να μας κλέψουν τη χαρά της υπηρεσίας και της αγάπης προς όσους έχουν ανάγκη. Σ' ευχαριστούμε για όσους μας στηρίζουν στη διακονία μέσω της προσευχής τους και της πνευματικής και σωματικής υποστήριξης. Προσευχόμαστε στο όνομα του Ιησού Χριστού.

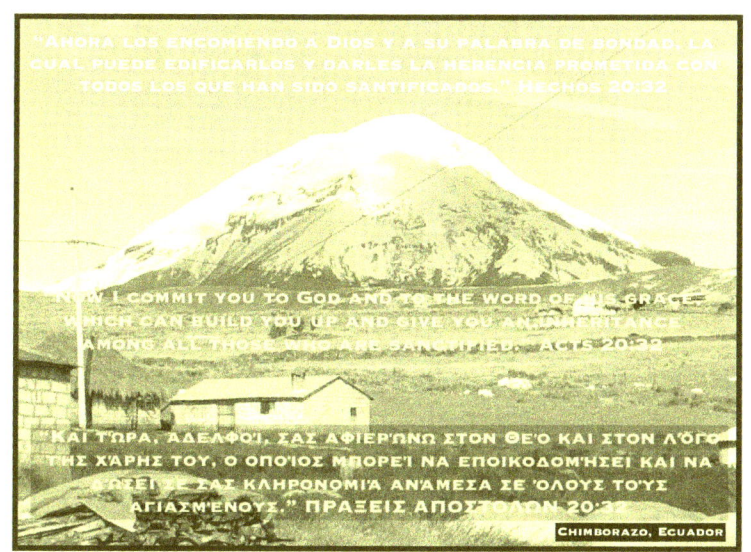

20 Ιουλίου
ΜΙΑ ΑΣΦΑΛΗΣ ΚΑΙ ΙΣΧΥΡΗ ΣΥΝΔΕΣΗ
Πράξεις 20:32

Είναι δύσκολο να επικοινωνήσουμε αν δεν έχουμε WiFi! Μία από τις βασικές ανησυχίες μας είναι να έχουμε το κινητό μας φορτισμένο με σταθερή και αξιόπιστη σύνδεση. Όπου κι αν πάω, ψάχνω για δυνατό σήμα για να στείλω ή να λάβω μηνύματα. Τον Σεπτέμβριο του 2018, ενώ περπατούσα με την ξαδέρφη μου, την Έφη (είχαμε πάει στον γάμο της), μου έδωσε το δικό της **hotspot** για να συνδεθώ στο ίντερνετ. Ενώ βρισκόμουν κοντά της, είχα σταθερή και αξιόπιστη σύνδεση. Αν, όμως, απομακρυνόμουν από εκείνη, έχανα το σήμα.

Το ίδιο συμβαίνει και με τον Θεό. Καθώς διαβαίνουμε δίπλα Του, διαβάζουμε τον Λόγο Του, έχουμε μια ασφαλή και αξιόπιστη σύνδεση. Όταν, όμως, απομακρυνόμαστε, χάνουμε τη σύνδεση και υπάρχει ο κίνδυνος να γίνουμε άχρηστοι πρεσβευτές, επιρρεπείς στις επιθέσεις του Σατανά, που θέλει να μας χωρίσει για πάντα από τον Θεό. Γι' αυτό, ο χρόνος μας με τον Θεό είναι το φάρμακο και η δύναμη που χρειαζόμαστε για να φτάσουμε με νίκη στον προορισμό μας, μαζί με τους φίλους, την οικογένεια και τις μελλοντικές γενιές.

Ο Θεός μας εμπιστεύθηκε τον Λόγο Του για να οικοδομήσει και να δώσει κληρονομιά σε ολόκληρο τον κόσμο. *«Και πώς θα κηρύξουν, αν δεν αποσταλούν; Όπως είναι γραμμένο: «Πόσο ωραία είναι τα πόδια εκείνων που ευαγγελίζονται ειρήνη, εκείνων που ευαγγελίζονται τα αγαθά!»* **(Προς Ρωμαίους 10:15).**

Σήμερα, μοιραζόμαστε το Ευαγγέλιο κυρίως μέσω Διαδικτύου. Στα κοινωνικά δίκτυα, αφθονούν χαιρετισμοί και εικόνες με τα καλά νέα, κηρύγματα και δοξολογίες, ενώ στις εκκλησίες, τα στασίδια είναι σχεδόν άδεια. Περίπου 12 έρχονταν στην εκκλησία μου για να ακούσουν τα καλά νέα. Σε ιδιαίτερες ημέρες, ο αριθμός αυτός ήταν 25. Τώρα, μέσω των κοινωνικών δικτύων, εσείς, οι φίλοι και η οικογένειά μου ξεπεράσατε την προσέλευση περισσότερες από 20 φορές. Ωστόσο, για να μεταφέρουμε το μήνυμα της ειρήνης και της συμφιλίωσης, χρειάζεται μία σταθερή και αξιόπιστη σύνδεση και μία καλά φορτισμένη μπαταρία.

«Και τώρα, αδελφοί, σας αφιερώνω στον Θεό και στον λόγο τής χάρης του, ο οποίος μπορεί να εποικοδομήσει και να δώσει σε σας κληρονομιά ανάμεσα σε όλους τούς αγιασμένους» **(Πράξεις 20:32).** Αναζήτησε μία ισχυρή και σταθερή σύνδεση στον Θεό. Διάβασε τον Λόγο Του, πήγαινε στην εκκλησία της περιοχής Σου και στήριξέ την και προσευχήσου για τον ποιμένα Σου.

Ας προσευχηθούμε: Ουράνιε Πατέρα μου, Σ' ευχαριστώ που μας συμφιλίωσες μέσω της θυσίας του Υιού Σου. Είθε η πνευματική αυτή πρωινή τροφή να μας φορτίσει διπλά το πνεύμα μας και να αποτελέσει μία σταθερή και αδιάσπαστη σύνδεση μαζί Σου. Δώσε μας το θάρρος να διαβαίνουμε μέσα από τις γειτονιές μας, δίνοντας το ***δικό Σου μήνυμα συμφιλίωσης*** **(Προς Κορινθίους Β' 5:19).** Προσευχόμαστε στο όνομα του Ιησού Χριστού.

21 Ιουλίου
Η ΧΑΡΗ ΤΟΥ ΘΕΟΥ ΣΤΗΝ ΠΡΑΞΗ
Β' Σαμουήλ 9:11Β (ASV)

Ένα από τα πιο ωραία παραδείγματα της χάρης του Θεού το βλέπουμε στη ζωή του Μεμφιβοσθέ, που διαβάζουμε στο βιβλίο **Β' Σαμουήλ 9:1-13.**

Ο Ιωνάθαν και ο Δαβίδ δημιούργησαν μία διαθήκη στην οποία ο Δαβίδ θα έδειχνε ευγένεια στους απογόνους του Ιωνάθαν όσο εκείνος ζούσε. Όταν οι Φιλισταίοι σκότωσαν τον βασιλιά Σαούλ, συνέχισαν με το να σκοτώνουν τη γενεαλογία του Σαούλ. Αλλά μία τροφός με κοφτερό μυαλό πήρε τον γιο του Ιωνάθαν και έτρεξε να τον κρύψει. Εν μέσω της αναστάτωσης, της έπεσε και το παιδί έμεινε κουτσό και ζούσε κρυφά **(Β' Σαμουήλ 4:4).**

Χρόνια αργότερα, ο βασιλιάς Δαβίδ θυμήθηκε τη διαθήκη και ρώτησε «*Δεν απομένει κάποιος ακόμα από την οικογένεια του Σαούλ, για να κάνω σ' αυτόν έλεος Θεού;* (Η χάρη του Θεού στην πράξη!) *Και ο Σιβά είπε στον βασιλιά: Υπάρχει ακόμα ένας γιος τού Ιωνάθαν, βλαμμένος στα πόδια.*

Και ο βασιλιάς τού είπε: Πού είναι αυτός; Και ο Σιβά είπε στον βασιλιά: Δες, είναι στο σπίτι τού Μαχείρ, γιου τού Αμμιήλ, στη Λοδεβάρ (που σημαίνει άγονος, χωρίς βοσκοτόπια). *Τότε, ο βασιλιάς Δαβίδ έστειλε, και τον πήρε από το σπίτι τού Μαχείρ, γιου τού Αμμιήλ, από τη Λοδεβάρ... Και όταν ο Μεμφιβοσθέ* (που σημαίνει ντροπή, από το στόμα του Θεού), *γιος τού Ιωνάθαν, γιου τού Σαούλ, ήρθε στον Δαβίδ, έπεσε με το πρόσωπό του στη γη, και προσκύνησε. Και ο Δαβίδ είπε: Μεμφιβοσθέ! Και εκείνος είπε: Νάμαι, ο δούλος σου. Και ο Δαβίδ τού είπε: Μη φοβάσαι· επειδή, σίγουρα θα κάνω έλεος σε σένα, χάρη τού Ιωνάθαν του πατέρα σου, και θα σου αποδώσω όλα τα κτήματα του Σαούλ τού πατέρα σου· και εσύ θα τρως ψωμί επάνω στο τραπέζι μου για πάντα.*

Και εκείνος τον προσκύνησε, και είπε: Ποιος είναι ο δούλος σου, ώστε να επιβλέψεις σε ένα τέτοιο πεθαμένο σκυλί που είμαι εγώ; Και ο Μεμφιβοσθέ κατοικούσε στην Ιερουσαλήμ· επειδή, έτρωγε παντοτινά επάνω στο τραπέζι τού βασιλιά· ήταν δε χωλός και στα δυο του πόδια.» **(Β' Σαμουήλ 9:4-8,13).**

Κάποιες φορές, είμαστε σαν τον Μεμφιβοσθέ, ζώντας μια ζωή ντροπής, κρυμμένοι σε άγονα μέρη, με φόβο για τη ζωή μας. Αλλά, με τη χάρη του Θεού, χωρίς αξία ή προσπάθεια, μας δίνει το δώρο μιας νέας και άφθονης ζωής, με αγγέλους να μας παρακολουθούν *και μία θέση στο τραπέζι του Βασιλιά, ως ένας και μία γιος και κόρη του Βασιλιά.* Αυτή, φίλοι μου, είναι μία εικόνα της χάρης του Θεού στην πράξη, που γίνεται διαθέσιμη σε εμάς μέσω του Ιησού Χριστού, σε εσένα και σε εμένα, από τον Σταυρό του Γολγοθά.

Ας προσευχηθούμε: Ουράνιε Πατέρα μας, πώς θα μπορέσουμε ποτέ να ξεπληρώσουμε τέτοια αγάπη και χάρη πέρα από τη δοξολογία και υπηρεσία προς Εσένα. Βοήθησέ μας να ανταποκριθούμε στην αγάπη που έδειξες σε εμάς. Προσευχόμαστε στο όνομα του Ιησού Χριστού.

Κάποιες φορές, είμαστε σαν τον Μεμφιβοσθέ, ζώντας μια ζωή ντροπής, κρυμμένοι σε άγονα μέρη, με φόβο για τη ζωή μας. Αλλά, με τη χάρη του Θεού, χωρίς αξία ή προσπάθεια, μας δίνει το δώρο μιας νέας και άφθονης ζωής.

---

22 Ιουλίου
ΕΛΛΕΙΨΗ ΓΝΩΣΗΣ

«Δεν παύουμε να προσευχόμαστε για σας, και να δεόμαστε να γίνετε πλήρεις από την επίγνωση του θελήματός του με κάθε σοφία και πνευματική σύνεση». **Προς Κολοσσαείς 1:9**

"We continually ask God to fill you with the knowledge of his will through all the wisdom and understanding that the Spirit gives." **Colossians 1:9**

"No cesamos de orar por ustedes y de pedir que Dios los llene del conocimiento de su voluntad en toda sabiduría e inteligencia espiritual". **Colosenses 1:9**

Η έλλειψη γνώσης συνιστά εμπόδιο. Μεταξύ δοκιμασιών, είναι καλό να γνωρίζουμε ότι μπορούμε να συμβουλευτούμε, να ευχαριστήσουμε και να εμπιστευθούμε τη ζωή και τον νου μας στα χέρια του Θεού.

Ποιον να εμπιστευθούμε: Ζητούμε τη βοήθεια του Θεού, την καθοδήγηση και την ειρήνη Του πριν την έναρξη της ημέρας και όταν ξαπλώνουμε να ξεκουραστούμε.

Το 2020, δεν φανταζόμασταν ποτέ κυβερνήσεις να κλείνουν τα σύνορά τους και να αναστέλλουν διεθνείς πτήσεις. Ευχαριστώ τον Θεό για τον θείο μου Ricardo και τη θεία μου Blanca που μας πρόσφεραν ασφαλές καταφύγιο, αγάπη και συντροφιά στο σπίτι τους στις αρχές της πανδημίας. Μοιραστήκαμε και ενδιαφερθήκαμε ο ένας για τον άλλον κατά τη διάρκεια της καραντίνας.

Ευγνωμοσύνη: Πάντα υπάρχει κάτι για να ευχαριστήσουμε. Ευχαριστώ τον Θεό για εσάς, ζητώντας πάντοτε *«να δεόμαστε να γίνετε πλήρεις από την επίγνωση του θελήματός του με κάθε σοφία και πνευματική σύνεση»* (**Προς Κολοσσαείς 1:9**). Η Αγία Γραφή λέει *«Ο λαός μου αφανίστηκε για έλλειψη γνώσης»* (**Ωσηέ 4:6**). Ευτυχώς, γεμάτοι με σοφία, ευγνωμοσύνη και σκοπό, είμαστε πρεσβευτές της αγάπης και της δύναμης του Θεού ώστε η ελπίδα ης νέας ημέρας να ρέει σαν καταρράκτης. **Σκεφτείτε: Εσείς για τι είστε ευγνώμων σήμερα;**

Διαφυλάξτε τον νου σας: Καθημερινά βομβαρδιζόμαστε με μηνύματα, tweets, που προσπαθούν να κλέψουν την ειρήνη μας. Ο Ιησούς μας προσφέρει την *«ειρήνη Του».* Η ομάδα στοχασμών της Αγίας Γραφής έχει σκοπό να θρέψει και να ενδυναμώσει τον νου και την καρδιά μας, να μας βοηθήσει να αντιμετωπίσουμε τις προκλήσεις του σήμερα. Τώρα, περισσότερο από ποτέ, πρέπει να διαφυλάξουμε τον νου μας εμπιστευόμενοι στον Λόγο του Θεού, αναζητώντας τη γνώση του Θεού, την καθοδήγηση και την ενθάρρυνσή Του στην παρουσία και στις υποσχέσεις Του.

Εμπιστευθείτε στον Θεό: Μελετώντας καθημερινά τον Λόγο του Θεού, εμπιστευόμαστε ότι η ζωή μας και η ζωή των παιδιών μας είναι στα χέρια του Θεού, προσευχόμενοι για καθοδήγηση ώστε *«να περπατήσετε αντάξια στον Κύριο, ευαρεστώντας σε όλα, καρποφορώντας σε κάθε έργο αγαθό, και αυξανόμενοι στην επίγνωση του Θεού»* (**Προς Κολοσσαείς 1:10**). Δεν γνωρίζουμε το μέλλον, αλλά ο Θεός είναι ισχυρός και *«κανένας δεν μπορεί να τα αρπάξει από το χέρι τού Πατέρα μου»* (**Κατά Ιωάννην 10:29**).

Ας προσευθηθούμε: Ουράνιε Πατέρα μας, Σ' ευχαριστούμε που *«μάς ελευθέρωσες από την εξουσία τού σκότους, και μας μετέφερες στη βασιλεία τού αγαπητού Υιού Σου»* (**Προς Κολοσσαείς 1:13**). Δώσε μας σοφία, γνώση και σύνεση ώστε να υπακούμε στα διατάγματά Σου. Δώσε μας το θάρρος να ξεπεράσουμε τους φόβους μας, να διώξουμε τη σκόνη και να ενθαρρύνουμε ο ένας τον άλλον. Προσευχόμαστε στο Άγιο Όνομά Σου.

Τώρα, περισσότερο από ποτέ, πρέπει να διαφυλάξουμε τον νου μας, εμπιστευόμενοι στον Λόγο του Θεού, αναζητώντας τη γνώση του Θεού, την καθοδήγηση και την ενθάρρυνση στην παρουσία και στις υποσχέσεις Του.

---

23 Ιουλίου
Η ΕΙΡΗΝΗ ΤΟΥ ΧΡΙΣΤΟΥ

«Και η ειρήνη τού Θεού ας βασιλεύει στις καρδιές σας, στην οποία και προσκληθήκατε σε ένα σώμα· και να γίνεστε ευγνώμονες». **Προς Κολοσσαείς 3:15**

"Let the peace of Christ rule in your hearts ... since ... you were called to peace. And be thankful." **Colossians 3:15**

"Que en el corazón de ustedes gobierne la paz de Cristo, a la cual fueron llamados en un solo cuerpo. Y sean agradecidos". **Colosenses 3:15**

Όλοι θέλουμε ειρήνη του νου, ασφάλεια στη γειτονιά μας, ασφάλεια στο σπίτι μας και στην κοινότητά μας, εργασία, ισχυρή οικονομία, εμπιστοσύνη στο σύστημα υγείας μας και στους ηγέτες και στα αφεντικά μας. Σήμερα επικεντρωνόμαστε στην ευγνωμοσύνη και αφήνουμε την *«ειρήνη τού Θεού να βασιλεύει στις καρδιές σας»* **(Προς Κολοσσαείς 3:15).**

Ο Θεός μας καλεί να έχουμε ειρήνη και να ευχαριστούμε **για τα πάντα (Προς Εφεσίους 5:20).** Όταν τα πράγματα πάνε καλά, είναι εύκολο να λέμε ευχαριστώ. Σπανίως, όμως, λέμε ευχαριστώ για τα δύσκολα. Εδώ είναι η πρόκληση. Πώς μπορούμε να λέμε ευχαριστώ όταν μας πονά κάτι σωματικά, συναισθηματικά ή οικονομικά; Αλλά, να σας πω, ότι η δόξα και η ευγνωμοσύνη, όπως τα φάρμακα, λειτουργούν πολύ καλά.

Ανακάλυψα το βιβλίο **The Power of Praise** *(Η δύναμη της δοξολογίας)* του Merlin Carothers με θεραπευτική δράση και μου έκαναν εντύπωση τα αποτελέσματα από τη στιγμή που το εφάρμοσα. Χιόνιζε. Είχαμε πάει επίσκεψη στην ξαδέρφη μου, τη Michelle μία ώρα μακριά από το σπίτι μας. Όταν φύγαμε από το σπίτι της, διαπιστώσαμε ότι ένας κλέφτης είχε σπάσει το παράθυρο του αυτοκινήτου μας και έκλεψε το ακριβό μου ραδιόφωνο. Σχεδόν παγώσαμε επιστρέφοντας στο σπίτι με σπασμένο παράθυρο.

Την επόμενη ημέρα, στο πρωινό με τα παιδιά μας, όπως συνηθίζαμε, ευχαριστήσαμε για το φαγητό, την οικογένεια, την υγεία, αλλά και για την προστασία και καθοδήγηση του «κλέφτη», ο Θεός να αγγίξει την καρδιά του, να τον κάνει να σταματήσει να κλέβει και να τον βοηθήσει με την όποια κατάσταση τον οδήγησε να κλέψει. Στην ουσία, συγχωρήσαμε τον κλέφτη και δεν νιώθαμε πλέον πόνο για την επίθεση αυτή προς την περιουσία και την ασφάλειά μας. Η ευγνωμοσύνη μας γεμίζει με ειρήνη και μας επιστρέφει τη χαρά της ζωής. **Εσύ για τι είσαι ευγνώμων σήμερα;**

Ας προσευχηθούμε: Ουράνιε Πατέρα μας, Σ' ευχαριστούμε γιατί όταν τρεφόμαστε με τον Λόγο Σου, η πρώτη μας αντίδραση είναι να Σε ευχαριστήσουμε για το καθετί. Σ' ευχαριστούμε για όλους τους καλούς, τους ευγενείς, τους ειρηνικούς και αξιόπιστους ανθρώπους που έβαλες γύρω μας που μας δίνουν μια γεύση από τις ευλογίες της Βασιλείας Σου. Για κάθε αναγνώστη και κάθε ακροατή του βιβλίου αυτού, προσεύχομαι Εσύ να τους χαρίσεις την ειρήνη Σου και άφθονη χαρά, ανεξαρτήτως των καταστάσεων που βιώνουν. Προσευχόμαστε στο Άγιο Όνομά Σου.

---

24 Ιουλίου
ΜΕΙΝΕ ΣΤΟ ΣΧΕΔΙΟ
Ψαλμοί 105:5

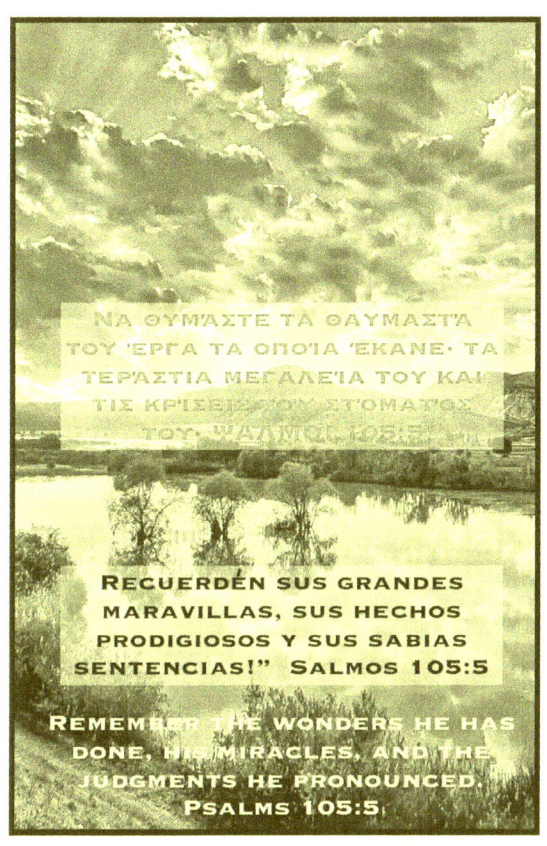

Κάποιες φορές, η σύνδεση μας στο Wifi δεν είναι καλή και διακόπτεται, ενώ μετά μπορεί να μην έχουμε καθόλου σήμερα. Συγκρίνω την κατάστασηαυτή με τη στρατηγική του διαβόλου, που έχει σκοπό να μας αποτρέψει από την επικοινωνία με τον Αρχηγό μας για οδηγίες, ενθάρρυνση και ενίσχυση.

Ο Θεός δημιούργησε γραμμές επικοινωνίας ώστε ανά πάσα στιγμή και σε κάθε τόπο, ώστε να μπορούμε να επικοινωνούμε άμεσα μαζί Του και να είμαστε σίγουροι ότι δεν είμαστε μόνοι στη μάχη, όσο κι αν φαίνεται ότι υστερούμε στον αριθμό. Ο Θεός μας λέει «*Μη φοβάσαι· επειδή, περισσότεροι είναι αυτοί που είναι μαζί μας, παρά εκείνοι που είναι μαζί τους*» (Β' Βασιλέων 6:16). Ο Θεός μας υπενθυμίζει συνεχώς να πάμε σύμφωνα με το σχέδιο και **να ακολουθήσουμε τον χάρτη μέχρι το σημείο παραλαβής.**

Ο χάρτης αυτός είναι γεμάτος με ενεργητικά ρήματα για να καθοδηγήσει τα βήματά μας, όπως «*δοξολογώ, δείχνω, κάνω γνωστό, ψάλλω, λέω, δόξα στο Άγιο Όνομά Του, χαίρομαι, κοιτώ προς τον Θεό και τη δύναμή Του, εκζητώ το πρόσωπό Του και θυμάμαι*». Καθώς τα κάνουμε όλα αυτά εν μέσω μιας μάχης, παίρνουμε κουράγιο και δύναμη, γνωρίζοντας ότι εκπροσωπούμε το πιο δυνατό Ον στο Σύμπαν, που μένει δίπλα μας με λεγεώνες αγγέλων για να συντρίψει όλους τους εχθρούς που αντιμετωπίζουμε καθώς βαδίζουμε με τον Κύριο.

Επί του παρόντος, ο μεγαλύτερος κοινός εχθρός μας φαίνεται ότι είναι ο COVID-19, αλλά στην ουσία, πολλές φορές το θέμα είμαστε εμείς, που, μεταξύ των μαχών, κάνουμε τα πράγματα με τον δικό μας τρόπο. Ενώ ο Κύριος μας ζητά **να κάνουμε ό,τι λέει το σχέδιο**, εμείς δίχως να ενδιαφερόμαστε επιτρέπουμε στην πνευματική μας μπαταρία να φτάσει στο 2% ή επειδή το θέλουμε, κόβουμε τη σύνδεση γιατί δεν μπορούμε να ακούσουμε δύο φωνές ταυτόχρονα: η μία η δική μας και η άλλη του Θεού που μας λέει «*είσαι έξυπνος, ο δικός σου τρόπος είναι πιο γρήγορος. Έχεις ελεύθερη βούληση*».

Ο Θεός μας λέει να μην ξεχάσουμε «*τα θαυμαστά του έργα τα οποία έκανε· τα τεράστια μεγαλεία του και τις κρίσεις τού στόματός του*» (**Ψαλμοί 105:5**). Όπως ο Θεός ήταν μαζί σου στο παρελθόν, ο Θεός είναι στο πλάι σου σήμερα και θα είναι σε μελλοντικές μάχες. Να έχεις πίστη! Μην παρατήσεις τη σχέση σου με τον θεό. Ενεργοποίησε ξανά τη γραμμή επικοινωνίας, φόρτισε την πνευματική σου μπαταρία και αντιμετώπισε τον εχθρό, και να είσαι σίγουρος ότι ποτέ δεν υπολείπεσαι σε αριθμό.

Ας προσευχηθούμε: Ουράνιε Κύριε, σε κάθε μας μάχη, παρόλο που δεν μπορούμε να Σε δούμε, δώσε μας ένα σημάδι ότι είσαι δίπλα μας. Βοήθησέ μας να μην φοβόμαστε τη δύναμη του αντιπάλου μας γιατί Εσύ είσαι πιο ισχυρός από κάθε εχθρό ή όπλο. Βοήθησέ μας να τηρήσουμε το δικό Σου σχέδιο, δίνοντας δόξα και να θυμόμαστε πώς μας λύτρωσες Εσύ στο παρελθόν. Προσευχόμαστε στο Άγιο Όνομά Σου.

---

25 Ιουλίου
ΣΗΜΑΔΙΑ
Κατά Ματθαίον 12:38

Χθες προσευχόμασταν «*Δώσε μας ένα σημάδι ότι είσαι δίπλα μας*». Σήμερα οι Φαρισαίοι ζητούν από τον Χριστό να τους δώσει **ένα σημάδι**.

Ο Ιησούς απάντησε απότομα «*Η πονηρή και μοιχαλίδα γενεά ζητάει σημείο*» (**Κατά Ματθαίον 12:39**). Είμαστε πονηρή γενιά επειδή ζητούμε σημάδι; Όχι! Ο Ιησούς απάντησε με αυτόν τον τρόπο επειδή οι Φαρισαίοι Τον κατηγόρησαν ότι έκανε θαύματα μέσω δαιμόνων (**Κατά Ματθαίον 12:24**). Ζητούσαν σημάδι ότι προέρχεται από τον Θεό. Ο Νικόδημος, ωστόσο, είπε «*Ραββί, ξέρουμε ότι ήρθες Δάσκαλος από τον Θεό· επειδή, κανένας δεν μπορεί να κάνει αυτά τα σημεία που εσύ κάνεις, αν ο Θεός δεν είναι μαζί του*» (**Κατά Ιωάννην 3:2**).

Προσευχηθήκαμε για ένα σημάδι, όχι για να επαληθεύσουμε την ταυτότητα του Ιησού αλλά για να διαβεβαιώσουμε την αιώνια παρουσία του Θεού. Ο Άβραμ ζήτησε ένα σημάδια και ο Θεός έδειξε τα αστέρια και είπε «*Έτσι θα είναι το σπέρμα σου*» (**Γένεσις 15:2-5**). Ο Μωυσής ζήτησε σημάδια για να δείξει στον Φαραώ ότι ήρθε εξ ονόματος του Θεού. Οι δέκα πληγές έδειξαν τη δύναμη του Θεού να απελευθερώσει τον λαό Του (**Δευτερονόμιον 6.21**). Όταν ζητούμε **σημάδια** δεν είναι ένδειξη ασέβειας και **μοιχείας**.

Στην εβραϊκή Αγία Γραφή, η «*μοιχαλίδα γενιά*» αναφερόταν σε όσους λάτρευαν ψεύτικους Θεούς. Στην ελληνική Γραφή, ο Θεός επεκτείνει αυτόν τον ορισμό στο βιβλίο του **Ιακώβου 4:4**, λέγοντας «*Μοιχοί και μοιχαλίδες, δεν ξέρετε ότι η φιλία τού κόσμου είναι έχθρα προς τον Θεό; Όποιος, λοιπόν, θελήσει να είναι φίλος τού κόσμου, γίνεται εχθρός τού Θεού*». Όταν βάζουμε τις φιλοσοφίες του κόσμου επάνω από τον Λόγο του Θεού, διαπράττουμε **μοιχεία**. **Ένα σημάδι απιστίας είναι όταν με τη θέλησή μας δεν υπακούμε στο σχέδιο του Θεού ή διδάσκουμε σε άλλους να αμφισβητούν την Αγία Γραφή.** Για παράδειγμα, όταν υπονοούμε ότι περιέχει λάθη και αντιφάσεις, ότι κάθε λέξη στην Αγία Γραφή δεν προέρχεται από τον Θεό, αλλά αντίθετα περιλαμβάνει ανθρώπινες προκαταλήψεις και λάθη όσων την έγραψαν. Τέτοια πράγματα διδάσκουν σε κάποια σεμινάρια! Ο Κύριος μας έσωσε από τέτοιου είδους μοιχεία.

Ο Θεός λέει «*Επιποθήστε, ως νεογέννητα βρέφη, το λογικό άδολο γάλα, για να αυξηθείτε διαμέσου αυτού*» (**Α' Πέτρου 2:2**).

Όταν βάζουμε τις φιλοσοφίες του κόσμου πάνω από τον Λόγο του Θεού, διαπράττουμε μοιχεία.

Τα πολλά θαύματα του Ιησού είναι **σημάδια** της θεϊκής ουσίας, δύναμης και εξουσίας Του. Ο Ιησούς διαβεβαίωσε στον Ιωάννη τον Βαπτιστή ότι δεν έκανε λάθος γιατί **«Τυφλοί ξαναβλέπουν, και χωλοί περπατούν· λεπροί καθαρίζονται, και κουφοί ακούν· νεκροί ανασταίνονται, και φτωχοί ευαγγελίζονται» (Κατά Ματθαίον 11:5).**

Ας προσευχηθούμε: Ουράνιε Πατέρα μας, Σ' ευχαριστούμε που μας δίνεις, χωρία να το ζητάμε, αλλά σίγουρα το χρειαζόμαστε, το πιο τέλειο **σημάδι** της βαθιάς αγάπης Σου, **τον άδειο Σταυρό του Ιησού,** που αναπαριστά τη θυσιαστική αγάπη Του για τις αμαρτίες μας και την ανάστασή Σου. Σ' ευχαριστούμε για την αναγεννητική δύναμη που εργάζεται μέσα μας όσο ήμασταν τυφλοί ενώ τώρα βλέπουμε, όσο ήμασταν κωφοί ενώ τώρα ακούμε τη φωνή Σου, όσο ήμασταν κουτσοί ενώ τώρα τρέχουμε για το δικό Σου ευαγγέλιο. Προσευχόμαστε στο Άγιο Όνομά Σου.

---

26 Ιουλίου
ΜΠΟΡΩ ΝΑ ΚΑΝΩ ΤΑ ΠΑΝΤΑ ΔΙΑΜΕΣΟΥ ΤΟΥ ΧΡΙΣΤΟΥ
Προς Φιλιππησίους 4:13

Κάθε φορά που θεωρώ ότι δεν μπορώ να κάνω κάτι ή δεν μπορώ να συνεχίσω κάτι, διαβάζω το εδάφιο **Προς Φιλιππησίους 4:13,** την πηγή της δύναμής μου: *«Όλα τα μπορώ, διαμέσου τού Χριστού που με ενδυναμώνει».* Όταν η αμφιβολία και ο φόβος προσπαθούν να κλέψουν τη δύναμή σου, σε καλώ να πεις δυνατά *«Ευφράνθηκε η καρδιά μου στον Κύριο· υψώθηκε το κέρας μου διαμέσου τού Κυρίου»* **(Α' Σαμουήλ 2:1)** και να επαναλάβει το εδάφιο **Προς Φιλιππησίους 4:13**.

Τα πρώτα μου χρόνια ως νέος Χριστιανός, η πίστη μου ήταν σαν εκείνη ενός μικρού παιδιού. Κάθε μέρα, στη μελέτη της Αγίας Γραφής, η πίστη και η εμπιστοσύνη μου στον Κύριο αυξάνονταν. Το σύνθημά μου ήταν *«Ο Θεός το είπε, εγώ το πιστεύω».* Μετά που γνώρισα τον Κύριο, έλαβα τη δύναμη και την αποφασιστικότητα να αναλάβω μεγαλύτερες ευθύνες στην εργασία, στην εκκλησία και στην κοινότητά μου.

Όταν ξεκίνησα την πρώτη μου δουλειά, η εργασία μου δεν ήταν σημαντική. Δούλευα στο τμήμα της αναπαραγωγής εγγράφων με μηχανικό τρόπο. Η δουλειά μου ήταν να αντιπαραβάλλω και να συρράπτω έγγραφα. 35 χρόνια αργότερα, μετά που επέδειξα διάφορες δεξιότητες και κλίσεις, συνταξιοδοτήθηκα ως Αντιπρόεδρος, στους κορυφαίους 5% από τους 20.000 εργαζομένους. Δόξα στον Θεό! Η πιο σημαντική εξέλιξη έγινε έπειτα από το 1989 όταν ο Χριστός έγινε ο Σωτήρας και οδηγός μου. Έκτοτε, είχαν την αυτοπεποίθηση να μιλώ δημόσια και να εκφράζω τη γνώμη μου. Για πρώτη φορά, πίστεψα στον εαυτό μου, αλλά ακόμη περισσότερο, ήξερα ότι *«Όλα τα μπορώ, διαμέσου τού Χριστού που με ενδυναμώνει»* **(Προς Φιλιππησίους 4:13).**

Όταν συνταξιοδοτήθηκα, ο πρόεδρος της εταιρείας είπε τα παρακάτω λόγια: *«Λίγοι άνθρωποι έκαναν πραγματικά τη διαφορά σε εταιρείες, όπως ο Oscar. Επέδειξε πάθος και αφοσίωση να βοηθήσει τους ισπανόφωνους, το οποίο εν τέλει βοήθησε την εταιρεία μας να ολοκληρώσει αυτό που φαινόταν αδύνατον στη βιομηχανία μας»* (**Peter Kunkel**, Πρόεδρος της Diversified Investment Advisors).

Ήμουν εσωστρεφής και φοβόμουν να μιλήσω μπροστά σε κοινό ή να είμαι το κέντρο της προσοχής. Μερικές φορές δεν καταλαβαίνω πώς ξεπέρασα αυτούς τους φόβους και πέτυχα αυτά τα επιτεύγματα, πέραν του ότι τα ξεπέρασα πιστεύοντας και επαναλμβάνοντας το εδάφιο **Προς Φιλιππησίους 4:13** *«Όλα τα μπορώ, διαμέσου τού Χριστού που με ενδυναμώνει»* και εμπιστευόμενος στο Άγιο Πνεύμα και στον Λόγο του Θεού.

Ας προσευχηθούμε: Ουράνιε Πατέρας μας, εμπιστευόμαστε πλήρως στη δύναμή Σου και στην εξουσία Σου σε όλη τη δημιουργία. Μεταμόρφωσε τις αδυναμίες μας σε δύναμη. Βοήθησέ μας να πιστέψουμε ότι *«Όλα τα μπορούμε, διαμέσου τού Χριστού που μας ενδυναμώνει»* (**Προς Φιλιππησίους 4:13**) και ότι μας έχει δώσει την εντολή να θεραπεύουμε και να φέρνουμε τα καλά νέα στον κόσμο. Προσευχόμαστε στο Άγιο Όνομά Σου.

---

27 Ιουλίου
ΣΥΓΧΩΡΗΣΗ ΚΑΙ ΕΥΛΟΓΙΕΣ

«Και όταν πέρασε το πένθος, ο Δαβίδ έστειλε και την πήρε στο σπίτι του· και έγινε γυναίκα του, και του γέννησε έναν γιο. Το πράγμα, όμως, που έπραξε ο Δαβίδ, φάνηκε κακό στα μάτια τού Κυρίου». **Β΄ Σαμουήλ 11:27**

"After the time of mourning was over, David had her brought to his house, and she became his wife and bore him a son. But the thing David had done displeased the Lord." **2 Samuel 11:27**

"pero después de que ella guardó el luto David mandó por ella y la hizo su esposa, y ella le dio un hijo. Pero esta acción de David no le agradó al Señor". **2 Samuel 11:27**

Γνωρίζουμε ότι ο βασιλιάς Δαβίδ ήταν ένας άντρας πολύ κοντά στην καρδιά του Θεού (**Πράξεις 13:22**), όμως ήταν αμαρτωλός, μοιχός και δολοφόνος. Ο Δαβίδ έβαλε να σκοτώσουν τον Ουρία, τον στρατηγό Του για να καλύψει τη μοιχεία του με την Βηθσαβεέ, τη γυναίκα του Ουρία (**Β' Σαμουήλ 11**).

Μέσω του προφήτη Νάθαν, ο Θεός κατηγόρησε τον Δαβίδ λέγοντας, *«Δες, θα ξεσηκώσω εναντίον σου κακά μέσα από την οικογένειά σου, και θα πάρω τις γυναίκες σου μπροστά από τα μάτια σου, και θα τις δώσω στον πλησίον σου, και θα κοιμηθεί με τις γυναίκες σου μπροστά σ' αυτόν τον ήλιο· επειδή, εσύ έπραξες κρυφά· εγώ, όμως, θα κάνω αυτό το πράγμα μπροστά από ολόκληρο τον Ισραήλ, και κατάντικρυ στον ήλιο. Και ο Δαβίδ είπε στον Νάθαν: Αμάρτησα στον Κύριο. Και ο Νάθαν είπε στον Δαβίδ: Και ο Κύριος παρέβλεψε το αμάρτημά σου· δεν θα πεθάνεις· επειδή, όμως, με την πράξη αυτή έδωσες μεγάλη αφορμή στους εχθρούς τού Κυρίου να βλασφημούν, γι' αυτό, το παιδί που γεννήθηκε σε σένα θα πεθάνει οπωσδήποτε»* (**Β' Σαμουήλ 12:11–14**).

Η κρίση του Θεού στον Δαβίδ δείχνει ότι η ανυπακοή μας κάνει τον Θεό να νιώσει θυμωμένος και βάζει σε εφαρμογή τις συνέπειες του νόμου. Υποφέρουμε γιατί οι πράξεις μας έχουν συνέπειες. Αλλά μέσω της μετάνοιας, βρίσκουμε επίσης τη συγχώρηση και την ευλογία του Θεού.

Ο Δαβίδ μετανόησε ειλικρινώς από τις αμαρτίες του, έκραξε στον Θεό και τον δικαιολόγησαν γιατί, παρά τις αμαρτίες του, ο Θεός έκανε διαθήκη για να ευλογήσει τον κόσμο μέσω της γενιάς του Δαβίδ. Μετά τον θάνατο του παιδιού, *«Και ο Δαβίδ παρηγόρησε τη Βηθσαβεέ, τη γυναίκα του, και μπήκε μέσα σ' αυτήν, και κοιμήθηκε μαζί της, και γέννησε έναν γιο, και αποκάλεσε το όνομά του Σολομώντα· και ο Κύριος τον αγάπησε»* (Β' Σαμουήλ 12:24). Το ερώτημα για εμάς είναι, **ευχαριστώ τον Θεό με τη ζωή μου;** Ο Θεός είναι πρόθυμος να ακούσει και να συγχωρήσει τα πάντα που χρειάζονται διόρθωση.

Υποφέρουμε γιατί οι πράξεις μας έχουν συνέπειες. Αλλά μέσω της μετάνοιας, βρίσκουμε επίσης τη συγχώρηση και την ευλογία του Θεού.

Ας προσευχηθούμε: Ουράνιε Πατέρα μας, βοήθησέ μας να κατανοήσουμε ότι ακόμη και άνθρωποι του Θεού μπορούν να πέσουν σε πειρασμό. Απελευθέρωσέ μας από την αεργία και τον πειρασμό. Κάλυψέ μας με το Άγιο Πνεύμα Σου για να μην καταστρέψουμε όσα έχεις χτίσει στη ζωή μας μέσω της χάρης. Προσευχόμαστε στο όνομα του Ιησού Χριστού.

---

28 Ιουλίου
ΔΩΣΕ ΤΟΥΣ ΚΑΤΙ ΝΑ ΦΑΝΕ
Κατά Μάρκον 6:37

Θα έχουμε πολύ χρόνο στον Ουρανό να ξεκουραστούμε και να χαρούμε στην παρουσία του Θεού. Όσο, όμως, ζούμε σε αυτόν τον κόσμο όπου η διανομή της υλικής και πνευματικής τροφής δεν φτάνει σε όλους τους φτωχούς, ο Θεός μας λέει *«Δώστε τους εσείς να φάνε.»*

«Και τους είπε: Ελάτε εσείς οι ίδιοι ιδιαιτέρως σε έναν ερημικό τόπο, και αναπαύεστε λίγο· επειδή, ήσαν πολλοί εκείνοι που έρχονταν και έφευγαν, και δεν ευκαιρούσαν ούτε να φάνε» (Κατά Μάρκον 6:31). Ήθελε να ξεκουραστεί και να ανακτήσει δύναμη σε ένα ερημικό μέρος. Αλλά τα πλήθη δεν τον άφηναν και ο Ιησούς έδειξε συμπόνοια προς αυτούς, *«και άρχισε να τους διδάσκει πολλά. Και επειδή είχε ήδη περάσει πολλή ώρα, πλησιάζοντάς τον οι μαθητές του, λένε, ότι: Ο τόπος είναι ερημικός, και έχει περάσει ήδη πολλή ώρα· απόλυσέ τους, για να πάνε στα γύρω χωράφια και τις κωμοπόλεις, και να αγοράσουν για τον εαυτό τους ψωμιά· επειδή, δεν έχουν τι να φάνε. Και εκείνος, απαντώντας σ' αυτούς, είπε: Δώστε τους εσείς να φάνε»* (Κατά Μάρκον 6:34-37).

Ο Θεός αγαπά τον κόσμο και θέλει να τους δει να τρέφονται σωματικά και πνευματικά. Παρόλο που οι μαθητές ήθελαν να είναι μόνοι με τον Ιησού για να φάνε, να ξεκουραστούν και να διδαχτούν, το έλεος τους καλούσε να παραμείνουν στο καθήκον και να κάνουν το έργο του Κυρίου όντας κουρασμένοι. Ο Ιησούς είπε *«Το δικό μου φαγητό είναι να πράττω το θέλημα εκείνου που με απέστειλε, και να τελειώσω το έργο του»* (Κατά Ιωάννην 4:34). Μία από τις αγαπημένες μου σκηνές είναι ο διάλογος μεταξύ του Ιησού και του Πέτρου *«Σίμωνα του Ιωνά, με αγαπάς περισσότερο τούτων; Του λέει: Ναι, Κύριε, εσύ ξέρεις ότι σε αγαπώ. Του λέει: Βόσκε τα αρνιά μου»* (Κατά Ιωάννην 21:15).

Ο κόσμος χρειάζεται απεγνωσμένα να γνωρίζει την πνευματική τροφή που γευτήκαμε εγώ κι εσείς. Το θέλημα του Θεού είναι όλος ο κόσμος να ακούσει τη φωνή Του, να επιστρέψει σε Εκείνον και να πιστέψει στον αγαπητό Του Υιό και να κερδίσει, έτσι, μία θέση στο τραπέζι του Κυρίου. Ο Ιησούς μας ρωτάει *αν Τον αγαπάμε περισσότερο απ' όλα αυτά*. [Αν με αγαπάτε], να *«βόσκετε τα αρνιά μου»* (**Κατά Ιωάννην 21:15**).

Ας προσευχηθούμε: Ουράνιε Πατέρα μας, κάποιες φορές νιώθουμε τόσο κουρασμένοι για να συνεχίσουμε. Αλλά η αγάπη Σου και το έλεός Σου μας ωθούν να βάλουμε την κούρασή μας στην άκρη και να υπηρετήσουμε και να αγαπήσουμε τον πλησίον μας. Σ' ευχαριστούμε που μας υπενθυμίζεις ότι δίνοντας τροφή στον πλησίον μας είναι ο καλύτερος τρόπος να δείξουμε την αγάπη μας για Εσένα. Προσευχόμαστε για τους αρρώστους μας και τον πλανήτη μας. Θεράπευσέ μας, Κύριε, στο όνομα του Ιησού Χριστού.

---

29 Ιουλίου
ΟΤΑΝ ΠΕΦΤΟΥΜΕ ΣΤΗΝ ΕΙΔΩΛΟΛΑΤΡΕΙΑ
Έξοδος 32:26Β

Στην έρημο, οι Ισραηλίτες προσκυνούσαν το χρυσό μοσχάρι, εξοργίζοντας τόσο πολύ τον Θεό που ήθελε να τους καταστρέψει (**Έξοδος 32:10**). Ο Μωυσής, όμως, μεσίτευσε, παρακαλώντας τον Θεό εκ μέρους των ανθρώπων. Όταν ο Μωυσής κατέβηκε απ' το βουνό και παρατήρησε τους ανθρώπους να προσκυνούν το μοσχάρι, *«Και καθώς πλησίασε στο στρατόπεδο, είδε το μοσχάρι, και τους χορούς· και ο θυμός του Μωυσή άναψε, και έρριξε τις πλάκες από τα χέρια του, και τις σύντριψε στη βάση του βουνού»* (**Έξοδος 32:19**). Μετά κατέστρεψε το μοσχάρι και ζήτησε *«Όποιος είναι του Κυρίου, ας έρθει σε μένα. Και συγκεντρώθηκαν σ' αυτόν όλοι οι γιοι του Λευί»* (**εδάφιο 26**).

Θα ήταν δύσκολο για τον Μωυσή να εφαρμόσει την τιμωρία του Θεού. Η προσευχή του Μωυσή βοήθησε ώστε ο Θεός να μην καταστρέψει τον λαό. Αλλά η ειδωλολατρία επέφερε άσχημες συνέπειες. Ακολουθώντας τις εντολές του Θεού, *«έπεσαν από τον λαό εκείνη την ημέρα περίπου 3.000 άνδρες»* από το ξίφος (**Έξοδος 32:28**).

Το ερώτημα του Μωυσή ισχύει και για εμάς *«Όποιος είναι του Κυρίου, ας έρθει σε μένα»*. Ο Ιησούς είπε *«Κανένας δεν μπορεί να υπηρετεί δύο κυρίους· επειδή, ή τον έναν θα μισήσει, και τον άλλον θα αγαπήσει· ή στον έναν θα προσκολληθεί, και τον άλλον θα καταφρονήσει. Δεν μπορείτε να υπηρετείτε τον Θεό και τον Μαμμωνά»* (**Κατά Ματθαίον 6:24**). Ο Ιησούς του Ναυή έδωσε την ίδια επιλογή στον λαό *«Αλλά, αν δεν σας αρέσει να λατρεύετε τον Κύριο, διαλέξτε σήμερα ποιον θέλετε να λατρεύετε· ή τους θεούς, που λάτρευσαν οι πατέρες σας πέρα από τον ποταμό ή τους θεούς των Αμορραίων, στη γη των οποίων κατοικείτε· εγώ, όμως, και η οικογένειά μου, θα λατρεύουμε τον Κύριο»* (**Ιησούς του Ναυή 24:15**).

Έχουμε επίσης θεούς από χρυσό, ασήμι και πολύτιμα πράγματα που μας κάνουν να βάζουμε τον Θεό και την οικογένειά μας σε δεύτερη ή τρίτη θέση, κάτι που στενοχωρεί πολύ τον Θεό, αλλά ευτυχώς, ο Ιησούς μεσιτεύει για εμάς καθημερινά, σκέφτομαι, λέγοντας: *«Πατέρα, μην κοιτάς τα λάθη τους, κοιτά τις πληγές μου και το αίμα που έχυσα για να τους αγοράσω. «Πατέρα, συγχώρεσέ τους· επειδή, δεν ξέρουν τι κάνουν»* **(Κατά Λουκάν 23:34).**

Ας προσευχηθούμε: Ουράνιε Πατέρα μας, μην κοιτάς τη σκληρότητα της καρδιάς μας, ούτε την πνευματική μας κατάσταση σήμερα, αλλά μέσα από τη θυσία του αγαπητού Σου Υιού, κάνε μας άξιους να λάβουμε, μαζί με τον οίκο μας, άφθαρτα σώματα, πλήρως αφοσιωμένα σε Εσένα. Αύξησε την πίστη και το θάρρος μας. Βοήθησέ μας να σώσουμε όσους δεν πιστεύουν και να παρηγορήσουμε όσους φοβούνται την ημέρα της κρίσης. Προσευχόμαστε στο όνομα του Ιησού Χριστού.

---

30 Ιουλίου
ΠΝΕΥΜΑΤΙΚΗ ΔΥΝΑΜΗ
Ιησούς του Ναυή 23:10

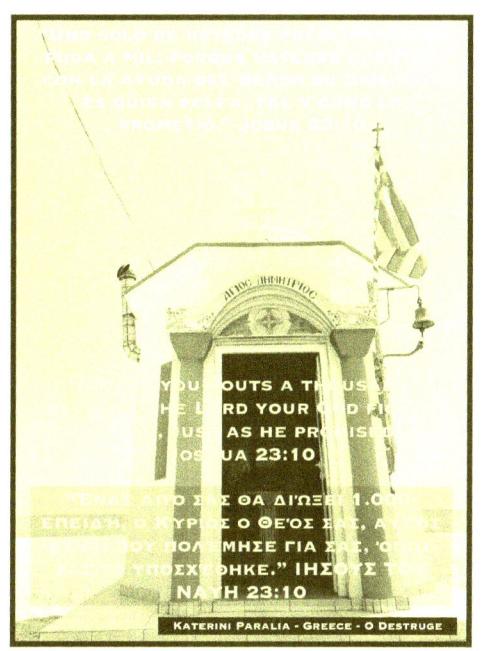

Μεταξύ των εντολών του Ιησού του Ναυή, μας δίνετε η εντολή να εμπιστευθούμε στον Λόγο και στη δύναμη του Θεού: *«Και προσέξτε, σήμερα εγώ βαδίζω τον δρόμο όλης τής γης, και εσείς γνωρίζετε με ολόκληρη την καρδιά σας, και με ολόκληρη την ψυχή σας, ότι δεν ματαιώθηκε ούτε ένα από όλα τα αγαθά λόγια, που ο Κύριος ο Θεός σας μίλησε για σας· όλα πραγματοποιήθηκαν σε σας, ούτε ένα απ' αυτά δεν ματαιώθηκε»* **(Ιησούς του Ναυή 23:14).**

Ο Θεός μας έδωσε τη δύναμη να αντισταθούμε στον εχθρό. *«Επειδή, ο Θεός δεν μας έδωσε πνεύμα δειλίας, αλλά δύναμης και αγάπης και σωφρονισμού»* **(Β' Προς Τιμόθεον 1:7).** Ο Θεός μας έχει δώσει πνεύμα **δύναμης και κρίσης** για να υπερασπιζόμαστε τους φτωχούς και τους αδύναμους, να καταδικάζουμε την επαναστατικότητα και την αμαρτία γύρω μας **(Μιχαίας 3:8).**

Η θεϊκή δύναμη γεμίζει τη ζωή μας με θεραπευτικές ικανότητες. *«Και ο Θεός, διαμέσου τού Παύλου, έκανε μεγάλα θαύματα· ώστε και επάνω στους ασθενείς φέρνονταν από το σώμα του μαντήλια ή περιζώματα, και έφευγαν απ' αυτούς οι ασθένειες, και τα πονηρά πνεύματα έβγαιναν απ' αυτούς»* **(Πράξεις 19:11-12).** *«Και ο Ιησούς επέστρεψε στη Γαλιλαία με τη δύναμη του Πνεύματος· και βγήκε γι' αυτόν φήμη σε ολόκληρη την περίχωρο»* **(Κατά Λουκάν 4:14).** Ο Ιησούς θεράπευσε τους φτωχούς, ανέστησε τους πεθαμένους και αποκατέστησε την αξιοπρέπεια των φτωχών και των απομονωμένων.

Η θεϊκή δύναμη γεμίζει τη ζωή μας με σκοπό, κάνοντάς μας ικανούς να γίνουμε μάρτυρες του Θεού. *«Και οι απόστολοι απέδιδαν με μεγάλη δύναμη τη μαρτυρία τής ανάστασης του Κυρίου Ιησού· και μεγάλη χάρη ήταν επάνω σε όλους αυτούς»* **(Πράξεις 4:33).** Το δώρο του Ιησού είναι πιο ισχυρό από τις φυσικές δυνάμεις. Μπορεί να μετακινήσει βουνά και να κατευνάσει καταιγίδες. Η δύναμη του Θεού δεν ενεργεί μέσα από στρατούς ή ξίφη, *«αλλά με το Πνεύμα Του»* **(Ζαχαρίας 4:6).**

Αγαπητοί μου, η δύναμη αυτή κατοικεί μέσα σας, εσείς που με πίστη πιστέψατε στον Θεό, στον Λόγο Του, στον Ιησού Χριστό και στις υποσχέσεις Του. Ας αναζητήσουμε κι ας τη φέρουμε στην επιφάνεια τη δύναμη αυτή στο σπίτι μας, στην εκκλησία μας και στην κοινότητά μας. Έτσι, θα ξεπεράσουμε τις δυνάμεις του σκότους και θα αφήσουμε στα παιδιά μας έναν καλύτερο κόσμο.

Ας προσευχηθούμε: Ουράνιε Πατέρα μας, σύμφωνα με τα πλούτη της δόξας Σου, ρίξε σε εμάς το Άγιό Σου Πνεύμα ώστε να πράττουμε το θέλημά Σου εδώ στη γη. Αύξησε την πίστη μας και το θάρρος μας ώστε να οικοδομούμε κοινότητες αγάπης που καθοδηγούνται από τον Άγιο Λόγο Σου. Θεράπευσε τους φτωχούς μας και τον πλανήτη μας, Κύριε. Προσευχόμαστε στο όνομα του Ιησού Χριστού.

---

31 Ιουλίου
Ο ΘΕΟΣ ΔΕΝ ΘΑ ΣΕ ΑΠΟΓΟΗΤΕΥΣΕΙ
Ησαΐας 41:10

Πρέπει να εμπιστευθούμε και να είμαστε ευγνώμονες για την τέλεια και ακλόνητη υπόσχεση του Θεού στον Ιακώβ και σε εμάς. Αν παραφράσουμε το εδάφιο στον **Ησαΐα 41:10,** ο Θεός υπόσχεται *να μας βοηθά πάντα σε όλες τις υποχρεώσεις μας, τις δεσμεύσεις μας και τις ευθύνες προς το σπίτι, την οικογένεια και την κοινότητά μας. Εγώ θα είμαι η δύναμη Σου. Εγώ θα σε βοηθήσω και θα σε στηρίξω στις πιο δύσκολες στιγμές της ζωής Σου.* Ο Θεός δεν θα σε απογοητεύσει σε καμία από τις υποσχέσεις Του.

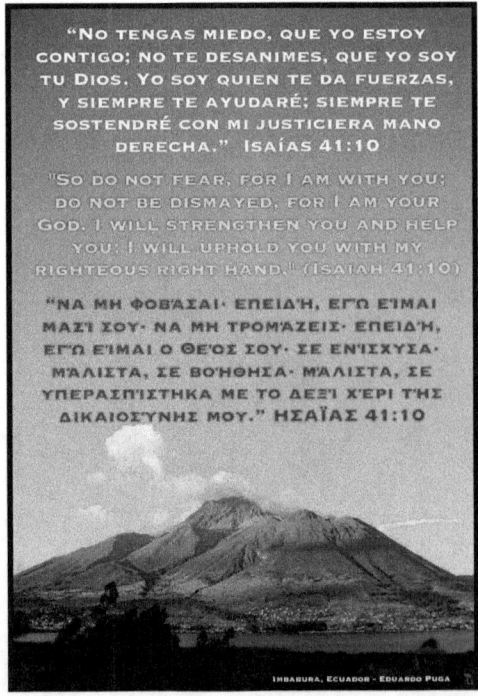

Ο εχθρός, όμως, έρχεται με ψέματα προσπαθώντας να Σε απομακρύνει από τον Θεό και τις υποσχέσεις Του. Ο διάβολος ψιθυρίζει στην καρδιά μας πως *ό,τι και να κάνουμε αποτυγχάνει, ότι είμαστε μόνοι μας και ότι τα πράγματα δεν θα αλλάξουν. Ότι αν ο Θεός ήταν μαζί σου, η κόρη σου/ο γιος σου δεν θα ξεστράτιζε ούτε θα έπεφτε στα ναρκωτικά. Ο Θεός δεν υπάρχει ή δεν ενδιαφέρεται για εσένα. Ο Θεός έχει πιο σοβαρά πράγματα να ασχοληθεί. Γι' αυτό, απόλαυσε τη σύντομη ζωή σου και φρόντισε τον εαυτό σου.*

Ίσως να έχετε αισθανθεί ένα ή περισσότερα από αυτά τα ψέματα και να ξεστρατίσατε από τον δρόμο του Θεού για ένα διάστημα. Μη χάσετε την ελπίδα σας. **Οι υποσχέσεις του Θεού είναι σταθερές.** Πάντοτε αναμένει, όπως ο πατέρας αναμένει τον άσωτο Υιό Του, εμάς να επιστρέψουμε στα λογικά μας, να μετανοήσουμε και να επιστρέψουμε στην αγαπητή αγκαλιά του Θεού.

Το έτος 2000, άκουσα τον εχθρό και στράφηκα μακριά από τον Θεό και την εκκλησία. Ήμουν πεπεισμένος ότι ο Θεός δεν είχε κρατήσει την υπόσχεσή Του. Ότι το σπίτι μου κι εγώ δεν ενδιαφέραμε καθόλου τον Θεό. Δύο χρόνια αργότερα, έπειτα από μία από τις πιο άσχημες περιόδους της ζωής μου, σαν τον άσωτο υιό, επέστρεψα στον Θεό, μετανιωμένος, λέγοντας *«Δεν θα διαπραγματευτώ άλλο μαζί Σου, Κύριε. Η οικογένεια και το σπίτι μου είναι στα χέρια Σου. Πράξε σύμφωνα με το θέλημά Σου. Όσο για εμένα, θα επιστρέψω για να φροντίσω την εκκλησία σου χωρίς όρους».* Ο Θεός με παρέλαβε δίχως δυσαρέσκεια και θεράπευσε τις πληγές μου!

Η προληπτική χάρη του Θεού μας φροντίζει, ακόμη κι αν δεν διαισθανόμαστε ή δεν γνωρίζουμε τον Θεό. Ο διάβολος είναι ο πατέρας του ψεύδους, αλλά *«Ο Θεός δεν είναι άνθρωπος για να ψευστεί, ούτε γιος ανθρώπου για να μεταμεληθεί. Αυτός είπε, και δεν θα εκτελέσει; Ή, μίλησε, και δεν θα το τηρήσει;»* **(Αριθμοί 23:19).** Ο Θεός θα εκπληρώσει τις υποσχέσεις Του, ίσως όμως όχι στον χρόνο και στη μορφή που θέλουμε εμείς, αλλά πάντοτε με γνώμονα ό,τι είναι καλύτερο για εμάς και τη Βασιλεία Του.

Ας προσευχηθούμε: Ουράνιε Πατέρα μας, Σ' ευχαριστούμε για τη δίχως όρους αγάπη Σου που μας παραλαμβάνει ακριβώς όπως είμαστε. Για το Άγιό Σου Πνεύμα, που αποκαλύπτει την επαναστατικότητά μας και μας επαναφέρει στην τρυφερή αγκαλιά Σου. Για τη θυσία του Υιού Σου, που μας καθαρίζει και μας μεταμορφώνει σε νέες δημιουργίες που επιθυμούν να Σε γνωρίσουν και να πράξουν το θέλημά Σου. Αύξησε την πίστη μας ώστε να εμπιστευόμαστε στις υποσχέσεις Σου, γνωρίζοντας ότι **Εσύ δεν θα μας απογοητεύσεις ούτε θα μας εγκαταλείψεις**. Προσευχόμαστε στο Άγιο Όνομά Σου.

---

1 Αυγούστου
ΖΗΤΗΣΤΕ ΜΕ ΠΙΣΤΗ
Κατά Ματθαίον 7:7-8

Το σημερινό εδάφιο μου θυμίζει την ιστορία του τυφλού Βαρτίμαιου *«Και ακούγοντας ότι είναι ο Ιησούς, ο Ναζωραίος, άρχισε να φωνάζει δυνατά και να λέει: Υιέ τού Δαβίδ, Ιησού, ελέησέ με»* **Κατά Μάρκον 10:47**. Μου αρέσει πολύ η ιστορία του Βαρτίμαιου γιατί είναι η δική μου ιστορία, και ίσως και η δική σου. Ώσπου να γνωρίσουμε τον Κύριο, είμαστε απομονωμένοι καθ' όλη τη διάρκεια, τυφλοί από φόβο, θυμό, φοβίες, φυλετικές, θρησκευτικές, πολιτικές διαιρέσεις, ζήλια, άρνηση, επιθυμίες, πειρασμοί, κτλ.

Ο Βαρτίμαιος δεν ήταν στον δρόμο της επιτυχίας, αλλά στον δρόμο της φτώχειας, όπως κάποιοι από εμάς, και ζητιάνευε:
✦ Τύχη
✦ Δεύτερη ευκαιρία
✦ Εργασία
✦ Ευκαιρία να επιδείξει τις δεξιότητές του
✦ Φως για να μας οδηγήσει έξω από αυτό το μακρύ και φοβερό τούνελ
✦ Να βρούμε γιατρό που μπορεί να μας θεραπεύσει από την πνευματική μας τυφλότητα και τον COVID-19 που πλήττει τον πλανήτη μας.

Μόλις άκουσε ότι ο Ιησούς περνούσε από εκεί, ο Βαρτίμαιος φώναξε, λέγοντας *«Υιέ τού Δαβίδ, Ιησού, ελέησέ με»* **(Κατά Μάρκον 10:47)**. Ο Βαρτίμαιος ίσως είχε ακούσει τον Ιησού να κηρύττει στο Όρος των Ελαιών *«Ζητάτε, και θα σας δοθεί· ψάχνετε, και θα βρείτε· κρούετε, και θα σας ανοιχτεί»* **(Κατά Ματθαίον 7:7)**. Γι' αυτό, με πίστη, ο Βαρτίμαιος ζήτησε έλεος.

Αλλά οι άνθρωποι που είναι απομονωμένοι (οι φτωχοί, οι κουτσοί, οι άστεγοι, οι παράνομοι) **τους βλέπουν, αλλά δεν τους ακούνε**. Δεν έχουν φωνή ούτε ψήφο. Γι'' αυτό, *«Πολλοί τον επέπληττάν, για να σιωπήσει· εκείνος, όμως, φώναζε πολύ δυνατότερα: Υιέ τού Δαβίδ, ελέησέ με»* **(Κατά Μάρκον 10:48)**. Πολλές φορές μένουμε σιωπηλοί από φόβο μήπως προσβάλλουμε άλλους πολιτικά. Κι όμως, χρειαζόμαστε θεραπεία. Μην φοβηθείτε να **ζητήσετε** με όλο το θάρρος και την πίστη σας. Ο Ιησούς δεν θα ζητήσει από εσάς να είστε σιωπηλοί. Αντίθετα, τα αυτιά Του είναι ευαίσθητα στην κραυγή και **στα αιτήματα** των προβάτων Του.

Ο Ιησούς ζήτησε από τους μαθητές να φέρουν τον Βαρτίμαιο και «*ο Ιησούς, αποκρινόμενος, λέει σ' αυτόν: Τι θέλεις να σου κάνω;*». Αυτή είναι ερώτηση και για εμάς. **Τι θέλεις να κάνει για εσένα ο Ιησούς σήμερα;** Ο Βαρτίμαιος απάντησε, «*Ραββουνί, να ανακτήσω την όρασή μου. Και ο Ιησούς είπε σ' αυτόν: Πήγαινε· η πίστη σου σε έσωσε. Και αμέσως ανέκτησε το φως του, και ακολουθούσε στον δρόμο τον Ιησού*» (εδάφια 51-52).

Ο Ιησούς μας λέει «*Ζητάτε, και θα σας δοθεί·*» (**Κατά Ματθαίον 7:7**) και να μας υπενθυμίσει ότι *η πίστη μας θα μας θεραπεύσει.* Σκεφτείτε, λοιπόν, αυτές τις δύο ερωτήσεις: *Τι θέλεις να κάνει ο Ιησούς για εσένα σήμερα; Ποια πτυχή της ζωής σου χρειάζεται θεραπεία, συγχώρηση, ανανέωση και αποκατάσταση;*

Ας προσευχηθούμε: Ουράνιε Πατέρα μας, δώσε μας φωνές **για να ζητήσουμε με πίστη** ο Σωτήρας μας να θεραπεύσει τις ψυχές μας, τη ζωή μας και τον πλανήτη μας από τον ιό αυτό. Θέλουμε να δούμε το πρόσωπό Σου, Κύριε. Προσευχόμαστε στο όνομα του Ιησού Χριστού.

---

2 Αυγούστου
ΑΝΑΝΕΩΜΕΝΟΙ ΑΠΟ ΤΟ ΑΓΙΟ ΠΝΕΥΜΑ

«*και να ανανεώνεστε στο πνεύμα τού νου σας*» **Προς Εφεσίους 4:23**

"*and be renewed in the spirit of your mind*" **Ephesians 4:23**

"*renuévense en el espíritu de su mente*" **Efesios 4:23**

Όταν μου έδωσαν την εντολή το 2004 να γίνω ποιμένας, κατάλαβα ότι ήταν εφ' όρου ζωής. Και πράγματι, έτσι ήταν. Το 2009 δεν είχα πλέον τη δύναμη να διαχειριστώ δύο εργασίες και συνταξιοδοτήθηκα από την κοσμική εργασία μου για αφιερώσω περισσότερο χρόνο στη διακονία. Ο Θεός, επομένως, ανανέωσε τη δύναμη και το πνεύμα μου.

Δεν είναι εύκολο να είσαι ποιμένας, αλλά δεν υπάρχει καλύτερη εργασία. Έζησα τις καλύτερες στιγμές μου υπηρετώντας τον Θεό από τη θέση αυτή. Για να αφιερώσω περισσότερο χρόνο στην οικογένεια και να συνοδεύσω τη γυναίκα μου στη φροντίδα της πεθεράς μου, που ζει στην Ελλάδα, επέλεξα να συνταξιοδοτηθώ τον Ιούνιο του 2017 από ποιμένας της εκκλησίας.

Δεν βρίσκομαι πλέον σε εκκλησία, αλλά ο ρόλος του ποιμένα συνεχίζει μέσω μίας μεγαλύτερης διαδικτυακής κοινότητας. Και παρόλο που η εξωτερική μας εμφάνιση φαίνεται να δείχνει σημάδια κούρασης (εμφανής απώλεια μαλλιών, γκρίζα μαλλιά, ρυτίδες, πόνο στις αρθρώσεις), συνεχίζω να υπηρετώ τον Θεό. Καθημερινά, ο Θεός μας ανανεώνει και μας διαμορφώνει κατ' εικόνα Του ως Σωτήρα. Ο Θεός εργάζεται στον τομέας της **μεταμόρφωσης και της ανανέωσης.**

Χάρη στην κόρη μου, τη Σοφία και σε πολλούς από εσάς που με ενθαρρύνατε να γράψω αυτούς τους καθημερινούς στοχασμούς, τώρα μου αρέσει να μελετώ καθημερινά τον Λόγο του Θεού και να διακονώ εσάς, τους φίλους και την οικογένειά μου ανά τον κόσμο. Όταν ζούμε στον Λόγο, ο Θεός μας διαμορφώνει, μας ανανεώνει εσωτερικά και μας δίνει τη δυνατότητα να αντιμετωπίσουμε κάθε μάχη.

«Γι' αυτό, δεν αποκάμνουμε· αλλά, αν και ο εξωτερικός μας άνθρωπος φθείρεται, ο εσωτερικός όμως ανανεώνεται ημέρα με την ημέρα» **(Προς Κορινθίους Β' 4:16)**. Καθημερινά, είμαι όλο και πιο σίγουρος ότι *«τα παθήματα του παρόντα καιρού δεν είναι άξια να συγκριθούν με τη δόξα που πρόκειται να αποκαλυφθεί σε μας»* **(Προς Ρωμαίους 8:18)**. Καθημερινά, ανανεωμένοι από το Άγιο Πνεύμα, γνωρίζω ότι *«εκείνοι που προσμένουν τον Κύριο θα ανανεώσουν τη δύναμή τους· θα ανέβουν με φτερούγες σαν αετοί· θα τρέξουν, και δεν θα αποκάμουν· θα περπατήσουν, και δεν θα ατονήσουν»* **(Ησαΐας 40:31)**.

Ας προσευχηθούμε: Ουράνιε Πατέρα μας, οι νέοι άνθρωποι θα νιώσουν πόνο, αδυναμία, κούραση, δοκιμασίες και βάσανα. Σε παρακαλώ δώσε τους την πίστη να ισχυριστούν ότι θα είναι περισσότερο από νικητές για τον Χριστό και ότι το Άγιο Πνεύμα τους έχει δώσει τη δύναμη να ξεπεράσουν τα πάντα που αντιτίθενται στο θέλημά Σου. Δώσε τους ξεκάθαρο σκοπό για να απολαμβάνουν χρόνο με τους αγαπημένους τους και να μοιράζονται τα δώρα με την κοινότητά τους. Προσευχόμαστε στο όνομα του Ιησού Χριστού.

---

3 Αυγούστου
ΠΝΕΥΜΑΤΙΚΗ ΦΙΛΟΔΟΞΙΑ

«Να ζητάτε δε με ζήλο τα μεγαλύτερα χαρίσματα· και επιπλέον σας δείχνω έναν δρόμο που σε υπερβολικό βαθμός υπερέχει». **Προς Κορινθίους Α΄ 12:31**

"Now eagerly desire the greater gifts. And yet I will show you the most excellent way."
1 Corinthians 12:31

"Ustedes deben procurar los mejores dones. Pero yo les muestro un camino aun más excelente."
1 Corintios 12:31

Η ζωή έγινε πιο γλυκιά όταν ανακάλυψα τον σκοπό της ζωής μου και χρησιμοποίησα τα δώρα που μου έδωσε ο Θεός για να τον εκπληρώσω. Είναι δώρα που διαρκούν στο άπειρο, αλλά είναι εξίσου χρήσιμα για τον Θεό για να σώσει, να θεραπεύσει και να αποκαταστήσει ζωές για τη Βασιλεία Του και τη δόξα Του. Στην υπηρεσία του Θεού, μπορείς να είσαι μουσικός, ποιητής, δάσκαλος, νοσοκόμος, κτλ.

Με την πρώτη επιστολή προς τους Κορινθίους, ο Θεός μας λέει στο **κεφάλαιο 12** ότι η παγκόσμια εκκλησία του θα περιλαμβάνει μέλη με διάφορα χαρίσματα, μέσα στα οποία είναι *«Και άλλους μεν έβαλε ο Θεός μέσα στην εκκλησία, πρώτον αποστόλους, δεύτερον προφήτες, τρίτον δασκάλους, έπειτα θαύματα, έπειτα χαρίσματα θεραπείας, βοήθειας, διακυβερνήσεις, γένη γλωσσών»* **(Προς Κορινθίους Α' 12:28)**.

Η λέξη **«πρώτον»** δηλώνει ότι υπάρχει μία ιεραρχία όπου οι απόστολοι έρχονται πρώτοι. Κάθε οργανισμός απαιτεί έναν ηγέτη που είναι αφοσιωμένος στην αποστολή και στον σκοπό του. Αυτό, όμως, δεν σημαίνει ότι άλλα χαρίσματα και μέλη είναι λιγότερο σημαντικά. Δεύτερον, είναι οι προφήτες, οι αγγελιοφόροι του Θεού που αποστέλλονται για να φέρουν τα καλά νέα στον κόσμο. Τρίτον, είναι όσοι διδάσκουν τον Λόγο και το θέλημα του Θεού ώστε τα μέλη να έχουν τον ίδιο τρόπο σκέψης. *«Φρόντισε με επιμέλεια να παραστήσεις τον εαυτό σου δόκιμον στον Θεό, ως εργάτην που δεν έχει το παραμικρό να ντρέπεται, ο οποίος ορθοτομεί τον λόγο τής αλήθειας»* **(Β' Προς Τιμόθεον 2:15)**.

Τέταρτον είναι όσοι φροντίζουν το σώμα του Χριστού, δηλαδή, τα μέλη και ο κόσμος γύρω μας, κάνοντας θαύματα, θεραπεύοντας και βοηθώντας στην κοινωνία. Τέλος, είναι οι διαχειριστές και όσοι έχουν το χάρισμα της ομιλίας σε γλώσσες θεϊκές.

Υπάρχουν πολλά χαρίσματα και θέσεις, όλα εκ των οποίων πολύ σημαντικά. *«Να ζητάτε δε με ζήλο τα μεγαλύτερα χαρίσματα· και επιπλέον σας δείχνω έναν δρόμο που σε υπερβολικό βαθμό υπερέχει»* (εδάφιο 31), η αγάπη, για την οποία διαβάζουμε στο κεφάλαιο 13. Αυτό σημαίνει ότι μπορούμε να είμαστε απόστολοι, αλλά με αγάπη. Μπορούμε να είμαστε προφήτες, δάσκαλοι, κτλ., αλλά δεν θα είμαστε αποτελεσματική στην αποστολή μας χωρίς αγάπη. *«Να ακολουθείτε την αγάπη· και να ζητάτε με ζήλο τα πνευματικά χαρίσματα, περισσότερο όμως το να προφητεύετε»* (Προς Κορινθίους Α' 14:1).

Ας προσευχηθούμε: Ουράνιε Πατέρα μας, βοήθησέ μας να βελτιώσουμε, να φέρουμε στην επιφάνεια και να έχουμε αφθονία σε πνευματικά δώρα για την υπηρεσία και τη λατρεία Σου. Όταν είμαστε μπερδεμένοι ή κουρασμένοι, δίδαξέ μας τον πιο τέλειο τρόπο της αγάπης Σου. Προσευχόμαστε στο όνομα του Ιησού Χριστού.

Η ζωή έγινε πιο γλυκιά όταν ανακάλυψαν τον σκοπό της ζωής μου και χρησιμοποίησα τα δώρα που μου έδωσε ο Θεός για να τον εκπληρώσω.

---

4 Αυγούστου
ΣΩΤΗΡΙΑ ΜΕΣΩ ΤΗΣ ΔΟΞΟΛΟΓΙΑΣ

«Εκείνος που προσφέρει θυσία αίνεσης, αυτός με δοξάζει· και σ' εκείνον που βάζει τον δρόμο του σε ευθύτητα, θα δείξω τη σωτηρία τού Θεού». **Ψαλμός 50:23**

"Those who sacrifice thank offerings honor me, and to the blameless I will show my salvation."
Psalm 50:23

"El que me ofrece alabanzas, me honra; al que enmiende su camino, yo lo salvaré". **Salmo 50:23**

Μία αδελφή εν Χριστώ μοιράστηκε πώς αντιμετώπισε το άγχος. Έπρεπε να πληρώσω ένα ποσό πέντε φορές μεγαλύτερο από το εισόδημα που έβγαζε την εβδομάδα. Με λίγα λόγια, έχασε τη δουλειά της. Ο Θεός τακτοποίησε τις ανάγκες της μέσω της δοξολογίας και της ευχαριστίας.

Θυμήθηκε πώς ο Ιησούς κάλυψε την πείνα του πλήθους που Τον ακολούθησε στην έρημο. Ρώτησε τους μαθητές πόσο φαγητό είχαν. Εκείνοι Του απάντησαν *«Επτά καρβέλια και λίγα ψάρια».* Σίγουρα δεν επαρκούσαν για να ταΐσουν 4000 άντρες. Ο Ιησούς πήρε τα καρβέλια και τα ψάρια, κοίταξε προς τον ουρανό, ευχαρίστησε, τα ευλόγησε και τα έδωσε στους μαθητές να τα μοιράσουν. *«Και έφαγαν και χόρτασαν· και σήκωσαν περισσεύματα από τα κομμάτια, επτά μεγάλα ψαροκόφινα»* (Κατά Μάρκον 8:8).

Το Άγιο Πνεύμα οδήγησε τη φίλη μου να προσευχηθεί τα λόγια του εδαφίου στην επιστολή **Προς Φιλιππησίους 4:6** *«Να μη μεριμνάτε για τίποτε· αλλά, σε κάθε τι, τα ζητήματά σας ας γνωρίζονται στον Θεό με ευχαριστία διαμέσου τής προσευχής και της δέησης».* Δεν καταλάβαινε γιατί θα έπρεπε να ευχαριστήσει για κάτι που δεν είχε γίνει ακόμη – της έλειπαν 16.500 δολάρια από τα 17.000 που χρειαζόταν για να αποπληρώσει το χρέος. Παρόλα αυτά, παρουσίασε το αίτημά της με ευχαριστία, πιστεύοντας ότι ο Θεός θα τη σώσει και ένιωσε ειρήνη, γνωρίζοντας ότι ο Θεός θα της έδινε τρόπο να ξεφύγει.

Την τελευταία ημέρα της εξόφλησης, ο σύζυγός της τής ανακοίνωσε ότι ένας πελάτης αποφάσισε να αποπληρώσει όλο το ποσό που χρωστούσε εφάπαξ, και όχι με μηνιαίες πληρωμές. Έλαβαν 20.000 δολάρια, αποπλήρωσαν το χρέος τους και τους έμειναν χρήματα, όπως έγινε και με τον πολλαπλασιασμό στα ψωμιά.

Στον **Ψαλμό 50:23**, διαβάζουμε *«Εκείνος που προσφέρει θυσία αίνεσης, αυτός με δοξάζει· και σ' εκείνον που βάζει τον δρόμο του σε ευθύτητα, θα δείξω τη σωτηρία τού Θεού»*. Όταν έχουμε άγχος ή φόβο, το καλύτερο φάρμακο είναι να ψάλλουμε δοξολογίες προς τον Θεό, γνωρίζοντας **ότι ο Θεός θα δημιουργήσει δρόμο στην έρημο και θα μας σώσε από κάθε κίνδυνο ή καταστροφή.** Ο Κύριος έρχεται για να μας σώσει, μετατρέποντας την αμφιβολία και τον φόβο μας σε παρηγοριά και χαρά.

Ας προσευχηθούμε: Ουράνιε Πατέρα μας, Σ' ευχαριστούμε που μας έσωσες από καταστροφές και ανάγκες. Δώσε μας σοφία να Σε ευχαριστήσουμε και Σε δοξολογήσουμε για όσα είσαι έτοιμος να κάνεις στη ζωή μας και μέσα από τη ζωή μας. Μετάτρεψε τις αμφιβολίες μας και τους φόβους μας σε παρηγοριά, χαρά και δοξολογία. Προσευχόμαστε στο όνομα του Ιησού Χριστού.

Όταν έχουμε άγχος ή φόβο, το καλύτερο φάρμακο είναι να ψάλλουμε δοξολογίες προς τον Θεό, γνωρίζοντας ότι ο Θεός θα δημιουργήσει δρόμο στην έρημο και θα μας σώσε από κάθε κίνδυνο ή καταστροφή.

---

5 Αυγούστου
Η ΑΓΙΑ ΓΡΑΦΗ
Προς Ρωμαίους 15:4

Όταν οι γονείς μου επέστρεψαν από τη Νέα Υόρκη στο Κίτο, στο Εκουαδόρ το 1991, μέχρι ο πατέρας μου να μάθει να χρησιμοποιεί το ίντερνετ, το μόνο μας μέσο επικοινωνίας ήταν τα γράμματα. Οι γονείς μου πλέον αναπαύονται στα χέρια του Θεού από το 2008 και το 2012, αλλά ανάμεσα στα πράγματά τους, διατηρώ τα γράμματά τους τα οποία ακόμη μιλούν στην καρδιά μου. Η αγάπη που εκφράζουν και το περιεχόμενό τους είναι ξεκάθαρα και **με γεμίζουν ευγνωμοσύνη, ελπίδα και ενθάρρυνση.** Ακόμη κι αν δεν είχα μάτια για να δω τον μοναδικό γραφικό τους χαρακτήρα, θα μπορούσα να διακρίνω τη φωνή τους αν κάποιος άλλος μου τα διάβαζε.

Οι καθημερινοί αυτοί στοχασμοί μας ενδυναμώνουν και μας ενθαρρύνουν να έχουμε ελπίδα, αλλά η διαφορά είναι πως ό,τι βρίσκεται σε εισαγωγικά είναι από **τον Λόγο του Θεού.** Τα υπόλοιπα είναι δικές μου σκέψεις, αστείες ιστορίες, εμπειρίες και στοχασμοί που προκύπτουν από τη μελέτη και την προσευχή.

Η πίστη στον Θεό μας διαβεβαιώνει ότι «*Ολόκληρη η γραφή είναι θεόπνευστη, και ωφέλιμη για διδασκαλία, για έλεγχο, για επανόρθωση, για διαπαιδαγώγηση, που γίνεται με δικαιοσύνη· για να είναι ο άνθρωπος του Θεού τέλειος, ετοιμασμένος για κάθε έργο αγαθό*» (**Β' Προς Τιμόθεον 3:16-17**). Ο Θεός θέλει από εμάς να φτάσουμε στη χώρα της επαγγελίας με την πίστη μας ανέγγιχτη και αβλαβή. Η Αγία Γραφή είναι η επιστολή αγάπης του Θεού, η καθοδήγηση, η οδηγία και η υπόσχεση για τον λαό του Θεού, για να μας γεμίσει με ελπίδα, θάρρος και παρηγοριά.

Ο Θεός γνωρίζει ότι αυτός ο κόσμος είναι γεμάτος εγωισμό, κακό και βία και ότι η επιστολή της αγάπης Του θα μας γεμίσει ελπίδα ότι μια μέρα το καλό θα νικήσει το κακό. Και ότι μετά από μία περίοδο με δοκιμασίες και βάσανα, θα φτάσουμε στη χώρα της επαγγελίας όπου δεν θα υπάρχει πλέον θάνατος, αρρώστια ή ψέματα γιατί τίποτα κακό ή επιβλαβές δεν θα μπορεί να εισέλθει στην **ουράνια βασιλεία του Θεού.**

Την ημέρα εκείνη, ο Κύριος θα μας καλωσορίσει στην ουράνια έπαυλη την οποία πήγε να προετοιμάσει για τα αδέλφια και τους φίλους Του. Στη συνέχεια, όταν θα συναντήσουμε ξανά τους αγαπημένους μας, θα έχουμε μεγάλη χαρά. Αυτή είναι η ελπίδα που μας προσφέρει η Αγία Γραφή.

Γι' αυτό ο Θεός μας λέει «*Εσύ, όμως, να μένεις σ' εκείνα που έμαθες και πιστώθηκες, ξέροντας από ποιον τα έμαθες· και ότι, από βρέφος γνωρίζεις τα ιερά γράμματα, τα οποία μπορούν να σε σοφίσουν σε σωτηρία διαμέσου τής πίστης εν Χριστώ Ιησού*» (**Β' Προς Τιμόθεον 3:14-15**). Αγαπητοί μου, αυτά γράφτηκαν για να μας διδάξουν ώστε να έχουμε ελπίδα.

Ας προσευχηθούμε: Ουράνιε Πατέρα μας «*τής υπομονής και της παρηγορίας είθε να σας δώσει να φρονείτε το ίδιο μεταξύ σας σύμφωνα με τον Ιησού Χριστό· 6για να δοξάζετε με μία ψυχή, με ένα στόμα, τον Θεό και Πατέρα τού Κυρίου μας Ιησού Χριστού*» (**Προς Ρωμαίους 15:5–6**). Αύξησε την πίστη μας ώστε να εμμείνουμε σε όσα έχουμε μάθει και να αναγνωρίζουμε τη φωνή του Σωτήρα μας. Προσευχόμαστε στο όνομα του Ιησού Χριστού.

6 Αυγούστου
Η ΗΜΕΡΑ ΤΗΣ ΑΝΑΠΑΥΣΗΣ

«*Και ας μη αποκάμνουμε πράττοντας το καλό· επειδή, αν δεν αποκάμνουμε, θα θερίσουμε στον κατάλληλο καιρό*». **Προς Γαλάτας 6:9**

"*Let us not become weary in doing good, for at the proper time we will reap a harvest if we do not give up.*" **Galatians 6:9**

"*No nos cansemos, pues, de hacer el bien; porque a su tiempo cosecharemos, si no nos desanimamos*". **Gálatas 6:9**

Σε αντίθεση με τον Θεό μας, που δεν κουράζεται ούτε λιγοθυμά, το ανθρώπινο σώμα μας έχει περιορισμένη ενέργεια και μαζί με το φαγητό και το νερό, χρειάζεται ξεκούραση για να ανακτήσει δυνάμεις. Γι' αυτό ο Θεός μας έδωσε την ημέρα της **ανάπαυσης**. Ο όρος στα εβραϊκά είναι "שַׁבָּת shabbát (H7676): - ξεκούραση, Σάββατο.

«*Έξι ημέρες να εργάζεσαι, και να κάνεις όλα τα έργα σου· η ημέρα, όμως, η έβδομη είναι σάββατο του Κυρίου τού Θεού σου· να μη κάνεις σ' αυτή κανένα έργο, ούτε εσύ ούτε ο γιος σου ούτε η θυγατέρα σου ούτε ο δούλος σου ούτε η δούλη σου ούτε το κτήνος σου ούτε ο ξένος σου, που βρίσκεται μέσα στις πύλες σου·*» (**Έξοδος 20:9-10**). Πριν την Ανάσταση του Χριστού, το Σάββατο (Sabbath) ήταν την ημέρα του Σαββάτου. Όμως, από την πρώτη ημέρα της ανάστασης, οι μαθητές του Ιησού συγκεντρώθηκαν για να δοξάσουν τον Θεό και να μοιραστούν ψωμί το νέο Σάββατο, την πρώτη ημέρα της εβδομάδας, δηλαδή την Κυριακή (**Πράξεις 20:7**).

Ο πατέρας μου τιμούσε την ημέρα του Σαββάτου (την Κυριακή) και δεν έκανε καμία εργασία, πέραν του να πράττει το καλό. Αυτή η εργασία περιλάμβανε να επισκέπτεται όσους ήταν άρρωστοι και μόνοι, να πηγαίνει στην εκκλησία το πρωί και το βράδυ, να διαβάζει την Αγία Γραφή, να ψέλνει στο υμνολόγιό Του και να μοιράζεται τα καλά νέα της αγάπης και της ελπίδας με όποιον άκουγε.

Ο Θεός μας ενθαρρύνει να εργαζόμαστε έξι ημέρες την εβδομάδα και να αναπαυόμαστε από κάθε εργασία, πέραν του να κάνουμε το καλό. Να δείχνουμε την αγάπη του Θεού σώζοντας και θεραπεύοντας ζωές. Γι' αυτό εδώ και αιώνες, όλοι ξεκουράζονται το Σάββατο, εκτός από τους γιατρούς, τους αστυνομικούς, τους πυροσβέστες, όσους είναι στις πρώτες βοήθειες και συγκεκριμένους φαρμακοποιούς. Οι πιστοί Χριστιανοί αναπαύονταν και δοξολογούσαν τον Θεό την **Ημέρα του Κυρίου, την Κυριακή.**

Ο Θεός μας ενθαρρύνει να εργαζόμαστε έξι ημέρες την εβδομάδα και να αναπαυόμαστε από κάθε εργασία, πέραν του να κάνουμε το καλό. Να δείχνουμε την αγάπη του Θεού σώζοντας και θεραπεύοντας ζωές.

Η ημέρα του Κυρίου είναι επίσης η ημέρα που πηγαίνουμε σε συναντήσεις και συναθροίσεις για να δοξάσουμε τον Θεό και να διδαχτούμε από τον Λόγο του Θεού σαν οικογένεια.

Ας προσευχηθούμε: Ουράνιε Πατέρα μας, αυτό και κάθε σαββατοκύριακο, δώσε μας ειρηνική ανάπαυση από την εργασία μας ώστε να ανακτήσουμε τη σωματική και πνευματική μας δύναμη. Δώσε μας το θάρρος να καταπολεμήσουμε τις επιθέσεις και τους περισπασμούς που προσπαθούν να μας χωρίσουν από την αγάπη Σου και από τους αγαπημένους μας. Ενδυνάμωσε τους δεσμούς της αγάπης και της οικογένειας. Προσευχόμαστε στο όνομα του Ιησού Χριστού.

---

7 Αυγούστου
ΔΑΣΚΑΛΟΙ ΤΗΣ ΠΙΣΤΗΣ
Πράξεις 18:25

Όταν ο κόσμος μιλά για ένα από τα παιδιά μου ή τα παιδιά τους, ελπίζω να λένε ότι *«τους δίδαξαν τον δρόμο του Κυρίου»*.

Ο γιος μου κατανοούσε καλά την Αγία Γραφή όταν έφυγε από το σπίτι για το πανεπιστήμιο. Και την κατανοεί ακόμη! Ως απόφοιτος θεολογικού σεμιναρίου, έχω δει πανεπιστήμια και σεμινάρια να μας φέρνουν σε επαφή με διαφορετικές ιδεολογίες που δοκιμάζουν την πίστη που μας δίδαξαν οι γονείς μας. Γι' αυτό και η θρησκευτικές οδηγίες που διδασκόμαστε από το σπίτι και η διαμόρφωση της πίστης είναι τόσο σημαντικά. Δεν μπορούμε να μεγαλώσουμε τα παιδιά μας δίχως το θεμέλιο αυτό. *«Δίδαξε το παιδί στην αρχή τού δρόμου του· και δεν θα απομακρυνθεί απ' αυτόν ούτε όταν γεράσει»* (Παροιμίαι 22:6).

Η ευθύνη για τη διαμόρφωση της πίστης βαρύνει κυρίως τους γονείς, τους οποίους ο Θεός διδάσκει *«Και αυτά τα λόγια, που εγώ σήμερα σε προστάζω, θα είναι στην καρδιά σου· και θα τα διδάσκεις με επιμέλεια στα παιδιά σου, και θα μιλάς γι' αυτά όταν κάθεσαι στο σπίτι σου, όταν περπατάς στον δρόμο, και όταν πλαγιάζεις, και όταν σηκώνεσαι»* (Δευτερονόμιον 6:6–7).

Από τότε που ήμουν 7 χρονών, μελετούσαμε καθημερινά την Αγία Γραφή και ανταλλάσσαμε απόψεις. Το βραδινό φαγητό ήταν **η στιγμή για να ενδυναμώσουμε και να διαμορφώσουμε την πίστη μας** μέσω της οικογενειακής μελέτης. Ο πεθερός μου ονειρευόταν μια μέρα, ένα από τα παιδιά του, να γινόταν ποιμένα. Όταν ο γιος μου αποφοίτησε από το πανεπιστήμιο με πτυχίο στην ιστορία και τη φιλοσοφία, ο πεθερός μου ήταν πολύ περήφανος αλλά πρόσθεσε ότι θα του άρεσε περισσότερο **«αν ήταν ποιμένας»**.

Δεν μπορούμε να επιλέξουμε την καριέρα των παιδιών μας, αλλά πρέπει να φυτέψουμε σπόρους πίστης **και να διαμορφώσουμε τις αξίες** και τον χαρακτήρα τους ώστε να μοιάζουν με τον Ιησού Χριστό. Πρέπει να τους διδάξουμε να είναι αρκετά δυνατοί ώστε να αντισταθούν και να αντικρούσουν τις φιλοσοφίες του κόσμου. Πάντοτε δίδασκα στον γιο μου ότι **μια πίστη που δεν δοκιμάζεται, δεν είναι πίστη**. Είναι καλό να μαθαίνουμε για άλλες κουλτούρες και θρησκείες, αλλά πρέπει να παραμένουμε σταθεροί και ακριβείς σχετικά με τον Κύριο.

Ελπίζω, επίσης, όλοι όσοι μίλησαν μαζί μου από κοντά ή μέσω των στοχασμών της Αγίας Γραφής στο διαδίκτυο, όταν θα με θυμούνται, να λένε *«Διδάχτηκα τον δρόμο του Κυρίου και μιλούσα με μεγάλη ζέση και δίδασκα με ακρίβεια τον Ιησού»*.

Ας προσευχηθούμε: Ουράνιε Πατέρα μας, Σ' ευχαριστούμε που μας βοήθησες να αποδεχτούμε την πρόκληση να γίνουμε οι βασικοί **εκπαιδευτές της πίστης** των παιδιών μας μέσω του παραδείγματός μας. Δώσε Εσύ, Κύριε, σε εμάς και στα παιδιά μας το Άγιό Σου Πνεύμα. Δίδαξέ μας με ακρίβεια ότι πρέπει να φυλάττουμε τις καρδιές μας για να μην πέσουμε θύματα στις φιλοσοφίες του κόσμου και να μπορούμε να τις απορρίπτουμε. Προσευχόμαστε στο Άγιο Όνομά Σου.

8 Αυγούστου
Ο ΘΕΟΣ ΜΙΛΑ ΑΚΟΜΗ ΜΕ ΟΝΕΙΡΑ ΚΑΙ ΟΡΑΜΑΤΑ
Γένεσις 37:9

Κάποιοι δάσκαλοι της Αγίας Γραφής πιστεύουν ότι ο Θεός δεν μας μιλά πλέον μέσα από όνειρα ή άλλες μορφές αποκάλυψης. Λένε ότι μόλις ολοκληρώνεται η Αγία Γραφή, ο Θεός σφράγισε το βιβλίο. Κανείς δεν πρέπει να προσθέτει ή να αφαιρεί από όσα γράφονται μέσα γιατί σε αυτόν που προσθέτει *«ο Θεός θα προσθέσει σ' αυτόν τις πληγές, που είναι γραμμένες σ' αυτό το βιβλίο»*, και όποιος αφαιρεί από αυτό, *«ο Θεός θα αφαιρέσει το μέρος του από το βιβλίο τής ζωής»* (Αποκάλυψη 22:18-19).

Αλλά σ' αυτή την περίπτωση, πώς θα καταλάβουμε το εδάφιο αυτό; *«Θα προφητεύσουν οι γιοι σας, και οι θυγατέρες σας· οι πρεσβύτεροί σας θα ονειρευτούν όνειρα, οι νέοι σας θα δουν οράσεις»* (Ιωήλ 2:28).

Τα περασμένα 33 χρόνια, ο Θεός δεν μου έδωσε **καμία νέα αποκάλυψη** πέραν της Αγίας Γραφής. Θα φοβόμουν να λάβω κάτι που προσθέτει ή αφαιρεί από την Αγία Γραφή. Άπειρες φορές, ωστόσο, μέσω προσευχής και ονείρων, ο Θεός μου έδειξε την Οδό, ξεκαθαρίζοντας το μήνυμα και τον σκοπό της ζωής μου και αφυπνίζοντάς με ένα μήνυμα, ένα κήρυγμα ή απαντήσεις στις ερωτήσεις μου.

Ξέρω ότι **ο Θεός μιλά ακόμη**, διδάσκει και μας διορθώνει μέσω ονείρων και μας δίνει όραμα για να ολοκληρώσουμε το έργο που είναι μπροστά μας. Κάποιες φορές πρόκειται για απαραίτητο εργαλείο, ένας λόγος ενθάρρυνσης για να ενισχύσουμε όσους έχουν πέσει, ένα όραμα από ένα χαμένο αντικείμενο ή έναν άνθρωπο ή από κάποιον που πρέπει να ζητήσουμε συγχώρηση. **Ο Θεός μιλά ακόμη στα παιδιά Του** μέσω της Αγίας Γραφής, μέσω ονείρων και οραμάτων.

Ο Ιωσήφ ήταν γνωστός ως άνθρωπος που **ονειρεύεται**. Ονειρεύτηκε ότι *«ο ήλιος, και το φεγγάρι, και αστέρια με προσκυνούσαν. Και το διηγήθηκε στον πατέρα του, και στους αδελφούς του· και τον επέπληξε ο πατέρας του, και του είπε: Τι είναι αυτό το όνειρο, που ονειρεύτηκες; Άραγε, θάρθουμε, εγώ και η μητέρα σου, και οι αδελφοί σου, για να σε προσκυνήσουμε μέχρις εδάφους;»* **(Γένεσις 37:9-10).**

Τα αδέρφια του τον μίσησαν γι' αυτό και τον πούλησαν σκλάβο στην Αίγυπτο. Ο Θεός, επίσης, έδωσε στον Ιωσήφ το χάρισμα της ερμηνείας των ονείρων. Με ταπεινοφροσύνη και σταθερότητα στην πίστη του, ο Ιωσήφ ανήλθε στην εξουσία για να χρησιμοποιήσει αυτό το δώρο. Ξεκαθάρισε ότι ο Θεός επέτρεψε το κακό που τα αδέρφια είχαν σκοπό να κάνουν σ' αυτόν *«ο Θεός, όμως, θέλησε να το μεταστρέψει σε καλό, για να γίνει όπως σήμερα, ώστε να σώσει τη ζωή πολλού λαού· τώρα, λοιπόν, μη φοβάστε· εγώ θα θρέψω εσάς, και τις οικογένειές σας»* **(Γένεσις 50:20-21).**

Ας προσευχηθούμε: Ουράνιε Πατέρα μου, Σ' ευχαριστούμε που δεν μας άφησες στη σιωπή, χωρίς διαύγεια ή ελπίδα, ειδικά όταν ο COVID-19 απειλεί την ελευθερία και τη ζωή μας. Σε παρακαλώ μίλησέ μας μέσω του Λόγου Σο, των ονείρων και των οραμάτων Σου για να εκπληρώσουμε τον σκοπό Σου και να είμαστε χρήσιμα εργαλεία στη Βασιλεία Σου. Προσευχόμαστε στο Άγιο Όνομά Σου.

Ο Θεός ακόμη μας μιλάς, μας διδάσκει και μας διορθώνει μέσω των ονείρων και μας δίνει όραμα για να ολοκληρώσουμε το έργο που έπεται.

---

9 Αυγούστου
ΨΕΥΤΙΚΕΣ ΥΠΟΣΧΕΣΕΙΣ
Προς Εφεσίους 5:6

Ψεύτικες υποσχέσεις! Ποιος δεν έχει πέσει θύμα ψεύτικων υποσχέσεων; Ο κόσμος πηγαίνει στις κάλπες για να βάλει τους πολιτικούς σε θέσεις εξουσίας, γιατί, γνωρίζοντας τις ανάγκες μας, όπως σε μία νύφη, υπόσχονται να φέρουν σε εμάς τον ουρανό και τ' άστρα. Ο Θεός δεν θέλει να πέφτουμε θύματα σε ψεύτικες υποσχέσεις που σκοπό έχουν να μας απομακρύνουν από Εκείνον.

«Προσέχετε να μη σας εξαπατήσει κάποιος διαμέσου τής φιλοσοφίας και της μάταιης απάτης, σύμφωνα με την παράδοση των ανθρώπων, σύμφωνα με τα στοιχεία τού κόσμου, και όχι σύμφωνα με τον Χριστό» **(Προς Κολοσσαείς 2:8).** Πολλοί θα έρθουν σε εσάς με εγκόσμιες φιλοσοφίες και ψεύτικες υποσχέσεις, όπως *«Όλα αυτά θα σου τα δώσω, αν πέφτοντας με προσκυνήσεις»* **(Κατά Ματθαίον 4:9),** *«να ζούμε και να μας αφήσουν να ζούμε»* ή *«ο Θεός μας αποδέχεται όπως είμαστε»*, επομένως δεν υπάρχει λόγος να αλλάξουμε τον τρόπο ζωής μας. Ο Θεός μας αποδέχεται

έτσι όπως είμαστε αλλά δεν θα μας αφήσει ημιτελείς, παραμορφωμένους και σακατεμένους επειδή αθώα πιστέψαμε σε ψεύτικες υποσχέσεις.

Χρειαζόμαστε αλλαγή καρδιάς και νου. *«Να μη πλανιέστε με διδαχές ποικίλες και ξένες»* **(Προς Εβραίους 13:9α)**, όπως τα λόγια και τα δόγματα που αντιτίθενται στην Αγία Γραφή. Θα είχαμε απόλυτη κοινωνική διαταραχή αν εμπιστευόμασταν σε αυτές τις ψεύτικες υποσχέσεις. Φανταστείτε τον κόσμο μας χωρίς αμαρτία ή έγκλημα κλοπής, ή βιασμός, ή δολοφονίες. Υπό αυτές τις συνθήκες, δεν μπορούμε να πούμε *«ας ζήσουμε κι αυτό είναι»*. Είμαστε μάρτυρες μιας ριζικής αλλαγής στην οποία συνηθίζεται να λέμε ψέματα και να δίνουμε λάθος μαρτυρία. Πρέπει να αντισταθούμε με αγάπη σε αυτό και σε κάθε είδους διαταραχή που απειλεί την πίστη και την κοινωνία μας.

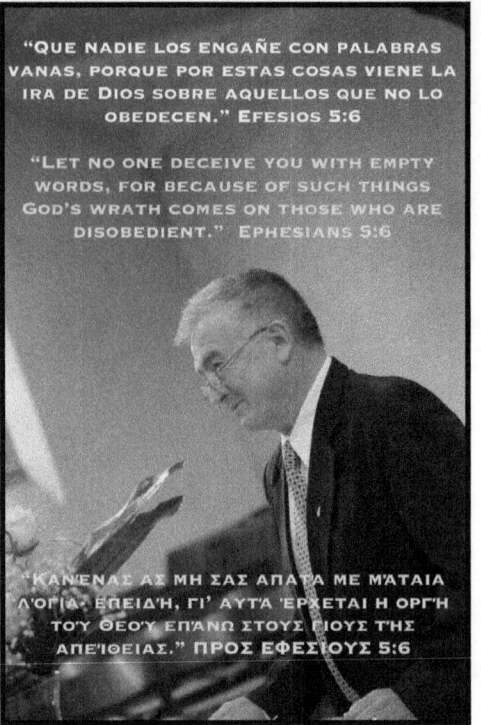

Ο Ιησούς μας λέει *«Αν με αγαπάτε, φυλάξτε τις εντολές μου»* **(Κατά Ιωάννην 14:15)**. Μπορούμε να πετύχουμε έναν κόσμο χωρίς διαταραχές, διαμάχες και κακό υπακούοντας στις εντολές Του και βάζοντας τον εαυτό μας τα χέρια του Μεγάλου Πλάστη για να μας διαμορφώσει εκ νέου σύμφωνα με το σχέδιό Του. Κάποιοι πολιτικοί μας προσφέρουν ψεύτικες υποσχέσεις για να κερδίσουν προσωρινή εξουσία για τον εαυτό τους. Ο Ιησούς μας προσφέρει αξιόπιστες υποσχέσεις, με εγγύηση τη ζωή Του την οποία έδωσε στον Γολγοθά, ώστε, μαζί με τη συγχώρηση, να έχουμε και θεϊκή δύναμη και θησαυρούς στον ουρανό.

Ας προσευχηθούμε: Ουράνιε Πατέρα μας, είθε η ζωή μας να δοξολογήσει το όνομά Σου και να φέρει πίσω όλα τα χαμένα πρόβατα στον κόσμο. Δώσε μας καρδιά και αυτιά που θα είναι ευαίσθητα και υπάκουα στη φωνή Σου και στον Λόγο Σου ώστε να ξεχωρίσουμε τις ψεύτικες υποσχέσεις και να μην πέσουμε στην υπνωτική δύναμή τους. Προσευχόμαστε στο Άγιο Όνομά Σου.

Ο Θεός μας αποδέχεται όπως είμαστε, αλλά δεν θα μας αφήσει ημιτελείς, παραμορφωμένους και σακατεμένους επειδή αθώα πιστέψαμε σε ψεύτικες υποσχέσεις.

---

10 Αυγούστου
ΚΑΤΑΦΥΓΙΟ ΚΑΙ ΑΣΠΙΔΑ
Ψαλμός 57:1

Στην αναζήτησή μου να κατανοήσω την καρδιά του Θεού, έμαθα ότι η αγάπη του Θεού για εμάς είναι άπειρη, δεν την αξίζουν, είναι αιώνια, δεν μεταβάλλεται και είναι ίση για όλους. Πιστεύω ότι είναι απίστευτο το γεγονός ότι ο Παντοδύναμος Θεός επέλεξε να είναι μαζί μας, για εμάς και μέσα σε εμάς.

Για εμάς: Στην **Προς Ρωμαίους** επιστολή **8:31** διαβάζουμε *«Τι θα πούμε, λοιπόν, απέναντι σ' αυτά; Αν ο Θεός είναι μαζί μας, ποιος θα είναι εναντίον μας;»*.
Με εμάς: Στο **Κατά Ματθαίον 1:23** μας διαβεβαιώνει ότι ο Θεός είναι **μαζί** μας. *«Προσέξτε, η παρθένος θα συλλάβει, και θα γεννήσει έναν γιο, και θα αποκαλέσουν το όνομά του Εμμανουήλ, που ερμηνευόμενο σημαίνει: Μαζί μας είναι ο Θεός»* **(Κατά Ματθαίον 1:23 και Ησαΐας 8:8)**.

Μέσα μας: *«Και όποιος τηρεί τις εντολές του, μένει σε ενότητα μ' αυτόν, και αυτός σε ενότητα με εκείνον· και από τούτο γνωρίζουμε ότι μένει μέσα μας, από το Πνεύμα το οποίο έδωσε σε μας»* (Α' Ιωάννου 3:24).

Τα εδάφια αυτά ενδυναμώνουν και κάνουν την πίστη μας βαθύτατη. Αν πιστεύουμε ότι ο Θεός είναι για εμάς, με εμάς και σε εμάς, τότε, με πίστη, σε κάθε κατάσταση, θα έχουμε την αυτοπεποίθηση και θα είμαστε ακλόνητοι στην απόφασή μας να εμπιστευθούμε και να μείνουμε υπό τη σκιά της φτερούγας του Θεού, υπό την κατεύθυνση του Θεού μας, του δασκάλου, του προστάτη, της δύναμης και της ασπίδας μας.

Στον **Ψαλμό 46:1–3** διαβάζουμε *«Ο Θεός είναι καταφυγή μας και δύναμη, βοήθεια ετοιμότατη μέσα στις θλίψεις. Γι' αυτό, δεν θα φοβηθούμε και αν η γη σαλευτεί, και τα βουνά μετατοπιστούν στο μέσον των θαλασσών· και αν ηχούν και ταράζονται τα νερά τους· και τα βουνά σείονται εξαιτίας τής έπαρσής τους»*.

Από τότε που ο Θεός δεσμεύτηκε να είναι **για** εμάς, **με** εμάς και **μέσα** μας, δεν θα πρέπει να φοβόμαστε κανένα κακό που ίσως έρθει. Κι «**αν ο Θεός είναι μαζί μας, ποιος θα είναι εναντίον μας;**» (Προς Ρωμαίους 8:31).

Ας προσευχηθούμε: Ουράνιε Πατέρα μας, δώσε μας την πίστη και την ασφάλεια να γνωρίζουμε ότι είσαι εκεί για εμάς, με εμάς και μέσα μας (συμπεριλαμβανομένων και των παιδιών μας και των παιδιών τους). Βάζουμε τη ζωή μας, το μέλλον μας και την ελπίδα μας στα δυνατά Σου, τρυφερά χέρια, σίγουροι ότι Εσύ θα μας σώσεις από κάθε δοκιμασία και βάσανο. Εμπιστευόμαστε ότι θα διατηρήσεις και θα ενδυναμώσεις την ψυχή μας ώστε να μη λιγοθυμήσουμε – ακόμη κι αν η γη τρέμει. Βάλε έναν ύμνο στην καρδιά μας για να μας βοηθήσεις να προχωρήσουμε μπροστά με περισσότερη αυτοπεποίθηση και ταπεινά, κρατώντας το χέρι Σου. Προσευχόμαστε στο όνομα του Ιησού Χριστού.

---

11 Αυγούστου
ΥΠΗΡΕΤΩΝΤΑΣ ΜΕ ΑΠΕΡΑΝΤΗ ΑΓΑΠΗ
Κατά Ιωάννην 6:35

Η πεθερά μου, η γυναίκα μου, η νύφη μου και η κόρη μου (όπως έκανε η μητέρα μου) νιώθουν απέραντη αγάπη και χαρά όταν σερβίρουν τους καλεσμένους στο τραπέζι τους, δίνοντας το καλύτερο από την κουζίνα τους. Χαίρονται εξίσου όταν ταΐζουν ένα ή 10 άτομα, αλλά η χαρά τους αυξάνεται όταν οι καλεσμένοι ζητούν δεύτερο πιάτο. Το κάνουν αυτό γιατί 1) το φαγητό ήταν πραγματικά νόστιμο, 2) πεινούν ακόμη ή 3) πιστεύουμε ότι δεν θα δοκιμάσουμε τόσο σύντομα ένα τόσο ωραίο πιάτο.

Ο Ιησούς είπε στα πλήθη *«Λίγο ακόμα, και δεν με βλέπετε·»* (**Κατά Ιωάννην 16:16Α**). Μερικά χρόνια πριν, καθώς ετοιμαζόμουν να γυρίσω στις ΗΠΑ, αποφάσισα να απολαύσω όλα όσα έβαλε μπροστά μου η πεθερά μου, γιατί 1) την ευχαριστούσε αυτό και 2) γιατί ξέρω ότι δεν θα γευτώ τις λιχουδιές της για ένα διάστημα.

Τα πλήθη πεινούσα και ήθελαν να γευτούν τα πάντα που τους πρόσφερε ο Ιησούς. Δεν είχαν γευτεί ξανά τόσο ωραίο ψωμί και ήθελαν δεύτερο. Ο Ιησούς είπε: *«με ζητάτε, όχι επειδή είδατε θαύματα, αλλά επειδή φάγατε από τα ψωμιά και χορτάσατε»* (**Κατά Ιωάννην 6:26**).

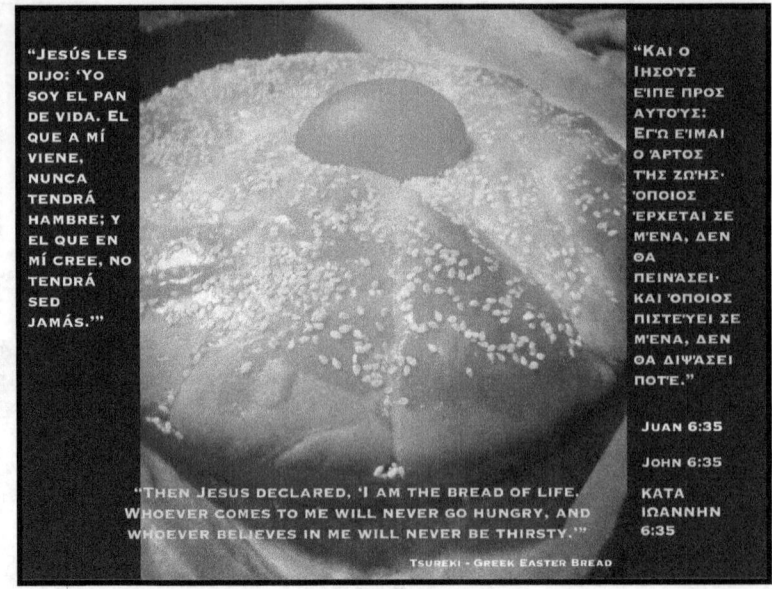

Ο θεϊκός δρόμος μας έφερε σε πολλές συναντήσεις, καθεμία με μοναδικό σκοπό και αποστολή. Είτε στην Ελλάδα, είτε στο Εκουαδόρ, είτε στις ΗΠΑ, στη Βολιβία, στην Κόστα Ρίκα, στη Νικαράγουα ή όπου συναντούμε φίλους ή οικογένεια, κάποιες από τις καλύτερες στιγμές μας ήταν να μοιραστούμε ένα γεύμα με αγαπητούς φίλους και οικογένεια. Σε κάθε έναν από εσάς, λέμε **«Ο Θεός να σας ανταποδώσει την καλοσύνη σας»**. Νιώσαμε την αγάπη του Θεού. Μας προσφέρατε κάθε πιάτο με αγάπη, θυσία και φροντίδα. Αλλά, μακράν, οι καλύτερες στιγμές ήταν εκείνες που μοιραστήκαμε ψωμί από τον φούρνο της περιοχής, τον Λόγο του Θεού και την παρουσία Του.

Η Μητέρα Τερέζα είπε *«Δεν μπορούμε όλοι μας να κάνουμε μεγάλα πράγματα. Αλλά μπορούμε να κάνουμε μικρά πράγματα, με μεγάλη αγάπη»* και *«Αν δεν μπορείς να ταΐσεις 100 άτομα, τότε τάισε έστω ένα»*. Ο Θεός μας τάισε για να ταΐσουμε εμείς άλλους. Το βασικό στη χαρά είναι να υπηρετήσουμε τον Θεό με μεγάλη αγάπη.

Ας προσευχηθούμε: Ουράνιε Πατέρα μας, Σ' ευχαριστούμε που μας κάλεσες στο τραπέζι Σου, όπου το ψωμί και το πνευματικό ποτό θα μας γεμίζει και θα μας ενδυναμώνει πάντα. Γέμισέ μας με το Άγιο Σου Πνεύμα για να ταΐσουμε άλλους με την απέραντη αγάπη και δύναμή Σου. Το ζητάμε στο όνομα του Ιησού Χριστού.

«Δεν μπορούμε όλοι μας να κάνουμε μεγάλα πράγματα, αλλά μπορούμε να κάνουμε μικρά πράγματα με μεγάλη αγάπη.» Μητέρα Τερέζα

---

12 Αυγούστου
ΠΡΟΣΩΠΑ ΠΟΥ ΛΑΜΠΟΥΝ
Πράξεις 6:15

Αν γνωρίζατε τον Αριστοκλή Ξανθόπουλο (ο Θεός να τον αναπαύσει), θα βλέπατε ότι ο εγγονός μου, ο Λάζαρος Ηλίας και η Φανή Destruge στη φωτογραφία της ημέρας φέρουν το χαρούμενο λαμπύρισμα των ματιών του. Μια ακτινοβολία έχουν που σε κάνουν να χαμογελάς και να χαίρεσαι μαζί τους. Όσοι τον γνώριζαν καλά, προσελκύονταν από την αγγελική, γαλήνια χαρά Του, παρόμοια

με όσα διαβάζουμε σήμερα για τον Στέφανο στο εδάφιο της ημέρας. *«Είδαν το πρόσωπό του σαν πρόσωπο αγγέλου»*

Κι εμείς λαμβάνουμε χαρά που ακτινοβολεί όταν γνωρίζουμε τον Θεό, τη Βασιλεία Του και τη Σοφία Του μέσα από τα Άγια Κείμενα. Στον **Εκκλησιαστή 8:1** διαβάζουμε *«Ποιος είναι όπως ο σοφός; Και ποιος γνωρίζει τη λύση των πραγμάτων; Η σοφία τού ανθρώπου φαιδρύνει το πρόσωπό του, και η σκληρότητα του προσώπου του θα μεταβληθεί»*.

Καθώς ψάχνουμε στην Καινή Διαθήκη, η αγάπη του Θεού μας φέρνει έξω από τα βάθη του φόβου και κρυβόμαστε στη γεμάτη χαρά ελπίδα. Όποια κι αν ήταν η κατάστασή μας προτού βιώσουμε την τρυφερή χάρη του Θεού, ο Κύριος την αντικαθιστά με αγάπη, ειρήνη, χαρά και αίσθηση σκοπού. Από εκείνη τη στιγμή και έπειτα, θέλουμε να πούμε στον κόσμο για την αγάπη που μόλις έχουμε βρει.

Αλλά ο φόβος και η αμφιβολία ίσως έρθουν μέσα σας – *«Τι θα γίνει αν με κοροϊδέψουν; Τι θα γίνει αν με απορρίψουν και με διώξουν από το σπίτι ή τον κύκλο των ατόμων που εμπιστεύονται;»* Όλοι μας βιώνουμε ένα επίπεδο ανεπάρκειας και αμφιβολίας. Οι περισσότεροι μαθητές που διαλέχτηκαν από τον Ιησού ήταν απλοί, ανειδίκευτοι άνθρωπο. Ο Θεός, όμως, μεταμόρφωσε τον κόσμο μέσα από την πίστη τους. *«Ο δε Στέφανος, πλήρης από πίστη και δύναμη, έκανε τέρατα και μεγάλα σημεία ανάμεσα στον λαό»* (**Πράξεις 6:8**).

Η Αγία Γραφή κάνει αναφορά σε διάφορα άτομα, το λαμπερό πρόσωπο των οποίων ενθάρρυνε τους ακολούθους Του να πετύχουν μεγάλες νίκες στον φόβο, στους εχθρούς και στην αμφιβολία. Το πρόσωπο του Μωυσή έλαμπε κάθε φορά που βρισκόταν στην παρουσία του Θεού (**Έξοδος 34:30**). Ο Ιησούς πήρε τρεις από τους μαθητές Του στο βουνό *«Και μεταμορφώθηκε μπροστά τους· και το πρόσωπό του έλαμψε σαν τον ήλιο, και τα ιμάτιά του έγιναν λευκά σαν το φως»* (**Κατά Ματθαίον 17:2**). Μετά την Ανάσταση, διαβάζουμε ότι *«Η δε όψη του ήταν σαν αστραπή, και το ένδυμά του λευκό σαν χιόνι»* (**Κατά Ματθαίον 28:3**).

Αγαπητοί μου φίλοι και συγγενείς, εσείς που είστε αίμα εκ του αίματός μου, να ξέρετε ότι ο Θεός θα κάνει μεγάλα πράγματα σε εμάς και μέσα από εμάς αν Του το επιτρέψουμε.

Ας προσευχηθούμε: Ουράνιε Κύριε, Σε παρακαλώ δώσε μας την πίστη, τη χαρά και το θάρρος να μεταμορφώσουμε τον κόσμο μας, ξεκινώντας από τον κύκλο των ανθρώπων που εμπιστευόμαστε, σε πιστούς και ακολούθους της Βασιλείας Σου. Κάνε το πρόσωπό Σου να λάμψει επάνω μας ώστε κι άλλοι να εμπιστευθούν στην παρουσία και στις υποσχέσεις Σου. Προσευχόμαστε στο όνομα του Ιησού Χριστού.

Καθώς ψάχνουμε στην Καινή Διαθήκη, η αγάπη του Θεού μας φέρνει έξω από τα βάθη του φόβου και κρυβόμαστε στη γεμάτη χαρά ελπίδα.

13 Αυγούστου
ΔΙΑΙΡΕΣΕΙΣ ΚΑΙ ΕΜΠΟΔΙΑ
Προς Ρωμαίους 16:17

Σ' αυτό το απόσπασμα, βλέπουμε δύο σημαντικά ρήματα – το ρήμα *«προσέχω»* και το ρήμα *«απομακρύνω»*. Ο Θεός μας καλεί να προσέχουμε και να απομακρυνόμαστε από *«αυτούς που προξενούν τις διχοστασίες και τα σκάνδαλα ενάντια στη διδασκαλία που μάθατε»*, όχι από όσους αυτή τη στιγμή πράττουν το κακό γιατί δεν γνωρίζουν την αγάπη και τη συγχώρηση του Θεού. Καλούμαστε να ψάξουμε τα

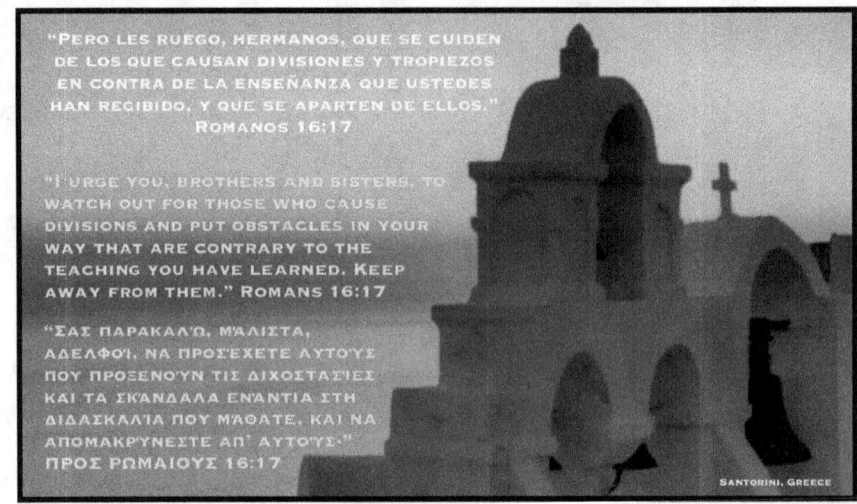

χαμένα πρόβατα. Ο Ιησούς έδωσε το παράδειγμα γευματίζοντας και μοιραζόμενος τα καλά νέα με τους αμαρτωλούς, τους οποίους ελευθέρωσε, μεταμόρφωσε και ανανέωσε με τη δύναμη του Θεού που σώζει.

Το σημερινό εδάφιο μας λέει να αγρυπνούμε και να αποστασιοποιούμαστε από όσους ισχυρίζονται ότι είναι Χριστιανοί αλλά οι πράξεις και τα λόγια τους είναι ενάντια στα διδάγματα της Αγίας Γραφής. Στην **Προς Α' Κορινθίους** επιστολή **5:11** διαβάζουμε *«Αλλά, τώρα σας έγραψα, να μη συναναστρέφεστε, αν κάποιος, που ονομάζεται αδελφός, είναι πόρνος ή πλεονέκτης ή ειδωλολάτρης ή κακολόγος ή μέθυσος ή άρπαγας· με τον άνθρωπο αυτής τής κατηγορίας ούτε να συντρώγετε»*. Σ' αυτό το εδάφιο, επικεντρωνόμαστε στο εξής *«αν κάποιος, που ονομάζεται αδελφός»* (**Χριστιανός**) αλλά ο καρπός ή οι πράξεις του δείχνουν ότι δεν είναι.

Τα παιδιά του φωτός δεν μπορούν να συνυπάρξουν με τα παιδιά του σκότους που άκουσαν και απέρριψαν τις διδασκαλίες του Θεού, προτιμώντας να ακολουθούν τα δόγματα αυτού του κόσμου. Ο Λόγος του Θεού μας λέει στην **Επιστολή προς Θεσσαλονικείς Β' 3:6** ότι *«Σας παραγγέλλουμε μάλιστα, αδελφοί, στο όνομα του Κυρίου μας Ιησού Χριστού, να απομακρύνεστε από κάθε έναν αδελφό, που περπατάει άτακτα, και όχι σύμφωνα με την παράδοση που παρέλαβε από μας»*.

Η πρακτική εφαρμογή για εμάς είναι να δώσουμε τη δέουσα προσοχή σε όσους έρχονται στη συντροφιά μας, αναγνωρίζοντάς τους ως πιστούς. Δεν θα πρέπει να τους βάζουμε σε θέσεις ηγεσίας ή σε θέσεις δασκάλων στα παιδιά μας μέχρι να δείξουν τον καρπό του Πνεύματός τους με μία ζωή μετριοπαθή, συνεπή προς τις διδασκαλίες της Αγίας Γραφής.

Ας προσευχηθούμε: Ουράνιε Πατέρα μου, Σ' ευχαριστούμε που μας καθοδήγησες να προσέχουμε και να αποστασιοποιούμαστε από όσους *προκαλούν διχοστασίες και εμπόδια* στις διδασκαλίες που βρίσκουμε στον Άγιο Λόγο Σου. Διαφώτισέ μας, Κύριε, για να διακρίνουμε ξεκάθαρα όσους χρειάζονται διάσωση και όσους εγωιστικά καταστρέφουν το θεμέλιο της πίστης μας. Προσευχόμαστε στο όνομα του Ιησού Χριστού.

Καλούμαστε να ψάξουμε τα χαμένα πρόβατα. Ο Ιησούς έδωσε το παράδειγμα γευματίζοντας και μοιραζόμενος τα καλά νέα με τους αμαρτωλούς, τους οποίους ελευθέρωσε, μεταμόρφωσε και ανανέωσε με τη δύναμη του Θεού που σώζει.

---

14 Αυγούστου
ΓΝΩΣΗ ΚΑΙ ΕΥΦΥΙΑ ΑΠΟ ΤΟΝ ΘΕΟ
Γένεσις 41:38

Σοφία είναι ο τρόπος που χρησιμοποιούμε την ευφυία μας, για παράδειγμα, να κάνουμε πράξη τις εντολές και την αποκάλυψη που ο Θεός μας έδωσε. Μετά που επικοινώνησε την ερμηνεία του ονείρου του Φαραώ, ο Ιωσήφ με σοφία ανέπτυξε μία στρατηγική με πολλές λεπτομέρειες για να σώσει την Αίγυπτο όταν ήρθε ο λιμός. Ο Ιωσήφ είπε «Τώρα, λοιπόν, ας προβλέψει ο Φαραώ έναν άνθρωπο συνετό και με φρόνηση και ας τον καταστήσει επάνω στη γη τής Αιγύπτου» **(Γένεσις 41:33).**

Ο Φαραώ εντυπωσιάστηκε με το σχέδιο του Ιωσήφ και τον χαρακτήρα του και είπε στους υπηρέτες του, *«Μπορούμε να βρούμε άνθρωπον όπως τούτον, στον οποίο υπάρχει το πνεύμα τού Θεού; Και ο Φαραώ είπε στον Ιωσήφ: Επειδή, ο Θεός έδειξε σε σένα όλα αυτά, δεν υπάρχει κανένας τόσο συνετός και φρόνιμος όσο εσύ. Εσύ θα είσαι επάνω στο παλάτι μου, και στον λόγο τού στόματός σου θα υπακούει ολόκληρος ο λαός μου· μόνον στον θρόνο θα είμαι ανώτερός σου»* **(Γένεσις 41:38-40).** Το Πνεύμα του Θεού ερμήνευσε το όνειρο του Φαραώ και το έδωσε στον Ιωσήφ για τα αυτιά του Φαραώ. Έδωσε, επίσης, στον Ιωσήφ ειρήνη και διαύγεια για να συντάξει ένα λεπτομερές πλάνο για να ευχαριστήσει τον Φαραώ και να σώσει τον κόσμο από την πείνα. **Έτσι, ένας φυλακισμένος, αιχμάλωτος άνθρωπος ανήλθε στη δεύτερη θέση στην Αίγυπτο.**

Όταν εργαζόμουν στην εταιρεία Diversified Investment Advisors, ρώτησα το αφεντικό μου αν θα με πρότεινε για τη θέση του **Τεχνικού Συμβούλου**. Η εργασία περιλάμβανε να αφιερώνεις χρόνο και πόρους ώστε να αναλύσεις τη σύνταξη, τους νόμους περί οικονομικών και τα συμβόλαια. Το αφεντικό μου είπε ότι δεν έβλεπε σε εμένα τα απαραίτητα χαρακτηριστικά για τη θέση αυτή. Λυπήθηκα, αλλά παράλληλα με κινητοποίησε να αναπτύξω και να τελειοποιήσω τις δεξιότητες που ήδη είχα: την αγάπη μου για το διάβασμα, την αναλυτική σκέψη και τη γραφή.

Λίγα χρόνια αργότερα, ο Θεός με έσωσε και το Άγιο Πνεύμα άρχισε το έργο της ενδυνάμωσης και της ανανέωσής μου. Για να μην πολυλογώ με την ιστορία αυτή, έκανα αίτηση για τη θέση του *Τεχνικού Συμβούλου* και με βάση τη γραπτή μου άποψη, **ο Θεός με βοήθησε να πάρω προαγωγή**

στη θέση τους Ανώτατου Τεχνικού Συμβούλου, στη συνέχεια στη Διεύθυνση Τεχνικών Υπηρεσιών και τέλος, στη θέση του Αντιπροέδρου Τεχνικών Υπηρεσιών και Ισπανικής γλώσσας.

Ο πρόεδρος της εταιρείας Diversified, Peter Kunkel (Ο Θεός να τον αναπαύσει) πολλές φορές ανέφερε τις ερμηνείες που έδωσε σε εμένα το Πνεύμα του Θεού και για σύντομο χρονικό διάστημα, οι αναφορές που έκανα ήταν απευθείας σε εκείνον για τις Υπηρεσίες Ισπανικής Γλώσσες. Δεν έσωσα ζωές, αλλά έχω μαρτυρίες από άτομα και οικογένειες που πέτυχαν το Αμερικανικό όνειρο με βάσει τις γνώμες, τις στρατηγικές και τις προτάσεις που μου έδωσε το Πνεύμα του Θεού για να βοηθήσω τους ανθρώπους να «αποταμιεύουν και *να επενδύουν για τη στιγμή της συνταξιοδότησης.*
Ας προσευχηθούμε: Ουράνιε Πατέρα μας, χρειαζόμαστε τη γνώση και την ευφυία Σου. Δώσε μας την ταπεινοφροσύνη του Ιωσήφ για να αναγνωρίσουμε ότι δεν είμαι εγώ, αλλά το Άγιο Πνεύμα που εργάζεται μέσα μου. Ότι, μακριά από Εσένα, είμαστε ένα τίποτα. Προσευχόμαστε στο Άγιο Όνομά Σου.

---

15 Αυγούστου
Ο ΙΩΣΗΦ ΕΚΛΑΨΕ

«*Και όταν αποσύρθηκε από κοντά τους έκλαψε*» **Γένεσις 42:24**

"*He turned away from them and began to weep.*" **Genesis 42:24a**

"*¡José se apartó de ellos, y lloró*"! **Génesis 42:24a**

Το πιο σύντομο εδάφιο στην Αγία Γραφή είναι «*Δάκρυσε ο Ιησούς*» (**Κατά Ιωάννην 11:35**). Ο Ιωσήφ είναι τύπος του Ιησού. Δηλαδή, είναι σκιά όλων όσων έπονται. Το εδάφιο της ημέρας είναι άλλη μία τυπολογία που μας δείχνει προς τον Ιησού. Με βαθύτατη αγάπη και αγωνία, ο Ιησούς έκλαψε για την απόρριψη από τον λαό Του, για την αγωνία που θα βίωνε στον Γολγοθά, για την προσωρινή απομάκρυνση από τον Θεό και τη βαθύτατη αγάπη Του για τον κόσμο.

Στο σημερινό εδάφιο, τα αδέλφια του Ιησού «*τον προσκύνησαν κατά πρόσωπο μέχρις εδάφους*» (**εδάφιο 6**), εκπληρώνοντας το προφητικό όνειρο που είχε ο Ιωσήφ ως έφηβος. Τα αδέλφια πήγαν να αγοράσουν σιτάρι και δεν αναγνώρισαν τον Ιωσήφ, αλλά εκείνος τους αναγνώρισε και τους δοκίμασε, κατηγορώντας τους ότι είναι κατάσκοποι και βάζοντάς τους στη φυλακή. Μετά από 3 ημέρες, ο Ιωσήφ είπε ότι ο ένας θα έμενε στη φυλακή, ενώ οι 9 θα επέστρεφαν στο σπίτι με φαγητό και θα επέστρεφαν με τον Βενιαμίν, τον νεώτερο αδελφό.

Τα αδέρφια είπαν ο ένας στον άλλον «*Αληθινά είμαστε ένοχοι για τον αδελφό μας* [τον Ιωσήφ], *επειδή είδαμε τη θλίψη τής ψυχής του, όταν μας παρακαλούσε, και δεν τον εισακούσαμε· γι' αυτό, ήρθε επάνω μας αυτή η θλίψη* (**Γένεσις 42:21**). Ο Ιωσήφ ένιωθε πόνο για τα βάσανα που είχαν τα αδέρφια του και στρεφόμενος μακριά από αυτούς, «*έκλαψε*» (**εδάφιο 24**).

Είχε τη δύναμη να το κάνει, **αλλά ο Ιωσήφ δεν ανταπόδωσε το κακό με κακό.** Αντίθετα, έδωσε εντολή να γεμίσουν τα σακιά από τα αδέλφια του με σιτάρι και να τους επιστραφούν τα χρήματα. Πέραν αυτού, «*ο Ιωσήφ πρόσταξε να τους δώσουν ζωοτροφία για τον δρόμο*» (**εδάφιο 25Β**). Ο Ιωσήφ τους έστειλε στο σπίτι για να ταΐσουν τον πατέρα και τα αδέρφια του. Αλλά ο Συμεών παρέμεινε φυλακισμένος.

Όπως ο Ιησούς, έτσι και **ο Ιωσήφ έκλαψε**, καθώς θυμήθηκε την προδοσία από τα αδέρφια του που τον πώλησαν ως σκλάβο. Ο Ιωσήφ ένιωσε την αγωνία που ένιωσαν εκείνοι επειδή αμάρτησαν κατά του. Έκλαψε για τα χρόνια που πέρασε μακριά από την οικογένειά του και τη μεγάλη αγάπη για τα αδέρφια του. Είχαν σκοπό να τον βλάψουν, αλλά στην καρδιά του, ο Ιωσήφ γνώριζε ότι ο Θεός το είχε επιτρέψει αυτό για να σώσει τον κόσμο. Ο Ιωσήφ είχε συγχωρήσει τα αδέλφια του και ήρθε η στιγμή να εκπληρωθεί ο σκοπός του Θεού.

Κι εμείς αμαρτήσαμε στον Θεό και στον λαό Του. Αξίζουμε τιμωρία, αλλά όταν μετανοούμε, η βαθιά αγάπη του Θεού συγχωρεί, θεραπεύει και μας στέλνει με παροχές για το ταξίδι που έπεται. Αλλά η βαθιά αγάπη του Θεού μας ωθεί να συγχωρήσουμε όπως μας έχουν συγχωρήσει και **να αγαπήσουμε όπως μας έχουν αγαπήσει.**

Ας προσευχηθούμε: Ουράνιε Πατέρα μας, Σ' ευχαριστούμε για την άφθονη, βαθύτατη αγάπη που συγχωρεί και αγαπά, παρά τις αποτυχίες μας. Συγχώρησε τις πράξεις μας, τα λόγια μας, τις σκέψεις μας που Σε έκαναν να κλάψεις. Προσευχόμαστε στο όνομα του Ιησού Χριστού.

Κι εμείς κλάψαμε με την απογοήτευση και την απόρριψη από αγαπημένους μας. Αλλά η βαθιά αγάπη του Θεού μας ωθεί να συγχωρήσουμε όπως μας έχουν συγχωρήσει και να αγαπήσουμε όπως μας έχουν αγαπήσει.

---

16 Αυγούστου
ΑΝΤΙΜΕΤΩΠΙΖΟΝΤΑΣ ΤΟΥΣ ΠΟΝΟΥΣ ΤΗΣ ΕΝΗΛΙΚΙΩΣΗΣ

«Δεν είναι πρέπον να αφήσουμε εμείς τον λόγο τού Θεού, και να υπηρετούμε σε τραπέζια».
Πράξεις Αποστόλων 6:2Β

"It would not be right for us to neglect the ministry of the word of God in order to wait on tables."
Acts 6:2B

"No está bien que desatendamos la proclamación de la Palabra de Dios por atender a las mesas".
Hechos 6:2B

Η αύξηση είναι καλή, αλλά μαζί της φέρνει και υποχρεώσεις. Στις **Πράξεις 2:41-42** διαβάζουμε *«Εκείνοι, λοιπόν, με χαρά αφού δέχθηκαν τον λόγο του, βαπτίστηκαν· και προστέθηκαν εκείνη την ημέρα περίπου 3.000 ψυχές. Και έμεναν σταθερά στη διδασκαλία των αποστόλων, και στην κοινωνία, και στην κοπή τού άρτου και στις προσευχές».* Έτσι, η χαρά ήταν μεγάλη και στον ουρανό και στους μαθητές. Με ένα μόνο κήρυγμα εμπνευσμένο από το Άγιο Πνεύμα, ο αριθμός των μαθητών αυξήθηκε από 12, μαζί με μερικούς ακολούθους, σε περισσότερους από 3.000 χιλιάδες. *«Και ο Κύριος πρόσθετε καθημερινά στην εκκλησία εκείνους που σώζονταν»* (**Πράξεις 2:47**).

Παράλληλα, ωστόσο, με τη χαρά, έπρεπε να αντιμετωπίσουν και τους πόνους της αύξησης. Με τους χιλιάδες που προστέθηκαν, υπήρχαν διάφορες γλώσσες, Εβραϊκά, Αραμαϊκά και Ελληνικά. Οι 12 απόστολοι δραστηριοποιούνταν στο πρόγραμμα διανομής τροφίμων προς τους έχοντες ανάγκη και, συνεπώς, υπήρξε παράπονο από τους νέους Ελληνο-Εβραίους πιστούς ότι παραγκωνίζονταν οι Ελληνίδες χήρες **(Πράξεις 6:1).**

Αντί να αναζητήσουν κατηγορίες, οι απόστολοι εφάρμοζαν λύσεις, λέγοντας ότι *«Δεν είναι πρέπον να αφήσουμε εμείς τον λόγο τού Θεού, και να υπηρετούμε σε τραπέζια»* (εδάφιο 2). Για τον λόγο αυτό, ζήτησαν από τους άλλους να «*διαλέξτε από σας επτά άνδρες, που να έχουν καλή μαρτυρία, πλήρεις Πνεύματος Αγίου και σοφίας, τους οποίους ας τοποθετήσουμε γι' αυτή την ανάγκη. Ενώ εμείς θα μένουμε διαρκώς στην προσευχή και στη διακονία τού λόγου*» **(Πράξεις 6:3-4).**

Οι Χριστιανοί πρέπει να έρχονται αντιμέτωποι με πόνους της αύξησης, φροντίζοντας δύο ισάξια ουσιαστικές ανάγκες, ταΐζοντας τον λαό με τον Λόγο του Θεού και ταΐζοντας τους φτωχούς με κανονική τροφή. Δεν μπορούμε να είμαστε αποτελεσματικοί όταν κάνουμε το ένα εις βάρος του άλλου. Πρέπει να είμαστε οργανωμένοι και να έχουμε την πρόθεση να προσεγγίσουμε αυτές τις δύο ζωτικές διακονίες της εκκλησίας δίχως να τις παραμελούμε. Όπως η κοινότητα αυξάνεται μέσω του κηρύγματος του Ευαγγελίου, οι φτωχοί, τα ορφανά και οι χήρες που χρειάζονται τη στήριξή μας με φαγητό και σωματική φροντίδα θα έρθουν επίσης ζητώντας μας βοήθεια.

Ας προσευχηθούμε: Ουράνιε Πατέρα μας, Σ' ευχαριστούμε για το μεγάλο προνόμιο να είμαστε εμείς οι φορείς της δικής Σου παροχής πνευματικής και στερεάς τροφής. Βοήθησέ μας να προσευχόμαστε και να διακηρύσσουμε τον Λόγο της ελπίδας Σου και να ταΐζουμε και να φροντίζουμε τους φτωχούς ανάμεσά μας. Προσευχόμαστε στο όνομα του Ιησού Χριστού.

---

17 Αυγούστου
Ο ΘΕΟΣ ΕΙΝΑΙ ΜΑΖΙ ΜΑΣ
Πράξεις 7:9

Ο Θεός ήταν με τον Ιωσήφ, ελευθερώνοντάς από όλες τις πλεκτάνες, τις κατηγορίες και τα βάσανα. Όπως με τον Ιωσήφ, ο Θεός είναι μαζί σου και μαζί με όλους όσους υπηρετούν και βαδίζουν με τον Θεό δίχως κατηγορίες **(Ψαλμοί 101:6).**

Μιλώντας για βάσανα, ένας παππούς δίδασκε στον εγγονό του για τη ζωή και του είπε «*Μέσα μου, υπάρχει μια φοβερή μάχη μεταξύ δύο λύκων. Ο ένας είναι ο κακός λύκος – γεμάτος λαγνεία, λαιμαργία, απληστία, αεργία, θυμό, ζήλεια και υπερηφάνεια. Ο άλλος είναι καλός – γεμάτος χαρά, ειρήνη, αγάπη, ελπίδα, γαλήνη, ευγένεια, καλοσύνη, ενσυναίσθηση, γενναιοδωρία, αλήθεια, συμπόνοια και πίστη. Η ίδια μάχη υπάρχει και μέσα σου και μέσα σε κάθε άνθρωπο. Ο εγγονός ρώτησε: Ποιος λύκος θα υπερισχύσει; Ο παππούς απάντησε: Όποιον ταΐζεις περισσότερο, γιε μου*» (Ινδιανο-Αμερικανική παροιμία).

Ζούμε σε μία πνευματική διαμάχη και θα κερδίσει ο λύκος που ταΐζουμε περισσότερο. Καθημερινά, το πνεύμα προσπαθεί να γίνει αντανάκλαση της εικόνας του Θεού, ενώ το σώμα προσπαθεί να ικανοποιήσει τις ορέξεις του! Πολλά χρόνια πριν, κατά τη διάρκεια της Σαρακοστής, σταμάτησα να τρώω ψωμί (το οποίο αγαπώ πολύ). Θυμάμαι ότι η επιθυμία μου να φάω ψωμί μεγάλωνε μέρα με την ημέρα. Την 20ή ημέρα, μετρούσα τις μέρες που έμεναν μέχρι να ικανοποιήσω την όρεξή μου.

Έφτασε η ημέρα της Κυριακής και ενέδωσα στην υπερβολική μου επιθυμία για ψωμί, έφαγα και άρχισα να βάζω κιλά. Δεν έβαζα πολλά, ίσως 2 κιλά κάθε χρόνο. Αλλά σε 10 χρόνια, είχα βάλει 20 κιλά επιπλέον επάνω μου. Περισσότερο από τη δίαιτα, χρειαζόμουν μια αλλαγή στον τρόπο ζωής μου – να σταυρώσω τις επιθυμίες της σάρκας.

Υπέφερα από επιπλέον βάρος όλη μου τη ζωή. Το 2007, τα περισσότερα κιλά που είχα ήταν 103,41 (228 pounds). Το κατέγραφα σε όλη μου τη ζωή και προσευχόμουν στον Θεό να με βοηθήσει να ταΐσω τον καλό λύκο. Για έναν χρόνο, επαναλάμβανα *«Όλα τα μπορώ, διαμέσου τού Χριστού που με ενδυναμώνει»* **(Προς Φιλιππησίους 4:13)**, ο Θεός με βοήθησε να αντισταθώ στον πειρασμό και να αλλάξω τις συνήθειές μου, να του δώσω πίσω τον έλεγχο της ζωής μου.

Είμαστε επιρρεπείς σε επιθέσεις που προσπαθούν να μας χωρίσουν από την αγάπη του Θεού, από την οικογένεια και τους φίλους μας. Αλλά ο Θεός μας καλεί να είμαστε δυνατοί και θαρραλέοι γιατί, ανά πάσα στιγμή, ο Θεός είναι μαζί με όσους υπηρετούν και βαδίζουν πλάι Του δίχως ενοχές.

Ας προσευχηθούμε: Ουράνιε Πατέρα μου, Σ' ευχαριστώ γιατί παρά το γεγονός ότι ο εχθρός βάλλεται εναντίον μας, Εσύ είσαι πάντοτε μαζί μας, ελευθερώνοντάς από κάθε κακό. Σε παρακαλώ βοήθησέ μας να ξεπεράσουμε την αμφιβολία και τον πειρασμό. Προσευχόμαστε στο όνομα του Ιησού Χριστού.

---

18 Αυγούστου
ΕΙΜΑΣΤΕ Ο ΝΑΟΣ ΤΟΥ ΘΕΟΥ

«Επειδή ήρθε στην καρδιά σου να κτίσεις οίκο στο όνομά μου, καλώς μεν έκανες που το συνέλαβες στην καρδιά σου». **Α΄ Βασιλέων 8:18**

"You did well to have it in your heart to build a temple for my Name." **1 Kings 8:18**

"Es muy bueno tu deseo sincero de construir un templo donde se honre mi nombre". **1 Reyes 8:18**

Ο βασιλιάς Δαβίδ είχε σκοπό να χτίσει έναν ναό για τον Θεό, αλλά ο Κύριος ποτέ δεν ζήτησε να χτιστεί ναός για Εκείνον. Όμως, ευχαριστήθηκε με την ειλικρινή επιθυμία του Σολομώντα. Ο Θεός δεν θέλει ναούς από πέτρα, κέδρο ή μάρμαρο, αλλά αντίθετα, η καρδιά μας να είναι ναός που τιμά το όνομα του Θεού.

Η επιστολή προς Κορινθίους μας διαβεβαιώνει ότι *«είστε ναός τού Θεού, και το Πνεύμα τού Θεού κατοικεί μέσα σας»* **(Προς Κορινθίους Α' 3:16, 6:19)** και *«είστε ναός τού ζωντανού Θεού»* **(Προς Κορινθίους Β' 6:16)**. Το να είσαι ναός του Θεού σημαίνει ποιος είσαι και σε ποιον ανήκεις.

Ένα από τα έθιμα της Ελλάδας είναι όταν σου ζητούν να ταυτοποιήσεις τον εαυτό σου (συνήθως σε ένα κυβερνητικό γραφείο ή σε μικρές πόλεις), αντί να ρωτούν **«Πώς σε λένε;»**, να ρωτούν **«Ποιανού είσαι;»**. Η πραγματική ερώτηση που κρύβεται πίσω από αυτή την πολιτισμική φρασεολογία είναι **«Ποιος είναι ο πατέρας σου;»**

Η Αγία Γραφή ξεκαθαρίζει σε ποιον ανήκουμε. *«Ή, δεν ξέρετε ότι το σώμα σας είναι ναός τού Αγίου Πνεύματος, που είναι μέσα σας, το οποίο έχετε από τον Θεό, και δεν είστε κύριοι του εαυτού σας;»* **(Προς Κορινθίους Α' 6:19).** Ο Θεός είναι ο Πατέρας και Δημιουργός μας που μας έχει δώσει ένα σώμα για να είναι ο ναός του Θεού. Είναι το σώμα μας, αλλά πνευματικά, ο Ιησούς το αγόρασε σε μεγαλύτερη τιμή. Γι' αυτό, δεν είναι πλέον δικό μας, αλλά ανήκει στον Θεό. Είμαστε αυτοί που φροντίζουν τον ναό.

Παρομοίως, ως Χριστιανοί γονείς, αναγνωρίζουμε ότι τα παιδιά μας ανήκουν στον Θεό (παρά το γεγονός ότι είναι **αίμα εκ του αίματός μας**). Ο Θεός μας έχει εμπιστευθεί να τα φροντίζουμε και να τα μεγαλώνουμε μέχρι να είναι αρκετά μεγάλα και να φροντίζουν εκείνα τον εαυτό τους. Όπως εμείς φροντίζουμε τα παιδιά μας, ο Θεός φροντίζει εμάς και μας παρέχει όσα χρειαζόμαστε.
Αν μας ρωτήσουν σήμερα «Ποιανού είμαστε;», ας πούμε με περηφάνια και ταπεινοφροσύνη, *«Είμαι παιδί του Θεού».*

Ας προσευχηθούμε: Ουράνιε Πατέρα μας, Σ' ευχαριστούμε που μας βοήθησες να αναγνωρίσουμε ότι είμαστε τα αγαπητά Σου παιδιά, ότι η ζωή μας και όλα όσα είμαστε και έχουμε έχουν έλθει από τη χάρη και την αγάπη Σου. Ας προσφέρουμε τη ζωή μας και το σώμα μας ναό Σου για λατρεία και ευχαριστία και μέσω αυτών, είθε όλος ο κόσμος να επιστρέψει υπό την προστασία και τη βασιλεία Σου. Προσευχόμαστε στο όνομα του Ιησού Χριστού.

---

19 Αυγούστου
ΣΤΟ ΠΝΕΥΜΑ ΤΗΣ ΕΝΟΤΗΤΑΣ
Προς Θεσσαλονικείς Α' 5:10

Υπάρχει πάντα κάποιος στην οικογένεια που ζει στο πνεύμα της ενότητας. Στην οικογένεια του Ιακώβ με τους 12 γιους, ο Ιούδας ήταν πάντα ο πιο λογικός και συναισθηματικός. Η μητέρα μου, η πρώτη από τα 12 αδέλφια, ήταν πάντα πιο συναισθηματική. Της άρεσε να βλέπει την οικογένεια ενωμένη, να δημιουργεί όμορφες στιγμές και, παρά την απόσταση, τα παιδιά της να διατηρούν στενές σχέσεις με την οικογένεια.

Ως έφηβος, ήμουν τυχερός που πέρασα κάποια καλοκαίρια στο Εκουαδόρ με τους θείους και τα ξαδέλφια μου. Μοιραστήκαμε αξέχαστες στιγμές και καινούρια πράγματα της νιότης. Στο Εκουαδόρ, βίωσα τον πρώτο σεισμό, τον θάνατο της γιαγιάς μου, Amada Maldonado, τραγούδησα για νεαρές γυναίκες και ένιωσα τη χαρά της πρώτης αγάπης και τη θλίψη που την είδα να εξαφανίζεται. Η οικογένεια ήταν πάντα δίπλα μου, ενωμένη, να με στηρίζει και να με προσέχει στις χαρές, στις νίκες και τους φόβους.

Παρόλο που δεν γνώριζα τον Θεό όπως Τον γνωρίζω σήμερα, αναγνωρίζω ότι ο Κύριος ήταν δίπλα μου κάθε στιγμή, να με παρακολουθεί, να με ενδυναμώνει και να με καλεί να καλλιεργήσω το πνεύμα της ενότητας εν Χριστώ 24/7 (είτε καθώς κοιμόμουν είτε όταν ήμουν ξύπνιος). Αυτό είναι το καθήκον μας καθώς Εκείνος έκανε την υπέρτατη θυσία ώστε οι καρδιές μας να είναι ο ναός Του.

Ο Ιησούς είπε *«Μέσα στον κόσμο θα έχετε θλίψη· αλλά, να έχετε θάρρος· εγώ νίκησα τον κόσμο»* **(Κατά Ιωάννην 16:33).** Μεταξύ διαφωνιών, εμποδίων και βασάνων που βιώνουμε εντός του κύκλου της επιρροής μας (όπως είναι η οικογένεια, η εκκλησία και οι φίλοι), το Πνεύμα του Χριστού μας υπενθυμίζει ποιοι είμαστε και για Ποιον εργαζόμαστε. Το Πνεύμα μας δίνει μια ώθηση αγάπης, υπομονής και πίστης σε κρίσιμες στιγμές και μας κρατά ενωμένους στον Χριστό και διαμέσου του Χριστού.

Για να μείνουμε σε ενότητα και αρμονία, πρέπει να *«εγκρατευόμαστε, επειδή έχοντας ντυθεί τον θώρακα της πίστης και της αγάπης, και για περικεφαλαία την ελπίδα τής σωτηρίας. Δεδομένου ότι, ο Θεός δεν μας προσδιόρισε για οργή, αλλά για απόλαυση σωτηρίας, διαμέσου τού Κυρίου μας Ιησού Χριστού»* **(Προς Θεσσαλονικείς Α' 5:8-9).**

Ας προσευχηθούμε: Ουράνιε Πατέρα μας, Σ' ευχαριστούμε για τα δώρα της πίστης, της ελπίδας, της σωτηρίας και της ενότητας του πνεύματος. Σ' ευχαριστούμε για την οικογένεια, τους φίλους και τους Χριστιανούς αδελφούς και αδελφές που μας υποστήριξαν σε στιγμές δυστυχίας. Δώσε μας σοφία, υπομονή, αγάπη και καρδιές που ρέπουν προς την διαπαιδαγώγηση και ενθαρρύνουν όσους υποφέρουν από επιθέσεις στην ψυχή και στο πνεύμα τους. Προσευχόμαστε στο όνομα του Ιησού Χριστού.

**20 Αυγούστου
ΕΥΛΟΓΗΜΕΝΟΙ ΜΕΣΑ ΣΤΙΣ ΔΟΚΙΜΑΣΙΕΣ
Ψαλμός 84:5**

«Κάθε χαρά θεωρήστε, αδελφοί μου, όταν περιπέσετε σε διάφορους πειρασμούς» **(Ιακώβου 1:2).** Πόσο ευλογημένοι είναι όσοι αγαπούν την εργασία τους και θα την έκαναν ακόμη κι αν δεν αμείβονταν! Για αυτούς, κάθε δοκιμασία είναι μία ευκαιρία να βελτιώσουν τα ταλέντα τους.

Κάποιοι επενδύουν πάρα πολλά χρήματα, χρόνο και προσπάθεια για να εκπαιδευτούν με τους καλύτερους στον τομέα τους. Πόσοι δεν θα ήθελαν να προπονηθούν με τον Messi (ποδόσφαιρο), τον Jordan (μπάσκετ), την Serena Williams (τένις) ή τον Ali (box); Οι αθλητές αφιερώνουν 7-10 ώρες την ημέρα να μαθαίνουν στρατηγικές και τεχνικές και να ενδυναμώνουν το σώμα τους για να χτίσουν αντοχή και μυϊκή μνήμη. Ξεκινούν την προπόνησή τους γνωρίζοντας ότι δεν θα είναι εύκολο να προπονηθούν με πρωταθλητές που απαιτούν αφοσίωση, προσπάθεια, κόπωση και πόνο.

Πνευματικά, έχουμε ως προπονητές τους μεγάλους της πίστης, μεταξύ των οποίων ο Ιησούς είναι ο Αρχηγός των αρχηγών. *Όσων η καρδιά βρίσκεται σε προσκύνημα* με τον Θεό αναμένουν ότι ο δρόμος τους με τον Χριστό δεν θα είναι τόσο εύκολος. Ο Ιησούς μας προειδοποιεί ότι θα έχουμε διαμάχες, απορρίψεις και προδοσίες.

Κι όμως, έχουμε χαρά γιατί *«Ο Κύριος είναι ο προπονητής»*. Κάθε βήμα που κάνω μαζί Του ενισχύει τους πνευματικούς μου μύες και με προετοιμάζει για τη συνάντηση που έρχεται, γνωρίζοντας ότι ο Θεός θα με καθοδηγήσει υπομονετικά και θα με στηρίξει για να ξεπεράσω όλες μου τις δοκιμασίες. *«Γνωρίζοντας ότι η δοκιμασία τής πίστης σας εργάζεται υπομονή· η δε υπομονή ας έχει τέλειο έργο, για να είστε τέλειοι και ολόκληροι, χωρίς να είστε σε τίποτε ελλειπείς»* **(Ιακώβου 1:3–4).**

Αγαπητοί μου, ο δρόμος μας με τον Θεό θα ήταν πολύ πιο εύκολος αν δεν υπήρχαν δοκιμασίες. Αλλά δίχως δοκιμασία της πίστης μας, εσείς κι εγώ δεν θα μπορούσαμε να αντιμετωπίσουμε ούτε τις μικρότερες δοκιμασίες, πόσο μάλλον τις μεγάλες που έρχονται. Χωρίς να ξεπεράσουμε τις δυσκολίες της εκπαίδευσης, δεν θα μπορούσαμε να δώσουμε μαρτυρία και ελπίδα σε όσους μπαίνουν στον αγώνα, μεταξύ άλλων, στα παιδιά μας, στην οικογένεια και στους φίλους μας.

Ας προσευχηθούμε: Ουράνιε Πατέρα μας, είμαστε πραγματικά ευλογημένοι που μας επέλεξες να εκπαιδευτούμε υπό τις οδηγίες του Ιησού και του Αγίου Πνεύματος. Είθε να ακολουθήσουμε το παράδειγμα των μεγάλων αντρών της πίστης, οι οποίοι, εμπιστευόμενοι στον Άγιο Λόγο Σου, ξεπέρασαν τις δοκιμασίες και το κακό που τους περιτριγύριζε. Δώσε μας Εσύ την υπομονή και την πειθαρχία να συνεχίσουμε να εκπαιδευόμαστε. Έτσι, θα είμαστε τέλειοι και πλήρεις δίχως να μας λείπε κάτι. Προσευχόμαστε στο Άγιο Όνομά Σου.

Χωρίς να ξεπεράσουμε τις δυσκολίες της εκπαίδευσης, δεν θα μπορούσαμε να δώσουμε μαρτυρία και ελπίδα σε όσους μπαίνουν στον αγώνα, μεταξύ άλλων, στα παιδιά μας, στην οικογένεια και στους φίλους μας.

---

21 Αυγούστου
ΠΡΟΕΤΟΙΜΑΣΕ ΤΗ ΜΑΡΤΥΡΙΑ ΣΟΥ
Ψαλμός 124:1

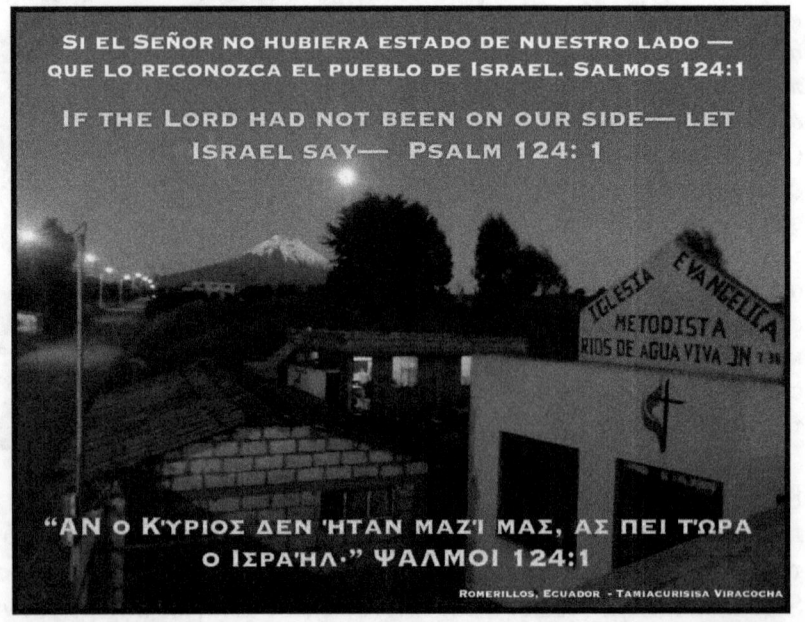

Το σημερινό εδάφιο μου θυμίζει έναν ύμνο στα ισπανικά *«Πού θα ήμουν αν δεν είχες έρθει για να με σώσεις; Πού θα ήμουν σήμερα αν δεν με είχες συγχωρήσει; Θα είχα ένα μεγάλο κενό στην καρδιά μου. Θα περιπλανιόμουν δίχως σκοπό και χωρίς την καθοδήγησή σου, αν δεν ήταν η χάρη και η αγάπη Σου. Θα ήμουν σαν πουλί πληγωμένο και θα πέθαινα στο έδαφος. Θα ήμουν σαν ελάφι που διψά για νερό στην έρημο, αν δεν ήταν η χάρη και η αγάπη Σου».*

Υπάρχει δύναμη όταν **θυμόμαστε** τον Λόγο του Θεού και την παρουσία Του. Ως παιδιά Του, καλούμαστε να αναλογιστούμε τα ελέη Του, να λέμε και να ξαναλέμε τα θαυμαστά Του έργα, τα θαύματα και τη χάρη Του στα παιδιά μας, στην οικογένεια και στους φίλους μας. Καλούμαστε να ταυτοποιήσουμε τον εαυτό μας ως λαό του Θεού. Μ' αυτόν τον τρόπο, φέρνουμε την πίστη μας στην επιφάνεια. Γι' αυτό, **είναι σημαντικό να προετοιμαστούμε για τη μαρτυρία μας**. Η Αγία Γραφή λέει *«να είστε πάντοτε έτοιμοι σε απολογία με πραότητα και φόβο, προς καθέναν που ζητάει από σας λόγο για την ελπίδα που είναι μέσα σας»* (Α' Πέτρου 3:15).

Το 1989, ξεκίνησα την ωραία συνήθεια να γράφω στο πνευματικό μου ημερολόγιο όσα έκανε ο Θεός για εμένα, σκεπτόμενος *πώς ήταν η ζωή μου πριν και πώς ήταν μετά τον Χριστό*. Τα περισσότερα πράγματα που μοιράστηκα στα κηρύγματα, στις βιβλικές μελέτες και στους στοχασμούς μου είναι από τα ημερολόγια που έχω κρατήσει όπου έγραψα εμπειρίες και νίκες με τον Χριστό και αποτυχίες όταν προσπάθησα να κάνω τα πράγματα με τη δική μου δύναμη και σοφία. Καθώς η μνήμη μου αρχίζει και φθίνει, με αναζωογονεί να διαβάζω αυτά τα γραπτά, τα οποία αναζωπυρώνουν την πίστη μου. Κάποιες φορές, σαν μια φωτογραφία ή βίντεο, με κάνει να ξαναζώ τις εμπειρίες, καταλήγοντας να λέω *«Σ' ευχαριστώ, Κύριε. Πού θα ήμουν σήμερα αν δεν ήταν η χάρη και η αγάπη σου;»*

Ποτέ δεν είναι αργά για να ξεκινήσουμε. Σας προτρέπω **να αρχίσετε να γράφετε και να προετοιμάζετε τη μαρτυρία σας**, να ανανεώνετε την πίστη σας και την πίστη των παιδιών σας και των παιδιών τους και να αφήσετε μία πνευματική κληρονομιά, η οποία, όπως η εκπαίδευση, δεν θα χαθεί ποτέ. Ο Ιησούς λέει *«Μη θησαυρίζετε για τον εαυτό σας θησαυρούς επάνω στη γη, όπου το σκουλήκι και η σκουριά τούς αφανίζει, και όπου κλέφτες κάνουν διάρρηξη και κλέβουν· αλλά, να θησαυρίζετε στον εαυτό σας θησαυρούς στον ουρανό, όπου ούτε σκουλήκι ούτε σκουριά τούς αφανίζουν, και όπου κλέφτες δεν κάνουν διάρρηξη ούτε κλέβουν»* (Κατά Ματθαίον 6:19-20).

Ας προσευχηθούμε: Ουράνιε Πατέρα μου, αν δεν ήσουν Εσύ, θα πέφταμε στα χέρια των εχθρών μας. Αλλά, *«Ευλογητός ο Κύριος, που δεν μας παρέδωσε σαν θήραμα στα δόντια τους. Η ψυχή μας λυτρώθηκε, σαν το πουλί από την παγίδα των κυνηγών· η παγίδα συντρίφτηκε, και εμείς λυτρωθήκαμε. Η βοήθειά μας είναι στο όνομα του Κυρίου, που δημιούργησε τον ουρανό και τη γη»* (Ψαλμοί 124:6-8). Σ'ευχαριστούμε που είσαι η ασπίδα μας, ο υπερασπιστής μας και ο προστάτης μας. Σ' ευχαριστούμε για όσα έκανες, στο όνομα του Ιησού Χριστού.

---

22 Αυγούστου
ΕΠΕΤΕΙΑΚΗ ΠΡΟΣΕΥΧΗ

«Και ο Ιησούς είπε σ' αυτούς: Βλέπετε και προσέχετε από τη ζύμη των Φαρισαίων και των Σαδδουκαίων». **Κατά Ματθαίον 16:6**

"Be careful," Jesus said to them. "Be on your guard against the yeast of the Pharisees and Sadducees." **Matthew 16:6**

"Jesús les dijo: 'Abran los ojos y cuídense de la levadura de los fariseos y de los saduceos'". **Mateo 16:6**

Στις 22 Αυγούστου 2021, γιορτάσαμε την **τρίτη επέτειο των καθημερινών στοχασμών**. Ευχαριστώ τον Θεό για εσάς, ζητώντας από τον Θεό να ανοίξει τα μάτια μας και να μας ελευθερώσει από τις διδασκαλίες των Φαρισαίων και των Σαδδουκαίων του αιώνα μας.

Εγώ κι εσείς εκούσια αφιερώνουμε 4-5 λεπτά την ημέρα να διαβάζουμε τους καθημερινούς στοχασμούς για να ταΐζουμε και να ενδυναμώνουμε τον νου και την καρδιά μας για να μπορέσουμε να αντιμετωπίσουμε τις καθημερινές προκλήσεις μέσα από τον Λόγο του Θεού. Ο σκοπός μας είναι να δοξάσουμε τον Θεό και **να αφήσουμε πνευματική κληρονομιά για τα παιδιά μας και τις επόμενες γενιές.**

Αυξηθήκαμε απίστευτα, φτάνοντας περίπου τα 900 μέλη, με μέσο όρο αναγνωστών να είναι 250. Δεν προσεύχομαι να αυξηθεί το γκρουπ μόνο για να αυξηθεί. Αντίθετα, προσεύχομαι να γίνουμε άνθρωποι που πράττουν τον Λόγο του Θεού **(Ιακώβου 1:22)**. Είθε οι διδασκαλίες του Θεού να ρέουν μεταξύ φίλων και οικογένειας ώστε το όνομα του Θεού να δοξολογείται σε εμάς και μέσω εμάς. Είθε τα παιδιά μας να δουν μέσα μας, άντρες και γυναίκες αφοσιωμένους στον Θεό, στο σπίτι, στην οικογένεια και στην κοινωνία.

Προσεύχομαι, επίσης, να ελευθερωθούμε από διεστραμμένες φιλοσοφίες των Φαρισαίων και των Σαδδουκαίων της εποχής μας. Ο Ιησούς είπε *«Και σε σας τούς νομικούς αλλοίμονο, επειδή φορτώνετε τους ανθρώπους με δυσβάστακτα φορτία, και εσείς δεν αγγίζετε τα φορτία με ένα από τα δάχτυλά σας»* **(Κατά Λουκάν 11:46)**. Αν και πλέον δεν αποκαλούνται Φαρισαίοι ή Σαδδουκαίοι, βάζουν δυσβάστακτα φορτία τα οποία αγνοούν.

Ο Ιησούς είπε επίσης *«Αλλά, αλλοίμονο σε σας, γραμματείς και Φαρισαίοι, υποκριτές· για τον λόγο ότι, κλείνετε τη βασιλεία των ουρανών μπροστά από τους ανθρώπους· επειδή, εσείς δεν μπαίνετε μέσα, αλλά ούτε τους εισερχόμενους αφήνετε να μπουν»* **(Κατά Ματθαίον 23:13)**. Ο Ιωάννης ο Βαπτιστής τους αποκάλεσε *«γεννήματα οχιάς»* **(Κατά Ματθαίον 3:7)**. Οι διδασκαλίες τους είναι επικίνδυνες και πρέπει να τις προσέχουμε.

Ας προσευχηθούμε: Ουράνιε Πατέρα μας, καθώς μπαίνουμε στον τέταρτο χρόνο, προσεύχομαι να μην ενδώσουμε στις διδασκαλίες των Φαρισαίων και των Σαδδουκαίων αλλά, αντιθέτως, να έχουμε τα μάτια μας επικεντρωμένα στον Ιησού, στον Σταυρό και στον Λόγο Σου. Είθε πάντοτε να το χρησιμοποιούμε για να διακρίνουμε τη δική Σου κατεύθυνση. Δώσε μας διάκριση για να αναγνωρίζουμε τους λύκους με ένδυμα προβάτου και να απορρίπτουμε τις διεφθαρμένες διδασκαλίες τους. Σ' ευχαριστούμε, Κύριε, για όλους τους φίλους και την οικογένεια που μας συντροφεύουν κάθε μέρα. Σε στιγμές δοκιμασίας και πανδημίας, σώσε μας από κάθε κακό. Προσευχόμαστε στο όνομα του Ιησού Χριστού.

---

23 Αυγούστου
ΑΜΟΙΒΑΙΑ ΥΠΟΤΑΓΗ
Προς Εφεσίους 5:21

Το κείμενό μας μάς καλεί να υποταχθούμε αμοιβαία. Η υποταγή στα Ελληνικά είναι από το ρήμα **υποτάσσω**, τα συνώνυμα του οποίου είναι «υφιστάμενος, υπακούω, χαμηλός, υποταγμένος, υποκείμενος και υποτασσόμενος». **Ως πιστοί του Χριστού, ο Θεός μας καλεί να καλλιεργήσουμε την αμοιβαία υποταγή σε αρκετές από τις σχέσεις μας,** καθοδηγούμενοι από τον φόβο του Κυρίου και την ευλαβή ευγνωμοσύνη μας για τη μεγάλη θυσία του Ιησού στον σταυρό.

Η υποταγή είναι μία λέξη που αφήνει σε πολλούς κύκλους μία άσχημη γεύση, υπονοώντας την κυριαρχία και τον έλεγχο ενός υπέρτατου όντος σε ένα άλλο, θεωρητικά κατώτερο, ή μικρότερης αξίας. Παραδείγματα υποταγής μας κάνουν να σκεφτόμαστε τη δουλεία, αλλά εντός του σώματος του Χριστού, το συμπέρασμα αυτό δεν υπάρχει, εφόσον, στα μάτια του Θεού, είμαστε όλοι ίσης αξίας.

Ο Ιησούς είναι το υπέρτατο παράδειγμα υποταγής. Στην **Προς Φιλιππησίους** επιστολή 2:5-8 διαβάζουμε *«Να είναι, μάλιστα, σε σας το ίδιο φρόνημα, που ήταν και στον Ιησού Χριστό· ο οποίος ενώ υπήρχε σε μορφή Θεού, δεν νόμισε αρπαγή το να είναι ίσα με τον Θεό· αλλά, κένωσε τον εαυτό του, παίρνοντας δούλου μορφή, καθώς έγινε όμοιος με τους ανθρώπους· και βρέθηκε κατά το σχήμα ως άνθρωπος, ταπείνωσε τον εαυτό του, γινόμενος υπάκουος μέχρι θανάτου, θανάτου μάλιστα σταυρού».*

Ο Ιησούς υποτάχθηκε στο θέλημα του Θεού ώστε η ανθρωπότητα να έχει την ευκαιρία να σωθεί και να έχει το μέλλον μιας μεγάλης επανένωσης στον ουρανό, μαζί με τους αγαπημένους μας οι οποίοι αναπαύθηκαν με την πίστη αυτή ότι, την τελευταία ημέρα, θα ξυπνήσουν στην Ανάσταση για την αιώνια ζωή.

Οι σχέσεις στις οποίες πρέπει να είμαστε πρόθυμα υποταγμένοι, ευγενικοί και τρυφεροί ο ένας προς τον άλλον είναι μεταξύ συζύγων, από τα παιδιά στους γονείς, γονείς στα παιδιά, δούλοι προς αφεντικά, αδέρφια εξ αίματος και αδέλφια εν Χριστώ. Αν το κάνουμε αυτό, τιμούμε τη ζωή που ο Ιησούς θυσίασε και δοξάζουμε το όνομά Του.

Ας προσευχηθούμε: Ουράνιε Πατέρα μας, Σ' ευχαριστούμε που έστειλες τον Ιησού Χριστό, που μας έδωσε το παράδειγμα της υποταγής. Όπως ο Ιησούς αγάπησε την εκκλησία, δίνοντας τη ζωή Του για την εκκλησία, ας υπηρετήσουμε με πίστη και ας υπηρετήσουμε ο ένας τον άλλον ώστε το θέλημά Σου να εκπληρωθεί στη ζωή μας, στα παιδιά μας και στην κοινότητά μας. Δώσε μας καρδιές υποταγμένες. Κύριε, θεράπευσε τους αρρώστους και τον πλανήτη μας. Προσεύχομαι στο όνομα του Ιησού Χριστού.

Ως πιστοί του Χριστού, ο Θεός μας καλεί να καλλιεργήσουμε αμοιβαία υποταγή σε πολλές σχέσεις.

---

24 Αυγούστου
ΠΙΣΤΗ ΣΤΙΣ ΥΠΟΣΧΕΣΕΙΣ ΤΟΥ ΘΕΟΥ

«Αν περπατάς στα διατάγματά μου, και εκτελείς τις κρίσεις μου, και τηρείς όλες τις εντολές μου, περπατώντας σ' αυτές, τότε θα κάνω βέβαιον τον λόγον μου μαζί σου, που μίλησα στον Δαβίδ τον πατέρα σου». Α΄ Βασιλέων 6:12

"If you follow my decrees, observe my laws and keep all my commands and obey them, I will fulfill through you the promise I gave to David your father." 1 Kings 6:12

"yo cumpliré la promesa que le hice a tu padre David, siempre y cuando tú obedezcas mis estatutos y mis decretos, y pongas en práctica mis mandamientos". 1 Reyes 6:12

Πρέπει να γνωρίζουμε το παρελθόν μας για να κατανοήσουμε το παρόν μας και να εμπιστευθούμε στις υποσχέσεις που έγιναν στους προγόνους μας, μπορούμε, με χαρά και αυτοπεποίθηση, να ανοίξουμε δρόμο προς ένα λαμπερό μέλλον.

«Τότε θα κάνω βέβαιον τον λόγο μου μαζί σου, που μίλησα στον Δαβίδ τον πατέρα σου» αναφέρεται στη διαθήκη του Δαβίδ στο βιβλίο του **Β' Σαμουήλ** 7:12-16, όπου ο Θεός υπόσχεται *«Δεν θα λείψει σε σένα άνδρας από μπροστά μου, που να κάθεται επάνω στον θρόνο τού Ισραήλ, μόνον αν οι γιοι σου προσέχουν στον δρόμο τους, για να περπατούν μπροστά μου, καθώς εσύ περπάτησες μπροστά μου»* (Α' Βασιλέων 8:25).

Ο βασιλιάς Σολομώντας ήταν ο πιο σοφός άντρας στον κόσμο, αλλά δεν ήταν τέλειος. Τον γοήτευαν πλούτη, δόξα, δύναμη και αισθησιασμό. Εφόσον δεν υπήρχε ένας βασιλιάς που δρούσε με δικαιοσύνη, ο Θεός κατέβηκε από τον ουρανό σε μορφή ανθρώπου για να εκπληρώσει την υπόσχεση του Δαβίδ. *«Προσέξτε, έρχονται ημέρες, λέει ο Κύριος, και θα ανεγείρω στον Δαβίδ έναν δίκαιο βλαστό, και βασιλιάς θα βασιλεύσει, και θα ευημερήσει, και θα εκτελέσει κρίση και δικαιοσύνη επάνω στη γη»* (Ιερεμίας 23:5).

Ο απόγονος του Δαβίδ είναι ο Ιησούς Χριστός, που ανακοινώθηκε μέσω του προφήτη Ησαΐα. *«Επειδή, παιδί γεννήθηκε σε μας, γιος δόθηκε σε μας· και η εξουσία θα είναι επάνω στον ώμο του· και το όνομά του θα αποκληθεί: Θαυμαστός, Σύμβουλος, Θεός Ισχυρός, Πατέρας τού Μέλλοντα Αιώνα, Άρχοντας Ειρήνης. Στην αύξηση της εξουσίας του και της ειρήνης δεν θα υπάρχει τέλος, επάνω στον θρόνο τού Δαβίδ, κι επάνω στη βασιλεία του, για να τη διατάξει, και να τη στερεώσει, με κρίση και δικαιοσύνη, από τώρα και μέχρι τον αιώνα. Ο ζήλος τού Κυρίου των δυνάμεων θα το εκτελέσει»* (Ησαΐας 9:6-7).

Ο Θεός δεν θέλει ναούς πέρα από την καρδιά μας για να βάλει τον θρόνο Του. Αλλά η βασιλεία Του, η αγάπη και η προστασία Του υπό τη διαθήκη του Δαβίδ είναι υπό όρους. Δεν θα υπάρχει ποτέ έλλειψη ενός δίκαιου Βασιλιά στην καρδιά μας *«αν περπατάς στα διατάγματά μου, και εκτελείς τις κρίσεις μου, και τηρείς όλες τις εντολές μου, περπατώντας σ' αυτές»* (Α' Βασιλέων 6:12).

Ας προσευχηθούμε: Ουράνιε Πατέρα μας, Σ' ευχαριστούμε για την αγάπη και για το έλεός Σου, που, παρά τις αποτυχίες μας, μας δίνει την ευκαιρία να επιστρέψουμε υπό τη βασιλεία Σου και τη διαθήκη Σου. Δώσε σε εμάς και στους απογόνους μας την ακλόνητη επιθυμία να γνωρίζουμε και να υπακούμε στα νομοθετήματά Σου, στα διατάγματά Σου και στις εντολές Σου. *«Η χάρη είθε να είναι μαζί με όλους εκείνους που αγαπούν τον Κύριό μας με καθαρότητα. Αμήν»* (Προς Εφεσίους 6:24). Προσευχόμαστε στο Άγιο Όνομά Σου.

---

25 Αυγούστου
ΕΚΛΕΚΤΟΣ
Κατά Ιωάννην 15:16

Ήρθα στην Αμερική τον χειμώνα του 1964, όταν το Stickball ήταν ένα περίεργο, καινούριο παιχνίδι για εμένα. Ο δρόμος ήταν γεμάτος από νέους που το έπαιζα κατά τη διάρκεια της άνοιξης και του καλοκαιριού. Στην αρχή, όντας ντροπαλός και καθώς δεν μιλούσα Αγγλικά, τα αγόρια δεν με καλούσαν να παίξω στην ομάδα τους. Έκανα εξάσκηση μόνος μου και έμαθα να ρίχνω τη μπάλα πολύ καλά. Από την πρώτη στιγμή που σκόραρα, άρχισαν να με επιλέγουν και στο τέλος, μαζί με τον καλύτερό μου φίλο, Santiago Lopez, έγινα αρχηγός της ομάδας και επέλεγα τους παίκτες.

Στην **Προς Κολοσσαείς** επιστολή *3:12* διαβάζουμε «*Ντυθείτε, λοιπόν, ως εκλεκτοί τού Θεού, άγιοι και αγαπημένοι, σπλάχνα οικτιρμών, καλοσύνη, ταπεινοφροσύνη, πραότητα, μακροθυμία*». Αυτό το εδάφιο μας δείχνει προς τρεις πραγματικότητες: Είμαστε 1) εκλεγμένοι από τον Θεό, 2) ο Θεός μας ξεχώρισε (άγιοι) και 3) ο Θεός μας αγαπά.

Εκλεκτός (G-1588 eklektós) σημαίνει *αγαπημένος, εκλεγμένος*. Είναι μεγάλη ανακούφιση και προνόμιο να με έχει επιλέξει ο Θεός να είμαι μέλος της ομάδας και της οικογένειας του Θεού. Στο **Κατά Ματθαίον Ευαγγέλιο 22:14** διαβάζουμε «*Επειδή, πολλοί είναι οι καλεσμένοι, λίγοι όμως οι εκλεκτοί*». Ο Ιησούς επίσης είπε «*Εσείς δεν διαλέξατε εμένα, αλλά εγώ διάλεξα εσάς*» (**Κατά Ιωάννην 15:16**).

Άγιος (G-40 ágios) σημαίνει «*ιερός, αγνός, ηθικός, αθώος, καθαγιασμένος*», ξεχωρισμένη για αποκλειστική χρήση στην υπηρεσία του Θεού. Εξασκούμενοι στο να ομοιάσουμε καθημερινά στον Χριστό, μαθαίνουμε *να είμαστε άγιοι, επειδή κι Εκείνος είναι άγιος* (**Α' Πέτρου 1:16**), να αγαπάμε άλλους και να είμαστε καλοί, ταπεινοί, ευγενικοί και υπομονετικοί. Ο κόσμος χρειάζεται τέτοιους ανθρώπους στην ομάδα του Θεού.

Πολλές ντροπαλές ψυχές δεν έχουν επιλεγεί ακόμη για να είναι στην οικογένεια του Θεού απλώς και μόνο επειδή μιλούν μια άλλη γλώσσα, δρουν ή φαίνονται διαφορετικοί από την πλειοψηφία. Ο Θεός ξεκίνησε τον καθαγιασμό μας ώστε να είμαστε παίκτες της ομάδας και να βοηθήσουμε όσους θέλουν να καθαγιάσουν την ψυχή και τη ζωή τους.

Αγαπητός: Να είστε σίγουροι ότι ο Θεός μας αγαπά! «*Ο Θεός, όμως, δείχνει τη δική του αγάπη σε μας, επειδή, ενώ εμείς ήμασταν ακόμα αμαρτωλοί, ο Χριστός πέθανε για χάρη μας*» (**Προς Ρωμαίους 5:8**). Η αγάπη μας δεν είναι παρά αντίδραση στην αγάπη του Θεού (**Α' Ιωάννου 4:19**).

Ας προσευχηθούμε: Ουράνιε Πατέρα μας, Σ' ευχαριστούμε που μας διάλεξες, μας καθαγίασες και μας αγάπησες για να εκπληρώσουμε το σχέδιό Σου να είμαστε μέρος της οικογένειάς Σου. Σε παρακαλούμε βοήθησέ μας να προάγουμε το έλεος, την ευγένεια, την ταπεινοφροσύνη, την υπακοή και την υπομονή στο περιβάλλον μας. Δείξε μας ποιον να καλέσουμε να έρθει στην κοινότητα της πίστης μας και δίδαξέ μας να είμαστε υπομονετικοί και να μοιραζόμαστε με αγάπη την ελπίδα και τη χαρά να είμαστε εκλεκτοί. Προσευχόμαστε στο όνομα του Ιησού Χριστού.

---

26 Αυγούστου
ΜΗΝ ΤΑ ΠΑΡΑΤΑΣ!
Ιακώβου 1:2

Έχουμε την τάση να τα παρατάμε όταν βρισκόμαστε σε λιγότερο πλεονεκτική θέση ή σε πολύ πιεστικές καταστάσεις. Ο Θεός, όμως, μας καλεί να επιμένουμε, να μην τα παρατάμε όταν βρισκόμαστε σε κατάσταση δοκιμασίες, γνωρίζοντας ότι ο Θεός θα μας δώσει τη νίκη. Ο Θεός μας καλεί να μην τα παρατάμε *«γνωρίζοντας ότι η δοκιμασία τής πίστης σας εργάζεται υπομονή· η δε υπομονή ας έχει τέλειο έργο, για να είστε τέλειοι και ολόκληροι, χωρίς να είστε σε τίποτε ελλιπείς»* **(Ιακώβου 1:3-4).**

Το σημάδι ενός ανθρώπου που επιμένει είναι ότι δεν τα παρατούν ποτέ απλώς και μόνο επειδή τα πράγματα δεν πηγαίνουν με τον δικό τους τρόπο. Ο Thomas Edison δεν τα παράτησε. Έκανε χιλιάδες προσπάθειες για να εφεύρει τη λάμπα, που σημαίνει ότι απέτυχε χιλιάδες φορές, αλλά δεν τα παράτησε μέχρι να πετύχει.

Ο Ιησούς εκτιμούσε τους ανθρώπους που δεν τα παρατούσαν. Ο Θεός συνεχώς μας λέει, *«Γίνε ισχυρός και ανδρείος· να μη φοβηθείς ούτε να δειλιάσεις· επειδή, μαζί σου είναι ο Κύριος ο Θεός σου, όπου κι αν πας»* **(Ιησούς του Ναυή 1:9).**

Στο **Κατά Λουκάν Ευαγγέλιο 18:1-8**, ο Ιησούς αναφέρει την παραβολή της γυναίκας που δεν το έβαλε κάτω. Η γυναίκα αυτή εμφανίστηκε ενώπιον ενός δικαστή, ο οποίος ούτε τον Θεό φοβόταν ούτε ενδιαφερόταν για τους ανθρώπους. Πίστευε ότι εκείνος ήταν πάνω απ' όλους. Δεν ήταν, όμως, αρκετά δυνατός ώστε να αντισταθεί στην επιμονή αυτής της φτωχής γυναίκας. Η γυναίκα δεν είχε δύναμη ούτε πλούτο, αλλά επέμενε και δεν το έβαλε κάτω. Όπως μια σταγόνα που πέφτει πάνω σε έναν βράχο, επέμενε να λάβει δικαιοσύνη και η επιμονή της κυριάρχησε.

Ο Ιησούς χρησιμοποίησε την παραβολή για να μας ενθαρρύνει να μην το βάζουμε κάτω όταν περνούμε δοκιμασίες και να χρησιμοποιούμε τη δύναμη της προσευχής. Η προσευχή δεν είναι απλώς κάποια λόγια που αναφέρουμε και σκέψη ότι αφήσαμε τα πάντα στα χέρια του Θεού. Είναι να βαδίζουμε με πίστη, να εμπιστευόμαστε ότι ο Θεός θα πράξει το δικό Του κομμάτι και θα μας δείξει το δικό μας κομμάτι. Ο Ιησούς είπε ότι αν έχουμε πίστη, θα κάνει ακόμη μεγαλύτερα πράγματα **(Κατά Ιωάννην 14:12).**

Ας προσευχηθούμε: Ουράνιε Πατέρα μας, υπενθύμιζέ μας ότι είσαι πάντα μαζί μας. Δίδαξέ μας να μην ενδίδουμε στα βάρη της δοκιμασίας και να εμμένουμε στην προσευχή μας. Ότι δεν μπορούμε να καλύψουμε το κενό στη ζωή μας επαναλαμβάνοντας τις προσευχές άλλων και ότι η προσευχή είναι να παρουσιάζουμε τον εαυτό μας ενώπιόν Σου για να μιλήσουμε και να ακούσουμε τη φωνή Σου να ψιθυρίζει στην καρδιά μας – *«Μην τα παρατάς. Εγώ είμαι μαζί Σου»*. Προσευχόμαστε στο Άγιο Όνομά Σου.

---

27 Αυγούστου
ΑΝΤΙΣΤΑΣΗ ΣΤΟΝ ΠΕΙΡΑΣΜΟ

«Κανένας, όταν πειράζεται, ας μη λέει ότι: Από τον Θεό πειράζομαι· επειδή, ο Θεός είναι απείραστος κακών, και αυτός δεν πειράζει κανέναν». **Ιακώβου 1:13**

"When tempted, no one should say, 'God is tempting me.' For God cannot be tempted by evil, nor does he tempt anyone." **James 1:13**

"Cuando alguien sea tentado, no diga que ha sido tentado por Dios, porque Dios no tienta a nadie, ni tampoco el mal puede tentar a Dios". **Santiago 1:13**

Όταν κάνουμε κάτι κακό, η φυσική μας αντίδραση είναι να το αρνούμαστε ή να ρίχνουμε το φταίξιμο αλλού. Για παράδειγμα, «**Η σύζυγος:** Έφαγες κανένα γλυκό; **Εγώ:** Δεν ήμουν εγώ. Η Ségolène ήθελε ένα!»

Μαθαίνουμε και βελτιώνουμε την τέχνη της απόκρουσης από την παιδική ηλικία και επεκτείνεται γενιές πίσω στον Αδάμ και την Εύα όταν ο Διάβολος έβαλε σε πειρασμό την Εύα να φάει τον απαγορευμένο καρπό. Η Εύα κατηγόρησε το φίδι και ο Αδάμ κατηγόρησε την Εύα και τον Θεό, λέγοντας *«Η γυναίκα που μου έδωσες για να είναι μαζί μου, αυτή μου έδωσε από το δέντρο και έφαγα»* **(Γένεσις 3:12).** Ο Θεός καταράστηκε και τους τρεις και τους έβγαλε από τον Κήπο της Εδέμ. Κι έτσι, σήμερα, είμαστε περιτριγυρισμένοι από κάθε είδους πειρασμούς και την ανάγκη 1) να αποδεχτούμε την ενοχή μας και 2) να εξοπλίσουμε τον εαυτό μας να αντισταθεί στον πειρασμό.

Το ψέμα κάνει την πραγματικότητά μας πιο περίπλοκη, επομένως δεν μπορούμε πλέον να διακρίνουμε μεταξύ αλήθειας και ψεύδους. Μόλις τα ψέματα αποκαλύπτονται, η εμπιστοσύνη και τα όνειρα γκρεμίζονται και όλοι βιώνουν τις συνέπειες. Επομένως, πώς αναιρείς χρόνιας τελειοποίησης της τέχνης της απόκλισης; Εξομολογώντας τις αμαρτίες μας και ζητώντας συγχώρηση από τον Θεό και όσους μας έχουν πληγώσει. Επίσης, συγχωρώντας άλλους όπως μας συγχώρησε ο Θεός. Μ' αυτό το βάρος που φεύγει από την πλάτη μας, το φως λάμπει ξανά μέσα από το παράθυρο της ψυχής μας, ανανεώνοντας την πίστη και την ελπίδα μας.

Πώς αντιστεκόμαστε στη δύναμη του πειρασμού; Ο νόμος της φυσικής μας λέει ότι δύο πράγματα δεν μπορούν να καταλαμβάνουν τον ίδιο χώρο. Αν γεμίσουμε τον εαυτό μας με καλό, το κακό δεν έχει μέρος. Ο Θεός έχει δώσει στον λαό Του ισχυρή αντίσταση: το Άγιο Πνεύμα. *«Και να μη μεθάτε με κρασί, στο οποίο υπάρχει ασωτία· αλλά, να γίνεστε πλήρεις με το Πνεύμα»* **(Προς Εφεσίους 5:18Β-19).** Κατά τη διάρκεια της ημέρας, ακούω πάντοτε ύμνους δοξολογίας. Επίσης, η μελέτη του Λόγου του Θεού με βοηθά να αντισταθώ στον πειρασμό, γεμίζοντας το μυαλό και το σπίτι μου με την παρουσία του Θεού.

Τέλος, ο Λόγος του Θεού μας λέει: *«Υποταχθείτε, λοιπόν, στον Θεό· αντισταθείτε στον διάβολο, και θα φύγει από σας»* **(Ιακώβου 4:7).**

Ας προσευχηθούμε: Ουράνιε Πατέρα μας, δώσε μας νίκη στους πειρασμούς μας. Βοήθησέ μας να ομολογήσουμε και να αντισταθούμε στους πειρασμούς και να αποδεχτούμε την ενοχή μας. Μόνο κάνοντας ειρήνη μαζί Σου, θα επιτύχουμε την τέλεια αρμονία στην παρουσία Σου. Προσευχόμαστε στο όνομα του Ιησού Χριστού.

28 Αυγούστου
Ο ΘΕΟΣ ΚΑΤΕΒΗΚΕ ΑΠΟ ΤΟΝ ΘΡΟΝΟ ΤΟΥ
Έξοδος 3:17

Μετά που έφτασα στην κορυφή του Ολύμπου, έπειτα από 17 χιλιόμετρα ορειβασία, με ιδρωμένα πόδια, κουρασμένος και χωρίς νερό, η πιο όμορφη θέα σε απόσταση, βλέποντας την κορυφή «Θρόνος» ήταν το καταφύγιο Χρήστος Κάκκαλος (δείτε το βέλος στη φωτογραφία). Εκεί καταλύσαμε, ανανεωθήκαμε, φάγαμε και κοιμηθήκαμε. Το καταφύγιο ήταν για εμάς σαν τη γη που έρεε μέλι και γάλα.

Στην **Έξοδο 3:7-8**, ο Θεός είπε *«Είδα, είδα την ταλαιπωρία τού λαού μου, που είναι στην Αίγυπτο, και άκουσα την κραυγή τους εξαιτίας των εργοδιωκτών τους· επειδή, γνώρισα την οδύνη τους· 8και κατέβηκα για να τους ελευθερώσω, από το χέρι των Αιγυπτίων, και να τους ανεβάσω από τη γη εκείνη, σε γη καλή και ευρύχωρη, σε γη που ρέει γάλα και μέλι».*

Ο Θεός κατέβηκε από τον ουράνιο θρόνο Του για να συναντήσει τον Μωυσή και να τον μεταμορφώσει σε απελευθερωτή, οδηγό και κριτή του δοκιμασμένου λαού του Θεού. Μείνετε ήσυχοι ότι όπως ο Θεός άκουσε την **κραυγή του Ισραήλ για απελευθέρωση,** ο Θεός ακούει τη δική σου κραυγή, γνωρίζει τα βάσανά σου και **έχει κατέβει από τον θρόνο Του** για εσένα.

Ο Θεός ενδιαφέρεται για την ευημερία σου, τη σωτηρία σου και την ελευθερία Σου από τη δοκιμασία που περνάς, ιδιαίτερα με τον COVID-19. Όπως ποτέ πριν, βιώσαμε, για να αναφέρουμε μερικά: αρρώστιες, θάνατο, απομόνωση, ανεργία, πείνα, δίψα, αβεβαιότητα, φόβο, αναστάτωση, μοναξιά, διακρίσεις, κτλ. **Ο Θεός υπόσχεται να μας οδηγήσει στη χώρα που ρέει μέλι και γάλα,** όπου εσύ και οι αγαπημένοι σου θα βρείτε ξεκούραση, τροφή, παροχές και προστασία.

Στον Ισραήλ, ο Θεός υποσχέθηκε *«Και θα δώσω χάρη σ' αυτόν τον λαό μπροστά στους Αιγυπτίους· και όταν αναχωρείτε, δεν θα αναχωρήσετε αδειανοί»* **(Εξοδος 3:21).** Την επόμενη ημέρα στον Όλυμπο, ήπιαμε καφέ, και φάγαμε ψωμί, τυρί, μέλι και ξεκινήσαμε την κατάβαση με 1,5 λίτρο νερό και ηλεκτρολύτες. Ο συνοδός διαβεβαίωσε ότι είχαμε αρκετή ενέργεια και προμήθειες για 7 ώρες κατάβασης. **Ο Θεός διαβεβαίωσε ότι οι απόγονοι του Ιακώβ είχαν τροφή και προστασία για 40 χρόνια στην έρημο.**

Ο Θεός ενδιαφέρεται για κάθε λεπτομέρεια της ζωής μας για να διασφαλίσει ότι, ως γιοι και κόρες, μπορούμε με ασφάλεια να εισέλθουμε και να εξέλθουμε, να ανέλθουμε ή να κατέβουμε όπου μας ζητούν να ψάξουμε, να βρούμε και να οδηγήσουμε τα πρόβατα του Θεού που τριγυρίζουν στις ερήμους και στα βουνά χωρίς καθοδήγηση και προστασία, **πίσω στον θρόνο της χάρης και της αγάπης του Θεού.**

Ας προσευχηθούμε: Ουράνιε Πατέρα μας, Σ' ευχαριστούμε που μας δίνει τόση αγάπη και φροντίδα. Σ' ευχαριστούμε που **κατέβηκες από τον θρόνο Σου,** που άφησες τη θεική σου ιδιότητα για να μας σώσεις και να μας ελευθερώσεις από τις δοκιμασίες. Βοήθησέ μας να είμαστε χρήσιμοι, **ευγνώμονες** οδηγοί για τον λαό Σου. Προσευχόμαστε στο όνομα του Ιησού Χριστού.

Όπως ο Θεός άκουσε την κραυγή του Ισραήλ από τους καταπιεστές του, ο Θεός ακούει τη δική σου κραυγή, γνωρίζει τα βάσανά σου και έχει κατέβει από τον θρόνο Του, για εσένα.

---

29 Αυγούστου
ΘΕΡΑΠΕΥΜΕΝΟΙ ΑΠΟ ΤΟ ΑΙΜΑ ΤΟΥ
Κατά Ματθαίον 8:17Β

Τρεις μέρες πριν σκαρφαλώσουμε στον Όλυμπο, ο φίλος μου ο Γιώργος με κάλεσε στην πεζοπορία 10 χιλιομέτρων για να δοκιμάσω τις νέες μου μπότες. Στα μέσα της διαδρομής, ένιωσα πόνο μεταξύ του τρίτου και τέταρτου δαχτύλου του αριστερού μου ποδιού. Βγάζοντας την μπότα και την κάλτσα μου, είδα μια φουσκάλα που αιμορραγούσε. Σταματήσαμε την πεζοπορία και πήγαμε στο σπίτι, φοβούμενοι ότι αν το δάχτυλό μου δεν το φρόντιζα και δεν γινόταν καλά, δεν θα μπορούσα να κάνω το όνειρό μου πραγματικότητα να σκαρφαλώσω τον Όλυμπο. Την Παρασκευή το βράδυ, προσευχήθηκα, πιστεύοντας ότι το αίμα του Ιησού θα με θεράπευε.

Χρησιμοποίησα πολλές κρέμες, αλλά η φουσκάλα ήταν ακόμη μαλακή μέχρι τη Δευτέρα το πρωί, αν και δεν αιμορραγούσε. Έβαλα κρέμα και βαμβάκι μεταξύ των δαχτύλων του ποδιού μου και βγήκα έξω, προσευχόμενος ότι δεν θα μελανιάσει ξανά κατά τη διάρκεια της ανάβασης ή της κατάβασης. Περίπου 45 λεπτά μετά την ανάβαση, ένιωσα πόνο και προσευχήθηκα: *«Κύριε, για Εσένα τίποτα δεν είναι αδύνατο. Έχουμε δύο παιδιά που σκαρφαλώνουν τον Όλυμπο με τον μπαμπά τους για πρώτη φορά. Μην κάνεις τον δικό μου τραυματισμό να κάνει την ανάβαση να ακυρωθεί ή να καθυστερήσει. Σε παρακαλώ βάλε Εσύ μια νέα στρώση δέρματος μεταξύ των δαχτύλων του ποδιού και κάνε τον πόνο να φύγει. Στο όνομα του Ιησού Χριστού, του θεραπευτή μας. Αμήν».*

Αμέσως, ο πόνος έφυγε. Για τις επόμενες 9 ώρες της διαδρομής, ευχαριστούσα τον Θεό για την αγάπη Του και τη φροντίδα Του, που μου επέτρεψε να ανέβω 16 χιλιόμετρα χωρίς να δυσκολευτώ αντί να επιστρέψω στο σπίτι όπως έγινε 3 ημέρες πριν. Το εδάφιο μας υπενθυμίζει ότι *«Αυτός πήρε τις ασθένειές μας και βάσταξε τις αρρώστιές μας»*. Η πιο τρομερή ασθένεια που μπορεί να μας χτυπήσει την πόρτα είναι αυτή της αμαρτίας που επαναστατεί.

Η Αγία Γραφή μας λέει ότι όλοι μας τραυματιζόμαστε από την αμαρτία, ότι δεν υπάρχει κανείς δίκαιος που να κατανοεί ή να αποζητά τον Θεό. *«Όλοι παρεξέκλιναν, μαζί εξαχρειώθηκαν· δεν υπάρχει αυτός που πράττει το αγαθό· δεν υπάρχει ούτε ένας»* **(Προς Ρωμαίους 3:10–12)**. Επίσης ξεκαθαρίζει ότι *«ο μισθός τής αμαρτίας είναι θάνατος»* **(Προς Ρωμαίους 6:23α)**. Με άλλα λόγια, όλοι μολυνθήκαμε από την αμαρτία και καταδικαστήκαμε να πληρώσουμε για την επαναστατικότητά μας με τη ζωή μας (δηλαδή να είμαστε μακριά από τον Θεό για πάντα). Ο Θεός μας έχει δώσει φάρμακο για την αρρώστια και την καταδίκη μας *«Το χάρισμα, όμως, του Θεού αιώνια ζωή διαμέσου τού Ιησού Χριστού τού Κυρίου μας»* (Προς Ρωμαίους 6:23Β).

Αγαπητοί μου, το φάρμακο για την ασθένειά μας είναι η πίστη, η αγάπη και η ελπίδα στο λυτρωτικό έργο του Ιησού Χριστού. Αν δεν το θεραπεύσουμε άμεσα και επαναλαμβανόμενα, θα χάσουμε το όνειρο να ανέλθουμε στη βασιλεία του Θεού και να κατοικήσουμε στην παρουσία του Κυρίου, την ειρήνη και ανάπαυσή μας. Η αμαρτία πολλές φορές δεν πονάει σαν πληγή, αλλά έχει πολύ χειρότερες συνέπειες από έναν σωματικό τραυματισμό που θεραπεύεται συν τω χρόνω.

Ας προσευχηθούμε: Ουράνιε Πατέρα μας, βοήθησέ μας να αναγνωρίσουμε αμέσως όταν η αμαρτία προσπαθεί να πληγώσει ή να καταστρέψει τον αγώνα μας. Είθε τα παιδιά μας και ο καρπός τους να γνωρίζουμε ότι υπάρχει θεραπεία μέσω του αίματος του Ιησού Χριστού, στο όνομα του οποίου προσευχόμαστε.

---

30 Αυγούστου
ΣΟΦΗ ΣΥΜΒΟΥΛΗ

«Καθώς θάρχεσαι, φέρε το χοντρό επανωφόρι, που άφησα στον Κάρπο, στην Τρωάδα, και τα βιβλία, μάλιστα τις μεμβράνες». **Β΄ Προς Τιμόθεον 4:13**

"Until I come, devote yourself to the public reading of Scripture, to preaching and to teaching."
2 Timothy 4:13

"Mientras llego, ocúpate en la lectura, la exhortación y la enseñanza". **2 Timoteo 4:13**

Ο Θεός θέλει να ευημερήσουμε στο ταξίδι μας, τα πράγματα να μας βγουν σε καλό και να έχουμε ειρήνη. Γι' αυτό, ο Θεός μας συμβουλεύει να αφοσιωθούμε στην **ανάγνωση, στο κήρυγμα και στη διδασκαλία**. Ο Θεός μας έχει δώσει οδηγίες και τα μέσα για να τις κατανοήσουμε. *«Ο νόμος τού Κυρίου είναι άμωμος, επιστρέφει ψυχή· η μαρτυρία τού Κυρίου είναι πιστή, σοφίζει τον απλό»* (**Ψαλμός 19:7**).

Κάποια κομμάτια είναι δύσκολο να τα κατανοήσουμε, απαιτώντας τη βοήθειά μας για να προχωρήσουμε μπροστά. Μια μέρα, η Λίζα, μία συνάδελφος, μου είπε ότι της άρεσε που διάβασε τη Γένεση και την Έξοδο, αλλά κόλλησε και αποθαρρύνθηκε από το βιβλίο των Αριθμών. Δεν κατανοούσε τη σημασία της απογραφής, που περιλάμβανε περίπλοκα ονόματα και τον αριθμό των ανθρώπων ανά οικογένεια.

Το πρώτο που σκέφτηκα ήταν να προσευχηθώ για σοφία για να ενθαρρύνω τη Λίζα να μην σταματήσει να διαβάζει την Αγία Γραφή που της έκανα δώρο. Ακολουθεί η απάντηση που μου έδωσε ο Θεός για τη Λίζα. *«Είσαι σημαντική για τον Θεό. Στον ουρανό, υπάρχει το βιβλίο της ζωής, ένα αρχείο παρόμοιο με την απογραφή που βλέπεις στο βιβλίο των Αριθμών, όπου υπάρχει το όνομά σου. Το βιβλίο των Αριθμών διαβεβαιώνει ότι ο Θεός γνωρίζει καθένα με το όνομά του. Το όνομα και η παρουσία Σου αυτή τη στιγμή είναι σημαντικά για τον Θεό».* Η Λίζα έφυγε από το γραφείο μου χαμογελώντας.

Ο Θεός μας έχει δώσει τρόπου για να κατανοούμε τον Λόγο Του μέσω:
Της καθημερινής ανάγνωσης: *«Μέχρις ότου έρθω, να καταγίνεσαι στην ανάγνωση, στην προτροπή, στη διδασκαλία»* (Α' Προς Τιμόθεον 4:13).

Της επιμελούς μελέτης: *«Φρόντισε με επιμέλεια να παραστήσεις τον εαυτό σου δόκιμον στον Θεό, ως εργάτην που δεν έχει το παραμικρό να ντρέπεται, ο οποίος ορθοτομεί τον λόγο τής αλήθειας»* **(Β' Προς Τιμόθεον 2:15).**

Της στοχαστικής σκέψης: *«Αυτό το βιβλίο τού νόμου δεν θα απομακρυνθεί από το στόμα σου, αλλά σ' αυτό θα μελετάς ημέρα και νύχτα, για να προσέχεις να κάνεις σύμφωνα με όλα όσα είναι γραμμένα μέσα σ' αυτό· επειδή, τότε θα ευοδώνεσαι στον δρόμο σου, και τότε θα φέρεσαι με σύνεση»* **(Ιησούς του Ναυή 1:8).**

Ο νους μας δεν είναι ικανός να κατανοήσει τον νου του Θεού. Γι' αυτό, το Άγιο Πνεύμα μας βοηθά να κατανοήσουμε τις γραφές: *«Και ο Παράκλητος, το Πνεύμα το Άγιο, που ο Πατέρας θα στείλει στο όνομά μου, εκείνος θα σας τα διδάξει όλα, και θα σας υπενθυμίσει όλα όσα είπα προς εσάς»* **(Κατά Ιωάννην 14:26).**

Ας προσευχηθούμε: Ουράνιε Πατέρα μας, γέμισέ μας με το Άγιο Πνεύμα Σου για να μας βοηθήσεις να ακολουθήσουμε τη σοφή συμβουλή Σου, να ξεκινήσουμε την ανάγνωση, την προτροπή και τη διδασκαλία του Λόγου Σου ώστε να μην ντρεπόμαστε από τίποτα. Προσευχόμαστε στο όνομα του Ιησού Χριστού.

---

31 Αυγούστου
ΘΕΡΑΠΕΥΜΕΝΟΙ ΑΠΟ ΤΙΣ ΠΛΗΓΕΣ
Α' Πέτρου 2:24

Στην ηλικία των 14 ετών (το 1968) βλέποντας την αγωνία σε δύο πολύ σημαντικούς ανθρώπους στη ζωή μου, ζήτησα από τον Θεό να μου επιτρέψει να μπω για λίγο στη σωματική-πνευματική τους κατάσταση. Εκείνο το διάστημα, δεν γνώριζα τι σημαίνει **«ενσυναίσθηση»**, αλλά με όλη μου την καρδιά, προσπαθούσα να ταυτιστώ μαζί τους και να μοιραστώ τα συναισθήματά τους, ίσως για να τους βοηθήσω να βρουν λύση. Η ενσυναίσθηση είναι ένα ευγενές στοιχείο του χαρακτήρα, αλλά δεν είναι ίδιο με την υποκατάσταση που παίρνει τη θέση του ενόχου, όπως έκανε ο Ιησούς.

Στον **Ησαΐα 53:5** διαβάζουμε ότι παρά την αμαρτία, ο αθώος θα πάρει την ενοχή μας και θα πεθάνει για τις αμαρτίες μας. *«Αυτός, όμως, τραυματίστηκε για τις παραβάσεις μας· ταλαιπωρήθηκε για τις ανομίες μας· η τιμωρία, που έφερε τη δική μας ειρήνη, ήταν επάνω σ' αυτόν· και διαμέσου των πληγών του γιατρευτήκαμε εμείς».* Στο **Κατά Ματθαίον 8:17** διαβάζουμε *«Αυτός πήρε τις ασθένειές μας, και βάσταξε τις αρρώστιες μας».*

Αν έχετε δει την ταινία *«Τα Πάθη του Χριστού»*, μπορείτε να εκτιμήσετε την τρομερή τιμωρία και τα βάσανα που πέρασε ο Χριστός ως υποκατάστατο για να πληρώσει για τα λύτρα μας. Έφερε επάνω Του τα βάσανά μας ώστε να μην χρειαζόταν να ζήσουμε αιωνίως μακριά από την αγάπη και την παρουσία του Θεού.

Ο Ιησούς όχι μόνο επέδειξε ενσυναίσθηση, αλλά έλαβε δράση για να δείξει την αγάπη Του. Χάρη στη θυσία υποκατάστασης του Ιησού, εσείς κι εγώ έχουμε το προνόμιο να έχουμε σωθεί, να έχουμε συγχωρηθεί, να έχουμε θεραπευτεί από τις πνευματικές ασθένειες και πόνους, δίνοντάς μας είσοδο στη βασιλεία του Θεού. *«Επειδή, και ο Χριστός έπαθε μία φορά για πάντα για τις αμαρτίες, ο δίκαιος για χάρη των αδίκων, για να μας φέρει στον Θεό»* (Α' Πέτρου 3:18Α).

Η θυσία υποκατάστασης που έκανε ο Ιησούς *«μάς εξαγόρασε από την κατάρα τού νόμου, καθώς έγινε κατάρα για χάρη μας»* (Προς Γαλάτας 3:13Α). Χάρη στη μεγάλη αγάπη του Θεού, εσείς κι εγώ θεωρούμαστε υιοθετημένα παιδιά του Θεού, που διασωθήκαμε με μεγάλο τίμημα και για αμοιβαία υπηρεσία. Ο Θεός αναμένει από εμάς να δείξουμε ενσυναίσθηση και να είμαστε η θυσία υποκατάστασης που μας δίδαξε ο Ιησούς *«για να ζήσουμε στη δικαιοσύνη, αφού πεθάναμε ως προς τις αμαρτίες»* (Α' Πέτρου 2:24).

Ας προσευχηθούμε: Ουράνιε Πατέρα μας, πώς μπορούμε να Σε ευχαριστήσουμε που μας έσωσες και μας θεράπευσες από τα βάσανά μας; Δίδαξέ μας να δείχνουμε ενσυναίσθηση σε όσους υποφέρουν και να πασχίζουμε να θεραπεύσουμε τις ασθένειες αυτού του κόσμου, ξεκινώντας από τις κοινότητές μας. Προσευχόμαστε στο όνομα του Ιησού Χριστού.

Ο Θεός αναμένει από εμάς να δείξουμε ενσυναίσθηση και να είμαστε η θυσία υποκατάστασης που μας δίδαξε ο Ιησούς

- ΣΕΠΤΕΜΒΡΙΟΣ -
Η ΟΙΚΟΓΕΝΕΙΑ ΚΟΚΤΣΙΔΗ

Όμορφες καρδιές, παιδιά και χαμόγελα βρίσκουμε επίσης και στην οικογένεια Κοκτσίδη. **Η Γιαγιά Ανατολή** γεννήθηκε κι εκείνη στην Τουρκία (20/10/1904-10/1992) και στην ηλικία των 19 ετών ήταν μέρος της Συνθήκης της Λωζάννης με την ανταλλαγή του πληθυσμού. Επέλεξε να διατηρήσει την πίστη της και γι' αυτό δεν μιλούσε καλά Ελληνικά όταν έφτασε στη Σεβαστή. Τα Τουρκικά ήταν η βασική γλώσσα της.

Yiayiá Anatolí

Η γιαγιά Ανατολή ζούσε στα Γιάννενα όταν ο **Ελευθέριος Π. Κοκτσίδης** (1906-11/10/1944), που ζούσε σε ορφανοτροφείο από την Ανταλλαγή και βγήκε όταν ήταν 18 χρονών. Ήταν μόνος στο χωριό και δεν ξέρουμε αν γνώρισε τη Γιαγιά Ανατολή ή αν οι άνθρωποι στο χωριό κανόνισαν και τους γνώρισαν και στη συνέχεια παντρεύτηκαν. Είχαν 7 παιδιά, εκ των οποίων έζησαν 4: ο Παύλος (1/7/1926-1/12/2007), η γιαγιά **Κυριακή (4/20/1932)**, η Ανδρομάχη (3/14/1934- 2/15/2013) και ο Ιωσήφ (11/20/1939 - 5/26/2015). Ο παππούς Ελευθέριος σκοτώθηκε στον Β' Π.Π., στις 4 ή στις 10 Νοεμβρίου του 1944, στη μάχη του Κιλκίς.

Ο θείος Παύλος μετανάστευσε στη Γερμανία το 1959. Η αδερφή του τον ακολούθησε μερικά χρόνια αργότερα. Με τη δουλειά ήταν όλα καλά, αλλά στον Παππού **Αριστοκλή** έλειπαν οι κόρες του τόσο πολύ και επέστρεψε στην Κατερίνη. Την 1η Μαΐου 1969, ο θείος Παύλος μετανάστευσε στις ΗΠΑ και έναν χρόνο αργότερα, κάλεσε την αδερφή του, την **Κυριακή**, για να πάει μαζί του, με την οικογένεια. Μέχρι τη στιγμή που τους γνώρισα το 1974, ζούσαν χωριστά στη Αστόρια στο Queens.

Elefthérios P. Koktsídis

Όταν γεννήθηκε η ανιψιά μας, η Carolyn, η Γιαγιά Ανατολή ήρθε στη Νέα Υόρκη. Με καλωσόρισε το χαμόγελο και η τρυφερότητά της όταν την είδα. Ο θείος **Ιωσήφ** είχε το ίδιο χαρούμενο, θερμό χαμόγελο όπως η Γιαγιά Ανατολή και η Γιαγιά Κυριακή Κοκτσίδου.

Χαίρομαι για όλες τις εμπειρίες, όσα ανταλλάξαμε, για τους γάμους από προξενιό και χωρίς προξενιό και η πρόσκληση να **«ακολουθήσουμε έναν αδερφό»**. Τα γεγονότα αυτά οδήγησαν αργότερα στη συνάντηση δύο ψυχών που γεννήθηκαν σε διαφορετικές ηπείρους και ο Θεός τους προόρισε να ευλογήσουν και να πολλαπλασιάσουν τη γενεαλογία των οικογενειών Destruge-Sandoval και Ξανθοπούλου-Κοκτσίδου.

(κενό για καταγραφή πληροφοριών σχετικά με την οικογένεια)

1 Σεπτεμβρίου
ΜΕΤΑΞΥ ΝΟΜΟΥ ΚΑΙ ΠΑΡΑΔΟΣΗΣ
Κατά Μάρκον 7:9

Το σημερινό εδάφιο προς ανάγνωση εγείρει ορισμένα ερωτήματα:
✦ Πώς μπορώ να διακρίνω μεταξύ των εντολών του Θεού και της ανθρώπινης παράδοσης;
✦ Σε ποιον πρέπει να εναποθέσω την εμπιστοσύνη μου και το μέλλον της οικογένειάς μου;

Πρόκειται για βασικές ερωτήσεις τις οποίες πρέπει να αναλύσουμε προσεκτικά και με προσευχή.

Ο νόμος του Θεού απαιτεί *«να τιμούμε τον πατέρα μας και τη μητέρα μας»* (Έξοδος 20:12). Οι Φαρισαίοι, ωστόσο, και οι γραμματείς δημιούργησαν παραδόσεις που φαίνεται ότι αποτελούν την τέλεια εκπλήρωση του νόμου, αλλά ξέφευγαν από τις εντολές του Θεού. Όποιος δεν ήθελε να τιμήσει τους γονείς του, δηλαδή να τους φροντίσει όταν είναι ηλικιωμένοι, μπορούσε να δεσμευτεί ό,τι προοριζόταν για τη φροντίδα των ηλικιωμένων γονέων στον Θεό (στη συνάθροιση, και, ως εκ τούτου, στις τσέπες των ηγετών). Ο Ιησούς καταλήγει λέγοντας σε αυτούς *«και δεν τον αφήνετε να κάνει τίποτε στον πατέρα του ή στη μητέρα του»* (Κατά Μάρκον 7:12).

Όταν βρίσκουμε τον εαυτό μας μεταξύ του νόμου του Θεού και της ανθρώπινης παράδοσης, ο νόμος του Θεού θα πρέπει να κυριαρχεί. Ο Ιησούς είπε ότι ό,τι προέρχεται από τον Θεό δεν είναι μολυσμένο, ενώ ό,τι προέρχεται από την ανθρώπινη παράδοση *τους μολύνει* (Κατά Μάρκον 7:15).

Πώς μπορώ να διακρίνω μεταξύ των εντολών του Θεού και της ανθρώπινης παράδοσης; Οι εντολές του Θεού υπάρχουν στην Αγία Γραφή και είναι αμετάβλητες. *«Επειδή, σας διαβεβαιώνω, μέχρις ότου παρέλθει ο ουρανός και η γη, ένα γιώτα ή μία κεραία δεν θα παρέλθει από τον νόμο, έως ότου όλα εκπληρωθούν»* (Κατά Ματθαίον 5:18). Οι παραδόσεις αλλάζουν ανά τους αιώνες, αναλόγως ποιος ελέγχει το δόγμα της εκκλησίας και αναλόγως την άγνοια των ακολούθων σχετικά με την Αγία Γραφή. Δεν μπορούμε να ακολουθούμε τυφλά τις ανθρώπινες φιλοσοφίες που αλλάζουν με τον καιρό.

Σκεφτείτε δύο βασικές ερωτήσεις: Ποιες ανθρώπινες παραδόσεις ακυρώνουν τον Λόγο του Θεού; Τι θα έπρεπε να κάνω αν είχα να διαλέξω μεταξύ του νόμου του Θεού και των ανθρώπινων συνθηκών;

Ας προσευχηθούμε: Ουράνιε Πατέρα μου, βοήθησέ με ώστε όποτε πρέπει να διαλέξω μεταξύ του νόμου και της παράδοσης, η απάντησή μου να είναι ότι *θα ακολουθήσω όσα λέει ο Λόγος Σου.* Δώσε μας τη δική σου θεϊκή σοφία να γνωρίσουμε και να εμπιστευτούμε τον Άγιο Λόγο Σου. Προσευχόμαστε στο Άγιο Όνομά Σου.

2 Σεπτεμβρίου
ΚΑΛΛΙΕΡΓΩΝΤΑΣ ΥΓΙΗ ΦΟΒΟ ΓΙΑ ΤΟΝ ΘΕΟ

«Αρχή σοφίας είναι ο φόβος τού Κυρίου· οι άφρονες καταφρονούν τη σοφία και τη διδασκαλία».
Παροιμίαι 1:7

"The fear of the Lord is the beginning of knowledge, but fools despise wisdom and instruction."
Proverbs 1:7

"El temor del SEÑOR es el principio de la sabiduría; los necios desprecian la sabiduría y la instrucción". Proverbios 1:7

Το σημερινό θέμα είναι ο φόβος του Θεού. Μετά από ενδελεχή ανάλυση από τον Βασιλιά Σολομώντα (τον πιο σοφό άνθρωπο στον κόσμο), καταλήγει στο εξής συμπέρασμα: *«Ας ακούσουμε το τέλος τής όλης υπόθεσης: Να φοβάσαι τον Θεό, και να τηρείς τις εντολές του, δεδομένου ότι αυτό είναι το παν τού ανθρώπου»* **(Εκκλησιαστής 12:13).**

Η μεγαλύτερη εντολή είναι να αγαπάμε τον Θεό πάνω απ' όλους. Η αγάπη, η ευγνωμοσύνη και η σοφία δημιουργούν μέσα μας την επιθυμία να γνωρίσουμε σε βάθος τις ευχές και τις επιθυμίες των αγαπημένων μας, να κάνουμε όλα όσα τους ευχαριστούν και να αποφεύγουμε οτιδήποτε τους κάνει να πονούν.

Μου πήρε 46 χρόνια για να μάθω τις επιθυμίες, τα γούστα και τι δεν αρέσει στη γυναίκα μου. Τα μάθαμε όλα αυτά μέσα από όσα μας αποκάλυψαν ή από τις εμπειρίες μας. Πολλοί γνωρίζουν το ρητό **«χαρούμενη γυναίκα, χαρούμενη ζωή».** Ισχύει! Το μυστικό είναι να καλλιεργούμε αγάπη δείχνοντας ότι κατανοούμε τον χαρακτήρα, τα γούστα και τα αιτήματά τους. Το ίδιο ισχύει και για τη σχέση μας με τον Θεό.

Η ευγνωμοσύνη μας επιτρέπει να θυμόμαστε τι ήμασταν πριν, τι είμαστε τώρα και όσα έχουμε σήμερα με τη χάρη του Θεού. Αυτό δημιουργεί μέσα μας την επιθυμία να διαβάζουμε, να μελετούμε και να δίνουμε προσοχή στην αποκάλυψη του Θεού, να Τον γνωρίσουμε καλύτερα, και με φόβο και σεβασμό να υπακούμε στις εντολές του Θεού χωρίς παρέκκλιση ή αμφιβολία. Όταν φυλούμε τις εντολές του Θεού στην καρδιά μας και τις αναλογιζόμαστε κατά τη διάρκεια της ημέρας, γίνεται πιο εύκολο για εμάς να ευχαριστήσουμε τον Θεό τηρώντας τις οδηγίες Του.

Η θεϊκή σοφία μας βοηθά να μελετήσουμε και να κατανοήσουμε την Αγία Γραφή. Μαζί με την πίστη, μας βοηθά να πιστέψουμε και να εμπιστευθούμε στον Θεό και στις υποσχέσεις Του. Αλλά, διαβάζοντας την Αγία Γραφή πού και πού ή ακούγοντας τη μία φορά την εβδομάδα από τον άμβωνα δεν αρκεί για να μεταμορφώσει τις καρδιές μας από επαναστατικές και εγωιστικές σε καρδιές με σεβασμό και τρυφερές, αφοσιωμένες στην υπηρεσία του Θεού. Όπως καθημερινά τρέφουμε το σώμα μας, η τροφή με τον Λόγο του Θεού είναι επίσης σημαντική για να καλλιεργήσουμε υγιή φόβο Θεού και πνευματική αύξηση.

Η Αγία Γραφή μας λέει *«Αρχή σοφίας είναι ο φόβος τού Κυρίου· οι άφρονες καταφρονούν τη σοφία και τη διδασκαλία»* **(Παροιμίαι 1:7).**

Ας προσευχηθούμε: Πατέρα μας Ουράνια, δώσε μας σοφία και καρδιές με ευγνωμοσύνη υποταγμένες σε Εσένα ώστε με σεβασμό να τηρούμε τις εντολές Σου και να δείχνουμε ελεύθερα την αγάπη μας για Εσένα και για τον πλησίον μας. Προσευχόμαστε στο όνομα του Ιησού Χριστού.

3 Σεπτεμβρίου
Η ΔΙΑΜΟΡΦΩΣΗ ΤΗΣ ΔΙΚΑΙΟΣΥΝΗΣ

«Για τον λόγο ότι, δεν είναι δίκαιοι μπροστά στον Θεό οι ακροατές τού νόμου, αλλά οι εκτελεστές τού νόμου θα δικαιωθούν». Προς Ρωμαίους 2:13

"For it is not those who hear the law who are righteous in God's sight, but it is those who obey the law who will be declared righteous." Romans 2:13

"Porque Dios no considera justos a los que simplemente oyen la ley sino a los que la obedecen". Romanos 2:13

Όσοι υπήρξαν θύματα αδικίας αποζητούν δικαίωση, όχι μόνο για τον εαυτό μας αλλά για όλους όσους υποφέρουν από αυτόν τον ζυγό της αδικίας. Κάθε πρωτοβουλία, όμως, που βασίζεται στις δικές μας δυνάμεις θα αποτύχει. Η διαμόρφωση και η μονιμότητα της δικαιοσύνης απαιτούν την παρέμβαση και τη βοήθεια του Αγίου Πνεύματος.

Όταν το Άγιο Πνεύμα κατοικεί στην καρδιά μας, η δικαιοσύνη αρχίζει να γεννάται μέσα μας, αποζητώντας να επιδιορθώσει τις βλάβες της ζωής μας και να μας δείξει αλληλεγγύη με τον πόνο και τα βάσανα των άλλων. Ιδιαίτερα με άτομα που δεν μπορούν να υπερασπιστούν τον εαυτό τους λόγω έλλειψης γνώσης, πόρων και κοινωνικο-οικονομικής κατάστασης.

Η διαμόρφωση ενός θαύματος του Θεού, ενός δίκαιου και ευγενούς χαρακτήρα γεννάται από την ακοή, την πίστη και την πράξη του θελήματος του Θεού. *«Επομένως, η πίστη είναι διαμέσου τής ακοής· η δε ακοή διαμέσου τού λόγου τού Θεού»* **(Προς Ρωμαίους 10:17)**. Γι' αυτό ο Ιησούς είπε *«Δεν θα μπει μέσα στη βασιλεία των ουρανών καθένας που λέει σε μένα: Κύριε, Κύριε· αλλά αυτός που πράττει το θέλημα του Πατέρα μου, ο οποίος είναι στους ουρανούς»* **(Κατά Ματθαίον 7:21)**.

Το Άγιο Πνεύμα φυτεύει σπόρους πίστης που μας βοηθούν να πιστέψουμε και να θυμόμαστε τις εντολές του Θεού, οδηγώντας μας *να πράττουμε το θέλημα του Θεού*. Υπάρχουν τρία καλά πράγματα που ο Θεός απαιτεί και αναμένει από εμάς, *«να πράττεις το δίκαιο, και να αγαπάς έλεος, και να περπατάς ταπεινά μαζί με τον Θεό σου»* **(Μιχαίας 6:8)**. Ο Ιησούς είπε *«Αν τα ξέρετε αυτά, είστε μακάριοι, αν τα κάνετε»* **(Κατά Ιωάννην 13:17)**.

Έτσι γεννιέται η δικαιοσύνη και διαμορφώνεται στην καρδιά μας. Τα υπόλοιπα είναι να ακούμε και να πράττουμε το θέλημα του Θεού όταν το Άγιο Πνεύμα μας ωθεί να προσευχηθούμε και να δρούμε ως παιδιά και οικογένεια του Θεού. *«Επειδή, όποιος κάνει το θέλημα του Πατέρα μου, που είναι στους ουρανούς, αυτός είναι σε μένα αδελφός και αδελφή και μητέρα»* **(Κατά Ματθαίον 12:50)**.

Η αλλαγή δεν συμβαίνει από τη μία μέρα στην άλλη. Γι' αυτό, σας ζητώ να αντιγράψετε και να προσεύχεστε την προσευχή αυτή μαζί μου για τις επόμενες επτά ημέρες: *«Ουράνιε Πατέρα μου, άνοιξε τα μάτια μου, τα αυτιά μου και την κατανόησή μου για να διακρίνω τις αδικίες στο περιβάλλον μου με κάθε τρόπο και με κάθε πρόσωπο που εμφανίζονται. Δώσε μου την αγάπη και τη σοφία να τις αντιμετωπίσω και να κάνω αυτό που μπορώ για να βοηθήσω όσους δεν δύνανται να αμυνθούν και τους αδύναμους να διορθώσουν την αδικία. Το ζητώ στο όνομα του Ιησού Χριστού».*

Τώρα, κρατήστε τις κεραίες σας ανοιχτές και δείξτε στον κόσμο ότι η αγάπη σας για τη δικαιοσύνη είναι η πυξίδα της ζωής σας.

4 Σεπτεμβρίου
Ο ΛΟΓΟΣ ΤΟΥ ΘΕΟΥ
Προς Ρωμαίους 10:17

Ο πεθερός μου, ο παππούς Αριστοκλής Ξανθόπουλος ήταν ένας πιστός Χριστιανός στον Ιησού Χριστού και είμαι σίγουρος ότι προσευχόταν, όπως κάνω κι εγώ τώρα, ότι οι γιοι και οι κόρες μας και οι μελλοντικές γενιές θα έχουν χαρά, αγάπη, ειρήνη και ευημερία στα σπίτια τους ζητώντας από τον Θεό να είναι το κέντρο της ζωής τους.

Μου έδωσε επίσης έναν χάρτη θησαυρού για να με οδηγήσει μέσα από δύσκολες στιγμές, περισπασμούς και εμπόδια προς την πίστη και η χαρά. Με βεβαιότητα, ο Παππούς έβαλε την Αγία Γραφή στο χέρι μου και την άφησε να μου μιλήσει και να με καθοδηγήσει άμεσα. Χρόνια αργότερα, μου είπε ότι *«αρκετοί γνωρίζουν τον Θεό, αλλά λίγοι γνωρίζουν πραγματικά ποιος είναι ο Θεός και ότι δεν χρειάζεται να αλλάξω θρησκεία, αλλά να γνωρίσω προσωπικά τον Θεό και να αναζητήσω τη συμβουλή Του».*

Δεν διάβαζα την Αγία Γραφή συχνά, εκτός από όταν τα πράγματα ήταν δύσκολα. Οι περισσότερες Αγίες Γραφές που έχω είναι γεμάτες από σημειώσεις και υπογραμμισμένες. Αλλά η Αγία Γραφή που μου έδωσε ο παππούς έχει μόνο ένα εδάφιο υπογραμμισμένο: **Προς Εφεσίους 5:31** *«Γι' αυτό, ο άνθρωπος θα αφήσει τον πατέρα του και τη μητέρα, και θα προσκολληθεί στη γυναίκα του, και θα είναι οι δύο σε μία σάρκα».* Η ζωή ενός παντρεμένου ζευγαριού δεν είναι εύκολη, επομένως χρειαζόμαστε δύναμη, αγάπη και κατεύθυνση άνωθεν για να παραμείνουμε πιστοί στους όρκους *«ώσπου να μας χωρίσει ο θάνατος».* Το εδάφιο αυτό έγινε η δύναμή μου και η ελπίδα μου τα βράδια που δεν μπορούσα να κοιμηθώ.

Ο πεθερός μου κατανοούσε τη δύναμη που είχε η Αγία Γραφή να μιλά στην καρδιά. Στην **Προς Ρωμαίους επιστολή 10:14** διαβάζουμε *«Πώς, λοιπόν, θα επικαλεστούν εκείνον στον οποίο δεν πίστεψαν; Και πώς θα πιστέψουν σ' εκείνον, για τον οποίο δεν άκουσαν; Και πώς θα ακούσουν, χωρίς να υπάρχει εκείνος που κηρύττει;»* Το **εδάφιο 17** προσθέτει *«Επομένως, η πίστη είναι διαμέσου τής ακοής· η δε ακοή διαμέσου τού λόγου τού Θεού».*

Μερικά χρόνια πριν, είχα το προνόμιο να δώσω μία Αγία Γραφή στον γαμπρό μου, τον Carlos Aristizabal (τον σύζυγο της Σοφίας) ανακοινώνοντας ότι, στην οικογένειά μας, είναι παράδοση ο πατέρας της οικογένειας να καλωσορίζει ένα νέο μέλος δίνοντας μία Αγία Γραφή στον γαμπρό ώστε να είναι οδηγός και ενθάρρυνση στις καλές και στις άσχημες στιγμές. Προσεύχομαι στον Θεό η παράδοση αυτή να συνεχίσει μέσα στις γενιές και ότι όλα τα παιδιά μου και τα δικά σας θα γνωρίσουν προσωπικά τον Θεό.

Ας προσευχηθούμε: Ουράνιε Πατέρα μας, Σ' ευχαριστούμε που φύτεψες τους σπόρους της πίστης μέσω του Λόγου Σου. Σήμερα, ενωνόμαστε σε όλο τον κόσμο, προσευχόμενοι ότι τα παιδιά μας και τα παιδιά τους θα επιτρέψουν Εσένα να είσαι ο πυρήνας του σπιτιού τους ώστε να μπορούν να αντιστέκονται στις επιθέσεις και στα εμπόδια της αγάπης και της χαράς και να διαβαίνουν θριαμβευτικά προς την Βασιλεία Σου, κρατώντας το χέρι των συζύγων τους. Προσευχόμαστε στο όνομα του Ιησού Χριστού.

---

5 Σεπτεμβρίου
ΠΡΟΣΕΞΤΕ ΑΥΤΟΥΣ ΠΟΥ ΣΚΟΤΩΝΟΥΝ ΤΟΥΣ ΠΡΟΦΗΤΕΣ
Κατά Ματθαίον 23:34

Η σημερινή φωτογραφία μας δείχνει το εκκλησάκι του Προφήτη Ηλία στην κορυφή του Ολύμπου. Όποιος δεν αγαπά τη φύση, τον καθαρό αέρα του βουνού τον καταστρέφει εγωιστικά αφήνοντας σκουπίδια καθώς ανεβαίνει και κατεβαίνει. Έχω δει φωτογραφίες από εγκαταλειμμένα στρώματα και άδεια μπουκάλια με νερό τα οποία θα μπορούσαν πολύ εύκολα να πεταχτούν στο πάρκινγκ που υπάρχει στο βουνό. Ενδιαφέρονται μόνο να βγάλουν μία φωτογραφία στην κορυφή και να πουν ότι κατέκτησαν το βουνό και κατεβαίνουν με ελαφρύτερο φορτίο. Ακόμη και στα βουνά, όλοι πρέπει να κουβαλούν το φορτίο τους.

Όποιος δεν γνωρίζει και δεν αγαπά τον Θεό επιθυμεί πρώτα να προστατεύσει τη θέση του και τον μισθό τους από ανθρώπους που θαυμάζουν την ευγλωττότητά τους. Ζηλεύουν τους προφήτες που στέλνει ο Θεός για να καθοδηγήσει τους ανθρώπους Του σε επικίνδυνα μονοπάτια. Αντί να τους δεχτούν με χαρά και να κρύψουν μέσα τους τις εντολές τους, τους σκοτώνουν αγνοώντας και αναιρώντας τη δύναμη των λόγων ενός προφήτη. Βάζουν τον εαυτό τους στη θέση των αληθινών προφητών και αποστόλων, υποθέτοντας ότι γνωρίζουν τον δρόμο για την έπαυλη. Αλλά το μονοπάτι είναι μυστήριο και ύπουλο, περιτριγυρίζεται εύκολα από ομίχλη, αφήνοντας πολλούς αποκλεισμένους και λεία εύκολη για άγρια ζώα που σκοτώνουν τους απροστάτευτους.

Ο Ιησούς μας προειδοποιεί από τέτοιους οδηγούν. Μιλώντας γι' αυτούς, λέει «*Φίδια, οχιάς γεννήματα, πώς θα ξεφύγετε από την καταδίκη τής γέεννας; Γι' αυτό, δέστε, εγώ στέλνω σε σας προφήτες και σοφούς και γραμματείς· και απ' αυτούς θα θανατώσετε και θα σταυρώσετε, και απ' αυτούς θα μαστιγώσετε στις συναγωγές σας, και θα καταδιώξετε από πόλη σε πόλη*» (**Κατά Ματθαίον 23:33-34**).

Δεν θα πρέπει να μας εκπλήσσει το γεγονός ότι, στην επιθυμία μας ψάξουμε και να σώσουμε τα χαμένα πρόβατα στα βουνά και στις πεδιάδες, θα έρθουμε αντιμέτωποι με λύκους που θα αντισταθούν στο μήνυμά μας (τον αμετάβλητο Λόγο του Θεού). Θα μας κυνηγούν από πόλη σε πόλη, ή, με ψέματα προς τους ανθρώπους, θα πείσουν τους αθώους να αγνοήσουν τον Λόγο του Θεού γιατί είναι γεμάτος λάθη και ασυνέπειες – βάζοντας τον εαυτό τους ως τους μοναδικούς που γνωρίζουν τον τρόπο. Ας είμαστε προσεκτικοί και **ας διασφαλίσουμε ότι τα παιδιά μας δεν θα πέσουν στην πλάνη των λύκων που σκοτώνουν τον Ζωντανό Λόγο του Θεού.**

Ας προσευχηθούμε: Ουράνιε Πατέρα μου, γνωρίζοντας ότι αυτή είναι η αντιμετώπιση που μας περιμένει, ενδυνάμωσέ μας ώστε να μην κουραστούμε και να μην σταματήσουμε να ψάχνουμε για τα χαμένα πρόβατα Σου. Εσύ μας έσωσες, μας θεράπευσες και μας προετοίμασες για τον σκοπό αυτό. Εσύ αποκάλυψες το μονοπάτι που οδηγεί στη βασιλεία Σου. Σε παρακαλώ μην αφήσει ούτε ένα από τα πρόβατά Σου να πέσει θύμα σε **όσους σκοτώνουν τους προφήτες Σου.** Προσευχόμαστε στο Άγιο Όνομά Σου.

---

6 Σεπτεμβρίου
ΑΦΗΣΤΕ ΣΤΗΝ ΑΚΡΗ ΤΟ ΠΕΡΙΤΤΟ ΒΑΡΟΣ
Προς Εβραίους 12:1

Είναι δύσκολο να τρέχεις με επιπλέον βάρος! Προσπάθησα κάποτε να κάνω joggin με 4,53 κιλά βάρος σε κάθε αστράγαλο. Ήταν επίπονο! Δεν μπορούσα να τρέξω παρά μόνο μια μικρή απόσταση. Το 2007, ήμουν 104 κιλά και κατάφερα να τρέξω 100 μέτρα με μεγάλο πόνο. Η καρδιά μου χτυπούσε με απίστευτα γρήγορους ρυθμούς και κοβόταν η αναπνοή μου. Μετά που έχασα 60 κιλά το 2008, σταδιακά κατάφερα να τρέξω 8 χιλιόμετρα σε 48 λεπτά με λίγη προπόνηση. Το θέμα είναι ότι το υπερβολικό βάρος (σ' αυτή την περίπτωση, η αμαρτία) μας αποτρέπει από την ολοκλήρωση του αγώνα και την επιτυχία του στόχου.

Προηγουμένως, αναλύσαμε το λάθος να κουβαλάμε την ντροπή και το βάρος αμαρτιών του παρελθόντος. Σήμερα εξερευνούμε τα οφέλη να αφήσουμε όλο το επιπλέον βάρος εφόσον είμαστε σε έναν αγώνα για να κερδίσουμε το στέμμα της ζωής. Ο στόχος μας είναι να επιστρέψουμε στα χέρια του Δημιουργού και Σωτήρα μας, του Ιησού Χριστού. Όποιος τρέχει, πρέπει να το κάνει με υπομονή, συνέπεια και κουβαλώντας το λιγότερο δυνατό βάρος. Πρέπει να απελευθερωθούμε από τις αμαρτίες που μας κρατούν ακίνητους και άχρηστους φυλακισμένους για το έργο του Θεού.

Ας μην παρεξηγούμε. Η αμαρτία είναι ένα αδίκημα που πληγώνει τον Θεό και δεν θα μας επιτρέψει να εισέλθουμε στην αιώνια ανάπαυση. Ο Θεός είναι καλός και συγχωρεί αμαρτίες τις οποίες προηγουμένως έχουμε εξομολογηθεί και από τις οποίες έχουμε μετανιώσει. Αλλά αν συνεχίζουμε με αυτές, είναι ένα σημάδι ότι δεν είμαστε απαραίτητα υπό την κυριότητα του Θεού, αλλά του πρίγκιπα του σκότους.

Ο μόνος τρόπος να φτάσουμε στον στόχο μας είναι αν αφήσουμε την αμαρτία, αν τρέξουμε τον αγώνα της ζωής με τα μάτια μας καρφωμένα στον Ιησού Χριστού ως το παράδειγμα και την έμπνευσή μας. Όταν τρεφόμαστε καθημερινά με τον Λόγο του Θεού και προσευχόμαστε συνεχώς με τον προπονητή μας (το Άγιο Πνεύμα), δεν θα υπάρχει τίποτα που δεν μπορεί να κάνει ο Θεός. Εμπιστευθείτε με!

Ας προσευχηθούμε: Ουράνιε Πατέρα μας, βοήθησέ μας να έχουμε τα μάτια μας καρφωμένα στον Ιησού *«τον αρχηγό και τελειωτή τής πίστης»* **(Προς Εβραίους 12:2).** Σε παρακαλούμε βοήθησέ μας να ελευθερωθούμε από το βάρος της αμαρτίας και να βαδίσουμε στον δρόμο που είναι μπροστά μας με υπομονή. Προσευχόμαστε στο όνομα του Ιησού Χριστού.

7 Σεπτεμβρίου
Η ΠΕΙΘΑΡΧΙΑ ΠΟΝΑ
ΑΛΛΑ ΘΕΡΑΠΕΥΕΙ
Προς Εβραίους 12:11

Το εδάφιο αυτό μου θυμίζει τον πολύτιμο ύμνο δοξολογίας του Άλεξ Κάμπο **«Προς το εργαστήριο του αφέντη»** οι στίχοι του οποίου λένε: *«Έρχομαι στο εργοστάσιο του αφέντη γιατί Εκείνος θα με θεραπεύσει. Εκείνος θα με πάρει στα χέρια Του και θα θεραπεύσει κάθε μου πληγή. Τα εργαλεία του αφέντη θα επιδιορθώσουν την ψυχή μου. Ακόμη κι αν πονούν, το σφυρί στα χέρια Του και με πολύ φωτιά, θα θεραπευτούν».*

Την πειθαρχία του Θεού τη νιώθουμε κάποιες φορές σαν σφυρί ή σαν φωτιά, αλλά είναι μία τρυφερή πειθαρχία που διορθώνει, βοηθά και επιθυμεί να σώσει το αιώνια, την ψυχή μας, ακόμη κι αν για μια στιγμή ίσως φαίνεται ότι θα επηρεάσει το σώμα και το πνεύμα.

Η πειθαρχία, από την ελληνική λέξη **«παιδεία»**, σημαίνει *«καθοδήγηση, εκπαίδευση, διόρθωση με πειθαρχία, διδασκαλία».*

Όποιος αγαπά τα παιδιά του, θα τα παιδεύσει και θα τα εκπαιδεύσει στα βασικά της ζωής ώστε όταν είναι ανεξάρτητα να μπορούν να βάλουν σε εφαρμογή τα μαθήματα που τους δώσαμε με αγάπη και κάποιες φορές, με πόνο: μαθήματα για τον χαρακτήρα, τις αξίες, την ηθική, την ειλικρίνεια, τη γενναιοδωρία, την ευγένεια, την ευσέβεια για τον Θεό και την αγάπη για τους άλλους, κτλ. Όλα αυτά μας ξεχωρίζουν από την υπόλοιπη δημιουργία. Εξαιτίας αυτών των ανθρώπινων-θεϊκών χαρακτηριστικών, ο Θεός μας είδε στη δημιουργία ως *«καλούς».*

Σε κανέναν γονέα δεν αρέσει να πειθαρχεί τα παιδιά του. Πιστεύω πραγματικά ότι μας πονάει περισσότερο απ' ό,τι πονάει τους ίδιους. Ακόμη και στις εταιρίες, σε κανένα αφεντικό δεν αρέσει να πειθαρχεί τους εργαζόμενού τους, αλλά γίνεται για να επιτευχθεί ο στόχος για τον οποίο υπάρχει η εταιρεία. Ως άνθρωποι, ο στόχος μας είναι να παράγουμε καρπό που οδηγεί στην αιώνια ζωή.

Όταν παρεκκλίνουμε από το μονοπάτι του Θεού, ο Θεός μας διορθώνει με αγάπη και λύπη. *«Καθώς ο άνθρωπος διαπαιδαγωγεί τον γιο του, έτσι ο Κύριος ο Θεός σου σε διαπαιδαγώγησε»* (Δευτερονόμιον 8:5).

«Ακόμη κι αν πονάει (η πειθαρχία), ξέρω ότι θα βοηθήσει να γνωρίσουμε και να κατανοήσουμε τον Θεό, να γνωρίζουμε ότι δεν αξίζουμε τίποτα», πέρα από το γεγονός ότι ο Θεός είναι παντογνώστης και τρυφερός, γνωρίζει τον δρόμο της ζωής και για την αγάπη του Ιησού, του Σωτήρα μας, ο Θεός θα μας οδηγήσει με ασφάλεια μέσα από αυτή.

Ας προσευχηθούμε: Ουράνιε Πατέρα μας, όπως ήσουν με τους προγόνους μας, συνόδευσέ μας κάθε μέρα της ζωής μας. Βοήθησέ μας και καθοδήγησέ μας όταν χρειάζεται να πειθαρχήσουμε τα παιδιά μας, όχι να το αποφύγουμε, αλλά δώσε μας τη σοφία να τα διορθώνουμε με αγάπη, σεβασμό και αξιοπρέπεια. Προσευχόμαστε στο όνομα του Ιησού Χριστού.

---

8 Σεπτεμβρίου
ΤΙΠΟΤΑ ΔΕΝ ΕΙΝΑΙ ΑΔΥΝΑΤΟ

«Σας διαβεβαιώνω: Αν έχετε πίστη σαν κόκκον σιναπιού, θα πείτε σ' αυτό το βουνό: Πήγαινε από εδώ εκεί, και θα πάει, και δεν θα είναι σε σας τίποτε αδύνατο». **Κατά Ματθαίον 17:20**

"Truly I tell you, if you have faith as small as a mustard seed, you can say to this mountain, 'Move from here to there, 'and it will move. Nothing will be impossible for you." **Matthew 17:20**

"'De cierto les digo, que si tuvieran fe como un grano de mostaza, le dirían a este monte: 'Quítate de allí y vete a otro lugar', y el monte les obedecería. ¡Nada sería imposible para ustedes'"! **Mateo 17:20**

Στην εποχή του Ιησού, στα πράγματα που ήταν αδύνατα περιλαμβάνονταν: οι τυφλοί να βλέπουν, οι κωφοί να ακούν και οι νεκροί να έρχονται στη ζωή. Ο Ιησούς, όμως, ήρθε και τα έκανε όλα αυτά στην παρουσία πολλών μαρτύρων. Και είπε ότι θα κάνει ακόμη μεγαλύτερα πράγματα. Πράγματι, **για τον Θεό και τη δύναμη του Θεού,** *τίποτα δεν είναι αδύνατο* **(Κατά Ματθαίον 19:26)**. Το μόνο αδύνατο για τον Θεό είναι να πει ψέματα **(Προς Εβραίους 6:18)**.

Ο Ιησούς δήλωσε: *«Πνεύμα Κυρίου είναι επάνω μου· γι' αυτό με έχρισε· με απέστειλε για να φέρνω τα χαρμόσυνα νέα στους φτωχούς, για να γιατρέψω τούς συντριμμένους στην καρδιά, για να κηρύξω ελευθερία στους αιχμαλώτους, και ανάβλεψη στους τυφλούς, να αποστείλω τούς ψυχικά τσακισμένους σε ελευθερία»* **(Κατά Λουκάν 4:18)**. Ο Ιησούς εμπιστεύθηκε τη διακονία Του στους μαθητές Του, στην εκκλησία, σε εμάς! Ο Ιησούς είπε *«Ειρήνη σε σας· όπως με απέστειλε ο Πατέρας, και εγώ αποστέλλω εσάς»* **(Κατά Ιωάννην 20:21)**.

Δυστυχώς, κάθε Χριστιανός έχει **αποσταλεί**, αλλά λίγοι έχουν απαντήσει. Πολλοί συνεχίζουν να ζουν φυλακισμένοι στην αμαρτία και στις εξαρτήσεις, από τους πειρασμούς και τα θέλγητρα αυτού του κόσμου. Δεν έχουν ακόμη βιώσει πλήρως τη δύναμη και την εξουσία του Θεού και πιστεύουν ότι είναι αδύνατον να ξεπεράσουν τους πειρασμούς. Πολλές φορές δεν κατάφεραν να εγκαταλείψουν τον αμαρτωλό τρόπο ζωής τους. Ναι, είναι αδύνατον για τους ανθρώπους, αλλά με τον Θεό δίπλα μας, τίποτα δεν είναι αδύνατον.

Σκεφτείτε τα απίθανα όνειρα που πραγματοποιήσαμε, πράγματα που 300 χρόνια πριν, η ανθρωπότητα τα θεωρούσε εντελώς αδύνατα. Στη λίστα αυτή θα βάζαμε τα βοηθήματα ακοής, μεταμόσχευση οργάνων, οι τυφλοί που βλέπουν, το iPhone, το διαδίκτυο, τον ηλεκτρισμό, το ραδιόφωνο, τα αεροπλάνα που πετούν, το GPS, τα ταξίδια στο φεγγάρι, κτλ. Δεν έχουμε φέρει τους νεκρούς πίσω στη ζωή ακόμη (κάποια πράγματα μένουν ακόμη για τον Θεό). Αλλά ότι έχουμε εξουσία επάνω στους δαίμονες, έχουμε! Και είμαστε μάρτυρες ότι **η ίδια δύναμη του Χριστού, που ανέστησε τους τυφλούς και άνοιξε τα αυτιά των κωφών, είναι ακόμη σε λειτουργία μέσα μας για να ελευθερώσει τους αιχμαλώτους μας.**

Ας προσευχηθούμε: Ουράνιε Πατέρα μας, Σ' ευχαριστούμε που μας διάλεξες ως όργανα για να απελευθερώσουμε τους αιχμαλώτους ανάμεσά μας. Δώσε μας καρδιές σαν τη δική Σου για να κοιτάζουμε τα παιδιά Σου με παρηγοριά και να διακηρύττουμε ότι, στο όνομα του Ιησού Χριστού, είναι ελεύθερα από τα δεσμά τους. Προσευχόμαστε στο όνομα του Ιησού Χριστού.

Η ίδια δύναμη του Χριστού, που ανέστησε τους τυφλούς και άνοιξε τα αυτιά των κωφών, είναι ακόμη σε λειτουργία μέσα μας για να ελευθερώσει τους αιχμαλώτους μας.

---

9 Σεπτεμβρίου
ΠΙΣΤΗ ΠΟΥ ΕΠΙΒΕΒΑΙΩΝΕΙ ΤΗ ΣΩΤΗΡΙΑ

«Κάνοντας τον συλλογισμό ότι ο Θεός μπορεί να τον σηκώσει και από τους νεκρούς» **Προς Εβραίους 11:19**

"Abraham reasoned that God could even raise the dead." **Hebrews 11:19**

"Y es que Abrahán sabía que Dios tiene poder incluso para levantar a los muertos". **Hebreos 11:19**

Το επίπεδο της εμπιστοσύνης που έχουμε στην παρουσία του Θεού και στη δύναμή Του καθορίζει τη δράση που θα λάβει ο Θεός. Το επίπεδο της αγάπης, της εμπιστοσύνης και της ευγνωμοσύνης που δείχνουμε προς τον Δημιουργό μας ενεργοποιεί το χέρι του Θεού για να βεβαιώσει τη σωτηρία μας και τη σωτηρία των παιδιών μας.

Μέσα από την πίστη του Αβραάμ, ο Θεός έσωσε τη ζωή του Ισαάκ και των απογόνων του. Ο Θεός είχε υποσχεθεί στον Ισαάκ, ότι οι απόγονοί Του θα ήταν αμέτρητοι όπως η άμμος **(Προς Εβραίους 11:12)**. Αλλά ο Θεός δοκίμασε τον Αβραάμ ζητώντας του να θυσιάσει τον μοναδικό του γιο, τον Ισαάκ. Ο Αβραάμ έδειξε τη μεγάλη του πίστη ότι *ο Θεός μπορούσε να αναστήσει ακόμη και τους νεκρούς.* Γι' αυτό ο Αβραάμ είπε στους δύο υπηρέτες του, *«Εσείς καθήστε αυτού μαζί με το γαϊδούρι· εγώ δε και το παιδάκι θα πάμε μέχρις εκεί· και όταν προσκυνήσουμε, θα επιστρέψουμε σε σας»* **(Γένεσις 22:5)**.

Πνευματικά, ο Ισαάκ ήταν ένα είδος Χριστού, που επιλέχθηκε να επιδείξει μέχρι πού μπορεί να φτάσει ο Θεός για να μας σώσει όταν δείχνουμε μεγάλη πίστη και εμπιστοσύνη σε Εκείνον. Η αγάπη του Θεού και η πίστη στην ανθρωπότητα είναι τόσο μεγάλες που ο Θεός θυσίασε τον Υιό Του τον μονογενή, τον Ιησού Χριστό, ώστε *«να μη χαθεί καθένας ο οποίος πιστεύει σ' αυτόν, αλλά να έχει αιώνια ζωή»* **(Κατά Ιωάννην 3:15)**. Μέσα από την πίστη και την υπακοή του Ιησού, ο Θεός έδωσε τον Αμνό που θυσιάστηκε για να σώσει ολόκληρο τον κόσμο.

«Ο Ιησούς είπε σ' αυτήν: Εγώ είμαι η ανάσταση και η ζωή· αυτός που πιστεύει σε μένα, και αν πεθάνει, θα ζήσει» **(Κατά Ιωάννην 11:25)**. Αυτό είναι ένα από τα θεμέλια της πίστης μας. Όλοι θα

πεθάνουμε μία μέρα, αλλά αν εναποθέσουμε την πίστη μας στον Ιησού Χριστού, έχουμε τη διαβεβαίωση ότι θα ζήσουμε ξανά την Ανάσταση. *«Όποιος πιστεύει στον Υιό, έχει αιώνια ζωή·»* (Κατά Ιωάννην 3:36, 5:24).

Δείχνουμε μεγάλη πίστη όταν πιστεύουμε στον Λόγο του Θεού και στις υποσχέσεις Του. Η πίστη στον Λόγο του Θεού σημαίνει ότι το χέρι του Θεού θα εκπληρώσει την υπόσχεσή Του ακόμη κι όταν τα πράγματα φαίνονται αδύνατα. Μία από τις υποσχέσεις που βοήθησε στην ενίσχυση της πίστης μου κατά τη διάρκεια του ταξιδιού του μέλιτος ήταν *«Εγώ θα είμαι μαζί σου, όπως ήμουν και με το Μωυσή· δε θα σ' αφήσω, δε θα σ' εγκαταλείψω»* (Ιησούς του Ναυή 1:5).

Ας προσευχηθούμε: Ουράνιε Πατέρα μου, θέλουμε να διασφαλίσουμε τη σωτηρία μας και τη σωτηρία των απογόνων μας. Όταν πέφτουμε σε παγίδες, ενίσχυσε την πίστη μας για να πιστέψουμε στην αγάπη Σου, στη δύναμη, στην παρουσία, στην καλοσύνη, στο έλεος και στην πιστότητά του. Μην μας αφήνεις να *«πέσουμε σε πειρασμό, αλλά γλίτωσέ μας από τον πονηρό. Γιατί σ' εσένα ανήκει παντοτινά η βασιλεία, η δύναμη και η δόξα. Αμήν»* (Κατά Ματθαίον 6:13).

---

10 Σεπτεμβρίου
ΣΩΣΜΕΝΟΙ ΜΕ ΠΙΣΤΗ Ή ΜΕ ΕΡΓΑ;
Ιακώβου 2:26

Ο Ιησούς είπε *«Στη βασιλεία του Θεού δε θα μπει όποιος μου λέει "Κύριε, Κύριε", αλλά όποιος κάνει το θέλημα του ουράνιου Πατέρα μου»* (Κατά Ματθαίον 7:21). Ο Θεός μας διδάσκει ότι σωζόμαστε δια της χάρης, μέσω της πίστης, εφόσον *«κανένας δεν μπορεί να δικαιωθεί. Το μόνο που καταφέρνει με το νόμο είναι να συνειδητοποιήσει τη δύναμη της αμαρτίας»* (Προς Ρωμαίους 3:20). Εντωμεταξύ, ο Λόγος του Θεού μας λέει *«Γιατί στο θεϊκό δικαστήριο δεν δικαιώνονται όσοι άκουσαν απλώς το νόμο αλλά μόνο όσοι τήρησαν το νόμο»* (Προς Ρωμαίους 2:13).

Σωζόμαστε με την πίστη ή με τα έργα; Πρόκειται για ένα από τα πιο αμφιλεγόμενα θέματα στην Καινή Διαθήκη. Κοιτώντας το σύντομα, φαίνεται να είναι ένα σημάδια διαφωνίας μεταξύ της σωτηρίας μέσω της πίστης ή μέσω των έργων. Στον βιβλίο του **Ιακώβου 2:14** λέει *«Ποιο είναι το όφελος, αδερφοί μου, αν κάποιος λέει ότι έχει πίστη, δεν την αποδεικνύει όμως με έργα; Μήπως μπορεί μόνη της η πίστη να τον σώσει;»*.

Η πίστη είναι απαραίτητη για τη σωτηρία, αλλά όχι η ψεύτικη πίστη που δεν προσφέρει τίποτα για να εξαλειφθεί η ανάγκη για έναν διψασμένο ή γυμνό άνθρωπο **(Ιακώβου 2:15-16)**. Ο Θεός μας λέει

«Έτσι και η πίστη, αν δεν εκδηλώνεται με έργα, μόνη της είναι νεκρή» (**Ιακώβου 2:17**) και δεν εξυπηρετεί τον σκοπό του Θεού.

«Πραγματικά, με τη χάρη του σωθήκαμε δια της πίστεως. Κι αυτό δεν είναι δικό σας κατόρθωμα αλλά δώρο Θεού. Δε σωθήκατε με τα δικά σας έργα κι έτσι κανείς δεν μπορεί να καυχηθεί γι' αυτό» (**Προς Εφεσίους 2:8-9**). Εδώ, βρίσκουμε μία απάντηση που συμφιλιώνει. Η πίστη σώζει, όχι τα έργα! Ωστόσο, η πίστη στον Χριστό σημαίνει ότι λαμβάνουμε τη ζωή για να πράττουμε *«καλά έργα»* (εδάφιο 10).

Στο βιβλίο του **Ιακώβου 1:22** μας καλεί *«αυτόν το λόγο να τον κάνετε πράξη κι όχι μόνο να τον ακούτε».* Γεμάτοι ευγνωμοσύνη για τη σωτηρία μας, βάζουμε τον εαυτό μας στην υπηρεσία του Θεού για να είναι τα χέρια, τα πόδια, το στόμα και η τρυφερότητα του Χριστού.

Ας προσευχηθούμε: Ουράνιε Πατέρα μου, Σ' ευχαριστούμε γιατί η σωτηρία μας ήταν αποκλειστικά και μόνο στη δική Σου πρωτοβουλία, εκπορεύεται από τη χάρη Σου και την αγάπη Σου μέσω της πίστης στον Ιησού Χριστό. Ο Ιησούς μας αγόρασε για να εκτελέσουμε καλά έργα στο όνομά Του. Βοήθησέ μας να μην ξεχνούμε τον σκοπό μας και τι έχουμε κληθεί να κάνουμε. Σ' ευχαριστούμε για την αυτοπεποίθηση που έβαλες μέσα μας. Εμπιστευόμαστε τα παιδιά μας και τις επόμενες γενιές στη φροντίδα, στην αγάπη και στη χάρη Σου. Προσευχόμαστε στο όνομα του Ιησού Χριστού.

---

11 Σεπτεμβρίου
ΠΕΣ ΣΤΟΝ ΛΑΟ ΜΟΥ ΝΑ ΠΡΟΧΩΡΗΣΕΙ
Έξοδος 14:15

Υπάρχει η στιγμή για τα πάντα. *«Καιρός που κλαίει κανείς και που γελάει»* (**Εκκλησιαστής 3:4**). Καιρός που χαιρετάς και καιρός που αποχαιρετάς. Όλα έχουν την ώρα τους. Στις 11 Σεπτεμβρίου του 2020, επιστρέψαμε στο σπίτι μας. Δεν γνωρίζαμε τι μας περίμενε στο ταξίδι, αλλά μας συνόδευε ο Θεός, ο Πατέρας μας, ο Αδελφός και Φίλος μας που μας υποσχέθηκε ότι θα είναι μαζί μας κάθε μέρα μέχρι το τέλος του κόσμου.

Το σημερινό ανάγνωσμα μας λέει για τον φόβο των Ισραηλιτών, που απειλούνταν από τον στρατό του Φαραώ που τους κυνηγούσε από πίσω και από μπροστά τους μπλόκαρε η θάλασσα. Σίγουρα φαντάζονταν τον θάνατο.

Στη συνέχεια, ο Κύριος είπε στον Μωυσή *«Τι μου φωνάζεις να σε βοηθήσω; Πες στους Ισραηλίτες να προχωρήσουν»* (**Έξοδος 14:15**). Ο Θεός δεν είχε χωρίσει ακόμη τη θάλασσα ώστε ο λαός να προχωρήσει μπροστά και να ξεφύγει από τον στρατό των Αιγυπτίων που πλησίαζε. Πράγματι, ο κόσμος θα σκεφτόταν, *«Πώς μας ζητά ο Μωυσής να προχωρήσουμε μπροστά αν δεν υπάρχει τρόπος και μας περιμένει μόνο ο θάνατος;»*

Το ίδιο συμβαίνει και με εμάς. Ο Θεός ζητά από τους δασκάλους και τους ποιμένες να πουν στον κόσμο να παρελαύσουν και να μην σταματήσουν να κοιτάζουν δεξιά ή αριστερά. Στην κορυφή του βουνού, ο οδηγός μας μας δίνει ακριβείς οδηγίες. Στα αριστερά μας, έχουμε μία άβυσσο και στα δεξιά έναν βράχο στον οποίο μπορούμε να γαντζωθούμε με δύο χέρια και δύο πόδια. Αν κοιτάξουμε την άβυσσο, ενδέχεται ο φόβος να μας ακινητοποιήσει, αλλά αν κοιτάξουμε τον οδηγό και προχωρήσουμε μπροστά, μένοντας κοντά στον αιώνιο βράχο μας, τον Κύριο, μπορούμε να διαβούμε *«μέσα από κοιλάδα σκιάς θανάτου και να πούμε ότι δεν θα φοβηθούμε κανένα κακό γιατί ο Κύριος είναι μαζί μας»* **(Ψαλμοί 23:4).**

Με την πίστη και την ελπίδα, παρουσιαστήκαμε στο αεροδρόμιο, δίχως να φοβόμαστε γνωρίζοντας ότι ο Κύριος μας κάλεσε στην Κατερίνη, στην Ελλάδα για τον σκοπό Του, για ένα διάστημα και τώρα ο Θεός μας στέλνει πίσω στο σπίτι ώστε να γίνει το θέλημά Του, όπου μας στέλνει.

Λόγω του COVID-19, το καλοκαίρι του 2020 ήταν πολύ διαφορετικό από οποιοδήποτε καλοκαίρι βιώσαμε. Υπήρξε το πιο έντονο, τρομακτικό και αξέχαστο καλοκαίρι από όλα τα χρόνια που ζήσαμε. Αλλά ο Θεός έβαλε την ελπίδα και την εντολή του στην καρδιά μας *«Πες στο λαό μου να προχωρήσει»* και να μην σταματήσει γιατί, στο τέλος του ταξιδιού, ο Θεός μας περιμένει με ανοιχτές αγκάλες και θα μας καλωσορίσει.

Ας προσευχηθούμε: Ουράνιε Πατέρα μας, θέλουμε να ακούσουμε τον δικό Σου χαιρετισμό: *«Εύγε, δούλε αγαθέ, και πιστέ· στα λίγα φάνηκες πιστός, επάνω σε πολλά θα σε καταστήσω· μπες μέσα στη χαρά τού κυρίου σου»* **(Κατά Ματθαίον 25:21).** Βοήθησέ μας να συνεχίσουμε να βαδίζουμε χωρίς να σταματάμε, βοηθώντας τους αδύναμους και όσους έχουν πέσει ώστε μαζί να φτάσουμε στην ουράνια έπαυλή Σου. Προσευχόμαστε στο όνομα του Ιησού Χριστού.

Ω Θεός έβαλε την ελπίδα και την εντολή του στην καρδιά μας «Πες στο λαό μου να »ροχωρήσει", να προχωρήσει και να μην σταματήσει, γιατί, στο τέλος του ταξιδιού, ο Θεός μας περιμένει με ανοιχτές αγκάλες και θα μας καλωσορίσει.

---

12 Σεπτεμβρίου
ΠΩΣ ΝΑ ΣΥΓΧΩΡΕΙΣ
Κατά Ματθαίον 6:14

Οι περισσότεροι από εμάς ξέρουμε πώς να κρίνουμε, αλλά λίγοι γνωρίζουμε να πώς να συγχωρούμε. Ο Θεός μας θέλει να μάθουμε **να συγχωρούμε.**

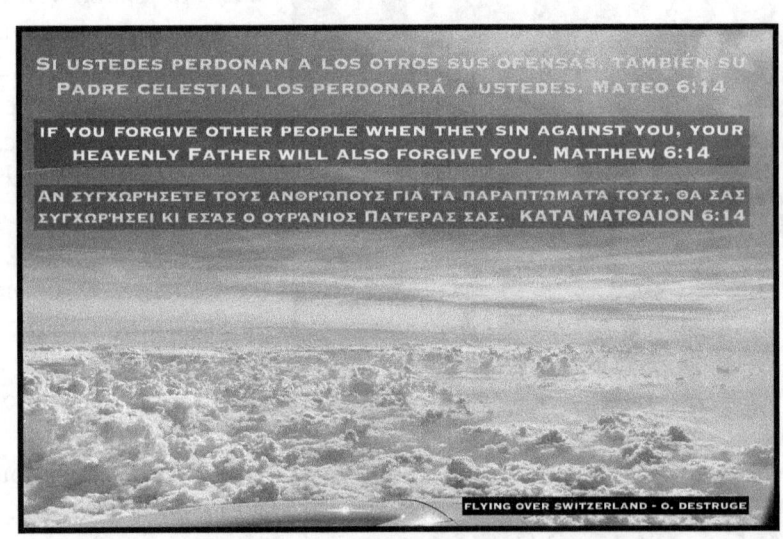

Υπάρχει τίποτα στο παρελθόν ή στο παρόν μας που πιστεύεις ότι ο Θεός δεν θα συγχωρήσει αν Τον προσεγγίσουμε με καρδιά μετάνοιας; Η Αγία Γραφή μας διδάσκει ότι συγχωρούνται όλες οι αμαρτίες όταν εμπιστευόμαστε στη θυσία του Ιησού Χριστού, εκτός από μία αμαρτία: *«η βλασφημία, όμως, ενάντια στο Πνεύμα, δεν θα συγχωρεθεί στους ανθρώπους»* **(Κατά Ματθαίον 12:31).**

Συγχώρησε τον εαυτό σου: Ένα από τα θέματα που έχουμε να αντιμετωπίσουμε ως ποιμένες και σύμβουλοι είναι όταν οι άνθρωποι συνεχίζουν να κουβαλούν το φορτίο από προηγούμενες αμαρτίες τους που τις έχουν εξομολογηθεί και για τις οποίες ο Θεός τους συγχώρησε σαν να έχουν να κάνουν κάποια μετάνοια για να ενεργοποιήσουν πλήρως τη συγχώρηση του Θεού. Αυτό είναι ψέμα του εχθρού. *«Το αίμα τού Ιησού Χριστού, τον Υιού του, μας καθαρίζει από κάθε αμαρτία»* **(Α' Ιωάννου 1:7).**

Δεν υπάρχει λόγος να κουβαλούμε τις τύψεις του παρελθόντος. Αν και, αν έχουμε καταχραστεί ή προκαλέσει ζημία σε κάποιον, ως νέα δημιουργήματα εν Χριστώ, θέλουμε να αποκαταστήσουμε ή να επανορθώσουμε για το κακό που προκαλέσαμε. Αν είναι δυνατόν, να επανορθώσουμε για το κακό, αλλά να προχωρήσουμε μπροστά χωρίς τύψεις και περιττά φορτία.

Να συγχωρήσουμε όπως συγχωρεί ο Θεός: *«Θα συγχωρήσω την ανομία τους, και δεν θα θυμάμαι πλέον την αμαρτία τους»* **(Ιερεμίας 31:34).** Τώρα, αν κάποιος έχει κλέψει από το ταμείο της εκκλησίας, συγχωρήστε τους, ζητήστε αποκατάσταση, αλλά μην τους αφήσετε να παραμείνουν στην ίδια θέση. Συγχωρούμε και ξεχνούμε, αλλά δρούμε υπεύθυνα όσον αφορά τα πράγματα του Θεού.

Ποιον πρέπει να συγχωρήσουμε; Όλους! Η συγχώρηση είναι διαθέσιμη προς όλο τον κόσμο, ανεξάρτητα από το τι έκαναν ή τι παρέλειψαν να κάνουν. *«Να, ο Αμνός τού Θεού, ο οποίος σηκώνει την αμαρτία τού κόσμου»* **(Κατά Ιωάννην 1:29).**

Συγχωρήστε με μεγάλη αγάπη. Χωρίς **άφθονη αγάπη**, είναι αδύνατον να συγχωρήσουμε όπως μας συγχωρεί ο Θεός. Ο Θεός δεν μας δίνει όσα αξίζουμε, αλλά όσα δεν αξίζουμε. Ο Θεός λέει *«Όσο απέχει η ανατολή από τη δύση, τόσο μακριά από μας έστειλε τις ανομίες μας»* **(Ψαλμοί 103:12).**

Κι έτσι, ρωτάμε ξανά: **Υπάρχει κάτι στο παρελθόν ή στο παρόν των ανθρώπων που δεν μπορεί να συγχωρήσει ο Θεός;** Η απάντηση είναι ΌΧΙ! Τα πάντα μπορούν να συγχωρηθούν. Είναι μεγάλη η χαρά να λαμβάνουμε συγχώρηση. Αλλά δεν είναι τόσο εύκολο να εφαρμόσουμε τη συγχωρητική χάρη του Θεού στους άλλους. Αν συγχωρήσουμε όσους μας προσέβαλαν, ο Θεός θα μας συγχωρήσει. Αυτό σημαίνει επίσης ότι ο Θεός δεν θα συγχωρήσει τις αμαρτίες μας αν εμείς δεν συγχωρούμε.

Ας προσευχηθούμε: Ουράνιε Πατέρα μας, δώσε μας καρδιά και πνεύμα που συγχωρούν, που αγαπούν όπως Εσύ. Καρδιά και πνεύμα που θέλουν να αποκαταστήσουν αντί να έχουν πάντα δίκιο. Βοήθησέ μας να είμαστε πρεσβευτές των καλών νέων όπου κι αν πάμε σήμερα. Προσευχόμαστε στο όνομα του Ιησού Χριστού.

Συγχώρησε τον εαυτό σου: Ένα από τα θέματα που έχουμε να αντιμετωπίσουμε ως ποιμένες και σύμβουλοι είναι όταν οι άνθρωποι συνεχίζουν να κουβαλούν το φορτίο από προηγούμενες αμαρτίες τους που τις έχουν εξομολογηθεί και για τις οποίες ο Θεός τους συγχώρησε σαν να έχουν να κάνουν κάποια μετάνοια για να ενεργοποιήσουν πλήρως τη συγχώρηση του Θεού.

---

13 Σεπτεμβρίου
Η ΤΑΠΕΙΝΟΦΡΟΣΥΝΗ ΕΥΧΑΡΙΣΤΕΙ ΤΟΝ ΘΕΟ
Παροιμίαι 22:4

Το λεξικό Oxford ορίζει την ταπεινοφροσύνη ως *«την ιδιότητα να έχω ή να δείχνω χαμηλή εκτίμηση στη σημαντικότητα κάποιου».* Ο ταπεινός άνθρωπος γνωρίζει ποιος είναι, ποιανού είναι και ποιον εκπροσωπεί. Οι ταπεινοί στην καρδιά αναγνωρίζουν το μέρος τους ως δημιουργήματα του Θεού, δημιουργημένοι για να αγαπούν και για να υπηρετούν τον Δημιουργό. Ο ταπεινός άνθρωπος δεν έχει περηφάνεια μέσα του και δεν ζητά αναγνώριση για τίποτα που έχει κάνει για τον Θεό ή για τους άλλους.

Θεωρώ τον πεθερό μου, **Αριστοκλήσ Ξανθόπουλοσ**, έναν πολύ ταπεινό άνθρωπο. Όλοι όσοι τον ήξεραν συμφωνούσαν ότι ήταν ένας μετριόφρων, εργατικός άνθρωπος του Θεού που επισκεπτόταν τους φτωχούς, ήταν υπεύθυνος για τη χορωδία της εκκλησίας, έδινε Αγίες Γραφές σε αγνώστους, κήρυττε, προσευχόταν και διάβαζε την Αγία Γραφή τουλάχιστον δύο φορές την ημέρα και καλωσόριζε αγνώστους, μέσα σ' αυτούς κι εγώ.

Το γνώρισα στα 21 μου, όταν παντρευτήκαμε η Μαργαρίτα κι εγώ. Δεν μιλούσαμε πολύ, κυρίως γιατί δεν μιλούσε πολύ Αγγλικά κι εγώ μετά βίας καταλάβαινα Ελληνικά. Αλλά χρόνια αργότερα κατάλαβα ότι δεν μιλούσε με λέξεις, αλλά με πράξεις, όντας παράδειγμα με την τρυφερή και συγχωρητική καρδιά Του (κάποια στιγμή θα γράψω περισσότερα σχετικά μ' αυτό).

«Ο φόβος του Κυρίου» **(Παροιμίαι 22:4)** σημαίνει ότι γνωρίζουμε πού βρισκόμαστε με τον Θεό, δείχνοντας αγάπη και σεβασμό προς τον Θεό και τον Λόγο Του. Πιστεύοντας ότι *«τα πάντα κτίστηκαν διαμέσου αυτού και γι' αυτόν»* **(Προς Κολοσσαείς 1:16)**. Και ως εκ τούτου, ταπεινώνουμε τον εαυτό μας ενώπιον του Θεού ώστε Εκείνος να μας ανυψώσει.

Τα οφέλη της ταπεινοφροσύνης και του φόβου του Θεού είναι *«πλούτος, και δόξα, και ζωή»* **(Παροιμίαι 22:4)**. Αν ο Θεός μας δίνει πλούτη σε αυτόν το κόσμο, είναι για να είμαστε καλοί διαχειριστές και να βοηθήσουμε τους φτωχούς και όσους βρίσκονται σε ανάγκη. Ο πεθερός μου ήταν ευχαριστημένος με όσα είχε και δεν ξεχνούσε ποτέ τους φτωχούς και τα ορφανά. Αυτή είναι η ταπεινοφροσύνη που ευχαριστεί τον Θεό.

Ο Ιησούς μας προειδοποιεί: *«Αλλά, να θησαυρίζετε στον εαυτό σας θησαυρούς στον ουρανό, όπου ούτε σκουλήκι ούτε σκουριά τούς αφανίζουν, και όπου κλέφτες δεν κάνουν διάρρηξη ούτε κλέβουν. Επειδή, όπου είναι ο θησαυρός σας, εκεί θα είναι και η καρδιά σας»* **(Κατά Ματθαίον 6:20-21)**.

Αναλογιστείτε τις δύο αυτές ερωτήσεις:
+ Πού είναι ο θησαυρός σας;
+ Ποια μαθήματα ταπεινοφροσύνης δημιουργείτε στα παιδιά σας και στις επόμενες γενιές ώστε να τα μιμηθούν;

Ας προσευχηθούμε: Ουράνιε Πατέρα μας, Σ' ευχαριστούμε για όσους υπήρξαν παράδειγμα ταπεινοφροσύνης για εμάς. Άγγιξε και ενέπνευσέ μας ώστε να αφήσουμε πίσω μας μία ευγενή κληρονομιά για τα παιδιά μας, για την οικογένειά μας, για τους συνανθρώπους και για τους φίλους μας. Προσευχόμαστε στο Άγιο Όνομά Σου.

14 Σεπτεμβρίου
ΑΝΑΣΤΗΘΗΚΑΜΕ ΜΕ ΤΟΝ ΧΡΙΣΤΟ
Προς Κολοσσαείς 3:1

Ας θυμηθούμε την Ανάσταση του Λαζάρου, του αδερφού της Μάρθας και της Μαίρης και τον καλό φίλο του Ιησού. Ο Λάζαρος ήταν νεκρός για 4 ημέρες όταν ο Ιησούς ήρθε για να παρηγορήσει την οικογένεια. Μόλις είδε τον Ιησού, η αδερφή του, η Μάρθα είπε:

«Κύριε, αν ήσουν εδώ, δεν θα πέθαινε ο αδελφός μου· όμως, και τώρα ξέρω ότι, όσα ζητήσεις από τον Θεό, ο Θεός θα σου τα δώσει. Ο Ιησούς λέει σ' αυτήν: Ο αδελφός σου θα αναστηθεί. Η Μάρθα λέει σ' αυτόν: Ξέρω ότι θα αναστηθεί κατά την ανάσταση στην έσχατη ημέρα. Ο Ιησούς είπε σ' αυτήν: Εγώ είμαι η ανάσταση και η ζωή· αυτός που πιστεύει σε μένα, και αν πεθάνει, θα ζήσει. Και καθένας που ζει και πιστεύει σε μένα, δεν πρόκειται να πεθάνει στον αιώνα. Το πιστεύεις αυτό;» (Κατά Ιωάννην 11:21-26).

Ήταν το πρώτο κείμενο που κήρυξα όταν ο Joseph F. Barclay (σύζυγος της συναδέλφου μας, Ευνίκης) τραυματίστηκε θανάσιμα σε τροχαία. Τη συνοδεύσαμε στο νοσοκομείο όπου μάθαμε ότι ο Ιωσήφ ήταν εγκεφαλικά νεκρός. Ως συντονιστής της ομάδας προσευχής και συντροφιάς του γραφείου, η Ευνίκη μου ζήτησε να πω δυο λόγια στην οικογένεια. Θυμάμαι ότι είπα το εξής. *«Δεν κατανοούμε γιατί συμβαίνουν πράγματα, αλλά ως Χριστιανοί πιστοί στις υποσχέσεις του Χριστού, έχουμε τη διαβεβαίωση ότι ο Ιωσήφ θα αναστηθεί και και ότι μια μέρα θα έχουμε τη μεγάλη επανένωση στην έπαυλη του Θεού. Υποφέρουμε όταν χάνουμε κάποιον δικό μας, αλλά ταυτόχρονα, ευχαριστούμε τον Θεό που μας επέτρεψε να γνωρίσουμε και να αφιερώσουμε χρόνο με τα αγαπημένα μας πρόσωπα. Είναι προτιμότερο να έχουμε περάσει έστω μία ημέρα στην παρουσία μας από το να μην τους είχαμε γνωρίσει ποτέ».*

Σήμερα αφιέρωσα πολλές ώρες να αναλογίζομαι το δώρο που έλαβα από τους γονείς μου, τον Galo και τη Lilia. Όλα τα καλά που έχω στη ζωή μου υπάρχουν γιατί εκείνοι θυσίασαν τα όνειρά τους για να διασφαλίσουν ότι ο αδερφός μου κι εγώ είχαμε μία ευκαιρία για μία καλύτερη ζωή. Αν δεν είχαν μεταναστεύσει στην Αμερική, δεν θα είχα γνωρίσει τη Μαργαρίτα και δεν θα είχα την οικογένεια με την οποία απολαμβάνω την αγάπη και την παρουσία του Θεού, κοιτώντας άνωθεν για τις υποσχέσεις που μας περιμένουν.

Ας προσευχηθούμε: Ουράνιε Πατέρα μας, βοήθησέ μας να θυμηθούμε ότι έχουμε έναν σύμβουλος στον ουρανό που μεσιτεύει για εμάς κάθε φορά που αποτυγχάνουμε. Στείλε το Άγιο Πνεύμα να μας θυμίσει ποιοι είμαστε, σε ποιον ανήκουμε και πού πηγαίνουμε. Σ' ευχαριστούμε γιατί, όπως ο Λάζαρος, Εσύ μας ανέστησες με τον Χριστό, γι' αυτό κοιτάζουμε προς τον ουρανό για αυτή την εκ νέου όμορφη συνάντηση.

15 Σεπτεμβρίου
Η ΠΑΡΕΞΗΓΗΜΕΝΗ ΑΛΗΘΕΙΑ
Κατά Ιωάννην 7:34

Στο **Κατά Ματθαίον 7:7-8** διαβάζουμε *«ψάχνετε, και θα βρείτε· ... επειδή, αυτός που ψάχνει, βρίσκει».* Αυτό ισχύει όταν ζητούμε με όλη μας την καρδιά να ανακαλύψουμε το θέλημα του Θεού. Όσοι απορρίπτουν ή αμφισβητούν τη δύναμη, την εξουσία και τον Λόγο του Ιησού έχουν την τάση να παρεξηγούν τις αλήθειες και τις υποσχέσεις που μπορούν να σώσουν ακόμη και τον πιο αχρείο αμαρτωλό, αλλά όσοι έχουν σκληρύνει τις καρδιές τους, όσο κι αν ψάχνουν την αλήθεια, δεν θα τη βρουν. Στην εποχή του Ιησού, οι Φαρισαίοι, οι Σαδδουκαίοι και οι γραμματείς έψαχναν τον Ιησού, όχι για να πιστέψουν και να Τον ακολουθήσουν, αλλά να Τον σκοτώσουν. Σ' αυτούς, ο Ιησούς είπε *«Θα με ζητήσετε, και δεν θα με βρείτε· και όπου είμαι εγώ, εσείς δεν μπορείτε νάρθετε»* **(Κατά Ιωάννην 7:34).**

Σήμερα, μοιράζομαι ορισμένα εδάφια τα οποία οι Εβραίοι παρεξήγησαν και δεν μπόρεσαν να εκτιμήσουν τις αλήθειες που μας φωτίζουν σήμερα.

Ο ΝΑΟΣ ΤΟΥ ΣΩΜΑΤΟΣ ΤΟΥ ΧΡΙΣΤΟΥ, ΤΟΝ ΜΠΕΡΔΕΨΑΝ ΜΕ ΤΟΝ ΕΠΙΓΕΙΟ ΝΑΟ - *«Και οι Ιουδαίοι είπαν: Ο ναός αυτός οικοδομήθηκε σε 46 χρόνια, και εσύ θα τον στήσεις όρθιον σε τρεις ημέρες;»* **(Κατά Ιωάννην 2:20).**

ΤΟ ΝΕΡΟ ΤΗΣ ΖΩΗΣ ΤΟ ΜΠΕΡΔΕΨΑΝ ΜΕ ΤΟ ΚΑΝΟΝΙΚΟ ΝΕΡΟ - *«Η γυναίκα λέει σ' αυτόν: Κύριε, δώσε μου αυτό το νερό, για να μη διψάω ούτε να έρχομαι εδώ να αντλώ»* **(Κατά Ιωάννην 4:15).**

ΤΗΝ ΑΝΑΧΩΡΗΣΗ ΤΟΥ ΧΡΙΣΤΟΥ ΤΗΝ ΜΠΕΡΔΕΨΑΝ ΜΕ ΑΥΤΟΚΤΟΝΙΑ – *«Έλεγαν, λοιπόν, οι Ιουδαίοι: Μήπως θέλει να θανατώσει τον εαυτό του, και γι' αυτό λέει: Όπου εγώ πηγαίνω, εσείς δεν μπορείτε νάρθετε;»* **(Κατά Ιωάννην 8:22).**

ΤΗΝ ΠΝΕΥΜΑΤΙΚΗ ΔΟΥΛΕΙΑ ΤΗΝ ΠΑΡΑΝΟΗΣΑΝ ΜΕ ΤΗΝ ΚΑΝΟΝΙΚΗ ΔΟΥΛΕΙΑ - *«Σπέρμα του Αβραάμ είμαστε, και ποτέ δεν γίναμε δούλοι σε κανέναν· πώς εσύ λες ότι: Θα γίνετε ελεύθεροι;»* **(Κατά Ιωάννην 8:33).**

ΤΗ ΝΕΑ ΓΕΝΝΗΣΗ ΤΗΝ ΜΠΕΡΔΕΨΑΝ ΜΕ ΤΗ ΦΥΣΙΚΗ ΓΕΝΝΗΣΗ - *«Πώς μπορεί ένας άνθρωπος να γεννηθεί ενώ είναι γέροντας; Μήπως μπορεί να μπει μια δεύτερη φορά στην κοιλιά τής μητέρας του και να γεννηθεί;»* **(Κατά Ιωάννην 3:4).**

Η διαφορά μεταξύ των Εβραίων που δεν πιστεύουν είναι ότι δεν θα βρουν την αλήθεια όσο κι αν την ψάχνουν. Ο Νικόδημος, όμως, ήταν πρόθυμος να ακούσει και να πιστέψει στον Ιησού Χριστό. Γνώρισε την Οδό, την Αλήθεια και τη Ζωή γιατί το Άγιο Πνεύμα άνοιξε την καρδιά και τα αυτιά του για να κατανοήσει, να έχει σοφία και σωτηρία.

Ας προσευχηθούμε: Ουράνιε Πατέρα μας, όταν τα αυτιά μας είναι καλυμμένα, τ μάτια μας σφαλιστά και οι καρδιές μας σκληρές, κάνοντάς μας να παρεξηγούμε τον Λόγο Σου, άγγιξέ μας με το Άγιο Πνεύμα Σου. Εκείνο θεραπεύει και μας απελευθερώνει από τα δεσμά μας προσφέροντας σωτηρία για εμάς και τα σπίτια μας. Θεράπευσε τους αρρώστους και τον πλανήτη μας. Προσευχόμαστε στο όνομα του Ιησού Χριστού.

Όσοι απορρίπτουν ή αμφισβητούν τη δύναμη, την εξουσία και τον Λόγο του Ιησού είναι επιρρεπείς να παρεξηγήσουν τις αλήθειες και τις υποσχέσεις που μπορούν να σώσουν ακόμη και τον πιο βέβηλο αμαρτωλό.

---

16 Σεπτεμβρίου
ΕΥΛΟΓΗΜΕΝΟΙ
Ψαλμοί 1:1

Η μακαριότητα δίνεται σαν υπόσχεση σε όσους τηρούν τον Λόγο του Θεού και επιθυμούν να ζουν μια ζωή σύμφωνα με τα πρότυπα του Θεού και όχι του κόσμου.

«Όταν συνέλαβαν τον Scott Daniel Warren το 2019 μετά που υποτίθεται ότι έδινε φαγητό, νερό, κρεβάτι και καθαρά ρούχα σε αδήλωτους μετανάστες κοντά στην έρημο Sonoran στην Αριζόνα, το ερώτημα ήταν αν είχε παραβεί τον νόμο ή αν τον είχε τηρήσει[19]. Η κυβέρνηση κατηγόρησε τον

---

[19] https://www.washingtonpost.com/nation/2019/06/12/scott-warren-year-sentence-hung-jury-aiding-migrants/

Warren ότι ήταν εγκληματίας και του έδωσε ποινή 20ετούς φυλάκισης. Από την άλλη, βλέπουμε ότι ο Warren ήταν ευλογημένος γιατί ήταν έτοιμος να δώσει τη ζωή του κατά της αδικίας.

Σέβομαι τους κοινωνικούς ακτιβιστές που μάχονται κατά της αδικίας με όποιον τρόπο παρουσιάζεται η αδικία αυτή. Θαυμάζω όσους με θάρρος βάζουν στην άκρη πολιτικές ιδεολογίες για να είναι πιστοί στην κλήση του Ιησού Χριστού. Ο Μαρτίνος Λούθηρος έδωσε τη ζωή του για να πετύχει τα πολιτικά δικαιώματα για τους Αφροαμερικανούς στη χώρα του. Ο Cesar Chavez πάλεψε για τους ισπανόφωνους χωρικούς και την αδικία όσον αφορά την εργασία τους. **Καλούμαστε να παλέψουμε για τη δικαιοσύνη.**

Όσοι σήμερα διώκονται ανά τον κόσμο είναι αδήλωτοι μετανάστες και πρόσφυγες. Πολλοί από αυτούς είναι έντιμοι, εργατικοί άνθρωποι που υποφέρουν και επιθυμούν την ευημερία της οικογένειάς τους. Ίσως σήμερα, ο Θεός μας καλεί να μην έχουμε πολιτικές καρδιές και να αναρωτηθούμε τι θα έκανε ο Θεός με αυτούς τους ανθρώπους. Πιστεύω ότι με αγάπη, θα τους δίδασκε, λέγοντας: *«Μακάριος ο άνθρωπος, που δεν περπάτησε σε θέλημα ασεβών, και σε δρόμο αμαρτωλών δεν στάθηκε, και σε καθέδρα χλευαστών δεν κάθησε» (Ψαλμός 1:1).*

Το φαινόμενο της μετανάστευσης έχει αντίκτυπο σε κάθε τομέα της ζωής μας. Αλλά η αγάπη του Θεού μας καλεί να βρούμε μία λύση που φυλάει την αξιοπρέπεια του κάθε ανθρώπου. Καλούμαστε να αγαπάμε τον πλησίον μας, συμπεριλαμβανομένων των εχθρών μας και να προσευχόμαστε για αυτούς, όπως έκανε ο Ιησούς από τον Σταυρό.

Τι επιθυμεί ο Θεός από εμάς ως μέλη της οικογένειάς Του; *«...να πράττεις το δίκαιο, και να αγαπάς έλεος, και να περπατάς ταπεινά μαζί με τον Θεό σου;»* (Μιχαίας 6:8).

Ας προσευχηθούμε: Ουράνιε Πατέρα μας, βοήθησέ μας να κοιτάξουμε με τα μάτια Σου την αδικία που ρέει στον λαό Σου, που αυξάνεται σαν τσουνάμι καταστρέφοντας τα πάντα στο πέρασμά της. Δώσε μας το θάρρος και την ευλογία να παλέψουμε μαζί κατά της αδικίας αυτής γιατί αν μείνουμε με τα χέρια σταυρωμένα, αύριο η αδικία αυτή θα χτυπήσει την πόρτα των παιδιών μας. Προσευχόμαστε στο Άγιο Όνομά Σου.

---

17 Σεπτεμβρίου
ΑΜΕΤΑΚΛΗΤΟΣ
Προς Ρωμαίους 11:29

«Επειδή, τα χαρίσματα και η πρόσκληση του Θεού δεν επιδέχονται μεταμέλεια». Δύο ερωτήματα προκύπτουν από το εδάφιο αυτό: 1) Ποια είναι τα αμετάκλητα χαρίσματα; 2) Ποια είναι η αμετάκλητη κλήση του Θεού;

ΤΑ ΑΜΕΤΑΚΛΗΤΑ ΧΑΡΙΣΜΑΤΑ
Τα χαρίσματα αυτά και τα πλεονεκτήματα που δίνονται ως υποσχέσεις στους Ισραηλίτες, περιλαμβάνουν: *«υιοθεσία, και η δόξα, και οι διαθήκες, και η νομοθεσία, και η λατρεία, και οι υποσχέσεις»* (Προς Ρωμαίους 9:4). Τα δώρα που δίνονται ως υποσχέσεις σε όλη την ανθρωπότητα

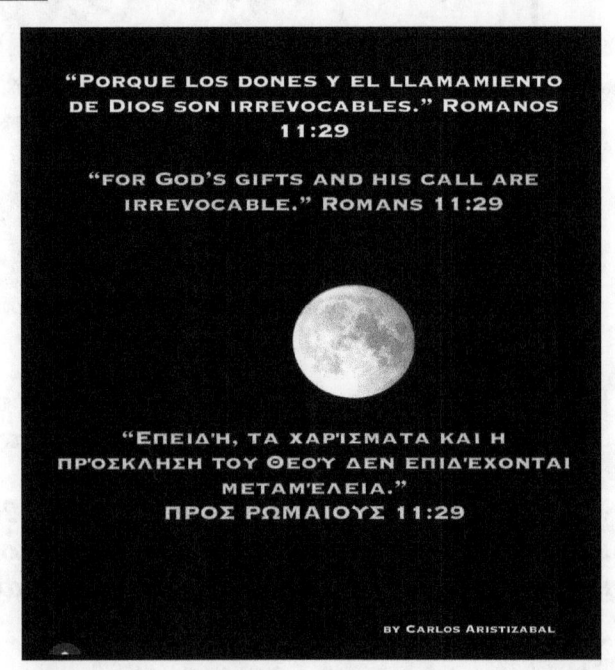

βρίσκονται στον **Εκκλησιαστή 5:19** «*Και σε όποιον άνθρωπο ο Θεός, αφού του έδωσε πλούτη και υπάρχοντα, του έδωσε και εξουσία να τρώει απ' αυτά, και να παίρνει το μερίδιό του, και να ευφραίνεται στον κόπο του, αυτό είναι δώρο τού Θεού».*

Ο Ιησούς Χριστός είναι το δώρο του Θεού που δόθηκε ως υπόσχεση σε όλη την ανθρωπότητα: «*Ο Ιησούς αποκρίθηκε και της είπε: Αν ήξερες τη δωρεά τού Θεού, και ποιος είναι αυτός που σου λέει: Δώσε μου να πιω, εσύ θα ζητούσες απ' αυτόν, και θα σου έδινε το ζωντανό νερό*» (**Κατά Ιωάννην 4:10**). «*Επειδή, κατά χάρη είστε σωσμένοι, διαμέσου τής πίστης· και αυτό δεν είναι από σας· είναι δώρο τού Θεού*» (**Προς Εφεσίους 2:8**).

Η ΑΜΕΤΑΚΛΗΤΗ ΚΛΗΣΗ ΤΟΥ ΘΕΟΥ

Πιο μεγάλα από την πίστη και την ελπίδα είναι τα δώρα και η εντολή της αγάπης (**Προς Κορινθίους Α' 13:13**). Αυτό συμβαίνει επειδή θεϊκό χαρακτηριστικό που ο Θεός έχει βάλει μέσα μας για να ανανεώσει και να μεταμορφώσει τις ζωές των ανθρώπων γύρω μας. Μέσω του Ιησού Χριστού και του Αγίου Πνεύματος, κάθε πιστός λαμβάνει το δικό του μερίδιο αγάπης, χάρης, πίστης, ελέους και άλλων μοναδικών δώρων για να διακονήσει το σώμα του Χριστού και τα χαμένα πρόβατα (**Προς Κορινθίους Α' 7:7**). Όπως ο Θεός είναι αιώνιος, *η αγάπη δεν αποτυγχάνει ποτέ*, είναι αμετάκλητη και είναι μεγαλύτερη από όλα τα δώρα (**Προς Κορινθίους Α' 13:8**).

Για να μας βοηθήσει να εκπληρώσουμε το κάλεσμά μας, το Άγιο Πνεύμα ενδυναμώνει κάθε υιοθετημένο παιδί Του με τη δύναμη, την καθοδήγηση, την παρουσία και τον καρπό του Πνεύματος (**Πράξεις 8:20**). Ο Θεός μας καλεί να «**αναζωπυρώσουμε το χάρισμα του Θεού**» (**Β' Προς Τιμόθεον 1:6**) μέσω της μελέτης της Αγίας Γραφής, της λατρείας, της συντροφιάς και της υπηρεσίας προς τον Θεό. Αν σταματήσουμε να τρεφόμαστε με αυτά και να τα καλλιεργούμε, παρά το γεγονός ότι είναι αμετάκλητα, μπορεί να ηρεμήσουμε και να σταματήσουμε να υπηρετούμε τον Θεό στη Μεγάλη Εντολή που έχουμε να σώσουμε τον κόσμο μέσω του Ευαγγελίου του Ιησού Χριστού.

Ας προσευχηθούμε: Ουράνιε Πατέρα μας, Σ' ευχαριστούμε για **τα δώρα Σου και το κάλεσμά Σου** στη ζωή μας που είναι αμετάκλητα. Δώσε Εσύ ώστε οι διαθήκες της αγάπης και της υπηρεσίας που κάνουμε προς Εσένα, προς την οικογένεια, προς την εκκλησία και την κοινότητά μας να είναι ακλόνητα και αμετάκλητα, όπως είναι η αγάπη και το έλεός Σου. Προσευχόμαστε στο όνομα του Ιησού Χριστού.

Όπως ο Θεός είναι αιώνιος, έτσι και η αγάπη δεν αποτυγχάνει ποτέ και είναι μεγαλύτερη από κάθε δώρο (**Προς Κορινθίους Α' 13:8**).

---

18 Σεπτεμβρίου
Ο ΘΕΟΣ ΙΚΑΝΟΠΟΙΕΙ ΤΗΝ ΠΕΙΝΑ
Έξοδος 16:12

Ακριβώς 30 ημέρες μετά την ελευθερία τους από τον ζυγό των Αιγυπτίων, οι Ισραηλίτες έφτασαν στην έρημο του Σινά και έχασαν ξανά την υπομονή τους και την ευγνωμοσύνη τους. Μουρμούριζαν εναντίον του Μωυσή λέγοντας: «*Είθε να πεθαίναμε κάτω από το χέρι τού Κυρίου στη γη τής Αιγύπτου, όταν καθόμασταν κοντά στα καζάνια τού κρέατος, και όταν τρώγαμε ψωμί μέχρι χορτασμού! Επειδή, μας βγάλατε σ' αυτή την έρημο, για να θανατώσετε με την πείνα ολόκληρη αυτή τη συναγωγή*» (**Έξοδος 16:3**).

Ο Θεός ικανοποίησε την πείνα τους. *«Και ο Κύριος μίλησε στον Μωυσή, λέγοντας: Άκουσα τους γογγυσμούς των γιων Ισραήλ· μίλησέ τους, λέγοντας: Την εσπέρα θα φάτε κρέας, και το πρωί θα χορτάσετε από ψωμιά, και θα γνωρίσετε, ότι εγώ είμαι ο Κύριος ο Θεός σας»* (Έξοδος 16:11-12).

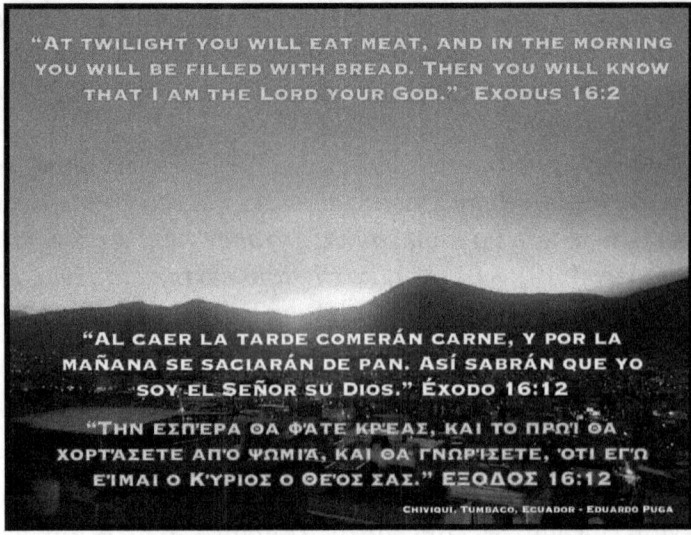

Κατά τη διάρκεια των 40 ετών περιπλάνησης στην έρημο, από τον λαό δεν έλειψε ποτέ κρέας, ψωμί ή νερό. Ακόμη και τα ρούχα και τα υποδήματα δεν φθάρθηκαν μέχρι να φτάσουν στη γη της Επαγγελίας (**Δευτερονόμιον 29:5**). Μπορούμε να εμπιστευθούμε ότι, ενώ βαδίζουμε με τον Θεό, δεν θα μας λείψει τίποτα. Ο Θεός θα μας δώσει αρκετά ώστε να επιβιώσουμε και να ξεπεράσουμε. Στην **Έξοδο 16:18** διαβάζουμε *«Και όταν μέτρησαν με το γομόρ, όποιος είχε μαζέψει πολύ, δεν έπαιρνε περισσότερο· και όποιος είχε μαζέψει λίγο, δεν έπαιρνε λιγότερο· κάθε ένας έπαιρνε όσο χρειαζόταν σ' αυτόν για τροφή».*

Στην εποχή μας, υπάρχουν αποπροσανατολισμένα πρόβατα που ξεμάκρυναν από το κοπάδι, που, όντας πρίγκιπες και πριγκίπισσες, ζούσαν σαν να είναι ορφανά. Προσευχόμαστε ψωμί και ορτύκια να έρθουν από τον ουρανό για να ικανοποιήσουν την πείνα τους. Είναι πρόβατα που χρειάζονται γάλα για τα παιδιά τους. Δεν χάνουμε την πίστη μας ότι *ο Κύριος θα τους προμηθεύσει ό,τι χρειάζονται* (**Jehovah yir-eh** αποκάλεσε ο Άβραμ το μέρος όπου ο Θεός πρόσφερε τον αμνό της θυσίας, σώζοντας έτσι τη ζωή του γιου του, του Ισαάκ). Στην έρημο, ο Θεός προμήθευσε για όλες τις ανάγκες των ανθρώπων.

Θα έρθει η ημέρα, και είναι κοντά, όταν θα είμαστε στην παρουσία του Κυρίου και *«Δεν θα πεινάσουν πλέον ούτε θα διψάσουν πλέον ούτε θα πέσει επάνω τους ο ήλιος ούτε κανένα καύμα· επειδή, το Αρνίο, που είναι ανάμεσα στον θρόνο, θα τους ποιμάνει, και θα τους οδηγήσει σε ζωντανές πηγές νερών· και ο Θεός θα εξαλείψει κάθε δάκρυ από τα μάτια τους»* (**Αποκάλυψη 7:16-17**).

Επειδή **ο Θεός ικανοποιεί την πείνα,** εσείς κι εγώ είμαστε τα μάτια και τα αυτιά του Θεού, απεσταλμένοι για να αναζητήσουμε όσους κλαίνε από δίψα, από πείνα, ψωμί ή κρύο, ώστε μέσα από τη δύναμη και την ενότητα της οικογένειας του Θεού, **όσοι έχουν μαζέψει λίγα, δεν θα τους λείψει τίποτα.**

Ας προσευχηθούμε: Ουράνιε Πατέρα μας, χρησιμοποίησέ μας για να ικανοποιήσουμε την πείνα στο περιβάλλον μας και να οδηγήσουμε τους πεινασμένους προς τον άρτο της ζωής. Προσευχόμαστε στο Άγιο Όνομά Σου.

---

19 Σεπτεμβρίου
ΚΟΣΤΟΣ ΚΑΙ ΑΝΤΑΜΟΙΒΗ ΠΟΥ ΑΚΟΛΟΥΘΟΥΜΕ ΤΟΝ ΧΡΙΣΤΟ
Κατά Ματθαίον 19:29

Σήμερα, καλούμαστε να αναλογιστούμε **το κόστος και την ανταμοιβή** του να **είμαστε μαθητές** του Ιησού.

ΤΟ ΚΟΣΤΟΣ:

Στον πλούσιο νεαρό άντρα, ο Ιησούς είπε ότι του έλειπε ένα πράγμα για να εισέλθει στον ουρανό: *«πήγαινε, πούλησε όσα έχεις, και δώσε στους φτωχούς· και θα έχεις θησαυρό στον ουρανό· και έλα, ακολούθα με, σηκώνοντας τον σταυρό»* **(Κατά Μάρκον 10:21).** Ο Ιησούς προσθέτει ότι πρέπει να αγαπάμε τον Θεό πάνω από τους γονείς μας, τα αδέρφια μας, τα παιδιά μας ή την ίδια μας τη ζωή **(Κατά Ματθαίον 10:37).**

Οτιδήποτε αξίζει να έχουμε απαιτεί θυσίες. Το μεγαλύτερο πράγμα που μπορούμε να πετύχουμε, η σωτηρία μας, δεν μας κοστίζει τίποτα, αλλά ο Ιησούς πλήρωσε υψηλό τίμημα για να αποκαλούμαστε *«παιδιά του Θεού»* **(Α Ιωάννου 3:1).** Κόστισε στον Ιησού 33 χρόνια ζωής στη γη ως άντρας που τον ταπείνωναν και τον υποτιμούσαν και θανάτου ώστε εσείς κι εγώ να μπορούμε να ζούμε χωρίς φόβο. Γι' αυτό, *«Μη φοβηθείτε, λοιπόν· από πολλά σπουργίτια διαφέρετε εσείς»* **(Κατά Ματθαίον 10:31).**

Καλούμαστε να ακολουθήσουμε και να πράξουμε το θέλημα του Θεού, *«κάθε ένας να μη αποβλέπετε στα δικά του, αλλά κάθε ένας ας αποβλέπει και σ' εκείνα που είναι των άλλων»* **(Προς Φιλιππησίους 2:4).**

Το καλύτερο δώρο που έχουμε να δώσουμε σε έναν άλλον άνθρωπο είναι ο χρόνος μας. Ρωτήστε έναν ηλικιωμένο «Τι θέλεις περισσότερο απ' όλα;» και οι περισσότεροι θα απαντήσουν «Ένα τηλεφώνημα ή μία επίσκεψη από τα παιδιά μου!» Χρειαζόμαστε τη ζεστασιά ενός άλλου ανθρώπου για να διατηρήσει και να δυναμώσει τη φωτιά της ζωής. Το ίδιο ισχύει και για τον Θεό, για την εκκλησία ή οποιαδήποτε άλλη οντότητα που χρειάζεται τον χρόνο, την αφοσίωση, την παρουσία και τη συμμετοχή.

Η ΑΝΤΑΜΟΙΒΗ:

Ο Ιησούς μας δείχνει την ανταμοιβή που θα λάβουμε, όταν, με πόνο και με θυσία, θα βάλουμε πρώτη τη Βασιλεία του Θεού. *«Σας διαβεβαιώνω, δεν υπάρχει κανένας που, που άφησε σπίτι ή αδελφούς ή αδελφές ή πατέρα ή μητέρα ή γυναίκα ή παιδιά ή χωράφια εξαιτίας μου, και εξαιτίας τού ευαγγελίου, δεν θα πάρει 100 φορές περισσότερα τώρα, σε τούτο τον καιρό, σπίτια και αδελφούς και αδελφές και μητέρες και παιδιά και χωράφια, μαζί με διωγμούς, και στον ερχόμενο αιώνα αιώνια ζωή»* **(Κατά Μάρκον 10:29-30).**

Θέλουμε τα παιδιά μας να αγαπούν τον Θεό! Ας δώσουμε το παράδειγμα **βάζοντας τον Θεό πάνω από τα πάντα,** δίνοντάς Του το καλύτερο από τον χρόνο μας, τα χρήματα και τα ταλέντα μας. Όχι από ό,τι μας περισσεύει, αλλά από τον χρόνο μας, τα χρήματα και τις δεξιότητες που μας λείπουν.

Κάντε το και θα δείτε πώς ο Θεός ευλογεί, ανεφοδιάζει και πολλαπλασιάζει όσα αφιερώσατε σε Εκείνον, στην εκκλησία ή στα πρόβατά Του που είναι χαμένα ή βρίσκονται σε ανάγκη.

Ας προσευχηθούμε: Ουράνιε Πατέρα μας, βοήθησέ μας να οργανώσουμε τη ζωή μας, τους πόρους και το ημερολόγιό μας ώστε να είμαστε υποδειγματικοί Χριστιανοί για τα παιδιά μας, την οικογένεια, τος φίλους και όλους όσους παρατηρούν τη ζωή μας είτε αποφασίζουν να επιστρέψουν στο μαντρί σου είτε όχι. Ας αντανακλούμε εμείς το Φως Σου και την αγάπη Σου. Προσευχόμαστε στο Άγιο Όνομά Σου.

Το μεγαλύτερο πράγμα που μπορούμε να πετύχουμε, η σωτηρία μας, δεν μας κοστίζει τίποτα, αλλά ο Ιησούς πλήρωσε υψηλό τίμημα για να αποκαλούμαστε «παιδιά του Θεού» (Α Ιωάννου 3:1).

---

20 Σεπτεμβρίου
ΠΛΗΣΙΑΖΟΥΜΕ ΤΟΝ ΘΕΟ ΜΕ ΠΕΡΙΣΣΟΤΕΡΗ ΕΜΠΙΣΤΟΣΥΝΗ
Ιακώβου 4:8

Μπορούμε να πλησιάσουμε τον Θεό με απόλυτη εμπιστοσύνη γιατί ο Θεός μας κάλεσε να επιστρέψουμε στο σπίτι και στην παρουσία Του. Η καρδιά και τα χέρια του Θεού είναι πάντοτε ανοιχτά για να μας καλωσορίσουν, όσο μακριά κι αν έχουμε ξεφύγει από Εκείνον ή γιατί.

Ένας από τους αγαπημένους μου ύμνους στις εκκλησίες El Camino και La Gracia όπου ήμουν κήρυκας είναι το "Draw near to Jesus" (έλα κοντά στον Χριστό). Μπορείτε να ακούσετε ένα λεπτό του τραγουδιού στα ισπανικά στο Youtube μέσω αυτού του συνδέσμου
https://www.youtube.com/watch?v=gRLVfy3MrtI.

«Έλα κοντά στον Ιησού, τον καλύτερό Σου φίλο, και θα βρεις το φως γιατί υποσχέθηκε να Σε πάρει στα χέρια Του και να ρίξει φως στον δρόμο. Θα βαδίσει δίπλα σου και θα είναι πάντοτε μαζί σου. Είναι βασικός, ο θεϊκός Γιατρός που θεραπεύει τις ασθένειές Σου και ακούει τους στεναγμούς Σου. Σε κρατά στο στήθος Του και απαλύνει τον πόνο σου. Θα σε κουβαλήσει στους ώμους Του γιατί είναι γεμάτος αγάπη».

Το σημερινό εδάφιο μας λέει ότι, καθώς η καρδιά μας αναζητά και επιθυμεί να είναι πιο κοντά στον Θεό, Εκείνος θα αποκαλύψει τον Εαυτό Του, δείχνοντας μας τον δρόμο και για κάθε βήμα που κάνουμε προς Εκείνον, ο Θεός θα έρθει πιο κοντά σε εμάς. Αυτό μου θυμίζει τον άσωτο υιό που έφυγε από το πατρικό του και καταξόδεψε την περιουσία του. Πεινασμένος και φτωχός, ο νεαρός μετανόησε και αποφάσισε να επιστρέψει στο σπίτι. Ενώ ήταν ακόμη σε απόσταση, ο πατέρας του έτρεξε να τον συναντήσει και να τον καλωσορίσει με μία μεγάλη αγκαλιά και ένα φιλί.

Η εικόνα αυτή δείχνει την αγάπη του Ουράνιου Πατέρα μας, ο οποίος δεν θα απορρίψει μία καρδιά που έχει μετανοήσει. Πρέπει, όμως, να καθαρίσουμε την καρδιά και τον νου μας για να πλησιάσουμε πιο κοντά στον Θεό. Το υπέροχο είναι ότι το Άγιο Πνεύμα καθαρίζει και ανανεώνει την καρδιά και τον νου μας ώστε ο Θεός να μας λάβει πίσω στον κύκλο της αγάπης Του. Γι' αυτό μπορούμε με αυτοπεποίθηση να πλησιάσουμε τον Θεό χωρίς φόβο του παρελθόντος μας.

Ας προσευχηθούμε: Σ' ευχαριστούμε, Κύριε, που μας έλουσες με τόση μεγάλη αγάπη. Που ήσουν ο καλύτερος φίλος μας στον κόσμο, που ρίχνει φως στον δρόμο μας όταν είμαστε χαμένοι. Όταν όλοι μας έχουν εγκαταλείψει, Εσύ είσαι η συνεχής δύναμη και παρουσία μας. Σ' ευχαριστούμε που θεράπευσες τις πληγές μας και γιατί ακόμη κι όταν αποτυγχάνουμε και επιστρέφουμε σε Εσένα μετανιωμένοι, τρέχεις να μας χαιρετήσεις και να καλωσορίσεις με μία αδελφική αγκαλιά. Προσευχόμαστε στο Άγιο Όνομά Σου.

---

21 Σεπτεμβρίου
ΟΙ ΔΥΟ ΕΙΝΑΙ ΚΑΛΥΤΕΡΟΙ ΑΠΟ ΤΟΝ ΕΝΑΝ ΜΟΝΟ
Εκκλησιαστής 4:12

Το καλοκαίρι του 2021, σταμάτησα να κάνω ποδήλατο για πολύ καιρό. Για κάποιους μήνες, έκανα ποδήλατο μόνο κάποιες φορές, σε σύγκριση με κάποια χρόνια πριν που έκανα ποδήλατο 5 φορές την εβδομάδα. Ευχαριστώ, όμως, τον Θεό που φέτος, ο ενθουσιασμός μου επέστρεψε με τον φίλο μου, τον Γεώργιο και την επίσκεψη του γαμπρού μου, του Carlos Aristizabal στον οποίο αρέσει πολύ η ποδηλασία.

Ο Carlos είναι μεγάλος θαυμαστής τουρνουά ποδηλασίας όπως το Tour de France. Μόλις έφτασε στην Κατερίνη, αγόρασε ποδήλατο και πήγαμε μερικές διαδρομές. Η ποδηλασία μόνη της δεν είναι τόσο απολαυστική όσο με άλλον άνθρωπο ή με μία ομάδα. Όταν ο φίλος μου, ο Γεώργιος ή ο Carlos μου λένε να πάμε για ποδηλασία, αμέσως λέω «Ναι, πάμε»!

Το σημερινό εδάφιο μας λέει ότι οι δύο ή οι τρεις είναι καλύτεροι από τον έναν. Ο Θεός δεν μας δημιούργησε για να είμαστε και να κάνουμε τα πράγματα μόνοι μας. Ο ατομικισμός και οι διαιρέσεις συντελούν στην προσωπική και κοινωνική αποδυνάμωση. Η μοναξιά αποθαρρύνει την ψυχή και, σε πολλές περιπτώσεις, επιφέρει διάφορες σταδιακές ασθένειες που συνεχίζονται αν δεν βάλουμε φρένα σε αυτές με θετική στάση και πίστη.

Η συντροφιά βοηθά την κοινωνία, γεμίζοντάς μας με αγάπη και ελπίδα, κατορθώνοντας περισσότερα απ' όσα θα μπορούσαμε ατομικά. Οι δύο που δρουν μαζί είναι καλύτεροι από μία αποθαρρημένη ψυχή. Μπορούν να στηρίξουν ο ένας τον άλλον όποτε χρειάζεται. Ο Θεός μας καλεί να αλληλεπιδρούμε ως σώμα του Χριστού, ως ομάδα. Δεν νοείται να υπάρχει μόνος Χριστιανός. Ως ομάδα, αποκτούμε τους πόρους και την επαρκή δύναμη δημιουργώντας ένα σταθερό σκοινί με τρεις λωρίδες.

«Και αν κάποιος υπερισχύσει ενάντια στον έναν, οι δύο θα του αντιταχθούν·» (εδάφιο 12). Ο εχθρός καραδοκεί, κάνοντας επίθεση στους αδύναμους και στους ανυποψίαστους. Γι' αυτό ο Ιησούς έστελνε τους μαθητές Του **δύο δύο** για να στηρίξουν και να αμυνθούν. *«Καλύτεροι οι δύο παρά ο ένας· επειδή, αυτοί έχουν καλή αντιμισθία στον κόπο τους»* (εδάφιο 9). Όσα κάνουμε μαζί ή σε μία κοινότητα έχουν μεγαλύτερη επιτυχία σε σύγκριση με όσα γίνονται ατομικά. Γι' αυτό, αγαπητοί μου, σας ενθαρρύνω να προάγετε τη συντροφικότητα και την αμοιβαία στήριξη με δύο ή περισσότερους ανθρώπους με ίδια νοοτροπία με εσάς.

Ας προσευχηθούμε: Ουράνιε Πατέρα μας, Σ' ευχαριστούμε που μας διαμόρφωσες και μας κάλεσες να είμαστε μέρος της οικογένειας στην οποία ανυψώνουμε ο ένας τον άλλον σε στιγμές αδυναμίας και κινδύνου μέσα από τα δεσμά της αγάπης και της αδιάσπαστης υποστήριξης. Είθε η μαρτυρία της αμοιβαίας υποστήριξής μας να είναι αυτό που οδηγήσει τα χαμένα πρόβατά Σου πίσω στο μαντρί Σου. Προσευχόμαστε στο όνομα του Κυρίου μας, Ιησού Χριστού.

Ο ατομικισμός και οι διαιρέσεις συντελούν στην προσωπική και κοινωνική αποδυνάμωση. Η μοναξιά αποθαρρύνε την ψυχή και, σε πολλές περιπτώσεις, επιφέρει διάφορες σταδιακές ασθένειες.

Φωτογραφία: 4 γενιές. Η κόρη μου, η Σοφία, η γιαγιά της, η Κυριακή, η Μαργαρίτα και ο εγγονός μου, ο Λάζαρος Ηλίας.

---

22 Σεπτεμβρίου
ΕΙΜΑΙ ΕΛΕΥΘΕΡΟΣ
Κατά Ιωάννην 8:32

Διαβάζοντας το εδάφιο αυτό, αναρωτήθηκα: **Από πόσα πράγματα ελευθερώθηκα;**

Στις 30 Σεπτεμβρίου, 2009 στις 4.50 μ.μ. έφυγα από το εταιρικό μου γραφείο για τελευταία φορά και ένιωσα ελεύθερος από το βάρος των 6 ημερών εργασίας την εβδομάδα και τις ατελείωτες ώρες της κίνησης. Ευχαρίστησα τον Θεό για τα 35 χρόνια αδιάλειπτης εργασίας, για τους φίλους που έκανα και για τις γνώσεις που έλαβα από ταλαντούχα άτομα που με βοήθησαν να πάρω σωστές αποφάσεις για τη συνταξιοδότηση. Ο στόχος μου πάντοτε ήταν να συνταξιοδοτηθώ στα 55. Είμαι ευλογημένο που εκπλήρωσα τις οικονομικές ευθύνες της οικογένειάς μου και ελευθερώθηκα από το φορτίο αυτό. Γι' αυτό, όταν έφυγα από το γραφείο, πηδούσα από χαρά, φωνάζοντας *«Είμαι ελεύθερος»*.

Απελευθερώθηκα επίσης από τον φόβο να μιλώ δημόσια και τον φόβο του θανάτου. Τώρα πιστεύω ότι ο θάνατος δεν είναι εχθρός αλλά είναι φίλος που μας συνοδεύει στα χέρια του Σωτήρα μας. Κι έτσι, ερχόμαστε στην ουσία της αληθινής και απόλυτης ελευθερίας. *«Και θα γνωρίσετε την αλήθεια, και η αλήθεια θα σας ελευθερώσει»* (**Κατά Ιωάννην 8:32**).

Η ημέρα που απελευθερώθηκα πλήρως ήταν στις 28 Φεβρουαρίου 1989. Κάποιοι το αποκαλούν νέα γέννηση, αλλά εγώ το αποκαλώ δεύτερη ευκαιρία. Χωρίς να μπω σε λεπτομέρειες, λίγους μήνες πριν, ήμουν πραγματικά στα όρια του γκρεμού, με κατάθλιψη και αισθανόμουν ότι δεν είχα καμία χρησιμότητα για την οικογένειά μου ή για τον εργοδότη μου. Ήμουν πολύ επικεντρωμένος στα οικονομικά χρέη μου. Εκεί που πίστεψα ότι δεν μπορούσα να ανταπεξέλθω πλέον, ο Κύριος έτεινε το χέρι Του και με έσωσε. Ο Θεός μου έδωσε δεύτερη ευκαιρία να ξεκινήσω από την αρχή, να είμαι καλύτερος σύζυγος και πατέρας βάζοντας πρώτο τον Θεό στο σπίτι μου, στην εργασία μου και στην κοινότητά μου. Γνώρισα τον Ιησού Χριστό ως τον προσωπικό μου Σωτήρα. Ο Ιησούς, όχι μόνο με απελευθέρωσε από τους φόβους μου, τις αμφιβολίες και τη χαμηλή αυτοπεποίθησή μου, αλλά εξάλειψε και την προσέλκυσή μου στην αμαρτία και στα υλικά πράγματα. Σήμερα είμαι ένα έργο αποκατάστασης σε πρόοδο.

Θα μπορούσα να συνεχίσω πολύ ακόμη, αλλά αντιθέτως, σας καλώ να σκεφτείτε κι εσείς και ίσως να μοιραστείτε με τους αγαπημένους σας έναν τρόπο με τον οποίο ο Θεός σας απελευθέρωσε.

Ας προσευχηθούμε: Ουράνιε Πατέρα μας, Σ' ευχαριστούμε για τους πολλούς και διαφορετικούς τρόπους με τους οποίους μας έσωσες και μας ελευθέρωσες από τον κίνδυνο και το κακό. Πιο πολύ από οτιδήποτε στον κόσμο, προσεύχομαι ότι όπως το έκανες μαζί μας, Εσύ να σώσεις και να συνοδεύσεις τα παιδιά μας και τις μελλοντικές γενιές. Προσευχόμαστε στο όνομα του Ιησού Χριστού.

23 Σεπτεμβρίου
ΟΤΑΝ ΟΙ ΑΝΘΡΩΠΙΝΟΙ ΝΟΜΟΙ ΑΝΤΙΤΙΘΕΝΤΑΙ ΣΤΟΝ ΛΟΓΟ ΤΟΥ ΘΕΟΥ
Πράξεις 4:19

Από την πτώση του Αδάμ και της Εύας, βρισκόμαστε σε μία εσωτερική πνευματική μάχη. Η ανανεωμένη ψυχή μας επιθυμεί να υπακούει στον Θεό, αλλά *«η σάρκα όμος είναι αδύναμη»* και εγωκεντρική (**Κατά Ματθαίον 26:41**). Ο διάβολος εκμεταλλεύεται την κατάστασή μας αντιτιθέμενος στα πάντα και σε όλους όσους γνωρίζουν και υπακούν στον Θεό. Γι' αυτό, είναι σημαντικό να γνωρίζουμε πώς να απαντάμε όταν οι ανθρώπινοι νόμοι αντιτίθενται στους νόμους του Θεού.

Στην εποχή μας, οι άνθρωποι, συμπεριλαμβανομένων και μεγάλων ομάδων Χριστιανών, δεν υπακούν ή αγνοούν τους νόμους του Θεού (**να αγαπάμε και να υπακούμε τον Θεό, να αγαπούμε τον πλησίον μας όπως τον εαυτό μας**), δίνοντας περισσότερη προσοχή και σεβασμό στους ανθρώπινους νόμους και κανονισμούς. Για παράδειγμα, πολλοί είναι πιο πιστοί σε πολιτικές ιδεολογίες που φυτεύουν μίσος και διαιρέσεις, μειώνοντας την αξιοπρέπεια και τον χαρακτήρα των αντίπαλων ομάδων και βάζοντάς τους την ταμπέλα **«διάβολοι»** και εχθροί του Θεού.

Σήμερα, περισσότερο από ποτέ, η εκκλησία έρχεται αντιμέτωπη με διαιρέσεις και διαμάχες σχετικά με την αγιότητα που απαιτεί ο Θεός από τους μαθητές του. επειδή, είναι γραμμένο: *«Άγιοι να είστε, επειδή εγώ είμαι άγιος»* **(Α' Πέτρου 1:16).** Κάποιοι λένε ότι **ο Θεός αγαπά και αποδέχεται όλους μας, όπως είμαστε.** Αμήν! Ο χαρακτήρας του Θεού είναι να αγαπά, να καθοδηγεί και να σώζει τη Δημιουργία Του. Ο Θεός μας αποδέχεται πράγματι όπως είμαστε, ο Θεός μας καθαρίζει από κάθε κακό, προετοιμάζοντάς μας να είμαστε η νύφη του Χριστού. Στη γυναίκα που είδε να διαπράττει μοιχεία, ο Ιησούς είπε *«Ούτε εγώ σε καταδικάζω· πήγαινε, και στο εξής να μη αμαρτάνεις»* **(Κατά Ιωάννην 8:11).** Ο Θεός ποτέ δεν μας αφήνει όπως μας βρήκε.

Ο Θεός μας καλεί να αγαπάμε και να υπακούμε. Δεν μας καταδικάζει από πριν ούτε μας δίνει την τιμωρία που αξίζουμε, αλλά αντίθετα τη χάρη και την αγάπη που δεν αξίζουμε. Αντίθετα, ο διάβολος μας μπερδεύει με μισές αλήθειες, και μας ελκύει προς την ανυπακοή ώστε να μας χωρίσει από την αγάπη και τη φροντίδα του Θεού.

Με θάρρος από το Άγιο Πνεύμα, ο Πέτρος και ο Ιωάννης είπαν, *«Πρέπει να πειθαρχούμε στον Θεό μάλλον παρά στους ανθρώπους»* **(Πράξεις 5:29).**

Ας προσευχηθούμε: Ουράνιε Πατέρα μας, όταν ερχόμαστε αντιμέτωποι με νόμους και φιλοσοφίες που αντιτίθενται στον Λόγο Σου, δώσε μας καρδιές με προδιάθεση να πιστεύουν και να υπακούν στο Άγιο Λόγο Σου. Βοήθησέ μας πάντα να ζούμε τις δύο μεγαλύτερες εντολές: να Σε αγαπούμε και να αγαπούμε τον πλησίον μας όπως τον εαυτό μας. Προσευχόμαστε στο όνομα του Ιησού Χριστού.

---

24 Σεπτεμβρίου
ΑΝ ΔΕΝ ΗΤΑΝ Ο ΚΥΡΙΟΣ
Ψαλμοί 124:1

Έχετε σκεφτεί ποτέ **τι θα είχαμε απογίνει αν ο Κύριος δεν μας είχε σώσει;** Το ερώτημα αυτό μας οδηγεί να απαντήσουμε με ευγνωμοσύνη και δοξολογία. Σκεφτείτε το. Κάποια στιγμή στη ζωή σας, ο Θεός ενεπλάκη δίνοντάς σας την αγάπη Του και τη δικαιοσύνη Του για να σώσει, να θεραπεύσει ή να λυτρώσει εσάς ή κάποιον αγαπημένο σας από σωματική, υλική ή πνευματική καταστροφή.

Υπάρχει δύναμη στον Λόγο και στην παρουσία του Θεού! Καλούμαστε να μελετούμε τα ελέη του Θεού, να λέμε ξανά τα θαυμαστά Του έργα, θαύματα και χάρες προς τα παιδιά, την οικογένεια και τους φίλους μας. Έτσι έρχεται η πίστη μας στην επιφάνεια. Γι' αυτό, **είναι σημαντικό να ετοιμάζουμε τη μαρτυρία μας.** Η Αγία Γραφή μας λέει ότι πρέπει *«να είστε πάντοτε έτοιμοι σε απολογία με πραότητα και φόβο, προς καθέναν που ζητάει από σας λόγο για την ελπίδα που είναι μέσα σας»* **(Α' Πέτρου 3:15).**

Το 1989 ξεκίνησα την ωραία συνήθεια να γράφω στο πνευματικό μου ημερολόγιο για όσα έκανε ο Θεός για εμένα, σκεπτόμενη **πώς ήταν η ζωή μου πριν και πώς μετά τον Χριστό**. Οι ιστορίες που μοιράζομαι στα κηρύγματα, στις βιβλικές μελέτες και στους στοχασμούς αυτούς προέρχονται από τα ημερολόγιά μου, τα οποία έχουνε τις εμπειρίες, τις νίκες με τον Χριστό και τις ήττες. Καθώς η μνήμη αρχίζει να εξασθενεί, είναι αναζωογονητικό να διαβάζω αυτά τα ημερολόγιο και να αναζωπυρώνω την πίστη μου. Συχνά κλείνω τα αναγνώσματα λέγοντας *«Ευχαριστώ, Κύριε! Πού θα βρισκόμουν αν δεν ήταν η χάρη και η αγάπη Σου;»*

Ποτέ δεν είναι αργά για να ξεκινήσετε και σας προτρέπω να γράψετε και να προετοιμάσετε τη μαρτυρία σας. Αφήνοντας μία πνευματική κληρονομιά που δεν θα χαθεί ποτέ, θα αναζωπυρώσετε την πίστη σας και την πίστη των παιδιών σας και των παιδιών τους για τις επόμενες γενιές. Ο Ιησούς είπε *«Μη θησαυρίζετε για τον εαυτό σας θησαυρούς επάνω στη γη, όπου το σκουλήκι και η σκουριά τούς αφανίζει, και όπου κλέφτες κάνουν διάρρηξη και κλέβουν· αλλά, να θησαυρίζετε στον εαυτό σας θησαυρούς στον ουρανό, όπου ούτε σκουλήκι ούτε σκουριά τούς αφανίζουν, και όπου κλέφτες δεν κάνουν διάρρηξη ούτε κλέβουν»* (Κατά Ματθαίον 6:19-20).

Ας προσευχηθούμε: Ουράνιε Πατέρα, θα έπεφτα στην παγίδα του εχθρού αν δεν ήσουν Εσύ. Αλλά, *«Ευλογητός ο Κύριος, που δεν μας παρέδωσε σαν θήραμα στα δόντια τους. Η ψυχή μας λυτρώθηκε, σαν το πουλί από την παγίδα των κυνηγών· η παγίδα συντρίφτηκε, και εμείς λυτρωθήκαμε. Η βοήθειά μας είναι στο όνομα του Κυρίου, που δημιούργησε τον ουρανό και τη γη»* (Ψαλμοί 124:6-8). Σ' ευχαριστώ που είσαι η ασπίδα μας, ο υπερασπιστής μας και ο προστάτης μας. Για όλα όσα έκανες, Σ' ευχαριστούμε, στο όνομα του Ιησού Χριστού.

---

25 Σεπτεμβρίου
ΥΠΑΡΧΕΙ ΔΥΝΑΜΗ ΣΤΟ ΑΙΜΑ ΤΟΥ ΙΗΣΟΥ ΧΡΙΣΤΟΥ
Πράξεις 13:39

Αυτό που ο διάβολος προσπαθεί να καταστρέψει, το αίμα του Ιησού Χριστού είναι ισχυρό για να το αποκαταστήσει! **Το αίμα του Ιησού Χριστού είναι αρκετά ισχυρό ώστε να μας δώσει μια δεύτερη ευκαιρία για να κάνουμε μία νέα αρχή.** Επιθυμούμε τα καλύτερα για την οικογένειά μας. Ωστόσο, είμαστε άνθρωποι και δεν υπήρξαμε πάντα το καλύτερο παράδειγμα γονέων, συζύγων, ακόμη και Χριστιανών. Όλοι υποφέραμε από στιγμές που ευχηθήκαμε να μην είχαν συμβεί ποτέ ή που μπορούσαμε να τις πάρουμε πίσω. Ίσως ένας σκληρός κόσμος, ανεξέλεγκτος θυμός, μία πράξη, απερισκεψία ή εθισμός που επηρέασε όλη τη οικογένεια, μία υπόσχεση που δεν τηρήθηκε, κτλ., κτλ.

Ο βασιλιάς Δαβίδ ήταν ένας άνθρωπος με καρδιά σαν του Θεού (**Πράξεις 13:22**). Ήταν, όμως, αμαρτωλός, ένας μοιχός που δολοφόνησε τον στρατηγό του, τον Ουρία, για να καλύψει τη μοιχεία που είχε διαπράξει με την Βηρσαβεέ, τη σύζυγο του Ουρία (**Β' Σαμουήλ 11**). Ο Δαβίδ μετανόησε από τις αμαρτίες του, έκραξε στον Κύριο και δικαιώθηκε γιατί, παρά τις αμαρτίες του, ο Θεός είχε σχέδια να ευλογήσει όλο τον κόσμο μέσω της γενεαλογίας του Δαβίδ. *«Μακάριοι είναι εκείνοι, των οποίων συγχωρήθηκαν οι ανομίες, και των οποίων σκεπάστηκαν οι αμαρτίες»* (Προς Ρωμαίους 4:7).

Στη γενεαλογία του Ιησού, βρίσκουμε επίσης τη Ραάβ, την πόρνη, που βοήθησε τους Ισραηλίτες να κατακτήσουν την πόλη της Ιεριχούς. Η ζωή της σώθηκε, μαζί με όλους στον οίκο της (**Ιησούς του Ναυή 6:25**). Εν συντομία, βλέπουμε ότι η αμαρτία στη ζωή των εκλεκτών δεν ακυρώνει τη συγχώρηση και τη δικαίωση του Θεού, ούτε τον σκοπό που είχε ο Θεός στη ζωή τους. Ο Θεός μας θέλει να μετανοήσουμε από μία ζωή πλανεμένη από άσχημες επιλογές ή εκμεταλλευόμενη από κακή παρέα και φιλοσοφίες των καιρών μας.

Μετάνοια δεν σημαίνει στροφή 360 μοιρών, αλλά στροφή 180 μοιρών. Το υπέροχο με τη συγχώρηση είναι ότι ο Θεός ξεχνά (καλύπτει) τις αμαρτίες μας και τίποτα, ούτε οι επαναστατικότητά μας και η προσωρινή αποξένωση από τους δρόμους του «**να μας χωρίσει από την αγάπη τού Θεού, η οποία υπάρχει στον Ιησού Χριστό τον Κύριό μας**» (**Προς Ρωμαίους 8:39**).

Αυτό που χρειάζεται είναι «*να πιστεύουμε στον Ιησού*», να μετανοήσουμε και να έχουμε μια καρδιά αφοσιωμένη στον Θεό. Δεν υπάρχει τίποτα καλύτερο από το να βλέπεις κατεστραμμένες σχέσεις να θεραπεύονται μέσα από την αμοιβαία προσφορά της αγάπης και συγχώρησης του Θεού. Δεκαετίες αργότερα, χαίρομαι να βλέπω πώς ο Θεός τους μεταμόρφωσε σε υποδειγματικά ζευγάρια και οικογένειες, τα παιδιά και τα εγγόνια των οποίων νιώθουν ευλογημένα να έχουν την αγάπη, τις οδηγίες και την παρουσία τους.

Εκείνο που ο διάβολος προσπαθεί να καταστρέψει, το αίμα του Ιησού έχει τη δύναμη να το αποκαταστήσει!

Ας προσευχηθούμε: Σ' ευχαριστούμε, Κύριε, που μας έδωσες τη χαρά της συγχώρησης, της δεύτερης ευκαιρίες ώστε οι ζωές μας να είναι το καλύτερο παράδειγμα πατέρα, μητέρας, αδελφού, θείου, γιου/κόρης, συζύγου και Χριστιανού. Δημιούργησε σε εμάς μία καρδιά αφοσιωμένη σε Εσένα. Προσευχόμαστε στο όνομα του Ιησού Χριστού.

---

26 Σεπτεμβρίου
ΟΛΗ Η ΕΞΟΥΣΙΑ

«Και του λένε: Με ποια εξουσία τα κάνεις αυτά; Και ποιος σου έδωσε αυτή την εξουσία για να τα κάνεις;» **Κατά Μάρκον 11:28**

"'By what authority are you doing these things?' they asked. 'And who gave you authority to do this?'" **Mark 11:28**

"Y le preguntaron: '¿Con qué autoridad haces todo esto? ¿Quién te dio autoridad para hacerlo'"? **Marcos 11:28**

Αν πιστεύεις ότι η ζωή σου δεν έχει ιδιαίτερο αντίκτυπο και επιρροή, σκέψου το ξανά. Ο Θεός σου προσφέρει τη δύναμη και την πλήρη εξουσία του Αγίου Πνεύματος να σώσεις, να θεραπεύσεις και να αποκαταστήσεις την ελπίδα για τον λαό Του που παλεύει με αόρατα πνεύματα και ασθένειες.

Η Αγία Γραφή μας διδάσκει ότι ο Ιησούς έχει εξουσία σε όλη τη δημιουργία. *«Και εκπλήττονταν για τη διδασκαλία του· επειδή, τους δίδασκε ως κάτοχος εξουσίας, και όχι όπως οι γραμματείς»* (**Κατά Μάρκον 1:22, Κατά Ματθαίον 7:29, Κατά Λουκάν 4:32**).

Στο μεταξύ, οι γραμματείς, οι αρχιερείς και οι πρεσβύτεροι των συναθροίσεων έρχονται αντιμέτωποι με τον Ιησού, ρωτώντας Τον *με ποια εξουσία κάνει όλα όσα κάνει.* Ο Ιησούς έκανε πολλά πράγματα. Θεράπευσε αρρώστους, ανέστησε νεκρούς, έβγαλε δαιμόνια, *«που πουλούσαν και αυτούς που αγόραζαν μέσα στο ιερό»* **(Κατά Μάρκον 11:15).** Υπάρχει μεγάλη χαρά όταν ακούμε ότι κάποιος από εμάς έχει θεραπευτεί. Οι θρησκευτικοί ηγέτες θα έπρεπε να είναι ευγνώμονες και όχι εξοργισμένοι. Αλλά η φήμη του Ιησού είχε επεκταθεί τόσο πολύ που οι θρησκευτικοί ηγέτες φοβόντουσαν ότι θα χάσουν τη δύναμή τους και την εξουσία και αναζητούσαν κάθε μέσο για να πιάσουν, να διώξουν, ή, προτιμότερο, να σκοτώσουν τον Ιησού **(Κατά Μάρκον 11:18).**

Έχουμε το προνόμιο να διαθέτουμε τον αλάνθαστο Λόγο του Θεού, στον οποίο ο Ιησούς δηλώνει την πηγή της εξουσίας του. *«Επειδή, όπως ο Πατέρας έχει μέσα στον εαυτό του ζωή, έτσι έδωσε και στον Υιό να έχει μέσα στον εαυτό του ζωή· και εξουσία έδωσε σ' αυτόν να κάνει και κρίση, επειδή είναι Υιός ανθρώπου»* **(Κατά Ιωάννην 5:26–27).**

Ο Ιησούς έδωσε την εντολή στους μαθητές Του, συμπεριλαμβανομένων και εμού και εσύ, μ' αυτόν τον τρόπο: *«Και αφού προσκάλεσε τους δώδεκα μαθητές του, τους έδωσε εξουσία ενάντια σε ακάθαρτα πνεύματα, ώστε να τα βγάζουν, και να θεραπεύουν κάθε νόσο και κάθε ασθένεια»* **(Κατά Ματθαίον 10:1–2, Κατά Μάρκον 3:15,6:7, Κατά Λουκάν 9:1).** Τα τελευταία Του λόγια πριν ανέλθει στους ουρανούς ήταν *«αλλά, θα λάβετε δύναμη, όταν έρθει επάνω σας το Άγιο Πνεύμα· και θα είστε μάρτυρες για μένα και στην Ιερουσαλήμ και σε ολόκληρη την Ιουδαία και στη Σαμάρεια, και μέχρι το ακρότατο μέρος τής γης»* **(Πράξεις 1:8).**

Ας προσευχηθούμε: Ουράνιε Πατέρα μας, μεταμόρφωσε τις αδυναμίες μας σε δύναμη. Βοήθησέ την απιστία μας ώστε να πιστέψουμε ότι *μπορούμε τα πάντα χάρη στον Χριστό που μας ενδυναμώνει* **(Προς Φιλιππησίους 4:13)** και ότι έχουμε τη δύναμη να φέρουμε θεραπεία και τα καλά νέα σε όλο τον κόσμο. Προσευχόμαστε στο Άγιο Όνομά Σου. **Ας προσευχηθούμε:** Ουράνιε Πατέρα μας, μεταμόρφωσε τις αδυναμίες μας σε δύναμη. Βοήθησέ την απιστία μας ώστε να πιστέψουμε ότι *μπορούμε τα πάντα χάρη στον Χριστό που μας ενδυναμώνει* **(Προς Φιλιππησίους 4:13)** και ότι έχουμε τη δύναμη να φέρουμε θεραπεία και τα καλά νέα σε όλο τον κόσμο. Προσευχόμαστε στο Άγιο Όνομά Σου.

Ο Θεός σου προσφέρει τη δύναμη και την πλήρη εξουσία του Αγίου Πνεύματος να σώσεις, να θεραπεύσεις και να αποκαταστήσεις την ελπίδα του λαού Του που μάχονται κατά αόρατων πνευμάτων και ασθενειών.

---

27 Σεπτεμβρίου
Η ΠΡΟΣΩΠΙΚΗ ΘΥΣΙΑ ΓΙΑ ΚΑΙΡΟΥΣ ΣΑΝ ΑΥΤΟΥΣ
Εσθήρ 4:16

Βλέπουμε πολλά πρόσωπα από την Αγία Γραφή, τα οποία, γνωρίζοντας ότι ο Θεός τους έχει δώσει θέσεις εργασίας και ηγεσίας για *«έναν τέτοιον καιρό, που είναι τούτος»* **(Εσθήρ 4:14),** έβαλαν την ευημερία των άλλων πάνω από τη δική τους ευημερία. Μία είναι η βασίλισσα Εσθήρ που ήταν πρόθυμη να πεθάνει για να σώσει τον εβραϊκό λαό. Παρόλο που **κανείς δεν μπορούσε να πλησιάσει τον Βασιλιά χωρίς πρόσκληση,** η Εσθήρ είπε *«Και έτσι θα μπω μέσα στον βασιλιά, που δεν γίνεται σύμφωνα με τον νόμο· και αν χαθώ, ας χαθώ»* **(Εσθήρ 4:16).**

Άλλο πρόσωπο της Αγίας Γραφή ήταν ο Μωυσής. **Μόνο ο Μωυσής μπόρεσε να πλησιάσει στην παρουσία του Θεού.** Είναι ο τύπος του Χριστιανού που μεγάλωσε ως πρίγκιπας, αλλά έγινε βοσκός. Όταν ο Θεός θα τιμωρούσε τον λαό Του για ανυπακοή, ο Μωυσής μεσίτευσε ζητώντας από τον Θεό να *«συγχωρήσεις την αμαρτία τους... αν όχι, εξάλειψέ με, παρακαλώ, από το βιβλίο σου, που έγραψες»* (Έξοδος 32:32). Η Εσθήρ και ο Μωυσής ήταν υπάκουα πιστοί. Ήταν πρόθυμοι να θυσιάσουν τη ζωή τους για την ελευθερία του λαού τους. **Με πίστη ο Μωυσής απέρριψε τα πλεονεκτήματα της ιδιότητας του πρίγκιπα του Φαραώ** και *«προκρίνοντας να κακουχείται με τον λαό τού Θεού, μάλλον, παρά να έχει πρόσκαιρη απόλαυση αμαρτίας»* (Προς Εβραίους 11:24-25).

Τα πράγματα στη Βασιλεία του Θεού είναι ανάποδα! Για να νικήσουμε, πρέπει να είμαστε διατεθειμένοι να χάσουμε. Ο σταυρός του Χριστού είναι το πιο τέλειο παράδειγμα αντίστροφου νοήματος στη βασιλεία του Θεού, στην οποία το να πεθάνεις είναι να ζήσεις και το να ζητάς να ζεις είναι να πεθαίνεις. *«Επειδή, όποιος θέλει να σώσει τη ζωή του, θα τη χάσει· και όποιος χάσει τη ζωή του εξαιτίας μου, αυτός θα τη σώσει»* (Κατά Λουκάν 9:24).

Όπως ο Μωυσής και η Βασίλισσα Εσθήρ, ο Θεός μας καλεί, *για «έναν τέτοιον καιρό, που είναι τούτος»*, προσφέροντάς μας πίστη για να εμπιστευθούμε στις υποσχέσεις Του. Μελετώντας τον Λόγο Του, αναγνωρίζουμε ότι όλα τα πλούτη του κόσμου δεν μπορούν να συγκριθούν με την ανταμοιβή που έχει ετοιμάσει ο Θεός για όσους υποταχθούν στην **προσωπική θυσία** να ευχαριστήσουν τον Θεό προσφέροντας άμυνα στους αδύναμους και στους φτωχούς και σώζοντας τα χαμένα πρόβατα του Θεού.

Ας προσευχηθούμε: Ουράνιε Πατέρα μας, μας δημιούργησες και μας έδωσες δώρα και δύναμη *για «έναν τέτοιον καιρό, που είναι τούτος»*. Δώσε μας την πίστη των μεγάλων της Αγίας Γραφής, όπως του Μωυσή και της Εσθήρ, που δεν τους ένοιαζε η δική τους ζωή, αλλά εμπιστεύονταν ότι τα σχέδια και τα προγράμματά Σου ήταν καλά, οδηγώντας σε ένδοξη νέα αρχή στη ζωή μας. Προσευχόμαστε στο Άγιο Όνομα του Ιησού Χριστού.

---

28 Σεπτεμβρίου
Η ΥΠΟΣΧΕΣΗ ΤΗΣ ΑΙΩΝΙΑΣ ΖΩΗΣ
Α' Ιωάννου 2:25

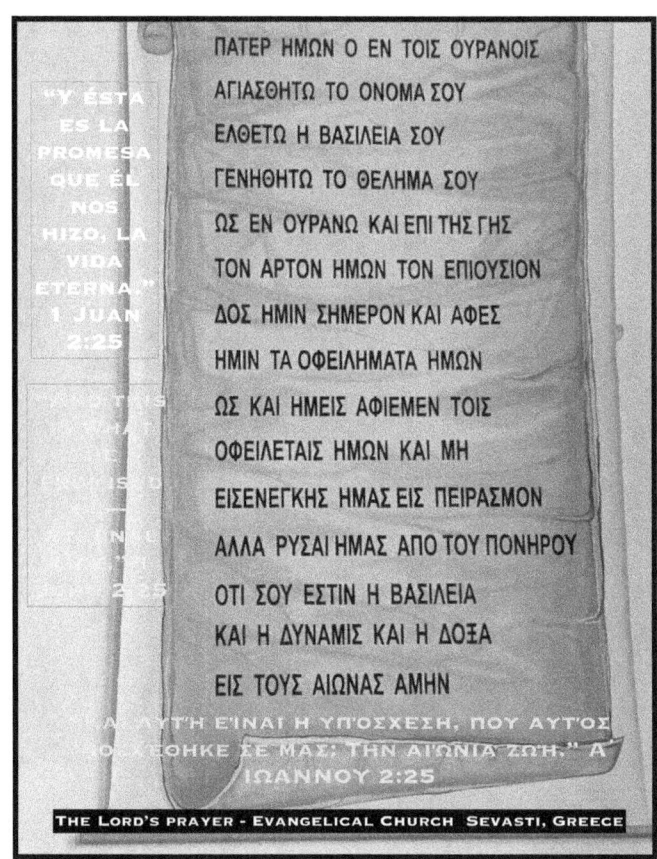

Μέσα από την Αγία Γραφή, ο Ιησούς υποσχέθηκε να είναι ο οδηγός μας, Εκείνος που θα μας υπερασπίζεται, θα μας προστατεύει, θα μας τρέφει, θα μας λυτρώνει και η ελπίδα που θα έχουμε μέσα στις καταιγίδες. Αν ζούμε με πίστη, μένοντας κοντά στις υποσχέσεις Του και υπακούοντας στο θέλημά Του, ο Θεός θα είναι για πάντα ο Θεός μας και εμείς θα είμαστε ο εκλεκτός λαός Του για να απολαμβάνουμε την αιώνια παρουσία, ειρήνη και χαρά του Θεού.

Όσο μεγάλη ή έντονη είναι η καταιγίδα ή ο εχθρός μας, ο Κύριος θα μας ελευθερώσει από κάθε κακό για να εκπληρώσουμε την υπόσχεση της αιώνιας ζωής για τα παιδιά Του. Με πίστη, έχουμε ήδη την αιώνια ζωή η οποία θα εκφραστεί όταν επιστρέψει ο Ιησούς για την εκκλησία Του. *«Αγαπητοί, τώρα είμαστε παιδιά τού Θεού· και ακόμα δεν φανερώθηκε τι πρόκειται να είμαστε· γνωρίζουμε, όμως, ότι, όταν φανερωθεί, θα είμαστε όμοιοι μ' αυτόν· επειδή θα τον δούμε καθώς είναι και καθένας που έχει αυτή την ελπίδα επάνω σ' αυτόν, αγνίζει τον εαυτό του, όπως εκείνος είναι αγνός»* (Α' Ιωάννου 3:2–3).

Πώς μπορούμε να γνωρίζουμε ότι έχουμε αιώνια ζωή; Πρώτον, *«Το ίδιο το Πνεύμα δίνει μαρτυρία, μαζί με το πνεύμα μας, ότι είμαστε παιδιά τού Θεού»* (**Προς Ρωμαίους 8:16**). Αν γνωρίζουμε την καρδιά του Θεού και πασχίζουμε να κάνουμε το θέλημά Του, μπορούμε να εμπιστευθούμε ότι ο Θεός μας έχει μεταμορφώσει σε νέα πλάσματα προορισμένα για την αιώνια ζωή. Ο Ιησούς είπε στον Νικόδημο *«πρέπει να υψωθεί ο Υιός τού ανθρώπου· για να μη χαθεί καθένας ο οποίος πιστεύει σ' αυτόν, αλλά να έχει αιώνια ζωή»* (**Κατά Ιωάννην 3:14-15**).

Δύο χιλιάδες χρόνια πριν, ο Ιησούς ανέβηκε στον Σταυρό του Γολγοθά ώστε να μπορούν όλοι να πετύχουν την αιώνια ζωή πιστεύοντας σε Εκείνον και τη θυσία Του. Παραμένει ακόμη απαραίτητο το όνομα του Ιησού να υψωθεί για να σώσει τον κόσμο. Αλλά υπάρχει μία θυσία που πρέπει να κάνουμε για να κληρονομήσουμε την αιώνια ζωή. Μου αρέσει πολύ η υπόσχεση του Ιησού *«Και κάθε ένας που άφησε σπίτια ή αδελφούς ή αδελφές ή πατέρα ή μητέρα ή γυναίκα ή παιδιά ή χωράφια, εξαιτίας τού ονόματός μου, θα πάρει 100 φορές περισσότερα, και θα κληρονομήσει αιώνια ζωή»* (**Κατά Ματθαίον 19:29**).

Όσο μεγάλη ή επίπονη κι αν είναι η θυσία, ο Ιησούς υπόσχεται ότι *«θα πάρει 100 φορές περισσότερα, και θα κληρονομήσει αιώνια ζωή»* (**Κατά Ματθαίον 19:29**). Δόξα στον Θεό!

Ας προσευχηθούμε: Ουράνιε Πατέρα μας, Σ' ευχαριστούμε για την υπόσχεση της αιώνιας ζωής. Δώσε μας την πίστη να εμπιστευθούμε στον Άγιο Λόγο Σου και στον Ιησού Χριστό *«τον αρχηγό και τελειωτή τής πίστης»* (**Προς Εβραίους 12:2**). Προσευχόμαστε στο Άγιο Όνομά Σου.

29 Σεπτεμβρίου
ΜΙΛΩΝΤΑΣ ΓΙΑ ΠΡΟΣΚΟΜΜΑΤΑ
Κατά Ματθαίον 18:7

Κατά τη διάρκεια της πανδημίας, ερχόμαστε αντιμέτωποι με προσκόμματα που δοκιμάζουν την πίστη μας. Οι συχνοί εγκλεισμοί περιόρισαν την ελευθερία μας να αφήσουμε το σπίτι μας, να δούμε και να αγκαλιάσουμε τους αγαπημένους μας. Σ' αυτούς τους 24 μήνες, βιώσαμε απώλειες οικονομικές, εργασιακές, κοινωνικές, σωματικές και συναισθηματικές. Είδαμε επιχειρήσεις να κλείνουν, γάμοι να τελειώνουν, σχέσεις και όνειρα να διαλύονται. Αποχαιρετήσαμε όσους έφυγαν νωρίς. Τα γεγονότα αυτά έχουν μεταμορφώσει τη ζωή μας με μη αναστρέψιμο τρόπο. Έχουν χτυπήσει ευαίσθητη φλέβα και μας ώθησαν να ψάχνουμε ένα ασφαλές λιμάνι για να ανανεώσουμε την πίστη μας στον Θεό.

Το σημερινό εδάφιο μας λέει ότι *«τα σκάνδαλα είναι ανάγκη νάρθουν»*. Δεν μπορούμε να αποφύγουμε τις δοκιμασίες και τις ταραχές στον κόσμο που μάχονται κυρίως κατά του θελήματος του Θεού, που αντιστέκονται στις επιθυμίες του Πνεύματος. Ως Χριστιανοί και ηγέτες στα σπίτια και στην κοινότητά μας, ο Θεός μας καλεί να είμαστε ο ταπεινός καθρέφτης του Ιησού Χριστού. Ήσυχοι σαν τα παιδιά και πρόθυμοι να βάλουμε την ευημερία των άλλων πάνω από τη δική μας. Παρόλο που είμαστε μειοψηφία σε αυτόν τον κόσμο, στη βασιλεία του Θεού, η οποία ξεπερνά τον χρόνο και την απόσταση, υπάρχουν περισσότεροι που είναι μαζί μας, παρά εναντίον μας **(Β' Βασιλέων 6:16)**. Επίσης, *«μεγαλύτερος είναι αυτός που είναι μέσα σας, παρά αυτός που είναι μέσα στον κόσμο»* **(Α' Ιωάννου 4:4)**.

Αγαπητοί μου, ας μην φοβόμαστε τις δοκιμασίες και τα προσκόμματα. *«Τα σκάνδαλα είναι ανάγκη νάρθουν»*. Ο Ιώβ είπε, *«Τα αγαθά μονάχα θα δεχθούμε από τον Θεό, και τα κακά δεν θα τα δεχθούμε;»* **(Ιώβ 2:10)**. Οι δοκιμασίες ενισχύουν την πίστη μας. Μας προετοιμάζουν για την επόμενη μάχη. Αλλά ας προσέξουμε η ζωή μας και η μαρτυρία μας να μην είναι αιτία προσκόμματος. Ο Ιησούς είπε *«αλλοίμονο στον άνθρωπο εκείνον, διαμέσου του οποίου έρχεται το σκάνδαλο»*. Η φράση αυτή δεν είναι φράση παρηγορίας, αλλά επικείμενης τιμωρίας.

Είπα προηγουμένως ότι φοβάμαι δύο εδάφια. Το σημερινό εδάφιο και το *«Ποτέ δεν σας γνώρισα· φεύγετε από μένα εσείς που εργάζεστε την ανομία»* **(Κατά Ματθαίον 7:23)**.

Ας προσευχηθούμε: Ουράνιε Πατέρα μας, βάλε το Πνεύμα Σου μέσα μας ώστε να μην αποτελέσουμε ποτέ πρόσκομμα ούτε με λόγια, ούτε με πράξεις ούτε με σκέψεις σε όσους πιστεύουν σε Εσένα. Δώσε Εσύ ώστε να είμαστε πηγή συνεχούς ενθάρρυνσης και ελπίδας για όσους παλεύουν με τις συνέπειες της πανδημίας. Κύριε, θεράπευσε τους φτωχούς μας, σωματικά και συναισθηματικά. Προσευχόμαστε στο όνομα του Ιησού Χριστού.

30 Σεπτεμβρίου
ΞΕΧΩΡΙΣΤΟΙ ΑΛΛΑ ΜΕ ΙΔΙΑ ΑΓΑΠΗ
Προς Γαλάτας 3:28

Μόλις μας υιοθετήσουν στην οικογένεια του Θεού μέσω της πίστης στη θυσία του Ιησού στον Σταυρό του Γολγοθά, ο Θεός πνευματικά μεταμορφώνει όλους τους πιστούς σε νέα πλάσματα. Με πίστη γινόμαστε παιδιά του Θεού, όπως τα εγγόνια, όλα ξεχωριστά αλλά με ίση αγάπη. Από εκείνη τη στιγμή και έπειτα, η πολιτισμική και κοινωνική κληρονομιά μας παύει να είναι σημαντική. *«Δεν υπάρχει πλέον Ιουδαίος ούτε Έλληνας· δεν υπάρχει δούλος ούτε ελεύθερος· δεν υπάρχει αρσενικό και θηλυκό· επειδή, όλοι εσείς είστε ένας στον Ιησού Χριστό»* **(Προς Γαλάτας 3:28).**

Προηγουμένως, οι Ισραηλίτες ήταν αποκλειστικά ο εκλεκτός λαός του Θεού. Ο Θεός είπε *«Επειδή, είσαι λαός άγιος στον Κύριο τον Θεό σου· και ο Κύριος σε έκλεξε για να είσαι σ' αυτόν λαός εκλεκτός, περισσότερο από όλα τα έθνη που είναι επάνω στη γη»* **(Δευτερονόμιον 14:2).** Σ' εκείνους ανήκαν οι υποσχέσεις, η προστασία, οι παροχές και η σωτηρία. Το μόνο που ανέμενε ο Θεός από εκείνους σ' αυτή τη διαθήκη ήταν η αποκλειστική αγάπη τους, η πιστότητά τους και η υπακοή τους στον Θεό.

Εφόσον ήταν αδύνατο για τον λαό να τηρήσει με πιστότητα τη διαθήκη, ο Θεός άνοιξε τις πόρτες της αποκλειστικότητας, στέλνοντας τον Ιησού Χριστό ως τον διαμεσολαβητή της νέας διαθήκης της χάρης. Έτσι, ο Θεός επέκτεινε τις υποσχέσεις, την προστασία, την προμήθεια και τη σωτηρία σε όλη τον κόσμο **χωρίς να μεροληπτεί** στους ανθρώπους **(Δευτερονόμιον 10:17).** Ως δικαιούχοι της νέας διαθήκης, αναγνωρίζουμε ότι *«όπου δεν υπάρχει Έλληνας και Ιουδαίος, περιτομή και ακροβυστία, βάρβαρος, Σκύθης, δούλος, ελεύθερος, αλλά τα πάντα και μέσα σε όλα είναι ο Χριστός»* **(Προς Κολοσσαείς 3:11).**

Στην Προς Κολοσσαείς επιστολή 3:12 διαβάζουμε *«Ντυθείτε, λοιπόν, ως εκλεκτοί τού Θεού, άγιοι και αγαπημένοι, σπλάχνα οικτιρμών, καλοσύνη, ταπεινοφροσύνη, πραότητα, μακροθυμία».* Πρέπει να αποδεχτούμε ότι, ως εκλεκτά άτομα, έχουμε το γνήσιο προνόμιο και είμαστε μοναδικοί, όπως επίσης και έχουμε ίση αξία. Οι τίτλοι και οι ευθύνες μας δεν μετρούν πλέον.

Ας θυμηθούμε επίσης ότι ο Θεός προσφέρει μία νέα διαθήκη σε όλους *«για να μη χαθεί καθένας ο οποίος πιστεύει σ' αυτόν, αλλά να έχει αιώνια ζωή»* **(Κατά Ιωάννην 3:15).** Το γεγονός ότι κάποιοι δεν πιστεύουν ακόμη στον Θεό ή στον Ιησού Χριστό δεν τους καθιστά λιγότερο άξιους ή αγαπητούς από εμάς, ούτε τους απομονώνει από το να ακούσουν την πρόσκληση του Αγίου Πνεύματος.

Ας προσευχηθούμε: Ουράνιε Πατέρα μας, Σ' ευχαριστούμε που διάλεξες εμάς για να είμαστε οι αγαπημένοι Σου άνθρωποι. Αύξησε την πίστη μας ώστε να είμαστε άξιοι της κλήσης αυτής. Σε παρακαλούμε βοήθησέ μας να μοιραστούμε τα καλά νέα με όλους όσους συναντούμε στον δρόμο μας. Προσευχόμαστε στο όνομα του Ιησού Χριστού.

1 Οκτωβρίου
ΝΕΡΑ ΕΙΡΗΝΗΣ ΚΑΙ ΖΩΗΣ
Προς Ρωμαίους 8:6

Το σώμα του νερού όπως τα ποτάμια, οι καταρράκτες και οι λίμνες και οι κήποι με οδηγούν σε ανώτερα επίπεδα ειρήνης. Το νερό μας θυμίζει τη βάπτισή μας και οι κήποι μας θυμίζουν πόσο σύντομη και όμορφη είναι η ζωή.

Έβγαλα τη φωτογραφία αυτή στους Κήπους του Λουξεμβούργου στο Παρίσι. Η βροχή δεν μπορούσε να μας σταματήσει από το να περπατήσουμε στους δρόμους των προγόνων μας.

Ένιωσα ειρήνη και ευγνωμοσύνη απολαμβάνοντας την ιστορία της μητρόπολης αυτής, την ομορφιά και τη μαγειρική τέχνη και αναμένοντας την επιστροφή στο σπίτι μας την άλλη μέρα. Η ειρήνη μας αυξάνεται ότι γνωρίζουμε ότι θα επιστρέψουμε στην έπαυλη του Ουράνιου Πατέρα μας στο τέλος των ημερών μας. Η ασφάλεια αυτή προκύπτει από τα νερά της βάπτισής μας, τα οποία μας καλωσορίζουν στην οικογένεια του Θεού.

Στη βάπτισή μας, οι γονεί μας ή εμείς απαρνηθήκαμε τις πνευματικές δυνάμεις του κακού, τις σατανικές δυνάμεις αυτού του κόσμου, για ικανοποίηση της σάρκας μας (να είμαστε σκλάβοι της αμαρτίας) και μετανοήσαμε από τις αμαρτίες μας. Μέσα από το νερό και το Άγιο Πνεύμα, ο Θεός μας καθάρισε από το κακό του παρελθόντος και του παρόντος και μας έδωσε θεϊκή δύναμη για να αντισταθούμε στη διαφθορά, στην αδικία και στην καταπίεση σε όλες τους τις εκφάνσεις. Αν ομολογήσουμε τον Ιησού Χριστό ως Σωτήρα μας, εμπιστευθήκαμε στην τρυφερή χάρη Του και υποσχεθήκαμε να Τον ακολουθήσουμε και να Τον υπηρετήσουμε.

Με χαρά ανανέωσα τους βαπτιστικούς μου όρκους πολλές φορές στην οικογενειακή κατασκήνωση στο Κινιπέτ, Long Island στην παραλία του Ατλαντικού. Το βάπτισμα και η ανανέωσή του είναι πολύ σημαντικές στιγμές όταν το Άγιο Πνεύμα μας ανυψώνει σε ένα υψηλότερο μέρος, αυξάνοντας την πίστη και την ευγνωμοσύνη του, γεμίζοντας με ειρήνη και βοηθώντας μας να δούμε τα πάντα όμορφα και γεμάτα ζωή, όπως οι Κήποι του Λουξεμβούργου.

Όταν θυμόμαστε τα νερά της βάπτισής μας μας γεμίζει χαρά, ειρήνη και ελπίδα. Μας δίνει τη δύναμη να **εμπλακούμε στα πράγματα του Πνεύματος** και να σταματήσουμε να ζούμε *στη σφαίρα της σάρκας* **(Προς Ρωμαίους 8:9)**. Ο Ιησούς είπε *«Όποιος πιστεύει σε μένα, όπως είπε η γραφή, ποτάμια από ζωντανό νερό θα ρεύσουν από την κοιλιά του»* **(Κατά Ιωάννην 7:38)**.

Ας προσευχηθούμε: Ουράνιε Πατέρα μας, Σ' ευχαριστούμε που μας καθάρισες με τα νερά της ζωής ώστε να είμαστε πηγή ζωής για όσους δεν Σε γνωρίζουν ακόμη αλλά Σε εκζητούν. Βοήθησέ μας να ενδιαφερόμαστε για τα πράγματα του Πνεύματος που αντιπροσωπεύουν τη ζωή και την ειρήνη για την οικογένειά μας και τις επόμενες γενιές που θα πιστέψουν σε Εσένα μέσω της πιστότητάς μας. Προσευχόμαστε στο όνομα του Ιησού Χριστού.

2 Οκτωβρίου
Ο ΓΟΓΓΥΣΜΟΣ ΑΠΑΓΟΡΕΥΕΤΑΙ
Προς Φιλιππησίους 2:14

Η λέξη *«γογγύζω»* εμφανίζεται 44 φορές μέσα στην Αγία Γραφή. Πιο πολλές φορές τη συναντούμε στο βιβλίο της **Εξόδου**, όταν, στην έρημο, οι Ισραηλίτες γόγγυζαν επαναλαμβανόμενα κατά του Θεού και του Μωυσή για την έλλειψη νερού, κρέατος και ψωμιού.

Είμαστε περίεργοι άνθρωποι και δεν διαφέρουμε πολύ από τους Ισραηλίτες στην έρημο. Ξεχνούμε γρήγορα τι έκανε ο Θεός για να μας απελευθερώσει. Αντί να είμαστε ευγνώμονες, δείχνουμε έλλειψη ευγνωμοσύνης και ανυπομονησία. Στις συναθροίσεις ομόφωνα δείχνουμε πιστότητα λέγοντας ότι *«Όλα όσα είπε ο Κύριος, θα τα πράξουμε»* (Έξοδος 19:8). Αλλά στην καρδιά μας, γογγύζουμε για όσα μας λείπουν, για όσα μας πλήττουν ή μας ενοχλούν, όπως η ζέστη, το κρύο, η βροχή, το χιόνι, η οικονομία, οι καταιγίδες, οι καταστροφές, κτλ. σαν ο Θεός να βρίσκει ευχαρίστηση όταν εμείς υποφέρουμε ή νιώθουμε άβολα.

Είμαστε περίεργοι με την έννοια ότι δεν μας αρέσει να μας λένε τι να κάνουμε, πώς να το κάνουμε και πότε να το κάνουμε. Θα κάνουμε τα πράγματα όταν και όπως μας αρέσει. Όμως, γογγύζουμε και μαλώνουμε ακόμη και για το παραμικρό όταν μας υποχρεώνουν.

Ο Θεός, όμως, μας καλεί να αγαπάμε και να υπηρετούμε ο ένας τον άλλον. *«Όλα να τα κάνετε χωρίς γογγυσμούς και αμφισβητήσεις»* (εδάφιο 14). *Τα πάντα* σημαίνει ό,τι χρειάζεται για να συνεχίσει η διακονία που ο Θεός μας εμπιστεύθηκε ως άτομα και ως εκκλησία. Μόλις γινόμαστε μέρος της εκκλησίας του Χριστού μέσω του βαπτίσματος, χριστήκαμε με δύναμη και εξουσία να *«φέρνω τα χαρμόσυνα νέα στους φτωχούς, για να γιατρέψω τούς συντριμμένους στην καρδιά, για να κηρύξω ελευθερία στους αιχμαλώτους, και ανάβλεψη στους τυφλούς, να αποστείλω τούς ψυχικά τσακισμένους σε ελευθερία»* (Κατά Λουκάν 4:18).

Ας κάνουμε ομόφωνα ό,τι είναι απαραίτητο για να εκπληρώσουμε αυτή την εντολή *«χωρίς γογγυσμούς και αμφισβητήσεις· για να γίνεστε άμεμπτοι και ακέραιοι, παιδιά τού Θεού, χωρίς ψεγάδι, μέσα σε μια γενεά στρεβλή και διεστραμμένη· ανάμεσα στους οποίους λάμπετε σαν φωστήρες μέσα στον κόσμο»* (Προς Φιλιππησίους 2:14-16).

Ο διάβολος θέλει να κοιτάζουμε το συμφέρον μας, να παλεύουμε για τα δικαιώματά μας, τους τίτλους και τις θέσεις σεβασμού και θαυμασμού. Όμως, αν το κάνουμε αυτό, δεν δείχνουμε τον χαρακτήρα του Χριστού ο οποίος είναι **άμεμπτος, απλός και αγνός**, κάνοντας έτσι τα χαμένα πρόβατα να μένουν εκεί που είναι αντί να εισέρχονται σε ένα μαντρί γογγυσμού και διαμαχών.

Μόνο αν **μένουμε στον Λόγο του Θεού**, καθοδηγούμενοι από το Άγιο Πνεύμα θα μπορέσουμε να *λάμψουμε «σαν φωστήρες μέσα στον κόσμο»* και να σώσουμε τα χαμένα πρόβατα που περιφέρονται στον κόσμο, τρέμοντας, δίχως καταφύγιο, τροφή και κατεύθυνση, απειλούμενοι από λύκους ντυμένοι με προβιά προβάτου.

Ας προσευχηθούμε: Ουράνιε Πατέρα μας, απομάκρυνε από εμάς το πνεύμα του γογγυσμού και διαμάχης, ώστε να λάμψουμε σαν φώτα στο σκοτάδι του κόσμου. Προσευχόμαστε στο Άγιο Όνομά Σου.

Καθοδηγούμενοι από το Άγιο Πνεύμα, μπορούμε να λάμψουμε «σαν φωστήρες μέσα στον κόσμο» και να σώσουμε τα χαμένα πρόβατα.

---

3 Οκτωβρίου
ΞΕΚΟΥΡΑΣΟΥ, ΦΟΡΤΙΣΕ ΤΙΣ ΜΠΑΤΑΡΙΕΣ ΣΟΥ ΚΑΙ ΑΝΑΝΕΩΣΟΥ
Έξοδος 23:12

Σας ευχαριστούμε που προσευχηθήκαμε για την πεθερά μου, η οποία είχε εύθραυστη υγεία στις αρχές του καλοκαιριού του 2020. Δόξα τον Θεό, ανέκτησε τη δύναμή της μέρα με την ημέρα. Όταν ήρθε στο σπίτι από το νοσοκομείο, ήταν αδύναμη και δεν μπορούσε να περπατήσει ούτε να μιλήσει. Και σαν να μην έφτανε αυτό, κόλλησε και γρίπη κάνοντας τα πράγματα πιο δύσκολα γι' αυτήν όσον αφορά την αναπνοή και την ομιλία της. Επομένως, περισσότερο κοιμόταν.

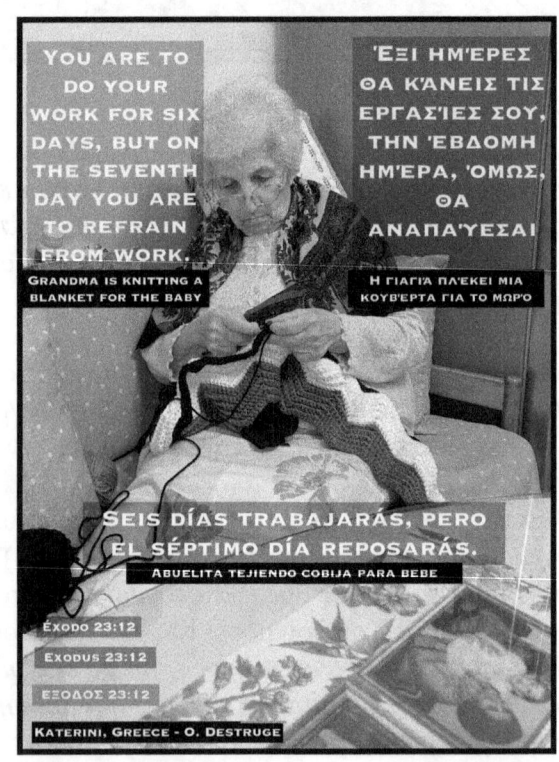

Μέρος της θεραπείας της ήταν να την ενθαρρύνουμε να είναι ενεργή. Περίπου ένα μήνα αργότερα, κάπως ανέκαμψε. Ξεκίνησε να πλέκει μία κουβέρτα για το μωρό της Σοφίας, της κόρης μου. Σε δύο εβδομάδες θα επιστρέφαμε στην Αμερική και δεν είχε πολύ χρόνο να την ολοκληρώσει. Το πλέξιμο της έδωσε κίνητρο να πιέσει τον εαυτό της. Κάθε μέρα ξυπνούσε νωρίς και κοιμόταν αργά. Αλλά ήρθε η Κυριακή και δεν έπλεξε καθόλου, περιμένοντας την καινούρια ημέρα για να ξεκινήσει το καθήκον της. Γιατί; Γιατί **η Κυριακή** σημαίνει **η ημέρα του Κυρίου**, είναι **ημέρα ανάπαυσης**, ημέρα να φορτίσουμε τις μπαταρίες μας **και να ανανεωθούμε.**

Στο βιβλίο της **Εξόδου 23:12** ο Θεός μας λέει *«Έξι ημέρες θα κάνεις τις εργασίες σου· την έβδομη ημέρα, όμως, θα αναπαυθείς, για να αναπαυθεί και το βόδι σου, και το γαϊδούρι σου, και να έχει αναψυχή ο γιος τής δούλης σου, και ο ξένος».* Από τότε που γνώρισα τα πεθερικά μου, έμαθα να τιμώ την **Ημέρα του Κυρίου**. Δεν εργάζονταν καθόλου εκείνη την ημέρα, αφιερώνοντας την ημέρα στην ανάγνωση του Λόγου του Θεού, ψάλλοντας ύμνους στο σπίτι τους, επισκεπτόμενοι τους αρρώστους και πηγαίνοντας στην εκκλησία.

Πέρα από μία καλή συνήθεια, **η τίμηση της ημέρας του Κυρίου** είναι εντολή από έναν Θεό που μας αγαπά και μας προστατεύει. Δεν δημιουργηθήκαμε για να εργαζόμαστε επτά ημέρες την εβδομάδα χωρίς ξεκούραση και χωρίς ανάκτηση δυνάμεων. Στα εδάφια αυτά, βρίσκουμε ξανά την αγάπη του Θεού και τη φροντίδα του για τους φτωχούς και τους ξένους. *«Και έξι χρόνια θα σπείρεις τη γη σου, και θα μαζεύεις τα γεννήματά της· τον έβδομο χρόνο, όμως, θα την αφήσεις να αναπαυθεί, και να μένει αργή, για να τρώνε οι φτωχοί τού λαού σου· και εκείνο που εναπολείφθηκε απ' αυτούς ας το* *τρώνε τα ζώα τού χωραφιού. Έτσι θα κάνεις για τον αμπελώνα σου, και για τον ελαιώνα σου»* (**Έξοδος 23:10-11**). Η γη επίσης χρειάζεται ξεκούραση και οι φτωχοί και οι ξένοι βρίσκουν επίσης ανανέωση και τροφή στην ανάπαυση αυτή.

Ας προσευχηθούμε: Ουράνιε Κύριε, Σ' ευχαριστούμε που ξεχώρισες μία ημέρα την εβδομάδα για εμάς για να ξεκουραστούμε και να ανανεώσουμε τη σωματική και πνευματική μας δύναμη και προσφέρεις ανανέωση στους φτωχούς και τους ξένους ανάμεσά μας. Βοήθησέ μας να τιμούμε την ημέρα αυτή ξανά και ξανά. Προσευχόμαστε στο όνομα του Ιησού Χριστού.

---

4 Οκτωβρίου
Η ΣΤΕΝΗ ΣΧΕΣΗ ΕΙΝΑΙ ΔΩΡΟ ΘΕΟΥ
Προς Κορινθίους Α' 7:5Α

Ο Θεός μας διαμόρφωσε για να έχουμε στενή σχέση με τον Ίδιο και με τους άλλους.

Η πιο σημαντική έκφραση ανθρώπινης στενής σχέσης με τον Θεό είναι την ώρα της προσευχής και την ώρα της προσωπικής μας λατρείας και της λατρείας μας ως εκκλησίας. Είναι όταν αγαπούμε τον Θεό *«με όλη του την καρδιά, και με όλη του τη σύνεση, και με όλη του την ψυχή, και με όλη του τη δύναμη»* (**Κατά Μάρκον 12:33**). Είναι η απόλυτη υποταγή στο θέλημα του Θεού.

Η πιο σημαντική έκφραση της στενής σχέσης του Θεού προς την ανθρωπότητα έγινε στον Γολγοθά, όταν ο Θεός *«που τον ίδιο του τον Υιό δεν λυπήθηκε, αλλά τον παρέδωσε για χάρη όλων μας,»* (**Προς Ρωμαίους 8:32α**). Μόνο πλησιάζοντας τον σταυρό μπορούμε να κατανοήσουμε το βάθος της αγάπης του Θεού, τη χάρη και το έλεός Του προς όλη τη δημιουργία. Πρόκειται για απόλυτη υποταγή που δεν μας στερεί τίποτα γιατί είναι ανταποδοτική.

Όποιος έχει βιώσει τη Σταύρωση και την Ανάσταση του Χριστού δεν ζει πλέον για τον εαυτό του αλλά για τον Θεό. Μέσω της Ανάστασης, ο Ιησούς μας γεμίζει με νέα και καλύτερη όψη της ζωής. Η στενή σχέση που απολαμβάνουμε με τον Θεό μας ωθεί να βάλουμε το **εγώ** μας στην άκρη και να ζήσουμε με πίστη και για τον Υιό του Θεού.

Η πιο σημαντική έκφραση ανθρώπινης στενής σχέσης προς άλλους ανθρώπους συντελείται εντός της οικογένειας. Πρώτον, η ένωση του γάμου όπου κάθε ένας ορκίζεται αιώνια αγάπη **«ώσπου να μας χωρίσει ο θάνατος»**. Τα οφέλη του είναι μακροπρόθεσμη σωματική και συναισθηματική οικειότητα και δημιουργία οικογένειας (παιδιών) που μας προσφέρει ακόμη πιο οικείες και όμορφες σχέσεις. Τα παιδιά τότε λαμβάνουν την πιο μεγαλειώδη και στενή ανθρώπινη σχέση για να τη μεταφέρουν στην οικογένειά τους.

Η στενή σχέση στο σπίτι δεν πεθαίνει ούτε σταματά να υπάρχει. Καθώς μεγαλώνουμε, μαθαίνουμε ότι η αγάπη ξεπερνά δοκιμασίες και εμπόδια, παίρνει διαφορετικές και καλύτερες μορφές έκφρασης που μας γεμίζουν με ευγνωμοσύνη για αυτό το πολύτιμο δώρο που λέγεται αγάπη. Το εδάφιο μας θυμίζει **να μην στερούμε ο ένας τον άλλον** από το δώρο αυτής της στενής σχέσης **(Προς Κορινθίους Α' 7:5).**

Ας προσευχηθούμε: Ουράνιε Πατέρα μας, Σ' ευχαριστούμε για το δώρο της στενής σχέσης που έχουμε μαζί Σου και με την οικογένεια. Δώσε Εσύ ώστε να φυτέψουμε σπόρους αγάπης με όλους όσους έβαλες στον δρόμο μας ώστε να γνωρίσουν κι εκείνοι τη μεγαλοσύνη της αγάπης Σου, τη χάρη και το έλεός Σου. Προσευχόμαστε στο όνομα του Ιησού Χριστού.

---

5 Οκτωβρίου
Η ΠΡΟΔΟΣΙΑ ΚΑΠΟΙΟΥ ΟΙΚΕΙΟΥ ΠΡΟΣΩΠΟΥ ΜΑΣ ΠΟΝΑ ΠΕΡΙΣΣΟΤΕΡΟ
Ψαλμοί 55:13

Πρέπει να διαβάσουμε τα **εδάφια 12** και **13** για να κατανοήσουμε το κείμενό μας. *«Επειδή, δεν με περιγέλασε ο εχθρός, που θα τον υπέφερα· δεν σηκώθηκε εναντίον μου εκείνος που με μισεί· τότε, θα κρυβόμουν απ' αυτόν· αλλά, εσύ, άνθρωπε ομόψυχε, οδηγέ μου, και γνωστέ μου·»*

Δεν μας κάνει εντύπωση η επίθεση από έναν εχθρό. Πολλές χώρες έχουν οχυρωμένα σύνορα με ένοπλες δυνάμεις έτοιμες για τέτοιου είδους επιθέσεις. Αλλά με τα οικεία μας πρόσωπα, έχουμε την τάση να μειώνουμε τις άμυνές μας. Γι' αυτό, όταν ένα οικείο πρόσωπο εκμεταλλεύεται τη φιλία ή την εμπιστοσύνη μας, συνήθως μας πονάει περισσότερο από την επίθεση ενός εχθρού, πιθανόν κάνοντάς μας να χάνουμε την πίστη μας στην ανθρωπότητα ή στην κοινότητά μας.

Ο διάβολος είναι ο αιώνιος εχθρός της φιλίας, της οικογένειας και όλων όσων εκπροσωπούν την ειρήνη, την ενότητα, την αρμονία, την πίστη προς τον Θεό και τον πλησίον. Πολύ συχνά, ο διάβολος δεν δρα άμεσα εναντίον μας, αλλά χρησιμοποιεί κάποιους από τον κύκλο μας για να επιφέρει ζημία. Τέτοια ήταν η περίπτωση του Ιησού με τον Ιούδα, έναν από τους μαθητές Του.

Παραδοσιακά, τη Μεγάλη Πέμπτη διαβάζουμε για την προδοσία του Ιούδα στον Κήπο της Γεθσημανή. *«Και ενώ αυτός ακόμα μιλούσε, ξάφνου, ο Ιούδας, ένας από τους δώδεκα, ήρθε· και μαζί του ένα μεγάλο πλήθος με μάχαιρες και ξύλα, από τους αρχιερείς και τους πρεσβύτερους του λαού. Και εκείνος που τον παρέδινε, τους έδωσε ένα σημάδι, λέγοντας: Όποιον φιλήσω, αυτός είναι· πιάστε τον. Και αμέσως, μόλις πλησίασε τον Ιησού, είπε: Χαίρε, Ραββί· και τον καταφίλησε»* **(Κατά Ματθαίον 26:47-49, Κατά Μάρκον 14:44,45).**

Το κείμενο μας αναφέρει αυτή τη σκηνή της προδοσίας από έναν που φαινόταν ότι είναι στενός φίλος και σύντροφος. Ο **Ψαλμός 55:14** προσθέτει *«που συνομιλούσαμε με γλυκύτητα, πηγαίναμε μαζί στον οίκο τού Θεού».* Αυτή είναι η ανθρώπινη κατάσταση. Ενώ ζούμε σε αυτόν τον κόσμο, όσο κοντά κι αν είμαστε με τον Θεό, ο διάβολος θα αναζητήσει με όποιον τρόπο μπορεί, από τον πιο πνευματικό δυνατό έως τον πιο αδύναμο, κάποιον δίπλα μας, να μας επιτεθεί και να μας αποτρέψει από το να φτάσουμε στον προορισμό μας.

Ας προσευχηθούμε: Ουράνιε Πατέρα μας, βοήθησέ μας να μην χάνουμε την πίστη μας στην ανθρωπότητα εξαιτίας του κακού των λίγων. Όταν ο εχθρός έρχεται εναντίον μας, δώσε Εσύ ώστε να ζούμε με ειρήνη, γνωρίζοντας τα δικά Σου σχέδια για τη ζωή και την οικογένειά μας. Δώσε μας καρδιές σαν τη δική Σου, πρόθυμες να υποφέρουν για χάρη του Ευαγγελίου του Κυρίου Ιησού Χριστού, στο όνομα του οποίου προσευχόμαστε.

Ενώ ζούμε σε αυτόν τον κόσμο, όσο κοντά κι αν είμαστε με τον Θεό, ο διάβολος θα αναζητήσει με όποιον τρόπο μπορεί, από τον πιο πνευματικό δυνατό έως τον πιο αδύναμο, κάποιον δίπλα μας, να μας επιτεθεί και να μας αποτρέψει από το να φτάσουμε στον προορισμό μας.

6 Οκτωβρίου
ΜΟΙΧΕΙΑ – ΠΡΟΔΟΣΙΑ ΑΠΟ ΚΑΠΟΙΟΝ ΟΙΚΕΙΟ
Κατά Ματθαίον 5:27

Χθες είπαμε ότι ο εχθρός **χρησιμοποιεί όσους είναι εντός του κύκλου των οικείων μας για να προκαλέσει κακό.** Η μοιχεία είναι ένας από τους τρόπους που έχει ο εχθρός για να καταστρέψει την ειρήνη, την αγάπη και την εμπιστοσύνη μέσα σε πολλά σπίτια. Όποιον χρησιμοποιεί ο διάβολος για να διαπράξει αυτό το αδίκημα, πολλές φορές δικαιολογεί τις πράξεις τους σκεπτόμενοι ότι *ό,τι δεν ξέρουν οι άλλοι δεν τους βλάπτει.* Εν τέλει, όλα όσα γίνονται μυστικά έρχονται σστην επιφάνεια. Ισχύει ότι η μοιχεία δίνει χώρο για διαζύγιο, στη διάλυση ενός σπιτιού και προκαλεί ψυχολογικό τραύμα στα παιδιά.

Στο σημερινό εδάφιο είναι ο ηθικός νόμος για τη μοιχεία. Στην ψυχολογία, η προσέλκυση στα απαγορευμένα σημαία της περιέργειάς μας για το άγνωστο. Πρώτα βλέπουμε την Εύα να γεύεται το απαγορευμένο φρούτο. Στις 10 εντολές, ο Θεός μας δίνει ηθικές αξίες για να ευημερήσουμε συνεργατικά ως μέλη της κοινωνίας. Η συνεργασία προϋποθέτει ένα υψηλό επίπεδο εμπιστοσύνης που όλοι θα συμμορφώνονται με κανόνες και κανονισμούς, σεβόμενοι και προστατεύοντας την ιδιοκτησία και τη ζωή τους. Χωρίς ηθική, η κοινωνία καταλύεται.

Ως άνθρωποι, ο Θεός μας έδωσε συνείδηση που μας οδηγεί να δρούμε με δικαιοσύνη, ιδιαίτερα όσον αφορά τους κοινωνικούς νόμους του Θεού (να μην σκοτώνουμε, να μην κλέβουμε, να μην διαπράττουμε μοιχεία και να τιμούμε τους γονείς μας). Αν πράττουμε το καλό, θα ανταμειφθούμε και αν πράττουμε το κακό, θα λάβουμε τη δίκαιη τιμωρία μας που βάλαμε την ευημερία της κοινωνίας μας σε κίνδυνο.

Στην κοινωνία μας, η μοιχεία δεν είναι παράνομη ούτε θεωρείται έγκλημα, παρόλο που εξωτερικά η κοινωνία την απωθεί. Ο νόμος του Θεού είναι πιο σοβαρός από οποιονδήποτε κοινωνικό νόμο. *«Και ο άνθρωπος, που θα μοιχεύσει τη γυναίκα κάποιου, που θα μοιχεύσει τη γυναίκα τού πλησίον του, θα θανατωθεί οπωσδήποτε, αυτός που μοιχεύει και εκείνη που μοιχεύεται»* **(Λευιτικόν 20:10)**. Με λίγες εξαιρέσεις, ο θρησκευτικός αυτός νόμος δεν επιβάλλεται στην κοινωνία μας, αν και πνευματικά, όποιος κάνει πράξη την ανυπακοή θεωρείται πνευματικά νεκρός.

Ο Ιησούς είπε στο **Κατά Ματθαίον Ευαγγέλιο 5:28**, *«Εγώ, όμως, σας λέω, ότι καθένας που κοιτάζει μία γυναίκα για να την επιθυμήσει, διέπραξε ήδη μοιχεία μέσα στην καρδιά του»*.

Ας προσευχηθούμε: Ουράνιε Πατέρα μας, ο Λόγος Σου μας λέει ότι *«οι άδικοι δεν θα κληρονομήσουν τη βασιλεία τού Θεού;»* **(Προς Κορινθίους Α' 6:9)**. Επιθυμούμε να βρεθούμε έμπιστοι και άξιοι για να εισέλθουμε στη Βασιλεία Σου. Μην αφήσεις τα μάτια μας να μας αποκλείσουν από το μονοπάτι που Εσύ ετοίμασες για εμάς. Καθάρισε τις καρδιές μας και τον νου μας και απελευθέρωσέ μας από κάθε κακό, Κύριε. Προσευχόμαστε στο όνομα του Ιησού Χριστού.

---

7 Οκτωβρίου
ΕΜΠΙΣΤΟΣΥΝΗ ΣΤΟ ΛΥΤΡΩΤΙΚΟ ΤΟΥ ΕΡΓΟ
Ψαλμοί 22:1

Τη Μεγάλη Παρασκευή οι Χριστιανοί θυμούνται τα πάθη και τον θάνατο του Κυρίου μας Ιησού Χριστού στον Σταυρό. Η προσφορά της λύτρωσης έγινε δύο χιλιάδες χρόνια πριν όταν ο Χριστός φώναξε *«Τετέλεσται»* **(Κατά Ιωάννην 19:30)** και *παρέδωσε το πνεύμα Του* **(Κατά Ματθαίον 27:50)**. Η λύτρωσή μας ισχύει από τη στιγμή που θέτουμε την πίστη μας στο λυτρωτικό έργο του Ιησού Χριστού.

Προτού πεθάνει, ο Ιησούς έκραξε *«Θεέ μου, Θεέ μου, γιατί με εγκατέλειψες;»* **(Κατά Μάρκον 15:34, Ψαλμοί 22:1)**. Μέσω της αυτοθυσίας και της εγκατάλειψης, ο Ιησούς δόξασε τον Θεό λέγοντας, *«Εγώ σε δόξασα επάνω στη γη· το έργο, που μου έδωσες να κάνω, το τελείωσα»* **(Κατά Ιωάννην 17:4)**.

Σε στιγμές αγωνίας, κράζουμε όπως ο Ψαλμωδός *«Στη θλίψη μου έκραξα στον Κύριο, και με εισάκουσε»* **(Ψαλμοί 120:1)**. Ίσως βιώνεις μία περίοδο πόνου, ενοχών, μοναξιάς ή εγκατάλειψης. Όσο μεγάλη ή μικρή κι αν είναι η αγωνία σου, θυμήσου ότι ο Θεός ταυτίζεται μαζί Σου. Μιλώντας για τον Ιησού, στον **Ησαΐα 53:3** διαβάζουμε *«Καταφρονημένος και απερριμμένος από τους ανθρώπους· άνθρωπος θλίψεων και δόκιμος ασθένειας»*. Για εμάς, ο Ιησούς είπε *«Μέσα στον κόσμο θα έχετε θλίψη· αλλά, να έχετε θάρρος· εγώ νίκησα τον κόσμο»* **(Κατά Ιωάννην 16:33)**.

Μέσα από τα βάσανα και τις δοκιμασίες, πιστεύουμε ότι υπάρχει ένα Υπέρτατο Ον που κατανοεί τα βάθη της καρδιάς μας που πονάει και δεν θα μας εγκαταλείψει ποτέ. Ο Θεός! Μπορούμε να στραφούμε στον Κύριο σε στιγμές ανάγκης. Μέσα από βάσανα και δοκιμασίες, η πίστη και η ελπίδα μας στο λυτρωτικό έργο του Κυρίου αναγεννώνται.

Στον Σταυρό, ο Ιησούς νίκησε τις δυνάμεις του σκότους, κράζοντας **«Τετέλεσται» (από το ρήμα τελέω (teleo) στα Ελληνικά - G5055**), που σημαίνει *τελειώνω, εκτελώ, συμπεραίνω, αποπληρώνω ένα χρέος, ικανοποιώ, ολοκληρώνω.* Αγαπητοί μου, ο Ιησούς ολοκλήρωσε το λυτρωτικό Του έργο στον Σταυρό. Δεν υπάρχει τίποτα άλλο που να μπορούμε να κάνουμε για να κερδίσουμε συγχώρηση για αμαρτίες του παρελθόντος και του παρόντος μας, πέραν από το να πιστέψουμε. Η πίστη στον Ιησού Χριστό, το Άγιο Πνεύμα αποκαλύπτει τις αμαρτίες μας σήμερα ώστε μέσα από την εξομολόγηση αυτών και την μετάνοια, να λάβουμε τη συγχώρηση που θέλουμε από τον αγαπητό μας Λυτρωτή.

Ας προσευχηθούμε: Ουράνιε Πατέρα μας, δεν θέλουμε να επαναλάβουμε τις αποτυχίες των προγόνων μας ή τις δικές μας. Ενίσχυσε την πίστη μας ώστε να πιστέψουμε με όλη μας την καρδιά ότι έχει πλήρως ολοκληρώσει το Λυτρωτικό Σου έργο στον Σταυρό και δεν υπάρχει τίποτα άλλο που να μπορούμε να κάνουμε πέρα από το να πιστέψουμε και να λατρέψουμε τον Υιό Σου, τον Ιησού Χριστό, στο όνομα του οποίου προσευχόμαστε.

---

8 Οκτωβρίου
ΛΑΖΑΡΟΣ ΗΛΙΑΣ ARISTIZABAL
Ψαλμός 22:10

Ο Λάζαρος Ηλίας Aristizabal – η καρδιά μου και ο εγγονός μου, *«κόκαλο από τα κόκαλά μου και σάρκα από τη σάρκα μου»* **(Γένεσις 2:23)**. Τι όμορφο και χαρούμενο παιδί! Είσαι ένα δώρο του Θεού στη ζωή μας. Δεν γνωρίζαμε ποτέ, αλλά περιμέναμε με ανυπομονησία πότε θα έρθεις. Για περίπου 10 χρόνια, προσευχόμασταν σιωπηλά ο Θεός να σε στείλει στον κύκλο της αγάπης μας, στην οικογένεια Aristizabal-Destruge. Πριν γεννηθείς, ήσουν ήδη υπό την προστασία, την αγάπη και τη φροντίδα του Θεού.

Στις 17 Μαρτίου 2020, όταν ήμασταν σε καραντίνα στην Cuenca του Εκουαδόρ, οι γονείς σου, Carlos Andres και Sophia Eleni, μας τηλεφώνησαν με βίντεο κλήση για να μας ανακοινώσουν ότι βρισκόσουν ήδη στη μήτρα της μητέρας σου. Ακούσαμε τον χτύπο της καρδιάς Σου και χαρήκαμε. Ήταν το καλύτερο δώρο γενεθλίων για τη γιαγιά Μαίρη.

Κάθε μήνα οι γονείς σου μας έστελναν φωτογραφίες από τη διαδικασία της ανάπτυξής σου στη μήτρα της μητέρας σου. Ο χρόνος στην καραντίνα έγινε όλο και πιο ανεκτός και χαρούμενος γνωρίζοντας ότι σύντομα θα φτάσεις εσύ. Γεννήθηκες στις 29 Οκτωβρίου 2020 και στις 31 Οκτωβρίου έφτασες επιτέλους στο σπίτι σου και μπορέσαμε να σε κρατήσουμε στην αγκαλιά μας, Λάζαρε Ηλία, εκπλήρωση των προσευχών μας.

Στις 21 Σεπτεμβρίου, με τους γονείς, ήρθες με τους γονείς σου στην Κατερίνη, στην Ελλάδα για να μας επισκεφτείς και να γνωρίσεις την προγιαγιά Σου (τη Μεγάλη Γιαγιά Κική). Τι μεγάλη χαρά! Στο τέλος του Οκτωβρίου, με το θέλημα του Θεού, θα γιορτάσουμε τα γενέθλιά Σου, δίνοντας ευχαριστίες για κάθε ημέρα και εμπειρία που ζήσαμε μαζί Σου. Είσαι ένα πολύτιμο δώρο από τον Θεό.

Αγαπητοί μου φίλοι και συγγενείς, κάθε ένας από εμάς είναι ισάξια πολύτιμος και αγαπητός από τον Θεό και από την πνευματική οικογένεια και την εξ αίματος οικογένεια. Πολλοί προσευχήθηκαν στον Θεό για εσάς και συνεχίζουν να προσεύχονται για τη ζωή σας, την υγεία και την ευημερία σας. Ο **Ψαλμός 22:10** μας λέει *«Σε σένα ρίχτηκα από τη μήτρα· από την κοιλιά τής μητέρας μου εσύ είσαι ο Θεός μου»*. Η ημέρα της γέννησής σου ήταν ημέρα γιορτής, χαράς και ευγνωμοσύνης για κάθε δώρο της νέας ζωής, γεμάτη με ελπίδα και χαρά.

Ας προσευχηθούμε: Ουράνιε Πατέρα μας, Σ' ευχαριστούμε που μας διαβεβαίωσες ότι δεν ήμασταν ένα ατυχές γεγονός. Μην επιτρέψεις σε κανέναν, μαζί και στον εαυτό μας, να ελαχιστοποιήσουμε την αξία μας και τη σημασία μας στην οικογένεια Σου ή στο βάθος της αγάπης Σου και στους αγαπημένους μας. Βοήθησέ μας να εκφράσουμε ελεύθερα την αγάπη μας για όσους έβαλες στον κύκλο των γνωστών μας. Προσευχόμαστε στο όνομα του Ιησού Χριστού.

---

9 Οκτωβρίου
ΕΙΝΑΙ ΓΡΑΜΜΕΝΟ!
Ιακώβου 4:7

Όταν ο Ιησούς ήταν στην έρημο, *«Και αφού νήστεψε 40 ημέρες, και 40 νύχτες, έπειτα πείνασε. Και καθώς ήρθε σ' αυτόν ο πειράζων, είπε: Αν είσαι Υιός τού Θεού, πες αυτές οι πέτρες να γίνουν ψωμιά. Και εκείνος απαντώντας είπε: Είναι γραμμένο: «Μονάχα με ψωμί δεν θα ζήσει ο άνθρωπος, αλλά με κάθε λόγο που βγαίνει από το στόμα τού Θεού»* (**Κατά Ματθαίον 4:2-4**). Ο Ιησούς αντιστάθηκε στον διάβολο τρεις φορές λέγοντας *«Είναι γραμμένο»* (εδάφια 7,10).

ΥΠΟΤΑΓΗ. Σήμερα, ενώ αναλογιζόμαστε, η παραπάνω προειδοποίηση εμφανίστηκε τρεις φορές από τρεις διαφορετικές πηγές: *«Υπάρχει ένας νόμος της φυσικής ότι **δύο πράγματα δεν μπορούν να καταλαμβάνουν τον ίδιο χώρο**. Για παράδειγμα, δεν θα μπορούσαμε να προσθέσουμε τίποτα σε μία κούπα γεμάτη καφέ αν δεν μειώναμε ή δεν καταναλώναμε το περιεχόμενό της. Το ίδιο συμβαίνει και με το μυαλό μας. Όταν ο Λόγος του Θεού μένει μέσα μας, το μυαλό μας είναι γεμάτο από τα καλά που απορρέουν από Εκείνον»*. Υποτάσσοντας τον εαυτό μας καθημερινά στον Λόγο του Θεού, μπορούμε να αντισταθούμε στους πειρασμούς λέγοντας, *«Όχι, γιατί είναι γραμμένο»*.

ΠΛΗΣΙΑΣΤΕ. Το μυαλό και το πνεύμα μας ελέγχονται από ό,τι είναι πιο κοντά στην καρδιά μας. *«Πλησιάστε στον Θεό, και θα πλησιάσει σε σας»* (**Ιακώβου 4:8**). Για να αντισταθούμε στον διάβολο, οι καρδιές μας θα πρέπει να είναι πιο πολύ κοντά στον Θεό παρά στον κόσμο. Έτσι, μπορούμε να απαντήσουμε *«Όχι, γιατί είναι γραμμένο»*. Ας υποθέσουμε ότι το μυαλό μας είναι άδειο ή μακριά από τα πράγματα του Θεού. Στην περίπτωση αυτή, ο εχθρός μπορεί γρήγορα να εισέλθει και να γεμίσει τον νου μας με πισώπλατες μαχαιριές, αμφιβολίες, έλλειψη πίστης, θυμό και επανάσταση, προκαλώντας σωματική, συναισθηματική και πνευματική καταστροφή. Αλλά έχουμε ελπίδα. Αν ζούμε και δρούμε ως εκλεκτά παιδιά του Θεού, ακόμη κι αν έχουμε πέσει σε πειρασμό, ο Χριστός θα χτυπήσει την πόρτα μας επιτρέποντάς μας να επιστρέψουμε και **να πλησιάσουμε ξανά τον Θεό**. Τότε, όλοι οι δαίμονες θα φύγουν γιατί ο Λόγος του Θεού είναι αρκετά ισχυρός ώστε **να μας εξαγνίσει και να κάνει τον νου μας καθαρό, το μυαλό μας, το σπίτι μας και την κοινότητά μας.**

ΤΑΠΕΙΝΩΘΕΙΤΕ. Στο βιβλίο του Ιακώβου 4:10 μας βοηθά επίσης να αντισταθούμε στους πειρασμούς του εχθρού. *«Ταπεινωθείτε μπροστά στον Κύριο και θα σας υψώσει».* Όταν βάζουμε τον Θεό και τον Λόγο Του πάνω από το θέλημά μας και την ευημερία των άλλων πάνω από τη δική μας, ο Θεός ευαρεστείται και μας ενδυναμώνει να αντισταθούμε στον διάβολο και να εκπληρώσουμε τον στόχο μας. Ζητώντας συγχώρηση για τα λάθη μας οι προηγούμενες αδυναμίες μας μετατρέπονται σε θεϊκή δύναμη και αντίσταση. Οι λέξεις *«Είναι γραμμένο»* είναι λέξεις που γίνονται ασπίδα και απωθητικό όταν **υποτασσόμαστε, είμαστε κοντά και ταπεινώνουμε τον εαυτό μας ενώπιον του Θεού.**

Ας προσευχηθούμε: Ουράνιε Πατέρα μας, Σ' ευχαριστούμε για αυτά τα ισχυρά λόγια. Βοήθησέ μας να γεμίσουμε τον νου μας με τη θεϊκή κατεύθυνσή Σου και να αντισταθούμε στον πειρασμό λέγοντας *«όχι, είναι γραμμένο».* Προσευχόμαστε στο όνομα του Ιησού Χριστού.

---

10 Οκτωβρίου
ΕΞΟΜΟΛΟΓΗΣΗ
Ψαλμοί 106:6

Η εξομολόγηση είναι καλή για την ψυχή. Το πρώτο βήμα για την ολοκλήρωση είναι να αναγνωρίσουμε την ανάγκη για θεραπεία. Ο Θεός έχει σχεδιάσει νόμους και σημάδια για να ειδοποιήσει τον κόσμο και εμάς προσωπικά όταν κάτι δεν πάει καλά με εμάς, σωματικά, συναισθηματικά, πνευματικά ή ηθικά.

Ίσως, η **«υπερθέρμανση του πλανήτη»** να είναι σημάδι ότι ο φυσικός κόσμος είναι σε κίνδυνο. Πολλά χρόνια πριν, δεν ακολουθούσα τα πρωτόκολλα ανακύκλωσης. Τώρα καταλαβαίνω ότι είμαστε υπεύθυνοι να αφήσουμε στις μελλοντικές γενιές έναν υγιή πλανήτη με καθαρά ποτάμια, παραλίες και αέρα. Προσπαθώ να κάνω ό,τι μπορώ για να θεραπεύσω τον κόσμο μας κάνοντας ανακύκλωση υπεύθυνα και **προσέχοντας το αποτύπωμα εκπομπών μου.**

Στην εποχή του COVID-19, δρούμε υπεύθυνα φορώντας μάσκες και διατηρώντας κοινωνική αποστασιοποίηση. Ο πλανήτης μας και ο κόσμος του είναι σε κίνδυνο γιατί, ως τον Αύγουστο του 2022 παγκοσμίως, ξεπεράσαμε τους 6,4 εκατομμύρια θανάτους και τα 604 εκατομμύρια άτομα που μολύνθηκαν. Όσοι κατανοούν τον κίνδυνο αυτό, προστατεύουν την οικογένειά τους και τους συνανθρώπους τους με την υπεύθυνη χρήση των μασκών και ακολουθώντας τα παγκόσμια υγειονομικά πρωτόκολλα.

Πνευματικά, ο Λόγος του Θεού επιτάσσει αν οι σκέψεις, οι πράξεις και τα λόγια μας είναι ηθικά. Ο Ψαλμωδός εξομολογείται την αμαρτία του στον Θεό: *«Αμαρτήσαμε, μαζί με τους πατέρες μας· ανομήσαμε, ασεβήσαμε»* **(Ψαλμοί 106:6)**. Δεν διαφέρουμε ούτε είμαστε καλύτεροι από τους γονείς μας, αλλά επιθυμούμε να μην κάνουμε τα ίδια λάθη. Χρειαζόμαστε έναν θεραπευτή για να μας ελευθερώσει από την ασθένεια αυτή της ανοιχτής επανάστασης απέναντι στον Θεό.

Στην έρημο, ο Θεός εξοργίστηκε και ήθελε να καταστρέψει τον Ισραήλ γιατί λάτρευε ένα χρυσό μοσχάρι. Αλλά ο Μωυσής παρενέβη και ο Θεός μετάνιωσε όσα είχε σκοπό να κάνει **(Ψαλμοί 106:19-23)**. Έχουμε επίσης τους θεούς από χρυσό, ασήμι και πολύτιμα πράγματα που μας ωθούν να βάζουμε τον Θεό και την οικογένεια σε δεύτερη μοίρα. Αυτό στενοχωρεί πάρα πολύ τον Θεό, αλλά ευχαριστούμε τον Ιησού που **καθημερινά μεσιτεύει για εμάς**, σκέφτομαι, λέγοντας *«Πατέρα, μην κοιτάς τα λάθη τους. Κοίτα τις πληγές μου και το αίμα που έχυσα για να τους λυτρώσω. «Πατέρα, συγχώρεσέ τους· επειδή, δεν ξέρουν τι κάνουν»* **(Κατά Λουκάν 23:34)**.

Ας προσευχηθούμε: Ουράνιε Πατέρα μας, βοήθησέ μας να εξομολογηθούμε την αμαρτωλή μας κατάσταση, **να επιστρέψουμε σε Εσένα και να δράσουμε δίκαια κάνοντας αυτό που είναι σωστό.** Σ' ευχαριστούμε που δεν κοιτάς την παρούσα κατάστασή μας, αλλά σε όσα θα είμαστε όταν, με τη χάρη και την αγάπη Σου, **θα έχεις ολοκληρώσει τη διαδικασία κάθαρσης και τελειοποίησης για να εισέλθουμε στην παρουσία Σου.** Φέρε τη νεολαία μας πίσω στο μαντρί Σου ώστε τα παιδιά των παιδιών μας να έχουν ελπίδα για ένα καλύτερο μέλλον στην παρουσία Σου. Προσευχόμαστε στο Άγιο Όνομά Σου.

Το πρώτο βήμα για την ολοκλήρωση είναι να αναγνωρίσουμε την ανάγκη για θεραπεία. Ο Θεός έχει σχεδιάσει νόμους και σημάδια για να ειδοποιήσει τον κόσμο και εμάς προσωπικά όταν κάτι δεν πάει καλά με εμάς, σωματικά, συναισθηματικά, πνευματικά ή ηθικά.

---

11 Οκτωβρίου
ΣΩΘΗΚΑΜΕ ΑΠΟ ΕΝΩΣΗ Ή ΑΠΟ ΜΙΜΗΣΗ;
Αποκάλυψη 7:10

Ο Θεός προσφέρει σωτηρία για εμάς προσωπικά και για τις οικογένειές μας. Στις **Πράξεις 16:31** διαβάζουμε *«Πίστεψε στον Κύριο Ιησού Χριστό, και θα σωθείς, εσύ και η οικογένειά σου».* Πώς είναι δυνατόν αυτό; Γίνεται από ένωση ή από μίμηση;

Πάρτε για παράδειγμα τον Νώε. Δεν γνωρίζουμε πολλά για την οικογένειά του πέραν του ότι *«Ο Νώε, όμως, βρήκε χάρη μπροστά στον Κύριο»* (**Γένεσις 6:8**) και ότι η γυναίκα του και τα παιδιά του σώθηκαν από την καταιγίδα. **Ήταν μόνο από ένωση ή η πίστη του Νώε βγήκε επάνω τους, κάνοντάς τους άξιους να σωθούν;**

Έχω δει ξανά και ξανά τις υποσχέσεις του Θεού να εκπληρώνονται. *«Θα σωθείς, εσύ και η οικογένειά σου».* Είτε είναι μέσω ένωσης είτε είναι μέσω μίμησης, το γεγονός είναι ότι οι υποσχέσεις του Θεού είναι έμπιστες γιατί ο Θεός *δεν μπορεί να πει ψέματα* (Προς Εβραίους 6:18). *«Δεν βραδύνει ο Κύριος την υπόσχεσή του, όπως μερικοί το θεωρούν αυτό βραδύτητα· αλλά μακροθυμεί σε μας, μη θέλοντας μερικοί να απολεστούν, αλλά όλοι νάρθουν σε μετάνοια»* (Β' Πέτρου 3:9).

Όσο περισσότερο σχετιζόμαστε με ανθρώπους της πίστης, τόσο περισσότερο επιθυμούμε να φτάσουμε στο επίπεδο της πίστης και της πνευματικότητάς τους. Επιθυμούμε να έχουμε ό,τι έχουν κι εκείνοι. Αρχικά, μιμούμαστε τις πράξεις και τις λέξεις τους (τον τρόπο που προσεύχονται ή τις συνήθειες ανάγνωσης της Αγίας Γραφής) μέχρι αυτά να γίνουν πειθαρχία μας και τέλος, να σκεφτόμαστε και να δρούμε όπως εκείνοι. Τότε βιώνουμε την τρυφερότητα στην καρδιά τους με τη βεβαιότητα ότι είμαστε αγαπητά παιδιά του Θεού, είτε μέσω ένωσης είτε μέσω μίμησης.

> *Όσο περισσότερο σχετιζόμαστε με ανθρώπους της πίστης, τόσο περισσότερο επιθυμούμε να φτάσουμε στο επίπεδο της πίστης και της πνευματικότητάς τους.*

Ο Θεός με έχει ευλογήσει με ταπεινούς και βοηθητικούς μέντορες που έχουν δείξει έναν ειρηνικό και απλό τρόπο ζωής με και για τον Χριστό. Ο Θεός *«θέλει να σωθούν όλοι οι άνθρωποι, και νάρθουν στην επίγνωση της αλήθειας»* (Α' Προς Τιμόθεον 2:4). Γι' αυτό, ο Θεός μας έδωσε πολλούς τρόπους και μοντέλα για να λάβουμε σωτηρία, συμπεριλαμβανομένης της μίμησης, της ένωσης, της πίστης και της χάρης ώστε όλοι *«που θα επικαλεστούν το όνομα του Κυρίου, θα σωθούν»* (Πράξεις 2:21). Έτσι, ο Θεός εκπληρώνει τον Λόγο Του ότι *όλοι οι άνθρωποι θα δουν τη σωτηρία του Θεού* (Κατά Λουκάν 3:6).

Ας προσευχηθούμε: Ουράνιε Πατέρα μας, δώσε Εσύ ώστε σε κάθε στιγμή τα παιδιά μας να περιτριγυρίζονται από τέτοια παραδείγματα ή να οδηγούν όσους επιθυμούν ασφάλεια και σωτηρία από επερχόμενες δοκιμασίες. Βοήθησέ τους να πιστέψουν ότι ο Υιός Σου, ο Ιησούς Χριστός, επιθυμεί να είναι ο Κύριος και Σωτήρας της ζωής τους. Προσευχόμαστε στο όνομα του Ιησού Χριστού.

12 Οκτωβρίου
Η ΣΟΦΙΑ ΓΕΝΝΑΤΑΙ ΑΠΟ ΤΟΝ ΦΟΒΟ
Ιώβ 28:28

Στο βιβλίο του **Ιώβ 28:12** διαβάζουμε *«Αλλά, η σοφία από πού θα βρεθεί; Και πού είναι ο τόπος τής σύνεσης;»* Η σοφία προέρχεται από τον φόβο ότι θα απογοητεύσουμε τους αγαπημένους μας στο καθήκον μας ως γονείς, θείοι, σύζυγοι, αδέλφια, κτλ. και δεν θα πράξουμε και το θέλημα του Θεού. Η σοφία προέρχεται από τον Θεό.

Με αγάπη και με υπομονή, διδάσκουμε τα παιδιά μας να γνωρίζουμε και να υπακούν στη φωνή Σου και να εμπιστευόμαστε ότι έχουμε όμορφες επιθυμίες για αυτά. Τους διδάσκουμε τη διαφορά μεταξύ του καλού, του κακού και του επικίνδυνου. Δείχνουμε σεβασμό και φόβο στις φωνές που μπορεί να προκαλέσουν τραυματισμούς θανάτου, όπως η φωτιά, ο ηλεκτρισμός, τα τρικυμισμένα νερά, οι δρόμοι και οι λεωφόροι.

Μερικά από τα μαθήματα αυτά περιλαμβάνουν να σεβόμαστε τους οδικούς κανόνες και τους κανόνες του σπιτιού μας, της παραλίας ή της πισίνας. Για παράδειγμα, να μην κολυμπούμε δίχως την παρουσία ενός ναυαγοσώστη. Να μη περνούμε τον δρόμο χωρίς γνωστό ενήλικα δίπλα μας. Να μην μιλάμε σε ξένους ή να μην μπαίνουμε στα αυτοκίνητά τους. Παρομοίως, ο Θεός μας έχει δείξει τι είναι σωστό, τι είναι έξυπνο και τι κακό. *«Αρχή σοφίας είναι ο φόβος τού Κυρίου· και επίγνωση των αγίων, η φρόνηση»* **(Παροιμίαι 9:10).** Ο Θεός μας οδηγεί προς όλα όσα είναι καλά, σοφά και άξια τιμής. Ο Λόγος του Θεού είναι έμπιστος και αληθινός.

Η Αγία Γραφή μας διδάσκει τι είναι προσβλητικό και επικίνδυνο για την ψυχή. Ο Θεός το έγραψε ώστε να βρούμε το κουράγιο και την πνευματική κατεύθυνση που χρειαζόμαστε για να αντισταθούμε στους πειρασμούς και να υπακούσουμε στους κοινωνικούς κανόνες τάξης του Θεού. Αυτοί μας βοηθούν να φτάσουμε στην ουράνια έπαυλη λιγότερο μελανιασμένοι. Ο Θεός μας λέει στις **Παροιμίαι 3:13-14,16** *«Μακάριος ο άνθρωπος που βρήκε σοφία, και ο άνθρωπος που απέκτησε σύνεση· επειδή, το εμπόριό της είναι καλύτερο παρά το εμπόριο με το ασήμι, και το κέρδος της περισσότερο από καθαρό χρυσάφι. Μακρότητα ημερών βρίσκεται στο δεξί της χέρι, και στο αριστερό της, πλούτος και δόξα».*

Γι' αυτό, **θα πρέπει να εμπιστευόμαστε στην ανθρώπινη ή στη θεϊκή σοφία;** Θα ήταν σοφό να ακολουθήσουμε τον Θεό γιατί *«το μωρό τού Θεού είναι σοφότερο από τους ανθρώπους· και το ασθενές τού Θεού είναι ισχυρότερο από τους ανθρώπους»* **(Προς Κορινθίους Α' 1:25).**

Ας προσευχηθούμε: Ουράνιε Πατέρα μας, Σ' ευχαριστούμε για τους νέους γονείς. Δώσε τους τη σοφία να διδάξουν τα παιδιά τους να επιλέγουν σωστά μεταξύ του καλού και του κακού. Προσευχόμαστε για τα παιδιά μας ότι το παράδειγμα της ζωής μας θα είναι για εκείνα έμπνευση, αντί να εμπιστεύονται στην ανθρώπινη σοφία, να αναζητήσουν τη δική Σου συμβουλή και καθοδήγηση. Προσευχόμαστε στο όνομα του Ιησού Χριστού.

Η Αγία Γραφή μας διδάσκει τι είναι προσβλητικό και επικίνδυνο για την ψυχή. Ο Θεός το έγραψε ώστε να βρούμε το κουράγιο και την πνευματική κατεύθυνση που χρειαζόμαστε για να αντισταθούμε στους πειρασμούς και να υπακούσουμε στους κοινωνικούς κανόνες τάξης του Θεού.

---

13 Οκτωβρίου
Ο ΙΗΣΟΥΣ – Η ΓΕΦΥΡΑ ΜΑΣ ΣΤΟΝ ΚΟΣΜΟ
Κατά Λουκάν 16:26

Ο διάβολος προκάλεσε ρήξη μεταξύ του Θεού και της δημιουργίας και μεταξύ των ανθρώπων μέσα από ψέματα και απάτη. Στον **Ησαΐα 59:2** διαβάζουμε *«αλλά, οι ανομίες σας έβαλαν χωρίσματα ανάμεσα σε σας και στον Θεό σας, και οι αμαρτίες σας έκρυψαν το πρόσωπό του από σας, για να μη ακούει».*

Ο Θεός δεν μπορεί να είναι μέσα σε ακαθαρσίες, γι' αυτό και ο Κύριος έβαλε ένα μεγάλο, τεράστιο χάσμα μεταξύ της ακαθαρσίας και της αγιότητας, μεταξύ της ανθρωπότητας και του Θεού. Από τότε,

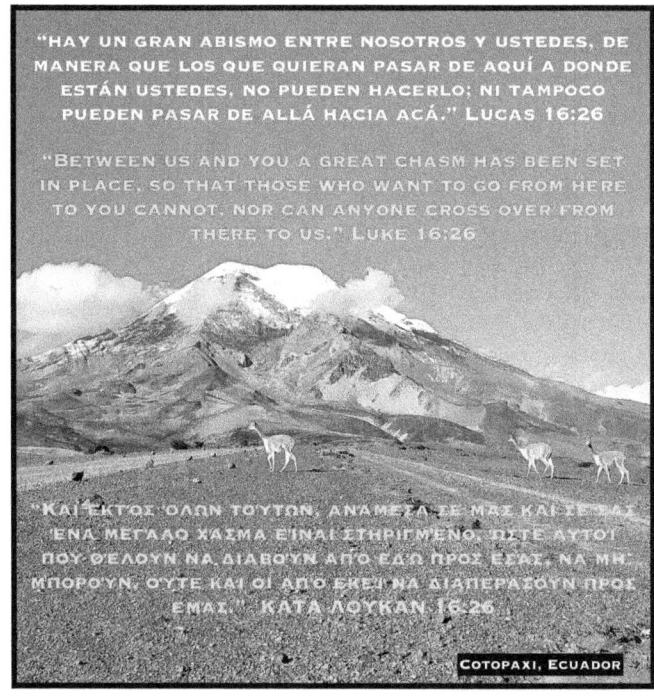

αναζητούμε τρόπους για να γεφυρώσουμε αυτό το χάσμα, να ζήσουμε με ειρήνη με τον Θεό και την ανθρωπότητα. Αλλά οι προσπάθειές μας δεν έχουν αγγίξει την αγιότητα και τη δικαιοσύνη που ο Θεός απαιτεί από τον λαό Του. Γι' αυτό, ο Ιησούς Χριστός ήρθε στον κόσμο αυτό για να πληρώσει για τις αμαρτίες μας και να μας καθαρίσει από το κακό που μας κράτησε μακριά.

Ο Ιησούς λέει την παραβολή του πλούσιου άντρα και του ζητιάνου Λάζαρου, και οι δύο εκ των οποίων πέθαναν. Ο Λάζαρος πήγε στην παρηγοριά μαζί με τον Αβραάμ, ενώ ο πλούσιος άντρας κατέβηκε στον Άδη όπου ταλαιπωρούνταν για πάντα. Ο πλούσιος άντρας ζήτησε από τον Αβραάμ «*στείλε τον Λάζαρο, για να βουτήξει την άκρη τού δαχτύλου του στο νερό, και να δροσίσει τη γλώσσα μου· επειδή, βασανίζομαι μέσα σε τούτη τη φλόγα. Και ο Αβραάμ είπε: Παιδί μου, θυμήσου ότι απόλαυσες τα αγαθά σου στη ζωή σου και ο Λάζαρος παρόμοια τα κακά· τώρα, αυτός μεν παρηγορείται, εσύ όμως βασανίζεσαι. Και εκτός όλων τούτων, ανάμεσα σε μας και σε σας ένα μεγάλο χάσμα είναι στηριγμένο, ώστε αυτοί που θέλουν να διαβούν από εδώ προς εσάς, να μη μπορούν, ούτε και οι από εκεί να διαπεράσουν προς εμάς*» (**Κατά Λουκάν 16:24-26**).

Αγαπητοί μου, η γέφυρα για τον Θεό θα αφαιρεθεί την τελευταία ημέρα που ο Θεός θα κρίνει τα έργα μας. Έως τότε, όποιος εμπιστεύθηκε στον Ιησού Χριστό θα ανέλθει στα χέρια του Θεού. Δυστυχώς, αρκετοί ζουν ακόμη μακριά από τον Θεό και αν δεν ενδιαφερθούμε, δεν θα εισέλθουν στη χαρά και την ανάπαυση του Θεού.

Ας προσευχηθούμε: Ουράνιε Πατέρα μας, Σ' ευχαριστούμε που έστειλες τον Ιησού Χριστό, που είναι η Οδός και η γέφυρα που μας συνδέει στη βασιλεία Σο. Προσευχόμαστε για όσους αρνούνται την προσφορά της σωτηρίας Σου. Διαφώτισέ μας ώστε να τους αγγίξουμε με το μήνυμα της αγάπης και της συμφιλίωσής Σου. Προσευχόμαστε στο όνομα του Ιησού Χριστού.

---

14 Οκτωβρίου
ΔΟΞΟΛΟΓΩΝΤΑΣ ΤΟΝ ΘΕΟ ΜΕΣΩ ΤΗΣ ΦΙΛΟΞΕΝΙΑΣ
Προς Ρωμαίους 15:7

Στην **Προς Ρωμαίους** επιστολή **15:5–6** διαβάζουμε, «*Και ο Θεός τής υπομονής και της παρηγορίας είθε να σας δώσει να φρονείτε το ίδιο μεταξύ σας σύμφωνα με τον Ιησού Χριστό· για να δοξάζετε με μία ψυχή, με ένα στόμα, τον Θεό και Πατέρα τού Κυρίου μας Ιησού Χριστού*».

Ως πιστοί Χριστιανοί, προσπαθούμε να δοξάσουμε τον Θεό μέσω της λατρείας, της υπηρεσίας, της μαρτυρίας και μέσα από το θέμα που μελετούμε σήμερα, τη **φιλοξενία**.

Η Ελλάδα είναι μία μαγική χώρα. Αν ψάξετε τους κορυφαίους λόγους για να την επισκεφτείτε, θα δείτε άρθρα για τον φιλόξενο λαό τους, τη νόστιμη ποικιλία του φαγητού της, την κουλτούρα του καφέ της, την ένδοξη ιστορία και αρχιτεκτονική της, τα υπέροχα νησιά και οι παραλίες της και το μεσογειακό κλίμα της. Από το 1978, τα θαυμάζω όλα αυτά, αλλά η φιλοξενία των ανθρώπων είναι εκείνη που κρατώ περισσότερο στην καρδιά μου και με φέρνει συχνά πίσω στην Ελλάδα.

Η βασική κατοικία μου είναι το Κονέκτικατ των ΗΠΑ. Μετανάστες όπως εγώ νιώθουμε ότι δεν ανήκουμε ούτε στη μία χώρα που επισκεπτόμαστε ούτε στην άλλη χώρα που μένουμε γιατί δεν είμαστε ιθαγενείς καμίας. Αλλά αυτό δεν συμβαίνει στην Ελλάδα. Παρόλο που ακόμη παιδεύομαι με την ελληνική γλώσσα, οι φίλοι και η οικογένειά μου με κάνουν να αισθάνομαι ότι είμαι ένας από αυτούς. Γι' αυτό αγαπώ την Ελλάδα. Παρομοίως, ο Θεός θέλει να είμαστε φιλόξενοι με όλους. *«Αν μεν εκτελείτε τον βασιλικό νόμο, σύμφωνα με τη γραφή: «Θα αγαπάς τον πλησίον σου σαν τον εαυτό σου», κάνετε καλά»* (Ιακώβου 2:8).

Υπάρχουν πολλοί τρόποι να δοξάσουμε τον Θεό, να δείξουμε ότι ο Θεός ζει και βασιλεύει στην καρδιά μας. Η λατρεία μας δοξάζει τον Θεό εντός του κύκλου των πιστών μας και των μελών των συναθροίσεών μας. Ωστόσο, η φιλοξενία δοξάζει τον Θεό στην κοινότητά μας, όπου βρίσκουμε άτομα που θέλουν να είναι αποδεκτά και να τα λαμβάνουν **ως ένα από τα δικά σου**. Είναι η κοινότητα στην οποία το δώρο της φιλοξενίας Σου θα έχει τον πιο σημαντικό αντίκτυπο στο να βρεις και να φέρεις πίσω τα χαμένα πρόβατά Σου που έχουν τραυματιστεί από θρησκευτικές πρακτικές που, αντί να προσελκύουν, έχουν αποξενώσει τον λαό του Θεού.

Αγαπητοί μου, εγώ κι εσείς αγοραστήκαμε με μεγάλο τίμημα ώστε στο σώμα, στην ψυχή και στο πνεύμα να δοξάζουμε τον Θεό μέσα από την φιλόξενη αγάπη μας **(Προς Κορινθίους Α' 6:20).**

Ας προσευχηθούμε: Ουράνιε Πατέρα μας, σ' ευχαριστούμε που μας επέτρεψες να βιώσουμε τη γνήσια φιλοξενία, στην οποία νιώθουμε ότι ανήκουμε. Βοήθησέ μας να λάβουμε ο ένας τον άλλον, όπως ο Χριστός αποδέχτηκε εμάς. Προσευχόμαστε στο όνομα του Ιησού Χριστού.

---

15 Οκτωβρίου
ΠΙΣΤΟΙ ΦΙΛΟΙ
Αποκάλυψη 17:14

Όταν διαβαίνουμε δρόμους που δεν γνωρίζουμε, έχουμε την αυτοπεποίθηση και την ασφάλεια ότι φτάνοντας στον προορισμό μας, αν κάποιος γνωρίζει τον δρόμο, θα μας βοηθήσει. Ο φίλος μου στη φωτογραφία είναι ο **Γεώργιος Κεχαγίας (George),** που με οδήγησε το 2020 στην κορυφή του βουνού

του Ολύμπου και πίσω. Ο Όλυμπος είναι το ψηλότερο βουνό της Ελλάδας, είναι μία οροσειρά όπου ο **Μύτικας** είναι η ψηλότερη κορυφή, στα 2917 μέτρα. Συχνά ακούω **«Αν είναι να πας στον Μύτικα, μην πας μόνος!»** Όσοι έχουν ανέβει ψηλά εκεί είτε δεν τα έχουν καταφέρει, είτε τραυματίστηκαν είτε έχασαν τη ζωή τους. Το 2021 αποφασίσαμε να κάνουμε ποδήλατο στις ασφαλείς διαδρομές που γνώριζε ο Γιώργος, χωρίς σκύλους ή άλλους κινδύνους.

Το εδάφιό μας σήμερα λέει ότι οι εχθροί του Θεού *«αυτοί θα πολεμήσουν με το Αρνίο, και το Αρνίο θα τους νικήσει, επειδή είναι Κύριος κυρίων και Βασιλιάς βασιλιάδων· και όσοι είναι μαζί του, είναι κλητοί και εκλεκτοί και πιστοί»* **(Αποκάλυψη 17:14)**. Γνωρίζουμε ότι **ο εχθρός του φίλου μου είναι και δικός μου εχθρός**. Ακολουθώντας τη λογική αυτή, όποιος μάχεται τον Ιησού, μάχεται και εμάς. Και όποιος μάχεται εμάς, μάχεται το Αρνίο. Σε κάθε περίπτωση, ο Ιησούς **θα θριαμβεύσει σε αυτούς.**

Ως *«εκλεκτοί»* και *«πιστοί»* φίλοι του Ιησού, είμαστε σίγουροι ότι θα περάσουμε τις μεγάλες δοκιμασίες πριν την αιώνια ανάπαυση. Θα διωχθούμε και θα μας κατηγορήσουν όπως τον Ιησούς, τον οποίο πείραξε ο Σατανάς. Θα υποφέρουμε από επιθέσεις, από απάτες, εξώσεις και σημαντικές απώλειες, μεταξύ άλλων της υγείας και της ζωής. Ο δρόμος προς τον ουρανό είναι γεμάτος με δοκιμασίες και βάσανα, αλλά όσο μεγάλα και φοβερά κι αν είναι, θα φτάσουμε στον προορισμό μας αν μας συνοδεύει ο Ιησούς. Ο Θεός μας έχει υποσχεθεί ότι *«ούτε ύψωμα ούτε βάθος ούτε κάποια άλλη κτίση, θα μπορέσει να μας χωρίσει από την αγάπη τού Θεού, η οποία υπάρχει στον Ιησού Χριστό τον Κύριό μας»* **(Προς Ρωμαίους 8:39)**. Μπορούμε να εμπιστευθούμε τον οδηγό, τον φίλο και τον Κύριό μας.

Ας προσευχηθούμε: Ουράνιε Πατέρα μου, Σ' ευχαριστούμε που μας διαβεβαίωσες ότι όποιος μάχεται εναντίον μας *μάχεται κατά του Αρνίου, αλλά το Αρνίο θα θριαμβεύσει επάνω τους γιατί είναι Κύριος των Κυρίων και Βασιλιάς των Βασιλιάδων.* Σ' ευχαριστούμε που μας υπενθύμισες ότι είμαστε **εκλεκτοί** και **έμπιστοι φίλοι** Σου. Βοήθησέ μας να μεταδώσουμε στον κόσμο την αυτοπεποίθηση ότι *«σε όλα αυτά, όμως, υπερνικούμε, διαμέσου εκείνου που μας αγάπησε»* **(Προς Ρωμαίους 8:37)**. Προσευχόμαστε στο όνομα του Ιησού Χριστού.

Ο δρόμος προς τον ουρανό είναι γεμάτος με δοκιμασίες και βάσανα, αλλά όσο μεγάλα και φοβερά κι αν είναι, θα φτάσουμε στον προορισμό μας αν μας συνοδεύει ο Ιησούς.

---

16 Οκτωβρίου
ΑΣ ΜΙΜΟΥΜΑΣΤΕ ΜΕ ΤΑΠΕΙΝΟΦΡΟΣΥΝΗ
Α' Πέτρου 5:5Β

Η μαμά μου ήταν μία ταπεινή, απλή, μέχρι και αθώα ψυχή. Με αθωότητα ξεκινούσε συζητήσεις με αγνώστους ή με μωρά, όπως θα δείτε στη φωτογραφία της ημέρας. Όταν ζούσε στις ΗΠΑ, η μαμά μου μιλούσε σε όλους στα ισπανικά χωρίς να σκέφτεται ότι το μόνο που κατανοούσαν ήταν ο χαιρετισμός της στα αγγλικά. Από εκεί και πέρα, μιλούσε μόνο ισπανικά. Το άλλο που καταλάβαιναν ήταν το όμορφο, ταπεινό χαμόγελο και η έκφρασή της τρυφερής αποδοχής στο πρόσωπό της. Ο Ιησούς είπε «*Σηκώστε επάνω σας τον ζυγό μου, και μάθετε από μένα· επειδή, είμαι πράος και ταπεινός στην καρδιά· και θα βρείτε ανάπαυση μέσα στις ψυχές σας*» (**Κατά Ματθαίον 11:29**). Σήμερα, ο Θεός ηχεί στα λόγια του Ιησού, απευθυνόμενος πρώτα στους νέους «*Παρόμοια, οι νεότεροι, να υποταχθείτε στους πρεσβύτερους· όλοι, μάλιστα, καθώς θα υποτάσσεστε ο ένας στον άλλον, να ντυθείτε την ταπεινοφροσύνη· επειδή, «ο Θεός αντιτάσσεται στους υπερήφανους, στους ταπεινούς, όμως, δίνει χάρη*» (**Α' Πέτρου 5:5**).

Όλοι καλούμαστε να εξασκήσουμε τον αμοιβαίο σεβασμό, με ταπεινοφροσύνη και πραότητα, ανεξαρτήτως ηλικίας και θέσης. Όταν με ταπεινοφροσύνη υποτασσόμαστε στο θέλημα και στην κατεύθυνση του Θεού, θα βρούμε τη χάρη του Θεού όταν φερόμαστε σε όλους με σεβασμό. Μέσα από την Αγία Γραφή, μαθαίνουμε να προσευχόμαστε όπως ο Ιησούς μας έμαθε στη Γεθσημανή: «*Πατέρα μου, αν είναι δυνατόν, ας παρέλθει από μένα αυτό το ποτήρι· όμως, όχι όπως εγώ θέλω, αλλά όπως εσύ*» (**Κατά Ματθαίον 26:39,42**).

Ο Ιησούς Χριστός «*ταπείνωσε τον εαυτό του, γινόμενος υπάκουος μέχρι θανάτου, θανάτου μάλιστα σταυρού. Γι' αυτό, και ο Θεός τον υπερύψωσε, και του χάρισε όνομα, που είναι το όνομα πάνω από κάθε άλλο· ώστε στο όνομα του Ιησού να λυγίσει κάθε γόνατο επουρανίων και επιγείων και καταχθονίων· και κάθε γλώσσα να ομολογήσει ότι ο Ιησούς Χριστός είναι Κύριος, σε δόξα του Πατέρα Θεού*» (**Προς Φιλιππησίους 2:8-11**).

Όλα τα πράγματα ανήκουν στον Ιησού Χριστό. Όποιος εμπιστεύεται με όλη του την καρδιά ότι ο Ιησούς είναι ο Κύριός του θα υποτάξει με ταπεινοφροσύνη καθετί στον Κύριο ώστε ο Θεός να επιδιορθώσει και να φτιάξει όλα τα πράγματα όμορφα στον καιρό Του.

Ας προσευχηθούμε: Ουράνιε Πατέρα μας, Σ' ευχαριστούμε για το παράδειγμα ης ταπεινοφροσύνης στον Κύριό μας Ιησού Χριστό. Βοήθησέ μας να μιμούμαστε γνήσια την ταπεινή αγάπη Του. Γεμάτοι με ευγνωμοσύνη, προσευχόμαστε να αυξήσεις την πίστη μας, να πάρεις τη ζωή μας, μαζί με τους φόβους και τις επιθυμίες μας και να τα κάνεις ό,τι θέλεις σύμφωνα με το καλό και τέλειο θέλημά Σου. Προσευχόμαστε στο όνομα του Ιησού Χριστού.

Όταν με ταπεινοφροσύνη υποτασσόμαστε στο θέλημα και στην κατεύθυνση του Θεού, θα βρούμε τη χάρη του Θεού όταν φερόμαστε σε όλους με σεβασμό.

---

17 Οκτωβρίου
ΟΠΩΣ ΠΡΟΣΤΑΞΕ Ο ΙΗΣΟΥΣ
Έξοδος 39:43

Έχετε ακούσει που λένε ότι **κερδίζουμε το αφεντικό μας με την εργασία μας;** Όταν χρησιμοποιούμε τις γνώσεις και τις δεξιότητές μας για να οικοδομήσουμε, να επιδιορθώσουμε ή να συναρμολογήσουμε κάτι, γινόμαστε εφευρετικοί, ιδιαίτερα δείχνοντας την αφοσίωση και την επιθυμία μας να κάνουμε τα πάντα όπως αρέσει στο αφεντικό μας ή στους αγαπημένους μας.

Για να φτιάξουμε **κάτι όπως** το σχεδίασε ο αρχιτέκτονας, πρώτα χρειαζόμαστε τα σχέδια και να βρούμε τρόπο να τα κατανοούμε. Στη συνέχεια απαιτούνται οι δεξιότητες μαζί με τα σωστά εργαλεία και υλικά για την εκτέλεση του σχεδίου.

Αν ο Θεός μας ζητούσε να φτιάξουμε μία βασιλική, θα το κάναμε ακόμη κι α ν απαιτούνταν χρόνια. Δεν θα σταματούσαμε ώσπου να ολοκληρωθεί. Η κατασκευή της βασιλικής του Κίτο (στη φωτογραφία της ημέρας) ξεκίνησε το 1887 *και να αφιερωθεί και να εγκαινιαστεί επίσημα 101 χρόνια αργότερα, στις 12 Ιουλίου του 1988.* Ξεπέρασαν πολλά εμπόδια και περιορισμούς και ολοκλήρωσαν το έργο **όπως το είχε σχεδιάσει ο αρχιτέκτονας.**

Το εδάφιο της ημέρας μου έφερε στο μυαλό την ερώτηση *«Πώς και δεν προσπαθούμε εξίσου για να οικοδομήσουμε και να επιδιορθώσουμε την πνευματική μας ζωή;».* Ο Θεός δεν μας έδωσε πνεύμα δύναμης και πίστης για να πιστέψουμε και να κάνουμε όσα μας διέταξε;

«Και ο Μωυσής είδε ολόκληρο το έργο, και πράγματι, το είχαν κάνει καθώς ο Κύριος είχε προστάξει· έτσι έκαναν· και ο Μωυσής τούς ευλόγησε» **(Έξοδος 39:43).** Αν κάνουμε το καλό, όπως μας πρόσταξε ο Θεός, θα ευλογηθούμε. Ο Ιησούς δεν είπε *ότι είναι ευλογημένοι όσοι κάνουν τα πράγματα όπως πρόσταξε ο Θεός,* αλλά αυτό είναι το όλο θέμα που πραγματεύεται η Αγία Γραφή. Είπε, όμως, ότι *«Δεν θα μπει μέσα στη βασιλεία των ουρανών καθένας που λέει σε μένα: Κύριε, Κύριε· αλλά αυτός που πράττει το θέλημα του Πατέρα μου, ο οποίος είναι στους ουρανούς»* **(Κατά Ματθαίον 7:21).**

Το θέλημα του Θεού είναι **να κάνουμε τα πάντα όπως πρόσταξε ο Θεός.** Έχουμε τη δυνατότητα και τα μέσα για να φτιάξουμε τα σπασμένα πράγματα αυτού του κόσμου. Πόσο πιο ωφέλιμα θα ήταν τα πράγματα αν βάζαμε την ίδια ή περισσότερη προσπάθεια για **να διαμορφώσουμε τη ζωή μας σύμφωνα με το σχέδιο και το θέλημα του Ουράνιου Πατέρα μας;** Όπως ο Μωυσής ευλόγησε τον λαό, ο Θεός θα ευλογήσει τις μελλοντικές γενιές αν το κάνουμε αυτό. Στο κάτω κάτω, **η ευλογία και η αφθονία τους είναι η δική μας ευλογία.**

Ας προσευχηθούμε: Ουράνιε Πατέρα μας, Σ' ευχαριστούμε που είσαι ο αρχιτέκτονας και κτίστης της πίστης μας. Σε παρακαλούμε **βοήθησέ μας να κάνουμε τα πάντα όπως Εσύ μας έχεις διατάξει στον άγιο Λόγο Σου.** Προσευχόμαστε στο Άγιο Όνομά Σου.

18 Οκτωβρίου
ΑΝΑΠΤΥΞΗ ΠΡΟΣ ΤΗΝ ΩΡΙΜΟΤΗΤΑ
Προς Εβραίους 6:1

Δεν ξέρω για τι πράγμα μιλούσαν η Σοφία με τη γιαγιά στη φωτογραφία αυτή. Ακόμη και τώρα ευχαριστώ τον Θεό για τον αδιάσπαστο δεσμό με τη Γιαγιά, έναν δεσμό που μεταφέρει ενέργεια αγάπη και συναισθηματική και πνευματική αύξηση. Σχεδόν κάθε χρόνο, η Σοφία και ο Κάρλος επισκέπτονται τη γιαγιά για δύο εβδομάδες στην Ελλάδα.

Ο Θεός σχεδίασε την πνευματική αύξηση για όλα τα υιοθετημένα παιδιά. Όσοι έχουν βιώσει τη νέα γέννηση πρέπει να προχωρήσουν προς την πνευματική ωριμότητα. Κάποια στιγμή, οι μαθητές πρέπει να γίνουν δάσκαλοι και τα παιδιά να γίνουν γονείς, κάθε ένας μεταφέροντας τον Λόγο της Ζωής στις επόμενες γενιές, διασφαλίζοντας με αυτόν τον τρόπο τη συνέχεια της πίστης και την ωριμότητα στον Ιησού Χριστό.

Σήμερα, μοιράζομαι ορισμένα εδάφια για να μας καθοδηγήσουν και να μας ενθαρρύνουν να είμαστε καρποφόροι, να αυξηθούμε συναισθηματικά και πνευματικά **προς την ωριμότητα:**

ΣΕ ΚΑΡΠΟΦΟΡΙΑ – Μόνο αγγίζοντας την ωριμότητα μπορούμε να ολοκληρώσουμε τη μεγάλη εντολή, να κάνουμε μαθητές σε ολόκληρο τον κόσμο. Ο Ιησούς είπε *«Κατά τούτο δοξάζεται ο Πατέρας μου, στο να φέρετε πολύ καρπό· και έτσι θα είστε μαθητές μου»* (Κατά Ιωάννην 15:8).

ΣΤΟΝ ΧΡΙΣΤΟ – Ο Ιησούς καθιέρωσε μία διαδοχή ποιμένων και δασκάλων *«για την τελειοποίηση των αγίων, για το έργο τής διακονίας, για την οικοδομή τού σώματος του Χριστού· αλλά, ζώντας την αλήθεια με αγάπη, να αυξηθούμε σ' αυτόν σε όλα, αυτός που είναι η κεφαλή, ο Χριστός»* (Προς Εφεσίους 4:12,15Α).

ΣΤΗΝ ΑΓΑΠΗ – *«Και εσάς, ο Κύριος να αυξήσει και να περισσεύσει στην αγάπη, του ενός προς τον άλλον και προς όλους, καθώς και εμείς προς εσάς»* (Προς Θεσσαλονικείς Α' 3:12Α).

ΜΕΣΩ ΤΟΥ ΛΟΓΟΥ – *«Επιποθήστε, ως νεογέννητα βρέφη, το λογικό άδολο γάλα, για να αυξηθείτε διαμέσου αυτού»* (Α' Πέτρου 2:2).

ΣΕ ΧΑΡΗ ΚΑΙ ΣΕ ΓΝΩΣΗ – *«Να αυξάνεστε δε στη χάρη και στη γνώση τού Κυρίου μας και Σωτήρα, του Ιησού Χριστού. Σ' αυτόν ας είναι η δόξα και τώρα και στην ημέρα τού αιώνα. Αμήν»* (Β' Πέτρου 3:18Α).

ΜΕ ΠΡΟΣΘΗΚΗ – *«Και ακριβώς δε γι' αυτό, αφού καταβάλετε κάθε επιμέλεια, να προσθέσετε στην πίστη σας την αρετή, στην αρετή δε τη γνώση, 6και στη γνώση την εγκράτεια, στην εγκράτεια δε την υπομονή, και στην υπομονή την ευσέβεια»* (Β' Πέτρου 1:5-6).

Ας προσευχηθούμε: Ουράνιε Πατέρα μας, Σ' ευχαριστούμε που δημιούργησες μοναδικές και οικείες στιγμές για εμάς για να έρθουμε πιο κοντά σε εσένα, να Σε γνωρίσουμε, να Σε αγαπήσουμε κάθε μέρα και περισσότερο. Βοήθησέ μας να αξιοποιήσουμε τον χρόνο για να λάβουμε ενέργεια, αγάπη και κατεύθυνση από Εσένα σε αυτή τη ζωή και να δοξάσουμε το όνομά Σου. Προσευχόμαστε στο όνομα του Ιησού Χριστού.

Όσοι έχουν βιώσει τη νέα γέννηση πρέπει να προχωρήσουν προς την πνευματική ωριμότητα. Κάποια στιγμή, οι μαθητές πρέπει να γίνουν δάσκαλοι και τα παιδιά να γίνουν γονείς, κάθε ένας μεταφέροντας τον Λόγο της Ζωής στις επόμενες γενιές,

---

19 Οκτωβρίου
ΠΙΣΤΑ ΥΠΟΜΟΝΕΤΙΚΟΙ ΑΝΘΡΩΠΟΙ
Προς Εβραίους 6:15

Ο Θεός μας δημιούργησε **να είμαστε πιστά υπομονετικοί άνθρωποι**. Πρέπει να μάθουμε **να περιμένουμε με υπομονετική πίστη** γιατί **ο Θεός εκπληρώνει όλες Του τις υποσχέσεις με τον δικό Του τρόπο και χρόνο.**

ΣΤΟΝ ΧΡΟΝΟ ΤΟΥ ΘΕΟΥ - Όταν ο Αβραάμ ήταν 75 ετών, ο Θεός του είπε *«Ευλογώντας, οπωσδήποτε θα σε ευλογήσω, και πληθύνοντας, θα σε πληθύνω», Και έτσι, προσμένοντας με υπομονή, απήλαυσε την υπόσχεση»* (Προς Εβραίους 6:14-15, Γένεσις 21:5). Αναρωτιόμαστε τι είδους υπομονή πρέπει να είχε ο Αβραάμ. Ο Ισαάκ, ο γιος που του είχε υποσχεθεί ο Θεός, γεννήθηκε **25 χρόνια** αργότερα. Φαντάζομαι την τόση αναμονή για να δει την εκπλήρωση της υπόσχεσης. Κάποιοι δεν έχουν την πίστη και την υπομονή για να περιμένουν **την ώρα του Θεού**.

ΜΕ ΤΟΝ ΤΡΟΠΟ ΤΟΥ ΘΕΟΥ - Παρόλο που μπορεί να μην κατανοήσουμε ποτέ τον τρόπο του Θεού, τα σχέδια του Θεού είναι πάντοτε καλά, τέλεια, στην ώρα τους και δίκαια. Ο Θεός κάνει τα πράγματα όπως υποσχέθηκε αλλά πολλές φορές δεν μας λέει **πότε ή πώς** θα τα εκπληρώσει. Στο μεταξύ, η γυναίκα του Αβραάμ, η Σάρα, ανυπόμονη και με καχυποψία, έκανε τα πράγματα με τον δικό της τρόπο, προσφέροντας την υπηρέτριά της στον Αβραάμ, λέγοντας: *«Δες, ο Κύριος με* *απέκλεισε από την τεκνοποιία· μπες, λοιπόν, μέσα στη δούλη μου, ίσως αποκτήσω παιδί από αυτή»* **(Γένεσις 16:2).** Ο Αβραάμ ήταν 86 ετών όταν η Άγαρ γέννησε τον Ισμαήλ **(Γένεσις 16:16).**

Μερικές φορές, όπως και η Σάρα, που στην αρχή πίστευε αλλά έχασε την πίστη και την υπομονή της, προσφέροντας την υπηρέτριά της για να επιταχύνει το χέρι του Θεού στον δρόμο της. Όταν επιτέλους γεννήθηκε ο Ισαάκ, η Σάρα απεχθανόταν τον Ισμαήλ και από εκεί και πέρα, τα αδέρφια χωρίστηκαν σε δύο μεγάλα έθνη, και τα δύο ευλογημένα, αλλά η υπόσχεση για ευλογία όλου του κόσμου θα ήταν διαμέσου του Ισαάκ **(Γένεσις 17:18-21).**

Χρειαζόμαστε την πίστη του Αβραάμ! Η πίστη είναι σπόρος που, όταν δοκιμάζεται, παράγει **πίστη και υπομονή** μέσα μας. Στην επιστολή **Προς Ρωμαίους 5:3-4** διαβάζουμε *«Και όχι μονάχα τούτο, αλλά και καυχώμαστε στις θλίψεις· γνωρίζοντας ότι η θλίψη εργάζεται υπομονή, η δε υπομονή δοκιμή, η δε δοκιμή ελπίδα».*

Ας προσευχηθούμε: Ουράνιε Πατέρα μας, Σ' ευχαριστούμε που μας βοηθάς να είμαστε άνθρωποι της πίστης και της υπομονής που εμπιστεύονται στις υποσχέσεις Σου. Εσύ έχεις κάνει όσα υποσχέθηκες και εμείς πιστεύουμε ότι θα κάνεις το ίδιο και στο μέλλον. Αύξησε την πίστη μας ώστε να αναμένουμε υπομονετικά, γνωρίζοντας ότι Εσύ τηρείς κάθε υπόσχεση, στον χρόνο Σου και με τον δικό Σου τρόπο. Προσευχόμαστε στο Άγιο Όνομά Σου.

---

20 Οκτωβρίου
Η ΑΓΑΠΗ ΤΟΥ ΧΡΙΣΤΟΥ
Κατά Ιωάννην 13:1

Ο πατέρας μου, ο Galo Destruge, ήταν ρομαντικός. Στη συλλογή της μουσικής του ήταν ένα παλιό boleros με τίτλο «Unforgettable" του Julio Gutiérrez (1944). Οι στίχοι του λένε *«Στη ζωή, υπάρχουν αγάπες που δεν μπορούν να ξεχαστούν. Στιγμές αξέχαστες που η καρδιά πάντα θα κρατάει».* Στη ζωή μου, η αγάπη του Χριστού είναι ασύγκριτη και αξεπέραστη, ακόμη και πέρα από την αγάπη που δηλώνω ότι έχω για τα παιδιά μου και για τα εγγόνια μου. Δεν πρέπει να ξεχνούμε ποτέ την αγάπη του Χριστού, του Κυρίου και Σωτήρα μας!

Όσο, όμως, γνήσια και βαθιά, η ανθρώπινη αγάπη γεννάται από μία καρδιά που ρέπει προς τον εγωισμό, τον θυμό, την έλλειψη εμπιστοσύνης και την απογοήτευση. Γι' αυτό, στον Σταυρό του Γολγοθά, ο Θεός μας έδειξε την αγάπη του Χριστού ως μοντέλο μίμησης. Το εδάφιό μας μάς λέει ότι ο Ιησούς πάντοτε τους αγαπούσε και *«τους αγάπησε σε τέλειο βαθμό»* **(Κατά Ιωάννην 13:1).** Το πάθος του είναι Θεϊκό, αυτό-θυσιαστικό, δεν ξεχωρίζει και καθοδηγεί.

ΘΕΪΚΟ – Η θεϊκή ιδιότητα, η αγάπη του Χριστού είναι αγνή, ειλικρινής και αμετάβλητη. *«Όπως ο*

Πατέρας αγάπησε εμένα, και εγώ αγάπησα εσάς, να μείνετε στην αγάπη μου» **(Κατά Ιωάννην 15:9).**

ΑΥΤΟ-ΘΥΣΙΑΣΤΙΚΟ – Η αγάπη του Χριστού δεν είναι ποτέ εγωιστική. Δεν ζητά ποτέ τις δικές της επιθυμίες αλλά αντίθετα, ζητά την εκπλήρωση του Λόγου του Θεού. *«Μεγαλύτερη από τούτη την αγάπη δεν έχει κανένας, το να βάλει κάποιος την ψυχή του για χάρη των φίλων του»* **(Κατά Ιωάννην 15:13).**

ΑΔΙΑΧΩΡΙΣΤΗ – Η αγάπη του Χριστού είναι δίχως όρους, αμετάβλητη και αιώνια. Δεν υπόκειται σε ανθρώπινα συναισθήματα ή απογοητεύσεις. *«Ποιος θα μας χωρίσει από την αγάπη τού Χριστού; Θλίψη ή στενοχώρια ή διωγμός ή πείνα ή γυμνότητα ή κίνδυνος ή μάχαιρα;»* **(Προς Ρωμαίους 8:35).**

ΑΠΟΤΕΛΕΣΜΑΤΙΚΗ – Η αγάπη Του μας ωθεί να αγαπήσουμε όπως μας έχει αγαπήσει ο Χριστός. *«Δεδομένου ότι, η αγάπη τού Χριστού μάς συσφίγγει· επειδή, κρίνουμε τούτο, ότι, αν ένας πέθανε για χάρη όλων, επομένως όλοι πέθαναν»* **(Προς Κορινθίους Β' 5:14).**

ΘΥΣΙΑΣΤΙΚΗ – Δίχως να το αξίζουμε, παρά την επανάστασή μα, *ο Ιησούς με αγαπά και έδωσε τον εαυτό Του για εμένα* **(Προς Γαλάτας 2:20).**

Ο Ιησούς Χριστός εκπλήρωσε την αγάπη Του με τον θάνατό Του – **«Από τούτο έχουμε γνωρίσει την αγάπη, επειδή εκείνος την ψυχή του έβαλε για χάρη μας· και εμείς οφείλουμε να βάζουμε τις ψυχές μας για χάρη των αδελφών»** **(Α' Ιωάννου 3:16).**

Ας προσευχηθούμε: *«Σε δοξολογούμε, Θεέ, δοξολογούμε, επειδή κοντά μας είναι το όνομά σου·»* **(Ψαλμοί 75:1).** Εσύ, Κύριε, εκπλήρωσες την αξέχαστη αγάπη και παρουσία Σου στη ζωή μας, στην οικογένειά μας και στην κοινότητά μας. Σ' ευχαριστούμε, γιατί, με την αγάπη Σου και την παρουσία Σου στη ζωή μας, δεν είμαστε εγκαταλειμμένοι ούτε χωρίς ασπίδα και τροφή. Όλα όσα χρειαζόμαστε έρχονται από Εσένα. Είθε τα παιδιά μας και τα παιδιά τους να Σε δοξολογούν στην αιωνιότητα.

---

21 Οκτωβρίου
ΛΥΤΡΩΜΕΝΟΙ ΑΠΟ ΤΟΥΣ ΦΟΒΟΥΣ
Ψαλμοί 34:4

Πολύ νωρίς το πρωί, μαζί με τον καφέ μας, εκζητούμε τον Θεό ο οποίος μας ακούει και μας απελευθερώνει από όλους μας τους φόβους.

Ως παιδιά, δεν μπορούμε να κατανοήσουμε ότι οι γονείς κάνουν το καλύτερο για να μεγαλώσουν τα παιδιά τους με εμπειρίες και μαθήματα που προωθούν την κοινωνικοποίηση που βοηθά να τους περιβάλλουν άνθρωποι που δείχνουν αγάπη και εμπιστοσύνη. Οι γονείς, όμως, δεν είναι τέλειοι και μερικές φορές αποτυγχάνουμε.

Κάποια παιδιά μεγαλώνουν μαθαίνοντας ότι κάποιες φορές οι γονείς δίχως να το θέλουν δείχνουν προτίμηση σε ένα από τα παιδιά τους. Μερικές φορές οι γονείς είναι σε διάσταση/χωρίζουν και επιλέγουν ποιο από τα παιδιά τους θα μείνει μαζί τους, δείχνοντας έτσι ότι η αγάπη δεν είναι για πάντα. Με βάση αυτές τις εμπειρίες, **τα παιδιά φοβούνται την εγκατάλειψη**, νιώθουν ότι **δεν ενδιαφέρονται (ότι δεν τους ακούνε)** και **δεν τους αγαπούν ως ενήλικες.**

Από τον φόβο ότι δεν θα αγαπηθούν, οι τραυματισμένοι άνθρωποι που επιθυμούν ανακούφιση από τις ανησυχίες τους έχουν την τάση να μην εμπιστεύονται και να μην περιμένουν πολλά από τους ανθρώπους. Στην εφηβεία, επιβεβαιώνουν ότι η αγάπη είναι για μια στιγμή και μερικές φορές είναι ψεύτικη, ότι η αγάπη από μακριά είναι ανόητη.

Ο φόβος της εγκατάλειψης προκαλεί σε κάποιους να διατηρούν σχεδόν κάθε φιλική ή οικεία σχέση με τον κύκλο τους. Κάποιοι επιλέγουν να αποστασιοποιηθούν από σχέσεις που έχουν νόημα, σταδιακά ή απότομα. Κάποιοι δεν έχουν σχέσεις με κανέναν από το σχολείο τους ή το πανεπιστήμιο.

Φόβος ότι δεν θα τους ακούνε - Για το μισό περίπου της ζωής μου (μέχρι τα 35 μου) προτιμούσα να ακούω και να είμαι σιωπηλός σχεδόν σε κάθε κοινωνική αλληλεπίδραση, πέρα από το σχολείο ή την εργασία. Τα θρησκευτικά και τα μαθηματικά πάντοτε μου άρεσαν και ήμουν ο πρώτος που σήκωνε το χέρι για να απαντήσω σε ερωτήσεις.

Το 1989, βίωσα την **αξέχαστη και αδιαχώριστη αγάπη του Χριστού**. *«Εκζήτησα τον Κύριο, και με εισάκουσε, και από όλους τούς φόβους μου με ελευθέρωσε»* (**Ψαλμοί 34:4**). Ήταν τότε που έμαθα ότι ο Θεός αγαπά όλους το ίδιο αλλά δίνει περισσότερη προσοχή σε όσους έχουν ανάγκη, στα ορφανά, στις χήρες και στους φτωχούς. Το χέρι του Θεού είναι τόσο μεγάλο που ο Κύριος μπορεί να αγκαλιάσει και να δώσει ένα φιλί στο μάγουλό μας (όπως συνήθιζε να κάνει ο μπαμπάς μου), λέγοντας *«Αυτός είναι ο Υιός μου ο αγαπητός, στον οποίο ευαρεστήθηκα»* (**Κατά Ματθαίον 3:17**).

Ας προσευχηθούμε: Ουράνιε Πατέρα μου, Σ' ευχαριστούμε που μας ακούς και *μας έχει λυτρώσει από όλους μας τους φόβους*. Μόνο σε Εσένα βρίσκουμε την αληθινή ειρήνη, αγάπη και χαρά. Η αγάπη Σου μας ωθεί να αγαπούμε όπως Εσύ, να συγχωρούμε, να ακούμε, να εμπιστευόμαστε και να καλωσορίζουμε άλλους όπως Εσύ. Σ' ευχαριστούμε που μας έδειξες την αγάπη Σου, η οποία είναι για πάντα και για όλους, χωρίς προτιμήσεις. Προσευχόμαστε στο όνομα του Ιησού Χριστού.

---

22 Οκτωβρίου
ΓΙΑ ΠΑΝΤΑ
Προς Εβραίους 7:17

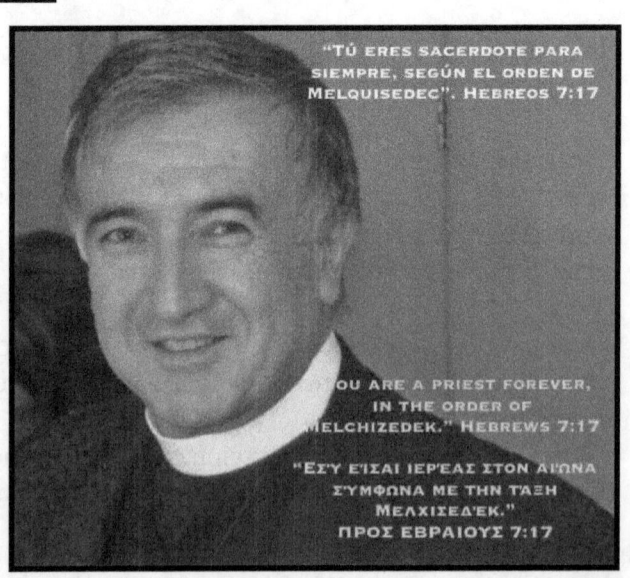

Ένα από τους ύμνους όταν ήμουν νέος που μου έχει μείνει στο μυαλό ήταν αυτό με τον τίτλο *"Piensalo"* (Σκέψου του) του Raphael. Μέρος των στίχων λένε *«Τα πάντα τελειώνουν μια μέρα, ακόμη και η αγάπη. Τίποτα δεν κρατά για πάντα. Σκέψου το, σκέψου το, είναι αλήθεια»*.

Ο κόσμος μας διδάσκει ότι **τίποτα δεν κρατά για πάντα,** ακόμη και στις εκκλησίες μας. Οι κήρυκες και οι ιερείς έρχονται και φεύγουν, εμείς βγαίνουμε στη σύνταξη ή συνταξιοδοτούμαστε επειδή θέλουμε, κάποιοι αφήνοντας μεγάλο κενό στην κοινότητά μας.

Κάποιες φορές οι δημότες το θεωρούν πολύ σημαντικό χάρισμα ο ιερέας να είναι εξωστρεφής. Σταματούν να πηγαίνουν στις συναθροίσεις που γέμιζαν ένα κενό στη ζωή τους για πολλά χρόνια. Για δεκαετίες συνεχίζουν να συγκρίνουν τους επιτυχημένους ποιμένες με τον αγαπημένο τους ποιμένα. Η πρακτική αυτή δεν είναι υγιής για την πνευματική ζωή ενός ανθρώπου ή μίας εκκλησίας. Πρέπει να κρατούμε τα μάτια μας επικεντρωμένο στον ανώτατο αρχιερέα, τον Ιησού.

Ο Λόγος του Θεού μας δείχνει προς **τον ανώτατο Αρχιερέα, τον Ιησού.** *«Επειδή, δίνει τη μαρτυρία, λέγοντας ότι: «Εσύ είσαι ιερέας στον αιώνα σύμφωνα με την τάξη Μελχισεδέκ»* **(Προς Εβραίους 7:17).** Πριν τον Ιησού, οι ιερείς θυσίαζαν ζώα για απελευθέρωση των αμαρτιών τους και των αμαρτιών των ανθρώπων. Αλλά αυτοί οι ιερείς έζησαν και πέθαναν, ζητώντας μία γενιά ιερέων που θα τους διαδέχονταν, Ωστόσο, ο Ιησούς που ζει για πάντα, είναι **ο Ιερέας μας για πάντα.**

Εφόσον ο Ιησούς ζει για πάντα, *«Γι' αυτό, μπορεί και να σώζει ολοκληρωτικά αυτούς που προσέρχονται στον Θεό διαμέσου αυτού, ζώντας πάντοτε για να μεσιτεύει για χάρη τους»* **(Προς Εβραίους 7:25).** Όλα τελειώνουν μια μέρα σε αυτή τη ζωή, αλλά η αγάπη του Θεού και η σωτηρία είναι για πάντα.

Ευχαριστώ τον Θεό για το μεγάλο προνόμιο και την τιμή να έχω υπηρετήσει ως ιερέας στις κοινότητες Norwalk και Bridgeport. Πολλές φορές εύχομαι να μην είχα συνταξιοδοτηθεί. Αλλά οι καταστάσεις της ζωής και οι υποχρεώσεις αλλάζουν και ο Θεός με κάλεσε να αφιερώσω τα χρόνια αυτά στην οικογένειά μου, να φροντίσω την πεθερά μου και τα εγγόνια μου, να είμαι ιερέας σε άλλες εκκλησίες που με καλούσαν και να γράφω καθημερινούς στοχασμούς. Δόξα στον Θεό!

Ας προσευχηθούμε: Ουράνιε Πατέρα μου, Σ' ευχαριστούμε που έστειλες τον Ιησού, τον Μεγάλο Αρχιερέα που έσωσε τη ζωή μας για πάντα και ζει για να μεσιτεύει για χάρη μας. Προσεύχομαι επίσης για όσους ήταν στις εκκλησίες El Camino και La Gracia και όσους αποστασιοποιήθηκαν από τις εκκλησίες μας. Δώσε τους τη χαρά να συναθροίζονται στο όνομα του Ιησού Χριστού. Σε Εκείνον ανήκει όλη η δόξα, η τιμή και η δύναμη.

Όλα τελειώνουν μια μέρα σε αυτή τη ζωή, αλλά η αγάπη του Θεού και η σωτηρία είναι για πάντα.

---

23 Οκτωβρίου
ΔΙΔΑΣΚΑΛΙΑ ΜΕ ΑΚΕΡΑΙΟΤΗΤΑ
Προς Τίτον 2:7-8

Είμαστε όλοι δάσκαλοι για κάποιον. Οι γονείς διδάσκουν τα παιδιά τους. Τα μεγαλύτερα αδέρφια, μέσω των λέξεων και των πράξεων, είναι σύμβουλοι για τα μικρότερα αδέρφια τους. Οι θείες και οι θείοι διδάσκουν τα ανίψια τους. Το παράδειγμά μας είναι ζωτικό. Δεν μπορούμε να λέμε **«μην καπνίζεις, μην πίνεις»** και να το κάνουμε μπροστά ή κρυφά από τα παιδιά μας. Η διδασκαλία μας πρέπει να γίνεται με παράδειγμα και να παρουσιάζεται με *«αδιαφθορία, σεμνότητα, λόγον υγιή και ακατάκριτο»* **(Προς Τίτον 2:7-8).**

Ο Τίτος στάλθηκε στην Κρήτη για να ιδρύσει εκκλησίες και πρεσβυτέρους σε κάθε πόλη **(Προς Τίτον 1:5)** με οδηγίες για όσα έπρεπε να διδάξει στους πρεσβυτέρους στις συναθροίσεις ώστε να *«μην δυσφημείται ο Λόγος του Θεού»* (Προς Τίτον 2:5). Οι πρεσβύτεροι πρέπει να είναι *«άγρυπνοι, σεμνοί, σώφρονες, να υγιαίνουν στην πίστη, στην αγάπη, στην υπομονή·οι ηλικιωμένες το ίδιο, να έχουν ιεροπρεπή τρόπο, όχι κατάλαλες, όχι δουλωμένες σε πολλή οινοποσία, να είναι δασκάλες των καλών, Το ίδιο και τους νεότερους να τους νουθετείς να σωφρονούν»* (Προς Τίτον 2:2–3,6).

Ο Παύλος τονίζει τη συμπεριφορά και την αφοσίωση που απαιτούνται από τον Τίτο ως ποιμένα και δάσκαλο. *«Παρέχοντας τον εαυτό σου τύπο των καλών έργων σε όλα, φυλάττοντας στη διδασκαλία αδιαφθορία, σεμνότητα, 8λόγον υγιή και ακατάκριτο· για να ντραπεί ο ενάντιος, μη έχοντας να λέει για σας τίποτε το κακό»* (Προς Τίτον 2:7-8).

Ο Θεός δεν περιμένει τίποτα λιγότερο από εσένα και εμένα ως δάσκαλοι και προπονητές σε όσους είναι υπό τη φροντίδα και την κατεύθυνσή μας. Καλούμαστε να διδάξουμε τον Λόγο με ακεραιότητα που θα κρατήσει και θα παράγει πολύ καρπό για τις επόμενες γενιές.

Ως κήρυκας, ο Θεός μου εμπιστεύθηκε να δώσω ένα τριπλό μήνυμα με βάση την Αγία Γραφή: 1) **Σε αγαπούν,** 2) **Ο Θεός είναι μαζί Σου** και 3) **Τα καλύτερα έρχονται.** Ως γονείς, αδέρφια, θείοι, προπονητές, δάσκαλοι, κτλ., ο Θεός μας έχει δώσει την εντολή να διδάξουμε τα πρόβατά Του με ακεραιότητα και σοβαρότητα, με ηθικά και αληθινά λόγια, και με το παράδειγμα της ζωής μας το οποίο ακολουθεί τα διδάγματα του Κυρίου μας, ούτως **ώστε να μην δυσφημείται ο Λόγος του Θεού.**

Ας προσευχηθούμε: Ουράνιε Πατέρα μας, μας έχεις δώσει μεγάλη ευθύνη! Ζωές και οικογένειες εξαρτώνται από την ακεραιότητα και την αλήθεια των διδασκαλιών Σου. Δώσε μας Εσύ το Άγιό Σου Πνεύμα για να μας βοηθήσει να διδάξουμε με τελειότητα και χαρά ώστε ο Λόγος Σου να ρέει στον κόσμο, μεταμορφώνοντας και ανανεώνοντας ζωές, οικογένειες και κοινωνίες. Προσευχόμαστε στο Άγιο Όνομά Σου.

Ο Θεός μου εμπιστεύθηκε να δώσω ένα τριπλό μήνυμα με βάση την Αγία Γραφή: 1) Σε αγαπούν, 2) Ο Θεός είναι μαζί Σου και 3) Τα καλύτερα έρχονται.

---

24 Οκτωβρίου
ΜΟΝΟ Ο ΙΗΣΟΥΣ ΣΩΖΕΙ
Κατά Ιωάννην 5:39

Ο Μωυσής έδωσε εντολή στον λαό τα λόγια του Θεού *«δεν είναι σε σας ένας μάταιος λόγος· επειδή, αυτή είναι η ζωή σας· και με τον λόγο αυτό θα μακροημερεύσετε επάνω στη γη»* (Δευτερονόμιον 32:47). Ο Ιησούς λέει ότι οι Γραφές *«δίνουν μαρτυρία για μένα»* (Κατά Ιωάννην 5:39).

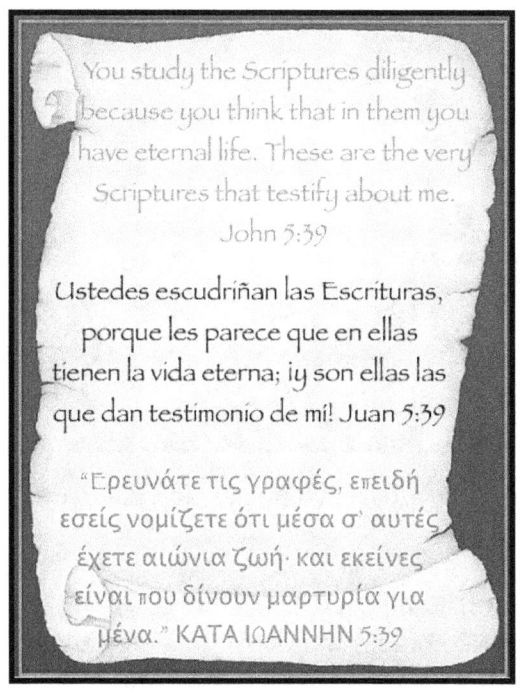

Ο Ιησούς απευθύνθηκε στους θρησκευτικούς ηγέτες που αναζητούσαν μία ευκαιρία να Τον σκοτώσουν. *«Ερευνάτε τις γραφές, επειδή εσείς νομίζετε ότι μέσα σ' αυτές έχετε αιώνια ζωή· και εκείνες είναι που δίνουν μαρτυρία για μένα. Όμως, δεν θέλετε να έρθετε σε μένα, για να έχετε ζωή»* **(Κατά Ιωάννην 5:39-40).** Τον απέρριψαν πιστεύοντας ότι η απλή μελέτη του Λόγου του Θεού θα έσωζε τη ζωή τους. Οι θρησκευτικοί ηγέτες δεν αναζητούσαν τη σωτηρία μέσω του υποσχόμενου Μεσσία, αλλά μέσω των έργων μελέτης και τήρησης των κανόνων.

Έπειτα από την Ανάσταση, ο Ιησούς εμφανίστηκε στους μαθητές και, αφού έφαγε, τους είπε, *«Αυτά είναι τα λόγια, που σας είχα μιλήσει, όταν ακόμα ήμουν μαζί σας, ότι πρέπει να εκπληρωθούν όλα τα γραμμένα μέσα στον νόμο του Μωυσή και στους προφήτες και στους ψαλμούς για μένα. Τότε, διάνοιξε τον νου τους, για να καταλάβουν τις γραφές. Και τους είπε: Έτσι είναι γραμμένο, και έτσι έπρεπε να πάθει ο Χριστός, και να αναστηθεί από τους νεκρούς την τρίτη ημέρα, και να κηρυχθεί στο όνομά του μετάνοια και άφεση αμαρτιών σε όλα τα έθνη, ξεκινώντας από την Ιερουσαλήμ»* **(Κατά Λουκάν 24:44-47).**

Αγαπητοί μου, η Αγία Γραφή αποτελεί έναν χάρτη που αποκαλύπτει την ουσία του Ιησού Χριστού και μας οδηγεί στο άγιο καταφύγιο με συγκεκριμένους δείκτες καθ' όλη τη διάρκεια του δρόμου. Ο Ιησούς Χριστός είναι το πιο επιθυμητό μαργαριτάρι σε ολόκληρο τον κόσμο. Η μελέτη του Λόγου του Θεού. Είναι χρήσιμη και απαραίτητη για να ανακαλύψουμε την Οδό. Ωστόσο, η πίστη και η ευγνωμοσύνη είναι απαραίτητα για τον Θεό για να *ανοίξει τη διάνοιά μας ώστε να κατανοήσουμε τις Γραφές* και να λάβουμε τη χάρη του Θεού μέσω του Αγίου Πνεύματος.

Ο Θεός μας έσωσε *«όχι από έργα δικαιοσύνης, που εμείς πράξαμε, αλλά σύμφωνα με το έλεός του μας έσωσε, διαμέσου λουτρού παλιγγενεσίας και ανακαίνισης του Αγίου Πνεύματος, το οποίο ξέχυσε επάνω μας πλούσια, διαμέσου του Ιησού Χριστού του Σωτήρα μας· ώστε, αφού δικαιωθήκαμε διαμέσου τής χάρης εκείνου, να γίνουμε κληρονόμοι σύμφωνα με την ελπίδα τής αιώνιας ζωής»* **(Προς Τίτον 3:5–7).**

Ας προσευχηθούμε: Ουράνιε Πατέρα μας, Σ' ευχαριστούμε που μας βοήθησες να καταλάβουμε ότι η σωτηρία Σου δεν έχει να κάνει με τα έργα, αλλά με τη χάρη και ότι *«δεν υπάρχει διαμέσου κανενός άλλου η σωτηρία· επειδή, ούτε άλλο όνομα είναι δοσμένο κάτω από τον ουρανό ανάμεσα στους ανθρώπους, διαμέσου του οποίου πρέπει να σωθούμε»* **(Πράξεις 4:12).** Προσευχόμαστε στο όνομα του Ιησού Χριστού.

Οι θρησκευτικοί ηγέτες δεν αναζητούσαν τη σωτηρία μέσω του υποσχόμενου Μεσσία, αλλά μέσω των έργων μελέτης και τήρησης των κανόνων.

---

25 Οκτωβρίου
ΖΩΝΤΑΝΕΣ ΠΕΤΡΕΣ
Α' Πέτρου 2:5

Ο Ιησούς άλλαξε το όνομα του Σίμωνος (το οποίο σημαίνει, αυτός που ακούει), λέγοντάς του *«Εσύ είσαι ο Σίμωνας, ο γιος τού Ιωνά· εσύ θα ονομαστείς Κηφάς, που μεταφράζεται Πέτρος»* (**Κατά Ιωάννην 1:43**). Το όνομα **Πέτρος** προέρχεται από τα Ελληνικά *G-4074 Πέτρος:* ένα μέρος από, μία πέτρα. Ο Πέτρος, ο πρώτος πνευματικός ηγέτης της χριστιανικής εκκλησίας, δεν ήταν ο ακρογωνιαίος λίθος, αλλά το μέρος της Πέτρας που είναι ο Ιησούς Χριστός. Ο Ιησούς τον μεταμόρφωσε σε ζωντανή

πέτρα και κάνει το ίδιο και με εμάς, χτίζοντας τη Βασιλεία του Θεού και φέρνοντας ελπίδα και αγάπη στα χαμένα πρόβατα του Θεού.

Όπως ο Πέτρος, ο Θεός επέλεξε, έσωσε και τελειοποίησε εμάς *«σαν ζωντανές πέτρες»* για να μας οικοδομήσει ως ένα στερεό, με αντίσταση και πολύτιμο πνευματικό σπίτι. Δημιουργηθήκαμε για να υποτασσόμαστε με αγάπη, αφοσίωση, λατρεία και δοξολογία στον Κύριο και στην ελπίδα για τον λαό Του. *«Σας παρακαλώ, λοιπόν, αδελφοί, χάρη των οικτιρμών τού Θεού, να παραστήσετε τα σώματά σας ως θυσία ζωντανή, άγια, ευάρεστη στον Θεό, η οποία είναι η λογική σας λατρεία»* (**Προς Ρωμαίους 12:1**).

Ο Θεός μας καλεί να προσφέρουμε τη ζωή μας ως ζωντανή πέτρα, με θεμέλιο στον Ιησού Χριστό, την ζώσα, εκλεκτή και ζωντανή πέτρα ως ζωντανή θρησκεία, άγια και ευχάριστη στον Θεό, για να οικοδομήσουμε τον λαό του Θεού. *«Στον οποίο καθώς προσέρχεστε, σαν σε μία ζωντανή πέτρα, αποδοκιμασμένη μεν από τους ανθρώπους, στον Θεό όμως εκλεκτή, πολύτιμη, και εσείς, σαν ζωντανές πέτρες, οικοδομείστε ως πνευματικός οίκος, άγιο ιεράτευμα, για να προσφέρετε πνευματικές θυσίες, ευπρόσδεκτες στον Θεό διαμέσου τού Ιησού Χριστού»* (**Α' Πέτρου 2:4-5**).

Αγαπητοί μου, ας κρατήσουμε τα μάτια μας επάνω στον συγγραφέα και τελειωτή της πίστης μας, στον ακρογωνιαίο λίθο επάνω στον Οποίο πρέπει να οικοδομήσουμε τα πνευματικά σπίτια και τους ναούς δοξολογίας και τιμής στον Θεό. Στην επιστολή **Α' Πέτρου 2:6-7** διαβάζουμε *«Προσέξτε, βάζω στη Σιών μία ακρογωνιαία πέτρα, εκλεκτή, πολύτιμη· και εκείνος που πιστεύει σ' αυτή δεν θα ντροπιαστεί». Η τιμή, λοιπόν, είναι σε σας που πιστεύετε· ενώ σ' αυτούς που απειθούν, «η πέτρα που αποδοκίμασαν εκείνοι που οικοδομούν, αυτή έγινε ακρογωνιαία πέτρα»*.

Ας προσευχηθούμε: Ουράνιε Πατέρα μας, Σ' ευχαριστούμε που μας μεταμόρφωσες σε ζωντανές πέτρες και θυσίες για Εσένα. Σ' ευχαριστούμε που μας κάλεσες να είμαστε *«άγιο ιεράτευμα, για να προσφέρετε πνευματικές θυσίες, ευπρόσδεκτες στον Θεό διαμέσου τού Ιησού Χριστού»* (**Α' Πέτρου 2:5**). Βοήθησέ μας, σε κάθε μας ευκαιρία να ευλογούμε τα παιδιά μας, την οικογένεια και τους φίλους μας με πνευματικές θυσίες που οδηγούν στην ουράνια κατοικία Σου. Προσευχόμαστε στο όνομα του Ιησού Χριστού.

---

26 Οκτωβρίου
ΓΙΑ ΤΙΣ ΑΜΑΡΤΙΕΣ ΤΩΝ ΓΟΝΕΩΝ
Ιεζεκιήλ 18:30

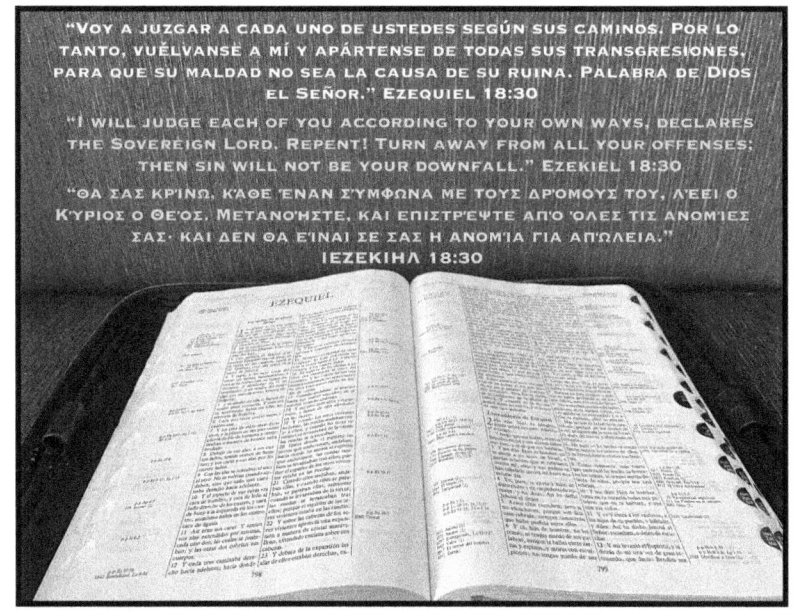

Η αρχαία πεποίθηση ήταν ότι τα παιδιά πλήρωναν για τις αμαρτίες των γονέων τους. Αλλά, στον Ιεζεκιήλ, ο Θεός ακύρωσε αυτού του είδους την τιμωρία. Από τότε και έπειτα *«η ψυχή που αμάρτησε, αυτή θα πεθάνει»* (Ιεζεκιήλ 18:4).

Με βάση την πεποίθηση αυτή *«Και ενώ αναχωρούσε, είδε έναν άνθρωπο τυφλόν εκ γενετής. Και οι μαθητές του τον ρώτησαν, λέγοντας: Ραββί, ποιος αμάρτησε, αυτός ή οι γονείς του, ώστε να γεννηθεί τυφλός; Ο Ιησούς αποκρίθηκε: Ούτε αυτός αμάρτησε ούτε οι γονείς του· αλλά, για να φανερωθούν τα έργα τού Θεού σ' αυτόν»* (Κατά Ιωάννην 9:1-3).

Το έργο του Θεού είναι εμφανές σε εμάς λαμβάνοντας συγχώρηση και αιώνια ζωή (μέσω της πίστης στη θυσία του Ιησού) αντί στην τιμωρία για την επανάστασή μας. Εφόσον δεν είμαστε άξιοι τέτοιας μεγάλης αγάπης και θυσίας, οι καρδιές μας γεμίζουν με ευγνωμοσύνη, και με τη βοήθεια του Αγίου Πνεύματος, προσπαθούμε να είμαστε πιστοί και υπάκουοι στον Θεό, πράττοντας το καλό που ο Θεός θέλει από εμάς και αποφεύγοντας το κακό.

Υπό τη διαθήκη του νόμου, όσοι αμάρτησαν αξίζουν τιμωρία. Ο Θεός, όμως, προσφέρει συγχώρηση σε όσους προηγουμένως είχαν παραβεί τον νόμο, αν μετανοήσουν από τις αμαρτίες τους. Αν ο άνθρωπος αυτός *«φυλάξει όλα τα διατάγματά μου, και πράξει κρίση και δικαιοσύνη, θα ζήσει οπωσδήποτε, δεν θα πεθάνει»* (Ιεζεκιήλ 18:21).

Παρομοίως, ο Θεός εγκαθιστά μια τιμωρία για όσους προηγουμένως δρούσαν με δικαιοσύνη. *«Όταν, όμως, ο δίκαιος επιστρέψει από τη δικαιοσύνη του, και πράξει αδικία, και πράξει σύμφωνα με όλα τα βδελύγματα που πράττει ο άνομος, τότε θα ζήσει; Ολόκληρη η δικαιοσύνη του που έκανε δεν θα μνημονευθεί· στην ανομία του που ανόμησε, και στην αμαρτία του που αμάρτησε, σ' αυτές θα πεθάνει»* (Ιεζεκιήλ 18:24).

Ευτυχώς, ο Θεός αναφέρει ότι ο δίκαιος πατέρας δεν θα πεθάνει για την αδικία του γιου του, ούτε ο ειλικρινής γιος θα πεθάνει για την αμαρτία του πατέρα του. *«Η δικαιοσύνη τού δικαίου θα είναι επάνω του, και η ανομία τού ανόμου θα είναι επάνω του»* (Ιεζεκιήλ 18:20).

Ας προσευχηθούμε: Ουράνιε Πατέρα μας, Σ' ευχαριστούμε που μας έκανες αποδέκτες της αγάπης Σου και του ελέους Σου μέσω της θυσίας του Ιησού Χριστού στον Σταυρό. Σ' ευχαριστούμε που ο Ιησούς είναι ο ένας και μοναδικός που πέθανε για τις αμαρτίες μας. Καθοδήγησε τις σκέψεις μας, τα λόγια μας και τις πράξεις μας ώστε να δρούμε με δικαιοσύνη στα πάντα. Προσευχόμαστε στο όνομα του Ιησού Χριστού.

Η αρχαία πεποίθηση ήταν ότι τα παιδιά πλήρωναν για τις αμαρτίες των γονέων τους. Αλλά, στον Ιεζεκιήλ, ο Θεός ακύρωσε αυτού του είδους την τιμωρία. Από τότε και έπειτα «η ψυχή που αμάρτησε, αυτή θα πεθάνει» (Ιεζεκιήλ 18:4).

27 Οκτωβρίου
ΤΙ ΜΕ ΘΕΛΕΙΣ ΝΑ ΚΑΝΩ ΓΙΑ ΕΣΕΝΑ;

«Τι θέλεις να σου κάνω;» **Κατά Μάρκον 10:51**

"What do you want me to do for you?" **Mark 10:51**

"¿Qué quieres que yo haga por ti"? **Marcos 10:51**

Μου αρέσει η ιστορία του Βαρτίμαιου γιατί είναι η δική μου ιστορία και πιστεύω ότι, με κάποιες αλλαγές, μπορεί να είναι και η δική σου ιστορία. Μέχρι να συναντήσουμε τον Κύριο, ήμασταν στη άκρη, τυφλωμένοι από φόβο, από θυμό, ψέματα, φυλετικές και πολιτικές διαιρέσεις, ζήλια, άρνηση, επιθυμίες, πειρασμούς, κτλ.

Ο τυφλός Βαρτίμαιος δεν όδευε προς την επιτυχία. Ήταν στην άκρη, αλλά όπως πολλοί από εμάς παρακαλούσε:
* για λίγη τύχη,
* για μία δεύτερη ευκαιρία
* για μια δουλειά
* για μια ευκαιρία να δείξουμε τις δεξιότητές μας
* να θεραπευτούμε από την πνευματική μας τύφλωση
* για ένα φως που θα μας οδηγεί μακριά από αυτά τα τούνελ της καραντίνας.

Ο Βαρτίμαιος φώναζε επίμονα, *«Υιέ τού Δαβίδ, Ιησού, ελέησέ με»* (**Κατά Μάρκον 10:47**). Τους περιθωριοποιημένους (τους φτωχούς, τους κωτσούς, τους άστεγους) τότε, και ακόμη και τώρα, **τους έβλεπαν αλλά δεν τους άκουγαν.** Δεν είχαν φωνή ούτε ψήφο. Είμαι σίγουρη ότι 9 στους 10 ανθρώπους τους αγνοούσαν. *«Πολλοί τον επέπλητταν, για να σιωπήσει· εκείνος, όμως, φώναζε πολύ δυνατότερα...»* (**εδάφιο 48**).

Πολλές φορές δεν φωνάζουμε από φόβο μήπως δεν είμαστε πολιτικά ορθοί. Ωστόσο, το γεγονός παραμένει, αν χρειαζόμαστε θεραπευτή. Οπότε να εμμένετε στη φωνή σας. Ο Ιησούς δεν θα ανταποκριθεί όπως ο κόσμος. Δεν μας θέλει να παραμείνουμε περιθωριοποιημένοι και σιωπηλοί. Αντιθέτως, τα αυτιά Του είναι ευαίσθητα στις κραυγές των προβάτων Του.

Ο Ιησούς ζήτησε από τους μαθητές να Του φέρουν τον Βαρτίμαιο. Αυτή η ερώτηση μου αρέσει πολύ: *«Και ο Ιησούς, αποκρινόμενος, λέει σ' αυτόν: Τι θέλεις να σου κάνω; Και ο τυφλός τού είπε: Ραββουνί, να ανακτήσω την όρασή μου. Και ο Ιησούς είπε σ' αυτόν: Πήγαινε· η πίστη σου σε έσωσε. Και αμέσως ανέκτησε το φως του, και ακολουθούσε στον δρόμο τον Ιησού»* (**Κατά Μάρκον 10:51-52**).

Ο Ιησούς μας ρωτά σήμερα *«Τι θέλεις να κάνω για εσένα;»* Ο Ελισσαιέ ζήτησε διπλό το Πνεύμα του Ηλία και το αίτημά του πραγματοποιήθηκε γιατί δεν έφυγε από τον Κύριό του (**Β' Βασιλέων 2:9**).

Σκεφτείτε: Τι θέλετε ο Ιησούς να κάνει σήμερα για εσάς; Ποιο κομμάτι της ζωής σας χρειάζεται θεραπεία, συγχώρηση, ανανέωση και αποκατάσταση;

Ο Ιησούς μας λέει *«Ζητήστε και θα σας δοθεί»* (**Κατά Ματθαίον 7:7**). Αν ζητήσουμε με πίστη, θα θεραπευτούμε (**Κατά Μάρκον 10:52**).

Ας προσευχηθούμε: Ουράνιε Πατέρα μας, κράζουμε σε Εσένα όπως ο Ελισσαιέ και ο Βαρτίμαιος. Δώσε μας το Άγιο Πνεύμα Σου και αύξησε την πίστη μας στον Χριστό, τον τέλειο γιατρό μας. Θεράπευσε και καθοδήγησέ μας στο Φως Σου. Προσευχόμαστε στο Άγιο Όνομά Σου.

---

28 Οκτωβρίου
ΧΗΡΕΣ, ΟΡΦΑΝΑ ΚΑΙ ΞΕΝΟΙ
Ψαλμοί 146:9

Ο Θεός μας αγαπά όλους, αλλά δίνει περισσότερη προσοχή σε όσους ανάγκη, στα ορφανά, στις χήρες και στους ξένους.

Μιλώντας για χήρες, ο Θεός μας λέει στον **Ησαΐας 54:4-5** *«Μη φοβάσαι, επειδή, δεν θα καταισχυνθείς· μη ντρέπεσαι, επειδή δεν θα ντροπιαστείς· για τον λόγο ότι, θα λησμονήσεις τη ντροπή τής νιότης σου, και δεν θα θυμηθείς πλέον το όνειδος της χηρείας σου. Επειδή, ο άνδρας σου είναι ο Ποιητής σου».* Τις χήρες δεν θα τις βλέπουν πλέον ως εγκαταλειμμένες γυναίκες ούτε λυπημένες στο πνεύμα επειδή ο Θεός θα τις μαζέψει και θα δείξει παρηγοριά σ' αυτές.

Η μητέρα μου πέθανε το 2008 και ο πατέρας μου το 2012. Λίγο μετά, ο αδερφός μου, ο John είπε *«Είμαστε ορφανά».* Παρόλο που ήμουν 58 χρονών, η έννοια του ορφανού χαράχτηκε στο μυαλό μου. Αλλά, δόξα στον Θεό που είναι *πατέρας για τα ορφανά και υπερασπιστής για τις χήρες* **(Ψαλμοί 68:5).** Ο Θεός μας προειδοποιεί *«Δεν θα καταθλίψετε καμιά χήρα ή ορφανό»* **(Έξοδος 22:22).** Αντιθέτως, *πρέπει να φροντίζουμε τους ορφανούς και τις χήρες σε δύσκολες περιόδους* **(Ιακώβου 1:27).**

Σχετικά με τους ξένους, η εντολή του Θεού είναι *«δεν θα τον θλίψετε· ο ξένος, που παροικεί με σας, θα είναι σε σας όπως ο αυτόχθονας, και θα τον αγαπάς όπως τον εαυτό σου· επειδή, ξένοι σταθήκατε στη γη τής Αιγύπτου»* **(Λευιτικόν 19:33-34).**

Αγαπητοί μου, χαιρόμαστε που *«Ο Κύριος ελευθερώνει τούς δεσμίους· ο Κύριος ανοίγει τα μάτια των τυφλών· ο Κύριος ανορθώνει τούς κυρτωμένους· ο Κύριος αγαπάει τούς δικαίους»* **(Ψαλμοί 146:7-8).** Με τον ίδιο τρόπο που ο Θεός έχει δώσει σε εμάς την αγάπη Του, τη φροντίδα και την προστασία Του στα ορφανά, στις χήρες και στους ξένους, ο Θεός μας ζητά να *«κρίνετε τον φτωχό και τον ορφανό· πράξτε δικαιοσύνη στον θλιμμένο και τον πένητα»* **(Ψαλμοί 82:3b).**

Ας προσευχηθούμε: Ουράνιε Πατέρα μας, Σ' ευχαριστούμε για τη μεγάλη και ανεξάντλητη αγάπη και φροντίδα Σου. Δώσε μας Εσύ ώστε να ανανεώσουμε τη διαθήκη της αγάπης μας καθημερινά με Εσένα και με τους συνανθρώπους μας, ιδιαίτερα τους ξένους, τα ορφανά, τις χήρες και τους φτωχούς. Δώσε μας Εσύ μάτια να δούμε και αυτιά για να κατανοήσουμε τις ανάγκες από τους γιους και τις κόρες Σου και δώσε μας το κουράγιο να λάβουμε και να τους υποστηρίξουμε στις δύσκολες στιγμές τους. Προσευχόμαστε στο όνομα του Ιησού Χριστού.

29 Οκτωβρίου
ΛΟΓΟΣ ΧΑΡΑΣ

«Δεδομένου ότι, όλοι αμάρτησαν, και στερούνται τη δόξα τού Θεού». **Προς Ρωμαίους 3:23**

"For all have sinned and fall short of the glory of God." **Romans 3:23**

"por cuanto todos pecaron y están destituidos de la gloria de Dios". **Romanos 3:23**

Παρόλο που όλοι αμαρτήσαμε και ξεπέσαμε από τη δόξα του Θεού, εν Χριστώ, έχουμε έναν καλό λόγο για να χαιρόμαστε: **η αγάπη και η χάρη του Θεού** (χάρη την οποία δεν αξίζουμε) **είναι ελεύθερα διαθέσιμες σε όλους!**

Ανεξάρτητα από το παρελθόν μας ή πόσο μεγάλη ήταν η ανυπακοή μας, η ζωή μας είναι βασική για τον Θεό. Η απόδειξη βρίσκεται στην ιστορία της πόρνης Ραάβ που βοήθησε τον Ιησού του Ναυή να κατακτήσει την πόλη της Ιεριχούς. Στο **Κατά Ματθαίον 1:5**, ανακαλύπτουμε ότι η Ραάβ ήταν η προγιαγιά του Βασιλιά Δαβίδ, από όπου προέρχεται η γενεαλογία του Ιησού.

Η ζωή σου έχει μεγάλη αξία. Μόνο ο Θεός γνωρίζει με λεπτομέρεια όλα τα σχέδια που έχει για τη ζωή Σου. *«Επειδή, εγώ γνωρίζω τις βουλές που βουλεύομαι για σας, λέει ο Κύριος, βουλές ειρήνης, και όχι κακού, για να σας δώσω το προσδοκώμενο τέλος»* (Ιερεμίας 29:11). Ο Θεός έχει δώσει τον δρόμο για εσάς και για εμάς να βρεθούμε αθώοι, ελεύθεροι από κάθε κατάκριση και υιοθετημένοι στην οικογένεια του Θεού. Αυτός είναι ένας σημαντικός λόγος να χαιρόμαστε.

Χαιρόμαστε γιατί η δικαιοσύνη του Θεού απαιτεί ο μισθός της αμαρτίας να είναι ο θάνατος, αλλά αντί για αυτή την τιμωρία, ο Θεός μας προσφέρει το δώρο της αιώνιας ζωής μέσω του Ιησού Χριστού του Κυρίου μας (**Προς Ρωμαίους 6:23**).

Σκεφτείτε το κάπως έτσι: Αν έχετε λάβει πρόστιμο για υπέρβαση του ορίου ταχύτητας και ο δικαστής, ο οποίος έχει βίντεο για την παράβασή σας, σας κηρύξει ενόχους, αλλά πληρώσει το πρόστιμο των 200 δολαρίων, εσείς θα πηδήξετε από χαρά και ευγνωμοσύνη; Είμαστε καταδικασμένοι για την αμαρτία μας προς τον Θεό και ο Ιησούς πλήρωσε το τίμημα. Η τιμωρία για την αμαρτία ήταν ο θάνατος, αλλά ο Ιησούς πλήρωσε το τίμημά μας με τη ζωή Του. Θα συμφωνούσες ότι είναι καλός λόγος για να χαρείς;

Καλό ή κακό, το παρελθόν μας δεν καθορίζει αν ο Θεός θα μας λυτρώσει ή όχι. **Η πίστη που έχουμε στο λυτρωτικό έργο του Ιησού κάνει τη χάρη του Θεού αποτελεσματική.**

Ας προσευχηθούμε: Ουράνιε Πατέρα μας, Σ' ευχαριστούμε γιατί παρά την ανικανότητά μας να Σε αναζητήσουμε και να κάνουμε το καλό που ζήτησες από εμάς, Εσύ δεν κουράζεσαι να δημιουργείς για εμάς τρόπους να συμφιλιωθούμε μαζί Σου. Κύριε, δεν αξίζω την αγάπη Σου και τη χάρη Σου, αλλά πες τον Λόγο Σου κι εγώ θα καθαριστώ, θα συγχωρηθώ και θα γίνω μέλος στην οικογένειά Σου. Είθε το στόμα μου και η καρδιά μου να μην κουραστούν ποτέ να δηλώνουν τη χάρη, την αγάπη και τα θαύματά Σου. Προσευχόμαστε στο όνομα του Ιησού Χριστού.

Η αγάπη και η χάρη του Θεού (χάρη που δεν αξίζουμε) είναι ελεύθερα διαθέσιμες σε όλους!

30 Οκτωβρίου
ΠΟΙΑ ΕΙΝΑΙ Η ΡΑΑΒ;
Ιησούς του Ναυή 2:12

Είμαι ευγνώμων για την καλοσύνη του Θεού. Την Πέμπτη, 29 Οκτωβρίου 2020 ο Θεός χάρισε στην κόρη μου, τη Σοφία, τη χαρά και το προνόμιο να γίνει μητέρα. Συγχαίρω τον Κάρλος και τη Σοφία για την αγάπη με την οποία έφεραν στον κόσμο τον εγγονό μου, τον Λάζαρο Ηλία. Ξέρω ότι θα έχει μια πολύ καλή ζωή γιατί η αγάπη και η τρυφερότητα αφθονούν στους γονείς και στην οικογένειά του. Προσεύχομαι ο Κύριος να συνεχίσει να δείξει ευγένεια σε όλα τα παιδιά και τις οικογένειές τους.

Η προσευχή της πόρνης Ραάβ ήταν για έλεος σε αντάλλαγμα δύο κατασκόπους που έκρυψε τους οποίους έστειλε ο Ιησούς του Ναυή στην Ιεριχώ. Ζητά αυτή την εγγύηση: *«Και τώρα, ορκιστείτε μου, παρακαλώ, στον Κύριο, ότι, καθώς εγώ έκανα έλεος σε σας, θα κάνετε και εσείς έλεος στην οικογένεια του πατέρα μου»* **(Ιησούς του Ναυή 2:12).**

Πέρα από το γεγονός ότι έσωσε δύο κατασκόπους, η Ραάβ δεν φαίνεται να έχει μεγάλη σημασία, κυρίως λόγω του επαγγέλματός της. Ήταν μία γυναίκα, μάλλον ασήμαντη και απομονωμένη από την κοινωνία. Αλλά ο Θεός τη διάλεξε ώστε ο Ιησούς ο Σωτήρας να γεννηθεί από αυτή τη γενιά. Στην Αγία Γραφή, ανακαλύπτουμε ότι **«και ο Σαλμών γέννησε τον Βοόζ από τη Ραχάβ· και ο Βοόζ γέννησε τον Ωβήδ από τη Ρουθ· και ο Ωβήδ γέννησε τον Ιεσσαί· και ο Ιεσσαί γέννησε τον Δαβίδ, τον βασιλιά»** **(Κατά Ματθαίον 1:5-6,16.** Και ο Ιησούς γεννήθηκε από τη γενιά του Δαβίδ.

Είναι πολύ όμορφο να βλέπουμε τη χάρη του Θεού να εργάζεται μέσα από τους ανθρώπους τους οποίους ο κόσμος, κάποια στιγμή, είχε ξεγράψει. **Ο Θεός δεν διαλέγει με βάση την εμφάνιση, τη σημαντικότητα ή πλούτη για να ευλογήσει τον κόσμο, αλλά κοιτάζει την καρδιά του ανθρώπου για να μετρήσει την ευελιξία τους που δοκιμάζεται και ανανεώνεται σε ένα όχημα τιμής και ευλογίας.**

Δεν γνωρίζουμε τα σχέδια του Θεού για τα παιδιά μας, αλλά εμπιστευόμαστε ότι είναι καλά. Όπως η Ραάβ, τη σημασία τους ίσως την αναγνωρίσουμε γενιές μετά. Από τη Ραάβ μέχρι τον Ιησού, είχαμε 17 γενιές. Μπορεί να νομίζεις ότι η ζωή σου δεν έχει καμία διαφορά, αλλά ο Θεός δεν κάνει κάτι πρόχειρο. Ο αρχιτέκτων και χτίστης Σου σας λέει ότι *«επειδή, είμαι βέβαιος, ακριβώς σε τούτο, ότι εκείνος που άρχισε σε σας ένα καλό έργο, θα το αποτελειώσει μέχρι την ημέρα τού Ιησού Χριστού»* **(Προς Φιλιππησίους 1:6).** Τότε ο κόσμος θα γνωρίζει ότι γεννήθηκες για κάτι μεγάλο. Ότι υπάρχει ένας Θεός για τον οποίο τίποτα δεν είναι αδύνατο, δεν είναι πολύ αργά ή δεν έχει αξία.

Ας προσευχηθούμε: Ουράνιε Πατέρα μας, Σ' ευχαριστούμε που μας έδειξες ότι χρησιμοποιείς απλά πράγματα για να ευλογήσεις τον κόσμο μας. Σ' ευχαριστούμε για την ευγένειά Σου προς την οικογένειά μας. Ευλόγησε τα παιδιά μας και τις επόμενες γενιές. Προσευχόμαστε στο όνομα του Ιησού Χριστού.

Ο κόσμος θα γνωρίζει ότι γεννήθηκες για κάτι μεγάλο. Ότι υπάρχει ένας Θεό για τον οποίο τίποτα δεν είναι αδύνατο, δεν είναι πολύ αργά ή δεν έχει αξία.

---

31 Οκτωβρίου
ΤΟ ΣΠΙΤΙ ΣΟΥ, ΑΓΙΟ ΚΑΤΑΦΥΓΙΟ
Ιησούς του Ναυή 2:19β

Όταν εναποθέτουμε την ελπίδα μας στον Θεϊκό Αρχιτέκτονα με πίστη, ο Θεός μετατρέπει το σπίτι μας σε άγιο καταφύγιο. Σήμερα, συνεχίζουμε να εξετάζουμε περισσότερες λεπτομέρειες για τη ζωή της Ραάβ και τον ρόλο της στο σχέδιο σωτηρίας του Θεού.

Γνωρίζοντας ότι ο Θεός ήταν με τον Ισραήλ, η Ραάβ έκρυψε τους κατασκόπους του Ιησού του Ναυή και τους ενημέρωσε ότι όλη η Ιεριχώς είναι πέρα από ηθικές αξίες εξαιτίας τους **(Ιησούς του Ναυή 2:9)**. Οι κατάσκοποι της ανέφεραν τρεις συνθήκες για εκείνη και για όλη της την οικογένεια (1) να δέσε το κόκκινο νήμα στο παράθυρο του σπιτιού **(εδάφια 18α)**. (2) όλοι πρέπει να μείνουν μέσα στο σπίτι **(εδάφιο 19)**, και (3) να μην τους αναφέρουν στις αρχές **(εδάφιο 20)**.

Η Ραάβ ρίσκαρε τη ζωή της ερχόμενη σε επαφή με τους Ισραηλίτες αλλά πίστευε ότι ο Λόγος του Θεού θα της έδινε την ανταμοιβή για την ευγένειά της. Στο βιβλίο του **Ιακώβου 2:25** διαβάζουμε *«Παρόμοια δε και η πόρνη Ραάβ δεν δικαιώθηκε από έργα, όταν υποδέχθηκε τους απεσταλμένους, και τους έβγαλε έξω από άλλον δρόμο;»*

Αμέσως μετά που άκουσε τις τρεις συνθήκες, με πίστη, η Ραάβ έδεσε το κόκκινο σκοινί στο ενδεδειγμένο παράθυρο. Εμπιστεύθηκε στην υπόσχεση του αγγελιοφόρου, πήρε όλη της την οικογένεια και όλοι στο σπίτι της σώθηκαν από τον σεισμό που έγινε και τη φωτιά που έκαψε τη Ιεριχώ κάνοντάς τη στάχτες. **Ήταν πράξη πίστης εκ μέρους της Ραάβ που έσωσε όλη της την οικογένειά της.**

Το να μείνουν μέσα μας θυμίζει όταν ο άγγελος του Θεού πέρασε από όλη την Αίγυπτο, αφαιρώντας τη ζωή των πρωτοτόκων (**Έξοδος 12:29**). Έδωσαν στον Ισραήλ την εντολή να μείνει μέσα στο σπίτι, γιορτάζοντας το Πάσχα του Κυρίου. Όλη η Αίγυπτος θρηνούσε εκείνη τη νύχτα, αλλά όχι ο Ισραήλ. Όσοι έμειναν μέσα στο άγιο καταφύγιο σώθηκαν. Η Ραάβ πίστεψε στους αγγελιοφόρους του Ιησού του Ναυή και εκείνη και το σπίτι της σώθηκαν.

Ο Θεός μας καλεί να εμπιστευθούμε στον Άγιο Λόγο Του, να κάνουμε το σπίτι μας άγιο καταφύγιο για αυτήν και για τις επόμενες γενιές. **Μόνο φυλάσσοντας τις συνθήκες του Θεού που βρίσκουμε** στην Αγία Γραφή μπορούμε να έχουμε ελπίδα ότι ο Θεός θα μετατρέψει το σπίτι μας από άχυρο σε άγιο καταφύγιο και οχυρό για τα παιδιά μας και την οικογένειά μας.

Ας προσευχηθούμε: Ουράνιε Πατέρα μας, Σ' ευχαριστούμε που αποκάλυψες το σχέδιο σωτηρίας Σου μέσα από τη ζωή και την πίστη της Ραάβ, ένα μέλος της οικογένειας του Θεού μέσω της πίστης και του γάμου. Επίτρεψέ μας να βάλουμε τη ζωή και το σπίτι μας στα χέρια Σου ώστε να Εσύ να τα ενδυναμώσεις και να τα μετατρέψεις σε άγιους και ιερούς ναούς για την υπηρεσία Σου. Προσευχόμαστε στο Άγιο Όνομά Σου.

Μόνο φυλάσσοντας τις συνθήκες του Θεού που βρίσκουμε στην Αγία Γραφή μπορούμε να έχουμε ελπίδα ότι ο Θεός θα μετατρέψει το σπίτι μας από άχυρο σε άγιο καταφύγιο και οχυρό για τα παιδιά μας και την οικογένειά μας.

- ΝΟΕΜΒΡΙΟΣ -
ΝΕΕΣ ΓΕΝΙΕΣ -
GLASS / ARISTIZABAL

Κι έτσι φτάνουμε στη δική σας γενιά, την οποία γνωρίζουμε και αγαπούμε περισσότερο. Οι ρίζες της οποίας βρίσκονται στην Ευρώπη και στη Λατινική Αμερική με επίθετα στο γενεαλογικό σας δέντρο που πλέον δεν είναι καταγεγραμμένα στο πιστοποιητικό γέννησής σας, αλλά έχουν διαμορφώσει και καθορίσει το μέρος και τον τόπο της γέννησής σας. Προσεύχομαι να μην ξεχάσετε αυτά τα ονόματα, τα οποία είναι μέρος του ποιος είμαι και από πού έχω έρθει. Να μιμηθείτε το θάρρος και την πίστη των προγόνων σας, **Destruge, Illingworth, Hunt, Villa, Cosio, Villamar, Ναρίνογλου (που έγινε Ξανθόπουλος), Κοκτσίδης, Sandoval, Ortega. Και σε αυτά τα ονόματα, με χαρά προσθέσαμε τα επίθετα Glass and Aristizabal.**

Ségolène and Salomé Destruge-Glass – οι γονείς σας γνωρίστηκαν και ερωτεύτηκαν μέσω του διαδικτύου. Παρόλο που βρίσκονταν στα δύο άκρα της Αμερικής, ξεπέρασαν όλα τα εμπόδια για να κάνουν τη διαδρομή πιο σύντομη, σαν ρομαντική ταινία. Δεν τα παράτησαν μέχρι που ο Θεός τους ένωσε με τα δεσμά του γάμου. **Ségolène, σ' αγαπώ, πρώτη μου εγγονή, χαρά και ευγνωμοσύνη μου.** Όταν γεννήθηκες, στις 15 Απριλίου 2016, ο μπαμπάς σου κι εγώ ήμασταν οι πιο ευτυχισμένοι άνθρωποι. Δεν είχα ξαναδεί τον μπαμπά σου τόσο χαρούμενο όσο τότε που σε έφερε να σε δούμε στο δωμάτιο του νοσοκομείου. Είσαι μοναδική, έχεις τόση ενέργεια, είσαι όμορφη (όπως η μαμά σου και ο μπαμπάς σου) και τόσο έξυπνη. Χαίρομαι πολύ να σε βάζω για ύπνο και να κοιμάμαι μαζί σου. Είναι στιγμές πολύτιμες, αξέχαστες. Η σκέψη ότι διαβάζεις αυτούς τους στοχασμούς με εμπνέει να γράφω πιο ωραία και να συνθέτω περισσότερα τραγούδια. Μου αρέσει πολύ να δημιουργώ τραγούδια μαζί σου. Προσεύχομαι κάποια μέρα να βγάλουμε ένα τραγούδι μαζί.

Salomé, η δεύτερη εγγονή μου που γεννήθηκε στις 14 Σεπτεμβρίου 2019. Είσαι κάπως ήσυχη, εσωστρεφής σαν εμένα, αλλά γεμάτη με τόση αγάπη, χαρά και τρυφερότητα. Ο COVID-19 μας κράτησε μακριά σχεδόν 10 μήνες και μας έλειψε να είμαστε κομμάτι της ζωής σου τότε. Αλλά είμαι τόσο ευγνώμων που είμαστε μαζί ξανά και αναπληρώνουμε τον χαμένο χρόνο. Ευχαριστώ τον Θεό για εσένα, είσαι ο ήλιος μου. Δίνεις τις πιο γλυκιές αγκαλιές και φιλιά!

Lázaro Elías Aristizabal Destruge, αγοράκι μου, ήρθες χωρίς να το περιμένουμε. Στις 17 Μαρτίου 2020, ενώ βρισκόμασταν σε καραντίνα στην πόλη Cuenca στο Εκουαδόρ, οι γονείς σου τηλεφώνησαν για να μας ανακοινώσουν ότι ανέμεναν εσένα. Πόσο όμορφη απάντηση σε προσευχή ήσουν έπειτα από τόσο καιρό. Ήρθες στη ζωή μας στις 29 Οκτωβρίου 2020 και άλλαξες εντελώς τη ζωή μου. Η μεταδοτική χαρά σου με ενθαρρύνει *να ευφραίνομαι πάντοτε στον Κύριο* (**Προς Φιλιππησίους 4:4**). Η χαρά σου μου θυμίζει τον θείο σου και τον πατέρα σου, τον Jean-Paul όταν ήταν μωρό.

Η οικογένειά μας δεν θα ήταν ολοκληρωμένη αν δεν αναφέραμε τα ανίψια μας (τα ξαδέρφια σας), **Harniman-Destruge** (Henry και Στέλλα), and **Couch-Destruge** (Θάλεια, Nathaniel Simon και Daphne Paloma), και ο **Nosel-Destruge που θα έρθει σύντομα**, αγαπητά μέλη της οικογένειάς μας, με τα οποία έχουμε την ευλογία να μοιραζόμαστε, σε μεγάλο βαθμό, το ίδιο αίμα και την ίδια ιστορία.

Henry, επειδή είσαι ο πρώτος από τα ανίψια μας (από τους αδελφούς μας), είχαμε τη χαρά να περάσουμε χρόνο μαζί σου και να σου δώσουμε την προσοχή μας. Πάντα σου έλεγα ότι εσένα αγαπούσαμε το μεγαλύτερο διάστημα. Η θεία Μαίρη κι εγώ χαιρόμασταν πολύ να σε προσέχουμε τα πρώτα 2,5 χρόνια της ζωής σου. Ήταν μεγάλο δώρο να σε βλέπουμε να μεγαλώνεις, να κάνεις τα πρώτα σου βήματα και να λες τις πρώτες σου λέξεις. Καθώς μεγάλωνες και πήγες στο σχολείο, είχα την ευλογία να σε παίρνω από το σχολείο, να έρχομαι σε διαγωνισμούς ορθογραφίας, να σε βοηθάω με τα μαθήματά σου και να εξερευνούμε μαζί τους δρόμους του Norwalk. Παρόλο που κάνουμε πλάκα πότε σε αγαπάω περισσότερο, σ' αγαπώ πραγματικά συνέχεια και είμαι ευγνώμων που είσαι στη ζωή μας. Μου δίδαξες να είμαι υπομονετικός θείος και παππούς για τα ξαδέρφια σου.

Σε κάθε έναν από εσάς, **Henry, Stelli, Θάλεια, Σίμο, Παλομίτα**, και ο μικρός **Nosel**, ανυπομονώ να δω τι θα κάνετε εσείς στη ζωή σας και τι θα κάνει ο Θεός στη ζωή σας, αλλά πιστεύω ότι όσα θα γίνουν θα είναι καλά, έντιμα και προσεύχομαι να μάθετε ότι δημιουργηθήκατε για να πετύχετε μεγάλα πράγματα για τον Θεό, την οικογένεια, την κοινωνία και την ανθρωπότητα. Είστε πολύτιμοι και αγαπημένοι, ο καθένας από εσάς και εκπληρώνετε τα όνειρά μας. Μιλάω εκ μέρους της Μεγάλης Γιαγιάς, της Γιαγιάς Φανής, της θείας Μαίρης όταν λέω: Σας αγαπάμε μέχρι το τέλος του κόσμου!

1 Νοεμβρίου
ΤΟ ΑΝΤΙΔΟΤΟ ΣΤΟ ΚΑΚΟ
Προς Ρωμαίους 12:21

Αγαπητοί μου φίλοι και συγγενείς, αίμα εκ του αίματός μου, πάντα ευχαριστώ τον Θεό για εσάς στην προσευχή μου. Προσεύχομαι να τρεφόμαστε και να ενδυναμωνόμαστε στο πνεύμα μας ώστε η αγάπη και η φιλανθρωπία να αφθονούν μέσα μας και κάνοντας το καλό, να ξεπεράσουμε το κακό στον κόσμο μας, μεταδίδοντας την αγάπη μας, ξεκινώντας με όσους είναι καθημερινά στον περίγυρό μας. Το σημερινό πνευματικό πρωινό είναι μία μερίδα από το αντίδοτο για το κακό.

Το σώμα μας είναι ένας υπέροχος μηχανισμός. Μας προειδοποιεί όταν ανιχνεύει έναν ιό μέσα από τη θερμοκρασία μας. Η μόλυνση ή οποιοσδήποτε άλλος ξένος οργανισμός πυροδοτεί τον συναγερμό και η θερμοκρασία αυξάνεται. Επομένως, παίρνουμε φάρμακα για να κάνουμε τη θερμοκρασία κανονική και να αντιμετωπίσουμε τον ιό μέχρι να αναρρώσουμε εντελώς.

Πνευματικά, γνωρίζουμε ότι το κακό μας έχει μολύνει όταν η θερμοκρασία του θυμού βγαίνει από το πουθενά και αρχίζουμε να ανταποδίδουμε το κακό με το κακό. Ο Θεός μας προειδοποιεί *«Σε κανέναν να μη ανταποδίδετε κακό αντί κακού»* **(Προς Ρωμαίους 12:17Α)**. Η αγάπη μας για τον Θεό μας ωθεί να απαντάμε με τρόπο ήρεμο σε προσβολές, συκοφαντίες και περιφρόνηση επειδή η αγάπη δεν εκδικείται αλλά αφήνει χώρο στον Θεό να κρίνει **(εδάφιο 19)**.

Κι όμως, μας νικά το κακό όταν σταματάμε να θαυμάζουμε το καλό που έχει βάλει ο Θεός στους άλλους ανθρώπους και μόνο παρατηρούμε και κάνουμε κριτική στα λάθη τους – στα πράγματα που μας ενοχλούν. Μας ξεπερνά το κακό όταν με εγωισμό αναζητούμε το δικό μας καλό, ξεχνώντας τη διαθήκη που κάναμε με τον Θεό και τον άνθρωπο που χρόνια πριν τον αγαπούσαμε πολύ και τον βλέπαμε ως το πιο πολύτιμο ον στον κόσμο μας.

Ο εχθρός έχει πείσει πολλούς ανθρώπους ότι τα πάντα τελειώνουν, ακόμη και η αγάπη. Και όταν η αγάπη πεθάνει, είναι καλύτερο να χωρίζουμε. Αλλά αυτό δεν ισχύει. Η αγάπη δεν πεθαίνει. Η αγάπη δεν αποτυγχάνει ποτέ ούτε παύει να υπάρχει. Καθώς μεγαλώνουμε, αρχίζουμε να καταλαβαίνουμε και να εκτιμούμε ότι η αγάπη υπερβαίνει δοκιμασίες και εμπόδια και, ανά τα χρόνια, παίρνει διαφορετικές μορφές έκφρασης που μας γεμίζουν με ευγνωμοσύνη. Δυστυχώς, κάποιοι τελικά εκτιμούν τη φύση της αγάπης μόνο έπειτα που την έχουν χάσει ή την έχουν απορρίψει.

Ας προσευχηθούμε: Πατέρα μας Ουράνιε, δώσε μας το αντίδοτο να ξεπεράσουμε τα πάντα που αντιτίθενται στην αγάπη που σχεδίασες για τη ζωή μας και τη ζωή των παιδιών μας και των παιδιών τους. Προσευχόμαστε στο όνομα του Ιησού Χριστού.

2 Νοεμβρίου
ΤΟ ΥΠΟΣΧΟΜΕΝΟ ΦΩΣ

«Επειδή, εσύ θα φωτίσεις το λυχνάρι μου· ο Κύριος, ο Θεός μου, θα φωτίσει το σκοτάδι μου».
Ψαλμός 18:28

"You, Lord, keep my lamp burning; my God turns my darkness into light." **Psalm 18:28**

"Señor, mi Dios, tú mantienes mi lámpara encendida; ¡tú eres la luz de mis tinieblas"!
Salmo 18:28

Οποιαδήποτε κι αν είναι η αντιξοότητα ή το σκοτάδι μας, εμπιστευόμαστε στον Θεό που υπόσχεται να δώσει φως στην νίκη μας. Ο Θεός δεν θα μας αφήσει να παλεύουμε στο σκοτάδι, αλλά θα δώσει το φως στους υπάκουους, στους δίκαιους, στους αμερόληπτους, καλοπροαίρετους ακολούθους του Χριστού, που απαρτίζουν τη μελλοντική εκκλησία του Χριστού.

ΟΙ ΥΠΑΚΟΥΟΙ – εμπιστεύονται πλήρως στις υποσχέσεις του Θεού. Δεν χάνουν την ελπίδα τους ότι ο Θεός θα ρίξει φως στη σωστή στιγμή. *«Και ό,τι αποφασίσεις, θα κατορθώνεται από σένα· και το φως θα φέγγει επάνω στους δρόμους σου»* (**Ιώβ 22:28**).

ΟΙ ΔΙΚΑΙΟΙ ΚΑΙ ΟΙ ΑΜΕΡΟΛΗΠΤΟΙ – εκπέμπουν την καλοσύνη, τη δικαιοσύνη και την παρηγοριά του Θεού. *«Φως ανατέλλει στο σκοτάδι για τους ευθείς· είναι ελεήμονας, και οικτίρμονας, και δίκαιος»* (**Ψαλμός 112:4**). Όταν ενεργούμε με δικαιοσύνη και αμεροληψία, ο Θεός υπόσχεται να λάμψει το φως Του στον δρόμο μας, ακόμη και στο σκοτάδι (**Ψαλμός 97:11**). *«Ο δρόμος, όμως, των δικαίων είναι σαν το λαμπρό φως που φέγγει περισσότερο και περισσότερο, μέχρις ότου γίνει τέλεια ημέρα»* (**Παροιμίαι 4:18**).

ΟΙ ΚΑΛΟΠΡΟΑΙΡΕΤΟΙ - Στον **Ησαΐα 58:6-8**, ο Θεός μας δείχνει τη νηστεία με την οποία ευαρεστείται ο Κύριος. *«Το να λύνεις τούς δεσμούς τής κακίας, το να διαλύεις βαριά φορτία, και το να αφήνεις ελεύθερους τους καταδυναστευμένους, και το να συντρίβεις κάθε ζυγό; Δεν είναι το να μοιράζεις το ψωμί σου σ' αυτόν που πεινάει, και να βάζεις μέσα στο σπίτι σου τους άστεγους φτωχούς; Όταν βλέπεις τον γυμνό, να τον ντύνεις, και να μη κρύβεις τον εαυτό σου από τη σάρκα σου;»* Όταν τα κάνουμε όλα αυτά από αγάπη και ευγνωμοσύνη, *«τότε, το φως σου θα εκλάμψει σαν την αυγή, και η υγεία σου γρήγορα θα βλαστήσει· και η δικαιοσύνη σου θα προπορεύεται μπροστά σου· η δόξα τού Κυρίου θα είναι η οπισθοφυλακή σου»* (εδάφιο 8).

ΟΙ ΑΚΟΛΟΥΘΟΥ ΤΟΥ ΧΡΙΣΤΟΥ – απολαμβάνουν το φως της ζωής. *«Εγώ είμαι το φως τού κόσμου· όποιος ακολουθεί εμένα, δεν θα περπατήσει στο σκοτάδι, αλλά θα έχει το φως τής ζωής»* (**Κατά Ιωάννην 8:12**). Ως εκ τούτου, ελεύθερα και με γενναιοδωρία μοιραζόμαστε το φως αυτό της αγάπης με τους συνανθρώπους μας. *«Εκείνος που αγαπάει τον αδελφό του μένει μέσα στο φως, και σκάνδαλο σ' αυτόν δεν υπάρχει»* (**Α' Ιωάννου 2:10**).

Ας προσευχηθούμε: Ουράνιε Πατέρα μας, αναμένουμε την ημέρα που οι εκκλησίες μας θα εκπέμπουν τα χαρακτηριστικά του Θεού, που έδωσε τη ζωή Του ώστε η εκκλησία να αναστηθεί ξανά. Βοήθησέ μας να είμαστε αμερόληπτοι, δίκαιοι, καλοπροαίρετοι και υπάκουοι όπως ο Ιησούς ώστε κανείς να μην πει ότι η εκκλησία δεν είναι σχετική, ότι είναι νεκρή και έρημη. Προσευχόμαστε στο Άγιο Όνομά Σου.

3 Νοεμβρίου
ΑΓΑΠΗ – Η ΔΟΚΙΜΑΣΙΑ ΜΑΘΗΤΕΙΑΣ
Κατά Ιωάννην 13:35

Η πρώτη και μεγαλύτερη εντολή είναι να αγαπούμε τον Θεό πάνω από καθετί (**Κατά Μάρκον 12:30**). Είναι βασικό στην εποχή μας να δείχνουμε κατακόρυφη αγάπη στον Θεό.

Ο Ιησούς ταυτίζει την αγάπη με τη δοκιμασία της μαθητείας. Η μεγαλύτερη ευχή των γονέων είναι τα παιδιά τους να αγαπούν το ένα το άλλο. Ως καλός γονέας, ο ο Θεός μας δίνει τη δεύτερη σημαντικότερη εντολή που είναι ισάξια με την πρώτη αλλά απευθύνεται οριζόντια προς τους συνανθρώπους μας. Ο Ουράνιος Πατέρας μας μάς δίνει την εντολή *να αγαπάμε τον πλησίον μας σαν τον εαυτό μας* (**Κατά Μάρκον 12:33**).

Ένας νομικός ρώτησε τον Ιησού *«Και ποιος είναι ο πλησίον μου;»* (**Κατά Λουκάν 10:29**). Σήμερα, κατανοούμε ότι θα πρέπει να αγαπούμε όλους γύρω μας, μεταξύ άλλων και όσους δεν αποτελούν μέρος της κοινότητάς μας. Εδώ συμπεριλαμβάνονται και όσοι περνούν από τη γειτονιά και άτομα με τα οποία δεν μοιραζόμαστε το ίδιο θρησκευτικό, πολιτικό ή κοινωνικό όραμα. **Η αγάπη προς εκείνους σημαίνει να τους συμπεριφερόμαστε όπως θα θέλαμε να συμπεριφέρονται εκείνοι στα παιδιά μας σε παρόμοια κατάσταση ή σε εμάς.**

Χρειαζόμαστε τη βοήθεια του Αγίου Πνεύματος για να αγαπούμε τον Θεό και τους άλλους ανθρώπους όπως μας αγάπησε ο Ιησούς. Σε μία από τις αγαπημένες μου σκηνές στο Ευαγγέλιο, ο Ιησούς ρωτά τον Πέτρο *«Με αγαπάς περισσότερο τούτων;»* (**Κατά Ιωάννην 21:15**). Ο Ιησούς χρησιμοποιεί την ελληνική λέξη **«αγαπώ» (αγάπη)**. Ο Πέτρος απαντά με το ρήμα **«φιλώ»** που σημαίνει **«μου αρέσει ως φίλος»**. Γνωρίζοντας ότι ο Πέτρος ακόμη δεν μπορεί να αγαπήσει όπως αγαπά ο Χριστός, ο Ιησούς κατεβάζει την ερώτηση στο επίπεδο *«σου αρέσω περισσότερο από αυτούς;»* και ο Πέτρος απαντά **«ναι**. Ο Ιησούς του δίνει την εντολή *«να βόσκει τα πρόβατά Του»* (**εδάφιο 17**) που σημαίνει *να αγαπά τα πρόβατά Του.*

Αγαπητοί μου, η αγάπη προς τον Θεό και ο ένας προς τον άλλον (**ο χρυσός κανόνας**) είναι η καθημερινή τροφή που ενδυναμώνει την πίστη μας. Είναι η πυξίδα που καθοδηγεί τις πράξεις, τις προθέσεις και τα λόγια μας. Είναι το πνευματικό μας **GPS** (Παγκόσμιο Σύστημα Θεσιθεσίας του Θεού) μας οδηγεί στον σωστό δρόμο, διαβεβαιώνοντας ότι θα φτάσουμε στην ουράνια έπαυλη. Η αγάπη είναι το αντίδοτό μας κατά του ιού του κακού, αλλά κυρίως, είναι η απόδειξη ότι είμαστε μαθητές του Χριστού.

Ας προσευχηθούμε: Ουράνιε Πατέρα μας, δώσε Εσύ ώστε το Πνεύμα του Χριστού να κατοικεί μέσα μας και να μας επιτρέπει να δείχνουμε την αγάπη σε άλλους Χριστιανούς και όσους βάζεις Εσύ στον δρόμο μας. Μ' αυτόν τον τρόπο, ο κόσμος θα γνωρίσει ότι είμαστε μαθητές του Χριστού. Προσευχόμαστε στο Άγιο Όνομά Σου.

Η μεγαλύτερη ευχή των γονέων είναι τα παιδιά τους να αγαπούν το ένα το άλλο. Ως καλός γονέας, η δεύτερη μεγαλύτερη εντολή που μας δίνει ο Θεός απευθύνεται οριζόντια προς τους συνανθρώπους μας. Ο ουράνιος Πατέρας μας μάς δίνει την εντολή να αγαπούμε τον πλησίον μας όπως τον εαυτό μας.

4 Νοεμβρίου
Η ΑΠΟΔΕΙΞΗ ΤΗΣ ΑΓΑΠΗΣ ΤΟΥ ΘΕΟΥ
Προς Ρωμαίους 5:6

Έχετε αναρωτηθεί ποτέ «**Πώς γνωρίζω ότι με αγαπάει ο Θεός;**» Μπορείτε να βρείτε πολλαπλές αποδείξεις της αγάπης του Θεού στην Αγία Γραφή!

Απόδειξη # 1- Η ΘΥΣΙΑΣΤΙΚΗ ΑΓΑΠΗ ΤΟΥ- Στην **Προς Ρωμαίους** επιστολή **5:6**, ανακαλύπτουμε την αγάπη του Θεού για εμένα και για εσένα «*Γιατί ο Χριστός, παρ' όλο που ήμασταν ακόμη ανίκανοι να κάνουμε το καλό, πέθανε για μας, τους ασεβείς ανθρώπους, στον προκαθορισμένο καιρό*».

Απόδειξη # 2 – Η ΕΞΙΛΕΩΤΙΚΗ ΑΓΑΠΗ ΤΟΥ ΠΟΥ ΜΠΟΡΕΙ ΝΑ ΑΝΤΙΚΑΤΑΣΤΑΘΕΙ - «*Ο Θεός όμως δεικνύει και επιβεβαιώνει κατά ένα τρόπον αναντίρρητον την αγάπην του προς ημάς εκ του γεγονότος ότι, ενώ ημείς ήμεθα αμαρτωλοί, ο Χριστός εθυσιάσθη προς χάριν ημών*» (**Προς Ρωμαίους 5:8, Α' Ιωάννου 3:16Α**).

Απόδειξη # 3 – Η ΑΓΑΠΗ ΤΟΥ ΠΟΥ ΜΑΣ ΥΙΟΘΕΤΕΙ - «*Ιδέτε πόσον πλουσίαν και θαυμαστήν αγάπην μας έχει δώσει ο Πατήρ, ώστε να ονομασθώμεν τέκνα του Θεού*» (**Α' Ιωάννου 3:1Α**).

Απόδειξη # 4 – Η ΑΓΑΠΗ ΤΟΥ ΠΟΥ ΣΩΖΕΙ ΚΑΙ ΔΙΝΕΙ ΖΩΗ - «*Ο Θεός όμως μας αγάπησε, γιατί είναι πλούσιος σε έλεος κι έχει απέραντη αγάπη. Κι ενώ ήμασταν πνευματικά νεκροί εξαιτίας των παραπτωμάτων μας, μας ξανάδωσε ζωή μαζί με το Χριστό. Με τη χάρη του Θεού έχετε σωθεί*» (**Προς Εφεσίους 2:4-5**). Στο **Κατά Ιωάννην 3:16**, ίσως το πιο γνωστό εδάφιο στην Αγία Γραφή σε όλο τον κόσμο, επιβεβαιώνει την παγκόσμια αγάπη του Θεού: «*Τόσο πολύ αγάπησε ο Θεός τον κόσμο, ώστε παρέδωσε στο θάνατο το μονογενή του Υιό, για να μη χαθεί όποιος πιστεύει σ' αυτόν αλλά να έχει ζωή αιώνια*».

Απόδειξη # 5 – Η ΙΣΧΥΡΗ ΑΓΑΠΗ ΤΟΥ - Στην **Προς Εφεσίους 3:17-19**, ο Άγιος Παύλος μεσιτεύει με προσευχή ώστε «*να είστε ριζωμένοι και θεμελιωμένοι στην αγάπη. Έτσι, θα μπορέσετε μαζί με ολόκληρο το λαό του Θεού να συλλάβετε ποιο είναι το πλάτος και το μήκος, το βάθος και το ύψος του μυστηρίου της σωτηρίας, και να γνωρίσετε την αγάπη του Χριστού, που ξεπερνάει κάθε ανθρώπινη γνώση. Έτσι θα γεμίσει η ζωή σας με την πλούσια χάρη του Θεού*».

Απόδειξη # 6 – Η ΝΙΚΗΦΟΡΑ ΑΓΑΠΗ ΤΟΥ – Η αγάπη του Θεού είναι τόσο μεγάλη που μας δίνει νίκη στο κακό. «*Όποιος έχει γεννηθεί από το Θεό και είναι παιδί του παύει ν' αμαρτάνει, γιατί η δύναμη της ζωής του Θεού, που τον γέννησε, μένει μέσα του. Αφού ο Θεός τον γέννησε, δεν μπορεί να συνεχίσει να αμαρτάνει*» (**Α' Ιωάννου 3:9**).

Ας προσευχηθούμε: Ουράνιε Πατέρα μας, Σ' ευχαριστούμε για την άφθονη απόδειξη της παγκόσμιας αγάπης Σου που καταγράφεται στην Αγία Γραφή ώστε εμείς *«να συλλάβουμε ποιο είναι το πλάτος και το μήκος, το βάθος και το ύψος του μυστηρίου της σωτηρίας»* **(Προς Εφεσίους 3:18).** Δώσε Εσύ ώστε να εμπιστευόμαστε και να μελετούμε την επιστολή της αγάπης Σου για να μας βοηθήσει να ανακαλύψουμε Ποιος είσαι, ποιοι είμαστε εμείς, τον σκοπό μας και το είδος της αγάπης που πρέπει να δείχνουμε στους συνανθρώπους μας. Προσευχόμαστε με καρδιά ευγνωμοσύνης στο όνομα του Ιησού Χριστού.

---

5 Νοεμβρίου
ΜΕ ΕΠΙΚΕΝΤΡΟ ΤΟΝ ΘΕΟ
Ψαλμοί 127:1

Στην εβραϊκή παράδοση, το χτίσιμο ενός σπιτιού σήμαινε την ανατροφή μιας οικογένειας, όπως βλέπουμε στο βιβλίο της **Ρουθ 4:11**. *«Ο Κύριος ας κάνει τη γυναίκα που μπαίνει στο σπίτι σου σαν τη Ραχήλ και σαν τη Λεία, που οι δυο τους γέννησαν γιους στον Ιακώβ, και να γίνεις ισχυρός στην Εφραθά και ξακουστός στη Βηθλεέμ».*

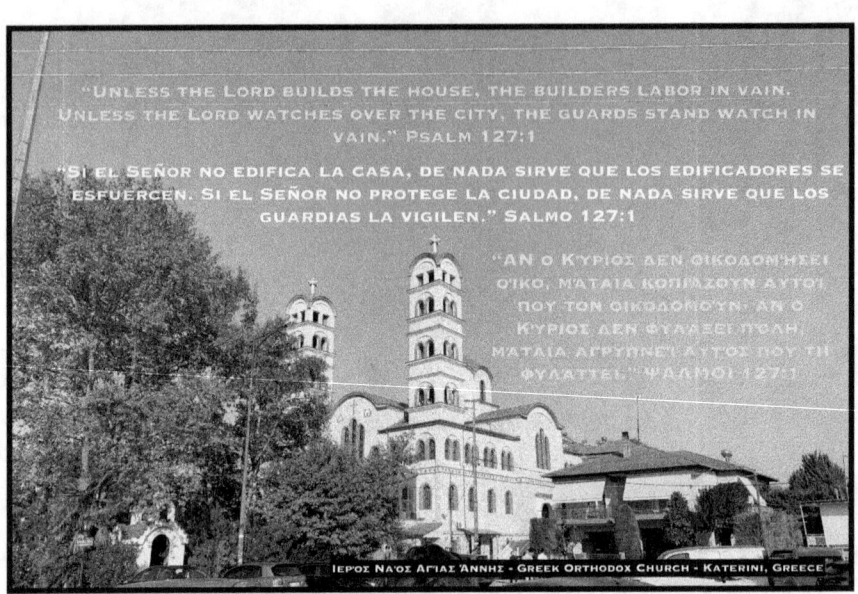

Το εδάφιο αυτό μας λέει ότι αν ο Θεός δεν είναι στο κέντρο των σχεδίων, των επιθυμιών μας, της φιλοδοξίας μας, της άμυνάς μας, της προσπάθειας και του κόπου μας, η ζωή η ίδια είναι μάταιη, ή, όπως μας λέει ο ψαλμωδός, *«ματαιότητας ματαιοτήτων»* **(Εκκλησιαστής 1:2)**. Είναι σαν **να κυνηγούμε τον άνεμο** (εδάφιο 14).

Στα Εβραϊκά, η λέξη שוא **(shav)** σημαίνει *«ματαιότητα, άχρηστο, παραπλανητικό, ψεύτικο, υποκριτικό, ψευδές, μάταιο».* Κατανοούμε ότι τίποτα δεν βγάζει νόημα ούτε έχει σκοπό αν ο Θεός δεν κατευθύνει το σπίτι μας, την εργασία μας, την επιχείρηση, τη διακονία, την οικογένεια, τη σκέψη και τα λόγια μας. Καθετί είναι σαν *να κυνηγούμε τον άνεμο*.

Τα αδέρφια μου κι εγώ είχαμε ένα συγκρότημα που λεγόταν Los Monjes. Δουλεύαμε σε μπαρ και χώρους δεξιώσεων, ενθαρρύνοντας τη στιγμιαία χαρά των ζευγαριών και των φίλων που τα έπιναν μαζί. Πάντα ονειρευόμασταν να ηχογραφήσουμε μουσική, αλλά δεν έγινε ποτέ. Ωστόσο, όταν ο Θεός έγινε το επίκεντρο της ζωής μου, έγινε μέλος σε ένα συγκρότημα, το Brand New Spirit, που λάτρευε τον Θεό φέρνοντας πρωτότυπο λατρευτική μουσική σε οίκους ευγηρίας και εκκλησίες και, σε δύο χρόνια, ηχογραφήσαμε μία κασέτα. **Μάθημα**: Ο Θεός ευλογεί και ευδοκιμεί τις προσπάθειές μας όταν βάζουμε Εκείνον στο επίκεντρο.

Ο Ιησούς λέει, *«Δεν ωφελεί που με λατρεύουν, αφού διδάσκουν εντολές που επινόησαν οι άνθρωποι»* **(Κατά Μάρκον 7:7)**. Αν ο Θεός δεν είναι στο επίκεντρο, όλα όσα προτείνουμε είναι μάταια. Αλλά αν φυλάμε τον Λόγο του Θεού, έχουμε σωθεί και *δεν θα έχουμε πιστέψει μάταια* **(Προς Κορινθίους Α' 15:2)**.

Επί πολλά χρόνια, εργαζόμουν στον τομέα της αποταμίευσης για σύνταξη και έλεγα ότι το πλάνο για τη σύνταξη θα είναι επίσης μάταιο αν ο Θεός δεν είναι στο επίκεντρο. Είμαι ευγνώμων που ο Θεός ήταν παρόν σαν μία ισχυρή δύναμη βοηθώντας όσους ζητούσαν να χτίσουμε έναν πνευματικό οίκο στον οποίο ο Θεός θα ήταν το επίκεντρο και το θεμέλιό του.

Ας προσευχηθούμε: Ουράνιε Πατέρα μας, χρειαζόμαστε Εσένα να είσαι στο επίκεντρο των σχεδίων μας, να έχουμε τη σιγουριά ότι *οι κόποι μας δεν πήγαν χαμένοι* **(Προς Φιλιππησίους 2:16)**. Σ' ευχαριστούμε που μας έκανες αποδέκτες της χάρης και της αγάπης Σου. Γνωρίζουμε ότι οι προσπάθειές μας δεν είναι μάταιες γιατί Εσύ έχεις χτίσει έπαυλη στον ουρανό ώστε εκεί που βρίσκεσαι Εσύ, να είμαστε κι εμείς μαζί με την οικογένεια που μεγαλώσαμε με δάκρυα, θυσίες, χαρές και *θεϊκή έμπνευση*. Σ' ευχαριστούμε, στο όνομα του Ιησού Χριστού.

Αν ο Θεός δεν είναι στο επίκεντρο, όλα όσα προτείνουμε είναι μάταια. Αλλά αν φυλάμε τον Λόγο του Θεού, έχουμε σωθεί και δεν θα έχουμε πιστέψει μάταια **(Προς Κορινθίους Α' 15:2)**.

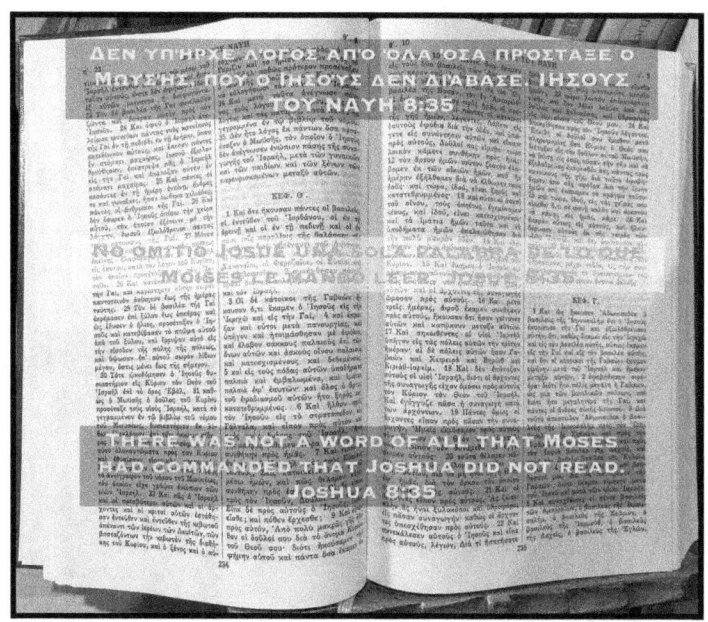

6 Νοεμβρίου
ΟΠΩΣ ΜΑΣ ΔΙΕΤΑΞΕ
Ιησούς του Ναυή 8:35

Στο ανάγνωσμα του Ιησού του Ναυή, βλέπουμε την αρχή της μετάβασης στην εξουσία (από τον Μωυσή στον Ιησού του Ναυή). Σε αυτή την τελετή, ο Θεός ανανεώνει τη διαθήκη Του με τον λαό μέσω της ηγεσίας του Ιησού του Ναυή.

Τρία πράγματα μου έμειναν καθώς διάβαζα την περικοπή από τον Ιησού του Ναυή. Όσον αφορά τον νέο μέγα εντολοδόχο, 1) ο Ιησούς του Ναυή έχτισε ένα θυσιαστήριο *«όπως ο Μωυσής, ο δούλος τού Κυρίου, πρόσταξε»* **(εδάφιο 31)**, 2) Οργάνωσε τον λαό *« όπως τους είχε διατάξει για πρώτη φορά ο Μωυσής»* **(εδάφιο 33)**, και 3) *«διάβασε όλες τις εντολές του νόμου»* **(εδάφιο 34)**.

Ας δούμε αυτά τα τρία σημεία με λεπτομέρεια:
1. Ο Ιησούς του Ναυή έχτισε ένα θυσιαστήριο *«όπως ο Μωυσής… πρόσταξε»* **(εδάφιο 31)**.

Είναι φυσιολογικό ένας νέος αρχηγός, όπως ο Μωυσής να αγνοεί τις εντολές του προηγούμενου αρχηγού, στην περίπτωση αυτή, του Μωυσή. Κάποιοι μπορεί να πουν *«Εγώ είμαι υπεύθυνος τώρα και τα πράγματα θα γίνονται όπως λέω εγώ»*. Ο Ιησούς του Ναυή, όμως, ήταν ένας ταπεινός δούλος που εκτιμούσε τις εντολές που λάμβανε από τον δάσκαλό του, τον Μωυσή. Συμμορφώθηκε με καθεμία από τις εντολές αυτές, *«όπως ο Μωυσής… πρόσταξε»*, γιατί **ήξερε ότι όλες οι εντολές είχαν δοθεί από τον Θεό!**

Ο Ιησούς του Ναυή έχτισε το θυσιαστήριο *«όπως ο Μωυσής… πρόσταξε… "Και έγραψε εκεί επάνω στις πέτρες το αντίγραφο του νόμου τού Μωυσή»* **(εδάφια 31-32)**. Ο Ιησούς του Ναυή δεν σκέφτηκε καν να γράψει τις εντολές του.

2. Ο Ιησούς του Ναυή οργάνωσε τον λαό *όπως είχε διατάξει ο Μωυσής* **(εδάφιο 33)**. Αυτό που τράβηξε την προσοχή μου ήταν η αίσθηση της συμπερίληψης που αποζητά ο Θεός από τον λαό Του.

Σημειώστε ότι ο Θεός δεν ανανέωσε τη διαθήκη Του μόνο με τους Εβραίους αλλά συμπεριέλαβε και τους *«ξένους»* ανάμεσα στον λαό (**εδάφιο 33**). Ο Ιησούς του Ναυή οργάνωσε τον λαό, μεταξύ άλλων και των ξένων, *όπως είχε διατάξει ο Μωυσής.*

3. Διάβασε όλες τις εντολές του νόμου (**εδάφιο 34**). Με όλο τον λαό μαζεμένο, Εβραίοι, ξένοι, γυναίκες και παιδιά, ο Ιησούς του Ναυή διάβασε όλα τα λόγια της διαθήκης του Θεού, *όπως είχε διατάξει ο Μωυσής.*

Πολλές φορές, ορισμένοι ποιμένες αποφεύγουν να διαβάζουν ή να κηρύττουν από συγκεκριμένα χωρία της Αγίας Γραφής. Για παράδειγμα, αναγνώσεις από την Αποκάλυψη, ένα βιβλίο που, για κάποιους, έχει το άρωμα ελευθερία και δικαιοσύνης, ενώ για άλλους είναι τρομακτικό. Κάποιοι αποφεύγουν να διαβάζουν χωρία από την Αγία Γραφή που είναι αμφιλεγόμενα. Αλλά ο Ιησούς του Ναυή δεν έκανε κάτι τέτοιο. Διάβασε και τα καλά, και τα άσχημα, *«τις ευλογίες και τις κατάρες»* που σχεδίασε ο Θεός για τον λαό Του. Ο Ιησούς του Ναυή δεν παρέλειψε ούτε μία λέξη από όσα ο Μωυσής τον διέταξε να διαβάσει (**Ιησούς του Ναυή 8:35**).

Ας προσευχηθούμε: Ουράνιε Πατέρα μας, δώσε μας ταπεινές καρδιές και καρδιές υπηρεσίας να κάνουμε όλα όσα μας προστάξει ο Λόγος Σου και μέσω των προφητών Σου. Σε παρακαλούμε βοήθησέ μας να συμπεριλαμβάνουμε όλους όπως Εσύ. Προσευχόμαστε στο Άγιο Όνομά Σου.

---

7 Νοεμβρίου
ΚΑΚΟ ΕΝΣΑΡΚΩΜΕΝΟ
Κατά Ματθαίον 24:12

Όπως το κακό εξαπλώνεται σαν ιός, στο **Κατά Ματθαίον 24:12** μιλάει για τους Χριστιανούς ανά τον κόσμο. Βιώνουμε διαιρέσεις και ένα εμφανές μίσος μεταξύ ανθρώπων οι οποίοι, ενώ έχουν ομολογήσει πίστη στον Ιησού Χριστού, επιτρέπουν στις πολιτικές πεποιθήσεις τους να προκαλούν συναισθήματα μίσους, πράξεις και λόγια μίσους κατά συνανθρώπων τους που υποστηρίζουν το αντίθετο κόμμα, τους οποίους πρέπει να αγαπούμε σαν τον εαυτό μας.

«Το κακό είναι μία πνευματική κατάσταση περιφρόνησης της δικαιοσύνης, της ηθικής, της τιμής και της αρκετής...Το κακό ξεκινά με μία τάση του νου, στη συνέχεια εξωτερικεύεται με πράξεις που διαμορφώνουν τον χαρακτήρα όσων ενδίδουν σε αυτόν, ορίζοντας τον προορισμό τους»[20] Το κακό είναι οτιδήποτε αντιτίθεται στο θέλημα του Θεού. Ο προφήτης Ησαΐας λέει *«Αλίμονο σ' εκείνους που λένε το κακό καλό και το καλό κακό, που παραστάινουν το μαύρο άσπρο και το άσπρο μαύρο, που κάνουν το πικρό γλυκό και το γλυκό πικρό»* (**Ησαΐας 5:20**).

---

[20]Ventura, S. V. (1985). *Nuevo diccionario biblico ilustrado* (p.706).

Ο εχθρός εξαπατά, χαρακτηρίζοντας όλους όσους δεν σκέφτονται όπως εμείς ως **«ο διάβολος»** και μας προδιαθέτει να αναλάβουμε δράση κατά αυτών στο όνομα του Θεού και της εκκλησίας. Ωστόσο, η μάχη μας δεν είναι κατά της σάρκας αλλά είναι με τις δυνάμεις του σκότους.

Ο Ιησούς μας προειδοποίησε: *«Προσέχετε μη σας ξεγελάσει κανείς. Γιατί πολλοί θα εμφανιστούν σαν μεσσίες και θα ισχυρίζονται: "εγώ είμαι ο Μεσσίας". Έτσι θα παραπλανήσουν πολλούς»* **(Κατά Ματθαίον 24:4-5)**. Σχετικά με την επιστροφή του Ιησού, η Αγία Γραφή μας λέει *«Νάτος, έρχεται μέσα στα σύννεφα και θα τον δούνε όλοι»* **(Αποκάλυψη 1:7)**. Δεν θα έρθει κρυφά ούτε θα αποκαλύψει τον εαυτό Του αποκλειστικά σε ένα, αλλά σε όλο τον κόσμο.

Ο Ιησούς μας προειδοποιεί, επίσης, λέγοντας: *«Θα εμφανιστούν και πολλοί ψευδοπροφήτες και θα παραπλανούν πολλούς. Επειδή μάλιστα θα πληθύνει η κακία, η αγάπη πολλών θα ψυχρανθεί»* **(Κατά Ματθαίον 24:11-12)**. Αν κάποιος μας διδάσκει να μισούμε ή να δρούμε με τέτοιο τρόπο με τον οποίο προκαλούμε βλάβη ή ζημία σε άλλον άνθρωπο, είναι ψευδοπροφήτης! Δεν πρέπει να τους υπακούμε!

Ο Θεός δεν θα μας δώσει ποτέ εντολή να κάνουμε ή να νιώσουμε κάτι που στον Λόγο του αποκαλεί ασεβές ή αμαρτωλό. Αν το κάνουμε, είναι γιατί ακούμε τον πατέρα του ψεύδους, το ενσαρκωμένο κακό. Η άμυνα απέναντι σε αυτό είναι η νηστεία και η προσευχή!

Ας προσευχηθούμε: Ουράνιε Πατέρα μας, βοήθησέ μας να είμαστε συνετοί. Μην επιτρέψεις στον εχθρό να μας χρησιμοποιήσει για να μεταδώσει κακό και μίσος. Είθε το Άγιό Σου Πνεύμα να μεταλαμπαδεύσει τη φωτιά της ειρήνης και της αγάπης στην καρδιά μας και να μας βοηθήσει να στρέψουμε την αντίθεση που υπάρχει στους μαθητές Σου. Προσευχόμαστε στο όνομα του Ιησού Χριστού.

Ο Θεός δεν θα μας δώσει ποτέ εντολή να κάνουμε ή να νιώσουμε κάτι που στον Λόγο του αποκαλεί ασεβές ή αμαρτωλό. Αν το κάνουμε, είναι γιατί ακούμε τον πατέρα του ψεύδους, το ενσαρκωμένο κακό.

---

8 Νοεμβρίου
ΓΙΑΤΙ ΔΟΞΟΛΟΓΟΥΜΕ
Ψαλμοί 113:3

Στον **Ιησού του Ναυή 1:8** μας ενθαρρύνει να μελετούμε κάθε μέρα και κάθε βράδυ τον Λόγο του Θεού και να κάνουμε όλα όσα είναι γραμμένα σε αυτόν για να πετύχουμε στη ζωή μας. Μία από τις μορφές **μελέτης είναι να υμνούμε**.

Ως λυτρωμένα και υιοθετημένα παιδιά του Θεού, ο **Ψαλμός 113:1-3** μας καλεί να *«Αλληλούια! Αινείτε τον Κύριο! Αινείτε εσείς, τον Κύριο που λατρεύετε! Την ύπαρξη αινείτε του Κυρίου! Ας είν' ευλογημένο του Κυρίου τ' όνομα από τώρα και για πάντα! Απ' την ανατολή του ήλιου κι ως τη δύση του, το όνομα του Κυρίου ας ανυμνείται!»*
Ανά τις γενιές, οι πραγματικοί πιστοί μεταδίδουν τα θαυμάσια του Θεού και τη μεγαλοσύνη του μέσα από δοξολογίες που βρίσκουμε στους Ψαλμούς. Αν εκπληρώσουμε το έργο της δοξολογίας προς τον Θεό μέρα και νύχτα, οι μελλοντικές γενιές θα δοξολογούν επίσης τον Θεό για πάντα. Δόξα στον Θεό!

Υμνούμε τον Θεό για την κυριαρχία Του. *«Ψηλά, πάνω απ' όλους τους ειδωλολάτρες είν' ο Κύριος· είναι η δόξα του πάνω απ' τους ουρανούς: Ποιος είναι σαν τον Κύριο, το Θεό μας, είτε* *στους ουρανούς είτε στη γη; Στα ύψη κατοικεί, αλλά συγκαταβαίνει και κοιτά εδώ κάτω»* (εδάφια 4–6).

Τίποτα δεν συμβαίνει στη ζωή μας που ο Θεός δεν το γνωρίζει. Ο Λόγος του Θεού λέει ότι *«Οι πειρασμοί που αντιμετωπίσατε ως τώρα δεν ήταν παρά στα ανθρώπινα μέτρα σας. Κι ο Θεός, που κρατάει τις υποσχέσεις του, δε θα επιτρέψει σε κανέναν πειρασμό να ξεπεράσει τις δυνάμεις σας· αλλά, όταν έρθει ο πειρασμός, θα δώσει μαζί και τη διέξοδο, ώστε να μπορέσετε να τον αντέξετε»* **(Προς Κορινθίους Α' 10:13).**

Το γεγονός ότι ο Κύριος είναι πάνω απ' όλα μας ωθεί να δοξολογούμε τον Θεό μέρα και νύχτα για γενιές γενεών.

Δοξολογούμε τον Θεό που μας απελευθέρωσε. *«Ανασηκώνει από το χώμα τον αδύνατο κι απ' τη βρομιά ανυψώνει τον φτωχό, για να τον βάλει να καθίσει με τους άρχοντες, με τους μεγάλους του λαού του. Δίνει στην άτεκνη γυναίκα σπιτικό, μάνα την κάνει ευτυχισμένη. Αινείτε τον Κύριο! Αλληλούια!»* **(Ψαλμοί 113:7–9).**

Στις πιο δύσκολες στιγμές της ζωής μας, όταν δεν υπήρχε ελπίδα διαφυγής, όταν ήμασταν πιασμένοι μεταξύ του σταυρού και του ξίφους, ο Θεός έτεινε το δεξί Του χέρι και μας έσωσε από τα νύχια του εχθρού. Έχουμε μαρτυρία ελευθερίας για να μοιραστούμε με φίλους και οικογένεια. Κάντε το σήμερα! Αύριο ίσως είναι αργά!

Ας προσευχηθούμε: Ουράνιε Πατέρα μας, Σ' ευχαριστούμε που είσαι στη ζωή μας, που μας έσωσες και έβαλες έναν ύμνο δοξολογίας στα χείλη μας. Σε παρακαλώ ενθάρρυνε και άγγιξε τις μελλοντικές γενιές με την αγάπη, την παρουσία, τις παροχές και την ελπίδα Σου μέσω της μαρτυρίας και της δοξολογίας. Προσευχόμαστε στο Άγιο Όνομά Σου.

---

9 Νοεμβρίου
ΕΛΕΥΘΕΡΟΙ ΑΠΟ ΣΦΑΛΜΑΤΑ ΚΑΙ ΑΣΥΝΕΠΕΙΕΣ
Γένεσις 24:14

Πολλές φορές, μελετώντας την Αγία Γραφή, βρίσκουμε παράλληλα εδάφια με σημαντικές ομοιότητες. Για παράδειγμα, στην **Έξοδο 2:17-21,** ο Μωυσής υπερασπίζεται κάποιες γυναίκες και δίνει νερό στα πρόβατά τους. Ο πατέρας τους τον βάζει στο σπίτι και του προσφέρει την κόρη του, την Σεπφώρα για γυναίκα του. Στη **Γένεσι 29:9,** ο Ιακώβ γνωρίζει τη Ραχήλ, δίνει νερό στα πρόβατά της και λαμβάνει την υπόσχεση της Ραχήλ ως σύζυγο. Σήμερα βρίσκουμε τη Ρεβέκκα κοντά στο πηγάδι, να προσφέρει νερό στις καμήλες του δούλου του Αβραάμ, που έψαχνε γυναίκα για τον Ισαάκ **(Γένεσις 24:19).** Τρεις ιστορίες με ομοιότητες και διαφορές, όλες κοντά σε ένα πηγάδι όπου ο Θεός ενώνει ζωές για να εκπληρώσει την υπόσχεσή Του.

Ο Θεός υποσχέθηκε στον Αβραάμ, τον Ισαάκ και τον Ιακώβ ότι ο σπόρος τους θα ήταν αμέτρητος σαν τα αστέρια. Είναι η ίδια ιστορία όπου κάποιες λεπτομέρειες επαναλαμβάνονται. Εφαρμόζοντας τις παράλληλες αυτές εικόνες στην εποχή μας, θα πρέπει να είμαστε ευγενικοί, καλοί και να υπηρετούμε τις γυναίκες γιατί η υπόσχεση για ευλογία του καρπού θα έρθει μέσα από αυτές.

Υπάρχουν ομοιότητες και διαφορές στην ιστορία με το βάζο με το αλάβαστρο, το ακριβό άρωμα που άλειψαν τον Ιησού. Στο **Κατά Ματθαίον 26:6-13**, μία γυναίκα στη Βηθανία αλείφει το κεφάλι του Ιησού με λάδι. Τα παράλληλα εδάφια στην ίδια ιστορία τα συναντούμε στα Ευαγγέλια **Κατά Ιωάννην 12:1-8** and **Κατά Μάρκον 14:3-13**. Ο Ματθαίος και ο Μάρκος τοποθετούν την ιστορία αυτή στο σπίτι του Σίμωνα, του λεπρού, ενώ ο Ιωάννης την τοποθετεί στο σπίτι του φίλου του, του Λαζάρου, τον οποίο ο Ιησούς ανέστησε. Ο Ματθαίος και ο Μάρκος συμφωνούν ότι ήταν η γυναίκα που άλειψε το κεφάλι του Ιησού, ενώ ο Ιωάννης αναφέρει ότι η Μαρία άλειψε τα πόδια του Ιησού και τα στέγνωσε με τα μαλλιά της. Έτσι, είναι εμφανές ότι έχουμε δύο παράλληλα γεγονότα και όχι, όπως κάποιοι θέλουν να μας πείσουν, ότι η Αγία Γραφή περιέχει σφάλματα.

Σας παρακαλώ, μην επιτρέψετε στον εχθρό να σας αποσπάσει δείχνοντάς σας τις διαφορές στις ιστορίες για να καταλήξετε ότι η Αγία Γραφή είναι γεμάτη από ασυνέπειες και σφάλματα. Ναι! Υπάρχουν κάποιες διαφορετικές λεπτομέρειες, αλλά με πίστη, ας δούμε τις ομοιότητες και ας μάθουμε όσα ο Θεός θέλει να μας διδάξει.

Ας προσευχηθούμε: Ουράνιε Πατέρα μας, Σ' ευχαριστούμε για αυτό το βασικό μάθημα. Βοήθησέ μας να είμαστε πάντοτε έτοιμοι να υπερασπιστούμε την αλήθεια και την εξουσία της Αγίας Γραφή, τα λόγια της οποίας υπαγορεύτηκαν από την έμπνευση του Αγίου Πνεύματός Σου, στο οποίο δεν υπάρχουν σφάλματα ούτε ασυνέπειες. Μην επιτρέψεις στις ψευδείς διδασκαλίες να προκαλέσουν σε εμάς ή στα παιδιά μας αμφιβολίες και να στραφούμε στον κόσμο και στις φιλοσοφίες του για απαντήσεις. Προσευχόμαστε στο Άγιο Όνομά Σου.

Σας παρακαλώ, μην επιτρέψετε στον εχθρό να σας αποσπάσει δείχνοντάς σας τις διαφορές στις ιστορίες για να καταλήξετε ότι η Αγία Γραφή είναι γεμάτη από ασυνέπειες και σφάλματα.

---

10 Νοεμβρίου
ΑΠΕΣΤΑΛΜΕΝΟΙ ΣΤΟ ΟΝΟΜΑ ΤΟΥ ΙΗΣΟΥ
Κατά Λουκάν 4:18

Ευχαριστούμε τον Θεό που μας υιοθέτησε στην οικογένειά Του και μας έσωσε από ένα αβέβαιο και άγνωστο μέλλον. Η υιοθεσία αυτή είναι χαραγμένη στον νου και στην καρδιά μας και τα καλύτερα έρχονται. Αυτό είναι το μήνυμα της ελπίδας που καλούμαστε να μοιραστούμε.

Στην εκκλησία ψάλλαμε, «*Απεσταλμένοι στο όνομα του Ιησού*, τα χέρια μας είναι τώρα έτοιμα να κάνουν τη γη το μέρος όπου θα έρθει η βασιλεία. Οι άγγελοι δεν μπορούν να αλλάξουν έναν κόσμο του πόνου σε κόσμο αγάπης, δικαιοσύνης και ειρήνης. Το έργο αυτό είναι δικό μας, να τον ελευθερώσουμε πραγματικά. Βοήθησέ μας να υπακούσουμε και να κάνουμε πράξη το θέλημά Σου» (The Faith We Sing #2184).

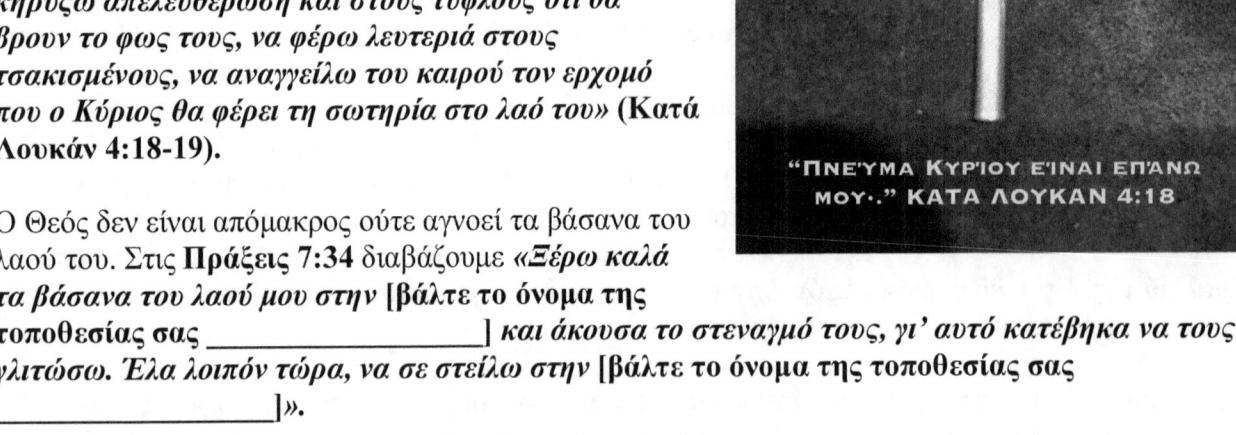

Το Πνεύμα του Θεού μας έστειλε να «*αναγγείλω το χαρμόσυνο μήνυμα στους φτωχούς, να θεραπεύσω τους συντριμμένους ψυχικά. Στους αιχμαλώτους να κηρύξω απελευθέρωση και στους τυφλούς ότι θα βρουν το φως τους, να φέρω λευτεριά στους τσακισμένους, να αναγγείλω του καιρού τον ερχομό που ο Κύριος θα φέρει τη σωτηρία στο λαό του*» (Κατά Λουκάν 4:18-19).

Ο Θεός δεν είναι απόμακρος ούτε αγνοεί τα βάσανα του λαού του. Στις **Πράξεις 7:34** διαβάζουμε «*Ξέρω καλά τα βάσανα του λαού μου στην* [βάλτε το όνομα της τοποθεσίας σας _____] *και άκουσα το στεναγμό τους, γι' αυτό κατέβηκα να τους γλιτώσω. Έλα λοιπόν τώρα, να σε στείλω στην* [βάλτε το όνομα της τοποθεσίας σας _____]».

Ο Θεός μας διδάσκει «*Κάλεσέ με και θα σου απαντήσω*» (Ιερεμίας 33:3). Δεν θα έπρεπε να μας εκπλήσσει το γεγονός ότι όταν προσευχόμαστε στον Θεό να στείλει κάποιον για θεραπεία ή για σωτηρία, κάποιες φορές ο Θεός ευαρεστείται να στέλνει εμένα ή εσάς. Ο Θεός μας στέλνει να προσευχηθούμε και να δράσουμε για όσους υποφέρουν κάτω από αρχές που έκλεψαν την ελευθερία και την αξιοπρέπεια των πολιτών τους.

Η υιοθεσία μας δεν έρχεται χωρίς ευθύνες. Κάθε παιδί έχει συγκεκριμένα καθήκοντα στο σπίτι. Μη φοβηθείτε να κράξετε στον Κύριο. Θα δείτε όμορφα και θαυμαστά πράγματα που ο Θεός θα κάνει στη ζωή σας και μέσα από τη ζωή σας.

Ας προσευχηθούμε: Ουράνιε Πατέρα μου, προσευχόμαστε για την ελευθερία και την αξιοπρέπεια του λαού Σου που υποφέρει από πείνα, βία, απειλές, έλλειψη πόρων και ιατρικής φροντίδας σε διάφορες χώρες ανά τον κόσμο. Σε παρακαλώ κάνε έλεος επάνω τους και στείλε τους τους αγγέλους Σου να ελευθερώσουν τους αιχμαλώτους. Ξεκαθάρισε τις ευθύνες μας και δώσε μας τη σοφία, τη δύναμη και την παρηγοριά να πράττουμε το θέλημά Σου. Προσευχόμαστε στο όνομα του Ιησού Χριστού.

---

11 Νοεμβρίου
ΧΡΟΝΙΑ ΣΟΥ ΠΟΛΛΑ, ΓΙΕ ΜΟΥ
Α' Σαμουήλ 2:27

Στον **Α' Σαμουήλ 1:27** διαβάζουμε τα λόγια της Άννας που ευχαριστεί τον Θεό για το δώρο της ζωής. Ήταν στείρα και «*ταπείνωνε την Άννα για να την εξοργίζει που ο Κύριος την είχε κάνει*

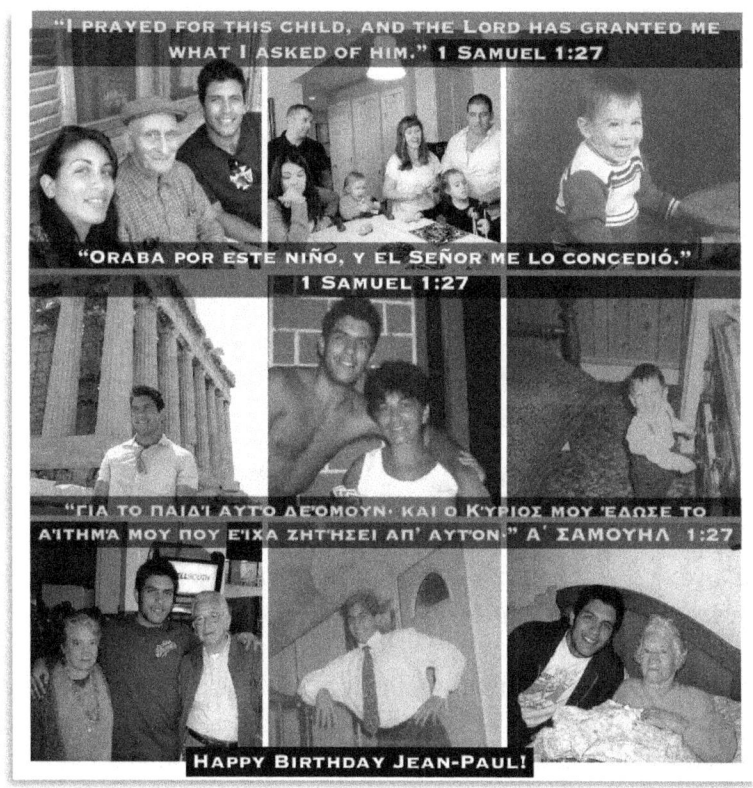

στείρα» (Α' Σαμουήλ 1:6). Βλέποντας τη λύπη της Άννας, ο άντρας της τη ρώτησε *«Άννα, γιατί κλαις και δεν τρως, γιατί είν' η καρδιά σου πικραμένη; Δεν αξίζω εγώ για σένα περισσότερο από δέκα γιους;»* (Α' Σαμουήλ 1:8).

Τίποτα δεν μπορούσε να καλύψει το κενό στην ψυχή της, ούτε τα πλούτη του συζύγου της ούτε η κολακεία. Η Άννα πήγε στον ναό και με δάκρυα και αναστεναγμούς, προσευχήθηκε στον Θεό, παρακαλώντας για γιο. Ακούγοντας το περιεχόμενο της προσευχής της Άννας, ο ιερέας την ευλόγησε λέγοντας, *«Πήγαινε στο καλό, κι ο Θεός του Ισραήλ ας σου δώσει αυτό που του ζήτησες»* (Α' Σαμουήλ 1:17). Έτσι η Άννα συνέλαβε παιδί και αργότερα εμφανίστηκε ενώπιον του Θεού με το παιδί. Και είπε στο ιερέα: *«Κύριέ μου, εγώ είμαι η γυναίκα που στάθηκε εδώ κοντά σου για να προσευχηθεί στον Κύριο. Είναι αλήθεια, όπως με βλέπεις και σε βλέπω. Για το παιδί αυτό προσευχήθηκα· κι ο Κύριος μου έδωσε αυτό που του ζήτησα»* (Α' Σαμουήλ 1:26–27).

Πολλές φορές ανησυχούμε και είμαστε λυπημένοι. Αλλά ο Θεός μας λέει να μην ανησυχούμε για το αύριο, για το τι θα φάμε, θα πιούμε ή θα φορέσουμε. *«Γι' αυτό πρώτα απ' όλα να επιζητείτε τη βασιλεία του Θεού και την επικράτηση του θελήματός του, κι όλα αυτά θα ακολουθήσουν»* **(Κατά Ματθαίον 6:31-33).** Αντί να ανησυχούμε για το σωματικό, το οποίο δεν μπορούμε να πάρουμε μαζί μας, θα πρέπει να ανησυχούμε για την ψυχή. Εμπιστεύσου ότι ο Θεός θα σε ευλογήσει με καλή υγεία σώματος, νου και πνεύματος. Εμπιστεύσου ότι ο Θεός ακούει τις προσευχές και θα δεις ότι με πίστη, όπως η Άννα, μπορείς να ενεργοποιήσεις τις ευλογίες του Θεού στη ζωή σου και στη ζωή των παιδιών σου.

Ας προσευχηθούμε: Ουράνιε Πατέρα μας, προσευχόμαστε για όλες τις στείρες γυναίκες, Εσύ να τους δώσεις το δώρο της ζωής και της πίστης που γιορτάζουμε με τον Ιησού Χριστό. Βάζουμε τα παιδιά μας υπό την προστασία Σου. Είθε να είναι δικά Σου όλες τις ημέρες τους. Σ' ευχαριστώ γιατί 42 χρόνια πριν, το 1980, έδωσες σε εμένα και στη Μαργαρίτα το καλύτερο δώρο που λάβαμε ποτέ, τον γιο μας, τον Jean-Paul Ξανθόπουλο Destruge. Σ' ευχαριστώ για το χαμόγελό του και την ευγενική καρδιά του, Σ' ευχαριστώ που τον έκανες καλό γιο, αδελφό, σύζυγο και φίλο. Σ' ευχαριστώ που τον έβαλες στη ζωή μου. Προσευχόμαστε στο όνομα του Ιησού Χριστού.

---

12 Νοεμβρίου
ΡΙΖΩΜΕΝΟΙ ΚΑΙ ΟΙΚΟΔΟΜΗΜΕΝΟΙ ΜΕ ΤΟΝ ΧΡΙΣΤΟ
Προς Κολοσσαείς 2:6

Μην αποθαρρύνεστε όταν τα πράγματα δεν πάνε όπως τα θέλετε. Θα πρέπει να αναμένουμε ότι προβλήματα, διαιρέσεις, πειρασμοί θα έρθουν στον δρόμο μας, προσπαθώντας να μας κάνουν να αφήσουμε το χέρι του Κυρίου μας. Θα πρέπει, πάντοτε, όμως να ακολουθούμε τον δρόμο της ειρήνης και της συμφιλίωσης του Κυρίου μας.

Πώς μπορούμε να ακολουθούμε τα βήματά του; Στην επιστολή **Προς Κολοσσαείς 2:7** έχουμε την εντολή να ζούμε: *«ριζωμένοι σ' αυτόν και να οικοδομείτε τη ζωή σας πάνω του. Να γίνεστε όλο και πιο σταθεροί στην πίστη σας, όπως τη διδαχτήκατε, και να προοδεύετε σ' αυτήν ευχαριστώντας το Θεό».*

«Ριζωμένοι» σημαίνει **να έχουμε ρίζες** στον Χριστό και στη διδασκαλία Του. Τα δέντρα που αντέχουν τις μεγάλες καταιγίδες είναι αυτά που οι ρίζες τους είναι πλεγμένες μεταξύ τους και οι κορμοί τους είναι ευέλικτοι και κινούνται με τον άνεμο. Δεν φεύγουν εύκολα από εκεί που είναι γιατί έχουν στερεές και βαθιές βάσεις.

«Οικοδομημένοι» σημαίνει ότι πρέπει να ζυγίζουμε όλα τα υλικά στην πνευματική μας ζωή με το θεμέλιο της πίστης: τον Ιησού Χριστό. Το **εδάφιο 8** μας λέει *«Προσέχετε καλά, μη σας εξαπατήσει κανείς με τους απατηλούς και κούφιους συλλογισμούς της ανθρώπινης σοφίας, που στηρίζονται σε ανθρώπινες παραδόσεις και σε μια λαθεμένη πίστη προς τα στοιχεία του κόσμου και όχι στη διδασκαλία του Χριστού».*

Πολλοί θα έρθουν με φιλοσοφίες εκ του κόσμου και λόγια απατηλά όπως *«να ανέχεσαι τα πάντα»* ή *«ο Θεός μας αποδέχεται όπως κι αν είμαστε»*, υπονοώντας ότι δεν υπάρχει λόγος να αλλάξουμε τον τρόπο ζωής μας. Αν αυτό ήταν αλήθεια, θα είχαμε πλήρη αταξία στην κοινωνία. Φανταστείτε πώς θα ήταν ο κόσμος αν δεν υπήρχε κλοπή, αν δεν υπήρχε άσχημη μαρτυρία, δολοφονίες, κτλ. Με βάση αυτές τις συνθήκες, δεν μπορούμε να πούμε *«να ανέχεσαι τα πάντα»*. Σήμερα παρατηρούμε μία ριζική αλλαγή κατά την οποία φαίνεται σύνηθες να λέμε ψέματα και να δίνουμε ψεύτικη μαρτυρία. Θα πρέπει με τρυφερότητα να αντισταθούμε σε αυτού του είδους την αταξία που απειλεί την κοινωνία μας.

Ο Κύριος είναι Θεός της τάξης που οργάνωσε τα πάντα στη ζωή ώστε ο κόσμος να μπορεί να υπάρχει και να ζει για πολύ καιρό. Αν παραβαίνουμε τον Άγιο Λόγο του Θεού για χάρη αντικρουόμενων φιλοσοφιών του κόσμου, ο κόσμος μας και ο κόσμος των παιδιών των παιδιών μας δεν θα έχει την ευκαιρία να βιώσει τους καρπούς και την παρουσία του Θεού στη ζωή τους.

Ας προσευχηθούμε: Ουράνιε Πατέρα μας, δείξε μας πώς να διαβαίνουμε και να οδηγούμε τα παιδιά και τους αγαπημένους μας. Ελευθέρωσέ μας από το να αποδεχτούμε της φιλοσοφίες και τα πρότυπα αυτού του κόσμου. Δώσε μας γερές και στέρεες ρίζες, μένοντας στον Λόγο Σου και το παράδειγμα του Κυρίου μας Ιησού Χριστού, στο όνομα του οποίου προσευχόμαστε.

Τα δέντρα που αντέχουν τις μεγάλες καταιγίδες είναι αυτά που οι ρίζες τους είναι πλεγμένες μεταξύ τους και οι κορμοί τους είναι ευέλικτοι και κινούνται με τον άνεμο. Δεν φεύγουν εύκολα από εκεί που είναι γιατί έχουν στερεές και βαθιές βάσεις.

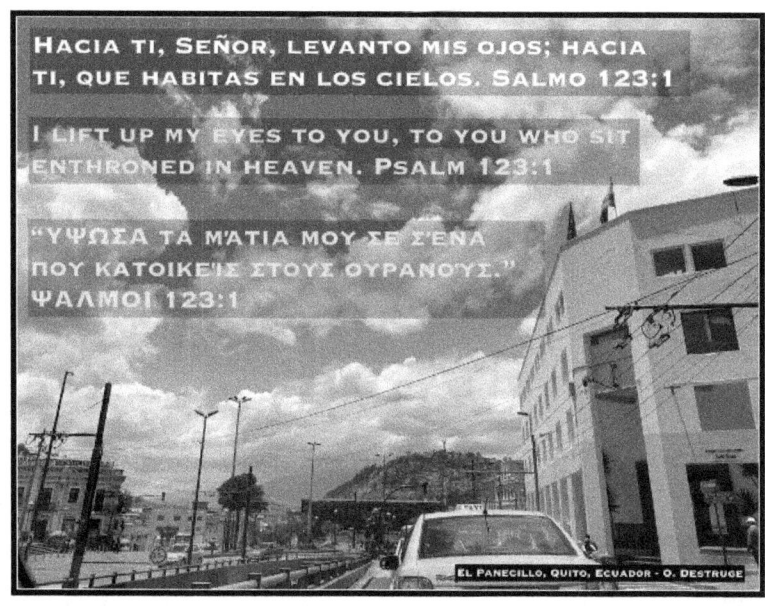

13 Νοεμβρίου
ΜΕ ΠΡΟΣΟΧΗ ΣΤΑ ΧΕΡΙΑ ΤΟΥ ΘΕΟΥ
Ψαλμοί 123:1

Βιώνουμε εποχές που δεν τις έχουμε βιώσει ξανά. Όλα όσα ήταν φυσιολογικά έχουν γυρίσει ανάποδα. Ο COVID-19 που αφαίρεσε σχεδόν 6,5 εκατομμύρια ζωές στον πλανήτη (@8/2022), μας κλείδωσε στο σπίτι μας, να κοιτάζουμε με προσμονή τους ουρανούς από όπου θα έρθει η βοήθεια και η ανακούφισή μας.

Δυστυχώς, για το μεγαλύτερο διάστημα των ετών 2020-21, οι κυβερνήσεις μας απογοήτευσαν με τον τρόπο που ανταποκρίθηκαν στην πανδημία. Η ανεργία και η επισιτιστική ασφάλεια ήταν αυξανόμενα. Γι' αυτό, υψώνουμε τα μάτια μας στον Κύριο που κατοικεί στον ουρανό, κράζοντας μαζί με τον Ψαλμωδό «Έτσι καθώς των δούλων κοιτάζουνε τα μάτια στο χέρι του κυρίου τους, τα μάτια της δούλης στης κυρίας της το χέρι· έτσι στρέφουν τα μάτια μας στον Κύριο, το Θεό μας, ωσότου να μας σπλαχνιστεί» **(Ψαλμοί 123:2).**

«Στην Ανατολή, οι υπηρέτες που φροντίζει τα αφεντικά τους καθοδηγούνται σχεδόν πάντα από σημάδια, τα οποία απαιτούν την παρατήρηση από πολύ κοντά των χεριών του τελευταίου». Ως υπηρέτες του Θεού, πρέπει να κοιτάζουμε κοντά (1) στο χέρια του Θεού ώστε να μας αναθέσει την εργασία Του, 2) το χέρι του Θεού που μας προμηθεύει για να λάβουμε το μερίδιό μας, 3) το χέρι της προστασίας Του, για να μας απελευθερώσει από το κακό και 4) το χέρι Του που μας διορθώνει, ώστε να μας ευθυγραμμίσει και να μας βάλει στον δρόμο Του[21].

Πιστεύω ότι *«τα καλύτερα έρχονται»*, αλλά για να απολαύσουμε το καλύτερο, θα πρέπει να περάσουμε από κοιλάδες θανάτου και σκοτεινά τούνελ. Ο Ιησούς είπε ότι θα επιστρέψει *«ξαφνικά σαν κλέφτης· μακάριος είναι εκείνος που μένει ξάγρυπνος και φυλάει τα ρούχα του, για να μη βρεθεί να περπατάει γυμνός, να τον βλέπουν οι άλλοι και να ντρέπεται»* (Αποκάλυψη 16:15). Στην Αποκάλυψη, διαβάζουμε για την πιο τρομερή καταστροφή και τιμωρία για όσους δεν κοίταξαν στο χέρι του Θεού για το μερίδιό Του, την καθοδήγηση, τη διόρθωση και την προστασία Του. Είναι τρομακτικό αν φανταστούμε τις πολλές διαφορετικές τιμωρίες που έπονται. Αλλά τα καλά νέα είναι ότι δεν θα αγγίξουν τους έμπιστους δούλους του Θεού ή τα σπίτια τους.

Δεν έχεις τίποτα να φοβάσαι αν προσέχεις το χέρι του Θεού και είσαι συντονισμένος με τη φωνή Του. Όταν έρθει η τρομερή ημέρα του Κυρίου, με τη ματιά σου επικεντρωμένη στους ουρανούς, εσύ

---

[21] Jamieson, R., Fausset, A. R., & Brown, D. (1997). Commentary Critical and Explanatory on the Whole Bible (Vol. 1, p. 385). Oak Harbor, WA: Logos Research Systems, Inc.

και ο οίκος σου θα ελευθερωθείτε από την οργή του Θεού και θα λάβετε την ανταμοιβή σας. **Νέα ενδύματα γαμήλια για να έρθετε στην τελετή όπως η νύφη του Αρνίου.**

Ας προσευχηθούμε: Ουράνιε Πατέρα μας, *κάνε έλεος σε εμάς, Κύριε.* Σηκώνουμε τα χέρια μας και κοιτάζουμε τον θρόνο Σου, κράζοντας για τον κόσμο και τον πλανήτη μας, για τη Δημιουργία Σου. Κύριε, κάνε έλεος σε εμάς. Δεν υπήρξαμε έμπιστοι διαχειριστές της γης ούτε καλοί άνθρωποι με τους συνανθρώπους μας. Συγχώρησέ μας, Κύριε και δείξε μας το χέρι Σου ώστε να λάβουμε το μερίδιό μας, την κατεύθυνση, τη διόρθωση και την προστασία Σου. Προσευχόμαστε στο Άγιο Όνομά Σου.

---

14 Νοεμβρίου
ΔΙΑΙΡΕΜΕΝΑ ΣΠΙΤΙΑ
Κατά Ματθαίον 12:44

Το πρόβλημα με τα διαιρεμένα σπίτια είναι στο τέλος, παραμένουν ερείπια, άδεια και απροστάτευτα. Ναι! Κάποια τα συμμαζεύουν και τα διακοσμούν για πώληση, αλλά αυτό δεν είναι το θέλημα του Θεού ούτε το αρχικό μας σχέδιο. Όσο για το έθνος και την οικογένεια, ο Θεός θέλει να ευημερούμε μέσα από την ενότητα. Για να προστατεύσουμε το σπίτι και τις μελλοντικές γενιές, αξίζει να συνεργαστούμε με τον Ιησού, τον πιο ισχυρό προστάτη της ψυχής μας, αυτόν που την αγαπάει και την υπερασπίζεται.

Τα σημερινά εδάφια κλείνουν με την συνδιαλλαγή μεταξύ των Φαρισαίων και του Ιησού **(Κατά Ματθαίον 12:22-45)**. Οι Φαρισαίοι κοιτούσαν να σκοτώσουν τον Ιησού. Βλέποντάς τον να ξορκίζει δαίμονες, Τον κατηγορούσαν για μαγεία (το οποίο θεωρούνταν παράβαση από το κράτος), λέγοντας *«Αυτός δε διώχνει τα δαιμόνια αλλιώς, παρά με τη δύναμη του Βεελζεβούλ, του άρχοντα των δαιμονίων»* **(Κατά Ματθαίον 12:24)**.

Ο Ιησούς εξηγεί *«Όταν ένα βασίλειο χωριστεί σε αντιμαχόμενες παρατάξεις, ερημώνεται· κι όταν σε μια πόλη ή σε μια οικογένεια πέσει διχασμός, θα διαλυθεί»* **(Κατά Ματθαίον 12:25)**. Δεν έχει νόημα ο Ιησούς να διώχνει **δαιμόνια** στο όνομα του Σατανά. Ο Ιησούς δείχνε ότι τα έργα Του είναι έργα αποκατάστασης και καθαρισμού που προέρχονται από τον Θεό. Ταυτόχρονα, τα έργα των Φαρισαίων είναι επιφανειακά, αφήνοντας τον άνθρωπο καθαρό εξωτερικό αλλά **εσωτερικά, κενό από πίστη και απροστάτευτο από τον εχθρό.**

«Όταν το δαιμονικό πνεύμα βγει από τον άνθρωπο, περνάει από ξερούς τόπους, ψάχνοντας να βρει κάπου να ξεκουραστεί, μα δε βρίσκει. Τότε λέει: "Θα γυρίσω ξανά στην κατοικία μου, εκεί απ' όπου έφυγα". Έρχεται και τη βρίσκει αδειανή, σκουπισμένη και στολισμένη. Τότε πηγαίνει και παίρνει μαζί του άλλα εφτά πνεύματα, πιο πονηρά κι από το ίδιο, και μπαίνουν και κατοικούν εκεί· και γίνεται η τελευταία κατάσταση του ανθρώπου εκείνου χειρότερη από την προηγούμενη. Έτσι θα γίνει και μ' αυτήν εδώ την πονηρή γενιά» **(Κατά Ματθαίον 12:43-45)**. Η σατανική γενιά αναφέρεται στους Φαρισαίους και στους μαθητές τους.

Αγαπητοί μου, δεν μπορούμε να είμαστε ουδέτεροι για τον Χριστό. Είτε πιστεύουμε ότι προέρχεται από τον Θεό με τη δύναμη να σώζει, να θεραπεύει, να καθαρίζει και να προστατεύει είτε συνεχίζουμε να ζούμε με διαιρέσεις και δίχως να είμαστε σίγουροι για το μέλλον μας. Ο Ιησούς λέει *«Όποιος δεν είναι με το μέρος μου είναι εναντίον μου, κι όποιος δε μαζεύει μαζί μου σκορπίζει»* **(Κατά Ματθαίον 12:30α, Κατά Λουκάν 11:23).**

Θέλουμε τα παιδιά μας να απολαμβάνουν ενότητα, αμοιβαία αποδοχή, σεβασμό και στήριξη στα σπίτια τους, στην κοινότητα και στο έθνος τους. Όχι να υπάρχουν διαιρέσεις πολιτικές, οικονομικές ή θρησκευτικές. Το έργο μας δεν είναι να κρίνουμε ή να κατηγορήσουμε, αλλά να πράξουμε το θέλημα του Θεού, *αγαπώντας τον πλησίον μας όπως τον εαυτό μας* **(Κατά Μάρκον 12:33).**

Ας προσευχηθούμε: Ουράνιε Πατέρα μας, άνοιξε τα μάτια και τη διανόηση όσων βρίσκονται σε θέσεις ηγεσίας του λαού Σου, ηγέτες που αρνούνται να αναγνωρίσουν την κυριότητα του Ιησού και την εξουσία Του. Είθε να Σε γνωρίζουν με Πνεύμα και με Αλήθεια και να υπηρετήσουν τον λαό Σου με αξιοπρέπεια και ευγένεια. **Είθε τα παιδιά μας να ευφραίνονται με την ενότητα στον Ιησού και στον λαό Του.** Προσευχόμαστε στο Άγιο Όνομά Σου.

Δεν μπορούμε να είμαστε ουδέτεροι για τον Χριστό. Είτε πιστεύουμε ότι προέρχεται από τον Θεό με τη δύναμη να σώζει, να θεραπεύει, να καθαρίζει και να προστατεύει είτε συνεχίζουμε να ζούμε με διαιρέσεις και δίχως να είμαστε σίγουροι για το μέλλον μας.

15 Νοεμβρίου
ΧΑΡΟΥΜΕΝΗ ΕΠΕΤΕΙΟ!
Ψαλμοί 3:3

Δύο λέξεις σε αυτό το εδάφιο χρειάζονται ανάλυση: **ασπίδα** και **δόξα**.

Η **«ασπίδα»** προσφέρει την εικόνα του Θεού που περιβάλλει τους εκλεκτούς του. Μας βομβαρδίζουν με ρύπους ότι, χωρίς τη βοήθεια του Θεού, δεν θα μπορούσαμε να προστατεύσουμε επαρκώς τον εαυτό μας. Γι' αυτό, ο Θεός υπόσχεται ότι θα είναι η ασπίδα και η προστασία μας.

«Ασπίδα» (מָגֵן **meguinná** στα Εβραϊκά) σημαίνει *«προστάτης, **πανοπλία** ή χοντρό δέρμα κροκόδειλου.»* Έχουμε την αδιαπέραστη πανοπλία του Θεού που υποσχέθηκε ότι θα φροντίζει τους δικούς Του. *«Μη φοβάσαι, Άβραμ. Εγώ είμαι η ασπίδα σου. Η ανταμοιβή σου θα είναι πάρα πολύ μεγάλη»* **(Γένεσις 15:1).**

Ως πιστοί στον Κύριο Ιησού Χριστού, με τα μάτια μας επάνω Του, πρέπει να φορούμε καθημερινά την πανοπλία ώστε κανένα κακό να μην μας προκαλέσει θανάσιμη πληγή. Ώστε η αμαρτία να μην μπορεί να διεισδύσει στη ζωή και στα σπίτια μας, αφαιρώντας μας την κυρίαρχη θέση και υιοθεσία που έχουμε εν Χριστώ.

«Δόξα» - Πολλές φορές στην προσευχή μας επαναλαμβάνουμε τη φράση *«Δόξα στον Θεό»*. Αποδίδουμε στη λέξη αυτή το μεγαλείο του Θεού. Η λέξη **«δόξα»** כָּבֵד **kabód;** σημαίνει *«εργαλείο, τιμή, μεγαλοπρέπεια, αριστοκρατία, δύναμη, πλούτος»*. Χωρίς τον Ιησού, δεν είμαστε τίποτα. Ακόμη και η ζωή που έχουμε υπάρχει σε Εκείνον, από Εκείνον και για Εκείνον (**Προς Ρωμαίους 11:36, Προς Κολοσσαείς 1:16**). Ό,τι δύναμη, πλούτο ή αριστοκρατία παρατηρούν άλλοι στη ζωή μας ρέει από τον Ιησού, την πηγή της ύπαρξης και όλων όσων είμαστε.

Μετά που μας καθαρίζει, ο Θεός θα σηκώσει πρώτα τα προηγουμένως ντροπιασμένα χέρια των μαθητών Του, βάζοντάς τους σε υψηλές θέσεις. Σήμερα, 15 Νοεμβρίου 2021, ευχαριστώ τον Θεό που ύψωσε το κεφάλι μου. 46 χρόνια πριν, μία όμορφη 19χρονη κυρία είπε το «**Ναι**» και έγινε η γυναίκα μου, η φίλη μου, η σύντροφός μου, η συνεργάτης μου και η υπερασπιστής μου στο σπίτι και στην οικογένεια που ο Θεός είχε για εμάς. Ταπεινά θεωρώ τον εαυτό μου νικητή αυτού του ιερού συμβολαίου. Χρωστάω όλα όσα είμαστε και έχω στον Θεό, την ασπίδα και τη δόξα μου, και στη Μαργαρίτα που συνέβαλε σε μεγάλο βαθμό στην επίτευξη αυτού του ένδοξου σημείου στη ζωή μας. *Χρόνια μας πολλά, αγάπη μου.*

Ας προσευχηθούμε: Ουράνιε Πατέρα μας, Σ' ευχαριστούμε για την αγάπη Σου, την ευγένεια, την ασπίδα, τη δόξα Σου που φωτίζει και προστατεύει τη ζωή και το σπίτι μας. Ας διασφαλίσουμε καθημερινά ότι θα βάζουμε την πανοπλία που μας προσφέρει η πίστη Σου και ότι θα δοξάζεσαι στη ζωή μας. Είθε η παρουσία Σου πάντοτε να είναι μαζί μας σαν ασπίδα, φυλάσσοντας την καρδιά, τη ζωή, την ψυχή και τον νου μας. Απελευθέρωσε εμάς και τα παιδιά μας από κάθε κακό.

---

16 Νοεμβρίου
ΠΡΙΝ ΚΑΙ ΜΕΤΑ ΤΟΝ ΧΡΙΣΤΟ
Προς Εβραίους 10:39

ΠΡΙΝ ΤΟΝ ΧΡΙΣΤΟ – Με τεράστια ευγνωμοσύνη, αναφέρω ότι στις 22 Αυγούστου 2022, έκλεισα 33 χρόνια, 5 μήνες και 22 ημέρες από την ημέρα που ο Ιησούς με έσωσε από μία απρόβλεπτη ζωή, γεμάτη αμφιβολίες, χαμηλή αυτοπεποίθηση, με μεγάλες συναισθηματικές μεταβολές, να αμφιταλαντεύομαι στους ανέμους του μοντερνισμού.

ΜΕΤΑ ΤΟΝ ΧΡΙΣΤΟ – Με τη βοήθεια του Θεού, δεν είμαι πλέον αυτός που ήμουν, από αυτούς που *«υποχωρούν και χάνονται, αλλά απ' αυτούς που πιστεύουν και σώζονται»* (**Προς Εβραίους 10:39**). Σήμερα, γνωρίζω ότι ο Θεός είναι στο πλευρό μου, ενδυναμώνοντας την πίστη μου και βάζοντας τα πόδια μου σε σταθερό μονοπάτι και θεμέλιο. Ο Θεός μεταμορφώνει τη ζωή μας ώστε από εδώ και έπειτα, να διαβαίνουμε σταθερά.

ΣΤΑΘΕΡΟΙ ΣΕ ΘΑΡΡΟΣ ΚΑΙ ΣΕ ΑΓΑΠΗ – Όχι πια φόβος! *«Αγρυπνείτε! Μένετε στέρεοι στην πίστη! Να είστε γενναίοι και δυνατοί! Όλες τις πράξεις σας να τις εμπνέει η αγάπη»* (**Προς Κορινθίους Α' 16:13-14**).

ΣΤΑΘΕΡΟΙ ΣΕ ΣΚΟΠΟ ΚΑΙ ΣΕ ΕΡΓΑ – Όχι πλέον χαμηλή αυτοεκτίμηση! *«Λοιπόν, αγαπητοί μου αδερφοί, να γίνεστε όλο και πιο σταθεροί και αμετακίνητοι στην πίστη, και να έχετε πάντοτε* *όλο και περισσότερο ζήλο για την εκπλήρωση του έργου του Κυρίου, αφού ξέρετε ότι ο κόπος που καταβάλλετε για χάρη του Κυρίου δεν είναι μάταιος»* (Προς Κορινθίους Α' 15:58).

ΣΤΑΘΕΡΟΙ ΣΤΗΝ ΕΛΕΥΘΕΡΙΑ ΑΠΟ ΤΗΝ ΑΜΑΡΤΙΑ – Δεν είμαστε πλέον δούλοι στην αμαρτία! *«Παραμένετε, λοιπόν, σταθεροί στην ελευθερία και μην ξαναμπαίνετε κάτω από ζυγό δουλείας»* (Προς Γαλάτας 5:1).

ΣΤΑΘΕΡΟΙ ΣΕ ΕΝΑ ΠΝΕΥΜΑ – Δεν μας μετακινεί πλέον ο άνεμος! Ο Θεός μας καλεί να παρουσιάσουμε τον εαυτό μας ως παιδιά του Θεού, *«σταθεροί και σας ενώνει το ίδιο πνεύμα, ότι αγωνίζεστε σαν ένας άνθρωπος για την πίστη του ευαγγελίου»* (Προς Φιλιππησίους 1:27).

ΣΤΑΘΕΡΟΙ ΣΤΟΝ ΚΥΡΙΟ – Αφήνουμε πίσω την ειδωλολατρία! *«Μείνετε, αγαπητοί μου, σταθεροί στον Κύριο»* (Προς Φιλιππησίους 4:1Β).

ΣΤΑΘΕΡΟΙ ΣΤΗΝ ΠΙΣΤΗ - *«Μην αφήνετε να σας σαλεύουν τόσο γρήγορα το μυαλό, ούτε να σας αναστατώνουν όσοι ισχυρίζονται ότι τάχα φτάνει όπου να 'ναι η ημέρα του Κυρίου»* (Προς Θεσσαλονικείς Β΄ 2:2). Ο Θεός είναι στο πλευρό σας και τίποτα δεν μπορεί να μας χωρίσει από την αγάπη του Θεού.

ΣΤΑΘΕΡΟΙ ΣΤΟ ΔΟΓΜΑ – Όχι πια χωρίς καθοδήγηση και κατεύθυνση! *«Να είστε σταθεροί και να μένετε πιστοί στις διδασκαλίες που σας παραδώσαμε»* (Προς Θεσσαλονικείς Β' 2:15).

Ας προσευχηθούμε: Ουράνιε Πατέρα μας, Σ' ευχαριστούμε που έδιωξες τις αμφιβολίες, τους φόβους και τον δισταγμό μας. Σ' ευχαριστούμε που μας εδραίωσες σταθερά και δυνατά στον Ιησού, τον Βράχο, που μας έδωσες θάρρος, αγάπη, αυτοπεποίθηση, σκοπό, ελευθερία, πίστη και ελπίδα στον Ιησού Χριστό και στη δύναμη του Αγίου Πνεύματός Σου. Βοήθησέ μας να είμαστε χρήσιμοι στην αποστολή μας να φέρνουμε την αγάπη και τη σωτηρία Σου στον κόσμο. Προσευχόμαστε στο όνομα του Ιησού Χριστού.

---

17 Νοεμβρίου
Ο ΘΕΪΚΟΣ ΒΟΗΘΟΣ ΜΑΣ
Κατά Μάρκον 13:11

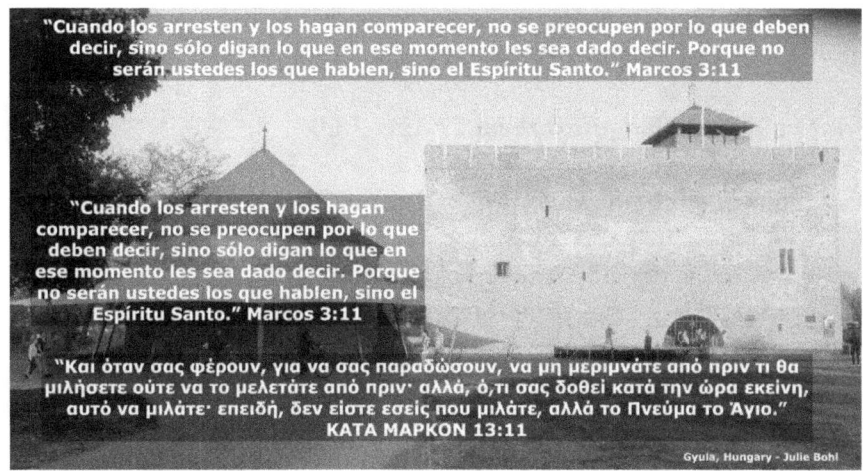

Ο δημόσιος λόγος ήταν η αδυναμία μου από τότε που ήμουν παιδί έως και το 1989 όταν ανακάλυψα και εμπιστεύτηκα το εδάφιο *«να μην αγωνιάτε εκ των προτέρων για το τι θα πείτε»* (Κατά Μάρκον 13:11). Το Άγιο Πνεύμα μας είναι ο θεϊκός οδηγός μας που μας υπενθυμίζει τις υποσχέσεις του Ιησού και μας ψιθυρίζει **τι να πούμε** όταν οι λέξεις έχουν νόημα.

Ο ΘΕΟΣ ΜΕΤΑΤΡΕΠΕΙ ΤΗΝ ΑΠΟΜΟΝΩΣΗ ΜΑΣ ΣΕ ΠΑΡΟΥΣΙΑ, ΚΑΘΟΔΗΓΗΣΗ ΚΑΙ ΥΠΟΣΤΗΡΙΞΗ:

Οι φτωχοί και όσοι έχουν πληγεί ζουν απομονωμένοι από την κοινωνία, την πηγή της αμοιβαίας σωματικής και συναισθηματικής υποστήριξης. Ωστόσο, όσοι εμπιστεύονται στον Θεό ως βοηθό τους είναι απελευθερωμένοι από κάθε συμφορά γιατί έχουν τη θεϊκή παρουσία του Θεού. *«Εγώ είμαι άθλιος και φτωχός, μη με ξεχάσεις, όμως, Κύριε. Εσύ 'σαι βοηθός μου κι ελευθερωτής, Θεέ μου, μην αργήσεις»* (Ψαλμοί 40:17).

Πριν την εφεύρεση του GPS, αν χανόμασταν, ιδιαίτερα το βράδυ, είχαμε την τάση αποθάρρυνσης. Το ίδιο συμβαίνει και με το πνευματικό μας μονοπάτι. Χωρίς τον Θεό, διαβαίνουμε στο σκοτάδι, φοβούμενοι και αποθαρρυνμένοι. Αλλά με τον Κύριο για οδηγό μας, έχουμε το φως και την καθοδήγηση του Θεού μας. *«Εγώ είμαι μαζί σου, μη φοβάσαι. Εγώ είμαι ο Θεός σου, μην τρομάζεις. Θα σ' ενισχύσω, θα σε βοηθήσω, θα σε στηρίξω με το δίκαιο χέρι μου, το δυνατό»* (Ησαΐας 41:10).

Ο ΘΕΟΣ ΜΕΤΑΤΡΕΠΕΙ ΤΟΝ ΦΟΒΟ ΜΑΣ ΣΕ ΔΥΝΑΜΗ ΚΑΙ ΧΑΡΑ:
Προτού έρθει ο Θεός στη ζωή μου, είχα χαμηλή αυτοπεποίθηση και πολλές ανησυχίες, μία εκ των οποίων ήταν και ο φόβος να μιλήσω μπροστά σε κόσμο. Ο Θεός, όμως, μετέτρεψε τους φόβους μου σε δύναμη, αυτοπεποίθηση και χαρά. *«Ο Κύριος ενίσχυσή μου και προστασία μου, σ' αυτόν έλπισε η καρδιά μου! Βρήκα βοήθεια κι αναγάλλιασα, με το τραγούδι μου θα τον ευχαριστήσω»* (Ψαλμοί 28:7). *«Έτσι θα μπορούμε με θάρρος να λέμε: Ο Κύριος είναι βοηθός μου· δε θα φοβηθώ. Τι μπορεί να μου κάνει ένας άνθρωπος;»* (Προς Εβραίους 13:6).

Αγαπητοί μου, σας προτρέπω να βάλετε κάθε φόβο σας στα χέρια του Θεού. Δεν θα το μετανιώσετε!

Ας προσευχηθούμε: Ουράνιε Πατέρα μας, βοήθησέ μας να εμπιστευθούμε ότι, κρατώντας το χέρι Σου, τίποτα δεν μπορεί να μας χωρίσει από την αγάπη Σου ή να αλλάξει τα σχέδιά Σου για τη ζωή μας. Είθε η παρουσία Σου να είναι ο οδηγός, η συντήρηση, η δύναμη και η χαρά όσων αναζητούν τη θεϊκή σου βοήθεια. Προσευχόμαστε στο όνομα του Ιησού Χριστού.

---

18 Νοεμβρίου
ΠΡΟΣΕΥΧΗΘΕΙΤΕ ΓΙΑ ΤΟΥΣ ΕΧΘΡΟΥΣ ΣΑΣ

«Κύριε, να μη τους λογαριάσεις αυτή την αμαρτία» Πράξεις Αποστόλων 7:60

"Lord, do not hold this sin against them." Acts 7:60

"Señor, no les tomes en cuenta este pecado". Hechos 7:60

Η προσευχή για τους εχθρούς μας είναι πιο υγιής από το να τους καταριώμαστε. Άνθρωποι έρχονται στη ζωή μας που επηρεάζουν το υπόλοιπο της ζωής μας, για καλό ή για κακό. Κάποιοι αφήνουν άρωμα ωραίο και αναντικατάστατο και ευχόμαστε να μην είχαν φύγει ποτέ. Άλλοι ευχόμαστε να μην υπήρχαν γιατί άφησαν φαινομενικά ανεπανόρθωτες πληγές.

Για 20 χρόνια, η ψυχή μου ήταν πληγωμένη (θυμωμένη) όταν ο φίλος του πατέρα μου επηρέασε τη δυναμική της οικογενείας μου. Στην πρόταση αυτού *«του φίλου που έπινε»*, συνέβησαν γεγονότα που επηρέασαν την πνευματική υγεία του αδερφού μου, του John για όλη την υπόλοιπη ζωή του. Κάθε φορά που θυμόμουν αυτόν τον άνθρωπο ή έβλεπα τη φωτογραφία του, ένιωθα ξανά τον πόνο και τον θυμό, ευχόμενος να είχα αντιδράσει, παίρνοντας ένα ρόπαλο του baseball και ρίχνοντας τον έξω από το σπίτι πριν συμβεί το κακό. Ζητούσαν από τον Θεό να τιμωρήσει με παρόμοιο τρόπο τα παιδιά αυτού του ανθρώπου. Αλλά οι αντιδράσεις αυτές με έκαναν χειρότερα.

Δόξα τον Θεό, το 1990, αντί να τον καταριέμαι όπως πριν, έβαλα τον άνθρωπο αυτό στα χέρια του Θεού, λέγοντας: *«Πατέρα, συγχώρησέ τον γιατί δεν ήξερε τι έκανε. Ίσως ο άνθρωπος αυτός να μην είχε ποτέ πατέρα και να μην έμαθε την αγάπη ενός πατέρα».* Έκτοτε, η μνήμη του ή το όνομά του δεν είχαν καμία σωματική ούτε συναισθηματική επιρροή επάνω μου, παρόλο που ακόμη ζούμε με τις συνέπειες.

Αγαπητοί μου, η προσευχή για τους εχθρούς μας είναι πιο υγιής από την κατάρα προς αυτούς. Θα πρέπει να τους συγχωρούμε όπως έκανε ο Χριστός στον σταυρό. *«Πατέρα, συγχώρησέ τους, δεν ξέρουν τι κάνουν»* **(Κατά Λουκάν 23:34).** Η συγχώρηση αποκαθιστά την εσωτερική μας ειρήνη επιτρέποντάς μας να ζούμε σε αρμονία με τον Θεό και με τους συνανθρώπους μας.

Ο εχθρός μας θέλει να ανταποδίδουμε το κακό με το κακό, αλλά ο Θεός μας λέει *«Μη χαίρεσαι στην πτώση του εχθρού σου, κι ας μην ευφραίνεται η καρδιά σου όταν αυτός κλονίζεται»* **(Παροιμίαι 24:17).** Αντιθέτως, *«Όταν πεινάει ο εχθρός σου, δώσ' του να φάει ψωμί· και πάλι όταν διψάει δώσ' του νερό να πιει· γιατί έτσι πάνω στο κεφάλι του κάρβουνα του σωρεύεις αναμμένα, και θα σε ανταμείψει ο Κύριος»* **(Παροιμίαι 25:21-22).**

Ας προσευχηθούμε: Ουράνιε Πατέρα μας, βοήθησέ μας να γνωρίσουμε την αγάπη του πατέρα και της μητέρας ώστε όταν συμβουλευτούμε τους φίλους μας πώς να πειθαρχούν τα παιδιά τους, να το πράττουμε με σοφία και με αγάπη. Βοήθησέ μας να συγχωρούμε όπως μας συγχώρησες Εσύ κι έτσι να θεραπεύσουμε τις πληγές μας. Προσευχόμαστε για όσους πάσχουν από κατάθλιψη και θέματα ψυχικής υγείας. Δώσε τους την ειρήνη του Ιησού, στο όνομα του οποίου προσευχόμαστε.

---

19 Νοεμβρίου
ΕΔΡΑΙΩΣΗ ΣΤΗ ΒΑΣΙΛΕΙΑ
Προς Κορινθίους Α' 15:24

Αν διαβάσουμε την επιστολή **Προς Κορινθίους Α' 15:24** εκτός του ιστορικού πλαισίου της, ίσως συμπεράνουμε λάθος ότι ο Ιησούς είναι/θα είναι κατώτερος του Θεού όταν εδραιωθεί η βασιλεία του Θεού.

Πρέπει να κατανοήσουμε ότι από την πτώση της ανθρωπότητας, όταν η αμαρτία κέρδισε το πρώτο της θύμα, ο Θεός σχεδίαζε να εδραιώσει τον εαυτό Του στην ανθρώπινη σάρκα για να μας σώσει.

Μιλώντας για τον Ιησού, στην **Α' Τιμοθέου 3:16** επιστολή, λέει *«Ο Θεός φανερώθηκε ως άνθρωπος, το Πνεύμα απέδειξε ποιος ήταν· φανερώθηκε στους αγγέλους, κηρύχθηκε στα έθνη, τον πίστεψε ο κόσμος, αναλήφθηκε με δόξα».*

Όταν αποδεχόμαστε ότι ο Θεός ήρθε στον κόσμο με ανθρώπινη μορφή, ότι ο Ιησούς είναι *«ο*

Εμμανουήλ, που σημαίνει ο Θεός είναι μαζί μας» **(Κατά Ματθαίον 1:23)**, και ότι *«στο Χριστό κατοικεί σωματικά όλη η θεότητα»* **(Προς Κολοσσαείς 2:9)**, τότε μπορούμε να κατανοήσουμε και να εξηγήσουμε το σημερινό κείμενο.

Ο Θεός θα ολοκληρώσει το σχέδιο της Σωτηρίας στον ρόλο του Υιού. *«Ύστερα θα έρθει το τέλος, όταν ο Χριστός, έχοντας καταργήσει κάθε αρχή και κάθε εξουσία και δύναμη, θα παραδώσει τη βασιλεία στο Θεό και Πατέρα. Γιατί ο ίδιος ο Χριστός πρέπει να βασιλεύει ωσότου ο Θεός υποτάξει σ' αυτόν όλους τους εχθρούς»* **(Προς Κορινθίους Α' 15:24-25)**.

Το έργο του Θεού ως Υιό, μέσω του Σταυρού και της Ανάστασης, ακόμη σώζει ζωές σήμερα. Ο Ιησούς έχει ακόμη σημαντικό ρόλο στη βασιλεία αυτή. Ο Θεός θα εκπληρώσει τον σκοπό Του όταν ο τελευταίος άνθρωπος έχει σωθεί. Όταν οι εχθροί του Θεού έχουν απομακρυνθεί, όταν οι νεκροί θα αναστηθούν ξανά, εδραιώνοντας τη Βασιλεία του Θεού (νεκροί και ζωντανοί). Τότε, δεν θα υπάρχει πλέον λόγος για το έργο διάσωσης του Θεού και θα επιστρέψει στη θέση που είχε πριν τη δημιουργία του κόσμου. *«Όταν, λοιπόν, θα υποταχθούν σ' αυτόν τα πάντα, τότε και ο ίδιος ο Υιός θα υποταχθεί σ' αυτόν που έθεσε κάτω από την εξουσία του τα πάντα· έτσι ο Θεός θα βασιλέψει πλήρως πάνω σε όλα»* **(Προς Κορινθίους Α' 15:28)**.

Στην ανθρώπινη εκδήλωση του Θεού ως υιός, ο Ιησούς είχε απόλυτη εξουσία επάνω σε καθετί στον κόσμο αυτό. Ο Θεός Πατέρας κυβερνά με αγάπη και εξουσία στο Βασίλειο του Ουρανού. Την τελευταία ημέρα, ο Θεός θα εδραιώσει τη Βασιλεία Του ώστε *«ο Θεός θα βασιλέψει πλήρως πάνω σε όλα»*.

Ας προσευχηθούμε: Ουράνιε Πατέρα μας, Σ' ευχαριστούμε που μας αποκάλυψες πώς εδραίωσες τον εαυτό Σου στον κόσμο για να μας σώσεις και να μας οδηγήσεις στην επερχόμενη βασιλεία Σου. Αύξησε την πίστη μας και την κατανόησή μας για να δώσουμε μαρτυρία για την αγάπη και τη σωτηρία Σου στον κόσμο. Προσευχόμαστε στο όνομα του Ιησού Χριστού.

---

20 Νοεμβρίου
Η ΑΝΤΑΜΟΙΒΗ ΜΑΣ ΕΙΝΑΙ ΚΑΘ' ΟΔΟΝ
Ησαΐας 40:10 & Αποκάλυψη 22:7

Τα δελτία ειδήσεων είναι σκοτεινά και αρνητικά όπου κι αν κοιτάξουμε, ακούσουμε ή διαβάσουμε. Δείτε μόνο τα πολιτικά και φαίνεται σαν να έχουμε χάσει τη μάχη. Κανείς δεν κοιτάει τις ανάγκες των ψηφοφόρων, τις ανάγκες των πολιτών της μεσαίας και της κατώτερης τάξης. Με μερικές εξαιρέσεις, οι πολιτικοί κοιτούν τις δικές τους τσέπες και την ασφάλειά τους, χωρίς να ενδιαφέρονται για τους απλούς ανθρώπους. Υπάρχει ελπίδα; Ναι!

Τι όμορφες υποσχέσεις βρίσκουμε στα εδάφια της ημέρας! Δόξα στον Θεό! Καθώς καλωσορίζουμε με χαρά τα νέα για το εμβόλιο του COVID-19, με ακόμη περισσότερη χαρά, αναμένουμε την επιστροφή του Κυρίου μας που **έρχεται με την ανταμοιβή Του** για τους αγαπημένους Του.

Η ανταμοιβή είναι κάτι που λαμβάνει κάποιος για την καλή συμπεριφορά του. Ο Θεός θα ανταμείψει όλους όσους πίστεψαν και υπάκουσαν στον πλήρη Λόγο του Θεού. Αγαπητοί μου, όλα όσα υποφέραμε, περάσαμε και ανεχτήκαμε, μια μέρα θα τελειώσουν. Η δικαιοσύνη μας είναι κοντά. Ο Ιησούς λέει *«Ακούστε! Έρχομαι σύντομα»,* λέει ο Ιησούς. *«Μακάριος είναι όποιος τηρεί τα προφητικά λόγια αυτού του βιβλίου»* (**Αποκάλυψη 22:7**).

Ο προφήτης Ησαΐας μας καθησυχάζει με αυτά τα λόγια *«Ο Κύριος, ο Θεός, έρχεται να εξουσιάσει με δύναμη. Φέρνει μαζί του αυτό που κέρδισε»* (**Ησαΐας 40:10**).

Ποια είναι η ανταμοιβή; Από την εξορία από τον Κήπο της Εδέμ, η τιμωρία μας ήταν να τρώμε τον καθημερινό άρτο με επίπονο κόπο μέχρι να επιστρέψουμε στο χώμα από εκεί που δημιουργηθήκαμε. Για τη γυναίκα, η τιμωρία μας ήταν ο πολλαπλασιασμένος πόνος της γέννας (**Γένεσις 3:16-19**). Όλα αυτά θα τελειώσουν μόλις επιστρέψει ο Ιησούς. Δεν θα υπάρχει πλέον κατάρα, αδικία, ασθένεια ή πόνος. Τα πάντα θα είναι τέλεια στην παρουσία του Μεγάλου Ποιμένα και Θεού.

Η ανταμοιβή μας είναι ότι ο ίδιος ο Θεός *«βοσκάει το κοπάδι του· το συναθροίζει με το χέρι του· βαστάει στο στήθος του τ' αρνάκια, και τις μανάδες τους προσεκτικά τις οδηγεί»* (**Ησαΐας 40:11**). Η ανταμοιβή μας είναι *«το στεφάνι της δικαιοσύνης, που μ' αυτό θα με ανταμείψει ο Κύριος εκείνη την ημέρα, ο δίκαιος κριτής. Κι όχι μόνο εμένα, αλλά κι όλους εκείνους που περιμένουν με αγάπη τον ερχομό του»* (**Β' Προς Τιμόθεον 4:8**).

Ας προσευχηθούμε: Ουράνιε Πατέρα μας, Σ' ευχαριστούμε που μας διαβεβαιώνεις ότι τα βάσανά μας είναι έτοιμα να τελειώσουν, ότι ο μισθός της τιμωρίας μας έχει πληρωθεί διπλά από τον Κύριό μας (**Ησαΐας 40:2**), ο οποίος θα επιστρέψει σύντομα με την ανταμοιβή Του. Μέσω του Αγίου Πνεύματός Σου, κράτησέ μας έμπιστους στον Λόγο Σου και κοντά σε Εσένα, στην ελπίδα μας και στην αιώνια χαρά μας. Προσευχόμαστε στο Άγιο Όνομά Σου.

21 Νοεμβρίου
ΒΡΟΧΗ ΕΥΛΟΓΙΑΣ
Ιεζεκιήλ 34:28

Ο Ιεζεκιήλ 34 διαιρείται ως εξής:
1. Η προφητεία κατά των βοσκών του Ισραήλ (**εδάφια 1-10**),
2. Ο ίδιος ο Θεός θα αναζητήσει τα χαμένα πρόβατά Του (**εδάφια 11-16**),
3. Ο Θεός θα κρίνει μεταξύ των δυνατών και των αδύναμων προβάτων (**εδάφια 17-24**), και
4. Τη διαθήκη της ειρήνης (**εδάφια 25-31**).

Στα εδάφια αυτά, ο Θεός κάνει την αντίθεση μεταξύ των ψευδών ποιμένων και του *«δούλου του, του Δαβίδ»* (**εδάφιο 34**), που μας δείχνει τον Ιησού Χριστό, υιού του Δαβίδ που λέει για τον εαυτό Του *«Εγώ είμαι ο καλός ποιμένας· ο καλός ποιμένας θυσιάζει τη ζωή του για χάρη των προβάτων»* (**Κατά Ιωάννην 10:11**).

Σ' αυτούς τους ψεύτικους βοσκούς, ο Θεός τους κατηγορεί ότι φροντίζουν τον εαυτό τους (**εδάφιο 2**), *«Το αδύνατο πρόβατο δεν το δυναμώνετε και το άρρωστο δεν το γιατρεύετε· δε βάλατε επίδεσμο στο πληγωμένο ούτε φέρατε πίσω το παραστρατημένο· ούτε το χαμένο ζητήσατε να βρείτε. Αλλά φερθήκατε σ' αυτά με βία και σκληρότητα. Έτσι διασκορπίστηκε το κοπάδι μου γιατί δεν είχε βοσκούς, κι έγινε τροφή για τα θηρία του αγρού. Περιπλανήθηκε το κοπάδι μου πάνω στα βουνά και στους ψηλούς λόφους· μετά τα πρόβατά μου σκορπίστηκαν σ' όλη τη γη, χωρίς κανείς να ενδιαφερθεί ή να ψάξει γι' αυτά»* (Ιεζεκιήλ 34:4-6).

Από την ώρα που οι βοσκοί αμέλησαν το έργο τους, ο Θεός θα τους κρίνει απομακρύνοντας τους από την εργασία τους και δεν θα μπορούν πλέον να ταΐζουν τον εαυτό τους (**εδάφιο 10**). *«Τώρα, εγώ ο ίδιος θα ψάξω για το κοπάδι μου και θα φροντίσω γι' αυτό»*, λέει ο Κύριος (**εδάφιο 11**).

Ο Θεός εδραιώνει μονόπλευρα **μία συνθήκη ειρήνης** με τον λαό Του που βρίσκεται διασκορπισμένος. Είναι μία διαθήκη που θα λάβει χώρα όταν ο Ιησούς επιστρέψει για τα πρόβατά Του, διασφαλίζοντας ότι, στη βασιλεία του Θεού δεν θα υπάρχουν *«άγρια θηρία»* που θα απειλούν τους ανθρώπους (**εδάφιο 25**). Θα ζούμε σε απόλυτη ασφάλεια. Επιπλέον, ο Θεός θα ευλογήσει τους ανθρώπους με όλες τις βασικές τους ανάγκες (*«βροχή ευλογίας»* - **εδάφιο 26**). Δεν θα υπάρχει πλέον πείνα ούτε διακρίσεις μεταξύ πλούσιων και φτωχών. Θα μοιραζόμαστε όλοι ισότιμα τις παροχές του Θεού.

Πιο σημαντικό είναι ότι ο κόσμος θα γνωρίζει ότι *«ο Κύριος είναι ο Θεός μας»* και θα είναι μαζί μας για πάντα (**εδάφια 27, 30**). Δεν θα υπάρχει μπέρδεμα για το ποιος ποιμαίνει το ποίμνιο.

Ας προσευχηθούμε: Ουράνιε Πατέρα μας, δεν θα θέλαμε να περιμένουμε τη διαθήκη Σου να εφαρμοστεί μόλις επιστρέψει ο Κύριος. Θέλουμε τη βροχή της ευλογίας Σου να είναι πραγματικότητα σήμερα. Χθες! Άνοιξε τη διάνοιά μας, άγγιξε την καρδιά μας, για να φέρεις κομμάτι του ουράνιου οράματός Σου εδώ στη γη που τόσο πολύ χρειάζεται την ειρήνη, την αγάπη και την καλοσύνη Σου. Κάνε μας όργανα της ειρήνης Σου, Κύριε. Προσευχόμαστε στο Άγιο Όνομά Σου.

---

22 Νοεμβρίου
ΑΝΑΖΗΤΩΝΤΑΣ ΤΟΝ ΘΕΟ ΑΠΟ ΤΗΝ ΑΥΓΗ
Ψαλμοί 63:1

Χωρίς τον Θεό, ζούμε διψασμένοι, κουρασμένοι, με τάση προς τους πειρασμούς, τον θυμό, την ευερεθιστότητα, την εχθρότητα, τον εγωισμό, κτλ. Ο κόσμος προσφέρει προσωρινές λύσεις, ωστόσο μόνο ο Θεός μπορεί να κατασβέσει τη δίψα μας και να βρει τη μόνιμη ειρήνη, ξεκούραση, ασπίδα, δύναμη και παροχή. Όταν διαβαίνουμε μία άγονη έρημο, παλεύουμε και έχουμε χάσει την πνευματική μας ενέργεια, όταν η ζωή μας είναι άδεια από σκοπό, αγάπη και φως, επιβάλλεται να έρθουμε στην παρουσία του Θεού.

Στον **Ψαλμό 63:2** διαβάζουμε «*Σ' αναζητώ απ' τα χαράματα· διψάει για σένα η ψυχή μου*». Ερχόμαστε στον Θεό με περισσότερη απόγνωση απ' ό,τι όταν τα κινητά μας είναι φορτισμένα στο 8% και δεν έχουμε διαθέσιμο φορτιστή. Από νωρίς το πρωί, ας εκζητήσουμε την απεριόριστη δύναμη του Θεού.

Δημιουργηθήκαμε για να έχουμε στενή κοινωνία και σχέση με τον Θεό. Νωρίς κάθε πρωί, χρειαζόμαστε το νερό της ζωής που μόνο ο Θεός μπορεί να προσφέρει για να ενδυναμώσει την ψυχή μας και να μας δώσει κουράγιο. Όσοι αναζητούν τη ζωή στην πληρότητά της βρίσκουν την ανάπαυση και τη δύναμή τους μόνο στον Θεό. «*Όπως η ελαφίνα αποζητάει τα τρεχούμενα νερά έτσι η ψυχή μου σ' αποζητάει Θεέ μου! Είν' η ψυχή μου διψασμένη για το Θεό, για τον αληθινό Θεό. Πότε θα 'ρθώ να δω το πρόσωπό σου, Θεέ μου;*» (**Ψαλμός 42:2-3**).

Η μεγαλύτερη επιθυμία του Αποστόλου Παύλου ήταν να αφήσει αυτόν τον κόσμο και να είναι με τον Χριστό. Ωστόσο, έπρεπε να μείνει εδώ με τη σάρκα για να εκπληρώσει την αποστολή του (**Προς Φιλιππησίους 1:23-24**). Ο πιστός επιθυμεί να βρίσκεται κοντά στην παρουσία του Θεού, να αναπαύεται από τη συνεχή μάχη κατά του κακού και την αγένεια στα πεδία μάχης. Γι' αυτό και η επίμονη ερώτηση «*Πότε μπορώ να πάω και να συναντήσω τον Θεό;*» Μόνο ο Θεός γνωρίζει την ημέρα και την ώρα της ανάπαυσής μας. Ωστόσο, το σημαντικό είναι να γνωρίζουμε τον Θεό ως τον Θεό ΜΑΣ.

Ας προσευχηθούμε: Ω Θεέ μου, είσαι ο Θεός μας. Έχουμε επιλεγεί να εκπληρώσουμε το θεϊκό Σου σχέδιο. Γι' αυτό, σε εκζητούμε εναγωνίως από νωρίς το πρωί. Η ψυχή μας διψά για Εσένα. Είμαστε περιτριγυρισμένοι από το κακό από παντού. Η σάρκα μας Σε ζητά. Σαν την όαση μέσα στην έρημο, η παρουσία Σου ικανοποιεί την ψυχή μας. Σε παρακαλώ, βοήθησέ μας να προωθήσουμε το καλό στη ζωή αυτή, να ευφρανθούμε στην παρουσία Σου και βοήθησέ μας να μοιραστούμε την ελπίδα που έβαλες στην καρδιά μας. Προσευχόμαστε στο Άγιο Όνομά Σου.

---

23 Νοεμβρίου
ΤΙ ΕΙΝΑΙ ΚΑΛΥΤΕΡΟ ΑΠΟ ΤΗΝ ΖΩΗ;
Ψαλμοί 63:3

Τι είναι καλύτερο από τη ζωή; Το έλεος του Θεού είναι καλύτερο από τη ζωή! Χωρίς το έλεος του Θεού, την καλοσύνη Του και την αγάπη Του, η ζωή δεν θα ήταν ζωή, αλλά απλώς ύπαρξη.

ΕΛΕΟΣ είναι να δείχνουμε συμπόνοια για το κακό που έχει γίνει σε άλλους. Στην Εβραϊκή Γραφή, βρίσκουμε τη λέξη חֶסֶד **kjésed** (**H2617**) που σημαίνει, μεταξύ άλλων, «*καλοσύνη και επιείκεια*». Στην Καινή Διαθήκη, η λέξη εμφανίζεται σε εδάφια όπως στο **Κατά Ματθαίον 5:7** «*Μακάριοι όσοι δείχνουν έλεος στους άλλους, γιατί σ' αυτούς θα δείξει ο Θεός το έλεός του*» ή στο **Κατά Λουκάν 6:36** «*Να είστε λοιπόν σπλαχνικοί, όπως σπλαχνικός είναι κι ο Θεός Πατέρας σας*».

Το έλεος είναι ένα θεϊκό χαρακτηριστικό με το οποίο ο Θεός συγχωρεί τις αμαρτίες μας. Σημαίνει ότι δεν εφαρμόζεται η δικαιοσύνη (τιμωρία) που αξίζουμε αλλά αντίθετα, μας χορηγεί τη συγχώρηση που δεν αξίζουμε. Η Αγία Γραφή ορίζει ότι το τίμημα για την αμαρτία είναι ο θάνατος, δηλαδή, η αποξένωση από την παρουσία του Θεού, *«ενώ το δώρο που χαρίζει ο Θεός είναι η αιώνια ζωή, την οποία έφερε ο Ιησούς Χριστός, ο Κύριός μας»* (Προς Ρωμαίους 6:23).

Ο Θεός είναι ελεήμων και ενδιαφέρεται για εμάς. Ο Θεός δεν θέλει κανένας μας να χαθεί, αλλά επιθυμεί όλοι να έρθουν και να Τον εμπιστευτούν. Ο Θεός μας καλεί και μας λαμβάνει κάθε στιγμή, σε όποια κατάσταση και αν είμαστε. Το έλεος του Θεού είναι διαθέσιμο δίχως όρους 24 ώρες το 24ωρο. Δίχως όρους σημαίνει ότι δεν έχει σημασία πόσο έχουμε ξεστρατίσει από τον Θεό ή πόσο πολύ επαναστατήσαμε. Τίποτα δεν μας εμποδίζει να έρθουμε κοντά στον Θεό, να παρακαλέσουμε για συγχώρηση και έλεος. Τα παιδιά μας και τα παιδιά τους πρέπει να είναι ξεκάθαρα για αυτή την προσφορά ελέους και συμφιλίωσης με τον Δημιουργό τους.

Οι νέοι μας πολλές φορές λανθασμένα πιστεύουν ότι η προσωρινή έλλειψη κρίσης τους δεν θα συγχωρηθεί από τους γονείς τους ή από τον Θεό. Για παράδειγμα, μία εγκυμοσύνη εκτός γάμου. Ο φόβος μπορεί να τους προκαλέσει να κρύψουν και να τερματίσουν την εγκυμοσύνη. Πρέπει να γνωρίζουν ότι τίποτα δεν μπορεί να μας κάνει να τους αγαπήσουμε λιγότερο και ότι μπορούν να εμπιστευτούν στον Θεό τα πράγματα που έχουν μετανιώσει περισσότερο και τις αποτυχίες τους γιατί το έλεος του Θεού είναι δίχως όρους και αιώνιο.

Ο Θεός υποσχέθηκε να μας δώσει την ευγένεια, τη συγχώρηση και το έλεος σε όσους Τον καλούν και Τον εμπιστεύονται. Γεμάτοι με ευγνωμοσύνη για τη χάρη του Θεού, ανταποκρινόμαστε με ανανεωμένη πίστη, ελπίδα και πράξεις αγάπης προς τον Θεό και τους συνανθρώπους μας, ιδιαίτερα τα παιδιά μας.

Ας προσευχηθούμε: Ουράνιε Πατέρα μας, Σ' ευχαριστούμε για την αγάπη και το έλεός Σου. Βοήθησέ μας να αγαπάμε, να συγχωρούμε και να δείχνουμε έλεος όπως Εσύ. Προσευχόμαστε στο όνομα του Ιησού Χριστού.

Τα παιδιά μας πρέπει να γνωρίζουν ότι τίποτα δεν μπορεί να μας κάνει να τους αγαπήσουμε λιγότερο και ότι μπορούν να εμπιστευτούν στον Θεό τα πράγματα που έχουν μετανιώσει περισσότερο και τις αποτυχίες τους γιατί το έλεος του Θεού είναι δίχως όρους και αιώνιο.

---

24 Νοεμβρίου
ΟΤΑΝ ΥΠΑΡΧΕΙ ΠΡΟΒΛΗΜΑ, ΕΜΠΙΣΤΕΥΘΕΙΤΕ
ΤΟΝ ΘΕΟ!
Κατά Ιωάννην 16:33

Το γεγονός ότι είμαστε Χριστιανοί δεν μας ελευθερώνει από τα προβλήματα του κόσμου, τις καταστροφές και τα δεινά. Ο Ιησούς είπε *«Ο κόσμος θα σας κάνει να υποφέρετε· αλλά εσείς να 'χετε θάρρος, γιατί εγώ τον έχω νικήσει τον κόσμο»* (Κατά Ιωάννην 16:33). Αν αντιμετωπίζουμε τις δυσκολίες με τη δική μας δύναμη, είναι πιθανό να ηττηθούμε, οι ψυχές μας παραδοθούν στην αποθάρρυνση και στην κατάθλιψη, καταλήγοντας σε μαύρα μέρη, χωρίς ελπίδα ούτε διάθεση για ζωή.

Στον **Ψαλμό 27:13-14** διαβάζουμε *«Αλίμονό μου αν δεν πίστευα πως του Κυρίου τ' αγαθά στη γη των ζωντανών θα δω. Στον Κύριο έλπιζε, ας έχει θάρρος η καρδιά σου και γενναιότητα· ναι, έλπιζε*

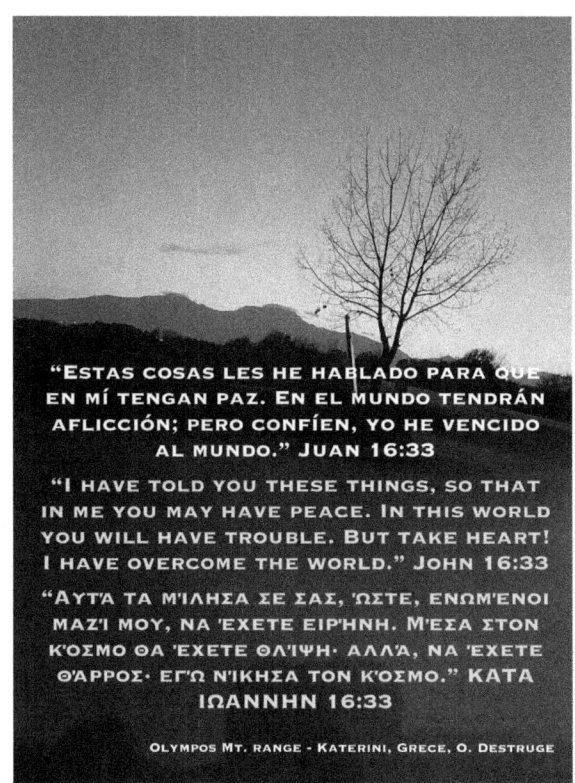

στον Κύριο».

Σκεφτείτε τις παρακάτω ερωτήσεις. «Τι θα γινόμουν εγώ αν δεν ήταν ο Κύριος; Πού θα ήμουν σήμερα αν δεν ήταν το χέρι του Θεού; Θα ήμουν μόνος, χωρισμένος, κατεστραμμένος οικονομικά ή σωματικά;» Αν δεν είχα πιστέψει στον Κύριο ως τον Βράχο και Φρούριό μου, ότι ο Θεός αποτελεί το θεμέλιο της ζωής μου, η ψυχή μου θα είχε λιποψυχήσει και δεν θα ήμουν εδώ σήμερα, να απολαμβάνω τη ζωή, την οικογένειά μου και την παρουσία του Θεού.

Πολλοί δεν γνωρίζουν ακόμη την ειρήνη, τη σιγουριά και τη δύναμη που προσφέρει ο Ιησούς με την υιοθεσία στην οικογένειά Του. Εγώ κι εσείς ανακαλύψαμε τον θησαυρό αυτόν μέσω της Αγίας Γραφής. *«Επομένως, για να πιστέψει κανείς χρειάζεται ν' ακούσει το κήρυγμα και το κήρυγμα γίνεται με το λόγο του Θεού»* **(Προς Ρωμαίους 10:17)**. Έτσι, όταν βρισκόμαστε σε δοκιμασίες, αντί να τα παρατάμε, εμπιστευόμαστε ότι θα ξεπεράσουμε τα προβλήματά μας γιατί ο Ιησούς υποσχέθηκε ότι θα μας δώσει τη νίκη.

Ο κόσμος είναι γεμάτος ανθρώπους που χρειάζεται να γνωρίζουν την αξία που ο Θεός έβαλε στη ζωή τους. Πολλοί δεν γνωρίζουν τα καλά σχέδια που έχει ο Θεός για τη ζωή τους και ότι η τωρινή τους κατάσταση δεν τους εμποδίζει να ξεκινήσουν ξανά, με ανανεωμένη δύναμη και ελπίδα, να κάνουν κάτι καλό και ευγενικό με τη ζωή που ο Θεός τους έδωσε. Έχουμε πολλές ψυχές να σώσουμε και να τις γεμίσουμε με την πίστη που εμπιστεύεται ολοκληρωτικά στον Θεό.

Ας προσευχηθούμε: Ουράνιε Πατέρα μας, δώσε μας το προνόμιο να μοιραζόμαστε τα καλά σχέδια που έχεις για εμάς με τους αγαπημένους μας και με τους ξένους, να γεμίσουμε την ψυχή τους με πίστη και ελπίδα, να δούμε την καλοσύνη Σου στη ζωή τους και στη ζωή των παιδιών τους. Ενθάρρυνε τις καρδιές μας να αναμένουν Εσένα. Προσευχόμαστε στο όνομα του Ιησού Χριστού.

Αν αντιμετωπίζουμε τις δυσκολίες με τη δική μας δύναμη, είναι πιθανό να ηττηθούμε, οι ψυχές μας παραδοθούν στην αποθάρρυνση και στην κατάθλιψη, καταλήγοντας σε μαύρα μέρη, χωρίς ελπίδα ούτε διάθεση για ζωή.

---

25 Νοεμβρίου
Ο ΘΕΪΚΟΣ ΤΡΟΠΟΣ
Ψαλμοί 25:4

Μαθαίνουμε να ακολουθούμε τον θεϊκό τρόπο μέσα από τη μελέτη της Αγίας Γραφής και το παράδειγμα Χριστιανών μεντόρων και ποιμένων. Ο φόβος και η ντροπή δεν έχουν μέρος στον τρόπο του Θεού γιατί *οι δρόμοι του Κυρίου είναι αιώνιοι* και οδηγούν στην αιώνια ζωή **(Αββακούμ 3:6Γ NKJV)**. Ο Θεός αναμένει και χαίρεται όταν κάνουμε γνωστούς τους τρόπους Του.

Για πολλά χρόνια, ήμουν αναστατωμένος με την Johana, μία συνάδελφο. Όταν ο Θεός ήρθε στη ζωή μου το '89, πήγα στην Johana, ζητώντας της συγχώρηση που απέρριψα τη φιλία μας και μοιράστηκα την εμπειρία μου με τον Θεό. Ήρθε η συμφιλίωση και την κάλεσα στην ομάδα προσευχής και συναναστροφής που ξεκινήσαμε στο γραφείο μου. Μετά που διαβάσαμε την επιστολή προς Φιλιππησίους, κάναμε πρόσκληση και έλαβε τον Κύριο με μεγάλη χαρά. Η ζωή της άλλαξε και έγινε ευχάριστη, χαρούμενη, ευγενική και γενναιόδωρη σε όσους είχαν ανάγκη.

Λίγους μήνες αργότερα, η Johana έπαθε κρίση άσματος και αναπαύτηκε εν Κυρίω. Σκεφτείτε να μην είχαμε μοιραστεί το Ευαγγέλιο; Ποιος ξέρει τι θα γινόταν με αυτή την ψυχή; Η εμπειρία αυτή με έκανε να μην φοβάμαι για το αν θα μοιραστώ το Ευαγγέλιο του Ιησού Χριστού ή όχι με φίλους και με οικογένεια.

Δεν υπάρχει φόβος ούτε καχυποψία με τον θεϊκό τρόπο γιατί πράττουμε το θέλημα του Θεού. Παρόλο που εμείς, είμαστε ατελείς *«Τέλειες είναι του Θεού μου οι ενέργειες, ο λόγος του Κυρίου είν' αξιόπιστος· αυτός ασπίδα γίνεται σ' όλους που καταφεύγουνε σ' αυτόν»* (**Ψαλμοί 18:31**). Στον θεϊκό τρόπο, ο διάβολος δεν μπορεί να μας αγγίξει γιατί ο Θεός είναι η ασπίδα και το καταφύγιό μας.

Μαζί με τον θεϊκό τρόπο, η καθοδήγηση του Θεού, η κατεύθυνση και η έμπνευσή Του, όπως ο ήλιος είναι υψηλά και δεν λανθάνουν. *«Όσο απέχει ο ουρανός από τη γη, τόσο απέχουν τα έργα μου απ' τα δικά σας, οι σκέψεις μου από τις σκέψεις σας»* (**Ησαΐας 55:9**). *«Ο δρόμος του Κυρίου είναι ίσιος»* (**Ωσηέ 14:9β**) και *«ανεξερεύνητος»* (**Προς Ρωμαίους 11:33**). Στο περιορισμένο μυαλό μας, δεν θα μπορούσαμε ποτέ να κατανοήσουμε τον νου του Θεού. Κι όμως, η καρδιά μας αναγνωρίζει την αλάνθαστη φωνή του Θεού και με χαρά και ευγνωμοσύνη υποτάσσεται στην κατεύθυνση του Θεού γιατί δεν υπάρχει καλύτερος τρόπος από τον θεϊκό τρόπο.

Ας προσευχηθούμε: Ουράνιε Πατέρα μας, *«Μεγάλα και θαυμαστά τα έργα σου, Κύριε, παντοκράτορα Θεέ! Δίκαιες κι αληθινές οι ενέργειές σου, βασιλιά των εθνών!»* (**Αποκάλυψη 15:3**). Δίδαξέ μας να περπατούμε στην αλήθεια Σου και να εκζητούμε το πρόσωπό Σου. Προσευχόμαστε στο όνομα του Ιησού Χριστού.

---

26 Νοεμβρίου
ΠΕΙΘΑΡΧΗΜΕΝΟΙ ΣΤΗΝ ΠΡΟΣΕΥΧΗ
Προς Θεσσαλονικείς Α' 5:17

Η δημιουργία μίας νέας συνήθειας χρειάζεται περίπου 3 εβδομάδες. Για παράδειγμα, η μελέτη της Αγίας Γραφής απαιτεί ένα απομονωμένο μέρος δίχως περισπασμούς και έναν ξεχωριστό χώρο αποκλειστικά για μελέτη.

Στην εταιρεία που δούλευα, διαμόρφωσα μία ομάδα συντροφιάς και προσευχής. Συναντιόμασταν κάθε Τετάρτη στον ίδιο χώρο το μεσημέρι για περίπου 10 χρόνια. Η βοηθός μου είχε εντολές να μην μας διακόψει κανείς, ακόμη κι αν με ζητούσε ο πρόεδρος της εταιρείας – αυτό καθόριζε την πειθαρχία και την αφοσίωση όλων μας.

Σήμερα, ο Θεός μας καλεί «*να προσευχόμαστε αδιάκοπα*». Είναι, όμως, κάτι τέτοιο δυνατό όταν έχουμε υποχρεώσεις, εργασία και άλλες δουλειές; Ναι, φυσικά! **Αν μπορούμε να αγαπούμε κάθε στιγμή, μπορούμε και να προσευχόμαστε κάθε στιγμή!** Πιστεύετε στον έρωτα με την πρώτη ματιά; Ποιος δεν θυμάται την ώρα που τον χτύπησε ο έρωτας, δεν μπορούσαμε να σταματήσουμε να σκεφτόμαστε τον άνθρωπο που αγαπούσαμε όλη μέρα; Ακόμη κι αν δεν ήταν δίπλα μας, η παρουσία τους μας συντρόφευε σε κάθε μέρος και δραστηριότητα. Ανυπομονούσαμε να επιστρέψουμε όσο το δυνατόν πιο σύντομα γίνεται.

Στο κήρυγμά του, με τίτλο «*Προσευχή δίχως διακοπή*», ο Ralph Waldo Emerson είπε «*Προσευχή δεν είναι μόνο όταν με δυνατή φωνή και με ωραίο τρόπο, απευθύνουμε τα αιτήματά μας στη Θεότητα. Προσευχόμαστε δίχως διακοπή. Κάθε μυστική ευχή είναι μία προσευχή. Κάθε σπίτι είναι μία εκκλησία. Η γωνιά κάθε δρόμου είναι ένας κλειστός χώρος για αφοσίωση*»[22]. Ερωτευμένοι με τον Ιησού, γνωρίζουμε για την παρουσία Του και παραμένουμε σε κοινωνία μαζί Του παντού και πάντα.

Μία άλλη ελληνική λέξη για το «**αδιάκοπος**» είναι το **ἀδιαλείπτως** που σημαίνει δίχως διακοπή, δίχως παράλειψη. Όπως η αγάπη είναι συνεχής, η προσευχή γίνεται μία αδιάλειπτη επικοινωνία με τον Δημιουργό μας. Ερχόμαστε πιο κοντά με τον Αγαπημένο μας επαναλαμβάνοντας τις υποσχέσεις της Αγίας Γραφής ότι *μπορούμε να κάνουμε τα πάντα χάρη στον Χριστό που μας ενδυναμώνει* **(Προς Φιλιππησίους 4:13)** ή ότι *τίποτα δεν μπορεί να μας χωρίσει από την αγάπη του Θεού* **(Προς Ρωμαίους 8:39)**.

Ας προσευχηθούμε: Ουράνιε Πατέρα μας, βοήθησέ μας να αναπτύξουμε την πειθαρχία να είμαστε σε επικοινωνία μαζί Σου κάθε στιγμή. Υπενθύμισέ μας ότι τα πάντα μας φέρνουν κοντά στην παρουσία Σου και το άρωμα γίνεται προσευχή, ύμνος, εδάφιο, ευλογία, χαιρετισμός στον γείτονα ή σε έναν ξένο, ακόμη και το κόψιμο του χριστουγεννιάτικου δέντρου. Σ' ευχαριστούμε γιατί μπορούμε να υμνούμε όσο εργαζόμαστε και να προσευχόμαστε όση ώρα κοιμίζουμε την εγγονή μας στα χέρια μας. Άφησε τις ζωές μας να είναι μία συνεχής προσευχή και δοξολογία σε Εσένα. Προσευχόμαστε στο όνομα του Ιησού Χριστού.

Όπως η αγάπη είναι συνεχής, η προσευχή γίνεται μία αδιάλειπτη επικοινωνία με τον Δημιουργό μας. Ερχόμαστε πιο κοντά με τον Αγαπημένο μας επαναλαμβάνοντας τις υποσχέσεις της Αγίας Γραφής

---

[22] https://thevalueofsparrows.com/2014/02/02/sermon-pray-without-ceasing-by-ralph-waldo-emerson/.

27 Νοεμβρίου
ΧΑΡΟΥΜΕΝΗ ΗΜΕΡΑ ΤΩΝ ΕΥΧΑΡΙΣΤΙΩΝ
Αποκάλυψη 14:6

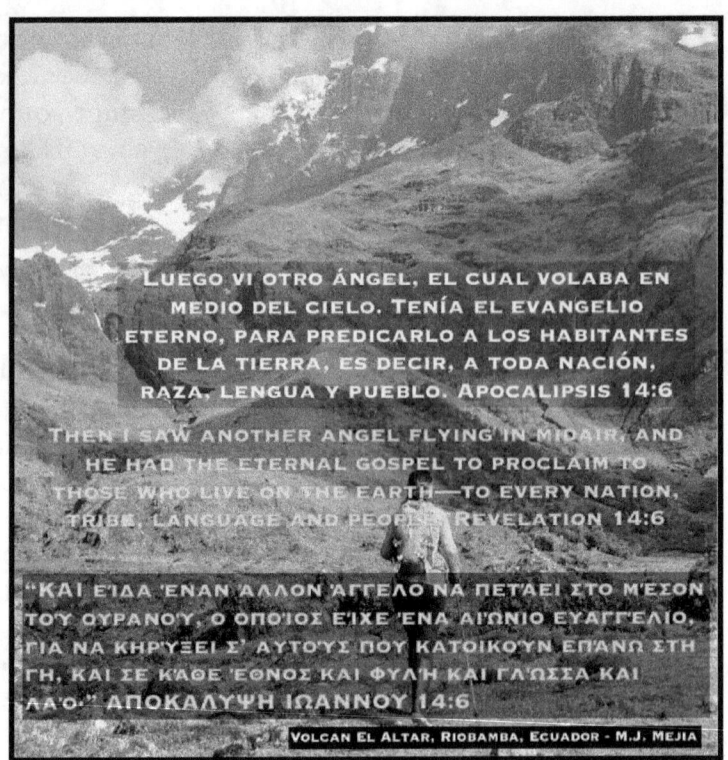

Επτά χώρες (οι Ηνωμένες Πολιτείες, ο Καναδάς, η Αυστραλία, η Ολλανδία, η Αγία Λουκία και η Γρενάδα) γιορτάζουν την ημέρα των Ευχαριστιών. Μαζευόμαστε με την οικογένεια γύρω από το τραπέζι του φαγητού για να ευχαριστήσουμε τον Θεό για τη φροντίδα Του, την καθοδήγησή Του και όσα μας έχει δώσει. Για τους Χριστιανούς, κάθε ημέρα είναι ημέρα Ευχαριστιών προς τον Θεό που μας έχει σώσει, έχει δέσει τις πληγές μας και μας έχει δώσει νέα και αιώνια ταυτότητα ως υιοθετημένοι γιοι και κόρες του Θεού, σε ένα μέρος που είναι κρατημένο στο τραπέζι για το επίσημο δείπνο Του.

Το επίσημο δείπνο του Κυρίου δεν συγκρίνεται με τίποτα εδώ στη γη, ούτε μάλιστα με της πεθεράς μου, που ετοίμαζε τα πιο γευστικά πιάτα Ελλάδας και Αμερικής για εμάς. Εγώ κι εσείς έχουμε θέση στο τραπέζι, αλλά πολλοί άνθρωποι από κάθε έθνος, φυλή, γλώσσα και λαό δεν γνωρίζουν ακόμη την πρόσκληση και την ευγένεια του Βασιλιά. Πρέπει να χρησιμοποιούμε τα δώρα που μας έδωσε ο Θεός για να βγουν μέσα από τη γειτονιά μας, τα χωριά μας και τα βουνά σε αναζήτηση των προβάτων που είναι πεινασμένα και διψασμένα για δικαιοσύνη, αλλά δεν γνωρίζουν από πού θα έρθουν τα επόμενα ψίχουλά τους, το γάλα και το μέλι τους. Καθήκον μας είναι να τους προσκαλέσουμε στη γιορτή των Ευχαριστιών.

Κάποιοι μπορεί να πουν **«Δεν μπορώ, φοβάμαι να μιλήσω μπροστά σε κοινό!»** ή **«Δεν ξέρω τι να πω!»** ή **«Δεν θα με πιστέψουν»** ή **«Τι θα γίνει αν με απορρίψουν;"** Ή **«Καλύτερα να στείλετε κάποιον πιο ικανό».** Άλλοι μπορεί να πουν ότι **δεν έχουν χρόνο**. Αυτές ήταν οι δικές μου δικαιολογίες στην αρχή. Αλλά **ας θυμηθούμε εγώ κι εσείς με ευγνωμοσύνη** ότι ήρθαμε στο τραπέζι του Κυρίου γιατί κάποιος ξεπέρασε τους φόβους του και μας προσκάλεσε. Στην αρχή δεν ήταν εύκολο να το ζητήσει αλλά σιγά-σιγά, έγινε πιο εύκολο. Είναι σαν να σκαρφαλώνεις βουνό. Κανένας νέος ορειβάτης δεν μπορεί να σκαρφαλώσει τα 4.550 μέτρα του ηφαιστείου El Altar Volcano δίχως να έχει κατακτήσει πρώτα τις κορυφές των 2.000 και 3.000 μέτρων όπως έκανε η ξαδέρφη μου, María José, στη σημερινή φωτογραφία.

Ως λυτρωμένα παιδιά του Θεού, ο Θεός μας έχει εμπιστευθεί με *«ένα αιώνιο, χαρμόσυνο άγγελμα να διαλαλήσει στους κατοίκους της γης, σε κάθε έθνος και φυλή, γλώσσα και λαό»* (**Αποκάλυψη 14:6**). Μην φοβάστε να δώσετε μαρτυρία για όσα έχει κάνει ο Θεός στη ζωή σας. Ο Θεός σας επέτρεψε να περάσετε μέσα από δυσκολίες ώστε να τις ξεπεράσετε και να δώσετε μαρτυρία πώς το χέρι του Θεού σας καθοδήγησε, σας λύτρωσε και σας τοποθέτησε σε θέσεις τιμής και ελπίδας. **Ίσως μία μέρα, γύρω από ένα τραπέζι, κάποιος να ευχαριστήσει εσάς, τον άγγελο που του έφερε το ευαγγέλιο της ειρήνης, της αγάπης και της ελπίδας στη ζωή τους και στο σπίτι τους.**

Ας προσευχηθούμε: Ουράνιε Πατέρα μας, το 2021 ήταν μία απίστευτη χρονιά, αλλά Εσύ ήσουν στο πλευρό μας, να μας φροντίζεις, να μας καθοδηγείς και να προμηθεύεις για όλες μας τις ανάγκες και τις επιθυμίες. Σ' ευχαριστούμε για το πολύτιμο δώρο που έφερες στην οικογένειά μας, για τον εγγονό μας, τον Λάζαρο-Ηλία. Σ' ευχαριστούμε Κύριέ μου.

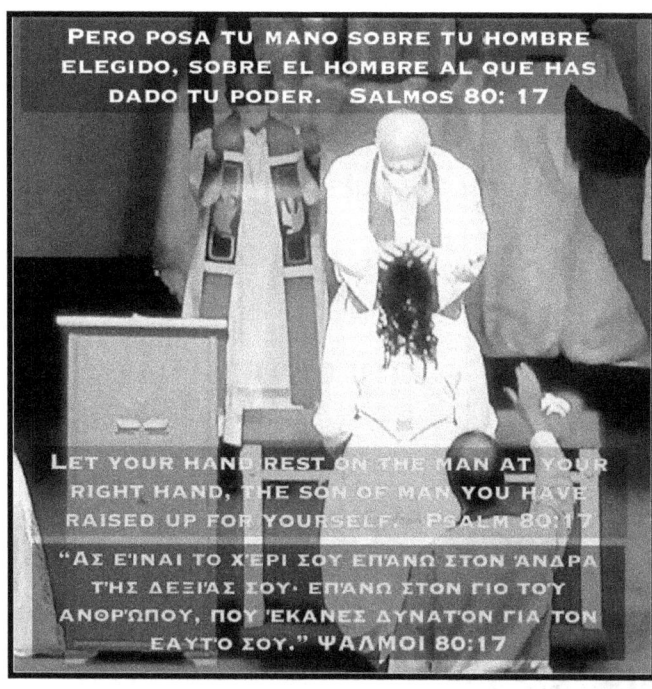

28 Νοεμβρίου
ΕΥΛΟΓΗΣΕ ΤΟΥΣ ΕΝΤΕΤΑΛΜΕΝΟΥΣ ΑΡΧΗΓΟΥΣ ΣΟΥ
Ψαλμοί 80:17

Ο **Ψαλμός 80** επιβεβαιώνει την πίστη των ανθρώπων και την απόλυτη εμπιστοσύνη στον Θεό να τους σώσει και να τους φροντίσει ως ποιμένας. *«Θεέ, φέρε μας πίσω, το πρόσωπό σου ας λάμψει και θα σωθούμε»* **(εδάφιο 4)**. Είναι μία προσευχή απελευθέρωσης και αποκατάστασης που βασίζεται στο εντεταλμένο από τον Θεό ηγέτη για να πράξει το έργο του.

Ο ορισμός ενός νέου πνευματικού ή πολιτικού ηγέτη είναι ένα σημαντικό γεγονός στις ζωές των ανθρώπων καθώς φέρνει κοντά ευλογίες, αλλαγές και αφθονία. Και στα δύο, ζητούμε το χέρι του Θεού να βρίσκεται στον εκλεγμένο άνθρωπο ώστε με σοφία και ευγένεια, να καθοδηγήσουν, να θρέψουν, να προστατεύσουν και να εμπνεύσουν ανθρώπους να υπηρετήσουν τον Θεό και τον συνάνθρωπό τους.

Όταν, με την έμπνευση του Αγίου Πνεύματος, το Κονκλάβιο των Καρδιναλίων της Καθολικής Εκκλησίας εκλέγει έναν νέο Πάπα, το ανακοινώνουν λέγοντας τη λατινική φράση *"Habemus papam,"* που σημαίνει **«Έχουμε Πάπα»**.

Στις αρχές Νοεμβρίου, οι πολίτες προσήλθαν στις κάλπες για να ψηφίσουν τον πρόεδρο και άλλους ηγέτες στις Ηνωμένες Πολιτείες. Ο λαός ψήφισε και αναφώνησε **«Habemus αιρετό πρόεδρο»**. Ήδη κάναμε μέρος της εργασίας με την ψήφο μας. Το δεύτερο μέρος, η συνέχεια παραμένει – να προσευχηθούμε στον Θεό να βάλει το χέρι Του και το Πνεύμα Του στους εκλεγμένους ηγέτες μας, δίνοντάς τους σοφία και πόρους να ηγηθούν των ανθρώπων που θα εκπροσωπήσουν.

Κάποιες εκκλησίες, ευλογήθηκαν επίσης με τη χειροτονία ποιμένων. Στην εκκλησία των Μεθοδιστών, τα μέλη της εκκλησίας και ο κλήρος επιβεβαιώνουν με ψήφο το κάλεσμα του ανθρώπου που είναι να γίνει ποιμένας. Στη συνέχεια, ο επίσκοπος, βάζοντας το χέρι του επάνω στο κεφάλι του εκλεγμένου, προσεύχεται για το Άγιο Πνεύμα να ενδυναμώσει τον *«Πρεσβύτερο που έχει κληθεί σε μία διακονία Λόγου, θείας μετάληψης, της τάξης και της υπηρεσίας. Αυτό σημαίνει ότι οι πρεσβύτεροι κηρύττουν και διδάσκουν τον Λόγο του Θεού, εκτελούν την ποιμαντική και συμβουλευτική, χορηγούν θεία μετάληψη σε βάπτιση και Άγια Κοινωνία και δίνουν την εντολή για τη ζωή της εκκλησίας για υπηρεσία και διακονία»*.

Στον **Έσδρα 8:22** διαβάζουμε *«το χέρι του Θεού μας προστατεύει όλους εκείνους που τον αναζητούν με αγαθή πρόθεση, και η οργή του ξεσπάει με δύναμη ενάντια σ' εκείνους που τον* *εγκαταλείπουν».*

Ας προσευχηθούμε: Ουράνιε Πατέρα μας, Σ' ευχαριστούμε για τους ηγέτες και τους κήρυκες που επέλεξες να ηγηθούν του λαού Σου. Σε παρακαλώ βοήθησέ τους να ολοκληρώσουν το έργο που έχεις εναποθέσει στους ώμους τους. Βοήθησέ τους να υπηρετούν και να αγαπούν ο ένας τον άλλον, να μειώνουν τις διαιρέσεις ενθυμούμενοι πρώτα απ' όλα, ότι είμαστε τα παιδιά Σου και αδελφοί εν Χριστώ. Σε παρακαλώ βοήθησέ μας να στηρίζουμε τους ηγέτες μας πράττοντας το θέλημά Σου. Προσευχόμαστε στο όνομα του Ιησού Χριστού.

Ζητούμε το χέρι του Θεού στον εκλεγμένο άνθρωπο ώστε με σοφία και ευγένεια, να καθοδηγήσει, να θρέψει, να προστατεύσει και να εμπνεύσει τον λαό να υπηρετήσει τον Θεό και τον πλησίον του.

29 Νοεμβρίου
Ο ΘΕΟΣ ΤΗΡΕΙ ΟΛΕΣ ΤΙΣ ΥΠΟΣΧΕΣΕΙΣ
Β' Πέτρου 3:9α

Οι υποσχέσεις του Θεού είναι άξιες εμπιστοσύνης – Ο Θεός τηρεί τις υποσχέσεις Του και θα τις εκπληρώσει όλες. *«Σας βεβαιώνω πως όσο υπάρχει ο κόσμος, έως τη συντέλειά του, δε θα πάψει να ισχύει ούτε ένα γιώτα ή μία οξεία από το νόμο»* **(Κατά Ματθαίον 5:18).**

Στην εποχή του Νώε, ο Θεός είδε το κακό που υπήρχε στη Γη και μετάνιωσε που τη δημιούργησε. Ο Θεός πρόσφερε να σώσει τον Νώε και την οικογένειά του από την πλημμύρα μέσω μιας Κιβωτού που ο Θεός είναι στον Νώε να κατασκευάσει. Η πρώτη υπόσχεση (διαθήκη) που έκανε ο Θεός ήταν *«Μ' εσένα όμως θα συνάψω τη διαθήκη μου· θα μπεις στην κιβωτό εσύ και μαζί σου οι γιοι σου, η γυναίκα σου και οι γυναίκες των γιων σου. Επίσης μαζί σου στην κιβωτό θα μπουν από ένα ζευγάρι απ' όλα τα ζώα, όλα τα όντα, για να επιζήσουν μαζί σου –ένα αρσενικό κι ένα θηλυκό»* **(Γένεσις 6:18-19).**

Ο Θεός έστειλε βροχή για 40 ημέρες και νύχτες, τόσο πολύ που τα νερά κάλυψαν τις κορυφές των βουνών και όλα τα ζωντανά πλάσματα που δεν εισήλθαν στην Κιβωτό, πέθαναν. Μόλις τα νερά υποχώρησαν, ο Νώε και η οικογένειά του μαζί με τα ζώα, έφυγαν από την προστασία της Κιβωτού και ο Θεός τους υποσχέθηκε ότι *«Δε θα καταραστώ πια τη γη εξαιτίας του ανθρώπου, γιατί η σκέψη του είναι πονηρή από τη νεότητά του. Δε θα καταστρέψω πια καμιά ζωή, όπως έκανα τώρα. Στο εξής, όσο θα υπάρχει η γη, δε θα πάψουν να υπάρχουν σπορά και θερισμός, κρύο και ζέστη, καλοκαίρι και χειμώνας, ημέρα και νύχτα».* Ως επισφράγισμα της διαθήκης αυτής, ο Θεός εδραίωσε το ουράνιο τόξο στον Ουρανό.

Στην Αγία Γραφή βρίσκουμε πολλές υποσχέσεις ευγένειας, υπομονής και ευλογίας για εσάς και την οικογένειά σας. **Έχετε διαβάσει ποτέ ολόκληρη την Αγία Γραφή ώστε να ανακαλύψετε πόσα θαύματα έχει ετοιμάσει ο Θεός για εσάς και για τα παιδιά σας;** Αν δεν γνωρίζουμε αυτές τις υποσχέσεις, πώς μπορούμε να τις ζητούμε; *«Ζητήστε και θα σας δοθεί»* **(Κατά Ματθαίον 7:7).**

Ο Θεός λυπάται βλέποντας ότι το κακό εξαπλώνεται σας ιός σε όλο τον κόσμο. Αλλά, επίσης, ο Θεός έχει πολύ υπομονή, δεν θέλει να χαθεί κανείς, αλλά αντίθετα, θέλει όλοι να μετανοήσουν και να επιστρέψουν σε Εκείνον σε αναζήτηση της αγάπης και του ελέους Του. **Έχουμε τόση δουλειά που πρέπει να γίνει! Ο Θεός βασίζεται σε εμάς να τηρήσουμε τις υποσχέσεις μας!**

Ας προσευχηθούμε: Ουράνιε Πατέρα μας, είθε να μας βρεις έμπιστους και να μας χρησιμοποιήσεις ώστε μέσω της ζωής και της μαρτυρίας, τα αγαπημένα Σου πρόβατα να επιστρέψουν στο κοπάδι και να σωθούν από την ημέρα της κρίσης. Προσευχόμαστε στο Άγιο Όνομά Σου.

---

30 Νοεμβρίου
ΣΥΝΑΝΤΗΣΕΙΣ
Ψαλμοί 90:12

Ο **Ψαλμός 90** με ανέσυρε από την αποθάρρυνση σε στιγμές δοκιμασίας και πίκρας. Στα πρώτα χρόνια που διάβαινα με τον Κύριο, έπειτα που βγήκα από τη σκοτεινή περίοδο, άκουγα καθημερινά την ανάγνωση της Αγίας Γραφής στο ραδιόφωνο που ξεκινούσε με ένα-δύο εδάφια: *«Κύριε, καταφύγιό μας έγινες εσύ από γενιά σ' άλλη γενιά. Πριν γεννηθούνε τα βουνά και πάρει υπόσταση η οικουμένη, από πάντα και για παντοτινά εσύ 'σαι ο Θεός».*

Η συνάντηση με τον Θεό που μου άλλαξε τη ζωή ήταν κάπως έτσι: προτού γνωρίσω την αγάπη του Θεού, ο Κύριος με γνώριζε και ήταν στο πλευρό μου, φυλάσσοντας την ψυχή μου σύμφωνα με τον καλό Του σκοπό. Μια μέρα, το 1988, αισθανόμουν το βάρος του κόσμου στους ώμους μου, είπα στους γονείς. Μου *«Δεν θέλω να μου συμβεί κάτι τρομερό, όπως ο θάνατος, αλλά εύχομαι να ήμουν άρρωστος σε ένα νοσοκομείο για περίπου ένα μήνα και να μην είχα υποχρεώσεις».* Οι γονείς μου απάντησαν, *«**Παιδί μου, αυτό να μην το λες ούτε σαν αστείο»**.*

Μερικούς μήνες αργότερα, ο Κύριος ενορχήστρωσε τη συνάντησή μου με τον Ιησού σε μία πνευματική συγκέντρωση. Ήταν 3 ημέρες αποκάλυψης, ανανέωσης, ανάπαυσης και πνευματικής μεταμόρφωσης. Μιλώντας για τη μελέτη της Αγίας Γραφής, ο ομιλητής, Tim O'Donnell, είπε ότι *χρειαζόμαστε τρεις εβδομάδες για να δημιουργήσουμε μία νέα συνήθεια.* Την ημέρα μετά τη συνάντηση, ζήτησα από τον Κύριο να μου δώσει τρεις εβδομάδες χωρίς υποχρεώσεις και εργασία ώστε να διαβάσω την Αγία Γραφή. Την επόμενη ημέρα, φεύγοντας από το σπίτι για τη δουλειά μου, γλίστρησα στον πάγο και έσπασα τον αστράγαλό μου. Ο γιατρός μου έδωσε τρεις εβδομάδες ανάπαυσης στο σπίτι, Κάθε μέρα, η Μαργαρίτα με τα παιδιά έφευγε νωρίς. Πήγαινε στη δουλειά και τα παιδιά πήγαιναν στο σχολείο και στο νηπιαγωγείο. Μόλις έφευγαν, άνοιγα την Αγία Γραφή και απολάμβανα αδιάλειπτο χρόνο με τον Άγιο Λόγο του Κυρίου και του Θεού.

Το καλύτερο φάρμακο για να ηρεμήσουμε όσα μας αγχώνουν, να μάθουμε να οργανώνουμε τη ζωή μας και να βάζουμε σε προτεραιότητα τις ημέρες μας με τρόπο σωστό είναι αναζητώντας συναντήσεις με τον Κύριο μέσω του Λόγου Του. Σε αυτές, εκτιμούμε για πρώτη φορά τη μεγαλοσύνη της αγάπης του Θεού για εμένα και για εσένα. Οι συναντήσεις με τον Θεό μας δίνουν την απαραίτητη δύναμη και σοφία για ταραχώδεις εποχές όπως αυτή.

Ας προσευχηθούμε: Ουράνιε Πατέρα μας, Σ' ευχαριστούμε γιατί από γενιά σε γενιά, είσαι το καταφύγιό μας, η σοφία μας, η ανάπαυσή μας και η τροφή μας. *«Δείξε στους αφοσιωμένους σου το έργο σου, και στα παιδιά τους τη μεγαλοσύνη σου»* **(Ψαλμοί 90:16).** Αύξησε την πίστη μας ώστε τα παιδιά μας και εμείς να απολαμβάνουμε καθημερινές συναντήσεις μαζί Σου και με τον Λόγο Σου. Προσευχόμαστε στο Άγιο Όνομά Σου.

---

1 Δεκεμβρίου
ΕΚΜΕΤΑΛΛΕΥΣΟΥ ΤΟΝ ΧΡΟΝΟ ΠΟΥ ΣΟΥ ΕΧΕΙ ΔΟΘΕΙ
Ψαλμοί 90:10

Στην οικονομική εταιρία στην οποία εργαζόμουν για μεγάλο χρονικό διάστημα, βοηθώντας τους εργαζόμενους να αποταμιεύσουν και να επενδύσουν για τη συνταξιοδότησή τους, συχνά τους παρουσίαζα ένα παράδοξο πλάνο. Πολλοί εργαζόμενοι ξοδεύουν μέρες και εβδομάδες για να σχεδιάσουν τις ετήσιες διακοπές τους ή τον μήνα του μέλιτος αλλά δεν επενδύουν ούτε μια ώρα του διαθέσιμου χρόνου τους για τον προγραμματισμό της συνταξιοδότησής τους που ξεκινά περίπου στην ηλικία των 65 με 67 χρόνων και θα διαρκέσει για το υπόλοιπο της ζωής τους. Το βλέπουν ως κάτι μακρινό, ένα γεγονός που δεν αποτελεί προτεραιότητά τους. Κατά παρόμοιο τρόπο, το ίδιο συμβαίνει συχνά και με την πνευματική μας ζωή.

Οι χριστιανοί πρέπει να προετοιμάζονται για τη ζωή τους, τη ζωή αυτή επί της γης, ώστε να απολαύσουν αργότερα την αιώνια, άφθονη ζωή στην παρουσία του Σωτήρα τους. Μερικοί πιστεύουν ίσως πως ο Θεός έχει υποσχεθεί στον καθένα το ελάχιστο χρονικό διάστημα 70 χρόνων ζωής επάνω στη γη και ότι έχουν περίσσιο χρόνο να διορθώσουν στο μέλλον ίσως κάποιες αποφάσεις τους. Υπάρχουν και εκείνοι που θεωρούν πως ο Θεός έχει αποτύχει με τη συγκεκριμένη Του υπόσχεση σχετικά με τα χρόνια ζωής πάνω στη γη καθώς γνωρίζουμε πως η διάρκεια ζωής των ανθρώπων ποικίλει. Μερικοί άνθρωποι γεννιούνται για να ζήσουν μόνο μερικές ώρες σε αυτόν τον κόσμο, όπως ο δίδυμος αδερφός μου, ενώ άλλοι άνθρωποι φτάνουν τα εκατό χρόνια ζωής.

Αυτό που παρατηρούμε στον **Ψαλμό 90:10** δεν είναι ότι όλοι οι άνθρωποι θα φτάσουν τα 70 ή τα 80 χρόνια ζωής πάνω στη γη, ούτε ότι έχουμε πολλά ακόμη χρόνια μπροστά μας για να μετανοήσουμε και να επιστρέψουμε στον Θεό, αλλά ότι τα 70 με 80 χρόνια ζωής θα μπορούσαν ίσως να χαρακτηριστούν ως μια μέση διάρκεια ζωής. Για μερικούς ανθρώπους, όπως και για τον Ιησού Χριστό, η ζωή τους θα είναι πολύ σύντομη. Ουσιαστικά, όμως, ο χρόνος μας πάνω στη γη είναι περιορισμένος για όλους μας και τελικά όλοι μας κάποια μέρα θα πεθάνουμε. Ο τρόπος που έχουμε ζήσει και το πρόσωπο στο οποίο έχουμε θέσει την ελπίδα μας θα καθορίσουν την αιώνια κατοικία μας μετά τον θάνατο, είτε αυτή είναι στην αιώνια ανάπαυση στον ουρανό ή στην αιώνια καταδίκη.

Είναι σημαντικό τόσο για τα παιδιά μας όσο και για εμάς τους ίδιους να είμαστε σε θέση να απαντήσουμε θετικά στην ακόλουθη ερώτηση: Έχεις θέσει την εμπιστοσύνη και την ελπίδα σου στον Ιησού Χριστό ως τον μοναδικό και επαρκή Σωτήρα και Κύριο της ζωής σου;

Καθώς προσδοκούμε την ημέρα εκείνη της ολοκληρωτικής απολύτρωσης, όταν ο Ιησούς θα επιστρέψει για τον λαό Του, έχουμε κληθεί σε ένα σημαντικό έργο του να είμαστε πιστοί μάρτυρες σε αποστολή εύρεσης των χαμένων προβάτων και συνετοί χρήστες του χρόνου που μας έχει δοθεί σαν δώρο από τον Θεό, έτσι ώστε είτε οι μέρες μας πάνω στη γη, είναι λίγες είτε πολλές, να τις ζούμε για τον Θεό.

Ας προσευχηθούμε: Ουράνιε Πατέρα μας, Σε ευχαριστούμε που μας βοηθάς να κατανοήσουμε τη συντομία της ζωής μας σε αυτή τη γη και την ευθύνη που έχουμε σαν υιοθετημένα παιδιά Σου να οδηγήσουμε στη σωτηρία κι άλλους ανθρώπους, τους φίλους και την οικογένεια μας. Σε ευχαριστούμε για το σπουδαίο προνόμιο να μας έχεις επιλέξει ως αγγελιοφόρους των καλών νέων και οδηγών των συνανθρώπων μας προς Εσένα. Σε παρακαλούμε βοήθησέ μας να χρησιμοποιούμε σωστά τον λίγο χρόνο που έχουμε. Προσευχόμαστε στο Άγιο Σου όνομα. Αμήν.

Να χρησιμοποιούμε με σοφία τον χρόνο μας, έτσι ώστε είτε οι μέρες μας πάνω στη γη είναι λίγες είτε πολλές, να τις ζούμε για τον Θεό.

---

2 Δεκεμβρίου
ΕΛΕΥΣΗ - ΓΙΟΡΤΑΖΟΝΤΑΣ ΤΗ ΖΩΗ
Κατά Λουκάν 1:76-77

Η Έλευση είναι η θαυμάσια αυτή περίοδος της αντίστροφης μέτρησης του έτους κατά την οποία θυμόμαστε τον ερχομό του νεογέννητου Ιησού στον κόσμο για να μας λυτρώσει από τις αμαρτίες μας.

Ο Ιωάννης ο Βαπτιστής είχε επιλεγεί και σταλεί ως ένας αγγελιοφόρος του Θεού για να προετοιμάσει τον ερχομό του Κυρίου. Το εδάφιο **Λουκάς 1:80** μας λέει, *«Και το παιδί αύξανε, και δυναμωνόταν στο πνεύμα».* Η πνευματική ανάπτυξη του Ιωάννη δεν συνέβη τυχαία αλλά ήταν καθοδηγούμενη και σμιλευμένη έχοντας ως βάση και ερέθισμα την επίγνωση του πατέρα του Ζαχαρία για την κλήση του γιου του. Ο Ζαχαρίας ήταν αφοσιωμένος στην ανατροφή του Ιωάννη σύμφωνα με το θέλημα του Θεού.

Αναρωτιέμαι, λοιπόν, πολλές φορές, πόσο διαφορετικές θα ήταν οι ζωές μας αν ο Θεός είχε αποκαλύψει στους γονείς μας την αποστολή ή τον σκοπό της ζωής μας; Ο Θεός σήμερα δεν μιλάει πλέον με τον ίδιο τρόπο που μιλούσε στους ανθρώπους όταν αποκάλυπτε σε αυτούς το Σχέδιο της Σωτηρίας Του, αλλά το Άγιο Πνεύμα μιλά σε εμάς, εμπνέοντας και καθοδηγώντας μας όταν προσευχόμαστε για να γνωρίζουμε πώς να αναθρέψουμε τα παιδιά μας. Γνωρίζοντας πως ο Θεός έχει ένα σχέδιο και έναν σκοπό για κάθε πιστό, πρέπει να αναζητούμε τη θεϊκή καθοδήγηση και να λάβουμε ενεργό ρόλο στην πνευματική ανάπτυξη των παιδιών μας.

Ως νέος πατέρας, όταν γεννήθηκε ο γιος μου, ο Jean-Paul, ένιωσα ευλογημένος, περήφανος και προσευχήθηκα στον Θεό δηλώνοντας ότι *«αυτό το παιδί θα μεγαλώσει σε ένα υγιές περιβάλλον μακριά από ανθρώπους που πίνουν και θα είναι το καμάρι της οικογένειας και παράδειγμα για τα υπόλοιπα αδέρφια και ξαδέρφια του».* Με τη βοήθεια και την προστασία του Θεού, προσπαθήσαμε να είμαστε ως γονείς του σωστά παραδείγματα για τα παιδιά μας. Είναι απαραίτητο να αποφεύγουμε τα εμπόδια που αποτελούν πρόσκομμα και τα αυξανόμενα ανεπαρκή πρότυπα

Γνωρίζοντας πως ο Θεός έχει ένα σχέδιο και ένα σκοπό για κάθε πιστό, πρέπει να αναζητούμε τη θεϊκή καθοδήγηση λαμβάνοντας ενεργό ρόλο στη πνευματική ανάπτυξη των παιδιών μας.

που είναι αποδεκτά στη σημερινή μοντέρνα κοινωνία **(Προς Ρωμαίους 12:2).**

Η περίοδος λοιπόν αυτή, η Έλευση, είναι ένα όμορφο διάστημα για να γιορτάσουμε τον ερχομό του Ιησού στον κόσμο και στις ζωές μας και να νιώσουμε ξανά την υπερηφάνεια, τη χαρά και την ευγνωμοσύνη για το δώρο της ζωής που ο Θεός εναπόθεσε στα σπίτια μας μέσα από τα παιδιά μας. Η Έλευση μας προσφέρει νέους και καλύτερους λόγους για να χαιρόμαστε και να μοιραζόμαστε την αιτία της πίστης και της ελπίδας μας.

Ας προσευχηθούμε: Αγαπημένε μας Κύριε, Σε ευχαριστούμε για το πολύτιμο δώρο της ζωής και της σωτηρίας διαμέσου του Ιησού Χριστού και για τον σπουδαίο και συγχρόνως τρομερό ρόλο που καλούμαστε να διαδραματίσουμε ως γονείς. Σε παρακαλούμε βοήθησε μας να αναζητούμε τη δική Σου οδηγία στην ανατροφή των παιδιών μας βασίζοντας τη στην επίγνωση και δύναμη του Λόγου Σου. Προσευχόμαστε στο όνομα του Ιησού. Αμήν.

---

3 Δεκεμβρίου
Η ΦΙΛΙΑ ΜΕ ΤΟΝ ΘΕΟ ΣΥΝΕΠΑΓΕΤΑΙ ΚΑΙ ΦΙΛΙΑ ΜΕ ΤΟΥΣ ΑΝΘΡΩΠΟΥΣ
Μαλαχίας 3:16

Η εχθρότητα απέναντι στον Θεό δημιουργεί εγωκεντρισμό και διαμάχες στον άνθρωπο, ενώ η φιλία με τον Θεό προάγει τις καλές φιλικές σχέσεις ανάμεσα στους ανθρώπους. Οι άνθρωποι που είναι πιστοί στον Θεό χρειάζονται ο ένας τον άλλον για να λαμβάνουν στήριξη και ενθάρρυνση μέσα σε μια κοινωνία εχθρική αντίθετη στον Κύριο. Ο **Ψαλμός 119:63** δηλώνει πως μπορούμε να γίνουμε μέτοχοι *«όλων εκείνων που σε φοβούνται και φυλάττουν τις εντολές σου».*

Το σημερινό ανάγνωσμα από τον Μαλαχία υπογραμμίζει την αντίθεση *«ανάμεσα στους δίκαιους και τους ασεβείς, ανάμεσα σε αυτούς που υπηρετούν το Θεό κι εκείνους που δε το κάνουν».* Ο Θεός κατηγορεί εκείνους που δεν Τον εμπιστεύονται ως κλέφτες και αμαρτωλούς χρησιμοποιώντας τα λόγια και τις ίδιες τους τις σκέψεις για να τους καταδικάσει. *«Εσείς είπατε: Είναι μάταιο να δουλεύει κάποιος τον Θεό· και: Ποια η ωφέλεια ότι φυλάξαμε τα διατάγματά του, και ότι περπατήσαμε πενθώντας μπροστά στον Κύριο των δυνάμεων;»* (Μαλαχίας 3:14).

Ο Θεός τους κατηγορεί ότι είναι κλέφτες επειδή δεν έδωσαν ολόκληρα τα δέκατα και τις προσφορές τους στον Κύριο. Το εδάφιο **Μαλαχίας 3:10** είναι ίσως το πιο γνωστό και μνημονευόμενο χωρίο του Μαλαχία. *«Φέρτε όλα τα δέκατα στην αποθήκη, για να είναι τροφή στον οίκο μου· και, τώρα, δοκιμάστε με σε τούτο, λέει ο Κύριος των δυνάμεων, αν δεν σας ανοίξω τούς καταρράκτες τού ουρανού, και εκχέω την ευλογία σε σας, ώστε να μη επαρκεί τόπος γι' αυτή».*

Αλλά για τους δικαίους, ο Θεός λέει, *«και θα είναι δικοί μου, λέει ο Κύριος των δυνάμεων, κατά την ημέρα εκείνη, όταν εγώ ετοιμάσω τα πολύτιμά μου· και θα τους σπλαχνιστώ, όπως ο άνθρωπος σπλαχνίζεται τον γιο του, που τον δουλεύει»* (**Μαλαχίας 3:17**). Η φιλία μας με τον Θεό δημιουργεί μέσα μας την επιθυμία να γνωρίζουμε τον Θεό, να είμαστε πιστοί στις εντολές Του και ενθαρρύνει μια ζωντανή σχέση μαζί Του μέσω της προσευχής και της θείας κοινωνίας (**Πράξεις 2:42**). Η αληθινή σχέση με τον Θεό παράγει ευγνωμοσύνη στη ζωή μας απέναντί Του (**Προς Φιλιππησίους 1:3**).

Η φιλία με τον Θεό φωτίζει τον δρόμο μας, οδηγώντας μας σε αληθινές σχέσεις με τους συνανθρώπους μας και σε συνεχή καθαρισμό από τις αμαρτίες μας (**Α' Ιωάννου 1:7**). Σήμερα, πολλοί άνθρωποι θέλουν να μας πείσουν ότι είναι *«μάταιο να υπηρετούμε τον Θεό»*. Χωρίς μια σταθερή σχέση με τον Θεό, θα μπορούσαμε να πέσουμε θύματα αυτών των ψεμάτων. Για αυτόν τον λόγο είναι ζωτικής σημασίας να βοηθούμε ο ένας τον άλλον να καταλάβουμε πως είναι καλύτερο να ακούμε και να υπηρετούμε τον Θεό παρά τους ανθρώπους.

Ας προσευχηθούμε: Ουράνιε Πατέρα μας, Σε ευχαριστούμε για όλους εκείνους που μας συντροφεύουν στη πορεία μας μαζί Σου διαμέσου του Λόγου Σου. Ευλόγησε μας με σοφία, πνευματικά αυτιά που θα ακούν τη φωνή Σου και καρδιές υπάκουες στο θέλημά Σου. Προσευχόμαστε στο όνομα του Ιησού Χριστού.

---

4 Δεκεμβρίου
ΕΠΙΣΤΡΕΦΟΝΤΑΣ ΣΤΟΝ ΘΕΟ ΚΑΙ ΣΤΗΝ ΟΙΚΟΓΕΝΕΙΑ

«Αυτός θα επαναφέρει την καρδιά των πατέρων προς τα παιδιά, και την καρδιά των παιδιών προς τους πατέρες τους, μήποτε έρθω και πατάξω τη γη με ανάθεμα». Μαλαχίας 4:6

"He will turn the hearts of the parents to their children, and the hearts of the children to their parents; or else I will come and strike the land with total destruction." **Malachi 4:6**

"Y él hará que el corazón de los padres se vuelva hacia los hijos, y que el corazón de los hijos se vuelva hacia los padres, para que yo no venga a destruir la tierra por completo". **Malaquías 4:6**

Κατά τη διάρκεια των 13 χρόνων που υπηρέτησα ως ποιμένας σε δύο ισπανόφωνες εκκλησίες στο Κονέκτικατ, ο Κύριος μας έδωσε ένα όραμα *«να επαναφέρουμε τις καρδιές μας πίσω στον Θεό και στην οικογένεια».* Το σύνθημά μας ήταν *«Να προωθήσουμε την καλή σωματική, κοινωνική και πνευματική ευημερία των ισπανόφωνων οικογενειών. Να συμφιλιώσουμε τις οικογένειες με τον Ιησού Χριστό και αναμεταξύ τους»,* ορμώμενοι από το **εδάφιο** στον **Μαλαχία 4:6**.

Ανταποκριθήκαμε στην ανάγκη της σωματικής ευημερίας των ημερομισθίων εργατών της γειτονιάς μας προσφέροντας πρωινό τα Σάββατα, το οποίο αποτελούνταν από κουλούρια με τυρί κρέμα, βραστά αβγά, μπανάνες και καφέ. Καθώς μαθαίναμε τις ανάγκες τους, η υπηρεσία μας εμπλουτίστηκε με την προσφορά Αγγλικών μαθημάτων και διαφόρων σεμιναρίων σχετικά με πληροφορίες για την κοινότητά τους και τα δικαιώματα τους σε αυτήν.

Ανταποκριθήκαμε στην ανάγκη κοινωνικής ευημερίας με την παροχή μηνιαίων γευμάτων και εορταστικών γενεθλίων εκδηλώσεων. Για κάποιο σύντομο χρονικό διάστημα, προσφέραμε τη δυνατότητα μαθημάτων χορού με έναν επαγγελματία δάσκαλο χορού. Η πνευματική τους ευημερία καλλιεργήθηκε με σύντομα πεντάλεπτα μηνύματα που είχαν την ευκαιρία να ακούσουν πριν από τα γεύματα τους καθώς και με προσωποποιημένες σκέψεις, στοχασμούς και προσευχές που γράφονταν αποκλειστικά για τους εργάτες και δίνονταν σε καθέναν από αυτούς.

Οι γραπτές σκέψεις που μοιράζονταν στους εργάτες συχνά μιλούσαν για τον Μεσσία, τον οποίο έστειλε ο Θεός σε ανθρώπινη μορφή ως ένα ανυπεράσπιστο και ταπεινό μωρό για να κερδίσει τις ανθρώπινες καρδιές πίσω στον Πατέρα Θεό ώστε όλοι αυτοί που Τον εμπιστεύονται να αγαπήσουν ξανά τον Θεό και την οικογένειά τους και να επιστρέψουν στην ενότητα, την αρμονία και τη ζεστασιά της οικογενειακής ζωής.

Αφού υπηρετήσαμε αυτούς τους ανθρώπους για μερικά χρόνια, ήταν ευλογία να ακούσουμε τις προσωπικές τους μαρτυρίες σχετικά με το πώς σταμάτησαν το ποτό και επέστρεψαν πίσω στις οικογένειές τους επειδή είχαν μάθει πως το πιο σημαντικό πράγμα στη ζωή ήταν η συμφιλίωση με το Θεό και την οικογένεια.

Ας προσευχηθούμε: Ουράνιε Πατέρα μας, Σε ευχαριστούμε που Εσύ μας χάρισες το προνόμιο της συμφιλίωσης. Σε ευχαριστούμε για το δώρο της ζωής και της οικογένειας. Χρειαζόμαστε την καθοδήγηση και την προστασία Σου, ώστε να μπορούμε *να καλλιεργούμε τη σωματική, κοινωνική και πνευματική ευημερία των φίλων και των οικογενειών μας.* Βοήθησε μας να ακούμε μόνο τη φωνή Σου για να μη «σκοντάφτουμε» και χάνουμε τον δρόμο μας. Μέσα στα χέρια τα δικά Σου εμπιστευόμαστε τα παιδιά, την οικογένεια και τους φίλους μας. Προσευχόμαστε στο όνομα του Ιησού Χριστού. Αμήν.

---

5 Δεκεμβρίου
ΘΑ ΚΑΘΑΡΙΣΤΕΙΤΕ
Ιεζεκιήλ 36:25

Τον Σεπτέμβριο του 2018, κατά τη διάρκεια μιας δυνατής καταιγίδας, η αποθήκη του σπιτιού μου πλημμύρισε. Σε εκείνον τον χώρο, είχα αποθηκεύσει και φυλούσα κάποια αντικείμενα συναισθηματικής για εμένα αξίας, μεταξύ άλλων και τους δίσκους βινυλίου του πατέρα μου. Το νερό και η λάσπη διέλυσαν τη σκληρή χάρτινη συσκευασία των δίσκων και όταν στέγνωσαν σχημάτισαν μια κρούστα πάνω από αυτούς. Πέταξα τα καλύμματα στα σκουπίδια. Λυπήθηκα όταν σκέφτηκα πως και οι δίσκοι βινυλίου του πατέρα μου θα κατέληγαν στην ανακύκλωση και δεν θα τους ξανάκουγα ποτέ. Όμως, λόγω της συναισθηματικής αξίας που είχαν για μένα, προσπάθησα να τους πλύνω με νερό, σαπούνι και απολυμαντικό καθαριστικό. Παρόλο που δεν είχαν πλέον τις θήκες τους ήταν καθαροί εξωτερικά και μόλις πρόσφατα τους δοκίμασα για να δω αν παίζουν.

Αφιέρωσα περίπου ολόκληρο τον μήνα του Νοεμβρίου του 2020 να μετατρέπω τους δίσκους βινυλίου σε ψηφιακά αρχεία. Από την εφηβεία μου κιόλας πάντοτε απολάμβανα να ακούω τις μελωδίες που με ηρεμούσαν από το στρες και το άγχος μου. Επίσης αφιέρωσα χρόνο για να σβήσω και να διορθώσω τις ατέλειες και τις γρατζουνιές που οι δίσκοι βινυλίου συνήθως αποκτούν λόγω της συχνής χρήσης τους, του περάσματος του χρόνου, μερικές φορές και της παραμέλησής τους. Τώρα τα ψηφιακά αρχεία μου ακούγονται σαν καινούργια και κλείνοντας τα μάτια μου φαντάζομαι ότι κάθομαι δίπλα στον πατέρα μου ακούγοντας υπέροχα, μελωδικά τραγούδια που μιλούν στη καρδιά.

Η αγάπη του πατέρα μου για τη μουσική με οδήγησε να γίνω κι εγώ ερασιτέχνης μουσικός. Ο πατέρας μου είχε επενδύσει πολύ χρόνο και χρήματα στη μουσική συλλογή του. Παρομοίως, ο Θεός αγαπάει τη δημιουργία και σήμερα μας λέει πως οι ζωές μας είναι πολύ πιο σημαντικές από εκείνους τους δίσκους βινυλίου. Τα περιβλήματα (τα σώματα μας) δεν έχουν αιώνια αξία ή χρησιμότητα. Ο Θεός μας καλεί πίσω σε Αυτόν *για να μας καθαρίσει από κάθε αμαρτία και βρομιά*. Δεν έχει σημασία πόση ακαθαρσία έχει σχηματιστεί στο εξωτερικό περίβλημά μας. **Ο Θεός εκτιμά ό,τι έχουμε στην καρδιά μας και αυτό αξίζει να το διαφυλάξουμε με κάθε κόστος. Ο Θεός θα μας καθαρίσει!**

«Και θα βάλω μέσα σας το Πνεύμα μου», λέει ο Κύριος στο **εδάφιο 27**, έτσι ώστε να καθαρίζουμε και να απολυμαίνουμε συνεχώς τις ζωές μας από το κακό που προσκολλάται σε αυτές. Έτσι ώστε να ακολουθούμε και *«να περπατάμε στα διατάγματά Του, και να τηρούμε τις κρίσεις Του, και να τις εκτελούμε»* (εδ. 27).

Το 2020 ήταν μια χρονιά που σάρωσε και διατάραξε τις ζωές πολλών ανθρώπων με φυσικές και πνευματικές καταιγίδες που θύμιζαν τσουνάμι. Οι ζωές και τα υπάρχοντά τους παρασύρθηκαν από ποτάμια και πλημμύρες. Ο Θεός μας στέλνει να τους σώσουμε, να τους υπηρετήσουμε και να καθαρίσουμε τα σπίτια, τις ζωές και τους λογισμούς τους ώστε αυτοί οι άνθρωποι να καθαριστούν, να σωθούν και όντας πλέον **καλύτεροι από πριν** να επιστρέψουν στον δρόμο του Δημιουργού τους, που αγαπάει τη ψυχή τους.

Ας προσευχηθούμε: Ουράνιε Πατέρα μας, Σε ευχαριστούμε που Εσύ μας καθαρίζεις από κάθε κακό. Σε ευχαριστούμε για την αξία που Εσύ δίνεις στη ζωή μας και που μας κρατάς σταθερούς και συγκεντρωμένους στη δική Σου αποστολή και σκοπό. Βοήθησε μας να είμαστε χρήσιμα εργαλεία για να δένουμε τις πληγές και να καθαρίζουμε το τραύμα των χαμένων Σου προβάτων. Προσευχόμαστε στο άγιο Σου όνομα.

---

6 Δεκεμβρίου
ΦΥΛΑΚΕΣ ΤΟΥ ΔΡΟΜΟΥ ΤΟΥ ΚΥΡΙΟΥ
Ησαΐας 40:3-4

Στον **Ησαΐα 40:1-2α** διαβάζουμε: «*Παρηγορείτε, παρηγορείτε τον λαό μου, λέει ο Θεός σας. Μιλήστε παρηγορητικά προς την Ιερουσαλήμ, και φωνάξτε προς αυτήν ότι, ο καιρός τής ταπείνωσής της ολοκληρώθηκε, ότι η ανομία της συγχωρήθηκε*».

Κάθε ημέρα που ο Θεός μας χορηγεί ζωή, ο Κύριος περιμένει από μένα κι από σένα να οδηγούμε και να παρηγορούμε τους φίλους, την οικογένειά μας, ακόμη και τους αγνώστους που δεν γνωρίζουν τον δρόμο προς το Θεό και ταξιδεύουν στη ζωή μέσα από έρημους τόπους, σκοτεινά τούνελ και ανήσυχες νύχτες. Πώς γίνεται αυτό; Με το **να είμαστε πιστοί φύλακες των καλών νέων του Ευαγγελίου δείχνοντας τον δρόμο του Βασιλιά.**

Ο δρόμος προς τον Κύριο είναι στρωμένος με θυσίες, αγάπη και υποσχέσεις του Θεού για τους πιστούς Του. Μπορούμε να παρηγορούμε τους συνανθρώπους γύρω μας κάνοντας το έλεος του Κυρίου γνωστό σε αυτούς, ο θυμός Του οποίου δεν διαρκεί αιώνια, και δείχνοντας τον δρόμο που ο Θεός έχει προμηθεύσει έτσι ώστε η καταδίκη μας να καταργηθεί και οι αμαρτίες μας να συγχωρεθούν. **Ο Θεός έχει ανοίξει δρόμο μέσα από τις ερήμους της ζωής μας** έτσι ώστε εμείς που κάποτε ήμασταν εξόριστοι, χαμένοι και μακριά από την αγάπη Του να μπορούμε τώρα να επιστρέψουμε στον οίκο του Θεού και να κατοικούμε εκεί υπό τη φροντίδα, την καθοδήγηση και την προστασία Του.

Η ελάφρυνση της ποινής και της καταδίκης μας είναι εντελώς δωρεάν διαμέσου της χάρης του Θεού, μέσω της πίστης μας στον Ιησού Χριστό. Ο Θεός μας δέχεται όπως είμαστε, αλλά η αγάπη και το έλεός Του είναι τόσο θαυμαστά ώστε δεν μας αφήνει όπως μας βρήκε. Με τη χάρη του Θεού δεν είμαι πλέον όπως ήμουν και αν ο Θεός μου δώσει ζωή σε πέντε χρόνια από σήμερα, δεν θα είμαι ο ίδιος άνθρωπος του σήμερα. Κάθε μέρα, η αγάπη και ο Λόγος του Θεού **διορθώνουν καθετί στραβό στη ζωή μας** καθαρίζοντάς μας από κάθε ανηθικότητα κι αμαρτία, καθιστώντας μας άξια παιδιά του Θεού που μπορούμε να πλησιάσουμε στην παρουσία Του.

Σωσμένοι και συγχωρεμένοι πλέον, ως οδηγοί και **φύλακες του δρόμου του Βασιλιά,** έχουμε σταλεί σε αυτή τη γη για να παρηγορούμε, να προετοιμάζουμε και να οδηγούμε τους φίλους, τα αγαπημένα μας πρόσωπα και τους αγνώστους προς τον Δρόμο που άνοιξε ο Κύριος. Μέσω της προσευχής και της μελέτης του Λόγου Του, ο Θεός μας δίνει τη διαύγεια να αναμένουμε με υπομονή ξεπερνώντας κάθε εμπόδιο που μπορεί να προκύψει ανατρέποντας τις πεποιθήσεις μας και συγχωρώντας τα ανομήματά μας.

Ας προσευχηθούμε: Ουράνιε Πατέρα μας, Σ' ευχαριστούμε που Εσύ μας δείχνεις τον Δρόμο για την ουράνια κατοικία, Σε ευχαριστούμε που έσβησες την καταδίκη μας και συγχώρησες τις αμαρτίες μας. Σε παρακαλούμε βοήθησε μας να είμαστε πιστοί φύλακες του Λόγου Σου και βοήθησε μας να οδηγούμε με αγάπη τα πρόβατά Σου μέσω του Δρόμου που άνοιξες Εσύ πίσω στο ποίμνιό Σου. Προσευχόμαστε στο Άγιο Σου Όνομα.

Κάθε μέρα, η αγάπη και ο Λόγος του Θεού διορθώνουν καθετί στραβό στη ζωή μας καθαρίζοντάς μας από κάθε αμαρτία και κάνοντάς μας άξιους να εισέλθουμε στην παρουσία του Θεού.

7 Δεκεμβρίου
ΟΛΑ ΟΣΑ ΧΡΕΙΑΖΕΣΑΙ
Β' Πέτρου 1:3

Πραγματικά μας έχουν δοθεί όλα τα αναγκαία από τον Θεό για την αιώνια ζωή και για να ζήσουμε αυτή τη ζωή θεάρεστα δοξάζοντας και ευχαριστώντας Τον.

Τα θαυμάσια νέα είναι ότι δεν χρειάζεται να εργαστούμε σκληρά για αυτό ή να αφιερώσουμε χρόνο, χρήματα ή άλλους πόρους για να το καταφέρουμε. Η συγκεκριμένη υπόσχεση ΔΕΝ βασίζεται στη δική μας ηθική ή κοινωνική θέση. Ο Θεός την έχει «φυτέψει» μέσα στον ΚΑΘΕΝΑ εξαιτίας της υπέρτατης αγάπης Του διαμέσου του Ιησού Χριστού.

Ο Βασιλιάς Σολομώντας, ο σοφότερος άνθρωπος που υπήρξε στον κόσμο, συλλογιζόμενος για τη ζωή, τις ανάγκες μας και την ευχαρίστηση κατέληξε πως *«όλα είναι μάταια»*. Το συμπέρασμα του ήταν το εξής: *«Να φοβάσαι τον Θεό, και να τηρείς τις εντολές του, δεδομένου ότι αυτό είναι το παν τού ανθρώπου»* **(Εκκλησιαστής 12:13).**

Ο Θεός μας έχει δώσει **καθετί που χρειαζόμαστε για να γνωρίσουμε, να αγαπήσουμε και να συναντήσουμε Αυτόν μέσα από τον Άγιο Λόγο Του.** Δεν είναι απλώς μια υπόσχεση για το μέλλον. Είναι ένα γεγονός. Ο σκοπός της Αγίας Γραφής είναι ο εξής: **η αποκάλυψη και το κάλεσμα να πιστέψουμε στον Ιησού Χριστό.**

Στο παρελθόν ήμασταν τυφλοί και κουφοί απέναντι στην παρουσία και την καθοδήγηση του Θεού. Ζούσαμε μίζερα τη ζωή μας που δεν ευχαριστούσε τον Θεό, την οικογένεια και τους φίλους μας. Ο Θεός έστειλε τον Ιησού Χριστό ως τον θυσιαστικό αμνό με σκοπό να μας σώσει και να μας μεταμορφώσει σε υιοθετημένα παιδιά Του. Δεν χρειάστηκε να κάνουμε τίποτα εμείς παρά να πιστέψουμε στον Ιησού και να Τον ομολογήσουμε ως Κύριο και Σωτήρα.

Ο διάβολος, όμως, θέλει να μας κρατά τυφλούς και κωφούς. Για αυτό το λόγο, **ο Θεός μας έχει δώσει την πίστη** να πιστέψουμε στον Ιησού και στον Άγιό Του Λόγο. *«Επειδή, κατά χάρη είστε σωσμένοι, διαμέσου τής πίστης· και αυτό δεν είναι από σας· είναι δώρο τού Θεού»* (Προς Εφεσίους 2:8).

Και σαν να μην έφτανε αυτό, ο Θεός **μας έδωσε επίσης το δώρο της αγάπης** και της ελπίδας. Η αγάπη μας οδηγεί σε μια θεάρεστη ζωή, η οποία απλώνει το χέρι σε αυτούς που έχουν ανάγκη, προσφέροντάς τους ό,τι χρειάζονται να μάθουν για να ευαρεστήσουν το Θεό. Η ελπίδα και η πίστη μας ενθαρρύνουν να αντισταθούμε στα ψέματα και στα τεχνάσματα του εχθρού.

Ας προσευχηθούμε: Ουράνιε Πατέρα μας, προσεύχομαι σήμερα για κάθε φίλο και μέλος της οικογένειάς μου. Μακάρι να γνωρίσουν ότι Εσύ τους έχεις δώσει καθετί αναγκαίο για να ζήσουν μια ζωή νίκης, μια ζωή με ασφάλεια που φέρνει χαμόγελο, ευχαρίστηση και ικανοποίηση στην καρδιά Σου. Προσεύχομαι Εσύ να εκπληρώσεις τις πολύτιμες υποσχέσεις Σου για αιώνια ζωή στα παιδιά μας και στις επόμενες γενιές μέσα από τη μαρτυρία της ζωής μας. Προσευχόμαστε στο όνομα του Ιησού.

---

8 Δεκεμβρίου
ΤΑ ΕΡΓΑ ΤΟΥ ΧΡΙΣΤΟΥ
Κατά Λουκάν 7:22

Ο Θεός είχε δηλώσει με ευκρίνεια το έργο που θα έκανε για να ενδυναμώσει τους αδύναμους και φοβισμένους και για να θεραπεύσει τις ασθένειες του λαού Του. Στον **Ησαΐα 35:3-7**, ο Θεός προφήτευσε για το λυτρωτικό έργο του Ιησού, το οποίο βέβαια ισχύει και για τη δική μας ζωή στο σήμερα: *«Ενισχύστε τα εξασθενημένα χέρια· και στερεώστε τα παραλυμένα γόνατα. Πείτε στους φοβισμένους στην καρδιά: Γίνετε ισχυροί, μη φοβάστε· δέστε, ο Θεός σας θάρθει με εκδίκηση, ο Θεός με ανταπόδοση· αυτός θάρθει, και θα σας σώσει. Τότε, τα μάτια των τυφλών θα ανοιχτούν, και τα αυτιά των κουφών θα ακούσουν. Τότε, ο χωλός θα πηδάει σαν ελαφίνα, και η γλώσσα τού μογιλάλου θα ψάλλει· επειδή, στην έρημο θα αναβλύσουν νερά, και στην ερημιά ρεύματα. Και η ξερή γη θα γίνει λίμνη, και η γη που διψάει θα γίνει πηγές νερού· στην κατοικία των τσακαλιών, όπου κείτονταν, θα είναι χλόη μαζί με καλάμια και σπάρτα».*

Όταν όμως ο Ιησούς ήρθε στη γη, φέροντας στους ώμους Του το έργο που ο Πατέρας Θεός είχε υποσχεθεί να κάνει για τον λαό Του, οι θρησκευτικοί ηγέτες εκείνης της εποχής αρνήθηκαν να πιστέψουν δημόσια σε Αυτόν, φοβούμενοι ότι έτσι θα έχαναν τον έλεγχο και την εξουσία που είχαν επάνω στα πλήθη. Ακόμη κι ο Ιωάννης ο Βαπτιστής δίστασε κάποια στιγμή. Ενώ βρισκόταν μέσα στη φυλακή, έστειλε τους μαθητές του να ρωτήσουν τον Ιησού *«Εσύ είσαι αυτός που έρχεται ή άλλον προσδοκούμε;»* **(Κατά Λουκάν 7:20).**

Είναι φυσιολογικό κάποιες φορές να αμφιβάλλουμε όταν βρισκόμαστε σε δύσκολη θέση. Όλοι μας αμφιβάλλουμε κάποια στιγμή της ζωής μας. Ο Ιησούς απάντησε στους μαθητές του Ιωάννη: *«Πηγαίνετε και να αναγγείλετε στον Ιωάννη όσα είδατε και ακούσατε, ότι: Τυφλοί ξαναβλέπουν, χωλοί περπατούν, λεπροί καθαρίζονται, κουφοί ακούν, νεκροί ανασταίνονται, φτωχοί ακούν τα χαρμόσυνα νέα»* **(Κατά Λουκάν 7:22)**

Οι προφητείες του Πατέρα Θεού βρίσκουν εκπλήρωση στην πραγματοποίηση των υποσχέσεών Του. Εσύ κι εγώ έχουμε αποσταλεί από τον Θεό σε αυτή τη γη για να ενδυναμώσουμε και να παρηγορήσουμε εκείνους που υποφέρουν, εξιστορώντας τα υπέροχα έργα που έχει κάνει ο Θεός στη ζωή μας. Ο Θεός θα κάνει ακριβώς το ίδιο για αυτούς που υποφέρουν σήμερα.

Ας προσευχηθούμε: Ουράνιε Πατέρα μας, Σε ευχαριστούμε που Εσύ έστειλες τον Ιησού Χριστό για να εκπληρώσει τις υποσχέσεις Σου για λύτρωση, σωτηρία και συγχώρεση των αμαρτιών μας. Βοήθησέ μας να συμμεριζόμαστε τις προσωπικές μας μαρτυρίες και βιώματα για το πώς Εσύ έχεις εργαστεί στις ζωές μας ευλογώντας την οικογένεια και το σπίτι μας. Προσευχόμαστε στο όνομα του Ιησού Χριστού.

---

9 Δεκεμβρίου
ΠΟΙΟΝ ΝΑ ΦΟΒΗΘΩ;
Ησαΐας 12:2

Πριν πιστέψω στον Χριστό, ζούσα μέσα στον φόβο και στη χαμηλή αυτοεκτίμηση. Όμως, όλα αυτά άλλαξαν όταν ο Κύριος έγινε το φως και η σωτηρία μου. Όσο πιο συχνά επαναλαμβάνω το εδάφιο *«ο Θεός είναι η σωτηρία μου· θα έχω θάρρος, και δεν θα φοβάμαι»*, τόσο πιο δυνατή γίνεται η πίστη, η χαρά και η πεποίθησή μου **σε περιόδους δοκιμασιών.**

Η εκκλησιαστική χορωδία στο FCC στο Norwalk συνήθιζε να ψάλλει:
«Ο Κύριος είναι το φως και η Σωτηρία μου. Ποιόν να φοβηθώ; *Ο Κύριος είναι η δύναμη της ζωής μου, ποιον να φοβηθώ;* Σε καιρό δοκιμασίας, Αυτός θα με κρύψει. Ποιόν να φοβηθώ; *Ο Κύριος είναι η δύναμη της ζωής μου, ποιον να φοβηθώ;* Να προσμένεις τον Κύριο και να έχεις θάρρος. Αυτός θα ενδυναμώσει τη καρδιά σου. *Ο Κύριος είναι η δύναμη της ζωής μου, ποιον να φοβηθώ;»*

Όταν έψαλλε, λοιπόν, η χορωδία η κλιμακωτή δύναμη της φωνής των χορωδών γέμιζε όλο τον ναό. Η επανάληψη των στίχων *«Ο Κύριος είναι η δύναμή μου»* και *«ποιον να φοβηθώ;»* ρίζωσαν στην καρδιά και την ψυχή μου, γεμίζοντάς τες με τη σιγουριά ότι **ο Θεός είναι η σωτηρία μου, Αυτόν θα εμπιστευθώ και δεν θα φοβάμαι.**

Ο Ιησούς είπε πως **θα περάσουμε δοκιμασίες και δυσκολίες.** Αυτές μπορεί να προέλθουν από κάθε περίσταση, ακόμα κι από τους φίλους και την οικογένειά μας, με τη μορφή ασθένειας, ανεργίας, οικονομικής δυσχέρειας, διαφωνιών για κληρονομικά ζητήματα κ.λπ.. Ο εχθρός θα χρησιμοποιήσει κάθε δυνατό μέσο για να διχάσει την οικογένεια και να μας κάνει να νιώσουμε ηττημένοι στον εργασιακό μας χώρο, στην αγάπη, ακόμα και στη σχέση μας με το Θεό. Ο Ιησούς, όμως, μας παρακινεί να έχουμε πίστη και να εμπιστευόμαστε στον Κύριο, τη δύναμη και ασπίδα μας. *Ο Ιησούς έχει νικήσει τον κόσμο* (Ιωάννης 16:33). Το αντίδοτο στον φόβο είναι η εμπιστοσύνη στον Κύριο.

Ας προσευχηθούμε: Ουράνιε Πατέρα μας, Σε ευχαριστούμε γιατί Εσύ είσαι η ασπίδα μας, η ελπίδα μας, η αυτοπεποίθησή μας, ο έμπιστος φίλος μας. Εσύ έβαλες ύμνο στη καρδιά μας για να μας υπενθυμίζεις να έχουμε πάντοτε πίστη και εμπιστοσύνη σε 'Σένα, ιδιαίτερα **σε περιόδους δοκιμασιών.** Εσύ έχεις αναθέσει στον καθένα από εμάς ένα συγκεκριμένο έργο πάνω σε αυτή τη γη, σύμφωνα με τα μοναδικά χαρίσματα που μας έχεις δώσει. Βοήθησε μας να αφήσουμε πίσω μας κάθε φόβο, αποτυχία ή πόνο και να χρησιμοποιούμε τα χαρίσματα του λόγου και του ύμνου μας για να ενθαρρύνουμε εκείνους που έχουν χάσει την ελπίδα τους ειδικά κατά τη περίοδο της πανδημίας που έχει φέρει τα πάνω κάτω στον κόσμο μας. Προσευχόμαστε στο όνομα του Ιησού Χριστού.

---

10 Δεκεμβρίου
ΑΦΘΟΝΟΣ ΠΝΕΥΜΑΤΙΚΟΣ ΚΑΡΠΟΣ

«**Λέω, μάλιστα, τούτο, ότι αυτός που σπέρνει φειδωλά, φειδωλά και θα θερίσει· και αυτός που σπέρνει με αφθονία, με αφθονία και θα θερίσει**». **Προς Κορινθίους Β΄ 9:6**

"Remember this: Whoever sows sparingly will also reap sparingly, and whoever sows generously will also reap generously." **2 Corinthians 9:6**

"Pero recuerden esto: El que poco siembra, poco cosecha; y el que mucho siembra, mucho cosecha." **2 Corintios 9:6**

Όλοι μας επιθυμούμε **άφθονο πνευματικό καρπό** στο σπίτι, στην οικογένεια, στη κοινότητα, στην εκκλησία, στη χώρα και στον κόσμο μας! Ο Θεός υπόσχεται πλούσιο καρπό σε αυτούς που γνωρίζουν πώς, πότε και πού να σπείρουν. Έχω μάθει μέσα στην πορεία μου πως η δημιουργία μιας νέας διακονίας απαιτεί προσευχή, χρόνο, υπομονή και πολλή φροντίδα, αγάπη και αφοσίωση.

Τα πάντα ξεκινούν με την προσευχή. Ζήτα από το Θεό να σου δώσει σοφία και φώτιση για το πώς να καλλιεργήσεις με το καλύτερο τρόπο τους σπόρους που σπέρνεις στη νέα διακονία. Αν, για παράδειγμα, εργάζεσαι με μια ομάδα ανθρώπων από διαφορετική κουλτούρα, ζήτα από το Θεό να σου δείξει τρόπους για να κερδίσεις πρώτα την εμπιστοσύνη και την αγάπη τους. Το **εδάφιο Β' Κορινθίους 9:8** λέει, «*Είναι, όμως, δυνατός ο Θεός να σας δώσει με περίσσεια κάθε χάρη, ώστε έχοντας πάντοτε κάθε αυτάρκεια, σε κάθε τι, να περισσεύετε σε κάθε έργο αγαθό*». Έχοντας όλα όσα χρειαζόμαστε, μπορούμε να γίνουμε η φωνή αυτών που δεν εισακούονται, μπορούμε να υπερασπιστούμε την αξιοπρέπεια του κάθε ανθρώπου και να σπείρουμε δικαιοσύνη σε έναν κόσμο αδικίας. Ο Θεός θα προμηθεύσει για όλες τις ανάγκες που προκύψουν και θα χρησιμοποιήσει κάθε μέσο ώστε να θερίσουμε καρπούς αδιάλειπτης αγάπης (**Ωσηέ 10:12**) – καρπούς που θα μένουν αιώνια (**Ιωάννης 15:16**).

Χρόνος, υπομονή, φροντίδα, αγάπη και αφοσίωση: Το 2008, με μεγάλη χαρά και ευγνωμοσύνη, ξεκινήσαμε μια νέα διακονία με τέσσερα μέλη της εκκλησίας από το Norwalk που ζούσαν στο Bridgeport. Ξεκινήσαμε προσφέροντας κάποιες υπηρεσίες κατ' οίκον. Για περίπου δυο χρόνια, ο καρπός στο Bridgeport ήταν λιγότερος από δέκα άτομα, αλλά επιμείναμε με υπομονή. Τον τρίτο χρόνο, λαμβάνοντας ενεργό ρόλο προσφοράς στο κοινωνικό παντοπωλείο της εκκλησίας, επισκεπτόμενοι επίσης κάποια σπίτια και προσευχόμενοι για καθέναν από αυτούς τους ανθρώπους ξεχωριστά, είδαμε σημαντική ανάπτυξη και καρπούς μέχρι το 2017, οπότε και συνταξιοδοτήθηκα. *Εκείνοι που σπέρνουν με δάκρυα, θα θερίσουν με αγαλλίαση* **(Ψαλμός 126:5).**

Ο Θεός μας καλεί **να σπείρουμε με πλέρια ευγνωμοσύνη και χαρά**. *«Κάθε ένας ανάλογα με την προαίρεση της καρδιάς του, όχι με λύπη ή από ανάγκη· επειδή, τον πρόσχαρο δότη αγαπάει ο Θεός»* **(Β' Κορινθίους 9:7)**. Ο Λόγος του Θεού μας καλεί να σπέρνουμε με τέτοιο τρόπο ώστε **να έχουμε άφθονο πνευματικό θερισμό** επειδή *«εκείνος που σπέρνει στο Πνεύμα, θα θερίσει από το Πνεύμα αιώνια ζωή»* **(Γαλάτες 6:8).**

Ας προσευχηθούμε: Ουράνιε Πατέρα μας, δώσε Εσύ ώστε όπου κι αν πηγαίνουμε, να μπορούμε πάντα να σπέρνουμε τους δικούς Σου σπόρους αγάπης, δικαιοσύνης και ελπίδας. Εσύ μπορείς *«να μας ευλογήσεις πλέρια, ώστε σε όλες τις περιστάσεις και σε κάθε χρονική περίοδο, έχοντας όλα όσα χρειαζόμαστε, να είμαστε γεμάτοι από κάθε αγαθό έργο»* για τη δική Σου Βασιλεία. Προσευχόμαστε στο Άγιο Σου Όνομά.

11 Δεκεμβρίου
ΜΕ ΤΟΝ ΝΟΥ ΣΤΙΣ ΕΝΤΟΛΕΣ ΤΟΥ ΠΝΕΥΜΑΤΟΣ
Προς Φιλιππησίους 3:16

Η **Προς Φιλιππησίους** επιστολή είναι ένα από τα αγαπημένα μου βιβλία στην Αγία Γραφή, όχι επειδή είναι σύντομη και εύκολη στην ανάγνωση, αλλά επειδή σε τέσσερα κεφάλαια, νιώθουμε την αγάπη και τη χαρά της πνευματικής ζωής στον Ιησού Χριστό και για Εκείνον.

Πολλά εδάφια συμμάζεψαν την πνευματική μου ζωή, όπως
1:6 *«Έχω την πεποίθηση πως ο Θεός που άρχισε αυτό το αγαθό έργο σ' εσάς, θα το ολοκληρώσει ως την ημέρα του ερχομού του Ιησού Χριστού»*
1:21 *«Γιατί για μένα το να ζω σημαίνει ζωή με το Χριστό, και το να πεθάνω είναι κέρδος»*
3:20 *«Εμείς όμως, αντίθετα, είμαστε πολίτες του ουρανού, απ' όπου και περιμένουμε να έρθει ο σωτήρας μας, ο Κύριος Ιησούς Χριστός»*
4:4 *«Να χαίρεστε πάντοτε με τη χαρά που δίνει η κοινωνία με τον Κύριο. Θα το πω και πάλι: να χαίρεστε»*
4:6 *«Για τίποτε να μη σας πιάνει άγχος, αλλά σε κάθε περίσταση τα αιτήματά σας να τα απευθύνετε στο Θεό με προσευχή και δέηση, που θα συνοδεύονται από ευχαριστία»* και,
4:13 *«Όλα τα μπορώ χάρη στο Χριστό που με δυναμώνει».*

Σε οποιαδήποτε κατάσταση, τα εδάφια αυτά μου δίνουν ειρήνη, δύναμη και ελπίδα γιατί είμαι σίγουρος ότι μέχρι το τέλος της ζωής μου, ο Θεός θα έχει ολοκληρώσει το καλό έργο που ξεκίνησε σε εμένα. Τέλος, θα έχω τον **πνευματικό νου** που είδε ο Θεός όταν με διαμόρφωσε στη μήτρα της αγαπημένης μου μητέρας.

Στο μεταξύ, **ο Θεός μας καλεί να διαμορφώσουμε νου πνευματικά,** που θεωρεί όλα όσα επιθυμήσαμε στον υλικό κόσμο *«μειονεκτήματα σε σχέση με το ασύγκριτα ανώτερο αγαθό που κέρδισα γνωρίζοντας τον Ιησού Χριστό, τον Κύριό μου. Γι' αυτόν τα πέταξα όλα και τα θεώρησα σκουπίδια, προκειμένου να κερδίσω το Χριστό»* (Προς Φιλιππησίους 3:8).

Ο Θεός μας καλεί να έχουμε έναν νου, με όμοιο τρόπο σκέψης και ζωής, ταπεινά όπως ο Ιησούς Χριστός που αφαίρεσε από επάνω του τη θεϊκότητα για να έρθει σε αυτόν τον κόσμο και να πεθάνει σαν εγκληματίας ώστε εγώ κι εσείς να κατακτήσουμε την αμαρτία και τον θάνατο. Στην πραγματικότητα, δεν κατακτήσαμε ακόμη την αμαρτία. Ζούμε δεμένοι σε ένα σώμα που ζητά την ικανοποίησή του. *«Οι αμαρτωλοί άνθρωποι διαπνέονται από τις αμαρτωλές επιθυμίες, ενώ οι αναγεννημένοι από το Πνεύμα ακολουθούν τις προσταγές του Πνεύματος. Οι επιθυμίες του αμαρτωλού ανθρώπου οδηγούν στο θάνατο. Αντίθετα, όποιος διαπνέεται από τις εντολές του Πνεύματος, οδηγείται στη ζωή και στην ειρήνη»* (Προς Ρωμαίους 8:5–6).

Ο στόχος των πιστών είναι να γνωρίζουν τον Ιησού και να είναι πιστοί μιμητές Του, εκπρόσωποί Του και πρεσβευτές Του. Στον αγώνα αυτόν υπάρχει μόνο ένα βραβείο, ο Ιησούς Χριστός. Δεν υπάρχει έπαθλο παρηγοριάς. Μόνο η χρυσή κορώνα της δικαιοσύνης.

Ας προσευχηθούμε: Ουράνιε Πατέρα μας, δώσε Εσύ ώστε σαν σώμα του Χριστό, **να *βαδίζουμε με ίδιους κανόνες και να έχουμε τον ίδιο νου*.** Δώσε μας νου πνευματικό για να πετύχουμε τον στόχο να Σε γνωρίσουμε και να **ομοιάσουμε με πίστη** σε Εσένα. Προσευχόμαστε στο Άγιο Όνομά Σου.

Στον αγώνα αυτόν υπάρχει μόνο ένα βραβείο, ο Ιησούς Χριστός. Δεν υπάρχει έπαθλο παρηγοριάς. Μόνο η χρυσή κορώνα της δικαιοσύνης.

---

12 Δεκεμβρίου
ΟΤΑΝ ΕΠΙΣΤΡΕΦΟΥΜΕ ΑΠΟ ΤΗΝ ΑΙΧΜΑΛΩΣΙΑ ΜΑΣ
Ψαλμοί 126:2

Μπορεί να αναρωτιόμαστε πότε θα μας απελευθερώσει ο Θεός από τα βάσανα αυτά. **Ο Ψαλμός 126** είναι ένας ύμνος δοξολογίας από όσους επέστρεψαν από την αιχμαλωσία και μία υπόσχεση ελπίδας για όσους είναι ακόμη αιχμάλωτοι στη Βαβυλώνα ή σε οποιαδήποτε μορφή δεσμών έχουμε σήμερα.

"Nuestra boca se llenará de risa; nuestra lengua rebosará de alabanzas". Salmo 126:2

"Our mouths were filled with laughter, our tongues with songs of joy." Psalm 126:2

"Τότε, το στόμα μας γέμισε από γέλιο, και η γλώσσα μας από αγαλλίαση· τότε, έλεγαν ανάμεσα στα έθνη: Μεγαλεία έκανε γι' αυτούς ο Κύριος." ΨΑΛΜΟΙ 126:2

Eagle-like over San Rafael, Quito, Ecuador - O. Destruge

Σχετικά με το εδάφιό μας, οι περισσότερες μεταφράσεις της Αγίας Γραφής μιλούν σε παρελθοντικό χρόνο *«Όταν ο Κύριος μας έφερε απ' την αιχμαλωσία πίσω στη Σιών»*. Δεν επέστρεψαν όλοι οι Ισραηλίτες από την αιχμαλωσία. Πολλοί παρέμειναν στη Βαβυλώνα και ακόμη και σήμερα, πολλοί παραμένουν αποξενωμένοι από τον Θεό οπότε δεν θα πρέπει να μας ενοχλεί αν η μετάφραση είναι είτε σε παρελθοντικό είτε σε μελλοντικό χρόνο. Το αποτέλεσμα είναι το ίδιο. Ζούμε στον κόσμο (στη Βαβυλώνα) αλλά δεν είμαστε από αυτόν τον κόσμο. Ακόμη και πιστοί που επέστρεψαν με τη θέση τους κοντά στον Κύριο νιώθουν την ανάγκη να επιστρέψουν σωματικά στον οίκο του Κυρίου, στη Νέα Ιερουσαλήμ. Γι' αυτό, *«Όταν ο Κύριος μας έφερε απ' την αιχμαλωσία πίσω στη Σιών, ήμασταν σαν να βλέπαμε όνειρο. Τότε γέλιο πλημμύρισε το στόμα μας κι η γλώσσα μας ύμνους χαράς»* **(Ψαλμοί 126:1-2).**

Ο Θεός προσφέρει το κλειδί της απελευθέρωσης από τη σωματική και συναισθηματική μας αιχμαλωσία. Πρέπει να μετανοήσουμε, να κάνουμε τη μεταστροφή και να υπακούσουμε στον Θεό για να επιστρέψουμε στην αγκαλιά του Θεού. Ακούστε τον Λόγο του Θεού: *«Όλα αυτά που σας είπα θα πραγματοποιηθούν. Κι εκεί που θα βρίσκεστε ανάμεσα στα έθνη, όπου θα σας έχει διασκορπίσει ο Κύριος ο Θεός σας, θα θυμηθείτε αυτή τη δυνατότητα εκλογής ανάμεσα στην ευλογία και στην κατάρα που σας έδωσα. Αν, λοιπόν, τότε εσείς και οι απόγονοί σας επιστρέψετε στον Κύριο, το Θεό σας, και θελήσετε μ' όλη σας την καρδιά και την ψυχή να υπακούσετε στις εντολές του, που εγώ σας δίνω σήμερα, τότε ο Κύριος θα σας σπλαχνιστεί και θ' αλλάξει την κατάστασή σας. Θα σας συνάξει πάλι μέσα απ' όλους τους λαούς όπου θα σας έχει διασκορπίσει. Ακόμα και στην άκρη του κόσμου αν υπάρχουν διασκορπισμένοι Ισραηλίτες, ακόμη κι από 'κει θα σας πάρει, θα σας συνάξει»* **(Δευτερονόμιον 30:1–4).**

Αγαπητοί μου, όταν μετανοούμε με όλη μας την καρδιά, επιστρέφουμε από την αιχμαλωσία, ακόμη και σε απόσταση, στον δρόμο μας προς την αγκαλιά του Κυρίου. *«Ήμασταν σαν να βλέπαμε όνειρο...Τότε γέλιο πλημμύρισε το στόμα μας κι η γλώσσα μας ύμνους χαράς»* **(Ψαλμοί 126:1-2).** Τότε θα είμαστε πραγματικά ελεύθεροι να **πετούμε με φτερά αετού** και να βλέπουμε τον κόσμο μας από την πλεονεκτική θέση του Θεού. Παρόλο που σωματικά βρισκόμαστε ακόμη σε αυτόν τον κόσμο, **μπορούμε** να είμαστε ελεύθεροι επιστρέφοντας στον Δημιουργό μας.

Ας προσευχηθούμε: Ουράνιε Πατέρα μας, Σ' ευχαριστούμε που μας έδειξες τον δρόμο της επιστροφής στην αγκαλιά Σου, όπου θα υπάρχει ξανά γέλιο, χαρά και δοξολογία στην καρδιά μας. Σε παρακαλώ μην σταματήσεις να φωτίζεις τον δρόμο που οδηγεί πίσω σε Εσένα. Προσευχόμαστε στο Άγιο Όνομά Σου.

---

13 Δεκεμβρίου
ΑΜΕΤΑΒΛΗΤΟΣ ΚΑΙ ΤΑΠΕΙΝΟΣ

«Ο Ιησούς Χριστός είναι ο ίδιος χθες και σήμερα, και στους αιώνες». Προς Εβραίους 13:8

"Jesus Christ is the same yesterday and today and forever." Hebrews 13:8

"Jesucristo es el mismo ayer y hoy y por los siglos". Hebreos 13:8

Το σημερινό εδάφιο μου θύμισε έναν όμορφο ύμνο που ψάλλαμε στην εκκλησία. Η μετάφραση είναι από τα Ισπανικά στα Αγγλικά και στη συνέχεια στα Ελληνικά:
«Ο Ιησούς Χριστός χθες ανάμεσα στους παππούδες μου. Ο Ιησούς Χριστός σήμερα με τα αδέλφια μου. Ο Ιησούς Χριστός εδώ σήμερα, παρουσία και μνήμη, Κύριος της Ιστορίας, ο Ιησούς, ο Κύριος. Πόσο υπέροχοι οι άνθρωποι που δεν ξεχνούν. Σίγουρα έχουν κι εκείνοι ελπίδα! Πόσο υπέροχοι οι άνθρωποι που μελετούν την ιστορία τους. Που έρχονται για να γιορτάσουν, να ψάλλουν για την πίστη τους. Πόσο υπέροχη αυτή η συγκέντρωση τόσων πιστών που ζουν για να δημιουργήσουν μία κοινωνία! Πόσο υπέροχη η ζωή, όταν μαζί αναζητούμε την Αλήθεια και τη Δικαιοσύνη, την Ειρήνη και την Ελευθερία».

Ο μπαμπάς μου ήταν ιδιαίτερα ευαίσθητος και ενοχλούνταν από την αστάθεια των ανθρώπων. Εγώ προσελκύομαι από άτομα που μένουν πάντα τα ίδια, που έχουν πάντα χαμόγελο ζωγραφισμένο στο πρόσωπό τους και όταν σε βλέπουν, είτε είναι έπειτα από μία εβδομάδα είτε έπειτα από 10 χρόνια, σε αγκαλιάζουν θερμά ή σου κάνουν μία ζωηρή χειραψία. Πόσο υπέροχοι είναι αυτοί οι άνθρωποι! Σε καλωσορίζουν, σε κάνουν να νιώθεις ότι σε αγαπούν, ότι είσαι στο σπίτι, σαν οικογένεια!

Γι' αυτό, από τότε που η μητέρα μου με πήγε στην ταινία για να δω τον *«Βασιλιά των Βασιλιάδων»*, ερωτεύτηκα τον αμετάβλητο και ταπεινό χαρακτήρα του Ιησού. Μελετώντας τη ζωή Του, ανακαλύπτουμε ότι έλεγε πάντοτε την αλήθεια (με αγάπη), ότι αγαπούσε συνεχώς (ακόμη και όσους Τον βασάνιζαν), ότι οδηγεί τα πρόβατά Του στον σωστό δρόμο **(Ψαλμοί 23:3)**, και προσφέρει ζωή άφθονη σε όσους πιστεύουν στο όνομά Του.

Εκτιμώ τη σταθερότητά Του και μέσα από δεκαετίες που έμεινα με τον Ιησού και τον Λόγο Του, πραγματικά πιστεύω ότι *είναι η Οδός, η Αλήθεια και η Ζωή* **(Κατά Ιωάννην 14:6)**, και ότι *είναι Βασιλιάς των Βασιλιάδων και Κύριος των Κυρίων* **(Α' Προς Τιμόθεον 6:15)**. Σήμερα είμαι αιώνια ευγνώμων που γνωρίζω ότι ο Ιησούς έδωσε τη ζωή Του ώστε εγώ κι εσείς να είμαστε αμετάβλητοι, ταπεινοί μιμητές του χαρακτήρα Του και της ζωής Του.

Ως ηγέτες στο σπίτι μας και εκπρόσωποι του Θεού στην κοινότητά μας, πρέπει να είμαστε αθώοι στη συμπεριφορά μας και σταθεροί στο παράδειγμά μας ώστε να μην αποτελούμε πρόσκομμα για τους νέους στην πίστη και για όσους τείνουν να είναι ευμετάβλητοι..

Ας προσευχηθούμε: Ουράνιε Πατέρα μας, Σε λατρεύουμε και Σε ευλογούμε. Σ' ευχαριστούμε που άνοιξες τα αυτιά μας, τα μάτια και τις καρδιές μας ώστε να γνωρίσουμε τον αμετάβλητο και τρυφερό χαρακτήρα Σου. Δίδαξέ μας να είμαστε αμετάβλητοι στο χαμόγελό μας και στην τρυφερότητά μας προς τα χαμένα πρόβατά Σου ώστε κι εκείνα να ανακαλύψουμε ότι *είσαι η Οδός, η Αλήθεια και η Ζωή* και μαζί, να εδραιώσουμε τη Δικαιοσύνη, την Ειρήνη και την Ελευθερία στον κόσμο μας. Προσευχόμαστε στο όνομα του Ιησού Χριστού.

---

14 Δεκεμβρίου
ΥΠΟ ΤΗΝ ΚΑΘΟΔΗΓΗΣΗ ΕΝΟΣ ΠΑΙΔΙΟΥ
Ησαΐας 11:6

Ο Θεός έβαλε μέσα μας την επιθυμία να εξερευνήσουμε το περιβάλλον μας, να γίνουμε ανεξάρτητοι από τους γονείς μας και να κατακτήσουμε τον κόσμο. Έχουμε πνεύμα περιπέτειας μέσα μας που δεν ενδίδει στον κίνδυνο. Για παράδειγμα, όσοι σκαρφαλώνουν βουνά ζουν για να κατακτούν τις υψηλότερες κορυφές, εκθέτοντας το σώμα τους σε κίνδυνο υποθερμίας, απώλειας των άκρων και της ζωής τους, μόνο και μόνο για να σταθούν σε μία κορυφή για μερικά λεπτά. Πληρώνουν πολλά χρήματα σε οδηγούς για να τους μεταφέρουν από τα πιο ασφαλή μονοπάτια.

Στον **Ησαΐας 11:6** διαβάζουμε για ένα παιδί που είναι εξαιρετικός οδηγός που θα τους οδηγήσει στον ουρανό. *«Και ένα μικρό παιδί θα τα οδηγεί».* Η λογική μας λέει ότι δεν μπορούμε να βασιστούμε σε ένα μικρό και αδύναμο παιδί. Πώς μπορεί ένα παιδί να γνωρίζει τον δρόμο; Θα μπορέσει να μας υπερασπιστεί αν εμφανιστούν άγρια ζώα; Αντί για βοήθεια, αν σκαρφαλώνουμε με παιδιά ενέχει μεγαλύτερο κίνδυνο για τους ενήλικες!

Η πίστη, όμως, μας λέει ότι το παιδί που λέγεται Ιησούς μπορεί να μας οδηγήσει στην πύλη της Βασιλείας των Ουρανών. Το παιδί αυτό είναι η αληθινή ενσάρκωση του Θεού που ήρθε για να μας σώσει και να μας οδηγήσει πίσω στο σπίτι. Ο Ιησούς είπε ότι είναι *η οδός, η αλήθεια και η ζωή* (**Κατά Ιωάννην 14:6**).

Παρόλο που στον νου μας, Τον φανταζόμαστε με τη μορφή ενός μικρού παιδιού, ιδιαίτερα κατά την περίοδο των Χριστουγέννων, ο Ιησούς επέδειξε ιδιαίτερη ευφυΐα. *«Όλοι όσοι τον άκουγαν έμεναν κατάπληκτοι για τη νοημοσύνη και τις απαντήσεις του»* (**Κατά Λουκάν 2:47**). *«Ο Ιησούς μεγάλωνε και πρόκοβε στη σοφία, και η χάρη που είχε ευαρεστούσε το Θεό και τους ανθρώπους»* (εδάφιο 52).

Εγώ κι εσείς δημιουργηθήκαμε κατ' εικόνα του Θεού, αλλά αντίθετα με τον Ιησού, που ήταν πλήρως άνθρωπος και είχε πλήρως τη θεϊκή ιδιότητα, εμείς είμαστε πλήρως ανθρώπινοι, ατελείς, αλλά έχουμε δημιουργηθεί και προοριστεί να αγαπούμε, να ζούμε και να υπηρετούμε τον Θεό και τους συνανθρώπους μας. Σ' αυτόν τον κόσμο, πρέπει να αυξανόμαστε *«στη σοφία, και η χάρη που είχε ευαρεστούσε το Θεό και τους ανθρώπους»* (**Κατά Λουκάν 2:52**).

Είμαστε όλοι στο μονοπάτι που σκαρφαλώνουμε διαδρομές που δεν γνωρίζουμε, διασχίζουμε κοιλάδες και εξερευνούμε τον καλύτερο τρόπο να φτάσουμε στην κορυφή αλώβητοι. Ο καλύτερος οδηγός είναι το παιδί, ο Ιησούς Χριστός. Ήρθε για να μας οδηγήσει στο αιώνιο σπίτι μας από ένα ασφαλές μονοπάτι.

Ας προσευχηθούμε: Ουράνιε Πατέρα μας, Σ' ευχαριστούμε για την πίστη που μας έδωσες να εμπιστευθούμε τη ζωή και την οικογένειά μας στον θεϊκό καθοδηγητή και Σωτήρα μας. Επίτρεψε σε όλα τα παιδιά αυτού του κόσμου να έρθουν κοντά σε Εσένα. Μην αφήσεις κανέναν να τους εμποδίσει γιατί το Βασίλειό Σου είναι για όσους μοιάζουν με εκείνα (**Κατά Μάρκον 10:14**). Προσευχόμαστε στο όνομα του Ιησού Χριστού.

Η πίστη, όμως, μας λέει ότι το παιδί που λέγεται Ιησούς μπορεί να μας οδηγήσει στην πύλη της Βασιλείας των Ουρανών. Το παιδί αυτό είναι η αληθινή ενσάρκωση του Θεού που ήρθε για να μας σώσει και να μας οδηγήσει πίσω στο σπίτι.

---

15 Δεκεμβρίου
ΕΠΤΑ – Η ΤΕΛΕΙΟΤΗΤΑ ΤΟΥ ΘΕΟΥ
Ησαΐας 11:2

Οι αριθμοί στην Αγία Γραφή έχουν συμβολική σημασία καθώς αποκαλύπτουν τον νου του Θεού και τον σκοπό Του. Ο αριθμός 7 εμφανίζεται στην Αγία Γραφή στις επτά ημέρες της δημιουργίας, όταν ο Θεός ολοκλήρωσε το δημιουργικό Του έργο. Από εκεί, συσχετίζουμε τον αριθμό 7 με κάτι ολοκληρωμένο, τέλειο και τελειωμένο – την τελειότητα του Θεού.

Το κείμενο μας μιλά για 7 δώρο του Αγίου Πνεύματος που θα βασίζονται τέλεια και πλήρως στον Μεσσία:

1. **Ανάπαυση** – Στα Εβραϊκά, η λέξη αναπαύομαι (נוח núakj - H-5117) σημαίνει ανάπαυση, μένω σε ένα μέρος, κατοικώ, παραμένω. Το Πνεύμα του Θεού παρέμεινε μόνιμα επάνω στον Ιησού. *«Γιατί μέσα σ' εκείνον η θεότητα έστερξε ολάκερη να κατοικήσει»* (Προς Κολοσσαείς 1:19). Όταν λαμβάνουμε τον Ιησού ως Κύριο, ο Θεός μεταμορφώνει τις καρδιές μας στη μόνιμη διαμονή Του, επιτρέποντας την ειρήνη και την ανάπαυσή Του επάνω μας.

2. **ΠΝΕΥΜΑ ΤΗΣ ΣΟΦΙΑΣ**— Στον Ιησού, *«στον οποίο βρίσκονται κρυμμένοι όλοι οι θησαυροί της σοφίας και της γνώσεως»* (Προς Κολοσσαείς 2:3).

3. **ΠΝΕΥΜΑ ΚΑΤΑΝΟΗΣΗΣ** – Ο Ιησούς γνώριζε τις σκέψεις των ανθρώπων και απαντούσε με ορθότητα, δικαιοσύνη και αγάπη. *«Δε χρειαζόταν να τον πληροφορήσει κανείς για έναν άνθρωπο, γιατί αυτός ήξερε καλά τι είχε καθένας μέσα του»* (Κατά Ιωάννην 2:25).

4. **ΠΝΕΥΜΑ ΣΥΜΒΟΥΛΟΥ** - *«Διότι γεννήθηκε για μας ένα παιδί, μας δόθηκε ένας γιος· πάνω στους ώμους του η εξουσία θα μένει και τ' όνομά του θα 'ναι: Σύμβουλος θαυμαστός, Θεός ισχυρός, αιώνιος Πατέρας και της Ειρήνης Άρχοντας»* (Ησαΐας 9:5).

5. **ΠΝΕΥΜΑ ΔΥΝΑΜΗΣ**- Ο Ιησούς υποσχέθηκε ότι θα μοιράσει δωρεάν τη θεϊκή Του δύναμη. *«Κι εγώ θα σας στείλω αυτό που σας υποσχέθηκε ο Πατέρας μου. Εσείς καθίστε στην Ιερουσαλήμ ωσότου ο Θεός σάς οπλίσει με τη δύναμή του»* (Κατά Λουκάν 24:49).

6. **ΠΝΕΥΜΑ ΓΝΩΣΗΣ** των βαθύτατων πραγμάτων του Θεού. Ο Ιησούς υπόσχεται να αποκαλύψει αυτή τη γνώση σε όσους Τον ακολουθούν. *«Όλα έχουν παραδοθεί σ' εμένα από τον Πατέρα μου. Κανένας δε γνωρίζει πραγματικά τον Υιό, παρά μόνον ο Πατέρας· ούτε τον Πατέρα τον ξέρει κανείς πραγματικά, παρά μόνο ο Υιός, καθώς κι εκείνος στον οποίο θέλει ο Υιός να τον φανερώσει»* (Κατά Ματθαίον 11:27).

7. **ΠΝΕΥΜΑ ΦΟΒΟΥ ΤΟΥ ΘΕΟΥ** – Όταν έχουμε φόβο που απορρέει από σεβασμό και υπακοή είναι το πρώτο βήμα για την *κατανόηση* (Ψαλμοί 111:10).

Ας προσευχηθούμε: Ουράνιε Πατέρα μας, Σ' ευχαριστώ για καθέναν από τους φίλους μου, την οικογένειά μου και τους αναγνώστες που κρατούν αυτό το βιβλίο στα χέρια τους. Ζητώ *«Πάνω του θ' αναπαύεται το Πνεύμα του Κυρίου το πνεύμα αυτό που θα του δίνει σοφία και σύνεση, την ικανότητα ν' αποφασίζει τη δύναμη να εκτελεί, τη γνώση του Κυρίου, το σεβασμό στον Κύριο»* (Ησαΐας 11:2). Προσευχόμαστε στο όνομα του Ιησού Χριστού.

Ο αριθμός 7 εμφανίζεται στην Αγία Γραφή στις επτά ημέρες της δημιουργίας, όταν ο Θεός ολοκλήρωσε το δημιουργικό Του έργο. Από εκεί, συσχετίζουμε τον αριθμό 7 με κάτι ολοκληρωμένο, τέλειο και τελειωμένο – την τελειότητα του Θεού.

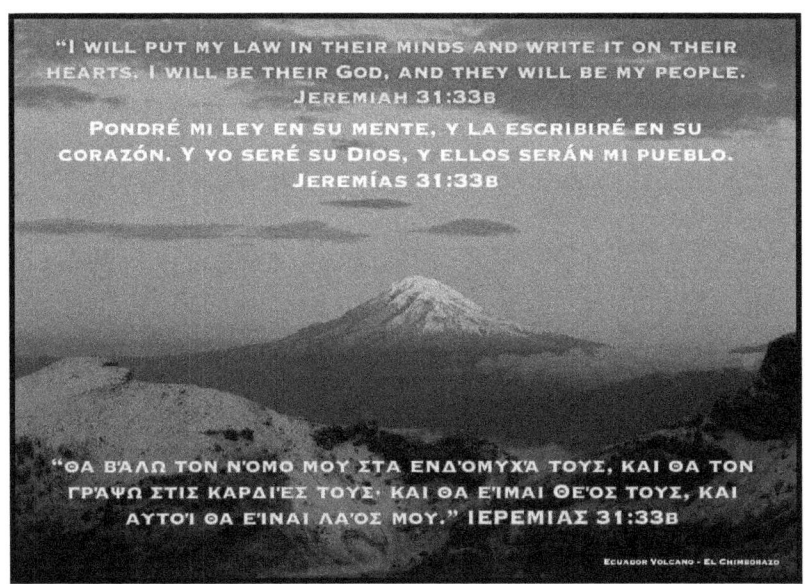

16 Δεκεμβρίου
ΔΙΚΑΙΟΥΧΟΙ ΜΙΑΣ ΝΕΑΣ ΔΙΑΘΗΚΗΣ
Ιερεμίας 31:33β

Με πολλή αγάπη, φόβο και ειλικρίνεια, οι Ισραηλίτες υποσχέθηκαν να ακολουθήσουν και να υπακούσουν στον Θεό στα πάντα. Ωστόσο, λίγο αργότερα, ιδιαίτερα στις εύκολες στιγμές, ξέχασαν τις υποσχέσεις τους, βάζοντας τον Θεό στην άκρη για χάρη άλλων θεών και για τα θέλγητρα του κόσμου. Παρά τη συνεχή επανάστασή τους, ο Θεός ήταν καλός και ελεήμων στον εκλεκτό λαό Του. Κάθε φορά που δεν υπάκουαν, υπήρχαν συνέπειες. Ο Θεός τους τιμωρούσε και στη συνέχεια τους έσωζε, **κάνοντας τους δικαιούχους μιας νέας διαθήκης.**

«Έρχονται μέρες», λέει ο Κύριος, «που θα κάνω καινούρια διαθήκη με το λαό του Ισραήλ και του Ιούδα» **(Ιερεμίας 31:31)**. Δεν θα είναι διαθήκη όπως εκείνη που έκανε ο Θεός με τους προγόνους τους, γραμμένη σε πέτρες μακριά που δεν θα μπορούν να τις δουν ή να τις αγγίξουν, που οι έγνοιες του κόσμου θα τις κάνουν να ξεχαστούν, να τις αγνοήσουν ή να τις απορρίψουν. Αυτή η διαθήκη θα είναι διαφορετική και δύσκολο να ξεχαστεί, να την παραμελήσει κανείς ή να αποστασιοποιηθεί από αυτήν. *«Και να ποια θα είναι η νέα διαθήκη που θα κάνω με το λαό του Ισραήλ: Μετά τις μέρες εκείνες, θα βάλω το νόμο μου μέσα στη συνείδησή τους και θα τον γράψω στις καρδιές τους· θα είμαι Θεός τους κι αυτοί θα είναι λαός μου. Δε θα διδάσκει πια καθένας το συμπολίτη του και τον αδερφό του λέγοντας "γνωρίστε τον Κύριο", γιατί όλοι τους θα με γνωρίζουν, από τον πιο άσημο ως τον πιο σπουδαίο. Θα συγχωρήσω την ανομία τους και δε θα ξαναθυμηθώ πια την αμαρτία τους. Εγώ το λέω, ο Κύριος»* **(Ιερεμίας 31:33-34)**.

Ο Θεός είναι καλός, αφοσιωμένος να συγχωρεί και να ξεχνά τις αμαρτίες μας. Έχουμε την ευλογία να είμαστε **δικαιούχοι της νέας διαθήκης**. Αλλά αυτό δεν μας δίνει την ελευθερία να αμαρτάνουμε ελεύθερα. Ο Θεός είναι καλός! Η τιμωρία, όμως, περιμένει όσους εκούσια απορρίπτουν το θέλημά Του, την αγάπη Του ή καταχρώνται τη φιλία Του **(Ησαΐας 2:19)**.

Η μεγάλη αγάπη του Θεού τον ωθεί να συνάψει **μια νέα διαθήκη με όλους**. Ο μόνος τρόπος να συγχωρηθούμε από τις αμαρτίες μας είναι αν βάλουμε την πλήρη πίστη και ελπίδα μας στη θυσία του Κυρίου Ιησού Χριστού στον Σταυρό. **Ο Θεός είναι πάντοτε έτοιμος να μας καλωσορίσει στο κοπάδι Του με ανοιχτές αγκάλες.**

Ας προσευχηθούμε: Ουράνιε Πατέρα μας, επίτρεψέ μας να είμαστε **έμπιστοι δικαιούχοι της νέας αυτής διαθήκης** μαζί Σου. Γράψε τον νόμο Σου στις καρδιές μας ώστε να μην ξεχάσουμε ποτέ τις επιταγές Σου. Βοήθησέ μας να μοιραστούμε τα καλά νέας της αγάπης Σου, της καλοσύνης και της φιλίας Σου με όσους δεν Σε γνωρίζουν ακόμη ή έχουν ξεχάσει το άρωμα και την ειρήνη που προσφέρουν η παρουσία και η φιλία Σου. Προσευχόμαστε στο Άγιο Όνομά Σου.

Έχουμε την ευλογία να είμαστε δικαιούχοι της νέας διαθήκης. Αλλά αυτό δεν μας δίνει την ελευθερία να αμαρτάνουμε ελεύθερα.

---

17 Δεκεμβρίου
ΥΠΟΜΟΝΗ

«Επειδή, έχετε ανάγκη από υπομονή, για να κάνετε το θέλημα του Θεού, και να λάβετε την υπόσχεση». Προς Εβραίους 10:36

"You need to persevere so that when you have done the will of God, you will receive what he has promised." Hebrews 10:36

"Lo que ustedes necesitan es tener paciencia; para que, una vez que hayan hecho la voluntad de Dios, reciban lo que él ha prometido darnos". Hebreos 10:36

Η λέξη **υπομονή G-5281 υπομονή (ipomoní)** σημαίνει αντίσταση ή χαρούμενη επιμονή ή ελπιδοφόρα επιμονή, αντοχή.

Έχετε προσέξει τον αντίκτυπο που έχει το βαρύ χιόνι στα κλαδιά των δέντρων; Τα υγιή κλαδιά **λυγίζουν και αντιστέκονται** στο βάρος του χιονιού επιστρέφοντας στη θέση τους, μόλις οι ακτίνες του ήλιου λιώσουν το χιόνι. Αντίθετα, τα ξερά, υποσιτισμένα και αδύναμα κλαδιά σπάζουν υπό το βάρος του χιονιού.

Το ίδιο συμβαίνει και με τη ζωή μας. Κάθε φορά που τρεφόμαστε με τον Λόγο του Θεού και τον απολαμβάνουμε κατά τη διάρκεια της ημέρας, γεμάτοι με πίστη και **υπομονή**, μπορούμε να αντέχουμε τις καταιγίδες ως μία πνευματική εξάσκηση το αποτέλεσμα της οποίας θα ενδυναμώσει τους πνευματικούς μας μύες και θα μας προετοιμάσει να αντισταθούμε στις επόμενες και μεγαλύτερες καταιγίδες.

Η πίστη είναι ένας σπόρος που, όταν δοκιμάζεται, παράγει εμπιστοσύνη και υπομονή μέσα μας. Το σημερινό εδάφιο μας λέει *«Έχετε ανάγκη από υπομονή, για να κάνετε το θέλημα του Θεού, και να λάβετε την υπόσχεση».*

Αν δεν είμαστε σε φόρμα, οι καταιγίδες έχουν την ικανότητα να κάνουν το πνεύμα μας να λυγίσει, το ίδιο και την πίστη μας, την ελπίδα και την αγάπη μας. Ο διάβολος θα χρησιμοποιήσει κάθε μέσον για να δημιουργήσει καταιγίδες που φαίνονται πολύ μεγάλες για να τις αντέξουμε. Αν προσπαθήσουμε να υποστηρίξουμε μόνοι μας το βάρος, θα νιώσουμε απίστευτο πόνο στο πνεύμα μας. Η **υπομονή**, ωστόσο, μας βοηθά να σκεφτούμε καθαρά. Κοιτάξτε γύρω σας και θα βρείτε φίλους, οικογένεια, ακόμη και ξένους να σας βοηθήσουν να αντισταθείτε στο άγχος. **Δεν είστε μόνοι ούτε εγκαταλειμμένοι.**

Κατά τη διάρκεια μιας μάχης, ο Θεός είπε στον Μωυσή ότι ο λαός θα είχε τη νίκη αν ο Μωυσής κρατούσε τα χέρια Του υψωμένα στον ουρανό. Τα χέρια του, όμως, κουράστηκαν. Ο Ααρών και ο Χουρ κράτησαν τα χέρια του Μωυσή ψηλά και έτσι νίκησαν τον εχθρό **(Εξοδος 17:12-13)**. Ο Θεός κατευνάζει τις καταιγίδες με έναν ψίθυρο **(Ψαλμοί 107:29)**. Ακτίνες φωτός θα εμφανιστούν την αυγή, απομακρύνοντας όλα τα εμπόδια στον δρόμο μας με τον Θεό.

Τροφή για σκέψη: Σε ποιον τομέα της ζωής μου πρέπει να έχω περισσότερη υπομονή;

Ας προσευχηθούμε: Ουράνιε Πατέρα μας, Σ' ευχαριστούμε για τη πίστη και την υπομονή να αντέχουμε τις καταιγίδες με τα χέρια μας υψωμένα προς Εσένα ως έκφραση της πίστης και της ευγνωμοσύνης για την πιστότητά Σου. Βοήθησέ μας να διαβαίνουμε με υπομονή και επιμονή τον αγώνα που έβαλες Εσύ για εμάς **(Προς Εβραίους 12:1)**. Φέρε τα αυτιά μας (και τα αυτιά των παιδιών μας, της οικογένειάς μας και των φίλων μας) στα άγια Κείμενά Σου ώστε να είναι ακτίνες φωτός που θα ελαφρύνουν το βάρος της δοκιμασίας μας. Προσευχόμαστε στο όνομα του Ιησού Χριστού.

Κάθε φορά που τρεφόμαστε με τον Λόγο του Θεού και τον απολαμβάνουμε κατά τη διάρκεια της ημέρας, γεμάτοι με πίστη και υπομονή, μπορούμε να αντέχουμε τις καταιγίδες ως μία πνευματική εξάσκηση το αποτέλεσμα της οποίας θα ενδυναμώσει τους πνευματικούς μας μύες.

18 Δεκεμβρίου
Η ΘΕΪΚΗ ΥΠΟΣΤΑΣΗ ΤΟΥ ΧΡΙΣΤΟΥ
Προς Εβραίους 1:6

Η σημερινή λέξη κλειδί είναι «ανώτερος» που εμφανίζεται και στον τίτλο του σημερινού αναγνώσματος. *«Ο Υιός έγινε τόσο ανώτερος από τους αγγέλους»*. Στην **Προς Εβραίους** επιστολή **1:5-14**, βρίσκουμε μία αντίθεση μεταξύ των αγγέλων και του Ιησού Χριστού. Τα εδάφια αυτά μας δίνουν μια εικόνα της ανωτερότητας, του μεγαλείου και της θεϊκής υπόστασης του Θεού.

Πρώτον, βρίσκουμε τη θεϊκή υπόσταση του Ιησού στη λέξη «Υιός» και τη σχέση Του με τον Πατέρα, επειδή ο Θεός ποτέ δεν είπε σε κανέναν από τους αγγέλους Του *«Είσαι ο Υιός μου»*. *«Ούτε πάλι είπε για κανέναν: Εγώ θα 'μαι πατέρας του κι αυτός θα 'ναι Υιός μου»* **(εδάφιο 5)**. Ένας από τους λόγους που οι θρησκευτικοί ηγέτες ζητούσαν να σκοτώσουν τον Ιησού ήταν γιατί μιλούσε για τον εαυτό Του ότι ήταν ο *«Υιός του Θεού»* **(Κατά Ιωάννην 10:36)**.

Το σημερινό εδάφιο μας λέει *«Και ας προσκυνήσουν σ' αυτόν όλοι οι άγγελοι του Θεού»* (**Έξοδος 20, Δευτερονόμιον 5**). Ο Θεός ρητά απαγορεύει όλη τη δημιουργία να δοξολογεί, να λατρεύει ή να προσκυνά οποιονδήποτε άλλον πέραν του Θεού γιατί ο Θεός είναι ζηλότυπος. Πρόκειται για μία ασυνέπεια της Αγίας Γραφής; Όχι! Δεν πρόκειται για καμία αντίθεση του κειμένου γιατί **ο Ιησούς είναι Αιώνιος Θεός** που κατέβηκε από τον θρόνο Του και ήρθε στη γη σε ανθρώπινη μορφή για να σώσει και να αποκαταστήσει τη σχέση μας με τον αιώνιο Πατέρα μας.

Βλέπουμε άλλη μία εικόνα της **θεϊκής υπόστασης του Ιησού** στο παρακάτω εδάφιο: *«Στον Υιό λέει: Η βασιλεία σου, Θεέ, είναι αιώνια και κυβερνάς τον κόσμο δίκαια»* (**Προς Εβραίους 1:8**). Εδώ, ο Θεός δίνει τον τίτλο *«Θεός»* στον Υιό και δείχνει τον **Ιησού στον θρόνο με το σκήπτρο**, και τα δύο σύμβολα του μεγαλείου. Ο Ιησούς είναι ανώτερος από κάθε ανθρώπινο βασιλιά γιατί *«αγαπά το δίκαιο και μισεί το άδικο». Γι' αυτό ο Θεός τον έχρισε Θεό»* (εδάφιο 9).

Το **εδάφιο 13** επιβεβαιώνει τη θέση του Ιησού στο δεξί χέρι του Πατέρα, θέση που δεν δόθηκε ποτέ σε κανέναν από τους αγγέλους Του. Χωρίς να παίρνει καμία αξία από τους αγγέλους Του, ο Θεός λέει ότι η παρουσία και η προστασία του Ιησού είναι ανώτερα γιατί οι άγγελοι υπακούν στον Ιησού. Τι πολύτιμη ευλογία να έχουμε άμεση πρόσβαση στον αρχηγό, τον Βασιλιά και τον αρχιτέκτονα όλης της ανθρωπότητας και των ουράνιων σωμάτων.

Ας προσευχηθούμε: Ουράνιε Πατέρα μας, Σ' ευχαριστούμε που έστειλες τον Ιησού Χριστό στον κόσμο μας, αποκλειστικά για να μας σώσει και να αποκαταστήσει τη σχέση μας μαζί Σου, τον Βασιλιά και Κύριο της ζωής μας. Βοήθησέ μας να μην εμπιστευόμαστε τίποτα και κανέναν άλλον για τη σωτηρία μας και την καθοδήγησή μας, πέρα από τον Λόγο Σου και την καθοδήγησή Σου από το Πνεύμα του Ιησού Χριστού, του Κυρίου μας, στο όνομα του οποίου προσευχόμαστε.

Η παρουσία και η προστασία του Ιησού είναι ανώτερα γιατί οι άγγελοι υπακούν στον Ιησού. Τι πολύτιμη ευλογία να έχουμε άμεση πρόσβαση στον αρχηγό, τον Βασιλιά και τον αρχιτέκτονα όλης της ανθρωπότητας και των ουράνιων σωμάτων.

---

19 Δεκεμβρίου
ΟΤΑΝ ΕΙΜΑΣΤΕ ΔΙΧΑΣΜΕΝΟΙ
Κατά Ιωάννην 7:43

Όταν είμαστε διχασμένοι, είμαστε πιο εύκολη λεία για τον εχθρό!

Καθώς διαβάζω τα σημερινά αναγνώσματα, δύο εδάφια ήρθαν στην προσοχή μου σήμερα το πρωί. Δεν ήμουν σίγουρος πού να εστιάσω μέχρι που πρόσεξα στο **Κατά Ιωάννην 7:43** τη λέξη *«διχασμένος»*.

Το άλλος εδάφιο ήταν στους **Κριτές 13:12β** *«τι θα πρέπει να προσέξουμε σχετικά με το παιδί και τι θα πρέπει να κάνουμε γι' αυτό;»* Αυτό το βιβλίο και η ομάδα με τους καθημερινούς στοχασμούς υπάρχουν γιατί ο Θεός έβαλε στην καρδιά μου να έχω διάλογο με τα παιδιά μου και με τα παιδιά των παιδιών τους μέσα από τους στοχασμούς αυτούς. Γι' αυτό, η ερώτηση του Μανωάχ στον άγγελο του Θεού είναι ερώτηση που πρέπει να θέτει κάθε γονέας στον Θεό, στα γόνατα, *«Πώς θα πρέπει να εκπαιδεύσω και να καθοδηγήσω το παιδί;»*

Η εκπαίδευση των παιδιών μας μας φέρνει στη σημασία της εδραίωσης μιας γερής βάσης για την πίστη και την ελπίδα μας. Η Αγία Γραφή είναι ο έμπιστος οδηγός μας που μας οδηγεί στην παρουσία του Θεού. Το εδάφιο στο οποίο επικεντρωνόμαστε λέει ότι *«Διχάστηκε, λοιπόν, το πλήθος εξαιτίας του»* **(Κατά Ιωάννην 7:43)**. Κάποιοι έλεγαν ότι είναι προφήτης, άλλοι έλεγαν ότι ήταν ο Μεσίας, άλλοι δεν πίστευαν και άλλοι ήθελαν να Τον συλλάβουν. Στο **Κατά Μάρκον 8:27,** ο Ιησούς ρωτά τους μαθητές του για τον λαό, *ποιος πιστεύουν ότι είναι.* Ο Ιησούς έκανε αυτή την ερώτηση, γνωρίζοντας ότι ο λαός είναι **διχασμένος** εξαιτίας Του. Το έκανε ώστε οι μαθητές Του να ξεκαθαρίσουν την ιδέα που είχαν για Εκείνον, να εμβαθύνουν στις πεποιθήσεις τους και να ενδυναμώσουν την πίστη τους.

Ακόμη υπάρχει διαίρεση. Για πολλούς, ο Ιησούς είναι ένας από τους μεγαλύτερους προφήτες, ο Δάσκαλος των Δασκάλων αλλά όχι ο Θεός. Ωστόσο, για όσους έχουν βιώσει τη χάρη Του και τη συγχώρηση στην καρδιά τους, για όσους άκουσαν τη φωνή Του και σηκώθηκαν από τον τάφο τους από απελπισία, ο Ιησούς είναι το ανώτερο Ον σε όλο το σύμπαν *«Σύμβουλος θαυμαστός, Θεός ισχυρός, αιώνιος Πατέρας και της Ειρήνης Άρχοντας»* **(Ησαΐας 9:5)**.

Αγαπητοί μου, ο Λόγος του Θεού μας δίνει την εντολή να διδάξουμε στα παιδιά μας να αμύνονται από τις ανθρώπινες φιλοσοφίες που δεν ενδιαφέρονται για το πρόσωπο, τη δύναμη και την εξουσία του Ιησού Χριστού και ότι, εμπιστευόμενοι στον Λόγο του Θεού, θα διαβαίνουν με οδηγό και θα κρατούν το χέρι του Θεού. Ας μην επιτρέψουμε στα παιδιά μας να πέσουν στην παγίδα λόγω έλλειψης γνώσης και καθοδήγησης.

Ας προσευχηθούμε: Ουράνιε Πατέρα μας, Σ' ευχαριστούμε για τον Λόγο Σου και για το Άγιο Σου Πνεύμα που μας καθοδηγεί και μας ενδυναμώνει καθημερινά στον δρόμο μας. Αφαίρεσε Εσύ κάθε διχασμό που υπάρχει, ιδιαίτερα μεταξύ μελών της ίδιας οικογένειας. Επέτρεψε στα παιδιά μας και στα παιδιά τους να έχουν καλές εντολές και να διδάσκουν και εκείνοι σωστά τα παιδιά τους. Προσευχόμαστε στο Άγιο Όνομά Σου.

---

20 Δεκεμβρίου
ΔΟΞΑΣΤΕ ΤΟΝ ΘΕΟ ΜΕΣΩ ΔΟΚΙΜΑΣΙΩΝ
Ψαλμοί 113:3

Γνωρίζετε ότι **ο Κύριος είναι μαζί σας** σε όποια δυσκολία ή δοκιμασία περνάτε; Ο Θεός βρίσκεται πίσω σας ως πύργος φωτιάς και σωματοφύλακας όπως έκανε με τον Μωυσή. Ο Θεός θα διαβαίνει μπροστά σας ανοίγοντας δρόμο στη θάλασσα και στην έρημο. Διαβαίνει δίπλα σας μοιραζόμενος το φορτίο σας και επάνω από εσάς, φωτίζοντας την ψυχή σας.

Πολλά χρόνια πριν, ανακάλυψα ότι ο καλύτερος τρόπος να καταπολεμήσω τις δοκιμασίες και όσα με άγχωναν ήταν μέσω της λατρείας και της δοξολογίας. Ο Θεός αξίζει κάθε λατρεία από την ανατολή του ήλιου μέχρι και τη Δύση του. Δοξολογήστε τον Θεό όταν έχετε δυσκολίες και θα δείτε το άγιό Του χέρι να εργάζεται προς όφελός σας.

Όταν τα πράγματα δεν πάνε καλά, συχνά παραπονιόμαστε λέγοντας: *Κύριε, αυτό γιατί συμβαίνει σε εμένα; Γιατί πρέπει να υποφέρω έτσι;* Αντί να παραπονιόμαστε, σκεφτείτε να δοξολογείτε τον Θεό στις καλές και στις άσχημες στιγμές. Λατρέψτε τον Θεό στις δυσκολίες σας, ευχαριστήστε τον Θεό για κάθε ευκαιρία να ενδυναμώσετε την πίστη σας και ρωτήστε τον Θεό: **Τι θέλεις να μάθω μέσα από αυτή την κατάσταση;**

Όταν ο νεαρός Βασιλιάς Δαβίδ έβοσκε τα πρόβατά Του, δεν είδε τις επιθέσεις από τις αρκούδες ή τα λιοντάρια ως τιμωρία, αλλά ως απόδειξη ότι ο Θεός μαχόταν για χάρη του, δίνοντας του τη νίκη, πρώτα επάνω στις αρκούδες και στα λιοντάρια και έπειτα επάνω στον γίγαντα Γολιάθ. Η δοξολογία στον Θεό ενίσχυσε την εμπιστοσύνη του Δαβίδ και το πόσο βασιζόταν στον Θεό, δίνοντάς του την ευκαιρία να έχει τη μία νίκη πίσω από την άλλη σε μεγαλύτερους γίγαντες και στρατούς.

Αντί να παραπονιόμαστε, σκεφτείτε να δοξολογείτε τον Θεό στις καλές και στις άσχημες στιγμές. Λατρέψτε τον Θεό στις δυσκολίες σας, ευχαριστήστε τον Θεό για κάθε ευκαιρία να ενδυναμώσετε την πίστη σας και ρωτήστε τον Θεό: Τι θέλεις να μάθω μέσα από αυτή την κατάσταση;

Ίσως κι εσύ είσαι αντιμέτωπος με κάποιους γίγαντες της σύγχρονης ζωής. Πριν τους αντιμετωπίσεις, σκέψου να δοξολογήσεις τον Θεό, εναποθέτοντας όσα σε προβληματίζουν στα χέρια Του και Εκείνος θα σου δώσει τη νίκη. Το έκανε με απλούς ανθρώπους που βασίστηκαν επάνω Του για προμήθεια, όπως τον Δαβίδ και τον Μωυσή. Ο Θεός το έχει κάνει μαζί μου και θα το κάνει και μαζί σου.

Ας προσευχηθούμε: Ουράνιε Πατέρα μας, σήμερα θέλουμε απλώς να έρθουμε μπροστά Σου και να Σε ευχαριστήσουμε για αυτή την νέα ημέρα και να δοξάσουμε το άγιο όνομά Σου. Είσαι υπέροχος, όμορφος, δίκαιος και μεγαλοπρεπής. Είσαι η ασπίδα μας, η δύναμή μας, και ο δυνατός πύργος που ανασηκώνει τα κεφάλια μας ενώπιον των εχθρών μας. Εσύ γκρεμίζεις κάθε τοίχο που στέκεται μεταξύ του λαού Σου και του θεϊκού σκοπού Σου. Σ' ευχαριστώ που φωτίζεις τον δρόμο μας και μας οδηγείς στην ουράνια κατοικία μας. *«Απ' την ανατολή του ήλιου κι ως τη δύση του, το όνομα του Κυρίου ας ανυμνείται!»* **(Ψαλμοί 113:3).**

---

21 Δεκεμβρίου
Η ΠΑΡΗΓΟΡΙΑ ΜΑΣ
Προς Ρωμαίους 8:18

Ο Ιησούς μας προειδοποίησε ότι θα έχουμε προβλήματα αλλά μας ζήτησε να έχουμε πίστη γιατί Εκείνος έχει *νικήσει τον κόσμο* **(Κατά Ιωάννην 16:33).** Το εδάφιό μας μάς παρηγορεί βεβαιώνοντάς μας ότι όσα περνούμε αυτή τη στιγμή δεν συγκρίνονται με τη δόξα και την τιμή που θα λάβουμε όταν θα έρθει η ώρα.

Ενώ βρισκόμαστε εδώ, ο Θεός *μας παρηγορεί από όλα μας τα προβλήματα* **(Προς Κορινθίους Β' 1:4)** στέλνοντάς μας να μοιραστούμε με τον κόσμο την άνεση, τη δύναμη και την ελπίδα που βρίσκουμε διαβαίνοντας χέρι χέρι με τον Θεό.

Ο Νώε ήταν ένας δίκαιος και συνετός άντρας που περπατούσε με τον Κύριο. Το όνομα Νώε στα Εβραϊκά σημαίνει **ήσυχος** ή *ένα ήσυχο μέρος, ανάπαυσης όπου κάποιος βρίσκει παρηγοριά.* Ορισμένα από τα οφέλη όταν περπατούμε με τον Θεό είναι ότι ο Θεός μας δίνει το χέρι Του όταν:
- περνούμε μέσα από κοιλάδες θανάτου και μας ανασηκώνει προς τη ζωή και την ελπίδα.
- περνούμε μέσα από ερήμους, ικανοποιώντας την πείνα και τη δίψα μας.

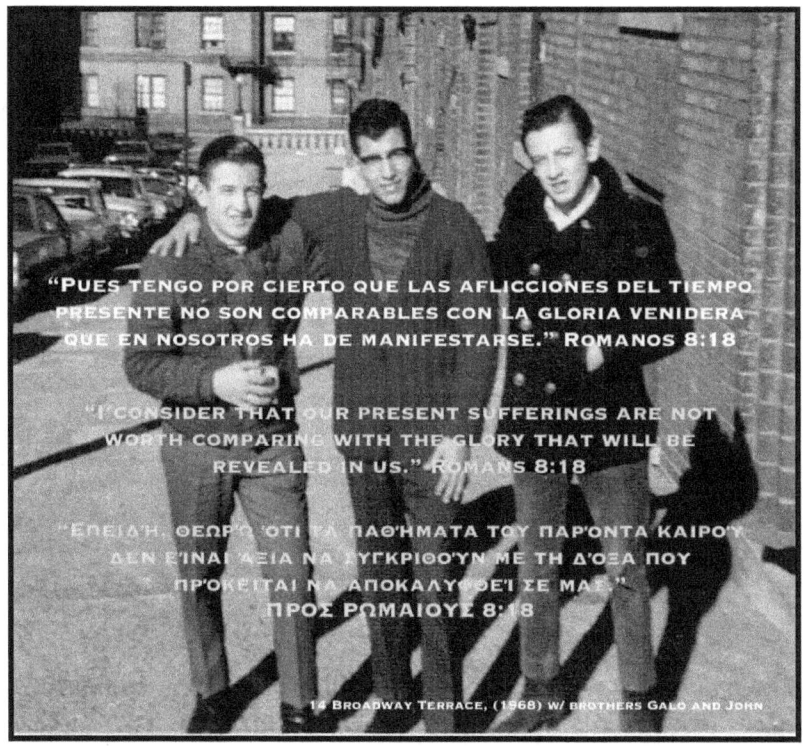

✦ περνούμε μέσα από απέραντα σκοτεινά τούνελ, φωτίζοντας τον δρόμο μας.
✦ βρισκόμαστε στο χείλος του γκρεμού και μας ανασηκώνει από την απελπισία.

Στις πιο σκοτεινές στιγμές μας, το μόνο μας καταφύγιο, ελπίδα, δύναμη και παρηγοριά είναι ο Θεός. Έπειτα που ξεπεράσουμε τις δοκιμασίες μας, κοιτώντας πίσω, μπορούμε να ψάλλουμε: *«Τη θλίψη μου την άλλαξες σ' ευφρόσυνο χορό·....και τη χαρά με ντύνεις»* **(Ψαλμοί 30:11-12),** κι έτσι να παρηγορήσουμε όσους υποφέρουν.

Αυτή είναι η παρηγοριά μας: *«Όσοι, λοιπόν, ακολουθούν τις αμαρτωλές επιθυμίες, δεν μπορούν ν' αρέσουν στο Θεό»* **(Προς Ρωμαίους 8:18).** Όσοι βρίσκονται υπό την προστασία του Θεού, όπως έκανε ο Νώε μπαίνοντας στην Κιβωτό, καλούνται να είναι 1) αγγελιοφόροι παρηγοριάς, ελπίδας και αγάπης και 2) να διαβαίνουν ενώπιον του Θεού και του κόσμου με δίκαιες και ορθές καρδιές.

Οι ζωές μας ευλογούν και δοξολογούν τον Θεό όταν είμαστε η αντανάκλαση του Χριστού σε όσους είναι χαμένοι. Είμαστε το άρωμα της σωτηρίας και της ελπίδας για όσους, εξαιτίας του ψεύδους του πειραστή, είναι τώρα τυφλοί και κωφοί στην ικεσία του Αγίου Πνεύματος.

Ας προσευχηθούμε: Ουράνιε και ελεήμονα Πατέρα μας, που παρηγορείς τους πάντες, Σ' ευχαριστούμε γιατί ο Λόγος Σου είναι έμπιστος και οι υποσχέσεις Σου είναι αξιόπιστες. Έλα όπως λες *«θα σπλαχνιστεί, όλα τα ερείπιά της θα τ' ανορθώσει· την έρημό της θα την κάνει σαν την Εδέμ, σαν του Κυρίου παράδεισο τη στέπα της»*, ώστε στο σπίτι μας και στο σπίτι των παιδιών μας, να βρίσκουμε ευγνωμοσύνη, χαρά, δοξολογία και ύμνο **(Ησαΐας 51:3).** Είθε οι ζωές μας δοξολογούν το Όνομά Σου. Προσευχόμαστε στο όνομα του Ιησού Χριστού.

22 Δεκεμβρίου
ΠΡΙΓΚΙΠΕΣ ΚΑΙ ΠΡΙΓΚΙΠΙΣΣΕΣ ΤΗΣ ΕΙΡΗΝΗΣ
Μιχαίας 4:3

Στον **Ησαΐας 2:4**, βρίσκουμε σήμερα το παράλληλο εδάφιο. Και τα δύο μας μιλούν για την βασιλεία του Μεσσία κατά τη δεύτερη έλευσή Του. *«Διότι γεννήθηκε για μας ένα παιδί, μας δόθηκε ένας γιος· πάνω στους ώμους του η εξουσία θα μένει και τ' όνομά του θα 'ναι: Σύμβουλος θαυμαστός, Θεός ισχυρός, αιώνιος Πατέρας και της Ειρήνης Άρχοντας»* **(Ησαΐας 9:5).**

Το μέλλον περιμένει όσους έχουν εναποθέσει την εμπιστοσύνη τους στον Θεό, στον Άγιο Λόγο Του γνωρίζοντας ότι η ζωή τους ανήκει στον Θεό που προσφέρει ολοκληρωμένη και αιώνια ειρήνη και χαρά στην παρουσία του *Πρίγκιπα της Ειρήνης*. Ο Θεός θα δώσει ένα τέλος στους πολέμους κατά τις τελευταίες ημέρες. Με ευγνωμοσύνη για τα θαύματα που έχει κάνει ο Κύριος για να σώσει και να μας δώσει μία θέση τιμής στο Βασίλειό Του, θα πρέπει να πασχίσουμε να είμαστε καλοί πρεσβευτές, δημιουργώντας μία ατμόσφαιρα αληθινής ειρήνης εδώ στη. Ο Ιησούς μας είπε *να βρισκόμαστε σε ειρήνη ο ένας με τον άλλον* (Κατά Μάρκον 9:50).

Δεν είναι εύκολο να πετύχουμε την αληθινή ειρήνη που προσφέρει ο Χριστός, αλλά δεν είναι ούτε ακατόρθωτο. Ως πρεσβευτές της ειρήνης και της αγάπης, πρέπει πρώτα να κάνουμε ειρήνη με τον Θεό μέσω του Ιησού Χριστού. Ο Άγιος Αυγουστίνος έλεγε ότι *δεν μπορούμε να βρούμε την ειρήνη μέχρι να κάνουμε ειρήνη με τον Θεό*. Κάνω ειρήνη με τον Θεό σημαίνει ότι δεν αντιστέκομαι πλέον στο θέλημά Του. Σημαίνει *«Ο Κύριος σας δίδαξε τι είναι καλό και τι απαιτεί από σας: Πράξτε το δίκαιο, δείξτε αγάπη, ακολουθήστε το Θεό σας πρόθυμα»* (Μιχαίας 6:8). Σημαίνει να προσπαθούμε να ζούμε με αρμονία με όλους, κάνοντας αυτό που ευχαριστεί τον Θεό. Καλούμαστε να σπείρουμε σπόρους ενότητας εν τω Πνεύματι, σπόρους αποκατάστασης, συγχώρησης, και αγάπης. *«Όσο εξαρτάται από σας, να ζείτε ειρηνικά με όλους»* (Προς Ρωμαίους 12:18).

Αγαπητοί μου, είμαστε η αντανάκλαση του Ιησού, του *Πρίγκιπα της Ειρήνης*. Καθώς πλησιάζουν τα Χριστούγεννα, ας αναλογιστούμε: *Πώς τα πάω με τον ρόλο μου ως πρίγκιπας/πριγκίπισσα της Ειρήνης;*

Ας προσευχηθούμε: Ουράνιε Πατέρα μας, βοήθησέ μας να δημιουργήσουμε στο περιβάλλον μας μία μικρή αντανάκλαση της ειρήνης που Εσύ θα φέρεις στον κόσμο όταν επιστρέψεις για την εκκλησία Σου. Είθε να είμαστε μία αληθινή όαση στην έρημο, συμπληρώνοντας τα άδεια πλοία με το νερό της ζωής που ρέει από την αγάπη και την καλοσύνη Σου. Άφησε την προσφορά της ειρήνης Σου να ξεκινήσει στην καρδιά μας. Προσευχόμαστε στο όνομα του Πρίγκιπα της Ειρήνης μας.

---

23 Δεκεμβρίου
ΑΜΕΤΑΒΛΗΤΗ ΠΙΣΤΗ
Μιχαίας 4:6-7

Η αγάπη και το έλεος του Θεού είναι αμετάβλητα! Όσα έκανε ο Θεός με τους Ισραηλίτες θα τα κάνει και με εμάς και για εμάς που είμαστε η Νέα Ιερουσαλήμ μέσω της πίστης στον Ιησού Χριστό. Όσο μακριά κι αν έχουμε χαθεί, ο Θεός θα μας αναζητήσει, θα μας βρει, θα μας σώσει και θα μας κάνει ένα δυνατό και αμετάβλητο έθνος στην πίστη.

Το βιβλίο του Μιχαία καλύπτει τη χρονική περίοδο από περίπου το 740 – 680 π.Χ. Μέσω του προφήτη Μιχαία, ο Θεός κατηγορεί τους πολιτικούς και θρησκευτικούς ηγέτες, λέγοντας *«Οι άρχοντες δωροδοκούνται όταν δικάζουν, οι ιερείς διδάσκουν με πληρωμή και οι προφήτες προφητεύουν με αμοιβή»* **(Μιχαίας 3:11Α)**. Εξαιτίας αυτών των ηγετών, οι άνθρωποι ξεστρατίζουν, αμαρτάνοντας κατά του Θεού. Η τιμωρία τους ήταν η αιχμαλωσία στη Βαβυλώνα η οποία διήρκησε περίπου 60 χρόνια (598 - 538 π.Χ.) **(Μιχαίας 3:5)**.

Αλλά η τιμωρία του Θεού δεν είναι για πάντα. *«Επειδή, η οργή του διαρκεί μονάχα μία στιγμή· ζωή, όμως, είναι στην ευμένειά του»* **(Ψαλμοί 30:5)**. Παρά την άσχημη πίστη των ηγετών αυτών που προκάλεσαν την εξορία τους, από αγάπη και υπόσχεση προς τον Αβραάμ ότι οι απόγονοί του θα ήταν αμέτρητοι όπως τα άστρα, ο Θεός υποσχέθηκε να συγκεντρώσει τα πρόβατά του. *«Και θα κάνω αυτήν που χωλαίνει υπόλοιπο, και αυτήν που αποβλήθηκε ισχυρό έθνος»* **(Μιχαίας 4:6-7)**.

Όπως ο Θεός τιμώρησε και έσωσε τους Ισραηλίτες, ο Θεός θα κάνει το ίδιο και για εμάς. Ο Κύριος θα σώσει και θα μας λυτρώσει, για οποιονδήποτε λόγο και για οποιονδήποτε άνθρωπο ξεστρατίσαμε από το μονοπάτι ή για οποιονδήποτε λόγο απομακρυνθήκαμε από τον Θεό. Ο Κύριος θα μας μαζέψει και *από εκείνη την ημέρα και για πάντα* θα είναι ο Βασιλιάς μας. Όσοι, όμως, προκαλούν προσκόμματα στην πίστη, ο Ιησούς είπε *«Αλίμονο στον κόσμο για τα σκάνδαλα που έχει ν' αντιμετωπίσει. Γιατί αναγκαστικά θα έρθουν τα σκάνδαλα· μα αλίμονο στον άνθρωπο που προκαλεί το σκάνδαλο»* **(Κατά Ματθαίον 18:7, Κατά Λουκάν 17:1)**.

Αγαπητοί μου, **τίποτα δεν μπορεί να μας χωρίσει από την αγάπη του Θεού, πέραν της δικής μας απιστίας!**

Ας προσευχηθούμε: Ουράνιε Πατέρα μας, Σ' ευχαριστούμε που μας μάζεψες για να διαμορφώσουμε ένα ισχυρό έθνος που γνωρίζει

Ο Κύριος θα σώσει και θα μας λυτρώσει, για οποιονδήποτε λόγο και για οποιονδήποτε άνθρωπο ξεστρατίσαμε από το μονοπάτι ή για οποιονδήποτε λόγο απομακρυνθήκαμε από τον Θεό.

και υπακούει στις εντολές Σου παρά την επανάστασή μας και το γεγονός ότι ξεμακρύναμε από Εσένα. Αυτή την τελευταία εβδομάδα της Έλευσης, στρέψε την καρδιά μας πίσω στο πιο πολύτιμο δώρο στον κόσμο, την παρουσία Σου και τη λύτρωσή Σου μέσω του Υιού Σου, του Ιησού Χριστού, που είναι ο Θεός μαζί μας. Προσευχόμαστε στο Άγιο Όνομά Σου.

---

24 Δεκεμβρίου
ΑΝΑΖΗΤΩΝΤΑΣ ΤΟ ΥΠΕΡΟΧΟ ΦΩΣ
Ησαΐας 9:2

Με συναρπάζει η αστρονομία. Όταν ο γιος μου, ο Jean-Paul ήταν 6 χρονών, μεένα ερασιτεχνικό τηλεσκόπιο, κοιτούσαμε τον ουρανό το βράδυ για να δούμε το ωραίο φως, τον Κομήτη Χάλεϊ, να περνάει από τον δικό μας πλανήτη και είπα «*Αγόρι μου, την επόμενη φορά που θα περάσει αυτός ο κομήτης από τη γη, θα είναι σε 75 χρόνια. Δεν θα είμαι πλέον μαζί σου, αλλά εσύ ίσως τον δεις ξανά*».

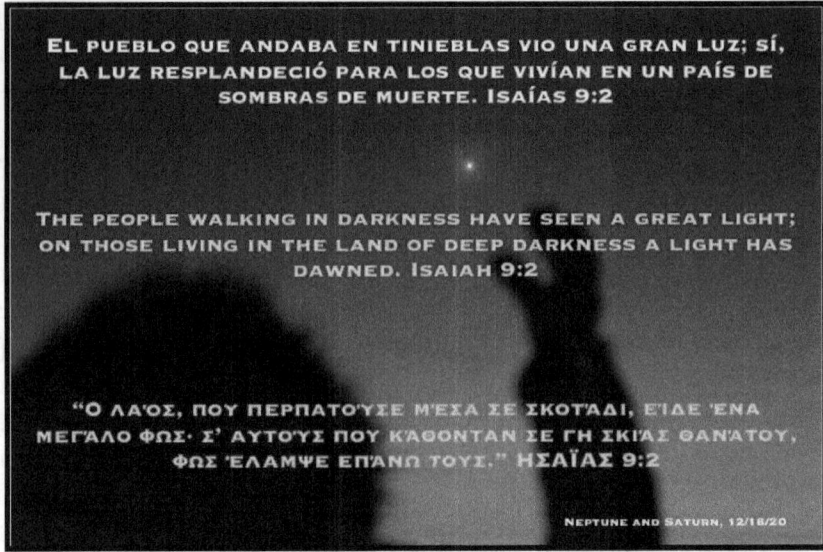

Τον Δεκέμβριο του 2020, ο γιος μου μοιράστηκε σχεδόν την ίδια εμπειρία με την εγγονή μας, την Ségolène με τον *συνδυασμό του Δία και του Κρόνου*, που συμβαίνει κάθε 20 χρόνια, αλλά δεν είναι κάθε χρόνια ίδια σε απόσταση. «*Το 2020, ο μεγάλος συνδυασμός [ήταν] στην πιο κοντινή απόσταση από το 1623 και μπορούσες να τους παρατηρήσεις από την πιο κοντινή απόσταση από το 1226! Την κοντινή απόσταση του 2020 δεν θα τη δούμε ξανά έως τον Μάρτιο του 2080*»[23].

Δύο χιλιάδες εικοσιένα χρόνια πριν ανακοινώθηκε από τους προφήτες ένα ισχυρό φως (**Αριθμοί 24:17**), το οποίο καθοδήγησε τους μάγους και τος βοσκούς στον στάβλο που βρισκόταν και γεννήθηκε ο Ιησούς, το Φως του κόσμου. Στο **Κατά Λουκάν 1:76-79** διαβάζουμε «*Κι εσύ, παιδί μου, θα ονομαστείς προφήτης του ύψιστου Θεού, γιατί θα προπορευτείς πριν από τον Κύριο για να ετοιμάσεις το δρόμο του κάνοντας γνωστή στο λαό του τη σωτηρία με τη συγχώρηση των αμαρτιών τους, γιατί ο Θεός μας είναι γεμάτος ευσπλαχνία. Έκανε ν' ανατείλει για μας ένα φως από ψηλά, για να φωτίσει αυτούς που ζούνε στο σκοτάδι και κάτω απ' του θανάτου τη σκιά, και να οδηγήσει τα βήματά μας στο δρόμο της ειρήνης*».

Όπως και οι μάγοι, οι βοσκοί, ο Ιωάννης ο Βαπτιστής και όλοι οι προφήτες και οι μάρτυρες ανά τους αιώνες, έχουμε το προνόμιο να έχουμε βρεθεί, να μας έχει δει και να μας έχει μεταμορφώσει το υπέροχο φως του Χριστού. Δεν είμαστε αυτό που ήμασταν, αλλά δεν θα είμαστε αυτό που είμαστε σήμερα γιατί κάθε μέρα, το υπέροχο φως του Θεού φωτίζει τον νου και την καρδιά μας και **μας μεταμορφώνει σε πιστούς μάρτυρες του φωτός** και καθοδηγεί *όσους κατοικούν στο σκοτάδι και στη σκιά θανάτου,* αναζητώντας σωτηρία και την οδό της ειρήνης.

Ας προσευχηθούμε: Ουράνιε Πατέρα μας, δώσε Εσύ ώστε να συνεχίσουμε να κοιτούμε προς τον ουρανό ανά τις γενιές αναζητώντας το υπέροχο Φως Σου. Κάνε έλεος σε όσους λιποψυχούν στα σκοτάδια και στις δοκιμασίες. Προσευχόμαστε στο όνομα του παιδιού του Ιησού, του υπέροχου φωτός και Σωτήρα μας.

---

[23] 1. https://earthsky.org/astronomy-essentials/great-jupiter-saturn-conjunction-dec-21-2020

25 Δεκεμβρίου
ΚΑΛΑ ΧΡΙΣΤΟΥΓΕΝΝΑ
Κατά Λουκάν 2:7

Τι μεγάλη χαρά! Επιτέλους ήρθαν! Εδώ και εβδομάδες αναμέναμε και ετοιμάζαμε να δεχθούμε την Παραμονή των Χριστουγέννων, τη νύχτα όπου η αγάπη και η καλοσύνη γεννήθηκαν στον κόσμο για να καταπολεμήσουν το κακό, φέρνοντας φως, ειρήνη και σωτηρία σε όλη τη δημιουργία.

Κατά τη διάρκεια αυτής της όμορφης εποχής, η συνηθισμένη ευχή είναι *«Καλά Χριστούγεννα».* Την Παραμονή των Χριστουγέννων, μαζευόμαστε με την οικογένεια και με φίλους ανά τον κόσμο για να γιορτάσουμε τη γέννηση του Ιησού Χριστού. Οι παραδόσεις στην οικογένειά μας είναι το δείπνο, η ανάγνωση του Ευαγγελίου για τη γέννηση του Ιησού, να ψάλλουμε ύμνους όπως το *Άγια Νύχτα,* να παρακολουθούμε την πρώτη λειτουργία ή τη λειτουργία με τα αναμμένα κεριά και να ανταλλάσσουμε δώρα.

Κάνοντας χώρο για τον Ιησού στη ζωή μας, δίνουμε ή λαμβάνουμε το μεγαλύτερο δώρο των **Χριστουγέννων** στις καρδιές των ανθρώπων. Από τη γέννηση του Ιησού έως και σήμερα, πολλοί από εμάς δεν κάναμε χώρο ή δεν δώσαμε χρόνο για τον Ιησού εξαιτίας άλλων υποχρεώσεων και δεσμέσευων. Γι' αυτό ο Ιησούς και η Μαρία εναπόθεσαν τον μικρό Ιησού *«σ' ένα παχνί, γιατί δε βρήκαν μέρος στο πανδοχείο»* (**Κατά Λουκάν 2:7**).

Αν κατανοούσαμε τη δύναμη και τη νέα ζωή που έχουμε ανοίγοντας την καρδιά μας στον Ιησού, θα κάναμε χώρο στη ζωή μας για την πιο σημαντική κληρονομιά, το δώρο και την εμπειρία της ιστορίας. Κανένα από τα υλικά δώρα που έχουμε (ή λαμβάνουμε) δεν συγκρίνεται με την ένδοξη και μεγαλοπρεπή εμπειρία να γίνουμε υιοθετημένα παιδιά του Θεού. Αποδεχόμενοι τον Ιησού στην καρδιά μας με πίστη, λαμβάνουμε τα έγγραφα της υπηκοότητας και της υιοθεσίας που μας καθιστούν συγκληρονόμους με τον Ιησού στη Βασιλεία Του (**Προς Ρωμαίους 8:17).**

Η ουσία των Χριστουγέννων είναι η αγάπη του Θεού, η αποδοχή και η χάρη Του. Η αγάπη του Θεού ξεπερνά τον χρόνο, τον τόπο και τα βάσανα αποκλειστικά για εσένα. Όλα είναι για εσένα! Γι' αυτό, ας δώσουμε σήμερα ευχαριστίες για το μεγαλύτερο δώρο των Χριστουγέννων και επιμελώς αν μοιραστούμε την αγάπη αυτή με όσους βάζει ο Θεός στον χώρο, στην οθόνη ή στον δρόμο μας. **Καλά Χριστούγεννα!**

Ας προσευχηθούμε: Ουράνιε Πατέρα μας, Σ' ευχαριστούμε για το πιο σημαντικό δώρο που γεννήθηκε στην καρδιά μας. Είθε η ειρήνη και η χαρά του Ιησού να βασιλεύουν στις καρδιές μας κατά τη διάρκεια και έπειτα από αυτή την όμορφη εποχή. Προσευχόμαστε στο Άγιο Όνομά Σου.

26 Δεκεμβρίου
ΓΕΝΝΗΜΕΝΟΣ ΣΕ ΤΑΠΕΙΝΕΣ ΚΑΡΔΙΕΣ

«Επειδή, σήμερα, στην πόλη τού Δαβίδ, γεννήθηκε σε σας σωτήρας, που είναι ο Χριστός, ο Κύριος». **Κατά Λουκάν 2:11**

"Today in the town of David, a Savior has been born to you; he is the Messiah, the Lord." **Luke 2:11**

"Hoy, en la ciudad de David, les ha nacido un Salvador, que es Cristo el Señor". **Lucas 2:11**

Έχετε αναρωτηθεί ποτέ γιατί ο Θεός επέλεξε απλούς βοσκούς για να ανακοινώσει τη γέννηση του Ιησού; Από όλους τους εξαιρετικούς επικοινωνιολόγους που ήταν εκεί, γιατί τους βοσκούς; Πράγματι, δεν ήταν οι πιο μορφωμένοι. Ήταν απλοί βοσκοί που φρόντιζαν τα ζώα. Γιατί επέλεξε εκείνους αντί για πολιτικούς αρχηγούς, ιερείς, Φαρισαίους ή γραμματείς;

Η εργασία της φροντίδας των προβάτων ήταν η πιο χαμηλή στην κοινωνία. Κατανοούμε ότι οι βοσκοί δεν ήταν οι πιο αξιόπιστοι ούτε αποδεκτοί ως μάρτυρες. Γιατί, λοιπόν, οι ουράνιοι αγγελιοφόροι ήρθαν στους βοσκούς; Ίσως γιατί, ο Θεός, που σχεδίασε και γνωρίζει την ανθρώπινη καρδιά, είδε μία καρδιά δεκτική να πιστέψει σε αυτούς τους φτωχούς και ταπεινούς βοσκούς;

Η ερώτηση αυτή απαντάται κάπως διαβάζοντας το εδάφιο **Ιακώβου 2:5** *«Ακούστε, αγαπητοί μου αδερφοί. Ο Θεός διάλεξε αυτούς που για τον κόσμο είναι φτωχοί, να γίνουν πλούσιοι στην πίστη και να κληρονομήσουν τη βασιλεία του, αυτήν που υποσχέθηκε σ' όσους τον αγαπούν».* Ο Ιησούς ξεκαθαρίζει επίσης ότι είναι αδύνατον για έναν άνθρωπο που εναποθέτει την εμπιστοσύνη του στα πλούτη του και στις ικανότητές του να εισέλθει στο βασίλειο του Ουρανού **(Κατά Ματθαίον 19:24)**.

Ο Ιησούς δεν ήρθε για να σώσει τους θρησκευόμενους ούτε τους πλούσιους που εμπιστεύονται στη γενεαλογία τους, την εκπαίδευση ή τα αγαθά τους. Έγινε κατανοητό ότι ο Μεσσίας θα ερχόταν για τους απογόνους του Αβραάμ, του Ισαάκ και του Ιακώβ. Αλλά ο Ιησούς ξεκαθάρισε ότι δεν ήρθε ούτε για τους υγιείς, αλλά για τους φτωχούς, τους απομονωμένους και τους αρρώστους **(Κατά Μάρκον 2:17)**. Έκανε τη σωτηρία διαθέσιμη για όλους τους ταπεινά διαθέσιμους να πιστέψουν.

Γι' αυτό, μπορούμε να διαβεβαιώσουμε ότι ο Σωτήρας του κόσμου επιθυμεί να γεννηθεί σε ταπεινές καρδιές που εμπιστεύονται πλήρως στο λυτρωτικό έργο του Θεού. Η απόδειξη είναι ότι εμείς που κάποτε ζούσαμε χωριστά και αποστασιοποιημένοι από τον Θεό τώρα έχουμε πρόσβαση στον θρόνο της χάρης μέσω της πίστης στο εξιλεωτικό έργο του Ιησού Χριστού.

Ας προσευχηθούμε: Ουράνιε Πατέρα μας, Σ' ευχαριστούμε γιατί δεν διάλεξες τους σοφούς ή τους πλούσιους για να μιλήσεις για το μήνυμα της σωτηρίας ανά τον κόσμο. Επέλεξες απλούς ανθρώπους κι αυτό μας γεμίζει με ελπίδα και θάρρος για να πάμε όπου μας στέλνεις και να μιλήσουμε για τα καλά νέα. Ότι σήμερα, σε αυτό το μέρος, ο Σωτήρας του κόσμου γεννιέται σε εμάς. Προσευχόμαστε στο Άγιο Όνομά Σου.

---

27 Δεκεμβρίου
ΠΝΕΥΜΑΤΙΚΑ ΩΤΑ
Παροιμίαι 8:34

Γιατί τα παιδιά δεν μπορούν να ακούσουν τη συμβουλή των γονέων αλλά πολύ εύκολα θα ακούσουν τη συμβουλή των άλλων; Ο Λόγος μας λέει *«Ο ανόητος καταφρονεί την πατρική τη διδαχή· φρόνιμα πράττει όποιος τον έλεγχο με προσοχή ακούει»* **(Παροιμίαι 15:5)**.

Ο Ιησούς είπε: *«Κι όποιος ακούει αυτά τα λόγια μου, μα δεν τα τηρεί στην πράξη, μοιάζει μ' έναν άμυαλο άνθρωπο, που έχτισε το σπίτι του πάνω στην άμμο. Έτσι, όταν ήρθε η βροχή και πλημμύρισαν τα ποτάμια και φύσηξαν οι άνεμοι κι έπεσαν πάνω σ' εκείνο το σπίτι, αυτό γκρεμίστηκε· και η πτώση του έγινε με πάταγο μεγάλο»* **(Κατά Ματθαίον 7:26-27).** Θεός φυλάξει τα όνειρα και οι προσευχές μας για τους νέους μας να παρασυρθούν από τα ανόητα ρεύματα αυτού του κόσμου.

Ο κόσμος μας, η οικογένειά μας και οι εκκλησίες μας χρειάζονται άντρες και γυναίκες **που έχουν ώτα αφοσιωμένα για να ακούν με πιστότητα τις οδηγίες του Θεού με υπομονή και ταπεινοφροσύνη.**

Με υπομονή – Στις συνάξεις πολλές φορές υπάρχει χρονικό όριο στον ποιμένα, ιδιαίτερα όταν υπάρχουν αθλητικές εκδηλώσεις μετά την εκκλησία. Στην εποχή του Νεεμία, ο Λόγος του Θεού ακουγόταν με σεβασμό, προσδοκίες και πνευματικά ώτα. *«Επί τρεις ώρες στέκονταν όρθιοι στις θέσεις τους κι άκουγαν την ανάγνωση από το βιβλίο του νόμου του Κυρίου, του Θεού τους· και για άλλες τρεις ώρες έμεναν γονατιστοί ενώπιον του Κυρίου του Θεού τους για να του ζητήσουν συγχώρηση»* **(Νεεμίας 9:3).** Μπορείτε να φανταστείτε να στέκεστε για 6 ώρες, ακούγοντας την ανάγνωση του Λόγου του Θεού, ομολογώντας και λατρεύοντας; **Χρειαζόμαστε υπομονή και πνευματικά ώτα για να λάβουμε τη διόρθωση του Θεού.**

Χρειαζόμαστε επίσης **ταπεινοφροσύνη** για να τη βάλουμε σε εφαρμογή. Η φύση μας αντιστέκεται όταν άλλοι επιβάλλουν τη γνώμη τους στη ζωή μας. Μου έκανε εντύπωση η απάντηση της **Λιλιάνας** στη συμβουλή και στη διόρθωσή μου. *«Σ' ευχαριστώ που με διόρθωσες».* Δεν ξέχασα ποτέ την σοφή ταπεινοφροσύνη της. Έτσι θα πρέπει να ανταποκρινόμαστε όταν ο Θεός μας διορθώνει μέσω του Λόγου Του ή μέσω του ποιμένα μας. *«Ευτυχισμένος ο άνθρωπος που με ακούει»* **(Παροιμίαι 8:34).**

Η διόρθωση του Θεού μας οδηγεί στη ζωή και στη χάρη του Θεού **(Παροιμίαι 8:35).** Ο Λόγος του Θεού είναι ο καλός καρπός που αναζητά πνευματικά ώτα που *«άκουσαν το λόγο με καλή και αγαθή καρδιά, τον φυλάνε μέσα τους και καρποφορούν με υπομονή»* **(Κατά Λουκάν 8:15).**

Ας προσευχηθούμε: Ουράνιε Πατέρα μας, στην ανησυχία μας, φωνάξαμε το όνομά Σου και κράξαμε σε Εσένα. Από τον ναό Σου, Εσύ άκουσες τη φωνή μας και γνωρίζουμε ότι η κραυγή μας άγγιξε τα θεϊκά αυτιά Σου **(Β' Σαμουήλ 22:7).** Δώσε μας Εσύ αυτιά που θα ακούν τον Λόγο Σου και υπομονή και ταπεινοφροσύνη για να Σε ευχαριστήσουμε όταν μας διορθώνεις γιατί το κάνεις με αγάπη. Προσευχόμαστε στο όνομα του Ιησού Χριστού.

---

28 Δεκεμβρίου
ΞΕΧΝΩΝΤΑΣ ΤΟ ΕΠΑΙΣΧΥΝΤΟ ΠΑΡΕΛΘΟΝ ΜΑΣ
Ησαΐας 54:17

Μπορούμε να διαβάσουμε το εδάφιο **Ησαΐας 54:17** εκτός πλαισίου. Γι' αυτό σας καλώ να διαβάσουμε τα **εδάφια 1-17** του **Κεφαλαίου 54** για να κατανοήσουμε το βάθος της υπόσχεσης και την εγγύηση που δίνει ο Θεός στα παιδιά Του. Δύο βασικά σημεία υπάρχουν σε αυτά τα εδάφια: 1) Ο Θεός θα μας κάνει να ξεχάσουμε τη ντροπή του παρελθόντος μας **(εδάφιο 4)**, και 2) Κανένα όπλο που κατασκευάστηκε εναντίον μας δεν θα ευοδωθεί **(εδάφιο 17).**

Τα **εδάφια 1-3** μας καλούν να ευφραινόμαστε σε όποια κατάσταση κι αν βρισκόμαστε, είτε ήττας, είτε αδυναμίας είτε φτώχειας. Μας καλεί να επεκτείνουμε το εύρος μας (την ελπίδα μας) και κλείνει με την ελπίδα ότι *«οι απόγονοί σου θα την πάρουν πίσω κι οι ερημωμένες πόλεις θα κατοικηθούν».*

Τα **εδάφια 4-8** καλούν τις χήρες να μην φοβούνται τη μοναξιά γιατί ο Θεός θα είναι ο σύζυγός τους και **θα ξεχάσουν τη ντροπή της νιότης τους.** Δεν θα τις βλέπουν ποτέ ως εγκαταλειμμένες γυναίκες ή λυπημένες στο πνεύμα γιατί ο ίδιος ο Θεός θα τις σηκώσει και θα τους δείξει την παρηγοριά του.

Τα εδάφια 11-17 ο Θεός θα διακοσμήσει τις χήρες με πολύτιμες πέτρες και τα παιδιά τους ***θα διδάσκονται από τον Θεό.*** Δεν θα υπάρχει έλλειψη ισχυρής ηγεσίας. Η ειρήνη του Θεού θα πολλαπλασιάζεται στα παιδιά σας. Ο Θεός θα σας διακοσμήσει με δικαιοσύνη. Δεν θα είστε πλέον καταπιεσμένες ούτε θα φοβάστε από κάποιο κακό γιατί *«θ' αποτύχει όποιος θα πολεμήσει εναντίον σου».* Οι υποσχέσεις αυτές καταλήγουν στο **εδάφιο 17:** *«Το κάθε όπλο θ' αποτύχει, που φτιάχνεται εναντίον σου, και τον καθένα που θα στρέφει εναντίον σου τα λόγια του, θα τον αποστομώνεις. Αυτό επιφυλάσσω για τους δούλους μου και η βοήθειά τους προέρχεται από μένα».*

Οι υποσχέσεις αυτές γίνονται ακόμη πιο σημαντικές όταν αναγνωρίζουμε ότι το **κεφάλαιο 53** του **Ησαΐα** επικεντρώνεται στα βάσανα του Χριστού για τον λαό Του ενώ το **Κεφάλαιο 54** αντιπροσωπεύει τον θρίαμβο και τον καρπό από τα βάσανα του Μεσσία. Ο Θεός χρησιμοποιεί τη χήρα για να κάνει τον συμβολισμό με τον λαό του Θεού, για να δείξει ότι **όσα περάσαμε στο παρελθόν δεν συγκρίνονται με τις υπέροχες ευλογίες που έχει ετοιμάσει ο Θεός για τα παιδιά Του.**

Ας προσευχηθούμε: Ουράνιε Πατέρα μας, Σ' ευχαριστούμε που μας έσωσες από τη μεγάλη μιζέρια και την αποξένωση στην οποία ζούσαμε πριν λάβουμε τη σωτηρία μέσω της πίστης στον Ιησού Χριστό. Επίτρεψέ μας να ξεχάσουμε τη ντροπή του παρελθόντος μας. Να ζητήσουμε συγχώρηση από όσους προσβάλλαμε, αλλά πιο πολύ απ' όλα, να ζητήσουμε ο Ιησούς να γίνει ο φύλακας και λυτρωτής μας. Προσευχόμαστε στο όνομα του Ιησού Χριστού.

---

29 Δεκεμβρίου
ΤΟ ΘΕΜΕΛΙΟ ΤΟΥ ΣΠΙΤΙΟΥ
Προς Κορινθίους Α' 3:11

Όταν χτίζουμε το σπίτι μας και το βασίλειο του Θεού, πρέπει να επιλέξουμε προσεκτικά τα υλικά κατασκευής. Ως γονείς, θα πρέπει να βασίσουμε τη ζωή μας στον Χριστό γιατί οι λύκοι που είναι ντυμένοι σαν πρόβατα απειλούν την κληρονομιά των παιδιών μας και της κοινότητάς μας. Ο Ιησούς Χριστός είναι το θεμέλιο που εμπιστευόμαστε επάνω στο οποίο χτίζουμε ζωές, σπίτια και κοινωνίες γεμάτες ζωή.

Σε όλους τους γάμους που διετέλεσα, βεβαίωνα ότι τα ζευγάρια άκουγαν, κατανοούσαν και αποδέχονταν το ίδιο πράγμα που ο ποιμένας είπε σε εμένα και στη Μαργαρίτα όταν σχεδιάζαμε τον γάμο μας. *«Το σπίτι αν δεν το χτίσει ο Κύριος, μάταια μοχθούν οι χτίστες του γι' αυτό· την πόλη ο Κύριος αν δεν τη φυλάξει, μάταια ο φρουρός της αγρυπνά»* **(Ψαλμοί 127:1).** Οι γάμοι ξεκινούν με ευγενή, όμορφα και βαθυστόχαστα όνειρα τα οποία ο εχθρός θα προσπαθήσει να γκρεμίσει μέχρι τα θεμέλιά τους. Για να αμυνθούμε ενάντια σε όλες αυτές τις επιθέσεις, ο Κύριος θα πρέπει να είναι το θεμέλιο του σπιτιού μας, προστατεύοντας και καθοδηγώντας τα λόγια, τις πράξεις και τις σκέψεις μας.

Πολλές φορές, τα σπίτια που ξεκινούν με ζεστασιά, αγάπη, όνειρα, αφοσίωση και εμπιστοσύνη ραγίζουν από την έλλειψη προστασίας και την καθημερινή παρουσία του Θεού – ανοίγοντας τον δρόμο σε περιόδους ψυχρότητας, έλλειψης ενδιαφέροντος και έλλειψης εμπιστοσύνης. Κάποια ζευγάρια αποστασιοποιούνται σωματικά και συναισθηματικά. Πρέπει να προσκαλούμε την καθημερινή παρουσία του Θεού για να γιατρέψει τα ραγίσματά μας και τις πληγές μας.

Η εκκλησία θεσπίστηκε για να **συμφιλιώσει** την απόσταση που μας χώριζε από τον Θεό και ο ένας από τον άλλον. Εδώ περιλαμβάνονται σύζυγοι, γονείς και παιδιά, αδέλφια, φίλοι, κτλ. Ο Θεός μας έχει εμπιστευτεί τη διακονία της αποκατάστασης ώστε όπου υπάρχουν τοίχοι, ψυχρότητα και έλλειψη έγκρισης, να τα καταστρέψουμε στο όνομα του Ιησού Χριστού. Οι Χριστιανοί έχουν το χρίσμα και την εντολή να πάνε όπου υπάρχουν κενά και να χτίσου γέφυρες. *«Πρόσεξε· από σήμερα θα έχεις την εξουσία στα έθνη και στα βασίλεια να ξεριζώνεις και να γκρεμίζεις, να καταστρέφεις και να ερημώνεις, να χτίζεις και να φυτεύεις»* (Ιερεμίας 1:10).

Ο κόσμος θα προσπαθήσει να μας πείσει ότι όλοι οι δρόμοι οδηγούν στον Θεό, αλλά ο Ιησούς λέει ότι υπάρχει μόνο ένας δρόμος. *«Εγώ είμαι η οδός, η αλήθεια και η ζωή· κανείς δεν πηγαίνει στον Πατέρα παρά μόνο αν περάσει από μένα»* (Κατά Ιωάννην 14:6).

Ας προσευχηθούμε: Ουράνιε Πατέρα μας, Σ' ευχαριστούμε που μας δίδαξες ότι υπάρχει μόνο ένα θεμέλιο στο οποίο πρέπει να χτίσουμε το σπίτι και την κοινωνία μας: ο Ιησούς Χριστός. Σ' ευχαριστούμε γιατί η αγκαλιά Του που συγχωρεί είναι ανοιχτή για όλους – κανείς δεν μένει εκτός ούτε απορρίπτεται. Όλοι όσοι εμπιστεύονται σ' Εκείνον έχουν ένα εξαιρετικό θεμέλιο για να μεγαλώσουν τα παιδιά τους και τις μελλοντικές γενιές. Προσευχόμαστε στο όνομα του Ιησού Χριστού.

---

30 Δεκεμβρίου
ΝΑ ΠΡΟΣΕΧΕΤΕ, ΝΑ ΕΙΣΤΕ ΑΓΡΥΠΝΟΙ ΚΑΙ ΝΑ ΠΡΟΣΕΥΧΕΣΤΕ

«Προσέχετε, αγρυπνείτε, και προσεύχεστε· για τον λόγο ότι, δεν ξέρετε πότε είναι ο καιρός».
Κατά Μάρκον 13:33

"Take heed, watch and pray; for you do not know when the time is." Mark 13:33 NKJV

"Pero ustedes, presten atención y manténganse atentos, porque no saben cuándo llegará el momento". Marcos 13:33

Το εδάφιο μας σήμερα μας παρακινεί να αγρυπνούμε. Στο **Κατά Λουκάν 21:36**, ο Κύριος προσθέτει ***«και να προσεύχεστε αδιάκοπα, για να μπορέσετε να ξεπεράσετε όλα όσα είναι να συμβούν, και να παρουσιαστείτε έτοιμοι μπροστά στον Υιό του Ανθρώπου»***. Σε παλαιότερες μεταφράσεις διαβάζουμε *«Αγρυπνείτε λοιπόν, προσευχόμενοι πάντοτε»*. Στο **Κατά Ματθαίον 24:42** διαβάζουμε ***«Να αγρυπνείτε, λοιπόν, γιατί δεν ξέρετε ποια μέρα θα έρθει ο Κύριός σας»***.

Ο Ιησούς προειδοποίησε τους μαθητές και εμάς *«Προσέχετε, αγρυπνείτε και προσεύχεσθε, γιατί δεν ξέρετε πότε θα έρθει ο καιρός»* (Κατά Μάρκον 13:33). Στην ουσία, ως παιδιά και εκπρόσωποι του Θεού, ο Θεός μας βάζει φρουρούς να παρακολουθούμε, **να είμαστε άγρυπνοι και να προσευχόμαστε** για το κοπάδι Του.

ΦΥΛΑΞΗ: Όπως κάνουν οι βοσκοί, πρέπει να καθόμαστε σε ένα ψηλό μέρος, κοιτώντας προσεκτικά σε μια απόσταση ώστε να κοιτάξουμε τα θηρία που προσπαθούν να πλησιάσουν το κοπάδι. Δεν μπορούμε να έχουμε περισπασμούς από την αποστολή μας να νοιαζόμαστε, να προστατεύουμε και να αποτρέπουμε τον κλέφτη να κλέβει τον οίκο του Θεού. Δυστυχώς, καθημερινά βλέπουμε μισθωτούς φρουρούς να αποσπώνται από τα κινητά τους τηλέφωνα αντί να έχουν τα μάτια τους ανοιχτά στην προστασία του κόσμου.

ΑΓΡΥΠΝΟΙ: Ζωές και ψυχές εξαρτώνται από τη φροντίδα του φρουρού που είναι στο καθήκον. Είναι σημαντικό να κατανοούμε τον ρόλο μας ως φρουροί του Θεού και να εκτιμούμε ότι οι ζωές των άλλων εξαρτώντας από τη δική μας πίστη και προετοιμασία να παραμείνουμε άγρυπνοι. Ο Ιησούς είπε «*Μείνετε άγρυπνοι και προσεύχεστε, για να μη σας νικήσει ο πειρασμός· το πνεύμα είναι πρόθυμο, η σάρκα όμως αδύναμη*» **(Κατά Μάρκον 14:38, Κατά Ματθαίον 26:41).**

ΠΡΟΣΕΥΧΗ: Παράλληλα με την φύλαξη και να είμαστε άγρυπνοι, ο Ιησούς μας δίνει εντολή να συνεχίζουμε να προσευχόμαστε. Προσευχόμαστε για την κατάσταση της ψυχής μας, για όσους βρίσκονται στην οικογένεια και την εκκλησία ώστε, ακόμη κι αν οι ανθρώπινες άμυνές μας πέσουν, η προστασία του Θεού που δεν μας εγκαταλείπει ποτέ θα φυλάξει το κοπάδι Του, ώστε ο εχθρός να μην βρει τρόπο να διαστρεβλώσει τις εντολές που λάβαμε μέσω του Λόγου του Θεού.

Ας προσευχηθούμε: Ουράνιε Πατέρα μας, δεν είχα το προνόμιο να υπηρετήσω στον στρατό ως φύλακας. Είμαι ευγνώμων για τον στρατό μας, τους φρουρούς ανά τον κόσμο που στάλθηκαν και τοποθετήθηκαν στρατηγικά σε υψηλές θέσεις για να φροντίσουν και να προστατεύσουν τον λαό Σου. Κράτησέ τους υπό τον μανδύα της προστασίας Σου, βοήθησέ τους να παραμένουν ξάγρυπνοι και να επιστρέψουν στα σπίτια τους σώοι και ασφαλείς. Βοήθησέ μας να προσέχουμε, να είμαστε άγρυπνοι και να προσευχόμαστε για τον λαό μας και τις μελλοντικές γενιές. Προσευχόμαστε στο Άγιο Όνομά Σου.

Προσευχόμαστε για την κατάσταση της ψυχής μας, για όσους βρίσκονται στην οικογένεια και την εκκλησία ώστε, ακόμη κι αν οι ανθρώπινες άμυνές μας πέσουν, η προστασία του Θεού που δεν μας εγκαταλείπει ποτέ θα φυλάξει το κοπάδι Του.

31 Δεκεμβρίου
ΞΕΚΙΝΩΝΤΑΣ ΑΠΟ ΤΗΝ ΑΡΧΗ ΜΕ ΣΟΦΙΑ
Α' Βασιλέων 3:9Α

Σήμερα αποχαιρετούμε το 2021 και καλωσορίζουμε τη νέα χρονιά με χαρά και **σοφή αναμονή**. Δεν γνωρίζουμε τι θα φέρει το 2022, αλλά εμπιστευόμαστε τα σχέδια του Θεού. Δεχόμαστε τη νέα χρονιά με μία αίσθηση χάρης που δεν την αξίζουμε σε συνδυασμό με τεράστια ευγνωμοσύνη και προσδοκίες για τις ημέρες που έρχονται.

Η Πρωτοχρονιά είναι μία εξαιρετική περίοδος **να ξεκινήσουμε από την αρχή**. Ίσως κάποιους από τους στόχους του 2021 δεν τους καταφέραμε. Δεν πειράζει. Δεν έχασα τα κιλά που ήθελα, αλλά δεν έβαλα άλλα και νιώθω υγιής. Κάλυψα περισσότερα από 1.700 μίλια με το ποδήλατό μου, μεταξύ άλλων μιας διαδρομής ανάβασης 293 μέτρων στο Λιτόχωρο και κατάφερα τρία βασικά: να αφιερώσω χρόνο στην οικογένειά μου, να εκδώσω τους καθημερινούς στοχασμούς και τα βίντεο και να ξεκινήσω την οργάνωση αυτού του βιβλίου.

Καθώς σκέφτεσαι τους στόχους σου για το 2022, σκέψου να δημιουργήσουν **στόχους με νόημα και εφικτούς** που θα ωφελήσουν τις μελλοντικές γενιές. Προσευχηθείτε ο Θεός να σας δώσει τη **σοφία** και τη δύναμη της θέλησης για να θυσιάσετε τον απαραίτητο χρόνο και κόπο. **Είναι εφικτό να ξεκινήσετε από την αρχή** μέσω του Κυρίου και Σωτήρα μας, Ιησού Χριστού. *«Όταν κάποιος ανήκει στο Χριστό είναι μια καινούρια δημιουργία. Τα παλιά πέρασαν· όλα έχουν γίνει καινούρια»* (Προς Κορινθίους Β' 5:17).

Η αρχή της νέας χρονιάς αποτελεί επίσης εξαιρετική περίοδο να ξεχάσουμε τις αποτυχίες του παρελθόντος μας και να αναμένουμε περιόδους ανανέωσης και ευλογίας. Αφήστε πίσω σας οποιοδήποτε λάθος έγινε το προηγούμενο έτος στα χέρια του Θεού, ώστε, **με καρδιές διαμορφωμένες από την εμπειρία και τη θεϊκή σοφία,** να αναζητήσουμε συγχώρηση, επιδιόρθωση και αποκατάσταση. Ήρθε η στιγμή να αφήσουμε πίσω μας όσα είναι άχρηστα ή άβολα για **τον Θεό και την οικογένειά μας.**

Κάθε μέρα που ξυπνάμε είναι μία νέα ευκαιρία για να διαβούμε με τον Σωτήρα μας. Οι αποτυχίες του χθες είναι περιττές βαλίτσες, με υπέρβαρος. Ο πατέρας του ψεύδους μας θέλει να αμφισβητήσουμε τις υποσχέσεις και την παρουσία του Θεού. Ψιθυρίζει στο αυτί μας λόγια όπως, *«Αν ο Θεός ήταν μαζί σου, δεν θα αποτύγχανες, δεν θα αρρώσταινες, ο γάμος σου και η δουλειά σου θα πήγαιναν καλά, κτλ.».*

Ξέρετε κάτι, όμως; Ας κλείσω αυτή την τελευταία σκέψη επιβεβαίωσης. Δημιουργηθήκατε για να πετάτε σαν τον αετό, απελευθερωμένοι από τα φορτία του χθες. Γι' αυτό, *παραμείνετε εν Χριστώ!* Μελετήστε τον Λόγο του Θεού. **Αναζητήστε τη σοφία του Θεού** και την υποστήριξη με προσευχή που σας δίνουν τα αδέλφια σας ανά τον κόσμο. **Δεν είστε μόνοι!**

Ας προσευχηθούμε: Ουράνιε Πατέρα μας, δεν γνωρίζουμε τι φέρνει το αύριο, αλλά γνωρίζουμε ότι θα είσαι μαζί μας κάθε νέα ημέρα. Δώσε Εσύ ώστε στον χρόνο που έρχεται, με πράξεις και με λόγια, να μεγαλύνουμε το όνομά Σου και τη βασιλεία Σου και ο λαός Σου να βρει ουράνια ελπίδα, ειρήνη, θεραπεία και σοφία. Σ' ευχαριστώ για την υπέροχη χαρά και το προνόμιο να εκδίδω αυτό το βιβλίο με τους στοχασμούς για φίλους, για την οικογένειά μου και για τις μελλοντικές γενιές, αφιερωμένο στο **«Αίμα εκ του αίματός μου».** Προσευχόμαστε στο Άγιο Όνομά Σου.

ΚΑΤΑΛΗΚΤΙΚΕΣ ΣΚΕΨΕΙΣ

Για μεγάλο μέρος της ζωής μου, δεν ήμουν ούτε Χριστιανός ούτε ηγέτης. Πριν τις 28 Φεβρουαρίου, ήμουν ένας ντροπαλός, εσωστρεφής άνθρωπος με έφεση στην τεχνολογία που είδε μία ευκαιρία να αποκτήσει πλούτο γρήγορα στον τομέα των ακινήτων. Πήγαινα στην εκκλησία από υποχρέωση, αλλά την περισσότερη ώρα κοιμόμουν. Το κήρυγμα ήταν η καλύτερη ώρα για εμένα να κλείσω τα μάτια μου και να κοιμηθώ για λίγο. Δυστυχώς, ο τομέας των ακινήτων ναυάγησε το 1987, και μαζί του ναυάγησαν όλα μου τα όνειρα, οι ελπίδες και οι αποταμιεύσεις μου. Όχι μόνο ήμασταν χρεωμένοι, αλλά ήμουν και συναισθηματικά και πνευματικά χρεωκοπημένος!

Δεν γνώριζα τον Χριστό και δεν γνώριζα τίποτα για την εμπιστοσύνη στην καθοδήγηση του Θεού. Η αγάπη του Θεού και η χάρη δεν μου ήταν γνωστές και η δύναμη το Αγίου Πνεύματος ήταν σε λειτουργία αναμονής. Είχα μόλις αλλάξει δουλειά και τα πράγματα δεν πήγαιναν καλά, με εμένα να εργάζομαι 7 μέρες την εβδομάδα για να σώσω την εργασία και το σπίτι μου. Όταν ήμουν στη δουλειά, ήθελα να βρίσκομαι στο σπίτι. Όταν βρισκόμουν στο σπίτι, δεν μπορούσα να σκεφτώ τίποτα άλλο πέρα από την εργασία και τα χρέη μου. Με κατέβαλλε το άγχος και με οδήγησε σε πολλά βράδια δίχως ύπνο.

Ο πατέρας του Ψεύδους ήταν αληθινός και πονηρός. Με έκανε να πιστεύω ότι δεν ήμουν ικανός να παρέχω τα απαραίτητα στην οικογένειά μου, ότι ήμουν ανίκανος ως σύζυγος, πατέρας, εργαζόμενος και επενδυτής και με έκανε να στραφώ προς την πολιτική της ασφάλισης ζωής μου, ύψους μισού εκατομμυρίου δολαρίων ως απάντηση στο χρέος. Το τραγούδι των M*A*S*H και το κατευναστικό ρεφρέν του «η αυτοκτονία είναι ανώδυνη», έπαιζε συνεχώς στον νου μου.

«Το παιχνίδι αυτό της ζωής είναι δύσκολο, Δεν θα το κερδίσω ούτως ή άλλως, Το χαρτί που χάνω, με μία καθυστέρηση, Μόνο αυτό έχω να πω, Η αυτοκτονία είναι ανώδυνη».

Ήμουν έτοιμος να βάλω αυτό το ψέμα σε εφαρμογή, αλλά ο Θεός είχε άλλα σχέδια. Ο Jean-Paul, ο 8χρονος γιος μου είχε καταλάβει τις οικονομικές δυσκολίες και είπε **«Μπαμπά, δεν πειράζει κι αν χρεωκοπήσαμε, αρκεί να είμαστε μαζί».** Τον Φεβρουάριο του 1989, ένας φίλος με κάλεσε σε ένα τριήμερο χριστιανικό συνέδριο, όπου βίωσα μια συνάντηση με τον Ιησού, η οποία με μεταμόρφωσε. Γνώριζα για τον Ιησού, αλλά δεν γνώριζα το βάθος της αγάπης του Θεού μέσω του Ιησού Χριστού, ούτε γνώριζα τον σκοπό για τον οποίο υπήρχε. Πίστευα στον Θεό, αλλά μόνο από μακριά και δεν κατανοούσα τι σήμαινε να πιστεύεις στον Ιησού Χριστό και τη σωτηρία Του. Το Σάββατο 25 Φεβρουαρίου, σε μία απογευματινή συνάντηση προσευχής, κατάλαβα ότι παρά τα λάθη και τις αποτυχίες μου, ο Θεός και η οικογένειά μου με αγαπούσαν και άρχισα να αποδέχομαι και να αγαπώ τον εαυτό μου όπως ήμουν.

Από εκείνο το τριήμερο συνέδριο το 1989, η ζωή μου άλλαξε ριζικά. Βρήκα ειρήνη και χαρά στην καρδιά μου και σταμάτησε να ανησυχεί για πολλά. Βγήκα από τη βολή μου και χρησιμοποίησα τη μουσική ως πλατφόρμα για να μιλήσω για την αγάπη του Θεού. Η εμπειρία μου στα νομικά και την τεχνολογία με βοήθησε να μελετήσω την Αγία Γραφή με χαρά και σκοπό και καθώς αυξανόμουν σε σεβασμό και γνώση του Κυρίου, ξεκίνησα να αναλαμβάνω νέα καθήκοντα στην εκκλησία.

Είχα την ευλογία να πάρω μέρος σε πολλά 4ήμερα συνέδρια, πρώτα ως μέλος της εκκλησίας, οργανώνοντας ένα 4ήμερο event για την κοινότητα του Cleveland και στη συνέχεια ως πνευματικός διευθυντής. Κάθε εμπειρία με προετοίμασε για αυτό που είμαι σήμερα. Ο Θεός αγαπά όσους οι άλλοι δεν αγαπούν, ενδυναμώνει τους αδύναμους στο πνεύμα και συναρμολογεί τους αδύναμους. Ο Θεός το έκανε μαζί μου και μπορεί να το κάνει και θα το κάνει με εσάς ή με τους αγαπημένους σας που αντιμετωπίζουν Γολιάθ που φαίνονται ανίκητοι.

Σαν ενθαρρύνω να σκεφτείτε να παρακολουθήσετε ένα τριήμερο σεμινάρια, μακριά από υποχρεώσεις και περισπασμούς για να ενδυναμώσετε την πίστη σας και τη σχέση σας με τον Θεό. https://www.footsteps-sand.org

Ήταν ένα υπέροχο ταξίδι να σας ταξιδεύω στην Αγία Γραφή και να οργανώνω τους 4λεπτους στοχασμούς. Ήσασταν στο μυαλό μου καθημερινά καθώς καθόμουν να προσευχηθώ, να στοχαστώ, να γράψω και να επεξεργαστώ το βιβλίο αυτό. Η παρακάτω σκέψη με ενθάρρυνε κάθε μέρα: *«Τι μεγάλη χαρά και προνόμιο μου έδωσε ο Θεός, να έχω την τιμή να διεξάγω μία συνομιλία μέσα στον χώρο και στον χρόνο με φίλους, με οικογένειες και με τις μελλοντικές γενιές, το αίμα εκ του αίματός μου»*. Μίλησα μέσα από τον γραπτό λόγο και εσείς απαντήσατε με τις σκέψεις και τις προσευχές σας. Οι τρεις μας (εσείς, ο Θεός και εγώ) βρισκόμαστε σε έναν υπέροχο διάλογο μέσα στον χρόνο, τον χώρο και την αιωνιότητα.

Σας ευχαριστώ για τη μεγάλη χαρά και το προνόμιο να μοιράζομαι αυτόν τον χρόνο και τις στιγμές μελετώντας τον Λόγο του Θεού μαζί σας. Προσεύχομαι η πίστη σας στον Θεό να ανανεώνεται και να ενδυναμώνεται (όπως συνέβη και με τη δική μου) και να συνεχίσει να αυξάνεται καθώς επιθυμείτε να γνωρίσετε καλύτερα και να ακολουθήσετε τον Δημιουργό Θεό μας.

Μέχρι να συναντηθούμε ξανά, την ίδια ώρα και τον ίδιο χώρο αύριο. *«Η χάρη τού Κυρίου Ιησού Χριστού, και-η αγάπη τού Θεού, και η κοινωνία τού Αγίου Πνεύματος να-είναι μαζί με όλους σας»* (Προς Κορινθίους Α' 13:14). Είθε το Πνεύμα του Ιησού να ανέβει επάνω σας και να σας γεμίσει με αγάπη, χαρά, ειρήνη, φως και ελπίδα.

Πέντε αλήθειες για το Ευαγγέλιο της Σωτηρίας

1 – **Η αλήθεια για την αγάπη** – Ο Θεός σε αγαπάει και θέλει να έχεις ζωή αφθονίας. *«Τόσο πολύ αγάπησε ο Θεός τον κόσμο, ώστε παρέδωσε στο θάνατο το μονογενή του Υιό, για να μη χαθεί όποιος πιστεύει σ' αυτόν αλλά να έχει ζωή αιώνια»* (**Κατά Ιωάννην 3:16**).

2 – **Η αλήθεια για την Αμαρτία** – Η αμαρτία μας χωρίζει από τον Θεό και μας στερεί την άφθονη ζωή. *«Γιατί όλοι έχουν αμαρτήσει και βρίσκονται μακριά από τη δόξα του Θεού»* (**Προς Ρωμαίους 3:23**).

3- **Η αλήθεια που αντικαθιστά** – Ο Ιησούς Χριστός πήρε τη θέση σου στον Σταυρό και πλήρωσε όλο το τίμημα της σωτηρίας μας κάνοντας το δυνατό για εσένα να συμφιλιωθείς με τον Θεό. *«Ο Θεός όμως ξεπερνώντας αυτά τα όρια έδειξε την αγάπη του για μας, γιατί ενώ εμείς ζούσαμε ακόμα στην αμαρτία, ο Χριστός έδωσε τη ζωή του για μας»* (**Προς Ρωμαίους 5:8**). *«Ο Ιησούς του απάντησε: «Εγώ είμαι η οδός, η αλήθεια και η ζωή· κανείς δεν πηγαίνει στον Πατέρα παρά μόνο αν περάσει από μένα»* (**Κατά Ιωάννην 14:6**).

4 – **Η Αλήθεια για τη Μετάνοια** – Για να επιστρέψουμε στον Θεό, πρέπει να μετανοήσουμε από τις αμαρτίες μας. *«Μετανοήστε, λοιπόν και επιστρέψτε στο Θεό, για να εξαλειφθούν οι αμαρτίες σας»* (**Πράξεις 3:19**).

5 – **Η Αλήθεια για την Πίστη** – Η αιώνια και άφθονη ζωή είναι ένα δώρο που ο Θεός προσφέρει μέσω του Χριστού. Θα είναι δικό Σου αν Τον δεχθείς ως Κύριο και Σωτήρα σου. *«Γιατί ο μισθός που δίνει η αμαρτία είναι ο θάνατος, ενώ το δώρο που χαρίζει ο Θεός είναι η αιώνια ζωή, την οποία έφερε ο Ιησούς Χριστός, ο Κύριός μας»* (**Προς Ρωμαίους 6:23**). *«Σ' όσους όμως τον δέχτηκαν και πίστεψαν σ' αυτόν, έδωσε το δικαίωμα να γίνουν παιδιά του Θεού»* (**Κατά Ιωάννην 1:12**).

Πέντε λόγοι για να εκζητήσετε τον Θεό

1. **Κατά Ματθαίον 6:33** – *«Γι' αυτό πρώτα απ' όλα να επιζητείτε τη βασιλεία του Θεού και την επικράτηση του θελήματός του, κι όλα αυτά θα ακολουθήσουν»*.

2. **Προς Κολοσσαείς 3:1** – *«Αφού, λοιπόν, αναστηθήκατε μαζί με το Χριστό, να επιδιώκετε τα αγαθά που βρίσκονται στον ουρανό, εκεί που κάθεται ο Χριστός στα δεξιά του Θεού»*.

3. **Αμώς 5:14** – *«Κάντε το καλό και όχι το κακό, για να ζήσετε. Τότε ο Κύριος, ο Θεός του σύμπαντος θα είναι αληθινά μαζί σας, όπως το ισχυρίζεστε»*.

4. **Ψαλμός 70:4** – *«Ας πισωστρέψουν καταντροπιασμένοι όσοι για μένα λέν': «Καλά να πάθει».*

5. **Ψαλμός 63:1** – *«Θεέ, Θεός μου είσ' εσύ, σ' αναζητώ απ' τα χαράματα. Διψάει για σένα η ψυχή μου. Η σάρκα σ' αποζητάει σε μια έρημη, στεγνή κι άνυδρη γη».*

Ο Χριστός μας προσκαλεί

«Δες με, στέκομαι μπροστά στην πόρτα και χτυπώ. Αν κάποιος ακούσει τη φωνή μου και μ' ανοίξει την πόρτα, θα μπω στο σπίτι του και θα δειπνήσω μαζί του, κι αυτός μαζί μου» **(Αποκάλυψη 3:20).**

Υπάρχει κάτι στο παρόν ή στο παρελθόν σου που πιστεύεις ότι ο Θεός δεν μπορεί να συγχωρήσει αν Τον πλησιάσεις με καρδιά μετάνοιας; Η Αγία Γραφή μας διδάσκει ότι όλες οι αμαρτίες μας μπορούν να συγχωρηθούν όταν εμπιστευόμαστε στη θυσία του Ιησού. Μπορείτε να δεχτείτε τον Ιησού Χριστό τώρα, με την πίστη, μέσω της προσευχής. Όλοι έχουν πρόσκληση να λάβουν τη συγχώρηση και τη συμφιλίωση με τον Θεό. Το μόνο πράγμα που ζητά ο Θεός είναι να ακούει τη διάθεσή μας για μετάνοια.

Προσευχή για να δεχθούμε τον Ιησού Χριστό

Η παρακάτω προσευχή είναι προτεινόμενη ως οδηγός προσευχής:
«Κύριε Ιησού Χριστέ, Σε χρειάζομαι. Σ' ευχαριστώ που πέθανες στον Σταυρό για τις αμαρτίες μου. Ανοίγω την πόρτα της ζωής μου και Σου ζητώ να έρθεις μέσα και να γίνεις ο Σωτήρας και Κύριός μου. Σ' ευχαριστώ που συγχωρείς τις αμαρτίες μου και μου δίνεις μία δεύτερη ευκαιρία στην αιώνια ζωή. Πάρε τον έλεγχο της ζωής μου. Κάνε με τον άνθρωπο που είδες ότι είμαι όταν με διαμόρφωσες στη μήτρα της μητέρας μου».

Αν η προσευχή αυτή εκφράζει την επιθυμία της καρδιάς σας, πείτε την όπως είναι γραμμένη ή με δικά σας λόγια. Είπα τα λόγια αυτά στις 28 Φεβρουαρίου 1989. Την πιο σκοτεινή περίοδο της ζωής μου, ο Ιησούς άπλωσε το χέρι Του, ανόρθωσε το κεφάλι μου και ενίσχυσε την ελπίδα μου. Αυτά είναι τα δεύτερα γενέθλιά μου: η ζωή μου «μετά Χριστόν».

ΤΙ ΑΚΟΛΟΥΘΕΙ; Καθώς προσεύχεσαι αυτή την προσευχή της Σωτηρίας, ο Θεός, ο Ιησούς και το Άγιο Πνεύμα θα έρθουν στη ζωή σου για να καθοδηγήσουν τις σκέψεις, τη διάνοια, τα λόγια και τις πράξεις σου από αυτή την ημέρα και έπειτα. Συνέχισε να μελετάς καθημερινά τον Λόγο του Θεού. Μίλησε σε άλλον πιστό για την απόφαση σου να δώσεις τη ζωή σου πίσω στον Ιησού. Η λογοδοσία είναι το μυστικό για να παραμείνεις πιστά αφοσιωμένος στο νέο σου ταξίδι με τον Κύριο.

Προσευχήσου ο Θεός να σε οδηγήσει σε μία εκκλησία που παραμένει πιστή στην Αγία Γραφή και είναι ενεργή σε ιεραποστολικό έργο. Όταν ήμουν μέλος σε εβδομαδιαία σύναξη με πιστούς, ενίσχυε την πίστη μου και εμβάθυνε την αγάπη μου για τον Θεό, για τον εαυτό μου και για τους συνανθρώπους μου. Όλα αυτά με βοήθησαν να πιστέψω ότι ποτέ δεν προοριζόμουν **«για τα σκουπίδια»**, αλλά αντιθέτως, δημιουργήθηκα με αγάπη για να είμαι βασικός παίκτης στο σχέδιο του Θεού για την αποκατάσταση και συμφιλίωση όλου του κόσμου διαμέσου της πίστης στον Ιησού.

Σας ευχαριστώ για τη χαρά και το προνόμιο να σας συστήσω στον υπέροχο φίλο μου και Κύριο, τον Ιησού Χριστό, τον Σωτήρα μου και θεραπευτή του κόσμου. **Τα καλύτερα έρχονται!**

―――――

ΕΥΡΕΤΗΡΙΟ - ΑΝΑ ΕΔΑΦΙΟ

ΕΔΑΦΙΟ	ΗΜΕΡΟΜΗΝΙΑ	ΤΙΤΛΟΣ
Γένεσις 1:27	Απρ. 6	ΔΗΜΙΟΥΡΓΗΜΕΝΟΙ ΚΑΤ' ΕΙΚΟΝΑ ΤΟΥ ΘΕΟΥ
Γένεσις 2:7	Μαΐου 20	ΠΝΟΗ ΖΩΗΣ
Γένεσις 7:6	Μαΐου 15	ΧΤΙΣΕ ΤΗΝ ΚΙΒΩΤΟ
Γένεσις 11:6	Μαΐου 25	Η ΕΝΟΤΗΤΑ ΔΕΝ ΕΙΝΑΙ ΠΡΟΑΙΡΕΤΙΚΗ
Γένεσις 16:4	Φεβρ. 26	ΘΑ ΕΥΛΟΓΗΣΩ ΟΣΟΥΣ ΣΕ ΕΥΛΟΓΟΥΝ
Γένεσις 24:14	Νοέ. 9	ΔΙΧΩΣ ΣΦΑΛΜΑΤΑ ΚΑΙ ΑΣΥΝΕΠΕΙΕΣ
Γένεσις 24:40Α	Ιουν. 13	Ο ΘΕΟΣ ΝΑ ΔΩΣΕΙ ΕΠΙΤΥΧΙΑ ΣΤΟ ΤΑΞΙΔΙ ΣΟΥ
Γένεσις 27:4	Ιουλ. 3	ΕΥΛΟΓΙΕΣ ΓΟΝΕΩΝ
Γένεσις 37:9	Αυγ. 8	Ο ΘΕΟΣ ΜΙΛΑ ΑΚΟΜΗ ΜΕ ΟΝΕΙΡΑ ΚΑΙ ΟΡΑΜΑΤΑ
Γένεσις 41:38	Αυγ. 14	ΓΝΩΣΗ ΚΑΙ ΕΥΦΥΙΑ ΑΠΟ ΤΟΝ ΘΕΟ
Γένεσις 42:24a	Αυγ. 15	Ο ΙΩΣΗΦ ΕΚΛΑΨΕ
Έξοδος 14:14	Ιουλ. 18	Ο ΘΕΟΣ ΜΑΧΕΤΑΙ ΓΙΑ ΤΟΝ ΛΑΟ ΤΟΥ
Έξοδος 14:15	Σεπτ. 11	ΠΕΣ ΣΤΟΝ ΛΑΟ ΜΟΥ ΝΑ ΠΑΡΕΛΑΣΕΙ
Έξοδος 16:12	Σεπτ. 18	Ο ΘΕΟΣ ΙΚΑΝΟΠΟΙΕΙ ΤΗΝ ΠΕΙΝΑ
Έξοδος 19:4b	Μαρ. 4	ΑΚΟΥΡΑΣΤΟΙ
Έξοδος 23:12	Οκτ. 3	ΞΕΚΟΥΡΑΣΟΥ, ΦΟΡΤΙΣΕ ΤΙΣ ΜΠΑΤΑΡΙΕΣ ΣΟΥ ΚΑΙ ΑΝΑΝΕΩΣΟΥ
Έξοδος 3: 5	Μαΐου 8	Ο ΘΕΟΣ ΜΕΤΑΜΟΡΦΩΝΕΙ ΤΟ ΣΥΝΗΘΙΣΜΕΝΟ
Έξοδος 3:17	Αυγ. 28	Ο ΘΕΟΣ ΚΑΤΕΒΗΚΕ ΑΠΟ ΤΟΝ ΘΡΟΝΟ ΤΟΥ
Έξοδος 30:33	Ιαν. 12	ΑΓΙΑΣΜΕΝΟΣ ΓΙΑ ΛΑΤΡΕΙΑ
Έξοδος 32:26β	Ιουλ. 29	ΟΤΑΝ ΥΠΟΚΥΠΤΟΥΜΕ ΣΤΗΝ ΕΙΔΩΛΟΛΑΤΡΙΑ
Έξοδος 39:43	Οκτ. 17	ΟΠΩΣ ΠΡΟΣΤΑΞΕ Ο ΙΗΣΟΥΣ
Δευτ. 11:19	Μαΐου 12	ΔΙΔΑΞΤΕ ΤΑ ΠΑΙΔΙΑ ΣΩΣΤΑ
Αριθμ. 6:24-26	Ιουν. 2	ΑΓΙΑ ΙΕΡΟΣΥΝΗ
Αριθμ. 22:12	Φεβρ. 1	ΕΥΛΟΓΗΜΕΝΟΣ ΛΑΟΣ
Ιησούς του Ναυή 2:12	Οκτ. 30	ΠΟΙΑ ΕΙΝΑΙ Η ΡΑΑΒ;
Ιησούς του Ναυή 2:19b	Οκτ. 31	ΤΟ ΣΠΙΤΙ ΣΟΥ, ΑΓΙΟ ΚΑΤΑΦΥΓΙΟ
Ιησούς του Ναυή 23:10	Ιουλ. 30	ΠΝΕΥΜΑΤΙΚΗ ΔΥΝΑΜΗ
Α' Σαμουήλ 1:27	Νοέ. 11	ΧΡΟΝΙΑ ΣΟΥ ΠΟΛΛΑ, ΓΙΕ ΜΟΥ
Α' Σαμουήλ 3:10	Ιαν. 7	Ο ΘΕΟΣ ΕΓΚΑΘΙΣΤΑ ΚΑΙ ΚΑΘΑΙΡΕΙ
Α' Σαμουήλ 15:24	Μαρ. 20	ΠΙΕΣΗ ΑΠΟ ΣΥΝΟΜΗΛΙΚΟΥΣ
Α' Σαμουήλ 16:14	Ιουν. 17	ΕΓΚΑΤΑΛΕΙΜΜΕΝΟΙ ΕΞΑΙΤΙΑΣ ΤΗΣ ΑΝΥΠΑΚΟΗΣ
Β' Σαμουήλ 2:1	Ιουλ. 1	ΟΤΑΝ ΕΧΕΙΣ ΑΜΦΙΒΟΛΙΑ, ΣΥΜΒΟΥΛΕΥΣΟΥ ΤΟΝ ΘΕΟ
Β' Σαμουήλ 5:1	Ιουλ. 5	ΑΣ ΥΠΗΡΕΤΗΣΟΥΜΕ ΤΟΝ ΒΑΣΙΛΙΑ
Β' Σαμουήλ 6:11	Ιουλ. 12	Η ΚΙΒΩΤΟΣ ΤΗΣ ΔΙΑΘΗΚΗΣ
Β' Σαμουήλ 9:11Β	Ιουλ. 21	Η ΧΑΡΗ ΤΟΥ ΘΕΟΥ ΣΤΗΝ ΠΡΑΞΗ
Β' Σαμουήλ 11:27	Ιουλ. 27	ΣΥΓΧΩΡΗΣΗ ΚΑΙ ΕΥΛΟΓΙΑ
Α' Βασιλέων 3:9Α	Δεκ. 31	ΞΕΚΙΝΩΝΤΑΣ ΑΠΟ ΤΗΝ ΑΡΧΗ ΜΕ ΣΟΦΙΑ
Α' Βασιλέων 6:12	Αυγ. 24	ΠΙΣΤΗ ΣΤΙΣ ΥΠΟΣΧΕΣΕΙΣ ΤΟΥ ΘΕΟΥ

ΕΔΑΦΙΟ	ΗΜΕΡΟΜΗΝΙΑ	ΤΙΤΛΟΣ
Α' Βασιλέων 8:18	Αυγ. 18	ΕΙΜΑΣΤΕ Ο ΝΑΟΣ ΤΟΥ ΘΕΟΥ
Β' Βασιλέων 4:32	Φεβρ. 8	Η ΠΡΩΤΗ ΑΝΑΣΤΑΣΗ
Β' Χρον. 20: 9	Ιουν. 26	ΑΚΟΥΣΕ, ΣΥΓΧΩΡΗΣΕ, ΚΡΙΝΕ ΚΑΙ ΠΡΑΞΕ
Β' Χρον. 29:5	Μαρ. 9	ΑΓΙΑΣΕ ΜΕ ΚΑΘΕ ΜΕΡΑ
Εσθήρ 4:16	Σεπτ. 27	ΠΡΟΣΩΠΙΚΗ ΘΥΣΙΑ ΓΙΑ ΚΑΙΡΟΥΣ ΣΑΝ ΑΥΤΟΥΣ
Ιώβ 14:12	Απρ. 11	ΘΑ ΣΗΚΩΘΟΥΜΕ ΞΑΝΑ
Ιώβ 19:25	Φεβρ. 16	Ο ΛΥΤΡΩΤΗΣ ΜΟΥ
Ιώβ 28:28	Οκτ. 12	Η ΣΟΦΙΑ ΓΕΝΝΑΤΑΙ ΑΠΟ ΤΟΝ ΦΟΒΟ
Ψαλμοί 1:1	Σεπτ. 16	ΕΥΛΟΓΗΜΕΝΟΙ
Ψαλμοί 2:11	Φεβρ. 20	ΥΠΗΡΕΣΙΑ ΜΕ ΕΥΓΝΩΜΟΣΥΝΗ ΚΑΙ ΕΥΣΕΒΕΙΑ
Ψαλμοί 3:3	Νοέ. 15	ΧΑΡΟΥΜΕΝΗ ΕΠΕΤΕΙΟ!
Ψαλμοί 9:9	Ιουν. 18	ΥΠΕΡΑΣΠΙΣΤΗΣ ΤΩΝ ΦΤΩΧΩΝ
Ψαλμοί 102:17	Φεβρ. 9	ΑΠΟΚΑΤΑΣΤΑΣΗ
Ψαλμοί 105:5	Ιουλ. 24	ΜΕΙΝΕ ΣΤΟ ΣΧΕΔΙΟ
Ψαλμοί 106:6	Οκτ. 10	ΕΞΟΜΟΛΟΓΗΣΗ
Ψαλμοί 108:1	Ιουν. 7	Η ΑΙΤΙΑ ΤΗΣ ΔΟΞΟΛΟΓΙΑΣ ΜΟΥ
Ψαλμοί 111: 7	Ιαν. 28	ΑΞΙΟΠΙΣΤΟΣ
Ψαλμοί 111:10	Ιαν. 29	ΥΓΙΗΣ ΦΟΒΟΣ
Ψαλμοί 113:3	Δεκ. 20	ΔΟΞΑΣΤΕ ΤΟΝ ΘΕΟ ΣΤΙΣ ΔΟΚΙΜΑΣΙΕΣ
Ψαλμοί 113:5-6	Μαΐου 31	ΚΑΜΙΑ ΝΤΡΟΠΗ ΟΤΑΝ ΚΟΙΤΑΜΕ ΠΡΟΣ ΤΑ ΚΑΤΩ
Ψαλμοί 119: 126	Ιουν. 21	Ο ΙΗΣΟΥΣ ΗΡΘΕ ΓΙΑ ΝΑ ΕΚΠΛΗΡΩΣΕΙ ΤΟΝ ΝΟΜΟ
Ψαλμοί 119:128	Ιουν. 22	ΑΓΑΠΗ ΓΙΑ ΤΟΝ ΙΗΣΟΥ ΚΑΙ ΤΟΝ ΛΟΓΟ ΤΟΥ
Ψαλμοί 123:1	Νοέ. 13	ΚΟΙΤΩΝΤΑΣ ΤΑ ΧΕΡΙΑ ΤΟΥ ΘΕΟΥ
Ψαλμοί 124:1	Αυγ. 21	ΠΡΟΕΤΟΙΜΑΣΕ ΤΗ ΜΑΡΤΥΡΙΑ ΣΟΥ
Ψαλμοί 124:1	Σεπτ. 24	ΑΝ ΔΕΝ ΗΤΑΝ Ο ΚΥΡΙΟΣ
Ψαλμοί 126:2	Δεκ. 12	ΟΤΑΝ ΕΠΙΣΤΡΕΦΟΥΜΕ ΑΠΟ ΤΗΝ ΑΙΧΜΑΛΩΣΙΑ ΜΑΣ
Ψαλμοί 127:1	Νοέ. 5	ΜΕ ΕΠΙΚΕΝΤΡΟ ΤΟΝ ΘΕΟ
Ψαλμοί 130: 3-4	Ιουν. 25	Η ΕΒΡΑΪΚΗ ΠΡΟΣΕΥΧΗ ΤΟΥ ΚΥΡΙΟΥ
Ψαλμοί 133:1	Απρ. 8	ΤΟ ΑΡΜΟΝΙΚΟ ΣΧΕΔΙΟ ΤΟΥ ΘΕΟΥ
Ψαλμοί 139:3	Ιαν. 14	ΦΡΟΥΡΟΣ ΖΩΗΣ
Ψαλμοί 146:9	Οκτ. 28	ΧΗΡΕΣ, ΟΡΦΑΝΑ ΚΑΙ ΞΕΝΟΙ
Ψαλμοί 18:2	Ιουν. 28	ΜΟΝΟ ΣΕ ΕΣΕΝΑ ΕΜΠΙΣΤΕΥΟΜΑΙ, ΚΥΡΙΕ!
Ψαλμοί 18:28	Νοέ. 2	ΤΟ ΥΠΟΣΧΟΜΕΝΟ ΦΩΣ
Ψαλμοί 18:6	Ιουν. 29	ΘΕΪΚΑ ΑΥΤΙΑ
Ψαλμοί 22:1	Οκτ. 7	ΕΜΠΙΣΤΟΣΥΝΗ ΣΤΟ ΛΥΤΡΩΤΙΚΟ ΤΟΥ ΕΡΓΟ
Ψαλμοί 22:10	Οκτ. 8	ΛΑΖΑΡΟΣ ΗΛΙΑΣ ARISTIZABAL
Ψαλμοί 22:24	Φεβρ. 25	ΠΕΡΙΦΡΟΝΗΜΕΝΟΣ
Ψαλμοί 22:31	Απρ. 29	ΔΙΚΑΙΟΣΥΝΗ, ΕΛΕΟΣ ΚΑΙ ΤΑΠΕΙΝΟΦΡΟΣΥΝΗ – ΑΥΤΑ!
Ψαλμοί 23:4	Απρ. 22	ΣΕ ΣΤΙΓΜΕΣ ΦΟΒΟΥ
Ψαλμοί 25:4	Νοέ. 25	Ο ΘΕΪΚΟΣ ΤΡΟΠΟΣ

ΕΔΑΦΙΟ	ΗΜΕΡΟΜΗΝΙΑ	ΤΙΤΛΟΣ
Ψαλμοί 34:4	Οκτ. 21	ΛΥΤΡΩΜΕΝΟΙ ΑΠΟ ΤΟΝ ΦΟΒΟ
Ψαλμοί 50:23	Αυγ. 4	ΣΩΤΗΡΙΑ ΜΕΣΩ ΤΗΣ ΔΟΞΟΛΟΓΙΑΣ
Ψαλμοί 53:1	Ιουν. 14	ΔΙΩΞΕ ΤΟ ΨΕΜΑ
Ψαλμοί 55:13	Οκτ. 5	Η ΠΡΟΔΟΣΙΑ ΤΩΝ ΟΙΚΕΙΩΝ ΠΡΟΣΩΠΩΝ ΜΑΣ ΠΟΝΑ
Ψαλμοί 57:1	Αυγ. 10	ΚΑΤΑΦΥΓΙΟ ΚΑΙ ΑΣΠΙΔΑ
Ψαλμοί 62:6	Ιαν. 21	Η ΠΙΣΤΗ ΕΝΕΡΓΟΠΟΙΕΙ ΤΟ ΧΕΡΙ ΤΟΥ ΘΕΟΥ
Ψαλμοί 63:1	Νοέ. 22	ΑΝΑΖΗΤΩΝΤΑΣ ΤΟΝ ΘΕΟ ΑΠΟ ΤΗΝ ΑΥΓΗ
Ψαλμοί 63:3	Νοέ. 23	ΤΙ ΕΙΝΑΙ ΚΑΛΥΤΕΡΟ ΑΠΟ ΤΗΝ ΖΩΗ;
Ψαλμοί 80:17	Νοέ. 28	ΕΥΛΟΓΗΣΕ ΤΟΥΣ ΗΓΕΤΕΣ ΣΟΥ
Ψαλμοί 80:19	Μαΐου 3	ΑΝ Ο ΘΕΟΣ ΜΑΣ ΓΥΡΝΟΥΣΕ ΤΗΝ ΠΛΑΤΗ
Ψαλμοί 84:5	Αυγ. 20	ΕΥΛΟΓΗΜΕΝΟΙ ΜΕΣΑ ΣΤΙΣ ΔΟΚΙΜΑΣΙΕΣ
Ψαλμοί 86: 7	Ιουν. 20	Ο ΘΕΟΣ ΑΠΑΝΤΑ ΑΜΕΣΩΣ
Ψαλμοί 86:11	Ιαν. 19	ΟΙ ΣΥΝΕΠΕΙΕΣ ΤΟΥ ΨΕΥΔΟΥΣ
Ψαλμοί 90:10	Δεκ. 1	ΕΚΜΕΤΑΛΛΕΥΣΟΥ ΤΟΝ ΧΡΟΝΟ ΠΟΥ ΣΟΥ ΕΧΕΙ ΔΟΘΕΙ
Ψαλμοί 90:12	Νοέ. 30	ΣΥΝΑΝΤΗΣΕΙΣ
Ψαλμοί 98:1-2	Ιαν. 3	ΑΣ ΨΑΛΛΟΥΜΕ ΣΤΟΝ ΚΥΡΙΟ ΕΝΑ ΝΕΟ ΤΡΑΓΟΥΔΙ
Ψαλμοίs 113:3	Νοέ. 8	ΓΙΑΤΙ ΔΟΞΟΛΟΓΟΥΜΕ
Παρ. 1:7	Σεπτ. 2	ΚΑΛΛΙΕΡΓΩΝΤΑΣ ΥΓΙΗ ΦΟΒΟ ΓΙΑ ΤΟΝ ΘΕΟ
Παρ. 3:5-6	Ιαν. 4	ΕΜΠΙΣΤΟΣΥΝΗ ΣΤΟΝ ΘΕΟ
Παρ. 8:17	Ιαν. 27	ΠΛΟΥΤΟΣ ΠΟΥ ΔΙΑΡΚΕΙ
Παρ. 8:34	Δεκ. 27	ΠΝΕΥΜΑΤΙΚΑ ΩΤΑ
Παρ. 22:4	Σεπτ. 13	Η ΤΑΠΕΙΝΟΦΡΟΣΥΝΗ ΕΥΧΑΡΙΣΤΕΙ ΤΟΝ ΘΕΟ
Εκκλ. 3:1, 5β	Ιαν. 1	ΚΑΛΗ ΧΡΟΝΙΑ
Εκκλ. 4:12	Σεπτ. 21	ΟΙ ΔΥΟ ΕΝΑΙ ΚΑΛΥΤΕΡΟΙ ΑΠΟ ΤΟΝ ΕΝΑ
Εκκλ. 4:12	Φεβρ. 7	ΟΙ ΤΡΕΙΣ ΕΙΝΑΙ ΚΑΛΥΤΕΡΟΙ ΑΠΟ ΤΟΝ ΕΝΑ
Ησαΐας 7:14Β	Μαρ. 25	Ο ΘΕΟΣ ΜΑΖΙ ΜΑΣ
Ησαΐας 9:2	Δεκ. 24	ΑΝΑΖΗΤΩΝΤΑΣ ΤΟ ΥΠΕΡΟΧΟ ΦΩΣ
Ησαΐας 11:2	Δεκ. 15	ΕΠΤΑ – Η ΤΕΛΕΙΟΤΗΤΑ ΤΟΥ ΘΕΟΥ
Ησαΐας 11:6	Δεκ. 14	ΥΠΟ ΤΗΝ ΚΑΘΟΔΗΓΗΣΗ ΕΝΟΣ ΠΑΙΔΙΟΥ
Ησαΐας 12:2	Δεκ. 9	ΠΟΙΟΝ ΝΑ ΦΟΒΗΘΩ;
Ησαΐας 26:3	Απρ. 14	ΤΕΛΕΙΑ ΕΙΡΗΝΗ
Ησαΐας 26:3	Απρ. 24	ΣΤΑΘΕΡΟΙ ΣΤΟΝ ΣΚΟΠΟ
Ησαΐας 32:15	Μαΐου 4	ΟΤΑΝ ΤΟ ΠΝΕΥΜΑ ΤΟΥ ΘΕΟΥ ΕΡΧΕΤΑΙ ΕΠΑΝΩ ΜΑΣ
Ησαΐας 40: 3-4	Δεκ. 6	ΦΥΛΑΚΕΣ ΤΟΥ ΔΡΟΜΟΥ ΤΟΥ ΚΥΡΙΟΥ
Ησαΐας 40:10	Νοέ. 20	Η ΑΝΤΑΜΟΙΒΗ ΜΑΣ ΕΡΧΕΤΑΙ
Ησαΐας 41:10	Ιουλ. 31	Ο ΘΕΟΣ ΔΕΝ ΘΑ ΣΕ ΑΠΟΓΟΗΤΕΥΣΕΙ
Ησαΐας 43:10	Μαρ. 22	ΜΟΝΟ Ο ΘΕΟΣ ΜΠΟΡΕΙ ΝΑ ΣΩΣΕΙ
Ησαΐας 44:2	Ιουλ. 17	ΣΕ ΕΚΑΝΕ, ΣΕ ΕΠΛΑΣΕ, ΣΕ ΒΟΗΘΗΣΕ
Ησαΐας 51: 4	Μαρ. 7	ΤΑ ΜΑΤΙΑ ΤΟΥ ΘΕΟΥ ΕΙΝΑΙ ΕΠΑΝΩ ΜΑΣ
Ησαΐας 53:12	Απρ. 2	Ο ΜΕΣΙΤΗΣ ΜΑΣ

ΕΔΑΦΙΟ	ΗΜΕΡΟΜΗΝΙΑ	ΤΙΤΛΟΣ
Ησαΐας 54:17	Δεκ. 28	ΞΕΧΝΩΝΤΑΣ ΤΟ ΕΠΑΙΣΧΥΝΤΟ ΠΑΡΕΛΘΟΝ ΜΑΣ
Ησαΐας 58:4b	Φεβρ. 17	ΚΑΤΙ ΠΕΡΙΣΣΟΤΕΡΟ ΑΠΟ ΣΚΟΝΗ ΣΤΟΝ ΑΝΕΜΟ
Ησαΐας 60:2	Ιαν. 6	ΜΕΤΑΜΟΡΦΩΜΕΝΟΙ ΑΠΟ ΤΟ ΦΩΣ ΤΟΥ ΘΕΟΥ
Ησαΐας 60:20	Μαρ. 17	ΠΟΤΕ ΘΑ ΠΑΥΣΕΙ Η ΛΥΠΗ ΜΑΣ;
Ησαΐας 65:24	Μαΐου 5	Ο ΘΕΟΣ ΑΠΑΝΤΑ ΣΕ ΠΡΟΣΕΥΧΕΣ
Ιερ. 2: 7	Μαρ. 18	ΑΣ ΣΕΒΑΣΤΟΥΜΕ ΟΛΑ ΤΑ ΔΙΑΤΑΓΜΑΤΑ
Ιερ. 29:13	Φεβρ. 3	ΕΛΠΙΖΕ, ΕΜΠΙΣΤΕΥΣΟΥ ΚΑΙ ΠΡΟΣΕΥΧΗΣΟΥ
Ιερ. 31:33b	Δεκ. 16	ΔΙΚΑΙΟΥΧΟΙ ΜΙΑΣ ΝΕΑΣ ΔΙΑΘΗΚΗΣ
Ιερ. 33:3	Μαρ. 26	ΘΑΥΜΑΤΑ ΤΟΥ ΘΕΟΥ
Θρήνοι 3:55-58	Απρ. 4	Η ΜΑΧΗ ΣΟΥ ΕΙΝΑΙ ΜΑΧΗ ΜΑΣ
Ιεζεκιήλ 18:30	Οκτ. 26	ΓΙΑ ΤΙΣ ΑΜΑΡΤΙΕΣ ΤΩΝ ΓΟΝΕΩΝ
Ιεζεκιήλ 33:12	Μαρ. 27	Η ΔΙΚΑΙΟΣΥΝΗ ΤΟΥ ΘΕΟΥ
Ιεζεκιήλ 34:11	Μαΐου 2	ΤΑ ΧΑΜΕΝΑ ΠΡΟΒΑΤΑ ΤΟΥ ΘΕΟΥ
Ιεζεκιήλ 36: 9	Μαρ. 28	Ο ΘΕΟΣ ΘΑ ΣΕ ΦΡΟΝΤΙΣΕΙ
Ιεζεκιήλ 36:25	Δεκ. 5	ΘΑ ΚΑΘΑΡΙΣΤΕΙΤΕ
Ιεζεκιήλ 34:28	Νοέ. 21	ΒΡΟΧΗ ΕΥΛΟΓΙΑΣ
Δανιήλ 2:23	Απρ. 9	ΑΠΟΚΑΛΥΠΤΟΝΤΑΣ ΤΟΝ ΘΕΟ
Δανιήλ 3:17	Απρ. 12	ΠΙΣΤΗ ΣΤΟ ΑΔΥΝΑΤΟ
Δανιήλ 6:16γ	Απρ. 13	ΣΩΤΗΡΑΣ ΘΕΟΣ
Δανιήλ 9:4β	Απρ. 15	Ο ΘΕΟΣ ΤΗΣ ΔΙΑΘΗΚΗΣ
Ωσηέ 6:6	Απρ. 20	ΣΤΕΝΗ ΣΧΕΣΗ ΜΕ ΤΟΝ ΧΡΙΣΤΟ
Ιωνάς 3:10	Φεβρ. 27	ΘΕΟΣ ΓΕΜΑΤΟΣ ΕΛΕΟΣ
Ιωνάς 4.4	Φεβρ. 28	ΕΧΕΙΣ ΔΙΚΙΟ ΝΑ ΘΥΜΩΝΕΙΣ;
Αμώς 8:11	Απρ. 30	ΒΓΑΛΕ ΤΟΝ ΘΕΟ ΑΠΟ ΤΗ ΣΙΓΑΣΗ
Μιχαίας 4:3	Δεκ. 22	ΠΡΙΓΚΙΠΕΣ ΚΑΙ ΠΡΙΓΚΙΠΙΣΣΕΣ ΤΗΣ ΕΙΡΗΝΗΣ
Μιχαίας 4:6-7	Δεκ. 23	ΑΚΛΟΝΗΤΗ ΠΙΣΤΗ
Μιχαίας 7:18	Μαρ. 6	ΤΑ ΑΠΟΤΕΛΕΣΜΑΤΑ ΤΗΣ ΚΑΛΗΣ ΦΙΛΙΑΣ
Μιχαίας 7:18	Απρ. 28	ΕΥΑΡΕΣΤΗΣΟΥ ΣΤΗ ΣΥΓΧΩΡΗΣΗ
Μαλ. 3:16	Δεκ. 3	Η ΦΙΛΙΑ ΜΕ ΤΟΝ ΘΕΟ ΣΥΝΕΠΑΓΕΤΑΙ ΚΑΙ ΦΙΛΙΑ ΜΕ ΤΟΥΣ ΑΝΘΡΩΠΟΥΣ
Μαλ. 4:6	Δεκ. 4	ΕΠΙΣΤΡΕΦΟΝΤΑΣ ΣΤΟΝ ΘΕΟ ΚΑΙ ΣΤΗΝ ΟΙΚΟΓΕΝΕΙΑ
Κατά Ματθαίον 4:4	Φεβρ. 24	ΤΡΟΦΗ ΓΙΑ ΤΗΝ ΨΥΧΗ
Κατά Ματθαίον 5:27	Οκτ. 6	ΜΟΙΧΕΙΑ – ΠΡΟΔΟΣΙΑ ΑΠΟ ΕΝΑΝ ΟΙΚΕΙΟ
Κατά Ματθαίον 5:4	Μαΐου 30	ΟΤΑΝ Ο ΘΕΟΣ ΚΛΑΙΕΙ
Κατά Ματθαίον 6:14	Σεπτ. 12	ΠΩΣ ΝΑ ΣΥΓΧΩΡΕΙΣ
Κατά Ματθαίον 7:7	Ιαν. 24	ΤΙ ΠΡΕΠΕΙ ΝΑ ΖΗΤΑΜΕ
Κατά Ματθαίον 7:7-8	Αυγ. 1	ΖΗΤΗΣΤΕ ΜΕ ΠΙΣΤΗ
Κατά Ματθαίον 8:17Β	Αυγ. 29	ΘΕΡΑΠΕΥΜΕΝΟΙ ΑΠΟ ΤΟ ΑΙΜΑ ΤΟΥ
Κατά Ματθαίον 12:12	Φεβρ. 6	Η ΣΥΜΠΟΝΟΙΑ ΕΙΝΑΙ ΥΠΕΡΑΝΩ ΤΟΥ ΝΟΜΟΥ
Κατά Ματθαίον 12:38	Ιουλ. 25	ΣΗΜΑΔΙΑ
Κατά Ματθαίον 12:44	Νοέ. 14	ΔΙΑΙΡΕΜΕΝΑ ΣΠΙΤΙΑ

ΕΔΑΦΙΟ	ΗΜΕΡΟΜΗΝΙΑ	ΤΙΤΛΟΣ
Κατά Ματθαίον 16:6	Αυγ. 22	ΕΠΕΤΕΙΑΚΗ ΠΡΟΣΕΥΧΗ
Κατά Ματθαίον 17:20	Σεπτ. 8	ΤΙΠΟΤΑ ΔΕΝ ΕΝΑΙ ΑΔΥΝΑΤΟ
Κατά Ματθαίον 18:7	Σεπτ. 29	ΜΙΛΩΝΤΑΣ ΓΙΑ ΠΡΟΣΚΟΜΜΑΤΑ
Κατά Ματθαίον 19:29	Σεπτ. 19	ΚΟΣΤΟΣ ΚΑΙ ΑΝΤΑΜΟΙΒΗ ΩΣ ΜΑΘΗΤΕΣ ΤΟΥ ΧΡΙΣΤΟΥ
Κατά Ματθαίον 23:34	Σεπτ. 5	ΠΡΟΣΕΞΤΕ ΑΥΤΟΥΣ ΠΟΥ ΣΚΟΤΩΝΟΥΝ ΤΟΥΣ ΠΡΟΦΗΤΕΣ
Κατά Ματθαίον 24:12	Νοέ. 7	ΚΑΚΟ ΕΝΣΑΡΚΩΜΕΝΟ
Κατά Ματθαίον 25:12	Ιαν. 16	ΝΑ ΓΝΩΡΙΖΕΙΣ ΚΑΙ ΝΑ ΣΕ ΓΝΩΡΙΖΟΥΝ
Κατά Μάρκον 3:10	Φεβρ. 10	ΟΛΟΙ ΗΘΕΛΑΝ ΝΑ ΤΟΝ ΑΓΓΙΞΟΥΝ
Κατά Μάρκον 6:37	Ιουλ. 28	ΔΩΣΕ ΤΟΥΣ ΚΑΤΙ ΝΑ ΦΑΝΕ
Κατά Μάρκον 6:51	Ιουν. 23	Ο ΘΕΟΣ ΕΙΝΑΙ ΠΙΟ ΔΥΝΑΤΟΣ ΑΠΟ ΤΙΣ ΚΑΤΑΙΓΙΔΕΣ
Κατά Μάρκον 7:9	Σεπτ. 1	ΜΕΤΑΞΥ ΝΟΜΟΥ ΚΑΙ ΠΑΡΑΔΟΣΗΣ
Κατά Μάρκον 9:12	Φεβρ. 21	ΑΠΟΚΑΤΑΣΤΑΣΗ ΟΛΩΝ ΤΩΝ ΠΡΑΓΜΑΤΩΝ
Κατά Μάρκον 9:23	Ιουν. 30	ΠΙΣΤΗ – ΔΩΡΟ ΚΑΙ ΕΝΤΟΛΗ
Κατά Μάρκον 10:51	Οκτ. 27	ΤΙ ΘΕΛΕΙΣ ΝΑ ΚΑΝΩ ΓΙΑ ΕΣΕΝΑ;
Κατά Μάρκον 11:17Β	Μαρ. 10	Ο ΘΕΟΣ ΕΡΓΑΖΕΤΑΙ ΜΕΣΩ ΤΗΣ ΠΡΟΣΕΥΧΗΣ
Κατά Μάρκον 11:28	Σεπτ. 26	ΟΛΗ Η ΕΞΟΥΣΙΑ
Κατά Μάρκον 13:11	Νοέ. 17	Ο ΘΕΪΚΟΣ ΒΟΗΘΟΣ ΜΑΣ
Κατά Μάρκον 13:33	Δεκ. 30	ΝΑ ΠΡΟΣΕΧΕΤΕ, ΝΑ ΕΙΣΤΕ ΑΓΡΥΠΝΟΙ ΚΑΙ ΝΑ ΠΡΟΣΕΥΧΕΣΤΕ
Κατά Μάρκον 16:18	Απρ. 21	Ο ΘΕΟΣ ΘΕΛΕΙ ΝΑ ΜΑΣ ΘΕΡΑΠΕΥΣΕΙ
Κατά Μάρκον 16:7	Απρ. 7	Ο ΘΕΟΣ ΕΙΝΑΙ ΠΑΝΤΑ ΜΠΡΟΣΤΑ
Κατά Λουκάν 1:76-77	Δεκ. 2	ΕΛΕΥΣΗ – ΓΙΟΡΤΑΖΟΝΤΑΣ ΤΗ ΖΩΗ
Κατά Λουκάν 2:11	Δεκ. 26	ΓΕΝΝΗΜΕΝΟΣ ΣΕ ΤΑΠΕΙΝΕΣ ΚΑΡΔΙΕΣ
Κατά Λουκάν 2:7	Δεκ. 25	ΚΑΛΑ ΧΡΙΣΤΟΥΓΕΝΝΑ
Κατά Λουκάν 4:18-19	Νοέ. 10	ΑΠΕΣΤΑΛΜΕΝΟΙ ΣΤΟ ΟΝΟΜΑ ΤΟΥ ΙΗΣΟΥ ΧΡΙΣΤΟΥ
Κατά Λουκάν 5:10	Ιαν. 9	ΟΔΗΓΙΕΣ ΠΟΥ ΜΕΤΑΜΟΡΦΩΝΟΥΝ
Κατά Λουκάν 6:31	Ιαν. 5	Ο ΧΡΥΣΟΣ ΚΑΝΟΝΑΣ ΤΟΥ ΙΗΣΟΥ
Κατά Λουκάν 6:45	Ιουν. 16	ΘΗΣΑΥΡΟΙ ΠΟΥ ΑΠΟΚΤΗΘΗΚΑΝ ΑΠΟ ΤΗΝ ΥΠΑΚΟΗ
Κατά Λουκάν 7:22	Δεκ. 8	ΤΑ ΕΡΓΑ ΤΟΥ ΧΡΙΣΤΟΥ
Κατά Λουκάν 7:32	Ιουλ. 14	Ο ΧΟΡΟΣ ΑΠΑΓΟΡΕΥΕΤΑΙ
Κατά Λουκάν 8:10	Ιουν. 5	ΧΡΟΝΙΑ ΠΟΛΛΑ ΣΤΟΝ ΟΥΡΑΝΟ, ΜΠΑΜΠΑ
Κατά Λουκάν 10:16	Ιαν. 23	ΜΙΛΩΝΤΑΣ ΓΙΑ ΑΠΟΡΡΙΨΗ
Κατά Λουκάν 10:23Β-24	Ιουλ. 4	ΕΥΛΟΓΗΜΕΝΟΙ ΟΣΟΙ ΑΚΟΥΝ
Κατά Λουκάν 11:17	Ιουν. 9	Η ΔΙΑΙΡΕΣΗ ΑΠΟΔΥΝΑΜΩΝΕΙ
Κατά Λουκάν 14:14	Απρ. 25	ΣΤΗΝ ΑΝΑΣΤΑΣΗ ΤΩΝ ΔΙΚΑΙΩΝ
Κατά Λουκάν 16:10	Ιαν. 30	ΧΑΡΑΚΤΗΡΑΣ
Κατά Λουκάν 16:26	Οκτ. 13	Ο ΙΗΣΟΥΣ – Η ΓΕΦΥΡΑ ΜΑΣ ΣΤΟΝ ΚΟΣΜΟ
Κατά Λουκάν 17: 3	Ιουν. 27	ΕΠΙΠΛΗΞΗ ΣΤΟΝ ΑΜΑΡΤΩΛΟ, ΣΥΓΧΩΡΗΣΗ ΣΕ ΕΚΕΙΝΟΝ ΠΟΥ ΜΕΤΑΝΟΕΙ
Κατά Λουκάν 18:17	Ιαν. 20	ΠΡΕΠΕΙ ΝΑ ΠΙΣΤΕΨΟΥΜΕ ΣΑΝ ΤΑ ΠΑΙΔΙΑ

ΕΔΑΦΙΟ	ΗΜΕΡΟΜΗΝΙΑ	ΤΙΤΛΟΣ
Κατά Λουκάν 19:41	Φεβρ. 13	ΔΕΣ ΤΟΝ ΙΗΣΟΥ ΣΕ ΚΑΘΕ ΔΑΚΡΥ
Κατά Λουκάν 24:44β	Μαΐου 13	ΕΚΠΛΗΡΩΜΕΝΕΣ ΜΕΣΣΙΑΝΙΚΕΣ ΠΡΟΦΗΤΕΙΕΣ
Κατά Λουκάν 24:46	Μαΐου 22	ΑΠΑΡΑΙΤΗΤΑ ΠΡΑΓΜΑΤΑ
Κατά Ιωάννην 1: 1	Μαρ. 21	Ο ΛΟΓΟΣ ΗΤΑΝ Ο ΘΕΟΣ
Κατά Ιωάννην 1:29	Ιαν. 13	ΘΕΡΑΠΕΥΣΕ ΜΑΣ ΑΠΟ ΚΑΘΕ ΚΑΚΟ
Κατά Ιωάννην 4:4	Μαρ. 14	ΜΙΑ ΑΝΑΓΚΑΙΑ ΣΥΝΑΝΤΗΣΗ
Κατά Ιωάννην 5:39	Οκτ. 24	ΜΟΝΟ Ο ΙΗΣΟΥΣ ΣΩΖΕΙ
Κατά Ιωάννην 6:35	Φεβρ. 29	Ο ΑΡΤΟΣ ΤΗΣ ΖΩΗΣ
Κατά Ιωάννην 6:35	Αυγ. 11	ΥΠΗΡΕΤΩΝΤΑΣ ΜΕ ΑΠΕΡΑΝΤΗ ΑΓΑΠΗ
Κατά Ιωάννην 7:34	Σεπτ. 15	Η ΠΑΡΕΞΗΓΗΜΕΝΗ ΑΛΗΘΕΙΑ
Κατά Ιωάννην 7:43	Δεκ. 19	ΟΤΑΝ ΕΙΜΑΣΤΕ ΔΙΧΑΣΜΕΝΟΙ
Κατά Ιωάννην 7:7	Ιουλ. 7	ΚΑΘΡΕΦΤΕΣ ΤΗΣ ΨΥΧΗΣ
Κατά Ιωάννην 8:29	Μαΐου 23	ΠΡΑΓΜΑΤΑ ΠΟΥ ΕΥΧΑΡΙΣΤΟΥΝ ΤΟΝ ΘΕΟ
Κατά Ιωάννην 8:32	Σεπτ. 22	ΕΙΜΑΙ ΕΛΕΥΘΕΡΟΣ
Κατά Ιωάννην 8:51	Μαΐου 9	ΣΩΣΜΕΝΟΙ ΑΠΟ ΠΙΣΤΗ Ή ΑΠΟ ΥΠΑΚΟΗ;
Κατά Ιωάννην 12:27	Μαρ. 30	ΓΙΑΤΙ ΗΡΘΕ Ο ΙΗΣΟΥΣ
Κατά Ιωάννην 12:36	Μαρ. 3	ΠΑΙΔΙΑ ΤΟΥ ΦΩΤΟΣ
Κατά Ιωάννην 12:46	Ιουλ. 11	ΑΓΓΕΛΙΟΦΟΡΟΙ ΤΟΥ ΦΩΤΟΣ
Κατά Ιωάννην 12:48	Μαρ. 24	ΚΑΤΑΔΙΚΑΣΜΕΝΟΙ ΑΠΟ ΤΟΝ ΛΟΓΟ
Κατά Ιωάννην 13:1	Οκτ. 20	Η ΑΓΑΠΗ ΤΟΥ ΧΡΙΣΤΟΥ
Κατά Ιωάννην 13:34	Απρ. 1	ΑΓΑΠΑΤΕ ΑΛΛΗΛΟΥΣ
Κατά Ιωάννην 13:35	Νοέ. 3	ΑΓΑΠΗ – Η ΔΟΚΙΜΑΣΙΑ ΜΑΘΗΤΕΙΑΣ
Κατά Ιωάννην 14:16	Ιουν. 6	Ο ΜΕΓΑΛΟΣ ΣΥΝΗΓΟΡΟΣ
Κατά Ιωάννην 14:27	Μαΐου 16	ΟΧΙ ΟΠΩΣ ΔΙΝΕΙ Ο ΚΟΣΜΟΣ
Κατά Ιωάννην 15:16	Αυγ. 25	ΕΚΛΕΚΤΟΣ
Κατά Ιωάννην 16:20	Μαΐου 19	Η ΠΑΡΗΓΟΡΙΑ ΚΑΙ Η ΕΛΠΙΔΑ ΜΑΣ
Κατά Ιωάννην 16:33	Νοέ. 24	ΟΤΑΝ ΥΠΑΡΧΕΙ ΠΡΟΒΛΗΜΑ, ΕΜΠΙΣΤΕΥΘΕΙΤΕ ΤΟΝ ΘΕΟ!
Κατά Ιωάννην 19:30	Απρ. 10	ΓΙΑΤΙ ΤΗΝ ΑΠΟΚΑΛΟΥΜΕ ΜΕΓΑΛΗ ΠΑΡΑΣΚΕΥΗ;
Κατά Ιωάννην 20:19	Απρ. 18	Η ΕΙΡΗΝΗ ΜΑΖΙ ΣΑΣ
Κατά Ιωάννην 20:21	Μαΐου 26	ΑΠΕΣΤΑΛΜΕΝΟΙ ΓΙΑ ΘΕΡΑΠΕΙΑ ΚΑΙ ΑΓΑΠΗ
Κατά Ιωάννην 21:15	Ιαν. 17	ΒΟΣΚΕ ΤΑ ΑΡΝΙΑ ΜΟΥ
Πράξεις 2:21	Μαρ. 23	ΚΡΙΤΗΣ, ΦΙΛΟΣ ΚΑΙ ΟΔΗΓΟΣ
Πράξεις 4:4	Απρ. 23	ΟΙ ΛΕΞΕΙΣ ΜΕΤΡΟΥΝ
Πράξεις 4:19	Σεπτ. 23	ΟΤΑΝ ΟΙ ΑΝΘΡΩΠΙΝΟΙ ΝΟΜΟΙ ΑΝΤΙΤΙΘΕΝΤΑΙ ΣΤΟΝ ΛΟΓΟ ΤΟΥ ΘΕΟΥ
Πράξεις 5:20	Ιουν. 19	ΑΓΓΕΛΟΣ ΤΟΥ ΚΥΡΙΟΥ
Πράξεις 5:39	Ιαν. 26	ΕΙΝΑΙ ΜΑΤΑΙΟ ΝΑ ΜΑΧΟΜΑΣΤΕ ΚΑΤΑ ΤΟΥ ΘΕΟΥ
Πράξεις 6:15	Αυγ. 12	ΠΡΟΣΩΠΑ ΠΟΥ ΛΑΜΠΟΥΝ
Πράξεις 6:2Β	Αυγ. 16	ΑΝΤΙΜΕΤΩΠΙΖΟΝΤΑΣ ΤΙΣ ΔΥΣΚΟΛΙΕΣ ΤΗΣ ΕΝΗΛΙΚΙΩΣΗΣ

ΕΔΑΦΙΟ	ΗΜΕΡΟΜΗΝΙΑ	ΤΙΤΛΟΣ
Πράξεις 7:33	Μαρ. 5	ΙΕΡΑ ΜΕΡΗ
Πράξεις 7:38γ	Ιουν. 12	ΛΟΓΙΑ ΖΩΗΣ
Πράξεις 7:60	Νοέ. 18	ΠΡΟΣΕΥΧΗΘΕΙΤΕ ΓΙΑ ΤΟΥΣ ΕΧΘΡΟΥΣ ΣΑΣ
Πράξεις 7:9	Αυγ. 17	Ο ΘΕΟΣ ΕΙΝΑΙ ΜΑΖΙ ΜΑΣ
Πράξεις 10:28β	Μαΐου 6	Ο ΘΕΟΣ ΕΙΝΑΙ ΕΝΑΝΤΙΑ ΣΕ ΚΑΘΕ ΠΡΟΚΑΤΑΛΗΨΗ
Πράξεις 10:34β-35	Μαΐου 7	ΟΛΟΙ ΕΙΝΑΙ ΙΣΟΙ ΣΤΑ ΜΑΤΙΑ ΤΟΥ ΘΕΟΥ
Πράξεις 13:25	Ιαν. 15	ΟΤΑΝ ΝΙΩΘΟΥΜΕ ΑΝΑΞΙΟΙ
Πράξεις 13:39	Σεπτ. 25	ΥΠΑΡΧΕΙ ΔΥΝΑΜΗ ΣΤΟ ΑΙΜΑ ΤΟΥ ΙΗΣΟΥ ΧΡΙΣΤΟΥ
Πράξεις 17:27	Ιουλ. 16	ΑΝΑΖΗΤΗΣΕ ΤΟΝ ΘΕΟ
Πράξεις 18:25	Αυγ. 7	ΔΑΣΚΑΛΟΙ ΤΗΣ ΠΙΣΤΗΣ
Πράξεις 20:32	Ιουλ. 20	ΜΙΑ ΑΣΦΑΛΗΣ ΚΑΙ ΙΣΧΥΡΗ ΣΥΝΔΕΣΗ
Πράξεις 23:16	Ιουλ. 13	Ο ΘΕΟΣ ΦΥΛΑΕΙ ΤΟΥΣ ΕΚΛΕΚΤΟΥΣ ΤΟΥ
Προς Ρωμαίους 2:13	Σεπτ. 3	Η ΔΙΑΜΟΡΦΩΣΗ ΤΗΣ ΔΙΚΑΙΟΣΥΝΗΣ
Προς Ρωμαίους 3:23	Οκτ. 29	ΛΟΓΟΣ ΧΑΡΑΣ
Προς Ρωμαίους 4:8	Ιαν. 11	ΕΥΛΟΓΗΜΕΝΗ ΣΥΓΧΩΡΗΣΗ
Προς Ρωμαίους 5:6	Νοέ. 4	Η ΑΠΟΔΕΙΞΗ ΤΗΣ ΑΓΑΠΗΣ ΤΟΥ ΘΕΟΥ
Προς Ρωμαίους 8:1	Μαΐου 27	ΟΧΙ ΚΑΤΑΔΙΚΗ
Προς Ρωμαίους 8:6	Οκτ. 1	ΝΕΡΑ ΕΙΡΗΝΗΣ ΚΑΙ ΖΩΗΣ
Προς Ρωμαίους 8:11β	Μαΐου 28	ΑΝΑΣΤΗΜΕΝΟΙ ΜΕ ΤΟΝ ΧΡΙΣΤΟ
Προς Ρωμαίους 8:15	Μαΐου 29	ΠΝΕΥΜΑ ΔΟΥΛΕΙΑΣ Ή ΥΙΟΘΕΣΙΑ;
Προς Ρωμαίους 8:18	Δεκ. 21	Η ΠΑΡΗΓΟΡΙΑ ΜΑΣ
Προς Ρωμαίους 10:17	Σεπτ. 4	Ο ΛΟΓΟΣ ΤΟΥ ΘΕΟΥ
Προς Ρωμαίους 11:29	Σεπτ. 17	ΑΜΕΤΑΚΛΗΤΟΣ
Προς Ρωμαίους 12:21	Νοέ. 1	ΤΟ ΑΝΤΙΔΟΤΟ ΣΤΟ ΚΑΚΟ
Προς Ρωμαίους 12:21	Νοέ. 6	ΟΠΩΣ ΜΑΣ ΔΙΕΤΑΞΕ
Προς Ρωμαίους 15:20-21	Ιουλ. 10	ΚΗΡΥΞΕ ΤΟ ΕΥΑΓΓΕΛΙΟ
Προς Ρωμαίους 15:4	Αυγ. 5	Η ΑΓΙΑ ΓΡΑΦΗ
Προς Ρωμαίους 15:7	Οκτ. 14	ΔΟΞΟΛΟΓΩΝΤΑΣ ΤΟΝ ΘΕΟ ΜΕΣΩ ΤΗΣ ΦΙΛΟΞΕΝΙΑΣ
Προς Ρωμαίους 16:17	Αυγ. 13	ΔΙΑΙΡΕΣΕΙΣ ΚΑΙ ΕΜΠΟΔΙΑ
Α' Κορ. 2:7	Ιουν. 1	ΤΑ ΟΦΕΛΗ ΕΝΟΣ ΤΡΥΦΕΡΟΥ ΘΕΟΥ
Α' Κορ. 3:11	Δεκ. 29	ΤΟ ΘΕΜΕΛΙΟ ΤΟΥ ΣΠΙΤΙΟΥ ΜΑΣ
Α' Κορ. 3:16	Μαρ. 8	ΣΤΟΝ ΝΑΟ ΤΟΥ ΘΕΟΥ
Α' Κορ. 7:23	Ιαν. 25	ΑΞΙΖΕΙΣ ΤΑ ΛΥΤΡΑ ΕΝΟΣ ΒΑΣΙΛΙΑ/ΜΙΑΣ ΒΑΣΙΛΙΣΣΑΣ
Α' Κορ. 7:32α	Φεβρ. 2	ΧΩΡΙΣ ΑΝΗΣΥΧΙΑ
Α' Κορ. 7:5	Οκτ. 4	Η ΣΤΕΝΗ ΣΧΕΣΗ ΕΙΝΑΙ ΔΩΡΟ ΘΕΟΥ
Α' Κορ. 9:16	Φεβρ. 5	ΝΑΥΑΓΟΣΩΣΤΗΣ, ΕΓΩ;
Α' Κορ. 10:13	Μαρ. 16	Ο ΘΕΟΣ ΘΑ ΔΩΣΕΙ ΜΙΑ ΔΙΕΞΟΔΟ
Α' Κορ. 12:31	Αυγ. 3	ΠΝΕΥΜΑΤΙΚΗ ΦΙΛΟΔΟΞΙΑ
Α' Κορ. 12:7	Μαΐου 24	ΝΑ ΕΥΧΑΡΙΣΤΟΥΜΕ ΤΟΝ ΘΕΟ ΓΙΑ ΤΗΝ ΠΟΙΚΙΛΙΑ
Α' Κορ. 15:10	Απρ. 17	ΔΕΝ ΕΙΜΑΙ ΠΛΕΟΝ ΑΥΤΟΣ ΠΟΥ ΗΜΟΥΝ

ΕΔΑΦΙΟ	ΗΜΕΡΟΜΗΝΙΑ	ΤΙΤΛΟΣ
Α' Κορ. 15:24	Νοέ. 19	ΕΔΡΑΙΩΣΗ ΣΤΗ ΒΑΣΙΛΕΙΑ
Α' Κορ. 15:45	Απρ. 5	ΠΙΣΤΗ ΓΙΑ ΤΗΝ ΑΝΑΣΤΑΣΗ
Α' Κορ. 15:57	Μαΐου 21	ΚΑΤΑΚΤΗΤΕΣ ΚΑΙ ΟΧΙ ΜΟΝΟ
Προς Κορ. Β' 2:14	Φεβρ. 11	ΕΥΩΔΙΑΣΤΟΙ ΚΑΙ ΘΡΙΑΜΒΕΥΤΕΣ
Προς Κορ. Β' 5:1	Ιουν. 4	ΕΝΑ ΥΠΕΡΟΧΟ ΕΝΔΥΜΑ ΔΙΑΦΥΛΑΓΜΕΝΟ ΣΤΟΝ ΟΥΡΑΝΟ
Προς Κορ. Β' 7:1	Ιαν. 18	ΚΑΘΑΡΙΣΜΕΝΟΙ ΚΑΙ ΣΩΣΜΕΝΟΙ
Προς Κορ. Β' 7:4b	Ιουν. 24	ΧΑΡΑ ΣΤΙΣ ΔΟΚΙΜΑΣΙΕΣ
Προς Κορ. Β' 9:6	Δεκ. 10	ΑΦΘΟΝΟΣ ΠΝΕΥΜΑΤΙΚΟΣ ΚΑΡΠΟΣ
Προς Κορ. Β' 10:8	Ιουλ. 2	ΙΣΧΥΣ ΚΑΙ ΕΞΟΥΣΙΑ
Προς Γαλ. 3:28	Σεπτ. 30	ΞΕΧΩΡΙΣΤΟΙ, ΑΛΛΑ ΜΑΣ ΑΓΑΠΑ ΕΞΙΣΟΥ
Προς Γαλ. 5:13	Φεβρ. 4	ΚΑΛΕΣΜΑ ΓΙΑ ΕΛΕΥΘΕΡΙΑ
Προς Γαλ. 6:9	Αυγ. 6	Η ΗΜΕΡΑ ΤΗΣ ΑΝΑΠΑΥΣΗΣ
Προς Εφεσ. 1:13	Μαρ. 12	ΣΦΡΑΓΙΣΜΕΝΟΙ
Προς Εφεσ. 1:5	Μαρ. 11	ΟΦΕΛΗ ΤΗΣ ΥΙΟΘΕΣΙΑΣ
Προς Εφεσ. 2: 22	Μαρ. 13	ΕΝΑΣ ΝΕΟΣ ΚΟΣΜΟΣ
Προς Εφεσ. 2:10	Φεβρ. 22	ΔΗΜΙΟΥΡΓΗΘΗΚΑΜΕ ΓΙΑ ΝΑ ΕΙΜΑΣΤΕ ΑΡΤΟΣ ΚΑΙ ΚΥΠΕΛΛΟ
Προς Εφεσ. 4:23	Αυγ. 2	ΑΝΑΝΕΩΜΕΝΟΙ ΑΠΟ ΤΟ ΑΓΙΟ ΠΝΕΥΜΑ
Προς Εφεσ. 5:1	Φεβρ. 14	ΜΑΘΗΜΑΤΑ ΑΠΟ ΤΟΝ ΜΠΑΜΠΑ
Προς Εφεσ. 5:21	Αυγ. 23	ΑΜΟΙΒΑΙΑ ΥΠΟΤΑΓΗ
Προς Εφεσ. 5:6	Αυγ. 9	ΨΕΥΤΙΚΕΣ ΥΠΟΣΧΕΣΕΙΣ
Προς Φιλ. 1:6	Μαΐου 17	ΣΤΑΔΙΑ ΤΗΣ ΖΩΗΣ
Προς Φιλ. 1:23-24	Απρ. 3	Ο ΘΕΟΣ ΣΕ ΧΡΕΙΑΖΕΤΑΙ
Προς Φιλ. 2:14	Οκτ. 2	Ο ΓΟΓΓΥΣΜΟΣ ΑΠΑΓΟΡΕΥΕΤΑΙ
Προς Φιλ. 3:16	Δεκ. 11	ΜΕ ΤΟΝ ΝΟΥ ΣΤΙΣ ΕΝΤΟΛΕΣ ΤΟΥ ΠΝΕΥΜΑΤΟΣ
Προς Φιλ. 4:13	Ιουλ. 26	ΜΠΟΡΩ ΝΑ ΚΑΝΩ ΤΑ ΠΑΝΤΑ ΔΙΑΜΕΣΟΥ ΤΟΥ ΧΡΙΣΤΟΥ
Προς Κολ. 1:16	Ιουλ. 15	ΘΕΟΣ ΔΗΜΙΟΥΡΓΟΣ
Προς Κολ. 1:9	Ιουλ. 22	ΕΛΛΕΙΨΗ ΓΝΩΣΗΣ
Προς Κολ. 2:2	Ιουλ. 8	ΜΥΣΤΗΡΙΟ ΚΑΙ ΕΥΛΟΓΙΑ
Προς Κολ. 2:6	Νοέ. 12	ΡΙΖΩΜΕΝΟΙ ΚΑΙ ΟΙΚΟΔΟΜΗΜΕΝΟΙ ΜΕ ΤΟΝ ΧΡΙΣΤΟ
Προς Κολ. 3:1	Σεπτ. 14	ΜΕΓΑΛΩΣΑΜΕ ΜΕ ΤΟΝ ΧΡΙΣΤΟ
Προς Κολ. 3:15	Ιουλ. 23	Η ΕΙΡΗΝΗ ΤΟΥ ΧΡΙΣΤΟΥ
Προς Κολ. 4:3	Ιουλ. 9	ΠΡΟΣΕΥΧΗΣΟΥ ΓΙΑ ΕΜΕΝΑ
Προς Θεσσ. Α' 5:10	Αυγ. 19	ΣΤΟ ΠΝΕΥΜΑ ΤΗΣ ΕΝΟΤΗΤΑΣ
Προς Θεσσ. Α' 5:17	Νοέ. 26	ΠΕΙΘΑΡΧΗΜΕΝΟΙ ΣΤΗΝ ΠΡΟΣΕΥΧΗ
Α' Προς Τιμόθεον 1:15Β	Φεβρ. 12	ΜΗΝ ΝΤΡΕΠΕΣΑΙ
Α' Προς Τιμόθεον 4:12	Ιαν. 8	ΟΙ ΚΑΛΥΤΕΡΟΙ ΓΟΝΕΙΣ
Α' Προς Τιμόθεον 6:12	Μαΐου 10	ΤΑΚΤΙΚΕΣ ΠΟΛΕΜΟΥ
Α' Προς Τιμόθεον 6:14	Μαΐου 11	ΕΝΤΟΛΗ ΓΙΑ ΝΑ ΔΙΑΦΥΛΑΞΟΥΜΕ

ΕΔΑΦΙΟ	ΗΜΕΡΟΜΗΝΙΑ	ΤΙΤΛΟΣ
Β' Προς Τιμόθεον 4:1-2	Φεβρ. 19	ΑΥΤΗ ΤΗΝ ΕΝΤΟΛΗ ΣΑΣ ΔΙΝΩ
Β' Προς Τιμόθεον 4:13	Αυγ. 30	ΣΟΦΗ ΣΥΜΒΟΥΛΗ
Προς Τίτον 1:7	Μαΐου 18	ΑΘΩΟΙ ΚΑΙ ΑΚΗΛΙΔΩΤΟΙ
Προς Τίτον 2:7-8	Οκτ. 23	ΔΙΔΑΣΚΑΛΙΑ ΜΕ ΑΚΕΡΑΙΟΤΗΤΑ
Προς Εβρ. 1:6	Δεκ. 18	Η ΘΕΪΚΗ ΥΠΟΣΤΑΣΗ ΤΟΥ ΧΡΙΣΤΟΥ
Προς Εβρ. 1:8	Μαρ. 1	ΤΟ ΣΚΗΠΤΡΟ ΤΗΣ ΔΙΚΑΙΟΣΥΝΗΣ
Προς Εβρ. 2:1	Φεβρ. 15	ΔΩΣΕ ΤΗ ΔΕΟΥΣΑ ΠΡΟΣΟΧΗ
Προς Εβρ. 2:9	Ιουν. 10	ΤΑ ΠΑΝΤΑ ΣΥΝΤΗΡΟΥΝΤΑΙ ΑΠΟ ΤΟΝ ΙΣΧΥΡΟ ΛΟΓΟ ΤΟΥ
Προς Εβρ. 3: 6	Μαρ. 15	Η ΕΝΔΟΞΗ ΕΛΠΙΔΑ ΜΑΣ
Προς Εβρ. 4: 16	Μαρ. 19	ΕΠΙΡΡΕΠΗΣ ΣΤΗΝ ΑΜΑΡΤΙΑ
Προς Εβρ. 6:1	Οκτ. 18	ΑΝΑΠΤΥΞΗ ΠΡΟΣ ΤΗΝ ΩΡΙΜΟΤΗΤΑ
Προς Εβρ. 6:15	Οκτ. 19	ΠΙΣΤΑ ΥΠΟΜΟΝΕΤΙΚΟΙ ΑΝΘΡΩΠΟΙ
Προς Εβρ. 7:17	Οκτ. 22	ΓΙΑ ΠΑΝΤΑ
Προς Εβρ. 9:15	Μαρ. 29	ΔΙΑΜΕΣΟΛΑΒΗΤΗΣ ΝΕΑΣ ΔΙΑΘΗΚΗΣ
Προς Εβρ. 10:36	Δεκ. 17	ΥΠΟΜΟΝΗ
Προς Εβρ. 10:39	Νοέ. 16	ΠΡΙΝ ΚΑΙ ΜΕΤΑ ΤΟΝ ΧΡΙΣΤΟ
Προς Εβρ. 11:1	Μαρ. 2	ΔΙΑΒΑΙΝΕ ΜΕ ΤΟΝ ΒΑΣΙΛΙΑ
Προς Εβρ. 11:19	Σεπτ. 9	ΠΙΣΤΗ ΠΟΥ ΕΠΙΒΕΒΑΙΩΝΕΙ ΤΗ ΣΩΤΗΡΙΑ
Προς Εβρ. 11:6	Ιουν. 11	ΠΩΣ ΝΑ ΕΥΧΑΡΙΣΤΗΣΕΙΣ ΤΟΝ ΘΕΟ
Προς Εβρ. 12:1	Σεπτ. 6	ΑΦΗΣΤΕ ΣΤΗΝ ΑΚΡΗ ΤΟ ΠΕΡΙΤΤΟ ΒΑΡΟΣ
Προς Εβρ. 12:11	Σεπτ. 7	Η ΠΕΙΘΑΡΧΙΑ ΠΟΝΑ ΑΛΛΑ ΘΕΡΑΠΕΥΕΙ
Προς Εβρ. 12:2	Μαρ. 31	Η ΧΑΡΑ ΤΟΥ ΚΥΡΙΟΥ
Προς Εβρ. 13:17	Ιουλ. 19	ΠΡΟΣΕΥΧΗΣΟΥ ΓΙΑ ΤΟΥΣ ΠΟΙΜΕΝΕΣ ΣΟΥ
Προς Εβρ. 13:8	Δεκ. 13	ΑΜΕΤΑΒΛΗΤΟΣ ΚΑΙ ΤΑΠΕΙΝΟΣ
Ιακώβου 1:2	Αυγ. 26	ΜΗΝ ΤΑ ΠΑΡΑΤΑΣ!
Ιακώβου 1:13	Αυγ. 27	ΑΝΤΙΣΤΑΣΗ ΣΤΟΝ ΠΕΙΡΑΣΜΟ
Ιακώβου 2:26	Σεπτ. 10	ΣΩΣΜΕΝΟΙ ΜΕ ΠΙΣΤΗ Ή ΜΕ ΕΡΓΑ;
Ιακώβου 3:17	Ιαν. 2	ΣΟΦΙΑ
Ιακώβου 4:7	Ιαν. 31	ΘΕΪΚΗ ΥΠΟΤΑΓΗ
Ιακώβου 4:7	Οκτ. 9	ΕΙΝΑΙ ΓΡΑΜΜΕΝΟ!
Ιακώβου 4:8	Σεπτ. 20	ΠΛΗΣΙΑΖΟΥΜΕ ΤΟΝ ΘΕΟ ΜΕ ΠΕΡΙΣΣΟΤΕΡΗ ΕΜΠΙΣΤΟΣΥΝΗ
Ιακώβου 5:7	Ιουλ. 6	ΝΑ ΕΧΕΙΣ ΥΠΟΜΟΝΗ
Α' Πέτρου 2:16	Μαΐου 1	ΕΛΕΥΘΕΡΟΙ ΓΙΑ ΥΠΗΡΕΣΙΑ
Α' Πέτρου 2:24	Αυγ. 31	ΘΕΡΑΠΕΥΜΕΝΟΙ ΑΠΟ ΤΙΣ ΠΛΗΓΕΣ
Α' Πέτρου 2:5	Οκτ. 25	ΖΩΝΤΑΝΕΣ ΠΕΤΡΕΣ
Α' Πέτρου 3:15	Φεβρ. 23	ΗΜΟΥΝ ΤΥΦΛΟΣ, ΑΛΛΑ ΤΩΡΑ ΒΛΕΠΩ
Α' Πέτρου 4:10	Ιουν. 3	ΥΠΗΡΕΤΗΣΕ ΚΑΙ ΔΟΞΑΣΕ ΤΟΝ ΘΕΟ
Α' Πέτρου 5:5α	Απρ. 26	ΑΜΟΙΒΑΙΟΣ ΣΕΒΑΣΜΟΣ
Α' Πέτρου 5:5Β	Οκτ. 16	ΑΣ ΜΙΜΟΥΜΑΣΤΕ ΜΕ ΤΑΠΕΙΝΟΦΡΟΣΥΝΗ
Β' Πέτρου 1:3	Δεκ. 7	ΟΛΑ ΟΣΑ ΧΡΕΙΑΖΕΣΑΙ

ΕΔΑΦΙΟ	ΗΜΕΡΟΜΗΝΙΑ	ΤΙΤΛΟΣ
Β' Πέτρου 3:3-4	Ιαν. 22	ΠΡΟΣΜΕΝΟΝΤΑΣ ΚΑΙ ΠΑΡΑΚΟΛΟΥΘΩΝΤΑΣ
Β' Πέτρου 3:9	Νοέ. 29	Ο ΘΕΟΣ ΤΗΡΕΙ ΟΛΕΣ ΤΙΣ ΥΠΟΣΧΕΣΕΙΣ
Α' Ιωάννου 1:9	Φεβρ. 18	Η ΠΡΟΣΕΥΧΗ ΤΗΣ ΕΞΟΜΟΛΟΓΗΣΗΣ
Α' Ιωάννου 2:25	Σεπτ. 28	Η ΥΠΟΣΧΕΣΗ ΤΗΣ ΑΙΩΝΙΑΣ ΖΩΗΣ
Α' Ιωάννου 2:28	Απρ. 16	ΠΩΣ ΕΙΝΑΙ ΤΑ ΛΟΥΛΟΥΔΙΑ ΜΟΥ;
Α' Ιωάννου 3:14	Απρ. 19	ΚΑΛΕΣΜΑ ΓΙΑ ΑΓΑΠΗ, ΔΙΚΑΙΟΣΥΝΗ ΚΑΙ ΑΦΟΣΙΩΣΗ
Αποκ. 1:17γ-18	Μαΐου 14	Ο ΠΑΝΤΟΔΥΝΑΜΟΣ
Αποκ. 7:10	Οκτ. 11	ΣΩΘΗΚΑΜΕ ΑΠΟ ΣΧΕΣΗ Ή ΑΠΟ ΜΙΜΗΣΗ;
Αποκ. 7:16	Απρ. 27	Η ΛΥΠΗ ΜΑΣ ΘΑ ΛΑΒΕΙ ΤΕΛΟΣ
Αποκ. 14:6	Νοέ. 27	ΧΑΡΟΥΜΕΝΗ ΗΜΕΡΑ ΤΩΝ ΕΥΧΑΡΙΣΤΙΩΝ
Αποκ. 17:14	Οκτ. 15	ΠΙΣΤΟΙ ΦΙΛΟΙ
Αποκ. 20:12γ	Ιουν. 8	ΤΑ ΕΡΓΑ ΤΗΣ ΑΓΑΠΗΣ ΣΟΥ ΚΑΤΑΓΡΑΦΟΝΤΑΙ
Αποκ. 21:27	Ιουν. 15	ΠΟΙΟΣ ΘΑ ΔΕΙ ΤΟΝ ΘΕΟ
Αποκ. 21:4	Ιαν. 10	ΚΑΝΕΝΑ ΔΑΚΡΥ ΣΤΟΝ ΟΥΡΑΝΟ
Αποκ. 22:7	Νοέ. 20	Η ΑΝΤΑΜΟΙΒΗ ΜΑΣ ΕΡΧΕΤΑΙ

ΕΥΡΕΤΗΡΙΟ – ΑΝΑ ΛΕΞΗ ΚΛΕΙΔΙ

ΛΕΞΕΙΣ ΚΛΕΙΔΙΑ	ΗΜΕΡΟΜΗΝΙΕΣ
ΑΓΑΠΗ	**1**/1,5,7,11,17,31, **2**/2,4,5,6,11,13,23,25,26,28, **3**/1,3, **4**/1,4,15,19, **5**/1,7,9,23,24,25, **6**/1,5,6,8,12,14,16,22, 23,25,27, 29,30, **7**/5,6,7,16,19,30, **8**/3,6,17,19,29, **9**/2,3,9,12,13,16,17,19, 20,23, **10**/4,6,8,13,22,30, **11**/3,14,18, **12**/7,10,11,23
ΑΓΑΠΗ ΤΟΥ ΘΕΟΥ	**1**/2,3,5,15,16,25, **2**/7,8,14,16,17,19,22, **3**/4,27, **4**/23, **5**/9, **6**/29, **7**/8,21,28, **8**/5,9,10,11,12,13,17,18,24,25,31, **9**/7,14,23,24, **10**/8,15,16,20,28,29, **11**/1,4,23, **12**/16,25
ΑΓΓΕΛΙΟΦΟΡΟΣ / ΜΗΝΥΜΑ	**1**/15, **2**/1,9,11,15, **3**/12,23, **4**/23, **5**/24, **6**/12,20,24, **8**/3, **9**/8
ΑΓΓΕΛΟΙ	**4**/7, **8**/12
ΑΓΙΟ ΠΝΕΥΜΑ	**1**/2,15,19,23, **2**/11,12,15,17,18,22, **3**/5,21,28, **4**/15,16,28, **5**/4,7,10,13, 14,17,20,21,22,24,26,28,29, **6**/1,6, 15,17, **7**/5,7,16,26,30, **8**/2,4,10,11, 13,14,16,18,19,20,27,30, **9**/3,6,8,10,15,17,20,26,28,29, **10**/1,7, **11**/3,9, **12**/5,21
ΑΓΙΟΤΗΤΑ	**1**/18,23, **3**/5, **4**/24, **5**/8, 11, **6**/15, **7**/24, **8**/25, **9**/23,30, **10**/13,25
ΑΔΕΛΦΙΑ ΕΝ ΧΡΙΣΤΩ	**1**/2,24, **3**/6,16,30, **4**/1,4,19,25, **5**/1,8,23, **6**/9,22,27, **10**/5
ΑΔΙΚΙΑ / ΑΔΙΚΟΣ	**3**/1, **5**/2,29,30, **6**/8,18, **8**/31, **10**/1,6, **12**/3
ΑΙΩΝΙΟΤΗΤΑ / ΑΙΩΝΙΑ ΖΩΗ	**1**/15,17, **2**/5,8,22, **3**/1,3, **4**/20, **6**/4 **8**/24, **9**/7,9,13,14,28, **10**/12,22, **12**/1
ΑΚΕΡΑΙΟΤΗΤΑ	**1**/8,30, **6**/7, **10**/23, **12**/15
ΑΛΗΘΕΙΑ	**1**/7,16,19,23,28, **2**/13,17, **3**/12,21,30,31, **4**/26, **5**/3,9, 15,27, **6**/1,12,16,17, **8**/27,30, **9**/15,22, **10**/11, **12**/13,29
ΑΛΛΑΓΗ	**1**/4,6,13, **3**/26,29, **4**/29, **5**/19,29, **6**/4,21, **7**/31, **8**/9,17, **9**/1,4, **11**/10,12,17, **12**/21
ΑΜΑΡΤΙΑ / ΑΜΑΡΤΩΛΟΣ	**1**/11,13,15,18,19,23,25, **2**/4,11,12,16,17,18,21,22,25,27, **3**/4,6,7,9,10,20,26,27, **4**/1,2,10,11,15,17, **5**/2,9,10,27, **6**/11,17,20,21,26,27, **7**/11,14,27,30, **8**/9,15,25,27,29,31, **9**/6,12,15,16,20,22,27, **10**/1,7,10,13,26, **11**/1, **12**/23
ΑΜΕΡΟΛΗΨΙΑ	**1**/2, **5**/6,7, **9**/30, **10**/21
ΑΜΦΙΒΟΛΙΑ	**1**/22,25, **2**/23, **4**/11,21, **5**/1, **6**/9,30, **7**/8,26,31, **8**/12,17, **9**/15,22, **11**/9, **12**/8
ΑΝΑΓΚΕΣ	**3**/14, **4**/3, **5**/22, **10**/7,27
ΑΝΑΖΗΤΗΣΕ ΤΟΝ ΘΕΟ	**1**/24, **7**/24, **8**/1, **9**/15,20, **11**/22,25,30, **12**/31
ΑΝΑΖΩΟΓΟΝΗΣΗ / ΑΝΑΝΕΩΣΗ	**1**/4, **2**/17, **3**/4,9, **8**/2,13,14, **10**/1,3, **12**/11
ΑΝΑΣΤΑΣΗ	**1**/25, **2**/8,9,21,22, **4**/5,10,11,18,25, **5**/9,22,28, **8**/6,23, **9**/8,9,14, **11**/19
ΑΝΗΣΥΧΩ	**1**/22, **2**/2,6,24, **3**/3, **4**/7,22, **5**/31, **11**/11, **12**/11
ΑΝΤΑΜΟΙΒΗ	**1**/21,24, **2**/8, **4**/24,25, **6**/30, **9**/13,19, **10**/6, **11**/20

ΛΕΞΕΙΣ ΚΛΕΙΔΙΑ	ΗΜΕΡΟΜΗΝΙΕΣ
ΑΝΥΠΑΚΟΗ / ΕΠΑΝΑΣΤΑΣΗ	**1**/13,19,21,23, **2**/13,18,25, **3**/4,13,24,18,20,27, **4**/12,15, **5**/1,4, **6**/16,17, **7**/25,27, **8**/9,31, **9**/23,27, **10**/6, **12**/27,29
ΑΠΕΧΘΕΙΑ / ΔΥΣΦΗΜΙΣΗ	**1**/23,25, **2**/25,26,28, **5**/6,29 **7**/14, **8**/13, **9**/2, **10**/7, **12**/25
ΑΠΙΣΤΙΑ / ΔΥΣΠΙΣΤΙΑ	**1**/6,18, **2**/10,12, **3**/26, **4**/11, **7**/26, **12**/8,23
ΑΠΟΓΝΩΣΗ	**5**/4, **7**/28, **11**/2,13, **12**/28
ΑΠΟΔΟΧΗ	**1**/23, **2**/12, **5**/30, **9**/23
ΑΠΟΘΑΡΡΥΝΣΗ / ΑΠΟΘΑΡΡΥΜΕΝΟΣ	**2**/4,23,29, **3**/29, **4**/5,7, **7**/6,19, **8**/26,30, **9**/21, **11**/12,17, 24,30,
ΑΠΟΚΑΛΥΠΤΩ / ΕΚΔΗΛΩΝΟΜΑΙ	**1**/2, **2**/11, **4**/9, **6**/1,6,14,18, **8**/14, **9**/2,20, **11**/19
ΑΠΟΚΑΤΑΣΤΑΣΗ	**2**/9,21, **3**/1,2,26,31, **4**/15, **5**/3,25,26,31, **6**/1,8, **12**/5
ΑΠΟΣΤΟΛΗ	**1**/18,22, **2**/12,20, **3**/2,31, **4**/3,10, **5**/25, **6**/2,3,18, **12**/4,
ΑΠΟΤΥΧΙΑ / ΑΠΟΓΟΗΤΕΥΣΕΙΣ	**1**/6,19,24,26, **3**/16, **4**/2,10,11, **5**/28, **6**/2,8,27 **7**/31, **11**/7,21, **12**/9
ΑΠΟΦΑΣΕΙΣ	**6**/13, **7**/17,25, **8**/4,7,11,16, **9**/1,19,20, **10**/2,12,21,30, **11**/2, **12**/10,29
ΑΡΜΟΝΙΑ	**1**/11,13,24, **3**/1, **4**/8,9,16,23,28, **5**/10,23,25,28, **6**/1,12, **8**/19,27, **10**/5, **11**/18, **12**/4,22
ΑΡΝΙΟ	**1**/3,13, **2**/20,27, **4**/4, **6**/6,10,11,15,21, **10**/11
ΑΡΡΩΣΤΙΑ	**2**/18, **3**/4, **4**/21, **5**/19, **6**/7, **8**/5,31, **9**/29, **12**/26
ΑΡΤΟΣ ΤΗΣ ΖΩΗΣ	**2**/22,24, **6**/12, **8**/11,16,17,
ΑΡΧΗ / ΔΗΜΙΟΥΡΓΙΑ	**1**/4, **5**/20 **7**/15, **12**/31
ΑΣΩΤΑ ΤΕΚΝΑ	**1**/15,16, **2**/25, **5**/28, **7**/31, **8**/13, **9**/20
ΑΥΤΟΚΤΟΝΙΑ	**2**/23
ΑΥΤΟΠΕΠΟΙΘΗΣΗ	**2**/23, **7**/4,17, **9**/12,22, **12**/9
ΑΦΟΣΙΩΣΗ	**1**/27, **3**/29, **4**/19, **6**/18,22, **8**/10, **10**/23
ΒΑΠΤΙΣΜΑ	**1**/15, **10**/1
ΒΑΣΑΝΟ	**1**/6,20, **2**/21,23,25, **4**/11,27, **5**/22,26,30, **6**/24, **8**/15,17,31, **10**/7, **12**/28
ΒΑΣΙΛΕΙΑ ΤΟΥ ΘΕΟΥ	**1**/8,20, **3**/1,3, **4**/23, **5**/5, **6**/15, **7**/22, **8**/5,9,12,18,24,31, **9**/3,10,27, **10**/6,13, **11**/11,19, **12**/14
ΒΙΒΛΙΟ ΤΗΣ ΖΩΗΣ	**6**/8,15, **9**/27
ΒΟΗΘΕΙΑ	**2**/7,17,18,26, **3**/6, **4**/8,14, **5**/5,23, **6**/27,28, **7**/17,30,31, **8**/16, **9**/1,13,24, **10**/12, **11**/17, **12**/17
ΓΑΜΟΣ	**2**/7, **4**/19, **6**/13, **9**/4, **11**/15, **12**/29
ΓΕΙΤΟΝΑΣ / ΓΕΙΤΟΝΙΑ	**1**/5,11,17,24, **2**/6,12,17,18,25,26, **3**/7,27,29, **4**/1,2,17, 18,20,24,28, **5**/1,16,17,23, **6**/6,23,26,29, **7**/11,20,23,28, **9**/2,13,16,23, **10**/5,6,10,14,28, **11**/1,2,3,4,6,13,14,18,23,26,27,28, **12**/14,16
ΓΕΝΝΑΙΟΔΩΡΙΑ	**2**/9, **8**/17, **9**/7,19, **10**/24, **11**/2,25, **12**/10

ΛΕΞΕΙΣ ΚΛΕΙΔΙΑ	ΗΜΕΡΟΜΗΝΙΕΣ
ΓΚΡΙΝΙΑ / ΦΙΛΟΝΙΚΙΑ	5/2, 6/12, 9/18,23, 10/2
ΓΝΩΡΙΖΟΝΤΑΣ ΕΑΥΤΟΝ	7/2,10
ΓΝΩΡΙΖΟΝΤΑΣ ΤΟΝ ΘΕΟ	1/16, 2/10,22,23, 3/2, 4/6,20, 5/22, 6/14, 7/4,10, 8/10,12, 9/2,3,4,23, 10/11, 11/30, 12/9,11,15
ΓΥΝΑΙΚΕΣ ΣΤΗΝ ΑΓΙΑ ΓΡΑΦΗ	1/31, 3/2,16,25, 4/18, 6/19, 8/27, 9/14,27, 10/6,9,30, 11/5,9,11, 12/25
ΔΙΑΒΟΛΟΣ / ΣΑΤΑΝΑΣ / ΕΧΘΡΟΣ	2/19,23, 3/3, 7/17,31, 8/27, 9/6,21,23,28, 10/5,6,13, 11/7,14, 12/7,17,19
ΔΙΑΘΗΚΗ	2/1, 3/22,29, 4/14,15,24, 6/2, 7/8,21, 9/17,30, 11/29, 12/16
ΔΙΑΙΡΕΣΗ	1/14,19,31, 6/9,27, 8/13, 9/21,23, 10/13, 11/7,14, 12/19
ΔΙΑΚΟΝΟΙ / ΔΙΑΚΟΝΙΑ	1/7, 2/11,12, 3/13,22,30, 4/2,23, 5/4,13,18, 7/1,11,19, 8/16, 9/8,18
ΔΙΑΧΕΙΡΙΣΗ	1/30, 2/6,10, 3/17,18, 4/3, 5/20,25, 6/3, 8/18, 11/13
ΔΙΚΑΙΟΛΟΓΗΣΗ	1/25, 2/4, 3/20,21, 4/17, 5/14, 7/27, 9/10, 10/6
ΔΙΚΑΙΟΣΥΝΗ / ΗΘΙΚΗ	1/2,7,19,21,27,28,29, 2/8,17,18,27, 3/1,7,27, 4/29, 5/4,7, 6/18, 7/30, 8/5,24,26,31, 9/3,7,16,24, 10/6,13,26, 28, 11/2, 12/22
ΔΙΟΡΘΩΣΗ ΤΟΥ ΘΕΟΥ / ΠΕΙΘΑΡΧΙΑ	1/17,21,27, 2/18,24, 4/17, 5/7,18, 6/10,25, 7/27, 8/5,8, 9/7, 11/18, 12/27
ΔΙΩΓΜΟΣ / ΚΑΤΑΠΙΕΣΗ	1/23, 2/11, 3/1, 4/3,11,13, 5/13,26,27,30, 6/18, 8/28, 9/8,16,19, 10/1,2,15,20,28, 11/2,10,28
ΔΟΓΜΑ	1/19, 4/23, 5/14, 8/13,16, 9/1, 11/16
ΔΟΚΙΜΑΣΙΕΣ / ΤΑΛΑΙΠΩΡΙΑ / ΕΜΠΟΔΙΟ	1/2,27, 2/3,11, 3/2, 4/18, 5/2,9,16,21,23, 6/23,24,27
ΔΟΞΑΣΜΕΝΟΣ ΧΡΙΣΤΟΣ	2/21, 6/10, 11/19,20,
ΔΟΥΛΕΙΑ	1/13,23,25, 2/4,11, 5/8, 9/15, 10/1
ΔΥΝΑΜΕΙΣ ΤΟΥ ΚΑΚΟΥ	1/23, 10/1,7,12, 11/7
ΔΥΝΑΜΗ / ΙΣΧΥΣ	1/26, 2/12,19,22,23, 3/2,4, 5/30, 6/28, 7/3,26,30, 8/2,6,10,17,20,22,26, 9/20,21,26, 10/1,3,4,5,17,
ΔΩΡΟ ΤΟΥ ΘΕΟΥ	1/2,6,11,25, 2/2,7,8,10,20, 4/10,21, 5/2,5,24, 6/3,30, 9/4, 10/8, 12/25
ΕΓΚΑΤΑΛΕΙΨΗ	2/13,15,23, 3/18, 4/11,18, 5/2, 6/16, 7/7, 24
ΕΓΩΙΣΜΟΣ	1/13, 2/21, 3/18, 4/8, 7/8, 8/5, 9/23,26, 10/2, 12/3
ΕΙΔΩΛΟΛΑΤΡΙΑ	1/18,23, 3/20, 4/12,13, 5/10, 6/17,20, 7/29, 8/9,13, 11/16
ΕΙΚΟΝΑ ΤΟΥ ΘΕΟΥ	2/28, 3/8, 4/6, 5/29, 6/16, 8/2,17, 12/14
ΕΙΛΙΚΡΙΝΕΙΑ	1/30, 9/7,16, 10/26, 12/13
ΕΙΡΗΝΗ	1/2,5,7,11,13,16,20,21,29, 2/2,3,11,12,15,25, 3/1,6, 4/2,14,16, 18,24, 26,28, 5/4,16,23, 6/2,14,15,16,22,23, 7/13,20,23, 8/12,17,24,27,30,31, 9/8,28, 10/1,5,6,13, 11/21, 12/11,22,25,28

ΛΕΞΕΙΣ ΚΛΕΙΔΙΑ	ΗΜΕΡΟΜΗΝΙΕΣ
ΕΚΚΛΗΣΙΑ / ΣΩΜΑ ΤΟΥ ΧΡΙΣΤΟΥ	**1**/6,15,31, **2**/7,10,11,14,28, **3**/8,19, **4**/1,3,11,17,23,26,30, **5**/2,6,14, 18,24,25, **6**/3,9,13,16,18,22, **8**/6,23, **9**/8,28
ΕΚΛΕΚΤΟΙ ΤΟΥ ΘΕΟΥ	**1**/7, **2**/1,11,17, **3**/5, **4**/3,15, **6**/2,12, **7**/17, **8**/20,25, **9**/28,30, **10**/30, **12**/26
ΕΛΕΟΣ	**1**/1,15,25, **2**/5,9,12,17,25,27,28, **3**/4,6,27, **4**/3,15,28,29, **6**/2,23,25, **7/16**, **8**/1,10,24,25, **9**/3,16,17,24, **10**/27,30, **11**/23, **12**/6,16,22,23
ΕΛΕΟΣ ΤΟΥ ΘΕΟΥ	**1**/1, **2**/8,9,23, **7**/21, **8**/17, **11**/2,23, **12**/16,23
ΕΛΛΕΙΨΗ ΠΙΘΑΝΟΤΗΤΑΣ	**2**/8, **4**/9,12,20,27, **5**/7,23,25, **6**/11,30, **7**/26, **8**/29, **9**/8,9,12,30, **10**/30, **11**/22,26
ΕΛΠΙΔΑ	**1**/1,2,4,10,21, **2**/3,8,15,22,23, **3**/1,3,6,20, **4**/5,9,11, **5**/9,15,16,19,22, 24,28, **6**/7,14,16,18,22,23,25,30, **7**/15, **8**/5,6,16,17,19,20,27,29, **9**/11,17,21,28,29, **10**/1,7,8,31, **11**/10, **12**/7,11,12,21,31
ΕΜΠΙΣΤΟΣΥΝΗ / ΕΜΠΙΣΤΟΣΥΝΗ ΣΤΟΝ ΘΕΟ	**1**/3,4,26,28,31, **2**/3,5,27, **3**/2,4, **4**/1,14,16,24,26, **6**/11,13,17,24,25,29, **7**/18,22,30, **8**/10,27, **9**/1,9,20, 24,28, **10**/1,5,6,7,12,15,31, **11**/12,24,28, **12**/1,9,20,21,22,26
ΕΜΠΝΕΥΣΗ	**1**/10,27, **3**/22, **4**/23, **6**/1, **8**/5, **11**/9
ΕΜΠΟΔΙΑ / ΦΡΑΓΜΑΤΑ	**1**/26, **3**/4,10,16, **4**/7, **7**/19,24, **8**/13, **9**/4,6, **10**/4,5, **11**/1,23, **12**/6,14,17,30
ΕΝΘΑΡΡΥΜΕΝΟΣ / ΕΝΘΑΡΡΥΝΣΗ	**1**/1,8,10,26,28, **2**/7,19, **3**/6,15,24, **4**/18,22, **5**/12,19, **7**/2,10,22,24, **8**/2,5,12,19,26,30, **9**/29, **10**/14,18,23, **11**/8, **12**/3,7
ΕΝΟΤΗΤΑ	**1**/7, **2**/7, **5**/25, **7**/13, **8**/19, **10**/4, **11**/14
ΕΝΟΤΗΤΑ ΕΝ ΧΡΙΣΤΩ	**3**/13, **4**/4,8, **5**/29, **6**/9, **7**/23, **11**/14
ΕΝΟΧΗ	**1**/11, **2**/12, **8**/27,31, **9**/12, **10**/7,26,29
ΕΝΤΕΤΑΛΜΕΝΟΣ	**1**/17, **2**/5, **7**/2,26, **8**/2, **9**/26, **10**/23, **12**/29
ΕΝΤΟΛΗ / ΝΟΜΟΣ	**1**/5,9,28, **2**/6,13,18,26, **3**/1,5,7,18,20, **4**/1,15, **5**/11, **6**/20,21,30 **8**/9,10,24, **9**/1,2,10,17,23, **10**/6, **11**/3, **12**/6
ΕΞΑΓΝΙΣΜΟΣ	**1**/13,18, **2**/18, **3**/4,9,15,16, **6**/10,15,20,21,25, **9**/12,20,23,28, **10**/6,13, **11**/15, **12**/3,5
ΕΞΙΛΕΩΣΗ	**2**/17, **9**/12, **12**/8
ΕΞΟΜΟΛΟΓΗΣΗ	**1**/11, **2**/18, **3**/2,3,27, **6**/25, **8**/27, **9**/6,12 **10**/7,10, **12**/7,27
ΕΞΟΥΣΙΑ	**2**/10,21, **4**/21, **6**/30, **7**/2,4, **9**/1,8,15,26, **11**/19
ΕΠΙΘΥΜΙΕΣ	**1**/24, **3**/11,20, **4**/3,6,20, **6**/4, **7**/1, **8**/1,17, **9**/2,23,29, **10**/20,27, **11**/5,27, **12**/11
ΕΠΙΚΡΙΣΗ ΣΤΟΥΣ ΑΛΛΟΥΣ	**2**/14,26, **4**/26, **6**/26,27,29, **11**/1
ΕΠΙΜΟΝΗ	**1**/24,27, **3**/15,16,17,30,31, **4**/13,16,23,26,30, **5**/5,9, **6**/9, **7**/6,13, **8**/20,26,31, **9**/11, **10**/5,19, **12**/17,27
ΕΠΙΤΥΧΙΑ	**2**/7, **5**/26, **6**/13, **8**/1,26,30, **9**/21, **10**/27, **12**/26
ΕΡΓΑΣΙΑ	**2**/22, **3**/2, **8**/5,6, **9**/10,29, **10**/7

ΛΕΞΕΙΣ ΚΛΕΙΔΙΑ	ΗΜΕΡΟΜΗΝΙΕΣ
ΕΣΧΑΤΕΣ ΗΜΕΡΕΣ	**1**/22, **10**/13, **12**/22
ΕΥΑΓΓΕΛΙΟ / ΕΥΑΓΓΕΛΙΖΩ	**2**/5,15,17,19, **3**/3, **7**/10, **8**/13,16, **9**/8,17, **11**/10,27, **12**/6,8
ΕΥΓΝΩΜΟΣΥΝΗ	**1**/1, **2**/18,22,24, **4**/19,24, **5**/9, **6**/3,5,8,10,25, **7**/19,22,23, **8**/23, **9**/2,9,24, **10**/1,3,8, **11**/11, **12**/2,10,12,20,31
ΕΥΗΜΕΡΙΑ	**1**/1,9,27, **3**/1, **4**/29, **6**/13, **10**/6,8
ΕΥΘΥΝΗ	**1**/14, **2**/19, **4**/16, **6**/13, **7**/31, **11**/10, **12**/1
ΕΥΚΑΙΡΙΕΣ	**1**/11,25,31, **2**/19, **8**/1,20,23,24, **9**/14,25, **10**/25,27, **12**/20,31
ΕΥΛΟΓΙΕΣ / ΕΥΛΟΓΗΜΕΝΟΣ	**1**/14,23,28, **2**/1,26, **3**/2,4, **4**/18, **5**/30, **6**/2, **7**/3,4,12,14,16,17,27, **9**/3,16,22,29, **10**/11,17, **11**/21, **12**/12,28
ΕΥΧΑΡΙΣΤΩΝΤΑΣ ΤΟΝ ΘΕΟ	**1**/14,24,27, **2**/19, **3**/20,27, **5**/23, **6**/11,15,30, **7**/22,27, **9**/2,13,27, **10**/17, **12**/7
ΖΗΛΕΙΑ	**1**/12, **4**/12,30, **6**/9,19, **8**/1, **10**/27, **12**/18
ΖΩΗ ΑΦΘΟΝΙΑΣ	**1**/29, **2**/8,11,22, **3**/3, **4**/5,11, **5**/22, **7**/21, **9**/6,27, **10**/1,8, **11**/25, **12**/10,29
ΖΩΝΤΑΣ ΓΙΑ ΤΟΝ ΘΕΟ / ΧΡΙΣΤΙΑΝΙΚΗ ΖΩΗ	**1**/3,31, **2**/23, **4**/5, **5**/12,18,22,25, **7**/5, **8**/6,7,19, **9**/16,28, **10**/4,11, **11**/5,15, **12**/29
ΗΓΕΣΙΑ	**2**/14,26,28, **6**/18, **8**/3,13, **9**/27, **10**/25, **11**/28
ΗΜΕΡΑ ΤΩΝ ΕΥΧΑΡΙΣΤΙΩΝ	**2**/2, **8**/4, **11**/27, **12**/2,31
ΘΑΝΑΤΟΣ	**1**/10,11,31, **2**/2,4,8,10,11,16,22,23, **3**/3,30,31, **4**/2,3,10,11,19, 24,25,27,28, **5**/3,9,21,22,27,30, **6**/4,17,28 **8**/5,19,23,25,31, **9**/9,10,14,15,22,27,29, **10**/1,6,7,13
ΘΑΡΡΟΣ	**1**/20, **6**/5,6, **8**/5,12,17,26, **9**/16, **10**/12, **11**/16
ΘΑΥΜΑΤΑ	**1**/16, **2**/15, **5**/12, **6**/5,19, **7**/25, **8**/3
ΘΕΪΚΗ ΔΥΝΑΜΗ	**2**/5,10,14,16,21, **3**/3, **4**/18, **5**/22, **6**/6,17,23, **7**/16,25,26,30,31, **8**/9,11,12,13,19,21, **9**/8,9,15,17,24,25,26,27, **10**/12, **11**/4,15, **12**/15
ΘΕΪΚΗ ΣΟΦΙΑ	**1**/2,27,29, **2**/19, **5**/22,23, **6**/1,18,30, **7**/22, **8**/4,5,12,14,16,30, **9**/1,2,3,15, **10**/12, **11**/19, **12**/15,31
ΘΕΪΚΗ ΦΡΟΝΤΙΔΑ	**2**/19,20,26, **3**/4,7,28, **5**/2, **6**/11, **7**/22, **8**/11,13,18,19,28, **9**/5,11,23, **10**/8, **11**/13,20,21,28, **12**/6
ΘΕΪΚΗ ΦΥΣΗ ΤΟΥ ΙΗΣΟΥ	**1**/23, **3**/21, **5**/14, **11**/14,19, **12**/18
ΘΕΛΗΜΑ ΤΟΥ ΘΕΟΥ	**1**/2,7,9,31, **2**/1,13,22,23, **5**/25,27, **6**/11,17,19,20,29, **7**/5,22,28, **8**/3,23, **9**/3,10,15,28,29, **10**/4,5,12,16,17,19,20, **11**/7,14,25, **12**/2,31
ΘΕΡΑΠΕΙΑ / ΘΕΡΑΠΕΥΤΗΣ	**1**/15,22, **2**/5,6,10,11,12,17,23,25, **3**/2,4,5, **4**/21, **5**/3,13,26,27, **6**/7,26,30, **7**/12,23, **8**/1,3,29,31, **9**/7,8,12,20,24,26,29, **10**/10,27, **12**/8
ΘΗΣΑΥΡΟΙ / ΠΛΟΥΤΗ	**1**/24,27, **2**/1,19, **5**/10,30, **6**/16,22, **8**/9, **9**/13,17,24,27, **10**/12
ΘΡΕΨΗ / ΦΑΓΗΤΟ	**1**/1,4,8,10,17,26 **2**/17,19,22, **3**/13,14, **4**/22, **6**/10,18, **7**/15,16,28, **8**/8,16, **9**/18,28, **11**/17,20,27, **12**/10

ΛΕΞΕΙΣ ΚΛΕΙΔΙΑ	ΗΜΕΡΟΜΗΝΙΕΣ
ΘΥΜΟΣ	**1**/11,31, **2**/28, **3**/6, **4**/28, **5**/30, **6**/3,27, **8**/17, **11**/18, **12**/23
ΘΥΜΟΣ ΤΟΥ ΘΕΟΥ	**2**/28, **3**/6, **4**/15,28, **5**/3, **6**/27, **7**/27,29, **9**/9
ΘΥΣΙΑ	**1**/3,6,23,25, **2**/4,11,20 **4**/2,8,10,19, **5**/16,30, **6**/5,16, **7**/29, **8**/11, 19,23,29,31, **9**/2,9,14,19,27,28, **10**/7,20,25, **11**/4, **12**/8
ΙΗΣΟΥΣ ΧΡΙΣΤΟΣ	**1**/5, **2**/1,5,8,10,12,13,16,19,21,22,23,24, **3**/1,2,3,4,5, **4**/10,15, **5**/13, **6**/1,22,25, **7**/7,15,21,23,26,28,29, **8**/5,6,11,13,15,17,19, 20,23,24,25,31, **9**/1,3,6,8,9,10,14,15,16,17,20,22,23,24,25,27,28,29, **10**/1,7,13,16,**12**/4,13,18
ΙΗΣΟΥΣ ΧΡΙΣΤΟΣ ΤΟ ΦΩΣ	**3**/3,17, **12**/24
ΚΑΘΑΓΙΑΣΗ / ΚΑΘΑΓΙΑΣΜΕΝΟΣ	**1**/12, **3**/5, **5**/8,10 **8**/3,25, **12**/27
ΚΑΘΑΓΙΑΣΜΟΣ / ΕΞΑΓΝΙΣΜΟΣ	**1**/18, **2**/10, **3**/4,9, **4**/8, **5**/17, **6**/10,15, **7**/3, **8**/25
ΚΑΘΟΔΗΓΗΣΗ / ΣΥΜΒΟΥΛΗ	**1**/27, **2**/1,9,26, **3**/7, **4**/7, **5**/15, **7**/1,22, **8**/8, **9**/17,23,28, **10**/15, **11**/5,17,25, 28, **12**/6,14,15,19,
ΚΑΚΟ / ΠΡΟΒΛΗΜΑΤΑ	**1**/8,13,14,16,18,19,21,22,23,31, **2**/1,3,9,11,12,16,21,27,28, **3**/2,7,11,12,16,19,20,27,29, **4**/3,10,22,24,29, **5**/1,7,9,10,12, **6**/7,21,23,24,28, **8**/5,13, **9**/28,29, **10**/1,5,6,12,13, **11**/1,7
ΚΑΛΟΣ	**1**/2,8,9,14,16,21,23,24,26,27,29,30, **2**/3,7,10,13,14,15,16,17,19, 21,22, **3**/1,4,6,11,12,18,19,23,24,27, **4**/3,4,7,10,11,13,17,18,22,29,30, **5**/2,6, 7,10,11,17,18,20,23,24,26,30, **6**/1,3,5,7,8,11,16,19,20,22,23,24,27,29,30, **7**/2,3,7,20,22,25,30, **8**/3,5,6,8,13,17,21,28, **9**/3,4,6,8,10,11,12,13,14, 21,24,30, **10**/2,3,5,6,8,10,12,13,16,17,18,19,23,26,29,30, **11**/1,2,3,6,7,10, 11, 13,20,21,22, 23,24,30, **12**/2,8,9,10,11,15,16,19,20,22,25,26,27,31
ΚΑΡΠΟΣ ΤΟΥ ΠΝΕΥΜΑΤΟΣ	**1**/2,24, **4**/19, **5**/4,23, **6**/7,16, **7**/6,22, **8**/13, **9**/7,17, **10**/23, **11**/2, **12**/10,28
ΚΑΡΠΟΦΟΡΙΑ	**2**/7,22, **5**/9,23, **6**/12,16, **7**/17, **10**/18, **12**/10,27
ΚΑΤΑΔΙΚΗ	**5**/27, **8**/29, **9**/23
ΚΑΤΑΘΛΙΨΗ	**1**/23, **2**/2,23, **3**/4, **7**/19, **9**/22, **11**/18,24
ΚΑΤΑΙΓΙΔΕΣ	**2**/3, **4**/14, **5**/16, **6**/23, **7**/5,30, **9**/28, **10**/2, **11**/12, **12**/1,5,17
ΚΑΤΑΡΑΜΕΝΟΣ	**2**/1,16,26, **7**/3,14, **8**/31, **12**/12
ΚΑΤΑΣΤΡΟΦΗ	**1**/14,26, **2**/27,28, **3**/11,20, **4**/15,17, **7**/16,22,29, **8**/13,21, **9**/5,13,16,24,25, **10**/6,10, **11**/16,19,24,29, **12**/29
ΚΑΤΑΦΥΓΙΟ / ΟΧΗΡΟ	**1**/21,26, **3**/31, **5**/4,8, **6**/18,28, **7**/20,23, **8**/10,19,20, **9**/29, **10**/31, **11**/25,30, **12**/9,11,21
ΚΙΝΗΤΡΑ / ΑΙΤΙΑ	**1**/11,18, **4**/10,13, **6**/7, **7**/7,10,17, **8**/16,21, **9**/4,24, **10**/14,29, **12**/2,18
ΚΛΗΡΟΝΟΜΙΑ	**1**/2,27,28, **3**/1,2,20, **4**/11,14, **5**/16, **7**/20, **9**/20,28,30, **10**/6
ΚΟΙΝΩΝΙΑ / ΣΥΝΤΡΟΦΙΑ	**4**/2,4, **7**/10,20,24, **8**/6,16,22, **9**/17,21, **10**/26, **12**/3
ΚΟΠΩΣΗ	**3**/4,28, **8**/2,6, **12**/17

ΛΕΞΕΙΣ ΚΛΕΙΔΙΑ	ΗΜΕΡΟΜΗΝΙΕΣ
ΚΟΣΤΟΣ ΤΗΣ ΣΩΤΗΡΙΑΣ	**1**/25, **2**/23, **3**/23, **4**/10,24, **5**/16,31, **6**/29, **8**/18,31, **9**/19, **10**/14
ΚΡΙΣΗ	**1**/7,22,27,29, **2**/14,26, **3**/23,24, **4**/1,10,25,26,28,29, **5**/6,7,8, **6**/16,21,26, **7**/24,27,29 **10**/13, **11**/21,23,29
ΛΑΟΣ ΤΟΥ ΘΕΟΥ	**3**/31, **5**/26, **6**/2,21, **8**/5, **10**/14, **12**/28
ΛΑΤΡΕΙΑ / ΔΟΞΟΛΟΓΩ	**1**/1,12, **2**/26, **4**/10,20,27, **5**/22, **6**/7,10, **8**/4,18,27, **9**/9,17,24, **10**/7,14, **11**/8, **12**/12,18,20
ΛΥΤΡΩΤΗΣ / ΛΥΤΡΩΣΗ	**1**/13,25, **2**/16,20,27, **3**/4,12,22,30, **4**/4,5,10, **5**/1,13,16,22,30, **6**/20,21,25, **8**/31, **9**/28, **10**/7,13, **12**/2,26
ΜΑΘΗΤΕΙΑ / ΜΑΘΗΤΕΣ	**1**/9,21, **3**/14, **4**/1,7,9,11,18,21,29, **5**/9,11,14, **6**/12,17, 23,27, **8**/12,23, **9**/19,26, **10**/23, **11**/2,3,
ΜΑΡΤΥΡΑΣ / ΜΑΡΤΥΡΩ	**1**/19,21,26, **2**/5,19,23, **3**/1, **4**/23,24, **5**/13,16, **7**/10, **8**/14,16,20,21, **9**/4,6,8,21,24,28,29, **10**/14, **11**/8,27,30, **12**/1,2,24
ΜΑΧΗ ΚΑΤΑ ΤΟΥ ΘΕΟΥ	**1**/26, **2**/11, **3**/3,27, **6**/12, **7**/25, **8**/15, **9**/23,29, **10**/10,29, **12**/23
ΜΕΛΕΤΗ / ΣΤΟΧΑΣΜΟΣ	**1**/17, **2**/24, **6**/12, **8**/5,7,30, **9**/2,3, **10**/24, **11**/6,8,9,25,26
ΜΕΛΛΟΝ	**1**/1,2,4,6,13,28,29,31, **2**/3,8,14,23, **3**/17,20,24,31, **4**/28, **5**/5,10, 12,16,19,20,22,28, **6**/1,12,15,16,17,18, **7**/4,5,9,13,16,17,20,22,24, **8**/10,22,24, **9**/1,10,13,22, **10**/1,10,17,18,19,29,31, **11**/2,7,8,10,14, **12**/7,22,29,30,31
ΜΕΣΙΤΗΣ	**2**/27, **4**/2, **5**/14, **7**/29, **9**/27,
ΜΕΣΙΤΗΣ	**3**/29, **4**/2, **6**/17,25, **9**/30
ΜΕΤΑΝΟΙΑ	**1**/15, **2**/12,17,27, **3**/18,27, **4**/15,17, **6**/2,22,27, **7**/9,27, **9**/6,12,20, **10**/1,7, **12**/12
ΜΙΜΗΤΕΣ	**1**/8,28, **4**/28, **5**/7,18, **8**/25, **10**/11,16, **12**/22
ΜΙΣΟΣ	**1**/7,13, **2**/26, **3**/17, **5**/29, **6**/22, **7**/7,29, **9**/23, **11**/7, **12**/18
ΜΟΙΧΕΙΑ	**2**/25, **7**/25,27, **10**/6
ΜΟΝΑΞΙΑ	**2**/7, **4**/18, **5**/25, **7**/17,24,31, **8**/6, **10**/7, **11**/21,24, **12**/17,31
ΝΑΟΣ ΤΟΥ ΘΕΟΥ	**3**/8,9,10,13, **6**/19,21,26,29, **8**/18,19,24, **9**/15, **10**/25,31, **11**/11, **12**/27
ΝΕΑ ΓΕΝΝΗΣΗ / ΝΕΑ ΖΩΗ	**1**/3, **2**/8, **3**/28, **4**/8,25, **5**/8,17,28, **6**/4, **9**/15,22,25,30, **10**/8,18
ΝΕΑ ΠΡΑΓΜΑΤΑ	**1**/3,4,21,25, **2**/8,21,28, **3**/3,13,15,21,22,28,29, **4**/1,5,8, 11,14,16,17, **5**/4,5,8,13,15,16,17,28, **6**/4,5,10,17,19, **7**/4,5,14,21,22, **8**/6/8,16,25, 29, **9**/4,12,22,25,28,30, **10**/3,4,8,18, **11**/6,23,26,27,28,30, **12**/2/10,16, 20,25,31
ΝΕΡΟ ΤΗΣ ΖΩΗΣ	**3**/18, **9**/15,17, **10**/1
ΝΗΣΤΕΙΑ	**2**/17, **10**/9, **11**/7
ΝΙΚΗ / ΚΑΤΑΚΤΗΤΕΣ	**1**/1, **2**/11,16, **3**/2, **4**/4,15, **5**/21,30, **6**/24,30, **7**/11,12,18,20, **8**/12,20,26,27, **9**/21,24,27,10,7,15, **11**/4,20, **12**/20

ΛΕΞΕΙΣ ΚΛΕΙΔΙΑ	ΗΜΕΡΟΜΗΝΙΕΣ
ΞΕΚΟΥΡΑΣΗ / ΑΝΑΠΑΥΣΗ	2/6,27, 4/14,22, 7/28, 8/6, 9/6, 10/3, 12/1,15
ΞΕΝΟΣ / ΑΛΛΟΔΑΠΟΣ / ΠΡΟΣΦΥΓΑΣ	2/23, 3/5,22, 4/26, 9/13, 10/28
Ο ΛΟΓΟΣ ΤΟΥ ΘΕΟΥ - (Η ΑΓΙΑ ΓΡΑΦΗ)	1/9,14,16,17,20,21,23,25,26,27,28,29, 2/2,3,4,5,8,13,15,19,22,24,25, 3/3,5,7,21,28, 4/5,8,16,18,20,30, 5/9,11,12,17,21,27,31, 6/1,3,9,12,14,17, 22,25, 7/7,8,11,15,20,22,23,25,26,30, 8/2,3,5,7,8,9,11,12,13,16,20,21,30, 9/1,2,3,4,6,9,13,15,16,17,23, 24,26,27,28, 10/9,10,11,12,24,29, 11/6,8, 9,12,24,29, 12/6,11,19
ΟΔΗΓΙΑ	1/2,8,9,13,27,29, 2/19, 3/5,7,18, 6/12 7/3,11,24, 8/5,7,8,14, 9/2,3, 10/23, 11/6, 12/19,28
ΟΙΚΟΓΕΝΕΙΑ ΤΟΥ ΘΕΟΥ	1/13, 2/4,7,23, 3/6,14, 4/8, 5/23, 8/6,7,22,25, 9/3,21,25,30, 10/1,4,8, 12/4
ΟΙΚΟΣ ΤΟΥ ΘΕΟΥ	1/5,13,15, 3/10,14,15, 6/1,12,25, 10/1,12, 11/5,
ΟΙΚΤΟΣ	1/2, 2/6, 8/17, 9/29, 10/28
ΟΠΛΟ / ΠΑΝΟΠΛΙΑ	4/9, 6/30, 11/15
ΟΡΦΑΝΑ	1/9,22, 2/13,14,20,26, 3/1,11,15, 6/5,6,7,18,19,20, 8/16, 9/13,18, 10/21,28
ΟΥΡΑΝΟΣ	1/2,3,10,15,21,22, 3/2,7,21,22, 5/2,5,10,27,31, 6/10,11, 7/2,3, 8/4,5,9,16,21,22,23,24,28,30, 9/1,3,10,13,14,18,19,24,25,26, 10/15,17,24,25, 11/3,5,8,13,21,25,29, 12/3,6,11,12,14,17,18,20, 24,26,31
ΠΑΙΔΙΑ ΤΟΥ ΘΕΟΥ	1/2,18,21,23, 2/1,14,16,22, 3/1,3,4, 4/19, 5/15, 6/5, 7/5,11, 8/18,31, 9/3,28, 10/4,11, 11/27, 12/18,30
ΠΑΡΑΒΑΣΗ	1/11, 3/9, 10/5, 11/18
ΠΑΡΑΔΟΣΗ	4/26, 9/1
ΠΑΡΗΓΟΡΙΑ	2/7,20, 4/2,8,22,26,27, 5/3,19,21,27,31, 6/6 8/5,30, 10/13, 12/6,21
ΠΑΡΟΥΣΙΑ ΤΟΥ ΘΕΟΥ	1/5,12,14,16,20,31, 2/4,8,9,10, 3/2,5, 4/3,7,19,25, 5/21,30, 6/2,6,7,13,18,23,28, 7/12,24,25,28,31, 8/10,11,12,19,21,27,31, 9/9,11,14,17,18,20,23,24,27,28, 10/20, 11/12,17,21,22,24, 12/18,20,24,29
ΠΑΡΟΧΗ	1/24, 2/9,26, 3/13,14, 4/24, 8/18, 9/18, 12/7,
ΠΕΙΡΑΣΜΟΣ	1/22,24,31, 2/7,25, 4/15, 5/10, 7/11,27, 8/17,27, 9/8, 10/9,12, 12/30
ΠΕΝΘΟΣ / ΔΟΚΙΜΑΣΙΕΣ	2/10,23,25, 3/3,4,17, 4/17, 5/19,26,30, 6/26,29,30, 8/2, 9/3,7,20,
ΠΕΝΘΟΣ / ΛΥΠΗ	1/10, 2/11,13, 3/17,31, 4/10,25,27,30, 5/19,29,30, 6/7, 8/15, 9/11, 11/11
ΠΙΣΤΗ / ΠΙΣΤΕΥΩ	1/2, 4, 5,10,20,21,25,29, 2/2,8,9,10,11,21,22,25, 3/2,4, 4/3,9,12, 15,20,21,25, 5/9,24,26,28, 6/7,11,24,29,30, 7/13,19,26,28,29, 8/1,7,9,10,17,19,20,23,26,27,29, 9/3,4,6,8,9,10,11,14, 15,17, 20, 21,23,24,25,27,28,29, 10/1,5,7,11,19,31, 11/16,28, 12/14,17,23
ΠΙΣΤΟΤΗΤΑ	1/19,22,29,30, 2/3,18, 3/2, 4/15,16, 9/1,16, 10/1,6,11, 11/29
ΠΝΕΥΜΑΤΙΚΑ ΧΑΡΙΣΜΑΤΑ	1/2, 4/9,21, 5/2, 6/3,18,30, 7/26, 8/3, 9/17,27, 10/4, 12/15

ΛΕΞΕΙΣ ΚΛΕΙΔΙΑ	ΗΜΕΡΟΜΗΝΙΕΣ
ΠΝΕΥΜΑΤΙΚΗ ΑΠΟΚΑΤΑΣΤΑΣΗ	**1**/11,13,15, **2**/21, **3**/2,4,28, **5**/3,4, **6**/24, **8**/3, **9**/22, **10**/27, **12**/5
ΠΝΕΥΜΑΤΙΚΗ ΑΥΞΗΣΗ	**4**/16,23, **7**/22, **8**/22, **9**/2, **10**/18, **12**/2,14
ΠΝΕΥΜΑΤΙΚΗ ΔΙΑΜΑΧΗ	**5**/10, **7**/1, **8**/28
ΠΝΕΥΜΑΤΙΚΗ ΔΙΨΑ	**1**/8,17, **5**/8, **11**/22
ΠΝΕΥΜΑΤΙΚΗ ΕΛΕΥΘΕΡΙΑ	**1**/13,16,21,25, **2**/4,11,15,16, **3**/5, **4**/3,12,24, **5**/1,8,9,27, **6**/14,18, **7**/4,12,18, **8**/13,17,22,28,30, **9**/8,15,22,28,29, **10**/21, **11**/16, **12**/12,16
ΠΝΕΥΜΑΤΙΚΗ ΜΕΤΑΜΟΡΦΩΣΗ	**1**/6,9, **2**/11,12, **3**/3, **4**/17,25, **5**/8, **7**/26, **8**/12,13, **9**/2,17,28,29, **10**/11,25, **11**/16
ΠΝΕΥΜΑΤΙΚΗ ΤΡΟΦΗ / ΠΕΙΝΑ	**1**/14, **2**/11,24,25, **4**/30, **6**/18, **8**/4,11,22, **9**/10,18, **12**/17
ΠΝΕΥΜΑΤΙΚΟΣ ΝΟΥΣ / ΩΡΙΜΟΤΗΤΑ	**4**/9, **5**/17, **7**/1,6,18,22, **8**/5,20,26,30, **9**/14,21, **10**/14,17,18, **12**/11,15
ΠΟΛΙΤΕΣ ΤΟΥ ΟΥΡΑΝΟΥ	**6**/4, **12**/11,25
ΠΟΛΥΤΙΜΟΣ	**1**/25, **2**/6, **4**/24, **10**/8,29, **11**/24, **12**/5
ΠΡΟΔΟΣΙΑ	**1**/23, **5**/30 **8**/15,20, **10**/5,6
ΠΡΟΕΙΔΟΠΟΙΗΣΗ	**2**/9, **7**/13, **8**/20, **9**/5,13, **10**/10,28, **11**/1,7, **12**/21,30
ΠΡΟΚΑΤΑΛΗΨΗ	**5**/6, **7**/25
ΠΡΟΝΟΙΑ	**6**/13, **11**/20
ΠΡΟΣΕΥΧΗ / ΔΙΑΜΕΣΟΛΑΒΗΣΗ	**1**/24, **2**/2,3,8,9,18,23,25,26, **3**/5, **4**/2,13, **5**/5, **6**/13,26,29, **7**/9,10,13,19, 22,24,25, **8**/1,16,22,26,30, **9**/1,3,4,6,13,14,16, **10**/3,4,7,8,10,11, **11**/10,11,18,26, **12**/2,10,30
ΠΡΟΣΤΑΣΙΑ / ΑΣΦΑΛΕΙΑ	**1**/6,8,14,26,28, **2**/2,9,17,26, **3**/2,4,7,18, **4**/7,13,14,18, **5**/2,4,21, **6**/23,25,28, **7**/3,13,16,18,23, **8**/10,18,24, **9**/9,20,24,28, **10**/1, **11**/13,15, **12**/18,30
ΠΡΟΣΦΟΡΑ	**1**/17,23, **2**/3,4,25, **4**/19,29, **7**/17, **8**/23,28, **9**/4,19, **11**/28, **12**/14,20,29
ΠΡΟΦΗΤΕΙΕΣ	**5**/11,13,24, **6**/20,21, **8**/15, **12**/8
ΣΕ ΕΓΡΗΓΟΡΣΗ	**1**/22, **3**/15, **5**/10, **6**/19,20, **12**/30
ΣΕ ΕΠΑΓΡΥΠΝΗΣΗ	**2**/20, **3**/7, **4**/4,18, **11**/13, **12**/30
ΣΕΒΑΣΜΟΣ / ΕΥΛΑΒΕΙΑ	**1**/2,7,12,27,29, **2**/18,23, **3**/5, **4**/26, **5**/7,8, **7**/19, **9**/13,23, **10**/6,12,16
ΣΚΕΨΕΙΣ	**2**/21,23, **3**/7,26, **4**/5, **5**/23,30, **6**/11,15,23,25, **7**/17, **8**/5,15, **9**/8,11,22,24,29, **10**/10, **11**/5,25, **12**/3,15,17,29
ΣΚΟΠΟΣ	**1**/1,6,11,15,18,25, **2**/10,12,17,22,23, **3**/2, **4**/6,24, **6**/3,6, **7**/4,10,15, **8**/8, **9**/27, **11**/16, **12**/15
ΣΤΑΥΡΟΣ / ΓΟΛΓΟΘΑΣ	**1**/12,25, **2**/4,21,25, **3**/29, **4**/2,15,17, **5**/16, **6**/14, **9**/28, **10**/7,
ΣΤΕΝΗ ΣΧΕΣΗ / ΟΙΚΕΙΟΤΗΤΑ	**2**/7, **3**/28, **4**/3, **6**/19,20, **10**/4,5,6,8,18, **11**/22

ΛΕΞΕΙΣ ΚΛΕΙΔΙΑ	ΗΜΕΡΟΜΗΝΙΕΣ
ΣΥΓΧΩΡΗΣΗ	**1**/11,15,25,30, **2**/10,12,13,14,17,18,20,21,22,27, **3**/4,6,19, 20,28, **4**/1,2,8,15,17,28, **5**/16,22,27, **6**/2,15,20, 21,25,26,27, **7**/8,9,23,27, 29, **8**/13,15,27,31, **9**/6,12,25, **10**/7,26,27, **11**/18,23, **12**/6,16
ΣΥΜΦΙΛΙΩΣΗ	**1**/29, **2**/12,25, **4**/6, **5**/2, **7**/20, **10**/13, **11**/25, **12**/29
ΣΥΝΔΕΣΗ ΜΕ ΤΟΝ ΘΕΟ	**1**/3,4,11,16,28, **3**/6,10,26,30, **4**/2,9,27,29, **7**/20,24
ΣΥΝΕΠΕΙΕΣ	**1**/14,19, **3**/18,27, **7**/12,27,29, **8**/27, **11**/18, **12**/16
ΣΥΝΕΤΟΣ / ΠΡΟΣΕΚΤΙΚΟΣ	**1**/8,16, **2**/15,19,20, **3**/7,16, **4**/23, **5**/1, **6**/6,26, **7**/10, **8**/22,24,30, **9**/1,5,29, **11**/7, **12**/5,29,30
ΣΦΑΛΜΑΤΑ	**4**/17, **7**/20,23, **8**/10,19,20, **9**/29, **10**/31, **11**/25,30, **12**/9,11,21
ΣΧΕΣΕΙΣ	**1**/3,5,11,16,29, **2**/7,21,22, **3**/6,26,27,28,29,v**4**/3,9,15,20, 28, **5**/20, **6**/2, **10**/4
ΣΩΖΩ	**1**/6,15,18,22,25, **2**/3,5,10,17,23,25, **3**/2,3,22,29, **4**/5,13, 23,24, **5**/2,3,21,24,30,31, **6**/2,18,26, **8**/3,10,23,28,31, **9**/5,22,23,24, **11**/8,16, **12**/5,6,8,12,14,16,23
ΣΩΤΗΡΙΑ / ΣΩΤΗΡΑΣ	**1**/21, **2**/6,11,12,15,17,22, **3**/1,3,5, **4**/2,3,4,5,12,13, **5**/9,15,30, **6**/2,20,21,26,28,30, **7**/10, **8**/4,5,13,14,16,24, **9**/6,7,9,10,15,17,22,24,27, **10/1,11,13,22,24,30,31**, **11**/4,8,10,16,28,29,30, **12**/14,21,23,25,28
ΤΑΠΕΙΝΟΦΡΟΣΥΝΗ	**1**/2,15,23, **2**/9,10,14,18,23, **3**/1, **4**/17,29, **5**/1,31, **8**/17,23,25, **9**/3,16,29, **10**/9,16, **11**/6, **12**/13,22,27
ΤΙΜΗ / ΔΟΞΟΛΟΓΙΑ ΣΤΟΝ ΘΕΟ	**2**/5,12, **3**/10, **4**/18, **5**/9, **6**/3,10 **7**/4,15, **8**/4,22,23, **9**/1,13, **10**/3,14,25,30, **11**/6, **12**/21
ΤΙΜΩΡΙΑ / ΘΥΜΟΣ	**2**/25,27, **3**/1,27, **6**/26, **8**/19,31, **9**/23,27,29, **10**/6,13,26, **11**/13, **12**/16,23
ΤΡΙΑΔΑ	**3**/21, **4**/8, **5**/14, **7**/22,23, **8**/10,15,19,20,26,28, **9**/8,25,28,29, **10**/23
ΥΙΟΘΕΣΙΑ	**2**/1,12,16, **5**/29, **6**/3, **7**/17, **8**/31, **9**/17, **11**/4,10
ΥΠΑΚΟΗ	**1**/2,9,12,19,21,25,26,24,27,29, **2**/1,11, **3**/7,18,28, **4**/12,15,20, **5**/3,9,15, **6**/6,11,16,17,19,20,21,30, **7**/13,16,19,29, **8**/9,23,24,30, **9**/2,3,8,9,10,19, 23,27,28, **10**/12,17, **11**/2,6, **12**/5,12,16,27
ΥΠΕΡΑΣΠΙΣΤΗΣ	**1**/20, **2**/23, **4**/4,7, **6**/18,28, **7**/18,30, **10**/21,24,28, **11**/28
ΥΠΕΡΗΦΑΝΕΙΑ	**1**/13, **2**/12,26, **3**/17, **7**/17, **9**/13, **10**/2
ΥΠΗΡΕΤΗΣ/ ΥΠΗΡΕΣΙΑ	**1**/1,5, **2**/4,20 **4**/3, **5**/1, **6**/3,8,18, **7**/5,17,19,28,29, **8**/2,11,23,25,31, **9/2,10,13,17, 10/1,2,14**
ΥΠΟΜΟΝΗ	**2**/19, **3**/2,4, **7**/6, **8**/5,19,20,25,26, **9**/6,23, **10**/11,19, **11**/29, **12**/10,17,27
ΥΠΟΣΧΕΣΕΙΣ ΤΟΥ ΘΕΟΥ	**1**/4,18,20,21,22,28, **2**/8, **3**/2, **4**/7,15, **5**/5,28, **6**/1,2,5, **7**/13,30,31, **8**/9,24,28, **9**/9,14,15,16,17,20,24,27,28,30, **10**/11, **11**/29, **12**/1,7,8,28
ΥΠΟΤΑΓΗ	**1**/31, **2**/26, **4**/26, **6**/10,17, **8**/23,27, **10**/9
ΦΙΛΙΑ ΜΕ ΤΟΝ ΘΕΟ	**1**/11, **3**/6,9,27, **6**/11, **9**/5,20, **12**/3
ΦΙΛΟΞΕΝΙΑ	**5**/18, **10**/14,

ΛΕΞΕΙΣ ΚΛΕΙΔΙΑ	ΗΜΕΡΟΜΗΝΙΕΣ
ΦΙΛΟΣ / ΦΙΛΙΑ	**1**/1,10,12,17,21,23,26,27,30, **2**/11,13,16,19,24,29, **3**/6,19, 22,24,28, 29,30, **4**/4,12,14,20,25,26,27,30, **5**/8,12,16,29,30,31, **6**/4,8,11,12,14, **7**/2,4,9,10,11,15,20,25, **8**/2,5,11,12,17,19,20,21, 22, **9**/13,19,22,24,28, **10**/5,8,14,15,20,25, **11**/8,16,18,25, **12**/1,4,6,7,9,15,16,17,25,29
ΦΙΛΟΣΟΦΙΕΣ	**1**/23,28, **4**/26,30, **7**/25, **8**/7, **9**/25
ΦΟΒΟΣ	**1**/2, 6,13,20,26, **2**/1,12,14,21, **3**/3,7,20, **4**/9,11,18,22,23, **5**/9,16, 30, **6**/14,17, **7**/18,21,24,26, **8**/4,10,12,19,24,26, **9**/11,20,22,26,29, **10**/21, **11**/13,17, **12**/9
ΦΟΒΟΣ ΘΕΟΥ	**1**/18,19,27,29, **4**/13, **5**/1,8, **6**/16, **7**/8, **8**/23,26, **9**/2,13, **10**/12, **12**/7,15
ΦΤΩΧΟΣ / ΦΤΩΧΕΙΑ	**1**/16, **2**/17,26, **5**/23, **6**/18, **7**/19,28, **9**/13,27, **12**/26
ΦΥΛΑΚΗ / ΦΥΛΑΚΙΣΜΕΝΟΣ	**4**/4, **6**/19,24, **8**/14,15, **9**/6,8,16, **10**/2,28, **11**/10, **12**/8
ΦΩΝΗ ΤΟΥ ΘΕΟΥ	**1**/27, **4**/5,6,7, **5**/25, **6**/13,19,20, **7**/8,28, **11**/13, **12**/19
ΦΩΣ ΤΟΥ ΘΕΟΥ	**1**/6, **2**/17, **3**/3,7,17,29, **4**/2,16, **7**/1, **8**/12,27, **9**/20, **11**/2, **12**/24
ΦΩΣ ΤΟΥ ΧΡΙΣΤΟΥ	**1**/6, **2**/1, **3**/3,17,24, **6**/18, **8**/12,26,27, **9**/20, **11**/2, **12**/24
ΧΑΡΑ / ΑΓΑΛΛΙΑΣΗ	**1**/1,3,4,10,11,20, **2**/2,11, **3**/6, **5**/2,3,4,19,22,23,26,28, **6/2**,7,8,14,22,23,24, **7**/14,16,19,23,24,26, **8**/4,12,16,17,19,20,24, **9**/7,17,21,27,28, **10**/18,13,29, **11**/17, **12**/10,11,22,31
ΧΑΡΗ ΤΟΥ ΘΕΟΥ	**1**/21, **2**/23, **3**/10,25,28, **4**/17, **5**/7,30, **6**/7,18, **7**/13, **10**/16,30, **11**/23, **12**/27
ΧΑΡΗ ΤΟΥ ΘΕΟΥ	**2**/17,19,22,25,26, **4**/17, **6**/16, **7**/21,31, **8**/18, **9**/2,10,17,23,30, **10**/1,4,11,24,29, **12**/14,26,25
ΧΗΡΑ	**5**/27, **6**/5,19,20, **10**/28, **12**/28
ΧΡΗΜΑΤΑ	**1**/4,19,30, **3**/5,10, **5**/10, **8**/15,20, **9**/19, **12**/5,7,14,23
ΧΡΙΣΤΙΑΝΙΚΟΣ ΧΑΡΑΚΤΗΡΑΣ	**1**/30, **5**/18, **10**/2, **12**/13
ΨΕΜΑ / ΕΞΑΠΑΤΩ / ΨΕΥΤΗΣ	**1**/2,7,19,22,25, **2**/23, **3**/21, **4**/13, **5**/2, **6**/14,15,23,29, **7**/11,31, **8**/5,9,22,27, **9**/5,8,23, **10**/6,11,13,15, **11**/7,12

ΦΩΤΟΓΡΑΦΙΕΣ

	ΤΟΠΟΘΕΣΙΑ / ΘΕΜΑ ΦΩΤΟΓΡΑΦΙΑΣ	ΤΟΥ/ΤΗΣ/ΤΩΝ:
1-Ιαν	Άγαλμα της Ελευθερίας, ΝΥ, ΗΠΑ	O. Destruge
2-Ιαν	Έρημος Salt - Βολιβία	Michi Niederberger
4-Ιαν	Palomino - La Guajira	Nora Otalvaro
7-Ιαν	Κωνσταντινούπολη, Τουρκία	Sophia Destruge
8-Ιαν	Χιόνι στις ΗΠΑ	M. Lynne Taylor
9-Ιαν	Puyo, Εκουαδόρ, Ιαν, 2010	O. Destruge
11-Ιαν	Κέρκυρα, Ελλάδα	O. Destruge
14-Ιαν	Χιόνι στις ΗΠΑ	O. Destruge
15-Ιαν	Παλιά σανδάλια	Με επιφύλαξη παντός δικαιώματος
16-Ιαν	Cuenca, Εκουαδόρ	O. Destruge
18-Ιαν	Ελληνικά νησιά	O. Destruge
19-Ιαν	Ηφαίστειο Tungurahua, Εκουαδόρ	Juan Illingworth
20-Ιαν	Μάζεμα μήλων - Danbury, Κονέκτικατ, ΗΠΑ	O. Destruge
21-Ιαν	Sedona, Αριζόνα, ΗΠΑ	Julie Bohl
22-Ιαν	Ουρανός με αστραπές στο Norwalk, Norwalk, Κονέκτικατ, ΗΠΑ	Με επιφύλαξη παντός δικαιώματος
23-Ιαν	Σαντορίνη, Ελλάδα	Nora Otalvaro
25-Ιαν	Washington DC, Ορκ. Προέδρου 2021	O. Destruge
26-Ιαν	Έφεσος, Τουρκία	Julie Bohl
27-Ιαν	Moligt Les Bains, Γαλλία	Mariella Castagnet
28-Ιαν	Clearwater, Φλόριδα, ΗΠΑ	Julie Bohl
1-Φεβρ	Λίμνη Quilotoa, Εκουαδόρ	Ximena Ruales
2-Φεβρ	Cristo de la Concordia, Βολιβία (2004)	O. Destruge
4-Φεβρ	Φρουτοσαλάτα - Σαντορίνη, Ελλάδα	O. Destruge
5-Φεβρ	Σημαδούρα	Με επιφύλαξη παντός δικαιώματος
6-Φεβρ	Πρόβατα - Εκουαδόρ	O. Destruge
9-Φεβρ	Σκιές χιονιού στο Norwalk, Norwalk, CT, ΗΠΑ	O. Destruge
11-Φεβρ	Χιόνι, Norwalk, CT, ΗΠΑ	Fanny Zamora
14-Φεβρ	Ο μπαμπάς κι εγώ - Baños, Tungurahua, Εκουαδόρ	O. Destruge
16-Φεβρ	Cotopaxi, Εκουαδόρ	Margarita Viteri
17-Φεβρ	Φωτιά	Με επιφύλαξη παντός δικαιώματος
18-Φεβρ	Σταυρός καλυμμένος με πάγο, Shelter Island, Νέα Υόρκη, ΗΠΑ	Ximena Ruales
20-Φεβρ	Salomé Destruge	O. Destruge
22-Φεβρ	Υλικά για κοινωνία	O. Destruge
23-Φεβρ	Cochabamba, Βολιβία - 2004	O. Destruge
25-Φεβρ	Γυναίκα Otavalo - Εκουαδόρ	O. Destruge
26-Φεβρ	Χιονισμένο απόγευμα - Norwalk, Κονέκτικατ,	Luz Chaux
28-Φεβρ	Μουσείο Guayasamín - Κίτο, Εκουαδόρ	O. Destruge
Φεβρ-29	Ελληνικό ψωμί	O. Destruge

	ΤΟΠΟΘΕΣΙΑ / ΘΕΜΑ ΦΩΤΟΓΡΑΦΙΑΣ	ΤΟΥ/ΤΗΣ/ΤΩΝ:
Μαρ	Αδελφοί Ξανθόπουλοι - 1924	M. Destruge
1-Μαρ	Κηδεία του θείου Jorge Ortega, Εκουαδόρ	O. Destruge
2-Μαρ	Cotopaxi, Εκουαδόρ	O. Destruge
5-Μαρ	Ο Παππούς Αριστοκλής Ξανθόπουλος	O. Destruge
6-Μαρ	Ουρανός στο Κίτο, San Rafael, Εκουαδόρ	O. Destruge
7-Μαρ	Mitad del Mundo - Κίτο, Εκουαδόρ	O. Destruge
8-Μαρ	San Agustín, Κίτο, Εκουαδόρ	O. Destruge
11-Μαρ	Φεγγάρι επάνω από το Chimborazo, Εκουαδόρ	Eduardo Puga
16-Μαρ	Bilován Bolivar - Εκουαδόρ	O. Destruge
17-Μαρ	Clearwater, Φλόριδα, ΗΠΑ	Julie Bohl
18-Μαρ	Cotopaxi, Εκουαδόρ	O. Destruge
19-Μαρ	Rodrigo Sandoval, Παρθενώνας, Ελλάδα	O. Destruge
22-Μαρ	Αυτοκινητόδρομος Route 66, ΗΠΑ	Erika Webster
23-Μαρ	Ηλιοβασίλεμα	Nora Otalvaro
24-Μαρ	Adventure Bible	O. Destruge
26-Μαρ	Κρατήρας Σαντορίνης, Ελλάδα	O. Destruge
27-Μαρ	Cuenca, Εκουαδόρ	O. Destruge
29-Μαρ	Λειτουργία εν μέσω της πανδημίας 2020, Cuenca, Εκουαδόρ	O. Destruge
30-Μαρ	Cochabamba, Βολιβία - 2004	O. Destruge
31-Μαρ	Κατασκήνωση Quinipet, Νέα Υόρκη	O. Destruge
3-Απρ	Ηλιοβασίλεμα στην Αυστραλία	Claudia Mejía
4-Απρ	San Rafael, Κίτο, Εκουαδόρ	O. Destruge
6-Απρ	Συνάντηση οικογένειας Destruge 2010, Cuenca, Εκουαδόρ	O. Destruge
7-Απρ	Ο Χριστός αναστήθηκε – γραμμένο στην άμμο	Erika Webster
8-Απρ	Φλαμίνγκο σε πτήση	Nora Otalvaro
9-Απρ	Το Κίτο το βράδυ, Cotopaxi, Εκουαδόρ	José Mejía R.
10-Απρ	Νυχτερινός ουρανός στο Puembo, Κίτο, Εκουαδόρ	Eduardo Puga
13-Απρ	Ο Δανιήλ στον λάκκο των λεόντων	www.blackartdepot.com
14-Απρ	Τροπικό δάσος Tandapi, Εκουαδόρ	O. Destruge
16-Απρ	Λουλούδια και βουνά	Με επιφύλαξη παντός δικαιώματος
17-Απρ	Ηλιοβασίλεμα Hvar, Croatia	Sophia Destruge
18-Απρ	Πάρος, Νάουσα, Κυκλάδες, Ελλάδα	Sophia Destruge
19-Απρ	Carlos & Sophia	Sophia Destruge
21-Απρ	Μουσικός στον δρόμο - Κίτο, Εκουαδόρ	O. Destruge
29-Απρ	Ηφαίστειο Chimborazo, Εκουαδόρ	Eduardo Puga
30-Απρ	Ηλιοβασίλεμα, Ελλάδα	Sophia Destruge
Μαΐου	Οι παππούδες μου	O. Destruge
1-Μαΐου	San Rafael, Κίτο, Εκουαδόρ	O. Destruge
2-Μαΐου	Φάρμα Herrington, Κάνσας, ΗΠΑ	Julie Bohl

	ΤΟΠΟΘΕΣΙΑ / ΘΈΜΑ ΦΩΤΟΓΡΑΦΙΑΣ	ΤΟΥ/ΤΗΣ/ΤΩΝ:
3-Μαΐου	Πτήση πάνω από τις Σουηδικές Άλπεις	O. Destruge
4-Μαΐου	Ερήμωση στην κορυφή του βουνού	Με επιφύλαξη παντός δικαιώματος
6-Μαΐου	Αγορά Otavalo, Εκουαδόρ	O. Destruge
7-Μαΐου	Οικογενειακή κατασκήνωση, Quinipet, LI, Νέα Υόρκη, ΗΠΑ	O. Destruge
10-Μαΐου	Πάνω από τα σύννεφα - Εκουαδόρ Andes	O. Destruge
11-Μαΐου	Παραλία, Κατερίνη, Ελλάδα	O. Destruge
18-Μαΐου	Αίγυπτος	Carlos & Sophia
19-Μαΐου	Λιτόχωρο, Ελλάδα	O. Destruge
21-Μαΐου	Concordia Christ, Cochabamba, Βολιβία	O. Destruge
22-Μαΐου	Alangasí, Κίτο, Εκουαδόρ	O. Destruge
24-Μαΐου	Παραλία, Κατερίνη, Ελλάδα	O. Destruge
25-Μαΐου	Φεγγάρι επάνω από την Κατερίνη, Ελλάδα	O. Destruge
26-Μαΐου	Κάρλος & Λάζαρος	Sophia Destruge
27-Μαΐου	Εκκλησία στην Κατερίνη, Ελλάδα	O. Destruge
28-Μαΐου	Χωράφια στην Κατερίνη, Όλυμπος, Ελλάδα	O. Destruge
30-Μαΐου	Κόκκινο πουλί	Nora Otalvaro
31-Μαΐου	Τριαντάφυλλα, Κούκος, Ελλάδα	O. Destruge
1-Ιουν	Φεγγάρι επάνω από την Ακρόπολη, Αθήνα, Ελλάδα	Greek Gateway
2-Ιουν	Εκκλησία San Francisco - Κίτο, Εκουαδόρ	Eduardo Puga
4-Ιουν	Baños, Εκουαδόρ	Με επιφύλαξη παντός δικαιώματος
7-Ιουν	Ελληνική Ευαγγελική Εκκλησία, Κατερίνη, Ελλάδα	O. Destruge
8-Ιουν	Πρωινό στους εργάτες στο Norwalk, Κονέκτικατ, ΗΠΑ	O. Destruge
9-Ιουν	Φεγγάρι επάνω από το Chimborazo, Εκουαδόρ	Eduardo Puga
12-Ιουν	Los Chillos Valley, Κίτο, Εκουαδόρ	Margarita Viteri
13-Ιουν	Πτήση επιστροφής έπειτα από 3 μήνες καραντίνας, Εκουαδόρ	O. Destruge
14-Ιουν	Καθημερινός στοχασμός στα Ελληνικά, Κατερίνη, Ελλάδα	O. Destruge
16-Ιουν	Κηπουρική – Παππούς & Γιαγιά, Norwalk, Κονέκτικατ	O. Destruge
17-Ιουν	Φεγγάρι επάνω από το Κίτο, Εκουαδόρ	Yumiseva
18-Ιουν	Cochabamba, Βολιβία - 2004	O. Destruge
19-Ιουν	Ηλιοβασίλεμα στο Norwalk - Σοφία	Sophia Destruge
21-Ιουν	Σφίγγα, Αίγυπτος	Carlos & Sophia
23-Ιουν	Πλοίο στη Σαντορίνη, Ελλάδα	O. Destruge
24-Ιουν	Χωράφι με λεβάντες, Κατερίνη, Ελλάδα	O. Destruge
25-Ιουν	Ο ποιμένας προσεύχεται – Ελληνική Ευαγγελική Εκκλησία Κατερίνης, Κατερίνη, Ελλάδα	O. Destruge
26-Ιουν	Ηλιοβασίλεμα Νέο Μεξικό	Barbara Mora
27-Ιουν	Port Chester NY garden, Νέα Υόρκη, ΗΠΑ	Julie Bohl
Ιουλ	Κολάζ - Γυναίκες που εμπνέουν	O. Destruge
1-Ιουλ	Oscar Destruge – Φωτογραφία ελληνικής βίζας	

	ΤΟΠΟΘΕΣΙΑ / ΘΈΜΑ ΦΩΤΟΓΡΑΦΙΑΣ	ΤΟΥ/ΤΗΣ/ΤΩΝ:
3-Ιουλ	Cotopaxi, Εκουαδόρ	Eduardo Puga
4-Ιουλ	El Carmen, Εκουαδόρ	Martha Rodriguez
5-Ιουλ	Λόφος, Σεβαστή, Κατερίνη, Ελλάδα	O. Destruge
6-Ιουλ	Τα παιδιά μου, Cotopaxi, Εκουαδόρ - 2012	O. Destruge
7-Ιουλ	Selfie - O. Destruge	O. Destruge
8-Ιουλ	Otavalo, Εκουαδόρ	O. Destruge
9-Ιουλ	Rocky Mountains, The Flatirons, ΗΠΑ	Joylene Ceballos
10-Ιουλ	Marco Island, Φλόριδα, ΗΠΑ	Rachel Castillo
11-Ιουλ	Φάρος	Julie Bohl
12-Ιουλ	Η Κιβωτός της Διαθήκης	Χωρίς πνευματικά δικαιώματα
14-Ιουλ	Σεργιάνι, Σεβαστή, Κατερίνη, Ελλάδα	O. Destruge
15-Ιουλ	Οικογένεια Destruge-Glass	O. Destruge
16-Ιουλ	San José de Chimbo, Bolívar, Εκουαδόρ	O. Destruge
17-Ιουλ	Henry Harniman, Norwalk, CT, ΗΠΑ	O. Destruge
18-Ιουλ	Λιμάνι Κατερίνη, Ελλάδα	O. Destruge
20-Ιουλ	Ηφαίστειο Chimborazo, Εκουαδόρ	Eduardo Puga
21-Ιουλ	Kings Buffet Table, Bridgeport Κονέκτικατ, ΗΠΑ	O. Destruge
24-Ιουλ	Σύννεφα που αντανακλώνται στη λίμνη, Εκουαδόρ	Martha Rodriguez
25-Ιουλ	Βάρκα στη λίμνη	Martha Rodriguez
26-Ιουλ	Παραλία, Κατερίνη, Ελλάδα	O. Destruge
28-Ιουλ	Rocky Mountains, The Flatirons, ΗΠΑ	Joylene Ceballos
29-Ιουλ	San Rafael, Κίτο	O. Destruge
30-Ιουλ	Ναός, Παραλία, Κατερίνη, Ελλάδα	O. Destruge
31-Ιουλ	Imbabura, Εκουαδόρ	Eduardo Puga
1-Αυγ	Εκκλησία Vic I Myrdal, Ισλανδία	Carlos & Sophia
5-Αυγ	Ερμούπολη, Ελλάδα 2004	O. Destruge
7-Αυγ	Στέγη εκκλησίας - Σαντορίνη, Ελλάδα	O. Destruge
8-Αυγ	Πυραμίδες, Αίγυπτος	Carlos & Sophia
9-Αυγ	O. Destruge – Εν ώρα κηρύγματος	O. Destruge
10-Αυγ	Ηφαίστειο Pichincha, Εκουαδόρ 2009	O. Destruge
11-Αυγ	Ελληνικό ψωμί - Κατερίνη, Ελλάδα	O. Destruge
12-Αυγ	Λάζαρος & Fanny, Norwalk, Κονέκτικατ	O. Destruge
13-Αυγ	Εκκλησία - Σαντορίνη, Ελλάδα	O. Destruge
14-Αυγ	Πυραμίδες, Αίγυπτος	Carlos & Sophia
17-Αυγ	Μεγάλη Πυραμίδα, Αίγυπτος	Carlos & Sophia
19-Αυγ	Εκκλησία - Κούκος, Ελλάδα	O. Destruge
20-Αυγ	Με τη Γιαγιά - Παραλία, Κατερίνη, Ελλάδα	O. Destruge
21-Αυγ	Μεθοδιστική εκκλησία Romerillos, Εκουαδόρ	Tamiacurisisa Viracocha
23-Αυγ	Οικογένεια Ελληνικής Ευαγγελικής Εκκλησίας, Κατερίνη, Ελλάδα	O. Destruge
25-Αυγ	Ηλιοβασίλεμα στο Calf Pasture, Norwalk, Κονέκτικατ	O. Destruge
26-Αυγ	Marco Ortega - La Ronda, Κίτο, Εκουαδόρ	O. Destruge

	ΤΟΠΟΘΕΣΙΑ / ΘΕΜΑ ΦΩΤΟΓΡΑΦΙΑΣ	ΤΟΥ/ΤΗΣ/ΤΩΝ:
28-Αυγ	Θρόνος - Όλυμπος, Ελλάδα	Γιώργος Κεχαγιάς
29-Αυγ	Όλυμπος, Πιερία, Ελλάδα	Γιώργος Κεχαγιάς
Σεπ	Ελευθέριος Π. Κοκτσίδης	M. Destruge
31-Αυγ	Εκκλησάκι - Παραλία, Κατερίνη, Ελλάδα	O. Destruge
1-Σεπ	Παραλία, Κατερίνη, Ελλάδα	O. Destruge
4-Σεπ	Κατάβαση στον Όλυμπο, Πιερία, Ελλάδα	Γιάννης Θεοδωρίδης
5-Σεπ	Κορυφή του Ολύμπου, Πιερία, Ελλάδα	Γιάννης Θεοδωρίδης
6-Σεπ	Ποδηλασία - Λιτόχωρο, Ελλάδα	O. Destruge
7-Σεπ	Βραδινό φαγητό - Κορινός, Ελλάδα	O. Destruge
10-Σεπ	Panecillo, Κίτο, Εκουαδόρ	O. Destruge
11-Σεπ	O. Destruge - Selfie - Ποδηλασία - Κατερίνη, Ελλάδα	O. Destruge
12-Σεπ	Πτήση πάνω από τις Σουηδικές Άλπεις	O. Destruge
13-Σεπ	Ποδηλασία - Σεβαστή, Κατερίνη, Ελλάδα	O. Destruge
14-Σεπ	Γιαγιά & Σοφία - Κατερίνη, Ελλάδα	O. Destruge
15-Σεπ	Ποδηλασία - Λόφος- Σεβαστή, Κατερίνη, Ελλάδα	O. Destruge
16-Σεπ	Γάμος Jacob & Sandy, Ιούνιος 2018, Μασαχουσέτη, ΗΠΑ	O. Destruge
17-Σεπ	Φεγγάρι	Carlos Aristizabal
18-Σεπ	Chiviqui, Tumbaco, Εκουαδόρ	Eduardo Puga
19-Σεπ	Βάρκες στο νερό	Nora Otalvaro
20-Σεπ	Άγιος Γεώργιος Νηλείας, Μαγνησία, Ελλάδα	O. Destruge
21-Σεπ	4 γενιές – Άγιος Γεώργιος Νηλείας, Μαγνησία,	O. Destruge
22-Σεπ	Κάστρο Schloss Burg, Solingen, Γερμανία	O. Destruge
23-Σεπ	Αφέτες, Μαγνησία, Ελλάδα	O. Destruge
24-Σεπ	Ποδηλασία - Πιερία, Ελλάδα	O. Destruge
25-Σεπ	Τριαντάφυλλο	Julie Bohl
27-Σεπ	Ελληνική Ευαγγελική Εκκλησία - Σεβατή, Κατερίνη,	O. Destruge
28-Σεπ	Η προσευχή του Κυρίου – Ελληνική Ευαγγελική Εκκλησία, Σεβαστή, Ελλάδα	O. Destruge
29-Σεπ	Άγιος Γεώργιος Νηλείας, Πήλιο, Ελλάδα	O. Destruge
30-Σεπ	Σοφία & Γιαγιά - Παραλία, Κατερίνη, Ελλάδα	O. Destruge
1-Οκτ	Κήπος του Λουξεμβούργου, Παρίσι, Γαλλία	O. Destruge
2-Οκτ	Φάρμα Kansas, Κάνσας, ΗΠΑ	Julie Bohl
3-Οκτ	Η Γιαγιά πλέκει - Κατερίνη, Ελλάδα	O. Destruge
4-Οκτ	Γαμήλια τελετή - Κατερίνη, Ελλάδα	O. Destruge
5-Οκτ	Chalet Castelo, Νέος Παντελεήμονας, Πιερία, Ελλάδα	O. Destruge
6-Οκτ	Βραδινό φαγητό - Αρχαία Πύδνα, Πιερία, Ελλάδα	O. Destruge
7-Οκτ	Σταυρός σε τάφο – Κοιμητήριο Σεβαστής, Κατερίνη, Ελλάδα	O. Destruge
8-Οκτ	Λάζαρος Ηλίας Aristizabal Destruge	Sophia Destruge
9-Οκτ	Selfie Λιτόχωρο, Πιερία, Ελλάδα	O. Destruge

	ΤΟΠΟΘΕΣΙΑ / ΘΕΜΑ ΦΩΤΟΓΡΑΦΙΑΣ	ΤΟΥ/ΤΗΣ/ΤΩΝ:
10-Οκτ	Sheffield Island Harbor, Norwalk, Κονέκτικατ	O. Destruge
11-Οκτ	Ηφαίστειο Iliniza, Εκουαδόρ	Eduardo Puga
12-Οκτ	Παραλία, Κατερίνη, Ελλάδα	O. Destruge
13-Οκτ	Cotopaxi, Εκουαδόρ	O. Destruge
14-Οκτ	Λάζαρος & Γιαγιά – Νέος Παντελεήμονας, Πιερία, Ελλάδα	O. Destruge
15-Οκτ	Καλός φίλος και οδηγός, Γεώργιος Κεχαγιάς	O. Destruge
16-Οκτ	Γιαγιά Lilia - Baños, Εκουαδόρ	O. Destruge
17-Οκτ	La Basílica, Κίτο, Εκουαδόρ	O. Destruge
18-Οκτ	Σοφία & Γιαγιά, Άγιος Γεώργιος, Πήλιο, Βόλος, Ελλάδα	O. Destruge
19-Οκτ	Σαντορίνη, Ελλάδα	O. Destruge
20-Οκτ	Γάμος Sophia & Carlos, 11/05/2010, Νέα Υόρκη, ΗΠΑ	O. Destruge
21-Οκτ	Cappuccino, Μακρυνίτσα, Μαγνησία, Βόλος, Ελλάδα	O. Destruge
22-Οκτ	Πορτρέτο ποιμένα O. Destruge - Norwalk, Κονέκτικατ, ΗΠΑ	O. Destruge
23-Οκτ	Η Αφροδίτη από το Κίτο, Εκουαδόρ	Eduardo Puga
24-Οκτ	Κατά Ιωάννην 5:39, εδάφιο	O. Destruge
25-Οκτ	Χρώματα που αλλάζουν το φθινόπωρο – Καναδάς	Jane Orfan
26-Οκτ	Η Αγία Γραφή του Όσκαρ	O. Destruge
28-Οκτ	Συνάντηση για καφέ - Κορινός, Ελλάδα	O. Destruge
30-Οκτ	Καταρράκτης - Ισλανδία	Carlos & Sophia
31-Οκτ	Λίμνη Quilotoa, Εκουαδόρ	Ximena Ruales
1-Νοέ	Γέφυρα Charles, Πράγμα, Τσεχία	O. Destruge
3-Νοέ	Εκκλησία Basílica del Voto Nacional, Κίτο, Εκουαδόρ	Gabriela Chacón
4-Νοέ	Ποδηλασία - Σεβαστή, Κούκος, Κατερίνη, Ελλάδα	O. Destruge
5-Νοέ	Ελληνική Ορθόδοξη Εκκλησία, Κατερίνη, Ελλάδα	O. Destruge
6-Νοέ	Η ελληνική Αγία Γραφή του Όσκαρ	O. Destruge
7-Νοέ	Συννεφιασμένο Κίτο από το Teleférico, Κίτο, Εκουαδόρ	O. Destruge
8-Νοέ	Ηλιοβασίλεμα	Με επιφύλαξη παντός δικαιώματος
9-Νοέ	Al Khazneh, Petra, Τουρκία	Luna Μαρ
10-Νοέ	Σταυρός του Oscar – ήταν το δαχτυλίδι μου	O. Destruge
11-Νοέ	Κολάζ γενεθλίων του Jean-Paul Destruge	O. Destruge
12-Νοέ	Εθνικό Πάρκο Antisana, Εκουαδόρ	Gabriela Chacón
13-Νοέ	El Panecillo, Κίτο, Εκουαδόρ	O. Destruge
14-Νοέ	Grand Teton Ntl Park, Wyoming, ΗΠΑ	Martha Rodriguez
15-Νοέ	Σεργιάνι, Σεβαστή, Κατερίνη, Ελλάδα	O. Destruge
16-Νοέ	Cuenca, Εκουαδόρ	Gabriela Chacón
17-Νοέ	Gyula, Ουγγαρία	Julie Bohl
19-Νοέ	Χέρια προσευχής - Κατερίνη, Ελλάδα	Γιώργος Ηλιάδης
20-Νοέ	Calf Pasture pier, Norwalk, Κονέκτικατ, ΗΠΑ	O. Destruge

	ΤΟΠΟΘΕΣΙΑ / ΘΕΜΑ ΦΩΤΟΓΡΑΦΙΑΣ	ΤΟΥ/ΤΗΣ/ΤΩΝ:
21-Νοέ	Λύκος	Με επιφύλαξη παντός δικαιώματος
22-Νοέ	Καταφύγιο άγριας ζωής Cotacachi-Cayapas, Imbabura, Εκουαδόρ	Eduardo Puga
23-Νοέ	Γραμμή ορίζοντα Κούκος, Ελλάδα	O. Destruge
24-Νοέ	Οροσειρά Ολύμπου, Κατερίνη, Ελλάδα	O. Destruge
25-Νοέ	Ποδηλασία - Λιτόχωρο, Ελλάδα	O. Destruge
26-Νοέ	Χέρια που προσεύχονται - Κατερίνη, Ελλάδα	O. Destruge
27-Νοέ	Ηφαίστειο El Altar, Riobamba, Εκουαδόρ	M.J. Mejía
28-Νοέ	Χειροτονία – Εναπόθεση χεριών, Long Island, Νέα Υόρκη	Elizabeth Abel
29-Νοέ	Ελληνική Ορθόδοξη Εκκλησία, Κατερίνη, Ελλάδα	O. Destruge
30-Νοέ	Γιάννης Αδαμίδης στο εκκλησιαστικό όργανο, Κατερίνη, Ελλάδα	O. Destruge
1-Δεκ	Ακρόπολη, Αθήνα, Ελλάδα	O. Destruge
2-Δεκ	Κατερίνη, Ελλάδα	O. Destruge
3-Δεκ	Αεροδρόμιο Θεσσαλονίκης, Ελλάδα	O. Destruge
5-Δεκ	Φεγγάρι στο Calf Pasture, Norwalk, Κονέκτικατ	Yvonne Mares Photography
6-Δεκ	Καταφύγιο άγριας ζωής Cotacachi-Cayapas, Imbabura, Εκουαδόρ	Eduardo Puga
7-Δεκ	Κήποι του Λουξεμβούργου, Παρίσι, Γαλλία	O. Destruge
8-Δεκ	Εθνικό Πάρκο Antisana, Εκουαδόρ	Gabriela Chacón
9-Δεκ	Καταφύγιο Andes, Εκουαδόρ	Με επιφύλαξη παντός δικαιώματος

	ΤΟΠΟΘΕΣΙΑ / ΘΕΜΑ ΦΩΤΟΓΡΑΦΙΑΣ	ΤΟΥ/ΤΗΣ/ΤΩΝ:
11-Δεκ	Ηφαίστειο El Altar, Riobamba, Εκουαδόρ	M.J. Mejía
12-Δεκ	Αετοί/Γύπες - San Rafael, Κίτο, Εκουαδόρ	O. Destruge
14-Δεκ	Broadway Terrace – πηγαίνοντας στην εκκλησία, Μανχάταν, Νέα Υόρκη, ΗΠΑ	O. Destruge
15-Δεκ	Όλυμπος, Πιερία, Ελλάδα	Tania Kalcheva
16-Δεκ	Ηφαίστειο El Chimborazo, Εκουαδόρ	Eduardo Puga
18-Δεκ	Χειμερινά λουλούδια	Carlos & Sophia
19-Δεκ	Παγετώνας Hvolsvöllur, Ισλανδία	Carlos & Sophia
20-Δεκ	Όλυμπος, Πιερία, Ελλάδα	Tania Kalcheva
21-Δεκ	Broadway Terr με τα αδέλφια μου, Μανχάταν, Νέα Υόρκη, ΗΠΑ	O. Destruge
22-Δεκ	Ηλιοβασίλεμα, Norwalk, Κονέκτικατ, ΗΠΑ	John Cardamone
23-Δεκ	Romerillos, Cotopaxi, Εκουαδόρ	O. Destruge
24-Δεκ	Ποσειδώνας και Κρόνος στον ουρανό	Με επιφύλαξη παντός δικαιώματος
25-Δεκ	Rockefeller Center, Νέα Υόρκη, ΗΠΑ	O. Destruge
27-Δεκ	Οικογενειακή φωτογραφία τα Χριστούγεννα, Norwalk, Κονέκτικατ, ΗΠΑ	O. Destruge
28-Δεκ	Εγγονή Ségolène Destruge	
29-Δεκ	Κορυφή του Ολύμπου, Πιερία, Ελλάδα	O. Destruge
31-Δεκ	Πηγές στην Ισλανδία	Carlos & Sophia

www.ingramcontent.com/pod-product-compliance
Lightning Source LLC
Chambersburg PA
CBHW060456010526
44118CB00018B/2438